# A Poc
# of Ec
# & Co



## Arabic - English

Compiled and Edited by

**The Dictionaries Department,
Librairie du Liban**

Librairie du Liban *Publishers*

# A Pocket Dictionary of Economics & Commerce

Librairie du Liban *Publishers* SAL
P.O.Box: 11-9232 Beirut, Lebanon

ISBN 9953-1-0393-3
New Impression 2002
Printed in Lebanon

# Dedication

*To Mr. Khalil H. Sayegh in acknowledgement of his role as founder of the Dictionaries Department of Librairie du Liban. Mr. Sayegh's continued efforts and interest in this Department helped it edit, publish or republish scores of dictionaries and works of reference in the various fields — which established a respectable name for the Department in the world of dictionaries, both locally and internationally. It gives me pleasure to dedicate this work to Mr. Sayegh as a token of appreciation and admiration.*

Ahmed Sh. AL KHATIB
Chairman – Dictionaries Department
LIBRAIRIE DU LIBAN

# قاموسُ الجيب
# في الاقتصَاد وَالتجَارَة

# قاموس الجيب

# في الاقتصاد والتجارة

عربي - إنكليزي

إعداد
دائرة المعاجم،
مكتبة لبنان

مكتبة لبنان ناشرون

مكتبة لبنان ناشرون ش.م.ل
زقاق البلاط - ص.ب: ٩٢٣٢-١١
بيروت - لبنان
وكلاء وموزعون في جميع أنحاء العالم



طبعة جديدة ٢٠٠٢

رقم الكتاب ISBN 9953-1-0393-3

طبع في لبنان

# الإهداء

اِعتِرافًا بِفَضْلِ الأستاذ خَليل حَبيب صائغ في تأسيس دائرةِ ٱلمَعاجِم بمَكتبة لُبنان ورَفعِ شأنِها وفي نَشْرِ عَشَراتِ ٱلمَعاجِم العلميَّةِ واللُّغَوِيَّةِ والتُّراثيَّة - مِمّا أكْسَبَ الدائرةَ مَركزًا مَرْمُوقًا على الصَّعيدَيْن العَرَبيِّ والعالَمي - يَسُرُّ هٰذِه الدائِرة أن تُهدِيَه بَعْضَ نِتاجِها.

**أحمد شفيق الخطيب**

**رئيس دائرة المعاجم**

**مكتبة لبنان**

# مُقدّمة

تَميَّزت عُقودُ النِّصف الثاني من القَرْنِ العِشرين بِظُهور المَعاجم المُتَخصِّصة الثّنائيّةِ اللُّغَة في شَتّى مَيادين المَعْرفة الحديثة، وكانَ لمجالاتِ العُلوم الاقتِصادية والتِّجاريَّة نَصيبٌ وافِرٌ في هذا المِضمار. فَهُنالِكَ الآن مَعاجِمُ مُتَخصِّصةٌ في الاقتصاد وفي التجارة وفي عُلوم الإدارة وفي المُحاسبة والحاسِبات وفي شُؤون التأمين وفي الإحصاء وسِوَى ذلك من المجالات المصرفيَّة والماليَّة والتجارية. وكُلُّ هذه عامرٌ بالشُروحات والتفاصِيل حَول مفهوم المُصطلح بإحدى لُغَتي المُعجم أو حتّى بِكِلتَيْهما، وهي كُلُّها مُعْجَماتٌ قَيِّمَةٌ لا غِنى عنها للمُتخصِّص.

لكِنْ ما كُلُّ القُرَّاءِ والمثقّفين والمُترجمين مُتَخصِّصين في هذه المجالات التي تكتَنِفُ الحياةَ في كُلِّ مَناحيها؛ فالكثيرُ منْهُم لا يُهِمُّه من المُصطلح الاّ مُرادِفُه في اللغة التي يَقرأ أو يكتبُ بها، أو التي يُتَرْجِمُ إليها.

وكُنّا قُمنا في دائرة المَعاجم مُنْذُ عامَيْن بإصدار مُعجم الاقتصاد والتجارة، (انكليزي - عربي) - في نُسخة مكتبٍ ونُسخة جَيْب - حَقّقنا فيه باستِقْصاء شامِلٍ مُصطلحاتِ هذه العُلوم بالانكليزية مُقابلةً بِمُرادفاتها العربية. وكان في حُسْنِ استِقبال ذلك العَمل وسِعَةِ انتِشاره، كما لِحَفْز الأصدقاء والزُّملاء والأبناء الطلاب، تشجيعٌ لنا على إتمام العَمل بإصدار المُعجم في شِقِّه الآخر (عَربي - انكليزي) لِيتكامَلَ الشِّقّان، على نَسَق ما نَراهُ في المَعاجم المَثيلةِ في اللغاتِ العالِميَّة الأُخرى.

وفي اعتقادنا أنّه قد حَان الوقتُ للتعريف عالميًا بالمصطلحات العربية المستَخْدَمةِ في مَجالات العُلوم الاقتصادية والتجارية والمالية، الحديثِ منها والقديم. وذلك عن طريق قَرنِها بالمُرادفات والمُصطَلحات المُقابلة في لُغَةٍ أجنبِيَّةٍ حَيَّةٍ - هي الانكليزية في هذا

المقام - حتى يَبْقى الاتصالُ الحضاريُّ بَيْنَنا وبينَ العالمِ الغَربيِّ على خَطَّيْنِ وفي اتِّجاهَيْن - كما يَجِبُ أن تكُونَ الحالُ!

إنَّ المُثقَّفَ العربيّ أصبحَ مُعَرَّضاً للكثير من مُصطلحات هذه العُلوم في قِراءاته العامَّةِ اليوميَّة في الصُّحف والمجلاَّت والكُتب أو في مُطالعاتِهِ المتَخصِّصة للبُحوث في هذه المَيادين. وهو أيضاً مُعرَّض لها في ما يَسمعُهُ من إذاعات ونشَراتٍ ومُحاضرات أو ما يُعِدُّه هو - إنْ كان ذَلك من اختصاصاتِ عَمله. وممّا لا شَكَّ فيه أن معرفة المُصطلح باللغةِ الأجنبيَّة لِمَنْ يُتْقِنُها يُعطي بُعداً جديداً يزيدُ مَفْهُومَ المصطلحِ العَربيِّ لديه عُمقاً واستيعاباً ودِقَّةَ تحديد.

أما العامِلُون في حَقْل الترجمة من العربيَّة إلى الانكليزية فسيجِدونَ في هذا المُؤلَّفِ خَيْرَ مُعينٍ على الترجمة الدقيقة بتَوفيره لَهُم المُصْطَلحَ التِّقْنِيَّ الانكليزيَّ الذي يُؤدِّي على أحسنِ وَجهٍ مَعنى المُصطلح العربيّ الذي يُترجِمُون.

ونَلْفِتُ الأعِزاءَ مُستَخْدِمي هذا المُعجم إلى أنَّ المداخلَ فيه (وما يَليها من مُشْتَقَّات) مُرَتَّبة ألفبائيًّا دُونَ تَجْريدٍ، مع مُراعاة الأمُور التالية:

١: ألّ التعريف لم تُحتَسبْ في الترتيب الهجائي. فَلَفظُ «التِّقْنيَّة» يَرِدُ في «ت» و «الراهن» في «ر» و «المُضاربة» في «م».

٢: الألِفُ المَمدودةُ اعتُبِرتْ ألِفَيْن. فلَفظَةُ «آجِر» تأتي قَبْلَ «آجِل» وَ «آخِذ» و «آليَّة»، وكُلُّها تَرِد قَبْلَ «ابتزاز» و «إبرام» و «استِطلاع».

٣: الحرفُ المُشَدَّدُ اعتُبِر حَرْفاً واحداً (لا حَرْفَين) في الترتيب الألفبائي. فلفظةُ «حَتَّ» تَرِد قَبْلَ «حُثالَة»، و «عامّ» تأتي قبل «عامَة» و «عامِل»، وتَرِدُ لفظة «مُسَيَّر» قبلَ «مُسَيْطِر» و «مَسِيك».

٤: الألِفُ المَقْصُورةُ اعتُبِرت ألِفاً، فلا تَمْييزَ ألِفْبائيًّا بين «رِضًا» و «رِضىً». وهكذا تَرِدُ «وَفى» قبلَ «وَفاء» و «وِفاق» و «وَفْر».

٥: اعتُبِرت الهَمْزة بحَسَب كُرسِيِّها، فالهَمْزَةُ المكتوبةُ على ألِفٍ تُعتبرُ ألِفاً والمكتوبةُ على ياءٍ ياءً. فلفظةُ «بائع» تَرِدُ بعدَ «باعِث» و «باهِظ»، وكُلُّها قَبْلَ «بَحْث» و «بَحْر».

٦: تَرِدُ الأفعالُ في المُعجم بصيغةِ الماضي.

٧: ألفاظُ الجَمع تَرِدُ في مَوقِعها ألفبائيًا - غالِباً مُحالةً إلى المُفْرَد - مثلاً: أرباح (انظر رِبح). وفي بعضِ الحالات يلي لَفْظَ الجَمْع المُشتقّاتُ المُتعارفَةُ به قَبْل الإحالةِ إلى المُفْرَد - كما في «مَصاريف» مثلاً.

٨: في المُقابِلات الإنجليزيّة وَضَعْنا فاصِلةً مَنْقُوطة (؛) للفَصْل بين المُترادِفات المُعْطاة - وهي ليسَتْ مُتطابقة المعنى بالضّرورة. فتجدُ مُقابِلَ «آلَة» مَثلاً المُرادفات: instrument; implement; tool.

ومُقابِلَ «شَرْعي»: lawful; legal; legitimate; de jure.

وَبمُساعدةِ السِّياق والمُشْتَقّات، التي حَرِصْنا على أن تكُونَ شامِلةً قَدْرَ الإمكان، يُمكِنُ للمُراجعِ تحديدُ المُرادِفِ الذي يَطلُبه.

وخِتاماً أُوَجِّه الشُّكرَ إلى الأعزاء جميع مُوَظفي دائرة المعاجم في مكتبة لبنان الذين عمِلوا مَعي في إنجاز هذا العمل،

والله من وراء القصد.

أحمد شفيق الخطيب
رئيس دائرة المعاجم - دار النشر،
مكتبة لبنان

# حَرفُ الهَمزة

**آتٍ . داخِل** incoming

**آتٍ . قادِم** forthcoming

**آجِرٌ . صاحِبُ العَمَل** employer

عَلاقةُ الآجِرِ بالأجِير
master and servant relationship

**آجِرٌ . مُجْزٍ** remunerative; rewarding

الحُمولَةُ الآجِرة (التي تُدفَعُ أُجورٌ عَنْها)
payload

**آجِـلٌ** postponed; future

تَسْليمٌ آجِل forward delivery

رُسومٌ او نَفَقاتٌ آجِلة charges forward

سِعْرُ الصَّرْف الآجِل forward rate

سُوقُ الصَّرْف الآجِل
forward exchange market

شِراءٌ آجِل buying long

صَفْقةٌ آجِلة . صَفْقةٌ لأجَل
time bargain

مَبْلَغٌ آجِل (مُستَقْبليّ) future sum

**آخِذُ العَيِّنات او مُختَبِرُها** sampler

**آخِر** last

آخِرُ أيامِ التَّصْفِية . يَومُ الدَّفْع
settlement (or settling) day

آخِرُ وَصِيَّة last will and testament

**آخَر** futher

حَتّى إشعارٍ آخَر until futher notice

مَعَ بَقاءِ الأشياءِ الأُخْرى عَلى حالِها
ceteris paribus

والآخَرونَ . والغَيْر et al.

**آدابٌ** (أنْظُرْ أيضاً : أدَب)
rules; rules of conduct

آدابُ التِّجارة business ethics

عَقدٌ مُنافٍ لِلآداب immoral contract

**آذِن . بَوّاب** janitor

**آرٌ** are

**آراء** (أنْظُرْ أيضاً : رَأي) opinions

إجْماعُ الآراء unanimity

**آز** (عُمْلةٌ رومانيّة نُحاسيّة) as

**آزَرَ – يُؤازِرُ . يَدْعَمُ** sustain

**آلَ – يَؤولُ . يَسْري** inure

**آلَـة** instrument; implement; tool

آلَةُ بَيْع vending machine

آلَةُ تَبْويبٍ أو جَدْوَلة . مُجَدْوِلة
tabulator

آلَةُ تَثْقيب بِلَوحة مَفاتيح
key punch machine

آلَةُ تَجديدِ البِطاقات . مُستَنْسِخة
reproducer

آلَةُ تَدْقيقِ حِسابِ الشّيكات
bank proof machine

آلَةُ تَدْقيقٍ وتَحَقُّق . مُدَقِّقة verifier

آلةُ تَرْتيبِ البِطاقات . مُرَتِّبة collator
آلةُ تَسْجيلِ النَّقْد cash register; register cash
آلةُ تَعْليم teaching machine
آلةُ تَفْريز mill.
آلةُ حاسِبة calculating machine; calculator
آلةٌ خَطِرة dangerous machine
آلةُ دَمْغِ الرَّسائل franking machine
آلةُ فَرْزٍ (في مُعالجةِ المعلوماتِ بالحاسِبَةِ الإلكترونيَّة) . فَرّازة sorter
آلةٌ كاتِبة typewriter
آلةٌ كامِلة perfect machine
آلةٌ لِتَنظيم الجَداوِل tabulating machine
آلةٌ مَكَنيَّة machine tool
آلةُ نَسْخ duplicator
آلاتٌ . مَكَنات machinery
آلاتُ قِراءَةِ الحُروفِ والأرقام character reading machines
آلاتُ المُحاسَبة accounting machines
آلاتٌ مَكْتَبيَّة business machines; office machines
آلاتٌ وتَجْهيزات machinery and equipment
الآلاتُ والمُعَدّات plant and equipment
تَكاليفُ الآلةِ في السّاعة machine hour cost
خَطأُ طَبْعٍ على الآلةِ الكاتِبة typing error
عامِلُ (او عامِلَةُ) الآلةِ الكاتِبة typist
لُغَةُ الآلة machine language

مُشَغِّلُ (او عامِلُ) الآلة machine operator
مَشْغَلُ آلات . وَرْشة مَكَنات machine shop
مُعالَجةُ المُعطَياتِ بالآلاتِ الإلكترونيَّة electronic data processing
يَثْقُبُ بآلةِ التثْقيب key punch
يَطْبَعُ على الآلةِ الكاتِبة type
**آليّ . ذاتيُّ الحَرَكة** automatic
تَبْويبُ المَعلوماتِ آليّاً automated data processing
الحاسِبةُ الآليَّة العَدَديَّة digital computer
صَرّافٌ آليّ cash dispenser
**آليَّة . جِهاز** mechanism
آليَّةُ السِّعر price mechanism
**الآليَّة . المَكْنَنة** automation
**آنيّ . وَقْتيّ** momentary
**آوى – يُؤوي** house; lodge
**أبٌ** (او أمّ) parent
مَذْهَبُ الأبَويَّة (سِياسةُ الدَّولةِ في الرِّعايةِ الاجْتِماعيَّة لِلمُواطِنين) paternalism
**أبى – يأبى . يَرْفُض** refuse
**ابتِدائيّ . أوَّليّ** primary
**ابْتَزَّ – يَبْتَزّ** gouge
يَبْتَزُّ المالَ بالخِداع swindle
**ابْتِزاز** blackmail; extortion; chantage
ابْتِزازُ المال graft
حَسْمُ ابتِزازيّ shaving
**أبْحاث** (أنظُر ايضاً : بَحْث) research
**إبْحار** sailing

بِطاقةُ الإبْحار sailing card
مِيناءُ الإبْحار port of departure
**أبْحَرَ – يُبْحِرُ** embark
**إبْخاسُ القِيمةِ** undervaluation
**أبْدَى – يُبْدِي مُلاحَظَةً او تَعْليقاً** remark
**إبْدال . إحْلال . استِبْدال** replacement; substitution; commutation
إبْدالُ الحُكْم commutation of sentence
إبْدالُ الضَّرائِبِ (بِأَخَفَّ مِنها عادَةً) commutation of taxes
إبْدالٌ عَيْنيّ replacement in kind
إبْدالُ المَنفَعة commutation of interest
احتياطِيُّ إبْدالِ (الأُصُولِ الراسِماليّة) replacement reserve
تَكاليفُ الإبْدال replacement costs
**إبْراءُ ذِمَّة . إخْلاءُ طَرَف** release; quittance
**إبْرازُ اوراق – أمْرٌ بِإبْرازِ اوراقٍ** (تتعلّقُ بالدَّعْوى) subpoena duces tecum
**إبْرام** execution
**أبْرَزَ – يُبْرِزُ** feature
**أبْرَشيّ** parochial
**أبْرَقَ – يُبْرِقُ . بَرقِيَّة** cable
**أبْرَمَ – يُبْرِمُ . يُقْفِلُ** close
**إبْطاءٌ . بُطْءٌ . تَراخٍ** slackening
**إبْطال . إلْغاء** cancellation; defeasance
إبْطالٌ كُلّيٌّ تامّ abrogation
إبْطالُ الوَصِيَّة ademption
**أبْطَلَ – يُبْطِلُ . يُلْغي** annul; nullify; revoke; recall; undo; rescind; overrule; quash
يُبْطِلُ عُمْلَةً مِنَ التَّداوُل demonetize

**إبْعادُ السِّلْعَةِ مِن سُوقِها المُعْتادِ لارتِفاعِ الأسعار** pricing out of the market
**إبْهاميّ – دَليلُ إبْهاميّ** thumb index
**أبْيَض** white
سَنَداتٌ بَيْضاءُ لِحامِلِها blank bonds
عامِلٌ أبْيَضُ الياقة white-collar worker
فُسْحَةٌ بَيْضاء white space
كِتابٌ أبْيَض white paper
نُحاسٌ أبْيَض white brass
**إتاوة** royalty
إتاوات royalties
**اتّجار** trade; business
اتّجارٌ غَيْرُ مَشْروعٍ في الخُمور bootlegging
إفْراطٌ في الاتّجار overtrading
قابِلٌ للاتّجارِ بِه . يُباع ويُشْتَرى mercable
نَقْصٌ في الاتّجار . قُصورُ الاتّجار undertrading
**اتّجاه** direction
سَيْرٌ ذو اتّجاهٍ واحِد one-way traffic
**اتّجاه . مَيْل** tendency; trend
اتّجاهٌ طويلُ المَدى secular trend
اتّجاهٌ نَحْوَ الارْتِفاع uptrend
الاتّجاهاتُ الاقتصاديّة economic trends
اتّجاهاتٌ تَضَخُّمِيَّة inflationary tendencies
التَنَبُّؤُ بالاتّجاه trend forecasting
**اتّحاد . حِلف** alliance
**اتّحاد . جَمْعِيَّة** association
**اتّحاد** confederation; federation; union

اتّحادُ احتِكار التَصْويت (يَقُوم بِشِراءِ حَقِّ التَصْويتِ مِنَ الجَمْعِيّات العُموميَّة لِلشَّرِكات) voting trust

اتّحادُ احتِكاريّ trust

اتّحادُ أَصْحابِ الأعمال البريطاني
British Employers' Confederation

اتّحادُ اقتِصاديّ economic union

الاتّحادُ الاقتِصاديُّ والجُمرُكيُّ لِبلادِ إفريقيةَ الوُسْطى Union Douanière et Economique d'Afrique Centrale (U.D.E.A.C.)

اتّحادُ بِرْن Berne Union

اتّحادُ البَريدِ العالَميّ
Universal Postal Union (U.P.U.)

اتّحادُ بَريديّ postal union

الاتّحادُ البَريديُّ الدَّوليّ
International Postal Union

اتّحادُ البِناءِ والحِرَفِ المُتَّصِلةِ والفَنِّيّين
Union of Construction and Allied Trades and Technicians (U.C.A.T.T.)

اتّحادُ بِهَدَفِ تَقْييدِ التِّجارة
combination in restraint of trade

اتّحادُ تَأمينِ الدُّيونِ الدَّوْليّة
Union d'Assurance des Crédits Internationaux

اتّحادُ تَسْليف credit union

اتّحادُ تَعاوُنيّ co-operative union

اتّحادُ تَعاوُنيّ إئْتِمانيّ credit union

الاتّحادُ التَّعاوُنيُّ الدَّوْليّ International Co-operative Alliance (I.C.A.)

اتّحادُ جُمْرُكيّ
customs union; custom union

الاتّحادُ الجُمْرُكيّ لِلبِلادِ الاستِوائيَّة
Union Douanière Equatoriale (U.D.E.); Equatorial Customs Union

اتّحادُ الجَمْعِيّاتِ التَّعاوُنيَّةِ الإنْتاجيَّة
Co-operative Productive Federation

الاتّحادُ الدَّوليُّ لِلمُواصَلاتِ السِّلْكيَّةِ واللاسِلْكيَّة International Telecommunications Union (I.T.U.)

الاتّحادُ الدَّوليُّ لِلنِّقاباتِ الحُرَّة
International Confederation of Free Trade Unions (I.C.F.T.U.)

اتّحادُ رَأسيّ vertical combination

اتّحادُ شَرِكات combination; combine; consortium

اتّحادُ شَرِكاتٍ احتِكاريّ cartel

اتّحادُ شَرِكاتِ استِثْمارٍ بالوَحَدات (في الوِلاياتِ المُتَّحِدة) Mutual Funds

اتّحادُ الصِّناعاتِ البريطانيَّة Federation of British Industries (F.B.I.)

اتّحادُ الصِّناعةِ البريطانيَّة Confederation of British Industry (C.B.I.)

اتّحادُ صِناعيّ . نِقابَةُ صِناعيَّة
industrial union

الاتّحادُ العالَميُّ لِنِقاباتِ العُمّال
World Federation of Trade Unions (W.F.T.U.)

اتّحادُ عامّ general union

الاتّحادُ العامُّ لِلعَمَل Confédération Générale du Travail

اتّحادٌ عُمّاليّ . نِقابة — labour (or trade) union; union

اتّحادٌ (عُمّاليٌّ) دَوْليّ — international union

الاتّحادُ العُمّاليُّ القَوْميُّ المُوَحَّدُ الأعْظَم — Grand National Consolidated Trades Union

اتّحادٌ (عُمّاليٌّ) مُسْتَقِلّ — independent union

اتّحادُ العَمَل الأمْريكيّ — American Federation of Labor (A.F.L.)

اتّحادٌ فِدراليّ — federation

الاتّحادُ القَوميُّ لأصْحابِ المَصانِع — National Union of Manufacturers

الاتّحادُ القَوميُّ لِلمُزارِعين — National Farmers Union (N.F.U.)

الاتّحادُ القَوميُّ لِلمُعَلِّمين — National Union of Teachers (N.U.T.)

اتّحادُ المَتاجِرِ المُتَعَدِّدَةِ الفُروع — multiple shops federation

اتّحادُ المَدفوعاتِ الأوروبيّ — European Payments Union (E.P.U.)

اتّحادُ المَشْروعاتِ الاقتِصادِيّة (في ألمانيا) — Konzern

اتّحادُ المُصَدِّرين — export association

اتّحادٌ مَصْرِفيّ — bank consortium

اتّحادٌ مَفْتوح . نِقابةٌ مَفْتوحة — open union

اتّحادُ المُنْتِجين . كارْتَل — Kartell; cartel

اتّحادُ المِهَنِ التَوزيعيّة — Distributive Trades Alliance

اتّحادُ المِهَنِ الكَهْرَبائيّة — Electrical Trades Union (E.T.U.)

اتّحادٌ مِهَنيّ — trade association

اتّحادُ المُؤَمِّنينَ على ضَمانِ تَغْطِيَةِ الاكتِتاب في الأسْهُم — underwriters

اتّحادُ النَّقْدِ الإسْكَنْدِنافيّ — Scandinavian Monetary Union

اتّحادٌ نَقْديّ — monetary union

الاتّحادُ النَّقْديُّ الأوروبيّ — European Monetary Union (E.M.U.)

الاتّحادُ النَّقْديُّ لِلدُّوَلِ اللاتينيّة — Latin Monetary Union

اتّحادُ النَّقْل والعُمّالِ العُموميّين — Transport and General Workers' Union (T.G.W.U.)

الاتّحادُ الهَنْدَسيُّ المُنْدَمِج — Amalgamated Engineering Union (A.E.U.)

اتّحاداتٌ نَموذَجيّة جَديدة — new model unions

تَكْوينُ اتّحاداتٍ لِلمُنْتِجين — cartellization

مَذْهَبٌ اتّحاديّ — federalism

مَسائِلُ اتّحاديّة — federal questions

مُقاوِمٌ للاتّحاداتِ الاحتِكاريّة — anti-trust

نُظُمُ الاتّحاداتِ العُمّاليّةِ الجَديدة . النِّقابيّةُ الجَديدة — New Unionism

**اتَّحَدَ ـ يَتَّحِدُ . يأتَلِفُ** — combine

**اتّخاذُ القَرارات** — decision making

**اتّساع** — expansion

**اتّساق . تَناسُق** — consistence

**اتّصال** — communication

اتّصالٌ تِجاريّ — business contact

الاتّصال عَن بُعْدٍ (سِلْكياً او لاسلكياً)
telecommunication

اتّصالاتٌ . مُراسَلات . مُواصَلات
communications

إدارَةُ البَريدِ والاتّصالاتِ البَعيدة
Posts and Telecommunications

رَمْزُ اتّصالٍ عَن بُعْد telecode

طُرُقُ الاتّصال
channels of communication

مَكانُ الاتّصال . مَوْصِل junction

مَكْتَبُ الاتّصال . مَكْتَبُ الارْتِباط
liaison office

نَظَرِيَّةُ الاتّصال communication theory

وَسائِلُ الاتّصال . قَنَواتُ الاتّصال
communication channels

**اتّصَلَ ـ يَتَّصِلُ . يَرْتَبِطُ** interlink

**أتعاب** fee; remuneration

أتعابٌ (الخَدَماتِ المِهَنِيَّة) honorarium

أتعابٌ (قانُونِيَّة) retainer

**اتّفاق . تَماثُل** community

**اتّفاق . اتّفاقِيَّة** agreement

اتّفاقٌ إجْماليّ أو إضْماميّ package deal

اتّفاقُ بريتُون وُودْز (١٩٤٤)
Bretton Woods Agreement (1944)

الاتّفاقُ الثُّلاثيّ (لمعادَلَةِ سِعْرِ الصَّرْفِ بَيْنَ إنكلترا وفَرَنْسا والوِلاياتِ المُتَّحِدة)
Tripartite Agreement (1936)

اتّفاقٌ ثُنائيّ bilateral agreement

اتّفاقٌ خاصّ private agreement

اتّفاقُ دَفْع . اتّفاقِيَّةُ مَدْفُوعات
payments agreement

اتّفاق سمِثْسُونيان (١٩٧١) (حَوْلَ تَخْفيضِ قيمَةِ الدُّولارِ بالنِّسْبَةِ للجُنَيْهِ الإسترلينيّ)
Smithsonian Agreement

اتّفاقُ شَرَف gentleman's agreement

اتّفاقٌ شَفَويّ parol contract

اتّفاقُ الضَّماناتِ الماليَّة
security agreement

اتّفاقٌ على وَضْعِ العَقْدِ في حالَةِ إلْغائِه
pre-termination agreement

اتّفاقٌ عُمّاليّ labour agreement

اتّفاقُ قَرْضِ واشِنْطون Washington Loan Agreement (1945)

اتّفاقٌ لِعَرْقَلَةِ التِّجارة
agreement in restraint of trade

اتّفاقٌ ماليّ financial agreement

اتّفاقٌ مُلْزِم binder

اتّفاقُ يَاوُنْده (لإلحاقِ المُسْتَعمَراتِ الفَرَنسيَّةِ السّابِقَةِ ودُوَلِ الكومُنولْث بالسُّوق الأُورُوبيَّة المُشتَرَكة)
Yaounde Convention

شَرِكَةٌ بَسيطةٌ مُؤَسَّسَةٌ باتّفاقٍ شَفَهيّ
oral partnership

مُذَكِّرَةُ اتّفاق articles of agreement

**اتّفاقيّ** stochastic

رُسُومٌ اتّفاقيَّة conventional tariff

**اتّفاقيَّة** (أنْظُر أيضاً : اتّفاق) agreement

اتّفاقيَّة استُوكهُولْم
Convention of Stockholm

اتّفاقيَّةُ أُوتاوا (جَعْلُ أفْضَلِيَّةِ التِّجارَةِ البريطانيَّة مَعَ دُوَلِ الكُومُنْولْث)
Ottawa Agreement (1932)

اتّفاقيّةُ بِرْن (١٨٨٦)
Berne Convention (1886)

commercial agreement; trade agreement اتّفاقيّةٌ تِجاريّة

اتّفاقيّةٌ تِجاريّةٌ تَبادُليّة
reciprocal trade agreement

pooling agreement اتّفاقيّةُ تَجْميع

marketing agreement اتّفاقيّةُ تَسْويق

tariff agreement اتّفاقيّةُ تَعْرِفة

اتّفاقيّةٌ ثُنائيّةٌ تِجاريّة
bilateral trade agreement

اتّفاقيّةٌ جاهِزة (تُنَفَّذُ عِندَ الإقتِضاء)
stand-by agreement

collective agreement اتّفاقيّةٌ جَماعيّة

اتّفاقيّةٌ خاصّة . مُعاهَدةٌ خاصّة
private treaty

اتّفاقيّةُ السِّعْرِ المَفتوح
open price agreement

اتّفاقيّةُ الشَّرِكةِ البَسيطَة
partnership agreement

اتّفاقيّةُ ضَمانِ الدَّفْعِ (مَعَ العَميل)
del credere agreement

الاتّفاقيّةُ العامّةُ لِلتَّعْرِفاتِ الجُمْرُكيّةِ والتِّجارة (چات)
General Agreement on Tariffs and Trade (G.A.T.T.)

اتّفاقيّةُ عَدَمِ تَنازُل
non-waiver agreement

اتّفاقِيّةُ القَرْضِ الأمْريكيّ
American Loan (1945)

اتّفاقيّةُ الكومُنْولْث لِلسُّكَّر
Commonwealth Sugar Agreement

اتّفاقيّةٌ مُتَعدِّدةُ الأطْراف
multilateral agreement

continuing agreement اتّفاقيّةٌ مُستَمِرّة

joint agreement اتّفاقيّةٌ مُشتَرَكة

clearing agreement اتّفاقيّةُ مُقاصّة

barter agreement اتّفاقيّةُ مُقايَضة

اتّفاقيّةُ مُنْتيفيديو (لِحُدّيّةِ التّجارةِ في أمْريكا اللاتينيّة)
Montevideo Agreement

الاتّفاقيّةُ النَّقْديّةُ الأورُوبيّة (١٩٥٨)
European Monetary Agreement (E.M.A.)

master agreement اتّفاقيّةٌ نَموذَجيّة

tally **اتَّفَقَ ـ يَتَّفِقُ** (مع) . **يُطابِقُ**

**إتْلافُ الوَحَداتِ المَعيبة**
scrapping defective units

waste **أتْلَفَ ـ يُتْلِفُ . يَتْلَفُ**

round off **أتَمَّ ـ يُتِمُّ**

**إتْمام ـ طَريقةُ النِّسْبةِ المِئَويّةِ لإتْمامِ العَمَل**
percentage of completion method

charge **اتّهام**

presentment تَقْريرُ اتّهام

bill of indictment; indictment لائِحَةُ اتّهام

furniture **أثاث**

raise **أثارَ ـ يُثيرُ** (قَضيّةً او مَسْألة)

assurance; averment **إثْباتٌ . تأكيد**

certification; evidence; proof **إثْبات**

proof of loss إثباتُ الخَسارة

probate إثباتُ الوَصيّة

in witness whereof إثباتاً لِذَلِك

عِبْءُ الإِثْبات burden of proof

**أَثْبَتَ ـ يُثْبِتُ . يَشْهَدُ . يُؤَكِّدُ** testify

يُثْبِتُ حَقّاً quiet

يُثْبِتُ صِحَّةَ (وَثيقَةٍ او سَنَد) validate

**أَثَّثَ ـ يُؤَثِّثُ** furnish

**اثَرٌ . تَأْثير** influence; effect; impact

اثَرُ الإِسْتِبْدال substitution effect

اثَرُ التَّبَعيَّة dependence effect

اثَرُ الحَجْم scale effect

اثَرُ الدَّخْل income effect

اثَرُ السِّعْر price effect

آثارُ التَّناقُصِ السُّكّانيّ effects of declining population

آثارٌ تَوْجيهيَّة directional effects

بِأَثَرٍ رَجْعيّ ex post facto

رَجْعيُّ الأَثَر retroactive

**أَجابَ ـ يُجيبُ . يَرُدُّ** reply; respond

**إجابة . رَدّ** answer

**إجارة . إيجار** tenancy

إجارة انْفِراديَّة several tenancy

إجارةٌ عامَّة general tenancy

إجارةٌ مُشْتَرَكة joint tenancy

إجارةٌ مِن سَنَةٍ إلى سَنة tenancy from year to year

**إجازة . فُرْصة** vacation; holiday

إجازَةٌ بِأَجْر holiday(s) with pay

إجازَةٌ بِراتِب . إجازةٌ مَدْفوعة paid vacation

إجازَةُ نِصْفِ يَوْمٍ أُسْبوعيَّة (بَعْدَ ظُهْرِ السَّبْت) weekly half-holiday

أُجْرَةُ الإجازة vacation pay

قانونُ الإجازاتِ بِأَجْر Holidays with Pay Act (1938)

**إجـازة** warrant; fiat; clearance; permit

إجازَةُ امتياز charter

إجازَةُ تَصْدير export permit

إجازَةُ تَفْريغ landing order

إجازة ج "C" licence

إجازَةُ دُخول entry permit; clearance inwards

**إجازة . إذْنٌ بِالغِياب** leave of absence; leave

إجازَةٌ بِدون راتِب leave without pay

إجازَةٌ سَنَويَّة annual leave

إجازَةٌ طارِئَة emergency leave

إجازَةٌ عَرَضيَّة casual leave

إجازَةٌ قَصيرة furlough

إجازَةٌ مُتَجَمِّعة accumulated leave

إجازَةٌ مَرَضيَّة sick leave

إجازَةٌ مُسْتَحِقَّة accrued leave

في إجازة on leave

**إجْبار . إلْزام** compulsion

**إجْباريّ . إلْزاميّ** compulsory; obligatory

ادِّخارٌ إجْباريّ forced saving; forced frugality

اقْتِراضٌ إجْباريّ involuntary borrowing

تَأْمينٌ إجْباريّ compulsory insurance

تَحْكيمٌ إجْباريّ compulsory arbitration

تَصْفِيَةٌ إجْباريَّة compulsory liquidation

التَّقاعُدُ الإجْباريّ compulsory retirement

شِراءٌ إجْباريّ — compulsory purchase
قَرْضٌ إجْباريّ — compulsory loan
**اجْتازَ ـ يَجْتازُ . يَتَخَطّى** — overpass
**اجْتَذَبَ ـ يَجْتَذِبُ** — draw
**اجْتِماع** — meeting
اجْتِماعٌ جَماهيريّ — mass meeting
الاجْتِماعُ العامُّ السَّنَويّ — Annual General Meeting (A.G.M.)
اجْتِماعُ المَجْلِس — board meeting
عِلْمُ الاجْتِماع — sociology
وَقائِعُ الاجْتِماع . مَحْضَرُ الاجْتِماع او الجَلْسة — minutes of the meeting; minutes
**اجْتِماعيّ . مُتَعَلِّقٌ بالمُجْتَمَع** — social
اجْتِماعيّ اِقْتِصاديّ — socio-economic
اجتِماعيّ ثَقافيّ — socio-cultural
اجتِماعيّ سِياسيّ — socio-political
اقْتِصادٌ اجتِماعيّ — social economics
إنْعاشٌ اجتِماعيّ — social welfare
تأمينٌ اجتِماعيّ — social insurance
تَسْليفٌ اجتِماعيّ — social credit
تَكْلِفةٌ اجتِماعيَّة — social cost
الثَّرْوَةُ الاجتِماعيَّة — social capital; social wealth
حَياةٌ اجتِماعيَّةٌ صاخِبة — racketing
خِدْماتٌ اجتِماعيَّة — social services
صافي النّاتِجِ الاجتِماعيّ — social net product
ضَمانٌ اجتِماعيّ — social security
عالِمٌ اجتِماعيّ — sociologist
عامِلٌ اجتِماعيّ — social worker

عَدالَةٌ اجتِماعيَّة — social justice
عَدَمُ تَوازُنٍ اجتِماعيّ — social imbalance
مَجْموعَةٌ اجتِماعيَّة اقْتِصاديَّة — socio-economic group
مُحاسَبَةٌ اجتِماعيَّة — social accounting
مَسْحٌ اجْتِماعيّ — social survey
مُشْكِلَةٌ اجتِماعيَّة — social problem
**المَنْفَعَةُ الاجتِماعيَّةُ القُصْوى** — maximum social advantage
وَزارَةُ الشُّؤون الاجتِماعيَّة — ministry of social affairs
الوَضْعُ الاجتِماعيّ — social status; status
**اجْتَمَعَ ـ يَجْتَمِعُ** — meet
**اجْتِهادٌ قَضائيّ . فِقْه** — jurisprudence
**إجْحاف . ظُلْم . حَيْف** — injustice
**أَجَّرَ ـ يُؤَجِّرُ** — rent
يُؤَجِّرُ مِنَ الباطِن — sublet; farm out
يُؤَجِّرُ مَنْفَعة — demise
**أَجْرٌ** — fee; pay; hire; rate; wage; fare
الأَجْرُ الأساسيّ — base rate
اجْر الاستِدعاء للعَمَل — call-in pay
اجْرٌ إضافيّ — extra-pay
اجْرٌ إضافيّ (للعَمَل الخَطِر او العَمَل في يَوم عُطْلة) — premium pay
اجْرٌ إضافيّ للعِناية — "hat money" ; primage
اجْر تَعْويضيّ — make-up wage
اجْر الحُضور — attendance money
اجْرُ الرَّوافِع — cranage
اجْر زَمَنيّ (حَسَبَ ساعاتِ العَمَل) — time rate

الأجْرُ السائِد going wage; prevailing wage

اجْر سَنَويّ مَضْمون guaranteed annual wage

اجْرُ شَحْنِ العَودة back freight

اجْرُ الصِّيانة upkeep

اجْرٌ عادِل just wage; fair wage(s)

الأجْرُ ٱلقِطْعيّ ٱلجَماعيّ group piece rate

أَجْرٌ كامِل full fare; full pay

اجْرُ الكَفاف (حَدّ ادْنى لِلأجْر) living wage

اجْرٌ مُتَساوٍ . اجْر مُتَكافِىء equal pay

الأجْر (المُستَوفى عن الوَقت) العاديّ straight time

اجْر مَضْمون guaranteed wage

اجْرُ (نَقْل) تَفاضُليّ differential rate

اجْر اليَومِ المَقيس measured day rate

إجازة بأَجْر holiday(s) with pay

أُجور الإدارة wages of management

أُجور اسمِيَّة nominal wages

الأُجور بالقِطْعة piece rates

أُجورٌ حَسَبَ ساعاتِ العَمَل time wages

أُجور حَقيقيَّة real wages

أُجور سِعْريَّة "calorie" wages

أُجورُ الشَّحْنِ عَلى البِضاعةِ المُشتَراة freight-in

أُجورٌ غَيرُ مُنتِجة non-productive wages

الأُجور القائِمة (الاساسيَّة) gross pay

الأُجور المُباشِرة (لِلعامِلين المُنتِجين) direct wages

أُجور مُرتَفِعة high wages

أُجور مُنتِجة (يَعمَلُ مُتَقاضوها في الإنْتاج مباشَرة) productive wages

أُجورُ النِّساء women's wages

أُجور نَقديَّة money wages

إدارةُ الأُجورِ والرواتِب wage and salary administration

ادْنى حَدّ لِلأجْر minimum wage

اقتِصادُ الأُجور المُرتفِعة economy of high wages

انسِياقُ الأُجور wage drift

بَدَل الأجْر wage rate

بطاقةُ الأُجور rate card

بَيانُ الأُجورِ والضرائِب wage and tax statement

تَثْبيتُ الأُجور wage stabilization

تَجْميدُ الأُجور wage freeze

تَخْفيضُ الأُجور wage cut

تَعْديلُ الأُجور wage adjustment

تَعْديلُ الأُجورِ بسَبَبِ تَغيُّرِ تَكاليفِ المَعيشة cost of living adjustment

تَعديلُ الأُجور تِلْقائيّاً automatic wage adjustment

تَعرِفةُ أُجورِ النقْل rate tariff

تَغايُرُ مُعدَّلِ الأُجور wages rate variance

التَّمييزُ في الأُجور (او الأسعار) بينَ العُملاء rate discrimination

حَلَزونُ الأُجورِ والأسعار wages-prices spiral

حَوافِزُ أَجْريَّة wage incentives

خُطَّةُ الاجرِ السَنَويّ annual wage plan

سِلَعُ اجْر wage-goods

سُلَّمُ الأجور wage scale
سياسةُ الرواتِب والأُجور pay policy
شَريحَةُ الأُجور wage bracket
صافي الأَجْر net pay
ضَبْط الأُجور adjustment of wages
طُرود الأُجور التعويضِيَّة
compensating fee parcels
طَريقةُ الأَجْرِ بالقِطْعة price method
عامِلٌ بالأَجْر wage earner
عَمَلٌ بأجْر . عَمَلٌ مأْجور paid labour
فَتْرةُ تَجْميد الأُجور pay pause
الفَرْق في الأُجور wage differential
فُروق الأُجورِ التعويضِيَّة
compensating wage differentials
قانونُ الأُجورِ السائِدة
prevailing wage law
قانونُ الأُجورِ وساعاتِ العَمَل
wage-hour law
القانونُ الحُديديُّ للأُجور
iron law of wages
كَبْحُ الأُجور . الحَدُّ مِن زِيادة الأجور
wage restraint
مَتْجَر الأُجور السِّلْعيَّة tommy-shop
مَجْلِس الأُجور pay board; wage council
مُعَدَّلُ النِّسْبة المِئَويَّة للأُجور
wages percentage rate
مُعَدل النِّسْبة المِئَويَّة للأُجور المُباشِرة
direct wages percentage rate
نِظامُ الأَجْر المَزيد (التصاعُديّ)
premium bounties

نِظام دَفْع الأُجور سِلَعاً (مِن مَتْجَرٍ يَملِكُهُ رَبُّ العَمَل) truck system
نَظريَّة الأُجور المَعيشِيَّة
subsistence theory of wages
نَظريَّة مُخَصَّصات (رَصيد) الأُجور
wages fund theory
نَظريَّة المُساوَمة في تَحْديد الأُجور
bargaining theory of wages
هَيْكَل الأُجور wages structure
**اجْرى ـ يُجْري مُقابَلةً مَع** interview
**إجْراء** procedure; measure
إجراءُ تَحْليلِ اعمالِ الوَرشاتِ ووَضْعُ جَداولَ لها workshop analysis and scheduling procedure (W.A.S.P.)
إجراءُ تَقْييمِ البَرنامَج programme evaluation procedure (P.E.P.)
إجراءٌ خَبيثُ القَصْد
malicious prosecution
إجراء شَكْليّ formality
إجراء (قَضائيّ) proceeding
إجْراءات . تَدابير measures
إجراءاتُ الاسْتِيراد import procedures
إجراءاتُ الإفْلاس
bankruptcy procedures
إجراءاتٌ تأْديبيّة disciplinary actions or measures
إجراءاتٌ دَوْرِيَّة periodic procedures
إجراءاتُ السَّلامة safety procedures
إجْراءاتٌ شِبْهُ قَضائيَّة quasi-judicial
إجراءاتُ الشِّراء purchasing procedures
إجْراءاتٌ قانُونيَّة legal proceedings

إجْراءاتٌ مُحاسَبِيَّة
accounting procedures

الأَنظِمةُ والإجْراءات
systems and procedures

رَسْم بَيانيّ للإجراء — procedure chart

القَوانينُ المَرْعيَّة الإجراء — laws in force

وَقْفُ الإجْراءات — stay of proceedings

**إجْرائيّ** — executive

**أُجْرة** — pay; wage; fare; fee

أُجْرَةُ الإجازة — vacation pay

أُجْرةُ استِخْدامِ كُشْكِ البَيْع — stallage

أُجْرةُ إعلانٍ مُتكَرِّر
multiple insertion rate

أُجْرةٌ امتِيازيَّة — preferential rate

أُجْرةُ البَرقيَّةِ بِرَسْمِ التَّحْصيل
collect telegram

أُجْرةُ البَريد — postage

أُجْرَةُ التَّسْتيف — stowage

أُجْرةُ السَّفَر — fare

أُجْرةُ شَحْن (نَوْلُون) — naulage; freight; freightage; shipping charge; freight rate

أُجْرةُ الشَّحْن الإجْماليّ بالمُجازَفة (تُدفَع في مَكانِ الوُصول) — gross freight at risk

أُجْرةُ الشَّحْن بِرَسْمِ التَّحْصيل
collect freight shipment

أُجْرَةُ شَحْنِ بِضاعةِ التَّصْدير
export rate

أُجْرةُ شَحْنِ البَضائعِ الخارِجة
freight outward

أُجْرةُ شَحْنِ البَضائعِ الداخِلة
freight inward

أُجْرةُ الشَّحْنِ الضَّائِعة — dead freight

أُجْرةُ الشَّحْنِ في الإياب — return freight

أُجْرةُ الشَّحْنِ مَدفوعةٌ مُقَدَّماً
freight prepaid

أُجْرةُ شَحْنٍ مَسْموحٌ بِحَسْمِها
freight allowed

أُجْرةُ شَحْنٍ وَهْميّ — phantom freight

أُجْرةُ العِتالة . عِتالة — porterage

الأُجْرةُ عَلى الطُّن — tonnage

أُجْرةُ العَوْدَةِ إلى العَمَل — call-back pay

أُجْرَةُ القَطْر . قَطْر — towage

أُجْرَةٌ لِمَنْفَعةٍ مُؤَجَّلة — dead rent

أُجْرةُ المُرْشِد (القُبْطان) — pilotage

أُجْرةُ مَسْكَن — gale

أُجْرةُ المِيلِ الواحِد — mileage

أُجْرةُ النَّقْل . نَقْل — portage; carriage; transportation

أُجْرةُ النَّقْل بالصَّنْدَل . النَّقْلُ بالصَّنْدَل
lighterage

أُجْرةُ نَقْلٍ بالعَرَبات — cartage; drayage

أُجْرةُ النَّقْلِ بالمُعَدِّيات — ferriage

أُجْرةُ النَّقْلِ على المُشْتَري
carriage forward

أُجْرةُ نَقْلٍ مائيّ — floatage (flotage)

أُجْرَةُ النَّقْلِ مَدْفوعة — carriage paid

أُجْرةُ نَقْلٍ مَدْفوعة — paid freight

أُجْرةُ نَقْلٍ مَدْفوعةٌ سَلَفاً — prepaid freight

أُجْرَةُ الهاتِفِ بِرَسْمِ التَّحْصيل
collect telephone

انحِرافُ أُجْرةِ العَمالةِ واستِعمالِها
labour rate and usage variance
تَحْصيلُ أُجرَةِ الشَّحْن freight collect
تَسْليمٌ خالِصُ الأُجْرة franco delivery
ثَمَنُ البِضاعةِ وأُجُورُ شَحْنِها
cost and freight (C.A.F.)
خالِصُ أُجرةِ البَريد post paid
خالِصُ أُجْرةِ النَّقْل حَتّى رَصيفِ الشَّحْن
free docks
خالِصُ الأُجرةِ والمَصاريف franco (fco.)
شُروطُ دَفْعِ أُجْرةِ النَّقْل
transportation terms
عَرَبةُ أُجْرة hackney carriage
مُعَدَّلُ الأُجرةِ لِلحُمولةِ المُختَلِطة
mixed carload rate
مُعْفًى مِن أُجرةِ البَريد post-free
نِصْفُ أُجْرة half fare
**أجَّلَ – يُؤَجِّلُ . يُرْجِىءُ** defer; postpone
يُؤَجِّلُ . يُسَوِّفُ procrastinate
**أجَلٌ . وَقْت** time; term; period; duration
أَجَلٌ طَويل . طَويلُ الأَجَل long-term
أَجَلٌ مُحَدَّد fixed term
إلى أَجَلٍ غَيْرِ مُسَمًّى sine die
أوراقٌ (تِجارِيّة) لِأَجَل
time (commercial) paper
تأجيرُ مَرْكَبٍ لِأَجَل time charter
تَسْليفٌ لِأَجَلٍ طَويل long-term credit
حِسابٌ لِأَجَل time account
سَناهِيَة لِأَجَل terminable annuity
سُوقُ التَّعامُلِ لِأَجَل terminal market

سُوقٌ قَصيرةُ الأَجَل near-term market
قَرْضٌ لِأَجَل time loan
قَصيرُ الأَجَل short-term
كَمْبِيالةٌ لِأَجَل time bill of exchange; time draft; time note
مالٌ مُقتَرَضٌ لِأَجَل time money
وَدائعُ لِأَجَل term deposits
وَديعَةٌ لِأَجَل time deposit
**إجْماعُ الرَّأي** consensus of opinion; unanimity
**إجْماعيّ . بإجْماعِ الآراء** unanimous
**إجْماليّ . قائِم** gross; overall
إجْماليُّ الاستِثْمارِ الثّابِت
gross fixed investment
إجماليُّ الإنْفاقِ القَوميّ
gross national expenditure (G.N.E.)
إجماليُّ تَكاليفِ المُعالَجةِ الصِّناعيَّة
process cost summary
إجماليُّ التَّكْلِفة gross cost
إجْماليُّ حَرَكةِ رَأسِ المالِ العامِل
working capital turnover
إجماليُّ حَرَكةِ السِّلَعِ المُنْتَجة
turnover of finished goods
إجماليُّ حَرَكةِ الوَحْدَةِ الصِّناعيَّة والمُعَدّات
turnover of plant and equipment
إجْماليُّ رَأسِ المالِ المُستَخدَم
gross capital employed
إجماليُّ الرَّواتِب gross pay
إجماليُّ العائِد gross yield
إجماليُّ الفائِدة . الفائِدةُ الإجْماليَّة
gross interest

إجماليُّ النّتاجِ الدّاخِليّ
gross domestic product

اتّفاقٌ إجْماليٌّ او إضْماميّ package deal

أُجْرَةُ الشَّحْنِ الإجْماليّ بالمُجازَفة (تُدْفَعُ في مَكانِ الوُصول)
gross freight at risk

الإنْتاجُ القَوميُّ الإجْماليّ
gross national product (G.N.P.)

إيجارٌ إجماليّ gross lease

بُوليصةٌ إجْماليّة . بُوليصَةُ تأمينٍ مُوَحَّدَة
package policy

تَأمينٌ إجْماليّ shifting risk

الحَدُّ الإجْماليّ . هامِشُ الرِّبْحِ الإجماليّ
gross margin

حَدُّ الرِّبْحِ الإجْماليّ gross profit margin

حِسابٌ إجماليّ summary account

الدَّخْلُ الإجْماليُّ غَيْرُ الخاضِعِ لِلضَّريبة
non-taxable gross income

دَخْلٌ (او إيرادٌ) إجْماليّ gross income

دَوْرَةُ إجْماليّ الأُصُول
total assets turnover

الدَّيْنُ القَوميُّ الإجْماليّ
gross national debt (G.N.D.)

رِبْحٌ إجْماليّ gross profit; trading profit

الرِّبْحُ الإجْماليُّ مِنَ المَبيعات
gross profit from sales

سِعْرُ الصَّرْفِ الإجْماليّ
outright rate of exchange

طَريقَةُ التَّقْسيطِ لِتَحْديدِ الرِّبْحِ الإجْماليّ
instalment method of determining gross income

طَريقَةُ الرِّبْحِ الإجْماليّ لِتَقْديرِ الجَرْد (لِبضاعَةِ آخِرِ المُدَّة)
gross profit method of estimating inventory

طَلَبٌ إجْماليّ aggregate demand

العَوارِيَّة (الخَسارة) الإجْماليّة
gross average

الفائِضُ الإجْماليّ total surplus

قِسْطُ تأمينٍ إجْماليّ gross premium

القِيمَةُ الإجْماليّةُ لِلأضْرار
gross damage value

مَبْلَغٌ إجْماليّ sum in gross; gross amount

مَبْلَغٌ إجْماليّ . دَفْعَةٌ واحِدة lump sum

مَسْؤُوليّة إجْماليّة aggregate liability

مَكاسِبُ إجماليّة gross earnings

مَوقِفٌ إجماليّ (بالنِّسْبَةِ للالتِزاماتِ المُخْتَلِفة لِلتّاجِر)
net position

هِبَةٌ إجماليّة block grant

وارِداتٌ إجماليّة total receipts

**الأَجْنَبيّ** foreigner

رَهْبَةُ الأَجانِب . رُهابُ الأَجانِب
xenophobia

وكالةُ شِراءٍ لِلأَجانِب
buying indent house

**أَجْنَبيّ** foreign

سِعْرُ خَصْمِ الكَمْبيالاتِ الأَجْنَبيّة
long rate

شَرْطُ الوَفاءِ بِنَقْدٍ أَجْنَبيّ
payment in foreign currency

**أَجْهِزة** (أُنْظُر جِهاز) rig; systems

**أُجُور** (أُنْظُر أَجْر) wages

أجُورُوت (عُمْلة إسرائيليَّة) agorot
أجير . مَأجُور wage earning
تَقْييمُ الأجير employee rating
طَبقة الأُجَراء wage earning classes
عَلاقةُ الآجِرِ بالأجير master and servant relationship
أحاديّ ـ نِظامُ البُنُوكِ الأحاديَّةِ الفُروع
unit banking
أحالَ ـ يُحِيلُ (إلى) refer; relegate
يُحيلُ إلى التَّقاعُد pension
إحالة remission
إحالةٌ إلى التَّقاعُد pensioning (off)
بِطاقةُ او مُذَكِّرةُ الإحالة reference slip
رَقْمُ الإحالة reference number
يَستَعجِلُ في إحالةِ شَيْءٍ دُونَ دَرْسٍ كافٍ
railroad
أَحَبَّ ـ لا يُحِبُّ التغْيير . مُحافِظ
conservative
إحْباط frustration
احْتاجَ ـ يَحْتاجُ إلى . حاجة need
احْتاطَ ـ يَحْتاطُ hedge
احْتباس . اقْتِطاع withholding
احْتَبَسَ ـ يَحْتَبِسُ distrain
احْتَجَّ ـ يَحْتَجُّ protest
احْتِجاج protest
احْتِجاجٌ لِعَدَمِ الدَّفْع
protest for non-payment
احْتِجاجٌ لِعَدَمِ القَبُول
protest for non-acceptance
إخْطارٌ بالاحْتِجاج (لِعَدَمِ تَسديدِ السَّنَد المُسْتَحِقّ) notification of protest

التَّنازُل عَن حَقِّ الاحتِجاج
waiver of protest
الدَّفْعُ بَعْدَ الاحتِجاجِ بِعَدَمِ القَبُول
payment supra protest
صَكُّ احتِجاج deed of protest
(قَبُولٌ) مَعَ الاحتِفاظِ بِحَقِّ الاحتِجاج
supra protest
مَدْفُوعٌ مَعَ الاحتِجاج paid under protest
مَعَ الاحتِجاج under protest
وَضَعَ (كَمْبِيالةً) مَوْضِعَ الاحتِجاج
go to protest
احْتَجَرَ ـ يَحْتَجِرُ . مَحْجَر quarry
احْتَجَزَ ـ يَحْتَجِزُ . يُصادِرُ impound
احتِراس . يَقَظة . حَذَر vigilance
احْتِراق combustion
قابِلٌ لِلاحتِراق . مادَّةٌ قابِلةٌ لِلاحتِراق
combustible
احْتَرَسَ ـ لِيَحْتَرِسْ . تَنْبيهٌ قَضائيٌّ caveat
لِيَحْتَرِسِ البائِع caveat venditor
لِيَحْتَرِسِ المُشْتَري caveat emptor
احْتَرَقَ ـ لا يَحْتَرِق incombustible
احْتِساب ـ بِدونِ احْتِسابِ الفائِدة flat
سِلْعَةُ احْتِساب (كَمِقْياسٍ لِلقِيمة)
numeraire
احْتِفاظٌ بِ retention
احْتَفَظَ ـ يَحْتَفِظُ retain
احْتِكار cornering; engrossing
احْتِكار . حَقُّ احتِكار
monopoly; monopolization
احْتِكارٌ تَمْييزيّ او تَفاضُليّ
discriminating monopoly

احْتِكارٌ ثُنائيّ — bilateral monopoly; duopoly
احتِكارٌ جُزئيّ — partial monopoly
احتِكارٌ حُكوميّ — fiscal monopoly
احتِكارٌ خاصّ — private monopoly
احتِكارُ الشِّراء — monopsony
احتِكارُ شِراءٍ ثُنائيّ — duopsony
احتِكارٌ طَبيعيّ — natural monopoly
احْتِكارٌ عامّ — public monopoly
احتِكارٌ فِعْليّ — de facto monopoly
احتِكارٌ قانُونيّ — legal monopoly
احتِكارُ القِلّة — oligopoly
احتِكارُ القِلّةِ في حالَةِ الشِّراء — oligopsony
احتِكارُ الكَثْرة — polypoly
احْتِكارٌ ماليّ (حُكوميّ) — fiscal monopoly
احْتِكارٌ مُطْلَق — absolute monopoly
شِبْهُ احتِكار — quasi-monopoly
قَوانِينُ مُكافَحَةِ الاحتِكار — Anti-Trust Laws
مُقاوِمٌ لِلاحْتِكار — anti-monopoly
**احْتِكاريّ . مُتَعَلِّقٌ بالاحتِكار** — monopolistic
اتِّحادٌ احتِكاريّ — trust
إقامَةُ نِظامٍ احتِكاريّ . احْتِكار — monopolization
خَرْجٌ احتِكاريّ . ناتِجٌ احتِكاريّ — monopoly output
مُنافَسة احتِكاريّة — monopolistic competition
مُؤَسَّسَة نَقْدِيَّة احتِكاريّة — "money trust"
**احْتِكاكٌ اقتِصاديّ** — economic friction
**احْتَكَرَ ـ يَحْتَكِرُ** — corner; engross; forestall

**احْتِلال . إشْغال** — occupancy
**احْتِمال . زَبُونٌ مُحْتَمَل** — prospect
**احْتِمال** — endurance
قَوِيُّ الاحْتِمال . مَتِين — heavy-duty
**احْتِمال . احْتِماليَّة** — probability
تَقْديرُ الاحتِمالاتِ المُستَقبليَّة — projection
عَيِّنة احتِماليّة — probability sample
قانُونُ الاحْتِمالات — law of probabilities
**احْتِماليّ . كامِن** — potential
**احْتِمالي . عارِض** — contingent
التِزاماتٌ احْتِماليّة — contingent liabilities
عَقْدٌ احْتِماليّ — fortuitous contract
مُسْتَفيدٌ احْتِماليّ — contingent beneficiary
مَعاشٌ احتِماليّ — contingent annuity
**احْتِماليَّة . أرْجَحيَّة** — likelihood; probability
**احْتِياط** — reserve(s)
احتِياطاتُ المَصْرِف الأوَّليَّة — primary bank reserves
اخْتِزانُ البَضائِع احتِياطاً — stockpiling
**احْتِياطيّ** — provisional; reserve
تَدْبيرٌ احتِياطيّ او مُؤَقَّت — provision
راسُ المالِ الاحتِياطيّ — reserve capital
سِعْرٌ احتِياطيّ (لا تُرْسى المُناقَصَةُ على أحَدٍ دُونَه) — reservation price
عُمْلَة احتِياطيَّة — reserve currency
فائِضٌ احتِياطيّ (يُحْفَظُ لِأغْراضٍ خاصَّة) — reserved surplus
مالٌ احتِياطيّ (فِيما إذا زادَت التَّكاليفُ عَن المُتَوَقَّع) — end money

مَصْرِف احتِياطيّ مَرْكَزِيّ
central reserve bank

المُوفي الاحتياطي (لِلسُّفْتَجة) case of need

**احْتياطيّ** reserve; reserve funds

احتِياطيُّ إبْدالِ (الأُصُولِ الراسِماليّة)
replacement reserve

احْتِياطيُّ الأرْباحِ غيرِ المُوَزَّعة
reserves of retained earnings

احتِياطيُّ الأرْباحِ والخَسائِر
profit and loss appropriation

احتِياطيُّ الاستِهْلاك depreciation fund; depreciation reserve; allowance for depreciation

احتِياطيُّ استِهْلاكِ السَّنَداتِ المُستَثْمَرة
bond sinking fund

احْتِياطيُّ استِهْلاكِ القَرْض
sinking fund; sinking fund reserve

احتِياطيُّ الالتِزامات liability reserve

احتِياطيُّ تَسْديدِ الدَّيْن
debt reduction reserve

احتِياطيُّ التَّشْغيل operating reserve; working reserve

احتِياطيٌّ ثابِت proven reserve

احتِياطيُّ الجَفاف drought reserve

احتِياطيٌّ خَفِيّ . احتِياطيٌّ داخِليّ
inner reserve; hidden reserve

احْتِياطيُّ الدُّيونِ التي لا يُمكِنُ تَحْصيلُها
allowance for uncollectibles

احْتِياطيُّ الدُّيُون المَيْتة (او المَعْدومة)
reserve for bad debts; allowance for bad debts

احْتِياطيُّ الذَّهَب gold reserves

احتِياطيُّ الرأسِمال capital reserve

احتِياطيٌّ سِرِّيّ secret reserve

احتِياطيُّ الضَّرائِب tax reserve

احتِياطيُّ الطَّوارِىء contingency reserve

احتِياطيٌّ عامّ general reserve

احتِياطيٌّ قانُونيّ legal reserve

الاحْتِياطيُّ المُتَعاقَدُ عَلَيْه
contractual appropriation

احتِياطيٌّ مُسْتَثْمَر funded reserve

احتِياطيُّ النَّفاد depletion reserve

احتِياطيٌّ نَقْديّ . نَقْدٌ احتِياطيّ
key currency

احتِياطيُّ الوَدائِع deposit reserves

احْتِياطيّاتٌ حُرّة او فائِضة free reserves

احْتِياطيّاتٌ زائِدة excess reserves

احتِياطيّاتٌ قانونيّة statutory reserves

احتِياطيّات نَقْديّة monetary reserves

حِسابُ الاحتياطيّ reserve account

رَسْمَلَةُ الاحتِياطيّات
capitalisation of reserves

شَرِكةُ تَأمينٍ ذاتُ احتِياطيٍّ قانُونيّ
legal reserve insurance company

شَهاداتُ احتِياطيِّ الضَّرائِب
tax reserve certificates

صُنْدوقُ الاحتِياطيّ
reserve fund; provident fund

قانُونُ احتِياطيِّ الذَّهَب (١٩٣٤)
Gold Reserve Act (1934)

مَدينةُ الاحْتِياطيّ (في الوِلاياتِ المُتَّحِدة)
Reserve City

نِسْبَةُ الاحتِياطيّ cash deposit ratio; reserve ratio

**اخْتِيال** fraud; swindle

قانونُ مَنْعِ الاحْتِيال statute of frauds

**اخْتِياليّ** fraudulent

إفلاسٌ احتِياليّ fraudulent bankruptcy

بَيْعٌ احتِياليّ fraudulent sale

تَحْويلٌ احتِياليّ fraudulent conveyance

مُمالأةٌ احتِياليَّة fraudulent preference

**أَحَدُ الفَريقَيْنِ المُتَعاقِدَيْن** contracting party

**إحْداث . عَمَل . صُنْع** making

**أَحْداثٌ تالِيَة** developments

**الإحْداثيُّ السِّينيّ** abscissa; X-coordinate

الإحْداثيُّ الصَّاديّ Y-coordinate; ordinate

إحْداثِيّات co-ordinates

**أَحَديّ . وَحْدانيّ** monist

**أَحَدِيَّة . وَحْدانيَّة** monism

**أَحْرار** freemen

مَذْهَبُ الأَحْرارِ المُتَطَرِّفين radicalism

**أَحْرَجَ ـ يُحْرِجُ** embarrass

**أَحَسَّ ـ يُحِسُّ** feel

**أَحْسَن** more beautiful; better

السِّعْرُ الأَحْسَن best price

**أَحْصى ـ يُحْصي . يَحْسُبُ** reckon

**إحْصاء . عَدّ** count

**إحْصاءٌ** (سُكّانيّ او إنْتاجيّ إلخ.) census

إحصاءُ الاعمال census of business

مَكْتَبُ الإحصاء Bureau of the Census

**إحْصاء . إحْصاءات . إحْصائيّات** statistics

إحْصاءاتُ النُّفوس vital statistics

إحْصائِيّاتٌ اقتِصاديَّة economic statistics

دائِرَةُ الإحْصاءات statistics department

مَكْتَبُ الإحْصاءِ المَرْكَزيّ central statistical office

مَكْتَبُ الإحْصاءاتِ التِّجاريَّة (الاقتِصاديَّة) business statistics office

**إحْصائيّ . عالِمٌ بالإحْصاء** statistician

**إحْصائيّ . مُتَعلِّقٌ بالإحْصاء** statistical

جَدْوَلٌ إحْصائيّ . جَدْولُ إحْصائِيّات statistical table

الرُّبْعُ الإحْصائي quartile

عِلْمُ السُّكّانِ الإحْصائيّ demography

مُراقَبَةُ النَّوعيَّةِ (الجُودة) إحْصائِيّاً statistical quality control

وَحْدَةٌ إحْصائِيَّة statistical unit

**إحْضار ـ أَمْرٌ بإحْضارِ** (المَوْقُوفِ أمامَ المَحكَمةِ وإخلاءِ سَبيلِه) habeas corpus

مُذَكِّرَةُ إحْضار subpoena

وَرَقَةُ إحْضار summons

**إحْلال . استِبْدال . إبْدال** replacement; substitution

إحْلالٌ مُتَناقِص diminishing substitution

مُرُونَةُ الإحْلال elasticity of substitution

مُعَدَّلُ الإحْلال (او الاستِبْدال) الحَدّيّ marginal rate of substitution

**أَحْمَر** (مَدِين) red

بالأَحْمَر : وَصْفٌ لِلشَّرِكَةِ التي تَخْسَر in the red

حِبْرٌ أَحْمَر . خَسارة red ink

**الأَحْوالُ الجَوِّيَّة** weather conditions

أَحْياءُ الفُقَراء . أكْواخ — slums

إِخْبار — disclosure

اخْتارَ – يَخْتارُ . يَنْتَقي — select

يَخْتارُ المَوقِعَ — site

اخْتِبار . تَجْرِبة — trial; test

اختِبارُ الأداء — performance testing

اختِبارُ الذَّكاء — intelligence test

اختِبارُ الشَّخْصِيَّة — personality test

اخْتِبارُ الصَّلاحِيَّة — fitness test

اختِبارُ العِيار — assaying

اختِبارٌ مَيْدانيّ — field test

اختِباراتُ القُدرات — aptitude tests; ability tests

تَحْتَ الاخْتِبار — on probation

تَحْديدُ رُسُومِ التَّأمينِ بالاخْتِبار — experience rating

تَدْقيقٌ اخْتِباريّ — test audit

مِيزانُ الاختِبار (مِيزانُ اختِبارِ الحِساب) — trial balance

نِسْبَةُ الاختِبار الحاسِم (نِسْبَةُ اليَسار) — acid test ratio

اخْتِراع — invention

اختِراعٌ يُوَفِّرُ العَمَلَ — labour-saving invention

اخْتِراعاتٌ لِتَوفيرِ رَاسِ المال — capital-saving inventions

بَراءَةُ اخْتِراع — patent

حُقُوقُ الاخْتِراع — patent rights

مَكْتَبُ بَراءاتِ الاخْتِراع — patent office

اخْتِراقُ السُّوق — market penetration

اخْتَرَعَ – يَخْتَرِعُ — invent

اخْتِزال . الكِتابَةُ بالاخْتِزال — shorthand; stenography

اخْتِزان . خَزْن — storage; storing; stockpiling; hoarding

اختِزانُ البَضائِعِ احتِياطاً — stockpiling

وَثيقَةُ اختِزانٍ (تَرخيصٌ بإعادةِ استيرادِ بَضائعَ خاضِعَةٍ لِلرُّسوم سَبَقَ تَصْديرُها) — bill of store

اخْتَزَنَ – يَخْتَزِنُ . يَكْتَنِزُ — hoard; stock

اخْتِصار . مُخْتَصَر — abbreviation; abridg(e)ment; summary

اخْتِصارُ الأنْظِمة — systems contracting

اخْتِصاص — jurisdiction; competence; specialty

اخْتِصاصٌ تَعْيينيٌّ (تَخْصيصيّ) — special jurisdiction

اختِصاصٌ شَخْصيّ — jurisdiction of the person

اختِصاصٌ مُشْتَرَك — concurrent jurisdiction

خِلافٌ حَوْلَ الاختِصاص — jurisdictional dispute

عَدَمُ الاختِصاص — lack of jurisdiction

النِّزاعُ حَوْلَ تَحْديدِ الاخْتِصاصات — demarcation dispute

اخْتِصاصيّ . أخِصّائيّ — specialist

اختِصاصيٌّ تِقْنيّ — technocrat

يَدٌ عامِلَةٌ غَيْرُ اختِصاصيَّة — unskilled labour

اخْتِلاس — defalcation; embezzlement; peculation

تأمينٌ ضِدَّ اخْتِلاسِ المُوَظَّفين
fidelity guarantee

**اخْتِلاف . فَرْق** discrepancy

**اخْتِلاف** difference; variation; variance

اخْتِلافُ السِّعْر price variance

اخْتِلافُ الكَمِّيَّة quantity variance

الاخْتِلافُ المُمْكِنُ مُراقَبَتُه
controllable variance

**اخْتِلال . سُوءُ تَوافُق** maladjustment

اخْتِلالٌ اساسيّ
fundamental disequilibrium

الاخْتِلالُ الإيجابيّ
positive disequilibrium

اخْتِلالٌ بَيانِيّ او هَيْكَلِيّ
structural disequilibrium

اخْتِلالُ التَّوازُن
disequilibrium; imbalance

الاخْتِلالُ الدَّوْري
cyclical disequilibrium

الاخْتِلالُ السَّلْبي
negative disequilibrium

اخْتِلالٌ عارِض
temporary disequilibrium

اخْتِلالٌ مَوسِمِيّ
seasonal disequilibrium

اخْتِلالُ مِيزانِ المَدْفُوعات disequilibrium of the balance of payment

**اخْتَلَسَ ـ يَخْتَلِسُ** misappropriate

**اخْتَلَقَ ـ يَخْتَلِقُ** fabricate

**اخْتِيار . انْتِخاب** election

**اخْتِيار . صَفْوَة** choice; selection

اخْتِيارُ الأشْخاص delectus personae

اخْتِيارٌ مُزْدَوِج (في عَمَلِيَّة تِجارِيَّة)
straddle

اخْتِيارُ المُشْتَري buyer's option

حُرِّيَّة الاخْتِيار freedom of choice

خَطُّ الاخْتِيار opportunity line

النُّدْرَةُ والاخْتِيار scarcity and choice

نَفَقةُ الاخْتِيار opportunity-cost

**اخْتِياريّ . طَوْعِيّ** voluntary

إعادَةُ تأمينٍ اخْتِيارِيَّة
facultative reinsurance

إفْلاسٌ اخْتِياريّ voluntary bankruptcy

امْتِيازاتٌ اخْتِيارِيَّة
voluntary concessions

تَحْكِيمٌ اخْتِياريّ voluntary arbitration

تَصْفِيَةٌ رِضائِيَّة او اخْتِيارِيَّة
voluntary liquidation

تنازُل اخْتِياريّ (عَنْ مِلْكِيَّة او عَن مُمارَسةِ حَقّ) waiver

حِصَّةُ أرْباحٍ اخْتِيارِيَّة
optional dividend

دَفاتِرُ اخْتِيارِيَّة optional books

سِلْسِلَةٌ اخْتِيارِيَّة (مَجْمُوعَةُ مَتاجِرَ تُوَحِّدُ سِياساتِها في البَيْع والتَرْويجِ اخْتِيارِيّاً)
voluntary chain

سَنَدٌ تَسْدِيدُهُ اخْتِياريّ optional bond

قَرْضٌ اخْتِياريّ voluntary loan

**أخَذَ ـ يَأخُذُ في الحِسابِ او في الاعْتِبار**
take into account

**أخَّرَ ـ يُعَرْقِلُ ويُؤَخِّرُ** hinder and delay

**إخْراج . تَصْمِيم** layout

**إخْراج . طَرْد** — expulsion
وَكيلُ إخْراج (مِنَ الجُمْرُك) — clearing agent
**اخْرَس ـ مُزايَدة خَرْساء** — dumb bidding
**إخْصاب** — fertility
**إخْصائِيّ . اخْتِصاصيّ** — specialist
إخصائيٌّ في البَرْمَجة . مُبَرْمِج — computer programmer; programmer
**اَخْضَر ـ حِزامٌ اخْضَر ، نِطاقٌ اخْضَرُ حَوْلَ مَدِينة او مُسْتَوطَنة** — green belt
خِدْمة البِطاقة الخَضْراء — Green Label Service
الكِتابُ الأخْضَر (تَقْريرٌ لِلبَحْث مِن قِبَلِ لَجْنة حُكُوميّة) — Green Paper
**اَخْطار** (أنْظُر خَطَر) — risks
**إخْطار . إشْعار . تَبْليغ** — notification
إخْطارٌ باحتِجاج (لِعَدَم تَسْديد السَّنَد المُسْتَحِق) — notification of protest
إخْطارُ شَحْن — shipping advice note
وَديعَةٌ تُسْتَرَدّ بإخْطارٍ سابِق — previous notice deposit
**إخْفاق** — failure
إخْفاقٌ تامّ — fiasco; wash-out
**اَخْفَقَ ـ يُخْفِقُ** — go under
**اَخَلَّ ـ يُخِلُّ** — make default
**اَخْلى ـ يُخْلي** — evacuate; vacate
**إخْلاء** — dispossession
إخلاءُ سَبيلٍ مَشْروط — parole
إخلاءُ طَرَف . إبْراءُ ذِمّة — release
شَهادَةُ إخلاءِ طَرَف — leaving certificate
**إخْلاص . أمانة** — honesty

**إخْلاص . وَلاء** — loyalty
**إخْلال . مُخالَفة .. نَقْض** — breach
مَعَ عَدَمِ الإخْلالِ بِ — without prejudice to
**اَخْمَدَ ـ يُخْمِدُ** — extinguish
**أُخُوّة . نِقابة** — brotherhood
**اَخَويّ** — fraternal
جَمْعِيّة اَخَوِيّة — fraternal society
**أخير** — last; latest
الأيّامُ الأخيرة — last days
ما يَدْخُلُ اخيراً يُصَرَّفُ أوّلاً — last-in-first-out (LIFO)
مَرْجِعٌ أخير — last resort
المُقْرِضُ الأخير (اي البَنْكُ المَرْكَزيّ) — "lender of last resort"
الميناءُ الأخير (في خَطٍّ مِلاحيّ) — terminal port
**اداء . تَنْفيذ** — performance
اداءٌ آليّ . مَيْكَنة — mechanisation
أداءُ التَّعادُل — break-even performance
الأداءُ الحاليّ — current performance
الأداءُ القِياسيّ — standard performance
أداءٌ مَقْبُول — acceptable performance
أداءٌ مُمْتاز او مُتَفَوِّق — outstanding performance
اخْتِبار الأداء — performance testing
تَحْسينُ الأداءِ الإداريّ — improving management performance
تَراضٍ وأداء — accord and satisfaction
تَقْديرُ الأداء — performance rating
تَقْييمُ الأداء — performance appraisal

جَمعِيَّةُ حُقوقِ الأَداءِ (المُوسيقيّ)
Performing Rights Society

عَدَمُ الأَداء (عَدَمُ التَّنْفيذ)
non-performance

مُتَأَخِّر الأَداء delinquent

مُذَكِّرة أَداء satisfaction piece

مُراقَبةُ الأَداءِ بالمُعايَنة
performance sampling

**أداة** tool; implement; instrument

أَدَواتُ التَّحْليل tools of analysis

أَدَواتُ السِّياسةِ النَّقْديَّة
instruments of monetary policy

أَدَواتٌ صَغيرة . عُدَد يَدَويَّة صَغيرة
small tools

أَدَواتُ الكِتابةِ مِن وَرَق وأَقْلام وسِواها ـ قُرْطاسيَّة
stationery

**أدارَ ـ يُديرُ . يُدَبِّر** manage

يُديرُ . يُشَغِّلُ run

يُديرُ . يُدَوِّرُ turn

**إدارة** management; administration

إدارةُ الأُجورِ والرَّواتِب wage and salary administration

إدارةُ الاستِيرادِ والتَّصْدير
import-export directorate

إدارةُ الإسْكان الفِدِراليَّة
Federal Housing Adminislration (F.H.A.)

إدارةُ أَسْواقِ الصَّرْف
exchange management

إدارةُ الأَعْمال business administration

إدارةٌ إقْليميَّة regional administration

الإدارةُ الأُمّ matrix management

إدارةُ الأُمَمِ المُتَّحِدةِ لِلإغاثةِ والتَّأْهيل
United Nations Relief and Rehabilitation Administration (U.N.R.R.A.)

إدارةُ الإنْتاج production management

الإدارةُ بالاستِثْناء
management by exception

الإدارةُ بالأَهْداف
management by objectives

إدارةُ البَريدِ والاتِّصالاتِ البَعيدة
Posts and Telecommunications

إدارةُ التَّرْفيهِ عَن المُوَظَّفين
welfare management

الإدارةُ التَّنْفيذيَّة . إدارة administration

إدارةُ الجَمارِك customs administration

إدارةُ الجُمْرُك . جُمْرُك custom-house

إدارةُ حَرَكة البَضائِع
traffic management

إدارةُ الخِدْمات service department

إدارةُ الدَّيْن debt management

إدارةُ شُؤون التأمين
insurance management

إدارةُ شُؤون المُوَظَّفين
personnel management

إدارةُ ضَمانِ حِساباتِ التَّصْدير
exports credit guarantee department

إدارةُ الطَيَرانِ المَدَنيّ
Civil Aeornautics Administration (C.A.A.)

إدارةٌ عاديَّة . دائِرةٌ عاديَّة
ordinary department

الإدارةُ العِلْميّة scientific management

الإدارةُ العُلْيا top management

إدارةُ المَبيعات sales management

إدارةٌ مُتَعَدِّدة multiple management

إدارةٌ مَحَلِّيّة local administration

إدارةُ مَرْدود الأصول

return on assets management

إدارةٌ مَرْكَزِيّة central administration

إدارةٌ مُشْتَرَكة joint management

إدارةُ المَشروع المُتَكامِلة integrated project management (I.P.M.)

إدارةُ المَكاتِب office management

إدارةُ مَنْع الأَخْطار risk management

إدارةُ مُؤَسَّسات الأَعْمال الصَّغيرة

small business administration

الإدارةُ الوُسْطى middle management

إدارةٌ وَطَنِيّة national administration

أُجور الإدارة wages of management

إداراتٌ مُتَشابِكة

interlocking directorates

تَحْليلُ الإدارة management analysis

تَدْقيقُ الإدارة management audit

تَطْوير الإدارة

management development

تَقْييم الإدارة management appraisal

تَكاليفُ الإدارة administration costs

خَبيرُ الإدارة . خَبيرٌ إداريّ

management cousultant

خِدْماتُ الإدارة management services

الخِدْماتُ الاستِشارِيّةُ للإدارة

management advisory services

خِطاباتُ تَفْويضٍ بإدارةِ التَّرِكة

letters of administration

سُوءُ الإدارة maladministration

شَرِكةُ إدارةِ مَناطِقِ المُنْشَآتِ الصِّناعيّة

Industrial Estates Management Corporation

طَريقةُ التَّخْطيطِ والمُراقَبةِ المُتَكامِلَين في الإدارة

Integrated Management Planning and Control Technique (I.M.P.A.C.T.)

عِلْمُ الإدارة management science

كِتابُ تَفْويضٍ بإدارةِ تَرِكةِ المُتَوفّى

letter of administration

لُعْبَةُ الإدارة management game

مَجالُ الإدارة span of management

مَجْلِسُ إدارة board of directors; board of management

مَجْلِسُ إدارة أَدْنى (او أَصْغَر)

junior board of directors

مَصاريفُ إدارةِ المَنْزِل

housekeeping money

المُفَوَّضُ البَرْلَمانيُّ للإدارة Parliamentary Commissioner for Administration

مَكاسِبُ الإدارةِ الصافِية

net earning of management

المِلْكِيّةُ والإدارة

ownership and management

مُؤَسَّسةُ إدارةِ المَكاتِب

Institute of Office Management

مُؤَسَّسةُ إدارةِ المُوَظَّفين Institude of Personnel Management (I.P.M.)

نِسَبُ الإدارة management ratios
هَيْئَةُ الإدارة governing body
يُسِيءُ الإدارة mismanage
**إداريّ . مُتَعَلِّقٌ بالإدارة** administrative
إِصْلاحٌ إداريّ administrative reform
أَمْرٌ بَلَديّ او إداريّ ordinance
تَحْسِينُ الأداء الإداريّ
improving management performance
تَنْظيمٌ إداريّ
administrative organization
ثَوْرة إداريّة managerial revolution
الحِسابات الإداريّة
management accounts
خَبير إداريّ . خَبير الإدارة
management consultant
خِدْماتٌ إداريّة administrative services
رَئيس إداريّ administrative head
سُلْطة إداريّة administrative authority
سِياسة إداريّة administrative policy
الشَّبَكة الإداريّة managerial grid
شُؤونٌ إداريّة administrative affairs
مالِكٌ مُدِير او إداريّ managing owner
مُحاسَبة إداريّة
management accounting
مُساعِد إداريّ administative assistant
مُسْتَشار إداريّ administrative advisor
مَسْؤول إداريّ administrative officer
مَسْؤوليّة إداريّة
administrative accountability
مَصْروفات إداريّة
administrative expenses

مَهامّ إداريّة administrative functions
نِظامٌ تَدَرُّجيّ إداريّ "line and staff" organisation
نِظامُ التَّشْغيلِ الإداريّ
management operating system
وَصْفُ وَظيفَةٍ إداريّة
management job description
**إدانة . شَجْب** condemnation
**أَدَب** literature
آدابُ التِّجارة business ethics
التِزامٌ أَدَبيّ moral obligation
عَقْدٌ مُناف لِلآداب immoral contract
مِلْكِيّة أَدَبيّة literary property
**ادِّخار** saving(s)
ادِّخارٌ إِجْباريّ forced saving; forced frugality
ادِّخار اختِياريّ voluntary saving
ادِّخار اضْطِراريّ involuntary saving
ادِّخار بَريديّ postal savings
ادِّخار تَعاقُديّ contractual saving
ادِّخارٌ تِلْقائيّ automatic saving
ادِّخار سَلْبيّ . إنْفاق الادِّخار (إنْفاقٌ يَزيدُ على الدَّخْل) dis-saving
ادِّخارُ الشَّرِكات المُساهِمة
corporate saving
بَنْكُ ادِّخاراتِ مَكاتِبِ البَريد
Post Office Savings Bank
تَساوي الادِّخارِ والاستِثْمار
equality of saving and investment
جَماعةُ ادِّخارٍ قَوميّ
national savings group

حَرَكَةُ الادّخارِ القَوميّ — national savings movement
سِجِلّ الادّخارِ القَوميّ — national savings stock register
شَهاداتُ ادّخار — savings certificates
شَهاداتُ ادّخار قَوميّ — national savings certificates
شَهادة ادّخار بَريديّ — postal savings certificate
صافي الادّخار — net saving
طَوابِع الادّخار القَوميّ — national savings stamps
فَرْط الادّخار — over-saving
مَيل حَدّيّ للادّخار — marginal propensity to save
المَيْل المُتَوسّط للادّخار — average propensity to save
نُزوع إلى الادّخار — propensity to save
الهَدايا الحَواليّة لِلادّخار القَوميّ — national savings gift tokens

**إدْخال . مُقدّمة . تَقْديم** — introduction
**إدْخال . دُخول . قَبُول** — admittance
إدْخالٌ مُؤَقّت . قَبُولٌ مُؤَقّت — temporary admission
نَفَقات إدْخال. (إلى المِيناء) — inward charges
وَثيقَةُ إدْخالِ السِّلَعِ لِلاستِهْلاكِ المَحَلّيّ — prime entry

**ادَّخَرَ ـ يَدَّخِرُ** — save
يَدّخِرُ (لِلمُستَقبَل) — reserve
ادَّخِرْ بَينَما أنّكَ تَكْسِب — "save as you earn" (s.a.y.e.)

**أَدْخَلَ ـ يُدْخِلُ . يُدْرِج** — insert
**أَدْرَجَ ـ يُدْرِجُ في قائِمة** — list
**ادَّعى ـ يَدَّعي** — feign
يَدّعي المِلْكِيّةَ بِحَقّ التّقادُم — prescribe
**ادّعــاء** — claim; allegation
ادّعاء مُجابَه — responsive allegation
ادّعاء مُضادّ — set-off
**الإدْغام . الدَّمْج** — merger
**أَدْلَى ـ يُدْلي بِصَوتِهِ . يَقْتَرِع** — vote
**الإدْماجُ في الرَاسِمال** — capitalization
**أَدْمُوس ـ الجِهازُ الأُتوماتيكيُّ لانتِقاءِ الطَّلَباتِ مِيكانيكيّاً** — ADMOS (Automatic Device for Mechanized Order Selection)

**أَدْنى . أَقَلّ رُتْبَةً او اهَمِيّة** — minor; inferior
أدْنى حَدّ لِلأجر — minimum wage
أدْنى حَدّ لِلرّسوم — minimum charge
أدْنى سِعْرٍ لِلأسْهُم — low
أدْنى مُرْتَبَة — junior
تَحْقيقُ الحَدّ الأدْنى — minimization
التَضْحِية الدُّنْيا — minimum sacrifice
حَدّ أدْنى — minimum
حَدّ أدْنى (لِلسِّعْر) — minimum rate
الحَدّ الادنى القَوميّ (لمستَوى المَعيشة) — national minimum
حَدّ المُؤَهّلات الأدْنى — minimum qualifications
السِّعْرُ الأدْنى — bottom price; rock-bottom price
السِّعْرُ الأدْنى المُحَدّدُ لِسِلْعَةٍ مَطْروحَةٍ بالمَزاد — upset price

سِعرُ الإقْراضِ الأدْنى — minimum lending rate

سِعرُ الفائدةِ الأدْنى لِلإقراضِ المَصْرِفيّ — bank minimum lending rate

مَجْلِسُ إدارةٍ أدْنى (أو أصْغَر) — junior board of directors

**اَدْنى . اَقْرَب** — nearer; near; proximate

ادْنى الاقارِب — next of kin

سَبَب ادْنى . سَبَب مُباشِر — proximate cause

**اَدْنى . اَسْفَل** — below; under; underneath

المُوَقِّعُ أدْناه — undersigned

**اَدوات** (أُنظُر ايضاً : أداة) — tools

**إذْ ذاكَ . عِنْدَئذٍ** — whereupon

**أذًى . إصابة** — injury

تَعَمُّد الأذى . خُبْثُ القَصْد — malice

**إذْن . إجازة** — leave

إذْن بِالغِياب . إجازة — leave of absence; furlough

**إذْن . تَرْخِيص . رُخْصة** — licence; permit; permission

إذْنٌ بِتَوظيفِ عامِلٍ مِن خارِجِ النِّقابة — permit card

إذْنُ بَريد . حَوالة بَريديَّة — postal order

إذْنُ مُرور — pass

سَنَدٌ إذْنيّ . كَمْبيالة — promissory note

**اراحَ ـ يُريحُ . يُخَلِّص** — relieve

**ارادَ ـ لا يُريدُ الاعتِراضَ** — non-vult (contendere)

**إراديّ** — voluntary

وَديعةٌ غيرُ إراديَّة — involuntary deposit

**أرامْكو** — Aramco

**أرْباح** (أُنْظُر رِبْح) — profits; dividends

أرْباحٌ غيرُ مَشْروعة — illicit profits

**أرْباحيَّة . قُدْرة الكَسْب** — profit earning capacity

**أرْبَعيّ . لأرْبَعِ سَنَواتٍ . كُلَّ أرْبَعِ سَنَوات** — quadrennial

**أرْبَكَ ـ يُرْبِكُ . يُحَيِّر** — nonplus

**ارْتادَ ـ يَرْتادُ** — patronize

**ارتِباط . رَبْط** — attachment

ضابِط ارْتِباط — liaison officer

مَكْتَب الارتِباط . مَكْتَب الاتِّصال — liaison office

**ارْتِباط** — correlation; relevancy

ارتِباطٌ بَسيط — simple correlation

ارتِباطٌ جُزئيّ — partial correlation

ارتِباطٌ مُتَعَدِّد — multiple correlation

**ارْتِباك . فَوْضى** — confusion

**ارْتَبَطَ ـ يَرْتَبِطُ . يَتَّصِل** — interlink

**ارْتِحال . هِجْرة** — migration

**ارْتَدَّ ـ يَرْتَدُّ** — bounce; rebound

**ارْتِداد . رُجوع . انْحِسار** — regression

ارْتِدادٌ سَريعٌ او مُفاجِىء . ارْتِفاعٌ مُفاجِىء — snapback

التَّوْقيتُ الارتِداديّ — fly back timing

فائِدة ارتِداديَّة غَيْر مُباشِرة — indirect retrograde interest

**ارتِشاء . رِشْوة** — bribery

**ارتِشاح . تَسَرُّب** — infiltration

**ارْتِفاع** — rise

ارتِفاعُ الأسْعار بَعْدَ انْخِفاضِها — rebound

ارتِفاعُ السِّعْر . زِيادةُ القِيمة appreciation

ارتِفاعُ قِيمةِ العُمْلة currency appreciation

اتّجاهٌ نَحْوَ الارتِفاع uptrend

**ارْتِفاق . حَقُّ الارْتِفاق** easement

ارتِفاق خاصّ private easement

ارتِفاق عامّ public easement

بطاقة ارتِفاق credit card

**ارْتَفَعَ ـ يَرْتَفِعُ** (السِّعر) rise; soar; rocket; step up

يَرتفِعُ (السِّعْرُ) فَجْأَةً . ارتِفاعٌ مُفاجِىء zoom

**ارْتِقاء . تَقَدُّم** progress

**ارتِكابُ فِعْلٍ ضارّ** malfeasance

**إرْث . تَعاقُب . تَوالٍ** succession

**إرْث . وِراثة** inheritance

إرْثٌ بِوَصِيَّة bequest

حُقوقُ الأرمَلَةِ في الإرث dower rights

ضَريبةُ الإرث (ضَريبة أيلولة على التَّرِكات) inheritance tax

**أرْجَأَ ـ يُرْجِىءُ . يُسَوِّفُ** procrastinate

يُرْجِىءُ التَّنْفيذَ . إرْجاءُ التَّنفيذ reprieve

**إرْجاء . إمْهال . مُهْلة** respite

**إرْجاء . تَأجيل** deferment; postponement

**إرْجاء . تَأجيلُ** (الجَلْسة) adjournment

**أرْجَحِيَّة . احْتِماليَّة** likelihood

**أرْجَعَ ـ يُرْجِعُ** return

يُرْجِعُ إلى مَكانِه replace

**أرَّخَ ـ يُؤَرِّخُ** date

يُؤَرِّخُ بِتاريخٍ سابِق antedate; foredate; predate

يُؤَرِّخُ بِتاريخٍ لاحِق date forward; postdate

**الأَرُزُّ كنُقُود** rice as money

**أرْسَى ـ يُرْسي** (المَزادَ) على strike off

أُرْسِيَ البَيْعُ knocked down

**إرْساء ـ تَقْريرُ رَصيفِ الإرْساء** dock landing account

رُسومُ إرْساء moorage; keelage

**إرْسال . تَحْويلٌ ماليّ** remittance; remission

**إرْسال . نَقْل . انْتِقال** transmission

إرْسالُ البَريدِ مَجّاناً (امتيازٌ لِبَعْضِ الرَّسْمِيينَ في بَعْضِ الأقْطار) franking

إرسالٌ بَريديّ حُرّ (يَدْفَعُ تكلِفتَهُ المُتَسَلِّم) freepost

إشْعارُ إرْسال forward advice

تاريخُ الإرسال date of dispatch

خِدْمة إرسال الصُّوَر تلغرافيّاً phototelegraph service

دائِرةُ الإرسال dispatch department

نَفَقاتُ إرْسال forwarding charges

وَثيقَةُ إرْسال consignment invoice

**إرْساليَّة . بِضاعَةُ أمانة** consignment

إرساليَّة نَقْديَّة remittance

**أرِسْتُقْراطيَّة** aristocracy

**أرْسَلَ ـ يُرْسِلُ** send; remit

يُرْسِلُ (بالبَريد) post; mail

يُرْسِلُ (البِضاعة) consign

يُرْسِلُ بالقِطارِ السَّريع express

**إرْشاد . نُصْح** counseling; counselling; guidance

إرْشاداتُ الاستِعْمال directions for use

**إرْشادِيّ . دَلِيلِيّ** pilot

**أرْشِيف . مَخْطُوطات** archives

**أرْصِدة** (أنْظُر رَصيد) balances

**أرْض . تُرْبة** soil

**أرْض** ground; land

الأرْضُ – كَرَأسِمالٍ طَبيعيّ natural capital

أرْضٌ حَدّيّة marginal land

ارضٌ لا إيجاريَّة (حَدّيَّةُ الرَّيْع) "no rent" land

ارضُ مَدٍّ وجَزْر tidal land

أرْضٌ مُراحة fallow field

ارضٌ مُستَصْلَحة reclaimed land

اراضي المَلِك crown lands

ازْدِيادٌ في مَساحَةِ الأرضِ بِسَبَبِ انْحِسار الماء reliction

إعْتاقُ الأرْضِ من الإقطاع او المَشاعيَّة inclosure

انْزِلاقٌ أرْضيّ landslide

إيجار الأرْض ground rent

تَحْتَ (سَطْحِ) الأرْض underground

تَحْسينُ الأرْض . تَحْسيناتُ الاراضي land improvement

تَدْويلُ مِلْكيَّةِ الاراضي . تأميمُ الأرْض land nationalisation

خُصُوبَةُ الأرْض fertility of land

سِجِلُّ الأرْض land registry

سِعْرُ (البِضاعَةِ) في أرْضِها loco price

شَرِكة إصْلاح الأراضي land improvement company

شَهادةُ أرْض land certificate

ضَريبَةُ الأراضي land tax

ضَريبَةُ قيمَةِ الأرْض land-value tax

ضَمُّ الاراضي regrouping of land

طابِقٌ أرْضيّ ground floor

لَجْنَةُ أرْض land commission

مالِكُ اراضٍ مُتَغَيِّب absentee landlord

مالِكُ الأرْض . مُسْتَأجِرُ الأرْض land holder

مَأمُورُو الأراضي . مُفَوَّضُو الأرْض land commissioners

مَسْحُ الأراضي surveying

مَكْتَبُ الأرْض land office

مَمَرٌّ تَحْت أرْضيّ subway

مَنْعُ نَقْلِ مِلْكيَّةِ الأراضي إلى الشَّرِكات mortmain

نَزيلُ أرْض settler

هِبَةُ أرْض land grant

**إرْضاء** satisfaction; gratification

**أرْضِيَّة . رَسْم** demurrage

**أرْفَقَ – يُرْفِقُ** (بِ) **. يُلْحِقُ . يَضُمُّ** (إلى) subjoin

**أرْقام** (أنْظُر ايضاً : رَقْم) numbers

**أرْمَلة** widow

حُقُوقُ الأرْمَلةِ في الإرْث dower rights

مَعاشاتُ الارامِل widows' pensions

**أرْهَبَ – يُرْهِبُ** bulldoze

**أرْهَقَ – يُرْهِقُ بِالضَّرائِب** overtax

**أرومة . جِذْع** stem

أَرُومة • قُرْمَةُ (او جِذْلُ) الشَّجَرة stump
أَرُومة (الإيصال او الشّيك)
counterfoil; stub
أرومةُ أَمينِ الصُّنْدوق cashier's stub
أرومةُ الشّيك cheque stub
دَفْتَرُ الأَرومات stub-book
إزاحة displacement
أَزالَ – يُزيلُ (شَيْئًا) لِيَحلَّ آخَرُ مَكانَه
supplant
إزالة • فَصْل removal
إزالةُ التَّضَخُّم disinflation
ازْدِحام • زَنْقة jam
ساعاتُ الازْدِحام rush hours
ازْدِهار • رَخاء prosperity
ازْدِهارٌ إِسْكانيّ housing boom
ازْدَهَرَ – يَزْدَهِرُ flourish
الازْدِواجُ الضَّريبيّ double taxation
إعفاءٌ من ازدِواجِ الضَّريبة
double taxation relief
نِظامُ تَجَنُّبِ الازدِواجِ الضَّريبيّ على الأَرْباح
imputation system
ازْدواجيَّةُ القُرّاء
duplication of readership
ازْدِياد • زِيادة increase
ازدِيادٌ في مَساحةِ الأَرْض بِسَبَبِ انْحِسارِ الماء
reliction
قانُون ازدِيادِ الغَلَّة
law of increasing returns
أَزْرَق blue
أَوراقُ النَّسْخِ الذّاتيّ الزَّرْقاء
blue-print paper

البِطاقةُ الزَّرْقاء Carte Bleu
عامِلٌ ازرَقُ الياقة (عامِلٌ كادِح)
blue-collar worker
القانُون الأَزْرَق blue law
قِطْعَةٌ زَرْقاء ، سَهْمٌ او سَنَدٌ ازرَق (لا يتأَثَّرُ بالأَزَمات) blue chip
كَمْبيالة زَرْقاء اللَّون blue note
إزْعاج • مُضايَقة inconvenience; nuisance
إزْعاج خاصّ private nuisance
إزْعاج عامّ public nuisance
ازْعَجَ – يُزْعِجُ • يُضايِقُ harass
ازْمة crisis
ازْمةُ بَنْكِ بارِنْج Baring Crisis
ازمةُ التَّحْويل (بين العُملات) (١٩٤٧)
Convertibility Crisis (1947)
ازمةُ سَكَن . نَقْصُ المَساكِن
housing shortage
ازْمة سِياسيّة political crisis
أَزَماتُ الإسترليني sterling crises
أَساءَ – يُسيءُ الإدارة mismanage
إساءَةُ استِخْدامِ الحُرِّيّة license
إساءَةُ الاستِعْمال . اساءَةُ التَّطْبيق
misapplication
إساءَةُ التَّصَرُّف misfeasance
أَساسٌ – عَمُودٌ فِقريّ backbone
أَساس basis; ground; groundwork; footing
اساسُ تاريخِ إِصْدارِ الشّيكات
cheques-issued basis
اساسُ تَحْصيلِ الضَّرائِب
collections basis

اساسُ التّكاليف cost basis

اساسُ الدَّخْل income basis

اساسُ السَّنَةِ التَّقْويميَّة calendar year basis

اساسُ السَّنَةِ الماليَّة fiscal year basis

اساسُ الضَّريبة tax base

أساسُ المَصْروفاتِ النَّقْديَّة cash disbursement basis

سَنَةُ الأَساسِ (لِلْمُقارَنة) base year

عَلى اساسِ الاستِحْقاق quantum meruit

المُدَّةُ الأَساس base period

نُقْطَةُ الأَساس basing point

**أَساسِيّ** fundamental; basic

الأَجْرُ الأَساسيّ base rate

تَحْديدُ الأَسْعارِ الاساسيَّة basing-point pricing

تَكاليف او نَفَقات اساسيَّة prime costs

حَدٌّ اساسيّ basic limit

الراتِبُ الاساسيّ basic salary

السِّعْرُ الاساسيّ base price

صِناعة اساسيَّة basic industry

طَريقَةُ المَخْزونِ الاساسيّ (طَريقَةُ احتِسابِ قِيمَةِ المَخْزون بأسعارِ الشِّراء) base stock method

عامِل اساسيّ key worker

القِسْطُ الاساسيّ basic premium

القيمةُ الاساسيَّة (لِلسَّهْم) par

المُعَدَّل (الضَّريبيّ) الاساسيّ basic rate; standard rate

مُعْطَياتُ العَمَل الاساسيَّة basic work data

وَقْتُ الحَرَكة الأساسيَّة basic motion time (B.M.T.)

**إسالة . إماعة** liquefaction

**أَساليب** (أنْظُر أُسْلُوب) systems; methods

**أَسْبَقيَّة . أَقْدَميَّة** seniority

**أَسْبَقيَّة . أَوْلَويَّة** precedence; priority

**الأُسْبُوعُ الحاليّ** current week

أُسْبُوعُ عَمَل . ساعاتُ العَمَل او ايّامُهُ في الأُسْبُوع workweek

**أُسْبُوعيّ** weekly

إجازةُ نِصْفِ يَومٍ أُسْبُوعيَّة (بَعْدَ ظُهْر السَّبْت) weekly half-holiday

البَيانُ الأُسبُوعيّ (لِبَنْكِ إنكلترا) Weekly Return

العَمَلُ الأُسبُوعيّ (لِفَلّاحٍ شِبْهِ حُرٍّ في النِّظام الإقْطاعيّ) week-work

يَومُ الراحَةِ الأُسْبوعيَّة weekly rest day

**إسْتاتيّ . إسْتاتيكيّ ـ تَحْليلٌ إسْتاتيكيّ** static analysis

عِلْمُ الاقتِصادِ الإسْتاتيكيّ static economics

نَماذِجُ إسْتاتيَّة (غَيْرُ مُتَغَيِّرة) static models

**اسْتَأْجَرَ ـ يَسْتَأْجِرُ** rent; hire; lease

اسْتَأْجِرْ او اشْتَرِ lease or buy

**أُسْتاذ ـ حِسابُ دَفْتَرِ الأُسْتاذ** ledger account

دَفْتَرُ الأُسْتاذ ledger

دَفْتَرُ أُستاذِ حِساباتِ المُساهِمين stock ledger

دَفْتَرُ الأُستاذ الخاصّ private ledger

دَفْتَرُ الأسْتاذِ المُساعِد لِتَكاليفِ العَمَليّات
job cost ledger

دَفْتَر أسْتاذ المُشْتَرِيات purchase ledger

**اسْتَأنَفَ ـ يَسْتَأنِفُ** resume

يَسْتَأنِفُ نَشاطَهُ وقُوَّتَهُ (في السُّوق)
pick up

**اسْتِبْداد** despotism; absolutism

**اسْتِبْداديّ . تَسَلُّطِيّ** authoritarian; high-handed

حُكْم اسْتِبْداديّ totalitarianism

**اسْتِبْدال . إبْدال . إحْلال**
replacement; substitution

اسْتِبْدال السَّنَد المُسْتَحِقّ بآخَرَ جَدِيد
refunding

اسْتِبْدالُ العَمالَةِ المُنتَظَمَةِ بالعَمالَةِ غَيرِ المُنتَظَمَة
decasualisation; decasualization

أثَرُ الاستِبْدال substitution effect

قانُون الاستِبْدال والاسْتِعاضة
law of substitution

قيمَةُ الاستِبْدال وقيمَةُ الاستِعْمال
value in exchange and value in use

**اسْتِبْدالِيَّة . قابِلِيَّةُ الاستِبْدال**
substitutability

**اسْتَبْدَلَ ـ يستَبْدِلُ . يَحُلُّ مَحَلَّ**
substitute

**اسْتِبْعاد** exclusion

اسْتِبْعادُ المَوجُوداتِ طَويلَةِ العُمْر
discarding long-lived assets

**اسْتَبَقَ ـ يَسْتَبِقُ** anticipate

**اسْتِبْقاء** retention

**اسْتِبْيان . اسْتِفْتاء** questionnaire

**اسْتِتْباعِيّ . مُتَرَتِّبٌ على** consequential

أضْرارٌ (تَعْويضاتٌ) اسْتِتْباعِيَّة
consequential damages

**اسْتِثارة ـ بَحْثُ أساليبِ الاسْتِثارة**
motivation research

**اسْتِثْمار . اسْتِغْلال** exploitation

**اسْتِثْمار** investment

اسْتِثْمار أُصُولِيّ . اسْتِثْمار حُقيقيّ
real investment

اسْتِثْمارُ الأمْوالِ الفائِضة
investment of surplus funds

اسْتِثْمار اوَّلِيّ preinvestment

اسْتِثْمار حَدِّيّ marginal investment

اسْتِثْمارٌ حُكوميّ في اشْغالٍ عامَّة .
اسْتِثْمارٌ عامّ public investment

اسْتِثْمار حُكوميّ لامتِصاصِ البَطالة
"priming the pump"

اسْتِثْمار دائِم permanent investment

اسْتِثْمار رَئيسيّ capital investment

اسْتِثْمار سَلْبِيّ disinvestment

اسْتِثْمارٌ طَويلُ الأجَل
long-term investment

اسْتِثْمارٌ قَصيرُ الأجَل
short-term investment

اسْتِثْمارُ ما وَراءَ البِحار
overseas investment

اسْتِثْمارٌ مَأْمُون او مَضْمُون
safe investment

اسْتِثْمار مُسْتَوفٍ لِلشُّروط
eligible investment

استثمار مؤقت temporary investment

إجماليّ الاستثمار الثابت
gross fixed investment

استثمارات أجنبيّة foreign investments

استثمارات تجاريّة trade investments

استثمارات دوليّة
international investments

استثمارات مباشرة direct investments

استثمارات متباينة المردود
variable yield investments

إعادة الاستثمار reinvestment

إعادة استثمار الأرباح
ploughing back profits

اعمال مصرفيّة للاستثمار
investment banking

ائتمان استثمارى . تسليف استثماري
investment credit

بنك استثمار investment bank

تحويل استثماري switching

تخفيض الضريبة بسبب الاستثمار
investment tax credit

ترست الوحدات المتغيّرة الاستثمار
open-end trust

تساوي الادّخار والاستثمار
equality of saving and investment

حسوم الاستثمار
investment allowances

دائرة الاستثمار investment department

دولارات الاستثمار investment dollars

سند استثمار investment bill; investment bond

شركات استثمار عبر الشاطىء
Offshore Funds

شركة استثمار investment company; investment (or closed-end) trust

شركة استثمار أموال مشتركة
mutual fund investment company

شركة استثمار بالوحدات unit trust

شركة استثمار مرنة flexible trust

شركة استثمار مفتوحة الرأسمال
open-end investment company

شهادة استثمار investment certificate

صافي الاستثمار net investment

ضريبة اضافيّة على الاستثمار
investment surcharge

طريقة عائد الاستثمار
return on investment method

عائد الاستثمار return on equity

فرط الاستثمار over-investment

قانون (رقابة وضمان) الاستثمار
Investment (Control & Guarantees) Act

قسم الاستثمارات الخاصّة
special investment department

قلّة الاستثمار underinvestment

كمبيالة استثمار investment bill of exchange

متوسّط الاستثمار في الأصول الثابتة
average investment in plant assets

محفظة مستندات الاستثمار ـ السّندات والأسهم المشمولة بالاستثمار
investment portfolio

مُدّة الاستِثمار المُتَوسِّط المُتكافِىء
equivalent mean investment period
مُراقَبة الاستِثْمار
control of investment
مَرْدُود الاستِثْمار return on investment
مُسْتَشار الاستِثْمار investment counsellor; investment adviser
مَشْروع الاستِثْمار الشَّهْريّ
monthly investment plan
مُضاعِف الاستِثْمار
investment multiplier
مُؤسَّسة الدومنْيُونات المُتَّحِدة للاستِثْمار
United Dominions Trust (U.D.T.)
نادي استِثْمار investment club
نُزوع إلى الاستِثْمار
propensity to invest
نَظَرِيَّة العَلاقة بَيْنَ الاستِثْمار والمُدَّخَرات
saving/investment theory
**استَثْمَرَ ـ يَسْتَثْمِرُ** invest
يستَثْمِرُ مُجَدَّدا reinvest
**استِثْناء** exception; exclusion
الإدارةُ بِالاستِثْناء
management by exception
باستِثْناءِ الأَخْطاء ( ما عَدا السَّهْوَ والخَطَا)
errors excepted (or errors and omissions excepted)
مَبْدَا الاستِثْناء exception principle
**استِثْنائيّ** extra-ordinary
ظُروفٌ استِثْنائيَّة
exceptional circumstances
**اسْتَجابَ ـ يَسْتَجِيبُ . يُجِيبُ** respond

**استِجابة . جَوابٌ . رَدٌّ** response
قِياسُ الاستِجابة recall
**استَحَثَّ ـ يَسْتَحِثُّ . يَحْفِزُ** spur; urge
**الاستِحْثاث** brainstorming
**استَحَقَّ ـ يَسْتَحِقُّ** accrue
**استِحْقاق . بُلوغ** maturity
تاريخُ الاستِحْقاق date of maturity; due date; maturity date
تاريخُ استِحْقاق رِبْحِ الاسْهُم
record date of dividend
تَجاوُزُ تاريخِ الاستِحْقاق overdue
الدَّفْعُ عِنْدَ الاستِحْقاق
payment in due course
على أَساسِ الاستِحْقاق
quantum meruit
قِيمَةُ السَّنَد عِنْدَ الاستِحْقاق
maturity value of a note
مَوْعِدُ الاستِحْقاق expiry date
نِظامُ الجَدارة والاستِحْقاق merit system
يَدْفَعُ عِنْدَ الاستِحْقاق honor
**استِخْباراتُ التَّصْدير** (لِخِدْمةِ المُصَدِّرين)
export intelligence
دائِرةُ الاستِخْبارات التِّجاريَّة
commercial intelligence department
**استِخْدام . استِعْمال** utilization
استِخْدامُ الأَمْوال use of funds
استِخْدامُ الأمْوالِ المُعتَمَدة
application of funds
استِخْدامُ النِّظام المِتْريّ metrication
إعادَةُ استِخْدامِ المَعْدِن كَعُمْلة
remonetization

سِلَعٌ احادِيَّةُ الاستِخْدام single-use goods

نَفَقة الاستِخْدام (او الارْتِفاق) user cost

وَثيقَةُ إدْخالِ السِّلَعِ المُسْتَورَدة للاستِخْدامِ المَحَلِّيّ entry for home use

**استِخْدام** employment

استِخْدام عامّ common employment

استِخْدام مُوَظَّفِين زِيادَةً على الحاجة feather bedding

دائِرة الاستِخْدام department of employment

طَلَب استِخْدام application form

قاعة الاستِخْدام hiring hall

قانُون الاستِخْدام Employment Act

مَكْتَب استِخْدام employment office

وَكالة استِخْدام employment agency

**استَخْدَمَ ـ يَسْتَخْدِمُ** engage

يَستَخدِمُ . يَستَعمِلُ use

يَستَخدِم . يُسَخِّر harness

يَستَخدِم . يَكْتَري hire

**استِخْراجِيّ ـ صِناعاتٌ استِخْراجِيَّة** extractive industries

**استَخْرَجَ ـ يَسْتَخْرِجُ نُسْخَةً او نُسَخاً عَن** duplicate

**استِدانَةٌ لِتَسدِيدِ قَرْض** funding

**استِدْراجُ عَرْضِ اسعار** application for a quotation

**استِدْراجُ عُروضٍ او عَطاءات** invitation to bid

**استَدْعى ـ يَسْتَدْعي** (لِلمُثُول امامَ القَضاء) summon; subpoena

**استِدْعاء . عَريضة** petition

استِدعاءٌ لِلمَحْكَمة judgment summons

**استِدْلال . استِنْتاج** inference; deduction

**استِدْلاليّ . حُكْميّ** constructive

**استراتِيجي . خَبيرٌ بالاستراتِيجيَّة** strategist

**استراتِيجي . مُتَعَلِّقٌ بالاستراتِيجيَّة** strategic

التَّخْطيط الاستراتِيجيّ strategic planning

**استراتِيجيَّة** strategy

الاستراتِيجيّة التَّنافُسيَّة competitive strategy

استراتِيجيَّة العَمَل بِبُطْء go-slow tactics

**استَراحَ ـ يَسْتَريحُ** rest

**استِراحة ـ فَتْرة استِراحة** rest period

**استِرْجاعُ المِلْكِيَّة** repossession

طَريقةُ استِرْجاعِ الراسِمال pay-off method

يُمْكِنُ استِعادَتُهُ او استِرجاعُه retrievable

**استَرْجَعَ ـ يَسْتَرجِعُ . يَسْتَرِدّ** recover

**استِرْحام** prayer

**استِرْحاميّ . التِماسيّ** precatory

**استَرَدَّ ـ يَسْتَرِدُّ** (شَيئاً او يُعيدُه الى حِيازَتِه) repossess

يَستَرِدُّ قِيمة . يَفُكّ (رَهْناً) redeem

يَستَرِدّ (المالَ) المَحْجوز replevin

أَسْهُم لا تُسْتَرَدُّ قيمَتُها irredeemable debentures

**استِرْداد** recovery

استِرْداد الأَسْهُم retirement of stock

اسْتِردادُ الدَّولةِ لِلمِلْك (عِنْدَ انعِدامِ الوارِث) escheat

اسْتِردادُ القِيمة redemption

اسْتِردادُ المال refund

اسْتِردادُ مَبْلَغٍ مَدْفُوع drawback

اسْهُمٌ قابِلةٌ للاسْتِرْداد (الاستِهْلاك) redeemable stock

دَعْوى اسْتِرْداد (المِلْك المَحْجوز) replevin

فَتْرة اسْتِرداد راسِ المال payback period

قابِلٌ للاسْتِرداد callable

كَفالةُ اسْتِرداد replevin bond

مُدَّة اسْتِرداد النَّقْد المُسْتَثْمَر cash payback period

**اسْتِرْضاء . تَهْدِئة** appeasement

**إسْتِرْلِينيّ** sterling (stg.)

إسْتِرْلِينيّ أُوروبيّ Euro-sterling

إسْتِرْلِينيّ مُجَمَّد security sterling

أَرْصِدة إسْتِرْلِينيَّة sterling balances

ازمات الإسْتِرْلِينيّ sterling crises

جُنَيه إسْتِرْلِينيّ sterling (£)

خَفْضُ الإسْتِرْلِينيّ devaluation of sterling

سَنَداتٌ إسْتِرلينيَّة sterling bonds

شَهادةُ إيداعِ الإسْتِرْلِينيّ Sterling Certificate of Deposit

قابِليَّةُ تَبْديلِ الإسْتِرْلِينيّ convertibility of sterling

مِنْطَقة (او كُتْلة) الإسْتِرلِينيّ Sterling Area (or Bloc)

**اسْتِرْهان ـ مَكْتَب اسْتِرْهان** pawnshop

**اسْتِزادة ـ حَقُّ اسْتِزادةِ المَبيع** call of more

**اسْتَسْلَمَ ـ يَسْتَسْلِمُ** surrender

**اسْتِشارة** counsel

اسْتِشارات . مُباحَثات consultations

**اسْتِشاريّ** staff

التَّنْفيذيُّون والاسْتِشاريُّون line and staff

**اسْتِشاريّ** advisory

الخِدْمات الاسْتِشاريَّة للإدارة management advisory services

اللجْنَةُ الاسْتِشاريَّةُ لِرُسومِ الاسْتِيراد Import Duties Advisory Committee (I.D.A.C.)

اللجْنَةُ الاسْتِشاريَّةُ لِلمُعامَلاتِ الأجْنَبيَّة foreign transaetions advisory committee

مَجْلِس اسْتِشاريّ advisory board

مُحاسِب اسْتِشاريّ consulting accountant

مُهَنْدِس اسْتِشاريّ consulting engineer

هَيْئَة اسْتِشاريَّة advisory body

**اسْتِطْلاع** investigation; exploration; study

اسْتِطْلاعُ الرَّأي opinion poll

اسْتِطْلاعُ المَوارِدِ الماليَّة means test

حُبُّ الاسْتِطْلاع curiosity

**اسْتَعادَ ـ يُسْتَعادُ** recoverable

**اسْتِعادة** restoration

اسْتِعادَةُ رُسُومِ الاسْتِيراد (في المُصْطَلَحات الجُمْرُكيَّة) drawback

اسْتِعادَةُ شَيْءٍ عَنْ طَريقِ شِرائِهِ ثانِيَةً redemption

استِعادةُ النَّفَقات recovery of expense
حَقُّ استِعادةِ البَيْع
right of redemption
يُمكِنُ استِعادَتُه او استِرْجاعُه retrievable
يُمكِنُ استِعادَتهُ او تَسْديدُه recoverable
**استَعارَ ـ يَستَعيرُ . يَقْتَرِضُ** borrow
**استِعاضة ـ قانُونُ الاستِبْدالِ والاستِعاضة**
law of substitution

**استَعْجَلَ ـ يَستَعْجِلُ في إحالةِ شَيْءٍ دُونَ دَرْسٍ كافٍ** railroad
**استِعراضٌ سابِق . عَرْضٌ تَمْهيديّ** preview
**استِعْلام** inquiry
استِعْلامٌ مَصْرِفيّ banker's inquiry
مَصْدَر استِعْلام reference (ref.)
مَكْتَب استِعْلامات information office
وَكالةُ استِعْلام الأوْضاع
status inquiry agency

**استَعْلَمَ ـ يَسْتَعْلِمُ . يَسْتَفْسِرُ** inquire
**استِعْمار . إمْبرياليَّة** imperialism
استِعمارٌ اقتِصاديّ
economic imperialism
مُؤيِّدٌ للاستِعْمار . إمْبرياليّ imperialist
**استِعْمار** colonization
استِعْمار جَديد neo-colonialism
تَصْفِيَةُ الاستِعْمار decolonization
**استِعْماري** colonial
النِّظام الاستِعْماري القَديم
Old Colonial System

**الاستِعْماريَّة** colonialism
**استِعْمال . استِخْدام** utilization
استِعْمال كَثيف intensive use
استِعْمالُ النَّقْد application of cash
إرْشاداتُ الاستِعْمال . طَريقَةُ الاستِعْمال
directions for use
إساءةُ الاستِعْمال misapplication
انْحِرافُ أُجْرةِ العَمالةِ واستِعمالِها
labour rate and usage variance
بَطَلَ استِعْمالُه . عَتيق obsolete
بُطْلان الاستِعمال obsolescence
بَيانُ مَصادِرِ الأمْوالِ واستِعمالاتِها
statement of sources and uses of funds
حَقُّ الاستِعمال easement
طَريقة الاستِعمال المُعْتادة usage
فَتْرة الاستِعْمال service life
قِيمَةُ الاستِبْدال وقِيمَةُ الاستِعمال
value in exchange and value in use
مُلائِمٌ للاستِعمال . سَهْلُ المُتَناوَل handy
نِسبَةُ استِعمال الطّاقة
capacity usage ratio
**استَعْمَلَ ـ يَستَعمِلُ . يَستَخْدِمُ** use
**استِغْراق** absorption
قُصورٌ في استِغْراقِ مَصاريفِ عِبْءِ المَصْنَع
underabsorbed factory overhead
المُغالاةُ في استِغراقِ النَّفَقاتِ العامَّة
overabsorption of overhead
نَفَقاتٌ عامَّة مُفْرِطة الاستِغْراق
overabsorbed factory overhead
**استَغَلَّ ـ يَستَغِلُّ . يَسْتَثْمِر** exploit
**استِغلال** exploitation
استِغْلالُ الثِّقة confidence game
استِغْلالُ الوَظيفَةِ لِتَحْقيقِ كَسْبٍ شَخْصيّ
jobbery

حَقُّ استِغلال العَقَار لِعَدَدٍ من السِّنين
estate for years

مُستَعمَراتُ الاستِغلال
exploitation colonies

**استِغلاليّ** (لِتَحْقيقِ رِبْحٍ فاحِش) profiteer

**الاستِغناءُ عن الخِدْمة** (بشَكْلٍ مُؤَقَّت) layoff

لا يُمكِنُ الاستِغناءُ عَنْه . ضَروريّ
indispensable

**استَفادَ ـ يَسْتَفيدُ . يَرْبَحُ** profit

**استِفادور ـ مُتَعَهِّدُ التحْميل والتفْريغ**
stevedor

**استِفْتاء . استِبْيان** questionnaire

استِفْتاءٌ عامّ plebiscite; referendum

استِفتاءُ غالُوب ـ لِجَسِّ نَبْضِ الرأيِ العامّ Gallup poll

**استَفْسَرَ ـ يَستَفسِرُ . يُحَقِّقُ** inquire

**استِقاء المَعْلُومات** information retrieval

**استِقالة** resignation

**استِقامة . نَزاهة** integrity

**استِقْبال . استِلام** reception

مَحطَّةُ استِلامٍ او استِقْبال
receiving station

**استِقْراء** induction

استِقْراءٌ بالاستِكْمال (صُعُوداً او نُزُولاً على المُنْحَنى البَيانيّ) extrapolation

**استِقْرار . ثَبات** stability

استِقْرار اقتِصاديّ economic stability

الاستِقرار الداخِليّ homeostasis

حالَةُ الثَّباتِ او الاستِقرار
stationary state

عَدَمُ الاستِقْرار instability

عَدَمُ استِقْرارِ الطَّلَب
instability of demand

عوامِلُ الاستِقْرارِ الاقتِصاديّ stabilizers

**استِقْرائيّ** inductive

مَنْهَجٌ استِقْرائيّ . طَريقَةٌ استِقْرائيَّة
inductive method

**استِقْصاء . بَحْث** investigation; enquiry

استِقْصاءُ الآراء opinion research

استِقْصاءات اجتِماعيَّة . مَسْحٌ اجتِماعيّ
social surveys

**استِقْلال** independence

استِقلال ذاتيّ autonomy

**استِكْمال** interpolation

استِكْمالٌ استِقْرائيّ extrapolation

**استِلابيّ ـ مَتْجَر استِلابيّ** clip joint

**استِلام** reception; receipt

استِلامُ البَضائعِ (او تاريخُه)
receipt of goods (R.O.G.)

إشْعارٌ بالاستِلام advice of receipt (A.R.); receiving note

بَيانُ الاستِلام receiving report

الدَّفْعُ عِنْدَ الاستِلام
pay on receipt (P.O.R.)

سِعْرُ الاستِلام delivered price

كِتابُ إشعارٍ بالاستِلام
letter of acknowledgement

مَحَطَّة استِلام او استِقْبال
receiving station

وَصْلٌ بالاستِلام delivery receipt

**اسْتُلِمَ لِلشَّحْن** received for shipment

**استِمارة** form

اسْتِمارةُ بَيانِ الدَّخْلِ المُتَعدِّدةُ الخُطُوات
multiple-step form income statement
اسْتِمارةُ تَكاليفِ العَمَل job cost sheet
اسْتِمارةُ طَلَب order blank; application form
اسْتِمارةُ العَمَل worksheet
اسْتِمارةُ العَمَل اليَوميّ daily time ticket
طَلَبٌ او اسْتِمارةُ (ضَمان) proposal form
مُراقَبة الاسْتِمارات forms control
مِفْتاحُ الرُّموز على اسْتِمارة العَمَل
key letters on worksheet
استَمالَ ـ يَستَميلُ induce
استَمَرَّ ـ يَستَمِرُّ . يُتابِعُ run on
الاسْتِمْرارُ الاقْتِصادي
economic continuity
قابِلٌ للاسْتِمْرار viable
قُوَّةُ الاسْتِمرار inertia
اسْتِمْراريّ . مُؤبَّد perpetual
اسْتِمْراريّةُ العَمَل continuity of work
اسْتِمْلاك appropriation
اسْتِمْلاكُ ارْضٍ عامَّةٍ (مِنْ قِبَلِ السُّلطات)
enclosure
اسْتَمْلَكَ ـ يَسْتَمْلِكُ appropriate
اسْتِنْباطٌ سَطْحيّ (لا يَتَرتَّبُ عَلى او يُسْتَنْتَجُ مِن) non sequitur ("it does not follow")
اسْتِنْباطيّ . اسْتِنْتاجيّ deductive
اسْتِنْتاج . اسْتِدْلال inference; deduction
اسْتِنْتاجيّ ـ طَريقَة اسْتِنْتاجيّة
deductive method
اسْتَنْتَجَ ـ يَسْتَنْتِجُ conclude

اسْتَنَدَ ـ يَسْتَنِدُ . يَستَريحُ rest
اسْتِنْزافُ العُقول "brain drain"
اسْتَنْزَفَ ـ يَسْتَنْزِفُ (يَحْلُب) milk
اسْتِنْسابٌ (او تَقْدير) شَخْصيّ discretion
دَخْلٌ اسْتِنْسابيٌّ الانْفَاق (الدَّخْلُ المُتَبقّي بعدَ الوَفاءِ بالضَّروريّات)
discretionary income
اسْتِنْساخ (المُحَرَّر) بِصُورَتِه النِّهائيّة
ingrossing
اسْتَنْسَخَ ـ يَسْتَنْسِخُ او يَطْبَعُ بالسّتِنْسِل
stencil
يَسْتَنسِخُ فُوتوغرافيّاً . نُسْخَة فُوتُوغرافيّة
photocopy
اسْتِنْفاد depletion; exhaustion
قابِلٌ للاسْتِنْفاد expendable
اسْتَنْفَدَ ـ يَسْتَنْفِدُ . يَسْتَهْلِكُ consume
اسْتِهْتار . انْعِدام المَسؤوليّة
irresponsibility
اسْتَهْدَفَ ـ شَرِكةٌ لا تَستَهْدِفُ الرِّبْح
non-profit corporation
لا يَستَهدِفُ الرِّبْح . غَيْرُ مُرْبِح
non-profit
هَيئَةٌ لا تَستَهدِفُ الرِّبْح
non-profit organization
اسْتِهْلاك consumption
اسْتِهْلاك (نَقْصُ القيمةِ بالاسْتِخْدام)
depreciation; writing off
اسْتِهْلاكُ احْتِياطيِّ القَرْضِ المُسْتَثمَر
sinking fund depreciation
اسْتِهْلاك الإنْتاج
production depreciation

الاستِهلاكُ بِطَريقَةِ المَصاريفِ المُتَناقِصة
reducing-charge method of depreciation

الاستِهلاكُ بِالنِّسْبة الثّابِتة
straight-line depreciation

الاستِهلاك الجَماعيّ العالي المُستَوى
high mass-consumption

استِهلاكُ الدَّيْن
amortisation = amortization

استِهلاكُ راسِ المال
capital consumption; depreciation of capital

استِهلاكُ الرَّصيدِ المُتَناقِص
diminishing balance depreciation

world consumption الاستِهلاكُ العالَميّ

physical depreciation الاستِهلاك الفِعْليّ

استِهلاكٌ مُتَراكِم
accumulated depreciation

home consumption استِهلاكٌ مَحَلّيّ

استِهلاكٌ مُعَجَّل
accelerated depreciation

استِهلاكٌ ناجِمٌ عن الاستِعْمال العاديّ
wear and tear

final consumption استِهلاكٌ نِهائيّ

allowance for depreciation; depreciation fund; depreciation reserve احتِياطيٌّ الاستِهلاك

احتِياطيٌّ استِهلاك السَّنَدات المُستَثمَرة
bond sinking fund

sinking fund; sinking fund reserve احتِياطيٌّ استِهلاك القَرْض

أُسْلُوب الاستِهلاك بالمَجْموعة
group depreciation method

اسْهُمٌ قابِلةٌ للاستِرداد (الاستِهلاك)
redeemable stock

إعادة النَّظَر بِنِسَب الاستِهلاك
revising depreciation rates

امِينُ احتِياطيّ استِهلاكِ القُروض
trustee of sinking fund

البِلى والتَّلَف بالاستِهلاك العاديّ
fair wear and tear

تَغْطِيةُ الاستِهلاك
depreciation allowance

تَوارِيخُ الاستِهلاكِ او رَدِّ قِيمةِ السَّنَدات
redemption dates

خَطُّ (مُنْحَنى) الاستِهلاك
consumption line

سِعْرُ الاستِهلاك (لِلسَّهْم او السَّنَد)
redemption price

redeemable bond سَنَدٌ قابِلٌ للاستِهلاك

سَنَدٌ لاحتِياطيّ استِهلاكِ القَرْض
sinking fund bond

صُنْدوق استِهلاك (الاسْهُم او الدُّيُون)
redemption fund

consumption tax ضَريبةُ الاستِهلاك

طُرُقُ الاستِهلاك المُعَجَّلة
accelerated depreciation methods

طَريقةُ الرَّصِيدِ المُتَناقِص في حِسابِ الاستِهلاك
declining balance method of depreciation

فائِضُ الاستِهلاك . فائِضُ المُشتَري
buyer's surplus

فَتْرة الاستِهلاك — sinking period

قَرْض استِهلاك الدَّيْن — amortization loan

قِلَّة الاستِهلاك — underconsumption

مُحاسَبة استِهلاك الأُصول المُتَعدِّدة — multiple asset depreciation accounting

مُنْحَنى عَلاقة السِّعْر بالاستِهلاك — price-consumption curve

مَوجُوداتٌ خاضِعةٌ للاستِهلاك — depreciable assets

مَيْلٌ حَدِّيّ للاستِهلاك — marginal propensity to consume

المَيْل المُتَوَسِّط للاستِهْلاك — average propensity to consume

نُزوعٌ إلى الاستِهلاك — propensity to consume

وارِداتٌ للاستِهْلاك — imports for consumption

**استِهْلاكيّ ـ رَأسُمالٍ استِهلاكيّ** — consumption capital

سِلَعٌ استِهلاكيَّة — consumer goods; consumption goods; final products

**استِهْلال . بَدْء** — initiation

**استَهْلَكَ ـ يَستَهلِكُ . يَستَنفِدُ** — consume

يستَهلِكُ الدَّيْن — amortize

يستَهلِكُ قِيمةَ اصْلٍ او يُلْغِيها — write down (or off); depreciate

**استَودَعَ ـ يَستَودِعُ** — trust

**استَورَدَ ـ يَستَورِدُ** — import

يَستَورِدُ ثانِيَةً . إعادةُ الاستِيراد — reimport

**استِئْجار** — hiring; leasing

إعادةُ استِئْجار (سَفينَةٍ او طائِرة) — rechartering

بَيْعُ المِلْكِ ثُمَّ استِئْجارُهُ مَرَّةً ثانِية — sale and lease-back

عَقْدُ استِئْجار . عَقْدُ إيجار — hire contract

عَقْدُ استِئْجارِ السَّفينةِ وبَحّارَتِها — demise charter

**إسْتِيراد** — importation

إجراءاتُ الاسْتِيراد — import procedure

إدارةُ الاستيرادِ والتَّصْدير — import-export directorate

استِعادةُ رُسُومِ الاستيراد (في المُصْطَلحاتِ الجُمْرُكيَّة) — draw back

إعادَةُ الاستيراد — reimport; reimportation

إعانَةُ استيراد — import subsidy

اعتِماد (قَرْض) لِلاستيراد — import credit

إيداعٌ لِلاستيراد — import deposit

بَنْكُ استيرادٍ وتَصْدير — import-export bank

تِجارةُ الاستيراد — import trade

حِسابٌ مُؤَهَّلٌ لِلاستيراد — import entitlement account

حِصَصُ الاستيراد — import quotas

حَظْر الاستيراد — import ban

رُخْصة استيراد — import license

رُسُوم استيراد — import duties

قانُونُ رُسومِ الاستيراد — Import Duties Act (1932)

قُيُودُ الاستيراد — import restrictions

كِتابُ اعتِماد لِلاستيراد
import letter of credit

كَشْفُ استيراد — bill of entry

اللجْنَة الاستِشاريَّة لِرُسوم الاستيراد
Import Duties Advisory Committee (I.D.A.C.)

مَيْلٌ حَدّيّ للاستيراد
marginal propensity to import

نُقْطةُ استيرادِ الذَّهَب
import specie point

وَسيطُ استيراد — import broker

وَكيلُ اسْتيراد بالعُمولة
import commission agent

**إِسْتيطان — مُستَعمَراتُ الاستيطان**
population colonies

**إِسْتيفاء . إيفاء** — payment; discharge

التمْييزُ في استيفاءِ الأسْعار
price discrimination

**استِيلاء . وَضْعُ اليَد** — (taking) possession; take-over; appropriation

إسْتيلاءٌ اغتِصابيّ او سَلْبيّ — conversion

إسْتيلاءٌ مَعْكوس (إسْتيلاءُ شَرِكةٍ صَغيرةٍ على شَرِكةٍ كَبيرة) — inverted take-over

حَقُّ الاستيلاء (عَلى الأرْض)
right of entry

عَرْضُ استيلاءٍ او تَولٍّ — take-over bid

**إستِئْناف . مُتابعة** — resumption

استِئْنافٌ (قَضائيّ) — appeal

سَنَدُ استِئْناف — appeal bond

كَفالةُ استِئْناف — appeal bond

مَحْكَمَةُ استِئْناف — court of appeal

**استِئْنافيّ . مُستَأنِف** — appellant

**أُسْرة — حَجْمُ الأُسْرة** — family size

مِيزانيّةُ الأُسْرة — family budget

نَفَقات الأُسْرة . نَفَقات المَنْزِل
household expenses

**اسْرَعَ — يُسْرِعُ . يُسَرّعُ** — speed

**اسَّسَ — يُؤسِّسُ . يُقيم** — institute

يُؤسِّسُ (شَرِكة) — incorporate; found

**أُسْطُورة . خُرافة** — myth

عِلْمُ الاساطِير — mythology

**أُسْطُول** — fleet

أُسْطُول تِجاريّ — merchant navy

**أَسْعار** (أُنْظُر سِعْر) — prices

**إِسْعاف** — accommodation

تَظْهيرُ إسْعاف — accommodation endorsement; accommodation indorsement

كَمْبيالَةُ إسعاف
accommodation bill of exchange

وَرَقةُ إسعاف — accommodation paper

**أَسْفَل . قاعِدة** — bottom

مُرَحَّلٌ إلى أَسْفَلِ الصَّفْحة
carried down (c/d.)

**إسْقاط** — elimination

إسْقاطُ الحَقّ — forfeiture

**إسْكات — رَشْوة إسْكات** — hush money

**إسْكان . إيواء** — housing

الإسْكان والحُكْم المَحَلّيّ — housing and local government

ازْدِهار إسْكانيّ — housing boom

تَعاوُنيّة الإسْكان — housing cooperative

جَمعيّاتُ إسْكان housing societies
قَوانينُ الإسكان housing acts
مُؤسَّسة إسكان housing corporation
**إسكُودُو** (عُمْلة في البُرتُغال وشِيلي) escudo
**أسْلابٌ . سَلَبٌ** plunderage
**الأسْلوب** method; system
أُسْلوبُ الاستِهلاكِ بالمَجْموعة
group depreciation method
أُسْلوبُ الاعْمالِ الحَرِجة
critical path method
أُسْلوبُ أقَلِّ المُربَّعات
least squares method
أُسْلوبٌ تَشْجيعيّ incentive system
أُسْلوبُ التَّشْغيلِ القِياسيّ standard operating procedure (S.O.P.)
أُسْلوبُ الجَرْدِ الدَّوْري
periodic inventory system
أُسْلوبُ الجَرْدِ المُستَمِرّ لِلبِضاعة
perpetual inventory system
أُسْلوبُ حَياة life style
الأُسْلوبُ العِلْميّ scientific method
أُسلوبُ القيمةِ البَيْعيَّة
sales value method
أُسلوبُ المُحاسَبةِ بِمُستَنَداتِ القَيْد
voucher system of accounting
أُسلوبُ مُقارَنةِ العَوامِل
factor comparison method
أُسلوبُ مُونت كارْلُو
Monte Carlo Method
أُسلوبُ الوَحَداتِ المُنتِجة
units-of-production method

أُسْلوبُ وَضْعِ الرُّتَبِ لِلوَظائِف
job ranking method
اساليبُ التَّكْلِفةِ المِعْياريَّة
standard cost systems
الاساليبُ العامَّةُ لِمراقَبةِ المَكاتِب
universal office controls
اساليبُ عِلْميَّةٌ حَديثة technology
الاساليبُ الكَمِّيَّة
quantitative techniques
اساليبُ (نُظُم) المُحاسَبة
accounting systems
تَصْميمُ الأساليب systems design
تَطْبيقُ الأساليب
systems implementation
التَّنْظيمُ والأساليب
organization and methods
دِراسَةُ الأساليب method study
دَليلُ الأساليب systems manual
قِياسُ وَقْتِ الأساليب
methods time measurement
هَنْدَسة الأساليب methods engineering
**اِسْمٌ . شُهْرة** name
اِسْمٌ تِجاريّ trade name
الاسْمُ التِّجاريّ لِلشَّرِكة firm name; style of a firm
اسْمٌ تَسْويقيّ marketing name
اسْمٌ قانُونيّ legal name
اسْمٌ مُسْتَعار assumed name
اسماءُ الشَّرِكات company titles
أوراقٌ (تِجاريَّة) باسْمٍ مُفْرَد
single-name (commercial) paper

تَسْجيلُ السَّهْمِ بِاسْمِ السِّمْسار (لا بِاسْمِ صاحِبِهِ) street name

مُنَوَّعاتٌ (مِنَ الحُمولة) غيرُ مُحَدَّدةٍ بالاسْم not otherwise indexed by name (noibn)

وَرَقةٌ ماليّةٌ بِأَسْماءِ ثَلاثَةِ اشْخاصٍ (او مُظَهَّرةٌ من ثَلاثَةِ اشْخاص) three-name paper

**أَسْمى** (مَرْتَبَةً) . **أَعْلى** superior

**أَسْمِدَة** fertilizers

**أَسْمَنْت . خَرَسانة** concrete

**اِسْميّ** nominal

أُجُورٌ اسْميّة nominal wages

أَسْهُمٌ اسميّة (يُذْكَر فِيها اسْمُ المُساهِم) nominal shares

أَسْهُمٌ اسْميّة مُقَيَّدة nominal bound shares

أَسْهُمٌ بِلا قِيمَةٍ اسْميّة no-par stocks; non-par value stocks

أَسْهُمٌ ذاتُ قِيمَةٍ اسميّة par value stocks

أَصْلٌ اسْميّ nominal asset

أَضْرارٌ (تَعويضاتٌ) اسْميّة nominal damages

بُوليصَةٌ اسميّة . عَقْدُ تأمينٍ اسميّ named policy

التَّكْلِفة الاسميّة nominal cost

حِساب اسميّ nominal account

الراسْمال الاسميّ nominal capital; registered capital

سِعْرٌ اسْميّ nominal price

شَريكٌ اسميّ nominal partner

عَرْضٌ اسميّ "paper bid"

الفائِدةُ الاسميّة nominal interest

قِيمة اسميّة face value

القِيمة الاسميّة او القانونيّة (لِلنُّقود) nominal value (of money)

المَبْلَغُ الاسْميّ face amount

**اسْميّة . مَذْهَبُ الاسْميّة** nominalism

**إِسْناد . دَعْم** support

سِعْر إسْناد (تَدعَمهُ الدَّوْلةُ لِلتَّشْجيع) support price

عَلامةُ الإسْناد benchmark

نِطاقُ الإسْناد frame of reference

**إسْهام . مُشارَكة** (مُشارَكةُ العُمّالِ في ارْباحِ الشَّرِكةِ او في الشَّرِكةِ ذاتِها) co-partnership

إسهامٌ خاصّ (نَوعٌ من ضَريبةِ راسِ المال) special contribution

إسْهامٌ في الدِّفاع القَوميّ national defense contribution

**إسْهاميّ ـ مَعاشٌ تَقاعُديّ إسهاميّ** contributory pension

مَعاشاتُ تَقاعُدٍ لا إسهاميّة non-contributory pensions

**أَسْهُم** (أُنْظُر سَهْم) stocks

اسهُمٌ مُمْتازة preference shares

اسهُمٌ مُؤَجَّلة deferred shares

**أَسْواق** (أُنْظُر سُوق) markets

**((أَسْوَد)) . مُقاطَع** "black"

بِالأَسْوَد : وَصْفٌ لِلشَّرِكة التي تَرْبَح in the black

الجُمْعَةُ الأسْوَد Black Friday
الحِبْر الأسْوَد black ink
السُّوقُ السَّوْداء black market
السوقُ السَّوداءُ في البُورْصة black bourse
عامٌ أسْوَد "black year"
قائِمة سَوْداء blacklist
**أشارَ ـ يُشيرُ . يَنْصَحُ** counsel
يُشير . يُوعِز بالإشارة signal
**إشارةُ إنْذار** warning signal
**أشاعَ ـ يُشيعُ** rumor
**إشاعة** hearsay
**إشباع** satiety
قانونُ إشباعِ الحاجات law of satiable wants
**أشْبَعَ ـ يُشْبِعُ . يُشَبِّعُ** saturate
يُشْبِعُ . يُتْخِمُ glut
**اشْتَرى ـ يَشْتَري** buy; purchase
يَشْتَري البِضاعةَ قَبْلَ وُصولِها إلى السُّوق forestall
يَشْتَري ثانِيَةً . الشِّراءُ ثانِيَةً repurchase
يَشتَري على الحِساب charge
يَشتَري كامِلَ الحُصَص buy out
**اشْتِراط . شَرْط** stipulation
**اشْتِراك . اكْتِتاب** subscription
**اشْتِراك . مُشارَكة** participation
بالاشتِراكِ مَع . مَعاً co-
**اشْتِراكيّ . مُتَعلِّق بالاشتِراكيّة** socialist
تَوْضيعُ اشتِراكيّ . تَشْريك socialization
**الاشتِراكيّة** socialism
اشتِراكيّةُ البَلَدِيّات municipal socialism
اشتِراكيّةُ التدرُّج . التَّدَرُّجيّة gradualism
الاشتِراكيّة الخَياليّة utopian socialism
اشتِراكيّةُ الدَّوْلة state socialism
الاشتِراكيّة العَرَبيّة Arab Socialism
الاشتِراكيّة العِلْميّة scientific socialism
اشتِراكيّة النِّقابات guild socialism
اشتِراكيّة وَطَنيّة (نازيّة) national-socialism
**اشْتَرَطَ ـ يَشْتَرِطُ . يُشارِطُ** stipulate
**اشْتَرَكَ ـ يَشْتَرِكُ . يُشارِكُ** share
يَشتَرِكُ (في جَريدة ، إلخ.) . يَكْتَتِبُ subscribe
**اشْتِعال . إشْعال** ignition
اشتِعالٌ تِلْقائيّ spontaneous combustion
سَريعُ الاشتِعال . لَهُوب inflammable
**اشْتَغَلَ ـ يَشْتَغِلُ** work
**اشتِقاقُ الطَّلَب** derivation of demand
**أشَّرَ ـ يُؤَشِّرُ بِعَلامةٍ صَغيرة . عَلامة صَغيرة** tick
**إشْراف** supervision; control
إشْرافٌ مُباشِر direct supervision
**أشْرَفَ ـ يُشرِفُ على . يُراقِب** supervise
**إشْعار . إعْلان** announcement
**إشْعار . إخْطار . تَبْليغ** notification
إشعارٌ أوَّليّ preliminary notification
إشعارٌ بالدَّيْن debit advice; notification of debiting
إشعارُ تَحْويل (لِلمُسْتَفيد) notification of crediting

إشعارُ تَذْكير . مُذَكِّرة reminder

**إشعار** note; notice; advice; advice note

إشعارُ إرْسال forward advice

إشعارُ استِلام (لِلتَّحْميل والشَّحْن) receiving note

إشعارٌ اعتِماديّ (دَوْريّ) circular note

إشعارُ إنْزالِ البَضائِع landing notice

إشعارٌ بِالإرْسال . إشعارٌ بِالشَّحْن advice of dispatch

إشعارٌ بِالاستِلام advice of receipt (A.R.)

إشعارٌ بالاعتِماد credit advice

إشعارٌ بِتَخْصيصِ أسْهُم letter of allotment

إشعار بالرِّبْح dividend notice

إشعار بِعَدَمِ الدَّفْع notice of dishonour

إشعار بِفَكّ الرَّهْن release of mortgage

إشعار بالكَمْبِيالة او السَّنَد (عِنْدَ الاستِحْقاق) note notice

إشعار تَحْويل نَقْديّ remittance advice

إشعار تَسْليم delivery note

إشعارٌ دائِن credit memorandum; credit note

إشعارُ شِراء أو بَيْع (مِن سِمْسار الأسْهُم إلى عَميلِه) contract note

إشعارٌ عاجِل أو وَجيزُ المُدّة short notice

إشعارٌ مَدين debit note

إشعارٌ مُفْتَرَض imputed notice

إشعارُ نَزْعِ المِلْكِيّة eviction notice

إشعارُ وُصول arrival note

حَتّى إشعارٍ آخَر until further notice

حتى إشعارٍ آخَر (بالنِّسْبة لإعلانٍ يُطلَبُ نَشْرُه في صَحيفة) till-forbid (T.F.)

حَسَبَ الإشعار as per advice

كِتابُ إشعار letter of advice

كِتابُ إشعارٍ بالاستِلام . كِتابُ إقْرار letter of acknowledgement

**إشْعال . اشْتِعال** ignition

**أشِعّة جاما . أشِعّةُ غاما** gamma rays

**إشْغال . احْتِلال** occupation; occupancy

**أشْغال** (أُنْظُر أيضاً : شُغْل) works

**إشْهارُ الإفْلاس** declaration of insolvency

**أشْياء** (أُنْظُر ايضاً : شَيْء) res

**إصابة . شَخْصٌ مُصاب** casualty

**إصابة . أذًى** injury

إصابة شَخْصيّة personal injury

إصاباتُ العَمَل industrial injury

تَعْويضٌ عن إصابةِ العَمَل industrial injury benefit

**أصْبَحَ ـ يُصْبِحُ سارِياً او نافِذَ المَفْعول** take effect; come into force

**إصْدار . نَشْر** issuing

إصدارُ أسْهُمٍ بِالمُناقَصة tender capital issues

إصدارُ أسهُمٍ رَأسِماليّة capitalisation issue

إصدارُ أسْهُمٍ عِلاوة scrip issue

إصدارُ افضَلِيّةٍ لِلمُساهِمين الحالِيّين rights issue

إصدارُ اوراقٍ ماليّة note issue

| | |
|---|---|
| إصْدارٌ ائْتِمانيّ (دُونَ تَغْطِية ذَهَبِيَّة لِلعُمْلة) | fiduciary issue |
| إصْدارٌ بِسِعر التَّكافُؤ (اي بالقيمةِ الاسْمِيَّة) | issue at par |
| الإصْدارُ بالمُناقَصة | issue by tender |
| إصْدارُ بَنْكنُوت غَير قابِل لِلتَّحْويل | inconvertible note issue |
| إصْدارُ بُوليصةِ الضَّمان | issue of policy |
| إصْدارٌ جَديد | reissue; new issue |
| إصْدارُ سَنَدات | bond issue |
| إصْدارُ سَنَداتٍ مُتَسَلْسِلة | serial bond issue |
| إصْدارٌ عامّ | public issue |
| إصْدارُ عِلاوة (اسْهُم) | bonus issue |
| إصْداراتٌ جارِية | current issues |
| بَيْتُ الإصْدار | issuing house |
| تاريخُ الإصْدار | date of issue |
| دائِرَةُ الإصْدار . قِسْمُ الإصْدار | issue department |
| سِعْرُ الإصْدار | issue price |
| عِلاوة الإصْدار ـ العِلاوةُ على سِعْرِ السَّنَدِ الاسْميّ | bond premium |
| لَجْنةُ إصْدارِ الأَسْهُمِ الرَّأْسِماليَّة | capital issues committee |
| مَبْدَأُ تَقْييدِ الإصْدار | currency principle |
| مَصْرِفُ إصْدار | bank of issue |
| مَكانُ الإصْدار | place of issue |
| يُفْرِطُ في الإصْدار | over-issue |
| **أَصْدَرَ ـ يُصْدِرُ . يَبْتَعِث** | emit |
| يُصْدِر | issue |
| يُصْدِرُ (أَسْهُماً) بإفْراط | over-issue |
| يُصْدِرُ حُكْماً | render judgment |
| **أَصَرَّ ـ يُصِرُّ . يُلِحّ** | insist |
| **اصْطِدام . صَدْمة** | impact |
| **اصْطِلاحيّ ـ رَقْمٌ اصْطِلاحيّ او رَمْزيّ** | code number |
| **اصْطِناعيّ . تَرْكيبيّ** | synthetic |
| اصْطِناعيّ . مُتَكَلَّف . صُنْعيّ | artificial |
| **أَصْغَر ـ رَهْنٌ أَصْغَر** (ثانَويّ) | junior mortgage |
| الشَّريكُ الأَصْغَر | junior partner |
| **أَصْفَر ـ النُّحاسُ الأَصْفَر** | brass; yellow brass |
| **أَصْل** (مِن مَوجُوداتِ الشَّرِكة) | asset |
| اصْلٌ اسْميّ | nominal asset |
| اصْل ثابِت | fixed asset |
| اصْل حَقيقي | actual asset |
| اصْل رَأْسْماليّ | capital asset |
| أَصْلٌ سائِل (سَهْلُ التَّحْويلِ إلى نَقْد) | liquid asset |
| اصْلٌ صافٍ | net asset |
| اصْل عاديّ (يَدخُل في نِطاقِ العَمَل المُعْتاد لِدافِعِ الضَّريبة) | ordinary asset |
| اصْل عامِل | active asset; working asset |
| اصْلٌ غَيْرُ مَلْمُوس | intangible asset |
| الاصْلُ المُتَداوَل | circulating asset; floating asset |
| أَصْل مُتَناقِص | wasting asset |
| اصْل مُتَيَسِّر | available asset |
| أَصلٌ مُجَمَّد | frozen asset |
| أَصْلٌ مَخْفيّ (الفَرقُ بَين سِعْرِ الأَصْل الدَّفْتَريّ والحَقيقيّ) | hidden asset |

أَصْلٌ مَشْكُوكٌ فيه doubtful asset
اصْل مَلْمُوس tangible asset
اصْل نَقْديّ cash asset
إدارَةُ مَرْدودِ الأُصُول return on assets management
أُصُولٌ او مَوْجُودات assets
أُصولٌ إيراديَّة . مَوجُودات عامِلة operating assets
أُصولُ بَنْك او مَوجُوداتُه assets of a bank
أُصُول البُنُوك الكاسِبة earning assets
أُصول جارِية current assets
أُصُول دائِمة non-wasting assets
الأُصُولُ السَّريعة (السَّريعةُ التَّحْويلِ إلى نَقْد) quick assets
الأُصول الصَّافِية الحاليَّة net current assets
أُصولٌ صُوَريَّة fictitious assets
أُصول غيرُ إيراديَّة non-operating assets
أُصول غَيْرُ عامِلة non-working assets
أُصول غيرُ مُتَداوَلة non-current assets
الأُصُول المَرْهُونة pledged assets
أُصُول مُعَمَّرة (أُصُولٌ طَويلَةُ الأَجَل) long-lived assets
أُصولُ المَعْمَل او مَوْجُوداتُه plant assets
أُصُول مُؤَجَّلة deferred assets
تَخْفيض قِيمة الأَصْل writing off
تَرْتيبُ الأُصول marshalling assets
تَقْييمُ الأُصول valuation of assets
دَوْرَةُ إجْماليِّ الأُصول total assets turnover

دَيْن غيرُ مُغَطًّى بأُصولٍ حَقيقيَّة deadweight debt
رَيْع الأُصول return on assets
صافي الأُصولِ المادِّيَّة المَلْمُوسة net tangible assets
صافي قِيمةِ الأُصول net asset value
عُمْلة مَضْمونة بِأُصُول asset currency
مُتَوَسِّط الاستِثْمار في الأُصول الثَّابِتة average investment in plant assets
مُحاسَبة استِهلاك الأُصول المُتَعَدِّدة multiple asset depreciation accounting
نِسْبَة الرِّبْح عَلَى مَجْمُوع الأُصول rate earned on total assets
يُخَفِّضُ قِيمةَ أَصْل او يُلْغيها write down (or off)
يَرْفَعُ قِيمةَ الأَصْل write up

**أَصْل** root; principle
استِثْمار أُصولِيّ real investment
باعتِبارِ الأَصْل per stripes
حَسَبَ الأُصُول regular

**إصْلاح . تَرْميم** restoration; repair
إصلاحاتٌ عادِيَّة ordinary repairs
إصلاحاتٌ فَوْقَ العادة extra-ordinary repairs
الإصلاحاتُ والمُبَدَّلات (قِطَعُ الغِيار) repairs and replacements

**إصْلاح** reform
إصلاحٌ إداريّ administrative reform
إصلاحُ التَّعْرِفةِ الجُمْرُكيَّة tariff reform
الإصلاحُ الزِّراعيّ agrarian reform
إصْلاحٌ نَقْديّ monetary reform

شَرِكةُ إصلاحِ الاراضي
land improvement company

النَّظَرِيَّةُ المُنادِيةُ بالإصلاحِ الزِّراعيّ
agrarianism

**إصْلاحيّ . عِلاجيّ** remedial

**أَصْلَحَ ـ يُصْلِحُ** reform

يُصْلِحُ . يُعَوِّضُ redress

يُصلِح . يُرَمِّم recondition; repair; revamp

لا يُصْلَحُ . لا يُعَوَّض irreparable

**أَصْليّ . طَبيعيّ . فِطْريّ** inherent

**أَصْليّ . حَقيقيّ** genuine; original

بالسِّعْرِ الأَصْليّ at par

بُوليصَةُ شَحْنٍ اصْليَّة original bill of lading

تَكاليفُ أَصْليَّة original costs

رَأْسُ المالِ الأَصْليّ original capital

سَبَبٌ أصليّ original cause

سِلَع أَصْليَّة original goods

شاغِلُ الوَظيفَةِ الأَصْليّ incumbent

فاتُورة أَصليَّة original invoice

فَوْقَ السِّعرِ الأَصْليّ above par

قَيْدٌ اصْليّ . قَيْد أَوَّليّ original entry

القِيمَةُ الأصليَّة (الاسْميَّة) par value

كَمْبيالة أَصليَّة original bill of exchange

المُقاوِل الأَصْليّ prime contractor

مُنتِجونَ اصْليُّون original producers

وثيقَةٌ أَصْليَّة source document

**أُصُول** (أُنْظُرْ ايضاً : أَصْل) assets

**أَصيل . حَقيقيّ** genuine

**أَصيل . رَئيسيّ** principal

حامِلٌ أَصيل bona fide holder

**إضاءَة . إنارة** illumination

إضاءَة وتَدْفِئَة light and heat

**إضافَة** addition

إضافَةٌ على السِّعْر (لِتَحْقيقِ الرِّبْح)
markon

إضافَةٌ (او تَحْميل) من أَجْلِ النَّفَقات
loading for expenses

إضافاتٌ وتَحْسينات
additions and betterments

تأمينٌ على الإضافاتِ والتَّحْسينات
improvement and betterment insurance

**إضافيّ** extra; collateral; further

أَجْرٌ إضافيّ extra-pay

أَجْر إضافيّ (لِلعَمَلِ الخَطِرِ او العَمَل في يَوم عُطْلة) premium pay

تَكاليفُ إضافيَّة extra cost

دَفْعة إضافيّة additional payment

رَسْمٌ إضافيّ . ضَريبة إضافيَّة
supertax; surcharge

ساعاتُ (عَمَل) إضافيَّة extra hours

شَرْطٌ إضافيّ (أو فَرْعيّ)
collateral condition

ضَريبة إضافيَّة على الاستِثْمار
investment surcharge

ضَريبة إضافيَّة على الوارِدات
import surcharge

ضَمانٌ إضافيّ collateral security

طَلَبٌ إضافيّ additional order

عَمَل إضافيّ boon-work
عُمولة إضافيّة over-riding commission
مَعاشٌ إضافيّ supplementary pension
المُؤمَّنُ علَيهِ الإضافيّ additional insured
نَفقاتٌ إضافيّة extra expenses; supplementary costs
وَظيفةٌ إضافيّة spare-time occupation
**إضبارة** file; folder
إضبارةُ سَنَدات portfolio
**إضراب** strike
إضرابٌ اقتِصاديّ economic strike
إضرابٌ تأييديّ sympathetic strike
إضرابُ التّباطُؤ go-slow strike
إضرابُ الجُلوس ـ يُلازِمُ المُضرِبونَ فيهِ مَكانَ العَمَل sit-down (strike)
إضرابُ خُروج . مُغادَرَةُ العَمَل walk-out
إضرابٌ سِياسيّ political strike
إضرابٌ عامّ general strike
إضرابٌ غيرُ رَسْميّ (لا تُسانِدُه النّقابةُ المُختَصّة) unofficial strike
إضرابٌ غيرُ شَرْعيّ illegal strike
إضرابٌ غيرُ قانُونيّ outlaw strike
إضرابٌ غيرُ مَشروع (بِدُونِ مُوافَقةِ النّقابات) wildcat strike
إضرابٌ قانُونيّ legal strike
إضرابٌ مُباشِر (ضِدَّ رَبِّ العَمَل) direct strike
إضرابُ المُشتَرِين buyers' strike
إضرابُ مُلازَمة ـ يُلازِمُ فيهِ المُضرِبونَ مَراكِزَ عَملِهم stay-in strike
التَّحْريضُ السِّلْميّ عَلى الإضْراب "peaceful picketing"
تَحْريضٌ لإنْجاحِ الإضْراب picketing
مُرابَطة جَماعيّة لِسَدِّ مَنافِذِ المُؤسَّسة (في اثناءِ الإضْراب) mass picketing
مُفْسِدُ الإضْراب blackleg; strikebreaker
ناظِرُ الإضْراب picket
**أضْرار** (أنْظُرْ ضَرَر) damages
**أضْرَبَ ـ يُضْرِبُ** strike
**اضْطِراب** unrest
**اضْطِراريّ ـ ادِّخارٌ اضْطِراريّ** involuntary saving
بَطالة اضْطِراريّة involuntary unemployment
شُغْلٌ اضْطِراريّ involuntary servitude
**إضْعاف . تَعْطيل** impairment
**أضْعَفَ ـ يُضْعِفُ . يُوهِن** impair
**إضْماميّ ـ اتّفاقٌ إجْماليّ او إضْماميّ** package deal
**إطــارٌ** frame; framework
**إطاعة . طاعة** obedience
**أطالَ ـ يُطيلُ . يُمَدِّد** prolong
**اطِّراد** (على وَتيرةٍ واحِدة) . **رَتابة** monotony
باطِّراد . تَصاعُديّاً progressively
**أُطْروحة . نَظَريّة** thesis
**أطْفَأ ـ يُطْفِئُ . يُخْمِد** extinguish; put out
**اطّلاع** sight
سَنَدٌ مُستَحِقٌ عِنْدَ الاطّلاع bill payable at sight
عِنْدَ الإطّلاع "at sight"; on presentation

كَمْبيالة تُسَدَّد (تُدْفَع) عِنْدَ الاطِّلاع
sight bill of exchange; sight draft

**إطْلاع ـ مَبْدأ الإطْلاع** disclosure principle

**إطلاقُ الأمْوالِ المُكْتَنَزةِ في التَّداوُل . إطْلاقُ المُدَّخَرات** dishoarding

**أَطْلَس** atlas

**أَطْلَقَ ـ يُطْلِق . يُحَرِّر . يُعْتِق** liberate

يُطْلِق . يُنْزِل (سَفينَةً) إلى البَحْر
launch

**إظْهار** disclosure

إظْهارُ الرَّفْضِ على قَفا الكَمْبيالة (تَمْهيداً لِعَمَل بروتِسْتو عَلَيها) noting a bill

**أَظْهَرَ ـ يُظْهِرُ** (في مَكانٍ بارِز) feature

يُظْهِرُ مَقدِرةً . يَفي make good

**أَعادَ ـ يُعيدُ إصْدار** reissue

يُعيدُ إلى مَرْكزٍ او مالِكٍ سابِق reconvey

يُعيدُ باخْتِصار . يُلَخِّص recapitulate

يُعيدُ تَصْديرَ البِضاعةِ (المُسْتَورَدة)
re-export

يُعيدُ التَّعْبِئَة . يُعَبِّىءُ ثانِيَةً repack

يُعيدُ تَوْظيفَ الأَرْباح plough back; plow back

يُعيدُ النَّظَرَ في review

**إعادة . استِعادة . تَرْميم** restoration

إعادَةُ الاستِثْمار reinvestment

إعادَةُ استِثْمارِ الأَرْباح
ploughing back profits

إعادَةُ استِخْدامِ المَعْدِن كَعُمْلَة
remonetization

إعادَةُ استِئْجارِ (سَفينَةٍ او طائِرة)
rechartering

إعادَةُ الاستيراد
reimport; reimportation

إعادَةُ الأَسْعار (إلى مُسْتَواها الطَّبيعي)
roll-back

إعادَةٌ إلى وَضْعٍ سابِق . تَحْويل
reconversion

إعادَةُ الإنْتاج . تَكاثُر reproduction

إعادَةُ بِناء reconstruction

إعادَةُ البَيْع resale

إعادَةُ تَأْسيس شَرِكة
reconstruction of a company

إعادَةُ التأْمين (مَعَ شَرِكة أُخْرى)
reinsurance

إعادَةُ تَأْمينٍ اختِياريَّة
facultative reinsurance

إعادَةُ التأْهيل . تَأْهيل rehabilitation

إعادَةُ التجْهيز . تَجْديد المُعَدَّات
re-equipment

إعادَةُ التَّصْدير
re-export; reexportation

إعادَةُ التَّصْنيف reclassification

إعادَةُ تَعْمير (المَناطِقِ المُفْتَقِرةِ لِلسُّكَّان)
repopulation

إعادَةُ التعْويم . تَعْويم refloating

إعادة التَّفاوُض renegotiation

إعادة التَّفَرُّغ retrocession

إعادة التَّقْدير revaluation

إعادَةُ التَّقْويم عِنْدَ الجَرْد
inventory revaluation

إعادة التَّقْييم . تَقْييمٌ مُعاد (جَديد)
reappraisal; reassessment; revaluation

إعادةُ التَّمْويل — refinancing

إعادة تَمْويل الرَّأْسِمال — recapitalization

إعادة تَنْظيم — reorganization

إعادة التَّنْظيم على نَحْوٍ شامِل . تَغْييرٌ شامِل — shake-up

إعادة التَّوْزيع — redistribution; redeployment

إعادَةُ تَوْزيعِ الدَّخْل — redistribution of income

إعادَةُ تَوْزيعِ العَمَل قِطاعيّاً — redeployment of labour

إعادة التَّوْظيف — re-employment

إعادة تَوْظيف (بِالوَضْع السّابِق) — reinstatement

إعادَةُ الخَصْم (الحَسْم) — rediscount

إعادة الرَّسْمَلة . تَغْيير هَيْكَليَّة رَأْسِ المال — recapitalization

إعادَةُ رَهْنٍ (السَّهْم الماليّ) — rehypothecation

إعادة سَرَيانِ بُوليصَةِ التَّأْمين — reinstatement

إعادَةُ سَكِّ العُمْلة — recoinage

إعادَةُ الشَّحْن — reshipment

إعادَةُ (الشَّيْءِ) إلى وَطَنِه — repatriation

إعادَةُ الضَّبْطِ او التَّعْديل . تَصْحيح (وَضْعِ الشَّرِكة الماليّ) — readjustment

إعادة الطَّبْع . طَبْعة جَديدة — reprint

إعادَةُ الطَّلَب — re-ordering

إعادَةُ فَتْحِ الحِساب — reopening of account

إعادَةُ القيمة لِلنَّقْد — revalorization

إعادَةُ النَّظَر . دِراسَةُ المَوْضوعِ مُجَدَّداً — reconsideration

إعادةُ النَّظَرِ بِنِسَبِ الاستِهْلاك — revising depreciation rates

تِجارةُ إعادةِ التَّصْدير — reexport trade

سِعْرُ إعادةِ البَيْع — resale price

سِعرُ إعادةِ الخَصْم (الحَسْم) — rediscount rate

الكَمِّيَّةُ لإعادةِ الطَّلَب — re-ordering quantity (R.O.Q.)

مُحاسَبة إعادةِ التَّقْدير — revaluation accounting

المُسْتَوى لإعادةِ الطَّلَب — re-ordering level (R.O.L.)

**أعارَ ـ يُعيرُ . يُقْرِضُ** — lend

**إعارة . قَرْض** — loan

إعارة وتَأْجير — lend-lease

حَقُّ الإفادةِ من الإعارة العامَّة لِلكُتُب — public lending right

**أعاقَ ـ يُعيقُ . يُعَرْقِل** — hamper; impede

**أعالَ ـ يُعيلُ** — support

يُعيلُ نَفْسَه . قائِمٌ بِذاتِه — self-supporting

**إعالة . صِيانة** — maintenance

إعانة إعالة — dependant's benefit

**أعالي البِحار** — high seas

**إعانَة . مُساعَدة** — aid; assistance; relief; dole

إعانَةٌ (ماليَّة) — subsidy

إعانَةُ استيراد — import subsidy

إعانة إعالة — dependant's benefit

إعانةُ بِطالة unemployment benefit; unemployment compensation

إعانة تَصْدير export bonus; export bounty; export subsidy

الإعانة الخاصَّة private relief

إعانَةٌ عامَّة public relief

إعانةُ عَدَمِ تَوْظيف fall-back pay

إعانَةُ الفُقَراء poor relief

إعانة مَرَض sickness benefit

إعانةٌ مُعَجَّلة advancement

إعانة مُكَمِّلة لِدَخْلِ الأُسْرة (حِينَ يَقِلُّ عَن حَدٍّ مُعَيَّن) family income supplement (F.I.S.)

إعاناتٌ subsidies; benefits

إعاناتٌ (للإنْتاجِ او التَّصْدير) bounties

إعاناتُ إسْكان housing subsidies

إعاناتُ تَدْعيمِ أَسْعارِ المَزْرَعة farm price supports

إعاناتٌ زِراعيَّة agricultural support subsidies

إعاناتُ صادِرات export subsidies

اعاناتٌ لِتَشْييدِ المَساكِن housing subsidies

إعاناتٌ ماليَّة حُكوميَّة subsidies

إعاناتُ المَزارِع farm subsidies

صُنْدوق إعانة relief fund

**إعْتاقُ الأرْضِ مِنَ الإقْطاعِ او المَشاعيَّة** inclosure

**اعتِبار . دَرْس** consideration

أَخَذَ في الحِسابِ او في الإعتِبار take into account

باعتِبارِ الأَصْل per stripes

**اعتِباريّ ـ سِلَعٌ اعتِباريَّة . سِلَعُ الوَجاهة** prestige goods

شَخْصٌ اعتِباريٌّ artificial person; body corporate

شَخْصيَّةٌ اعتِباريَّة legal entity; legal status

**اعْتِداء** assault

**اعْتِذار ـ كِتابُ اعتِذار** letter of apology

**اعتِراض** objection; protest; veto

اعتِراضُ السَّبيل interception

الاعتِراضُ على سَنَد protesting a note

اعتِراضٌ قانُونيٌّ demurrer

رَسْمُ الاعتِراض . رَسْمُ البروتِسْتو protest fee

لا يُريدُ الاعتِراض non-vult (contendere)

نُقْطة اعتِراض (قانونيَّة) point of order

**اعتِراف** recognition

اعتِرافٌ بالحُكْم confession of judgment

رَفْضُ الاعتِراف بالدَّيْن repudiation

سَنَدُ اعتِرافٍ بالدَّيْن due bill

**أَعْتَقَ ـ يُعْتِق . يُحَرِّر** liberate

**اعتِماد . ائْتِمان** credit

اعتِمادُ الإعلانات advertising appropriation

اعتِمادٌ تِجاريٌّ . ائْتِمانٌ تِجاريٌّ commercial credit

اعتِمادُ تَعامُل negotiation credit

اعتِمادٌ تَعْويضيٌّ offset credit

اعتِمادٌ خاصٌّ special credit

اعتِمادٌ دَفْتَريٌّ book credit

اعتِمادٌ دوَّار (يتجَدَّدُ تِلقائيّاً)
revolving credit
اعتِمادٌ شَخصيٌّ personal credit
اعتِماد (او ائتِمان) ضَريبيٌّ tax credit
اعتِمادٌ على بَياض . اعتِمادٌ مَكشوف
blank credit
اعتِمادٌ (قَرْضٌ) عَن خِدْمات
service credit
اعتِمادٌ غيرُ قابِلٍ لِلتَّجْزِئَة
indivisible letter of credit
اعتِماد غيرُ قابِلٍ لِلنَّقْض
irrevocable credit
اعتِمادٌ (قَرْضٌ) غَيْرُ مَضْمون
unsecured credit
اعتِماد قابِلٌ لِلتَّجزِئَة divisible letter of credit
اعتِماد قابِلٌ لِلتَّحْويل assignable credit; transferable credit; transmissible credit
اعتِمادٌ قابِلٌ لِلقَبْض (في مُدُنٍ او مَصارِفَ مُختَلِفة) encashment credit
اعتِماد قابِلٌ لِلنَّقْض revocable credit
اعتِمادُ القَبُول acceptance credit
اعتِماد قَصيرُ الأجَل short-term credit
اعتِماد (قَرْض) لِلاستيراد import credit
اعتِماد لِلتَّصْدير export credit
اعتِمادٌ ماليٌّ قَوميٌّ . صُنْدوقٌ قَوميٌّ
national fund
اعتِماد مُتَبادَل . تَرابُط interdependence
اعتِماد مُتَوَسِّط الأجَل
intermediate credit

اعتِمادٌ مُجَمَّد frozen credit
اعتِماد مَحَلِّيٌّ domestic credit; local credit
اعتِماد مُستَنَديٌّ documentary credit; paper credit
اعتِماد مُصَدَّق confirmed credit
اعتِمادٌ مَصْرِفيٌّ bank credit
اعتِماد (قَرْض) مَضْمون secured credit
اعتِماد مُعَجَّل anticipatory credit
اعتِمادٌ مُغَطًّى covered credit
اعتِماد مَفْتوح open credit
اعتِماد مُقابِل . اعتِماد مُستَنِد (إلى اعتِمادٍ مُقابِل) countervailing credit; back-to-back credit
اعتِماد مَكشوف . اعتِماد عَلى بَياض
blank credit
اعتِماد مُمْتَدّ extended credit
اعتِماد نَظيف clean credit
اعتِمادٌ نَقْديٌّ cash credit
إشْعار بالاعتِماد credit advice
اعتِماداتٌ عامَّة general credits
الاعتِماداتُ الماليَّة المُساعِدة
appropriation-in-aid
اعتِمادات مُتَبادَلة mutual credits
أوراقُ اعتِماد credentials
بَنْكُ اعتِماد credit bank
تَحويلٌ باعتِمادٍ مَصْرِفيٌّ
bank credit transfer
تَضْييقُ الاعتِمادات credit squeeze
خِطابُ اعتِمادٍ دَوْريٌّ
circular letter of credit

خِطابُ اعتِمادٍ مَحْدود
limited letter of credit

bill of credit سَنَدُ اعتِماد

opening of credit فَتْحُ الاعتِماد

letter of credit (l/c) كِتابُ اعتِماد

cable credit كِتابُ اعتِمادٍ بَرْقيّ

import letter of credit كِتابُ اعتِمادٍ لِلاسْتيراد

كِتابُ (خِطابُ) اعتِمادٍ مَفْتوح
open letter of credit

نِظامُ الاعتِمادِ الضَّرائبيّ
tax credit scheme

**اعْتِماديّ** ـ **تَحْويلُ اعتِماديّ** credit transfer

النَّظْرةُ الاعتِماديّة لِلدَّورةِ الاقتِصاديّة
Credit Theory of the Trade Cycle

credit status الوَضْعُ الاعتِماديّ

**اعتِماديّة . مَوْثوقيّة** reliability

**اعْتَمَدَ ـ يُعْتَمَدُ عَلَيه . جَديرٌ بِالثِّقة**
reliable

**اعتِياديّ . مُعْتاد** habitual

ordinary discount حَسْم اعتِياديّ

صافي دَخْلِ التَّشْغيلِ الاعتِياديّ
net operating income

customary tare وَزْنُ العُبُوّاتِ الاعتِياديّ

**أَعَدَّ ـ يُعِدُّ فاتُورةً او قائِمةً تِجاريّة** invoice

billing إعْدادُ فاتُورة

الإعْدادُ والتَّمْوينُ في المُؤَسَّسة
business logistics

**إعْدامٌ بِالكَهْرَباء** electrocution

**أَعْرَج ـ بَطّةٌ عَرْجاء** (شَرِكةٌ مُضْطَرِبةُ الأَوضاعِ المالِيّة)
lame duck

مِقْياس او مِعْيار أَعْرَج
limping standard

**إعْسار . عَدَمُ القُدْرةِ عَلى الدَّفْع** insolvency

إعْلانُ الإعْسار
declaration of insolvency

**أَعْطَى ـ يُعْطي . يَدْفَع** render

**أَعْظَم ـ الكَسادُ الأَعْظَم** great depression

**أَعْفَى ـ يُعْفي** exempt; remit

**إعْفاء . تَساهُل** bonification

**إعْفاء . صَفْح** remission

**إعْفاء** exemption

tax exemption; tax relief; zero rating إعْفاءٌ ضَريبيّ

marginal relief إعفاءٌ ضَريبيّ حَدّيّ

إعفاءٌ مِن ازْدِواجِ الضريبة
double taxation relief

إعْفاءاتُ اقتِطاعِ الضَّرائِب
withholding exemptions

personal exemptions إعفاءاتٌ شَخْصيّة

شَهادةُ إعفاءٍ من الاقتِطاعِ الضريبيّ
withholding exemption certificate

قانُونُ إعفاءِ المَسْكَنِ مِنَ البَيْعِ الجَبْريّ
homestead exemption law

**أَعْلى** (دَرَجةً او مَرْتَبةً) senior; superior

أَعْلى حَدٍّ لِلسِّعْر . السِّعْرُ الأَقْصى
ceiling price

supra أَعْلاهُ . ما فَوْق

ceiling; maximum حَدٌّ أَعْلى

**إعْلام . مَعْلومات** information

ministry of information وَزارةُ الإعْلام

mass-media وَسائِلُ الإعْلام

**إعْلان** declaration; announcement

إعْلانُ الإعْسار
declaration of insolvency

إعلانُ تَوزيعِ أرْباحِ الأسْهُم
declaration of dividends

إعلانٌ عَن وَظيفَةٍ او وَظائِف
job announcement

**إعْلان • دِعاية** publicity advertisement

إعْلانٌ إعْلاميّ informative advertising

إعلانٌ بالبَريدِ المُباشِر
direct mail advertising

إعلانٌ تِجاريّ • تِجاريّ commercial

إعلانٌ تَعاوُنيّ co-operative advertising

الإعلانُ التّنافُسيّ
competitive advertising

إعلانٌ خارِجيّ outdoor advertising

إعلانٌ صِناعيّ industrial advertising

إعلانٌ طَلَب (لِوَظيفةٍ او مُوَظَّفٍ او ما سِوى ذَلِك) want ad

إعلانٌ على صَفحَتَينِ مُتَقابِلَتَين
double-page spread

الإعلانُ عن سِلْعة مُغْرِية bait advertising

إعلانٌ عن الشَّرِكة بالذّات
institutional advertising

إعلانٌ في وَسائِلِ النَّقْل
transit advertising

إعلانٌ كاذِب false advertising

إعلانٌ كِتابيّ (يُنْشَر في وَسائِل الإعلام المَطْبوعة) media advertising

الإعلانُ اللاشُعُوريّ
subliminal advertising

إعْلانٌ لِتَشْجيع طَلَب البَضائِع بالبَريد
mail order advertising

إعلانٌ لِلمُسْتَهلِكين consumer advertising

إعلان مُباشِر direct advertising

إعلانٌ مُثير لافِتٌ لِلنَّظَر (بالنِّيُون والحَرَكات) spectacular

إعلان مَحَلّيّ local advertising

إعلان يُطلَبُ نَشرُه في جَريدةٍ حَتّى إشْعارٍ آخَر till-forbid

إعلان يُوَزَّعُ بِاليَد circular; dodger; flier; handbill

أُجْرَةُ إعلانٍ مُتَكَرِّر
multiple insertion rate

اعتِمادُ الإعْلانات
advertising appropriation

إعلاناتٌ مُبَوَّبة classified advertising

أَعْمالُ الإعلان advertising

تَكاليفُ الإعلان advertising costs

حَمْلة إعلانيَّة advertising campaign

دَليلُ النَّشْر والإعلان
advertising directory

سَطْر إعلانيّ agate line

سِعْر الإعلان المُشْتَرَك
combination advertising rate

عِلاوَةُ الإعلان advertising allowance

كُرّاس إعلانيّ صَغير leaflet

لَوْحة إعْلانات billboard; bulletin board; information bulletin; notice board

مَساحَةٌ مُفَضَّلة للإعْلان
preferred position

مَكانٌ بارِزٌ لِلإعلانِ في جَريدة
island position

نَشْرة إعلانيَّة — flier

هَيئةُ المَعايِيرِ القِياسيَّة للإعلان
advertising standards authority

وَسيلة إعلان — advertising medium

وَكالةُ إعلان — advertising agency

وَكيلُ إعلانات — huckster

**أَعْلَنَ ـ يُعْلِنُ** — advertise; publicize

أَعْلِنَ إفلاسُه في البُورْصة (لِلتَّخَلُّف عَن الدَّفع) — hammered

**أَعْمى ـ بَيْع أَعْمى** — blind selling

**إعْمار ـ عِلْم الإعْمار والتَّحْضير** — urbanism

**أَعْمال** (أُنظُر عَمَل) — works

**إغاثة . إعانة** — relief

أَعْمال الإغاثة — relief work

**أَغْبَر ـ سُوقٌ غَبْراء** — gray market; grey market

**اغْتِصاب** — illegal seizure; usurpation

استِيلاءٌ اغتِصابيٌ او سَلْبيٌ — conversion

**اغْتَصَبَ ـ يَغْتَصِبُ حَقّاً** — jump a claim

**أَغْرى ـ يُغْري** — lure; tempt

يُغْري شَخْصاً بالالتِحاقِ بالخِدْمة على مَرْكَب — shanghai

**إغْراءٌ على إعطاءِ شَهادةِ زُور**
subornation of perjury

**إغْراق . بَيْع بَخْس** — dumping

**أَغْرَقَ ـ يُغْرِق** — sink

يُغْرِقُ (السَّفينَةَ) عَمْداً — scuttle

**أَغْلَبيَّة ساحِقة** — overwhelming majority; landslide

**الإغْواء بالسِّعْر المُخَفَّض**
leader merchandizing

اغْواءُ العُمَّال — labour piracy or pirating

**إفادة . فائِدة** — benefit; advantage

الإفادةُ النِّسْبيَّة
comparative advantage

**إفادَةُ** (الشَّاهِد) **. شَهادة**
statement; deposition; affidavit

إفادة مُضادَّة — counteraffidavit

إفادة مَكْتوبة — deposition

مُقَدِّم الإفادة — deponent

**افتِتاح . تَدْشين** — inauguration

**افتِتاح . فَتْح** — opening

سِعْر الافتِتاح — opening price

**افتِتاحيّ** — open

القُيود الافتِتاحيَّة — open entries

**افْتَتَحَ ـ يَفْتَتِحُ المُرافَعة**
open the pleadings

**افْتِراض . فَرَضيَّة** — assumption; hypothesis; presumption

**افْتِعالُ البَيْعِ والشِّراء** (في سُوقِ الأوراقِ الماليَّة) — "churning"

**إفْراطُ الرَّسْمَلة** (زِيادةُ رَأْسِ المالِ المُصْدَر عن القِيمة الحَقيقيَّة لِلمَوجُودات)
over-capitalisation

الإفْراط في الاتِّجار — overtrading

إفْراطٌ في الادِّخار — over-saving

إفراط في الإنْتاج — over-production

يُحَمِّلُ بإفْراط . حِمْلٌ زائِد — overload

**أَفْرَطَ ـ يُفْرِطُ في الإصدار** — over-issue

يُفْرِطُ في الإنْتاج — overproduce

يُفرِطُ في البَيْع oversell
يُفرِط في الدَّفع . يَدْفَعُ غالياً overpay
**أَفرَغَ - يُفرِغُ** evacuate
يُفْرِغ (المِلكيَّة) . يَنْقُل convey
**إفريقيّ . مُتَعلِّق بإفريقية** African
**أَفسَحَ - يُفسِح** space; c ear
**أَفسَدَ - يُفسِد** spoil
**إفشاء** disclosure
إفشاءُ مَصْرِفيّ (لِأَسْرار حِساباتِ الزَّبائِن) bank disclosure
**أَفضَلُ الأوْراقِ التِّجاريَّة** best commercial paper
أَفْضَلُ عَطاء best bid
أَفْضَلُ مُشْتَرًى best buy
**أَفضَليَّة . أَوْلَويَّة** priority; preference; order of preference
إصْدارُ أَفْضَليَّةٍ لِلمُساهِمينَ الحالِيِّين rights issue
**أَفغانيّ** (وَحْدة عُمْلَةٍ أَفْغانيَّة) afghani
**أُفق . مَجال** vista
**إفقار** pauperization
سِياسةُ إفْقارِ الجار "beggar-my-neighbour" policy
**أُفُقيّ** horizontal
امتِدادٌ أُفُقيّ horizontal expansion
انْدِماج أُفُقيّ horizontal amalgamation
تَحْليل (مُقارَنة) أُفُقيّ horizontal analysis
تَكامُل أُفُقيّ horizontal integrity
الجَمْعُ بالطَّريقةِ الأُفُقيَّة crossfooting
القُدْرة على التَّنَقُّلِ الأُفُقيّ horizontal mobility

**إفلاس** bankruptcy
إفْلاسٌ احتِياليّ fraudulent bankruptcy
إفلاسٌ اختِياريّ voluntary bankruptcy
إفلاس قَهْريّ involuntary bankruptcy
إجراءاتُ الإفْلاس bankruptcy procedures
إشْهارُ الإفلاس declaration of insolvency
أعلِنَ إفلاسُهُ في البُورْصة (لِلتخَلُّفِ عَنِ الدَّفْع) hammered
أَمْرٌ بِشَهْرِ الإفلاس adjudication order
عَريضةُ دَعْوى الإفلاس petition in bankruptcy
**أَفْلَتَ - يُفْلِتُ . يَنزَلِق** trip
**أَقامَ - يُقيم . يُؤسِّس** institute
**إقامة . سَكَن** lodging
**إقامة . مَكانُ الإقامة** residence
**إقامَةُ دَعْوى** suing
إهْمالٌ مُستَوجِبٌ لإقامَةِ دَعْوى actionable negligence
**إقامَةُ نِظامٍ احتِكاريّ . احْتِكار** monopolization
**اقْتَبَسَ - يَقْتَبِسُ** quote
**اقْتِحام** intrusion
**اقْتِراح . عَرْض** proposal; motion
اقتِراحٌ فَريدٌ لِلبَيْع unique selling proposition
نِظامُ الاقتِراحات suggestion system
**اِقْتِراض** borrowing; loan
اقتِراضٌ إجْباريّ involuntary borrowing

اقتِراضٌ تَجْسيريّ bridging loan
أَسْهُم اقْتِراض loan stock
التحَكُّم في المُنافَسةِ والاقتِراض
competition and credit control
الخِدْمةُ المَركَزيَّة لِأَخْطارِ الاقتِراضِ (في البُنوك الفَرنسيَّة)
service central des risques
زِيادةُ الدَّخْلِ بالاقتِراضِ القَليلِ الفائِدة
equity trading
مَبْدَأُ الاستِفادةِ من الاقتِراض
trading on the equity
**اقْتِراع** poll
**اقْتَرَحَ – يَقْتَرِحُ . يَتَحَرَّك** move
**اقْتَرَضَ – يَقْتَرِضُ . يَسْتَعِير** borrow
يَقتَرِضُ بِكَمْبيالةٍ مُجامَلة kite
**اقْتَرَعَ – يَقْتَرِعُ . يُصَوِّت** vote; ballot
**اِقْتِصاد** economy
اقتِصادٌ اجتِماعيّ social economics
اقتِصادُ الأُجُورِ المُرتَفِعة
economy of high wages
الاقتِصادُ الإحْصائيّ econometrics
اقتِصادُ الأَعْمال business economics
اقتِصادٌ بَحْت pure economics
اقتِصادُ التبادُل exchange economy
اقتِصادٌ تَضَخُّميّ overheated economy
الاقتِصادُ التَّطْبيقيّ applied economics
اقتِصادٌ ثُنائيّ dual economy
اقتِصادٌ جُزَيْئيّ micro-economics
اقتِصادٌ حُرّ free economy
اقتِصادُ الحِرَفِ اليَدَويَّة
handicraft economy

اقتِصادُ الحَرَكة motion economy
الاقتِصادُ الداخِليّ interior economy
اقتِصادٌ دَوليّ international economics
اقتِصادُ الرَّخاء welfare economics
اقتِصادُ السُّوق market economy
الاقتِصادُ السِّياسيّ political economy
اقتِصادٌ شامِل macro-economics
اقتِصادٌ طَبيعيّ . اقتِصادُ المُقايَضة
natural economy
الاقتِصادُ القَوميّ national economy
اقتِصادُ الكَفاف subsistence economy
الاقتِصادُ الكمّيّ quantitative economics
اقتِصادٌ لا نَقْدِيّ moneyless economy
اقتِصادٌ مُختَلِط mixed economy; 'middle way'
اقتِصادٌ مُدارٌ بِواسِطةِ الحُكومة
governed economy
اقتِصادٌ مُوَجَّه controlled economy; planned, directed or managed economy; dirigisme
اقتِصادٌ ناضِج mature economy
اقتِصادٌ نَقْديّ monetary economy
اقتِصاد وَصْفيّ descriptive economy
اقتِصاد وطَنيّ national economy
اقتِصادُ الوَفْرة economy of abundance
اقتِصاديّ economist
اقتِصادِيّاتُ التوسيعِ الحَجْمي
economies of large scale
اقتِصادِيّات خارِجيَّة external economies
اقتِصاديّات داخِليَّة لِتَوسيعِ الإنْتاج
internal economies of scale

الإقتِصاديّاتُ الصُّغْرى microeconomics

اقتِصاديّات العَمَل labour economics

الاقتِصاديّات الكُبْرى . عِلْمُ الاقتِصادِ الشامِل macroeconomics

(سِياسةُ) تَحْريكِ الاقتِصادِ (في فَتْرة الرُّكودِ الاقتِصاديّ) pump priming

دَرَجة عِلْميّة في الاقتِصاد
degree in economics

عالِمٌ بالاقتِصاد economist

عالِمٌ بالاقتِصادِ القِياسيّ econometrician

عِلْمُ الاقتِصاد economics

عِلْمُ الاقتِصادِ الإستاتيكيّ
static economics

عِلْمُ الاقتِصادِ الشامِل . الاقتِصاديّاتُ الكُبْرى macroeconomics

عِلْمُ الاقتِصادِ المُتحرِّك (الدّيناميكيّ)
dynamic economics

عِلْمُ الاقتِصادِ الوَصْفيّ
descriptive economics

الفَرْضُ في الاِقْتِصاد
hypothesis in economics

ماجِستير في الاقتِصاد Master of Science in Economics (M.Sc.) (Econ.)

مَبادِئُ الاقتِصاد
principles of economics

مَبادِئُ اقتِصادِ الحَرَكة principles of motion economy

نَصيرُ الاقتِصادِ المُوَجَّه dirigiste

وَزارةُ الاقتِصادِ الوَطَنيّ
ministry of national economy

**اِقْتِصاديّ** economist

الاقتِصاديّ (مَجَلّةُ الايكُونُومِسْت)
Economist, the Economist

**اِقْتِصاديّ** economic

الاتّجاهاتُ الاقتِصاديّة economic trends

اتّحادٌ اقتِصاديّ economic union

اجتِماعيٌّ اقتِصاديّ socio-economic

احصائيّاتٌ اقتِصاديّة economic statistics

استِعْمارٌ اقتِصاديّ
economic imperialism

استِقْرارٌ اقتِصاديّ economic stability

إضْرابٌ اقتِصاديّ economic strike

اكتِفاءٌ ذاتيٌّ اقتِصاديّ
economic self-sufficiency

البِناءُ الاقتِصاديّ economic structure

التَّخْطيطُ الاقتِصاديّ
economic planning

تَقْريرٌ اقتِصاديّ economic report

تَناقُضاتٌ اقتِصاديّة economic paradoxes

تَوازُنٌ اقتِصاديّ economic equilibrium

الثَّرْوَةُ الاقتِصاديّة economic wealth

الجَدْوَل الاقتِصاديّ
tableau économique

حالةُ السُّكونِ الاقتِصاديّ
economic statics

حَجْمُ الكَمّيّةِ الاقتِصاديّ
economic lot size

الحَرْبُ الاقتِصاديّة economic warfare

حُرّيّةٌ اقتِصاديّة economic freedom

دَوْرَةٌ اقتِصاديّة business cycle; trade cycle

الرَّجُلُ الاقتِصاديّ economic man

رَخاءٌ اقتِصاديّ economic prosperity
رَفاهِيَة اقتِصاديَّة economic welfare
رُكود اقتِصاديّ economic stagnation
سِلْعة اقتِصاديَّة economic good
سِياسة اقتِصاديَّة economic policy
عَدَمُ استِقْرار اقتِصاديّ
economic instability
عُقوباتٌ اقتِصاديَّة economic sanctions
قَومِيَّة اقتِصاديَّة economic nationalism
كِفاية اقتِصاديَّة economic efficiency
مَجمُوعة اجتِماعيَّة اقتِصاديَّة
socio-economic group
مَراحِلُ النُّمُوّ الاقتِصاديّ
stages of economic growth
المَساوِىءُ الاقتِصاديَّة لِلحَجْم الكَبير
diseconomies of large scale
مَسْحٌ اقتِصاديّ economic survey
مَعْهَد الشُّؤونِ الاقتِصاديَّة Institute of Economic Affairs
مَناطِق التَّخْطِيط الاقتِصاديّ
economic planning regions
مُؤَسَّساتٌ اقتِصاديَّة
economic institutions
مُؤَسَّسةُ دِراساتٍ اقتِصاديَّة
economic research institute
مُؤَشِّرات اقتِصاديَّة economic indicators
نَشاطٌ اقتِصاديٌّ حُرّ free enterprise
نَشْرة اقتِصاديَّة business publication
نِظامٌ اقتِصاديّ economic system
نَظَرِيَّة اقتِصاديَّة economic theory
نُمُوّ اقتِصاديّ economic growth

وَحْدة اقتِصاديَّة economic union
**اِقْتِصاريّ ـ عَقْدٌ اقتِصاريّ**
exclusive contract
**اقتِصاصٌ . تَشَفٍّ** reprisal
**اقتَصَدَ ـ يَقْتَصِدُ** save
**اقتِطاع** deduction
اقتِطاعُ الضَّرائِب withholding
اقتِطاعُ الضَّرائِبِ مِنَ المَنْبَع
pay-as-you-earn (P.A.Y.E.)
اقتِطاعٌ لمعاشِ التَّقاعُد
superannuation payment
إعفاءاتُ اقتِطاع الضَّرائِب
withholding exemptions
بَيانُ اقتِطاعِ الضَّرائِب
withholding statement
جَداوِلُ اقتِطاعِ الضَّريبة
withholding tables
شَهادةُ إعْفاءٍ مِنَ الاقتِطاعِ الضَّريبيّ
withholding exemption certificate
**اقتَطَعَ ـ يقتَطِعُ** recoup
**اقتِلاع ـ رَسْمُ اقتِلاعِ أجْذالِ** (قُرَم) **الأشْجار**
stumpage
**اقتِناع . إقْناع** satisfaction; persuasion
**أقْحَمَ ـ يُقْحِمُ . يُدْرِجُ** insert
**أقْدَمِيَّة . أسْبَقِيَّة** seniority
تَعْويضٌ عَنِ الأقْدَمِيَّة longevity pay
حُلولُ (المُوَظَّفِ مَحَلَّ غيرِه) بِفَضْلِ أقدَمِيَّتِه
bumping
خَسارةُ حُقوقِ الأقْدَمِيَّة loss of seniority rights
**أقَرَّ ـ يُقِرُّ . يُصَدِّقُ** ratify

يُقِرُّ قَراراً pass a resolution

**إقرار . مُصادَقة** ratification; adoption

**إقْرار** acknowledgment

إقرارُ آئتِمان declaration of trust

إقرارٌ بِالدَّيْن acknowledgment of debt

إقرارُ الشَّخْصِ ضِدَّ مَصْلَحَتِه
declaration against interest

إقرارٌ كِتابيّ affidavit

كِتابُ إقرار
letter of acknowledg(e)ment

**إقْراض** lending; giving loans

بَنْكُ إقراض credit bank

جَمعِيَّةُ بِناءٍ وإقراض
building and loan association

الحَدُّ مِنَ الإقراض credit squeeze

سِعْرُ الإقراض الأَدْنى
minimum lending rate

سِعْرُ الفائِدة الأَدْنى لِلإقراض المَصْرِفيّ
bank minimum lending rate

سِياسَةُ التَوسُّعِ والانكِماشِ في الإقراض
"stop-go"

الشَّركة العالَمِيَّة للإقراض المُتَوسِّط المَدى
Compagnie Internationale de Crédit à Moyen Term

مَجْلِس الإقراض لِلأَشغال العامَّة
Public Works Loan Board

نَظَرِيَّة الأَمْوالِ المُتَوافِرِ إقْراضُها (واثرُها في سِعْر الفائدة)
loanable funds theory

**أقْرَب** nearer

في أَقْرَبِ وَقْتٍ مُمْكِن
at your earliest convenience

**أَقْرَضَ ــ يُقْرِضُ . يُسَلِّفُ** lend; imprest

يُقْرِضُ (المالَ) بِالفائِدة put out

**أَقْساطٌ** (أَنْظُر قِسْط) instalments

**أَقْسامٌ** (أُنْظُر قِسْم) departments

**أَقْصى** maximum; utmost

بِأَقْصى سُرْعة posthaste

تَحْقيقُ الحَدِّ الأَقْصى maximization

حَدُّ التَسْلِيف الأَقْصى loan ceiling

حَدُّ الرِّبْحِ الأَقْصى
maximum profit margin

الحِمْل الأَقْصى maximum load

السِّعْر الأَقْصى ceiling price

**إقْصاءٌ** elimination

**إقْطاع** feudalism

إعْتاقُ الأَرْضِ مِنَ الإقْطاعِ او المَشاعِيَّة
inclosure

**إقْطاعة** feudal estate

**إقْطاعيّ** feudal

نِظامُ العِزَبِ الإقطاعيَّة manorial system

**إقْطاعيَّة** feudalism

**إقْعاد** disability

**إقْفالُ الحِسابات** closing of accounts

إقْفالُ الدَّفاتِر closing the books

إقفالٌ مُبَكِر (المَحَلّات التجْزِئَة)
early closing

إقفالُ المُناقَشة closing of debate

تاريخُ الإقفال closing date

سِعْرُ الإقفال closing price; stop price

اَقفَلَ ـ يُقفِلُ close
يُقفِلُ او يُسَدِّدُ (الحِساب) balance
اَقَلّ less; fewer; smaller; lower
التكلِفةُ او سِعْرُ السُّوق أيُّهُما الأقَلّ
lower of cost or market
سِعْرُ التكلِفةِ او سِعْرُ السُّوق ، أخْذاً بالأقَلّ cost or market price—whichever is lower
عُمْلةٌ مُقَوَّمةٌ بأقَلَّ مِن قِيمَتِها
under-valued currency
يَعْرِضُ سِعْراً أقَلّ underbid
إقلاعُ الطائرة . إنْطِلاق (اقتِصاديّ) take-off
الإقلالُ من تَنْوِيع الأصْناف
variety reduction
اَقلَعَ ـ يُقلِعُ embark
اَقَلِّيّة minority
الأقَلِّيّات minority groups
حِصَّةُ الأقَلِّيّة minority interest
حُكمُ الأقَلِّيّة oligarchy
إقليم . مُقاطَعة county; province
إقليم . مِنْطَقة region; zone
الاقاليمُ المُدرَجة (في مِنطَقة الإستِرْليني)
Scheduled Territories
بَيْنَ الأقاليم inter-regional
إقليميّ territorial; regional
إدارة إقليميَّة regional administration
بَحْر إقليميّ marginal sea
بَنْك إقليميّ country bank
تِجارةٌ إقليميَّة regional trade
تَخْطِيط إقليميّ (خاصَّةً في المَناطِق المُتَخَلِّفة اقتِصاديّاً) regional planning

تَقْسيم إقْليمي لِلعَمَل regional (or territorial) division of labour
سُلْطة إقليميَّة regional authority
سُلطة (قَضائيَّة) إقْليميَّة
territorial jurisdiction
عِلاوَةُ عَمالةٍ إقْليميَّة
regional employment premium
غُرَفُ مُقاصَّةٍ مَصْرِفيَّة إقْليميَّة
banker's provincial clearing houses
مَجالِسُ التنْمِيةِ الإقْليميَّة
"little neddies"
المُديرُ الإقْليميّ area manager; regional director
مَكتَبٌ إقْليميّ regional office
مَكْتَبُ مُقاصَّة إقليميّ country clearing
مُنَظَّماتٌ إقْليميَّة regional organizations
مِياهٌ إقْليميَّة territorial waters
إقْليميَّة regionalism
أقْمِشة (أنْظُر قُماش) soft goods
إقْناع . اقْتِناع persuasion
الإقْناعُ المَعْنَويّ (او الأدَبيّ)
"moral suasion"
أكْبَرُ مِنَ المُعْتاد oversize
اكْتِتاب . مُساهَمة
contribution; subscription
اكتِتابٌ مُفْرِط oversubscription
أسْهُمُ اكتِتاب subscription shares
اكتِتاباتٌ (في) الأسْهُم
subscriptions to stock
اكتِتاباتٌ غَيْرُ مَدْفوعة
unpaid subscriptions

سِعْرُ الاكتِتاب subscription price

عَقْدُ اكتِتاب subscription contract

نَشْرة الاكتِتاب prospectus

**اِكْتَتَبَ ـ يَكْتَتِبُ • يَشْتَرِكُ** (في جَريدة ، إلَخ.) subscribe

يَكْتَتِبُ بِأَسْهُم تَزيدُ على العَدَدِ المَطْلوب oversubscribe

**اِكْتَرى ـ يَكْتَري • يَسْتَخْدِمُ** hire

**اِكْتِشاف** discovery

اكتِشافاتُ الذَّهَب gold discoveries

**اِكْتَشَفَ ـ يَكْتَشِفُ** discover; detect

**اِكْتِظاظ** overcrowding

**اِكْتِفاءٌ ذاتيّ** self-sufficiency

اكتِفاء ذاتيّ اقتِصاديّ economic self-sufficiency; autarchy; autarky

الاكتِفاء (الاقتِصاديّ) القَوميّ economic autarky (or autarchy)

**اِكْتِناز** hoarding

**أَكْثَرِيَّة** majority

أَكثَرِيَّة الأَصْوات plurality

أَكثَرِيَّة ضَئيلة narrow majority

**أَكَّدَ ـ يُؤَكِّدُ • يُثْبِتُ** testify; confirm

**أَكْرى ـ يُكْري** let; hire; rent; farm out

**إِكْرامِيَّة** honorarium; tip

إكرامِيَّةٌ تُدْفَعُ مُقابِلَ خِدْمةٍ شَخْصيَّة to insure prompt service (T.I.P.S.)

إكرامِيَّةُ الرُّبَّان "hat money" ; primage

**إِكْراه** duress

**إِكْسبريس** express company

إِكْسبريس الشَّرق المُباشِر Direct Orient Express

**إِكْمال • إِنْجاز** completion

**أَكْمَلَ ـ يُكْمِلُ • يُتَمِّمُ** supplement

**أَكْواخ • أَحْياءُ الفُقَراء** slums

**أَكيد ـ مَعاشٌ أَكيد** certain annuity

**إِلى مَنْ يَهُمُّه الأَمْر** to whom it may concern

**اِلْتِزام • مَسْؤوليَّة** commitment; obligation; liability

اِلْتِزامٌ أَدَبيّ moral obligation

اِلتِزام أَوَّليّ primary obligation

الالتِزامُ بالشَّكْليّات formalism

اِلتِزام تَضامُنيّ (مِنَ الزَّوج والزَّوجة لِضَريبة الدَّخْل) joint obligation

اِلْتِزامٌ تَعاقُديّ contractual obligation

اِلتِزام ثابِت fixed liability

اِلتِزامٌ رَأسْماليّ capital liability

اِلتِزام شَخْصيّ personal obligation

اِلْتِزامٌ صَريح express obligation

اِلتِزام طَبيعيّ natural obligation

اِلتِزام غيرُ قابِلٍ لِلتَّجْزِئَة indivisible obligation

اِلتِزامٌ غَيْرُ مُباشِر indirect liability

اِلتِزامٌ قابِلٌ لِلتجْزِئة divisible obligation

اِلتِزام قانونيّ legal liability

اِلتِزام كامِل (لا يُكافَأُ مُجَزَّأً) entire contract

اِلْتِزامٌ مُباشِر direct liability

اِلتِزام مُزْدَوج (يُشارِك فيه حامِلو الأَسْهُم) double liability

اِلتِزام مُسْتَحِقّ (مُتَجَمِّع) accrued liability

التِزامٌ مُؤَجَّلٌ deferred liability
احتِياطيّ الالتِزامات liability reserve
التِزاماتٌ . دُيُون liabilities
التِزاماتٌ احتِماليّة contingent liabilities
التِزاماتٌ حاليّة current liabilities
التِزاماتٌ (مَطْلوبات) طَويلةُ الأَجَل long-term liabilities
التِزاماتٌ (مَطاليب) غَيْرُ مُتَداوَلة non-current liabilities
تَجْديدُ التِزام innovation
سَنَدُ مُتَبادَلُ الالتِزامات indenture deed
عَقْدٌ مُثْقَلٌ بالتِزام onerous contract
وَثيقةُ التِزام (بِتَبَرُّع) deed of covenant
**اِلْتَزَمَ ـ يَلْتَزِمُ . يَدِينُ** (بِكَذا) owe
يَلتَزِم (لا يَلْتَزِم) بِتَبَرُّعٍ نِقابيّ contract in/out
**اِلْتِماسيّ . اسْتِرحاميّ** precatory
**اِلْتَمَسَ ـ يَلْتَمِسُ . يَطْلُبُ** request
يَلتَمِسُ (طَلَباتٍ أو أَصْواتاً) solicit
**اِلْتِواء . انْحِراف** skewness
**أَلَحَّ ـ يُلِحُّ . يُصِرُّ** insist
يُلِحُّ بِالمُطالَبة dun
**أَلْحَقَ ـ يُلْحِقُ . يَضُمُّ** (إلى) subjoin
**إلْزام . إجْبار** compulsion
**إلزاميّ . إجْبارِيّ** compulsory; obligatory
أَمْرٌ زَجْريّ إلْزاميّ mandatory injunction
تَأْمينٌ إلْزاميّ او إجْبارِيّ compulsory insurance
التَّعْليمُ الإلْزاميّ compulsory education

قَرْضٌ إلْزاميّ forced loan
**أَلْزَمَ ـ يُلْزِمُ** enforce
**أَلْغى ـ يُلْغي** annul; revoke; rule out; cancel
يُلْغي (ما سَبَقَهُ) ويَحُلُّ مَحَلَّ supersede
**إلْغاء** annulment; abatement; abolition; cancellation; deletion
إلْغاء (قانُون) repeal
إلْغاءُ الاستِعْمال كَنَقْد demonetisation; demonetization
إلْغاءُ التأْميم denationalisation; denationalization
إلغاءُ التشْريك decollectivization
إلغاءُ جُزْئيّ لِقانُون derogation
إلغاءُ الجَماعيّة decollectivization
إلغاءُ المَرْكَزيّة decentralisation; decentralization
اتّفاقٌ على وَضْعِ العَقْدِ في حالَةِ إلغائِهِ pre-termination agreement
دَعْوى إلغاء reduction improbation
فائِدةٌ قابلةٌ لِلإلْغاء defeasible interest
**أَلَّفَ ـ يُؤَلِّفُ** form
**أَلْف . كِيلُو** kilo-
أَلْفُ غرام . كِيلوغرام kilogram(me)
وَرَقَةُ أَلْفِ دولار grand
**الأَلِفْباء** ABC
رُمُوز أَلِفْبائيّة ABC Code
الطَّرِيقَةُ الأَلِفْبائيّة abc method
**إلِكْترونيّ** electronic
حاسِبة إلِكْترونيّة computer; electronic computer

عَقْل إلكتروني electronic brain
مُعَدّات إلكترونيّة electronic equipment
**أليطاليا ـ الخُطوط الجَوِّيّة الإيطاليّة**
Alitalia
**أُمّ** mother; matrix
الإدارةُ الأُمّ matrix management
الشَّرِكَةُ الأُمّ parent company
العَلاقاتُ بَيْنَ الشَّرِكة الأُمّ والشَّرِكات التّابِعة parent-subsidiary affiliations
**إماعة ۰ إسالة** liquefaction
**أمان ـ مَجالُ الأمان** safety margin
مَخزونُ الأمان safety stock
**أمانة ۰ وِصاية** trusteeship
**أمانة ۰ إخْلاص** honesty; fidelity
تَأمينُ الضَّمانِ ضِدَّ خِيانةِ الأمانة surety and fidelity insurance
ضَمانُ أمانة fidelity bond
**أمانة ۰ ثِقة** trust
أمانةٌ خاصّة private trust
أمانة سِرِّيّة secret trust
أمانة صَريحة express trust
أمانةٌ ضِمْنِيّة implied trust
أمانة لِمَنْعِ التبْذير spendthrift trust
أمانة مَحْدودة limited trust
بِأمانة ۰ قَويم straight
بِرَسْمِ الأمانة (يُحاسَبُ عَلَيه بَعْدَ التَّصْريف) on consignment
بِضاعةُ أمانة consignment
بَيْعٌ بِالأمانة sale on consignment
شرِكةُ تَسْليفٍ وأمانات loan and trust company

**إمبرياليّ ۰ مُؤَيِّدٌ للاستِعْمار** imperialist
**إمبرياليّة ۰ استِعْمار** imperialism
**أمبير** ampere
**أُمّة ۰ دَوْلَة ۰ قَوْم** nation
«أُمّةُ أصحابِ المَتاجِر» (وَصْفُ نابليون لِلشَّعْبِ البريطانيّ) "Nation of Shopkeepers"
الأُمَمُ النّامِيَة (أو المُتَخَلِّفة) under-developed nations; developing nations
**إمْتِثال ۰ مُطاوَعة** compliance
أمْرُ آمْتِثالٍ (أمْرٌ قَضائِيٌّ مِنْ مَحْكَمةٍ عُلْيا) mandamus
**امْتِحان ۰ اخْتِبار ۰ تَجْرِبة** test
**إمْتِداد** span
امتِدادٌ أُفُقيّ horizontal expansion
امتِداد التأمين extended coverage
امتِدادٌ طُوليّ linear extension
**أمْتراك ـ شَرِكَةٌ أمْريكِيّة لِلسِّكَك الحَديديّة**
Amtrak
**إمْتِصاص** absorption
استِثْمارٌ حُكومي لامتِصاصِ البَطالة "priming the pump"
**أمْتِعة** (أُنْظُر مَتاع) baggage; luggage
**إمْتِلاكيّ ۰ مِلْكيّ** proprietary
**امْتَلَكَ ـ يَمْتَلِكُ ۰ يَحُوزُ** hold
**إمْتِناع** abstention; refraining
التوَقُّفُ والامْتِناع cease and desist
**إمْتِياز ۰ تَفَوُّق** superiority
**إمْتِياز ۰ بَراءَةُ آخْتِراع** patent
**إمْتِياز** concession; franchise; privilege

امْتِيازٌ ثانٍ (مِنْ حَيْثُ الأَسْبَقِيَّةُ في الاستِيفاءِ من أموالِ المَدِين)
second lien

امتِيازٌ خاصّ specific lien; special lien

امتِيازٌ عادِل (بِمُوجِب مَبادِىء العَدالة)
equitable lien

امْتِيازُ الناقِل carrier's lien

امتِيازُ الوُكيل (المُحامي) attorney's lien

امتِيازُ الوُكيل agent's lien

امتِيازُ الوُكيلِ التِّجاريّ factor's lien

أُجْرة امتِيازِيَّة preferential rate

امتِيازاتٌ او فَوائِد . إعاناتٌ benefits

امتِيازاتٌ اختِيارِيَّة
voluntary concessions

امتِيازاتُ الترانْزِيت (مِنْ حَيْثُ الاستِيداعُ او التعْبِئَةُ او التصْنِيع)
in-transit privileges

بَيْتُ الامتِيازات franchise house

تاجِرٌ صاحِبُ امتِياز franchised dealer

حَقٌّ او امتِيازُ الوَدِيع bailee lien

شَرْطُ الامتِياز (المُعْفِي مِنَ التعْوِيضِ دُونَ حَدٍّ مُعَيَّن)
franchise clause

صاحِبُ الامْتِياز concessionaire

ضَرِيبَةُ امتِياز franchise tax

كِتابُ امتِياز letter of trust; letter of lien

مَتْجَر (او مَشْغَل) امتِيازِيّ
preferential shop

**أَمْثَل** optimal; optimum

الإنْتاجُ الأَمْثَل . الخَرْجُ الأَمْثَل
optimum output

حَجْمٌ أَمْثَل optimum size

عَدَد السُّكّان الأَمْثَل
optimum population

**أَمْثَلِيَّة ـ تَحْقِيقُ الأَمْثَلِيَّة** optimalization

**أَمَدٌ ـ ضَمانٌ طَوِيلُ الأَمَد**
long-term insurance

**إمْداد . إمْدادات . لَوازِم** supply

إمْداداتٌ غَيْرُ مَنْظورة invisible supplies

الإمداداتُ المَنْظُورة visible supply

**أَمَرَ ـ يَأْمُرُ** order; command; enjoin

**أَمْرٌ** order; command; fiat; precept

أَمْرٌ إلى المَحْجوزِ لَدَيه garnishee order

أَمْرُ امتِثال (امرٌ قَضائِيٌّ مِن مَحْكَمةٍ عُلْيا)
mandamus

أَمْرُ إنْتاج job order

أَمْرُ إيقاف . أَمْرٌ بالتَّوَقُّف stop order

أَمْرٌ بإبْرازِ اوراقٍ (تتَعلَّقُ بالدَّعْوى)
subpoena duces tecum

أَمْرٌ بإحْضار (المَوْقُوفِ امامَ المَحكَمةِ وإخْلاءِ سَبيله)
habeas corpus

أَمْرُ (المَحْكَمة) بِتَحْوِيلِ أَمْوالِ المُفْلِسِ إلى حارِسٍ قَضائيّ
receiving order

أَمْرٌ بِالدَّفْع cash order

أَمْرٌ بِدَفْع رِبْح السَّهْم dividend warrant

أَمْرٌ بِشَهْرِ الإفْلاس adjudication order

أَمْر بَلَديّ او إداريّ ordinance

أَمْر بِوَقْف الدَّفْع stop payment order

أَمْرُ تَسْلِيم delivery order

أَمْرُ تَفْتيش search warrant

أَمْرُ تَنْفيذٍ من مالِكِ العَقَار
landlord's warrant

أَمْرُ تَنفيذِ وَصِيَّة letters testamentary
أَمْرُ تَوجِيهِيّ directive
أَمْرُ حَبْس detainer
أَمر حُضور writ of summons
أَمْر حِماية protection order
أَمر دَفْع payment order
أَمْر دَفْع أَجْنَبِيّ . كَمْبيالة خارِجيَّة
long draft
أَمْرُ دَفْعِ فائِدة interest warrant
أَمْرُ زَجْرِيّ . إِنْذارُ قَضائِيّ injunction
أَمر زَجْرِيّ إِلْزامِيّ
mandatory injunction
أَمر زَجْرِيّ شامِل blanket injunction
أَمر زَجْرِيّ مُؤَقَّت
temporary injunction
أَمْرُ الشَّحْن ship order; shipping order
أَمْر قَضائِيّ writ; warrant
أَمر مَحْكَمة bench warrant
أَمْرُ (او تَفْوِيض) مَفْتُوح (لِلشِّراء او البَيْع) open order
أَمْرُ واقِع matter of fact
إلى مَنْ يَهُمُّه الأَمْر
to whom it may concern
أَوامِر . تَعْليمات . تَوْجيهات
instructions
أَوامِرُ التَحوُّلِ لِلأَعْمالِ الضَّرورِيَّة
essential work orders
أَوامِرُ دائِمة standing orders
ضِمْنَ أُمورٍ أُخْرى inter alia
العالِمونَ بِبَواطِنِ الأُمور insiders
لِأَمْرِ to the order of

لِأَمْرِهِ to his order
مُحاسَبَةُ تَكاليفِ اوامِرِ الإنتاج
job order cost accounting
إِمْساك . قَبْض hold
أَمْستِردام ـ المَركَزُ المالِيُّ في هُولَنْدة
Amsterdam
إِمْكان feasibility
إِمْكانِيَّة . احْتِمالِيَّة possibility
إِمْكانِيَّة . مَقْدِرة capability
إِمكانِيَّةُ التحْوِيلِ او التَبْدِيل
convertibility
إِمكانِيَّةُ السُّوق market potential
إِمكانِيَّةُ المَبِيعات sales potential
إِمكانِيَّةُ النَقْلِ (او التحْرِيك) جُغْرافِيّاً
geographical mobility
أَمْكَنَ ـ يُمْكِنُ استِعادَتُه او استِرجاعُه
retrievable; recoverable
يُمكِنُ تَحويلُ مِلْكِيَّتِهِ إلى شَخْصٍ آخَر .
قابِلُ لِلتحْوِيل alienable
يُمْكِنُ تَحْوِيلُهُ assignable
يُمكِنُ الحُصُولُ عَلَيه gettable
يُمكِنُ طَرْحُهُ (بَعْدَ الاستِعمال) disposable
لا يُمكِنُ تَجَنُّبُه unavoidable
أَمْلاك (أُنْظُر ايضاً : مِلْك) lands; estate
أَمَّنَ ـ يُؤَمِّنُ underwrite
الأَمْنُ الداخِلِيّ internal security
الأَمْنُ العامّ public security
إِمْهالٌ . مُهْلة respite
كِتابُ إِمهال letter of license
أَمْهَلَ ـ يُمْهِلُ . يُرْجِيءُ reprieve
أَمْوال (أُنْظُر ايضاً : مال) funds

الأمّيّة — illiteracy
اَميراليّة ـ قانونُ الأميراليّة (القانونُ البَحْريّ) — admiralty law
مَحْكَمة اميراليّة (بَحْريّة) — admiralty court
اَمين — trustee
امينُ احتياطيّ استهلاكِ القُروض — trustee of sinking fund
أمينُ تَفْليسة — trustee in bankruptcy
أمينُ الخَزينة . أمينُ صُنْدوق — treasurer
أمينُ سِرّ . سِكْرتير — secretary
أمينُ السّر والخَزينة — secretary-treasurer
أمينُ الصُّنْدوق . صَرّاف — cashier
أمينُ الصُّنْدوق (في كُليّة) — bursar
أمينٌ عامّ — secretary general
أمينٌ عامّ . قَيّمٌ عامّ — public trustee
أمينُ المُستَودَع — storekeeper; warehouse keeper; stock-keeper
أرُومَةُ أمينِ الصُّنْدوق — cashier's stub
مَجْلِسُ أُمَناء — board of trustees
آنّا (عُمْلة هِنْديّة او باكِسْتانِيّة) — anna
أنابَ ـ يُنيبُ . يُوَكّلُ — surrogate
إنارة . إضاءَة — illumination
رُسُوم الإنارة . رُسُوم المَنائِر — light dues
أنّبَ ـ يُؤَنّبُ — reprimand
انبعاث . عَصْرُ النَّهضة — renaissance
أُنْبوب (لِقِياسِ حَجْم الخَمْر او الزّيْت) — pipe
خَطُّ أنابيبَ — pipeline
إنْتاج . مَرْدُود — outturn; output
الإنتاج الأمْثَل . الخَرْج الأمْثَل — optimum output
تَقْييدُ الإنْتاج — restriction of output
صافي الإنْتاج — turnout
مُستَوى الإنتاج الأعْلى — peak output
إنْتاج — production
إنْتاجٌ أوّليّ — primary production
الإنتاجُ بِالتَسَلْسُل المُستَمِرّ — continuous flow production
الإنتاجُ بِالجُمْلة — mass production
الإنتاجُ بالدُفْعات — batch production
إنْتاجُ الجُمْلة — flow production
إنْتاجٌ حَسَبَ الطّلَب (لِسِلْعة مُعَيّنة) — one-off
الإنتاجُ الخَطّيّ — line production
إنتاجٌ رأسْماليّ — capitalistic production
إنْتاجٌ زائِد — overproduction
إنتاجٌ على نِطاقٍ واسِع — large-scale production
إنتاجٌ غَيْرُ مُباشِر — indirect production
الإنْتاجُ القَوميّ الإجماليّ — gross national product (G.N.P.)
إنْتاجٌ قِياسيّ . إنتاجٌ مُوَحّدُ القِياس — standard production
إنتاجٌ كثيفُ رَأسِ المال — capital intensive production
إنْتاجٌ مُباشِر — direct production
إنتاجٌ مُتَسَلْسِل — flow production
إنتاجٌ مُشتَرَك — co-production
الإنتاجُ المِعْياريّ — modular production
إنْتاجٌ مَنْزليُّ التشغِيل — putting-out system
الإنْتاجُ والعُمّالُ المُتعلّقونَ بِه — production and related workers

إجْماليُّ قِيمَةِ الإنْتاج
gross value of production

إدارةُ الإنتاج production management

استِهلاكُ الإنتاج
production depreciation

إعادَةُ الإنتاج re-production

اقتِصاديّاتٌ داخِليَّة لِتَوْسِيع الإنتاج
internal economies of scale

أمْرُ إنْتاج job order

تَباطُؤٌ في الإنتاج slowdown

تَخْطِيطُ الإنتاج production planning

تَخْفيضُ الإنْتاج cutback

تَرشِيدُ الإنتاج ، التنْظِيمُ العِلْميّ لِلإنتاج
rationalisation of production

تَقْديرُ العائِداتِ على أُساسِ الإنْتاج
production basis of revenue recognition

تَكاليفُ الإنتاج production costs; cost of production

حَجْمُ الإنتاج volume of production

دَليلُ (مُؤَشِّرُ) الإنتاج الصِّناعيّ
index of industrial production

رَسْمُ إنْتاج . ضَريبةُ إنتاج
excise duty; excise tax

طَريقةُ الإنتاجِ غيرُ المُباشِرة (مُتَشَعِّبةُ العَمَليّاتِ والاختِصاصات)
"roundabout" method of production

عِلْمُ إنتاجِ السِّلَعِ والثَّرَوات chrematistics

عَناصِرُ الإنْتاج . عَوامِلُ الإنتاج
factors of production; agents of production

عَناصِرُ إنتاج غيرُ مُحَدَّدة non-specific factors of production

عَوامِــلُ الإنْتاج المُساعِدة . السِّلَع الراسُماليَّة instrumental capital

عَوامِلُ الإنتاج النَّوعيَّة
specific factors of production

قَرْضُ إنتاج production loan

مُحاسَبة تَكاليفِ أوامِرِ الإنتاج
job order cost accounting

مُراقَبة الإنْتاج production control

المَسؤُول عَن سَيْرِ الإنتاج وتَقَدُّمِه
progress chaser

مُنْحَنى الإنتاج المُتَساوي
equal product curve

مُنشأة مُتَعدِّدة الإنتاج
multi-product firm

مُهَندِسُ الإنْتاج production engineer

مُوازَنة الإنتاج production budget

مُؤَشِّرُ الإنْتاجِ الصِّناعيّ
industrial production index

الناتِجُ القَوميّ بِتَكلِفة عَوامِل الإنتاج
national product at factor cost

نِظامُ التَسْعِير في مَحَلِّ الإنتاج
mill base system

نَظَريَّةُ قُوَّةِ إنتاج العَمَل
productivity of labour theory

وَحَداتُ الإنْتاجِ المُرَكَّبة
composite units of production

وَسائِلُ الإنتاج means of production

**إنْتاجيّ . مُنْتِج . مُغِلّ** productive

سِلَع إنتاجيَّة capital goods; production goods

العُمْرُ الإنْتاجيّ لموجُوداتِ المُنْشَاة
productive life of plant assets

قُدرة إنْتاجيَّة productive power

مُنْحَنَياتُ التساوِي (السَّواء) الإنْتاجيّ
iso-product curves; isoquants

نَفَقاتٌ إنْتاجيَّة direct charges

**الإنْتاجيَّة** productivity

إنْتاجيَّةُ الاستِثمارات
investment productivity

إنتاجيَّةُ اليَدِ العامِلة labour productivity

حاصِلُ مَقاييسِ الإنتاجيَّة productivity criteria quotient (P.C.Q.)

نَظَريَّةُ الإنتاجيَّةِ الحَدِّيَّة
marginal productivity theory

**أَنْتَجَ – يُنْتِجُ . يُغِلّ** yield; produce

**انْتِجاع . نُجْعة مَوسِميَّة** transhumance

**انْتِحارٌ عُنْصُريّ** race suicide

**انْتِحال** plagiarism

**انْتِداب . تَوْكيل . تَفْويض** mandate

**انْتَزَعَ – يَنْتَزِعُ الرَّقابة** decontrol

**انْتِشار** spread

عالَمِيُّ الانْتِشار world-wide

مَكْتَبُ (مُؤسَّسة) التَّحْقيقِ مِنَ الانْتِشار
Audit Bureau of Circulation (A.B.C.)

نَظَرِيَّةُ انتِشارِ الضَّرائِب (وتَأْثيراتُها)
diffusion theory of taxation

**انْتِظار** waiting

فَتْرةُ الانْتِظار waiting period

قائِمةُ الانتِظار waiting list

وَقْتُ الانتِظار lying time

يَوْمُ الانتِظار lying day

**انْتِظام** order; regularity; systematic arrangement; gear

**انْتِعاش . رَواج** boom

**انْتِعاش . صُعُود** upswing

**انْتِعاش . اسْتِرداد** recovery

انتِعاشٌ اقتِصاديّ economic recovery

طَوْرُ الانتِعاش upward phase

**انْتِفاع – حَقُّ انْتِفاع** usufruct

ضَريبَةُ انتِفاع use tax

ضَريبةُ الانتِفاعِ مِن مَرْفِقٍ عامّ
rental rate; flat rate

**انْتِفاعيّ** usufructuary

**انْتَفَعَ – يَنْتَفِعُ بِ** use

**انْتَقَى – يَنْتَقِي . يَخْتار** select

**انْتِقاءُ المَشْروعات** selection of projects

**انْتِقاص** derogation

**انْتِقال** transfer

انتِقالُ الدُّيون . تَحْوِيلُ الدُّيون
transfer of debt

ضَريبةُ انتِقال transfer tax

**انْتِقال . إرْسال . نَقْل** transmission

أَسْهُم غيرُ مُقَيَّدةِ الانتِقال
freely transmissible shares

سُهُولةُ النَّقْل او الانْتِقال . تَنَقُّلِيَّة
mobility

**انْتِقال** (إلى العَمَل ومِنْهُ) commutation

بِطاقةُ انتِقال (لِعِدَّةِ سَفَراتٍ بِسِعْرٍ مُخَفَّض)
commutation ticket

تَعْويضُ انتِقال moving allowance; travel allowance

فَتْرةٌ انتِقاليَّة transitional period

**اِنْتِقائيّ** selective

بَيْعٌ انْتِقائيّ selective selling

ضَريبَةٌ انتِقائيَّة عَلى العَمالة
selective employment tax

**اِنْتَقَلَ ـ يَنْتَقِلُ يَومِيّاً** (إلى عَمَلِه ومِنْهُ)
commute

لا يَنْتَقِلُ . مُسْتَقِرّ stationary

**اِنْتَكَسَ ـ يَنْتَكِسُ . يتراجَعُ** relapse

**اِنْتَهى ـ يَنْتَهي** run out

**اِنْتِهاءُ الأَجَل** expirtion

انْتِهاءُ البُوليصةِ تِلْقائِيّاً (حالَ إعلانِ الحَرْب)
automatic termination of cover

**اِنْتِهازِيّ** opportunistic

**اِنْتِهاك . تَعَدٍّ . تَجاوز** infringement; encroachment

**اِنْتَهَكَ ـ يَنْتَهِكُ** (قانُوناً) transgress; infringe; encroach (upon)

**إنْجاح** success; making successful

تَحْرِيضٌ لإنْجاحِ الإضْراب picketing

**إنْجاز** completion; accomplishment; achievement

عَقْدٌ إنْجازِيّ (يُسَلِّمُ فِيهِ المُتَعَهِّدُ المَبْنى جاهِزاً تَماماً)
turn-key contract

**إنْجاز . أداء** performance; discharge

نِسْبَةُ إنْجازِ العَمَلِ المُقَدَّر
measured work performance ratio

**اِنْجِرافُ التُّرْبة . حَتُّ التُّرْبة** soil erosion

**أَنْجَزَ ـ يُنْجِزُ** implement; accomplish; achieve; effect

**اِنْحِراف . تَخالُف** skewness

**اِنْحِراف . اِخْتِلاف . تَبايُن** variance

انْحِرافُ أُجْرةِ العَمالة واستِعمالِها
labour rate and usage variance

انْحِرافُ السِّعْر rate variance

**اِنْحِراف** deviation; declination

انحرافٌ قِياسيّ standard deviation

انحرافٌ مُتَوَسِّط average deviation

مُتَوَسِّطُ الانحِراف . الحَيْدُ المُتَوسِّط
mean deviation

**اِنْحِسار . ارتِداد . رُجُوع** regression

**اِنْحِساريّ . مُتَعلِّق بِهُبوطِ النَّشاط الاقتِصاديّ** recessional

**اِنْحَسَرَ ـ يَنْحَسِرُ . يَتَراجَعُ** recede

**اِنْحِطاط** decline

**اِنْحِياز ـ عَدَمُ الاِنْحِياز** non-alignment

**اِنْخِفاض** depression

انْخِفاضُ قِيمةِ العُمْلة
currency depreciation

بَيْعٌ بالانْخِفاض bear sale

مُضارِبٌ بالانخِفاضِ وبالصُّعود
bear and bull

**اِنْخَفَضَ ـ يَنْخَفِضُ تَدْريجيّاً** sag

يَنخَفِضُ (السِّعْرُ) فَجْأَةً tumble

**انْدِفاع . حِدَّةُ النَّشاطِ او الطَّلَب** rush

**انْدِماج . دَمْج** amalgamation; fusion; incorporation; consolidation; integration

انْدِماجٌ آجِل forward integration

انْدِماجٌ أُفُقيّ horizontal amalgamation

**اِنْدَمَجَ ـ يَنْدَمِجُ . يَدْمُجُ** merge

**إنْذار** warning

إنذار قضائيّ . أمْر زَجْريّ — injunction

إشارةُ إنْذار — warning signal

طَرْدٌ دُونَ إنْذار — wrongful dismissal

**إنْزال** — landing

إنْزالُ الحُمولة . تَفْريغ — unloading

إشْعارُ إنْزالِ البَضائِع — landing notice

تَكاليفُ إنزالِ البِضاعة — landing charges

**أَنْزَلَ ـ يُنْزِلُ** (سَفِينةً) **إلى البَحْر** — launch

**انْزِلاقٌ أرْضيّ** — landslide

**انْزَلَقَ ـ يَنْزَلِقُ . يُفْلِتُ** — trip

يَنْزَلِقُ — slide

**إنْسال ـ كَثْرةُ الإنْسال** — fecondity

**إنْسان ـ حُقُوقُ الإنسان** — human rights

العَلاقاتُ الإنسانيَّة — human relations

العَلاقات الإنسانيَّة في الصِّناعة — human relations in industry

الكَرامةُ الإنسانيَّة — human dignity

**إنْسانيَّة . إنْسِيَّة** — humanism

مَذْهَبُ الإنسانيَّة (مَحبَّة الخَيْر العامّ لِلمُجْتَمَع) — humanitarianism

**انْسِجام . تَطابُق** — conformity

**انْسِحاب** — withdrawal; retreat

**انْسَحَبَ ـ يَنْسَحِبُ . يَسْحَبُ** — withdraw; retreat

يَنْسَحِبُ . يَتَراجَعُ — recede

**انْسِيابيّ . مَشِيقُ الشَّكْل** — streamlined

**انْسِياقُ الأجُور** — wage drift

**إنْشاء** — creation; establishment; installation

إنْشاءاتٌ صِناعِيَّة — industrial installations

**انْشِطار** (تَحَوُّلُ أُصولِ الشَّرِكةِ الواحِدةِ إلى شَرِكَتَين جَدِيدَتَين او أكْثَر) — split up

**إنْشِماريّ ـ شَرْطٌ «إنْشِماريّ»** (شَرْطُ الحَوادِثِ المُضافة) — Inchmaree clause

**إنْصاف . عَدالة** — justice; equity

عَدَمُ الإنْصاف — inequity

ما كانَ مُتَمَشِّياً مَعَ قَواعِدِ العَدالةِ والإنْصافِ المُطْلَق — rules of equity

**إنْصافيّ** — equitable

**انْصِباب . تَدَفُّق** — influx

**انْصِهار** — fusion

**انْضِباط** — discipline

**انْطِلاق** (اقتِصاديّ) — take-off

التَّمْهِيدُ لِلانْطِلاق — preconditions of take-off

**انْطَلَقَ ـ يَنْطَلِقُ . يُطْلِقُ** — launch

يَنْطَلِقُ مُسْرِعاً — scuttle

**أُنْظُرْها . فَلْتُراجِع** (هَذِهِ الكَلِمة) — quod vide (q.v.); which see

**أَنْظِمة** (أُنْظُر ايضاً : نِظام) — regulations; systems

**إنْعاشٌ اجتِماعيّ . رَفاهِيَةٌ اجتِماعيَّة** — social welfare

**انْعِدام . قِلَّة . نَقْص** — lack

انعِدامُ الأهْلِيَّة او الكَفاءة — ineligibility

انعِدامُ العُيُوب — zero defects

انْعِدامُ المَسؤُوليَّة . اسْتِهْتار — irresponsibility

**الانْعِزاليَّة** (السِّياسيَّة او الاقتِصاديَّة) — isolationism

**انْعِطاف** — deviation

انْعِكاسات . نَتائِجُ مُتَرَتِّبة repercussions
إنْفاق expenditure; spending; disbursement
إنفاقُ الادِّخار (إنفاقٌ يَزِيدُ على الدَّخْل) dis-saving
إنفاقٌ جارٍ current expenditure
إنفاقُ الدَّولة expenditure of the state
إنفاقٌ عامٌّ . مَصْروفاتٌ عامَّة (لِلدَّولة) public expenditure
إنفاقٌ غيرُ مُنْتِج unproductive expenditure
إنْفاقٌ قَوميّ national expenditure
إنفاقُ المُستَهلِك consumer outlay
إنْفاقٌ مُنْتِج productive expenditure
إجماليُّ الإنفاقِ القَوميّ gross national expenditure (G.N.E.)
ضَرائِبُ الإنفاق expenditure taxes
مُنْحَنَياتُ التَّساوِي (السَّواء) الإنْفاقيّ iso-outlay curves
اِنْفِجار explosion
انْفِجارٌ سُكّانيّ demographic explosion; population explosion
تَأْمين ضِدَّ الانْفِجار explosion insurance
اِنفِراديّ . مِنْ جانِبٍ واحِد unilateral
إجارةٌ اِنْفِراديَّة several tenancy
انْفِصال breakaway
أنْفَقَ ـ يُنْفِقُ expense
انْفِلاق . انْشِطار split up
إنْقاذ rescue
إنقاذٌ بَحْريّ marine salvage
خِدْمةُ الإنقاذ salvage service
خَسارةُ إنْقاذ salvage loss
إنْقاصُ النُّقُود devaluation of money
أنْقاض . بَقايا remains
انْقِباض . انْكِماش . تَقَلُّص contraction
أنْقَذَ ـ يُنْقِذُ rescue; save
أنْقَصَ ـ يُنْقِصُ cut back
انْقَضى ـ يِنْقَضي expire; lapse
انْقِضاء expiration
تاريخُ الانْقِضاء expiry date
انْقِطاع . تَوَقُّف intermission
انقِطاعُ الرِّحْلة (ولا يَنْقَطِعُ بِه استِمرارُ التأمين) interruption of voyage
إنكار denial
إنكارٌ صَريح . إنكارٌ قَطْعيّ flat denial
أنْكَرَ ـ يُنْكِرُ repudiate
اِنْكِماش . تقلُّص contraction; shrinkage; deflation
انْكِماشٌ (اقتِصاديّ) recession
انكِماشُ الطَّلَب contraction of demand
انكِماشُ العَرْض contraction of supply
مُقاوَمةُ الانكِماش reflation
انكِماشيّ deflationary
فَجْوة انكِماشيَّة deflationary gap
إنْماء ـ سَنَدُ إنْماء development bond
أنْهى ـ يُنْهي conclude; end; terminate; close out
إنْهاء termination
إنْهاءُ الخِدْمة termination of service
تَعْوِيضُ إنْهاءِ الخِدْمة severance pay
اِنْهِيار collapse; downfall; stall
انْهِيارٌ (اقتِصاديّ) crash

إنّي مَدِينٌ لكَ I.O.U., I owe you
اهْتِمام ـ عَدَمُ الاهتِمام . لامُبالاة
indifference
إهْداء dedication
أَهْلِيَّة . كَفاءة qualification
فِقْدانُ الأَهلِيَّة
disqualification; attainder
أهْلِيَّة . طاقة . سَعة capacity
أَهلِيَّةُ الإيصاء testamentary capacity
أَهْلِيَّة . جَدارة competence; eligibility
انْعِدامُ الأَهلِيَّة او الكَفاءة ineligibility
عَدَمُ أَهلِيَّة . عَدَمُ جَدارة incompetence
إهْمال negligence
إهْمالٌ بَسيط slight negligence
إهمالٌ جَسيم gross negligence
إهمالٌ جِنائيّ criminal negligence
إهمالٌ طائِش wanton negligence
إهْمالٌ عاديّ ordinary negligence
إهمالٌ مُساعِد contributory negligence
إهمالٌ مُستَوجِبٌ لإقامةِ دَعْوى
actionable negligence
إهمال مُفْتَرَض imputed negligence
إهْمال مُفْتَعَل (مَقْصُود)
willful negligence
إهمال مُقارَن comparative negligence
أَهَمِّيَّة . شَأْن . خُطُورة importance
أَهَمِّيَّة حَدِّيَّة marginal significance
أوابِك (مُنَظَّمة البُلْدان العَرَبِيَّة المُصَدِّرة لِلنِّفط)
Organization of Arab Petroleum Exporting Countries (O.A.P.E.C.)

ا ـ واحد A-one
أوانٌ . آنٌ time
دَولةٌ مُقْتَرِضةٌ قَبْلَ الأَوان
immature debtor nation
دَولةٌ مُقْرِضةٌ قَبْلَ الأَوان
immature creditor nation
أُوبِك (مُنَظَّمة البُلْدان المُصَدِّرة لِلبترول)
Organization of Petroleum Exporting Countries (O.P.E.C.)
أُوتُوماتيكيّ . تِلْقائيّ automatic
بَيْعٌ أُوتوماتيكيّ automatic selling
مُعالَجةُ المُعطَياتِ أُوتوماتيكيّاً
automatic data processing
وَضْعُ البَرامِج أُوتوماتيكيّاً
automatic programming
وَضْعُ الرُّموزِ أُوتوماتيكيّاً
automatic coding
أَوْدَعَ ـ يُودِعُ entrust
أَوْراق (أُنظُر ايضاً : وَرَقة) papers
أَوْراقُ بَنْكنُوت banknotes
أَوْرَثَ ـ يُورِثُ بِوَصِيَّة . يُوصِي bequeath
أُوروبيٌّ European
كَمْبيالة أُوروبيَّة continental bill of exchange
أُورْوِيك ـ تَقْرِيرُ أُوْروِيك (تَأَسَّسَ عَلى أَثَرِهِ المَعْهَدُ البريطانيُّ لِلإدارة)
Urwick Report (1947)
أَوْساط (أُنظُر ايضاً : وَسَط) circles
أُوستْمارك (عُمْلة في أَلمانيا الشرقيَّة) ostmark
أَوْسَط ـ الإدارةُ الوُسْطى
middle management

**أَوْسَع ـ نِظامُ الاستِثمارِ الأَوْسَعِ مَدًى**
wider-range investment

**أَوْصَى ـ يُوصِي . يُزَكِّي بِتَوْصِية**
recommend

يُوصِي . يُورِثُ بِوَصِيَّة — bequeath

**أَوْصَلَ ـ يُوصِلُ . يَسْلُكُ** — conduct

**أَوْصِياء** (أُنْظُر ايضاً : وَصِيّ) — guardians

**أَوْعَزَ ـ يُوعِزُ بالإشارة** — signal

**أَوْفَدَ . فَوَّضَ** — delegate

**أَوْقَفَ ـ يُوقِفُ** — endow

يُوقِفُ (حِساباً) — rule off

يُوقِفُ مُؤَقَّتاً . يُعَلِّقُ — suspend

يُوقِفُ المِيراثَ — entail

**اوقِيَّةٌ إنكليزِيَّة . أُونس** — ounce

**أُوكْتان** — octane

**أَوْكَلَ ـ يُوكِلُ** — retain

**أَوَّلُ أيّامِ التصْفِية** (في البُورْصة)
making-up day

أَوَّلُ يَومٍ في الفَصْلِ مُخَصَّصٍ لِلدَّفْع
quarter-day

بِضاعةُ أَوَّلِ المُدَّة — begenning inventory

دَفْتَرُ القَيْدِ الأَوَّل — book of original entry

دُونَ دَفْعَةٍ أُولَى — no down payment

سَنَد مِنَ الدرَجَةِ الأُولى — prime bill

سُيُولة مِنَ الدرَجَةِ الأُولى
primary liquidity

ما يَدْخُلُ أخِيراً يُصَرَّفُ أوَّلا
last-in-first-out (LIFO)

مُسْتَفِيدٌ أَوَّل — primary beneficiary

المُكْتَتِبُ الأَوَّل — leading underwriter

مِنَ الصِّنْفِ الأَوَّل — high grade

ناقِلٌ أَوَّل (في حالِ نَقْلٍ على مَراحِل)
initial carrier

**أَوْلَوِيَّة . أَسْبَقِيَّة . أَفْضَلِيَّة**
priority; precedence

دَفعاتٌ او أَعْباءٌ ذاتُ أَوْلَوِيَّة
prior charges

قاعِدةُ الأَوْلَوِيَّةِ المُطلَقة — rule of absolute priority

**أَوَّليّ . شَكْليّ** — pro forma

**أَوَّليّ . أساسِيّ** — prime; essential

قَيْدٌ أَوَّليّ . قَيْدٌ أَصْليّ — original entry; prime entry

**أَوَّليّ . ابْتِدائِيّ** — initial; primary

احتِياطاتُ المَصْرِف الأَوَّلِيَّة — primary bank reserves

أَخْطارٌ أَوَّلِيَّة — primary risks

استِثْمار أَوَّليّ — preinvestment

إشْعار أَوَّليّ — preliminary notification

التِزامٌ أَوَّليّ — primary obligation

إنْتاجٌ أَوَّليّ — primary production

بَرْنامَج أَوَّليّ — preliminary program

تَكالِيفُ أَوَّلِيَّة — initial costs

تَمْوِيل مُسبَق او أَوَّليّ — prefinancing

ثَمَنُ الشِّراءِ الأَوَّليّ — purchase money

خَصْم أَوَّليّ — initial allowance

خُطَّة أَوَّلِيَّة (تَمْهِيدِيَّة) — preliminary plan

رَأْسُ المالِ الأَوَّليّ — initial capital

سَنَداتٌ مالِيَّة أَوَّلِيَّة — primary securities

السُّوقُ الأَوَّلِيَّة (الرئيسِيَّة)
primary market

المُعْطَياتُ القِياسِيَّة الأوَّلِيَّة primary standard data
مُقاطَعة أوَّلِيَّة primary boycott
مَوادُّ أوَّلِيَّة raw materials
نَشْرة أوَّلِيَّة prospectus
نَفَقات أوَّلِيَّة preliminary expenses

**أوم** ohm

**أونْس . أوقِيَّة إنكليزِيَّة** ounce

**أوْهَمَ ـ يُوهِمُ** to make believe; pack; delude

**أوْهَنَ ـ يُوهِنُ . يُضْعِفُ** impair

**أي** scilicet; sc; ss

**إياب ـ أُجْرةُ الشَّحْنِ في الإياب** return freight

**إياتا : اتِّحادُ النَّقلِ الجَوِّيّ الدَّوليّ** International Air Transport Association (IATA)

**أيَةُ أعْمالٍ أُخرى** any other business (A.O.B.)

**إئْتَلَفَ ـ يَأْتَلِفُ . يَتَّحِدُ** combine

**إئْتِمان . ثِقة** trust
إقْرارُ ائْتِمان declaration of trust
أمْوالُ ائتِمان trust fund
كِتابُ ائتِمان letter of trust; letter of lien

**إئْتِمان . اعْتِماد** credit
ائْتِمانٌ استِثْماريّ investment credit
ائتِمان تِجارِيّ . اعتِمادٌ تِجاريّ commercial credit
ائتِمانٌ (او اعتِمادٌ) ضَريبيّ tax credit
ائتِمان وِقائيّ preventive credit
بِطاقةُ ائتِمان credit card
بِطاقةُ ائتِمانٍ أمْريكيَّة Master Charge
بِطاقةُ الائتِمانِ الأورُوبيَّة Eurocard
بِطاقةُ ائتِمانِ بَنْكِ أمْريكا Bank Americard
تَسْهيلاتُ الائتِمان credit facilities
تَقْييدُ الائتِمان credit rationing
خِطابُ ائتِمانٍ (او اعتِماد) نَقْديّ cash letter of credit
دائِرةُ الائتِمان (لاستِعْلاماتِ إمكانيَّةِ البَيْعِ بالدَّيْن) credit department
سَنَدُ ائتِمانيّ fiduciary bond
سَنَدُ رَهْنٍ ائتِمانيّ trust deed
شَرِكةُ ائتِمانيَّة trust company
عَقْدُ ائتِمانيّ fiduciary contract
عُمْلةُ ائتِمانيَّة (اعتِمادِيَّة او مُعتَمَدة) credit currency
مَسْكوكاتُ ائتِمانيَّة credit coins
نُقودُ ائتِمانيَّة credit money
النُّقودُ الوَرَقيَّةُ الائتِمانيَّة fiduciary paper money

**إئْتَمَنَ ـ يَأْتَمِنُ . يَعْهَدُ** (إلى) intrust; entrust

**إيجابيّ . جازِم . قاطِع** positive
الاخْتِلالُ الإيجابيّ positive disequilibrium

**إيجاد** finding
إيجادُ مُعَدَّلِ الوَقْت time band averaging

**إيجار . إجارة** tenancy; lease

**إيجار . استِئْجار** hiring; letting; renting

إيجارٌ إجماليّ gross lease
إيجارٌ مِنَ الباطِن underlease
عَقْدُ إيجار . عَقْدُ استِئْجار
hire contract; lease
عَقْدُ إيجار استِثْمار المَعادِن mineral lease
عَقْدُ إيجارِ السَّفينة charter agreement
عَقْدُ إيجارِ السَّفينة لِرحْلة
voyage charter party
عَقْدُ إيجارٍ صافٍ (يَكونُ المُستأجِرُ فيه مَسْؤُولاً عَن دَفْعِ الضرائِبِ والتأمينِ والصِّيانةِ وغَيْرِها) net lease
عَقْدُ ايجارٍ طَويل (مُدَّتُه ٩٩ سَنة)
long lease
عَقْدُ إيجارٍ مُستَمِرّ perpetual lease
عَقْدُ إيجارٍ مِنَ الباطِن sublease
**إيجار . بَدَلُ إيجار** rentage;rental; rent
إيجار الأرْض ground rent
إيجارٌ باهِظ rack rent
إيجارٌ زَهيد (اسمِيّ) peppercorn rent
إيجارٌ لاستِغْلالٍ آجِل dead rent
إيجارٌ مُتَغيرٌ (تِبْعاً لاحْتِمالاتٍ طارِئة)
contingent rent
إيجارٌ مَدْفوعٌ سَلَفاً prepaid rent
إيجارٌ مُكْتَسَب rent earned
أرْضٌ لا إيجاريَّة (حَدِّيَّة الرَّيْع)
"no rent" land
تَأمينٌ على الإيجار rent insurance
قَوانينُ الإيجار Rent Acts
قِيمة إيجاريَّة rental value
مُراقَبة الإيجارات rent control
مُعْفًى مِنَ الإيجار rent-free

نَفَقاتُ الإيجار rente expense
**أَيَّدَ ـ يُؤَيِّدُ . يَدْعَمُ** support
يُؤَيِّدُ . يُؤَكِّدُ confirm
**أيْدٍ عامِلة** manpower; labour; labor
أيْدٍ عامِلةٌ شِبْهُ فَنيَّة semi-skilled labor
أيْدٍ عامِلةٌ مُباشِرة direct labour
**إيداعٌ . وَديعة** bailment
إيداعٌ (تَمْهيداً لِدَفْعِ الرُّسومِ المُستَحِقَّة)
bonding
بِضاعةٌ قَيْدُ الإيداع goods in bond
في الإيداع under bond
**إيداعٌ** deposit
إيداعٌ للاستيراد import deposit
إيصالُ إيداع deposit receipt
إيصالُ إيداعِ النَّقْد deposit ticket
بَنْكُ إيداع deposit bank
جَمْعيَّةُ إيداع deposit society
حِسابُ إيداع deposit account
شَهادةُ إيداع certificate of deposit
شَهادة إيداعِ الإستِرلينيّ
Sterling Certificate of Deposit
صُنْدُوقُ إيداع deposit box
قَسيمةُ الإيداع deposit slip; paying-in slip
مَحَلُّ إيداع depository
مَحَلُّ إيداعٍ خاصّ special depository
مَحَلُّ إيداعٍ عامّ public depository
**أيْدِيُولُوجِيَّة . مُعْتَقَدٌ او مَذْهَبٌ مُتَكامِل**
ideology
**إيراد** earnings; revenue; incomé; proceeds

إيرادٌ حَدِّيّ marginal revenue

إيرادٌ داخِليّ (دَخْلٌ مِن مَوارِدَ داخِليَّة)
internal revenue; inland revenue

إيرادٌ غيرُ مُكتَسَب (إيرادٌ مَدفوعٌ مُقَدَّماً)
unearned revenue

أُصُولٌ إيراديَّة operating assets

أُصُولٌ غيرُ إيراديَّة non-operating assets

إيرادات أُخْرى other income

إيراداتٌ (او عائِدات) حُكوميَّة
government revenues

إيراداتٌ عامَّة public revenues

إيراداتٌ غيرُ مُسَجَّلة
unrecorded revenue

إيراداتٌ مُسْتَحِقَّة accrued revenues

إيراداتٌ مُؤَجَّلة التَّحْصِيل
deferred revenue

إيراداتٌ ومَدْفوعاتٌ غيرُ مَنْظورة
"invisibles"

سَنَدُ إيراد revenue bond

طابَعُ إيراد revenue stamp

قانُون الإيراد الداخِليّ
Internal Revenue Code

مُتَوسِّطُ الإيراد average revenue

مَصاريفُ وإيراداتُ الحُكومةِ العامَّة
government ordinary expenditure and revenue

مَصْروفاتٌ إيراديَّة revenue expenditure

ناتِجُ إيرادٍ حَدِّيّ
marginal revenue-product

**ايروفلُوت ـ الخُطوطُ الجَوِّيَّة الرُّوسِيَّة**
Aeroflot

**إيصاء ـ أَهْلِيَّةُ الإيصاء**
testamentary capacity

إيصائِيّ testamentary

**إيصال . وَصْلُ تَسْليم** receipt

إيصالُ إيداع deposit receipt

إيصالُ إيداعِ النَّقْد deposit ticket

إيصالُ الصُّنْدوق cash voucher

إيصالٌ قانُونِيّ statutory receipt

إيصالُ المُستَودَع warehouse receipt

إيصالٌ مُؤَقَّت temporary receipt; provisional receipt

إيصالاتُ غَداء luncheon vouchers

إيصالاتُ وَدائِعِ الخَزينة
treasury deposit receipts

مُقابِلَ إيصال against receipt

**إيضاح** (بالأمثِلة او بالصُّوَر) . **تَوضِيح**
illustration

**إيضاحِيّ** declaratory

**إيغِل** (وَحدة نَقْدِيَّة ذَهَبيَّة أمْريكيَّة) eagle

إيغِل مُضاعَفٌ (قِطْعة نَقْدِيَّة ذَهَبيَّة أمْريكيَّة) double eagle

**إيقاف . إعاقة** estoppel

إيقافُ البِضاعةِ في الطَّريق
stoppage in transit

إيقافُ العَمَلِ لِلضَّغْطِ على العُمَّال
lockout

أَمْرُ إيقاف stop order

**إيواء . إسْكان . سُكْنى** housing

**أيوتا . مِثْقالُ ذَرَّة** iota

# حَرفُ البَاء

**بابٌ** door; gate; portal

البابُ الخَلْفيّ "back door"

تَسْليمُ بابِ المَخْزَن store-door delivery

سِياسةُ البابِ المَفْتوح open door policy

مِنَ البابِ إلى الباب portal-to-portal

**باتّ . قاطِع . نِهائيّ** peremptory

**باحَةُ وُقوفِ السَّيّارات** parking lot

**باحِثٌ في عِلْم السُّكّان** demographer

**باخِرة** steamer; vessel

باخِرة (تَتْبَعُ خَطّاً مِلاحِيّاً مُعَيَّناً) liner

بَواخِرُ شَحْنٍ خَطِّيَّة (تَسيرُ في خُطوطٍ مُنتَظَمة) cargo liners

الحُمولةُ على ظَهْرِ الباخِرة cargo on board (C.O.B.)

**بارا** (عُمْلة يُوغوسْلافيّة) para

**بارامتْريّ ــ وَضع البَرنامَج البارامتْريّ** parametric programming

**بارِز** prominent; outstanding

مَكانٌ بارِزٌ للإعلانِ في جَريدة island position

**بارِعٌ** skil(l)ful; skilled; brilliant; outstanding

عامِلٌ بارِع journeyman

**بازار** bazaar

**باطِلٌ . لاغٍ** void; null

باطِلٌ وغيرُ وارِد . باطِلٌ ولاغٍ null and void

شِيكٌ باطِل bad check; stale cheque; stumer (cheque)

عَقْدٌ باطِل void contract

**باطِن** inner; interior; hidden

إيجارٌ مِنَ الباطِن underlease

رَهْنٌ مِنَ الباطِن submortgage

العالِمونَ بِبَواطِنِ الأُمور insiders

عَقْدُ إيجارٍ مِنَ الباطِن sublease

عَقْدٌ من الباطِن (عَقْدٌ ثانَويّ) subcontract

مُستَأجِرٌ من الباطِن subtenant; under-tenant

مُقاوِلٌ من الباطِن sub-contractor

نِظامُ التعاقُدِ الفَرْعيّ (من الباطِن) "butty" system

يُؤَجِّرُ مِنَ الباطِن sublet

**باعَ ــ يَبيعُ** sell; vend

يَبيعُ بالتجْزِئة (او بالقَطّاعي) retail

يَبيعُ بالكامِل . يَنْفَدُ sell out

يَبيعُ (او يَتعامَلُ) عن طَريقِ الخِداع palm off

يَبيعُ لِلتصْفية (بِسِعْر مُخَفَّض) . يُصَفّي sell off

يُباعُ . يُمْكِنُ بَيْعُه saleable

يُباعُ ويُشْتَرى mercable
**باعِث . حافِز . دافِع** stimulus; impetus
**باعَدَ ـ يُباعِدُ ما بَيْنَ** space
**باقٍ على قَيْدِ الحَياة** survivor
**الباقي** residue; remainder
**باكُورةٌ** first fruits
**بالْبوا** (عُمْلة في بَنَما) balboa
**بالَة** bale
**بالِغٌ** adult
**بالَغَ ـ يُبالِغُ في التَّقْدير** overrate; overestimate
**باني** (عُمْلة في رُومانْيا) bani
**باهِظ . مانِع** prohibitive
إيجارٌ باهِظ rack rent
ثَمَنٌ باهِظ prohibitive price; stiff price
**بائِع** seller; vendor; salesman
بائِعٌ بالجُمْلة wholesale dealer; wholesaler
بائِعٌ بالمُفَرَّق retailer
بائِعٌ حَدِّيّ (يَرْفُضُ البَيْعَ دُونَ سِعْرٍ مُعَيَّن) marginal seller
بائِعُ خُرْدَوات (كالمَلابِسِ وأدَواتِ الخِياطة) haberdasher
بائِعُ سِلَعٍ مَسْروقة fence
بائِعٌ على المَكْشوف (لا يَمْلِكُ ما يَبيعُه في البُورْصة) short seller
بائِعٌ مُتَجَوِّل hawker; peddler; pedlar; travelling salesman; badger; canvasser; chapman; drummer
بائِعٌ مُتَجَوِّل (على الدَّوابّ) packman
بائِعٌ مُتَجَوِّل (يَبيعُ بِضاعةً رَخيصة) cheap jack
بائِعٌ مُتَجَوِّل (يُدَوِّنُ الطَلَباتِ ويُسَلِّمُها فيما بَعْد) talleyman
بائِعٌ مُرَخَّصٌ لَه licensed dealer
باعةٌ مُتَجَوِّلون itinerant salesmen
حَقُّ البائِعِ في الحَجْز seller's lien; vendor's lien
سُوقُ الباعة sellers' market
عُمُولةُ البائِعِين salesmen commission
لِيَحْتَرِسِ البائِع caveat venditor
مَصاريفُ البائِعِ المُتَجَوِّل outside salesman's expenses
مَصروفاتُ البائِعِين salesmen expenses
نِقابةُ (شَرِكةُ) باعةِ الخُرْدَوات Haberdashers' Company
**باينْت** (يُساوي ٣٣،٦٠ بُوصة مُكَعَّبة) pint
**بِتروكِيمْيائيّ** petrochemical
**بِتْرول . نَفْط** petroleum
شَخْصٌ يُنَقِّب عن البِتْرول wildcatter
شَرِكة البِتْرول العِراقيّة Irak Petroleum Company (I.P.C.)
ناقِلة بِتْرول tanker
**بُتوت** (وَحْدة نَقْديّة في جامْبيا) butut
**بَحّارٌ . مَلّاح . نُوتيّ** sailor
بَحّار تِجاريّ merchant seaman
بَحّارة . طاقَم crew
**بَحْت . خالِص . صافٍ** pure
اقْتِصادٌ بَحْت . عِلْمُ الاقتِصاد النظَريّ pure economics
**بَحْث** discussion

بَحْثٌ . استِقْصاء investigation; research; search

بَحْثُ أساليبِ الاستِثارة motivation research

بَحْث (او دِراسة) التسْويق marketing research

بَحْث التشْغِيل Operational Research (O.R.)

بَحْثُ حالة السُّوق market research

بَحْثٌ داخِليّ . تَدْقيقٌ داخِليّ internal check

بَحْث العَمَليّات operational research; operations research

البَحْثُ والتنْمِيَة research and development (R.&D.)

ابْحاثُ الوَقود fuel research

البُحوثُ الاقتِصاديَّةُ والاجتِماعيَّة economic and social research

بُحوثُ الدَّوافِع motivational research

البُحوثُ الصِّناعيَّة industrial research

تَكاليفُ البَحْث والتَّطْوير research and development costs

جَمْعِيَّةُ بُحوثٍ لِخِدمةِ المُسْتَهلِك association for consumer research

مَركَزُ أبْحاث research centre

مُعَداتُ الحِسابِ والإمدادِ بالقِياسِ لِأبْحاثِ التشْغِيل Operational Research Analogue Computing and Logistics Equipment (ORACLE)

المَعهَدُ القَوميّ لِلبُحوثِ الاقتِصاديَّةِ والاجتِماعيَّة National Institute of Economic and Social Research (N.I.E.S.R.)

الهَيئَةُ القَوميَّة لِبُحوث التنْمِية National Research Development Corporation (N.R.D.C.)

بَحْرٌ sea

بَحْر إقْليميّ marginal sea

أضْرارُ البَحْر sea damage

أعالي البِحار high seas

بِضاعةٌ مَطْروحةٌ إلى البَحْر lagan; ligan; ligand

خَطَرُ البَحْر peril of the sea

شاطِئُ بَحْر litus maris

طَرْحُ البِضاعةِ في البَحْر lagen

طَرْحٌ في البَحْر jettison

عُرْضُ البَحْر open sea

في عُرْضِ البَحْر . في الطَّريق on passage

قاعُ البَحْر sea bed

مَنْقولٌ بَحْراً sea-borne

يُنزِلُ (سَفينةً) إلى البَحْر launch

بَحْريّ ـ أخْطارٌ بَحْريَّة maritime perils

إنْقاذٌ بَحْريّ marine salvage

بُوليصةُ تأمينٍ بَحْريّ marine policy

بَيْعٌ بَحْريّ (بَيْعٌ لِبَضائعَ تُنْقَلُ بَحْراً) marine sale

تأمينٌ بَحْريّ marine insurance

تأمينٌ بَحْريّ داخِليّ inland marine insurance

حَقٌّ في الحَجز البَحْريّ lien maritime

رَصيفٌ بَحْريّ dock

سِمْسارُ تأمينٍ بَحْريّ marine insurance broker

عَقْدٌ بَحْريّ marine contract

عَقْدُ النقْلِ البَحْريّ maritime contract of carriage

القانونُ البَحْريّ maritime law

قَرْضٌ بَحْريّ bottomry

مُخاطَرةٌ بَحْريَّةٌ (تكونُ فيها البِضاعةُ المَشحونةُ مُعَرَّضةً لِلخَطَر) marine adventure

مُؤَمِّنٌ بَحْريّ marine underwriter

مِيلٌ بَحْريّ nautical mile

وَكالةُ شَحْنٍ بَحْريّ shipping agency

**البَحْريَّةُ** (المِلاحة) **التّجاريَّة** merchant marine

**بَخَسَ ـ يَبْخَسُ التَّقْديرَ . تَقْديرٌ بَخْس** underestimate

بَخْسُ القِيمة understatement; undervaluation

**بَخْسٌ** low (price); too low

عَرْضٌ بَخْس underbid

**بَخْشيش . هِبَة** tip

**بُخْل . تَقْتير . شُحّ** parsimony

**بَدْء . استِهْلال** initiation; outset

بَدْءُ سَرَيان البُوليصة inception of the policy

**بَدّال** (بَقّال) ـ **نِقابةُ البَدّالين** (البَقّالين) Grocers' Company

**بِداية** outset

مُنْذُ البِداية ab initio

**بِدائيّ** primitive

**بَدَّدَ ـ يُبَدِّدُ . يُتْلِفُ** waste

**بَدَّلَ ـ يُبَدِّلُ** commute; replace

يُبْدِلُ سِلْعةً قَديمةً بِسِلعةٍ جَديدة trade in

**بَدَلُ . أتْعاب** (المُحامي مَثَلاً) retainer

بَدَلُ الأَجْر wage rate

بَدَلُ إيجار . إيجار rentage; rental

بَدَلُ تأجيلِ التَّسْليم backwardation

بَدَلُ تَنَقُّل . تَعْويضُ سَيّارة car allowance

بَدَلُ طَعام food allowance

بَدَلُ عن السُّرْعة (في إنجازِ تَحْميلِ المَراكِبِ إلَخ.) dispatch money

رَسْمٌ بَدَليّ quit-rent

**بَدَوِيَّة . بَداوة** nomadism

**بَديل** locum tenens; substitute; alternative; surrogate

بَديلٌ جاهِزٌ (لِلاستِخْدام عِنْدَ الحاجة) stand-by

بَديلٌ مُؤَقَّت لِسَدِّ الفَراغ stop-gap

بَدائِل . أَشْياءُ بَديلة alternatives

بَدائِل . قِطَعُ الغِيار spare parts; replacement parts

بَدائِل (غيرُ أَعْضاءٍ يَعْمَلونَ في لُويْدز بِلَنْدَن) substitutes

تَكْلِفة بَديلة alternative cost

وَصِيَّةٌ بَديلة alternative will

**بَديهيَّةٌ** axiom

**بِذْلة . زِيّ . لِباس** costume

**بَرّ . أرْض . يابِسة** land

أَخْطارٌ بَرِّيَّة (في أثْناءِ النَّقْل) land risks

نَقْلٌ بَرِّيّ land carriage
**بَراءة** innocence; acquittal
بَراءَةُ اخْتِراع patent; letters patent
بَراءَةُ تَمْليك letters patent
بَراءَةُ تَمْليكٍ عَقاريّ land patent
بَراءَةُ ذِمَّة quittance; quietus; quit-claim
بَراءَةٌ مُنْتَهية lapsed patent
مَكْتَب بَراءاتِ الاخْتِراع patent office
**بَراعة . مَهارة** skill
بَراعَةٌ يَدَويَّة . حِرْفة يَدَويَّة handicraft
**بَرَدٌ – التأمين ضِدَّ البَرَد** hail insurance
**بَرَّرَ – يُبَرِّرُ** warrant
**بِرْش** – مِقْياسٌ لِلطُّول يُعادِل ٥ يارْدات ونِصْف اليارْدة . مِقْياسٌ لِلحَجْم (البِنائيّ خاصَّة) يُساوي ٢٥ قَدَماً مُكَعَّباً perch
**بَرْقيّ** telegraphic
تَحْويلٌ بَرْقيّ wire tranfer
تَحْويلُ المالِ بَرْقيّاً cable; cable transfer
تَسْعيرٌ بَرقيّ tape quotation
عُنْوانٌ بَرقيّ (تِلغرافيّ) cable address
كِتابُ اعتِمادٍ بَرقيّ cable credit
مَكْتَبُ سَمْسَرة ذو اتصالاتٍ بَرْقيَّة (بِمُخْتَلِفِ أَسْواقِ الأوراقِ الماليَّة) wire house
**بَرْقيَّة . يُبْرِقُ** cable; telegram
بَرْقيَّةٌ بالرُّموز cipher telegram
بَرقيَّة لاسِلْكيَّة radiotelegram
بَرقيَّة لَيْليَّة overnight telegram
أُجْرةُ البَرقيَّة بِرَسْمِ التَّحْصيل collect telegram

**بَرْلمانيّ** parliamentary
قانونٌ بَرْلمانيّ (تَشْريعيّ) statute
المُفَوَّضُ البَرلمانيّ للإدارة Parliamentary Commissionner for Administration
**بَرْمَجة . وَضْع البَرامِج** programming
البَرْمَجة العِلْميَّة . وَضْعُ البَرامِجِ عِلْميّاً scientific programming
إخْصائيّ في البَرْمَجة computer programmer; programmer
لُغَةُ البَرْمَجة (لِلحاسِبة الإلِكترونيَّة) programming language
**بِرْميل** barrel; cask
بِرْميلٌ خَشَبيّ (سَعَتُه حَوالى ٤٥ لِتراً) keg
بِرْميلٌ كَبير (سَعَتُه ٢٤٠ لِتراً تَقْريباً) hogshead
**بَرْنامَج** program; programme
بَرْنامَجُ الانتِعاشِ الأوروبيّ (مَشْروعُ مارْشال) European Recovery Programme (E.R.P.)
بَرنامَج أوَّليّ preliminary program
بَرْنامَج تِجاريّ commercial program
بَرنامَج تَدْريب training programme
بَرْنامَجُ تَدْريبٍ أثناءَ الخِدْمة in-service program
بَرنامَجُ تَسْليف credit program
بَرنامَج تَوْجيه orientation program
بَرنامَجُ الحاسِبة (الكُمْبيوتَر) program of computer
بَرنامَجٌ لِلتأمينِ الصِّحّيّ health insurance program

بَرْنامَجُ النُّقْطةِ الرابِعة Point 4 Program

إجراءُ تَقْييمِ البَرنامَج programme evaluation procedure (P.E.P.)

بَرامِجُ دِراسيَّةٌ مُقْحَمة
sandwich courses

البَرامِجُ وأَنْظِمةُ التشْغيل (بالمُقارَنة مع المَكَنات) . الوَسائِلُ المَعْنَوِيَّة software

راعي البَرْنامَج (الإذاعيّ او التلفزيونيّ)
sponsor

طَريقةُ تَقْديرِ ومُراجَعَةِ البَرْنامَج
programme evaluation and review technique (P.E.R.T.)

وَضْعُ البَرامِج . بَرْمَجة programming

وَضْع البَرامِجِ البارامتريَّة
parametric programming

وَضْع البَرامِجِ بأَعْدادٍ صَحيحة
integer programming

وَضْعُ البَرامِجِ الخَطّيّ
linear programming

وَضْعُ البَرامِجِ ديناميكيّاً
dynamic programming

**بُرْهان . إثْبات** proof

**بُرْهان . شَهادة** witness

**بروتِسْتو** (إشعارُ احتِجاجٍ رَسْمِيّ)
protest; notice of protest

**بُروتوكُول . مَراسِم . تَشْريفات** protocol

**بُروليتارْيا** (طَبَقةُ المُوَظَّفِينَ والعُمّال)
proletariat

دِكتاتُورِيَّةُ البُروليتارْيا dictatorship of the proletariat

**البُرونْز** bronze

**بَريء** innocent

مُشْتَرٍ بَريءٌ (بِنيَّةٍ سَليمة)
innocent purchaser

**بَريد** mail; post

بَريدٌ جَوّيّ air mail

بَريدُ الدَّرَجةِ الأُولى first-class mail

بَريدُ الدرَجةِ الثالِثة third-class mail

بَريدُ الدرَجةِ الثانِية second-class mail

بَريدٌ صادِر outgoing mail

بَريدُ الطُّرود parcel post

البَريدُ المُباشِر direct mail

البَريدُ المُسَجَّل registered mail

البَريدُ المَلَكِيّ Royal Mail (R.M.)

بَريدٌ مُؤَمَّن insured mail

البَريدُ الوارِد أو القادِم incoming mail

اتِّحادُ البَريدِ العالَمِيّ Universal Postal Union (U.P.U.)

إدارةُ البَريدِ والاتِّصالاتِ البَعيدة
Posts and Telecommunications

إرْسالُ البَريدِ مَجّاناً ــ امتِيازٌ لِبَعْض الرسْمِيِّينَ في بَعْضِ الأَقْطار franking

إعلانٌ بالبَريدِ المُباشِر
direct mail advertising

إعلانٌ لِتَشْجيعِ طَلَبِ البَضائِع بالبَريد
mail order advertising

بَنْكُ ادِّخاراتِ مَكاتِبِ البَريد Post Office Savings Bank (P.O.S.B.)

حَقيبةُ البَريد mail bag

حَوالةٌ بالبَريدِ الجَوّيّ air mail transfer

خالِصُ أُجْرةِ البَريد post paid

خِدْمةُ البَريد postal service

خِدْمةُ الرَّدِّ على بَريدِ المُؤَسَّسةِ التِّجاريَّة
business reply service

دَليلُ مَكاتِبِ البَريد (مَطْبوعٌ سَنَويّ)
Post Office Guide

postman ساعي البَريد

post office register سِجِلُّ مَكْتَبِ البَريد

شَهادةُ البَريد . شَهادةُ إرْسالٍ بالبُريد
certificate of posting

letter box صُنْدوقُ بَريد

postage stamps طَوابعُ بَريد

return of mail عَوْدَةُ البَريد

mail order catalog كاتالوجُ الطَّلَبِ بالبَريد

non-mailable لا يُسْمَحُ بِنَقْلِهِ بِالبَريد

مادَّةٌ يُسْمَحُ بإرْسالِها بالبَريد
mailable matter

mail order house مَحَلٌّ لِلطَّلَبِ بالبَريد

المُديرُ العامّ لِمَصْلَحة البَريد
postmaster-general

postmaster مُديرُ مَكْتَبِ البَريد

post-free مُعْفىً مِنْ أُجْرةِ البَريد

post office (P.O.) مَكْتَبُ بَريد

frank يَدْمَغُ بِعَلامةِ البَريد

postal **بَريديّ . مُتَعَلِّقٌ بِالبَريد**

postal union اتِّحادٌ بَريديّ

International Postal Union الاتِّحادُ البَريديُّ الدَّوليّ

postal savings ادِّخار بَريديّ

letter cards بِطاقاتٌ بَريديَّة

mail order business تِجارةُ الطَّلَباتِ البَريديَّة

postal transfer تَحْويلٌ بَريديّ

postal rate تَعْرِفة بَريديَّة

postal giro جِيرو بَريديّ

postal order (P.O.); money order (M.O.) حَوالة بَريديّة

telegraphic money order (T.M.O.) حَوالةٌ بَريديَّةٌ تِلغرافيَّة

international money order (I.M.O.) حَوالة بَريديَّة دَوْليَّة

خِدْمةُ الشيكاتِ البَريديَّة (خِدْمةُ الجِيرو البَريديَّة في فَرَنْسا)
service des chèques postaux

postcode; zip code رَمْزٌ بَريديّ

postal savings certificate شَهادةُ ادِّخارٍ بَريديّ

postal cheque شيكٌ بَريديّ

postal packet طَرْدٌ بَريديّ

mail order طَلَبٌ بَريديّ

poundage عُمولةُ التَحْويلاتِ البَريديَّة

قَسائِم (كوبونات) دَوْلِيَّة لِلرُّدود البَريديَّة
international postal reply coupons

reply coupons قَسائِمُ رَدٍّ بَريديَّة

قِسْمُ الطُّرودِ البَريديَّة
parcel post section

bank post bill كَمْبيالاتٌ بَريديَّة مَصْرِفيَّة

overshadow **بَزَّ ـ يَبُزُّ . يَتَفَوَّقُ عَلى**

spread **بَسَطَ ـ يَبْسُطُ**

display **بَسْطٌ**

simple; slight; minor **بَسيط**

partnership agreement اتِّفاقيَّةُ الشَّرِكةِ البَسيطة

ارتباطٌ بَسيط simple correlation
إهْمالٌ بَسيط slight negligence
سَنَدٌ بَسيط simple debenture
شَرِكَة بَسيطة partnership
شَرِكَة بَسيطة خاصَّة special partnership; particular partnership
شَرِكَة بَسيطة ضُمْنيَّة implied partnership
شَرِكَة بَسيطة عادِيَّة ordinary partnership
شَرِكةُ تَوْصِيةٍ بَسيطة limited partnership
الطرِيقَةُ البَسيطة simplex method
فائِدةٌ بَسيطة simple interest
فَلاّحٌ بَسيطٌ نِصْفُ حُرّ bordar
قَبُولٌ بَسيط clean acceptance
كَمْبيالة بَسيطة أو نَظيفة clean bill
مُراجَعة بَسيطة (بُورْصة) simple arbitrage
مُعَدَّلٌ بَسيط simple average

**بَشَريّ ـ الجِنْس البَشَريّ** mankind
رَاسْمالٍ بَشَريّ human capital
الهَنْدَسة البَشَريَّة human engineering

**بَصَريّ** visual; optical
البِطاقة المُثَقَّبة البَصَريَّة visual punch(ed) card
حُروفٌ بَصَريَّة optical characters
خِدمة بَصَريَّة optical service
قارِئَةُ الحُروفِ البَصَريَّة optical character reader

**بَصيرة . تَبَصُّر . فِراسة** insight

**بِضاعة . سِلْعة** commodity; good; merchandise
بِضاعةُ آخِرِ المُدَّة ending inventory; stock in trade
بِضاعةُ أمانة consignment
بِضاعةُ أوَّلِ المُدَّة beginning inventory
بِضاعةٌ بَطُلَ إنْتاجُها drop
بِضاعةُ التصْفِية close out
بِضاعةٌ سائِبة (غيرُ مُعَلَّبة أو مُعَبَّأة) goods in bulk; loose goods
بِضاعةٌ (تُشْحَنُ على) ظَهرِ المَرْكَب deck cargo
بِضاعةٌ قَيْدُ الإيداع goods in bond
بِضاعة قَيْدُ الصُّنْع goods in process
بِضاعة كاسِدة dead stock
بِضاعة مَرْدودة (أو مُرتَجَعة) goods returned
بِضاعةٌ مَرْفوضة reject
بِضاعة مُسْتَوْرَدة import
البِضاعةُ المَشْحونة freight
بِضاعة مَشْروعة lawful merchandise
بِضاعة مَطْروحة إلى البَحْر lagan; ligan; ligand
بِضاعةٌ مُعادة return
بِضاعة مُنقَذَة salvage
بِضاعة مُهَرَّبة contraband
أُجْرةُ شَحْنِ بِضاعةِ التصْدير export rate
استِلامُ البَضائِع (أو تاريخُه) receipt of goods (R.O.G.)
أُسْلوبُ الجَرْدِ المُستَمِرّ لِلبِضاعة perpetual inventory system

إشعارُ إنْزالِ البِضاعة landing notice

بَضائِع goods; merchandise

بَضائِعُ آجِلة (مُستَقْبَليَّة) future goods

بَضائِعُ بِطَريقِ الترانْزِيت goods in transit

بَضائِعُ تالِفة spoiled goods

بَضائِعُ تامَّةُ الصُّنْع finished goods

بَضائِعُ تُباعُ بالقِطْعة piece goods

بَضائِعُ حَجْمِيَّة (تُحْسَبُ أُجورُ شَحْنِها بالحَجْم) measurement goods

بَضائِعُ حُرَّة (مُعْفاة) free goods; free stock

بَضائِعُ صامِدة (لَيْسَت سَريعَةَ الاستِهلاك) hard goods

بَضائِعُ صِناعيَّة industrial goods

بَضائِعُ غيرُ مَتينة non-durable goods

بَضائِعُ في المُستَودَع goods in stock

بَضائِعُ قابِلةٌ لِلتَّلَف perishable goods

بَضائِعُ مِثْلِيَّة fungible goods

بَضائِعُ مُجَمْرَكة cleared goods

بَضائِعُ مَحْجوزة (مُحْتَبَسة) distressed goods

بَضائِعُ مَحْدودَة (العَدَد) closed stock

بَضائِعُ مُحَفِّزة لِلشِّراء (تُشْتَرى دُونَ تَصْميم سابِق) impulse goods

بَضائِعُ مُخَزَّنة بِكَمِّيّاتٍ تَزيدُ على الحاجة overstock

بَضائِعُ مَشْغولةٌ جُزْئِيّاً partly-finished goods

بَضائِعُ مَصْنوعة . سِلَعٌ مُصَنَّعة manufactured goods

بَضائِعُ مَطْروحةٌ مِنْ سَفينة jetsam

بَضائِعُ مُعَبَّاة package goods

بَضائِعُ مَوجُودة inventory

بَضائِعُ مُودَعةٌ في مُستَودَعاتِ الجُمْرُك bonded goods

بَضائِعُ موسِميَّة seasonal goods

بَضائِعُ نِصْفُ مُنْجَزة (الصُّنْع) semi-manufactured goods

بَضائِعُ وَطَنِيَّة . مَنْتوجاتٌ مَحَلِّيَّة home goods

بَيانُ البَضائعِ المَشْحونة embarking declaration

بَيْعُ البِضاعةِ الجاهزةِ (لِلتَّسْليمِ الفَوْرِيّ) disposable sale

التَخْطيطُ لِتَصْريفِ البَضائع merchandise planning

تَرْويجُ البِضاعةِ بالمُفَرَّق retail merchandising

تَصْريفُ البِضاعة merchandising

تَعامُلٌ بِبَضائعَ مَمْنوعة bootleg

تَقْديرُ بِضاعةِ آخِرِ المُدَّة estimating inventories

تَقْييمُ البِضاعةِ المَوجُودة inventory valuation

تَكاليفُ إنْزالِ البِضاعة landing charges

تَكْلِفةُ البِضاعةِ المُباعة cost of merchandise sold

التَمْويلُ بِضَمانِ البَضائعِ المَوجُودة inventory financing

جَرْدُ البِضاعةِ قَيْدَ الصُّنْع goods in process inventory

جَرْدُ البَضائِع — stock-taking

حَرَكةُ البَضائِع (او الرُّكّاب) — traffic

حِمايةُ مُستَوى البِضاعة المَوجُودة — inventory protection

الدَّفْعُ عِنْدَ تَسَلُّمِ البِضاعة — cash on receipt of merchandise

دَوْرة (او إجماليُّ حَرَكة) البِضاعة — turnover of merchandise inventory

دَوْرة البَضائع — stock turnover

دَورةُ مَخْزونِ البِضاعة — merchandise inventory turnover

سارِقُ بِضاعةٍ مُهَرَّبة (او مَسْروقة) — highjacker or hijacker

سِعْرُ البِضاعةِ المُستَورَدة (شامِلاً أُجْرةَ الشَّحْن والرُّسوم) — rendu price

سَفينةُ نَقْلِ البَضائِع السائِبة — bulk carrier

شِراءُ البِضاعةِ قَبْلَ وصولِها الى السُّوق — forestalling

طَرْح البِضاعةِ في البَحْر . فُقْدانُ البِضاعة — lagen

عَرَبةُ شَحْنِ البَضائع — goods wagon

قَبولُ التُّجّارِ بالبِضاعة — dealer acceptance

كَمْبيالة بِضاعة — commodity paper

كَوْمةُ بِضاعة (او مَوادُّ مُخْتَلِفة) تُباعُ جُمْلةً — job lot

لا بَيْعَ إذا لَمْ تَصِلِ البِضاعة — no arrival no sale

مَخزونُ البِضاعة . جَرْدُ البِضاعة — merchandise inventory

مُراقَبة البِضاعة المَوجُودة — inventory control

المُستَوى المُتوسِّط لِنَوعِيَّة البِضاعة الخارِجة — acceptable or average outgoing quality level (A.O.Q.L.)

مَشْحُونٌ بِبِضاعةٍ غيرِ مُعَبَّأة — laden in bulk

مَنْشَأُ البَضائِع — origin of goods

مُوازَنةُ تَرْويجِ البِضاعة — merchandising budget

مُواصَفاتُ البَضائع — goods description

وَزنُ البِضاعةِ عِنْدَ التفْريغ . الوَزْنُ المُفَرَّغ — landed weight

وَكيلُ شَحْنِ بَضائعَ أجْنَبيَّة — foreign freight forwarder

يَتَخَلَّصُ من بِضاعة (بإلقائها مِنْ واسِطةِ النَّقْل) — jettison

يَشْتَري البِضاعةَ قَبْلَ وُصولِها إلى السُّوق — forestall

**بَضائِع** (أُنظُر بِضاعة) — goods

**بُطْءٌ . إبْطاءٌ** — slackening

استراتيجيَّةُ العَمَل بِبُطْء — go-slow tactics

**بَطاطِس ـ مَجاعَةُ البَطاطِس** (في إرْلَنْدة بِسَبَبِ تَلَفِ المَوسِم عام ١٨٤٥) — potato famine

**بِطاقة** — card; ticket

بِطاقة (البِضاعة) — label

بِطاقة (السِّعْر) — tag

بِطاقةُ الإبْحار — sailing card

بِطاقة الأُجُور — rate card

بِطاقةُ (او مُذَكِّرة) الإحالة — reference slip

بِطاقةُ آرتِفاق «أكْسِس» — Access

بِطاقَةُ انتِقال (لِعِدَّةِ سَفَراتٍ بِسِعْرٍ مُخَفَّض) commutation ticket

بِطاقَةُ ٱئتِمان . بِطاقَةُ ٱرتِفاق credit card

بِطاقة ائتِمانٍ أمْريكيَّة Master Charge

بِطاقَةُ الائتِمان الأُوروبيَّة Eurocard

بِطاقة ائتِمانِ بَنْكِ أمْريكا Bank Americard

بِطاقَةُ ائتِمانٍ لمَجْموعةِ بُنوكٍ بريطانيَّة Access

بِطاقَةُ بارْكليز الائتِمانيَّة Barclaycard

بِطاقَةُ بَريدٍ جَوِّيّ . خِطابٌ جَوِّيٌّ air letter

بِطاقَةُ بَيانِ زَمنِ العَمَليَّة operation job card

بِطاقَةُ تَسْجيل registration label

بِطاقَةُ التَّوْقيع signature card

بِطاقَةُ الدَّوام time card

البِطاقَةُ الذَّهَبيَّة carte d'or

البِطاقَةُ الزَّرْقاء Carte Bleu

بِطاقَةُ شيك cheque card

بِطاقَةُ الصُّنْدوق bin card

بِطاقَةُ ظَهْر (العُلْبة) back label

بِطاقَةُ عُضْويَّة membership card

بِطاقَةُ العَمَل (أو قِطْعة العَمَل) job card

بِطاقَةُ عُنْوان address label

بِطاقَةُ فِهْرِس index card

بِطاقَةُ قَيْدِ الوَقْت clock card

بِطاقَةٌ مُثَقَّبة punch(ed) card

البِطاقَةُ المُثَقَّبةُ البَصَريَّة visual punch(ed) card

بِطاقَةٌ مَصْرِفيَّة bankers' card

بِطاقَةٌ مُلْصَقة gummed label

بِطاقَةُ هُوِيَّة identity card

بِطاقَةُ وَزْن weight note

بِطاقَةُ الوَسيط broker's ticket

بِطاقَةٌ وَصْفيَّة (على البِضاعة) descriptive label

بِطاقاتُ الأَسْعارِ المُخَرَّمة pin-punched price tags

بِطاقاتٌ بَريديَّة letter cards

بِطاقاتُ الجِرايات ration cards

بِطاقاتُ الجَرْد (بالبِضاعةِ المَوجُودة) inventory tickets; stock cards

بِطاقاتُ الخَواصّ feature cards

بِطاقاتُ شِراء tokens

بِطاقاتُ الفَرْز keysort cards

بِطاقاتُ الوَصْوَصة peek-a-boo cards

تَصْنيفٌ بالبِطاقات labelling

جِهازُ التَغْذِيةِ بالبِطاقات card feed

خِزانةُ بِطاقات card cabinet

ذاكِرةٌ لِلتوَصُّلِ إلى مُعطَياتِ البِطاقاتِ عَشْوائيّاً card random access memory (CRAM)

رِزْمةُ بِطاقات deck of cards

فِهْرِسُ بِطاقات card index

مُحاسَبةٌ بالبِطاقاتِ المُثَقَّبة card accounting

مُعالَجةُ المَعْلوماتِ بالبِطاقاتِ المُثَقَّبة punched-card data processing

نِظامُ تَوزيعِ الغِذاءِ بالبِطاقات food rationing

**بَطالة** unemployment

بِطالَةٌ احتِكاكيَّة frictional unemployment

بِطالةٌ تِقْنيَّة technological unemployment

بِطالةٌ خَفِيَّة hidden unemployment

بِطالة دَوْرِيَّة cyclical unemployment

بِطالة على نِطاقٍ واسِع mass unemployment

بِطالة لا إراديَّة . بِطالة اضْطِراريَّة involuntary unemployment

بِطالة مُتَبَقِّيَة او مُتخَلِّفة residual unemployment

بِطالةٌ مُقَنَّعة concealed unemployment; disguised unemployment

بِطالة مَوسِميَّة seasonal unemployment

بِطالة هَيْكَليَّة search unemployment; structural unemployment

استِثْمارٌ حُكوميّ لامتِصاصِ البِطالة "priming the pump"

إعانَةُ بِطالة unemployment benefit; unemployment compensation

التَّأمينُ ضِدَّ البِطالة unemployment insurance

تَعْويضُ البِطالة unemployment compensation

ضَرائِبُ البِطالة unemployment taxes

مَدْفوعاتُ بِطالةٍ مُمتَدَّة extended unemployment benefit

مُعَدَّلُ البِطالة unemployment rate

**بِطانة . تَبْطين** lining

**بَطَّانِيَّة . حِرام** blanket

حامِلو البَطاطين Blanketeers

**بَطَّةٌ عَرْجاء** (شَرِكةٌ مُضْطَرِبةُ الأَوْضاعِ الماليَّة) lame duck

**بَطَلَ استِعْمالُه . عَتِيق** obsolete

**بُطْلان** invalidity

بُطْلانُ الاستِعمال obsolescence

**بَطَّنَ ــ يُبَطِّنُ** line

**بَطيءٌ** slow

مَوجُوداتٌ بَطيئَةٌ (التحْويلِ إلى نَقْد) slow assets

**بِعْثَةٌ** delegation; mission

**بَعْدَ** post

بَعْدَ الاطِّلاع after sight

بَعْدَ التاريخِ المُحَدَّد post diem

بَعْدَ الظُّهْر post meridiem (p.m.)

بَعْدَئِذٍ . بَعْدَ ذلِكَ التاريخ thereafter

**بُعْدٌ** dimension

وَقْتُ الحَرَكةِ البُعْدِيَّة dimensional motion time

**بُعْدٌ** distance

الاتِّصالُ عَنْ بُعْدٍ (سِلْكِيّاً أو لاسِلْكِيّاً) telecommunication

**بِقالة . مَوادُّ البِقالة . دُكّانُ بِقالة** grocery

**بُقْعة . مَكان** spot; site; place

**بُقْعة** spot; stain

نَظَرِيَّةُ البُقَعِ الشَّمْسيَّة (لِتَعْليلِ الدَّورةِ التِّجاريَّة) "sun spot theory"

**بَقِيَ ــ يَبْقى** remain; stay

أَبْقِ الشَّيْءَ (كَما هُوَ) stet

**البَقِيَّة . الباقي** residue; rest

residuary estate بَقِيَّةُ عَقارِ المُوصِي

remains بَقايا . أنْقاض

**بِكّ** (يُساوِي ٨ كوارْتات أيْ حَوالى ٩ ليترات)
peck

Bachelor of Commerce (B. Com. or B. Comm.) **بَكالُورْيُوس في التِّجارة**

بَكالُورْيُوس في العُلُوم : اقتِصاد
B.Sc. (Econ.)

Bachelor of Commercial Science (B.Com.Sc.) بَكالُورْيُوس في العُلُوم التِّجارِيَّة

wear and tear **البِلَى العاديّ**

البِلى والتَّلَفُ بالاستِهلاكِ العاديّ
fair wear and tear

rent-free **بِلا أُجْرة . مُعفًى مِنَ الإيجار**

intestate **بِلا وَصِيَّة . غَيْرُ مُوصٍ**

palladium **بَلاديُوم**

country **بَلَدٌ . قُطْر**

importing country بَلَدٌ مُسْتَورِد

البِلادُ النامِيَة . البِلادُ المُتَأَخِّرة
backward countries; developing countries; underdeveloped countries

البُلْدانُ الصِّناعيَّة او المُصَنَّعة
industrialized countries

inland داخِلَ البِلاد . داخِليّ

current domestic value السِّعْرُ في بَلَدِ المَنْشَا

town **بَلْدة**

municipal **بَلَدِيّ**

corporation stocks أَسْهُم بَلَدِيَّة (في إنكلترا)

ordinance أَمْرٌ بَلَدِيّ او إداريّ

municipal services خِدْماتٌ بَلَدِيَّة

municipal bond سَنَد بَلَديّ

municipal tax ضَريبة بَلَدِيَّة

municipal loan قَرْضٌ بَلَديّ

municipal enterprise مَشْروع بَلَديّ

municipal corporation مُؤَسَّسةٌ بَلَدِيَّة

municipality **بَلَدِيَّة**

municipal socialism اشتِراكِيَّةُ البَلَدِيّات

mayor رَئِيسُ بَلَدِيَّة

Bolshevik; Bolshevist **بَلْشَفِيّ . نَصِيرُ البَلْشَفِيَّة**

Bolshevism **البَلْشَفِيَّة**

maturity **بُلُوغ . استِحْقاق**

billion **بِلْيُون**

whereas **بِما أنَّ . حَيْثُ أنَّ**

Coffee Institute of Brazil **بُنّ – المَعْهَدُ البَرازِيليّ لِلبُنّ**

building **بِناء . مَبْنى**

economic structure البِناءُ الاقتِصاديّ

reconstruction إعادةُ بِناء

builder's risk insurance تَأْمينٌ عَلى البِناء

pyramid structure ratio analysis تَحْليلُ نِسْبةِ البِناء الهَرَميّ

building societies جَمْعِيّاتُ البِناء

co-operative building society جَمْعِيَّةُ بِناءٍ تَعاوُنيّ

جَمعِيَّةُ البِناءِ القَومِيَّةِ النِّطاق (في بريطانيا)
Nationwide Building Society

building and loan association جَمعِيَّةُ بِناءٍ وإقْراض

رُخْصَةُ بِناء building permit
شَرِكةُ بِناءِ السُّفُن shipbuilding company
شَرِكةُ حِمايةِ صِناعةِ بِناءِ السُّفُنِ القَومِيَّة National Shipbuilders' Security
صِناعةُ البِناء building industry
مُؤَسَّسةُ تَمْويلِ البِناء (الفَرَنْسِيَّة) Crédit Foncier
نَفَقاتُ البِناء building expenses
**بِنْجُو** (عُمْلة مَجَرِيَّة) pengo
**بَنْد . فَقْرة** paragraph; article
بَنْد (في اتِّفاقِيَّة) . شَرْط . اشْتِراط stipulation
بَنْدُ الأَهْداف (في عَقْدِ تَأْسِيسِ الشَّرِكة) objects clause
بَنْدُ تَخْصِيصِ الأَسْهُمِ المُكْتَتَبِ فيها "association clause"
بَنْدُ (تَعْيين) المُسْتَفيد beneficiary clause
**بَنْد . نَفْدة** item
بَنْدٌ في مِيزانِيَّة عُمومِيَّة balance sheet item
بَنْدٌ نَقْدِيّ cash item
بُنُودٌ غَيْرُ نَقْدِيَّة non-cash items; non-monetary items
بُنودٌ مالِيَّة monetary items
بُنود مُخْتَلِفة miscellaneous items
بُنودٌ (او مَوادٌّ) مَنْظورة visible items
يُفَصِّلُ البُنودَ (او المُفْرَدات) itemize
**بِنْزِين** gas; gasoline
**بِنْس** (عُمْلة إِنْجليزِيَّة) penny

البِنْسُ الجَديد new penny
بُنُوك البِنْسات . بُنُوكُ الادِّخاراتِ الضَّئِيلة Penny Banks
سِتَّةُ بِنْساتٍ (قِطعةُ عُمْلة فِضِّيَّة) sixpence
قِطْعةٌ مِنْ فِئَةِ الثَّلاثَةِ بِنْسات threepenny piece
نِصْفُ بِنْس halfpenny
**بُنْط . نُقْطة** point
**بَنْك . مَصْرِف** bank
البَنْكُ الاتِّحادِيّ لِسويسْرا Union Bank of Switzerland
بَنْكُ الاحْتِياطِيّ الأُسْتراليّ Reserve Bank of Australia
بَنْكُ الاحتِياطِيّ لِجَنوبِ إفْريقيا South African Reserve Bank
بَنْكُ الاحتِياطِيّ النِّيوزِيلَنْدِيّ Reserve Bank of New Zealand
بَنْكُ الادِّخارِ القَومِيّ National Savings Bank
بَنْكُ ادِّخاراتِ مَكاتِبِ البَريد Post Office Savings Bank
بَنْكُ استِثْمار investment bank
بَنْكُ الاستِثْمارِ الأُوروبِيّ European Investments Bank (E.I.B.)
بَنْكُ استِيرادٍ وتَصْدِير import-export bank
البَنْكُ الإسكَنْدِنافِيّ (السُّوَيد) Skandinaviska Bank
بَنْكُ الإصْدار bank of issue
بَنْكُ اعتِماد . بَنْكُ إِقْراض credit bank

بَنْكُ أعْمالٍ (نَوعٌ مِن بُنوكِ الاستِثْمار في فَرَنْسا) banque d'affaires

بَنْكٌ إقْليميّ. بَنْكُ الرِّيف country bank

البَنْكُ الألمانيّ Deutsche Bank

بَنكُ أمْريكا Bank of America

بَنكُ أمستِردام وروتِردام Amsterdam-Rotterdam Bank

بَنكُ إنجلترا Bank of England

بَنكُ أنْفِر التِّجاريّ Banque de Commerce d'Anvers

البَنْكُ الأهْليّ الإقليميّ National Provincial Bank

البَنكُ الأهليّ الإيطاليّ Banca Nazionale Del Lavore

البَنكُ الأهليّ البَلْجيكيّ Banque Nationale de Belgique; National Bank of Belgium

البَنكُ الأهليّ السُّويسريّ Schweizerische Nationalbank; Swiss National Bank

البَنكُ الأهليّ لأُستراليشيا National Bank of Australasia

البَنْكُ الأهليّ وجريندلايز National and Grindlays Bank

البَنْكُ الأوروبيُّ لِلقُروضِ مُتَوسِّطةِ الأجَل Banque Européenne de Crédit à Moyen Terme

بَنكُ أولْستِر المَحْدُود Ulster Bank Ltd.

بَنكُ إيداع deposit bank

بَنكُ ايرَلَنْدا Bank of Ireland

بَنك إيطاليا Banca d'Italia; Bank of Italy

بَنْكُ بارْكليز الدُّوَليّ Barclays Bank International

بَنْكُ بارِيس الأهْليّ Banque Nationale de Paris

بَنْكُ برُوكْسِل Banque de Bruxelles

البَنْكُ البريطانيُّ والفَرَنْسيّ British & French Bank

بَنكُ بَلَديَّةِ برمِنْجهام Birmingham Municipal Bank

بَنكُ البُنُوك banker's bank

البَنك التِّجاريّ الأُستراليّ Commercial Bank of Australia

البَنك التِّجاريّ الإيطاليّ Banca Commerciale Italiana (B.C.I.)

البَنكُ التِّجاريُّ الدانِماركيّ Danske Landmandsbank

البَنْكُ التِّجاريّ الدَّوليّ International Commercial Bank

البَنكُ التِّجاريُّ السُّوَيديّ Svenska Handelsbank

البَنكُ التِّجاريُّ لألمانيا الغَرْبيَّة Westdeutsche Landesbank

البَنْكُ التِّجاريّ الهولَنْديّ Netherlands Trading Bank

بَنكُ تَسْليف loan bank

بَنكُ تَسْليفٍ زِراعيّ rural credit bank

بَنكُ التَّسْليفِ السُّويسريّ Schweizerische Kreditanstalt; Swiss Credit Bank

بَنكُ التَّسْوياتِ الدُّوَليَّة Bank for International Settlements (B.I.S.)

بَنْكُ تشِيزمانْهاتان Chase Manhattan Bank (C.M.B.)

بَنكُ التصْدِيرِ والاستِيرادِ (في واشِنْطون) Export-Import Bank (Eximbank)

بَنْكُ التنْمِيةِ الآسْيَوِيّ Asian Development Bank (A.D.B.)

بَنكُ تُورُنْتو ـ دُمينْيون (مِن أَشْهَرِ بُنوكِ كَنَدا) Toronto-Dominion Bank (T.D.B.)

بَنكُ الجَمعِيَّةِ العامَّة Banque de la Société Générale

بَنكُ الدانْمارك الأَهْلِيّ Danmarks Nationalbank

بَنكُ الدَّولة (في الاتِّحادِ السُّوفِيتيّ) Gosbank

البَنْكُ الدُّوَليّ World Bank (W.B.)

البَنكُ الدُّوَليّ الأَطْلَنْطيّ Atlantic International Bank

البَنْكُ الدُّوَليّ للإنْشاءِ والتَّعْمير International Bank for Reconstruction and Development (I.B. or I.B.R.D.)

البَنْكُ الدُّوَليّ المُتَّحِد United International Bank

بَنكُ رُهونات mortgage bank

بَنكُ الرَّيْخ (البَنكُ المَركَزيُّ الالمانيّ حتّى ١٩٤٥) Reichsbank

بَنكٌ زِراعيّ agricultural bank; land bank

البَنكُ الزِّراعيُّ الفَرَنسِيّ French Agricultural Bank

بَنكُ ستانْدرْد Standard Bank

بَنكُ سكُوتْلَنْدا Bank of Scotland

بنك سكُوتْلَنْدا المَلَكِيّ Royal Bank of Scotland

بَنكُ سُوسْيَتي جَنَرال (الفَرَنسيّ) Société Générale

بَنْكٌ شَعْبيّ (نَوْعٌ من البُنُوك الفَرَنسيَّة الصَّغيرة) banque populaire

البَنكُ العالَميّ Universal Bank

البَنْكُ العَرَبيّ Arab Bank

بَنْكُ الغَرْبِ الأمْريكيّ Western American Bank

بَنكُ فَرَنسا Banque de France; Bank of France

بنك فُوجي Fuji Bank

بَنْكُ فِيرْسْت ناشيُونال سِيتي أُوف نيُويُورْك First National City Bank of New York

بَنك كرِيدِي لِيُونِيه الفَرَنْسي Crédit Lyonnais

بَنْك كلايْدزدِيل وشَمالِ اسكُتْلَندا التِّجاريّ Clydesdale and North of Scotland Bank Ltd.

بَنكُ كَنَدا Bank of Canada

بَنك كَنَدا المَلَكيّ Royal Bank of Canada

بَنْك الكُومونْولث الأُسْترالِيّ Commonwealth Bank of Australia

بَنكُ الكُومونْولث التِّجاريّ Commonwealth Trading Bank

البَنكُ الكُونْغوليّ Crédit Congolais

بَنكُ لَنْدَن المُتَعَدِّد الجِنْسِيّات London Multinational Bank

بَنْكُ لَنْدَن وأَمْرِيكا الجَنُوبِيَّة Bank of London and South America

بَنَكُ لَنْدَن ومُونْتريال Bank of London and Montreal (BOLAM)

بَنكُ لُويْدز Lloyds Bank

بَنكُ لُويْدز بأُورُوبا Lloyds Bank Europe

بَنكُ لُويْدز وبُولسا الدَّوليّ Lloyds & BOLSA International Bank

بَنكُ المُبادَلةِ على أساسِ العَمَل المَبْذُول Labour Exchange Bank

بَنكٌ مُدْرَجٌ في لائحةِ غُرفَةِ المُقاصَّة par-list bank

بَنك مُراسِل correspondent bank

البَنْكُ المُراسِل أو المُداوِل (في نِطاقِ الاعتِماداتِ المُستَنَديَّة) negotiating bank

بَنكٌ مَرْكَزِيّ central bank

البَنكُ المَركَزيُّ الألمانيّ Deutsche Bundesbank

البَنكُ المَركَزيُّ السُّوَيديّ Sveriges Riksbank; Swedish State Bank

البَنكُ المَركَزيُّ لِلبُنُوكِ المَرْكَزِيَّة Central Bank of Central Banks

البَنكُ المَركَزيّ النَّرويجيّ Norges Bank

البَنكُ المَركَزيّ الهُولَنْديّ Nederlandsche Bank

بَنكُ مُقاصَّة clearing bank

بَنكٌ مُودِع (مِنْ بُنوكِ الاحتِياطِ في الوِلاياتِ المُتَّحِدة) general depositary

بَنْك مُوسْكو الأهليّ Moscow Narodny Bank

بَنكُ مُونْتريال Bank of Montreal

بَنكُ مِيتسُوي Mitsui Bank

بَنكُ مِيدْلاند Midland Bank

بَنكُ مِيدْلاند والبُنوك الدَّوليَّة المُساهِمة Midland and International Banks Ltd. (M.A.I.B.L.)

بَنْكُ نابُولي Banca di Napoli

بَنْك نيويُورْك Bank of New York

بَنْك وِيستْمِنْستَر Westminster Bank

بَنكُ وِيستْمِنْستَر الدَّوْليّ International Westminster Bank

بَنك وِيستْمِنْستَر القَوميّ National Westminster Bank

بَنكُ ويلْز فارْجو (في غَرْبِ الوِلاياتِ المُتَّحِدة) Wells Fargo Bank

أُصُولُ بَنْكٍ او مَوجوداتُه assets of a bank

أُصُولُ البُنوكِ الكاسِبة earning assets

بِطاقَةُ ائتِمانِ بَنكِ أمْرِيكا Bank Americard

البُنوك الأَجْنَبِيَّة foreign banks

البُنوكُ الأرْبعةُ الكُبْرى (في إنكلترا) Big Four

بُنوكُ أوْصِياءِ المُدَّخَرات trustee savings banks

البُنوك الإيرلَنْديَّة المُتَّحِدة (شَرِكَة مَحْدُودة) Allied Irish Banks Ltd.

بُنوكُ البِنْسات . بُنوكُ الادِّخاراتِ الضَّئيلة Penny Banks

بُنوكٌ تِجارِيَّة merchant banks; trading banks

البُنوكُ الثَّلاثةُ الكِبار (في ألمانيا)
Grossbanken

بُنوكُ لَنْدَن لِلمُقاصَّة London Clearing Banks

بُنوكٌ مُتَخَصِّصة specialised banks

بُنوك الوِلايات ـ بُنوكٌ (أمريكيَّة) تَخضَعُ لِقوانِينِ الوِلايات . بُنوكُ الدَّولة
state banks

بَيْنَ البُنوك interbank

تَعاوُنُ البُنوكِ المَركَزيَّة central bank co-operation

حَقُّ البَنكِ في حَجزِ الوَديعةِ المُرتَهَنة
banker's lien

خُصُومُ بَنْكٍ (او التِزاماتُه) liabilities of a bank

رَأيُ البَنْك (لِلتَّعريفِ بالعَميل)
banker's opinion

سِلْسِلةُ بُنوك bank chain

سُلْفاتُ الخَزينةِ المُباشِرةِ من بَنكِ إنْجلترا
ways and means advances

العَلاقةُ القانُونيَّةُ بَيْنَ البَنْكِ وعُمَلائِه
banker and customer (كَدائِنٍ ومَدِينٍ)

عُمولةُ البَنْك bank charges

قُروضُ او سَلَفيّاتُ البَنْك
bank advances

نِظامُ البُنوكِ الأُحاديَّةِ الفُروع
unit banking

نَقدٌ لَدى البُنوك cash in banks

**بِنية . هَيْكَل . تَرْكيب** structure

بِنية دَقِيقة . هَيْكَل جُزئيّ
microstructure

**بِنيلُوكْس** (اتِّحادُ جَمارِكِ بِلْجيكا وهولَنْدا ولُوكْسَمْبُرْج) Benelux

**بَهْت** (عُمْلة تايلانْديَّة) baht

**بَوّابٌ . آذِن** janitor

**بَواعِثُ اقتِصاديَّة** economic motives

**بُورجُوازيّ** bourgeois

**بُورجُوازيَّة** bourgeoisie

البُورجُوازيَّةُ الصَّغيرة petite bourgeoisie

**البُورْصَة . سُوقُ ماليَّة . مَصْفَق . سُوقُ الأوراقِ الماليَّة**
bourse; change; exchange; market; stock exchange

بُورْصَةُ الأوراقِ الماليَّة
securities exchange

بُورْصَةُ الحَديدِ والصُّلْب Iron and Steel Exchange

بُورْصَةٌ خارِجَ السُّوقِ الرَّسمِيَّة
over the counter market

بُورْصَةُ الصُّوف wool exchange

بُورصَةُ العَمَل . سُوقُ العَمَل
labour exchange

بُورصَةُ الفَواكِهِ المُستَورَدة في إنْجلترا . سُوقُ شارِع بُودِنج
Pudding Lane Salesrooms

بُورصَةُ لَنْدَن . سُوقُ الأوراقِ الماليَّة بِلَنْدَن
London Stock Exchange

بُورصَةُ لَنْدَن لِلسِّلَع London Commodity Exchange

بُورْصَةُ لَنْدَن لِلصُّوف London Wool Exchange

بُورصَةُ لَنْدَن لِلمَطّاط London Rubber Exchange

بُورْصَةُ لَنْدَن لِلمَعادِن London Metal Exchange

بُورصَةُ لِيفَربول لِلقُطْن Liverpool Cotton Exchange

بُورصَةُ الماشِيَة livestock exchange

بُورْصةُ مانْشِسْتر المَلَكِيَّة Manchester Royal Exchange

بُورصةُ المُنْتَجاتِ الزِّراعيَّة produce exchange

بُورصةُ نيويُورك . سُوقُ الاوراقِ الماليَّة في نيويُورك New York Stock Exchange; Big Board; Wall Street; Street

أَسْهُمٌ مُسَجَّلة في البُورْصة listed stock

أُعلِنَ إفلاسُه في البُورْصة (لِلتَّخَلُّفِ عَنِ الدَّفْع) hammered

تاجِرُ بُورْصة (يَعْمَلُ لِحِسابِه) floor trader

سَهمٌ مُسَجَّلٌ في قائِمةِ البُورصة listed security

السُّوقُ السَّوداءُ في البُورْصة black bourse

طَلَبٌ لِلشِّراءِ (او البَيْع) بِسِعْرِ البُورْصة market order

لائِحةُ أَسْعارِ البُورْصة stock exchange list

نَشْرةُ سُوقِ البُورصة market report

نَشرةٌ عن البُورْصة (تُوَزَّعُ على العُمَلاء او بالاكْتِتاب) market letter

وَسِيطُ بُورْصة exchange broker

يَتَلاعَبُ بِأَسْعارِ البُورصة rig the market

**بُورَق** borax

**بُؤْسٌ** misery; squalor

**بُوشِل** (حَوالى ٣٥ لِتراً) bushel

**بُوصَة** (إنْش) (حَوالى ٢،٥٤ سَنْتيمتر) inch

بُوصَة ـ عَمُود column-inch

**بُولِيصَة** policy

بُوليصةٌ إجماليَّة . بُوليصةُ تَأْمينٍ مُوَحَّدة package policy

بُوليصةٌ اسْميَّة . عَقْدُ تَأْمينٍ اسْميّ named policy

بُوليصةُ تَأْمين . وَثيقةُ تَأْمين insurance policy

بُوليصةُ تَأْمينٍ إجماليَّة global insurance policy

بُوليصةُ تَأْمينِ أَمْلاكٍ مَنْقولة floater

بُوليصةُ تَأْمينٍ بَحْريّ marine policy

بُوليصةُ تَأْمينٍ عَلى الحَياة life insurance policy

بُوليصةُ تَأْمينٍ غَيْرُ مُساهِمة non-participating policy

بُوليصةُ تَأْمينٍ لِرِحْلة voyage policy

بُوليصةُ تَأْمينٍ لمدى الحَياة whole life policy

بُوليصةُ تَأْمينٍ مُحَدَّدةُ القِيمة valued policy

بُوليصةُ تَأْمينٍ مُحَدَّدةُ المُدَّة term policy

بُوليصةُ تَأْمينٍ مَدْفوعة paid-up policy

بُوليصَةُ تَأْمينٍ مَفْتوحة (على صاحِبِها إثْباتُ الخَسائِر) open policy

بُوليصةُ تَأْمينٍ مُوَحَّدة . بُوليصَةٌ إجماليَّة package policy

بُولِيصَةُ تَأْمِينٍ مُؤَقَّتة time policy
بُولِيصةٌ تُحَمِّلُ المُؤَمِّنَ عَليه جُزْءاً مِنَ الخَسارة assessable policy
بُولِيصةٌ جَماعيَّة group policy
بُولِيصةٌ رَئيسيَّة master policy
بُولِيصةٌ شامِلة blanket policy
بُولِيصةُ شَحْن bill of lading
بُولِيصةُ شَحْنٍ أَصْليَّة original bill of lading
بُولِيصةُ شَحْنٍ بَحْريّ maritime bill of lading
بُولِيصةُ شَحْنٍ بِسِكَّةِ الحَدِيد rail bill of lading; railway bill of lading; railway policy
بُولِيصةُ شَحْنٍ بَضائِعَ تَمَّ تَسَلُّمُها received bill of lading
بُولِيصةُ شَحْنٍ بَضائِعَ تَمَّ شَحْنُها shipped bill of lading
بُولِيصةُ شَحْنٍ بالطائِرة airway bill of lading
بُولِيصةُ شَحْنٍ ذاتُ تَحَفُّظاتٍ foul bill of lading
بُولِيصةُ شَحْنٍ شَخْصيَّة straight bill of lading
بُولِيصةُ شَحْنٍ عَبْرَ وَسائِلَ نَقْلٍ مُتَتابِعة through bill of lading
بُولِيصةُ شَحْنٍ غيرُ نَظيفة (تَشتَمِلُ على تَحَفُّظات) unclean bill of lading
بُولِيصةُ شَحْنٍ قابِلةٌ لِلتَّداوُل negotiable bill of lading
بُولِيصةُ شَحْنٍ لِأَمْرِه order bill of lading
بُولِيصةُ شَحْنٍ لحامِلِها bill of lading to bearer
بُولِيصةُ شَحْنٍ مُتَقادِمة stale bill of lading
بُولِيصةُ شَحْنٍ مُستَودَعيَّة (يُصدِرُها مِيناءُ الشَّحْن) custody bill of lading
بُولِيصةُ شَحْنٍ مِينائيَّة port bill of lading
بُولِيصةُ شَحْنٍ ناقِصة foul bill of lading
بُولِيصةُ شَحْنٍ نَظِيفة (خالِيَةٌ مِنَ القُيُود) clean bill of lading
بُولِيصةُ صاحِبِ المَصْلَحة interest policy
بُولِيصةٌ طَويلةُ الأَجَل long-term policy
بُولِيصةٌ عائِمة floating policy
بُولِيصةٌ غيرُ طِبِّيَّة non-medical policy
بُولِيصةٌ قَصِيرةُ الأَجَل (أَقَلُّ مِنْ ١٢ شَهْراً) short-term policy
بُولِيصةٌ لِأَجَل period policy
بُولِيصةٌ مَفْتُوحة open cover
بُولِيصةٌ مُفْرَدة singleton policy
بُولِيصةٌ مُنْقَضِية (فاتَ مَوعِدُ تَسْديدِ أَقساطِها) lapsed policy
إِصْدارُ بُولِيصةِ الضَّمان issue of policy
انْتِهاءُ البُولِيصةِ تِلقائيًّا (حالَ إِعلانِ الحَرْب) automatic termination of cover
بَدْءُ سَرَيانِ البُولِيصة inception of the policy

سُلفةٌ على بُوليصةِ التَّأْمِين policy loan
سَنَةُ بُوليصةِ التَّأمين policy year
صاحِبُ بُوليصةِ التَّأْمين policyholder
**بُوليفار** (عُمْلة في فِنزويلّا) bolivar
**بُوليفيانو** (عُمْلة في بُوليفْيا) boliviano
**بُونانْزا . مَنْجَمُ ثَرَاء** bonanza
**بِيا** (عُمْلة في بُورْما) pya
**بَياضُ** (او فَراغُ) **الشِّيك يَمْلَؤُهُ السَّاحِب**
cheque blank
اعتِمادٌ على بَياض blank credit
تَحْويلٌ على بَياض assignment in blank
تَظْهيرٌ على بَياض blank indorsement
سَنَدٌ على بَياض blank bill
شِيكٌ على بَياض blank cheque
كَمْبِيالةٌ على بَياض blank bill of exchange
**بَيّاعٌ مُتَجَوِّل** (أُنظُر أيضاً : بائِع مُتَجَوِّل)
pedlar; hawker; huckster
**بَيان** (إثباتٌ قانُونيّ) exhibit
**بَيان . مُعْطاة** (ج بَيانات . مُعْطَيات) datum
بَيانُ المَعْلومات او المُعْطَيات data sheet
**بَيانات** data
بَياناتُ الأَعْمال الكِتابيّة الرَّئيسيّة
master clerical data (M.C.D.)
البَياناتُ القِياسيّة الرَّئيسيّة
master standard data (M.S.D.)
مُجَهِّزُ البَيانات data processor
**بَيان** declaration; statement; manifest; list
بَيانُ الأُجُورِ والضَّرائِب wage and tax statement
بَيانُ الأَرْباحِ المُحْتَجَزة retained earnings statement
بَيانُ الأَرْباحِ والخَسائِر profit and loss statement
البَيانُ الأُسْبُوعيّ (لِبَنْكِ إنكلترا)
Weekly Return
بَيانُ الاستِلام receiving report
بَيانُ اقتِطاعِ الضَّرائِب withholding statement
بَيانُ الأَمْوال funds statement
بَيانُ الأَوْضاعِ (المالِيَّة) – في إجْراءاتِ الإفْلاس statement of affairs
بَيانٌ بِالدَّيْن debit note
بَيانُ البَضائِع المَشْحُونة embarking declaration
بَيانٌ بِالنَّفَقات statement of expenses
بَيانٌ بالوَقائِع representation
بَيانُ التَّأْمِين bordereau
بَيانُ تَسْجِيلِ البِضاعةِ المَخْزُونَة
stock record card
بَيانُ (أَو كَشْفُ) تَسْوِيةٍ مَصْرِفيّ
bank reconciliation statement
البَيانُ التَشْغِيليّ لِلمَبِيعات
sales operating statement
بَيانُ تَصْدير export declaration
بَيانُ (حِسابُ) التَصْنِيع manufacturing statement
بَيانُ التغْييراتِ في رَأْسِ المالِ العامِل
statement of changes in working capital
بَيانُ التَّغْييراتِ في الوَضْعِ الماليّ

statement of changes in financial position

بَيانُ تَكاليفِ السِّلَعِ المُصَنَّعة statement of cost of goods manufactured

بَيانُ الحالةِ (الماليَّة) statement of condition

بَيانُ الحَرَكة kinetogram

بَيانُ الحَرَكةِ الماليَّة flow of funds statement

بَيانُ الحَرَكةِ النَّقْديَّة flow of cash statement

بَيانُ الحِساب statement of account

بِيانُ حِساب . فاتُورة invoice

بِيانُ حِسابِ التَّشْغِيل operating statement

بَيانُ الدَّخْل income statement

بِيانُ الدخْلِ المُخْتَصَر condensed income statement

بَيانُ الدخْلِ المُوَحَّد consolidated income statement

بَيانُ راسِ المال capital statement

بَيانُ راسِمالِ الشُّرَكاء statement of partners' capital

بَيانُ شَحْن . مانِيفِسْتو manifesto

بَيانُ شِحْنةِ السَّفِينة ship's manifest

بَيانٌ شَكْليّ pro-forma statement

بَيانٌ شَهْريّ monthly statement

بَيانٌ (او تَصْرِيحٌ) صُحُفيّ news release

بَيانُ الضَّرائِب tax return

بَيانُ غُرْفةِ المُقاصَّة clearing house statement

بَيانٌ ماليّ financial statement; return

بَيانٌ ماليٌّ مُؤَقَّت interim financial statement

بَيانٌ مُبالَغٌ فِيه overstatement

بَيانُ المُحاسَبة accounting statement

بَيانُ مَراحِلِ السَّفَر itinerary

بَيانُ المَرْكَزِ الماليّ statement of financial position

بَيانٌ مُشْتَرَك combined statement; joint return (or statement)

بَيانُ مَصادِرِ الأمْوالِ واستِعْمالاتِها
statement of sources and uses of funds

بَيانُ المَصادِرِ المُوَفَّرةِ والمُسْتَخْدَمة
statement of resources provided and applied

بَيانُ المَصْرِف bank statement

بَيانُ مُطابَقة (تَسْوِيَة) reconciliation statement

بَيانٌ مُنْفَصِل (لِضَريبةِ دَخْلِ الزَّوجَين)
separate return

البَيانُ المُوَحَّد لِلدَّخْل ولِلأَرْباحِ غيرِ المُوَزَّعة
combined income and retained earning statemen*

بَيانُ مِيزانيَّةِ المَصْرِف balance sheet of a bank

بَيانُ النَّقْد . كَشْفُ الصُّنْدوق
cash statement

بَيانُ الوَضْعِ الماليّ position statement

بَيانٌ يَبْخَسُ القِيمة understatement

أَنْواعُ المُقارَنةِ بينَ البَياناتِ الماليَّة types of comparison of financial statements

بَياناتٌ مُقارَنة comparative statements

بَياناتٌ مُؤَقَّتة interim statements

تَحليلُ البَياناتِ الماليَّة analysis of financial statements

رَسْمٌ لِبَيانِ عَمَلِ الفَرْد man process chart

مُقَدِّمُ البَيان reporter

**بَيانيّ** explanatory; illustrative

رَسْمٌ بَيانيّ diagram; graph

مُخَطَّطٌ بَيانيّ graphic chart

**بَيْتُ الإصْدار** issuing house

بَيتُ الامتِيازات franchise house

بَيتُ تَمْويل finance house

بَيْتُ الخَصْم (لِخَصْمِ الأوراقِ التِّجاريَّة) discount house

بَيْتُ القَبُول acceptance house

بَيْتُ مُقاصَّةِ بُنوك لَنْدَن London Bankers' Clearing House

بَيْعٌ بالطَّوافِ على البُيوت house-to-house selling

بُيوتُ التَّصْديرِ بالعُمولة export commission houses

جَمْعيَّةُ بُيوتِ الإصدار Issuing Houses Association (I.H.A.)

خَزائِنُ البُيوت (يَحفَظُها الزَّبائنُ في بُيوتِهم وتَبْقى مَفاتيحُها لَدى المَصْرِف) home safes

عَمَلٌ يُنْجَزُ في البَيت homework

**بِئْرٌ استِكْشافيَّة** (في مِنطَقَةٍ بِكْر) wildcat

**بِيرِكْس . زُجاجٌ مُقاوِمٌ لِلحَرارة** pyrex

**بِيروقراطِيّ . دِيوانيّ** bureaucratic

**بِيروقْراطِيَّة** bureaucracy

**بِيزا** (عُمْلة باكِستانِيَّة) paisa

**بِيزُو** (عُمْلة في الأرْجَنتين ، اوروجْواي ، المَكْسيك ، الفِلِبّين ، كُوبا ، جُمهوريَّة الدومِينيك وبُولِيفْيا) peso

**بِيزيتا** (عُمْلة إسْبانِيَّة) peseta

**بِيزيوَا** (عُمْلة في غانا) pesewa

**بَيْع . تَخْفيضٌ في أسعارِ البَيْع** sale

بَيْعٌ احتِياليّ fraudulent sale

بَيْعُ الأَسْهُمِ بالتَّرْويجِ الخِداعيّ share pushing

بَيْعٌ أَعْمى blind selling

بَيْع انتِقائيّ selective selling

بَيْع أُوتُوماتيكيّ automatic selling

بَيْعٌ بأَسْعارٍ مُخَفَّضة bargain sale

بَيْعٌ بالأمانة sale on consignment

بَيْعٌ بالأَمْرِ الواقِع . بَيْعُ العَطالة inertia selling

بَيْعٌ بالانْخِفاض bear sale

بَيْعٌ بالتَّقْسِيط budget plan payment; easy payment plan; instalment sale; charge sale; down payment sale

بيعٌ بالتقْسِيطِ الشَّهْريّ monthly payment plan

بَيعٌ بالجُمْلة bulk sale; jobbing; wholesale; sale in gross

بَيْع بَحْريّ (بَيْعٌ لِبَضائعَ تُنْقَلُ بَحْراً) marine sale

بَيعٌ بَخْس dumping

البَيْعُ بِخِيارِ الرَّدّ sale and return

البَيْعُ بِالدَّين sale on credit

البَيْعُ بِسَبَبِ الحَرِيق fire sale

البَيْعُ بِشَرْط الاستِحْسان sale on approval

بَيعٌ بِشَرْطِ الخِيار (لِمَصْلَحةِ البائِع) put

بَيعُ البِضاعةِ الجاهِزة (لِلتَّسْليم الفَوْريّ) disposable sale

بَيْعٌ بِالطَّوافِ على البُيوت house-to-house selling

بَيعٌ بالعَطاءاتِ (لِمَنْ تَرْسو عَلَيه المُزايَدة) sale by tender

بَيْعٌ بِالعَيِّنة sale by sample

بَيْعٌ بِالمَزاد (العَلَنيّ) auction sale; sale by auction; hammer

بَيع بِالمُفَرَّق (او بالتَّجْزِئة) retail

البَيْع بِالوَصْف sale by description

بَيْعُ تَجْزِئة مُتَفَرِّد (يَخْتَصُّ فِيه المَحَلُّ بِبَيعِ مُنتَجاتِ صانِعٍ او مُنتِجٍ واحِد) solus

بَيعُ تَصْفِية clearing sale

بَيعُ تَصْفِية ـ تَصْفِيَة (أعْمالِ المُؤسَّسة) winding up

بَيْعٌ جَبْريّ forced sale

بَيْع خاصّ private sale

بَيْعُ الدُّيون factoring

بَيْع السِّلَع . بَيْع البِضاعة sale of goods

البَيعُ السَّهْل soft selling

بَيعٌ شامِل lumping sale

بَيعٌ شَخْصِيٌ (لِلمُستَهلِكِ مُباشَرة) personal selling

البَيْع الصَّعْب hard selling

بَيْعٌ صُوَريّ simulated sale; wash sale

بَيْعٌ عامّ public sale

بَيْعُ العَطالة inertia selling

البَيْعُ على المَكْشوف short sale; short selling; selling short

البَيعُ عِنْدَ التَسْلِيم sale on delivery

بَيعٌ غيرُ قانونيّ illegal sale

بَيعٌ غيرِ مُباشِر indirect selling

بَيْع قَضائيّ judicial sale

بَيعٌ كَدُود (يَعتَمِدُ الدِّعايةَ الصارِخةَ المُداوِمة) hard sell

بَيعُ كَمِّيَّةٍ أكْبَرَ مِنَ الكَمِّيَّةِ التي يُمْكِنُ تَسْليمُها overselling

بَيعٌ لِأجَل forward sale

بَيعٌ لِلوَفاءِ بالضَّريبة tax sale

بَيْعٌ مُباشِر direct selling

البَيعُ المُتَجَوِّل switch selling

بَيعٌ مَشْرُوط conditional sale; memorandum sale

بَيعٌ مُطْلَق absolute sale

بَيعٌ مَعَ جَميعِ العُيوب sale with all faults

بَيْعُ المِلْكِ ثُمَّ استِئْجارُهُ مَرَّةً ثانِيةً sale and lease-back

بَيعٌ مُنْفَرِد exclusive selling

البَيعُ نَقْداً cash sale

بَيْعُ الوُصول (يَتِمُّ في مِيناءِ الوُصول) landing sale

آلةُ بَيْع vending machine

احتِكارُ بَيعٍ ثُنائيّ duopoly

أُرْسِيَ البَيْعُ — knocked down

إشعارُ شِراءٍ او بَيْع (مِنْ سِمْسارِ الأَسْهُم إلى عَميلِه) — contract note

إعادَةُ البَيْع — resale

افتِعالُ البَيْعِ والشِّراء (في سُوقِ الأوراقِ الماليّة) — "churning"

تَمويلُ البَيْعِ بالتَّقْسيط — installment credit

حَقُّ استِعادةِ البَيْع — right of redemption

حَقُّ مِلْكِيَّةٍ قابِلٌ لِلبَيْع — marketable title

سِعْرُ البَيْع — salable value; selling price

سُلْطَةٌ على البَيْع — power of sale

سَنَدُ بَيْع — bill of sale

شُرُوطُ البَيْع — conditions of sale; terms of sale

طَلَبٌ يُحَدِّدُ سِعْرَ بَيْعٍ (او شِراء) السَّهْم — limit order

عَدَدُ أيّامِ البَيْعِ في الحِساباتِ المُستَحِقَّةِ القَبْض — number of sale days in receivables

عَقْدُ البَيْع — sale contract; bargain and sale

عَقْدُ بَيْعٍ مَشْروط — conditional sales contract

فاتُورَةُ بَيْع — sale invoice

فَرْقُ سِعْرَي البَيْعِ والشِّراءِ لَدى السِّمسار — jobber's turn

فَسْخُ البَيْع (او الرُّجوعُ عَنْهُ لِعَيْبٍ في المُباع) — redhibition

فَنُّ البَيْع — salesmanship

قانونُ إعفاءِ المَسْكَنِ مِنَ البَيْعِ الجَبْرِيّ — homestead exemption law

كَمْبيالَةُ بَيْع — sales bill of exchange; commercial bill of exchange

لا بَيْعَ إذا لَمْ تَصِلِ البِضاعة — no arrival no sale

لَجْنَةُ تَخْمينٍ وَبَيْع — commission of appraisement and sale

لِلبَيْعِ او لِلرَّدّ — sale or return

مَتْجَرٌ مُتَخَصِّصٌ لِلبَيْعِ بالمُفَرَّق — specialty retail store

مَصْروفاتُ البَيْع — selling expense

نِسَبُ تَخْفيضِ سِعْرِ البَيْع — markdowns; markdown rates

نَفَقاتُ البَيْع — selling costs

نُقْطَةُ البَيْع — point of sale

وَكيلُ البَيْع — sales agent

يُفْرِطُ في البَيْع — oversell

**بَيَّنَ – يُبَيِّنُ** (بالمَثَلِ او البُرْهان) — demonstrate

يُبَيِّنُ . يُصَرِّحُ — state

**بَيِّنَةٌ مَوْضُوعِيَّة** — relevant evidence

**بِيئَة . وَسَط** — environment; medium

تَلَوُّثُ البِيئَة — pollution of environment

# حرف التّاء

**تَآمُر . مُؤَامَرة** conspiracy

**تابِع . مَرْؤُوس** subordinate

**تابِع** dependent

تابِعُ ما قَبلَه . مُرَحَّل brought forward

تَوابِع accessories

شرِكة تابِعة subsidiary company; subsidiary corporation; subsidiary

شَرِكَة تابِعة مَملوكة جُزْئِيّاً partially owned subsidiary

العَلاقاتُ بينَ الشَّرِكة الأُمّ والشَّرِكات التابِعة parent-subsidiary affiliations

**تَأثير . وَقع . أثَر** incidence; impact

تَأثيرُ الصَّدْم (او التَّصادُم) impact effect

**تأثير . نُفوذ** influence

التأثيرُ على المحكَمة بالرشْوَة والإغراء embracery

تأثيرٌ غيرُ مَشروع undue influence

التأثيراتُ النَّفسِيَّة psychological influences

ضَرَرٌ تَأَثُّري ـ تضَرُّرٌ بالتأثيرِ من شِحنة مُرافِقة sympathetic damage

مُحاوَلاتُ الضَّغط او التَّأثير lobbying

**تاج ـ أملاكُ التّاج** crown lands

وُكلاءُ التّاج Crown Agents

**تاجَرَ ـ يُتاجِرُ** merchandise; trade

يُتاجِرُ بِالجُمْلة job

**تاجِر** dealer; merchant; trader; tradesman

تاجِرٌ بالعُمولة commission merchant

تاجِرُ بُورْصة (يَعمَلُ لِحِسابِه) floor trader

تاجِرُ جُوخ draper

تاجِرٌ صاحِبُ امتِياز franchised dealer

تاجِر فَرْد sole trader

تاجِر مُصَدِّر export merchant

تاجِرٌ وَسيط jobber

حِساباتُ التُّجّار traders' credits

نِقابةُ تُجّارِ الحَديد Ironmongers' Company

**تَأجيرُ** (وَسائلِ النَّقل) affreightment

تَأجيرُ الخَزائن الحَديديَّة (في المَصارِف) safe hiring

تَأجيرُ سَفينة . تَأجيرُ طائرة charter

تأجيرُ مَرْكَبٍ عارٍ bare boat charter

تأجيرُ مَركَبٍ كامِل gross charter

تَأجيرُ مَركَبٍ لِأَجَل time charter

تأجيرُ مَركَبٍ لِرِحلة trip charter

تَأجيرُ المُعَدّات equipment leasing

إعارةٌ وتَأجير — lend-lease

قانُون الإعارة والتّأجير (١٩٤١) — Lend-Lease Act (1941)

وَكيلُ تَأجير (السُّفُن) — chartering agent

**تَأجيل** — carry-over; contango; deferment; postponement

تَأجيلُ التنفيذ ، مُهلة — respite

تَأجيلُ دَفعِ الدُّيون . مُوراتُوريوم — moratorium

بَدَلُ تَأجيلِ التَّسليم — backwardation

مُهلَةُ التأجيل — deferment

**تَأخُّر . تَأخِير** — delay

تَأخُّر الدَّفع . تَأخيرُ الدَّفع — delay of payment

تَأخيرٌ إهماليّ — negligent delay

تَأخيرُ مَوعِد الدَّفع — dating; dated billing

أيّامُ التأخُّر في المَرفَأ (لِلتّحميل والتّفريغ) — lay days

دِراسةُ نِسبةِ التّأخير — ratio-delay study

دُونَ تَأخير — without delay

**تَأدُّبِيّ . مُجامِل** — complimentary

**تَأديب ـ مَجلِسُ تَأديب** — disciplinary board

إجراءات تَأديبيَّة — disciplinary actions or measures

أضرارٌ (تَعويضات) تَأديبيَّة — punitive damages

**تَأدِيةُ الحِساب** — accountability

**تَأرجَحَ ـ يَتأرجَحُ** — swing

**تارِكُ وَصِيَّة . مُوصٍ** — testate

**تاريخ** — date

تاريخُ الإرسال — date of dispatch

تاريخُ الاستِحقاق — date of maturity; maturity date; due date

تاريخُ استِحقاقِ رِبحِ الأسهُم — record date of dividend

تاريخُ استِلامِ البَضائِع — receipt of goods (R.O.G.)

تاريخُ الإصدار — date of issue

تاريخُ الإقفال — closing date

تاريخُ الانقِضاء — expiry date

تاريخُ تَسجيلِ تَمَلُّكِ السَّهم — stock record date

تاريخُ خَتمِ البَريد — date of postmark

تاريخُ السَّرَيان — date of effect

تاريخُ سَرَيانِ المَفعول — effective date

تاريخُ المُباشَرة — starting date

تاريخٌ مُحَدَّد — fixed date

أسهُمٌ ذاتُ تاريخٍ غيرِ مُحَدَّد — indefinitely dated stocks

تَواريخُ الاستِهلاكِ أو رَدِّ قيمةِ السَّنَدات — redemption dates

خَتمُ التّاريخ — date stamp

رِسالةٌ بِدونِ تاريخ — undated letter

في تاريخِ الاستِحقاق . في الوَقتِ المُناسِب — in due course

يُؤَرِّخُ بِتاريخٍ سابِق — antedate; foredate; predate

يُؤَرِّخُ بِتاريخٍ لاحِق — date forward; postdate

**تَأريخ** — dating

التأريخُ بِتاريخٍ لاحِق — postdating

تَاريخُ الفَواتيرِ بِمَوعِدٍ لاحِق — dated billing

خَطَأُ التأريخ — misdating

**تاريخ** — history

تاريخٌ اقتِصاديٌّ — economic history

**تاريخيّ** — historical

المَذهَبُ التاريخيّ (في كَيفيَّةِ قِيامِ النُّظُم الاقتِصاديَّة) — Historical School

**تاريخيّة** — historicity

**تَاسيس . مُؤَسَّسة** — institution; incorporation

شَهادةُ تَاسيسِ الشَّرِكة — certificate of incorporation; incorporation certificate

قانونُ تَاسيسِ الشَّرِكة — articles of incorporation

**تَاسيس** — formation; institution

تَاسيسُ شَرِكة — formation of a company

أَسهُم التأسِيس — founders' shares

أَسهُمٌ تَاسيسيَّة — promoter shares

إعادةُ تَاسيسِ شَرِكة — reconstruction of a company

عَقدُ التأسيس — articles of partnership

وَثيقةُ تَاسيسِ الشَّرِكة — memorandum of association

**تَاشير . دَلالة . دَليل** — indication

تَاشيرٌ يُفيدُ بِأنَّ أُجرَةَ الشَّحنِ مَدفُوعة — freight release

**تَاشيرة** — visa

**تافِهٌ . زَهيد** — trivial; de minimus

**تَآكُل** — abrasion

تَآكُلُ التُّربَة — erosion

تَآكُلُ القُوى الشِّرائيَّة — erosion in purchasing power

تَآكُلُ النُّقُود (نَقصُ وَزنِها بالاستِعمال) — abrasion of coins

**تَاكيد . تَاييد** — confirmation

**تالٍ . لاحِقٌ** — subsequent; consequent; following

**تالٍ . قادِمٌ . مُقبِل** — prox (proximo)

**تالِفٌ . فاسِد** — "foul"

بَضائعُ تالِفة — spoiled goods

**تالِنْتٌ** (عُملةٌ عِبرانيَّةٌ قَديمة) — talent

**تالِياً . فيما بَعدُ** — hereafter

**تَاليف ـ حَقُّ التَّاليفِ والنَّشر** — copyright

**تامٌّ . سَليم . غَيرُ مَنقوص** — intact

**تَاميم** — nationalization

تَاميمُ الأَراضي . تَدويلُ مِلكيَّة الأَراضي — land nationalisation

تَاميمُ (تَدويلُ) السِّكَكِ الحَديديَّة — nationalization of railways

إلغاءُ التأميم — denationalisation; denationalization

**تَامين . وَديعة . عُرْبون** — deposit

**تَامين . تَاكيد . إثبات** — assurance; confirmation

**تَامين** — assurance; insurance

تَامينٌ اجتِماعيٌّ . ضَمانٌ اجتِماعيٌّ — social insurance

تَامينٌ إجماليٌّ — shifting risk

تَامينٌ إلزاميٌّ أو إجباريٌّ — compulsory insurance

تَأمينُ الأمتِعة . ضَمانُ الأمتِعة
baggage insurance

تَأمينٌ بَحريٌّ marine insurance

تَأمينٌ بَحريٌّ داخِليٌّ inland marine insurance

تَأمينٌ تَعاوُنيٌّ co-operative insurance

التأمينُ التّكافُليّ tontine

تَأمينٌ جَماعيٌّ group insurance

تَأمينٌ ذاتيٌّ self-insurance

تَأمينُ الرُّكّاب . تَأمينُ المُسافِرين
passenger insurance

تَأمينٌ زائِد excess insurance; overinsurance

تَأمينٌ (يَشمُلُ) زِيادَة القيمة
increased value insurance

تَأمينٌ شامِل comprehensive insurance

تأمينُ السيّارات motorcar insurance

تَأمينُ شَرِكة مُساهِمة stock company insurance

تَأمينُ الصِّحّة (صِحّيٌّ) health insurance

تَأمينٌ صِناعيٌّ industrial assurance

تَأمينٌ صِناعيٌّ (يَحصُلُ أُسبوعيًّا)
industrial business (I.B.)

تَأمينٌ ضِدَّ اختِلاسِ المُوَظَّفين
fidelity guarantee

تَأمينٌ ضِدَّ الانفِجار explosion insurance

التأمينُ ضِدَّ البَرَد hail insurance

التأمينُ ضِدَّ البِطالة unemployment insurance

تَأمينٌ ضِدَّ التَّبِعاتِ التَّعاقُديَّة
contractual liability insurance

تَأمينٌ ضِدَّ تَبِعة صاحِب العَمَل (تَأمينٌ ضِدَّ حَوادِثِ العَمَل)
employer's liability insurance

تَأمينٌ ضِدَّ تَخَلُّفِ المَدينينَ عَنِ الدَّفع
credit insurance

التأمينُ ضِدَّ تَوَقُّفِ الأعمال business interruption insurance

تأمينٌ ضِدَّ جَميعِ الأخطار all risks insurance

التأمينُ ضِدَّ الحَريق fire insurance

التأمينُ ضِدَّ الحَوادِث
accident insurance

تَأمينٌ ضِدَّ الحَوادِثِ والتَّبِعات
casualty and liability insurance

تَأمينٌ ضِدَّ الخَطَأ والسَّهو
errors and omissions insurance

التأمينُ ضِدَّ خَطَرِ الحَرب
war risk insurance

تأمينٌ ضِدَّ السَّرِقة theft insurance

تَأمينٌ ضِدَّ السَّطو burglary insurance

تَأمينٌ ضِدَّ الغَير third-party insurance

تَأمينٌ ضِدَّ المَسؤوليَّة الشَّخصيَّة
personal liability insurance

تَأمينٌ ضِدَّ المَسؤولية المَدَنيَّة تِجاهَ الغَير
public liability insurance

تَأمينٌ ضِدَّ المَسؤوليَّة المِهنيَّة
professional liability insurance

تَأمينُ الضَّمانِ ضِدَّ خِيانةِ الأمانة
surety and fidelity insurance

التأمينُ العاديُّ على الحَياة
ordinary life insurance

تَامينٌ على الإضافات والتَّحسينات
improvement and betterment insurance

rent insurance تَامينٌ على الإيجار

builder's risk insurance تَامينٌ على البِناء

تَامينٌ على تَعويضِ إصاباتِ العَمَل
workmen's compensation insurance

life assurance تَامينٌ على الحَياة

تَامينٌ على الحَياةِ لِميعادٍ مُعَيَّن
term insurance

التأمينُ على الحَياةِ والصِّحَّةِ وضِدَّ الحَوادِث
life, health and accident insurance

تَامينٌ على السيّارات
automobile insurance

crop insurance التأمينُ على المَحاصيل

التأمينُ على المُمتَلَكات
property insurance

تَامينُ العَمالةِ الزّائِدة . تَعويضُ العَمالةِ الزّائِدة
redundancy insurance

short-term insurance تَامينٌ قَصيرُ الأَجَل

national insurance تَامينٌ قَوميّ

mutual insurance; reciprocal insurance تَامينٌ مُتَبادَل

تَامينٌ مُتَواقِتٌ او اقتِرانيّ
concurrent insurance

تَامينٌ مُختَلط (مِن حَيثُ هُوَ تَامينٌ واستِثمارٌ معاً)
endowment assurance

double insurance تَامينٌ مُزدَوِج

تَامينٌ مُشتَرَك . تَامينٌ بالتَّضامُن
coinsurance

تَامينُ المُعالَجةِ في المُستَشفى
hospitalization insurance

تَامينُ المِلكِ بِأقَلّ من قِيمَتِه
underinsurance

unit assurance تَامينٌ وَحديّ

deposit insurance تَامينُ الوَدائع

insurance management إدارةُ شُؤُونِ التأمين

إعادةُ التأمين (مَعَ شَرِكةٍ أُخرى)
reinsurance

إعادَةُ تَامينٍ اختياريَّة
facultative reinsurance

health insurance program بَرنامَجٌ لِلتأمينِ الصِّحّيّ

بُوليصةُ تَامين . وَثيقَةُ تَامين
insurance policy

floater بُوليصةُ تَامينِ أملاكٍ مَنقُولة

marine policy بُوليصةُ تَامينٍ بَحريّ

بُوليصةُ (وَثيقةُ) تَامينٍ على الحَياة
life insurance policy; life policy

بُوليصةُ تَامينٍ غيرُ مُساهِمة
non-participating policy

bordereau بَيانُ التأمين

تَحديدُ رُسومِ التأمينِ بالإختِبار
experience rating

insurance dividend حِصَّةُ ارباحِ التأمين

actuary خَبيرُ حِساباتِ تَامين

رابِطةٌ لِلتأمينِ المُتَبادَلِ بَينَ الشَّرِكات
reciprocal exchange

رُسومُ التأمين insurance charges
سِجِلُّ التأمين insurance register
سِعرُ البِضاعةِ مع التأمينِ والشَّحن
cost , insurance and freight (C.I.F.) (سِيف)
سِعرُ التأمينِ لمدَّةٍ قَصيرة short rate
سُلفةٌ على بُوليصةِ التأمين policy loan
سِمسارُ تأمين insurance broker
سِمسارُ تأمين (من قِبَلِ الزَّبائن)
placing broker
سِمسارُ تأمينٍ بَحريّ marine insurance broker
سَنَةُ بُوليصَةِ التأمين policy year
سَنَدُ تأمين insurance bond
شَرطُ التأمينِ الزّائِد excess coverage clause
شَرطُ التأمينِ المُشتَرَك
coinsurance clause
شَرطُ تَحديدِ التأمين
memorandum clause
شَرطُ الحَسمِ مِنَ التأمين
deductible clause
شَرِكَةُ تأمين insurance company
شَرِكَةُ تأمينٍ بِدونِ واسِطة
direct-writing insurance company
شَرِكَةُ تأمينٍ ذاتُ احتِياطيّ قانونيّ
legal reserve insurance company
شَرِكَةُ تأمينٍ مُتَبادَل mutual insurance company
شَرِكَةُ تأمين مُساهِمة stock insurance company

شَهادةُ تأمين certificate of insurance
صاحِبُ بُوليصةِ التأمين policyholder
عُضوٌ في شَرِكَةِ سَماسِرةِ التأمين
incorporated insurance broker
عَقدُ التأمينِ البَحريّ contract of marine insurance
قابِليَّةُ التأمين insurability
قانونُ التأمينِ القَوميّ (إصابات العَمَل)
National Insurance (Industrial Injuries) Act
قِسطُ التأمين insurance premium; premium
قِسطُ تأمينٍ إجماليّ gross premium
قِسطُ التأمينِ الصّافي net premium
قِسطُ تأمينٍ مُكتَسَب earned premium
قِسطُ تأمينٍ مُؤَقَّت
provisional premium
القيمةُ التأمينيَّة (القيمةُ التي يُمكِنُ التأمينُ بِها) insurable value
كِتابُ تأمين letter of insurance
اللجنةُ الاستِشارِيَّةُ لِلتأمينِ القَوميّ
National Insurance Advisory Committee
مَنفَعَةٌ قابِلةٌ لِلتأمين insurable interest
الهيئةُ الفِدراليَّةُ لِلتأمينِ على الوَدائع
Federal Deposit Insurance Corporation
وَثيقَةُ تأمينٍ دُونَ أَرباح
policy without profit
وَكيلُ تأمين insurance agent
يَنقُلُ التأمين cede

**تَانيب ، تَوبيخ** reprimand

تَاهيل ، إعادَةُ التاهيل — rehabilitation
تَاويل ، تَفسير — interpretation
تاويلٌ حُرّ — liberal construction
تاويلٌ حَرفيٌ (دَقيق) — strict construction
تَاييد ، تاكيد — confirmation
تَاييد ، دَعْم — support
إضرابٌ تَاييديٌ — sympathetic strike
تَبادَلَ – يَتَبادَلُ ، يَرُدُّ (مُبادَلَةً) — reciprocate
تَبادُلٌ ، مُعامَلَةٌ بِالمِثل — reciprocity
تَبادُلٌ — exchange
تَبادُلُ الحِصَص — exchange of shares
تَبادُلٌ مَعزول — isolated exchange
اقتِصادُ التَّبادُل — exchange economy
تَسهيلاتُ تَبادُل — "swap" facilities
حَجمُ التَّبادُلِ التِّجاريّ — volume of trade
عَمَليّاتُ التَّبادُل (في البُورْصة) — exchange operations
مُعَدَّلاتُ التَّبادُل . حُدُودُ التَّبادُل (في التِّجارةِ الخارجيَّة) — terms of trade
مُعَدَّلاتُ التَّبادُلِ الدَّوْليّ — terms of international trade
واسِطَةُ تَبادُل — medium of exchange
تَبادُليّ — reciprocal; mutual
اتِّفاقيَّةٌ تِجاريَّةٌ تَبادُليَّة — reciprocal trade agreement
شَرِكَةُ (تَامين) تَبادُليَّة — mutual company
عَقدٌ تَبادُليّ — reciprocal contract
التَّبادُليَّة (مَذهَبُ التَّعاونِ وتَبادُلِ المَنفَعة) — mutualism
تَباشيرُ المُستَقبَل ، دَلائلُ المُستَقبَل — outlook
تَباطُؤٌ في الإنتاج — slowdown

إضرابُ التَّباطُؤ — go-slow strike
تَبايُن — disparity; inequality
تَبايُن ، اختِلاف — variance
تَحليلُ التَّبايُن — variance analysis
تَبَدُّل ، تَغَيُّر — transformation
تَبَدُّليَّة ، تَغَيُّريَّة — variability
تَبديل ، تَعديل — modification
تَبديل (خاصَّةً في الرِّياضِيّات) — permutation
تَبديل ، تَحويل ، تَغيير — conversion; alteration
قابِليَّةُ التَّبديل او التَّحويل — convertibility
قابِلِيَّةُ التَّبديلِ الخارِجيَّة — external convertibility
قِطعَةٌ قابِلَةٌ لِلتَّبديل — interchangeable part
تَبَرَّعَ – يَتَبَرَّعُ — endow
تَبَرُّع — endowment
تَبَرُّعُ المُساهِمين — stockholders donation
تَبَرُّعاتٌ خَيريَّة — charitable contributions; charity donations
التَّبَرُّعاتُ (او التَّقديماتُ) السِّياسيَّة — political contributions
تَبَرُّعاتٌ مُكتَتَبٌ بِها — covenanted subscriptions
عَقدٌ تَبَرُّعيّ — gratuitous contract
يَلتَزِمُ (لا يَلتَزِمُ) بِتَبَرُّعٍ نِقابيّ — contract in/out
تَبرير ، تَسْويغ — justification
تَبريرُ المَوقِف . تَرشيد . عَقلَنة — rationalisation; rationalization

يُمكِنُ تَبرِيرُهُ justifiable
**تَبريرات** apologetics
**تَبسيط** simplification
تَبسيطُ العَمَل job simplification
**تَبَصُّر . بَصيرة . فِراسة** insight
عَدَمُ تَبَصُّر . طَيش indiscretion
**تَبطِئَةُ العَمَل** (كَبَديلٍ لِلإضراب) "working to rule"
**تَبْطين . بِطانة** lining
**تَبِع ـ يَتبَعُ . يَنجَحُ** succeed
**تَبَعاً لِتَعليماتِكُم** as per your instructions
**تَبِعة . مَسؤُوليَّة** liability
تَبِعةُ الآجِر employer's liability
تَأمينُ ضِدَّ التَّبِعاتِ التَّعاقُدِيَّة contractual liability insurance
تَأمينُ ضِدَّ الحَوادِثِ والتَّبِعات casualty and liability insurance
**تَبَعِيَّة** dependence
أَثَرُ التَّبَعِيَّة dependence effect
**تَبغ . دُخان** tobacco
**تَبليغ . إشعار . إخطار** notice; notification
تَبليغٌ بِالنَّشر (في الصُّحُف) service by publication
**تَبَنِّي** (الاقتِراحِ او المَشرُوع) **. إقرار** adoption
**تَبويبُ المعلُوماتِ آلِيّاً** automated data processing
**تَبَيَّنَ ـ يَتَبَيَّنُ** discover
**تَتابُع . تَوالٍ** succession
**تَثبيت** fixing; stabilization
تَثبيت (في الخِدمةِ الدّائمة) tenure
تَثبيتُ الأُجور wage stabilization
تَثبيتُ الأسعار price maintenance; stabilization of prices
تَثبيتُ أسعارِ السِّلَع (من قِبَلِ الدَّولة) valorisation; valorization
تَثبيتُ السِّعر (عندَ مُستَوى مُعَيَّن) pegging
تَثبيتُ قِيمةِ العُملة currency stabilization
تَثبيتُ نَسَب legitimation
تَثبيتُ النُّقود stabilization of money
**تَثقيب . تَخريم** perforation
آلةُ تَثقيبٍ بِلَوحَةِ مَفاتيح key punch machine
يُثقُبُ بِآلةِ التَّثقيب key punch
**تَثَلُّم . تَثليم . تَسنين** indentation
**تَثمين . تَقييم** evaluation; appraisal; assessment; costing
التَّثمينُ المُتَغَيِّر variable costing
تَثمينُ المُنتَجات product costing
**تِجارة** commerce; trade
تِجارةُ الأجواخ drapery
تِجارةُ الاستيراد import trade
تِجارةُ إعادةِ التَّصدير entrepot trade; reexport trade
تِجارةٌ إقليميَّة regional trade
التِّجارةُ بِالتَّقسيط instalment trading
تِجارةُ البَيعِ بالمُفَرَّق retail trade
التِّجارةُ بَينَ الوِلايات interstate commerce

تِجارةُ التَّجزِئة الكَبيرة — large-scale retail trade
تِجارة التَّصدير — export trade
تِجارة تَقسيط — tally trade
تِجارةٌ ثُنائيَّة — bilateral trade; bilateralism
تِجارة جَماعيَّة — group trading
تِجارة الجُملة — wholesale trade
تِجارة حُرَّة — free trade
تِجارة خارِجيَّة (او أَجنَبيَّة) — foreign commerce; foreign trade; external trade
تِجارةُ الخِدمات — service trade
تِجارةٌ داخِليَّة — domestic commerce; domestic trade; home trade
التِّجارة الدَّوْليَّة — international trade
تِجارةٌ ساحِليَّة — coasting trade
تِجارة صِناعيَّة — industrial business (I.B.)
تِجارةُ الطَّلَبات البريديَّة — mail order business
تِجارةٌ عابِرة (ترانزيت) — transit trade
تِجارة عادِلة — fair trade
تِجارة عاديَّة — ordinary business (O.B.)
تِجارة عالَميَّة — world trade
تِجارةُ العَبيد — slave traffic
تِجارةٌ غيرُ مَنظورة — invisible trade
التِّجارةُ في الوِلايةِ الواحِدة — intrastate commerce
تِجارة مُتَعَدِّدة الاطراف — multilateral trade
تِجارةٌ مُثَلَّثةُ الأَطراف — triangular trade

تِجارة المُخَدِّرات — drug traffic
تِجارةُ مُعاوَضة — compensation trade
تِجارة مُغلقة — closed trade
تِجارة المُفَرَّق — retail merchandising
التِّجارةُ المَنظُورة — visible trade
تِجارة النَّوادي — club trading
آدابُ التِّجارة — business ethics
اتِّحادٌ بِهَدَفِ تَقييدِ التِّجارة — combination in restraint of trade
اتِّفاقٌ لِعَرقَلةِ التِّجارة — agreement in restraint of trade
تَشريعُ التِّجارةِ بينَ الوِلايات — Interstate Commerce Act
تَقييدُ التِّجارة — restraint of trade
تَمويلُ التِّجارةِ الخارِجيَّة — financing of foreign trade
حَجمُ التِّجارة — volume of trade
حُرِّيَّةُ التِّجارةِ وحُرِّيَّةُ العَمَل . مَذهَبُ عَدَمِ التَّدَخُّل — laissez (or laisser) faire
حَواجِزُ التِّجارةِ بَينَ الوِلايات — interstate trade barriers
شَرطٌ مُتَعَلِّقٌ بِالتِّجارة — commerce clause
شَرِكاتٌ مُنَوَّعَةُ التِّجارة — diversified companies
شَرِكَةُ تَمويلِ الصِّناعَةِ والتِّجارة المَحدودة — Industrial and Commercial Finance Corporation Ltd.
العَوامِلُ المُساعِدةُ لِلتِّجارة — aids (or ancillaries) to trade
غُرَفُ التِّجارةِ الصَّغيرة — Junior Chambers of Commerce

غُرفَةُ التِّجارة chamber of trade; chamber of commerce

قانونُ التِّجارةِ العادِلة fair trade law

كَسادُ التِّجارة depression of trade

ماجِسْتير في التِّجارة Master of Commerce (M.Com.)

مَجلِسُ التِّجارة board of trade

مَركَزُ تَرويجِ التِّجارة
trade promotion centre

مُضاعِفُ التِّجارةِ الخارِجيَّة
foreign trade multiplier

مِنطَقَةُ التِّجارةِ الخارِجيَّة
foreign trade zone

مُنَظَّمَةُ التِّجارةِ الدَّوليَّة International Trade Organization (I.T.O.)

مُؤتَمَرُ الأُمَمِ المُتَّحِدَةِ لِلتِّجارَةِ والتَّنمِية
United Nations Conference on Trade and Development (U.N.C.T.A.D.)

مِيزانُ التِّجارَةِ غيرِ المَنظُورة
balance of invisible trade

هَيئَةُ التِّجارةِ بينَ الوِلايات Interstate Commerce Commission (I.C.C.)

وَزارَةُ التِّجارة ministry of commerce

**تِجاريّ** commercial; mercantile; merchant

اتِّفاقِيَّةٌ تِجارِيَّة commercial agreement; trade agreement

اتِّفاقِيَّةٌ تِجارِيَّةٌ تَبادُلِيَّة reciprocal trade agreement

اتِّفاقِيَّةٌ تِجارِيَّةٌ ثُنائيَّة bilateral trade agreement

اسْتِثماراتٌ تِجارِيَّة trade investments

أُسطُولٌ تِجاريّ merchant navy

إسمٌ تِجاريّ trade name

اعتِمادٌ تِجاريّ commercial credit

افضَلُ الأوراقِ التِّجارِيَّة
best commercial paper

انواعُ المُؤسَّساتِ التِّجارِيَّة
types of business organization

اوراقٌ تِجارِيَّة commercial paper

اوْراقٌ تِجارِيَّةٌ أجنَبِيَّة foreign bills

اوساطٌ تِجارِيَّة business circles

إئتِمانٌ تِجاريّ commercial credit

بَحّارٌ تِجاريّ merchant seaman

البَحرِيَّةُ (المِلاحَةُ) التِّجارِيَّة
merchant marine

بُنوكٌ تِجارِيَّة merchant banks; trading banks

تَسليفٌ تِجاريّ trade credit

تَمثيلٌ تِجاريّ
commercial representation

تَمثيلٌ (او تَفويضٌ) تِجاريّ
commercial mandate

تَمييزٌ تِجاريّ trade discrimination

تَيّاراتٌ تِجارِيَّة trade flows

الثَّروةُ التِّجارِيَّة business wealth

حاجِزٌ (او عائقٌ) تِجاريّ trade barrier

حَسمٌ (خَصمٌ) تِجاريّ trade discount

دائِرَةُ الإستِخباراتِ التِّجارِيَّة
commercial intelligence department

دِراساتٌ تِجارِيَّة business studies

دَفتَرُ الطَّلَباتِ التِّجارِيَّة order book

دَليلٌ تِجاريّ trade directory

دَوْرَةٌ تِجاريَّة trade cycle

الذِّمَمُ التِّجاريَّة trade receivables

رِسالةٌ تِجاريَّة business letter

رَسّامٌ تِجاريّ commercial designer

رَصيفٌ تِجاريّ commercial dock

رَهنٌ تِجاريّ gage

سَفينةٌ تِجاريَّة merchantman

سَنَةٌ تِجاريَّة commercial year

السَّنَةُ التِّجاريَّةُ الطَّبيعيَّة natural business year

سَنَدٌ تِجاريّ debenture

سِياسَةٌ تِجاريَّة commercial policy

شَخصيَّةٌ تِجاريَّة business entity

شَرِكَةٌ تِجاريَّة trading corporation

صِنفٌ تِجاريّ commercial grade

طاقَةُ الوَحدةِ التِّجاريَّة capacity of a business unit

طَوابِعُ تِجاريَّة trading stamps

عَلاقاتٌ تِجاريَّة business connections

عَلامَةٌ تِجاريَّة trademark; brand

عَلامَةٌ تِجاريَّةٌ مُسَجَّلة registered trademark

عُملةٌ رَمزيَّةٌ تِجاريَّة trade tokens

عَمليَّةٌ تِجاريَّة . صَفْقة operation

عُمولَةُ الوَكيلِ التِّجاريّ factorage

عُنوانُ المَحَلِّ التِّجاريّ business address

فاتورةٌ تِجاريَّة commercial invoice

فَجوَةٌ تِجاريَّة trade gap

قابِليَّةُ التَّحويلِ التِّجاريّ commercial convertibility

القانونُ التِّجاريّ lex mercatoria; mercantile law

كِتابُ اعتِمادٍ تِجاريّ commercial letter of credit

كُتلةٌ تِجاريَّة trade bloc

كَمْبِيالةٌ تِجاريَّة trade bill; trade bill of exchange; commercial bill of exchange; commercial bill

مَجَلَّةٌ تِجاريَّة trade journal

مَحكَمَةُ المُمارَساتِ التِّجاريَّةِ التَّقييديَّة Restrictive Trade Practices Court

مَدرَسَةٌ تِجاريَّة . كُلِّيَّةُ تِجارة business school

مَرجِعٌ تِجاريّ trade reference

مَركزٌ تِجاريّ emporium

مُسَجِّلُ المُمارَساتِ التِّجاريَّة التَّقييديَّة registrar of restrictive trade practices

مَصرِفٌ تِجاريّ commercial bank

مَصرُوفاتٌ غَيرُ تِجاريَّة non-business expense

مُعاهَدة تِجاريَّة commercial treaty

مَعرِض تِجاريّ commercial exhibit; trade fair

مَكتَبُ الاحْصاءاتِ التِّجاريَّة (الاقتِصاديَّة) business statistics office

مِلاحة تِجاريَّة merchant shipping

مُمَثِّلٌ تِجاريّ جَوّال voyager

مُؤَسَّسة تِجاريَّة business enterprise; concern

مِيزانٌ تِجاريّ trade balance; balance of trade

مِيزانٌ تِجاريٌّ مُلائِم (او رابح)
favourable balance of trade

وَرَقة تِجارِيّة مُحَوَّلة
negotiated instrument

وَكالة تِجارِيّة — commercial agency; mercantile agency

وَكيلٌ تِجاريّ — commercial agent; factor

يَغُشُّ في وَضعِ العَلامةِ التِّجارِيّة
misbrand

**التِّجارِيّة . مَذهَبُ التِّجارِيّة** — mercantilism

نَصيرُ التِّجارِيّة — mercantilist

**تَجانُس . تَماثُل** — homogeneity

عَدَمُ تَجانُس . تَغايُرُ الخَواصّ
heterogeneity

**تَجاهَلَ ـ يَتَجاهَلُ** — ignore

**تَجاوَزَ ـ يَتَجاوَزُ . يَفوقُ** — exceed

يَتَجاوَزُ . يَتَخَطَّى — overpass

يَتَجاوَزُ . يَنتَهِكُ (قانوناً) — transgress

**تَجاوُز . انتِهاك . تَعَدٍّ** — infringement

تَجاوُزُ تاريخِ الاستِحقاق — overdue

تَجاوُزُ دَفعِ الأَرباح . عَدَمُ تَوزيعِ أَرباحِ السَّنَداتِ في مَوعِدِها
passing a dividend

شَرطُ تَجاوُزِ التَّضَخُّمِ حَدّاً مُعَيَّناً
index clause

**تَجَدُّدُ الإِنتاج . إِعادَةُ الإِنتاج** — reproduction

**تَجديد** — renewal; renovation

تَجديدُ المُعَدّات . إِعادَةُ التَّجهيز
re-equipment

سَنَدُ تَجديد — renewal bond

قابِلٌ لِلتَّجديد — renewable

كَمبِيالَةُ تَجديد — renewal note

**تَجرِبة . اِختِبار** — test; trial

تَجرِبةٌ (طِباعِيّة) — proof

تَجرِبةُ هُوثورن (حَولَ أَهَمِّيّةِ العَوامِلِ النفسِيّةِ والاجتِماعِيّة على العُمّال)
Hawthorne Experiment

تَحتَ التَّجرِبة — on probation

على سَبيلِ التَّجرِبة — on trial

فَترَةُ التَّجرِبة — probationary period; trial period

**تَجريبيّ** — empirical

المَذهَبُ التَّجريبيّ — empiricism

**تَجريد** — abstraction

تَجريدٌ (مِن حَقٍّ او مِلكِيّة) . طَردٌ — ouster

**تَجريم** — incrimination

قانونُ تَجريم . قَرارُ تَجريم
bill of attainder

**تَجزِئة** — division

تَجزِئَةُ الأَسهُم — split-up of stock; share-split; splitting; stock split

تَجزِئَةُ السُّوق — market segmentation

تَجزِئَةُ العَمَلِيّاتِ (في المُنشَأَة التِّجارِيّة)
segmentation of operations (of business enterprise)

اِعتِمادٌ غيرُ قابِلٍ لِلتجزِئة
indivisible letter of credit

اِعتِمادٌ قابِلٌ لِلتجزِئة — divisible letter of credit

بَيعُ تَجزِئَةٍ مُتَفَرِّد (يَختَصُّ فيهِ المَحَلُّ بِبَيعِ مُنتَجاتِ صانِعٍ او مُنتِجٍ واحِد)
solus

تِجارةُ التَّجزِئة الكَبيرة large-scale retail trade
جَمعيَّةُ مُوَزِّعي التجزِئة Retail Distributors Association (R.D.A.)
قابِلٌ لِلتجزِئة severable
مُؤَشِّرُ او دَليلُ اسعارِ التجزِئة retail price index
نُقطةُ التجزِئة split-off point
يَبيعُ بِالتجزِئة (او بِالقَطّاعي) retail
**تَجزئيّ** retail
عَقدٌ تَجزِئيّ severable contract
**تَجسير** bridging
اِقتِراضٌ تَجسيريّ bridging loan
**تَجَمَّعَ ـ يَتَجَمَّعُ** accrue
**تَجَمُّع . تَجَمُّعُ مُنتِجين** pool
تَجَمُّعٌ حَضَريّ conurbation; megalopolis
تَجَمُّعٌ شَراكيّ . شَرِكة corporation aggregate
تَجَمُّع مُشاغِب riot
تَجَمُّعُ (او اتِّحاد) المُنتِجين combination of producers
قَوانينُ التَّجَمُّعاتِ النَّقابيَّةِ غيرِ القانونيَّة Combinations Acts (1790 and 1800)
**تَجميد** "lock-up"
تَجميد (الأَسعارِ او الأُجورِ مَثَلاً) freezing
تَجميدُ الأُجور wage freeze
تَجميدُ الأَسعار price freeze
تَجميدُ رَاسِ المال immobilization of capital
فَترَةُ تَجميدِ الأُجور pay pause

**تَجميع** aggregation; assembling
تَجميع (الأَموال) في صُندوقٍ مُشتَرَك pooling of funds
تَجميعُ المَصالِحِ الماليَّة pooling of interests
اتِّفاقيَّةُ تَجميع pooling agreement
خَطُّ التَّجميع assembly line
شَرِكَةُ تَعبِئَةٍ وتَجميعِ البَضائع packing and consolidating service
**تَجَنَّبَ ـ يَتَجَنَّبُ** waive
تَجَنُّبُ الضَّرائِب tax avoidance
تَكاليفُ يُمكِنُ تَجَنُّبُها avoidable costs
لا يُستَطاعُ تَجَنُّبُه . لا مَرَدَّ لَه inevitable
لا يُمكِنُ تَجَنُّبُه unavoidable
**تَجَنُّس . تَجنيس** naturalization
**تَجهيز** equipment; equipping
تَجهيزُ المُعطَياتِ الفَوريّ on line
إعادَةُ التَّجهيز re-equipment
مُعَدّاتُ تَجهيزِ المَعلُومات processing equipments
**تَجهيزاتٌ** equipment; fittings; furnishings
التجهيزاتُ الثابِتَةُ ومُلحَقاتُها fixtures and fittings
تَجهيزاتُ المَكتَب office equipment
آلاتٌ وتَجهيزات machinery and equipment
**تَجَوَّلَ ـ يَتَجَوَّلُ لِيَبيعَ بَضائِعَه** peddle
تَجَوُّلٌ لِلرُّسُوّ ride
مَنعُ تَجَوُّل curfew

**تَجْيير . تَظْهير** indorsement
**تَحاتّ** abrasion
**تَحامُل . تَحَيُّز** prejudice
**تَحتَ** (سَطح) **الأرض . سِرِّيّ** underground
سِكّكُ حَديدٍ تَحتَ الأرض
underground railways
**تَحتَ رَوافِعِ السَّفينة** (دُونَ تَكاليفِ التَّحميلِ او التَّنزيل) under ship tackle
**تَحتَ السَّطْرِ** (ضِمنَ البُنودِ الراسِماليَّة في الميزانيَّة) "below-the-line"
**تَحتَ ٱلطَّلَب** on demand
حِسابٌ تَحتَ الطلَب demand account
قَرضٌ تَحتَ الطلَب call loan
مالٌ تَحتَ الطلَب call money
وَديعَةٌ تَحتَ الطلَب call deposit; sight deposit
**تَحتانيّ ـ طابِقٌ تَحتانيّ** basement
**تَحَدٍّ** challenge
يَصمُدُ أمامَ التحَدّي
meet the challenge
**تَحَدّى ـ يَتَحَدّى** defy
**تَحديث** modernization
**تَحديد** determination; specification
تَحديدُ الأسعار price determination; price fixing
تَحديدُ الأسعارِ الأساسيَّة
basing-point pricing
تَحديدُ التَّحويلِ الخارِجيّ
rationing of exchange
تَحديدُ التَّعرِفةِ الجُمرُكيَّة . تَسعيرٌ جَبْريّ
tariffing

تَحديدُ تَكاليفِ العَمَليَّة
operation costing
تَحديدُ التَّكاليفِ المِعياريَّةِ الأساسيَّة
basic standard costing
تَحديدُ تَكلِفَةِ العَقد contract costing
تَحديدُ التكلِفةِ الكُلّيَّة total costing
تَحديدُ الحِسابِ والمَسؤوليَّة
account and risk
تَحديدُ الحِصَصِ (أي أرباحِ الأسهُم)
dividend limitation
تَحديدُ الدَّخْل income determination
تَحديدُ الدَّرجةِ او الصِّنْف
gradation; grading
تَحديدُ رُسومِ التأمينِ بالاختِبار
experience rating
تَحديدُ سِعرِ الذَّهَب gold fixing
تَحديدُ العُمر . تَقديرُ العُمر aging
تَحديدُ عُمرِ الذِّمَمِ المَدينة
aging accounts receivable
التحديدُ المُخَطَّطُ لمواقِعِ الصِّناعة
planned location of industry
تَحديدُ المَكانِ او المَوقِع localization
تَحديدُ المَوقِع . مَوقِع location
تَحديدُ ٱلنَّسْل birth control
تَحديدُ الواجِبات definition of duties
شَرطُ تَحديدِ التأمين
memorandum clause
طَريقَةُ التَّقسيطِ لِتَحديدِ الرِّبحِ الإجماليّ
instalment method of determining gross income
**تَحْذير** admonition

**تَحرّى ـ يتَحَرّى** investigate; inquire
يَتحرّى الخَلَل trouble-shoot
**تَحرُّر** emancipation
التحَرُّريّةُ الاقتِصاديّة
economic liberalism
**تَحرَّكَ ـ يَتَحرَّكُ** move
تَحرُّكُ العَرَباتِ غيرِ المُحَمَّلَةِ إلى أهدافِها
deadheading
تَحرُّكاتُ رَاسِ آلمال capital transfers; capital movements
**تَحرير** emancipation; liberation
تَحرير (اقتِصاديّ خاصّة) liberalization
تَحريرُ التّجارة liberalization of trade
**تَحرِيض • حَثّ** incitation; motivation
التحريضُ السّلميُّ عَلى الإضراب
"peaceful picketing"
تَحريضٌ لإنجاحِ الإضراب picketing
**تَحرِيكُ الاقتِصاد** (في فترةِ الرُّكودِ الاقتِصاديّ)
pump priming
**تَحرِيم • حَظر • مَنع** prohibition
نِظامُ أنصارِ التّحريم (عن طَريقِ الحِمايةِ الجُمرُكيّة) prohibitionism
**تَحسُّنٌ مَلمُوس** marked improvement
**تَحسِين** improvement; refinement
تَحسينُ (العَقار) betterment
تَحسينُ الأداءِ الإداريّ
improving management performance
تَحسينُ الأَرض land improvement
تَحسينُ النَّسْل eugenics
إضافاتٌ وتَحسينات additions and betterments

تَأمينٌ على الإضافاتِ والتّحسينات
improvement and betterment insurance
رَهنٌ لِلتّحسين improvement mortgage
سَنَدُ رَهن لِتَحسينِ عَقّار
improvement mortgage bond
مَكتَبُ تَحسينِ الأعْمال
better business bureau
**تَحصِيصٌ • شَقّ** splitting
**تَحصِيصٌ • تَوزيع** apportionment
تَحصيصُ التكلِفة apportionment of cost
**تَحصِيل • جِباية** collection
تَحصيلُ أجرَةِ الشَّحْن freight collection
تَحصيلُ الأموالِ التي تُستَحَقّ وتُحَصَّلُ خارِجَ نِطاقِ غُرفَةِ المُقاصّةِ المَحَلّيّة
foreign collection
تَحصيلُ الضّرائِب . جِبايَةُ الضّرائِب
collection of taxes
التّحصيلُ عِندَ التّسليم
collect on delivery
أُجرَةُ الشّحنِ بِرَسمِ التّحصيل
collect freight shipment
اِحتِياطيُّ الدُّيونِ التي لا يُمكِنُ تَحصيلُها
allowance for uncollectibles
أَساسُ تَحصيلِ الضّرائِب
collections basis
دائِرَةُ التّحصيل collection department
رَسمُ التّحصيل collecting charge
شَرِكَةٌ لِتَحصيلِ الدُّيون (الناجِمَةِ عن المَبيعات) sales finance company
القِيمَةُ بِرَسمِ التّحصيل for collection
مُدّةُ التّحصيل collection period

مُذَكِّرةُ تَحصيل collecting note
مَصاريفُ التَّحصيل collection costs
**تَحضِير . إعداد** preparation; making ready
وَقتُ التَّحضير set-up time
**تَحضِير . توسيعُ الحَياةِ الحَضَريَّة** urbanization
عِلمُ الإعمارِ والتَّحضير urbanism
**تَحضِيريّ ـ لَجنَةٌ تَحضِيريَّة** preparatory commission
**تَحَطُّمُ السَّفينة** shipwreck
**تَحَفُّظٌ . حَجزٌ** reservation
تَقريرٌ بِدونِ تَحَفُّظ (لِمُدَقِّقِ الحِسابات) unqualified opinion report
تَقريرٌ مع التَّحَفُّظات (لِمُدَقِّقِ الحِسابات) qualified opinion report
حَجزٌ تَحَفُّظيّ attachment
دُونَ تَحَفُّظ without reserve
سِعرُ التَّحَفُّظ reserve price
قَبولٌ بِدونِ تَحَفُّظ clean acceptance
**تَحَقُّق** verification
التَّحَقُّقُ من صِحَّةِ الفَواتير verification of invoices
التَّحَقُّقُ من وُجودِ رَصيدٍ لِلشِّيك "advise fate"
**تَحقيق** fulfilment; realization
تَحقيقُ الأَمثَليَّة optimalization
تَحقيقُ الحَدِّ الأدنى minimization
تَحقيقُ الحَدِّ الأقصى maximization
**تَحقِيق . بَحث . إستِقصاء** investigation; enquiry; inquiry; inquest

لَجنةُ تَحقيق investigating committee; inquiry commission
لَجنةُ تَحقيقٍ صِناعيّ working party
مَكتَبُ (مُؤَسَّسة) التَّحقيقِ مِنَ الانتِشار Audit Bureau of Circulation (A.B.C.)
**تَحَكُّم** control
تَحَكُّمٌ بِكَبسِ الأَزرار press-button control
التَّحَكُّمُ في المُنافَسةِ والاقتِراض . competition and credit control
تَحَكُّماتٌ مادِّيَّة . ضَوابِطُ مادِّيَّة physical controls
تَكاليفُ لا يُمْكِنُ التَّحَكُّمُ بِها uncontrollable costs
**تَحكِيم** arbitration; arbitrage
تَحكيمٌ إجباريّ compulsory arbitration
تَحكيمٌ اختِياريّ voluntary arbitration
تَحكيمٌ مُباشِر direct arbitrage
شَرطُ التَّحكيم arbitration clause
قَواعِدُ التَّحكيم arbitration rules
**تَحلِيل** analysis
تَحليلُ الإدارة management analysis
تَحليلٌ إستاتيكيّ static analysis
تَحليلُ الأعمالِ الحَرِجة critical path analysis
تَحليل (مُقارَنة) أُفُقيّ horizontal analysis
تَحليلُ الأفلام film analysis
تَحليلُ البَياناتِ الماليَّة analysis of financial statements
تَحليلُ التَّبايُن variance analysis

تَحلِيلُ التَّراجُع regression analysis
تَحليلُ التَّراجُعِ المُتَعَدِّد multiple regression analysis
التحليلُ التَّشَكُّليّ morphological analysis
تَحليلُ التَّعادُل break-even analysis
تَحليلُ التَّغطِية cover analysis
تَحليلُ التكاليفِ والعائِدات cost/benefit analysis
تَحليلٌ ثُلاثيُّ المُتَغَيِّرات three-variable analysis
تَحليلٌ جُزئيّ partial analysis
تَحليلُ الحالَةِ الحاضِرة . تَحليلُ الوَضعِ الرّاهِن current position analysis
التحليلُ الحَدِّيّ marginal analysis
تَحليلُ الحَرَكاتِ الدَّقيقة micromotion analysis
تَحليلُ الحِسابات analysis of accounts
تَحليلُ الدَّخلِ والخَرْج . تَحليلُ المُدخَلاتِ والمُخرَجات input-output analysis
تَحليلٌ دِقِّيّ او صُغْريّ micro-analysis
تَحليلٌ ديناميكيّ dynamic analysis
تَحليلٌ رَاسيّ او عَمُوديّ vertical analysis
تَحليلٌ شامِل macro-analysis
التحليلُ الشَّبَكيّ network analysis
تَحليلُ العَلاقَةِ بين الرِّبحِ وحَجمِ الأعمال profit-volume analysis
تَحليلُ عَلاقَةِ الرِّبحِ والتَّكلِفَةِ وحَجمِ الأعمال cost-volume-profit analysis
تَحليلُ الفَترة period analysis
تَحليلُ القِيمة value analysis
تَحليلٌ ماليّ financial analysis

تَحليلُ المَركَزِ المُحاسَبيّ statement analysis
تَحليلُ المَشاريعِ بِالحاسِبةِ الآليَّة computer analysis of projects
تَحليلُ المُعضِلاتِ واتِّخاذُ القَرارات problem analysis and decision making
تَحليلُ النِّسَب ratio analysis
تَحليلُ نِسبَةِ البِناءِ الهَرَميّ pyramid structure ratio analysis
تَحليلُ النُّظُم systems analysis
تَحليلٌ وَحديّ micro-analysis
تَحليلُ الوَظائف job analysis
التحليلُ الوَظيفيّ functional analysis
تَحليلُ وَقتِ الحَرَكة motion time analysis (M.T.A.)
أدَواتُ التحلِيل tools of analysis
تَحليلاتٌ خاصَّة special analyses
التَّقديرُ التحليليّ analytical estimating
**تَحَمَّلَ ـ يَتَحَمَّلُ** assume
يَتَحَمَّلُ نَفَقَةً defray
الخَطَرُ الذي تَتَحَمَّلُهُ شَرِكَةُ التأمينِ الأَصليَّة retained risk
تَحَمُّلُ (الرُّسوم ، إلَخ.) absorption
**تَحَمُّلِيَّة** durability
**تَحمِيل** (البِضاعَة) . **تحميل** (ماليّ) . **حُمُولة** loading
تَحميلُ نَفَقَةٍ charge
خَسارَةٌ عِند التحمِيل loss during loading (l.d.l.)
طاقَةُ التحمِيل carrying capacity
فَترَةُ التحمِيل او التَّفريغ lay-time

قُصورٌ في تَحميلِ مَصاريفِ عِبْءِ المَصنَع
underapplied factory overhead

لا ضَمانَ قَبلَ التحميل no risk till on board (n.r.t.b.)

مُتَعَهِّدُ التحميلِ والتفريغ stevedor

نَفَقاتُ التحميل loading charges

**تَحَوُّط . تَغطِية** hedging

**تَحَوُّلُ اليَدِ العامِلة . دَورَةُ العَمَل**
labour turnover

أَوامِرُ التَّحَوُّلِ لِلأَعمالِ الضَّروريَّة
essential work orders

مَجلِسُ التَّحَوُّلِ الصِّناعيّ Industrial Transference Board

نُقطَةُ التَّحَوُّلِ الثّانية (في الدَّورة)
turning peak

**تَحوِيل** transfer; remittance

تَحويل (وَرَقة تِجاريَّة) negotiation

تَحويلٌ اعتِماديّ credit transfer

تَحويلٌ باعتِمادٍ مَصرِفيّ
bank credit transfer

تَحويلٌ بَرقيّ wire transfer

تَحويلٌ بَريديّ postal transfer

تَحويلُ الدُّيون transfer of debts; debt conversion; refunding

تَحويلُ السَّنَد bond transfer

تَحويلٌ ماليّ remittance

تَحويلٌ ماليٌّ تِلغرافيّ telegraphic transfer (T.T.); cable transfer

تَحويلٌ مَصرِفيّ bank transfer

تَحويلٌ نَقديّ cash remittance

إِشعارُ تَحويلٍ نَقديّ remittance advice

تَحويلاتٌ غيرُ مُتَبادَلة non-reciprocal transfers

تَحويلاتُ المُهاجِرين
immigrant remittances

دَفتَرُ نَقلٍ او تَحويلٍ (الأَسهُم)
transfer book

رُسومُ دَمغَةِ التَّحويل (في عَمَليّات البُورْصة) transfer stamp

صَكُّ تَحويلِ المِلْكِيَّة deed of assignment; transfer deed

غَيرُ قابِلٍ لِلتَّحويل non assignable; non-transferable; "not negotiable"; inalienable

قَسيمَةُ التَّحويلِ الماليّ remittance slip

قَيدُ تَحويل transfer entry

مَدفُوعاتٌ تَحويليَّة transfer payment

يُمكِنُ تَحويلُه assignable

**تَحويل . تَغيير** transformation; conversion

تَحويلُ الأَسهُم conversion of stock

تَحويلٌ إلى رَاسِمال . رَسمَلَة
capitalisation = capitalization

تَحويل (القَرضِ او الدَّين) إلى شَكلٍ جَديد refundment

تَحويلٌ إلى نَقد . تَحقيق realization

تَحويلُ المَسار diversion

تَحويلٌ وَضعيّ (مِن مَوضِعٍ إلى آخَر او مِن جانِبٍ إلى آخَر) transplacement; transposition

أَزمَةُ التَّحويل (بين العُملات) (١٩٤٧)
Convertibility Crisis (1947)

أَسهُمُ تَحوِيل conversion stock
أَوراقٌ نَقديَّةٌ غيرُ قابِلةِ التَّحويلِ إلى ذَهَب inconvertible bank-notes
تَحويلاتٌ غيرُ مَنظورة invisible transactions
تَكلِفَةُ التَّحوِيل conversion cost
حُقوقُ التَّحوِيلِ conversion rights
صِناعاتٌ تَحوِيليَّة manufacturing
عَدَمُ قابليَّةِ التحوِيل inconvertibility
قابِلٌ لِلتحوِيل convertible; alienable
قابِليَّةُ التحوِيلِ او التبدِيل convertibility; transferability
قابِليَّةُ التحوِيلِ التِّجاريّ commercial convertibility
قابِليَّةُ التحوِيلِ لِغَيرِ المُقيمِين non-resident convertibility
قَرضُ تَحوِيل conversion loan
قِيمَةُ التحوِيل conversion value
مَحَطَّةُ تَحوِيل (القِطارات) marshalling yard
نُقودٌ وَرَقيَّةٌ غيرُ قابِلَةِ التحوِيلِ إلى ذَهَب inconvertible paper money

**تَحويل • تَبدِيل** exchange; switch
تَحوِيلٌ احتِياليّ fraudulent conveyance
تَحوِيلٌ استِثماريّ switching
تَحوِيلُ أَملاكِ المَدينِ لِمنفَعَةِ دائِنِيه assignment for benefit of creditors
تَحوِيلٌ بالدُّولار dollar exchange
تَحوِيلٌ بِنِظامِ الجِيرُو المَصرِفيّ bank giro credit
التحوِيلُ الخارِجيّ foreign exchange
تَحوِيلٌ داخِليّ domestic exchange
تَحوِيلٌ على بَياض assignment in blank
تَحوِيلٌ مُباشِر direct exchange
تَحوِيلٌ مَصرِفيّ bank exchange; bank transfer
تَحوِيلٌ مَصرِفيّ داخِليّ bancogiro
أَسعارُ التَّحوِيلِ الحُرَّة free market rates
أَسعارُ التحوِيلِ في السُّوقِ السَّوداء black market rates
أَسعارُ تَحوِيلٍ مُستَقِلَّةٌ ثابِتة independent fixed rates
إشعارُ تَحوِيل (لِلمُستَفِيد) notification of crediting
اِعتِمادٌ قابلٌ لِلتحوِيل assignable credit
تَحديدُ التحوِيلِ الخارِجيّ rationing of exchange
حَسمُ التحوِيل (مِن عُملَةٍ إلى أُخرى) disagio
دَفتَرُ تَحوِيلِ العُملات cambist
رَسمُ التحوِيل exchange charge
سِعرُ التحوِيل assignment price; rate of exchange
سِعرُ التحوِيلِ الحُرّ free rate of exchange
سِعرُ التحوِيلِ الرَّسميّ official rate of exchange
سِعرُ صَرفِ التَّحوِيلِ الخارِجيّ foreign exchange rate
سوقٌ مُزدَوِجَةٌ لِلتحوِيلِ الخارِجيّ dual foreign exchange market
عُمولَةُ التحوِيلاتِ البَريديَّة poundage

مُراقَبَةُ التَّحويل exchange control
وَسيطٌ تَعامُلٍ بالتَّحويلِ الخارِجيّ
exchange jobber
**تَحَيُّز** bias; prejudice
**تَحْييد** neutralization
**تَخالُف . اِلتِواء . اِنحِراف** skewness
**تَخريبٌ اقتِصاديّ** (تَخريبٌ انتِقاميّ لِلمُنشَآت الاقتِصاديَّة) economic sabotage
تَخريبٌ مُفتَعَل sabotage
**تَخْرِيم . تَثْقِيب** perforation
**تَخْزِين** storage; warehousing
تَخزِينٌ حَيّ live storage
تَخزِينٌ هامِد dead storage
رَسمُ التخزِينِ في قَبْو cellarage
نَفَقاتُ تَخزِين storage charges
وَثيقَةُ ادخالِ السِّلَعِ المُسْتَورَدَة لِلتَّخزِين
entry for warehousing
وَحدةُ التَّخزِين (في الحاسِبَةِ الإلِكْترونيَّة)
storage unit (of electronic computer)
**تَخَصُّص** specialization
**تَخصِيصُ** (وَقْف) dedication
**تَخصِيص . اِستِملاك** appropriation
التخصيصُ الاختِياريّ
discretionary appropriation
تَخصيصُ الأَرباحِ غيرِ المُوَزَّعة
appropriation of retained earnings
تَخصيصٌ مُفَنَّد ـ ذُو بُنودٍ مُحَدَّدَة
itemized appropriation
حِسابُ التَّخصيص
appropriation account
**تَخصِيص** allotment; allocation

تَخصيصُ الضَّرائِب tax allocation
تَخصيصُ المَوارِد allocation of resources
إشعارٌ بِتَخصيصِ أَسهُم
letter of allotment
بَندُ تَخصيصِ الأَسهُمِ المُكتَتَبِ فيها
"association clause"
كِتابُ تَخصيص allotment letter
وَصِيَّةٌ تَخصيصيَّة specific legacy
**تَخَطّى ـ يَتَخَطّى** overpass; overtake
**تَخطِيط . وَضعُ الخُطَط** planning
تَخطيطُ الأَرباح profit planning
التخطيطُ الاستراتيجيّ
strategic planning
تَخطيطُ الأَسعار price planning
التَّخطيطُ الاقتِصاديّ
economic planning
تَخطيطٌ إقليميّ (خاصَّةً في المَناطِقِ المُتَخَلِّفةِ اقتِصاديًا) regional planning
تَخطيطُ الإنتاج production planning
تَخطيطُ التَّسْويق market planning
تَخطيطُ التنظيم organization planning
تَخطيطٌ جُزئيّ partial planning
تَخطيطُ الدَّولة . تَخطيطٌ حُكوميّ
state planning
التخطيطُ السياسيُّ والاقتِصاديّ
Political and Economic Planning
التخطيطُ الشامِل macro-planning; comprehensive planning; overall planning
التخطيطُ الشَبَكيّ network planning
التخطِيطُ الضَّريبيّ tax planning

تَخطيطُ طَويلُ المَدى او الأَجَل
long range (or long-term) planning

التَّخطيطُ في الشَّرِكة company planning; corporate planning

تَخطيطُ قَصيرُ المَدى
short-term planning

تَخطيطُ القُوى العامِلة
manpower planning

التخطيطُ القَوميّ national planning

تَخطيطٌ كَمّيّ quantitative planning

تَخطيطٌ لا مَركَزيّ
decentralized planning

التخطيطُ لِلتَّصَرُّفِ بالأَملاك
estate planning

التخطيطُ لِتَصريفِ البَضائِع
merchandise planning

التخطيطُ الماليّ financial planning

تَخطيطُ المَبيعات sales planning

تَخطيطُ المُدُن city planning

التخطيطُ المَرْكَزيّ central planning

التخطيطُ المُلزِم imperative planning

تَخطيطُ المُنتَجات product planning

تَخطيطٌ مُوَجَّه directive planning

تَخطيطٌ وَحدِيّ او صُغريّ micro-planning

التخطيطُ والمُراقَبَةُ المُتكامِلان
integrated planning and control

خَبيرٌ في التَّخطيط . مُخَطِّط planner

دائِرَةُ التخطيط planning department

دِراسَةُ تَخطيطِ المَعمَل
plant layout study

رَسمُ الأَعمالِ التخطيطيّ flow diagram

الطَّريقَةُ التخطيطيَّةُ لِلتَّقديرِ والمُراجَعة
graphical evaluation and review technique (GERT)

مَجلِسُ التخْطيط planning council

مَجلِسُ التخطيطِ المَركَزيّ
central planning board

مَناطِقُ التخطيطِ الاقتِصاديّ
economic planning regions

**تَخفِيض** reduction; cut; abatement; rebate; diminution

تَخفيضُ الأُجور wage cut

تَخفيضُ الأَسعار markdown; price cutting

تَخفيضُ الإنتاج cutback

تَخفيضُ التَّكاليف reduction of costs

تَخفيضٌ جُزئيّ partial devaluation

تَخفيضُ الدَّرَجة downgrading

تَخفيضُ السِّعرِ لِزيادَةِ المَبيعات
trading down

تَخفيضُ الضَّريبة abatement of taxes; tax abatement; tax cut

تَخفيضُ الضَّريبةِ بِسَبَبِ الاستِثمار
investment tax credit

تَخفيضُ قِسطِ التامين
rebate of premium

تَخفيضٌ قِياسيّ . تَخفيضٌ مِعياريّ
standard deduction

تَخفيضُ قِيمَةِ الأَصل writing off

تَخفيضُ القِيمَةِ الضَّريبيَّة de-rating

تَخفيضُ (قِيمَةِ العُملة) devaluation (of currency)

تَخفِيضُ قِيمَةِ الفاتورة underinvoicing
تَخفيضُ النَّفَقات retrenchment
نِسَبُ تَخفيضِ سِعرِ البَيع markdowns, markdown rates
**تَخفِيف** lightening; dilution
تَخفيفُ الضَّريبة tax mitigation
تَخفيفُ المُواصَفاتِ (لإستِخدامِ عُمّالٍ غيرِ مُطابِقِينَ لِلشُّروطِ الأَصلِيَّة) dilution
**تَخَلٍّ** (عَن مِلكٍ ، حَقٍّ ، إلَخ.) abandonment; release
تَخَلٍّ عَن مُطالَبة quitclaim
سِعرُ التَّخَلِّي assignment price
شَرطُ التَّخَلِّي abandonment clause
القِيمَةُ عِندَ التَّخَلِّي (عَن بُولِيصَةِ التأمين) surrender value
**تَخَلّى ـ يَتَخَلّى** cede; renounce; repudiate; waive
يَتَخَلّى (عن حَقٍّ او خُطَّة) relinquish
يَتَخَلّى عن مِلكٍ او حَقّ release; abandon
**تَخَلَّصَ ـ يَتَخَلَّصُ مِن بِضاعَة** (بإلقائها مِن واسِطَةِ النَّقل) jettison
**تَخَلُّف** (اقتِصاديّ) underdevelopment
تَخَلُّف (عَنِ القِيامِ بواجِب) default
تَخَلُّفٌ عَن سَدادِ سَنَد defaulting on a note
تَخَلُّفاتٌ زَمَنِيَّة time-lags
**تَخلِيص . تَصفِيَة** clearance
أَوراقُ تَخليص clearance papers
**تَخمِين . تَثمِين** assessment
فائِضٌ تَخمينيّ appraisal surplus; appreciation surplus

لَجنَةُ تَخمينٍ وَبَيع commission of appraisement and sale
مُعيدُ تَخمينيّ reappraiser
**تَدابِير . إجراءات** (أُنظُر تَدْبير) measures
**تَداخَلَ ـ يَتَداخَلُ . يَتَراكَبُ** overlap
**تَداخُل . تَدَخُّل** interference
**تَداوُل** currency; circulation
تَداوُل (مُجمَلِ المَبيعاتِ في فَترَةٍ مُعَيَّنة) stockturn
تَداوُلُ النُّقود monetary circulation
إطلاقُ الأَموالِ المُكتَنَزَةِ في التَّداوُل dis-hoarding
بُولِيصَةُ شَحنٍ قابِلَةٌ لِلتَّداوُل negotiable bill of lading
سَحبُ عُملَةٍ مِنَ التَّداوُل demonetisation; demonetization
سُرعَةُ تَداوُلِ الدُّخول income velocity of circulation
سُرعَةُ تَداوُلِ النُّقود velocity of circulation
سَنَدٌ غَيرُ قابِلٍ لِلتَّداوُل non-negotiable bond
سَنَدٌ قابِلٌ لِلتَّداوُل negotiable bond; negotiable paper
غَيرُ قابِلٍ لِلتَّداوُل non-negotiable
قابِلٌ لِلتَّداوُل negotiable
قابِلِيَّةُ التَّداوُل negotiability
كَمْبِيالَةٌ غَيرُ قابِلَةٍ لِلتَّداوُل non-negotiable bill of exchange (or note)
كَمْبِيالَةٌ قابِلَةٌ لِلتَّداوُل negotiable bill of exchange; negotiable note

وَرَقَةٌ قابِلَةٌ لِلتَّداوُل — negotiable instrument

وَضعٌ في التَّداوُل . تَصريف — placing

يُبطِلُ عُملَةً مِنَ التَّداوُل — demonetize

**تَدبير . تَوريد** (المَواد) — procurement

**تَدبير . اقتِصادٌ في النَّفَقات** — husbandry

التَّدبيرُ المَنزِليّ — home economics

**تَدبير . خُطَّة** — scheme

تَدبيرٌ احتِياطيٌّ او مُؤَقَّت — provision

تَدبيرٌ قانونيّ — remedy

تَدبيرٌ قَضائيّ — process

تَدبيرٌ مُؤَقَّت — provisional remedy

**تَدَحرَجَ – يَتَدَحرَجُ** — roll

**تَدَخُّل** — intervention

تَدَخُّلٌ تَطَفُّليّ . اِقتِحام — intrusion

تَدَخُّلُ الدَّولة — state interference

تَدَخُّلُ الغَيرِ في قَبولِ الكَمبِيالة — acceptance for honour; acceptance supra protest

التَّدَخُّلُ في أَسواقِ الصَّرف — exchange intervention

دَفعُ (المالِ) بِالتَّدَخُّل — payment for honor

سِعرُ التَّدَخُّل — intervention price

عَدَمُ التَّدَخُّل — non-interference

مَذهَبُ عَدَمِ التَّدَخُّل — laissez (or laisser) faire

نِقاطُ التَّدَخُّل (حُدودُ التَغَيُّرِ المَسموحِ بِهِ لِأَسعارِ الصَّرف) — intervention points

**التَّدَخُّلِيَّة . مَذهَبُ التَّدَخُّلِيَّة** — interventionism

**تَدَرُّب** — training; exercise

تَدَرُّبٌ عَلى مِهنة — apprenticeship

**تَدَرُّج . تَقَدُّم** — progression

تَدَرُّجُ العَمَل — labour grading

التَدَرُّجُ الهَرَميّ (في الوَظائِفِ والمَسؤوليّات) — hierarchy

تَدَرُّجُ الوَظائف — job grading

التَدَرُّجُ الوَظيفيّ . تَسَلسُلُ السُّلطات — chain of command

اشتِراكيَّةُ التَّدَرُّج — gradualism

خَطُّ التَدَرُّج — "line" relationship

نِظامٌ تَدَرُّجيٌّ إداريّ — "line and staff" organisation

نِظامٌ تَدَرُّجيٌّ وَظيفيّ — "line and functional" organisation

**التَّدَرُّجِيَّة** — gradualism

**تَدريب** — instruction; training

تَدريبٌ أَثناءَ العَمَل — on-the-job training

التَدريبُ بِدِراسَةِ المُراسَلاتِ الوارِدة — in-tray training; in-basket training

التَدريبُ الجَماعيّ — group training

تَدريبٌ داخِليّ (ضِمنَ المُؤَسَّسة) — internal training

تَدريبٌ سابِقٌ لِلتعيين — pre-entry training

التَدريبُ عَلى الحَساسِية — sensitivity training

تَدريبٌ فَرديّ — individual training

التَدريبُ في الخِدمة — in-service training

التَدريبُ في الصِّناعة — training within industry

تَدرِيبٌ في قاعَةِ العَمَل
vestibule training

تَدريبٌ لاحِق (بَعدَ الالتِحاقِ بِالعَمَل)
post-entry training

تَدريبٌ مهنيّ vocational training

تَدريبٌ مَيدانيّ field training

تَدريبٌ يَدَويّ manual training

بَرنامَجُ تَدريب training programme

مَجلِسُ التدريبِ الصِّناعيّ
Industrial Training Board

مَراكِزُ التدريبِ الحُكوميَّة
government training centres

**تَدرِيج . تَحدِيدُ الدَّرَجةِ او الصِّنْف**
gradation

**تَدشِين . اِفتِتاح** inauguration

**تَدعِيم . دَعْم** support

إعاناتُ تَدعيمِ أسعارِ المَزرَعة
farm price supports

مِنْحَةُ تَدعيمِ الضَّرائبِ المَحَلِّيَّة
rate support grant

**تَدَفُّق** flow; inflow; influx

تَدَفُّقٌ (إلى الخارِج) outflow

تَدَفُّقٌ ثُنائيّ bilateral flow

**تَدفِئَة** heating

إضاءَةٌ وتَدفِئة light and heat

نِظامُ تَدفِئة heating system

نَفَقاتُ التَّدفِئة heating expenses

**تَدقِيق . فَحْص** check

تَدقيقٌ اختِباريّ test audit

تَدقيقُ الإدارة management audit

تَدقيقُ الحِسابات audit; auditing

تَدقيقُ الحِساباتِ الداخِليّ
internal auditing

تَدقيقُ الحِساباتِ المُستَقِلّ
independent audit

تَدقيقُ الحِساباتِ المُستَمِرّ . تَدقيقٌ مُستَمِرّ
continuous audit

تَدقيقٌ داخِليّ internal audit; internal check

تَدقيقٌ سابِق pre-audit

تَدقيقٌ شامِل complete audit

تَدقيقُ العَمَليّات operations audit

تَدقيقٌ لاحِق post-audit

تَدقيقُ المُشتَرَياتِ النَّقديَّة cash audit

تَدقيقٌ مُفَصَّل detailed audit

تَدقيقُ الميزانيَّة balance sheet audit

آلَةُ تَدقيقِ حِسابِ الشّيكات
bank proof machine

آلَةُ تَدقيقٍ وتَحَقُّق verifier

**تَدَهوَرَ ـ يَتَدَهوَرُ . يَسقُطُ** tumble

**تَدَهوُر** (اقتِصاديّ) . **هُبوط** (الأَسعار) slide

**تَدوِيلُ مِلكِيَّةِ الأَراضي . تَأمِيمُ الأَراضي**
land nationalisation

**تَدوِين** enrolment

**تَذكِرة . بِطاقة** ticket

تَذكِرَةُ الدَّوام time ticket

تَذكِرَةٌ مُرجِعة return ticket

تَذاكِرُ العُمّال workmen's tickets

**تَذكِير ـ فاتُورَةُ تَذكِير** memorandum bill

**تَذَمُّر** discontent

**تَرابُط** interdependence

**تُراث . مِيراثٌ عَقاريّ** heritage

تَراجَعَ ـ يَتَراجَعُ recede; relapse; retreat
تَراجُع . نَكْسة setback
تَحليلُ التَّراجُع regression analysis
تَحليلُ التَّراجُعِ المُتَعَدِّد
multiple regression analysis
مُخَطَّطُ التَّراجُع regression chart
تَراخٍ . إبْطاء slackening
تَرَأَسَ ـ يَتَرَأَسُ الجَلْسة chair
تَراضٍ consent; compromise
تَراضٍ وأداء accord and satisfaction
تَرتيبٌ بالتَّراضي arrangement
قَرارُ تَراضٍ consent decree
تَرافَعَ ـ يَتَرافَعُ . يَدفَعُ (بِرَدٍّ أمامَ المَحكَمة)
plead
تَراكَبَ ـ يَتَراكَبُ overlap
تَراكَمَ ـ يَتَراكَمُ accumulate
يَتَراكَمُ بِسُرعة snowball
تَراكُم accumulation
قانونُ الوَقفِيّاتِ والتَّراكُم Perpetuities
and Accumulations Act (1964)
تَراكُمِيّ accumulative; cumulative
أَسهُمٌ مُمتازةٌ تَراكُمِيَّةُ الأَرباح
cumulative preference shares
تَصويتٌ تَراكُمِيّ cumulative voting
طَريقةُ القُيودِ الحِسابيَّةِ التَّراكُمِيَّة
accrual basis of accounting
تِرام ـ خُطوطُ التِّرام tramways
ترانْزيت . عابِر transit; in transit
اِمتِيازاتُ الترانْزيت (مِن حَيثُ الاستِيداعُ
او التَّعبِئةُ او التَّصنيع)
in-transit privileges

بَضائعُ بِطَريقِ الترانْزيت
goods in transit
تُرْبة . أَرْض soil
تَآكُلُ التُّربة erosion; soil erosion
حِفظُ التُّربة soil conservation
تَربِية education
تَربيةُ الأَسماك pisciculture
تَربيةُ الحَيَواناتِ الداجِنة husbandry
تَربيةُ المُستَهلِك consumer education
وَزارَةُ التَّربِية ministry of education
تَربيعِيّ quadratic
مُعادَلة تَربيعِيَّة quadratic equation
تَرتيب arrangement; order
تَرتيب . تَنظيم
regulation; organization
تَرتيبُ الأُصول marshalling assets
تَرتيبُ الأَفضَلِيَّة order of preference
تَرتيبٌ بِالتَّراضي arrangement
تَرتيبٌ تَصنيفِيّ gradation
تَرتيبُ الفِئات category rating
تَرتيبُ المُبادَلة (بِعُملاتٍ مُختَلِفة)
swap (or swop) arrangement
آلَةُ تَرتيبِ البِطاقات collator
تَرتيباتٌ عامَّةٌ لِلإقتِراض
general arrangements to borrow
طَريقَةُ التَّرتيبِ القِيَميّ abc method
تَرتيبِيّ ordinal
تَرجيح weighting
تَرحيل posting
تَرخيص . إذْن permission; licence
تَرخيصُ مُرور pass

تَرخيصُ النَّقلِ على الطُّرُق road licensing
تَرخيصُ نَقلٍ مِن فِئة أ "A" Licence
سُلطَةُ التَّرخيص licensing authority
**تَرَدُّد . عَدَمُ رَغْبة** reluctance
**تَرَدُّد . تَواتُر** frequency
صَفقةٌ جُزئيَّة تَرَدُّديَّة call and put
**ترسْت وَحَدات** unit trust
ترسْت الوَحَدات المُتَغَيِّرة الاستِثمار open-end trust
**تَرشيح** nomination
**تَرشيد . عَقلَنة** rationalisation; rationalization
تَرشيدُ الإنتاج . التَّنظيمُ العِلميُّ لِلإنتاج rationalisation of production
تَرشيدُ العَمَل (جَعلُهُ أَقَلَّ كُلفَةً وأَكثَرَ إنتاجاً) rationalisation of labour
**تَرَفٌ** luxury
**تَرفيعٌ سَبقيٌّ لِلمُؤَهَّلِ عَلى الأقدَمِ** (مِنَ المُوَظَّفين) deadheading
**تَرفيه** recreation
إدارَةُ التَرفيهِ عَنِ المُوَظَّفين welfare management
**تَرقِية . تَقَدُّم** advancement; promotion
جَدوَلُ التَّرقيات promotion roster
لائِحَةُ التَّرقيات promotion list
**تَرقيمٌ** (مُتَسَلسِل) pagination
وَثائِقُ مُتَسَلسِلَةُ التَّرقيم serially-numbered documents
**تَرَكَ ــ يَترُكُ** leave; quit
يَترُكُ بِلا جَواب leave unanswered

**تَركٌ** abandonment
مُكافَأةُ تَركِ الوَظيفة "golden handshake"
**تَرِكة . مِيراث** hereditament; estate
تَرِكَةٌ بِلا وَصِيَّة intestacy
خِطاباتُ تَفويضٍ بِإدارةِ التَّرِكة letters of administration
ضَريبَةُ التَّرِكة estate tax; estate duty; succession duty
نَصيبُ الأرمَلَةِ مِن تَرِكَةِ زَوجِها dower estate
**تَرَكَّزَ ــ يَتَرَكَّزُ حَولَ** hinge
**تَركيب . حِسابٌ مُرَكَّب** compounding
**تَركيب . تَكوين** composition; formation
تَركيبُ (المُنشَأة) installation
تَركيبات (قِطَعُ وأدَواتُ تَركيب) fittings
تَركيباتُ الحاسِبةِ الإلِكترونيَّة computer installations
**تَركيب . بِنْية . هَيكَل** structure
تَركيبٌ أَساسيّ . هَيكَلٌ أَساسيّ infrastructure
تَركيبٌ تِقْنيّ . هَيكَلٌ تِقنيّ technostructure
تَركيبٌ عُلْويّ . هَيكَلٌ عُلْويّ superstructure
**تَركيبيّ . اِصطِناعيّ** synthetic
**التَّركيبيَّة** synthetics
**تَركيز . تَكثيف** concentration
تَركيزٌ ضِمنَ المَدينة intra-city concentration

تَركيزٌ في مَكانٍ او مَوقِع localization

**ترميم . إصلاح** restoration

**التروتسكِيَّة** (مَذهَبُ تروتسكِي في السِّياسةِ والاقتِصاد) Trotskyism

**تَروِيج** promotion

تَرويجُ البِضاعةِ بالمُفَرَّق
retail merchandising

تَروِيجُ المَبيعات sales promotion

بَيعُ الأَسهُمِ بِالتَّرويجِ الخِداعيّ
share pushing

مَركَزُ تَرويجِ التِّجارة trade promotion centre

مُوازَنَةُ تَرويجِ البِضاعة
merchandising budget

**تَرَيُّثٌ** (في المُطالَبة) forbearance

**تَزايُدٌ سُكّانيٌّ صِفريّ . ثَباتُ عَدَدِ السُّكّان**
zero population growth (z.p.g.)

**تَزلِيق . تَشحِيم** lubrification

**تَزَهُّد ـ نَظَرِيَّةُ التَّزَهُّد** (اتِّجاهٌ نَحوَ تَفضيلِ الفائدةِ الآجِلة) abstinence theory

**تَزَوَّدَ ـ يَتَزَوَّدُ أَو يُزَوَّدُ ثانِيَةً بالوَقُود**
refuel

**التَّزوِير . شَهادَةُ الزُّور** perjury

**تَزوِير . تَزيِيف** forgery; falsification

**تَزيِيف . تَقلِيد** imitation

فِعلُ التَّزيِيف counterfeiting

**تَسامُح . إِمهال** indulgence

**تَساهُل . إِعفاء** bonification

**تَساوٍ** equalisation; equalization

تَساوي الإِدِّخارِ والاستِثمار
equality of saving and investment

تَساوي القُوَّةِ الشِّرائيَّة
purchasing power parity

بِالتَّساوي pari passu

مُنحَنَياتُ التَّساوي (السَّواء)
indifference curves

مُنحَنَياتُ التَّساوي (السَّواء) الإِنتاجيّ
iso-product curves; isoquants

مُنحَنَيات التَّساوي (السَّواء) الإِنفاقيّ
iso-outlay curves

**تِستون** (الاسمُ الأَصليُّ لِلشِّلِنْج) testoon

**تَستيفُ** (تَكديسُ) **البَضائع . أُجرَةُ التَّستيف**
stowage

**تَسجيلٌ . قَيد** registration; enrolment

تَسجيلُ (بَضائعَ وارِدة) entry

تَسجيلُ ساعاتِ العَمَل timekeeping

تَسجيلُ السَّفينة registration of ship

تَسجيلُ السَّهمِ بِاسمِ السِّمسارِ (لا بِاسمِ صاحِبه) street name

تَسجيلُ العُقود registration of deeds

التَّسجيلُ لَهُ أَو لِحِسابِه crediting

تَسجيلُ مَدينٍ مُباشِر (على حِسابٍ...)
direct debit

تَسجيلُ المَعلومات data recording

آلَةُ تَسجيلِ النَّقد register cash

بِطاقَةُ تَسجيل registration label

بَيانُ تَسجيلِ البِضاعَةِ المَخزُونة
stock record card

تاريخُ تَسجيلِ تَمَلُّكِ السَّهم
stock record date

رُسومُ التَّسجيل registration dues; registration fees

شَهادَةُ تَسجيلِ (السَّفينة)
certificate of registry
**تَسخير • سُخرة** corvée
تَسخيرُ العامِلِ (وَفاءً لِدَين) peonage
**تَسديد • سَداد** reimbursement; repayment; discharge
تَسديدٌ بِالكامِل paying off; paying up
تَسديدُ الدَّين • بَراءَةُ ذِمَّة quietus
تَسديدُ الدَّينِ العامّ retirement
اِحتِياطيُّ تَسديدِ الدَّين
debt reduction reserve
طَرِيقَةُ التَّسديد payback method
قابِلٌ لِلتَّسديد callable
مالٌ مُخَصَّصٌ لِتَسديدِ دَين
amortization fund
المَبالِغُ المَطلوبُ تَسديدُها payables
مَوعِدُ التَّسديد time of redemption
يَرفُضُ الدَّفعَ والتَّسديد dishonour
يُمكِنُ استِعادَتُهُ او تَسديدُه recoverable
**تَسَرَّبَ ــ يَتَسَرَّبُ • يَرشَحُ** leak
**تَسَرُّبٌ • سُرُوب** leakage; infiltration
**تَسريح** dismissal
تَسريحُ العُمّال (مُؤَقَّتاً) laying-off
مُرَتَّبُ او مَعاشُ التَّسريح
dismissal wage
**تَسطيرٌ • شَطب** crossing
تَسطيرٌ خاصٌّ (شِيكات) special crossing
تَسطيرٌ عامّ general crossing
**تَسعير** pricing
تَسعيرٌ بَرقيّ tape quotation

تَسعيرٌ تَفاضُليّ differential pricing
تَسعيرٌ جَبريّ tariffing
التَّسعيرُ حَسَبَ التَّكلِفة full-cost pricing
التَّسعيرُ حَسَبَ المَناطِق zone pricing
التَّسعيرُ الدّاخِليُّ لِمُنتَجاتِ الشَّرِكة
intercompany pricing
التَّسعيرُ الصافي net pricing
تَسعيرٌ مُزدَوِج double pricing
تَسعيرٌ يَتَحَدّى المُنافِسين
aggressive pricing
عَمَلِيَّةُ التَّسعير pricing process
نِظامُ التَّسعيرِ في مَحَلِّ الإنتاج
mill base system
يُبالِغُ في التَّقديرِ او التَّسعير overrate
**تَسعيرة • سِعرٌ مَعرُوض** quotation
لَجنَةُ التَّسعيرات quotations committee
مُحَدِّدُ التَّسعيرة (في نِظامِ الأجرِ بالقِطعة)
pace setter
**تَسْكين ــ فَترَةُ تَسكين** cooling-off period
**تَسَلسُل** sequence; order
تَسَلسُلُ السُّلُطات chain of command
حَقُّ النَّشرِ بِالتَّسَلسُل serial right
**تَسَلسُليّ** cascade
**تَسَلُّطٌ هَرَميّ • تَهريم** pyramiding
**تَسَلُّطيّ • اِستِبداديّ** authoritarian
**تَسَلَّمَ ــ يَتَسَلَّمُ • يَقبِضُ** receive
**تَسَلُّم • اِستِلام** receipt; receiving
بُوليصَةُ شَحنِ بَضائعَ تَمَّ تَسَلُّمُها
received bill of lading
الدَّفعُ عِندَ تَسَلُّمِ البِضاعة
cash on receipt of merchandise

**تَسلِيف** credit; loan; advance

تَسليفٌ اجتِماعيّ social credit

تَسليفٌ اِستِثماريّ investment credit

تَسليفٌ تِجاريّ trade credit

تَسليفٌ عَقاريّ mortgage credit

تَسليفٌ لِأجَلٍ طَويل long-term credit

تَسليفُ المُستَهلِك consumer credit

تَسليفُ المُنتِجين producers' credit

اتّحادُ تَسليف credit union

بَنْكُ تَسليفٍ زِراعيّ rural credit bank

جَمعِيّاتُ التَّسليفِ التَّعاوُنيَّة
credit co-operative societies

جَمعِيَّةُ تَسليف loan society

حَدُّ التَّسليفِ الأقصى loan ceiling

الخُصومُ والتَّسليفات
discounts and advances

خَطُّ التَّسليف (او الإعتِماد)
line of credit

سِعرُ التَّسليفِ على الأوراقِ الماليَّة
rate of contango

شَرِكَةُ تَسليفٍ وأمانات loan and trust company

شُروطُ التَّسليف credit terms

قُيُودٌ كَمِّيَّةٌ على التَّسليف quantitative credit restriction

قُيودٌ نَوعيَّةٌ على التَّسليف qualitative credit restriction

مَخاطِرُ التَّسليف credit risks

مُديرُ التَّسليف credit manager

مُراقَبَةُ التَّسليف credit control

مَكتَبُ التَّسليف credit bureau

مُؤَسَّسَةُ التَّسليفِ لِتَصريفِ السِّلَع
commodity credit corporation

**تَسلِيم** delivery

التَّسليمُ (في بُورصَةِ الأوراقِ الماليَّة)
tradition

تَسليمٌ آجِل forward delivery; future delivery

تَسليمُ بابِ المَخزَن store-door delivery

تَسليمُ البِضاعَةِ ناقِصةً . نَقصُ التَّسليم
short delivery

تَسليمٌ حُرٌّ لِغايَةِ الرَّصيف free overside

تَسليمٌ خالِصُ الأُجرة franco delivery

تَسليمُ رَصيفِ المِيناء ex-quay; free on quay

تَسليمُ رَصيفِ مِيناءِ التَّصدير (يُذكَرُ اسمُ المِيناءِ المَقصود) free alongside ship (F.A.S.)

تَسليمٌ سَريع speedy delivery

تَسليمُ سِكَّةِ الحَديد free on rail (f.o.r.)

تَسليمٌ صَحيح good delivery

تَسليمُ ظَهرِ المَركَب ex ship

تَسليمُ (فُوب) على السَّفينة
free on board (F.0.B.)

تَسليمٌ فاسِد bad delivery

تَسليمٌ فِعليّ actual delivery

تَسليمٌ فَوريّ immediate delivery

تَسليمٌ لِقاءَ الدَّفع issue on payment

تَسليمٌ مُباشِر spot delivery

تَسليمُ مَحَلِّ المُشتَري f.o.b. destination

تَسليمُ المَخزَن ex warehouse

تَسليمُ مَخزَنِ المُشتَري franco; rendu
تَسليمٌ مُستَقبَليّ forward delivery
تَسليمُ مُستَنَداتِ الشَّحنِ لِقاءَ الدَّفع
documents against payment
تَسليمُ مُستَنَداتِ الشَّحنِ لِقاءَ القَبول
documents against acceptance
تَسليمٌ مُسَجَّل recorded delivery
تَسليمُ (فُوب) المَصنَع f.o.b. factory
تَسليمُ المَصنَع (في عَرْضِ السِّعر)
ex factory
تَسليمُ المِيناء (ويُذكَرُ اسمُ المِيناء)
ex dock (named port); ex quay
تَسليمُ نُقطَةِ الشَّحن
f.o.b. shipping point
إشعارُ تَسليم delivery note
أمرُ تَسليم delivery order
بَدَلُ تَأجيلِ التَّسليم backwardation
البَيعُ عِندَ التَّسليم sale on delivery
التَّحصيلُ عِندَ التَّسليم
collect on delivery
الدَّفعُ عِندَ التَّسليم cash on delivery (C.O.D.); pay on delivery (P.O.D.)
دَفعٌ قَبلَ التَّسليم cash before delivery (C.B.D.)
سِعرُ التَّسليم delivered price
سِعرُ التَّسليمِ الفَوريّ spot price
سُوقُ الصُّوفِ لِلتَّسليمِ الآجِل
wool futures market
سَيّارَةُ تَسليمِ السِّلَع delivery van
شُرُوطُ التَّسليم terms of delivery
عَدَمُ التَّسليم non-delivery

عَقدُ تَسليم delivery contract
قائِمَةُ تَسليم issue voucher
القيمَةُ النَّقدِيَّةُ عِندَ التَّسليم
cash surrender value
نَفَقاتُ التَّسليم delivery cost
نَفَقاتُ التَّسليمِ المَدفُوعَةُ مُقَدَّماً
prepaid delivery charges
نَقصُ التَّسليم short delivery
وَصلُ تَسليم receipt
وَقتُ التَّسليم time of delivery
**تَسمِيَةٌ أوائِلِيَّة** (مُرَكَّبَةٌ مِن أَوائِلِ حُروفِ كَلِماتٍ أُخرى) acronym
**تَسنِين . تَثليم** indentation
**تَسهِيل** easiness
تَسهِيلات facilities
تَسهيلاتُ الإئتِمان credit facilities
تَسهيلاتُ تَبادُل "swap" facilities
تَسهيلاتُ دَفع easy payment
حَدُّ التَّسهيلاتِ الإئتِمانيَّة credit line
**تَسَوَّقَ ـ يَتَسَوَّقُ** shop
**تَسَوُّق ـ مَركَزُ تَسَوُّق** shopping center
**تَسوِية . حَلٌّ وَسَط** compromise
**تَسوِية . صُلحٌ واقٍ** composition
تَسوِيةُ التَّخمين (الضَّريبيّ)
equalisation of assessment
تَسوِيةُ (او تَوفيقُ) رَصيدِ المَصرِف
reconciling the bank balance
بَيانُ (او كَشفُ) تَسوِيةٍ مَصرِفيّ
bank reconciliation statement
تَسوِياتُ مُدَّةٍ سابِقة prior period adjustment

عَمَلِيَّةُ التَّسوِية adjusting process

مِنحَةُ تَسوِيةٍ مِنَ الخِزانَةِ العامَّة rate deficiency grant; exchequer equalization grant

**تَسوِية** settlement

تَسوِيةُ الأَسعار levelling of prices

التَّسوِيَةُ الأُسِّيَّة exponential smoothing

تَسوِيةٌ حُبِّيَّة amicable settlement

تَسوِيةُ الحِسابات credit clearing

تَسوِيَةُ الخَسائِر . تَسوِيَةُ العَوارِيَّة average adjustment

تَسوِيَةُ الخِلافاتِ (والمُنازَعات) settlement of disputes

بَنكُ التَّسوِياتِ الدُّوَلِيَّة Bank for International Settlements (B.I.S.)

تَقريرُ تَسوِيةِ الخَسارة average statement

حِسابُ التَّسوِيَة realization account

سَنَدُ تَسوِية adjustment bond

عُملَةُ التَّسوِية currency of settlement

يَومُ التَّسوِية (في البُورْصة) account day; settling day

**تَسوِيغ . تَبرِير** justification

**تَسوِيق** marketing

التَسوِيقُ التَّكافُليّ symbiotic marketing

اِتِّفاقِيَّةُ تَسوِيق market agreement

اِسمٌ تَسوِيقيّ marketing name

بَحثُ (أو دِراسَةُ) التَّسوِيق marketing research

تَخطِيطُ التَّسوِيق market planning

تَعاوُنِيَّةُ التَّسوِيق marketing cooperative

خُطَّةُ التَّسوِيق marketing plan

دِراسَةُ اقتِصادِيّاتِ التَّسوِيق metamarketing

قابِلٌ لِلتَّسوِيق marketable

قابِلِيَّةُ التَّسوِيق marketability

لا يَصلُحُ لِلتَّسوِيق unmarketable

مَجالِسُ تَسوِيق marketing boards

مجلِسُ تَسوِيقِ البَيْض egg marketing board

مَركَزُ تَسوِيق shopping center

**تشارتَرْد بَنْك** Chartered Bank

**تَشاوُر** deliberation

تَشاوُرٌ مُشتَرَك joint consultation

**تَشاؤُم** pessimism

**تَشَبُّع . حالَةُ التَّشَبُّع** saturation

**تَشتِيت . تَشَتُّت** dispersion

**تَشجِير** afforestation

تِقنِيَّةُ التَّشجِير forestry

**تَشجِيع** encouragement; heartening

تَشجِيعُ الزَّبائِن patronage

أَسهُمُ تَشجِيعِيَّة incentive shares

التَّشجِيعاتُ الجَماعِيَّة group incentives

خُطَّةٌ تَشجِيعِيَّة incentive scheme

لَجْنَةُ تَشجِيعِ شِراءِ الأَسْهُم wider share ownership

**تَشحِيم . تَزلِيق** lubrification

**تَشخِيصيّ** diagnostic

الرُّوتِينُ التَّشخِيصيّ diagnostic routine

**تَشرِيع** legislation

تَشريعُ الإفْلاسِ القَوميّ
National Bankruptcy Act

تَشرِيعُ التِّجارَةِ بَينَ الوِلايات
Interstate Commerce Act

تَشريعُ رُوبِنْصُن ــ باتْمَن (لِضَمان المُنافَسَةِ الحُرَّةِ في الوِلاياتِ المُتَّحِدة)
Robinson-Patman Act

تَشريعُ شِرْمان (في مُقاوَمَةِ الاحتِكارِ وَوَقْفِ سَكِّ الفِضَّةِ دُولاراتٍ)
Sherman Act

تَشريعُ العَمَلِ في سِكَكِ الحَديد
Railroad Labor Act

التَّشريعُ القَوميُّ الخاصُّ بالمَصارِف
National Bank Act

التَّشريعُ القَوميُّ لِعَلاقاتِ العَمَل
National Labor Relations Act

التَّشريعُ المُوَحَّدُ لِلأوراقِ القابِلَةِ لِلتَّداوُل
Uniform Negotiable Instruments Act

تَشريعُ الوَقتِ القِياسيّ لعام ١٩١٨
Standard Time Act

تَشريعاتُ العَمَل — labour legislation

سُلطَةٌ تَشريعِيَّة — legislative authority

قانُونٌ بَرلمانيّ (تَشريعِيّ) — statute

**تَشريفٌ مُوَثَّق** — notarial act of honour

تَشريفات . مَراسِم . بروتوكول
protocol

**تَشريك** — collectivization; socialization

إلْغاءُ التَّشْريك — decollectivization

**تَشَعُّب . تَفَرُّع** — ramification

**تَشغِيل** — operating; employment

تَشغِيلُ الأَولاد
employment of children

تَشغِيلُ الكِبار
employment of the elderly

التَّشغِيلُ المُوازي — parallel running

إحتِياطيُّ التَّشغِيل — working reserve; operating reserve

أُسلوبُ التَّشغيلِ القِياسيّ
standard operating procedure (S.O.P.)

إنتاجٌ مَنزِليُّ التَّشغيل
putting-out system

بَحثُ التَّشغيل — Operational Research (O.R.)

البَيانُ التَّشغيليُّ لِلمَبيعات
sales operating statement

بَيانُ حِسابِ التَّشغيل
operating statement

حِساباتُ التَّشغيل — operating accounts

خَسارَةُ عَمَلِيّاتِ التَّشغيل
loss from operations

الخَسارَةُ مِنَ التَّشغيل — operating loss

دَخلٌ مِنَ التَّشغيل — operating income

دَخْلٌ (او إيرادٌ) مِن مَصادِرَ غَيرِ التَّشغيل
non-operating income

دَورَةُ التَّشغيل — cycle of operation; operating cycle

دَورَةُ التَّشغيلِ العادِيَّة
normal operating cycle

رِبحُ التَّشغيل — operating profit

شَرِكَةُ تَشغيل — operating company

صافي دَخلِ التَّشغيلِ الإعتِياديّ
net operating income

صُندُوقُ التَّشغيل — working fund

عَجزٌ في التَّشغيل operating deficit
فائِضُ التَّشغيل operating surplus
مُخَطَّطُ التَّشغيل operating plan
مَصاريفُ التَّشغيل working expenses; operating expenses
مَصرُوفاتٌ غَيرُ تَشغيليَّة non-operating expense
مَلجَأُ تَشغيل workhouse
ميزانِيَّةُ التَّشغيل operating budget
نَتائِجُ التَّشغيل operating results
نِسبَةُ التَّشغيل operating ratio
نِظامُ التَّشغيلِ الإداريّ management operating system
نَفقاتُ التَّشغيل operating costs
نَفَقاتُ التَّشغيلِ والصِّيانة operating and maintenance expenses

**تَشَفٍّ . اِقتِصاص** reprisal

**تَشَكُّليّ ـ التحليلُ التشَكُّليّ** morphological analysis

**تَشكيلَةُ أو خَلطَةُ المَبيعات** sales mix

**تَشهير** defamation; libel

**تَشييد ـ إعاناتٌ لِتَشييدِ المَساكِن** housing subsidies

**تَصادُم ـ شَرْطُ التَّعويضِ عَن أضرارِ التَّصادُم** collision clause

**تَصاعُديّ ـ ضَريبَةٌ تَصاعُدِيَّة** progressive tax

الطَّريقَةُ التَّصاعُدِيَّة (في احتِساب الفَوائد) progressive method
فائِدَةٌ تَصاعُدِيَّةٌ مُباشِرة direct progressive interest
قِسطٌ تَصاعُديّ . قِسطٌ مُتَزايِد increasing premium
نِظامُ الضَّريبَةِ التَّصاعُدِيَّة progressive tax system

**تَصاعُدِيّاً . باطِّراد** progressively

**تَصحيح . تَقويم** rectification

تَصحيحُ (وَضعِ الشَّرِكَةِ المالِيّ) readjustment

**تَصدير** exportation

تَصديرُ رَاسِ المال export of capital
إجازَةُ تَصدير export permit
أُجرَةُ شَحنِ بِضاعَةِ التَّصدير export rate
إدارَةُ الاستيرادِ والتَّصدير import-export directorate
إدارَةُ ضَمانِ حِساباتِ التَّصدير exports credit guarantee department
اِستِخباراتُ التَّصدير (لِخِدمَةِ المُصَدِّرين) export intelligence
إعادَةُ التَّصدير reexportation
إعانَةُ تَصدير export bonus; export bounty; export subsidy
بَنكُ استيرادٍ وتَصدير import-export bank
بَيانُ تَصدير export declaration
بُيوتُ التَّصدير بالعُمولة export commission houses
تِجارَةُ إعادَةِ التَّصدير reexport trade
تِجارَةُ التَّصدير export trade
تَقَلُّباتُ صِناعاتِ التَّصدير fluctuations in export industries

تَصرِيح . رُخصة license
تَصريحٌ بِالطَّبع imprimatur
تَصريحُ مُرور . جَوازُ مُرور
laissez (or laisser) passer

تَصرِيح declaration; statement
تَصريحٌ بِمَصاريفَ رَاسِماليَّة
authorizing capital expenditure
تَصريحٌ كاذِب false statement
تَصريحٌ لِلمُعايَنَةِ الجُمرُكيَّة bill of sight
بَيانٌ او تَصريحٌ صُحُفيّ news release
مُقَدِّمُ البَيانِ او التَّصريح (الجُمرُكيّ)
declarant

تَصرِيف placing
تَصريفُ البِضاعة merchandising
تَصريفٌ خاصّ private placing
التَّخطيطُ لِتَصريفِ البَضائِع
merchandise planning
قانُونُ التَّصريف law of markets
قانُونُ التَّصريف (العَرضُ يَخلُقُ الطَّلَب).
قانُونُ سِيي Say's Law; Say's Law of Markets

تَصعِيدُ الأَسعار ballooning

تَصفِية . غَربَلة . نَخل screening
تَصفِيَةُ الاستِعمار decolonization
تَصفِيَةُ السُّوق clearing the market
تَصفِية ــ إنهاءُ اعمالِ المُؤَسَّسَةِ ونَشاطِها
liquidation; winding up
تَصفِيَةٌ إجباريَّة
compulsory liquidation
تَصفِيَةٌ رِضائيَّة او اختِياريَّة
voluntary liquidation

حِصَصُ التَّصدِير export quotas
حَوافِزُ التَّصدير export incentives
رُخصَةُ تَصدير export permit; export license
رُسومُ تَصدير export duty
سَنَدُ تَصدير export bond
صالِحٌ لِلتَّصدير exportable
صِناعاتُ التَّصدير export industries
ضَرِيبَةُ تَصدِير export duty
كِتابُ اعتِمادٍ لِلتَّصدير
export letter of credit
مَركَزُ تَصديرٍ رَئيسيّ staple
مَصرِفُ التَّصديرِ والإستيراد
export and import bank
مَكتَبُ وِكالةٍ لِلتَّصدير
confirming house
مِنحَةُ تَصدير export bonus; export bounty
وَسيطُ تَصدير export broker
وَكيلُ تَصدير export agent
يُعيدُ تَصديرَ البِضاعَةِ (المُستَورَدة) .
إعادَةُ التَّصدِير re-export

تَصديق attestation; ratification
تَصديقٌ مصرِفيّ bank confirmation

تَصَرُّف . سُلوك conduct
سُوءُ التَّصَرُّف malpractice; misconduct; malfeasance
لا يُمكِنُ التَّصَرُّفُ بِه . غيرُ قابِلٍ لِلتَّحويل
inalienable
المَكانُ يَحكُمُ التَّصَرُّفَ
locus regit actum

تَصفِيَةُ العَمَل او المَشرُوع
liquidation of business
تَوزيعُ تَصفِيَة liquidating distribution
حِسابُ التَّصفِية liquidation account
حِصَّةُ أَرباحِ التَّصفِية
liquidation dividend
رِبحُ التَّصفِية liquidating dividend
مَأمُورُ تَصفِيَة . (مُصَفٍّ . سنْدِيك)
liquidator

**تَصفِية** settlement; clearance
تَصفِيَةُ مَراكِزِ الصَّيرَفِيِّين
bankers' clearing
آخِرُ أَيّامِ التَّصفِية settlement (or settling) day
أوَّلُ أَيّامِ التَّصفِية (في البُورْصة)
making-up day
بِضاعَةُ التَّصفِية close out
سِعرُ التَّصْفِية making-up price
القِيمَةُ التَّصفَوِيَّة (قِيمَةُ الأَسهُمِ حَسَبَ السِّعرِ الجاري لِلبُورْصة)
break-up value
يَبيعُ لِلتَّصفِية (بِسِعرٍ مُخَفَّض) sell off
يَومُ التَّصفِية account day; settling day; pay-day
يَومُ التَّصفِيةِ الثّاني في البُورْصة (وفيهِ يُعرَفُ اسمُ المُشتَري) name day
اليَومُ الثّالِثُ مِن أيّامِ التَّصفِية (في البُورْصة) intermediate day

**تَصفِيف** setting; dressing
صَالَةُ تَصفيفِ الشَّعر
hairdressing parlor

**تَصلِيح . إصلاح** repair
نَفَقاتُ التَّصليح repair charges
**تَصمِيم** design; layout
تَصمِيمُ الأَساليب systems design
قَواعِدُ التَّصميم الصِّناعيّ
Industrial Designs Rules
مَجلِسُ التَّصميم design council
وَزارَةُ التَّصميم ministry of planning

**تَصنِيع . إقامَةُ المَصانِعِ والصِّناعات**
industrialization
قِلَّةُ التَّصنيع underindustrialization

**تَصنِيع . صُنْع** manufacturing
التَّصنيعُ بالدُّفعات batch process
تَصنيعٌ في الطَّريق
fabrication in transit
تَصنيعٌ مُتَواصِل continuous process
بَيانُ (حِساب) التَّصنيع
manufacturing statement
تَكاليفُ التَّصنيع manufacturing costs; processing costs
حِساباتُ تَكلِفَةِ مَراحِلِ التَّصنيع
process cost accounts
الرِّبحُ الحَدِّيُّ لِلتَّصنِيع
manufacturing margin
قَراراتُ التَّصنيع process decisions
القِيمَةُ المُضافَةُ بِسَبَبِ تَصنيعِ البِضاعة
value added by manufacture
مُحاسَبَةُ التَّصنيع
manufacturing accounting
مُحاسَبَةُ تَكلِفَةِ مَراحِلِ التَّصنِيع (او المُعالَجة)
process cost accounting

مُعالَجَةٌ تَصنيعيَّة processing
نَفَقاتُ التَّصنيعِ غَيرُ المُباشِرة
manufacturing overhead
**تَصنيف . تَحديدُ الدَّرَجَةِ او الصِّنف**
classification; grading
تَصنيفُ الأَخطار classification of risks
تَصنيفٌ افُقِيٌّ لِلمِلَفّات flat filing
تَصنيفٌ بِالبِطاقات labelling
تَصنيفُ الحِسابات
classification of accounts
تَصنيفُ شَرِكاتِ سِكَكِ الحَديد
classification of railroads
تَصنيفُ شَرِكاتَ سَيّاراتِ النَّقل
classification of motor carriers
تَصنيفٌ نَوعِيٌّ قِياسِيّ grade label(l)ing
تَصنيفُ الوَظائف job classification
تَصنيفٌ وَظيفِيّ functional classification
إعادَةُ التَّصنيف reclassification
**تَصويت . اِقتِراع** ballot
التَّصويتُ بِالنِّيابة . تَصويتٌ بِالوِكالة
voting by proxy
تَصويتٌ تَراكُمِيّ cumulative voting
تَصويتٌ كُتلِيّ block vote
اتِّحادُ احتِكارِ التَّصويت (يَقُومُ بِشِراءِ حَقِّ التَّصويتِ مِنَ الجَمعِيّاتِ العُمُومِيَّةِ لِلشَّرِكات) voting trust
أَسهُمٌ غَيرُ تَصويتِيَّة non-voting shares
أَسهُمٌ لا يَشتَرِكُ أَصحابُها في التَّصويت ـ أَسهُمٌ مِن فِئَةِ ا "A" shares
أَسهُمٌ لِحامِلِها حَقُّ التَّصويت
voting stock; voting shares

أَسهُمٌ مُمتازَةٌ تَتَمَتَّعُ بِحَقِّ التَّصويت
privilege voting shares
يَطرَحُ لِلتَّصويت put to the vote
**تَصوير** photography
النَّسخُ بِالتَّصوير reprography
**تَضارُب . تَناقُض** inconsistency
**تَضامُن . تَكافُل** solidarity; collaboration
اِلتِزامٌ تَضامُنِيّ (مِنَ الزَّوجِ والزَّوجَةِ لِضَريبَةِ الدَّخل) joint obligation
بِالتَّكافُلِ والتَّضامُن jointly and severally
تأمينٌ بِالتَّضامُن coinsurance
سَنَدُ (دَينٍ) مُشتَرَكٌ بِالتَّضامُنِ والتَّكافُل
joint and several bond
شَرِكَةُ تَضامُن . شَرِكَةٌ بَسيطة
partnership
شَرِكَةُ تَضامُنٍ بينَ الأَصدِقاء
accumulating society
عَقدٌ تَضامُنِيّ وتَكافُلِيّ joint and several contract
قَوانينُ شَرِكاتِ التَّضامُن
Partnership Acts
كَمبِيالَةٌ بِالتَّضامُنِ والتَّكافُل
joint and several note
**التَّضامُنِيَّة . مَذهَبُ التَّضامُن** solidarism
**تَضحِية** sacrifice
التَّضحِيَةُ الدُّنيا minimum sacrifice
**تَضَخُّم** (مالِيّ) inflation
تَضَخُّمُ التَّكلِفة cost-push
تَضَخُّمٌ جامِح galloping inflation; runaway inflation; hyperinflation
تَضَخُّمٌ رِبحِيّ profit inflation

تَضَخُّمٌ زاحِف creeping inflation
تَضَخُّم كامِن latent inflation
تَضَخُّم مُستَمِرّ persistent inflation
تَضَخُّم مَفتوح (تَتَلاحَقُ فِيهِ زِياداتُ الأُجورِ وارتِفاعاتُ الأسعار) open inflation
تَضَخُّمٌ مُقَيَّدٌ او مَكبوت suppressed inflation; repressed inflation
تَضَخُّم نِسبيّ relative inflation
تَضَخُّم نَشِيء incipient inflation
**إزالَةُ التَّضَخُّم** disinflation
أعراضُ التَّضَخُّم symptoms of inflation
تَعايُشُ الكَسادِ والتَّضَخُّم stagflation (stagnation and inflation)
حالَةٌ مُضادَّةٌ لِلتَّضَخُّم anti-inflation
حَلَزُونُ التَّضَخُّم inflationary spiral
خَطَرُ التَّضَخُّم inflation danger
شَرطُ تَجاوُزِ التَّضَخُّمِ حَدًّا مُعَيَّناً index clause
مُضادٌّ لِلتَّضَخُّم anti-inflationary
نَوعُ التَّضَخُّم type of inflation
**تَضَخُّمِيّ . مُتَعَلِّقٌ بِالتَّضَخُّم** inflationary
اِتِّجاهاتٌ تَضَخُّمِيَّة inflationary tendencies
اِقتِصادٌ تَضَخُّمِيّ overheated economy
فَجوَةٌ تَضَخُّمِيَّة inflationary gap
**تَضخيمُ الفائدة** grossing up
**تَضَرُّرٌ بِرَشحِ العَنابِر** sweat damage
تَضَرُّرُ العَقارِ المُستَأجَر waste
**تَضَمَّنَ ـ يَتَضَمَّنُ الخَسارَةَ عَن** hold-harmless

**تَضييقٌ . عَصْر** squeeze
تَضييقُ الاعتِمادات credit squeeze
**تَطابُق . تَناظُر** correspondence
**تَطابُق . اِنسِجام** conformity
**تَطَبُّق . تَقسِيمٌ طَبَقِيّ** stratification
**تَطبيق . مُمارَسة** practice
**تَطبيق . تَنفِيذ** implementation; application
تَطبيقُ الأَساليب systems implementation
إساءَةُ التَّطبيق . إساءَةُ الاستِعمال misapplication
الاِقتِصادُ التَّطبيقيّ applied economics
المُحاسَبَةُ التَّطبيقيَّة applied accounting
**تَطَفُّلِيّ** intrusive
تَدَخُّلٌ تَطَفُّلِيّ intrusion
**تَطفِيَة . طَرحُ سَنَداتٍ** (او أَسهُمٍ) **في السُّوق** flotation
**تَطَلُّع . تَباشِيرُ المُستَقبَل** outlook
تَطَلُّعاتُ المُستَقبَل future prospects
**تَطَوُّر** evolution
تَطَوُّرات developments
الدُّوَلُ العالِيَةُ التَّطَوُّر highly developed nations
**تَطَوُّرِيَّة** evolutionism
**تَطْوير** development
تَطويرُ الإدارة management development
تَطويرُ المُجتَمَع community development
تَكاليفُ البَحثِ والتَّطوير research and development costs

تظاهَرَ ـ يَتَظاهَرُ demonstrate
يَتظاهَرُ بِ feign
تَظاهُرٌ . مَظهَر . لَون color; colour
تَظهير . تَجيير endorsement; indorsement
تَظهيرُ إسعاف accommodation endorsement; accommodation indorsement
تَظهيرٌ تَوكيليّ procuration endorsement
تَظهيرٌ خاصّ special endorsement
تَظهيرٌ شاذّ irregular endorsement
تَظهيرٌ عادِيّ regular endorsement
تَظهيرٌ عامّ general endorsement
تَظهيرٌ على بَياض blank indorsement; endorsement in blank
تَظهيرٌ كامِل endorsement in full
تَظهيرُ كَمبِيالة backing a bill
تَظهيرُ مُجامَلة accommodation endorsement; accommodation indorsement
تَظهيرٌ مُشتَرَك joint endorsement
تَظهيرٌ مَشرُوط conditional endorsement; conditional indorsement; qualified endorsement
تَظهيرٌ مُطلَق absolute endorsement
تَظهيرٌ مُعَيَّن specific endorsement
تَظهيرٌ مُقَيَّد restrictive endorsement
تَعادُل . تكافُؤ parity
تعادُلٌ غَيرُ مُباشِر (عَن طَريقِ عُملَةٍ ثالِثة) indirect parity
تَعادُلُ القُوَّةِ الشِّرائيَّة purchasing power parity
أداءُ التَّعادُل break-even performance
تَحليلُ التَّعادُل break-even analysis
دَخْلُ التَّعادُل parity income
الرَّسمُ البَيانيُّ لِلتَّعادُل break-even chart
سِعرُ التَّعادُلِ الذَّهَبيّ gold parity
سِعرُ الصَّرفِ بِالتَّعادُل exchange at par; parity rate of exchange
سِعرُ الصَّرفِ بِما دُونَ التَّعادُل exchange at discount
سِعرُ الصَّرفِ بِما فَوقَ التَّعادُل exchange at premium
نُقطَةُ التَّعادُل break-even point
تَعارُض . تَضارُب conflict
تَعاضُد . تَعاوُن . تَضامُن collaboration
تَعاطٍ dealing
تَعاقُبُ الزُّروع rotation of crops
نِظامُ تَعاقُبِ الزُّروعِ الرُّباعيّ four-field system
تَعاقَدَ ـ يَتَعاقَدُ contract
تَعاقُدٌ contract; contraction
نِظامُ التَّعاقُدِ الفَرعيّ (مِنَ الباطِن) "butty" system
تَعاقُديّ contractual
إدِّخارٌ تَعاقُديّ contractual saving
اِلتِزامٌ تَعاقُديّ contractual obligation
دَفعٌ تَعاقُديّ contractual payment
مَسؤُوليَّةٌ تَعاقُديَّة contractual liability
تَعامَلَ ـ يَتَعامَلُ deal; handle
يَتَعامَلُ بِبَضائِعَ مَمنُوعة bootleg
يَتَعامَلُ مَعَ patronize
تَعامُل dealing

إِعتمادُ تعامُل negotiation credit
سُوقُ التَّعامُلِ النَّقديّ spot market
ضَرِيبَةُ تَعامُل transaction tax
عَمَلِيَّةُ تعامُلٍ مُتَعَدِّدَةُ الأَطرافِ (في الصَّرفِ الأَجنَبيّ) arbitrage
لا يَصلُحُ لِلتَّعامُلِ التِّجاريّ unnegotiable
نُقُودٌ مُجازَةٌ لِلتَّعامُل fiat money

**تَعاوُن** co-operation
تَعاوُنُ البُنوكِ المَركَزيَّة central bank co-operation
التعاوُنُ الدَّوليّ international co-operation
التَّعاوُنُ الذِّهنيّ synectics
تَعاوُنٌ نَقديّ monetary co-operation
جَمعِيّاتُ التَّعاوُنِ الزِّراعيَّة agricultural co-operative societies
جَمعِيَّةُ تَعاوُنٍ مُتَبادَل benefit society
مُنَظَّمَةُ التَّعاوُنِ التِّجاريّ Organization for Trade Co-operation (O.T.C.)

**تَعاوُنيّ** co-operative
اِتِّحادٌ تَعاونيّ co-operative union
إعلانٌ تَعاونيّ co-operative advertising
تَأمينٌ تَعاونيّ co-operative insurance
جَمعِيّاتُ التَّسليفِ التَّعاوُنيَّة credit co-operative societies
جَمعِيَّةُ بِناءٍ تَعاوُنيّ co-operative building society
جَمعِيَّةٌ تَعاوُنيَّة co-operative society
جَمعِيَّةٌ تَعاوُنيَّةٌ تَبادُليَّةُ المَنفَعة (يُشارِكُ أَعضاؤُها في النَّفَقاتِ والأَرباح) mutual society

الجَمعِيَّةُ التَّعاوُنيَّةُ المَحدُودَةُ لِتِجارةِ الجُملة Co-operative Wholesale Society Ltd.
الشَّرِكةُ التَّعاوُنيَّةُ المَحدُودةُ لِخِدماتِ تِجارةِ التَّجزِئة (القَطّاعي) Co-operative Retail Services Ltd.
مَصرِفٌ تَعاوُنيّ co-operative bank
نِظامُ المَزارِعِ التَّعاوُنيّ co-operative farming

**تَعاوُنيَّة** co-operative
تَعاونيَّةُ الإسكان housing co-operative
تَعاونيَّةُ التَّسويق marketing co-operative
تَعاونيَّةُ الشِّراء purchasing co-operative
تَعاونيَّةُ المُستَهلِكين consumers' co-operative
تَعاوُنيَّةُ المُنتِجين producers' co-operative
الجَمعِيّاتُ التَّعاوُنيَّةُ الزِّراعيَّة farm co-operatives
مَصرِفُ التَّعاوُنيّات bank for co-operatives

**تَعايُش** coexistence
تَعايُشُ الكَسادِ والتَّضَخُّم stagflation (stagnation and inflation)

**تَعبِئَة** (عَسكَرِيَّة) mobilization
التَّعبِئَةُ الاقتِصاديَّة (في زَمَنِ الحَربِ مَثلاً) economic mobilization

**تَعبِئَة . حَزم . لَفّ** packaging
تَكاليفُ التَّعبِئة او الشَّحن handling costs

شَرِكَةُ تَعبِئَةِ الصّادِرات export packer

شَرِكَةُ تَعبِئَةِ وتَجميعِ البَضائع packing and consolidating service

صُندُوقُ تَعبِئة crate; packing case

قائِمَةُ التَّعبِئة packing list

مَركَزُ تَعبِئة packaging centre

مُؤَسَّسَةٌ لِتَعْبِئَةِ البَضائع packing house

نَفَقاتُ التَّعبِئة او الشَّحْن handling charges

يُعيدُ التَّعبِئة repack

**التَّعبيرُ بِرُموزٍ سَهلَةِ الحِفْظ** mnemonic coding

رُموزُ تَعْبير mnemonic codes

**تَعْتيق** aging

**تَعَجَّلَ ـ يَتَعَجَّلُ . يَندَفِعُ** rush

**التَّعجيلُ** (في تَسديدِ الدَّين) acceleration

مَبدَأ التَّعجيل acceleration principle

**تَعَدٍّ** trespass; encroachment; infringement

تَعدٍّ مُسانِد contributory infringement

**تَعداد . إحْصاء** (سُكّانيّ او إنتاجيّ إلَخ.) census

**تَعَدُّد** plurality; multiplicity

نِظامُ تَعَدُّدِ المَعادِنِ (في سَكِّ العُمْلة) polymetallism

**تَعَدُّدِيَّة . كَثْرة** multiplicity

تَعَدُّدِيَّةُ الأَطراف multilateralism

**تَعديل** amendment; modification

تَعديلُ الأُجور wage adjustment

تَعديلُ الأُجورِ بِسَبَبِ تَغَيُّرِ تَكاليفِ المَعيشَة cost of living adjustment

تَعديلُ الأُجورِ تِلقائيّاً automatic wage adjustment

تَعديلُ مَوسِميّ seasonal adjustment

**التَّعديليَّة. المُراجَعَةُ التَّعديليَّةُ او التَّنقيحِيَّة ـ بِقَصدِ التَّعديلِ او مُجاراةً لِلتَّطَوُّر** revisionism

**تَعدين** mining

**تَعَرُّضٌ** (لِلخَسارة) exposure

**تَعرِفة . تَعريفة** tariff; rate

تعرِفَةُ أُجورِ النَّقْل rate tariff

تَعرِفة بَريديَّة postal rate

تَعرِفة تَعَدُّديَّة (تختَلِفُ باختِلافِ مَصدَرِ السِّلَع) multiple tariff

تَعرِفة تَفضيليَّة preferential tariff

تَعرِفة جُمرُكيَّة tariff; custom tariff

تَعرِفَةٌ جُمرُكيَّةٌ خارِجيَّةٌ مُوَحَّدة common external tariff

تَعرِفَةٌ ذاتُ جُزئَين two-part tariff

التعرِفَةُ السّارِيَةُ المَفعُول tariff in force

تَعرِفة الشَّحْن الكامِل through rate

تَعرِفة عامَّة general tariff

تَعرِفةٌ على أَساسِ القِيمة ad valorem tariff

تَعرِفة كامِلة full fare

تَعرِفةٌ لِلحِمايَةِ الجُمرُكيَّة protective tariff

تَعرِفة لَيليَّة night charge

تَعرِفَةُ ماكينْلي (لِمُساعَدَةِ الصِّناعةِ المَحَلِّيَّةِ في الوِلاياتِ المُتَّحِدة) Mckinley Tariff

تَعرِفَةٌ مُباشِرةٌ مُشتَرَكة (مِن نُقطَةِ المَنشَأ إلى مَكانِ الوُصول) joint through rate

تَعرِفَةٌ مُتَدَرِّجة graduated tariff

تَعرِفَةٌ مُتَعَدِّدَةُ المُستَوَيات (تَختَلِفُ بِاختِلافِ مَصدَرِ السِّلَع) multilinear tariff
تَعرِفة مُحَدَّدة specific tariff
تَعرِفة مَحَلِّيَّة local rate
تَعرِفة مُختَلِطة mixed tariff
تَعرِفة مُخَفَّضة reduced tariff
تَعرِفة مُزدَوِجة two-part tariff
تَعرِفة مُشتَرَكة joint tariff; joint rate; combination rate
تَعرِفَةٌ مُفَضَّلَةٌ (لِلدُّوَلِ الأكثَرِ رِعايَةً) preference tariff
تَعرِفَةُ مِيلَيْن (بَدءُ تَخَلّي فَرَنسا عَن سِياسَةِ حُرِّيَّةِ التِّجارة) Meline Tariff
تَعرِفة النَّقْل fare; transport rates
تَعرِفَةُ نَقلِ المُستَوَردات import rate
اِتِّفاقِيَّةُ تَعرِفة tariff agreement
إصلاحُ التَّعرِفةِ الجُمرُكيَّة tariff reform
تَحدِيدُ التَّعرِفةِ الجُمرُكيَّة tariffing
تَعرِفاتٌ مُتَّفَقٌ عَلَيها agreed charges
سُلَّمُ التَّعرِفات scale of rates
سُلَّمُ التَّعرِفةِ المُتَحَرِّكة sliding scale tariff
شَرِكَةُ تَعرِفة tariff company
مُعامَلَةُ التَّعرِفةِ التَّفضِيليَّة tariff preferential treatment
**تَعرِيض** exposure
**تَعرِيف ـ تَعريفاتُ عِلمِ الإقتِصاد** definitions of economics
دِعايَةُ تَعريفٍ بالكِتاب blurb
كِتابُ تَعريف letter of introduction
**تَعريفٌ بِالعَمَل • تَوجِيه** orientation
**تَعرِيفة • تَعرِفة** (أنْظُرْ تَعرِفة) tariff
**تَعَسُّفيّ** arbitrary; high-handed
**تَعَطُّل ـ وَقتُ تَعَطُّل** idle time
**تَعطِيل • تَعَطُّل** (عَنِ العَمَل) breakdown; failure; disablement
**تَعطيل • إضْعاف** impairment
**تَعطيل • تَأخير** delay
**تَعطيل • تَوَقُّف** discontinuance; interruption; suspension
وَقتُ التَّعطيل down time
**التَّعَقُّليَّة** (المَذهَبُ العَقليّ) intellectualism
**تَعقِيم** sterilization
تَعقيمُ الذَّهَب (مَنعُ تَأثيرِ وَفرَتِهِ عَلى الأسعار) sterilization of gold
**تَعلِيق • تَوقيف** (مُؤَقَّت) suspension
**تَعليق • مُلاحَظة** remark
**تَعلِيم** education; instruction; schooling
التَّعليمُ الإلزاميّ compulsory education
التَّعليمُ التِّجاريّ education of commerce
التَّعليمُ التِّقْنيّ او الفَنِّيّ technical education
تَعليمٌ تَكميليّ further education
التَّعليمُ العالي higher education
التَّعليمُ المُبَرمَج programmed instruction
آلَةُ تَعليم teaching machine
شَهادَةٌ في التَّعليمِ الثّانَويّ certificate in secondary education

قَوانينُ التَّعليم education acts
مِنهاجُ التَّعليم curriculum
**تَعليمات** directives; instructions
تَعليماتٌ مُستَنَدِيَّة
documentary instructions
تِبْعاً لِتَعليماتِكُم
as per your instructions
تَوجيهُ او تَعليماتُ الخِزانة
treasury directive
رَمْزُ تَعليماتِ الحاسِبةِ الآلِيَّة
computer instruction code
**تَعليمة** (أُنظُرْ تَعليمات) directive
**تَعَمُّدُ الأذى . خُبْثُ القَصْد** malice
**تَعمِير . طُولُ العُمر** longevity
**تَعمِير . إعْمار** reconstruction
تَعميرٌ بالسُّكّان repopulation
**تَعميقُ رَاسِ المال** deepening of capital
**تَعميم** generalization
قاعِدَةُ التَّعميم omnibus clause
**تَعَهَّدَ – يَتَعَهَّدُ** undertake
**تَعَهُّد . اِلتِزام** commitment; undertaking
**تَعَهُّد . رَهْن** pledge
**تَعَهُّد . ضَمان . كَفالة** warranty; bond
تَعَهُّدٌ بإعادَةِ المِلكِ المَحجُوز
delivery bond
تَعَهُّدٌ بِتَسديدِ النَّفَقات cost bond
تَعَهُّدٌ بِتَنفيذِ العَقْد contract bond; performance bond
تَعَهُّدٌ بالدَّفع promise to pay
تَعَهُّدٌ جُمرُكيّ customs bond
تَعَهُّدُ الحاجِز attachment bond

تَعَهُّدٌ شَخصيّ (نِيابَةً عَن شَخصٍ آخَرَ خاصَّةً) sponsion
تَعَهُّدٌ قَضائيّ judicial bond
تَعهُّدُ مُديرِ التَّركة administrator's bond
تَعهُّدُ مُنَفِّذِ الوَصِيَّة (او شُؤُونِ التَّركة)
executor's bond
تَعَهُّدُ الوَصِيّ guardian's bond
**تَعوِيض . مُكافَأَةٌ مالِيَّة** (كَأَجرٍ او مَردُود)
remuneration
**تَعوِيضٌ** compensation; indemnity; reparation; recompense; redress
تَعويضُ أضرارٍ لِمُخالَفَةِ العَقْد
damages for breach of contract
تَعويضُ انتِقال moving allowance
تَعويضُ إنهاءِ الخِدْمة severance pay
تَعويضُ البِطالة unemployment compensation; dole
تَعويضُ التَّأخير demurrage
تَعويضُ تَنَقُّلٍ او سَفَر
travel allowance
تَعويضُ سَكَن . عِلاوَةُ سَكَن
housing allowance
تَعويضُ سَيّارة . بَدَلُ تَنَقُّل
car allowance
تَعويضُ صَرْفِ العَمالـةِ الزّائِدة .
مَدفوعاتٌ لِلعَمالَةِ الزّائِدة
redundancy payment
تَعويضُ الصَّرْفِ مِنَ الخِدْمة lay-off pay
تَعويضٌ عَن اصابَةِ العَمَل
industrial injury benefit
تَعويضٌ عَنِ الأَقدَمِيَّة longevity pay

تَعويضُ كُسور العُمْلة breakage
تَعويضٌ ماليّ . عِوَض consideration
تَعويضٌ مُضاعَف double indemnity
تَعويضُ المُقايَضة trade-in allowance
تَعويضٌ مَقطُوع
lump sum compensation
التَّعويضُ المِيليّ . أُجْرَةُ المِيلِ الواحِد
mileage
تَعويضُ الوَفاة death benefit
تَعويضٌ يَوميّ daily compensation
أَسهُمُ التَّعويض compensation stocks
تَأمينٌ على تَعويضِ إصاباتِ العَمَل
workmen's compensation insurance
تَعويضاتُ خَسائِرِ الحَرب reparations
تَعويضاتٌ رادِعة . تَعويضاتٌ مِثاليّة
exemplary damages
تَعويضاتٌ عائِليّة family allowances
تَعويضاتٌ مَشروعة lawful damages
تَعويضاتٌ مُضاعَفة double damages
تَعويضاتٌ مَلمُوسة substantial damages
خِطابُ تَعويضٍ او مُعاوَضة
letter of indemnity
شَرْطُ التَّعويضِ عَن أضرارِ التَّصادُم
collision clause
طَلَبُ تَعويضِ الأَضرار claim
كَفالَةُ تَعويض indemnity bond
**تَعويضات** (أُنظُرْ تَعويض) damages
**تَعويضيّ** indemnificatory
أَجرٌ تَعويضيّ make-up wage
أَضرارٌ تَعويضيّة compensatory damages
إعتِمادٌ تَعويضيّ offset credit

التَّمويلُ التَّعويضيّ
compensatory financing
رُسومٌ تَعويضيّة compensatory duties
طُرودُ الأُجورِ التَّعويضيّة
compensating fee parcels
عَمَلٌ تَعويضيّ make-up work
فُروقُ الأُجورِ التَّعويضيّة
compensating wage differentials
مَدفوعاتٌ تَعويضيّة compensating payment; compensation payments
**تَعويم** flotation; floating
تَعويمُ العُمْلة floating
إعادَةُ التَّعويم refloating
**تَعيينٌ . تَحديد** specification
**تَعيينٌ** (في وَظيفَةٍ او مَوقِع) appointment; placement
تَعْيينٌ مُؤَقَّت temporary appointment
اِختِصاصٌ تَعيينيّ (تَخصيصيّ)
special jurisdiction
تَدريبٌ سابِقٌ لِلتَّعيين pre-entry training
**تَغايُر** variance
تَغايُرُ الحَجْم . فارِقُ الحَجْم
volume variance
تَغايُرُ الخَواصّ . عَدَمُ تَجانُس
heterogeneity
تَغايُرُ سِعرِ البَيع . فارِقُ سِعرِ البَيع
selling price variance
تَغايُرُ المَبيعات sales variance
تَغايُرُ مُعَدَّلِ الأُجور wages rate variance
تَغايُرُ الوَقت . فارِقُ الوَقت
time variance

**تغذية** nutrition
التَّغذِيَةُ المُرتَدَّة feedback
سُوءُ التَّغذِية malnutrition
**تغطية . تحوّط** hedging
**تَغطِيَةُ** (العُملة) backing
شِيكٌ عَدِيمُ التَّغطِيةِ الماليَّة rubber check
**تغطية** coverage; cover
تَغطِيَةٌ إجماليَّة global cover
تَغطِيَةُ الاستِهلاك depreciation allowance
تَغطِيَةٌ تامَّة full coverage
تَغطِيَةٌ ذَهَبيَّة . غِطاءٌ ذَهَبيّ gold cover
تَغطِيَةٌ لِأجَل forward exchange
تَغطِيَةُ المَبيعات sales coverage
تَغطِيَةُ النَّفَقات break-even
تَحليلُ التَّغطِية cover analysis
حَدُّ التَّغطِية . حَدُّ الضَّمان limit of cover
سَنَدُ تَغطِية covering deed
مُذَكِّرة تَغطِية cover note
**تَغَلغُل** penetration
نِسبَةُ التَّغَلغُل (في السُّوقِ المُستَهدَفة) penetration rate
**تَغليفٌ واقٍ** nesting
**التَّغيُّب** absenteeism
**تَغيُّر – لا يَتَغيَّر** invariable
**تَغيُّر . تَقَلُّب** variation; change
تَغيُّرٌ في المَخزُون change in stock
تَغيُّراتُ السِّعر . تَقَلُّباتُ الأسعار price changes

تَغَيُّراتُ الطَّلَب changes in demand
تَغَيُّراتُ العَرْض changes in supply
تَغَيُّراتٌ في قِيمَةِ العُملة changes in the value of money
**تَغَيُّرِيَّة . تَبَدُّلِيَّة** variability
**تَغيير . تَعديل** modification
**تَغيير . نَوبة** shift
**تَغيير** change; alteration; variation; transformation
تَغييرُ اتِّجاهِ الرِّحلة deviation
تَغييرٌ تِكنُولُوجيّ (تِقْنِيّ) technological change
تَغييرٌ خارِجيّ exogenous change
تَغييرٌ داخِليّ endogenous change
تَغييرٌ شامِل . إعادَةُ التَّنظِيمِ على نَحوٍ شامِل shake-up
تَغييرُ الطَّريق diversion
تَغييرُ العُنوان change of address
تَغييرُ مَكانِ المُحاكَمة change of venue
تَغييرُ المُهِمَّة او الوَظيفة reassignment
تَغييرُ هيكَلِيَّةِ رَاسِ المال . إعادَةُ الرَّسمَلة recapitalization
تَغييرُ وِجهَةِ الرِّحلة (والشَّحنة) reconsignment
بَيانُ التَّغييراتِ في رَاسِ المالِ العامِل statement of changes in working capital
بَيانُ التَّغييراتِ في الوَضعِ الماليّ statement of changes in financial position
تَغييراتُ مُستَوى الأسعار price level changes

سَنَدٌ قابِلٌ لِلتَّغْيير (او لِلمُبادَلة)
interchangeable bond

**تَفادي سَرَيانِ التَّقادُمِ او مُرورِ الزَّمَن**
saving the statute

**تَفاضُل** differentiation

**تَفاضُليّ** differential

اِحتِكارٌ تَفاضُليّ
discriminating monopoly

رَسمٌ تَفاضُليّ discriminating duty

رَسْمُ شَحْنٍ تَفاضُليّ charging what the traffic will bear

ضَريبَةٌ تَمييزيَّةٌ او تَفاضُليَّة
discriminatory taxation

**تَفاعُل** interaction

**تَفاهُم** understanding

**تَفاوُت . تَبايُن** disparity; inequality

تَفاوُتُ التَّكاليف cost variance

تَفاوُتُ الدُّخول inequality of incomes

تَفاوُتُ فَعالِيَةِ اليَدِ العامِلة
labour efficiency variance

تَفاوُتٌ مَسموحٌ بِه tolerance

التَّفاوُتُ المَسْموحُ بِهِ في وَزْنِ النُّقود
mint remedy

**تَفاوُض** negotiation

إعادَةُ التَّفاوُض renegotiation

**تَفاؤُل** optimism

**تَفتيش . مُعايَنة** inspection

تَفتيشُ (السُّفُن) rummaging

تَفتيشٌ مُفاجِىء spot check

أَمْرُ تَفتيش search warrant

جَولَةٌ تَفتيشيَّة inspection tour

حَقُّ التَّفتيش (او الزِّيارة)
power of visitation

قِسمُ تَفتيشِ المَصْنَع
factory inspectorate division

لَجنَةُ تَفتيش
commission of inspection

مُوَظَّفٌ جُمرُكيّ لِتَفْتيشِ السُّفُن searcher

**تَفَرَّعَ ـ يَتَفَرَّعُ** stem

**تَفَرُّع . تَشَعُّب** ramification

**تَفَرُّغ** conveyance; transfer

إعادَةُ التَّفَرُّغ retrocession

**تَفَرُّق** dispersal; scattering

رَسْمُ التَّفَرُّق scatter diagram

**تَفريز** milling

آلَةُ تَفريز mill

**تَفريغ . إنزالُ الحُمولة** unloading

إجازَةُ تَفريغ landing order

خَسارَةٌ عِندَ التَّفريغ loss during discharge (l.d.d.)

رَصيفُ تَفريغ platform

شَهادَةُ تَفريغ landing certificate

عامِلُ تَفريغِ (او شَحْنِ) السُّفُن lumper

فَترَةُ التَّحميلِ او التَّفريغ lay-time

لا ضَمانَ بَعدَ التَّفريغ no risk after discharge (n.r.a.d.)

لا ضَمانَ بَعدَ التَّفريغِ عَلى اليابِسة
no risk after landing (n.r.a.l.)

مُتَزامِنٌ مَعَ التَّفريغ concurrent with discharge

مِنَصَّةُ تَفريغ . رَصيفُ تَفريغ
unloading platform

ميناءُ التَّفريغ port of discharge
نَفَقاتُ التَّفريغ unloading charges
وَزنُ البِضاعَةِ عِندَ التَّفريغ . الوَزْنُ المُفَرَّغ
landed weight
**تَفريقٌ في العَمالة** job discrimination
**تَفسير . تأويل** interpretation
تَفسيرٌ دَقيق strict construction
**تَفسيريّ** explanatory
مُلحَقٌ تَفسيريّ rider
**تَفصيل** detail
تَفصيلُ حِساب stating an account
تَفصيلُ العَمَل job breakdown
تَفصيلُ العَمليَّة operation breakdown
تَفصيلُ المُهِمّات task breakdown
تَفاصيل . مُواصَفات particulars
كامِلُ التَّفصيلات full particulars
ميزانِيَّةٌ تَفصيليَّة line by line budget
**تَفضيل . أفضَليَّة** preference
تَفضيلٌ زَمَنيّ time preference
تَفضيلُ السُّيولة . تَفضيلٌ نَقْديّ
liquidity preference
تَفضيلُ المُستَهلِك consumer's preference
جَداوِلُ او مَقاييسُ التَّفضيل
scales of preference
نَظَرِيَّةُ التَّفضيلِ الزَّمَنيّ
time-preference theory
**تَفضيليّ** preferential
تَعرِفَةٌ تَفضيليَّة preferential tariff
حُقوقٌ تَفضيليَّة preferential rights
شُروطٌ تَفضيليَّة preferential terms
ضَريبَةٌ تَفضيليَّة preferential duty

مَدى المَزايا التَّفضيليَّة
extent of preference
مُعامَلَةُ التَّعرِفَةِ التَّفضيليَّة
tariff preferential treatment
**تَفَقَّدَ ـ يَتَفَقَّدُ** (لإزالَةِ وَسائِلِ التَّنَصُّت)
debug
**التَّفكيرُ الخَلّاق** creative thinking
**تَفليسة . إفلاس** bankruptcy; insolvency
أَمينُ تَفليسة trustee in bankruptcy
حارِسُ (او مَأمورُ) التَّفليسة
receiver in bankruptcy
حَكَمُ التَّفليسة referee in bankruptcy
مأمُورُ التَّفليسة (سَنْدِيك)
official receiver
**تَفَوَّقَ ـ يَتَفَوَّقُ على** overshadow
**تَفَوُّق . اِمتِياز** superiority
شَهادَةُ تَفَوُّق certificate of proficiency
**تَفويض** delegation; mandate
تَفويضٌ بِالصَّلاحِيّات
delegation of authority
تَفويضٌ تِجاريّ commercial mandate
تَفويضُ خَصْمِ كَمْبيالَةٍ خارِجيَّة
negotiation credit
تَفويضٌ مُطلَق carte blanche
كِتابُ تَفويض letter of delegation; letter of hypothecation
كِتابُ تَفويضٍ بِإدارَةِ تَرِكَةِ المُتَوَفّى
letter of administration
**تَفويض . إجازة** warrant
تَفويضُ استِلامٍ رَصيفيّ dock warrant
تَفويضٌ بِالشِّراء authority to purchase

تَفويضٌ شَرعِيّ — warrant of attorney
تَفويضٌ مُسَبَّق — prior authorization
**تَقادُم** — prescription
تَفادي سَرَيانِ التَّقادُمِ او مُرورِ الزَّمَن — saving the statute
(قانونُ) التَّقادُم — limitation
قانونُ التَّقادُمِ المُسقِطِ (لِحَقِّ إقامَةِ الدَّعوى) — statute of limitations
**تَقاضٍ** — litigation
**تَقاضى ـ يَتَقاضى . يَتَسَلَّمُ . يَقبِضُ** — receive
يَتَقاضى سِعراً باهِظاً — overcharge
**تَقاعَدَ ـ يَتَقاعَدُ** — retire
**تَقاعُدٌ** — retirement
التَّقاعُدُ الإجباريّ — compulsory retirement
تَقاعُدٌ قانُونيٌّ (عِندَ بُلُوغِ السِّنِّ المُحَدَّدة) — legal retirement
إحالَةٌ إلى التَّقاعُد — pensioning (off)
سِنُّ التَّقاعُد — pensionable age; retirement age
صُندُوقُ مَعاشَاتِ التَّقاعُد — pension funds
مَشروعُ مَعاشاتِ التَّقاعُد — pension plan
مَعاشُ التَّقاعُد — pension; annuity; retirement pension
مَعاشاتُ تَقاعُدٍ لا إسهامِيَّة — non-contributory pensions
**تَقاليد** (أُنظُرْ تَقليد) — traditions
**تَقتِير . بُخْل . شُحّ** — parsimony
**تَقَدَّمَ ـ يَتَقَدَّمُ** (نَحوَ) . **يُباشِرُ** — proceed
يَتَقَدَّمُ شَخصِيّاً — apply in person
يَتَقَدَّمُ عَلى . يَسبِقُ — precede
**تَقَدُّم . تَرقية** — advancement; progress
تَقَدُّمٌ اقتِصاديّ — economic progress
التَّقَدُّمُ الفَنِّيّ (او التِّقْنِيّ) — technical (or technological) progress
الدُّوَلُ الأَقَلُّ تَقَدُّماً — less developed nations
الدُّوَلُ الأَكثَرُ تَقَدُّماً — more developed states
عَرضُ التَّقَدُّمِ الذي أُحرِزَ في الماضي — jobbing backwards
لا مَجالَ فِيهِ لِلتَّقَدُّم — blind alley
مُخَطَّطُ بَيانِ التَّقَدُّم — progress chart
**تَقدِمَةٌ مَجّانِيَّة** (لِتَشجيعِ الزَّبائن) — giveaway
**تَقدِير** — estimation; estimate
تَقديرٌ (بِالحِساب) — calculation
تَقديرٌ بَخْس — understimate
تَقديرُ بِضاعَةِ آخِرِ المُدَّة — estimating inventories
التَّقديرُ التَّحليليّ — analytical estimating
تَقديرُ الجَرْدات — estimating inventories
تَقديرُ العائداتِ عَلى أَساسِ الإنتاج — production basis of revenue recognition
تَقديرُ العُمر . تَحديدُ العُمر — aging
تَقديرٌ لِلاحتِمالاتِ المُستَقبليَّة — projection
تَقديرٌ مُغالًى فِيه — overestimate; overvaluation
تَقديراتُ الدُّيونِ الهالِكة — estimating dead debts
تَقديراتُ المُوازَنة — budget estimates

خَطَأٌ في الحِسابِ او التَّقدِير
miscalculation

ranking method طَرِيقَةُ تَقديرِ الرُّتَب

طَرِيقَةُ الرِّبحِ الإجماليّ لِتَقديرِ الجَرْدِ (لِبِضاعَةِ آخِرِ المُدَّة)
gross profit method of estimating inventory

نِظامُ تَقديرِ التَّكاليفِ وَوَضعِ الجَداوِل
Least-cost Estimating and Scheduling System (L.E.S.S.)

نَظَرِيَّةُ تَقديرِ القِيمَةِ حَسَبَ العَمَلِ المَبْذُول
labour theory of value

rating; evaluation; assessment; appreciation **تَقدِير . تَقْيِيم**

performance rating تَقديرُ الأداء

loss assessment تَقديرُ الأضْرار

costing تَقديرُ التَّكاليف . التَّثمين

batch costing تَقديرُ تَكاليفِ الدُّفْعة

merit rating تَقديرُ الجَدارة

effort rating تَقديرُ الجُهْد

تَقديرٌ حَقيقيّ (دِراسَةُ مُشكِلَةٍ اقتِصاديَّةٍ بِمَعزِلٍ عَنِ الأُمورِ النَّقْديَّة)
real terms

retrospective appraisal تَقديرٌ رَجْعيّ

bond rating تَقديرُ السَّنَد

gauging تَقديرُ شِحنَةِ السَّفينة

subjective valuation تَقديرٌ شَخصيّ

tax assessment تَقديرُ الضَّرائب

group capacity assessment (G.C.A.) تَقديرُ طاقَةِ المَجموعات

objective valuation تَقديرٌ مَوضُوعيّ

personnel rating تَقديرُ المُوَظَّفين

job evaluation تَقديرُ (تَقْييمُ) الوَظيفة

discretion حُسنُ التَّقدير

value judgment الحُكمُ التَّقديريّ

خَسارَةٌ كُلِّيَّةٌ تَقديريَّة
constructive total loss

شَرْطُ التَّقدير (في بُولِيصَةِ التَّأمين)
appraisal clause

الطَّرِيقَةُ التَّخطيطيَّةُ لِلتَّقديرِ والمُراجَعة
graphical evaluation and review technique (GERT)

points rating method طَرِيقَةُ التَّقديرِ بِالنُّقَط

طَرِيقَةُ تَقديرِ ومُراجَعَةِ البَرنامَج
programme evaluation and review technique (P.E.R.T.)

rating bureau مَكتَبُ التَّقدير

rating scale مِيزانُ التَّقدير

overrate يُبالِغُ في التَّقدير او التَّسعير

fetishism **تَقدِيسٌ أعمى**

introduction **تَقدِيم . مُقَدِّمة . إدْخال**

تَقديمُ (او عَرضُ) المُستَنَداتِ (او الوَثائِقِ) الرَّسميَّة
exhibition of documents

call price سِعرُ التَّقديم

approximation; rounding off **تَقرِيب**

report **تَقرِير**

presentment تَقرير اتِّهام

economic report; economic survey تَقريرٌ اقتِصاديّ

تَقريرٌ بِدُونِ تَحَفُّظ (لِمُدَقِّقِ الحِسابات)
unqualified opinion report

تَقريرٌ بِرَأيٍ غَيرِ مُلائِمٍ لِمُراجِعِ الحِسابات
adverse opinion report

تَقريرٌ تَحليليّ analytical report

تَقريرُ تَسوِيَةِ الخَسارة
average statement

تَقريرٌ تَقْييميّ appraisal report

تَقريرُ تَكلِفَةِ الإنتاج
cost of production report

تَقريرُ (تَفريغ) الحُمولة cargo report

تَقريرُ رُبّانِ السَّفينة (لِلجُمرُكِ عَنِ الشَّحنَةِ والطّاقَم) ship's report

تَقريرٌ رَسمِيّ official report

تَقريرُ رَصيفِ الإرساء
dock landing account

تَقرِيرٌ سِرّيّ confidential report; classified report

تَقريرٌ سَنَويّ annual report

تَقريرٌ طِبّيّ medical report

تَقريرُ فَعالِيَةِ اليَدِ العامِلة
labour efficiency report

تَقريرٌ قَبلَ النِّهائيّ . تَقريرٌ مُؤَقَّت
interim report

تَقريرُ القِسْم division report

تَقريرٌ ماليّ financial report

تَقريرُ المُحاسَبة accounting report

تَقريرُ المُحاسِبين accountants' report

تَقريرُ مُدَقِّقِ الحِسابات audit(or's) report; report of auditor

تَقريرٌ مَعَ التَّحَفُّظات (لِمُدَقِّقِ الحِسابات)
qualified opinion report

تَقريرٌ مُفَصَّل detailed report

تَقاريرُ دَورِيَّة periodic reports

تَقاريرُ رُوتينيَّة routine reports

تَقاريرُ شَهريَّة monthly reports

تَقاريرُ الكَفاءَةِ في الخِدمة . سِجِلّاتُ الخِدمة service records

**تَقسِيط** payment in installments

بِالتَّقسيط by installments

بَيعٌ بِالتَّقسيط budget plan payment; easy payment plan; installment plan; charge sale; installment sale; down payment sale

بَيعٌ بِالتَّقسيط الشَّهريّ
monthly payment plan

تِجارَةُ تَقسيط tally trade; installment trading

تَمويلُ البَيعِ بِالتَّقسيط
instalment credit

حِسابُ تَقسيطِ الدَّفْع
instalment account

دَفعٌ بِالتَّقسيط payment by instalments

سَنَدُ تَقسيط (تُستَعادُ قِيمَتُهُ عَلى أَقساط) instalment bond

شِراءٌ بِالتَّقسيط instalment buying; hire purchase

طَرِيقَةُ التَّقسيطِ لِتَحديدِ الرِّبحِ الإجماليّ
instalment method of determining gross income

قَرضٌ يُسَدَّدُ بِالتَّقسيط
instalment loan

كَمْبِيالَةٌ تُسَدَّدُ بِالتَّقسيط
instalment note

نِظامُ الدَّفعِ بِالتَّقسيط instalment plan

**تَقسِيم** division; partition

تَقسيمٌ إقليميٌّ لِلعَمَل regional (or territorial) division of labour

التَّقسيمُ إلى اقسامٍ او شُعَب departmentalization

تَقسيمُ (السِّلَع) إلى رُتَب grading

تَقسيمٌ طَبَقيّ . تَطَبُّق stratification

تَقسيمُ العَمَل division of labour

تَقسيمُ العَمَلِ الإقليميّ territorial division of labour

رُتَبُ او تَقسيماتُ السِّلَع orders of goods

**تَقَشُّف** austerity

**تَقَصٍّ** search; investigation

مَوقِفُ التَّقَصّي questioning attitude

هَيئَةُ تَقَصّي الحَقائق fact-finding board

**تَقصِير** nonfeasance

تَقصيرٌ (عَنِ القِيامِ بِواجِب) default

تَقصيرٌ في المُطالَبَةِ بِالحَقّ laches

**تَقَعُّر** concavity

**تَقَلُّب** fluctuation; variation

تَقَلُّبٌ قَصيرُ الأَجَلِ في الأَسعار flurry

تَقَلُّباتٌ اقتِصاديَّة economic fluctuations

تقلّباتٌ دَوريَّة cyclical fluctuations

تقلّباتٌ زِراعيَّة agricultural fluctuations

تقلّباتُ السُّوق market fluctuations

تقلّباتُ صِناعاتِ التَّصدير fluctuations in export industries

تقلّباتٌ صِناعيَّة industrial fluctuations

حَدُّ التَّقَلُّبِ (المُقَرَّرُ لِلعُملة) margin of fluctuation

حُدودُ تَقَلُّباتِ العُملة (كَما يَضَعُها صُندُوقُ النَّقدِ الدَّوليّ) International Monetary Fund trading margin

**تَقَلُّص . اِنكِماش** shrinkage; contraction

**تَقلِيد . تَزْيِيف** imitation

**تَقلِيد** tradition

تَقليدٌ سائد . عادة custom

تَقاليد . عادات traditions

التَّقاليدُ الرّاسِخة (او المُتَعارَفَةُ او الشائعة) established practices

**تَقليديّ . مُحافِظ** conservative

**تَقليديّ** classical; traditional

تَقليديٌّ حَديث neo-classical

مُجتَمَعٌ تَقليديّ traditional society

المَدرَسَةُ التَّقليديَّةُ الحَديثة Neo-classical School

المَذهَبُ التَّقليديُّ الحَديث neo-classicism

**التَّقليديَّة** traditionalism

**تَقْلِيمٌ** (تَقسيمٌ إلى اقالِيم) regionalization

**تِقْنيّ . فَنّيّ** technician

**تِقْنيّ . تِكنُولُوجيّ** technological

اِختِصاصيٌّ تِقْنيّ technocrat

بِطالة تِقْنيَّة technological unemployment

تَركيبٌ تِقْنيّ . هَيكَل تِقْنيّ technostructure

التَّعليمُ التِّقْنيّ او الفَنّيّ technical education

التَّقَدُّمُ الفَنّيّ (او التِّقْنيّ) technical (or technological) progress

جامِعَةٌ تِقْنِيَّة technological university
النَّظَرِيَّةُ التِّقْنِيَّةُ النَّفْسِيَّة psycho-technics
**تِقْنِيَّة . نُقطَةٌ فَنِّيَّة** technicality
**التِّقْنِيَّة . التِّكْنُولُوجِيَة** technology
تِقْنِيّاتُ الكَهْرَباء electrotechnology
خَبيرٌ بِالتِّقْنِيَّة technologist
**تِقْنِيَّة . أُسلُوبٌ فَنِّيّ** technique
تِقْنِيَّةُ زِراعَةِ الغابات forestry
التِّقْنِيَّةُ الحَيَوِيَّة ergonomics
**تَقْنِين . جِرايَة** ration
**تَقْنِين** rationing
التَّقنينُ بِالسِّعر (او بِالتَّسعير)
rationing by price
**تَقْوِيم . تَقْيِيم** evaluation; assessment
**تَقْوِيم . تَصحِيح** rectification
**تَقْوِيم . رُوزنامة** calendar
سَنَةٌ تَقويمِيَّة calendar year
شَهرٌ تَقويميّ calendar month
يَومٌ تَقويميّ calendar day
**تَقْيِيدٌ . قَيد . حَصْر** restriction; limitation
تَقييدُ الإنتاج . تَقييدُ الخَرْج
restriction of output
تَقييدُ الائتِمان credit rationing
تَقييدُ التِّجارة restraint of trade
تَقييدٌ (او حَصْرٌ) كَمِّيّ
quantitative restrictions
تَقييدٌ مَصرِفِيّ bank restriction
تَقييدُ الوارِدات restriction of imports
اتِّحادٌ بِهَدَفِ تَقييدِ التِّجارة
combination in restraint of trade

خُطَطُ تَقييدِ إنتاجِ السِّلَع
restriction schemes
خُطَطُ تَقييدِ السِّلَع commodity control schemes
فَترةُ التَّقييدِ المَصرِفِيّ
bank restriction period
قانونُ التَّقييدِ المَصرِفِيّ (١٧٩٧)
Bank Restriction Act
مَبدَأُ تَقييدِ الإصدار currency principle
مَحكَمَةُ المُمارَساتِ التِّجارِيَّةِ التَّقييدِيَّة
Restrictive Trade Practices Court
مُسَجِّلُ المُمارَساتِ التِّجارِيَّةِ التَّقييدِيَّة
registrar of restrictive trade practices
**تَقْيِيس . تَوحِيدٌ** (المَقايِيسِ او المُواصَفاتِ)
standardization
**تَقْيِيم** valuation; evaluation; appraisal; assessment; rating
تَقييمُ الأَجير employee rating
تَقييمُ الأَداء performance appraisal
تَقييمُ الإدارة management appraisal
تَقييمُ الأَسهُم valuation of shares
تَقييمُ الأُصُول valuation of assets
تَقييمُ البِضاعَةِ عَلى أَساسِ أَسعارِ البَيعِ بِالمُفَرَّق retail method of inventory
تَقييمُ البِضاعةِ عَلى أَساسِ التَّكلِفة
cost method of inventory
تَقييمُ البِضاعَةِ المَوجُودة
inventory valuation
تَقييمٌ دَورِيّ periodic appraisal
التَّقييمُ الدِّيناميكِيّ dynamic evaluation
تَقييمُ المَخزُون valuation of stock

تَقْييمٌ مُخَفَّض undervaluation
التَّقييمُ المُقَدَّر assessed valuation
التَّقييمُ والتَّوضيعُ الأمثَل evaluation and optimization
إجراءُ تَقييمِ البَرنامَج programme evaluation procedure (P.E.P.)
إعادَةُ التَّقييم revaluation; reassessment; reappraisal
تَقريرٌ تَقييميّ appraisal report
طَريقَةُ تَقييمٍ ومُراجَعَةِ البَرنامَج Programme Evaluation and Review Technique (P.E.R.T.)
**تَكاثُر . تَضاعُف** multiplication
**تَكاثُر** reproduction
صافي مُعَدَّلِ التَّكاثُر net reproduction rate
مُعَدَّلُ التَّكاثُرِ السُّكّانيّ reproduction rate
**تَكافُل . تَعايُش** symbiosis
**تَكافُل . تَضامُن** solidarity
بِالتَّكافُلِ والتَّضامُن jointly and severally
سَنَدُ (دَينٍ) مُشتَرَكٌ بِالتَّضامُنِ والتَّكافُل joint and several bond
كَمبيالَةٌ بِالتَّضامُنِ والتَّكافُل joint and several note
**تَكافُليّ ــ التَّأمينُ التَّكافُليّ** tontine
التَّسويقُ التَّكافُليّ symbiotic marketing
عَقْدٌ تَضامُنيّ وتَكافُليّ joint and several contract
**تَكافُؤ . تَعادُل** parity

تَكافُؤُ أسعارِ العُملات par of exchange
تَكافُؤُ الفُرَص equalization of opportunities
نِسبَةُ التَّكافُؤ parity ratio
**تَكاليف** (أُنظُرْ تَكلِفة) costs
**تَكامُل . دَمْج** (تَوحيد) integration
تَكامُلٌ أُفُقيّ horizontal integration
تَكامُلٌ جانِبيّ lateral integration
تَكامُلٌ خَلفيّ (سَيطَرَةُ الصِّناعَةِ على مَصادِرِ المَوادِّ الخام) backward integration
تَكامُلٌ عَموديّ (رَاسيّ) vertical integration
طَلَبٌ تَكامُليّ complementary demand
عَوامِلُ تَكامُلِيَّة complementary factors
**التَّكامُلِيَّة** complementarity
**تَكَبَّدَ ــ يَتَكَبَّدُ** incur; undergo
يَتَكَبَّدُ . يَتَحَمَّلُ sustain
**تَكثيف . تَركيز** concentration
**تَكديسُ البَضائع** stowage
**تَكْرار** frequency
**تَكرير** refining
**تَكلِفة . ثَمَن** cost
تَكلِفةٌ اجتِماعيَّة social cost
التَكلِفةُ الاسميَّة nominal cost
التَكلِفةُ او سِعرُ السُّوقِ أيُّهُما الأقلّ lower of cost or market
تَكلِفةٌ بَديلة alternative cost
تَكلِفةُ البِضاعة المُباعة cost of merchandise sold
التَكلِفةُ بِما فِيهِ الضَّريبة tax-paid cost

التكلِفَةُ التّاريخيَّة historical cost
تَكلِفَةُ التَّحويل conversion cost
تَكلِفة تَفاضُليَّة differential cost
تَكلِفةُ حَدِّيَّة extra cost; marginal cost
التكلِفة الحَدِّيَّة المُتَزايِدة
increasing marginal cost
تَكلِفة حَقيقيَّة actual cost; real cost
تَكلِفَةُ السِّلَعِ المَبيعة cost of goods sold
تَكلِفَةُ السِّلَعِ المَصنُوعة
cost of goods manufactured
تَكلِفَةُ غَيرُ مُتَكَرِّرة sunk cost
تَكلِفةُ غَيرُ مُستَهلَكة undepreciated cost
تَكلِفةُ غَيرُ مُنقَضِية (مَدفُوعةٌ مُقَدَّماً)
unexpired cost
تَكلِفةُ الفُرصةِ الضّائعة opportunity cost
التكلِفة في المَصنَع factory cost
التكلِفة الكامِلة full costing
التكلِفة المُباشِرة direct cost
تَكلِفة المُدَّة period cost
تَكلِفة المُسافِرِ (الرّاكِبِ) بِكُلِّ كيلومِتر
passenger-kilometer cost
التكلِفة المُقَيَّدة في الفاتُورة billed cost
التَكلِفة الهالِكة expired cost
التكلِفة والمَصرُوف cost and expense
تَكلِفَةُ اليَدِ العامِلة labour cost
إجماليُّ تَكاليفِ المُعالَجةِ الصِّناعيَّة
process cost summary
أَساسُ التَّكاليف cost basis
أَساليبُ التكلِفة المِعياريَّة
standard cost systems
استِمارةُ تَكاليفِ العَمَل job cost sheet

بَيانُ تَكاليفِ السِّلَعِ المُصَنَّعة statement of cost of goods manufactured
تَحديدُ تَكاليفِ العَمَليَّة
operation costing
تَحديدُ التَّكاليفِ المِعياريَّة الأَساسيَّة
basic standard costing
تَحديدُ تَكلِفَةِ العَقْد contract costing
تَحديدُ التَّكلِفَةِ الكُلِّيَّة total costing
تَحصِيصُ التَّكلِفة
apportionment of cost
تَحلِيلُ التَّكاليفِ والعائدات
cost/benefit analysis
تَحليلُ عَلاقَةِ الرِّبحِ والتَّكلِفَةِ وحَجْمِ الأَعمال
cost-volume-profit analysis
تَخفِيضُ التَّكاليف reduction of costs
تَضَخُّمُ التَّكلِفة cost-push
تَعديلُ الأُجُورِ بِسَبَبِ تَغَيُّرِ تَكاليفِ المَعيشة
cost of living adjustment
تَفاوُتُ التَّكاليف cost variance
تَقديرُ التَّكاليف costing
تَقديرُ تَكاليفِ الدُّفْعة batch costing
تَقريرُ تَكلِفَةِ الإنتاج cost of production report
تَقييمُ البِضاعَةِ على أَساسِ التَّكلِفة
cost method of inventory
تَكاليفُ الآلَةِ في السّاعة
machine hour cost
تَكاليفُ الإبدال replacement costs
تَكاليفُ الإدارة administration costs
تَكاليفُ (او نَفَقاتٌ) أَساسيَّة prime costs
تَكاليفُ أَصليَّة original costs

تَكاليفُ إضافِيَّة extra cost
تَكاليفُ الإعلان advertising costs
تَكاليفُ الإنتاج expenses of production; production costs; costs of production
تَكاليفُ إنزالِ البِضاعة landing charges
تَكاليفُ أوَّلِيَّة initial costs; first costs
تَكاليفُ البَحثِ والتَّطوير research and development costs
تَكالِيفُ التَّصنِيع manufacturing costs; processing costs
تَكاليفُ التَّعبِئة او الشَّحْن handling costs
تَكاليفُ التَّنظِيم organization costs
تَكاليفُ التَّنمِية development costs
تَكاليفُ التَّوزِيع distribution costs
تَكاليفُ ثابِتة fixed costs; non-variable costs
تَكاليفُ ثابِتةٌ غَيرُ مُباشِرة overhead (expenses)
التَّكاليفُ الحَدِّيَّةُ المُتَناقِصة decreasing marginal cost
تَكاليفُ الحُصُول (عَلى مُمتَلَكات) acquisition cost
تَكاليفُ الحِيازة occupancy costs
تَكاليفُ رَاسُمالِيَّة capital costs
التَّكاليفُ شِبْهُ المُتَغَيِّرة semivariable costs
تَكاليفُ صافِية net costs
تَكاليفُ الصِّيانة cost of upkeeping; maintenance costs

تَكاليفُ عادِيَّة normal costs
تَكاليفُ عامَّة (غَيرُ مُباشِرة) overhead costs
تَكاليفُ العَمَلِ المُباشِرة direct labor costs
تَكاليفُ عَينِيَّة out-of-pocket costs
تَكاليفُ غَيرُ مُباشِرة indirect costs
تَكاليفُ قِياسِيَّة standard costs
التَّكاليفُ القِياسِيَّةُ المُثلَى ideal standard costs
تَكاليفُ لا يُمكِنُ التَّحَكُّمُ بِها uncontrollable costs
تَكاليفُ المَبِيعات cost of sales
تَكاليفُ مُتَدَرِّجة (او مُدَرَّجة) stepped costs
تَكاليفُ مُتَساوِية iso-costs
تَكاليفُ مُتَغَيِّرة variable costs
تَكاليفُ مُختَلِطة mixed costs
تَكاليفُ مُشتَرَكة joint costs
تَكاليفُ المُعالَجة . تَكاليفُ التَّصنيع processing costs
تَكاليفُ المَعِيشة cost of living
التَّكاليفُ المَنسوبة attributable costs
تَكاليفُ النَّقل . تَكلِفة نَقْل البَضائع transportation costs
تَكاليفُ يُمكِنُ تَجَنُّبُها avoidable costs
تَكاليفُ يُمكِنُ مُراقَبَتُها controllable costs
تَوريدُ التَّكاليفِ النِّهائيَّة terminal costing
جَدوَلُ التَّكاليف cost schedule

حِسابُ التكاليفِ التَّحميليّ absorption costing
حِسابُ التكاليفِ الحَدِّيَّة marginal costing
حِسابُ تَكاليفِ العَمَل job costing
حِسابُ التكاليفِ القِياسيَّة standard costing
حِسابُ التكاليفِ المُباشِرة direct costing
حِسابُ التكاليفِ المُتأخِّر historical costing
حِسابُ التكلِفةِ بِطَريقةِ المُتوسِّطِ المُرَجَّح weighted average costing
حِسابُ التكلِفةِ المُرَكَّبة multiple costing
حِساباتُ تَكلِفةِ مَراحِلِ التَّصنيع process cost accounts
خُطوطُ التكلِفة cost lines
دَفتَرُ أُستاذِ التكلِفة cost ledger
دَفتَرُ الأستاذِ المُساعِدِ لِتَكاليفِ العَمَليّات job cost ledger
زِيادةٌ في التَّكاليف incremental cost
سِعرُ التكلِفة cost price
سُلَّمُ التَّكاليف cost ladder
سُلوكُ التكلِفة cost behaviour
طَريقةُ مَعرِفةِ مَجمُوعِ تكاليفِ التَّوزيع total cost approach to distribution
عَقدٌ إجماليٌّ بِالتكلِفةِ والرِّبح cost-plus contract
العَلاقةُ بينَ التكلِفة المُتوسِّطة والتكلِفة الحَدِّيَّة average cost/marginal cost relationship
فَعالِيَةُ التَّكاليف cost effectiveness
مَبدَأُ التكلِفة cost principle
مُحاسَبة التَّكاليف cost accounting
مُحاسَبة تَكاليفِ اوامِرِ الإنتاج job order cost accounting
مُحاسَبةُ تَكلِفةِ مَراحِلِ التَّصنيع (او المُعالَجة) process cost accounting
مَركَزُ التَّكاليف cost center
مَركَزُ تَكلِفةٍ لِلخِدْمات service cost centre
مُعَدَّلُ التكلِفة average cost
مُعَدَّلاتُ تَحميلِ التَّكاليف absorption rates
مَقاييسُ التَّكاليف cost standards
مُنحَنى التَّكاليف cost curve
مُنحَنَيات التَّكاليفِ المُتَساوِية equal cost lines
النّاتِجُ القَوميُّ بِتَكلِفةِ عَوامِلِ الإنتاج national product at factor cost
نِسبَة الرِّبح المُضافة لِلتكلِفة markups; markup rates
نِظامُ السِّعرِ الأدْنى لِتَقديرِ التكاليفِ وَوَضْعِ الجَداوِل Least-cost Estimating and Scheduling System (L.E.S.S.)
نَظَرِيَّةُ القِيمةِ طِبقاً لِتَكلِفةِ الإنتاج cost of production theory of value

**تَكليف** commission; commissioning; charging; authorization
تَكليفُ بِالحُضور subpoena; summons
تَكليفُ عِدَّة سَماسِرة لِبَيع (او تَأجير) العَقَار multiple listing
**تَكليف ، تَكلِفة** expense; costs; charges
**تَكليف ، ضَريبة** imposition; duties

تَكليفٌ عَقَاريّ encumbrance; incumbrance

خاضِعٌ لِلتَّكليفِ الضَّريبيّ ratable; rateable

**تَكْليف • عِبْء** burden; inconvenience

**تَكمِلة** supplement

**تَكميليّ** supplementary; complementary

نُقُود تَكميليَّة subsidiary money

**تِكنولوجيّ • تِقْنيّ** technological

تَغيير تِكْنولوجيّ technological change

**التِّكْنولوجية • التِّقْنِيَّة** technology

تِكْنولوجيةُ المَجْموعات group technology

دِبلوم في التِّكْنولوجيَة diploma in technology

**تِكْنومِتريّ ــ النِّسَب التِّكْنومِتريَّة** technometric ratios

**تَكَهُّن • تَنَبُّؤ** prediction; forecast; forecasting

**تَكْويد ــ إعطاءُ أَرقامٍ او رُموزٍ اصطِلاحيَّة** coding

**تكوين** formation; composition

تَكوينُ اتِّحاداتٍ لِلمُنتِجين cartellization

تَكوينُ الاستِثمارات investment composition

تَكوينٌ اقتِصاديّ economic morphology

تَكوينُ رأْسِ المال capital formation

تَكوينُ شَرِكة formation of a company

**تَكَيُّف** adaptation

قابِليَّة التَّكَيُّف adaptability

**تَكييف** accommodation; gearing

**تلاشى ــ يتلاشى** fade

**تَلاعَبَ ــ يَتَلاعَبُ** manipulate

يَتَلاعَبُ بِالأَسعار rig

يَتَلاعَبُ بأَسعارِ البُورْصة rig the market

يَتَلاعَبُ في السُّوق play the market

**تَلاقي الأَفكار** meeting of minds

**تِلغرافٌ طابِع** (او كاتِب) ticker

**تِلغرافيّ** telegraphic

تحوِيلٌ ماليّ تِلغرافيّ telegraphic transfer (T.T.)

حَوالة بَريديَّة تِلغرافيَّة telegraphic money order

عُنوان تِلغرافيّ telegraphic address

**تَلِفَ ــ يَتلَفُ • يُتلِفُ** waste

**تَلَف • ضَياع** wastage

بَضائعُ قابِلةٌ لِلتَّلَف perishable goods

خالي المَسؤوليَّةِ عَنِ التَّلَفِ او الضَّرَر free of all average (f.a.a.)

**تَلفَنَ ــ يُتَلفِنُ لِ** ring

**تِلِفون** (تليفون) **داخِليّ** interphone

حُجرةُ التِّليفون telephone booth

خِدْماتُ الرَّدّ عَلى التِّليفون telephone answering services

دَليلُ التِّلِفون telephone directory

**تِلْقائيّ • أُوتُوماتيكيّ** automatic; spontaneous

الآلِيَّة التِّلقائيَّة automation

ادِّخارٌ تِلقائيّ automatic saving

اشتِعالٌ تِلقائيّ spontaneous combustion

انتِهاءُ البوليصةِ تِلقائيّاً (حالَ إعلانِ الحَرب) automatic termination of cover

تَعديلُ الأُجور تِلقائيًا automatic wage adjustment

سُلفة تِلقائيّة سَداداً لِلقِسط automatic (premium) loan

**تَلقِيح** (بالأمصالِ الواقِية) vaccination

**تَلقِينُ مَبادِىءِ عِلمٍ او فَنّ** initiation

**تَلمَذةُ صِناعِيّة** apprenticeship

**تَلمِيح** hint

**تَلَوُّث ـ تَلَوُّثُ البيئة** pollution of environment

تَلَوُّثُ المِياه water pollution

**تَماثُل** symmetry

**تَماثُل . اتّفاق** community

**تَماثُل . تَجانُس** homogeneity

**تَمارَضَ ـ يَتَمارَضُ** malinger

**تَماسُك** cohesion

**تَماماً . بِدِقّة** precisely

سالِمٌ تَماماً safe and sound

**تَمَتُّع ـ أَسهُم تَمَتُّع** possession shares

**تَمثِيل** representation

**التَّمثِيلُ بِالقِياس** analogue representation

تَمثِيل تِجاريّ commercial representation

تَمثِيلُ (او تَفويضٌ) تِجاريّ commercial mandate

تَمثِيلٌ قُنصُليّ consular representation

**تَمَدُّد** expansion; dilatation

تَمَدُّد الطَّلَب expansion of demand

تَمَدُّد العَرْض expansion of supply

**تَمَدُّن . عِلمُ الإعمار والتَّحضِير** urbanism

**تَمدِيد** extension

تَمديدُ أَجَلِ الدَّين funding

تَمديدُ العَقْد extension of contract

تَمديدُ مُهلةِ الدَّفْع extension of credit

**تَمَركُز . مَركَزة** centralization; localization

تَمَركُز الصِّناعة localization of industry

تَمَركُزُ اليَدِ العامِلة localization of labour

**تَمرِين . تَدَرُّبٌ عَلى مِهنة** apprenticeship; practice

**تَمَزَّقَ ـ يَتَمَزَّقُ** rupture

**تَمَكُّن . تَضَلُّع** command

**تَملِيك** conveyance (of property)

بَراءة تَمليك (او اختِراع او ابتِكار) letters patent

سَنَدُ تَمليك . صَكُّ مِلكِيّة title deed; muniment of title; conveyance

**تَمَّمَ ـ يُتَمِّمُ . يُكمِلُ** supplement

**تَمهِيد . مُقَدِّمة الوَثيقة** preamble

التَّمهيدُ لِلانطِلاق preconditions of take-off

**تَمهِيديّ . غَيرُ نِهائيّ** interlocutory

دِراسة تَمهيديّة pilot study

عرض تمهيدي preview

**تَموِيل** financing; funding; finance

تَمويلٌ بِدَين جَديد refundment

التَّمويلُ بِضَمانِ البَضائعِ المَوجُودة inventory financing

تَمويلُ البَيعِ بِالتَّقسيط instalment credit

تَمويلُ التِّجارةِ الخارِجيَّة financing of foreign trade
التمويلُ التَّعويضيّ compensatory financing
التمويلُ الذّاتيّ auto-financing; self-financing
تَمويلُ السيّاراتِ لِلعَرْض floor planning
تَمويلُ الصِّناعة financing of industry
تَمويلُ العَجْزِ ـ التمويلُ عن طَريقِ العَجزِ في المِيزانيَّةِ العامَّة deficit financing; pump priming
التَّمويلُ عن طَريقِ الحِساباتِ المَدينة accounts receivable financing
التَّمويلُ القَصيرُ الأَجَل short-term financing
تَمويلٌ مُسبَق او أَوَّليّ prefinancing
إعادةُ التمويل refinancing
إعادةُ تَمويلِ الراسِمال recapitalization
بَيتُ تَمويل finance house
سَنَدُ تَمويلِ شِراءِ مُعَدّات equipment trust bond
شَرِكةُ تَمويلِ الصِّناعةِ والتِّجارةِ المَحدودة Industrial and Commercial Finance Corporation Ltd.
شَرِكَةُ تَمويلِ المُشتَرَياتِ الشَّخصيَّة personal finance company
قُروضُ التَّمويلِ المُتَسَلسِلة serial funding loans
**تَموين** supplying; supply; victualling
الإعداد والتَّموين في المُؤَسَّسة business logistics
مُتَعَهِّد التَّموين . مُمَوِّن purveyor
مُتَعَهِّد تَموين السُّفُن ship chandler
**تَمويه** (لِتَغطِيَةِ الشَّوائب) gloss
**تَمْييز** discrimination; differentiation
تَمييز تِجاريّ trade discrimination
التَّمييز في الأُجور (او الأَسعار) بينَ العُمَلاء rate discrimination
التَّمييزُ في استِيفاءِ الأَسعار price discrimination
تَمييزُ العَمالة job discrimination
سِنُّ التَّمييز age of discretion
عَلامةُ تَمييز identification mark
**تَمْييزيّ** discriminatory
احتِكارٌ تَمييزيّ discriminating monopoly
رَسم تَمييزيّ discriminating duty
ضَريبةٌ تَمييزيَّة او تَفاضُليَّة discriminatory taxation
**تَمْييع . إسالة . إماعة** liquefaction
**تَمْييعُ الأَسهُم** (إصدارُ مَزيدٍ مِنها دُونَ زِيادةٍ مُقابِلةٍ في رأسِ المال) watering of stock; stock watering
**تُن** tun
**تَنازُع . خِصام** conflict
تَنازُع اقتِصاديّ economic conflict
حِيازةُ تَنازُع adverse possession
**تَنازَلَ ـ يَتَنازَلُ عَن** disclaim; waive
يَتَنازَلُ عَن . يَستَسلِم surrender
**تنازُل** disclaimer
تَنازُل اختِياريّ (عن مِلكيَّةٍ او عَن مُمارَسةِ حَقّ) waiver

تَنازُلٌ عَن حَقّ — renunciation
التنازُل عَن حَقّ الاحتِجاج
waiver of protest
اتّفاقِيَّةُ عَدَمِ تَنازُل — non-waiver agreement
خِطابُ تَنازُل — letter of renunciation
خِطابُ تَنازُلٍ وحُلول
letter of subrogation
سَنَدُ تَنازُل — quitclaim deed
شَرطُ التنازُل — waiver clause
**تَنازُليّ . نُزوليّ** — regressive; recessive
ضَريبَةٌ تَنازُلِيَّة — regressive tax
مُنحَنى عَرْضٍ تَنازُليّ
regressive supply curve
**تَناسُب** — proportional relation; proportionality
بِالتَّناسُب . بِنِسبَةِ الحِصَّة — pro rata
شَرطُ تَوزيعِ التناسُب — pro rata distribution clause
يُوَزِّعُ (يُقَسِّمُ) بالتناسُب — prorate
**تَناسُق . اتِّساق** — consistence
تَناسُقُ الخُطَّة — coherence of the plan
**تَنافَسَ ـ يَتَنافَسُ . يُنافِسُ** — compete
**تَنافُس . مُنافَسة** — competition
**تَنافُسِيّ** — competitive
الاستراتيجيَّة التنافُسيَّة
competitive strategy
الإعلانُ التنافُسيّ
competitive advertising
شَرِكَةٌ تَنافُسيَّة — competitive firm
طَلَب تَنافُسيّ — competitive demand

عَرْضٌ تَنافُسيّ — competitive supply
عَطاءٌ تَنافُسيّ — competitive bid
لا تَنافُسيّ — non-competitive
**تَناقُص** — diminution
تَناقُصُ الغَلَّة — diminishing returns
قانونُ تَناقُصِ الغَلَّة — law of diminishing returns
قانونُ تَناقُصِ المَنفَعة
law of diminishing utility
**تَناقُض . تَضارُب** — inconsistency; discrepancy
**تَناقُض** — paradox
تَناقُضُ (مَفهومِ) القِيمة
paradox of value
تَناقُضاتٌ اقتِصاديَّة
economic paradoxes
**تَناوُب** — alternation; rotation
بِالتَّناوُب . دَورِيّاً — in rotation
**تَنَبُّؤ** — forecasting; prediction
تَنَبُّؤٌ اقتِصاديّ — economic forecasting
التنبُّؤُ بالاتِّجاه — trend forecasting
التنبُّؤُ بِكَمِّيَّةِ النَّقد — cash forecast
التنبُّؤُ بالمَبيعات — sales forecast
التنبُّؤُ السُّكّانيّ — population projection
تنبُّؤاتُ المِيزانيَّة — balance sheet forecasts
دَورَةُ التنبُّؤات — expectational cycle
نَموذَجٌ مُحاسَبيّ لِلتنبُّؤ — predictive accounting model
**تَنبيهٌ قَضائيّ** — caveat
طالِبُ التَّنبيهِ القَضائيّ — caveator

**تنزِيل** (مِنَ القِيمة) . **تَخفِيض**
rebate; reduction

تَنزِيلُ الرُّتبة — demotion

**تَنسِيق** — co-ordination

تَنسيقُ خِدماتِ النَّقل
co-ordination of transport

تَنسيقُ الضَّرائِب — harmonization of taxes

لَجنَةُ تَنسيق — co-ordinating committee

**تَنشِيط** — encouragement; activation

مالٌ يُدفَع لِتَنشِيط المَبِيعات
push money

**تَنصِيب . تَركِيب** (مُنشَأة) — installation

**تَنصِيب . اِفتِتاح . تَدشِين** — inauguration

**تَنضِيد** (الحُروف) — typesetting; composition

طِباعةٌ بِتَنضِيدِ الحُروف — letterpress

**تَنطِيق . تَقسِيم إلى مَناطِق** — zoning

**تَنظِيم . مُنَظَّمة** — organisation; organization

تَنظيمٌ إداريّ — administrative organization

تَنظيمٌ اقتِصاديّ — economic regulation

تَنظيمُ الدُّيون — adjusting accounts receivable

تَنظيمٌ سَيِّىء . سُوءُ التَّنظيم
malorganization

تَنظيمُ عَقدِ التَّأمين — issue of policy

التنظيمُ العِلميّ لِلإنتاج . تَرشيدُ الإنتاج
rationalisation of production

تَنظيمُ العَمَل (كَعُنصُرٍ مِن عَناصِرِ الإنتاج)
entrepreneurship

التنظيمُ غيرُ الرَّسميّ
informal organization

تَنظيمٌ مُعَقَّد — complex organization

التَّنظيمُ والأساليب — organization and methods (O.&M.)

التَّنظيمُ الوَظيفيّ
functional organization

آلَةٌ لِتَنظيمِ الجَداوِل
tabulating machine

إعادَةُ تَنظيم — reorganization

تَخطِيطُ التَّنظيم — organization planning

تَكاليفُ التَّنظيم — organization costs

رَسمٌ بَيانيٌّ لِلتَّنظيم
organizational chart

رَسْمُ التَّنظيم — organogram

فَنُّ التَّنظيمِ والحَرَكة — tactics

قانُونُ تَنظيمِ الصِّناعاتِ وتَنمِيَتِها
Industrial Organisation and Development Act

لَجنةُ إعادَةِ التَّنظيم
reorganization committee

مَصروفاتُ التَّنظيم
organization expenses

هَيئَةُ إعادَةِ التَّنظيم الصِّناعيّ
Industrial Reorganization Corporation (I.R.C.)

**تَنظيميّ** — organizational

وَحدة تَنظيميَّة — organizational unit

**تَنفِيذ . تَطبِيق** — implementation

**تَنفيذ . أداء** performance; fulfilment; execution

تَنفيذٌ جَوهَريّ substantial performance

تَنفيذُ الخُطَّة execution of plan

التنفيذُ على العَميل (في البُورْصة) buying in against

تَنفيذٌ عَينيّ specific performance

إرجاءُ تَنفيذ reprieve

أعمالٌ تَحتَ التَّنفيذ work in progress

أمرُ تَنفيذٍ مِن مالِكِ العَقار landlord's warrant

أمرُ تَنفيذِ وَصِيَّة letters testamentary

تَعَهُّدٌ بِتَنفيذِ العَقْد contract bond; performance bond

طَلَباتٌ لِلتَّنفيذ outstanding orders

عَقدٌ قابِلٌ لِلتَّنفيذ executory contract

كَفالةٌ لِتَنفيذِ الحُكم judgment bond

**تَنْفيذيّ . مُوَظَّف تَنفيذيّ** executive

إدارةٌ تَنفيذيَّة administration; line management

التنفيذيُّونَ والاستِشارِيُّون line and staff

دائِرَةٌ تَنفيذيَّة (تَعْتَمِدُ التدَرُّجَ الإداريّ الهَرَميّ) line organization

كَبيرُ الإداريّينَ التَّنفيذيّين . الرئيسُ التَّنفيذيّ chief executive

مَسؤولٌ تَنْفيذيّ executive officer

**تَنَقُّل** mobility; motion; moving

سُهولةُ التَّنَقُّلِ المِهنيّ occupational mobility

القُدرة على التَّنَقُّل الأُفُقيّ horizontal mobility

**تَنَقُّليّة . سُهولةُ النَّقل او الانتِقال** mobility

تَنَقُّلِيَّة جُغرافِيَّة . سُهولَةُ النَّقل او الإنتِقال المادّيّ physical mobility

تَنَقُّلِيَّة صاعِدة . قُدرة الانتِقال صُعوداً upward mobility

تَنَقُّلِيَّة عَمُوديَّة او رَاسيَّة vertical mobility

**تَنقِيبيّ – الوَسِيلةُ التَّنقِيبيَّة** heuristics

**تَنقِيص . تَنزِيل . تَخفِيض** reduction

**تَنمِية** development

تَنمِيَةٌ اقتِصاديَّة economic development

تَنمِيةٌ زِراعيَّة agricultural development

تَنمِيةٌ صِناعيَّة industrial development

تَنمِيةٌ قَوميَّة national development

البَحثُ والتنمِية research and development (R.&D.)

تَكاليفُ التنمِية development costs

خُطَّة تَنمِية development plan

رَهْنٌ لِلتنمِية development mortgage

سَنَدات التنمِية القَوميَّة national development bonds

شَهادة تَنمِية صِناعيَّة Industrial Development Certificate

مَجالِسُ التنمِية development councils

مَجالِسُ التنمِيَةِ الإقليميَّة "little neddies"

مَركَزُ تَنمِية development centre

مَشارِيعُ التنمِية development projects

مُشكِلاتُ التَّنمِية — development problems

مُقاطَعةُ تَنمِية — development district

مَناطِقُ تَنمِية — development areas

هَيئَاتُ التَّنمِية — development corporations

**تَنَوُّع** — diversity; differentiation

تَنَوُّعُ المَسافة — spatial differentiation

تَنَوُّع المُنتَج — product differentiation

تَنَوُّع المُنتَجات — variety of products

**تَنوِيع** — diversification

تَنويعُ المُنتَجات — product diversification

الإقلالُ مِن تَنويعِ الأَصناف — variety reduction

**تَنوِيه . ذِكر** — mention

**تَهافُتٌ على سَحبِ الوَدائعِ مِن مَصرِف** — run on a bank

**تَهاوُن** — neglect

**تَهدِيد . وَعِيد** — threat

**تَهذِيب . تَحسِين** — refinement

تَهذيبُ الخامات — ore dressing

**تَهَرُّب** — evasion

تَهَرُّبٌ مِن دَفعِ الضَّرائب — tax evasion

**تَهرِيب** — smuggling

**تَهرِيم . تَسَلُّط هَرَمِيّ** — pyramiding

**تُهمة** — accusation

لا وَجهَ لِلتُّهمة — no bill

**تَهنِئة** — congratulation

رِسالةُ تَهنِئة — congratulatory letter

**تَواتُر** — frequency

تَواتُرُ التَّوزيع — frequency distribution

مُخَطَّطُ تَوزِيعِ التَّواتُر — histogram

**تَوارُث . وِراثة** — inheritance; heredity

نِظامُ التَّوارُثِ في المِهَن — caste system

**تَوازُن** — equilibrium

تَوازُنٌ اقتِصاديّ — economic equilibrium

تَوازُن جُزئيّ — partial equilibrium

تَوازُن خاصّ وعامّ — particular and general equilibrium

تَوازُن عامّ — general equilibrium

تَوازُنٌ غيرُ مُستَقِرّ — unstable equilibrium

تَوازُنٌ مُتَعَدِّد — multiple equilibrium

تَوازُن المَدفُوعات الدُّوَلِيَّة — equilibrium of international payments

تَوازُن مُستَقِرّ — stable equilibrium

اِختِلالُ التوازُن . عَدَمُ تَوازُن — disequilibrium; imbalance

خَطُّ التَّوازُن — line of balance (l.o.b.)

**تَواطُؤ** — collusion

**تَوافُق** — consistency

تَوافُقُ المَصالِح — harmony of interests

تَوافُقِيّات (اقتِصادِيَّة) — harmonies

سُوءُ تَوافُق . اِختِلال — maladjustment

**تَوالٍ رَتيب او رُوتينِيّ . رَتابة** — monotony

**تَوبِيخ . لَوم** — censure; reprimand; rebuke

**تَوَتُّر** — tension

**تَوثِيق** — documentation

**تُوجْرِيك** (عُملة مَنغُولِيَّة) — tugrik

**تَوجِيه** — direction; guidance; orientation

تَوجِيهُ الأيدي العامِلة
manpower control

misdirection تَوجيهٌ خاطِىء

تَوجيهُ (او تَعليماتُ) الخِزانة
treasury directive

capital gearing تَوجيهُ راسِ المال

direction of labour تَوجِيهُ العَمَل

vocational guidance تَوجِيهٌ مِهنيّ

precept أمرُ تَوجِيه

orientation program بَرنامَجُ تَوجِيه

directives; instructions تَوجِيهات

**تَوجِيهيّ** directional; directive

directional effects آثارٌ تَوجيهيَّة

directive أمرٌ تَوجيهيّ

**تَوحِيد . دَمْج** consolidation

**تَوحِيد** unification

تَوحيدُ (المَقاييسِ او المُواصَفات)
تَقْييس standardization

تَوحيدُ المَقاييسِ الصِّناعيَّة
industrial standardization

تَوحيدُ مَقاييسِ العَمَل
job standardization

نِظامُ تَوحيدِ كِلفةِ الشَّحْن
basing-point system

**تَورِيد (المَوادّ) . تَدبِير** procurement

تَوريدُ التَّكاليفِ النِّهائيَّة
terminal costing

**التَّوَزُّعُ الرأسُماليّ بِالنِّسبةِ لِلعُمر**
age-distribution of capital

**تَوزِيع . تَخصِيص** allocation; apportionment

allotment of shares تَوزيعُ الأَسهُم

departmentalization التوزيعُ إلى دَوائر

حِسابُ تَوزيعِ الأَرباح (او تَخصِيصِها)
appropriation account

**تَوزِيع** distribution

physical distribution تَوزيعٌ تِجاريّ

liquidating distribution تَوزيعُ تَصفِية

binomial distribution التوزيعُ الثُّنائيّ

distribution of incomes تَوزيعُ الدُّخول

population distribution تَوزيعُ السُّكّان

تَوزيعُ الضَّرائِبِ بالمُساواة
equalization of taxes

normal distribution تَوزيعٌ طَبيعيّ

تَوزيعٌ مُجَدَّد (على المَناطِق) . إعادَةُ التَّوزيع او التَّنظيم redeployment

distribution of property تَوزيعُ المِلكِيَّة

تَوزيعُ المَوادِّ الغِذائيَّة
distribution of foodstuffs

تَوزيعٌ نِسبيّ مِئَويّ
percentage distribution

functional distribution تَوزيعٌ وَظيفيّ

redistribution إعادَةُ التَّوزيع

إعادَةُ تَوزيعِ الدَّخْل redistribution of income

إعادَةُ تَوزيعِ العَمَلِ قِطاعِيّاً
redeployment of labour

إعلانُ تَوزيعِ أَرباحِ الأَسهُم
declaration of dividends

distribution costs تَكاليفُ التَّوزيع

frequency distribution تَواتُرُ التَّوزيع

channel of distribution سَبيلُ التَّوزيع

سَيّارةُ توزيع delivery van

شَرطُ تَوزيع بِالتّناسُب pro rata distribution clause

طَريقةُ مَعرِفةِ مَجموعِ تكاليفِ التَّوزيع total cost approach to distribution

القانونُ الخاصُّ بِتَوزيعِ التَّرِكات statute of distribution

مُتَضَمِّنةُ التَّوزيعات cum distribution

مُخَطَّطُ تَوزيع التَّواتُر histogram

مُخَطَّطُ تَوزيع العَمَل work distribution chart

نِظامُ تَوزيعِ الغِذاء بالبِطاقات food rationing

نَفَقاتُ التَّوزيع distributive costs

**تَوزيعيّ** distributive

اِتِّحادُ المِهَن التَّوزيعيَّة Distributive Trades Alliance

**تَوَسُّط . وَساطة** mediation

**تَوَسُّع . تَوسيع . تَوسِعة** expansion

تَوَسُّع أُفُقيّ horizontal expansion

تَوَسُّع اقتِصاديّ economic expansion

تَوَسُّع او تَوسِيع المُؤَسَّسة expansion of firm

تَوَسُّعُ رَاسيّ vertical expansion

تَوسيعُ الأَعمالِ التِّجاريَّة business expansion

تَوسيعُ رَاسِ المال widening of capital

تَوسيعُ الشَّخصِ مَصادِرَ دَخلِه إلى ما وَراءَ حُدودِ إمكانِيّاتِه racking

تَوسيعُ صَلاحِيّاتِ المُوَظَّفِ دُونَ زِيادة في المُكافَأة stretch-out

اِقتِصادِيّاتُ داخِلِيَّة لِتَوسيعِ الإنتاج internal economics of scale

**التَّوَسُّعيَّة. المَذهَبُ التَّوَسُّعيّ** expansionism

**تَوسيعِيّ . نَصيرُ التَّوَسُّعيَّة** expansionist

**تَوصِيَة** recommendation

شَرِكةُ تَوصِية بَسيطة limited partnership

**تَوضِيب** stowing; packing

مُؤَسَّسَةُ تَوضيب export packer

**تَوضيح** (بالأَمثِلة او بِالصُّوَر) illustration

**تَوَطُّنُ الصِّناعة** location of industry

**تَوظِيف . اِستِخدام** employment

تَوظيفٌ او تَشغيلٌ كامِل full employment

إعادَةُ التَّوظيف re-employment

إعادَةُ تَوظيف (بِالوَضعِ السّابِق) reinstatement

مُديرُ التَّوظيف personnel officer

**تَوظِيف . اِستِثمار** investment

إعادَةُ التَّوظيف (الإستِثمار) reinvestment

يُعيدُ تَوظيفَ الأَرباح plough (plow) back

**تَوَغُّل اقتِصاديّ** economic penetration

**تَوفير** saving; economizing

تَوفيرٌ إجباريّ "forced frugality"

إختِراعاتُ لِتَوفيرِ رَاسِ المال capital-saving inventions

حِسابُ تَوفير savings account

دَفتَرُ التَّوفير savings bank book

صُندُوق تَوفير provident fund

مَصرِف تَوفير savings bank

مَصرِفُ تَوفيرٍ مُساهِم
stock savings bank

مَصرِفُ التَّوفير المُشتَرَك
mutual savings bank

تَوفِيق . مُصالَحة conciliation

تَوفِيق . تَعدِيل adjustment

تَوَقَّعَ ـ يَتَوَقَّعُ . يَستَبِقُ anticipate

تَوَقُّع anticipation; expectation; forecasting

أضرارٌ تَوَقُّعِيَّة speculative damages

تَوَقُّعات expectations

نِسبَةُ التَّوَقُّع anticipation rate

تَوَقَّفَ ـ يَتَوَقَّفُ . يَنهارُ stall

يَتَوَقَّفُ (المَصنَعُ) عَنِ العَمَل shut down

تَوَقُّف . اِنقِطاع intermission; interruption

التَّوَقُّفُ والإمتِناع cease and desist

أمرٌ بِالتَّوَقُّف stop order

دُونَ تَوَقُّف non-stop

تَوقِيت timing

التَّوْقيتُ الارتِداديّ flyback timing

التَّوقيتُ السَّريع snapback timing

تَوقيتُ غرِينِتْش المُتَوسِّط Greenwich Mean Time (G.M.T.)

نِظامُ تَوقيتٍ لِلاستِفادةِ مِن ضَوءِ النَّهار
daylight saving time

تَوقِيع signature

تَوقيعُ الشَّخصِ المُفَوَّض
authorized signature

تَوقيعُ مُصادَقة countersignature

تَوقيعٌ نَموذَجيّ sample signature

بِطاقةُ التَّوقيع signature card

مُطابَقَةُ التَّواقيع signature matching

تَوقِيف . حَجْز arrest; custody

تَوقِيف (مُؤَقَّت) . تَعْليق suspension

تَوكِيل . تَفوِيض mandate; procuration

تَظهير تَوكيليّ procuration endorsement

تَوكِيل . وَكالة power of attorney

كِتابُ تَوكيل. وَكالة letter of attorney

تَوكِيل proxy

تَوكيلٌ طَيّار (سَنَدُ تَنازُلٍ على بَياض)
fly power

بِالتَّوكيل . بِالنِّيابةِ عَن
per pro (per procuration)

تَولِيد . إنْتاج generation; production

مَحطَّةُ تَوليدِ القُدرة (الكَهرَبائيَّة)
power-house; power station

تَيّار current; draught; flow

تَيّاراتٌ تِجاريَّة trade flows

التِّيتَوِيَّة (مَذهَبُ تِيتو ـ الزَّعيمُ اليُوغوسلافيّ)
Titoism

تَيَقُّن certainty

تَيلُورِيَّة (مَذهَبُ تَيلُور لِتَرشيدِ الإنتاج)
Taylorism

# حَرفُ الثّاء

**ثابِتٌ . مَكِين** firm; rigid

**ثابِتٌ . مُحَدَّد** definite; fixed

طَلَبٌ ثابِت definite order

**ثابِتٌ** fixed; stationary; immobile

إجماليّ الاستِثمارِ الثّابِت gross fixed investment

مِلكٌ ثابِت (عَقاريّ) real estate

**ثابِتٌ . لا يَتَغَيَّر** constant; invariable; fixed

إحتِياطيٌّ ثابِت proven reserve

الإستِهلاكُ بالنِّسبةِ الثّابِتة straight-line depreciation

أَسعارُ تَحوِيلٍ مُستَقِلّةٌ ثابِتة independent fixed rates

أَسهُمٌ ثابِتةُ السِّعر pegged stock

أَسهُمٌ غَيرُ ثابِتةِ القِيمة no-par-value shares

تَكالِيفُ ثابِتة (غَيرُ مُتَغَيِّرة) non-variable costs

تَكالِيفُ ثابِتةٌ غَيرُ مُباشِرة overhead (expenses)

سِعرٌ ثابِت (بِصَرفِ النَّظَرِ عَن عَدَدِ الوَحَدات) straight-line rate

سِعرُ الفائدةِ الثابِتة real interest rate

سَنَدُ دَينٍ ثابِت stabilized bond

سِياسَةٌ غَيرُ ثابِتة (مُتَحَرِّكة) floating policy

النّاتِجُ القَوميُّ بالأَسعارِ الثّابِتة national product at constant prices

نَفَقةٌ حَدِّيّة ثابِتة constant marginal cost

**ثَأَرَ — يَثأَرُ** retaliate

**ثالِث . ثُلاثيّ** tertiary

أَوراقٌ (تِجاريّة) مِنَ الدَّرَجةِ الثّالِثة third-class (commercial) paper

بَريدُ الدَّرَجةِ الثّالِثة third-class mail

رَهنٌ ثالِث third mortgage

طَرَفٌ ثالِث third party

العالَمُ الثّالِث Third World

قُيودٌ ثالِثة third entries

نُسخة ثالِثة triplicate

**ثانٍ ، ثانِية** second

إمتِيازٌ ثانٍ (مِن حَيثُ الأَسبَقِيّةُ في الاستِيفاءِ مِن أموالِ المَدِين) second lien

الجِيلُ الثّاني second generation

رَهنٌ ثانٍ second mortgage

مَنتوجٌ مِنَ الدَّرَجةِ الثانِية second

يَومُ التَّصفِيَةِ الثّاني في البُورصة (وَفِيهِ يُعرَفُ اسمُ المُشتَري) ticket day

**ثانَوِيّ** secondary
اخطارٌ ثانَويَّة secondary risks
حَقٌّ ثانَويّ في الحَجْز junior lien
دائنٌ ثانَويّ secondary creditor
سَنَداتٌ ثانَويَّة junior bonds
عَقدٌ ثانَويّ (مِنَ الباطِن) subcontract
مُقاطَعة ثانَويَّة secondary boycott
مِهَنٌ ثانَويَّة secondary occupations
واقِعة ثانَويَّة minor fact
**ثَباتٌ . اِستِقرار** stability
ثَباتُ عَدَدِ السُّكّان zero population growth (z.p.g.)
ثَباتُ نِسبَةِ العَوائد (بِزِيادَةِ عَوامِلِ الإنتاج) constant returns to scale
حالَةُ الثَّباتِ او الاستِقرار stationary state
**ثَبَّتَ ـ يُثَبِّتُ السِّعرَ** peg
**ثَراء** fortune; wealth; riches
مَنجَمُ ثَراء bonanza
**ثَرْوَة** wealth; fortune
ثَروةٌ اجتِماعيَّة social wealth; social capital
الثَّروةُ الاقتِصاديَّة economic wealth
الثَّروةُ التِّجاريَّة business wealth
ثَروةٌ حَيَوانيَّة . مَواشٍ livestock
ثَروةٌ شَخصيَّة personal wealth
ثَروةٌ عالَميَّة cosmopolitan wealth
الثَّروةُ القَوميَّة national wealth
ضَريبةُ الثَّروة wealth tax
عِلمُ إنتاجِ السِّلَعِ والثَّرَوات chrematistics
**ثَرِيّ** wealthy; rich

حُكومَةُ الأثرِياء plutocracy
**ثُغْرة** gap
**ثَقافة** culture
**ثَقافِيّ . مُتَعَلِّقٌ بِالثَّقافة** cultural
اجتِماعيٌّ ثَقافيّ socio-cultural
دائِرةُ الشُّؤُونِ الثَّقافيَّة cultural affairs department
**ثَقَبَ ـ يَثقُبُ بِآلَةِ التَّثقِيب** key punch
**ثِقة** confidence; trust; faith
اِستِغلالُ الثِّقة confidence game
جَديرٌ بِالثِّقة reliable; trustworthy
سَنَدُ ثِقة fiduciary bond
عَلى سَبيلِ الثِّقة de fide
مُستَغِلُّ الثِّقة confidence man
**ثَقَّلَ ـ يُثَقِّلُ . ثِقْلٌ** weight
**ثَلاث ، ثَلاثة ـ الثَّلاثُ الكِبار** (مِن شَرِكاتِ صُنعِ السيّاراتِ في أمْريكا) Big Three
طَريقَةُ القُيودِ الثَّلاثةِ في قَيدٍ واحِد three-in-one method
قِطعةٌ مِن فِئَةِ الثَّلاثةِ بِنْسات threepenny piece
كَمْبِيالة مِن ثَلاثِ صُوَر set of bills
مِن ثَلاثِ نُسَخ triplicate
نِظامُ الثَّلاثةِ حُقُول (لِتَعاقُبِ الزُّروعِ في الإقطاعات) three-field system
وَرَقةٌ ماليَّةٌ بِأسماءِ ثَلاثَةِ أشخاصٍ (او مُظَهَّرَةٌ مِن ثَلاثةِ أشخاص) three-name paper
**ثُلاثِيّ . ثالِث** tertiary
تَحليلٌ ثُلاثيُّ المُتَغَيِّرات three-variable analysis

| | |
|---|---|
| سُوفِرين ثُلاثيّ | triple sovereign |
| سُيُولة ثُلاثيَّة | tertiary liquidity |
| مُبادَلة ثُلاثيَّة | triangular exchange |
| **ثَمَّنَ ـ يُثَمِّنُ . يُقَيِّمُ** | valuate; evaluate; appraise; assess |
| **ثَمَنٌ . سِعر** | price |
| ثَمَنٌ باهِظ | prohibitive price |
| ثَمَنُ الشِّراءِ الأوَّليّ | purchase money |
| ثَمَنٌ عادِل | just price; fair price |
| ثَمَنُ العَرْض . سِعرُ العَرْض | supply price |
| **ثَمَنٌ . تَكْلِفة** | cost |
| ثَمَنُ البِضاعةِ وأُجُورِ شَحنِها | cost and freight (C.A.F.) |
| الثَّمَنُ المُفتَرَض (المُقَدَّر) | imputed cost |
| الثَّمَنُ والتَّامينُ والشَّحْن : سِيف | cost, insurance and freight (C.I.F.) |
| ثَمَنُ الوَحدة | unit cost |
| مُتَوَسِّطُ ثَمَنِ الوَحدة | average unit cost |
| **ثَمِين . قَيِّم** | precious |
| أشياءُ ثَمينة | valuables |
| مَعدِنٌ ثَمين | precious metal |
| **ثُنائيّ** | bilateral |
| ثُنائيٌّ حَدِّيّ (مُشتَرٍ حَدِّيٌّ وبائعٌ حَدِّيّ) | marginal pair |
| اِتِّفاقٌ ثُنائيّ | bilateral agreement |
| اِتِّفاقِيَّةٌ ثُنائيَّةٌ تِجاريَّة | bilateral trade agreement |
| اِحتِكارُ بَيعٍ ثُنائيّ | duopoly |
| احتِكارٌ ثُنائيّ | bilateral monopoly |
| احتِكارُ شِراءٍ ثُنائيّ | duopsony |
| اقتِصادٌ ثُنائيّ | dual economy |
| تِجارَةٌ ثُنائيَّة | bilateral trade |
| تَدَفُّقٌ ثُنائيّ | bilateral flow |
| التَّوزيعُ الثُّنائيّ | binomial distribution |
| حِسابٌ ثُنائيُّ الأعْمِدة | two-column account |
| دَفتَرُ يَومِيَّةٍ ثُنائيُّ الأعمِدة | two-column journal |
| قاعِدَةُ النَّقدِ الثُّنائيّ | bimetallism |
| نِظامُ العَدِّ الثُّنائيّ | binary code |
| **الثُّنائيَّة . التِّجارةُ الثُّنائيَّة . نِظامُ التَّبادُلِ الثُّنائيّ** | bilateralism |
| **ثَوْرة** | revolution |
| ثَورةٌ إداريَّة | managerial revolution |
| ثَورةٌ زِراعيَّة | agrarian revolution |
| ثَورةٌ صِناعيَّة | industrial revolution |
| **ثَوريّ** | revolutionist |
| **ثَوريّ . مُتَعَلِّقٌ بِالثَّورة** | revolutionary |
| النِّقابيَّةُ الثَّوريَّة | revolutionary syndicalism |
| **ثيلَر** (عُملَةٌ فِضِّيَّةٌ ألمانيَّة) | thaler |

# حَرفُ الجِيم

**جابٍ . مُحَصِّل** collector

جابي الضَّرائِب rate-collector; tax collector

جابي ضَريبةِ الدَّخل collector of income tax

**جات** (أُنظُرْ : الإتِّفاقِيَّة العامَّة لِلتَّعرِفاتِ الجُمْرُكِيَّة والتِّجارة)

**جارٍ . حالِيّ** current

إصداراتٌ جارِية current issues

أُصُولٌ جارِية current assets

الجاري (الحالِيّ) instant

حِسابٌ جارٍ checking account; current account; running account

حِسابٌ جارٍ خاصّ special checking account

حِسابُ الزَّبونِ الجاري (حِسابٌ قَيديّ يُسَدَّدُ شَهرِيّاً) charge account

دَينٌ جارٍ current debt

رَأسُ مالٍ جارٍ (أو مُتَداوَل) current capital

السِّعرُ الجاري going price

قائمَةُ الأسْعارِ الجارِية prices current

القِيمَةُ الجارِية going value

القِيمَةُ الجارِيَةُ مَحَلِّيّاً current domestic value

كَمْبيالَةٌ جارِية (لم يَحِن مَوعِدُ استِحقاقِها) running bill

مَصروفاتٌ جارِية (حالِيَّة) current expense; running expense

النّاتِجُ القَومِيُّ بالأسعارِ الجارِية national product at current prices

النِّسبَةُ الجارِية current ratio

**جازِمٌ . قاطِعٌ . إيجابِيّ** positive

**جاسُوسٌ على العُمّال** labour spy

**جالَ ــ يَجُولُ . يَطُوفُ** tour

**جالُونٌ** (سَعَتُهُ ٤،٥٤ لِتراً في إنِكلترا و ٣،٧٨ لِتراً في أمْريكا) gallon

**جامِعُ الأصوات** teller

**جامِعة** university; league

جامِعةٌ تِقْنِيَّة technological university

جامِعةُ الدُّوَلِ العَرَبِيَّة Arab League

الجامِعَةُ الشُّيوعِيَّة Communist League

دُخولُ الجامِعات university entrance

دِراساتٌ جامِعِيَّة مَسائِيَّة (لِخِدمَةِ غيرِ الجامِعِيِّين) extra-mural courses

**جانِب ــ الجانِبُ الدّائنُ مِنَ الحِساب .**

**جانِبُ** (لَهُ) **مِنَ الحِساب** credit side

جانِبُ الدُّيون (أو الإلتِزامات) liability side

جانِبُ سَطحِ السَّفينةِ العُلوِيّ gangway

جانِبُ المَدِين debit side
بِجانِبِ (السَّفينة) alongside
عَمَلٌ يَقُومُ بِهِ الشَّخصُ إلى جانِبِ وَظيفَتِهِ المُنتَظَمة side line
في الجانِبِ المُقابِل (مُحاسَبة) per contra
مِن جانِبٍ واحِد ex parte; unilateral
**جانِبيّ** lateral
تَكامُلٌ جانِبيّ lateral integration
سِلعَةٌ جانِبيَّة . نِتاجٌ ثانَويٌّ او فَرعيّ
by-product
**جانِحٌ** (إلى الشّاطِىء) . **مَلفُوظٌ إلى الشّاطِىء**
stranded
**جاهِز** ready-made
جاهِزٌ للاستِعمال available; ready
إتِّفاقِيَّةٌ جاهِزة (تُنَفَّذُ عِندَ الاقتِضاء)
stand-by agreement
بَديلٌ جاهِز (لِلاستِخدامِ عِندَ الحاجة)
stand-by
سِلَعٌ نِصفُ جاهِزة intermediate goods
مَخزونٌ جاهِز (لِلتَّسليمِ الفَوريّ)
spot stock
نَقْدٌ جاهِز ready money; spot cash
**جائِزة** award
**جَبى ـ يَجْبي** (الضَّرائبَ) levy
**جِباية . تَحصيل** collection
جِبايَةُ الضَّرائب collection of taxes
**جَبْرُ** (أذًى او خَسارة) . **تَعويض** reparation
**جَبْريّ** forced
بَيعٌ جَبْريّ forced sale
بَيعٌ جَبْريّ (قَضائيّ) . بَيعٌ بِالمَزادِ العَلَنيّ
hammer

قانونُ إعفاءِ المَسكَنِ مِنَ البَيعِ الجَبْريّ
homestead exemption law
**جَبْرِيَّة** fatalism
**جَدارة . كَفاءَة** proficiency
**جَدارة . أهلِيَّة** competence; eligibility
تَقديرُ الجَدارة merit rating
زِيادَةُ جَدارة merit increase
عَدَمُ جَدارة . عَدَمُ أهلِيَّة incompetence
نِظامُ الجَدارةِ والاستِحقاق
merit system
**جِدالِيَّة** dialectics
**جَدَّدَ ـ يُجَدِّدُ . يَجعَلُ عَصرِيّاً**
modernize; make up-to-date
يُجَدِّدُ renew; revamp; refit
يُجَدِّدُ الصِّياغة remodel
يُجَدَّدُ . قابِلٌ لِلتَّجديد renewable
**جَدَلٌ** debate
**الجَدَلِيَّة** dialectics
**جَدوى** feasibility
عَديمُ الجَدوى worthless; useless
**جَدْوَلَ ـ يُجَدوِلُ . يُرَتِّبُ في جَداوِل**
tabulate; tab
**جَدْوَلٌ . قائِمة** table; list
جَدوَلٌ إحصائيّ . جَدوَلُ إحصائيّات
statistical table
جَدوَلُ الأسعار scale
جَدوَلُ أسماء roll
جَدوَلُ الأعمال agenda; order of the day
الجَدوَلُ الاقتِصاديّ
tableau économique

جَدْوَلٌ بَيانيّ لِلحِسابات accounts chart; chart of accounts

جَدولُ التَّرقِيات promotion roster

جَدولُ التَّكاليف cost schedule

جَدولُ حِسابات reckoner

جَدولُ (او كَشفُ) الحِساباتِ الدّائنة schedule of accounts payable

جَدولُ (او كَشفُ) الحِساباتِ المَدِينة schedule of accounts receivable

جَدولُ حِساباتٍ مُعَدّ ready reckoner

جَدولٌ زَمَنيّ . جَدْوَل schedule

جَدولُ السَّواء indifference schedule

جَدولُ السُّوق market schedule

جَدولُ الطَّلَب demand schedule

جَدولُ العَرْض supply schedule

جَدولٌ مَرِن flexible schedule

جَدولُ مَواعيد timetable

جَدولُ نِسَبِ الوَفَيات mortality table

آلَةٌ لِتَنظيمِ الجَداوِل tabulating machine

إجراءُ تَحليلِ أعمالِ الوَرشاتِ وَوَضعِ جَداوِلَ لَها workshop analysis and scheduling procedure (W.A.S.P.)

جَداوِلُ اقتِطاعِ الضَّريبة withholding tables

جَداوِلُ (او مَقايِيسُ) التَّفضيل scales of preference

جَداوِلُ الضَّرائب tax tables

ضَريبةُ جَدْوَلِ الرَّواتِب payroll tax

نِظامُ السعر الادنى لِتَقدِيرِ التَّكاليفِ وَوَضعِ الجَداوِل Least-cost Estimating and Scheduling System (L.E.S.S.)

وَضعُ جَداوِلَ زَمَنِيَّةٍ لِلأعمالِ الحَرِجة critical path scheduling

**جَدْوَلة . وَضعُ الجَداوِل** scheduling

آلَةُ تَبوِيبٍ او جَدْوَلة tabulator

**جَدوَليّ . مُجَدوَل** tabular

**جِدّيّ** earnest

**جَديد . حَديث** up-to-date

جَديدٌ كُلَّ الجِدَّة brand new

اِتّحاداتٌ نَموذَجيَّة جَديدة new model unions

اِستِعمارٌ جَديد neo-colonialism

إصدارٌ جَديد new issue; reissue

البِنْسُ الجَديد (عُملة إنجليزيَّة) new penny

تَقْييمٌ جَديد reassessment

تَمويلٌ بِدَينٍ جَديد . تَحوِيلُ (القَرضِ او الدَّين) إلى شَكلٍ جَديد refundment

الدّاخِلُونَ الجُدُد . المُستَجِدُّون new entrants

سُوقُ الأوراقِ الماليَّةِ الجَديدة new issue market

السِّياسةُ الجَديدة (لِرُوزْفِلت) New Deal

عُبُوَّة جَديدة refill

فاشِيَّة جَديدة neo-Fascism

مُحاكَمة جَديدة hearing de novo

مُدُنٌ جَديدة new towns

النِّقابِيَّة الجَديدة . نُظُمُ الاتّحاداتِ العُمّاليَّةِ الجَديدة New Unionism

**جَدِيرٌ . مُؤَهَّل** competent

جَديرٌ بِالثّقة . يُعتَمَدُ عَلَيه
reliable; trustworthy

**جَدِيلة** strand

**جَذْبُ الطَّلَب** demand-pull

**جِذعٌ . ساقٌ** stem

**جَرٌّ ـ يَجُرُّ . يَقْطُرُ** draw; tow; tug; haul

يَجُرُّ بِحَبلٍ وَمِرساة kedge

يَجُرُّ نَفسَه incur

**جَرى ـ يَجْري** flow

**جِراية . تَقنِين** ration

بِطاقاتُ الجِرايات ration cards

**جَرَدَ ـ يَجْرُدُ** take stock

**جَرْدٌ . بَضائعُ مَوجُودة** inventory

جَرْدُ البِضاعة . مَخزُونُ البِضاعة
merchandise inventory

جَرْدُ البِضاعةِ قَيد الصُّنع goods in process inventory; work-in-process inventory

جَرْدُ البَضائع stock-taking

جَرْدٌ دَفتَريّ book inventory

جَرْدٌ فِعليّ (مادّيّ) physical inventory

الجَرْدُ المُجزّأ split inventory

جَرْدُ المَخزُوناتِ المُستَمِرّ continuous stocktaking

الجَرْدُ المُستَمِرّ continuous inventory; perpetual inventory; running inventory

أَسعارُ الفَواتيرِ الخاصّةِ بِالجَرْد
specific invoice prices for inventory

أُسلوبُ الجَرْدِ الدَّوْريّ
periodic inventory system

أُسلُوبُ الجَرْدِ المُستَمِرّ لِلبِضاعة
perpetual inventory system

إعادَةُ التَّقويمِ عِندَ الجَرْد
inventory revaluation

بِطاقاتُ الجَرْد stock cards; inventory tickets

دَفتَرُ الجَرْد book of inventory; stock book

طَريقةُ الجَرْدِ بِالسِّعرِ المُتَوَسِّطِ المُرَجَّح
weighted average inventory method

قائمةُ الجَرْدِ inventory list

المَخزُونُ عِندَ الجَرْد stock at valuation (s.a.v.)

مُراقَبَةُ إجراءِ الجَرْد inventory control

**جَرْدَةُ الخام . مَخزُونُ المَوادِّ الخام**
raw materials inventory

**جَرْعة** dose

جَرْعة حَدِّيّة marginal dose

**جُرْم** offense; crime

مُتَلَبِّسٌ بِالجُرْم red-handed

**جُرُوشِين** (عُملة نَمساوِيّة) groschen

**جَرَيان** flow

**جَرِيدة** gazette

جَريدَةُ الأَسواقِ المالِيّة Stock Exchange Gazette

جَريدةُ المُزارِعين farm paper

**جَرِيمة . جِناية** crime; felony

**جَزٌّ ـ يَجُزُّ** fleece

**جُزْءٌ . قِسْم** part; section; fragment; fraction

الجُزْءُ الذَّهَبيّ gold tranche

جُزءٌ صَحِيح . قاسِمٌ صَحيح
submultiple
جُزءٌ قاعِديّ . طابقٌ تَحتانيّ basement
جُزءٌ مُقَوِّم element
أَجزاءٌ مَصنُوعَةٌ مُقَدَّماً (وجاهِزَةٌ لِلتَّركيب)
prefabricated parts
تَعرِفةٌ ذاتُ جُزئَين two-part tariff
الكُلُّ او أيُّ جُزءٍ مِنه all or any part
**جَزاء** (تَعْويض) recompense
**جَزاء** (عُقوبة) penalty
**جَزائيّ . يُعاقَبُ عَلَيه** penal
دَعوى جَزائيَّة (او جِنائيَّة)
criminal action
شَرطٌ (او بَندٌ) جَزائيّ penalty clause
**جِزَّة** (صُوف) fleece
**جَزْر** low tide
أَرْضُ مَدٍّ وجَزْر tidal land
مُتَعَلِّقٌ بِالمَدّ او الجَزر tidal
المَدُّ والجَزْر tide
**جُزئيّ** partial; sectional; fractional
اِحتِكارٌ جُزئيّ partial monopoly
اِرتِباطٌ جُزئيّ partial correlation
تَخطيطٌ جُزئيّ partial planning
تَخفيض جُزئيّ partial devaluation
تَوازُن جُزئيّ partial equilibrium
حِمْل جُزئيّ partial load
دَفْعة جُزئيَّة partial payment
صَفْقة جُزئيَّة تَردُّدِيَّة call and put
عَجز جُزئيّ partial disablement
عِوَض جُزئيّ partial consideration
قَبُول جُزئيّ partial acceptance

هَيكَلٌ جُزئيّ . بِنيَةٌ دَقِيقة
microstructure
وَحدة جُزئيَّة (عَلى مُستَوى الاقتِصادِ الجُزئيّ) micro-unit
**جُزئيّاً** partly
أَسهُمٌ مَدفوعَةُ القِيمَةِ جُزئيّاً
part-paid stock
بَضائِعُ مَشغولةٌ جُزئيّاً
partly-finished goods
شُحِنَتْ جُزئيّاً short-shipped
**جَسَّ ـ يَجُسُّ . يَسْبُرُ** probe
**جِسْمُ** (او بَدَنُ) **السَّفينة** hull
**جَعَلَ ـ يَجْعَلُ . يُصَيِّرُ** render; make
يَجعَلُهُ شَرعيّاً validate
يَجعَلُهُ عَصريّاً . يُحَدِّثُ update;
modernize; make up-to-date
يَجعَلُهُ نافِذَ المَفعول put into force
**جَعْلُ العُمْلَةِ قانُونيَّةً** monetization
**جُعْلٌ** fee
جُعْلُ الإنْقاذ salvage
**جُغرافيّ . عالِمٌ بالجُغرافِية** geographer
**جُغرافيّ . مُتَعَلِّقٌ بِالجُغرافِية** geographical
تَنَقُّلِيَّة جُغرافِيَّة . سُهُولة النَّقل او الانتِقال المادِّيّ physical mobility
**جُغرافِية** geography
**جَفافٌ** drought
اِحتِياطيُّ الجَفاف drought reserve
**جَلا ـ يَجلُو** (او يُجلي) **عَن** evacuate
**جَلَبَ ـ يَجلُبُ** incur
**جَلب ـ وَرَقَةُ جَلب** (إِحْضار) summons
**جِلْدُ صِغارِ الحَيَوان . كِبٌ** kip

**جَلْسة • دَوْرة** session
جَلْسة خِتاميَّة closing session
رَئيسُ الجَلْسة chairman; chair; moderator
سِجِلُّ مَحاضِرِ الجَلَسات minutes book
مَحضَرُ الاجتِماعِ او الجَلْسة minutes
**جَلْفَنَ ـ يُجَلْفِنُ** galvanize
**جُلُوس ـ إضرابُ الجُلوس**
sit-down (strike)
**جَلِيّ • صَرِيح** palpable
**جمارك** (أُنظُرْ جُمْرُك)
**جَماعة** group; community
جَماعَةُ ادِّخارٍ قَوميّ national savings group
جَماعَةُ الأعمالِ المَصرِفيَّةِ القَوميَّةِ والتِّجاريَّة
National and Commercial Banking Group
الجَماعَةُ الاقتِصاديَّةُ الأُوروبيَّة
European Economic Community; Common Market; Euromarket
الجَماعَةُ الأُوروبيَّةُ لِلطّاقَةِ الذَّرِّيَّة
European Atomic Energy Community
جَماعَةُ الدِّفاعِ الأُوروبيّ European Defence Community (E.D.C.)
جَماعَةُ الفَحمِ والصُّلْبِ الأُوروبيَّة
European Coal and steel Community
جَماعاتٌ غَيرُ مُتَنافِسة
non-competing groups
جَماعاتُ المُستَهلِكين consumer groups
رُوحُ الجَماعة team spirit
**جَماعيّ** collective; team

اِتِّفاقيَّةٌ جَماعيَّة collective agreement
الاِستِهلاكُ الجَماعيّ العالي المُستَوى
high mass-consumption
بُوليصَةٌ جَماعيَّة group policy
تِجارةٌ جَماعيَّة group trading
جُهْدٌ جَماعيّ collective effort
سِعرٌ جَماعيّ group rate
سِلَعٌ جَماعيَّةُ المِلكِيَّة collective goods
ضَمانٌ جَماعيّ ضِدَّ المَرَض
group health insurance
طَلَبٌ جَماعيّ syndicated bid
عَرْضٌ جَماعيّ block offer
عَقْدٌ جَماعيّ group policy; joint contract
عَمَلٌ جَماعيّ teamwork
المَبدَأُ الجَماعيّ collectivism
مُرابَطة جَماعيَّة لِسَدِّ مَنافِذِ المُؤَسَّسة
(في أثناءِ الإضراب) mass picketing
مَزارِعُ جَماعيَّة collective farms
مُساوَمة جَماعيَّة collective bargaining
مُستَثمِرونَ جَماعِيُّون institutional investors
مِلكِيَّةٌ جَماعيَّة collective ownership
نِقاشٌ جَماعيّ group discussion
**الجَماعيَّة • المَبدَأُ الجَماعيّ** collectivism
إلغاءُ الجَماعيَّة decollectivization
نَصيرُ الجَماعيَّة collectivist
**جَماهيريّ** mass
اِجتِماعٌ جَماهيريّ mass meeting
**جَمَّدَ ـ يُجَمِّدُ** freeze
**جُمْرُك** (رُسومٌ جُمرُكيَّة) customs

**جُمْرُك** (إدارةُ الجُمرُك) custom-house; customs

إدارةُ الجَمارِك customs administration

بَضائعُ مُودَعةٌ في مُستَودَعاتِ الجُمرُك bonded goods

دائِرةُ الجَمارِك Bureau of Customs

رَصيفُ تَفريغٍ دُونَ جُمرُك sufferance wharf

مَحجوزٌ في مُستَودَعِ الجُمرُك (حَتّى دَفْعِ الضَّريبة) in bond

مَخزَنُ إيداعٍ بإشرافِ إدارةِ الجَمارِك bonded warehouse

مُديرِيَّةُ الجَمارِكِ العامَّة general customs directorate

مُفَوَّضو المُكوسِ والجَمارِك commissioners of customs and excise

مُودَعٌ في مَخازِنِ الجُمرُك bonded

مُوَظَّفُ الجُمرُك customs officer

وَزنُ العُبُوّاتِ كَما يُقَرِّرُهُ الجُمرُك customs tare

**جُمرُكيّ – اِتّحادٌ جُمرُكيّ** customs union; custom union

تَصريحٌ لِلمُعايَنة الجُمرُكيَّة bill of sight

التَّعريفة الجُمرُكيَّة custom tariff; tariff

تَعَهُّد جُمرُكيّ customs bond

حَواجِزُ جُمرُكيَّة tariff walls

رُسومٌ جُمرُكيَّة customs; customs duties

رُسومٌ جُمرُكيَّة مَرِنة flexible tariff

ضَريبةُ حِمايَةٍ جُمرُكيَّة protective duty

مَحكَمة جُمرُكيَّة customs court

مَركَز جُمرُكيّ customs house

مَصلَحةُ خَفَرِ السَّواحِلِ الجُمرُكيَّة Customs Waterguard Service

وَسيطٌ (مُخَلِّصٌ) جُمرُكيّ customs broker

**جَمَّعَ – يُجَمِّعُ** compile

**جَمَعَ – يَجمَعُ** (بالاكتِتابِ او التَبَرُّع) raise

يَجمَعُ عَمُوداً مِنَ الأَرقام foot

**جَمعٌ • تأليف** compilation

**جَمْعٌ • تَجميع** grouping; accumulation; addition

جَمعُ الأَموالِ (لِهَدَفٍ مُعَيَّن) raising of funds

الجَمعُ بالطَّريقَةِ الأُفُقيَّة crossfooting

الجَمعُ بِالقَلَمِ الرَّصاص pencil footing

الجَمعُ بَينَ وَظيفَتَين moonlighting

جَمعُ رَاسِ المال capital accumulation

**الجُمُعَةُ الأَسوَد** Black Friday

**جَمعِيَّة** society; association

جَمعِيَّةٌ أَخَوِيَّة fraternal society; fraternity

جَمعِيَّةُ أَربابِ العَمَل employers' association

جَمعِيَّةُ (صَداقَةٍ) اقتِسامِيَّة dividing society

الجَمعِيَّةُ الاقتِصادِيَّةُ المَلَكِيَّة Royal Economic Society

الجَمعِيَّةُ الإقليمِيَّةُ لِسَماسِرةِ الأَوراقِ المالِيَّة Provincial Brokers' Stock Exchange

الجَمعِيَّةُ الأمريكيَّةُ لِلإدارة American Management Association (A.M.A.)

الجَمعِيَّةُ الأَمريكيَّةُ لِلمُهَندِسِينَ الصّناعِيّين American Institute of Industrial Engineers (A.I.I.E.)

الجَمعِيَّةُ الأَمريكيَّةُ لِلمُهَندِسِينَ الميكانيكيّين American Society of Mechanical Engineers (A.S.M.E.)

الجَمعِيَّةُ الأُوروبيَّةُ لاستِقصاءِ الآراءِ وبُحوثِ التَّسويق European Society for Opinion Surveys and Market Research (ESOMAR)

الجَمعِيَّةُ الأُوروبيَّةُ لِلتِّجارةِ الحُرَّة European Free Trade Association

جَمعِيَّةُ إيداع deposit society

جَمعِيَّةُ بُحوثٍ لِخِدمةِ المُستَهلِك association for consumer research

الجَمعِيَّةُ البَريطانيَّة (لِتَقَدُّمِ العُلوم) British Association (for the Advancement of Science)

الجَمعِيَّة البَريطانيَّة لِلتَّعليمِ التِّجاريّ والصِّناعيّ British Association for Commercial and Industrial Education (B.A.C.I.E.)

جَمعِيَّةُ بِناءٍ تَعاوُنيّ co-operative building society

جَمعِيَّةُ البِنــاءِ القَومِيَّةُ النِّطاق (في بريطانيا) Nationwide Building Society

جَمعِيَّةُ بِناءٍ وإقراض building and loan association

جَمعِيَّةُ البُنوكِ الأَجنَبيَّةِ وتوابِعِها Foreign Banks and Affiliates Association

جَمعِيَّةُ بُيوتِ الإصدار Issuing Houses Association (I.H.A.)

جَمعِيَّةُ بُيوتِ التَّمويل (في بريطانيا) Finance Houses Association

جَمعِيَّةُ بُيوتِ الخَصمِ اللَّنْدَنيَّة London Discount Houses Association

جَمعِيَّةُ التُّجّارِ لِلنَّقلِ البَرّيّ Traders' Road Transport Association

جَمعِيَّةُ تِجــارةِ الجُمْلة wholesale society

جَمعِيَّةُ التِّجارةِ الحُرَّةِ لِأَمريكا اللاتينيَّة Latin American Free Trade Association (L.A.F.T.A.)

جَمعِيَّةُ تَسْليف loan society

جَمعِيَّةُ تَعاوُنٍ مُتَبادَل benefit society

جَمعِيَّة تَعاوُنيَّة co-operative society

جَمعِيَّةٌ تَعاوُنيَّةٌ تَبادُليَّةُ المَنفَعة (يُشارِكُ أعضاؤُها في النَّفَقاتِ والأَرباح) mutual society

الجَمعِيَّةُ التَّعاوُنيَّةُ المَحدودةُ لِتِجارةِ الجُمْلة Co-operative Wholesale Society Ltd.

الجَمعِيَّةُ التعليميَّةُ لِلعُمّال Workers Educational Association (W.E.A.)

جَمعِيَّةُ التنمِيَةِ الدَّوليَّة International Development Association (I.D.A.)

جَمعِيَّة حِرَفيَّة gild merchant; merchant g(u)ild

جَمعِيَّةُ حُقوقِ الأداءِ (المُوسيقيّ)
**Performing Rights Society**

جَمعِيَّةُ حِمايَةِ التِّجارة
**Trade Protection Society**

جَمعِيَّةٌ زِراعِيَّةٌ تَعاوُنِيَّة **grange**

الجَمعِيَّةُ الزِّراعِيَّةُ المَلَكِيَّة
**Royal Agricultural Society**

جَمعِيَّةُ سَماسِرَةِ القَطْعِ الأجنَبيّ
**Foreign Exchange Brokers Association (F.E.B.A.)**

الجَمعِيَّةُ العامَّةُ لِلبَنْك (البَلجيكيَّة)
**Société Générale de Banque**

جَمعِيَّةُ عُمَلاءِ الأوراقِ المالِيَّةِ والأَسهُم
**Association of Stock and Share Dealers**

جَمعِيَّةٌ عُمومِيَّة **general assembly**

الجَمعِيَّةُ العُمومِيَّةُ لِجَماعةِ المُحامِين
**Bar Council**

جَمعِيَّةُ غُرَفِ التِّجارةِ البريطانيَّة
**Association of British Chambers of Commerce**

الجَمعِيَّةُ الفابِيَّة **Fabian Society**

الجَمعِيَّةُ القَومِيَّةُ لِأَندِيَةِ الاستِثمار
**National Association of Investment Clubs**

الجَمعِيَّةُ المالِيَّة (كُونسُورتيُوم مَصرِفيّ أمْريكيّ أوروبيّ)
**Société Financière**

جَمعِيَّةُ مُحاسِبي التَّأمين (في إسكُتلَنْدا)
**Faculty of Actuaries**

جَمعِيَّةُ المَصرِفِيِّينَ الأمريكيَّة **American Bankers' Association**

جَمعِيَّةُ المَصرفِيِّينَ الصِّناعِيِّين
**Industrial Bankers' Association**

جَمعِيَّةُ المَكتَبات **Library Association**

جَمعِيَّةُ المَكتَبِيِّين (في إنكلترا)
**Booksellers' Association**

الجَمعِيَّةُ المَلَكِيَّةُ لِفِلاحةِ البَساتين
**Royal Horticultural Society**

الجمعِيَّةُ المَلَكِيَّةُ لِلفُنُون **Royal Society of Arts (R.S.A.)**

جَمعِيَّةُ مُهَندِسي السيّارات **Society of Automotive Engineers (S.A.E.)**

جَمعِيَّةُ مُوَزِّعي التجْزِئة **Retail Distributors Association (R.D.A.)**

جَمعِيَّةُ مُوَظَّفِين **employees' association**

جَمعِيَّةُ النَّقْلِ البَرّيّ **Road Haulage Association**

الجَمعِيَّةُ الوَطَنِيَّةُ لِعِلمِ النَّفْسِ الصِّناعيّ
**National Institute of Industrial Psychology (N.I.I.P.)**

جَمعِيّاتُ الإسكان **housing societies**

جَمعِيّاتُ أصحابِ الأَملاك **Property Owners' Associations**

جَمعِيّاتُ البِناء **building societies**

جَمعِيّاتُ تِجارةِ التَّجزِئة
**retail societies**

جَمعِيّاتُ التَّسليفِ التَّعاوُنِيَّة **credit co-operative societies**

جَمعِيّاتُ التَّعاوُنِ الزِّراعيَّة **agricultural co-operative societies**

الجَمعِيّاتُ التَّعاوُنِيَّةُ الزِّراعيَّة
**farm co-operatives**

الجَمعِيّاتُ التَّعاوُنيَّةُ لِلمُستَهلِكِين
consumers' co-operative societies
الجَمعِيّاتُ التَّعاونيَّةُ لِلمُنتِجِين
producers' cooperative societies
جَمعِيّاتُ جَنائِزيَّة . جَمعيّاتُ دَفنِ المَوتى
funeral societies
جَمعِيّاتُ الصَّداقة friendly societies
جَمعِيّاتُ المُستَهلِكِين consumers' societies
جَمعِيّاتُ المُنتِجِين التَّعاوُنيَّة producers' co-operative societies
جَمعِيّاتُ الهِجْرة emigration societies
زَميلُ جَمعِيَّةِ المُحاسِبِين المُعتَمَدِين
Associate of the Association of Certified Accountants (A.A.C.A.)
زَميلٌ في الجَمعِيَّةِ المَلَكِيَّةِ لِلفُنونِ في المَملَكةِ المُتَّحِدة
Associate of the Royal Society of Arts (A.R.S.A.)
**جُمْلة . حُكْمٌ** (قَضائيّ) sentence
**جُمْلة** en bloc
الإنتاجُ بِالجُملة mass production
بائِعٌ بِالجُملة wholesaler; wholesale dealer
بِالجُملة . سائِب bulk; in bulk
بَيعٌ بِالجُملة wholesale; bulk sale; sale in gross
تِجارةُ الجُملة wholesale trade
خَصمُ شِراءِ الجُملة . خَصم الكَمِّيَّة
quantity rebate
سِعرُ الجُملة wholesale price
شِراءٌ بِالجُملة bulk buying
ضَريبَةُ جُملَةِ المَبيعات turnover tax

كَومَةُ بِضاعةٍ (او مَوادّ مُختَلِفة) تُباعُ جُملةً
job lot
يُتاجِرُ بِالجُملة job
**جُمُود** rigidity; immobility
جُمودٌ عَقائديّ dogmatism
**جَميعُ الأَخطارِ الأُخرى** all other perils
تَأمِينٌ ضِدَّ جَميعِ الأَخطار
all risks insurance
عَقْدُ تَأمينٍ لِجَميعِ الأَخطار
all risks policy
**جَنى – يَجْني رِبحاً** turn
**جَنازة** funeral procession
جَمعِيّاتٌ جَنائزيَّة funeral societies
**جِناية . جَريمة** crime; felony
جِنايةُ سَبْقِ إصْرار forethought felony
قانونُ الجِنايات . قانونٌ جِنائيّ
criminal law
**جِنائيّ – إهمالٌ جِنائيّ**
criminal negligence
مَحكَمَةٌ جِنائيَّة (مَحكَمَةُ الجِنايات)
criminal court
**جَنَح – يَجنَحُ** (إلى الشاطِئ) strand
**جُنْحة** misdemeanor
**الجِنْسُ البَشَريّ** mankind; man
**جِنْسِيَّة** nationality
سَنَدُ بَيانِ جِنسِيَّةِ السَّفينة
sea letter; sea brief
**الجَنْكَرْز** (مُلّاكُ الأَراضي الكِبارُ في بُروسيا)
Junkers
**جُنُوحٌ** (السَّفينة) stranding (of ship)
**جُنُون** insanity

| | |
|---|---|
| جُنَيْه (إنجليزيّ) | pound |
| جُنَيْه (فَرَنسيّ) | livre |
| جُنَيْه إنْجليزيّ (قيمَتُه ٢١ شِلِناً) | guinea |
| جُنَيه إستِرلينيّ | sterling (£) |
| جُنَيه عائمٌ (سِعرُهُ غيرُ ثابِت) | floating pound |
| قاعِدة الصَّرْفِ بالجُنَيه الإستِرلينيّ | sterling exchange standard |
| مُحاسَبةُ الجُنَيه الكامِل | whole pound accounting |
| نِصفُ جُنَيه إنجليزيّ | half guinea |
| وَرَقةٌ مِن فِئَةِ الجُنَيه | pound note |
| جِهاز ، آلِيَّة | mechanism |
| جِهاز ، عُدَّة | apparatus |
| جِهازُ التَّغذِيةِ بالبِطاقات | card feed |
| أَجهِزة ، مُعَدّات | rig |
| مَجمُوعُ الأجهِزة | total systems |
| جِهة ، مَوقِع | locality |
| كُلُّ جِهة | each way |
| يَغيِّرُ الجِهَةَ التي تُشحَنُ البِضاعةُ إليها | reconsign |
| جَهْد ـ جَهْدٌ جَماعيٌّ | collective effort |
| قُصارى الجَهْد | best efforts |
| جَهَّزَ ـ يُجَهِّزُ ، يُمَوِّنُ | stock |
| يُجَهِّزُ | supply; equip; furnish |
| يُجَهِّزُ بالمُعَدّاتِ الضَّرُوريَّة | rig |
| يُجَهِّزُ ثانِيَةً | refit |
| جِهَويّ ، إقليميّ | regional; inter-regional |
| جَوّاً | by air |
| حُمُولةٌ مَشحونَةٌ جَوّاً | air cargo |
| جَواب ، رَدّ | answer; reply; response |
| جَوابُ المُدَّعي | replication |
| يَترُكُ بِلا جَواب | leave unanswered |
| جِوار ، جِيرة | neighbourhood; vicinity |
| جَوارِب | hosiery |
| جَوازُ سَفَر | passport |
| جَوازُ مُرور ، تَصريحُ مُرور | laissez (or laisser) passer |
| دائِرةُ الجَوازات | passport department |
| جَوّال ـ مُمَثِّلٌ تِجاريٌّ جَوّال | voyager |
| جُؤْجُؤ (السَّفينة) | stem |
| جُوخ ـ تاجِرُ جُوخ | draper |
| تِجارةُ الأجواخ | drapery |
| جُودة ـ عاديُّ الجُودة | mediocre |
| جُورج نُوبل (عُملة ذَهَبيَّة إنجليزيَّة) | George Noble |
| جُورْد (عُملة في هايتي) | gourde |
| جُول | joule |
| جَوْلة | tour |
| جَولةٌ تَفتيشيَّة | inspection |
| جَولة السَّفينة لِلرُّسُوّ | ride |
| جَولةُ كِنيدي (تَحقيقُ تَخفيضِ التَّعرِفةِ الجُمرُكيَّةِ بَينَ أعضاءِ الجات) | Kennedy Round |
| جَوهَر (لُبّ) | essence; gist |
| جَوهَريّ ـ تَنفِيذٌ جَوهَريّ | substantial performance |
| جَوهَريَّة | substantialism |
| جَوِّيّ | atmospheric |
| الأحوالُ الجَوِّيَّة | weather conditions |
| بَريدٌ جَوِّيّ | air mail |
| خِدمة جَوِّيَّة شامِلة | "all-up" service |

خِطابٌ جَوّيّ . بِطاقةُ بَريدٍ جَوّيّ
air letter

رَسائِلُ جَوّيّة — airway letters

الشَّحْنُ الجَوّيّ — air freight

الشَّحْنُ الجَوّيُّ السَّريع — air express

النَّقْلُ الجَوّيّ — air transport

**جَيِّد . صالِح** — good

مَوقِعٌ جَيِّد — good location

نَوعِيَّةٌ وحالَةٌ جَيِّدَتانِ وصالِحَتانِ لِلمُتاجَرة
good merchantable quality and condition

**جَيَّرَ ـ يُجَيِّرُ** — endorse; indorse

**جِيرة . جِوار** — neighbourhood

**جِيرُو** — giro

جِيرو بَريديّ — postal giro

الجِيرو الوَطَنيّ — National Giro

تَحويلٌ بِنِظامِ الجِيرو المَصرِفيّ
bank giro credit

**الجِيلُ الثّاني** — second generation

**جِيلْدَر** (عُمْلَة هُولَنْدِيَّة) — guilder

**جِيليّ . مُنتَقِلٌ مِن جِيلٍ إلى جِيل** — secular

**جِيولُوجِية** — geology

**جِيُون** (عُملة كُورِيَّة) — jeon

# حَرفُ الحَاء

حابِسُ (حاجِزُ) المِلك sequestrator

حاجِبُ المَحكَمة . مُساعِدُ مَأمُورِ التَّنفيذ bailiff

حاجة need; want

الحاجةُ إلى النُّقُود demand for money

خَلقُ الحاجة want creation

زيادةٌ عَنِ الحاجة redundancy

عِندَ الحاجة in case of need

قانونُ إشباعِ الحاجات law of satiable wants

المَرجِعُ إن اقتَضَتِ الحاجةُ referee in case of need

حاجِزٌ . سِياج fence

حاجِز barrier; barricade

حاجِزُ أمواج mole; breakwater

حاجِزٌ (أو عائقٌ) تِجاريّ trade barrier

حاجِزُ رُسوم (على طَريقٍ رَئيسيَّة) turnpike

حاجِزُ فَصْل partition

حَواجِزُ التِّجارةِ بَينَ الوِلايات interstate trade barriers

حَواجِزُ جُمرُكيَّة tariff walls

حاجِزُ (المِلكِ او المالِ) sequestrator

تَعَهُّدُ الحاجِز attachment bond

دائنٌ حاجِز execution creditor

حادّ . شَديد sharp; intense; earnest

مُنافَسة حادّة keen competition; brisk competition

حادِث accident

حادِثٌ صِناعيّ industrial accident

حادِثُ عَمَل occupational accident

التأمينُ ضِدَّ الحَوادِث accident insurance

تَأمينٌ ضِدَّ الحَوادِثِ والتَّبِعات casualty and liability insurance

التأمينُ عَلى الحَياةِ والصِّحَّةِ وضِدَّ الحَوادِث life, health and accident insurance

حَوادِثُ لاحِقَةٌ لِتاريخِ البَيانات events subsequent to date of statements

شَرْطُ عَوائِدِ الوَفاةِ الناشِئَةِ عن حادِث accidental death benefit clause

ضَمانُ الحَوادِثِ الشَّخصيَّة personal accident insurance

مُعَدَّلُ وُقوعِ الحَوادِث accident rate

حارِس (خَفير) watchman

حارِسٌ لَيليّ night watchman

حارِس (قَيِّم) custodian

حارِسُ (او مَأمورُ) التَّفليسة receiver in bankruptcy

حارِسٌ قَضائيّ receiver
أَمرُ (المَحكَمةِ) بِتحويلِ أموالِ المُفلِسِ إلى حارِسٍ قَضائيّ receiving order
كَفالةُ الحارِسِ القَضائيّ receiver's bond
**حازَ ـ يَحُوزُ ٠ يَملِكُ** own; hold; possess
**حاسِب ٠ جَدوَلُ حِسابات** reckoner
**حاسِب ٠ آلَةٌ حاسِبة** calculator; calculating machine
**حاسِب ٠ حاسِبة** computer; computor
الحاسِبةُ الآلِيَّةُ بِالقِياس analog(ue) computer
الحاسِبةُ الآلِيَّةُ العَدَدِيَّة digital computer
**حاسِبَةٌ إلِكْترونيَّة ٠ نَظّامة** computer; electronic computer (computor)
حاسِبةٌ لِمَسكِ الدَّفاتِرِ bookkeeping machine
بَرنامَجُ الحاسِبة (الكُمْبيُوتَر) program of computer
تَحليلُ المَشارِيعِ بالحاسِبةِ الآلِيَّة computer analysis of projects
تَركيباتُ الحاسِبةِ الإلِكترونيَّة computer installations
حَصيلةُ الحاسِبةِ الآلِيَّة computer output
رَمزُ تَعليماتِ الحاسِبةِ الآلِيَّة computer instruction code
مَخزَنُ الحاسِبةِ الآلِيَّة store (of computer)
المُعطَياتُ المُلَقَّنةُ لِلحاسِبةِ الآلِيَّة computer input

نِظامُ المَعلوماتِ المُجَهَّزةِ بالحاسِبةِ الآلِيَّة computerized information system
**حاسِم** decisive
غَيرُ حاسِم ٠ غَيرُ قاطِع inconclusive
**حاشِية** footnote
حاشِية (مُلحَق) postscript
**حاصِل ٠ إنْتاج** outturn
حاصِلُ مَقاييسِ الإنتاجيَّة productivity criteria quotient (P.C.Q.)
**حاضِر ٠ جاهِز** ready
**حاضِر ٠ مَوجُود** present; available
وَدائعُ حاضِرة cash deposit
**حاضِر ٠ الوَقتُ الحاضِر** time being; present
حَتّى الوَقتِ الحاضِرِ up-to-date
**حاضِرة** (مَدينةٌ رَئيسيَّة) metropolis
**حافَّة ٠ شَفِير** brink
حافَّةُ الطَّرِيق ٠ رَصِيف kerb
حافَّةٌ مُفَرَّزة (لِلعُملاتِ الذَّهَبيَّةِ والفِضِّيَّة) milled edge
**حافِز ٠ دافِع** impetus; stimulus; spur; impulse; incentive; motive; drive
حافِزُ الحِيطة precautionary motive
حافِزُ المُضارَبة speculative motive
حافِزُ المُعامَلات transactions motive
حافِزٌ نَقْديّ money incentive
حَوافِزُ أَجْرِيَّة wage incentives
حوافِزُ التَّصدير export incentives
**حافِظ ٠ قَيِّم ٠ ماسِكُ** (الدَّفاتِرِ) keeper
حافِظُ الوَديعة depositary
حافِظَةُ شَحَنْ ٠ وِعاء container

**حاكِم . مُحافِظ** governor
مَجلِسُ حُكّام board of governors
**حالَ ـ يَحُولُ دُونَ . يُعِيق** interrupt
**حالَ . حالَةُ** state; condition; situation; case
لِسانُ حالِ المُؤَسَّسة house organ
**الحالُّ مَحَلَّ ـ مَن يَحُلُّ مَحَلَّ آخَرَ في حَقّ مَطلُوب** subrogee
**حالاً** (دُونَ تَأخير) forthwith
**حالة . وَضع** conjuncture; status
حالةُ التَّشَبُّع . تَشَبُّع saturation
حالةُ الثَّباتِ او الاستِقرار stationary state
حالةُ الحَرَكةِ الاقتِصاديَّة economic dynamics
حالةُ السُّكونِ الاقتِصاديّ economic statics
حالةٌ طارِئَة emergency
حالةٌ مُضادَّةٌ لِلتَّضَخُّم anti-inflation
حالةٌ مُمتازة . خُلُوٌّ مِنَ العُيوب impeccable condition
حالةٌ نَفسِيَّة . مِزاج mood
بَحثُ حالَةِ السُّوق market research
بَيانُ الحالةِ (الماليَّة) statement of condition
تَحليلُ الحالةِ الحاضِرة current position analysis
دِراسَةُ الحالة case study
في الحالةِ الرّاهِنة as is
في حالةِ عَدَمِ الدَّفع failing payment
في حالَتِهِ الرّاهِنة tale quale

مَرفِقٌ لِلحالاتِ الطّارِئَة emergency facility
**حاليّ** (جارٍ ، حاضِر) current; present
الأَداءُ الحاليّ current performance
الأُسبوعُ الحاليّ current week
الأُصولُ الصّافِية الحالِيَّة net current assets
اِلتِزاماتٌ حالِيَّة current liabilities
السَّنَةُ الحالِيَّة current year
صافي القِيمَةِ الحالِيَّة net present value
طَريقةُ القِيمَةِ الحالِيَّة present value method
القِيمَةُ الحالِيَّة present value
**حامِل** (ناقِل) conveyor; carrier
**حامِل** (مالِك) holder; possessor
حامِلُ أَسهُم . مُساهِم shareholder
حامِلٌ أَصِيل bona fide holder
حامِل (كَمْبيالة) سَليمُ النِّيَّة holder in due course
حامِلُ السَّنَد bond holder
حامِلُ سَيِّئُ النِّيَّة mala fide holder
**حامِلُهُ** (حامِلُها) bearer
أَسهُمٌ لِحامِلِها bearer shares
بُولِيصةُ شَحنٍ لِحامِلِها bill of lading to bearer
سَنَدٌ تِجاريٌّ لِحامِلِه bearer debenture
سَنَدٌ لِحامِلِه bearer warrant; bearer bond
سَنَدٌ لِحامِلِه (بِقَسائم) coupon bond
سَنَداتٌ بَيضاءُ لِحامِلِها blank bonds
شَهادةٌ لِحامِلِها bearer certificate

payable to bearer يُدفَعُ لِحامِلِه
impediment **حائلٌ . عائق**
curiosity **حُبُّ الاستِطلاع**
red ink **حِبْرٌ ـ حِبرٌ أحمَرُ . خَسارة**
black ink الحِبرُ الأسوَد
قارِئَةُ أحرُفٍ تَعْمَلُ بِالحِبرِ المَغنَطِيسيّ
magnetic ink character reader
foreclose **حَبَسَ ـ يَحبِسُ الرَّهْنَ**
يَحبِسُ (يَحجِزُ) مِلكاً مُتَنازَعاً عَلَيه لَدى
sequester الغَير
foreclosure حَبْسُ الرَّهْن
حَبْسُ الضَّريبة ـ اِقتِطاعُ الضَّريبةِ مِنَ
withholding tax الرّاتِبِ أوّلاً بِأوَّل
detainer أمْرُ حَبْس
foreclosure suit دَعوى حَبْسِ الرَّهْن
cord **حَبْل**
kedge يَجُرُّ بِحَبْلٍ ومِرساة
gestation **حَبَلٌ**
grains; cereals **حُبُوب**
corn exchanges أسواقُ الحُبوب
grain pit رَدهَةُ الحُبوب
granary مُستَودَعُ حُبوب
amicable settlement **حُبِّيّ ـ تَسوِيَةٌ حُبِّيَّة**
soil erosion **حَتُّ التُّربة . اِنجِرافُ التُّربة**
until further notice **حَتّى إشعارٍ آخَر**
حَتّى إشعارٍ آخَرَ (بِالنِّسبَةِ لإعلانٍ يُطلَبُ
till-forbid (T.F.) نَشرُهُ في صَحيفة)
**حَتّى الوَقتِ الحاضِر ، حَتّى تاريخِه**
up-to-date
imperative **حَتْمِيٌّ . مُلِحٌ**
determinism **حَتْمِيَّة**
حَتمِيَّةٌ اقتِصادِيَّة
economic determinism
urge; prompt; push **حَثَّ ـ يَحُثُّ . يَحُضُّ**
make haste يَحُثُّ الخُطى . يُعَجِّلُ
incitation; induction; urging **حَثٌّ . تَحرِيض**
refuse **حُثالة** (نُفايَة)
dregs **حُثالة** (ثُمالة)
veil of money; money veil **حِجابٌ نَقْديّ**
metal **حِجارَةُ رَصْفِ الطُّرُق**
shade **حَجَبَ ـ يَحجُبُ**
**حُجَّةُ الصِّناعاتِ النّاشِئَة**
infant industry argument
gemstone **حَجَرٌ كَريم**
quarantine **حَجْرٌ صِحِّيّ**
شَهادَةُ فَكِّ الحَجْرِ الصِّحِّيّ
certificate of pratique
room **حُجْرة**
حُجْرة التِّلِفُون . **مَهْتَف**
telephone booth
book **حَجَزَ ـ يَحجِزُ**
garnish يَحجِزُ مالاً لِلمَدِينِ لَدى الغَير
arrest **حَجْز** (تَوقيف)
reservation **حَجْز**
sequestration **حَجْز** (مُصادَرة)
attachment حَجْزٌ تَحَفُّظِيّ
garnishment حَجْزُ مالِ المَدِينِ لَدى الغَير
seizure تَوقيعُ حَجْزٍ (عَلى مِلْك)
seller's lien; vendor's lien حَقُّ البائِعِ في الحَجْز

حَقُّ البَنْكِ في حَجْزِ الوَديعَةِ المُرتَهَنة
**banker's lien**

حَقُّ الحَجْزِ (استيفاءً لِدَين) **lien**

حَقُّ صاحِبِ المُستَودَعِ في الحَجْز
**warehouseman's lien**

حَقٌّ في الحَجْزِ البَحريّ **lien maritime**

حَقُّ الميكانيكيّ (او أيّ صاحِبِ حِرْفة) في الحَجْز **mechanic's lien**

**حَجْم** **size; bulk; volume; dimensions**

حَجْمُ الأُسْرَة **family size**

حَجْم الأعمالِ (التّجاريّة) **turnover; volume of business**

حَجْم الإنتاج **volume of production**

حَجْم التّجارة . حَجْمُ التّبادُلِ التّجاريّ
**volume of trade**

حَجْم الصّادِرات **export volume**

حَجْم العَمالة **employment volume**

حَجْمُ العُملةِ المُتداوَلة **circulation**

حَجْمُ الكَمّيّةِ الاقتِصاديّ
**economic lot size**

حَجْم المَبيعات **sales volume**

حَجْمُ المَظاريفِ المُفَضَّلُ (لِلرّسائلِ البَريديّة)
**Post Office Preferred (P.O.P.)**

أثَرُ الحَجْم **scale effect**

أحجامُ الكُتُب **book sizes**

أحجامُ الوَرَقِ العالميّة **international paper sizes**

بَضائعُ حَجْميّة (تُحسَبُ أُجُورُ شَحْنِها بالحَجْم)
**measurement goods**

تَحليلُ العَلاقَةِ بَينَ الرِّبحِ وحَجْمِ العَمَل
**profit-volume analysis**

تَحليلُ عَلاقةِ الرِّبحِ والتّكلِفةِ وحَجْمِ الأعمال
**cost-volume-profit analysis**

دَليلُ الحَجْم **volume index**

رَسْمٌ بَيانيٌّ لِلحَجْم **volume chart**

فارِقُ الحَجْم . تَفايُرُ الحَجْم
**volume variance**

قِياسٌ حَجْميّ **cubic measure**

نِسْبَةُ الرِّبحِ إلى حَجْمِ الأعمال
**profit/volume ratio**

**حَدّ . تَحديد** **limitation; restriction**

الحَدُّ مِنَ الإقْراض **credit sequeeze**

الحَدُّ مِن زِيادَةِ الأُجُور **wage restraint**

**حَدّ** **limit; border; margin**

حَدٌّ أساسيّ **basic limit**

حَدُّ التّغطِية **limit of cover**

حَدُّ دُخولِ الذّهَب (او خُروجِه)
**gold import (or export) point**

حَدُّ الدَّين **debt limit**

حَدُّ الضّمان . حَدُّ التّغطِية
**limit of cover**

حَدُّ المَسؤوليّة (في التّأمين) **basic limit**

حَدّا الذّهَب **gold points; specie points**

ضَرائبُ الحُدُود **border taxes**

في حَدِّ ذاتِه **per se**

ما لا حَدَّ لَهُ . اللانِهاية **infinity**

**حَدّ** (الرِّبح ، السِّعر ، إلَخ.) **margin**

الحَدُّ الإجماليّ . هامِشُ الرِّبحِ الإجماليّ
**gross margin**

حَدٌّ أدْنى **minimum; floor; bottom**

حَدٌّ أدنى لِلأجْر **minimum wage**

حَدَثٌ (طِفل) infant
خاصٌ بالأَحْداث juvenile
**حَدَّدَ ـ يُحَدِّدُ . يقصُرُ على** restrict
يُحَدِّدُ . يُعَيِّنُ designate; name; specify
يُحَدِّدُ delineate; limit; delimit
يُحَدِّدُ الكَمِّيَّة quantify
طَلَبٌ يُحَدِّدُ سِعرَ بَيعٍ (او شِراءِ) السَّهم limit order
**حُدُود** (أُنظُرْ حَدّ) frontiers; borders
**حَدّيّ** marginal
أَرضٌ حَدِّيَّة marginal land
إستِثمارٌ حَدِّيّ marginal investment
إعفاءٌ ضَريبيٌّ حَدِّيّ marginal relief
أَهَمِّيَّةٌ حَدِّيَّة marginal significance
إيرادٌ حَدِّيّ marginal revenue
بائِعٌ حَدِّيّ (يَرفُضُ البَيعَ دُونَ سِعرٍ مُعَيَّن) marginal seller
التَّحليلُ الحَدِّيّ marginal analysis
التَّكْلِفة الحَدِّيَّة marginal cost
التكلِفة الحَدِّيَّة المُتَزايِدة increasing marginal cost
التكلِفة الحَدِّيَّة المُتَناقِصة decreasing marginal cost
تَناقُصُ المَنفَعةِ الحَدِّيَّة diminishing marginal utillity
ثُنائِيٌّ حَدِّيّ (مُشتَرٍ حَدِّيّ وبائِعٌ حَدِّيّ) marginal pair
جَرعة حَدِّيَّة marginal dose
دَخل حَدِّيّ marginal income
رِبحٌ حَدِّيّ (يَنتُجُ مِن زِيادةِ الوَحدةِ في الصُّنْعِ او البَيع) marginal profit

حَدٌّ أَدْنى (لِلسِّعر) minimum rate
الحَدُّ الأَدْنى القَوميّ (لِمُستَوى المَعِيشة) national minimum
حَدٌّ أَعْلى maximum; ceiling
حَدُّ التَّسليفِ الأَقْصى loan ceiling
حَدُّ التسهيلاتِ الإئتِمانيَّة credit line
حَدُّ التَقَلُّبِ (المُقَرَّرُ لِلعُملة) margin of fluctuation
حَدُّ الحَسْم margin of discount
حَدُّ الرِّبح profit margin; margin of profit
حَدُّ الرِّبحِ الإجماليّ gross profit margin
حَدُّ الرِّبحِ الأَقْصى maximum profit margin
حَدُّ الرِّبحِ الصّافي net profit margin
حَدُّ السَّلامة margin of safety
الحَدُّ العامِل net margin
حَدُّ الكَفاف subsistence level
حَدُّ المُؤَهَّلات الأَدْنى minimum qualifications
حَدُّ النَّقل line haul
أَدْنى حَدٍّ لِلأَجْر minimum wage
أَدْنى حَدٍّ لِلرُّسوم minimum charge
تَحقيقُ الحَدِّ الأَدْنى minimization
تَحقيقُ الحَدِّ الأَقْصى maximization
حُدودُ تَقَلُّباتِ العُملة (كَما يَضَعُها صُندُوقُ النَّقْدِ الدَّوليّ) International Monetary Fund trading margin
**حَداثة** minority
**حَدَّثَ ـ يُحَدِّثُ . يَجعَلُهُ عَصرِيّاً** update
**حَدَثٌ . يافِع** young; juvenile; minor

الرِّبحُ الحَدِّيُّ لِلتَّصنيع
manufacturing margin

سِعرُ الطَّلَبِ الحَدِّيّ marginal demand price

شِراءٌ حَدِّيّ marginal purchase

عامِلٌ حَدِّيّ marginal worker

العائِداتُ الحَدِّيَّةُ المُتَساوِيَة
equi-marginal returns

غَلَّةٌ حَدِّيَّة marginal return

فائِدَةٌ حَدِّيَّة او إضافيَّة
marginal benefit

فِلاحة حَدِّيَّة (تَكادُ تَكلِفَتُها تُوازي رَيْعَها)
marginal cultivation

الكِفايَةُ الحَدِّيَّةُ لِرَأسِ المال
marginal efficiency of capital

مَبدَأُ التَّساوي الحَدِّيّ equi-marginal principle

مَرغُوبيَّة حَدِّيَّة marginal desirability

مُستَوى المَخزوناتِ الحَدِّيّ
marginal stock level

مُشتَرٍ حَدِّيّ (يَتَخَلَّفُ بِارتِفاعِ السِّعر)
marginal buyer

مُعَدَّلُ الإحلال (او الاستِبدال) الحَدِّيّ
marginal rate of substitution

مُقتَرِضٌ حَدِّيّ (يَتَوَقَّفُ بِارتِفاعِ الفائدة)
marginal borrower

مُقرِضٌ حَدِّيّ (يَتَوَقَّفُ إذا انخَفَضَتِ الفائدةُ عَن حَدٍّ مُعَيَّن)
marginal lender

مُنتِجٌ حَدِّيّ (إنتاجُه يَكادُ يُوازي أجرَه)
marginal producer

مُنشَأَةٌ حَدِّيَّة marginal firm

مَنفَعَةٌ حَدِّيَّة marginal utility

مَنفَعَةٌ حَدِّيَّة لِلدَّخل marginal utility of income

مَيلٌ حَدِّيٌّ للادِّخار
marginal propensity to save

مَيلٌ حَدِّيٌّ لِلاستِهلاك
marginal propensity to consume

مَيلٌ حَدِّيٌّ لِلاستِيراد
marginal propensity to import

ناتِجُ إيرادٍ حَدِّيّ
marginal revenue-product

ناتِجٌ حَدِّيّ marginal product

نَظَرِيَّةُ الإنتاجِيَّةِ الحَدِّيَّة
marginal productivity theory

نَفَقَة حَدِّيَّة marginal cost

نَقصُ المَنفعةِ الحَدِّيَّةِ لِلعَمَل
marginal disutility of labour

وَحْدة حَدِّيَّة marginal unit

**الحَدِّيَّة** (تَحليلٌ اقتِصاديٌّ لِلخَصائصِ الحَدِّيَّة لِتَعْيينِ التَّوازُن) marginalism

حَدِّيَّة حَديثة neo-marginalism

فَوقَ الحَدِّيَّة extra-marginal

نَصيرُ الحَدِّيَّة marginalist

**حَديث . عَصْريّ** up-to-date; modern

تَقليديٌّ حَديث neo-classical

المالثُسِيَّة الحَديثة Neo-Malthusianism

المَدرَسة التَّقليديَّة الحَديثة
Neo-classical School

المَذهَبُ التَّقليديُّ الحَديث neo-classicism

المَذهَبُ الحُرُّ الحَديث neo-liberalism

حَديد ـ حَديدٌ مشغُول wrought iron
بُورْصة الحَديد والصُّلْب Iron and Steel Exchange
مَجلِسُ الحَديدِ والصُّلْب Iron and Steel Board
هَيئَةُ الحَديدِ والصُّلْب Iron and Steel Corporation
حَديديّ ـ تاميمُ السِّكَكِ الحَديديَّة nationalization of railways
القانونُ الحَديديُّ لِلأُجور iron law of wages
حَذَرٌ . يَقْظَة vigilance; watchful care
حَذَرٌ . حِيطَة precaution
حَذَفَ ـ يَحْذِفُ expunge
حَذْفٌ elimination
حُرٌّ free
أَسعارُ التَّحويلِ الحُرَّة free market rates
اِقتِصادٌ حُرّ free economy
بَضائِعُ حُرَّةٌ (مُعفاة) free goods
تاويلٌ حُرّ liberal construction
الذَّهَبُ الحُرّ free gold
رَاسْمالٌ حُرّ free capital
سُوقٌ حُرَّة free market
سِياسَةُ السُّوقِ الحُرَّة open market policy
فَلّاحٌ نِصفُ حُرّ (في النِّظامِ الإقطاعيّ) villein; bordar
المَذهَبُ الحُرّ (تَركُ الحُرِّيَّةِ الاقتِصاديَّةِ لِلأَفراد) liberalism
المَذهَبُ الحُرُّ الحَديث neo-liberalism
مَصرِفيٌّ حُرّ free banker

المَناطِقُ الحُرَّة zones franches
مُنافَسة حُرَّة free competition
مِنطَقَة حُرَّة free area
نَشاطٌ اقتِصاديٌّ حُرّ free enterprise
وَديعَةٌ مَصرِفيَّةٌ حُرَّة bank custody
حَراريّ thermal
وَحدَةٌ حَراريَّةٌ بريطانيَّة British thermal unit (B.T.U.)
حِراسة . حَجْز custody
حِراسةٌ قَضائيَّة receivership
حَرْب war
حَربُ الأَسعار price war; rate war
الحَربُ الاقتِصاديَّة economic warfare
شَرْطُ الحَرب war clause
صِناعةٌ (او شَرِكةٌ) تعتَمِدُ عَلى الحَرب war baby
عِلاوَةُ حَرب war bonus
قَرْضُ حَرب war loan
قُروضُ ما بَعدَ الحَرب post-war credits
لِجانُ الحَربِ الزِّراعيَّة War Agricultural Committees
حَرَّرَ ـ يُحَرِّرُ free; liberate; release
يُحَرِّرُ (سَنَداً او شِيكاً) draft; draught; draw
يُحَرِّرُ مُجَدَّداً redraw
حَرْف ، حافَة brink; edge
حَرْف ، حَرْفُ طِباعيّ type; character
آلاتُ قِراءَةِ الحُروفِ والأَرقام character reading machines
أَحرُفٌ مَطبوعةٌ او كالمَطبوعة block letters

حُروفٌ بَصَرِيَّة — optical characters

شِيكٌ مُوَقَّعٌ بالأَحرُفِ الأُولى — initialed check

طِباعةٌ بِتَنضيدِ الحُروف — letterpress

قارِئَةُ أَحرُفٍ تَعمَلُ بِالحِبْرِ المَغنَطيسيّ — magnetic ink character reader

قارِئَةُ الحُروفِ البَصَرِيَّة — optical character reader

يُوَقِّعُ بالأَحرُفِ الأُولى — initial

**حِرْفة . مِهْنة** (حُرَّة ، عالِية) — profession; calling; trade

مَجلِسُ الحِرَف — trades council

**حِرْفة** — craft

حِرْفة يَدَوِيَّة . بَراعة يَدَوِيَّة — handicraft

اِقتِصادُ الحِرَفِ اليَدَوِيَّة — handicraft economy

جَمعِيَّةٌ حِرفِيَّة — merchant gild; merchant guild

نِقابةٌ حِرفِيَّة — craft gild; craft union

**حِرْفِيّ . عامِل** — workman; craftsman; artisan

**حَرْفِيّ** — literal

تأويلٌ حَرفِيّ — strict construction

**حَرْفِيّاً** — verbatim; literally

**حَرَّكَ ـ يُحَرِّكُ السُّوقَ** — rig the market

**حَرَكة** — movement; motion

حَرَكةُ الادِّخارِ القَوميّ — national savings movement

حَرَكةُ البَضائعِ (او الرُّكّاب) . مُتاجَرة — traffic

حَرَكةُ السَّيرِ على الطُّرُق — road traffic

حَرَكةٌ صِناعيَّة او عُمّاليَّة — industrial action

حَرَكةُ عَودةِ العُمّالِ إلى العَمَل — back-to-work movement

(حَرَكة) فُرسان العَمَل — knights of labour

الحَرَكةُ في المُدُن — traffic in town

حَركةُ المُسافِرين — passenger traffic

حَرَكة نَشِطة . تَأَرجُح — swing

(الحَرَكة) النِّقابيَّة — syndicalism

حَرَكة النَّقْد — cash flow

إجماليُّ حَرَكةِ رَاسِ المالِ العامِل — working capital turnover

إدارَةُ حَرَكةِ البَضائع — traffic management

اِقتِصادُ الحَرَكة — motion economy

بَيانُ الحَرَكة — kinetogram

بَيانُ الحَرَكةِ الماليَّة — flow of funds statement

بَيانُ حَرَكةِ النَّقْد — cash flow statement; flow of cash statement

تَحليلُ الحَرَكاتِ الدَّقيقة — micromotion analysis

تَحليلُ وَقْتِ الحَرَكة — motion time analysis (M.T.A.)

حالَةُ الحَرَكةِ الاقتِصاديَّة — economic dynamics

حَرَكاتُ الأَسعار — price movements

الحَرَكاتُ العامَّةُ لِلأَسعار — general movements of prices

حِسِّيُّ الحَرَكة — kinaesthetic

خَواصُّ الحَرَكةِ السَّهْلة — characteristics of easy movement

دِراسة الحَرَكة — motion study

دِراسة حَرَكة المَوادّ — rhochrematics

دِراسة الوَقْت والحَرَكة — time and motion study

رَسْمٌ بَيانيٌّ لِلحَرَكة — travel chart

رَسْمٌ بَيانيٌّ لِحَرَكةِ العَمَلِيّات — flow process chart

رَسْم بَيانيٌ لِدَوْرة الحَرَكات المُتَزامِنة — simultaneous motion cycle chart

قانونُ حَرَكةِ السِّكَكِ الحَديديَّةِ والطُّرُق — Road & Rail Traffic Act

قانونُ حَرَكةِ الطُّرُق — Road Traffic Act

كَثافَةُ حَرَكةِ المُسافِرين (او البَضائع او السيّارات) — traffic density

مَبادِئُ اقتِصادِ الحَرَكة — principles of motion economy

مَبادِئُ الحَرَكةِ السَّهْلة — easy movement principles

مُنَظِّمُ الحَرَكة — regulator

نِسبَةُ الوَقْتِ المُقَرَّرِ لِلحَرَكةِ سَلَفاً — predetermined motion time system (P.M.T.S.)

وَقتُ الحَرَكةِ الأَساسيَّة — basic motion time (B.M.T.)

وَقتُ الحَرَكةِ البُعْديَّة — dimensional motion time

**حَرَكيّ** (دِينامِيكيّ) — dynamic

الوَظيفَةُ الحَرَكيَّةُ (الدِّيناميكيَّة) لِلنُّقود — dynamic function of money

**حَرَكِيَّة** (دِيناميكيَّة) — dynamics

**حَرَمَ ـ يَحرِمُ** (مِن) — debar

**حِرمان** — deprivation; abstinence

**حُرِّيَّة** — freedom; liberty

حُرِّيَّة الاختِيار — freedom of choice

حُرِّيَّة اقتِصاديَّة — economic freedom

حُرِّيَّة التِّجارة — freedom of trade

حُرِّيَّةُ التِّجارة وحُرِّيَّةُ العَمَل . مَذهَبُ عَدَمِ التَّدَخُّل — laissez (or laisser) faire

حُرِّيَّةُ السَّكّ — free coinage

إساءَةُ استِخدامِ الحُرِّيَّة — license

أَسعارُ صَرْفٍ مُتَقَلِّبَةٌ بِحُرِّيَّة — freely fluctuating exchange rates

مَبْدأُ حُرِّيَّةِ الإصدار — banking principle

**حَرِيص ـ قاعِدةُ الرَّجلِ الحَرِيص** — prudent man rule

**الحَريقُ العَمْد** — fire-raising

حَريقٌ مُتَعَمَّد . جِنايَةُ الحَرْقِ المُتَعَمَّد — arson

**حِزامُ أَخضَرِ ـ نِطاقٌ أَخْضَرُ حَوْلَ مَدينَةٍ او مُسْتَوطَنة** — green belt

**حِزْب . فَرِيق . طَرَف** — party

حِزبُ العُمّال (في بريطانيا) — Labour Party

**حَزَمَ ـ يَحزِمُ بِطَوقٍ او أَطواق** — hoop

**حَزْم . تَعبِئَة . لَفّ** — packaging

**حُزمَةُ كَمْبِيالات** — parcel of bills

**حِساب** (عِلمُ الحِساب) — arithmetic

**حِساب . تَقدِير** — calculation

خَطأٌ في الحِسابِ او التَّقدِير — miscalculation

طَرِيقَةُ الحِساب — method of calculation

**حِساب** account

حِسابٌ إجماليّ summary account

حِسابُ الاحتِياطيّ reserve account

حِسابُ ادّخار savings account

حِسابُ الأرباحِ والخَسائر profit and loss account

حِسابُ الأرباحِ والخَسائرِ المُوَحَّد consolidated profit and loss account

حِسابٌ اسمِيّ nominal account

حِسابُ الاشياء . حِسابٌ غيرُ شَخْصيّ impersonal account

حِسابٌ أمريكيّ – في تَحويلاتِ الجُنَيْهِ الإستِرلينيّ American account

حِسابُ إيداع deposit account

حِسابٌ بِاسمٍ مُستَعار garage account

حِسابٌ تَحتَ الطَّلَب demand account

حِسابُ التَّخْصيص appropriation account

حِسابُ التَّصفِية liquidation account

حِسابُ تَقْسيطِ الدَّفع instalment account

حِسابٌ تَقِلُّ مَبالِغُهُ عَنِ المَبالِغِ المُقَيَّدةِ في السِّجِلّاتِ الرَّسميَّة short account

حِسابُ التكاليفِ التَّحميليّ absorption costing

حِسابُ التكاليفِ الحَدِّيَّة marginal costing

حِسابُ تَكاليفِ العَمَل job costing

حِسابُ التكاليفِ القِياسيَّة standard costing

حِسابُ التكاليفِ المُباشِرة direct costing

حِسابُ التكاليفِ المُتَأَخِّر historical costing

حِسابُ التكاليفِ المُنَسَّق uniform costing

حِسابُ التكْلِفةِ بِطَريقَةِ المُتَوَسِّطِ المُرَجَّح weighted average costing

حِسابُ التَّكْلِفةِ المُرَكَّبة multiple costing

حِسابُ تَوزيعِ الأرباحِ (أو تَخصيصِها) appropriation account

حِسابُ تَوفير savings account

حِسابٌ ثُنائيُّ الأعمِدة . حِسابٌ ذُو خانَتَين two-column account

حِسابٌ جارٍ checking account; current account; running account

حِسابٌ جارٍ خاصّ special checking account

حِسابٌ حَقيقيّ real account

حِسابٌ خِتاميّ closing account

حِسابُ الخِزانةِ الخاصّ treasury special account

حِسابٌ دائن accounts payable

حِسابُ الدَّخْل income account

حِسابُ الدَّخْلِ الوَحيدُ الخُطْوة single-step income statement

حِسابُ دَفتَرِ الأُستاذ ledger account

حِسابٌ رَئيسيّ . حِسابُ راسِ المال capital account

حِسابُ الزِّيادة والنَّقْص over and short account

حِسابُ السُّلَف (لِلنَّثْريّات) imprest account

حِسابُ السُّلَفِ والقُروض loan account
حِسابٌ شَخصيّ personal account
حِسابٌ شَهريّ monthly account
حِسابُ الشّيكات cheque account; drawing account
حِسابُ الصُّندوق cash account
حِسابُ ضَبطِ المَخازِن stores control account
حِسابٌ طارِىء contingent account
حِسابٌ غيرُ شَخصيّ . حِسابُ الأَشياء impersonal account
حِسابٌ غيرُ نَشِط inactive account
حِسابُ الفُروع branch account
حِسابُ الفَوائد computation of interests
حِسابٌ قابِلٌ لِلتَّحويل transferable account
حِسابٌ قَيديّ (يُسَدَّدُ شَهريًا) charge account
حِسابٌ لِأَجَل time account
حِسابُ المَبيعات sales account
حِسابُ المُتاجَرة trading account
حِسابُ المُتَفَرِّقات sundries account
حِسابٌ مُجَمَّد blocked account; frozen account
حِسابٌ مُختَلِط mixed account
حِسابٌ مَدين debit account; accounts receivable
حِسابُ المُراقَبة control(ling) account
حِسابُ مُراقَبةِ النَّفَقاتِ العامَّة overhead control account

الحِسابُ المُزدَوِج double counting
حِسابٌ مَسحُوبات drawing account
حِسابٌ مُشتَرَك collective account; joint account; mixed account
حِسابٌ مَصرِفيّ bank account
حِسابٌ مَصرِفيّ مَدين bank debit
حِسابُ المَصرُوفات expense account
حِسابٌ مُعَلَّق suspense account
حِسابٌ مَفتُوح open account
حِساب مُقابِل او مُعادِل contra account
حِسابُ المُقاصَّة clearing account
حِسابُ المُكافَآتِ او العِلاوات bonus account
حِسابٌ مَكشوف overdrawn account
حِسابُ المُوازَنة budget account
حِسابُ مُوازَنةِ أَسعارِ الصَّرْف exchange equalisation account
حِسابُ مَوجوداتِ المَخزَن stock account
حِسابٌ مُوَحَّد consolidated fund
حِسابٌ مُؤَهَّلٌ لِلاستيراد import entitlement account
حِسابُ المِيزانيَّةِ العُموميَّة balance sheet account
حِسابُ النثريّات sundries account
حِسابٌ نَشِط active account
حِسابُ النَّفَقاتِ العامَّة general expense account; general overhead account
حِسابُ النَّقْص deficiency account
حِسابُ الوَدائع deposit account
آلَةُ تَدقيقِ حِسابِ الشّيكات bank proof machine

إدارَةُ ضَمانِ حِساباتِ التَّصدير
exports credit guarantee department

إعادَةُ فَتحِ الحِساب
reopening of account

إقفالُ الحِسابات closing of account

بَيانُ الحِساب statement of account

بَيانُ حِسابِ التَّشغيل
operating statement

تَأدِيَةُ الحِساب . مَسؤُولِيَّة
accountability

تَحديدُ الحِسابِ والمَسؤُولِيَّة
account and risk

تَحليلُ الحِسابات analysis of accounts

تَدقيقُ (او فَحصُ) الحِسابات
auditing; audit

تَدقيقُ الحِساباتِ الدَّاخِليّ
internal auditing

تَدقيقُ الحِساباتِ المُستَقِلّ
independent audit

التَّسجيلُ لَهُ او لِحِسابِه crediting

تَسوِيَةُ الحِسابات credit clearing

تَصنِيفُ الحِسابات classification of accounts

تَفصِيلُ حِساب stating an account

التَّمويلُ عَن طَريقِ الحِساباتِ المَدِينة
accounts receivable financing

جَدوَلُ بَيانيٌّ لِلحِسابات accounts chart; chart of accounts

جَدوَلُ حِسابات reckoner

جَدوَلُ (او كَشفُ) الحِساباتِ الدَّائِنة
schedule of accounts payable

جَدوَلُ (او كَشفُ) الحِساباتِ المَدِينة
schedule of accounts receivable

الحِساباتُ الإدارِيَّة
management accounts

حِساباتٌ أُصُولِيَّةٌ مُتَراكِمة
accrued assets

حِساباتُ الأَقسام
departmental accounts

حِساباتٌ بِدُونِ أرقام
figureless accounts

حِساباتُ التُّجّار traders' credits

حِساباتُ التَّشغِيل operating accounts

حِساباتُ تَكلِفَةِ مَراحِلِ التَّصنِيع
process cost accounts

حِساباتُ حُقوقِ المالِكِ المُؤَقَّتة
temporary owners' equity accounts

حِساباتٌ خارِجِيَّة external accounts

الحِساباتُ الخِتامِيَّة final accounts

حِساباتُ رَاسِ المالِ المُؤَقَّتة
temporary capital accounts

حِساباتُ غَيرِ المُقيمِين
non-resident accounts

حِساباتٌ مُتَقابِلة reciprocal accounts

حِساباتٌ مُجَمَّدة . حِساباتٌ مَوقُوفة
blocked accounts

حِساباتُ المَدِينين . ذِمَمٌ receivable(s)

حِساباتٌ مَرحَلِيَّة interim accounts

حِساباتٌ مُرِيبة doubtful accounts

حِساباتٌ مُستَحِقَّة accruals

حِساباتٌ مُقيمة . حِساباتُ المُقيمِين
resident accounts

حِساباتُ المِلكِيَّةِ المُؤَقَّتة temporary proprietorship accounts
الحِساباتُ المَنشُورة published accounts
حِساباتٌ مُوَحَّدة consolidated accounts
حِساباتٌ مَوقُوفة . حِساباتٌ مُجَمَّدة blocked accounts
حِسابُكُم لَدَينا vostro account
حِسابُنا لَدَيكُم nostro account
خُلاصَةُ حِساب abstract of account
دَفتَرُ أُستاذِ حِساباتِ المُساهِمِين stock ledger
دَفتَرُ حِسابِ العَمِيل (في المَصرِف) passbook
دَفتَرُ حِساباتِ المُساهِمِين stockholders' ledger
دَفعةٌ عَلى الحِساب payment on account
دَليلُ الحِسابات accounts manual
رَصيدُ الحِساباتِ العاديّ normal balance of accounts
رَقمُ الحِساب account number
طَريقَةُ الرَّصيدِ المُتناقِصِ في حِسابِ الاستِهلاك declining balance method of depreciation
عَدَدُ أيّامِ البَيعِ في الحِساباتِ المُستَحِقَّةِ القَبْض number of sale days in receivables
عَلى الحِساب on account
عُنوانُ الحِساب caption
فَتْحُ حِساب opening of account
فِهرِسُ الحِسابات index of accounts

قَيدٌ في الحِسابِ المَدِين debit entry
لا حِسابَ (في المَصرِف) no account
لا مالَ في الحِساب no funds
لِحِسابِ (فُلان) for account of
لِحِسابِ المُستَفيدِ فَقَط account (or a/c) payee only
مالُ الحِساب . نُقودٌ حِسابيّة money of account
مُدَقِّقُ حِسابات auditor
مُراقِبُ الحِسابات comptroller
نَموذَجُ الرَّصيدِ الجاري في حِسابِ الأُستاذ running balance form of ledger account
وَحدَةُ الحِساب unit of account
يَأخُذُ في الحِسابِ او في الاعتِبار take into account
يُقَدِّمُ حِساباً render an account

**حِسابيّ . مُتَعلِّقٌ بِالحِساب** arithmetical
مُتَوالِية حِسابيّة arithmetic progression
النِّسَبُ الحِسابيّة accounting ratios
نُقودٌ حِسابيّة . مالُ الحِساب money of account
الوَحدَةُ الحِسابيّة arithmetic(al) unit
الوَسَطُ الحِسابيّ arithmetic mean

**حَساسِيَة ـ التَّدريبُ عَلى الحَساسِيَة** sensitivity training

**حَسَبَ ـ يَحسُبُ** reckon; figure; calculate

**حَسَب** according to
حَسَبَ الإشْعار as per advice
حَسَبَ الأُصول . مُنتَظِم regular

حَسَبَ العَقْد — as per contract

حَسَبَ القِيمة — ad valorem

التَّسعِيرُ حَسَبَ المَناطِق — zone pricing

سِعرُ الشَّحْنِ حَسَبَ المَناطِق — zone freight rate

مَصنُوعٌ حَسَبَ الطَّلَب — custom-built; custom-made

مُفَصَّلٌ حَسَبَ طَلَبِ الزَّبُون — custom-made

**حَسْبِيّ** — probate

**حَسَمَ ـ يَحسِمُ** (او يَخصِمُ) **مِن مَبلَغِ الفاتُورة** — invoice back

**حَسْمٌ** (خَصْمٌ) — discount; deduction; 'allowance'

حَسمٌ ابتِزازيّ . حَسْمٌ (خَصْمٌ) مُرتَفِعُ السِّعر — shaving

حَسْم اعتِياديّ — ordinary discount

حَسمٌ بِمَفعُولٍ رَجعيّ (او مُستَقبَليّ) — carry-back

حَسْم (خَصْم) تِجاريّ — trade discount

حَسْمُ التَّحوِيل (من عُملةٍ إلى أُخرى) — disagio

حَسْمُ السَّنَد ـ الخَصْمُ من سِعرِ السَّنَدِ الاسميّ — bond discount

حَسْم (خَصْم) عَلى الكَمِّيّة — quantity discount

حَسْمٌ على المُشتَرَيات — discount on purchases; purchases discount

حَسْم (خَصْم) على الوَقت — time discount

حَسْمُ العُملةِ البالِية — disagio

حَسْمُ لِعَدَمِ المُطالَبَة (عِندَ تَجْديدِ التَّأمين) — no-claims bonus

حَسْم (عَلى) المَبِيعات — sales allowance

حَسْم مُتَسَلسِل — chain discount

حَسْمٌ (خَصْم) مُرتَفِعُ السِّعر . حَسْم ابتِزازيّ — shaving

حَسْمٌ مَصرِفيّ — bank discount; banker's discount

حَسْمٌ مُقابِلَ الكَسْر (في البِضاعة) — breakage

حَسْمُ النُّضوبِ القانُونيّ — statutory depletion allowance

حَسْم (خَصْم) نَقْديّ — cash discount

أُجرةُ شَحْنٍ مَسمُوحٌ بِحَسْمِها — freight allowed

حَدُّ الحَسْم — line of discount; margin of discount

حَسْمِيّاتُ النِّقابة — checkoff

حُسومُ الاستِثمار — investment allowances

حُسوماتُ التَّصدير — export rebates

سِعرُ الحَسْم (الخَصْم) — discount rate

سِمسارُ حَسْم — discount broker

شَرْطُ الحَسْمِ مِنَ التأمِين — deductible clause

المَرْدُوداتُ والحَسْمِيّات — returns and allowances

مَرْدُوداتُ وحَسْمِيّاتُ المُشتَرَيات — purchases returns and allowances

مَصارِفُ حَسْمِ السَّنَداتِ الأَجنَبِيّة — accepting houses

مَصْرِفُ حَسْمِ السَّنَدات discount bank
نَفَقاتُ الحَسْم discount charges
**حُسْنُ النِّيَّة** good faith
بِحُسنِ نِيَّة bona fide
**حَسَنٌ ــ «نِيَّةٌ حَسَنَةٌ مُطلَقَة»** "utmost good faith"
**حَسَناتُه وسَيِّئاتُه . ما لَهُ وما عَلَيه** pros and cons
**حِسِّيُّ الحَرَكة** kinaesthetic
**حِسِّيَّة . مَذهَبُ الحِسِّيَّة** sensualism
**حَشا ــ يَحشُو** pad
**حَشْرٌ** (كَلِماتٍ في وَثِيقة) interpolation
**حَشْوَةٌ تُوضَعُ بَيْنَ الصَّناديقِ المَشحونَةِ لِوِقايَتِها** dunnage
**حَصاد . مَحصُول** harvest
**حِصار** blockade
**حِصان ــ** (قُوَّةُ) **حِصان** horsepower
**حَصانة . إعفاء** (مِنَ الضَّرائِب) immunity
**حِصَّة** share; portion; lot; quota
حِصَّةُ الأَقَلِّيَّة minority interest
حِصَّةٌ بِمُوجِبِ مَبادِىءِ العَدالة equitable interest
حِصَّة في مُغامَرة تِجارِيَّة . رِهان stake
حِصَّة مُسَيطِرة controlling interest
حِصَّة الوَرِيث distributive share
تَبادُلُ الحِصَص exchange of shares
حِصَصٌ . أَنصِبة quotas
حِصَصُ الاستِيراد . حِصَصُ الوارِدات import quotas
حِصَصُ التَّصدير export quotas
حِصَصٌ زائدة excess shares

رَهْنُ الحِصَّةِ المُستَحِقَّةِ بِمَبادِىءِ العَدالة equitable mortgage
نِظامُ الحِصَص quota system
يَشتَري كامِلَ الحِصَص buy out
**حِصَّةُ الرِّبح** dividend
حِصَّةُ ارباحٍ اختِيارِيَّة optional dividend
حِصَّة أَرباح إضافِيَّة extra dividend
حِصَّةُ أَرباحِ التَّأمين insurance dividend
حِصَّةُ أَرباحِ التَّصفِية liquidation dividend
حِصَّة أَرباح عادِيَّة regular dividend
حِصَّةُ أَرباحٍ عَلى شَكْلِ أَسهُم stock dividend
حِصَّةُ أَرباحٍ على شَكْلِ سَنَدات bond dividend
حِصَّةُ أَرباحٍ عَلى شَكْلِ مِلْك property dividend
حِصَّةُ أَرباحٍ مُتَجَمِّعة accumulated dividend
حِصَّة أَرباح مُجَمَّعة cumulative dividend
حِصَّة أَرباح مُستَحِقَّة accrued dividend
حِصَّة أَرباح نَقدِيَّة cash dividend
حِصَّةُ أَرباحِ نِهايَةِ السَّنة year-end dividend
بِدُونِ حِصَّةِ أَرباح ex dividend
**حَصَرَ ــ يَحصُرُ . يُحَدِّدُ** restrict
يَحصُرُ المِيراثَ entail
**حَصْر . قَيد . تَقْييد** restriction
حَصْرٌ كَمِّيٌّ quantitative restriction(s)

حَصَّلَ ـ يُحَصِّلُ collect
حُصُول ـ تَكالِيفُ الحُصُول (على مُمتَلَكات) acquisition cost
حَصِيف . حَكِيم judicious
حَصِيلَةٌ (المال) proceeds
حَصِيلَةُ الحاسِبَةِ الآلِيَّة computer output
حَصِيلَةُ المُجازَفة risk yield
حَصِين ـ غُرفَةٌ حَصِينة (لِحِفظِ الأشياءِ الثَّمِينة) strong-room
حَضَّ ـ يَحُضُّ . يَحُثُّ prompt
يَحُضُّ على . يَستَميلُ induce
حَضٌّ . حَثّ induction
حَضَرِيّ urban
تَجَمُّعٌ حَضَرِيّ conurbation; megalopolis
تَوسِيعُ الحَياةِ الحَضَرِيَّة urbanization
حُضُور appearance
أَجرُ الحُضور attendance money
أَمرُ حُضور writ of summons
مُراقَبَةُ الحُضور . تَسجيلُ ساعاتِ العَمَل timekeeping
وَقتُ الحُضور attendance time
حَضِيض . النُّقطَةُ الدُّنيا (في خَطٍّ بَيانِيّ) trough
حَطَّ ـ يَحُطُّ (مِنَ القَدْرِ او القِيمة) debase
حَطُّ العُملة (تَخفيضُ مُحتَواها مِنَ المَعدِنِ النَّفِيس) debasement of the coinage
حُطام . كَسر breakage
حُطامُ سَفينةٍ طافِيةٍ على الماء flotsam
حُطامُ السَّفينةِ الغارِقة wreck

حَطِيطَةٌ مُتَسَلسِلة . حَسْمٌ (خَصْمٌ) مُتَسَلسِل chain discount
حَظَرَ ـ يَحظُرُ forbid
حَظر embargo
حَظْرٌ . تَحْرِيم . مَنْع prohibition
حَظْرٌ (خاصَّةً حَظْرُ الاتِّصالاتِ التِّجارِيَّة) interdiction
حَظْرُ الاستِيراد import ban
حَفَزَ ـ يَحفِزُ . يَستَحِثُّ spur
حَفز . تَحْرِيض motivation
حَفِظَ ـ يَحفَظُ . يَصُونُ keep
يُحفَظُ بِمَكتَبِ البَرِيد (لِحِينِ حُضُورِ مَن يَتَسَلَّمُه) poste restante
حِفظٌ retention
التَّعبيرُ بِرُموزٍ سَهلَةِ الحِفْظ mnemonic coding
حِفْظ . وِقاية . صِيانة preservation; conservation
حِفظُ التُّربة soil conservation
حِفظٌ مَأمُون safe custody; safe-keeping
شَرِكةُ ائتِمانٍ لِحِفْظِ الوَدائِع safe deposit company
صُندوقٌ حَديديٌّ لِحِفْظِ الوَدائع safe deposit box
حَقٌّ right; title; claim
حَقُّ الارتِفاق easement; profits à prendre
حَقُّ استِردادِ الرَّهْنِ العَقَارِيّ (بَعدَ سَدادِ الدَّين) equity of redemption
حَقُّ استِزادةِ المَبِيع call of more

حَقٌّ قانونيّ legal right; lawful right
حَقٌّ المُرور right of way
حَقٌّ مُسقَط forfeit
حَقٌّ مُطلَق . حَقٌّ مَقصُور exclusive right
حَقٌّ مُكتَسَب (بِمُرورِ الزَّمَن) . حَقٌّ التَّقادُم prescription
حَقٌّ النَّشْرِ بِالتَّسَلسُل serial right
حَقٌّ (او امتِيازُ) الوَديع bailee lien
حَقٌّ يَؤُولُ إلى صاحِبِهِ بِسَبيلِ التَّداعي right in action
بِحُكمِ حَقِّهِ الخاصّ sui juris
تَقصيرٌ في المُطالَبَةِ بِالحَقّ laches
تَنازُلٌ عَن حَقّ renunciation
دُونَ حَقِّ الرُّجوع . دُونَ احتِجاج sans recours
مُستَنَداتُ حَقِّ السَّحب documents of title
مِلكِيَّةُ الحَقّ chose in action
يُثبِتُ حَقّاً quiet
يَغتَصِبُ حَقّاً jump a claim
**حَقٌّ انتِفاع** usufruct
شَهادَةُ حَقِّ الانتِفاع certificate of beneficial interest
صاحِبُ حَقِّ انتِفاع usufructuary
**حَقٌّ الحَجْز** (استيفاءً لِدَين) lien
حَقٌّ الحَجْزِ لاستيفاءِ ضَريبة tax lien
حَقٌّ البائعِ في الحَجْز seller's lien; vendor's lien
حَقٌّ البَنْكِ في حَجْزِ الوَديعةِ المُرتَهَنة banker's lien

حَقٌّ استِعادةِ البَيع right of redemption
حَقٌّ الاستِعمال easement
حَقٌّ استِغلالِ العَقارِ لِعَدَدٍ مِنَ السِّنين estate for years
حَقٌّ الاستِملاكِ العامّ eminent domain
حَقٌّ الاستِيلاءِ (عَلى الأَرض) right of entry
حَقٌّ الإفادةِ مِنَ الإعارةِ العامَّةِ لِلكُتُب public lending right
حَقٌّ امتِيازٍ عامّ general lien
حَقٌّ الأَولَوِيَّة first right
حَقٌّ التَّأليفِ والنَّشر copyright
حَقٌّ التَّفتيش (او الزِّيارة) power of visitation
حَقٌّ التَّقادُم . حَقٌّ مُكتَسَبٌ (بِمُرورِ الزَّمَن) prescription
حَقٌّ الحُلول ـ تُداعي شَرِكةُ التأمينِ بِمُوجِبِهِ المُتَسَبِّبَ في الضَّرَر right of subrogation
حَقٌّ الدُّخول . دُخول ingress
حَقٌّ الرُّجوع right of recourse; recourse
حَقٌّ الزَّوجةِ الطَّبيعيّ wife's equity
حَقٌّ شِراءِ السَّهمِ بِسِعرٍ مُخَفَّض right
حَقٌّ شَرعيّ droit
حَقٌّ الشُّفعةِ لِمالِكي الأَسهُم preemptive right of stockholders
حَقٌّ الصَّيد . مَوقِعُ الصَّيد piscary
حَقٌّ عُبُور access right
حَقٌّ عَينيّ real right; corporeal right
حَقٌّ غيرُ مُجَزَّأ undivided right

حَقٌّ ثانَوِيٌّ في الحَجْز junior lien
حَقٌّ خاصٌّ في الحَجْز particular lien
حَقٌّ صاحِبِ المُستَودَعِ في الحَجْز
warehouseman's lien
حَقٌّ عامٌّ في الحَجْز general lien
حَقٌّ في الحَجْزِ البَحْريّ lien maritime
حَقٌّ المِيكانيكيّ (او ايّ صاحِبِ حِرْفة)
في الحَجْز mechanic's lien
**حَقُّ ٱلمِلكِيَّة** title
حَقُّ مِلكيَّةٍ خالِص clear title
حَقّ مِلكيّة صَحيح good title
حَقّ مِلكيّة ظاهِريّ colour of title
حَقُّ مِلكيَّةِ عَقَار fee
حَقُّ مِلكِيّةٍ عَن طَريقِ الشِّراء
title by purchase
حَقُّ مِلكيَّةٍ عَن طَريقِ الهِبة title by gift
حَقُّ مِلكيّةٍ قابِلٌ لِلبَيع marketable title
حَقُّ مِلكيّة قانونيّ (او شَرْعيّ) legal title
حَقّ مِلكيّة كامِل perfect title
حَقّ مِلكيّة مُطلَق absolute title
حَقّ مِلكيّة مِيراثيّ title by descent
حَقّ مِلكيّة ناقِص (او مَعيب)
defective title
شَرِكَةٌ لِضَمانِ حُقُوقِ المِلكيّة
title guarantee company
**حَقَّقَ ـ يُحَقِّقُ ، يَستَعلِمُ** inquire; investigate
يُحَقِّقُ (رِبحاً) realize; effect
يُحَقِّقُ رِبحاً make profit
يُحَقِّقُ رِبحاً صافِياً . صافٍ net
يُحَقِّقُ رِبحاً كَبيراً clean up

**حَقْلٌ** field
نِظامُ الثَّلاثةِ حُقول (لِتَعاقُبِ الزُّروعِ في الإقْطاعات) three-field system
نِظامُ الحَقْلِ المَفتُوح open-field system
**حُقُوق** (أنْظُرْ حَقّ) rights
حُقوقُ الاختِراع patent rights
حُقوقُ الأرْمَلةِ في الإرْث dower rights
حُقوقُ الأقدَمِيَّة seniority rights
حُقوقُ الإنسان human rights
حُقوقُ التَّأليف royalties
حُقوقُ التَّحويل conversion rights
حُقوقُ السَّحْب drawing rights
حُقوقُ السَّحْبِ الخاصَّة special drawing rights (S.D.R.s); paper gold
الحُقوقُ الطَّبيعِيَّة (الحَياةُ والحُرِّيَّةُ ونُشْدانُ السَّعادة) natural rights
حُقوقُ المالِك owner's equity
حُقوقُ المُساهِم equity
حُقوقُ المُساهِمِين stockholders' equity; rights of stockholders
حُقوقُ المُساوَمة bargaining rights
حُقوقٌ مُكتَسَبة (قانُونِيّاً) vested rights
حُقوقٌ نَهرِيَّة riparian rights
أَسهُمُ حُقوق rights issue
جَمعِيَّةُ حُقوقِ الأداءِ (المُوسِيقيّ)
Performing Rights Society
حِساباتُ حُقوقِ المالِكِ المُؤَقَّتة
temporary owners' equity accounts
خِطابُ حُقوق (لِعَرْضِ أَسهُمِ الإصدارِ بِأَفْضَلِيَّةٍ لِلمُساهِمِين الحالِيِّين)
rights letter

دَعْوى حُقُوقيَّة (او مَدَنيَّة) civil action
مَعَ الحُقوقِ اللاحِقة cum rights
المُؤْتَمرُ العالميُّ لِحُقوقِ التّأليف
Universal Copyright Convention
نِسبَةُ حُقوقِ المُساهِمِينَ مِنَ المَوجُود
equity ratio
**حَقِيبة ـ حَقِيبةُ الأوراقِ الماليَّة** (لِلمُستَثمِر) ٠
**حَقيبةُ السَّنَدات** securities portfolio
حَقيبَةُ البَريد mail bag
**حَقِير ٠ سَيِّىء** base
سَبيكة حَقيرة base bullion
مَعدِن حَقير base metal
**حَقِيقة ٠ واقِع** reality
هَيئَةُ تَقَصِّي الحَقائق fact-finding board
**حَقيقيّ ٠ بِحُسنِ نِيَّة** bona fide
**حَقِيقيّ** (أَصِيل) genuine; real
**حَقِيقيّ** real; actual
أُجورٌ حَقيقيَّة real wages
إِستِثمارٌ حَقيقيّ real investment
أَصلٌ حَقيقيّ actual asset
تَقدِيرٌ حَقيقيّ (دِراسَةُ مُشكِلَةٍ اقتِصاديَّةٍ
بِمَعزِلٍ عَنِ الأُمورِ النَّقْديَّة) real terms
تَكلِفةٌ حَقيقيَّة actual cost; real cost
حِسابٌ حَقيقيّ real account
دَخْلٌ حَقيقيّ real income
الفائِدةُ الحَقيقيَّة (او الثّابِتةُ المُتعارَفُ
عَلَيها تِجاريّاً) real interest
القِيمَةُ الحَقيقيَّةُ او المَعدِنيَّة (لِلنُّقود)
market value (of money)
نُقودٌ حَقيقيَّة real money
وَقائعُ حَقيقيَّةٌ للدَّعْوى true bill

الوَقتُ الحَقيقيّ real time
**حَكَمَ ـ المَكانُ يَحكُمُ التَّصرُّف**
locus regit actum
**حُكْم** (قَرار) rule; judgement; judgment; verdict; decree; adjudication; sentence; 'award'
إبدالُ الحُكْم commutation of sentence
دائنٌ بِمُقتَضى حُكْم judgment creditor
دَينٌ ثابِتٌ بِحُكْم judgment debt
كَفالةٌ لِتَنفيذِ حُكْم judgment bond
مَدِينٌ بِمُقتَضى حُكْم judgment debtor
يُصدِرُ حُكْماً render judgment
**حُكْم** (نِظامُ حُكْم) rule; regime; government
حُكْمٌ استِبداديّ totalitarianism
حُكْم الأَقَلِّيَّة oligarchy
حُكْم مَحلِّيّ local government
حُكْم مُطْلَق absolutism
بِحُكْم حَقِّهِ الخاصّ sui juris
بِحُكْمِ القانُون de jure
بِحُكْمِ المَنصِب ex officio
بِحُكْمِ الواقِع de facto
**حَكَمٌ** arbiter; arbitrator; umpire
حَكَم (مُحقِّقٌ قَضائيّ) referee
حَكَمُ التَّفْليسة referee in bankruptcy
**حُكْميّ ٠ ضِمْنيّ ٠ استِدلاليّ** constructive
خَسارةٌ تَبعيَّة (حُكْمِيَّة) constructive loss
**حُكُومة** government
حُكومةُ الأَثرِياء plutocracy
حُكومةٌ مَحلِّيَّة local government
حُكومةٌ مَركَزيَّة central government

اِقتِصادٌ مُدارٌ بِواسِطةِ الحُكومة
governed economy

سَنَداتُ الحُكومةِ البريطانيَّة consols

مَصاريفُ وإيراداتُ الحُكومةِ العامَّة
government ordinary expenditure and revenue

**حُكوميّ** government(al)

اِستِثمارٌ حُكوميّ في أشغالٍ عامَّة .
اِستِثمارٌ عامّ public investment

أَسهُم حُكوميَّة government stocks

أَسهُم وسَنَدات حُكوميَّة
government securities

إيراداتٌ (أو عائِداتٌ) حُكوميَّة
government revenues

خِدْماتٌ حُكوميَّة government services

الرُّوتينُ الحُكوميّ red tape

سِمسار حُكوميّ government broker

سَناهِيات حُكوميَّة . سَنَداتُ السَّناهِياتِ
الحُكوميَّة government annuities

سَنَد حُكوميّ government bond

شَرِكة حُكوميَّة government corporation

غَيرُ حُكوميّ non-governmental

قَرْضٌ حُكوميّ government loan

مَأمُور حُكوميّ governmental agent

مُحاسِب حُكوميّ government actuary

المُحاسَبة الحُكوميَّة governmental accounting

مَحَلُّ إيداعٍ حُكوميّ government depository

مَراكِزُ التَّدريبِ الحُكوميَّة
government training centres

مُساعَدة حُكوميَّة public assistance

مَشروع حُكوميّ state enterprise

مَصروفاتٌ حُكوميَّة expenditure of the state

مَصلَحة حُكوميَّة government agency

مَعُونة ماليَّة حُكوميَّة subvention

مُوَظَّف حُكوميّ government employee

**حُكومِيَّة . الدُّوَليَّة** statism; etatism

**حَكِيم . حَصِيف** judicious

**حَلَّ ـ يَحُلُّ** resolve; dissolve; solve

يَحُلُّ الرُّموزَ decipher

يَحُلُّ مَحَلَّ replace; substitute (for); subrogate; surrogate

يَحُلُّ مَحَلَّ . يُلْغي (ما سَبَقَه)
supersede; replace

يَحُلُّ مَحَلَّ (بالحِيلة) supplant

يَحُلُّ مَكانَ المُستَخدَمِ في النَّوبةِ التالِية
relieve

**حَلٌّ** (عَقْدٍ او شَرِكة) dissolution

**حَلٌّ . قَرار** resolution

حَلٌّ وَسَط . تَسوِيَة compromise

**حَلّالُ المَشاكِل . مُصْلِحُ الخَلَل**
trouble-shooter

**حَلَزُون ـ حَلَزُونُ الأُجورِ والأسعار**
spiral of wages and prices; wages-prices spiral

حَلَزونُ التَّضَخُّم inflationary spiral

خَطٌّ حَلَزونيّ (بَيانيّ) spiral

**حِلْف . اِتِّحاد** alliance

**حَلَّقَ ـ يُحَلِّقُ . يَرتَفِعُ** (السِّعر) soar

**حَلْقة** circle; ring; link

| | |
|---|---|
| حَلْقةُ (تقريرِ) الأَسعار | price ring; price association |
| حَلْقةُ الفَقْرِ المُفْرَغة | vicious circle of poverty |
| **حُلُول** | subrogation |
| حُلولٌ قانونيّ | legal subrogation |
| حُلولٌ بِفَضلِ الأَقدَميَّة | bumping |
| حَقُّ الحُلول ـ تُداعي شَركةُ التأمينِ بمُوجِبِهِ المُتَسَبِّبَ في الضَّرَر | right of subrogation |
| خِطابُ تَنازُلٍ وحُلول | letter of subrogation |
| **حُلِيٌّ مَصُوغة** | ring money |
| **حِماية . وِقاية** | protection |
| حِمايَةُ الصِّناعة | safeguarding of industry |
| حِمايةُ المُستَهلِك | consumer protection |
| حِمايةُ مُستَوى البِضاعةِ المَوجُودة | inventory protection |
| حِمايةُ المَوارِدِ الطبيعيَّة . صِيانة | conservation |
| أَمْرُ حِماية | protection order |
| تَعرِفةُ الحِمايَةِ الجُمرُكيَّة ـ ضِريبةٌ جُمرُكيَّةٌ حامِية | protective tariff |
| دائِرةُ حِمايةِ المُستَهلِك | consumer protection department |
| شَرْطُ الحِماية (مِن تَقَلُّباتِ الأَسعار) | hedge clause |
| شَركةُ حِمايةِ صِناعةِ بِناءِ السُّفُنِ القَوميَّة | National Shipbuilders' Security |
| ضَريبَةُ حِمايةٍ جُمرُكيَّة | protective duty |
| قانونُ حِمايةِ المُودِعِين | Protection of Depositors Act |
| **حِمائيّ . نَصِيرُ الحِمائيَّة** | protectionist |
| **حِمائيَّة** (سِياسةُ حِمايةِ الاقتِصادِ الوَطَنيِّ مِنَ المُنافَسةِ الأَجنَبيَّة) | protectionism |
| **حَمَّلَ ـ يُحَمِّلُ** | load |
| يُحَمِّلُ بإِفْراط | overload |
| **حِمْل . حُمُولة** | load |
| الحِمْلُ الأَقْصى | maximum load |
| حِمْلٌ جُزئيّ | partial load |
| حِمْلٌ زائد | overload; overweight |
| حِمْلُ عَرَبة | carload |
| حِمْلُ العَمَل | workload |
| حِمْلٌ مأمُون | safe load |
| أَقَلُّ مِن حِمْلِ عَرَبة | less than carload (l.c.l.) |
| **حَمْل . نَقْل** | portage |
| نَفَقاتُ الحَمْل | carrying cost |
| **حَمْل** | gestation |
| مَنْعُ الحَمْل | contraception |
| **حَمَلٌ** (في تِجارةِ الأَسهُم) | lamb |
| **حَمْلة** | campaign |
| حَمْلة إِعلانِيَّة | advertising campaign; drive |
| **حُمُولَةُ** (السَّفينةِ او الطائرةِ او العَرَبة) | cargo; load; loading; lading |
| الحُمولة الآجِرة (التي تُدفَعُ أُجورٌ عَنها) | payload |
| الحُمولة بالطُّنّ . الطُّنِّيَّة | tonnage |
| حُمولة ساكِنة | deadweight |
| حُمولَةُ السَّطح | deck load |

حُمولةُ سَفينةٍ طافِيَةٍ على الماء flotsam
حُمولةُ سَيّارةِ نَقْل truckload
الحُمولةُ الصّافِيَةُ المُسَجَّلة net registered tonnage (n.r.t.)
حُمولةُ عَرَبة carload
الحُمولةُ على ظَهْرِ الباخِرة cargo on board (C.O.B.)
حُمولة العَودة return cargo
حُمولةٌ كَبيرةُ الحَجْم balloon freight
حُمولة مُتَضَرِّرة damaged cargo
حُمولة مُسَجَّلة (بِالطُّنّ) . الطُّنِّيَّة المُسَجَّلة registered tonnage
حُمولة مَشحُونة جَوّاً air cargo
أَقَلُّ مِن حُمولَةِ سَيّارةِ النَّقْل less-than-truckload
أَقَلُّ مِن حُمولَةِ عَرَبة less-than-carload
إنزالُ الحُمولة unloading
تَقريرُ (تَفْريغِ) الحُمولة cargo report
خَطُّ الحُمولة load line
طاقةُ الحُمولةِ الساكِنة deadweight capacity
طُنُّ الحُمولة measurement (freight) ton
طُنُّ الحُمولةِ المُسَجَّلة register ton
طُنِّيَّة الحُمولة cargo tonnage
القَيِّمُ على حُمولةِ سَفينةٍ (أو طائرة) supercargo
قِيمَةُ الحُمولة cargo value
مُعَدَّلُ الأُجرةِ لِلحُمولةِ المُختَلِطة mixed carload rate

**حَوَى ـ يَحوِي نَفْطاً** oil-bearing

**حَواجِزُ جُمرُكيَّة** tariff barriers

**حَوالَى ـ فِي أو حَوالَى** on or about

**حَوالة . كَمْبِيالة . سُفْتَجة** bill of exchange; draft
حَوالَةٌ بِالبَريدِ الجَوِّيّ air mail transfer
حَوالةٌ بَريديَّة postal order (P.O.); money order (M.O.)
حَوالةٌ بَريديَّة تِلغرافيَّة telegraphic money order
حَوالةٌ بَريديَّة خارِجيَّة foreign money order
حَوالةٌ بَريديَّة دَوليَّة international money order (I.M.O.)
حَوالةٌ بَريديَّة مَصرِفيَّة bank money order
حَوالةٌ تُدفَعُ عِندَ الطَّلَب demand bill
حَوالةٌ خارِجيَّة external bill
حَوالةٌ غيرُ مُرفَقةٍ بِمُستَنَدات clean draft
حَوالةٌ غيرُ مُقيَّدة free bill
حَوالةٌ مَصرِفيَّة bank draft (B/Dft); banker's draft
حَوالةٌ مَصرِفيَّةٌ مَقبُولة bank acceptance
حَوالاتٌ اجنَبيَّة foreign bills
حَوالاتُ السُّوقِ المَفتوحة open-market paper
الهَدايا الحَواليَّةُ لِلادِّخارِ القَوميّ national savings gift tokens

**حَوْض** basin; dock
حَوضٌ جافّ graving dock; dry dock
حَوضُ السُّفُن dock

حَوضٌ عائِم — floating dock
مَجلِسُ عُمّالِ أحواضِ المَوانِىء — dock labour board
**حَوَّلَ ـ يُحَوِّلُ** — convert; change; transform
يُحَوِّلُ (مِلْكاً) إلى آخَر — assign
يُحَوِّلُ إلى رَأسِمال — capitalize
يُحَوِّلُ إلى نَقْد — realize
يُحَوِّلُ او يَنْقُلُ (مالاً) — alienate; shift
**حَيٌّ** — quarter (of a town)
حَيُّ الأعمالِ المالِيَّةِ بِلَنْدَن — City
**حَيّ** — live
تَخْزِينٌ حَيّ — live storage
الوَزْنُ الحَيّ (لِلمَواشي) — live weight
**حَياة . عُمر** — life
حَياةٌ اجتِماعيَّة صاخِبة — racketing
أُسلوبُ حَياة — life style
باقٍ على قَيدِ الحَياه — survivor
التأمينُ العاديُّ على الحَياة — ordinary life insurance
تأمينٌ على الحَياة — life assurance
التأمينُ على الحَياةِ والصِّحَّةِ وضِدَّ الحَوادِث — life, health and accident insurance
عِلمُ قِياسِ الحَياة — biometrics; biometry
قابِلٌ لِلحَياة — viable

مَعاشٌ يُدفَعُ على مَدى الحَياة — life annuity
مَنفَعة عَقارِيَّة مَدى الحَياة — life estate
مِهنَةُ الحَياة — career
وَثيقَةُ تأمينٍ على الحَياة — life policy
**حِياد** — neutrality
**حِيادِيَّة . سِياسَةُ الحِياد** — neutralism
**حِيازة** — possession
حِيازَةُ تَنازُع — adverse possession
حِيازَةٌ دائِمةُ الرَّيع . عَقار — tenement
حِيازة عَقارِيَّة — tenure
تَكاليفُ الحِيازة — occupancy costs
رَهْنٌ غَيرُ حِيازيّ (أي دُونَ نَقْلِ الحِيازةِ لِلرّاهِن) — hypothecation
ما في الحِيازة (مِن مُستَنَدات وأوراق مالِيَّة وسِواها) — holdings
**حَيثُ أنَّ . بِما أنَّ** — whereas
**الحَيدُ المُتَوَسِّط . مُتَوَسِّطُ الانحِراف** — mean deviation
**حَيَّرَ ـ يُحَيِّرُ . يُربِكُ** — nonplus
**حِيطة . حَذَر** — precaution
دافِعُ الحِيطة — precautionary motive
**حَيف . ظُلم** — injustice
**حِيلة** — gimmick
**حَيَويّ** — vital
مَجالٌ حَيَويّ — lebensraum

# حَرفُ الخَاء

**خاتَمُ البَريد** postmark
**خادِمٌ . مُستَخدَمٌ صَغير** bell-boy; orderly
**خادِمة** (تُنَظِّفُ المَكتَبَ او المَبنى) charwoman
**خارِج** (الشَّيء) extra
خارِجٌ عَنِ المَوضُوع impertinent
خارِجُ القِسْمة quotient
خارِجَ المَحكَمة out of court
خارِجَ المَخزَن ex-warehouse
خارِجَ المَركَب ex-quay
خارِجَ المَصنَع ex-factory
بُورْصةٌ خارِجَ السُّوقِ الرَّسميَّة over the counter market
السِّعرُ خارِجَ البُورْصة street price
صَفقَةٌ تَتِمُّ خارِجَ السُّوقِ الرَّسميَّة over the counter
مِن خارِج ex-
**خارِجيّ** external; foreign; outside
إعلانٌ خارِجيّ outdoor advertising
اِقتِصاديّات خارِجيَّة (لِلإنتاجِ على نِطاقٍ واسِع) external economies
تِجارة خارِجيَّة external trade
تَعريفة جُمرُكيَّة خارِجيَّة مُوَحَّدة common external tariff
تَفويضُ خَصْمِ كَمبِيالةٍ خارِجيَّة negotiation credit

حِساباتٌ خارِجيَّة external accounts
دَينٌ خارِجيّ external debt
سِمْسارٌ خارِجيّ outside broker
طَلَبُ شِراءٍ خارِجيّ مَفتُوح open indent
عُروضٌ خارِجيَّة outside tenders
فائضٌ خارِجيّ external surplus
قابِليَّةُ التَّبديلِ الخارِجيَّة external convertibility
كَمبِيالة خارِجيَّة . أَمْرُ دَفْعٍ أَجنَبيّ long draft
اللاقتِصاديَّاتُ الخارِجيَّة (زِيادَةٌ في نَفَقاتِ الإنتاجِ الخارِجيَّة) external diseconomies
مُساعَدة خارِجيَّة external assistance
مَعُونة خارِجيَّة outdoor relief
وَزارةُ الخارِجيَّة ministry of foreign affairs
وُفُوراتٌ خارِجيَّة external economies
**خاسِر** loser
**خاصّ** private; special
خاصٌّ بِ relating to; concerning
خاصٌّ بِالأَحداث juvenile
خاصٌّ بِجُزءٍ او قِسم . جُزئيّ sectional
خاصٌّ بِالشَّرِكة corporate
اِتِّفاقٌ خاصّ private agreement

اِتّفاقيّةٌ خاصّة . مُعاهَدة خاصّة
private treaty

اِحتِكارٌ خاصّ private monopoly

اِرتِفاقٌ خاصّ private easement

إزعاجٌ خاصّ private nuisance

أسعارُ الفَواتيرِ الخاصّة بالجَرْد
specific invoice prices for inventory

إسهامٌ خاصّ (نَوعٌ مِن ضَريبةِ رَاسِ المال) special contribution

الإعانَةُ الخاصّة private relief

اِعتِمادٌ خاصّ special credit

أمانة خاصّة private trust

اِمتيازٌ خاصّ special lien; specific lien

بِحُكْمِ حَقِّهِ الخاصّ sui juris

بَيع خاصّ private sale

تَحليلاتٌ خاصّة special analyses

تَسطيرٌ خاصّ (شِيكات) special crossing

تَصريفٌ خاصّ private placing

تَظهيرٌ خاصّ special endorsement

تَوازُنٌ خاصّ وعامّ particular and general equilibrium

حِسابٌ جارٍ خاصّ special checking account

حِسابُ الخِزانةِ الخاصّ
treasury special account

حَقٌّ خاصّ في الحَجْز particular lien

حُقوقُ السَّحْبِ الخاصّة
special drawing rights (S.D.R.s)

خِدماتٌ خاصّة special services

خِدْمة (بَريديّة) خاصّة special delivery

دَفاتِرُ اليَوميّةِ الخاصّة special journals

دَفتَرُ الأُستاذِ الخاصّ private ledger

دُونَ شُروطٍ خاصّةٍ بِه not specifically provided for (n.s.p.f.)

رُكنٌ خاصّ (في البُورْصة) pit

سِكرِتيرٌ خاصّ private secretary

شَرِكة بَسيطة خاصّة special partnership; particular partnership

شَرِكة خاصّة private company

شَريك خاصّ special partner

القانون الخاصّ private law

قِسمُ الاستِثماراتِ الخاصّة
special investment department

قِطاعٌ خاصّ private sector

لَجنة خاصّة special committee

المُحاسَبة الخاصّة private accounting

مَحَلٌّ إيداعٍ خاصّ special depository

مُشتَرٍ خاصّ (مُمَثِّلُ بَنكٍ بريطانيا في سُوقِ الحَسْم) special buyer

مَشروعٌ خاصّ private enterprise

مَصرِف خاصّ private bank

مِلكٌ خاصّ private property

مُمَثِّل خاصّ special representative

مَناطِقُ خاصّة special areas

مَنفَعة خاصّة special benefit

ناقِلٌ خاصّ (لِنَوعٍ مُعَيَّنٍ مِنَ البِضاعة)
private carrier

وَدائعُ خاصّة special deposits

وَكيلٌ خاصّ special agent

**خاصّة** characteristic; property; feature; attribute

بِطاقاتُ الخَواصّ feature cards

تَغايُرُ الخَواصّ . عَدَمُ تَجانُس heterogeneity

خَواصُّ الحَرَكةِ السَّهْلة characteristics of easy movement

**خاصّيّةُ آلوَظيفة** job characteristic

**خاضِعٌ لِلتَّكليفِ الضَّريبيّ** ratable; rateable

خاضِعٌ لِلرُّسوم dutiable

خاضِعٌ لِلضَّريبة taxable; dutiable; subject to duty

خاضِعٌ لِضَريبةِ الدَّخْل liable to income tax

الدَّخْلُ الإجماليُّ غَيرُ الخاضِعِ لِلضَّريبة non-taxable gross income

**خاطَرَ ـ يُخاطِرُ . يُغامِرُ** venture; risk; stake

**خاطِىء ـ تَوجِيهٌ خاطِىء** misdirection

عُنوانٌ خاطِىء wrong address

**خالِص . صافٍ** pure; fine; clear; clean

خالِصُ أُجرةِ البَريد post paid

خالِصُ أُجْرةِ الشَّحْن freight free

خالِصُ أُجرةِ النَّقْلِ حَتّى رَصيفِ الشَّحْن free docks

خالِصُ الأُجرةِ والمَصاريف ـ تَسْليمُ مَخزَنِ المُشتَري franco (fco.)

خالِصٌ ومُطلَق free and clear

حَقُّ مِلكِيَّةٍ خالِص clear title

يَومٌ خالِص clear day

**خالَفَ ـ يُخالِفُ** (القانُون) contravene; transgress

**خالِي المَسؤوليَّةِ عَنِ التَّلَفِ او الضَّرَر** free of all average (f.a.a.)

**خامٌ . مادَّةٌ خامٌ** raw material; ore; crude

تَهذيبُ الخامات ore dressing

مَخزونُ المَوادِّ الخام . جَرْدَةُ الخام raw materials inventory

**خامِل** inert

سُوقٌ خامِلة inactive market

**خُبْثُ القَصْد . تَعَمُّدُ الأذى** malice

**خِبْرة** expertise

خِبرة فَنِّيَّة . دِراية know-how

ذُو خِبرة تِقْنِيَّة technocrat

عَديمُ الخِبرة . غِرّ inexperienced

نِظامٌ سِياسيٌّ يَسُودُهُ أَصحابُ الخِبرةِ التِّقْنِيَّة technocracy

**خَبيثُ القَصْد** malicious

إجراءُ خَبيثُ القَصْد malicious prosecution

**خَبير** expert; connoisseur; experienced

خَبيرٌ إداريّ . خَبيرُ الإدارة management consultant

خَبيرٌ بِالإستراتِيجيَّة . إستراتِيجيّ strategist

خَبيرٌ بالتِّقْنِيَّة technologist

خَبيرُ (حِساباتِ) التَّأمين actuary

خَبيرٌ في التَّخْطيط . مُخَطِّط planner

خَبيرٌ في الكِفاية efficiency expert

خَبيرٌ ماليّ financier

خُبَراءُ اجانِب foreign experts

خِتامُ . سِعرُ الإقفال close

خَتّامة . لِيقةُ الخَتْم stamp pad

**خِتاميّ** final

جَلسة خِتاميَّة closing session

حِسابُ خِتاميّ closing account; final account

قَيدٌ (كَشفٌ) خِتاميّ closing entry

مِيزانُ المُراجَعةِ الخِتاميّ (بَعدَ إقفالِ الحِسابات) post-closing trial balance

**خَتَمَ – يَختِمُ بِخاتَمِ البَريد** postmark

يَختِمُ بِالشَّمْع seal

خُتِمَ وبُلِّغَ . شُهِدَ عَلَيه sealed and delivered

**خَتْمٌ** seal

خَتمُ التّاريخ date stamp

خَتمُ الشَّرِكة corporate seal

تاريخُ خَتمِ البَريد date of postmark

شَمعُ الخَتم sealing wax

فَضُّ الأختام unsealing

مَكانُ الخَتم locus sigilli

**خِداع** fraud

خِداعُ النَّقد . وَهْمٌ نَقْديّ "money illusion"

بَيعُ الأَسهُمِ بالتَّرويجِ الخِداعيّ share pushing

يَبيعُ (او يَتعامَلُ) عَن طَريقِ الخِداع palm off

**خِدمة** service

خِدمةُ إرسالِ الصُّوَرِ تِلغرافِيّاً phototelegraph service

خِدمةُ الإِنْقاذ salvage service

خِدمةُ البَريد postal service

خِدمة (بَريديَّة) خاصَّة special delivery

خِدمة بَصَريَّة optical service

خِدمةُ البِطاقَةِ الخَضراء Green Label Service

خِدمةٌ جَوِّيَّةٌ شامِلة "all-up" service

خِدمة ذاتِيَّة self-service

خِدمةُ الرَّدِّ على بَريدِ المُؤَسَّسةِ التِّجاريَّة business reply service

خِدمةُ الشِّيكاتِ البَريديَّة (خِدمةُ الجِيرو البَريديَّةُ في فَرَنسا) services des chèques postaux

خِدمةُ الشِّيكاتِ الشَّخصيَّة personal cheque service

الخِدمةُ الصِّحِّيَّةُ العامَّة public health service

خِدمة عامَّة . مَصلَحة عامَّة public service

خِدمةُ العُمَلاء customer service

الخِدمةُ المَركَزيَّةُ لِأَخطارِ الاقتِراضِ (في البُنوكِ الفَرَنسِيَّة) service central des risques

خِدمةٌ مُستَمِرَّة continuous service

خِدمةُ نَقْلِ البَضائعِ تَمهيداً لِشَحنِها pickup service

إدارَةُ الخِدْمات service department

الاستِغناءُ عنِ الخِدمة (بِشَكلٍ مُوَقَّت) layoff

اِعتِمادٌ (قَرْضٌ) عَن خِدْمات service credit

إكرامِيَّةٌ تُدفَعُ مقابِلَ خِدمةٍ شَخصِيَّة
to insure prompt service (T.I.P.S.)

service trade تِجارةُ الخِدْمات

in-service training التدْريبُ في الخِدمة

lay-off pay تَعويضُ الصَّرْفِ مِنَ الخِدمة

social services خِدماتٌ اجتِماعيَّة

administrative services; management services خِدماتٌ إداريَّة

الخِدماتُ الاستِشاريَّةُ لِلإدارة
management advisory services

municipal services خِدماتٌ بَلَديَّة

خِدمات تَنْظيميَّة
organizational services

government services خِدماتٌ حُكوميَّة

special services خِدمات خاصَّة

خِدماتُ الرَّدِّ على التِّليفُون
telephone answering services

personal services خِدماتٌ شَخصيَّة

الخِدمات الصِّحِّيَّة القَومِيَّة
National Health Service

tax services خِدماتٌ ضَرائبيَّة

general services خِدمات عامَّة

unpaid services خِدماتٌ غيرُ مَاجورة

indirect services خِدماتٌ غيرُ مُباشِرة

consular services خدمات قُنْصُليَّة

direct services خِدمات مُباشِرة

الخِدماتُ المَصرِفيَّة الأوروبيَّة
Continental Banking Services

الخِدماتُ المَصرِفيَّة الدُّوَلِيَّة
International Banking Services

field services خِدماتٌ مَيدانيَّة

خِدماتُ النَّقلِ البَرِّيِّ الدُّوَلِيَّة
Transports Internationaux Routiers (T.I.R.)

service charge رَسْمُ خِدمة

service records سِجِلَّاتُ الخِدمة

شَرِكةُ خِدماتٍ شخصيَّة
personal service corporation

مَبدَأُ تَوزيعِ عِبْءِ الضَّريبةِ بِنِسبَةِ الاستِفادةِ مِنَ الخِدمة
cost-of-service principle

service life مُدَّةُ الخِدمة

service cost centre مَركَزُ تَكلِفةٍ لِلخِدمات

service bureau مَكتَبُ الخِدمات

half-service نِصفُ خِدمة

نَفَقاتُ الخِدمةِ المَصرِفيَّة
bank service charge

service occupations وَظائِفُ الخِدْمات

**خَرْج . مُخْرَج** output

monopoly output خَرجٌ احتِكارِيّ

الخَرجُ الأَمْثَل . الإنتاجُ الأَمْثَل
optimum output

الخَرجُ الذُّرْوِيّ . مُستَوى الإنتاجِ الأعْلى
peak output

input-output analysis تَحليلُ الدَّخْلِ والخَرْج

restriction of output تَقْييدُ الخَرْج

output media وَسائلُ الخَرْج

**خُرْدة** scrap; junk

scrap value قِيمَةُ الخُرْدة

**خُرْدَوات** smallwares

بائِعُ خُرْدَوات haberdasher

**خَرَسانة . أسمَنْت** concrete

**خَرْقُ** (القوانين) **. مُخالَفة** infraction

**خُروج . تَدَفُّق** (إلى الخارِج) outflow

**خُروج** exit; going out; exodus

خُروجُ الرَّساميل exodus of capital

إضرابُ خُروج walk-out

**خَرِيطة** map

خَرِيطةُ السَّواء indifference map

خَرِيطةٌ مُجَسَّمة relief map

خَرِيطةٌ مِساحيَّة cadastral map

**خَزّان . صِهْريج** tank

**خِزانة** closet; cupboard; coffer; 'cabinet'

خِزانَةُ بِطاقات card cabinet

خِزانةٌ فُولاذيَّة safe

خِزانةٌ لَيليَّة night safe

تَأجيرُ الخَزائنِ الحَديديَّة (في المَصارِف)
safe hiring

خَزائنُ البُيوتِ (يَحفَظُها الزَّبائنُ في بُيوتِهم وتَبقى مَفاتيحُها لَدى المَصرِف)
home safes

**الخِزانة** exchequer; treasury

تَوجِيهُ أو تَعليماتُ الخِزانة
treasury directive

حِسابُ الخِزانةِ الخاصّ
treasury special account

عَوائدُ الخِزانة exchequer stock

مِنْحةُ تَسوِيةٍ مِنَ الخِزانةِ العامَّة . مِنْحةُ مُعادَلةٍ مِنَ الخِزانة rate deficiency grant; exchequer equalization grant

**خَزَنَ - يَخْزُنُ** store

**خَزِينَة . أمْوالُ الخَزِينة** chest

خَزِينَةٌ عامَّة treasury

أَمِينُ السِّرِّ والخَزِينة secretary-treasurer

إيصالاتُ وَدائعِ الخَزِينة
treasury deposit receipts

سَنَدٌ على الخَزِينة treasury bill; treasury bond; treasury note; exchequer bill

اللُّورْداتُ أعضاءُ لَجنَةِ وَزارَةِ الخَزِينة
Lords Commissioners of H.M. Treasury

**خَسارة** loss; damage; average

خَسارةُ إنقاذ salvage loss

خَسارةٌ تَبَعيَّة (حُكْميَّة) constructive loss

خَسارةٌ جَسِيمة heavy loss

خَسارةُ حُقوقِ الأَقدَميَّة
loss of seniority rights

خَسارَةٌ دَفتَريَّة book loss

خَسارةُ الدُّيونِ الهالِكة bad debt loss

خَسارةُ (أو خَسائرُ) رَاسِ المال
capital loss

خَسارةٌ زائدة (عَن حدٍّ مُعَيَّن) excess loss

خَسارةٌ طَفيفة minor loss

خَسارةٌ عامَّة general average

خَسارةُ عَمليّاتِ التَّشغيل
loss from operations

خَسارةٌ عِندَ التَّحميل loss during loading (l.d.l.)

خَسارةٌ عِندَ التَّفريغ loss during discharge (l.d.d.)

خَسارةٌ فِعليَّة actual loss

الخَسارَةُ الكُلِّيَّة total loss (T.L.)
خَسارةٌ كُلِّيَّةٌ تَقديريَّة constructive total loss
الخَسارةُ الكُلِّيَّةُ الفِعليَّة actual total loss
خَسارة مُباشِرة direct loss
خَسارة مُعَيَّنة particular average
الخَسارةُ مِنَ التَّشغيل operating loss
خَسارةٌ ناتِجة (غَيرُ مُباشِرة) consequential loss
خَسارةٌ نَقْدِيَّة pecuniary loss
إثباتُ الخَسارة proof of loss
اِحتِياطِيُّ الأرباحِ والخَسائر profit and loss appropriation
أرباحُ وخَسائرُ رَاسِ المالِ القَصيرِ الأَجَل short-term capital gains and losses
أرباحٌ وخَسائرُ رَاسُماليَّة capital gains and losses
بُوليصَةٌ تُحَمِّلُ المُؤَمَّنَ عَلَيهِ جُزءاً مِنَ الخَسارة assessable policy
بَيانُ الأرباحِ والخَسائر profit and loss statement
تَسوِيَةُ الخَسائر average adjustment
تَعويضاتُ خَسائرِ الحَرْب reparations
تَقريرُ تَسوِيَةِالخَسارة average statement
حِسابُ الأرباحِ والخَسائر profit and loss account
حِسابُ الأرباحِ والخَسائرِ المُوَحَّد consolidated profit and loss account
خَسائرُ مُتَعاقِبة successive losses
الخَسائرُ الناجِمَةُ عَنِ الكَوارِثِ والسَّرِقات casualty and theft losses

الرِّبحُ والخَسارة loss and gain
شَرْطُ الخَسارةِ العُموميَّةِ او العَوارِ العامّ general average clause
صافي الخَسارة net loss
صافي خَسارَةِ رَاسِ المال net capital loss
عِبْءُ الخَسارة burden of losses
عَدَمُ المَسؤُوليَّةِ عَن جَميعِ الخَسائر free of all average
عَدَمُ المَسؤُوليَّةِ عَنِ الخَسائرِ المُعَيَّنة free of particular average
مُسَوِّي الخَسائر average adjuster; claim adjuster
مَن يَتَعَرَّضُ لِخَسارةٍ مُزدَوِجة whipsawed
نِسبَةُ الخَسارة loss ratio
يَتَضَمَّنُ الخَسارةَ عَن hold-harmless
**خَسِرَ ـ يَخْسَرُ • يَفْقِدُ** lose
**خَشَبٌ** (عَلى شَكْلِ أَلْواحٍ) lumber
خَشَبٌ صُلْب hardwood
سُوقُ الأَخْشاب timber exchange
مِقياسُ الخَشَب board measure
**خَشَبِيٌّ ـ أشغالُ خَشَبِيَّة • نِجارَة** joinery
بَرميلٌ خَشَبِيٌّ (سَعَتُهُ حَوالى ٤٥ لِتراً) keg
قَدَمٌ خَشَبِيٌّ board foot
مَصنُوعاتٌ خَشَبِيَّة woodwork
**خَشْيَةُ المَوت** causa mortis
**خِصام** dispute
**خَصَّصَ ـ يُخَصِّصُ** allot; allocate; appropriate; earmark
**خَصَمَ ـ يَخْصِمُ** (أُنظُرْ حَسَمَ) discount

يَخصِمُ (كَمْبيالةً) بسِعرٍ مُرتَفِع shave
يُخْصَمُ discountable
**خَصْم** (أُنظُرْ حَسْم) discount
خَصمٌ أوَّليّ initial allowance
خَصمُ شِراءِ الجُملة . خَصمُ الكَمّيّة
quantity rebate
خَصمٌ غَيْرُ مُستَهلَك unamortized discount
خَصمٌ (على) المَبيعات sales discount
خَصمُ المَجموعة block discounting
خَصمُ المَصرِف . حَسمٌ مَصرِفيّ
bank discount
أَسواقُ الخَصمِ الكَبيرة
discount emporium
إعادَةُ الخَصم (الحَسم) rediscount
أوراقٌ (تِجاريّة) قابِلَةٌ لِلخَصم
rediscountable (commercial) papers
بَيتُ الخَصم (لِخَصمِ الأوراقِ التِّجاريّة)
discount house
تَفويضُ خَصمِ كَمْبيالةٍ خارِجيّة
negotiation credit
سِعرُ إعادَةِ الخَصْم (الحَسْم)
rediscount rate
سِعرُ الخَصم rate of discount
سِعرُ خَصمِ الكَمْبيالات bill rate
سِعرُ خَصمِ الكَمْبيالاتِ الأجنَبيّة
long rate
سِعرُ الخَصْمِ (او القَطْعِ) لَدى المَصارِف
bank rate
سِمْسارٌ وَسيطٌ لِخَصْمِ الكَمْبيالات
running broker

سُوقُ الخَصْم (لِخَصْمِ الأوراقِ التِّجاريّة)
discount market; bill market
مَتاجِرُ خَصْم discount stores
**خُصوبة** fecundity; fertility
خُصُوبَةُ الأَرض fertility of land
**خُصوص ـ بِخُصوص . بِشَأن**
re; with respect to
**خُصوم** (أُنظُرْ خَصْم) discounts; liabilities
خُصومُ بَنْك (او اِلتِزاماتُه)
liabilities of a bank
خُصومُ شَرِكة (او اِلتِزاماتُها)
liabilities of a company
**خُصومة ـ وَكيلٌ في خُصومة**
procurator litis
**خُضَر . خَضْراوات** vegetables; green goods
**خَطّ** (hand-)writing
سَنَدٌ مَكتُوبٌ بِخَطِّ مُنشِئِه holograph
وَصِيَّةٌ مَكتُوبَةٌ بِخَطِّ المُوصي
holographic will
**خَطّ** line
خَطُّ الاختِيار opportunity line
خَطٌّ (مُنحَنى) الإستِهْلاك
consumption line
الخَطُّ الأَماميّ front-line
خَطُّ أَنابيب pipeline
خَطٌّ بلِمْسُول (أَحَدُ خُطوطِ غاطِسِ السَّفينة)
Plimsoll line
خَطٌّ بَيانيّ . رَسْمٌ بَيانيّ graph
خَطُّ التَّجْميع assembly line
خَطُّ التَّسْليف (او الاعتِماد)
line of credit

خَطٌّ التَّوازُن line of balance (l.o.b.)
خَطٌّ الحَرَكة flow line
خَطٌّ حَلَزونيٌّ (بَيانيٌّ) . لَولَبيٌّ spiral
خَطٌّ الحُمولة load line
خَطٌّ رَئيسيٌّ trunk line; main line
خَطٌّ السِّعر price line
خَطٌّ سِكَّةِ حَديدٍ قَصير spur line
خَطٌّ السُّلطة line of command
خَطٌّ طَيَرانٍ مُحَدَّدُ المَواعيد . شَرِكَةُ طَيَرانٍ تَقوم بِرِحلاتٍ مُقَرَّرة
scheduled airline
خَطٌّ فَرعيٌّ branch line
خَطٌّ الفَقْر poverty line
الخَطُّ الكِفافيُّ لِلنّاتِجاتِ المُتَساوِية
product contour
خَطٌّ مُنَقَّط dotted line
خَطٌّ نِصْفيٌّ (يَقسِمُ المَجْرى النَّهريَّ طُولاً)
middle thread
خَطٌّ النَّفَقَةِ المُتَساوِية
equal cost line
خَطٌّ وَصْل . حَلْقة link
خُطوطُ الإنْفاق expenditure lines
خُطوطُ التِّرام tramways
خُطوطُ التَّكلِفة cost lines
خُطوطٌ ساحِليَّة coastal lines

**خَطَأٌ** error; fault; mistake; fallacy
خَطَأُ التَّأريخ misdating
خَطَأُ طَبْعٍ على الآلَةِ الكاتِبة typing error
خَطَأٌ غامِضٌ او مُبْهَم (لا يُمكِنُ تَحديدُ المَسؤولِ عَنه)
inscrutable fault
خَطَأٌ في تَرحيلِ الحِسابات misposting
خَطَأٌ في الحِسابِ او التَّقْدير
miscalculation
خَطَأٌ قانُونيٌّ error in law
خَطَأٌ مُقابِل counter error
خَطَأٌ مُكافِىء compensating error
الخَطَأُ المِئَويّ percentage error
خَطَأُ النَّقْل . خَطَأٌ ناتِجٌ عَن تَغييرِ تَرتيبِ الأَرقام
transportation error
خَطَأٌ واقِعيٌّ error in fact
أَخطاءٌ (او هَفَواتٌ) مُنزَلِقة slides
قَتْلٌ خَطَأً manslaughter
ما عَدا الخَطَأَ والسَّهْو errors and omissions excepted (E.&O.E.)
مُتَوَسِّطُ الخَطَأ mean error

**خِطابٌ ـ خِطابُ اعتِماد**
letter of credit (L/C)
خِطابُ اعتِمادٍ دَوْريّ circular letter of credit
خِطابُ اعتِمادٍ مَحْدُود limited letter of credit
خِطابُ ائتِمانٍ (او اعتِمادٍ) نَقْديّ
cash letter of credit
خِطابُ تَعْريف letter of indication
خِطابُ تَعْويض او مُعاوَضة
letter of indemnity
خِطابُ تَفْويض letter of hypothecation
خِطابُ تَنازُل letter of renunciation
خِطابُ تَنازُلٍ وحُلول
letter of subrogation
خِطابٌ جَوِّيٌّ . بِطاقَةُ بَريدٍ جَوِّيّ
air letter

خِطابُ حُقوق (لِعَرْضِ أَسهُمِ الإِصدارِ بِأَفضَلِيَّةٍ لِلمُساهِمِينَ الحالِيِّين) rights letter

خِطابٌ غيرُ مُؤَرَّخ . رِسالةٌ بِدونِ تارِيخ undated letter

خِطابٌ مُستَعجَل express letter

خِطابٌ مُسَجَّل registered letter

خِطابٌ نَقْديّ money letter

خِطاباتُ تَفْويضٍ بإدارةِ التَّرِكة letters of administration

**خُطّاف ـ ضَرَرُ الخُطّاف** hook damage

**خُطَّة** plan; design; scheme

خُطَّةُ الأَجرِ السَّنَويّ annual wage plan

خُطّة أَوَّلِيَّة (تَمهيديَّة) preliminary plan

خُطَّةٌ تَسمَحُ لِمُوظَّفي الشَّرِكةِ بِشِراءِ أَسهُمٍ فيها stock purchase plan

خُطّة التَّسويق marketing plan

خُطّة تَشجيعيَّة incentive scheme

خُطّة تَنمِيَة development plan

خُطَّةُ الدُّولارِ المُعادَل compensated dollar plan

خُطّة رَئيسيَّة key plan; master plan

خُطّة شامِلة comprehensive plan

خُطَّةُ شُومان (التي انتَهَت بِتَأليفِ المَجموعةِ الأُوروبيَّة لِلفَحْمِ والصُّلْب) Schuman Plan

خُطّة العَمَل plan of action

خُطّة قَوميَّة national plan

خُطّة كُولُومبُو Colombo Plan

خُطّة كِينْز (نَحوَ إِنشاءِ عُملةٍ دُوَلِيَّة) Keynes Plan

خُطّة هوايْت (كَقاعِدةٍ لِتَأسِيسِ صُندوقِ النَّقدِ الدُّوَليّ) White Plan

تَناسُقُ الخُطَّة coherence of the plan

خُطَطُ تَثْبيتِ الأَسعار (ومَنْعِ انخِفاضِها) valorisation schemes

خُطَطُ تَقْييدِ السِّلَع commodity control schemes; commodity restriction schemes

خُطَطٌ خَمْسيَّة five year plans

خُطَطٌ مُؤَقَّتة tentative plans

لَجنَةُ الخُطَّة (في الاتِّحادِ السُّوفيتيّ) Gosplan

مُرونَةُ الخُطَّة flexibility of the plan

وَضعُ الخُطَط . تَخطيط planning

**خَطَرٌ . مُغامَرة** adventure

**خَطَرٌ** danger; risk; peril; hazard

خَطَرُ التَّضَخُّم inflation danger

الخَطَرُ الذي تَتَحَمَّلُهُ شَرِكةُ التأمينِ الأَصلِيَّة retained risk

خَطَرٌ مُسَمًّى (في عَقْدِ التأمين) named risk

خَطَرٌ مُؤَمَّن insured risk

الخَطَرُ المُؤَمَّنُ ضِدَّهُ peril insured against

أَخطارٌ أَوَّلِيَّة primary risks

أَخطارٌ بَحْريَّة maritime perils; perils of the sea

أَخطارٌ بَرِّيَّة (في أَثناء النَّقْل) land risks

أَخطارٌ ثانَوِيَّة secondary risks

أَخطارٌ دَخيلة . أَخطارٌ عارِضة extraneous risks

أَخطارُ الصِّناعة industrial hazards

أَخطارٌ مِنَ الدرَجةِ الثالِثة tertiary risks

إدارَةُ مَنْعِ الأَخطار risk management

التأمينُ ضِدَّ خَطَرِ الحَرْب
war risk insurance

تَصْنيفُ الأَخطار classification of risks

جَميعُ الأَخطارِ الأُخرى all other perils

الخِدْمةُ المَرْكَزيَّةُ لِأخطارِ الاقتِراضِ (في البُنوك الفَرَنسِيَّة)
service central des risques

رَاسُمالٍ ذو أَخطار risk capital; venture capital

ضِدُّ جَميعِ الأَخطار against all risk (A.A.R.)

المُشارَكةُ في تَحَمُّلِ الخَطَر
pooling of risk

نُقْطَةُ الخَطَر peril point

يُعَرِّضُ لِلخَطَر jeopardize

**خَطِر** dangerous; perilous; risky; hazardous

آلَةٌ خَطِرة dangerous machine

الأَعمالُ الخَطِرة . المِهَنُ الخَطِرة
dangerous trades

**خَطَّطَ ـ يُخَطِّطُ** draft; draught

**خُطْوَة** pace; step

اِستِمارةُ بَيانِ الدَّخْلِ المُتَعَدِّدَةُ الخُطُوات
multiple-step form income statement

الخُطُواتُ (او الإجراءاتُ) اللاّزِمة
necessary steps

يَحُثُّ الخُطى . يُعَجِّلُ make haste

**خُطُورة . شَان . أهَمِّيَّة** importance

**خُطُوطٌ جَوِّيَّة** airways; airlines

الخُطوطُ الجَوِّيَّة الإيرلَنْدِيَّة Aer Lingus

الخُطوطُ الجَوِّيَّة البُرتُغالِيَّة Transportes Aéreos Portugueses (T.A.P.)

الخُطوطُ الجَوِّيَّة البرِيطانيَّة
British Airways

الخُطوطُ الجَوِّيَّة البرِيطانيَّة الأُوروبيَّة
British European Airways (B.E.A.)

الخُطوطُ الجَوِّيَّة البولَنْدِيَّة
Polish Airlines (L.O.T.)

الخُطوطُ الجَوِّيَة السُّويسرِيَّة Swissair

الخُطوطُ الجَوِّيَّة العالَمِيَّة Trans-World Airlines (T.W.A.)

الخُطوطُ الجَوِّيَّة الفَرَنسِيَّة Air France

الخُطوطُ الجَوِّيَّة الكَنَدِيَّة Air Canada

الخُطوطُ الجَوِّيَّة المُتَّحِدة
United Airlines

الخُطوطُ الجَوِّيَّة اليابانيَّة
Japanese Airlines (J.A.L.)

مَجلِسُ الخُطوطِ الجَوِّيَّة Airways Board

**خَطِّيّ** linear

الإنتاجُ الخَطِّيّ line production

بَواخِرُ شَحْنٍ خَطِّيَّة (تَسيرُ في خُطوطٍ مُنتَظَمة) cargo liners

مُعادَلة خَطِّيَّة linear equation

وَضْعُ البَرامِجِ الخَطِّيّ
linear programming

**خَطِّيَّة** linearity

خَطِّيَّةُ التَّدَرُّج "line" relationship

**خَطِير . كَبير** grand

**خَفاء ـ سُوقُ الخَفاء** (سُوقُ أَسهُمٍ غيرِ مُسَجَّلةٍ في البُورْصة) curb market

**خَفَّضَ ـ يُخَفِّضُ** decrease; cut; curtail; debase; lower; devalue; cut down

يُخَفِّضُ (الأُجور) dock

يُخَفِّضُ (السِّعر) knock down; mark down; 'shade'

يُخَفِّضُ قِيمَةَ أَصْلٍ او يُلْغيها write down (or off)

**خَفْضٌ** decrease; devaluation; cut

خَفضُ الإستِرلينيّ devaluation of sterling

خَفضُ الأَسعار (في سُوقِ الأَوراقِ الماليَّة) dip

خَفضُ رَاسِ المال capital decrease

خَفضُ الضَّرائبِ المَحَلِّيَّة rates rebate

خَفضُ قِيمَةِ الدُّولارِ الأَمريكيّ devaluation of the U.S. dollar

خَفضُ قِيمَةِ العُملة devaluation of currency

أَموالٌ مَوقُوفَةٌ لِخَفضِ الدَّينِ القَوميّ national debt reduction funds

**خَفِيّ** covert

الإحتِياطيُّ الخَفيّ hidden reserve; inner reserve

بِطالَةٌ خَفيَّة hidden unemployment

زِيادَةُ سِعرٍ خَفيَّة hidden price increase

شَريكٌ خَفيّ secret partner

ضَريبَةٌ خَفيَّة (تَدخُلُ ضِمْنَ أَسعارِ البَضائعِ والخِدْمات) hidden tax

عُيوبٌ خَفيَّة hidden defects

اليَدُ الخَفيَّة "hidden hand"; "invisible hand"

**خَفِيرٌ . حارِس** watchman

**خَفِيض ـ خَفِيضُ السِّعر** low-priced

طَلَباتٌ خَفيضة (أَقَلُّ مِن ١٠٠ سَهمٍ او لا تَتَجاوَزُ ١٠٠٠ دولار) odd-lot orders

كَمِّيَّةٌ خَفيضة (تَقِلُّ عَن ١٠٠ سَهم) odd lot

**خَفِيف . ناقِصُ الوَزْن** light

**خُلاصة** resumé; summary; abstract; extract; gist; essence

خُلاصةُ حِساب abstract of account

خُلاصةُ سَنَدِ المِلكِيَّة abstract of title

خُلاصةُ وَقائع precis

**خِلافٌ** dispute; disagreement

خِلافٌ حَولَ الاختِصاص jurisdictional dispute

خِلافٌ عُمّاليّ labour dispute

تَسوِيَةُ الخِلافات (والمُنازَعات) settlement of disputes

نُقطَةُ الخِلاف issue

**خَلّاقٌ . مُبْدِع** creative

التَّفكيرُ الخَلّاق creative thinking

**خَلَّصَ ـ يُخَلِّصُ . يُريحُ** relieve

**خَلَفَ ـ يَخْلُفُ . يَلي** succeed; follow

يَخلُفُ . يَحُلُّ مَحَلّ supersede; replace

**خَلَفٌ** successor

خَلَفٌ . نَسْلٌ offspring; descendants

خَلَفٌ . باقٍ على قَيدِ الحَياة survivor

**خَلْفيّ ـ البابُ الخَلْفيّ** "back door"

| | |
|---|---|
| تكاملٌ خَلْفيّ (سَيطَرَةُ الصِّناعَةِ على مَصادِرِ المَوادِّ الخام) | backward integration |
| **خَلْفيَّة** | background |
| **خَلْقُ الحاجة** | want creation |
| **خَلَلٌ ـ مُصْلِحُ الخَلَل** | trouble-shooter |
| يَتَحَرّى الخَلَل | trouble-shoot |
| **خُلُوّ . شُغور** | vacancy; vacuity |
| خُلُوٌّ مِنَ العُيوب | perfection; impeccable condition |
| **خِلْوٌ مِن** | free from |
| **خَمْرٌ ـ اِتّجارٌ غيرُ مَشروعٍ في الخُمور** | bootlegging |
| **خَمْسيّ . لِمُدَّةِ خَمْسِ سَنَوات** | quinquennial |
| **خُمُود** | abatement |
| **خُوارَزْمِيَّة** | algorithm |
| **خَواصّ** (أُنْظُرْ خاصَّة) | properties; characteristics; features |
| **خُوَّة** (يَدفَعُها العامِلُ لِلحُصولِ على عَمَل) | kickback |

| | |
|---|---|
| **خِيار . اِتِّفاقِيَّة** (خِيارٌ) **لِأَجَل** | option |
| الخِيارُ في الشِّراء . شُفْعة | preemption |
| خِيارٌ مَحَلِّيّ | local option |
| خِيارٌ مُزدَوِج (في البُورْصة) | double option |
| شِراءُ الخِيار | call |
| عَقْدُ خِيار | option contract |
| عَمَلِيَّة خِيارِيَّة مُرَكَّبَة (لِلشِّراءِ او البَيعِ في البُورْصة) | put and call |
| **خَياليّ** | fictitious |
| الاِشتِراكِيَّةُ الخَيالِيَّة | utopian socialism |
| **خِيانَةُ الرُّبّان . سُوءُ تَصَرُّفِ الرُّبّانِ المُتَعَمَّد** | barratry |
| **خَيبَةُ أَمَل** | frustration |
| **خِيرة . صَفْوة** | choice |
| **خَيْري** | eleemosynary |
| تَبَرُّعاتٌ خَيرِيَّة | charity donations |
| هَيئَةُ المُشرِفينَ على الإيصالاتِ الخَيرِيَّة | charity commissioners |
| **خَيطٌ مَبروم . غَزْل** | yarn |
| رَسْمٌ خَيطِيّ | string diagram |

# حَرفُ الدّال

داتِل : نَقلُ معلوماتِ الأشرِطةِ المُثقَّبةِ بَريديّاً
Datel

داخِلٌ . آتٍ . قادِم — incoming

الداخِلونَ الجُدُد . المُستَجِدّون
new entrants

داخِليّ . مِنَ الداخِل — endogenous

الاستِقرارُ الداخِليّ — homeostasis

داخِليّ . داخِلَ البِلاد — inland

إيرادٌ داخِليّ — internal revenue; inland revenue

تأمينٌ بحريٌ داخِليّ — inland marine insurance

الطُّرُقُ المائيَّة الداخِليَّة
inland waterways

الطَيرانُ الداخِليّ — cabotage

داخِليّ . مَحَلّيّ — domestic; local; internal

إجماليُّ النّاتجِ الداخِليّ — gross domestic product

إحتِياطيٌّ داخِليّ — inner reserve

الإقتِصادُ الداخِليّ — interior economy

إقتِصادياتٌ داخِليَّةٌ لِتَوسيعِ الإنتاج
internal economies of scale

الأمنُ الداخِليّ — internal security

تِجارةٌ داخِليَّة — home trade

تَحويلٌ مَصرِفيٌّ داخِليّ — bancogiro

تَدريبٌ داخِليّ (ضِمنَ المُؤَسَّسة)
internal training

تَدقيقُ الحِساباتِ الداخِليّ
internal auditing

تَدقيقٌ داخِليّ — internal audit; internal check

التَّسعيرُ الداخِليُّ لِمُنتَجاتِ الشَّرِكة
intercompany pricing

تِلِفونٌ داخِليّ — interphone

دَينٌ داخِليّ — internal debt

الدَّينُ القَوميُّ الداخِليّ
internal national debt

سُوقٌ داخِليَّة — home market

شُؤونٌ داخِليَّة — internal affairs

قانُونُ الإيرادِ الداخِليّ
Internal Revenue Code

قَرض داخِليّ — internal loan

كَمبيالة داخِليَّة — inland (or domestic) bill of exchange

مُدَقِّق داخِليّ — internal auditor

مُديرٌ داخِليّ — inside director

مُراقَبة داخِليَّة . رِقابة داخِليَّة
internal control

مَصرِف داخِليّ — interior bank

المُعَدَّلُ الداخِليُّ لِلمَرْدود — internal rate of return
مَعُونة داخِليَّة — indoor relief
مُقرّاتٌ داخِليَّة او ثابِتة — built-in stabilisers
مَوقِفٌ داخِليٌّ (لِلسيّارات) — indoor parking
نِظامٌ داخِليٌّ (لِلمُؤسَّسة) . لائحةُ الأنظِمة — bylaws
وَزارةُ الداخِليَّة — ministry of (the) interior
**دارَ ـ يَدُورُ** — turn; roll; revolve
**دارٌ . بَيتٌ تِجاريٌّ** — home
دارُ السَّكّ ، دارُ سَكّ العُمْلة — mint
دارُ السَّكّ المَلَكيَّة — Royal Mint
دارُ نَشْر — publishing house
مُديرُ دارِ سَكّ النُّقود — Master of the Mint
**داعٍ ـ بِداعي . بِسَبَب** — owing to
**داعِمٌ . كَفِيل** — backer
**داعِيَةُ الرَّشادة** — rationalist
**دافِعٌ . باعِث** — stimulus; impetus; cause
**دافِعٌ . حافِز** — motive; motivation; drive
دافِعُ الأعمال — business motive
دافِعُ التَّمويل — finance motive
دافِعُ الحِيطة — precautionary motive
دافِعُ الدَّخْل — income motive
دافِعُ الرِّبح — profit motive
دافِعُ العَمَليّاتِ التِّجاريَّة — transactions motive
دافِعُ المُضارَبة — speculative motive

بُحوثُ الدَّوافِع — motivational research
دَوافِعُ اقتِصادِيَّة — economic motives
قُوَّة دافِعة . حافِز — impulse
**دافِعٌ . دافِعُ السَّنَد** (او الضَّريبة) — payer
دافِعُ الضَّريبة . مُكَلَّف — taxpayer
**دالَّة** — function
دالَّةُ الإنتاج — production function
دالَّةُ العَمالة — employment function
**دالِّيّ** — functional
**دانَ ـ يَدينُ** (بِكَذا) . **يلتَزِمُ** — owe
**دائِرة . دِيوان** — bureau; office
دائِرةُ الجَمارِك — Bureau of Customs
**دائِرة** — circle
دائرةُ اختِصاص . اِختِصاص — jurisdiction
دائرةٌ انتِخابيَّة — constituency
دائِرةٌ مَسْرَحِيَّة — circuit
رُبْعُ الدائِرة — quadrant
قِياسُ الدائِرة — circular measure
**دائِرة** (إدارة) — department
دائرةُ الإحصاءات — statistics department
دائرةُ الإرسال — dispatch department
دائرةُ الاِستِثمار — investment department
دائرةُ الاِستِخباراتِ التِّجاريَّة — commercial intelligence department
دائرةُ الاِستِخدام — department of employment
دائرةُ الإصدار — issue department
دائرةُ الإطفائيَّة — fire department
دائرةُ الائتِمان (لاستِعلاماتِ إمكانيَّةِ البَيع بالدَّين) — credit department

دائِرَةُ البُحُوث research department
دائرةُ التِّجارةِ والصِّناعة (في المَلكةِ المُتَّحِدة) Department of Trade and Industry (D.T.I.)
دائرةُ التحصِيل collection department
دائرةُ التخطِيط planning department
دائرةُ التربيةِ والعُلُومْ department of education and science
دائرةُ تَسجيلِ العلَامةِ التِّجاريَّة trademarks registry
دائرةٌ تَنفيذيَّة (تَعتَمِدُ التدَرُّجَ الإداريَّ الهَرَميّ) line organization
دائرةُ الجَوازات passport department
دائرةُ حِمايَةِ المُستَهلِك consumer protection department
دائرةُ الشَّحْن dispatch department
دائرةُ الشُّرطة police department
دائرةُ الشُّؤونِ الثَّقافيَّة cultural affairs department
دائرةُ شُؤونِ المُوَظَّفِين personnel department
دائرةُ ضَريبةِ الدَّخْل income tax department
دائرةٌ عادِيَّة . إدارةٌ عادِيَّة ordinary department
دائرةُ العلَاقاتِ السياحِيَّة tourist relations department
دائرةُ اللَّوازِم (والإمدادات) supplies department
دائرةُ المُحاسَبة accounting department
دائرةُ المُرور traffic department

دائرةُ المُشتَرَيات buying department; purchasing department
دائرةُ المُشتَرَياتِ المَركَزيَّة central purchasing department
دائرةُ نُفوذ sphere of influence
التَّوزيعُ إلى دَوائر departmentalization
الدَّوائرُ المُنتِجة . الأقسامُ المُنتِجة productive departments
رَئيسُ الدائِرة department head; head of department
العَلاقاتُ بينَ الدَّوائرِ او الإدارات (في المُؤَسَّسة) interdepartmental relations

**دائريّ** circular
رَسمٌ بَيانيٌ دائريّ pie chart
سِكَّةُ حَديدٍ دائريَّة belt-line railroad

**دائِم** durable; permanent
اِستِثمارٌ دائم permanent investment
أُصولٌ دائمة non-wasting assets
أَوامِرُ دائمة standing orders
حِيازَةٌ دائِمةُ الرَّيع tenement
سَنَدٌ دائم ـ يَدُرُّ فائِدةً سَنَويَّةً مُستَمِرَّة irredeemable bond
عُضوٌ دائم permanent member
غيرُ دائم . مُوَقَّت non-permanent
مَصاريفُ دائمة standing charges
مِهنَةٌ دائمة career
مُوَظَّفونَ دائمون career employees

**دائِن** creditor
دائنٌ بِمُقتَضى حُكْم judgment creditor
دائنٌ ثانَويّ secondary creditor

دائنٌ حاجِز execution creditor
دائنٌ عامّ general creditor
دائنٌ غيرُ مَضْمون unsecured creditor
دائنٌ مُرتَهِن loan holder
دائنٌ مَستَدْعٍ petitioning creditor
دائنٌ مُشارِك joint creditor
دائنٌ مَضمُون secured creditor
دائنٌ مُمتاز preferred creditor
اِستِدعاءُ الدائِنِينَ creditors' bill
أَسهُم دائنة debenture stock
إِشعارٌ دائن credit memorandum; credit note
تَحويلُ أَملاكِ المَدينِ لمنفعَةِ دائنِيه
assignment for benefit of creditors
الجانِبُ الدائنُ مِنَ الحِساب credit side
حِسابٌ دائن accounts payable
دَفترُ أُستاذِ حِساباتِ الدائِنِين
creditors' ledger
دَولةٌ دائنة creditor nation
رَصيدٌ دائن credit balance
رَهنٌ دائن (يَتوجَّبُ دَفْعُه)
mortgage payable
فائِدةٌ دائنة credit interest
مَبلَغٌ دائن credit
المُستَنَداتُ الدائنة vouchers payable
**دَبّاسة • مِدْبَسةُ أَوراق** stapler
**دِبلوم ــ دِبلوم في التِّكنولُوجِية**
diploma in technology
الدِّبلومُ القَوميُّ العاديّ (في شُؤونِ الأَعمال)
Ordinary National Diploma (O.N.D.)

الدِّبلومُ القَوميُّ في دِراساتِ شُؤونِ الأَعمال
National Diploma in Business Studies
**دِبلوماسِيَّةُ الدُّولار** dollar diplomacy
**دَبلون** (عُملة اسبانيَّة ذَهَبيَّة سابِقة)
doubloon
**دَحَضَ ــ يَدْحَضُ • يُفَنِّدُ** refute; rebut
**دُخانٌ • تَبغ** tobacco
**دَخَلَ ــ ما يَدخُلُ اخِيرًا يُصَرَّفُ أوّلاً**
last in , first out (LIFO)
ما يَدخُلُ اوَّلاً يُصَرَّفُ اَوّلاً
first in , first out (FIFO)
**دَخْل • الكَمِّيَّةُ الداخِلة** input
تَحليلُ الدَّخْلِ والخَرْج input-output analysis
**دَخْل • إيرادات** income; earnings
دَخلٌ (أو إيرادٌ) إجماليّ gross income
الدَّخلُ الإجماليُّ غيرُ الخاضِعِ لِلضَّريبة
non-taxable gross income
دَخلٌ استِنسابيُّ الإنْفاق (الدَّخلُ المُتَبَقّي بعدَ الوَفاءِ بالضَّروريّات)
discretionary income
دَخلُ الإنْفاق disposable income
دَخلٌ حَدِّيّ marginal income
دَخلٌ حَقيقيّ real income
الدَّخلُ الخاضِعُ لِلضَّريبة
taxable income
دَخلٌ سَنَويّ yearly income
دَخلٌ شَخصيّ personal income
الدَّخلُ الشَّخصيُّ المُخَصَّصُ لِلإنْفاق
disposable personal income
دَخلٌ (او إيرادٌ) صافٍ net income

دَخْلُ العُمولة . عائدُ العُمولة
commissions revenue

income in kind دَخل عَيْنيّ

unearned income دَخلٌ غيرُ مُكتَسَب

دَخلُ الفَرْد . مُعَدَّلُ الدَّخلِ لِلفَرْد
income per capita

national income الدخلُ القَوميّ

الدخلُ القَوميّ (بأَسعارِ السُّوق)
national income (at market prices)

الدخلُ القَوميّ (بِتكلِفةِ عَوامِلِ الإنتاج)
national income (at factor cost)

الدخلُ القَوميّ (والمُصطَلَحُ الإنكليزيُّ قَديمٌ لِهَذا المَعنى)
national dividend

efficiency earning دَخلُ الكِفاية

disposable income دَخلٌ مُتاح

accrued income دَخلٌ (او إيراد) مُتَجَمِّع

iso-revenue دَخلٌ مُتَساوٍ

الدَّخلُ المُتَوَسِّط . مُتَوَسِّطُ الإيراد
average revenue

fixed income دَخلٌ مُحَدَّد

mixed income دَخلٌ مُختَلِط

دَخلٌ مَدفوعُ الضَّريبة . دَخلٌ مَدموغ
franked income

imputed income; notional income الدَّخلُ المُفتَرَض (المُقَدَّر)

دَخلٌ (او إيراد) مُكتَسَب
earned income

operating income دَخلٌ مِنَ التَّشْغيل

دَخلٌ (او إيراد) مِن مَصادِرَ غيرِ التَّشْغيل
non-operating income

money income دَخلٌ نَقدِيّ

دَخلٌ يُمكِنُ التَّصَرُّفُ بِه
disposable income

income effect أَثَرُ الدَّخل

income basis أَساسُ الدَّخل

اِستِمارةُ بَيانِ الدَّخلِ المُتَعَدِّدةُ الخُطُوات
multiple-step form income statement

annuitants أَصحابُ الدُّخولِ (السَّناهِية)

أَصحابُ الدُّخولِ (من الأَراضي والسَّنَدات)
rentiers

redistribution of income إعادَةُ تَوزيعِ الدَّخل

income statement بَيانُ الدَّخل

condensed income statement بَيانُ الدَّخلِ المُختَصَر

consolidated income statement بَيانُ الدَّخلِ المُوَحَّد

income determination تَحديدُ الدَّخل

inequality of incomes تَفاوُتُ الدُّخُول

distribution of incomes تَوزيعُ الدُّخول

تَوسيعُ الشَّخصِ مَصادِرَ دَخلِهِ إلى ما وَراءَ حُدودِ إمكانِيّاتِه
racking

income account حِسابُ الدَّخل

حِسابُ الدَّخلِ الوَحيدُ الخُطْوَة
single-step income statement

liable to income tax خاضِعٌ لِضَريبةِ الدَّخل

income tax department دائِرةُ ضَريبةِ الدَّخل

transfer earnings دُخولٌ مُحَوَّلة

زِيادةُ الدَّخلِ بالاقتِراضِ القَليلِ الفائدة
equity trading

سِجِلُّ دَخْلِ المُوَظَّفين employees' earnings record

سُرعةُ تَداوُلِ الدُّخول income velocity of circulation

سَنَداتُ دَخل (تَأمينِيَّة) income bonds

سِياسةُ الأَسعارِ والدُّخول
prices and incomes policy

سِياسةُ الدُّخول incomes policy

صافي دَخلِ التَّشغيلِ الاعتِياديّ
net operating income

ضَريبةُ دَخل income tax

ضَريبَةُ دَخلٍ سالِبة (مَدفوعاتٌ لِذَوي الدُّخولِ التي تَقِلُّ عن حدٍّ مُعَيَّن)
negative income tax

ضَريبةُ دَخلِ الفَرد personal tax

قانونُ الأَسعارِ والدُّخول Prices and Incomes Act

قَوانينُ ضَريبةِ الدَّخل income tax laws

لَجنةُ الدُّخولِ القَوميَّة National Incomes Commission

مُتَوَسِّطُ الدَّخلِ في السّاعة
average hourly earnings

مُرونةُ الطلَبِ بِسَبَبِ الدَّخل
income elasticity of demand

مُعفًى مِن ضَريبةِ الدَّخل
free of income tax

مَنفَعةٌ حَدِّيَّةٌ لِلدَّخل marginal utility of income

هَيكَلُ الدُّخول incomes structure

**دُخول ٠ إدْخال** admittance; intake; ingress

دُخولُ الجامِعات university entrance

إجازةُ دُخول clearance inwards; entry permit

حَدُّ دُخولِ الذَّهَب (او خُروجِه)
gold import (or export) point

رَسمُ دُخول admission charge; inward charge

مَمنوعُ الدُّخول no admittance

مِيناءُ دُخول port of entry

**دُخُوليَّة** (ضَريبة بَلَديَّة او إقليميَّة) octroi

**دَخِيل** (شَخص) outsider; foreigner; stranger

**دَخِيل ٠ غَرِيب** extraneous; foreign; alien

أخطارٌ دَخيلة extraneous risks

**دراخْما** (عُملة يونانيَّة) drachma

**دِراسة** study; survey

دِراسَةُ الأَساليب method study

دِراسةُ اقتِصادِيّاتِ التَّسويق
metamarketing

دِراسةُ تَخطيطِ المَعمَل
plant layout study

دِراسةُ التَّفضيل preference inventory

دِراسةٌ تَمهيديَّة pilot study

دِراسةُ الجَدْوى feasibility study

دِراسةُ الحالة case study

دِراسَةُ الحَرَكة motion study

دِراسةُ حَرَكةِ المَوادّ rhochrematics

دِراسةُ العَمَل work study

دِراسَةُ المَسكوكاتِ القَديمةِ وجَمْعُها
numismatics

دِراسةُ المُواءَمِيَّةِ العُمّاليَّة ergonomics
دِراسةُ المَواقِف attitude survey
دِراسةُ المَوضوعِ مُجَدَّداً . إعادةُ النَّظَر reconsideration
دِراسةُ نِسبةِ التَّأخير ratio-delay study
دِراسةُ الوَظيفة job study
دِراسةُ الوَقت time study
دِراسةُ الوَقتِ والحَرَكة time and motion study
دِراساتٌ تِجاريَّة business studies
دِراساتٌ جامِعيَّةٌ مَسائيَّة (لِخدمةِ غيرِ الجامِعيِّين) extra-mural courses
مُؤَسَّسَةُ دِراساتٍ اقتِصاديَّة economic research institute
درام (١،٧٧ غرام) dram
دِراية . خِبرةٌ فَنِّيَّة know-how
دَرَّبَ ـ يُدَرِّبُ train
دَرْبٌ . مَمَرّ path
دُرْجُ النُّقود (في المَتجَرِ او المَصرِف) till
دَرَجة degree; grade
دَرَجةُ الإحتِكار degree of monopoly
دَرَجةٌ أُولى first class; first rate
دَرَجةٌ أُولى او مُمتازة في شَرِكة لُويْدز A-1 at Lloyds
دَرَجةٌ عِلميَّةٌ في الاقتِصاد degree in economics
دَرَجةُ العَمَل (مِن حَيثُ المَهارَةُ التي يَتَطَلَّبُها) labour grade
دَرَجةُ الكُبْر order of magnitude
دَرَجةُ المَلاءَة credit rating
دَرَجةٌ مُنخَفِضة low grade
دَرَجةُ المَنفَعة النِّهائيَّة final degree of utility
دَرَجةُ المَيل . مَمال gradient
أَخطارٌ مِنَ الدَّرَجةِ الثالِثة tertiary risks
أَسهُمُ الدرَجةِ الأُولى blue-chip stock
أَوراقٌ (تِجاريَّة) من الدَّرَجةِ الثالِثة third-class (commercial) paper
أَوراقٌ (تِجاريَّة) من الدَّرَجةِ الثانِية second-class (commercial) paper
بَريدُ الدَّرَجةِ الأُولى first-class mail
بَريدُ الدرَجةِ الثالِثة third-class mail
بَريدُ الدَّرَجةِ الثانِيَة second-class mail
تَحديدُ الدَّرَجةِ او الصِّنْف gradation; grading
تَخفيضُ الدرَجة downgrading
سِلَعُ الدرَجةِ الثانِية seconds
مِنَ الدرَجةِ الأُولى first class; fine
مِهَنٌ من الدرَجةِ الثالِثة tertiary occupations
دَرَسَ ـ يَدْرُسُ (الإمكانِيَّةَ) sound
دَرْسٌ . اِعتِبار consideration; study
دَرْس . دِراسة study; survey
دَرْس . أُمْثولة lesson
دِرْهَم dirham
دَزِّينةٌ طَويلة (١٣) long dozen
دُسْتُور constitution
سُلطاتٌ دُستوريَّة constitutional powers
دسِيبل ـ وَحدَةُ شِدَّةِ الصَّوت decibel
دِعاية . دِعاوة propaganda
دِعايةُ تَعريفٍ بالكِتاب blurb
دِعاية . إعلان publicity

رَشوةٌ دِعائيَّة (لِلفَنّانِينَ او المُذيعِين) payola

يَقومُ بالدِّعايةِ لِ . يُعلِنُ عَن publicize

**دَعَمَ – يَدعَمُ** back; support; back up

**دَعْم . دَفعٌ طَفوِيّ** buoyancy

**دَعْم . مُسانَدة** support; back-up

دَعمُ الأسعار price support

دَعمٌ ذَهَبِيّ . ظَهِير ذَهَبيّ (لِلعُمْلة) gold backing

**دَعْوى** action; suit; case; lawsuit

دَعوى الإستِرداد replevin; replevin action

دَعوى إلغاء reduction improbation

دَعوى جَزائيَّة (او جِنائيَّة) criminal action

دَعوى حَبْسِ الرَّهن foreclosure suit

دَعوى حُقُوقيَّة (او مَدَنيَّة) civil action

دَعوى شَخصيَّة actio in personam

دَعوى عَينيَّة actio in rem; real action

دَعوى قَضائيَّة lawsuit

دَعوى مُراجَعةِ الحُكم audita querela

دَعوى مُضادَّة counterclaim

رَدٌّ غيرُ مانِعٍ لِلدَّعوى dismissal without prejudice

رَدٌّ مانِعٌ لِلدَّعوى dismissal with prejudice

سَبَبُ الدَّعوى cause of action

عَرِيضةُ الدَّعوى bill of particulars

عَرِيضةُ دَعوى الإفْلاس petition in bankruptcy

لائِحةُ الدَّعوى declaration

مُلَخَّصُ الدَّعوى brief

**دَعْوةٌ إلى المَصارِف** (لِتَقديمِ بَياناتِها الماليَّة) bank call

دَعوةٌ لِدَفْعِ الراسِمال call

**دِفاع** defence; defense

الدِّفاعُ المَدَنيّ civil defense

إسهامٌ في الدِّفاعِ القَوميّ national defense contribution

سَنَداتُ دِفاع defence bonds

مَعونةُ دِفاع defence aid

وَزارةُ الدِّفاع ministry of defense

**دَفْتَر** book; journal; copybook; notebook

دَفترُ الأرومات stub-book

دَفترُ الأُستاذ ledger

دَفترُ أُستاذِ التَّكلِفة cost ledger

دَفترُ أُستاذِ حِساباتِ الدائِنِين creditors' ledger

دَفترُ أُستاذِ حِساباتِ المُساهِمين stock ledger

دَفترُ الأُستاذِ الخاصّ private ledger

دَفترُ أُستاذِ الذِّمَم customers' ledger

دَفترُ الأُستاذِ العامّ general ledger

دَفترُ الأُستاذِ الماليّ financial ledger

دَفترُ أُستاذِ المَبيعات sales ledger

دَفترُ أُستاذٍ مُساعِد subsidiary ledger

دَفترُ الأُستاذِ المُساعِدُ لِتكاليفِ العَمليّات job cost ledger

دَفترُ أُستاذِ المُشتَرَيات purchase ledger

دَفترُ الأوراقِ التِّجاريَّة bill book

دَفترُ تَحويلِ العُمْلات cambist

دَفْتَرُ (مَصرِفِ) التَّوفير
savings bank book

دَفترُ الجَرْد . دَفترُ المَخزُون
stock book; inventory book

دَفترُ حِسابِ العَميل (في المَصرِف)
passbook

دَفترُ حِسابات — bank pass-book

دَفترُ حِساباتِ المُساهِمِين
stockholders' ledger

دَفترُ حِساباتِ المُكتَتِبِين
subscribers' ledger

دَفترُ رَسائِل — letter-book

دَفترُ الشُّروط — book of terms

دَفترُ شِيكات — chequebook

دَفترُ الصُّندُوق — cash book

دَفترُ صُندوقِ الصَّرّاف (في مَصرِف)
teller's cash book

دَفترُ الطَلَباتِ التِّجاريَّة — order book

دَفترُ عَيِّنات . مَجموعة عَيِّنات او نَماذِج
sample book

دَفترُ الفَواتير — invoice book

دَفترُ القَيدِ الأوَّل — book of original entry

دَفترُ قَيدٍ مُوَقَّت — blotter

دَفترُ الكَمْبِيالات — bill book

دَفترُ المَبيعات — sales book

دَفترُ مُحاسَبة — account book

دَفترُ مُذَكَّرات — memo pad

دَفترُ المُرتَجَعات — returns book

دَفترُ المُشتَرَياتِ (اليَوميَّة) — bought day book; purchase day book

دَفترُ مَصْرِف — bank pass-book

دَفترُ المُطابَقة — تُسَجَّلُ فيه البضائِعُ المُفَرَّغةُ في مِيناءِ الوُصول — tally book

دَفترُ المَطالِب . سِجِلُّ المُطالَبات
claims book

دَفترُ المَقبوضات — received cash-book

دَفتَرُ المُودِع — depositor's book

دَفتَرُ نَقْلِ او تَحوِيلِ (الأَسهُم)
transfer book

دَفترُ اليَوميَّة — daybook; journal

دَفترُ يَوميَّةٍ ثُنائيُّ الاعمِدة
two-column journal

دَفتَرُ اليَوميَّة العامّ — general journal

دَفترُ يَوميَّةِ عَوائدِ المَبيعات
sales return journal

دَفترُ يَوميَّةِ المَبيعات — sales day book; sales journal

دَفترُ يَوميَّةِ المُشتَرَيات — purchase journal

دَفترُ يَوميَّةِ المُشتَرَياتِ المُرجَعة
purchase return journal

دَفترُ يَوميَّةِ المَصروفاتِ النَّقدِيَّة
cash disbursement journal

دَفترُ يَوميَّةِ المَقبوضاتِ النَّقدِيَّة
cash receipts journal

إقفالُ الدَّفاتِر — closing the books

حِسابُ دَفترِ الأُستاذ — ledger account

دَفاتِرُ اختِياريَّة — optional books

دَفاتِرُ قانونيَّة — statutory books

دَفاتِرُ المُحاسَبة — accounting books

دَفاتِرُ المَحَلِّ التِّجاريّ — shop books

دَفاتِرُ مُساعِدة — subsidiary books

دَفاتِرُ اليَوميَّةِ الخاصَّة special journals
فَحصُ الدَّفاتِرِ التِّجارِيَّة
examination of books
القَيدُ في دَفترِ اليَوميَّة journalizing
ماسِكُ دَفاتِر bookkeeper
مُحاسَبَةٌ بِدونِ دَفاتِر bookless accounting; ledgerless accounting
مُستَنَدُ قَيدٍ في دَفترِ اليَوميَّة
journal voucher
مَسْكُ الدَّفاتِر bookkeeping
يُقَيِّدُ في دَفترِ اليَوميَّة journalize

**دَفتَرِيّ** book
اعتِمادٌ دَفتريّ book credit
جَرْدٌ دَفتريّ book inventory
خَسارةٌ دَفتَرِيَّة book loss
دَينٌ دَفتَريّ book debt
رِبحٌ دَفتَريّ book profit
القِيمةُ الدَّفتَرِيَّة book value

**دَفَعَ ـ يَدفَعُ . يُضطَرُّ** compel; force; oblige
يَدفَعُ push
يَدفَعُ . يُسَدِّدُ pay
يَدفَعُ . يَرُدُّ reimburse
يَدفَعُ (بِرَدٍّ أمامَ المَحْكَمة) plead
يَدفَعُ (يَدْحَضُ) التُّهْمة refute; rebut; disprove
يَدفَعُ (ثَمَناً او مالاً) pay
يَدفَعُ ضَريبةَ العُشْر tithe
يَدفَعُ عِندَ الإستِحقاق honor
يَدفَعُ عِندَ الطَّلَب payable on demand
يَدفَعُ عَيناً pay in kind
يَدفَعُ فاتورَةَ تَكاليفِه foot the bill
يُدْفَعُ لِحامِلِه payable to bearer
اِدْفَعْ وآنْقُلْ cash and carry
تُدْفَعُ أُجرَةُ الشَّحنِ في مِيناءِ الوُصُول
freight forward
لا تُدْفَعُ عَنهُ فائِدةٌ non-interest bearing
وَقتٌ يُدفَعُ عَنهُ لِلمُوَظَّفِ دُونَ أن يَعمَلَ خِلالَهُ time paid for but not worked

**دَفعٌ** pushing; push; propulsion
دَفعٌ طَفوِيّ buoyancy
**دَفعٌ . أداء** payment; settlement
دَفعُ (المالِ) بالتَّدَخُّل payment for honor
دَفعٌ بِالتقسِيط payment by instalments
دَفعٌ بِشيك payment by cheque
الدَّفعُ بعدَ الاحتِجاجِ بِعَدَمِ القَبُول
payment supra protest
دَفعٌ تَعاقُديّ contractual payment
الدَّفعُ حَسَبَ الكَمِّيَّةِ المُنْتَجة
payment by results
الدَّفعُ عِندَ الاستِحقاق payment in due course
الدَّفعُ عندَ الإستِلام pay on receipt (P.O.R.)
الدَّفعُ عندَ تَسَلُّمِ البِضاعة cash on receipt of merchandise
الدَّفعُ عِندَ التَّسليم cash on delivery (C.O.D.); pay on delivery (P.O.D.)
الدَّفعُ عندَ الطَّلَب cash with order
دَفعٌ عَينِيّ payment in kind

دَفعٌ فَوْريّ prompt cash

دَفعٌ قبلَ التَّسليم cash before delivery (C.B.D.)

دَفعٌ قَهْريّ involuntary payment

دَفعٌ كامِل payment in full

الدَّفعُ لِقاءَ المُستَنَدات cash against documents (C.A.D.)

دَفعُ المُساهِمِ أقساطاً على أسهُمِه assessment

دَفعٌ مُقابِلَ المُستَنَدات payment against documents; cash against documents

دَفعٌ مُقَدَّم prepayment

دَفعُ النَّفَقاتِ عندَ تَكَبُّدِها pay-as-you-go

الدَّفعُ نَقداً مُقَدَّماً cash in advance

دَفعٌ نَقديّ cash payment; payment in cash

دَفعٌ نَوعيٌّ او عَينيّ payment in kind

إتِّفاقُ دَفعٍ . إتِّفاقيَّةُ مَدفُوعات payments agreement

إتِّفاقيَّةُ ضَمانِ الدَّفعِ (مَعَ العَميل) del credere agreement

إحتِجاجٌ لِعَدَمِ الدَّفع protest for non-payment

إشعارٌ بِعَدَمِ الدَّفع notice of dishonour

أَمرُ دَفْع payment order; cash order

أَمرُ دَفعٍ أجنَبيّ . كَمْبيالةٌ خارِجيَّة long draft

أوراقُ الدَّفع (سَنَداتٌ مُستَحِقَّةُ الأداء) notes payable

أوَّل يومٍ في الفَصْلِ مُخَصَّصٍ لِلدَّفع quarter-day

إيصالُ دَفْع paying slip

تَأجيلُ دَفعِ الدُّيون . مُوراتوريوم moratorium

تَأَخُّرُ الدَّفْع . تَأخيرُ الدَّفع delay of payment

تَسليمٌ لِقاءَ الدَّفع issue on payment

تَسليمُ مُستَنَداتِ الشَّحنِ لِقاءَ الدَّفع documents against payment

تَسهيلاتُ دَفع easy payment

تَمديدُ مُهلَةِ الدَّفع extension of credit

حِسابُ تَقسيطِ الدَّفع instalment account

دُيونٌ مُؤَجَّلةُ الدَّفع deferred credits

رَفضُ الدَّفع refusal to pay

سِعرُ الدَّفعِ عِندَ التَّقديم call price

سَنَداتٌ مُستَحِقَّةُ الدَّفع bills payable

شُروطُ الدَّفع terms of payment

عَدَمُ القُدرةِ على الدَّفع . إعْسار insolvency

عَميلٌ يَضمَنُ الدَّفع (بِضَمانِ مَلاءَةِ المُشتَري) del credere agent

القُدْرةُ على الدَّفع ability to pay; solvency

القِيمَةُ بعدَ دَفعِ الرُّسوم duty paid value

كَمْبيالَةُ دَفع payment bill of exchange

كَمِّيَّةُ وَسائلِ الدَّفع . كَمِّيَّةُ النَّقد quantity of money

مُتَهَرِّبٌ مِنَ الدَّفع dead beat

مُستَحِقُّ الدَّفع owing

مُقابِلَ الدَّفْع against payment

وَسائلُ الدَّفع means of payment
وَقفُ الدَّفع stop payment; suspension of payment
يَرفُضُ الدَّفعَ والتَّسدِيد dishonour
يُفرطُ في الدَّفع . يَدفَعُ غالِياً overpay
يَومُ الدَّفع (في البُورْصة) account day; pay-day; settlement (or settling) day
**دَفْع . جَوابُ المُدَّعَى عَلَيه** plea
**دَفْعٌ . رَدّ . تَسْدِيد** reimbursement; repayment
**دَفْعة . دَفْع** payment
دَفْعَةٌ إِضافيَّة additional payment
دَفعةٌ جُزئيَّة partial payment
دَفعةٌ على الحِساب payment on account
دَفعةٌ مَبدَئيَّة down payment
دَفعَةٌ واحِدة . مَبلَغ إِجماليّ lump sum
دَفعاتٌ (او اعباءٌ) ذاتُ أَولَويَّة prior charges
دُونَ دَفعةٍ أُولى no down payment
**دُفْعة** batch
الإِنتاجُ بالدُّفْعات batch production
التَّصنِيعُ بالدُّفْعات batch process
تَقديرُ تَكاليفِ الدُّفْعة batch costing
الكَمِّيَّةُ الدُّفْعيَّة الاقتِصاديَّة economic batch quantity
المُراقَبَةُ بالدُّفْعاتِ القِياسيَّة standard batch control
**دَفَقَ ـ يَتَدَفَّقُ** flow
**دَقَّ ـ يَدُقُّ بِخِفَّة** tick
**دِقَّة** precision; accuracy; exactness
دِقَّةُ الأَداء fidelity
بِدِقَّة . تَماماً precisely
**دَقَّقَ ـ يُدَقِّقُ . يَفحَصُ** audit; check
**دِقِّيّ ـ تَحليلٌ دِقِّيّ** micro-analysis
**دَقيق . مُدَقِّق** precise; exact
دَقيقٌ في مَواعيدِه punctual
مَعلوماتٌ دَقيقة accurate information
**دَقيق . رَقيق** fine; thin; delicate
**دَقيق . طَحين** flour; meal
**دَقيق . دِقِّيّ** minute; little; tiny; subtle
بِنيةٌ دَقيقة . هَيكَلٌ جُزئيّ microstructure
تحليلُ الحَرَكاتِ الدَّقيقة micromotion analysis
**دَقيقة** minute
عَدَدُ العُمّالِ ـ دَقائق man-minutes
نِظامُ العامِلِ ـ دَقيقة (إِحدى طُرُقِ حَفْزِ الإِنتاج) manit system
**دُكّانُ بِقالة . حانوتُ البَدّال** grocery
**دِكْتاتوريّ ـ دَولة دِكْتاتوريَّة** totalitarian state
دِكْتاتورِيَّةُ البروليتاريا dictatorship of the proletariat
**دَلاسي** (وَحدة نَقديَّة لِجامْبيا) dalasi
**دَلّال** auctioneer
**دَلالة . دَليل** indication
**دَليل . بُرهان** evidence; proof
دَليلٌ مَوضُوعيّ objective evidence
**دَليل . مُرشِد** guide; pilot
دَليلُ مَكاتِبِ البَريد Post Office Guide

عَلامةٌ دَليليَّة guide mark; reference mark

كَلِمةٌ دَليليَّة . كَلِمةٌ مِفتاحيَّة key word

مَعمَلٌ دَليليّ pilot plant

**دَليل . كُتَيِّبُ إرشاد** handbook; manual; guide; directory

دَليلُ الأَساليب systems manual

دَليلُ بُورْصةِ هُونْج كُونْج . هانْج سِنْج Hang Seng

دَليلٌ تِجاريّ trade directory

دَليلُ التِّلِفون telephone directory

دَليلُ الحِسابات accounts manual

دَليلُ الرُّموز cipher code

دَليلُ الصِّيانة (كُتَيِّبُ إرشاداتٍ لِلصِّيانة) maintenance manual

دَليلُ المُوازَنة budget manual

دَليلُ النَّشرِ والإعلان advertising directory

**دَليل . مُؤَشِّر** indicator; sign; index; indication

دَليلٌ إبْهاميّ thumb index

دَليلُ (مُؤَشِّرُ) الإنتاجِ الصِّناعيّ index of industrial production

دَليلُ الحَجْم volume index

دَليلُ الحَلّ clue; clew

الدَّليلُ العامُّ لِأَسعارِ البَيعِ القَطّاعيّ general index of retail prices

دَليلُ الفايْنَنْشال تايْمز ومَعهَدِ المُحاسِبينَ بِلَنْدَن لِأَسعارِ الأَسهُم F.T./Actuaries Index

دَليلُ المَبيعات sales index

دَليلُ مَجَلَّةِ التّايْمز لِأَسعارِ الأَسهُمِ الصِّناعيَّةِ العاديَّة Times Industrial Ordinary Share Index

دَليلُ مُستَوى الأَسعار price level index

رَقْمٌ دَليليّ index number

مُؤَشِّرٌ او دَليلُ أَسعارِ التَّجزِئة retail price index

**دَمَجَ ـ يَدْمُجُ** merge; incorporate; amalgamate; consolidate

**دَمْج . اِندِماج . تَوحيد** consolidation; amalgamation; merger; fusion

**دَمَغَ ـ يَدمَغُ . يَضَعُ عَلامةً عَلى** mark

يَدمَغُ بِعَلامةِ البَريد frank

**دَمْغُ الرَّسائِل** franking of letters

آلةُ دَمغِ الرسائِل franking machine

دَمْغةُ المَصوغات (او السِّلَع) hall-mark

رُسومُ دَمْغة stamp duties

**دِمَقْس** damask

**دُمْية** dummy

دولاراتٌ دُمْيَويَّة (وَهْميَّة) "dummy" dollars

مُديرٌ دُمْية dummy director

**دُنيَويّ . عالَميّ** worldly

**دِهانٌ بِاللَّك** japanning

**دَوّار ـ اِعتِماد دَوّار** (يَتَجَدَّدُ تِلقائيّاً) revolving credit

رَصيدٌ دَوّار (يُسحَبُ عَليهِ ويُجَدَّد) revolving fund

كِتابُ اعتِمادٍ دَوّار revolving letter of credit

مِلَفٌّ دَوّار rotary file
**دَوام ـ دَوامٌ مُخَفَّض** short-time
بِطاقَةُ الدَّوام time card; time ticket
ساعاتُ الدَّوَام office hours
سِجِلُّ الدَّوام time sheet
مُراقِبُ الدَّوام time clerk
نِظامُ الدَّوامِ النِّصْفيّ half-time system
**دَوَّرَ ـ يُدَوِّرُ الرَّقْمَ** (لِلتَّقْريب) round off
**دَوْر** role; turn
**دَوْر . طابَق** storey; floor; story
**دَوْر . مَرْحَلة** stage; phase
**دَوَران** rotation
**دَورة . جَلْسة** session
**دَورة . دَوَران** circulation; rotation
دَورة مِحوَريَّة rotation
**دَورة** cycle; circuit; rotation; turnover; revolution
دَورةُ إجماليّ الأُصول total assets turnover
دَورةٌ اقتِصادِيَّة (وتَشمُلُ الانتِعاشَ والرَّواجَ والأَزمةَ والكَساد) business cycle; economic cycle
دَورةُ البَضائع stock turnover
دَورةٌ تِجاريَّة trade cycle
دَورةُ التَّشْغيل cycle of operation; operating cycle
دَورةُ التَّشغيلِ العاديَّة normal operating cycle
دَورةُ التَّنَبُّؤات expectational cycle
دَورةُ (او إجماليُّ حَرَكة) الذِّمَم turnover of accounts receivable
دَورةُ رَاسِ المال turnover of capital
دَورةُ رَاسِ المالِ العامِل turnover of working capital; working capital turnover
دَورةُ السِّلَعِ المُنتَجة . إجماليُّ حَرَكةِ السِّلَعِ المُنتَجة turnover of finished goods
دَورةُ العَمَل labour turnover; work cycle
دَورةٌ مُحاسِبِيَّة accounting cycle
دَورةُ المَحاصيل rotation of crops
دَورةُ مَخزونِ البِضاعة merchandise inventory turnover
دَورةٌ مُفرَغة vicious circle
دَورةُ (او إجماليُّ حَرَكةِ) المَوادّ turnover of materials
الأَسبابُ الحَقيقيَّةُ لِلدَّورةِ التجاريَّة real causes of the trade cycle
رَسمٌ بَيانيٌّ لِدورةِ الحَرَكاتِ المُتَزامِنة simultaneous motion cycle chart
نَظَرِيّاتُ تأثيرِ قِلَّةِ الاستِهلاكِ في الدَّورةِ الاقتِصاديَّة under-consumption theories on the trade cycle
**دَوْريّ** periodic; periodical; cyclical
إجراءاتٌ دَوريَّة periodic procedures
الإختِلالُ الدَّوريّ cyclical disequilibrium
أُسلوبُ الجَرْدِ الدَّوريّ periodic inventory system
بِطالةٌ دَوريَّة cyclical unemployment
تَقاريرُ دَوريَّة periodic reports

تَقلُّباتٌ دَوريَّة cyclical fluctuations
تَقييمٌ دَوريّ periodic appraisal
خِطابُ اعتِمادٍ دَوريّ circular letter of credit
الرَّقمُ الدَّوريّ (الجاري او المُتَسَلسِل) running number
زِيادةٌ دَوريَّة increment
مُحاسَبةٌ دَوريَّة cycle accounting
المُطالَبةُ الدَّوريَّة cycle billing
**دَورِيّاً . بِالتَّناوُب** in rotation
**دَورِيَّة ــ مَفهومُ الدَّورِيَّة** periodicity concept
**دُوكات** (عُملة قَديمة ذَهَبيَّة او فِضِّيَّة) ducat
**دُولار** dollar
دُولارٌ أُوروبيّ Euro-dollar
دولارُ مارِيا تِريزا Maria Theresa Dollar
تَحويلٌ بالدُّولار dollar exchange
خُطَّةُ الدُّولارِ المُعادَل compensated dollar plan
خَفضُ قِيمةِ الدُّولارِ الأمريكيّ devaluation of the U.S. dollar
دِبلوماسِيَّةُ الدُّولار dollar diplomacy
دُولاراتُ استِثمار investment dollars
دُولاراتُ المِلكِيَّة (لِشِراءِ البريطانيّ أملاكاً خارِجَ بريطانيا) "property dollars"
دُولاراتُ النَّفط petro-dollars
رَجُلٌ يَتقاضى دُولاراً في السَّنة (كَراتِبٍ رَمزيّ) dollar-a-year man
سَنَدٌ بِالدُّولار dollar bond
عَجزٌ دُولاريّ dollar deficit; dollar gap
فَجوة دُولارِيَّة dollar gap
قاعِدةُ الصَّرفِ بالدُّولار dollar exchange standard
قِيمةُ الدُّولارِ بالسِّلَع commodity dollar
كُتلةُ الدُّولار dollar block
مَجمَعُ الدُّولارات dollar pool
نِصفُ دُولار half-dollar
الهُروبُ مِنَ الدُّولار flight from dollar
**دَولة . أُمَّة . قَوم** nation
دَولةٌ دائنة creditor nation
دَولةٌ دِكتاتورِيَّة totalitarian state
دَولةُ الرَّفاهِية welfare state
دَولةٌ مَدينة debtor nation
دَولةٌ مُقتَرِضةٌ قَبلَ الأوان immature debtor nation
دَولةٌ مُقتَرِضةٌ ناضِجة mature debtor nation
دَولةٌ مُقرِضةٌ قَبلَ الأوان immature creditor nation
دَولةٌ مُقرِضةٌ ناضِجة mature creditor nation
دَولةٌ نامِية developing country
الدولةُ النِّقابِيَّة corporate state; corporative state
الاتِّحادُ النَّقديُّ لِلدُّوَلِ اللاتينِيَّة Latin Monetary Union
استِردادُ الدَّولةِ لِلمِلك (عِندَ انعِدامِ الوارِث) escheat
اِشتِراكِيَّةُ الدَّولة state socialism
أملاكُ الدَّولة state property
إنفاقُ الدَّولة expenditure of the state

بَنْكُ الدَّولة (في الاتّحاد السُّوفيتيّ)
Gosbank

بُنوكُ الدَّولة state banks

تَخطِيطُ الدَّولة . تَخطِيطٌ حُكوميّ
state planning

تَدَخُّلُ الدَّولة state interference

الدُّوَلُ الأَقلُّ تَقَدُّماً
less developed nations

الدُّوَلُ الأَكثَرُ تَقَدُّماً more developed states

الدُّوَلُ العالِيَةُ التَّطَوُّر highly developed nations

الدُّوَلُ غيرُ المُصَنَّعة (او غيرُ الصِّناعيَّة)
non-industrialized countries

الدُّوَلُ المُتَطَوِّرة . الدُّوَلُ المُتَقَدِّمة
developed nations

شَرْطُ الدَّولةِ الأَكثَرِ رِعاية most favored nation clause

مُراقَبةُ الدَّولة government supervision

مَزرَعةُ الدَّولةِ في الاتّحادِ السُّوفيتيّ . سُوفْخُوز
sovkhoz; state farm

مِلكِيَّةُ الدَّولة state ownership

يانَصِيبُ الدَّولة state lottery

**دُوَليّ** international

الاِتّحادُ البَريديُّ الدُّوَليّ International Postal Union

اِتّحادُ (عُمّاليّ) دُوَليّ
international union

الاِتّحادُ الدُّوَليُّ لِلمُواصَلاتِ السِّلكيَّةِ واللاسِلكيَّة
International Telecommunications Union (I.T.U.)

اِستِثماراتٌ دُوَليَّة international investments

الاِقتِصادُ الدَّوليّ international economics

البَنْكُ الدُّوَليّ World Bank

التِّجارةُ الدَّوليَّة international trade

التَّعاوُنُ الدَّوليّ international cooperation

تَوازُنُ المدفُوعاتِ الدُّوَليَّة equilibrium of international payments

حَوالةٌ بَريديَّةٌ دَوليَّة international money order (I.M.O.)

السَّنَداتُ الماليَّةُ الدَّوليَّة
international securities

سُيُولةٌ دُوَليَّة world liquidity

صُنْدوقُ النَّقدِ الدَّوليّ International Monetary Fund (I.M.F.)

عُمْلةٌ دَوليَّة international currency

قانُون دَوليّ international law

مَجْلِسُ القَمْحِ الدَّوليّ International Wheat Council

مَدفوعاتٌ دَوليَّة international payment

مُعَدَّلاتُ التَّبادُلِ الدَّوليّ terms of international trade

مُقاصَّةٌ دُوَليَّة international clearing

مَكتَبُ العَمَلِ الدَّوليّ International Labor Office (I.L.O.)

مُنَظَّمةٌ دَوليَّة international organisation

وَحدةٌ (إحصائِيَّةٌ) دَوليَّة
international unit

وَكالة دُوَليَّة international agency

**الدُّوَليَّة . حُكُوميَّة** statism; etatism

**الدُّوَليَّة** (سِياسةُ التَّعاوُنِ الدُّوَليّ) internationalism

**دُونَ ـ دُونَ تَاخِير** without delay

دُونَ تَحَفُّظ without reserve

دُونَ حَقِّ الرُّجُوع without recourse; sans recours

دُونَ رَاسِمالٍ كافٍ undercapitalized

دُونَ ضَمانٍ او رَهْن naked

دُونَ القِيمةِ الاسمِيَّة below par

دُونَ مَساسٍ بِ . مَعَ عَدَمِ الإخلالِ بِ without prejudice to

بِدُون sine; ex

بِدُونِ احتِسابِ الفائدة flat

بِدُونِ حِصَّةِ ارباح ex dividend

بِدُونِ حُقوق ex rights

بِدُونِ فائدة ex interest

بِدُونِ كُوبُون (بِدُونِ قَسيمة) ex coupon

**دُونْج** (عُملة فِيتناميَّة) dong

**دُويْت** (نَقْدٌ فِضِّيٌّ إنكليزيٌّ قَديم) doit

**دِيباجةُ التَّشْريع** enacting clause

**دِيسِي . عُشْر** deci-

**دِيكا . عَشَرة** deca-

**دَيْم** (عَشَرة سِنْتات) dime

**ديمُقْراطِيّ . ديمُوقراطِيّ** democratic

قِيادة دِيمُقراطيَّة democratic leadership

**دِيمُقراطيَّة . دِيمُوقراطيَّة** democracy

دِيمُقراطيَّة صِناعيَّة industrial democracy

**دِيمُوغرافِيّ** demographic

**ديمُوغرافِية . ديمُوچرافيا** demography

**دَيْن** debt

دَينٌ أَهليّ او قَوميّ national debt

دَين ثابِت fixed debt

دَين ثابِت بِحُكْم judgment debt

دَينٌ جارٍ current debt

دَينٌ حُكوميٌّ قَصيرُ الأَجَل unfunded debt

دَينٌ خارِجيّ external debt

دَين داخِليّ internal debt

دَين دَفْتَريّ book debt

دَين سائر (قَصيرُ الأَجَل) floating debt

دَين سائل (او حاضِرٌ لِلقَبْض) liquid debt

دَين عائم floating debt

دَين عَقاريّ land charge

دَين غيرُ مَضمون unsecured debt; doubtful debt

دَينٌ غيرُ مُغَطًّى بأُصولٍ حَقيقيَّة deadweight debt

دَين قانُونيّ legal debt

دَينٌ قَصيرُ الأَجَل floating debt; short-term debt

دَين قَوميّ national debt

الدَّينُ القَوميُّ الإجماليّ gross national debt (G.N.D.)

الدَّين القَوميّ الدّاخِليّ internal national debt

دَينٌ مُستَحِقّ outstanding debt

دَين مُستَنَديّ specialty debt

دَين مُستَهلَك unfunded debt

دَينٌ مَضمُون secured debt
دَين مَضمون بِسَنَد bonded debt
دَين مَعدوم (أو هالِك) bad debt; write off
دَين مُقَسَّط instalment debt
دَين مُقَيَّد في سِجِلّات (المَحكَمة) debt of record
دَينٌ مَكفُول funded debt
دَين مُمتاز privileged debt
دَين مُنتِج reproductive debt
دَين مُوَحَّد funded debt; unified debt; consolidated debt
دَينٌ مَيْت ـ لا يُمكِنُ استِردادُه irrevocable debt
الدَّينُ يَتبَعُ شَخصَ المَدِين debita sequuntur personam debitoris
اِحتِياطيٌّ تَسديدِ الدَّين debt reduction reserve
اِحتِياطيٌّ الدُّيونِ المَعدومة (او الهالِكة) reserve for bad debts; allowance for bad debts; allowance for uncollectibles
إدارَةُ الدَّين debt management
اِستِهلاك الدَّين amortisation = amortization
إشعارٌ بِدَين notification of debiting
إقرارٌ بِالدَّين acknowledgment of debt
أَموالٌ مَوقُوفةٌ لِخَفضِ الدَّين القَوميّ national debt reduction funds
بِالدَّين . عَلى الحِساب tick
البَيعُ بِالدَّين sale on credit

بَيعُ الدُّيون factoring
تَأجيلُ دَفعِ الدُّيون . مُوراتُوريوم moratorium
تَحوِيلُ الدَّين debt conversion; transfer of debt
تَحويلُ (القَرْضِ او الدَّين) إلى شَكلٍ جَديد refundment
تَسدِيدُ الدَّين . بَراءَةُ ذِمَّة quietus
تَسديدُ الدَّينِ العامّ retirement
تَقدِيراتُ الدُّيونِ الهالِكة estimating dead debts
تَموِيلُ بِدَينٍ جَديد refundment
تَنظِيمُ او ضَبْطُ الدُّيون adjusting accounts receivable
جانِبُ الدُّيون (او الإلتِزامات) liability side
حَدُّ الدَّين debt limit
خَسارةُ الدُّيونِ الهالِكة bad debt loss
دُيُون . اِلتِزامات liabilities
دُيونٌ عامَّة public debts
دُيونٌ فَرديَّة individual debts
دُيونٌ قَصيرةُ الأَجَل current liabilities
دُيونٌ مُحَصَّلة collected debts
دُيونٌ مَشكوكٌ فيها doubtful debts
دُيونٌ مُؤَجَّلةُ الدَّفع deferred credits
رَفضُ الاعتِرافِ بالدَّين repudiation
سَنَدُ اعتِرافٍ بالدَّين due bill
سَنَدُ دَينٍ مُمتاز priority bond
سَنَداتُ دَينٍ مَضمونةٌ بِرَهن mortgage debentures
سَنَداتُ دَينٍ مُؤَجَّلة deferred bonds

شَرِكةُ تَحصِيل الدُّيونِ التِّجاريَّة
factoring company

صافي الدَّينِ القَوميّ net national debt

صَكُّ دَين obligation

طُرُقُ شَطْبِ الدُّيونِ المَعدومة
write-off methods

الطَّريقةُ المُباشِرةُ في شَطْبِ الدُّيونِ المَعدومة
direct charge-off method

قَرارُ الرئيسِ هُوڤر بِتأجيلِ دَفعِ الدُّيون
Hoover Moratorium

قَرْضُ استِهلاكِ الدَّين amortization loan

مُثْقَلٌ بِالدُّيون heavily indebted

المُشرِفونَ على الدَّينِ القَوميّ
National Debt Commissioners

المَوجُوداتُ والدُّيُون assets and liabilities

نِسبةُ الدَّين debit ratio; debt ratio

يَستَهلِكُ الدَّين amortize

يَشطُبُ دَيناً او يُلغِيهِ او يَستَهلِكُه
write off

يُمَدِّدُ أَجلَ الدَّين fund

**دِينار** dinar (din)

**الدِّيناميَّةُ الإقتِصادِيَّة** economic dynamics

**دِيناميكيّ – تَحليلٌ دِيناميكيّ**
dynamic analysis

التَّقْييمُ الدِّيناميكيّ dynamic evaluation

الدِّيناميكيَّة الجَماعيَّة group dynamics

الدِّيناميكيَّة الصِّناعيَّة
industrial dynamics

**دِيوان . دائرة . مَكتَب** bureau

دِيوانُ المُحاسَبة audit bureau

**دِيوانيّ . بِيروقراطيّ** bureaucratic

**الدِّيوانيَّة** cameralism

**دَيوَنة** bureaucratization

# حَرفُ الذال

**ذاتِيّ . شَخصِيّ** subjective
اِكتِفاءٌ ذاتيّ **autarchy** (or **autarky**)
التَّموِيلُ الذّاتيّ auto-financing
مُنتِجٌ ذاتيّ autoproducer
**ذاتِيّ . أصلِيّ** inherent
عَيبٌ ذاتيّ (غيرُ مُسَبَّبٍ عن تَقصِير)
inherent defect; inherent vice
قِيمةٌ ذاتيَّة (حَقِيقيَّة) intrinsic value
**ذاكِرة . الذّاكِرة** (في الحاسِبةِ الإلِكْترونيَّة)
memory
ذاكِرةٌ لِلتوَصُّلِ إلى مُعطَياتِ البِطاقاتِ عَشْوائيّاً
card random access memory (CRAM)
**ذَرائعِيّ . نَصيرُ الذَّرائعيَّة . نَصيرُ العَمَليَّة**
pragmatist
**الذَّرائعيَّة . العَمَليَّة** pragmatism
**ذُرْوَة** peak
الخَرْجُ الذُّرْويّ . مُستَوى الإنتاجِ الأعْلى
peak output
ساعاتُ الذُّرْوة (وَقتُ الإنشِغالِ الأَقْصى)
peak hours
**ذَريعة** expedient
**ذُعرٌ** (ماليّ) **. هَلَعٌ** panic
**ذَكاء ــ اِختِبارُ الذَّكاء** intelligence test
**ذِكر . تَنْوِيه** mention

**ذَكَّرَ ــ يُذَكِّرُ** remind
إشعارُ تَذكِير reminder
**ذَلِكَ ــ إثباتاً لِذلِك** in witness whereof
بِذلِك . نَتيجةً لِذلِك thereby
في ذلِكَ الزَّمانِ والمَكان then and there
**ذِمَّة ــ إبراءُ ذِمَّة** quittance
بَراءةُ ذِمَّة . تَسديدُ الدَّين quietus
تَحديدُ عُمرِ الذِّمَمِ المَدينة
aging accounts receivable
دَفتَرُ أُستاذِ الذِّمَم customers' ledger
دَورةُ (أو إجماليُّ حَرَكةِ) الذِّمَم
turnover of accounts receivable
ذِمَمٌ . حِساباتُ المَدِينِين receivable(s)
الذِّمَمُ التِّجاريَّة trade receivables
ذِمَمٌ غيرُ مُحَصَّلة (دُيونٌ غيرُ قابِلةٍ لِلتَّحصِيل)
uncollectible accounts
**ذَهاب** departure; outward bound (trip or journey)
نَفَقاتُ الذَّهاب outward freight
**ذَهَبٌ** gold
الذَّهَبُ الحُرّ free gold
ذَهَبٌ زائف (نُحاسٌ أَصفَر) ormolu
الذَّهَبُ كَسِلْعة commodity gold
ذَهَبٌ مُخَصَّصٌ (لِدَولةٍ مُعَيَّنة)
earmarked gold

إحتياطيُّ الذَّهَب . رَصيدُ الذَّهَب
gold reserves

إكتِشافاتُ الذَّهَب gold discoveries

تَحديدُ سِعرِ الذَّهَب gold fixing

تَعقيمُ الذَّهَب (مَنعُ تأثيرِ وَفرَتِهِ على الأَسعار) sterilisation of gold

حَدُّ دُخولِ الذَّهَب (او خُروجِه)
gold import (or export) point

حَدّا الذَّهَب gold points; specie points

سَبيكةُ ذَهَب gold bar; gold bullion

سَنَدٌ بالذَّهَب gold bond

سُوقُ الذَّهَب gold market

سُوقُ لَندَن لِلذَّهَب London Gold Market

شَرْطُ الذَّهَب gold clause

شَريحةُ الذَّهَب gold tranche; tranche

شَهادةُ الذَّهَب gold certificate

صاغَةُ الذَّهَب goldsmiths

صُندوقُ الذَّهَبِ المُشتَرَك Gold Pool

عِلاوةُ الذَّهَب gold premium

قاعِدةُ الذَّهَبِ (في النِّظامِ النَّقدي)
gold standard

قاعِدةُ الذَّهَبِ المُدارة managed gold standard

قاعِدةُ الذَّهَبِ المُقَيَّدة limited gold standard

قانُونُ (مُراقَبةِ تَصديرِ) الذَّهَبِ والفِضَّة
Gold and Silver (Export Control) Act

قَرميدةُ ذَهَب gold brick

كَمْبيالةٌ بِالذَّهَب gold note

مَنجَمُ ذَهَب gold mine

نُقطةُ استِيرادِ الذَّهَب
import specie point

**ذَهَبيّ ــ البطاقة الذَّهَبيَّة** carte d'or

الجُزءُ الذَّهَبيّ gold tranche

سِعرُ التَّعادُلِ الذَّهَبيّ gold parity

ظَهيرٌ ذَهَبيّ . دَعمٌ ذَهَبيّ (لِلعُملة)
gold backing

عُملةٌ وَرَقيَّةٌ ذاتُ تَغطِيةٍ ذَهَبيَّة
gold certificate

غِطاءٌ ذَهَبيّ . تَغطِيَةٌ ذَهَبيَّة gold cover

قاعِدةُ المُبادَلةِ الذَّهَبيَّة gold exchange standard

نُقودٌ ذَهَبيَّة . مَسكوكاتٌ ذَهَبيَّة
gold coins

**ذِهْنِيّ** mental; intellectual

التَّعاوُنُ الذِّهنِيّ synectics

الصُّورةُ الذِّهنيَّةُ عَنِ الصِّنْف
brand image

عَمَلٌ ذِهنيّ brain work

**ذُو ــ ذُو تمويلٍ ذاتيّ** self-financing

ذُو خِبرةٍ تِقنيَّة . إختِصاصيٌّ تِقنيّ
technocrat

ذُو عُيوبٍ (في الصُّنعِ مَثلاً) faulty

ذُو مَفعولٍ رَجعيّ retroactive

ذُو مِهنةٍ حُرَّة . يَعمَلُ لِحِسابِهِ الخاصّ
self-employed

حِسابٌ ذُو خانَتَين two-column account

سَنَداتٌ ذاتُ أجَل term bonds

شَرِكاتٌ ذاتُ بَراءات
chartered companies

**ذَوقُ المُستَهلِك** consumer's taste

# حَرفُ الرّاء

**رابطة** association; league; union
رابِطةُ تُجّارِ القَمْح Corn Trade Association
رابِطةُ جَمعِيّاتِ البِناء Building Societies Association
رابِطةُ غُرْفةِ المُقاصَّة Clearing House Association
رابِطةُ مُوَظَّفِين employees' association
**راتِب** salary
الرّاتِبُ الأَساسيّ basic salary
راتِبٌ مُتَأخِّر back pay
إجازةٌ بِدُونِ راتِب leave without pay
إجازةٌ بِراتِب . إجازةٌ مَدفُوعة paid vacation
إجماليُّ الرَّواتِب gross pay
إدارةُ الأُجورِ والرَّواتِب wage and salary administration
جَدوَلُ الرَّواتِب paysheet
رَئيسُ دائرةِ صَرْفِ الرَّواتِب paymaster-general
زِيادةُ الرّاتِب pay increase
سِجِلُّ الرَّواتِب payroll register
سِياسةُ الرَّواتِبِ والأُجُور pay policy
شِيكُ الرّاتِب pay check
صَرّافُ الرَّواتِب paymaster

ضَرِيبةُ جَدوَلِ الرَّواتِب payroll tax
ضَرِيبة (عَلى) الرّاتِب salary tax
المُتَبَقّي مِنَ الرّاتِبِ بعدَ الحَسمِيّات take-home pay
مَجمُوعُ الرَّواتِب . كَشفُ الرَّواتِب payroll
مُحاسَبةُ الرَّواتِب payroll accounting
نِظامُ الرَّواتِب payroll system
**راجَعَ ـ يُراجِعُ . يُدَقِّقُ** check; audit
يُراجِعُ review; revise
فَلتُراجَعْ (هذِهِ الكَلِمة) . أُنْظُرْها quod vide (q.v.); which see
**راجِعيَّةُ الضَّرِيبة . وَقْعُ الضَّرِيبة** incidence of taxation
**راحة . اِستِراحة** rest; recess
وَسائِلُ الرّاحة conveniences; comforts
يَومُ الرّاحةِ الأُسبُوعيَّة weekly rest day
**رادِع ـ تَعوِيضاتٌ رادِعة** exemplary damages
قُوّاتٌ رادِعة deterrent forces
**الرّاديكاليّة . مَذهَبُ الأَحرارِ المُتَطَرِّفِين** radicalism
**رَاسٌ** head
ضَريبةُ الرَّاس (عَلى الأَشخاص) head tax; poll tax; capitation tax

**رَاساً** straight

رَاساً إلى المُوَزِّع straight to the dealer

**راسِب** sediment; deposit; dregs; lees; precipitate; residue; settlings

**راسِخ** firm

**رَاسْمالٍ · رَاسُ مالٍ** capital

راسُ المال (دُونَ الأرباحِ أو الفَوائد) corpus

راسُ المالِ الاحتِياطيّ reserve capital

راسْمالٍ استِهلاكيّ consumption capital

راسُ المالِ الاسمِيّ (المُسَدَّد) nominal capital; registered capital

راسْمالِ الأسهُم share capital

راسُ المالِ الأصليّ original capital; principal

راسُ المالِ الذي لَم يُطلَب بَعد uncalled capital

راسُ المالِ الأوَّليّ initial capital

راسْمالٍ بَشَريّ human capital

الراسْمال الثابِت fixed capital

راسُ مالٍ جارٍ (او مُتَداوَل) current capital

الراسْمال الجاهِز floating capital

راسْمالٍ حُرّ free capital

راسْمالِ الدَّين debt capital

راسْمالٍ ذو أَخْطار risk capital; venture capital

راسْمالٍ سائلٌ او جاهِز fluid capital; liquid capital

راسْمالِ شَرِكة capital of a company

راسْمالٍ طَويلُ الأجَل long-term capital

رَاسُ مالٍ عاطِل idle capital

الراسْمال العامِل working capital

راسْمالٍ عَينيّ او حَقيقيّ real capital

راسْمالٍ غيرُ مُنتِج unproductive capital

راسُ المالِ القانونيّ legal capital

راسْمالٍ قَصيرُ الأَجَل short-term capital

راسُ مالٍ كاسِب lucrative capital

راسْمالٍ لائذ refugee capital

راسْمالٍ مُتَخَصِّص specific capital

الراسْمال المُتَداوَل circulating capital; floating capital

رَاسْمالٍ مُتَعَطِّل (غيرُ مُستَثمَر) unemployed capital

راسُ المالِ المَدفُوع paid-up capital

راسْمالٍ مَدفُوعٌ بِكامِله fully paid-up capital

راسُ المالِ المُرَخَّصُ بِه registered capital

راسُ المالِ المُستَثمَر invested capital

راسُ المالِ المُصْدَر issued capital

راسْمالٍ مُصَرَّحٌ بِه authorized capital

راسُ المالِ المَطلوبُ دَفعُه called-up capital

راسُ المالِ المُكتَتَبُ بِه contributed capital; subscribed capital

الراسْمال المَملُوك capital owned

راسْمالٍ (رَاسُ مالٍ) مُنتِج productive capital

الراسْمال المُوَظَّف capital employed

راسُ مالٍ مُوَظَّفٌ (في التِّجارة) trading capital

رَاسْمالٍ نَشيط active capital

راسْمالٍ نَقديّ money capital

راسْمالٍ وَطَنيّ national capital

راسُ المالِ والفائض capital and surplus

راسْمالٍ وَفير superabundant capital

إجماليُّ حَرَكةِ راسِ المالِ العامِلِ . دَورةُ راسِ المالِ العامِلِ working capital turnover; turnover of working capital

إجماليُّ راسِ المالِ المُستَخدَم
gross capital employed

احتِياطيُّ الراسِمال capital reserve

اختِراعاتٌ لِتَوفيرِ راسِ المال
capital-saving inventions

ارباحُ وخَسائرُ راسِ المالِ القَصيرِ الأَجَل
short-term capital gains and losses

الأرضُ ـ كَرَاسِمالٍ طَبيعيّ
natural capital

استِهلاكُ راسِ المال capital consumption; depreciation of capital; living on capital

أَسهُمُ راسِ المال capital stock

أَسهمُ راسِ المالِ العادِيَّة equity capital

إعادةُ تَمويلِ الراسِمال . إعادةُ الرَّسمَلة
recapitalization

انواعُ اسهُمِ راسِ المال
types of capital stock

بَيانُ التَّغْييراتِ في راسِ المالِ العامِل
statement of changes in working capital

بَيانُ راسِ المال capital statement

بَيانُ راسِمالِ الشُّرَكاء statement of partners' capital

تَجمِيدُ راسِ المال immobilization of capital

تَحَرُّكاتُ راسِ المال capital transfers; capital movements

تَحويلٌ إلى راسِمال capitalisation = capitalization

تَغييرُ هَيكَليَّةِ راسِ المال recapitalization

تَكوينُ راسِ المال capital formation

تَوجِيهُ راسِ المال capital gearing

جَمْعُ راسِ المال capital accumulation

حِسابُ راسِ المال capital account

حِساباتُ راسِ المالِ المُؤَقَّتة
temporary capital accounts

حُقوقُ صاحِبِ راسِ المال
owner's equity

خُروجُ الرَّساميل exodus of capital

خَسارةُ (او خَسائرُ) راسِ المال
capital loss

خَفضُ راسِ المال capital decrease

دَورَةُ راسِ المال turnover of capital

دُونَ راسِمالٍ كافٍ undercapitalized

رِبحُ راسِ المال . رِبحٌ راسْماليّ
capital gain

رَكْمُ (او تَجميعُ) راسِ المال
accumulation of capital

زِيادةُ راسِ المال capital increase

زِيادةُ راسِ المالِ المَدفُوع
additional paid-in capital

سَلامةُ راسِ المال safety of principal

سُوقُ الراسِمال . سُوقُ الرَّسامِيل
capital market

شَرِكَةُ استِثمارٍ مُغلَقةُ الراسِمال
closed-end investment company

شَرِكَةُ استِثمارٍ مَفتُوحةُ الراسِمال
open-end investment company

صافي خَسارةِ راسِ المال net capital loss

صافي راسِ المالِ العامِل
net working capital

صافي راسِ المالِ المُستَخدَم
net capital employed

صافي ربحِ راسِ المال net capital gain

ضَريبةُ راسِ المال capital levy; capital tax

ضَمانُ راسِ المال capital assurance

عائدُ راسِ المالِ المُستَثمَر
return on equity

عائدُ راسِ المالِ المُستَخدَم return on capital employed

فائضُ راسِ المال capital surplus

الكِفايةُ الحَدِّيَّةُ لِراسِ المال
marginal efficiency of capital

مَبلَغُ الراسِمال capital amount

مَجموعُ الراسِمال . الإدماجُ في الراسِمال
capitalization

مَردُودُ الراسِمال return on capital

مِيزانيَّةُ راسِ المال capital budget

نِسبةُ الرِّبحِ على راسِمالِ المُساهِمين
rate earned on stockholders' equity

نِسبةُ الوَدائعِ إلى راسِ المال
deposit-capital ratio

هِجرةُ الرَّسامِيل exodus of capital

يُحَوِّلُ إلى راسِمال capitalize

**راسُماليّ** (شَخْص) capitalist

**راسُماليّ** capitalistic; capital

أسهُمٌ راسُماليَّة capital shares

أسهُمٌ راسُماليَّةٌ غيرُ مُكتَتَبٍ بها
unsubscribed capital stock

أسهُمٌ راسُماليَّةٌ مُمَيَّهة
watered capital stock

إصدارُ اسهُمٍ راسِماليَّة
capitalisation issue

أصلٌ راسُماليّ capital asset

اِلتِزامٌ راسُماليّ capital liability

إنتاجٌ راسُماليّ capitalistic production

تَصرِيحٌ بِمَصاريفَ راسِماليَّة
authorizing capital expenditure

تَكاليفُ راسُماليَّة capital costs

رُسومٌ راسُماليَّة capital duty

ضَبطُ المَصاريفِ الراسِماليَّة
control of capital expenditure

ضَريبةُ الرِّبحِ الراسِماليّ
capital gains tax

عُنصُرٌ رَاسُماليّ capital element

قِيمةٌ راسُماليَّة capitalised value

لَجنةُ إصدارِ الأَسهُمِ الراسِماليَّة
capital issues committee

مَصروفاتٌ راسُماليَّة
capital expenditures

مُعَدَّاتٌ راسُماليَّة auxiliary capital

**الراسُماليَّة** capitalism

**رَاسِيّ . عَمُودِيّ** vertical

اِتّحادٌ رَاسيّ vertical combination
إحداثِيّاتٌ رَاسِيَّة ordinates
تَحليلٌ رَاسيّ (او عَموديّ)
vertical analysis
تَنَقُّلِيَّةٌ عَمودِيَّة (او رَاسِيَّة)
vertical mobility
**رَاسِيَّةُ الرِّسالة** (مَطبوعٌ فيها اسمُ المُؤسَّسةِ والعُنوان)
letterhead
**راعي البَرنامَج** (الإذاعيّ او التلِفزيونيّ)
sponsor
**رافِض ـ أسهُمٌ رافِضة**
non-assented stock
**رافِعة . مَصْعَد** elevator; lift
**رافِعة . آلَةُ رَفْع** (أُنظُرْ : مِرْفاع)
tackle; hoist; jack; lever
أَجرُ الرَّوافِع cranage
تحتَ رَوافِعِ السَّفينة (دُونَ تَكاليفِ التحمِيلِ او التنزِيل)
under ship tackle
رَوافِعُ السَّفينة ship tackle
**راقَبَ ـ يُراقِبُ . يُشاهِد**
watch; observe
يُراقِبُ . يُشرِفُ على supervise; control
**راكِبٌ . مُسافِر** passenger
تَامينُ الرُّكّاب . تَامينُ المُسافِرين
passenger insurance
سَفينةُ نَقلِ الرُّكّاب passenger liner
**راكِدٌ** stagnant; sluggish; slack
**الرّامي . قُنَّبُ سِيام** ramie
**راند** (عُملة في اتّحادِ جَنوبِ إفرِيقيا) rand
**راهَنَ ـ يُراهِنُ** stake; bet; wager

**راهِنٌ** mortgagor; pledger; pawner
**راهِنٌ . حاليّ** present; current
في الحالةِ الرّاهِنة as is
الوَضْعُ الرّاهِن status quo
**رَأْيٌ** opinion
رَايُ البَنْك (للتَّعريفِ بالعَمِيل)
banker's opinion
الرايُ العامّ public opinion
رايُ المَحكَمة dictum
رايٌ مُخالِف dissenting opinion
رايٌ مُؤَيِّد concurring opinion
إجماعُ الآراء unanimity
إجماعُ الراي consensus of opinion
استِطْلاعُ الراي opinion poll
استِقْصاءُ الآراء opinion research
**راية** flag
**رَبُّ العائِلة . مُعِيل** head of family
**رَبُّ العَمَل** employer
رَبُّ العَمَلِ والأَجير
employer and employee
جَمعيَّةُ اربابِ العَمَل
employers' association
مُساهَمةُ رَبِّ العَمَل
employer's contribution
**رَبا ـ يَرْبُو** exceed; be more than
**رَبَّى ـ يُرَبِّي** rear; raise
يُرَبِّي (الدواجِنَ) breed; raise
يُرَبِّي . يُعَلِّم educate; teach
**رِباً** usury
قَوانينُ الرِّبا usury laws
**رُبّان . قائد** captain

رُبّانُ السَّفينة shipmaster

إكراميَّةُ الرُّبّان "hat money"

خِيانةُ الرُّبّان barratry

**رَبِحَ ـ يَرْبَحُ** gain; profit; "clear"; win

يَرْبَحُ رِبحاً غيرَ صافٍ gross

يَربَحُ رِبحاً فاحِشاً profiteer

**رِبحٌ . فائدة** dividend; profit; interest

رِبحُ التَّصفِية liquidating dividend

رِبحٌ حَدِّيّ marginal profit

رِبحُ السِّمسار jobber's turn

رِبحُ السَّهم dividend

رِبحُ سَهمٍ غيرُ عادِيّ irregular dividend

رِبحُ السَّهمِ المُؤَجَّل deferred dividend

رِبحُ سَهمٍ مُؤَقَّت (يُوَزَّعُ في غيرِ الوَقتِ المُحَدَّد) interim dividend

رِبحٌ عاديّ normal profit

رِبحٌ غيرُ نَقدِيّ scrip(t) dividend

رِبحٌ قانونيّ statutory dividend

رِبحٌ لم يُطالَب بِه unclaimed dividend

إشعارٌ بالرِّبح dividend notice

إعلانُ تَوزيعِ أرباحِ الأَسهُم
declaration of dividends

أَمرٌ بِدَفعِ رِبحِ السَّهم dividend warrant

بِدونِ حِصَّةِ ارباح ex dividend

بِدونِ الربحِ التالي ex dividend (x.d.); ex-distribution

تاريخُ استِحقاقِ رِبحِ الأَسهُم
record date of dividend

حِصَّةُ أَرباحٍ إضافيَّة extra dividend

حِصَّةُ ارباحِ التأمين insurance dividend

حِصَّةُ ارباحٍ عادِيَّة regular dividend

حِصَّةُ ارباحٍ على شَكلِ أَسهُم
stock dividend

حِصَّةُ ارباحٍ على شَكلِ سَنَدات
bond dividend

حِصَّةُ أَرباحٍ مُجَمَّعة
cumulative dividend

حِصَّةُ ارباحِ نِهايةِ السَّنة
year-end dividend

حِصَّةُ الرِّبح dividend

سِياسةُ دَفعِ ارباحِ الأَسهُم
dividend policy

نِسبةُ الرِّبحِ إلى السِّعر
dividend-price ratio

**رِبحٌ . كَسْب** profit; gain

رِبحٌ إجماليّ gross profit

الرِّبحُ الإجماليُّ على المَبيعات gross sales profit; gross profit from sales

رِبحُ التَّشغيل operating profit

رِبحٌ حَدِّيّ (رِبحٌ يَنتُجُ من زِيادةِ الوَحدةِ في الصُّنعِ او البَيع) marginal profit

الرِّبحُ الحَدِّيّ لِلتَّصنيع manufacturing margin

رِبحٌ دَفتَريّ book profit

رِبحُ رأسِ المال . رِبحٌ راسُماليّ
capital gain

رِبحٌ صافٍ clear profit; net profit

رِبحُ الصَّرْف exchange premium

رِبحٌ عاديّ normal profit

رِبحٌ غيرُ عاديّ abnormal profit

رِبحٌ غيرُ مُتَوَقَّع windfall profit

رِبحٌ فائض (زائد) surplus profit

رِبحُ الفَوائد interest profit
رِبحٌ «لَقْطة» scoop
رِبحٌ مَأمول paper profit
رِبحٌ مُتَوَقَّع anticipated profit
الرِّبحُ المَحْض pure profit
رِبحٌ مُحَقَّق realized profit
الرِّبحُ المُخَطَّط (او المُستَهدَف) target profit
رِبحٌ مُفاجِىء (كَبير) melon
الرِّبحُ النَّقديّ cash earnings
الرِّبحُ والخَسارة loss and gain
اِحتِياطيٌّ الارباحِ غيرِ المُوَزَّعة reserves of retained earnings
اِحتِياطيٌّ الأرباحِ والخَسائر profit and loss appropriation
الأرباحُ الزائدة excess profits; super profits
ارباحٌ صُوَرِيَّة fictitious profits
أرباحٌ غيرُ مَشْروعة illicit profits
أرباحٌ غيرُ مُوَزَّعة undistributed profits
الأرباحُ المُحتَجَزة retained earnings
أرباحٌ مُحَوَّلة (إلى ما بَعدَه) profits carried forward
ارباحٌ وخَسائرُ راسْماليَّة capital gains and losses
ارباحٌ وخَسائرُ فَوقَ العادة extra-ordinary gains and losses
اسهُمٌ مُمتازةٌ غيرُ مُتَراكِمَةِ الارباح non-cumulative preferred stock
اسهُمٌ مُمتازةٌ مَحدُودةُ الأرباح non-participating preferred stock

إعادَةُ استِثمارِ الأرباح ploughing back profits
بَيانُ الأَرباحِ المُحتَجَزة retained earnings statement
بَيانُ الأَرباحِ والخَسائر profit and loss statement
تَحليلُ العَلاقةِ بَينَ الرِّبحِ وحَجمِ الأعمال profit-volume analysis
تَحليلُ عَلاقةِ الرِّبحِ والتَّكلِفةِ وحَجمِ الأعمال cost-volume-profit analysis
تَخصيصُ الأرباحِ غيرِ المُوَزَّعة appropriation of retained earnings
تَخطيطُ الأَرباح profit planning
تَضَخُّمٌ رِبحيّ profit inflation
حَدُّ الرِّبح margin of profit; profit margin
حَدُّ الرِّبحِ الأقصى maximum profit margin
حَدُّ الرِّبحِ الصّافي net profit margin
حِسابُ الأرباحِ والخَسائر profit and loss account
حسابُ الأرباحِ والخَسائرِ المُوَحَّد consolidated profit and loss account
حِسابُ تَوزيعِ الأرباح (او تَخصيصِها) appropriation account
دافِعُ الرِّبح profit motive
رَسمٌ بَيانيٌّ لِلرِّبح profitgraph
رَصيدُ الرِّبح profit balance
سِعرُ التَّكلِفةِ مُضافاً إليهِ رِبحٌ مُعَيَّن cost plus
سَفِينُ الرِّبح profit wedge

سَنَدُ مُشارَكةٍ في الارباح
profit-sharing bond

سَهمُ رِبح bonus share

شَرِكاتٌ (تَستَهدِفُ) الرِّبحَ
profit corporations

شَرِكةٌ لا تَستَهدِفُ الرِّبحَ
non-profit corporation

صافي رِبحِ راسِ المال net capital gain

ضَريبةُ الارباح
profits tax; dividend tax

ضَريبةُ الرِّبحِ الراسِماليّ
capital gains tax

ضَريبةٌ على الأرباحِ غيرِ المُوَزَّعة
undistributed profit tax

طَريقةُ التَّقْسيطِ لِتَحديدِ الرِّبحِ الإجماليّ
instalment method of determining gross income

طَريقةُ الرِّبحِ الإجماليّ لِتَقديرِ الجَرْدِ (لِبِضاعةِ آخِرِ المُدَّة)
gross profit method of estimating inventory

طَريقةُ المُشارَكةِ في الارباح bonus scheme

عَقدٌ إجماليٌّ بالتَّكلِفَةِ والرِّبح
cost-plus contract

قيمةُ الرِّبحِ الصّافي net profit value

مَجرى الرِّبح profit path

مَركَزُ الأرباح profit centre

المُساهَمةُ في الارباح . نِظامُ المُساهَمةِ في الأرباح profit sharing

مُشارَكةٌ في الارباح
participation in profits

مَعَ الرِّبح cum dividend (cum div.)

نِتاجُ الارباح (نِسبةُ ارباحِ الشَّرِكةِ الى القيمَةِ الإجماليَّةِ لِأسهُمِها العادِيَّة)
earnings yield

نِسبةُ الرِّبحِ إلى حَجْمِ الأعمال
profit/volume ratio

نِسبةُ الرِّبحِ على راسِمالِ المُساهِمين
rate earned on stockholders' equity

نِسبةُ الرِّبحِ على مَجموعِ الأُصول
rate earned on total assets

نِسبةُ الرِّبحِ المُضافةُ لِلتَّكلِفة
markups; markup rates

نِسبةُ السِّعرِ إلى الأرباح
price/earnings ratio (p/e)

نِظامُ تَجَنُّبِ الازدِواجِ الضريبيِّ على الأرباح
imputation system

هَيئَةٌ لا تَستَهدِفُ الرِّبحَ
non-profit organization

وَثيقةُ تَأمينٍ دُونَ ارباح
policy without profit

يُحَقِّقُ رِبحاً make profit

يُحَقِّقُ رِبحاً صافِياً net

يُحَقِّقُ رِبحاً كَبيراً clean up

يَربَحُ رِبحاً غيرَ صافٍ gross

يَربَحُ رِبحاً فاحِشاً profiteer

يُعيدُ تَوظيفَ الارباح plough back; plow back

**رَبَطَ ـ يَربُطُ . يَصِلُ** link

يَربُطُ بَينَ . يَرتَبِطُ interlink

**رُبْعٌ** quarter

الرُّبعُ الإحصائيّ quartile

رُبعُ الدائرة quadrant

رُبعُ سَنَويّ . فَصْلِيّ — quarterly
عُملاتٌ رُبعيَّة — quarter coins
**رَتابة . توالٍ رَتيبٌ او رُوتينيّ** — monotony; routine
**رَتَّبَ ـ يُرَتِّبُ** — marshal
يُرَتِّبُ في جَداوِل . يُجَدوِلُ — tabulate
يُرَتِّبُ مَنهجيّاً . يُنَسِّقُ — systematize
**رُتبة . مَرْتَبة** — rank
تَنزيلُ الرُّتْبة — demotion
رُتَبُ او تَقسيماتُ السِّلَع — orders of goods
طَريقةُ تَقديرِ الرُّتَب — ranking method
**رَتَل** — file
**رَتيب** — monotonous; routine
عَمَلٌ رَتيب (أو روتينيّ) — routine work
**رَجا ـ يَرْجو . يَلتَمِسُ** — request
**رَجَعَ ـ يَرجِعُ** (إلى) — revert
اِرْجِعْ إلى الساحِب — refer to drawer
**رَجْعِيّ . استِعادِيّ** (تَأمُّلِيّ) — retrospective
تَقديرٌ رَجعيّ — retrospective appraisal
**رَجْعِيّ** — reactionary
رَجعيُّ الأثَر . ذو مَفعولٍ رَجعيّ — retroactive
حَسمٌ بِمَفعولٍ رَجعيّ (او مُستَقبَليّ) — carry-back
عِلاوةٌ رَجعيَّة — reversionary bonus
مَفعولٌ رَجعيّ — backdating; back-lash
**رَجُلٌ** — man
رَجُلُ أعمال — businessman
رجلُ أعمالٍ قَويُّ النُّفوذِ (مَلِكٌ من مُلوكِ المالِ او الصِّناعة) — tycoon

الرَّجُلُ الاِقتِصاديّ — economic man
رَجُل ـ ساعة (لِقِياسِ كَمِّيَّةِ العَمَل) — man-hour
رَجُلٌ مِنَ العامَّة — layman
رَجُلٌ يَتَقاضى دُولاراً في السَّنة (كَراتِبٍ رَمزيّ) — dollar-a-year man
قاعِدةُ الرَّجُلِ الحَريص — prudent man rule
**رُجُوع . اِنحِسار . اِرتِداد** — regression
حَقُّ الرُّجوع (في المُطالَبة) — recourse; right of recourse
دُونَ حَقِّ الرُّجوع — without recourse
كَمبِيالةُ رُجُوع . سُفْتَجَةُ الرُّجوع — redraft; re-exchange
مَعَ حَقِّ الرُّجوع — with recourse
**رُجُوعِيَّة . مُرونة** — resilience
**رَحَّلَ ـ يُرَحِّلُ . يَنقُلُ** — carry
يُرَحِّلُ (الحِسابَ) — post
يُرَحِّلُ إلى — carry forward
**رِحْلة . سَفْرة** — trip; voyage
رِحلَةُ العَودة (لِلسَّفينة) — homeward voyage
اِنقِطاعُ الرِّحلة (ولا يَنقَطِعُ بهِ استِمرارُ التأمين) — interruption of voyage
بُوليصَةُ تأمينٍ لِرِحلة — voyage policy
تأجيرُ مَركَبٍ لِرِحلة — trip charter
شَرِكةُ طَيَرانٍ لا تَقُومُ بِرِحلاتٍ مُقَرَّرة — non-scheduled airline
عَقدُ إيجارِ السَّفينةِ لِرِحلة — voyage charter party
**رَخاء . وَفرة** — abundance; opulence

**رَخاء . اِزدِهار** prosperity; boom
رَخاءٌ اقتِصاديّ economic prosperity
اِقتِصادُ الرَّخاء welfare economics
طَورُ الرَّخاء prosperity phase
**رَخْصٌ . لَيِّن** tender; soft; supple
سِلَعٌ رَخْصة (سَريعةُ التَّلَف) soft goods
**رُخْصة . إذْن** permit; permission; leave
رُخصةُ بِناء building permit
**رُخْصة** licence; license
رُخصَةُ استِيراد import license
رُخصةُ تَصْدير export license; export permit
رُخصةُ نَقلٍ من فِئة ب "B" licence
الرُّخَصُ الخاضِعةُ لِلرُّسوم excise licenses
رَقمُ الرُّخصة license number
**رَخِيص** cheap
مَبنيٌّ على نَحوٍ رَخيص jerry-built
نُقودٌ رَخيصة cheap money
**رَدَّ ـ يَرُدُّ . يَرفُضُ** repudiate
يَرُدُّ (مُبادَلةً) reciprocate
يَرُدُّ . يُسَدِّدُ . يَدفَعُ reimburse
لا تُرَدُّ قِيمَتُه irredeemable
مُفلِسٌ لَم يُرَدَّ اعتِبارُه undischarged bankrupt
**رَدٌّ . جَواب** answer; reply; response
رَدٌّ إيجابيّ positive answer
خِدْماتُ الرَدِّ على التَّليفون telephone answering services
خِدمةُ الرَدِّ على بَريدِ المُؤَسَّسةِ التِّجاريَّة business reply service
قَسائمُ (كوبوناتٌ) دَوليَّةٌ لِلرُّدودِ البَريديَّة international postal reply coupons
قَسائمُ رَدٍّ بَريديَّة reply coupons
**رَدٌّ . تَسدِيد . دَفع** reimbursement; repayment
رَدٌّ إلى مالِكٍ سابِق retrocession
رَدُّ الرُّسومِ الجُمرُكيَّة (على المَوادِّ التي يُعادُ تَصْديرُها) drawback
رَدُّ شَيءٍ (إلى مالِكِه) restitution
رَدٌّ غيرُ مانِعٍ لِلدَّعوى dismissal without prejudice
رَدُّ فِعلٍ (في اسعارِ الأسهُم) reaction
رَدُّ قِيمةِ السَّنَدات redemption of bonds
رَدٌّ (او استِرداد) المال refund
رَدٌّ مانِعٌ لِلدَّعوى dismissal with prejudice
البَيعُ بِخِيارِ الرَّدّ sale and return
تَواريخُ رَدِّ قِيمةِ السَّنَدات redemption dates
شَرْطُ الرَّدّ residuary clause
لِلبَيعِ او لِلرَّدّ sale or return
وَصِيَّةُ رَدّ residuary legacy
**رَدَعَ ـ يَرْدَعُ** deter; prevent; keep (from)
**رَدْهة . قاعة . صالة** hall
رَدهة (البُورْصة) floor
رَدهة (لُويْدز) "Room"
رَدهةُ الحُبوب grain pit
رَدهةُ المُبادَلاتِ التجارِيَّة trading floor
**رَدِّيّ . فُضاليّ** residuary
**رَدِيء ـ سِلَعٌ رَدِيئة** dud goods

نُقودٌ رَديئة bad money
نَوعيَّة رَديئة poor quality
**رَزَّةٌ سِلْكِيَّة** staple
**رِزْمة . عُبُوَّة . طَرْد** (بَريديّ) package
رِزمةُ بِطاقات deck of cards
رِزمةٌ صَغيرة packet
**رَزْنٌ . اختِبارُ العِيار** assaying
**رَسا ـ يَرْسو . تَرْسو** (السَّفينةُ) moor; anchor; dock; ride (at anchor); land
**رِسالة** message; letter
رِسالةٌ بِدونِ تاريخ undated letter
رِسالةٌ تِجاريَّة business letter
رِسالةُ تَهنِئة congratulatory letter
رِسالةٌ شارِحة . رِسالةٌ غِطائيَّة covering letter
آلةُ دَمْغِ الرَّسائل franking machine
دَفتَرُ رَسائل letter-book
دَمْغُ الرَّسائل franking of letters
رَاسِيَّةُ الرِّسالة (مَطبوعٌ فيها اسمُ المُؤَسَّسةِ والعُنوان) letterhead
رَسائلُ جَوِّيَّة airway letters
فَتّاحةُ رَسائل letter opener
مُسَوَّدةُ رِسالة draft letter
مَكتَبُ الرَّسائلِ المَيْتة dead letter office
ميزانُ رَسائل letter scale
وَرَقُ رَسائل letter paper
**رَسّام** draftsman; draughtsman
رَسّامٌ تِجاريّ commercial designer
**رَسَمَ ـ يَرسُمُ** draft; draught; draw
يَرسُمُ حُدوداً لِ delineate
**رَسْمٌ . مَكْس** (مُرور أو رُسُوّ) toll
حاجِزُ رُسوم (على طَريقٍ رَئيسِيَّة) turnpike
**رَسْم ـ بِرَسْمِ الأمانة** on consignment
(القِيمةُ) بِرَسْمِ التَّحْصيل for collection
**رَسْم . مُخَطَّط** (أُنظُرْ : رَسْمٌ بَيانيّ) sketch; graph; diagram; chart
رَسمُ الأَعمالِ التَّخطِيطيّ flow diagram
رَسمُ التفَرُّق scatter diagram
رَسمُ التَّنْظيم organogram
رَسمٌ خَيطيّ string diagram
رَسمٌ لِبَيانِ عَمَلِ الفَرْد man process chart
**رَسْم . أرضِيَّة** demurrage
رَسمُ إرساء dockage; keelage; moorage
رَسمُ تَأخير demurrage
رَسْمُ التَّخزينِ في قَبْو cellarage
رَسمُ رُسُوّ groundage
رَسمُ سَكِّ النُّقود (العُمْلة) mintage; seigniorage; brassage
رُسومُ أَرضِيَّة groundage
رُسومُ استِعمالِ المَراسي berthage
رُسومُ الرَّصيف quayage; quay handling charges; pierage
**رَسْم . جُعْل** fee; charge
رَسمٌ إضافيّ . ضَريبةٌ إضافيَّة supertax; surcharge
رَسمُ الاعتِراض . رَسمُ البروتِسْتو protest fee
رَسمُ التأجيل (في البُورْصة) contango
رَسمُ التَّحصِيل collecting charge

رَسْمُ التَّحويل exchange charge
رَسمُ خِدْمة service charge
رَسمُ دُخول admission charge
رَسمُ الشَّحْن freight
رَسمُ شَحنٍ تَفاضُليّ differential freight
رَسمُ قَيد . رَسمُ تَسْجيل
registration fee
رَسمٌ مُتَراوِح (غيرُ ثابِت)
hovering charge
رَسمُ المُعامَلة activity charge
رَسمٌ مَقْطوع fixed fee
أدنى حَدٍّ لِلرُّسوم minimum charge
رُسومٌ (أو نَفَقاتٌ) آجِلة charges forward
رُسومُ التأمين insurance charges
رُسومُ التَّسجيل registration dues; registration fees
رُسومُ دُخول (إلى المِيناء)
inward charges
رُسومٌ مُتَّفَقٌ عَليها agreed charges
مُعفًى مِنَ الرُّسومِ والتَّكاليف
free of charge (f.o.c.)
**رَسْم . ضَرِيبة** duty; rate; due
رَسمُ اقتِلاعِ اجذالِ (قُرَمِ) الأشجار
stumpage
رَسمُ إنتاج excise duty; excise tax
رَسمٌ بَدَليّ quit-rent
رَسمُ الترانْزيت . رَسمُ مُرورِ (البِضاعة)
transit duty
رَسمٌ تَفاضُليّ (او تَمْييزيّ) differential duty; discriminating duty
رَسمُ الطابَعِ الاميريّ stamp duty

رَسم قِيميّ – على أساسِ القِيمة
ad valorem duty
رَسمٌ كامِل full duty
استِعادةُ رُسومِ الاستيرادِ (في المُصطَلحات الجُمرُكيَّة) drawback
تَحديدُ رُسومِ التأمينِ بالاختِبار
experience rating
خاضِعٌ لِلرُّسوم dutiable
الرُّخَصُ الخاضِعةُ لِلرُّسوم
excise licenses
رُسومٌ اتِّفاقيَّة conventional tariff
رُسومُ استِيراد import duties
رُسومُ الإنارة light dues
رُسومُ تَصْدير export duty
رُسومٌ تَعويضِيَّة compensatory duties
الرُّسومُ الجُمرُكيَّة customs ; custom duties
رُسومٌ جُمرُكيَّة مَرِنة flexible tariff
الرُّسومُ الجُمرُكيَّة المُستَعادة
customs drawback
الرُّسومُ الجُمرُكيَّةُ النوعِيَّة
specific duties
رُسومُ دَمْغة . رَسمُ الطابَع
stamp duties
رُسومُ دَمْغةِ التحويل (في عَمليّاتِ البُورْصة)
transfer stamp
رُسومُ رَاسُماليَّة capital duty
رُسومُ المُراهَنات betting duties
رُسومٌ (جُمرُكيَّة) مُرَكَّبة
compound tariff
رُسومُ المَنائر light dues

رُسومُ المِيناء harbor dues

قانونُ رُسومِ الاستيراد
Import Duties Act

القِيمَةُ بعدَ دَفْعِ الرُّسوم
duty paid value

اللجنَةُ الاستِشاريَّة لِرُسومِ الإستيراد
Import Duties Advisory Committee (I.D.A.C.)

مُعفًى مِنَ الرُّسوم duty free

وارِداتٌ مُعفاةٌ مِنَ الرُّسوم free imports

يُسَدِّدُ رَسمَ الجُمرُك (ويَسحَبُ البِضاعة)
take out of bond

**رَسْمٌ بَيانيّ** chart; diagram; graph

رَسمٌ بَيانيٌّ بأعمِدة bar chart

رَسمٌ بَيانيٌّ بالنِّقاطِ المُبعثَرة
scatter graph

رَسمٌ بَيانيٌّ خَطِّيٌّ لِلمَسؤوليَّة
linear responsibility chart

رَسمٌ بَيانيٌّ دائريّ pie chart

رَسمٌ بَيانيٌّ شَريطيّ band chart

رَسمٌ بَيانيٌّ قِطاعيّ sector chart

رَسمٌ بَيانيٌّ لِأعمالٍ مُتَعَدِّدة
multiple activity chart

رَسمٌ بَيانيٌّ لِحَرَكَةِ العَمَليّات
flow process chart

رَسمٌ بَيانيٌّ لِدَورةِ الحَرَكاتِ المُتَزامِنة
simultaneous motion cycle chart

رَسمٌ بَيانيٌّ لِسَيرِ الأعمال flow chart

رَسمٌ بَيانيٌّ لِسَيرِ أعمالِ اليَدَين
two-handed process chart

رَسمٌ بَيانيٌّ لِلإجْراء procedure chart

الرَّسمُ البَيانيُّ لِلتَّراجُع regression chart

الرَّسمُ البَيانيُّ لِلتَّعادُل break-even chart

رَسمٌ بَيانيٌّ لِلتَّنظيم organizational chart

رَسمٌ بَيانيٌّ لِلحَجم volume chart

رَسمٌ بَيانيٌّ لِلحَرَكة travel chart

رَسمٌ بَيانيٌّ لِلرِّبح profitgraph

رَسمٌ بَيانيٌّ لِلعامِلِ-مَكَنة
man-machine chart

رَسمٌ بَيانيٌّ لِلعَمَليَّة process chart

رَسمٌ بَيانيٌّ لِلفَعالِية activity chart

رَسمٌ بَيانيٌّ لِلمُراقَبة C-chart

رَسمٌ بَيانيٌّ مُجمَلٌ لِلعَمَليَّة
outline process chart

رَسمُ جانْت البَيانيّ Gantt chart

رُموزُ الرَّسمِ البَيانيِّ لِلعَمَليَّة
process chart symbols

**رَسْمَلة . تَحويلٌ إلى رَاسِمال**
capitalisation = capitalization

رَسمَلةُ الاِحتِياطِيّات capitalisation of reserves

إعادةُ الرَّسمَلة recapitalization

قَبلَ الرَّسمَلة ex-capitalisation (x.cp.)

**رَسْمِيّ** official

إضرابٌ غيرُ رَسميّ (لا تُسانِدُهُ النِّقابةُ المُختَصَّة)
unofficial strike

تَقريرٌ رَسميّ official report

التَّنظيمُ غيرُ الرَّسميّ
informal organization

سِعرُ التَّحويلِ الرَّسميّ official rate of exchange

السِّعرُ الرَّسميّ official rate

سِعرُ الصَّرفِ الرَّسْميّ
official exchange rate

سِعرُ الصَّرفِ غيرُ الرَّسميّ . مُعَدَّلُ الصَّرفِ المُوازي
parallel rate of exchange

semi-official شِبْهُ رَسميّ

official holiday عُطلةٌ رَسميَّة

informal contract عَقدٌ غيرُ رَسميّ

officious غيرُ رَسميّ . فُضُوليّ

official bond كَفالةٌ رَسميَّة

مَركَزُ (او مَقَرُّ) الشَّرِكةِ الرَّسميّ
registered office

officially **رَسميّاً . بِصُورةٍ رَسمِيَّة**

formalism **الرَّسمِيَّة**

anchorage; anchor; landing **رُسُوّ**

groundage رَسمُ رُسُوّ

messenger **رَسُول . مُراسِل**

**رُسُوم . ضَرائب** (أُنْظُرْ : رَسْم)
duties; rates; dues

customs duties رُسومٌ جُمرُكيَّة

export duties رُسومُ الصادِرات

bribe **رَشا ـ يَرْشُو . رِشْوة**

rationality **رَشادة**

rationalist داعِيةُ الرَّشادة

rationalism مَذهَبُ الرَّشادة

leak **رَشَح ـ يَرْشَحُ . يَتسَرَّبُ**

sweating; leakage; leaking **رَشْح** (الأَوعِية)

sweat damage تَضَرُّرٌ بِرَشحِ العَنابِر

majority **رُشْد ـ سِنُّ الرُّشدِ**

bribe; boodle; bribery **رِشْوَة**

hush money رِشوَةُ إسْكات

رِشوة دِعائيَّة (لِلفَنّانِينَ او المُذيعِين)
payola

التأثيرُ على المَحكَمةِ بالرَّشوةِ والإغْراء
embracery

rational **رَشِيدٌ . مَعْقول**

rational behaviour سُلوكٌ رَشِيد

paving (of roads) **رَصْف**

metal حِجارةُ رَصْفِ الطُّرُق

balance; remainder **الرَّصِيد . الباقي**

رَصيدُ الحِساباتِ العاديّ
normal balance of accounts

credit balance رَصيدٌ دائن

رَصيدٌ دَوّار (يُسحَبُ عَليهِ ويُجَدَّد)
revolving fund

gold reserves رَصيدُ الذَّهَب

profit balance رَصيدُ الرِّبح

cash balance رَصيدُ الصُّندوق

رَصيدُ غُرفةِ المُقاصَّة
clearing house balance

bank balance رَصيدٌ في المَصرِف

debit balance رَصيدٌ مَدِين

balance due رَصيدٌ مُستَحِقّ

compensating balance رَصيدٌ مُكافِىء

sterling balances أرصِدةٌ إستِرلينيَّة

bank debits أرصِدةٌ مَصرِفيَّةٌ مَدِينة

blocked balances أرصدةٌ مَوقُوفة

استِهلاكُ الرَّصيدِ المُتَناقِص
diminishing balance depreciation

تَسوِيةُ (او تَوفيقُ) رَصيدِ المَصرِف
reconciling the bank balance

dud cheque شِيكٌ بِلا رَصيد

شِيكاتٌ بِلا رَصِيدٍ كافٍ not sufficient funds checks

صافي الرَّصيد net balance

طَريقةُ الرَّصيدِ الْمُتَناقِصِ في حِسابِ الاستِهلاك declining balance method of depreciation

لا أرصِدةَ كافِية (لِتَغطِيةِ قِيمةِ الشِّيك) not sufficient funds (n.s.f.)

نَظرِيَّةُ الأرصِدة balance theory

**رَصِيف . حافَّةُ الطرِيق** pavement; kerb; sidewalk

سُوقٌ رصِيفيَّة (بعدَ إقفالِ البُورْصة) kerb market

**رَصِيف** (بَحْرِيّ) dock; wharf; pier

رَصيفٌ تِجاريّ commercial dock

رَصيفُ تَفرِيغ unloading platform; platform

رَصيفُ تَفرِيغٍ دُونَ جُمرُك sufferance wharf

رَصيفٌ عائم floating dock

رَصيفٌ مائيّ jetty

رَصيفٌ مُثبَتٌ إلى اليابِسة graven dock

رَصيفُ المِيناء quay

تَسليمُ الرَّصيف ex-quay; free on quay

تَسليمُ رَصيفِ مِيناءِ التَّصدير free alongside ship (F.A.S.)

تَفويضُ استِلامٍ رَصيفيّ dock warrant

تَقريرُ رَصيفِ الإرساء dock landing account

خالِصُ أُجرةِ النَّقلِ حَتّى رَصيفِ الشَّحْن free docks

رُسومُ الرَّصِيف quayage; quay handling charges; pierage

السِّعرُ تَسليمُ رَصيفِ مِيناء landed price

عَوائدُ الرَّصيف dockage; dock dues; wharfage

مِيناءٌ رَصيفيّ (يَتِمُّ تَفريغُ السُّفُنِ فِيه مُباشَرةً) quay port

ناظِرُ الرَّصيف wharfinger

**رِضًا . إرْضاء** gratification; satisfaction

**رِضًى . قَبُول** consent; agreement; acceptance; assent

**رِضائيّ – تَصفِيةٌ رِضائيَّةٌ او اختِياريَّة** voluntary liquidation

عَقْدٌ رِضائيّ consensual contract

**رَطْل** (إنكليزيّ) pound

**رُطوبة** humidity

الْمُحتَوى الرُّطوبيّ moisture content

**رَعَى – يَرْعَى . يَرْتاد** patronize

**رِعاية . تَشْجيعُ الزَّبائن** patronage

شَرْطُ الدَّولةِ الأكثَرِ رِعاية most favored nation clause

**رَغْبة** desire

الرَّغْبةُ في الشِّراء eagerness to buy

رَغْبةُ الْمُوصِي الأخِيرة . وَصِيَّة testament

عَدَمُ رَغْبة reluctance

**الرِّفاهُ العامّ** public welfare

**رَفاهِية** welfare

رَفاهِيةٌ اجتِماعيَّة . إنعاشٌ اجتِماعيّ social welfare

رَفاهِيةٌ اقتِصاديَّة economic welfare

الرَّفاهِيةُ الصِّناعيَّة industrial welfare

دَولةُ الرَّفاهِية welfare state

مُجتَمَعُ الرَّفاهِية . مُجتَمَعُ الرَّخاء opulent society

**رَفَضَ ـ يَرفُضُ** decline; turn down; reject; refuse; repudiate

يَرفُضُ (قَبولَ وَرَقةٍ تِجاريَّة) . يَرفُضُ الدَّفعَ والتَّسْديد dishonour

**رَفضٌ** denial

رَفضُ الاعتِرافِ بالدَّين repudiation

رَفضُ الدَّفْع refusal to pay

رَفضُ القَبُول acceptance denial; refusal to accept

رَفضٌ مُعَلَّل reasoned refusal

إظهارُ الرَّفْضِ على قَفا الكَمْبيالة (تَمْهيداً لِعَمَلِ بروتِستو علَيها) noting a bill

**رَفَعَ ـ يَرفَعُ** hoist; lift; raise

يَرفعُ الدَّرَجة upgrade

يَرفعُ المِرساة trip

يَرفعُ . يَزِيد step up

يَرفعُ السِّعر mark up

يَرفعُ قِيمَةَ الأَصل write up

**رَفعٌ . إلغاء** elimination; remission; abolition; removal

**رَفعٌ** (بِالمِرْفاع) jacking; hoisting; lifting

**رَفعٌ . تَعْلِية** raising; elevation

رَفعُ أَسعارِ السُّوق bulling the market

رَفعُ السِّعر (بِنسبَةٍ مِئَوِيَّة مُحَدَّدة) markup

رَفعُ السِّعرِ لِلمُحافَظَةِ على مَكانةِ المَتجَر trading up

رَفعُ قِيمةِ عُملةٍ بالنِّسبةِ إلى سِواها revaluation

**رَفِيع** high; high-ranking

ماليَّةٌ رَفِيعةُ المُستَوى high finance

**رَفِيق** fellow

**رِقّ . عُبودِيَّة** slavery

**رَقَّى ـ يُرَقِّي** promote

**رِقابة** control

رِقابة (على المَطْبوعاتِ او الأَنْباء) censorship

رِقابةٌ خارِجيَّة external control

رِقابةٌ داخِليَّة . مُراقَبةٌ داخِليَّة internal control

الرِّقابَةُ على الصَّرْف exchange control

رِقابةٌ على المَصارِف bank control

رِقابةٌ ماليَّة (حُكوميَّة) fiscal control

رِقابةٌ مُباشِرة direct control

مَدى الرِّقابة span of control

نِظامُ الرِّقابةِ على التَنَبُّؤاتِ والبَضائعِ المَوجودة forecasting and inventory control system (FICS)

وَضعُ الجَداوِلِ والرِّقابةِ بِواسِطةِ شَبَكةٍ أُوتوماتيكيَّة scheduling and control by automated network

يَنتَزِعُ الرِّقابة decontrol

**رُقعة . بِطاقة** tab

**رَقَّمَ ـ يُرَقِّمُ** page

**رَقْمٌ . عَدَد** numeral; number; figure

رَقمُ الإحالة reference number

رَقمٌ استِدلاليّ index

رقمٌ اصطِلاحيّ او رَمزيّ code number

رَقمُ بَيانيّ (مُؤشّر) لِأسعارِ السِّلَع
commodity price index

account number — رَقمُ الحِساب

index number — رقمُ دَليليّ

الرقمُ الدَّليليُّ لِغَلاءِ المَعيشة ، مُؤشّرُ نَفَقاتِ المَعيشة
cost of living index

الرقمُ الدَّليليُّ لِلأوراقِ الماليَّةِ الاوروبيَّة
Eurosyndicat Index

الرَّقمُ الدَّوريّ (الجاري او المُتَسَلسِل)
running number

license number — رقمُ الرُّخْصة

رقمُ الشُّغْل (حيثُ الشغلُ بِالقِطعة)
job number

order number — رقمُ الطَّلَب

invoice number — رقمُ الفاتورة

record — رقمُ قِياسيّ

serial number — رقمُ مُتَسَلسِل

check number — رقمُ المُراقَبة

folio — رقمُ الوَرَقة . صَفْحة

آلاتُ قِراءةِ الحُروفِ والأرقام
character reading machines

الأرْقامُ الدليليَّةُ لِلأسواقِ الماليَّة
stock exchange indices

ارقامُ ستاندارْد و بُور الدَّليليَّةُ لِأسعارِ الأوراقِ الماليَّة
Standard & Poor's Indices

round figures — ارقامُ مُدَوَّرة (او مُقَرَّبة)

طَريقةُ مَجموعِ ارقامِ السَّنَوات
sum-of-the-years'-digits method

مَلْمَسُ رَقم (على لَوحةِ المَفاتيحِ الرقميَّة)
digit key

foot — يَجمَعُ عَمُودًا مِنَ الأَرقام

numerical — **رَقميّ . عَدَديّ**

**رَكْمُ** (او تَجميع) **راسِ المال**
accumulation of capital

accumulation units — وَحَداتُ رَكْم

pit — **رُكنٌ خاصّ** (في البُورْصة)

free ride — **رُكوبٌ حُرّ**

stagnation; stillness; slump — **رُكود**

economic stagnation; depression — رُكودٌ اقتِصاديّ

rolling adjustment — رُكودٌ بَسيط

secular stagnation — رُكود مُزمِن

lull — رُكودُ (النَّشاطات)

downswing; downward swing — فَترةُ الرُّكود

نَظَريَّةُ الرُّكود (لِفَرْطِ الادِّخار)
"stagnation thesis"

**رَماديّ ــ مِنطَقةٌ رَماديَّة** (ذاتُ نِسبةِ بِطالةٍ تَفُوقُ المُعَدَّل)
Grey Area

token; sign — **رَمْز . عَلامة**

symbol; sign; code — **رَمْز**

telecode — رَمْزُ اتِّصالٍ عن بُعد

zip code; postcode — رمزٌ بَريديّ

رمزُ تَعليماتِ الحاسِبةِ الآلِيَّة
computer instruction code

cipher telegram — بَرقيَّةٌ بِالرُّموز

التَّعبيرُ بِرُموزٍ سَهلةِ الحِفظ
mnemonic coding

cipher code — دَليلُ الرُّموز

ABC Code — رُموزٌ أَلِفبائيَّة

mnemonic codes — رُموزُ تَعبير

رُموزُ الجَمعيَّةِ الامريكيَّةِ لِلمُهندِسينَ الميكانيكِيِّين — ASME symbols
الرُّموزُ الحَرْفيَّةُ العَدَدِيَّة — alpha numeric codes
رُموزُ الرَّسمِ البَيانيِّ لِلعَمَليَّة — process chart symbols
رُموزُ شِيفْرة . رُموزُ اصطِلاحيَّة — codes
مِفتاحُ الرُّموزِ على استِمارةِ العَمَل — key letters on worksheet
وَضْعُ الرُّموزِ اوتُوماتيكيّاً — automatic coding
يَحُلُّ الرُّموزَ — decipher
**رَمْزِيّ . بِالرُّمُوز** — in code; in cipher
رَقمٌ اصطِلاحيٌّ (او رَمزِيٌّ) — code number
**رَمزِيّ** — token; nominal
عُمْلةٌ رَمزِيَّة — token money
عُملةٌ رمزِيَّةٌ تِجاريَّة — trade tokens
لُغةٌ رمزِيَّة — symbolic language
مَسكُوكةٌ رمزِيَّة — token coin
**رَمَّمَ ـ يُرَمِّمُ** — revamp; recondition; repair; overhaul
**رِهانٌ . يُراهِنُ** — stake
**رَهْبَةُ الأجانِب . رُهابُ الأجانِب** — xenophobia
**رَهَنَ ـ يَرهَنُ** (ضَماناً لِدَين) — gage
يَرهَنُ (عَقَاراً أو سَنَدات) — hypothecate
**رَهْنٌ** — mortgage; pledge
رَهنٌ (مَتاع) — pawn
رَهنٌ أصغَر (ثانَوِيّ) — junior mortgage
رَهنٌ أوَّل — first mortgage
رَهْنٌ تِجارِيّ — gage
رهنٌ ثالِث — third mortgage
رهنٌ ثانٍ — second mortgage
رهنُ الحِصَّةِ المُستَحِقَّةِ بِمَبادىءِ العَدالة — equitable mortgage
رهنٌ دائن (يَتوجَّبُ دَفْعُه) — mortgage payable
رهنُ شِحْنةِ السَّفِينة — respondentia
رهنٌ عامّ — blanket mortgage; general mortgage
رهنٌ غيرُ حِيازيّ (أي دُونَ نَقلِ الحِيازةِ لِلرّاهِن) — hypothecation
رهنٌ لِلتَّحسِين — improvement mortgage
رهنٌ لِلتَّنمِية — development mortgage
رهنُ مَتاع . رهنُ مالٍ مَنْقول — chattel mortgage
رهنٌ مُتَحَرِّك — floating charge
رهنٌ مُستَهلَك — amortized mortgage
رهنٌ مُشتَرَك — joint mortgage
رهنٌ مَفْتوح (يُمكِنُ زِيادةُ قِيمَتِه) — open mortgage
رهنٌ مَفتوحُ الطَّرَف — open-end mortgage
رهنٌ مُقفَل — closed-end mortgage; closed mortgage
رهنُ المِلكِ العَقَاريّ — real estate mortgage
رهنُ المِلكِ المُشتَرى — purchase money mortgage
رهنٌ مِنَ الباطِن — submortgage
إشعارٌ بِفَكِّ الرَّهن — release of mortgage

إعادةُ رَهْنٍ (السَّهمِ الماليّ) rehypothecation
بَنكُ رُهُونات mortgage bank
حَبْسُ الرَّهن foreclosure
حَقُّ استِردادِ الرَّهنِ العَقَاريّ (بعدَ سَدادِ الدَّين) equity of redemption
دَعوى حَبْسِ الرَّهن foreclosure suit
سَنَدُ بِضَمانِ رَهنِ مُمتَلَكاتِ الشَّرِكة corporate mortgage bond
سَنَدُ رَهْن mortgage bond
سَنَدُ رَهنِ السَّفينة bottomry bond
سَنَدُ رهنٍ عامّ general mortgage bond
سَنَدُ رَهنٍ لِتَحْسينِ عَقَار improvement mortgage bond
سَنَدُ رَهنِ مَتاع chattel mortgage bond
سَنَداتُ دَينٍ مَضمونةٌ بِرَهْن mortgage debentures
صَكُّ رَهْن mortgage deed
فَكُّ الرَّهن releasing a mortgage
قَرْضٌ بِرَهن loan on security
كَمبيالةُ رَهن mortgage note
مُدايِنُ رُهون pawnbroker
المُقتَرِضُ بِرَهن . الراهِن pledger
المُقرِضُ بِرَهن . المُرتَهِن pledgee
يَحبِسُ الرهْن foreclose
يَفُكُّ رَهناً redeem
**رواجٌ . اِنتِعاش** boom
سِعرٌ مانِعٌ لِلرَّواج prohibitive price
السِّلعةُ الأكثَرُ رَواجاً best seller

**رَواسِب . حُثالة** (أُنظُرْ : راسِب) dregs
**رُوبِل** (عُملة روسيَّة) rouble
رُوبِلٌ قابِلٌ لِلتَّحويل transferable rouble
**رُوبي ، رُوبية** (عُملة هِنديَّة وباكِستانيَّة وسيلانِيَّة) rupee
**رُوبِيَّة** (عُمْلة إندونيسيَّة) rupiah
**الرُّوتين** routine
الروتينُ التشخِيصيّ diagnostic routine
الروتينُ الحُكوميّ red tape
تَقاريرُ رُوتينيَّة routine report
**رَوَّجَ – يُرَوِّجُ** promote
يُرَوِّجُ (البَضائعَ) merchandise
يُرَوِّجُ (ورَقةً مُزَوَّرة) utter
**رُوح – رُوحُ الجَماعة** team spirit; esprit de corps
رُوحُ المُبادَرة . مُبادَرة initiative
الروحُ المَعنويَّة morale
الروحُ المَعنويَّةُ لِلجَماعة group morale
**رُوزنامةُ الشَّرِكة** corporation calendar
**الرُّوكْرُماتيَّة . دِراسةُ حَرَكةِ المَوادّ** rhochrematics
**رُويال** (عُملة ذَهبيَّة إنجليزِيَّة) royal
**رِيّ . سَقْي** irrigation
**رِئاسَةُ العَمَل** formanship
**رِياضيّ . عالِمٌ بالرِّياضِيّات** mathematician
**رِياضِيّات . عُلومٌ رِياضِيَّة** mathematics
**رِيال** (عُمْلة ذَهبيَّة إنجليزِيَّة) ryal; riyal
**رِيال** (عُملة إسبانيَّة) real
**رِيال** (عُملة إيرانيَّة) rial
**رِيال** (عُملة سُعوديَّة) riyal
**الرِّيبة . عَدَمُ التَّيَقُّن** uncertainty

فَترةُ الرِّيبة period of doubt

**الرَّيخ ـ بَنكُ الرَّيخ** Reichsbank

ماركُ الرَّيخ (ماركٌ ألمانيّ قَبلَ ١٩٤٥) Reichsmark

**رَيْعٌ** yield; returns; royalties; proceeds; rent

الرَّيعُ الإجماليّ gross yield

رَيعُ الأُصُول return on assets

ريعٌ اقتِصاديّ economic rent

ريعٌ صافٍ net yield

ريعٌ كُلّيّ total revenue

حِيازةٌ دائمةُ الرَّيع tenement

سَهمٌ عالي الرَّيع (يُزادُ بهِ الرَّيعُ الإجماليُّ لِلاستِثمار) "mixer"

شِبْهُ الرَّيع quasi-rent

فَجْوَةُ رَيعٍ عَكْسيَّة reverse yield gap

مَردُودُ أو رَيعُ السَّنَد bond yield

نَظَريَّةُ رِيكاردو في الرَّيع Ricardian Theory of Rent

نَفَقاتُ الرَّيع royalty expenses

**رِيف** country; countryside

بَنكُ الرِّيف country bank

**رِيفيّ ، زِراعيّ** rural

شَرِكاتُ التَّمويلِ الرِّيفيّ Pastoral Finance Companies

**رِينمِنْبي** (عُملة صِينيَّة) renminbi

**رَئيسٌ** chairman; head; president; boss

رَئيسٌ إداريّ administrative head

رَئيسُ بَلَدِيَّة mayor

الرئيسُ التنفِيذيّ chief executive

رئيسُ الجَلْسة chair; moderator

رَئيسُ الدائرة department head; head of department

رئيسُ دائرةِ صَرْفِ الرواتِب paymaster-general

رئيسُ رابطَةِ العُمّالِ في مُنشَأة shop chairman

رئيسٌ صُوَريّ figurehead

رئيسُ القِسْم division head

رئيسُ مَجلِسِ الإدارة chairman of the board

رئيسُ المُحاسِبِين chief accountant

رئيسٌ مُحايِد impartial chairman

صَوتُ الرَّئيس casting vote

نائبُ رَئيسِ (الجَلسة) deputy chairman

نائبُ رئيسِ (الشَّرِكة) vice-president

**رَئيسيّ ، هامّ** main; major; principal; chief; leading

إستِثمارٌ رئيسيّ capital investment

بُوليصةٌ رئيسيَّة master policy

البَياناتُ القِياسيَّةُ الرئيسيَّة master standard data (M.S.D.)

حِسابٌ رئيسيّ capital account

خَطٌّ رئيسيّ trunk line; main line

خُطَّةٌ رئيسيَّة key plan; master plan

سِعرُ الفائدةِ الرئيسيّ prime rate

صِناعةٌ رئيسيَّة key industry

عَوامِلُ المُوازَنةِ الرئيسيَّة principal budget factors

مُحاسَبَةُ المَكتَبِ الرئيسيّ والفُروع home office and branch accounting

المَحَلُّ الرئيسيّ home (or parent) store
مَركَزٌ رَئيسيّ key position
المَركَزُ الرئيسيّ headquarters
مَصادِرُ رَئيسيَّة primary sources
المَقَرُّ الرئيسيّ head office
المَكتَبُ الرئيسيّ (لِلشَّرِكة) main office; head office; home office

مَهامُّ رئيسيَّة key functions
المُوازَنةُ الرئيسيَّة master budget
هَدَفٌ رئيسيّ primary goal
وَظيفةٌ رئيسيَّة key job
**ريِيل** (عُملة في كَمْبوديا) riel

# حَرفُ الزايّ

**زاحِفٌ ـ تَضَخُّمٌ زاحِف**
creeping inflation

مُستَوًى زاحِفٌ لِسِعرِ الصَّرْف
crawling peg

**زادَ ـ يَزيدُ** increase; raise; step up

يَزيدُ عَن exceed

يَزيدُ . يَزدادُ increase; become more

يَزيدُ (او يَزدادُ) قِيمَةً appreciate

**زاوَلَ ـ يُزاوِلُ** enter

**زاوِيَةُ السُّقوط او الوُرود**
angle of incidence

**زايَدَ ـ يُزايِدُ . يَعرِضُ سِعراً أعلى**
overbid; bid up; outbid

**زائد** (عَلامَةُ الزائد) plus

**زائد . إضافيّ** extra; additional

الأرباحُ الزائدة super profits

**زائد . فائض** surplus; in excess; excessive

إنتاجٌ زائد overproduction

تأمينٌ زائد overinsurance

تأمينُ العَمالةِ الزائدة . تعويضُ العَمالةِ الزائدة
redundancy insurance

حِمْلٌ زائد overload

رِبحٌ زائد surplus profit

سُيولةٌ زائدة overliquidity

ضَريبَةُ الأَرباحِ الزائدة
excess profits levy

عَمالَةٌ زائدة hyperemployment; overemployment

**زائِف . وَهْميّ** fictitious

**زائِف** pseudo- ; bogus; spurious

ذَهَبٌ زائف (نُحاسٌ أصفَر) ormolu

شِيكٌ زائف false cheque

**زائير** (عُملةُ جمهوريَّةِ زائير) zaire

**زَبُون . عَميل** client; customer; patron

زَبونٌ مُحتَمَل prospect

حِسابُ الزبونِ الجاري charge account

**زُجاجٌ مُقاوِمٌ لِلحَرارة** pyrex

**زَجْريّ ـ أَمرٌ زَجرِيّ** injunction

أمرٌ زَجرِيٌّ إلزاميّ
mandatory injunction

**«زَخرَفةُ الواجِهة»** (الإظهارِ وَضعِ المَصرِفِ أفضَلَ مِمّا هُوَ) "window-dressing"

**زِرّ ـ تَحَكُّمٌ بِكَبْسِ الأَزْرار**
press-button control

**زِراعة . فِلاحة** agriculture; husbandry; farming; cultivation

زِراعةٌ كَثيفة . زِراعةٌ مُرَكَّزة
intensive cultivation

زِراعةُ الكَرْم . كِرامة viticulture

زِراعةٌ مُتَّسِعة extensive cultivation

زِراعةٌ وَحيدة monoculture

تِقنِيَّةُ زِراعةِ الغابات forestry

عِلمُ الزِّراعة agronomy

وَزارةُ الزِّراعة ministry of agriculture

**زِراعيّ** agricultural; agrarian

أَوراقٌ (تِجارِيَّة) زِراعِيَّة agricultural (commercial) paper

بَنكُ تَسليفٍ زِراعيّ rural credit bank

بَنكٌ زِراعيّ agricultural bank; land bank

تَقَلُّباتٌ زِراعِيَّة agricultural fluctuations

ثَورةٌ زِراعِيَّة agrarian revolution

جَمعِيّاتُ التعاوُنِ الزراعِيَّة agricultural cooperative societies

جَمعِيَّةٌ زِراعِيَّةٌ تَعاوُنِيَّة . نِقابَةُ مُزارِعِين grange

ضَرائبُ زِراعِيَّة agricultural rates

اللِّجانُ الزراعِيَّة agricultural committees

مِنَحٌ (أو إعاناتٌ) زِراعِيَّة agricultural support subsidies

مُهَندِسٌ زِراعيّ agronomist

**زِركونيوم** zirconium

**زَعامَةُ الأَسعار ــ زَعامَةٌ في السِّعر** price leadership

**زَعيم . قائد** leader

**زَكّى ــ يُزَكّي بِتَوصِية** recommend

**زَلّاقة** sled; sledge

**زَلّاقة . مُنزَلَق** chute

**زُلفِرَين ــ اتِّحادُ جُمرُكيّ** customs union

**زَلقة** skid; slip

**زُلوتي** (عُملة بُولَندِيَّة) zloty

**زَمان . زَمَن** time; period; duration

في ذلِكَ الزَّمانِ والمَكان then and there

**زُمرة** gang; ring; clique; junta

**زَمَنيّ ــ أجرٌ زَمَنيّ** (حَسَبَ ساعاتِ العَمَل) time rate

تَخَلُّفاتٌ زَمَنِيَّة time-lags

تَفضِيلٌ زَمَنيّ time preference

**زَميل** fellow; colleague; associate

زَميلُ الجَمعِيَّةِ الإحصائِيَّة Fellow of the Statistical Society (F.S.S.)

زميلُ جَمعِيَّةِ المُحاسِبِينَ المُعتَمَدِين Associate of the Association of Certified Accountants (A.A.C.A.)

زميلُ الجَمعِيَّةِ المَلَكِيَّة لِلاقتِصاد Fellow of the Royal Economic Society (F.R.Econ.S.)

زميلُ كُلِّيَّةِ مُحاسِبي التأمِين Associate of the Faculty of Actuaries (A.F.A.)

زميلُ مَعهَدِ التأمينِ القانُونيّ Fellow of the Chartered Insurance Institute (F.C.I.I.)

زميلُ مَعهَدِ خُبَراءِ حِساباتِ التأمِين Associate of the Institute of Actuaries (A.I.A.)

زميلُ مَعهد سَماسِرَةِ الشَّحْنِ البَحرِيّ القانونيين Associate of the Institute of Chartered Shipbrokers (A.I.C.S.)

زَميلُ مَعهَدِ مُحاسِبي التأمين Fellow of the Institute of Actuaries (F.I.A.)

زَميلُ مَعهدِ مُحاسِبي التكاليفِ والإدارة Associate of the Institute of Cost and Management Accountants (A.C.M.A.)

زَميلُ مَعهدِ مُحاسِبي الشَّرِكات Fellow of the Institute of Company Accountants (F.I.A.C.); Associate of the Institute of Company Accountants (A.I.A.C.)

زَميلُ مَعهدِ المُحاسِبينَ القانونِيِّين Associate of the Institute of Chartered Accountants (A.I.C.A.); Fellow of the Institute of Chartered Accountants (F.I.C.A.)

زَميلُ مَعهدِ المَصرِفِيِّين Associate of the Institute of Bankers (A.I.B.); Fellow of the Institute of Bankers (F.I.B.)

زَميلُ هَيئةِ سَماسِرَةِ التأمين Associate of the Corporation of Insurance Brokers (A.C.I.B.)

**زَنْبيل** (الفَحْم) scuttle

**زَنْقة . اِزدِحام** jam

**زَهيدٌ . تافِه** trivial

**زَواج** marriage; wedding; matrimony

سِنُّ الزَّواج marriage age

**زَوجان** pair; couple

مِلكٌ مُشتَرَكٌ بينَ الزَّوجَين community property

**زَوجة ـ حَقُّ الزَّوجةِ الطَّبيعيّ** wife's equity

مَسؤوليَّةُ الزَّوجِ عَن نَفَقاتِ الزَّوجة husband's responsibility for wife's expenditure

نَفَقاتُ الزَّوجة wife's expenditure

والزَّوجة et ux.

**زَوَّدَ ـ يُزَوِّدُ . يُجَهِّزُ** supply

يُزَوِّدُ بالرِّجال او العُمّال man

يُزَوِّدُ بالمُعَدّات equip

يُزَوِّدُ (او يَتَزَوَّدُ) ثانِيَةً بالوَقود refuel

**زَوَّرَ ـ يُزَوِّرُ** forge; counterfeit; falsify; fake

يُزَوِّرُ لِلتَّضليل salt

**زُورٌ ـ شَهادَةُ الزُّور** perjury

**زَورَق** boat

زَورَقُ قَطْر tug; tugboat

**زِيّ . لِباس** costume

**زِيادة . عِلاوة** increment; allowance; extra

زِيادَةٌ غيرُ مُكتَسَبة (كَتَحَسُّنِ ثَمَنِ الأملاكِ دُونَ جُهدِ المالِك) unearned increment

زِيادَةٌ في التَّكاليف incremental cost

**زِيادة . اِزدِياد** increase; growth; augmentation

زِيادةُ الأَرضِ (بالإلتِصاق) accretion

زِيادةُ الدَّخْلِ بالاقتِراضِ القَليلِ الفائِدة equity trading

زِيادةُ النَّقدِيَّة ونَقصُها (في الصُّندوق) cash over and short

**زِيادة . فَيْض** excess; surplus
زِيادَةُ التكْلِفة excess cost
زِيادةٌ عَنِ الحاجة redundancy
زِيادةُ الوَزْن excess weight
**زِيادةٌ . رَفْع** increase; stepping up; raising
زيادةُ جَدارة merit increase
زيادةُ الراتِب pay increase
زيادةُ راسِ المال capital increase
زيادةُ راسِ المالِ المَدفُوع additional paid-in capital
زيادةُ سِعرٍ خَفِيَّة hidden price increase
زيادةٌ طَبيعيَّة natural increase
زيادةُ الطَّلَب increase in demand
زيادةُ العَرْض increase in supply
زيادةُ القِيمة . ارتِفاعُ السِّعر appreciation
زِيادَةُ قِيمَةِ الفَواتير overinvoicing
زيادةٌ مَحدُودة marginal increase
تَأمينٌ (يَشمُلُ) زِيادةَ القِيمة increased value insurance
الحَدُّ من زِيادةِ الأُجور wage restraint
حِسابُ الزِّيادةِ والنَّقْص over and short account
سَهمٌ قابِلٌ لِلزِّيادَةِ (في سِعرِه) assessable stock
نِسبَةُ الزِّيادة rate of increase
**زَيْت . نِفْط** oil
زَيتُ الغاز (السُّولار) gas oil
شَرِكَةُ الزَّيتِ الكُوَيتيَّة Kuwait Oil Company (K.O.C.)
**زَيَّفَ ـ يُزَيِّفُ** fake

# حَرفُ السِّين

**سابِقٌ** foregoing; preceding; previous; former; ex-

اِستِعراضٌ سابِق preview

إعادةٌ إلى وَضعٍ سابِق reconversion

تَدْريبٌ سابِقٌ لِلتَّعْيين pre-entry training

تَدْقيقٌ سابِق pre-audit

تَسوِياتُ مُدَّةٍ سابِقة prior period adjustment

سابِقاً ex-

الشَّهرُ السابِق ultimo

فائضٌ سابِق previous surplus

وَديعةٌ تُستَرَدُّ بإخْطارٍ سابِق previous notice deposit

يُعيدُ إلى مَركَزٍ او مالِكٍ سابِق reconvey

يُؤَرِّخُ بِتاريخٍ سابِق antedate; predate

**سابِقة** precedence; precedent or previous case

سابِقةٌ قانونيَّة precedent

سَوابِقُ ومُتَأَخِّرات "leads and lags"

**ساتانج** (عُملة تايلانديَّة) satang

**ساحِب** drawer

ساحِبُ شِيك drawer of a cheque

اِرجِعْ إلى الساحِب refer to drawer

**ساحة . فِناء** yard

**ساحِق ـ اغلَبيَّةٌ ساحِقة** overwhelming majority; landslide

**ساحِليّ** littoral

تِجارةٌ ساحِليَّة coasting trade

خُطوطٌ ساحِليَّة coastal lines

سُفُنٌ ساحِليَّة coasters

مِلاحةٌ ساحِليَّة coasting; cabotage

**سارَ ـ يَسيرُ** go; move along; progress

يَسيرُ على غيرِ هُدى wander

**سارِقُ بِضاعةٍ مُهَرَّبة** (او مَسْروقة) highjacker or hijacker

**ساري المَفْعول** valid

التعرِفةُ السارِيَةُ المَفعول tariff in force

يُصبِحُ سارِيَ المَفعول come into force

**ساعٍ** (في بُورْصةِ لَنْدَن لِلأوراقِ الماليَّة) waiter

**ساعٍ . مُراسِل** messenger; courier

ساعي البَريد mailman; postman

**ساعة** clock; watch

**ساعة** (مَدى ساعة) hour

أُجورٌ حَسَبَ ساعاتِ العَمَل time wages

تَكاليفُ الآلَةِ في الساعة machine hour cost

رَجُل ـ ساعة (لِقِياسِ كَمِّيَّةِ العَمَل) man-hour

ساعاتُ الإزدِحام rush hours

ساعاتٌ (عَمَلٍ) إضافيَّة extra hours

ساعاتُ الدَّوام office hours

ساعاتُ الذُّروة (وَقتُ الانشِغالِ الأَقصى) peak hours

ساعاتُ العَمَل hours of work; working hours

ساعاتُ العَمَل (الدَّوام) business hours

طَريقةُ مُعَدَّلِ ساعاتِ العَمَل labour hour rate method

قانونُ الأُجورِ وساعاتِ العَمَل wage-hour law

كُلَّ ساعة . ساعيّ hourly

كِيلوواط ساعة kilowatt hour

مُتَوَسِّطُ الدَّخْلِ في الساعة average hourly earning

مُعَدَّلُ الساعاتِ المَكِنيَّة machine-hour rate

**ساعيّ . ساعِيّاً** hourly; by the hour

المُعَدَّلُ الساعيُّ لِتَكلِفةِ اليَدِ العامِلةِ المُباشِرة direct-labor hour rate

**سافِر ـ فِعلٌ سافِر** overt act

**ساقَ ـ يَسُوقُ** drive

**ساقٌ . جِذْع** stem

**ساقِط ـ وَصِيَّةٌ ساقِطة** lapsed legacy

**ساكِن** inhabitant

**ساكِن** (إستاتيكيّ) static

حُمولَةٌ ساكِنة dead weight

**ساكِن . راكِد** stagnant

**سالِب . سَلْبيّ** negative

ضَريبةُ دَخْلٍ سالِبة (مَدفوعاتٌ لِذَوي الدُّخُولِ التي تَقِلُّ عن حَدٍّ مُعَيَّن) negative income tax

**سالِم** safe; intact

سالِمٌ تَماماً . سالِمٌ وصَحيح safe and sound

**سانَدَ ـ يُسانِدُ** favour; favor

**ساوَمَ ـ يُساوِمُ** bargain; haggle

**سائب** loose; in bulk

بَضائِعُ سائبة loose goods; goods in bulk

شِحْنةٌ سائبة (غيرُ مُعَبَّاةٍ او مُصَنْدَقة) bulk cargo

**سائح** tourist

**سائد . جارٍ** ruling

الأجرُ السائد going wage; prevailing wage

السِّعرُ السائد (الجاري) ruling price

قانُونُ الأُجورِ السائدة prevailing wage law

**سائر . شَغّال** going; running

البِضاعةُ السائرة stock in trade

**سائق** driver

**سائل** fluid; liquid

أَصلٌ سائل (سَهْلُ التَّحويلِ إلى نَقْد) liquid asset

اموالٌ سائلة (يَسهُلُ الحُصولُ عليها عندَ الطَّلب) liquid funds

دَينٌ سائل (أو حاضِرٌ لِلقَبْض) liquid debt

رَاسْمالٌ سائل liquid capital

فائضٌ سائل (أو جاهِز) liquid surplus

قِياسُ السوائل liquid measure

**سَبَّبَ ـ يُسَبِّبُ . يَحُضُّ على** induce

سَبَبٌ cause; reason; ground

سَبَبٌ أَدْنى . سَبَبٌ مُباشِر proximate cause

سببٌ أَصلِيّ original cause

سَبَبُ الدَّعوى cause of action

السببُ غيرُ المُباشِرِ (او البَعيد) causa remota; remote cause

سببٌ قَهرِيّ cause beyond control; force majeure

السببُ المُباشِر (او القَريب) causa proxima; immediate cause; proximate cause; direct cause

سببٌ مُتَدَخِّل intervening cause

الأسبابُ الحَقيقيَّةُ لِلدَّورةِ التِّجاريَّة real causes of the trade cycle

بِسَبَبِ on account of; owing to; due to; because of

سَبَبٌ . داعٍ . حافِز motive

سَبَرَ - يَسبُرُ . يَجُسُّ probe

السَّبعَةُ الخارِجُون (في الجَماعةِ الاقتِصاديَّةِ الأوروبيَّة) Outer Seven

سَبَقَ - يَسبِقُ . يَتقَدَّمُ على precede

سَبْقٌ (صُحُفِيّ) scoop

سَبيكة bullion; alloy

سَبيكةٌ حَقيرة base bullion

سبيكةٌ ذَهبيَّة gold bar; gold bullion

سَبائكُ فِضَّة bar silver

قاعِدةُ السبائكِ الذَهبيَّة gold bullion standard

سَبيل . مَسْلَك course

سَبيلُ التَّوزيع channel of distribution

على سَبيلِ الثِّقة de fide

ستاخانُوفِيَّة (تَرْشيدُ الإنتاجِ على نِظامِ العامِلِ الروسيِّ ستاخانُوف) Stakhanovism

الستالِينيَّة (النظَريّاتُ والوَسائلُ المُطَبَّقةُ في عَهدِ ستالين) Stalinism

السِّتَّةُ (السوقُ الأوروبيَّةُ المُشتَرَكة) والسَّبْعة (مِنطَقة التِّجارةِ الحُرَّةِ بأُوروبا) "Six" and "Seven"

سِتَّةُ بِنْساتٍ (قِطعَةُ عُملةٍ فِضِّيَّة) sixpence

ستُوتينْكي (عُملة بلغاريَّة) stotinki

ستُون (وَحدةُ وَزنٍ بريطانيَّة) stone

السجايرُ كَعُمْلة cigarettes as money

سَجَّلَ - يُسَجِّلُ record; register; put down; enter (in a register)

يُسَجِّلُ (او يُقَيِّدُ) ثانِيَةً re-enter

يُسَجِّلُ مَعَ النَّفَقات expense

سِجِلّ register; record; roll

سِجِلُّ الآلات plant register

سِجِلُّ الادِّخارِ القَوميّ national savings stock register

سِجِلُّ الأَرض land registry

سِجِلُّ الأَسهُم share register; stock register; share ledger

سِجِلُّ الاوراقِ المالِيَّة securities ledger

سِجِلُّ التأمين insurance register

سِجِلُّ دَخْلِ المُوَظَّفين employees' earnings record

سِجِلُّ الدَّوام time sheet

سِجِلُّ الرَّواتِب payroll register

سِجِلُّ السَّفينة log (book)

سِجِلُّ السَّنَدات note register

سِجِلُّ الشَّحْن shipping record
سِجِلُّ الشَّرِكاتِ المُنحَلَّة "dead book"
سِجِلُّ الشّيكات cheque register
سِجِلُّ الشّيكاتِ المَسحُوبة
record of cheques drawn
سِجِلُّ العَناوِين directory
سِجِلُّ الفَواتير invoice register
سِجِلُّ لُويْدز (لِلسُّفُن) Lloyd's Register
سِجِلُّ مَحاضِرِ الجَلَسات minutes book
سِجِلُّ المَخزَن store record
سِجِلُّ المُستأجِرين (وقِيمَةِ الإيجاراتِ التي يَدفَعونَها) rent roll
سِجِلُّ مُستَنَداتِ القَيْد voucher register
سِجِلٌّ مُشَرِّف honorable record
سِجِلٌّ مَطْبوع (من الحاسِبة) . نَموذَجٌ مَطْبوع printout
سِجِلُّ مَكتَبِ البَريد post office register
دَينٌ مُقَيَّدٌ في سِجِلّاتِ (المَحكَمة)
debt of record
سِجِلّات archives; records
سِجِلّاتُ الخِدْمة service records
السِّجِلّاتُ المُساعِدة auxiliary records
**سَحَبَ ـ يَسحَبُ** retreat
يَسحَبُ (حَوالَةً او شِيكاً) draw
يَسحَبُ (مِنَ الخِدْمةِ او مِنَ التَّداوُل إلخ.)
retire
يَسحَبُ ثانِيَةً . يُحَرِّرُ مُجَدَّداً redraw
يَسحَبُ كَمْبِيالَةً (يَدفَعُ قِيمَتَها قبلَ استِحقاقِها) retire a bill
كَمْبِيالاتٌ سُحِبَت مِنَ التَّداوُل (قبلَ استِحقاقِها) bills retired

**سَحْبٌ** drawing; draft; draught; withdrawal
سَحبُ الإستِثمار disinvestment
سحبُ سَنَدٍ وَهمِيّ kite flying
سحبٌ على المَكْشوف overdraft
سحبُ عُمْلةٍ مِنَ التَّداوُل
demonetisation; demonetization
سَحبٌ غيرُ اعتِياديٍّ لِلوَدائع (مِنَ المَصرِف)
bank run
سَحبٌ مُفرِط (يَفُوقُ رَصِيدَ ساحِبِ الشّيك) overdraw
حُقُوقُ السَّحب drawing rights
حُقوقُ السَّحبِ الخاصَّة
special drawing rights (S.D.R.s); paper gold
طَلَبٌ مَوسِميٌّ على السَّحبِ من البُنوك
seasonal demand for cash
**سَخَّرَ ـ يُسَخِّرُ . يَستَخدِمُ** harness
**سُخْرة . تَسخِير** corvée; involuntary servitude
**سُخْطٌ** discontent
**سَدَّ ـ يَسُدُّ** stem
**سَدُّ الفَجْوة** (بَدِيلٌ مُؤَقَّتٌ لِسَدِّ الفَراغ)
stop-gap
**سَدٌّ صَغير . قَنطَرةُ احتِجاز** weir
**سَداد . تَسدِيد** repayment
سَدادُ (او تَغطِيةُ) النَّقص
deficiency payment
**سَدَّدَ ـ يُسَدِّدُ** settle; pay; cover; "extinguish"; defray
يُسَدِّدُ (لَهُ ما تَكَلَّفَه) reimburse; refund

| | |
|---|---|
| يُسَدِّدُ رَسْمَ الجُمرُك (ويَسحَبُ البِضاعة) | take out of bond |
| سَدُودٌ لِلماء . لا يَنفُذُ مِنهُ الماءُ . مَسِيك | waterproof; watertight |
| **سِرُّ المِهْنة** | trade secret |
| **سَرى ـ يَسْرِي . يَؤُولُ** | inure |
| **سَرَّعَ ـ يُسَرِّعُ** | speed (up); expedite; accelerate |
| **سُرْعة** | speed |
| سُرعة (اتّجاهِيَّة) | velocity |
| سُرعةُ تَداوُلِ الدُّخول | income velocity of circulation |
| سُرعةُ تَداوُلِ النُّقود | velocity of circulation of money |
| مِقياسُ سُرعَةِ السَّفينة | log |
| **سُرْعة . عَجَلة** | quickness; rapidity; hurry; haste |
| بِأقْصى سُرعة | posthaste |
| بِسُرعَةٍ مَعْقولة | forthwith |
| **سَرَقَ ـ يَسرِقُ** | steal |
| **سَرِقة . اِختِلاس** | pilferage; pilfering; stealing |
| سَرِقة (مُحتَوياتِ الطُّرُود) | abstraction |
| سَرِقَةُ الطُّرودِ كامِلَةً | purloining |
| **سَرِقة** | theft; larceny; robbery |
| تأمينٌ ضِدَّ السَّرِقة | theft insurance |
| الخَسائرُ الناجِمةُ عن الكَوارِثِ والسَّرِقات | casualty and theft losses |
| **سُرُوب . تَسَرُّب** | leakage |
| **سِرِّيّ . مُدَبَّر سِرًّا** | underground |
| **سِرِّيّ** | secret; confidential; classified |
| احتِياطيٌّ سِرِّيٌّ | secret reserve |
| امانةٌ سِرِّيَّة | secret trust |
| تَقرِيرٌ سِرِّيٌّ | classified report; confidential report |
| **سَرَيان . اِنتِشار** | spread; diffusion |
| سَرَيانُ المَفعُول | effectiveness; validity; coming into force |
| بَدءُ سَرَيانِ البُولِيصة | inception of the policy |
| تاريخُ السَّرَيان | date of effect |
| **سَرِيع** | fast; quick; speedy; rapid; expeditious; express |
| سَريعُ الاشتِعال . لَهُوب | inflammable |
| سَريعُ العَطَب | fragile |
| الأُصُولُ السَّريعة (السَّريعةُ التَّحوِيلِ إلى نَقْد) | quick assets |
| تَسليمٌ سَريع | speedy delivery |
| التَّوقيتُ السَّريع | snapback timing |
| طَريقَةُ القِراءَةِ السَّريعة | snap reading method |
| قِطارٌ سَريع | express (train) |
| قِطارُ شَحْنٍ سَريع | liner train |
| **سَطْح** | surface; deck |
| حُمُولةُ السَّطح | deck load |
| شَكلٌ مُتَعَدِّدُ السُّطُوح | polyhedron |
| على سَطحِ السَّفينة | on deck |
| **سَطَّرَ ـ يُسَطِّرُ** (بالمِسْطَرة) | rule |
| **سَطْر** | line |
| سَطرٌ إعلاني | agate line |
| سَطرٌ ناقِص (يَحْوي كَلِمةً او عِبارَةً قَصيرة) | widow |

تَحتَ السَّطْر (ضِمنَ البُنُودِ الرأسِماليَّةِ في المِيزانيَّة) "below-the-line"
سِعرُ السَّطر line rate
عَدَدُ الأَسطُر lineage
فَوقَ السَّطر "above-the-line"
كِتابةٌ بينَ السُّطور interlineation
**السَّطْوُ على آلمَنازِل** burglary
**سَعة . طاقة** capacity
سَعة (الاحتِواء) holding capacity
**سُعْر** calorie
**سَعَّرَ ـ يُسَعِّرُ** quote; rate
يُسَعِّرُ بِسِعرٍ زائِد overprice
يُسَعِّرُ بِسِعرٍ مُرتَفِع (يَتَعذَّرُ مَعَهُ كَسْبُ أسوقٍ خارِجيَّة) price out of market
**سِعْرٌ** price; rate
سِعرُ الاِحتِكار monopoly price
سِعرُ اِحتِياطيٌّ (لاتُرْسى المُناقَصةُ على احَدٍ دُونَه) reservation price
السِّعرُ الأَحْسَن best price
السِّعرُ الأَدْنى (rock-) bottom price
السِّعرُ الأدْنى المُحَدَّدُ لِسِلعةٍ مَطروحةٍ بِالمَزاد upset price
السِّعرُ الأَساسيّ base price
سِعرُ الاِستِلام delivered price
سِعرُ الاِستِهلاك (لِلسَّهمِ او السَّنَد) redemption price
سِعرٌ اسمِيٌّ nominal price
سِعرُ إسْناد (تَدعَمُهُ الدولةُ لِلتَّشجيع) support price
سِعرُ الإصدار issue price
سِعرُ إعادَةِ البَيع resale price

سِعرُ إعادَةِ الخَصْم (الحَسْم) rediscount rate
سِعرُ أَعْلى ، عَرْضٌ أَعْلى higher bid
سِعرُ الافتِتاح opening price
سِعرُ الإقراضِ الأَدْنى minimum lending rate
سِعرُ الإقفال closing price; close; stop price
سِعرُ الاكتِتاب subscription price
سِعرٌ باهِظ stiff price
سِعرٌ بَرْقيٌّ (بالمِبرَقةِ الكاتِبة) tape price
سِعرُ (البِضاعة) في ارضِها loco price
سِعرُ البِضاعةِ المُستَوَردة (شامِلاً أُجرةَ الشَّحْنِ والرُّسوم) rendu price
سِعرُ البِضاعةِ مَعَ التأمينِ والشَّحْن (سِيف) cost, insurance and freight (C.I.F.)
سِعرُ البَنك bank rate
سِعرُ البَيع selling price
سِعرُ التأمينِ لِمُدَّةٍ قَصيرة short rate
سِعرُ تَجزِئة retail price
سِعرُ التَحَفُّظ reserve price
سِعرُ التَّحوِيل rate of exchange; assignment price
سِعرُ التَّحويلِ الجاري exchange current; current rate of exchange
سِعرُ التَّحوِيلِ الحُرّ free rate of exchange; free market rate
سِعرُ التَّحوِيلِ الرَّسمِيّ official rate of exchange
سِعرُ التَّدَخُّل intervention price

سِعْرُ التَّسلِيفِ عَلى الأوراقِ الماليَّة rate of contango

سِعرُ التَّسلِيم delivered price

السِّعرُ تَسلِيمُ رَصِيفِ مِيناء landed price

سِعرُ التَّسلِيمِ الفَوريّ spot price

سِعرُ التَّصفِية making-up price

سِعرُ التَّعادُلِ الذَّهَبيّ gold parity

سِعرٌ تَفاضُليّ differential rate; discriminatory price

سِعرُ التَّكافُؤ القِيميّ (بَيْنَ عُملَتَين) mint par of exchange

سِعرُ التَّكلِفة cost price

سِعرُ التَّكلِفة او سِعرُ السُّوق ـ أَخْذاً بالأَقَلّ cost or market price — whichever is lower

سِعرُ التَّكلِفة (بِتَكلِفةِ عَوامِلِ الإنتاج) factor cost

سِعرُ التَّكلِفةِ مُضافاً إليه رِبحٌ مُعَيَّن cost plus

سِعرٌ ثابت fixed price; straight-line rate; flat rate

السِّعرُ الجاري going price

سِعرٌ جَماعيّ group rate

سِعرُ الجُمْلة wholesale price

السِّعرُ حَسَبَ قائِمةِ الأَسعار list price

سِعرُ الحَسْمِ (الخَصْم) . سِعرُ القَطْع discount rate; bank rate; rate of discount

سِعرُ الحَسْمِ الأَدنى (كَما يُحَدِّدُهُ بَنكٌ مَركَزيّ) fine rate

السِّعرُ خارِجَ البُورْصة street price

سِعرُ الخَصْم discount rate

سِعرُ خَصمِ الأَوراقِ التِّجاريَّة commercial paper rate

سِعرُ خَصمِ الكَمبِيالات bill rate

سِعرُ خَصمِ الكَمبِيالاتِ الأَجنَبيَّة long rate

سِعرُ الخَصم (أو القَطع) لَدى المَصارِف bank rate

سِعرُ دارِ السَّكِّ لِلذَّهَب mint price of gold

سِعرُ دارِ السَّكِّ لِلصَّرْف mint par of exchange

السِّعرُ الرَّسميّ official rate

سِعرٌ زائد overcharge

السِّعرُ السّائد ruling price

سِعرُ السَّطْر line rate

سِعرُ السِّلعةِ العائدُ لِلمُنتِج factor cost

سِعرُ السِّلعةِ في المَصنَع manufacturer's price

سِعرُ السُّوق market price; market value

سِعرُ السُّوقِ لِلفائدة market rate of interest

سِعرُ الشَّحْنِ حَسَبَ المَناطِق zone freight rate

سِعرُ الشِّراء purchase price

السِّعرُ الصّافي net price

سِعرُ الصَّرْف exchange rate; rate of exchange

سِعرُ الصَّرْفِ الآجِل forward rate

سِعْرُ الصَّرْفِ الإجماليّ outright rate of exchange

سِعرُ الصَّرفِ بالتَّعادُل exchange at par; par rate of exchange

سِعرُ الصَّرفِ بِما دُونَ التَّعادُل exchange at discount

سِعرُ الصَّرفِ بِما فَوقَ التَّعادُل exchange at premium

سِعرُ صَرفِ التَّحويلِ الخارِجيّ foreign exchange rate

سِعرُ الصَّرفِ الحاليّ exchange current; current rate of exchange

سِعرُ الصَّرفِ الرَّسميّ official exchange rate

سِعرُ صَرفٍ غيرُ مُلائم unfavourable exchange

سِعرُ صَرفٍ قابِلٌ لِلتَّعديل (ضِمنَ حُدودٍ ضَيِّقة) adjustable peg

سِعرُ الصَّرْفِ لِلسُّفتَجَةِ (لِلكَمبِيالة) الخارِجيَّةِ ذاتِ القِيمةِ غيرِ العاديَّة tel quel

سِعرُ الصَّرفِ المُتَقَلِّب fluctuating exchange rate; floating exchange rate

سِعرُ الصَّرفِ المُكافِىء (حَسَبَ تَسعيرةِ صُندوقِ النَّقدِ الدَّوليّ) par exchange rate

سِعرُ الطَّلَب demand price; call price; asked price

سِعرُ الطَّلَبِ الحَدِّيّ marginal demand price

السِّعرُ العادِل fair price

سِعرٌ عاديّ normal price

سِعرٌ عائم floating rate

سِعرُ العَرْض bid price; offer price; supply price

سِعرُ العَرْضِ والطَّلَب bid and asked

سِعرُ العَقْد (السِّعرُ المَنْصوصُ في العَقد) contract price

سِعرٌ فاحِش excessive price

سِعرُ الفائدة rate of interest; interest rate

سِعرُ الفائدةِ الأدنى لِلإقراضِ المَصرِفيّ bank minimum lending rate

سِعرُ الفائدةِ التي يَستَوفِيها المَصرِفُ bank rate of interest

سِعرُ الفائدةِ الثابِتة real interest rate

سِعرُ الفائدةِ الذي يُستَوفى مِنَ المُقتَرِضِ المُعتَمَد prime rate of interest

سِعر فائِدةٍ رَئيسيّ prime rate; fine rate

سِعرُ فائدةِ السُّوقِ الماليَّةِ المَفتُوحة (الحُرَّة) open market rate

سِعرُ الفائدةِ على العُمْلة money rate

سِعرُ الفائدةِ القانونيّ legal rate of interest

سِعرُ الفَتْح first price

سِعرُ الفَتْرة term rate

السِّعرُ في بَلَدِ المَنْشأ current domestic value

السِّعرُ في مَوقِعِ الشِّراء price loco; loco price

سِعْرُ القَطْع . سِعرُ الخَصْم
discount rate; rate of discount; bank rate

سِعرٌ مانِعٌ لِلرَّواج prohibitive price

سِعرُ المَبيع selling price; salable value

سِعرٌ مُتَّفَقٌ عَلَيه agreed price

سِعرٌ مُتَقارِب close price

السِّعرُ المُحَدَّدُ في الطَّلَب demand price

سِعرٌ مُخَفَّض reduced rate; reduced price

سِعرُ المُستَعجَل urgent rate

سِعرٌ مُستَهدَف target price

سِعرُ المَصنَع factory price

سِعرٌ مُعتَدِل moderate price

سِعرٌ مَعروض quotation; offered price

سِعرُ المُفَرَّق retail price

سِعرٌ مُناسِب bargain price

سِعرٌ ناقِص undercharge

سِعرُ نَشرِ الإعلانِ مَرَّةً واحِدة
one-time rate

سِعرُ (نَقلٍ) مُشتَرَك (على خَطَّي نَقلٍ مُختَلِفَين)
joint rate

سِعرُ الوَحْدَة unit price

سِعرٌ وَسَطِيٌّ middle price

سِعرُ الوُصول (السِّعرُ تَسليمُ مِيناءِ الوُصول)
to arrive price

سِعرُ اليَوم day price

آلِيَّةُ السِّعر price mechanism

أَثَرُ السِّعر price effect

اِختِلافُ السِّعر price variance

أدنى سِعرٍ لِلأَسهُم low

اِرتِفاعُ الأَسعارِ بَعدَ انخِفاضِها rebound

أسعارُ التَّحويلِ في السُّوقِ السَّوداء
black market rates

أسعارُ تَحويلٍ مُستَقِلَّةٌ ثابِتة
independent fixed rates

أسعارُ السِّلَع commodity prices

أسعارُ السُّوقِ الحُرَّةِ (في أسواق النَّفط)
arm's length prices

أسعارُ صَرْفٍ ثابِتة
fixed exchange rates

أسعارُ صَرفٍ مُتَعَدِّدة multiple rates

أسعارُ صَرفٍ مُتَقَلِّبَةٌ بِحُرِّيَّة
freely fluctuating exchange rates

الأَسعارُ العُليا والدُّنيا لِلأَسهُم
"highs and lows"

أسعارٌ غيرُ مُختَبَرة untested prices

أسعارُ الفَواتيرِ الخاصَّةِ بِالجَرْد
specific invoice prices for inventory

أسعارٌ قِياسِيَّة standard prices

أسعارٌ مُتَوَقَّعة anticipated prices

أسعارُ المَزرَعةِ الدُّنيا (التَّشجيعِيَّة)
farm prices

أسعارٌ مَضمونة guaranteed prices

أسعارٌ مُعلَنة posted prices

أسعارٌ مَفروضة (من قِبَلِ المُحتَكِرين)
administered prices

أسعارٌ مُقَرَّرةٌ سَلَفاً predetermined rates

أسعارُ النَّقْل transportation rates

أسعارُ النَّقْلِ بِالسِّكَّةِ الحَديد
railway charges

أسهُمٌ ثابِتَةُ السِّعر pegged stock

إصدارٌ بِسِعْرِ التَّكافُؤ (اي بِالقِيمة الاسْمِيَّة) issue at par

إضافَةٌ على السِّعرِ (لِتَحقيقِ الرِّبح) markon

إعادَةُ الأَسعارِ (إلى مُستَواها الطَّبيعيّ) roll-back

إعاناتُ تَدعيمِ أَسعارِ المَزرَعة farm price supports

أَعْلى حَدٍّ لِلسِّعر . السِّعرُ الأَقْصى ceiling price

high أَعْلى سِعرٍ

الإغواءُ بالسِّعرِ المُخَفَّض leader merchandizing

rate variance اِنحِرافُ السِّعر

at par بِالسِّعرِ الأَصليّ

pin-punched price tags بِطاقاتُ الأسعارِ المُخَرَّمة

bargain sale بَيعٌ بأسعارٍ مُخَفَّضة

تَثبيتُ اسعارِ السِّلَعِ (من قِبَلِ الدَّولة) valorisation; valorization

تَثبيتُ السِّعرِ (عِندَ مُستَوًى مُعَيَّن) pegging; price fixing; price maintenance

price freeze تَجميدُ الأَسعار

price determination; price fixing تَحديدُ الأَسعار

price cutting; markdown تَخفيضُ الأَسعار

تَخفيضُ السِّعرِ لِزِيادَةِ المَبيعات trading down

levelling of prices تَسوِيَةُ الأَسعار

ballooning تَصعيدُ الأَسعار

selling price variance تَغايُرُ سِعرِ البَيع

تَغييراتُ مُستَوى الأَسعار price level changes

flurry تَقَلُّبٌ قَصيرُ الأَجَلِ في الأَسعار

التَّقنينُ بِالسِّعر (أو بِالتَّسعير) rationing by price

التَّكلِفةُ او سِعرُ السُّوقِ أَيُّهُما الأَقلّ lower of cost or market

التَّمييزُ في استِيفاءِ الأَسعار price discrimination

scale جَدوَلُ الأَسعار

rate war; price war حَرْبُ الأَسعار

price movements حَرَكاتُ الأَسعار

الحَرَكاتُ العامَّةُ لِلأَسعار general movements of prices

spiral of wages and prices; wages-prices spiral حَلَزُونُ الأُجورِ والأَسعار

price ring; price association حَلْقَةُ (تَقْريرِ) الأَسعار

خُطَطُ تَثبيتِ الأَسعار (ومَنعِ انخِفاضِها) valorisation schemes

خَفضُ الأَسعار (في سُوق الأَوراقِ المالِيَّة) dip

low-priced خَفيضُ السِّعر

price support دَعمُ الأَسعار

price level index دَليلُ مُستَوى الأَسعار

رَفعُ السِّعر (بِنِسبةٍ مِئَوِيَّةٍ مُحَدَّدة) markup

رَقْمٌ بَيانيٌّ (مُؤَشِّر) لِأَسعارِ السِّلَع
commodity price index

زَعامَةُ الأَسعار — price leadership

زِيادَةُ سِعرٍ خَفِيَّة
hidden price increase

سُلَّمُ الأَسعار — scale of prices

سُوقٌ أَسعارُها مُنخَفِضة — heavy market

سِياسَةُ الأَسعارِ لِلصِّناعاتِ المُؤَمَّمة
price policy of nationalised industries

سِياسَةُ الأَسعارِ والدُّخُول
prices and incomes policy

سِياسَةُ السِّعرِ النّاتِج (تَرابُطُ السِّعرِ والمَنتُوجِ لِلرِّبحِ الأَقصى)
price-output policy

سِياسَةُ السِّعرِ الواحِد — one-price policy

صُندوقُ مُوازَنَةِ أَسعارِ الصَّرْف
exchange stabilisation fund

طَرِيقَةُ السِّعرِ المُتَوَسِّطِ المُتَحَرِّك
moving average price method

طَلَبُ السِّعر — price enquiry

طَلَبٌ لِلشِّراء (أو البَيع) بِسِعرِ البُورْصة
market order

طَلَبٌ يُحَدِّدُ سِعرَ بَيعٍ (أو شِراءٍ) السَّهم
limit order

عامِلُ السِّعر — price factor

فَرْقُ سِعرَي البَيعِ والشِّراءِ لَدى السِّمسار
jobber's turn

فَوقَ السِّعرِ الأَصليّ — above par

قانُونُ الأَسعارِ والدُّخُول — Prices and Incomes Act

قائمةُ الأَسعارِ الجارِية — prices current

كَبْحُ الأَسعارِ (بِإحدى الوَسائلِ الاقتِصاديَّةِ المَعرُوفة) — "holding the line"

لائحةُ الأَسعار — price list

لَجنةُ الأَسعار — price commission

لَوحةُ الأَسعار — quotation board

مُحاوَلَةٌ لِتَخفيضِ الأَسعار — raid

مُراقَبةُ الأَسعار — price control

مُرُونةُ الأَسعار — flexibility of prices

مُستَوى الأَسعار — level of prices; price level

مُستَوًى زاحِفٌ لِسِعرِ الصَّرْف
crawling peg

مُعَدَّلاتُ سِعرِ الصَّرْفِ في السُّوقِ السَّوداء
"black" exchange rates

مُفاضَلةُ الأَسعار — price differentiation

مُنافَسةٌ لا سِعريَّة (على أَساسِ النَّوعيَّةِ او الخِدْماتِ الإضافيَّة)
non-price competition

مُنْحَنى عَلاقةِ السِّعرِ بالاستِهلاك
price-consumption curve

مُوازَنةُ سِعرِ الصَّرْف — arbitration of exchange

مُؤَشِّرُ الأَسعار — price index

مُؤَشِّرُ (او دَليلُ) أَسعارِ التَّجزِئة
retail price index

مُؤَشِّرُ (او دَليلُ) أَسعارِ المُستَهلِكين
consumer price index

مُوَظَّفُ مُقارَنَةِ الأَسعار
comparison shopper

النّاتِجُ القَوميُّ بالأَسعارِ الثابِتة
national product at constant prices

النّاتِجُ القَوميُّ بالأَسعارِ الجارِية — national product at current prices

النّاتِجُ القَوميُّ بأَسعارِ السُّوق — national product at market prices

نِسَبُ تَخفِيضِ سِعرِ البَيع — markdowns; markdown rates

نِسبةُ الرِّبحِ إلى السِّعر — dividend/price ratio

نِسبَةُ السِّعرِ إلى الأَرباح — price/earnings ratio (p/e)

نِظامُ الأَسعار — price system

نِظامُ أَسعارِ صَرْفٍ ثابِتةٍ لِلبَعضِ ومُتَقلِّبةٍ لِلآخَرِين — "snake in the tunnel"

نِظامُ السِّعرِ الأَدْنى لِتَقْديرِ التَّكالِيفِ وَوَضعِ الجَداوِل — Least-cost Estimating and Scheduling System (L.E.S.S.)

نِظامُ السِّعرَين (في أَسعارِ الذَّهَبِ ورُسُومِ البَرِيدِ ومُعَدَّلاتِ الصَّرْفِ والفَوائد) — two-tier systems

نِظامٌ مَرِنٌ لِأَسعارِ الصَّرْف — wider-band exchange rates

نَظَرِيَّةُ الأَسعار — price theory

هُبوطُ الأَسعار — fall in prices

يَتَلاعَبُ بأَسعارِ البُورْصة — rig the market

يُثَبِّتُ السِّعر — peg

يَخصِمُ (كَمْبيالةً) بِسِعرٍ مُرتَفِع — shave

يُخَفِّضُ السِّعر — mark down

يَرتَفِعُ (السِّعرُ) فَجأَةً — zoom

يَرفَعُ السِّعر — mark up

يُسَعِّرُ بِسِعرٍ مُرتَفِع (يَتعذَّرُ مَعَهُ كَسبُ أَسواقٍ خارِجيَّة) — price out of market

يَنخَفِضُ (السِّعرُ) فَجأَةً — tumble

**سُفْتَجة . كَمْبيالة** — bill of exchange (B/E); draft

سُفتَجة جَديرة — eligible paper

سُفتَجةُ رُجُوع (بَدَلُ أُخرى لم تُدفَع) — redraft; re-exchange

سِعرُ الصَّرْفِ لِلسُّفْتَجةِ (لِلكَمْبيالة) الخارِجيَّةِ ذاتِ القِيمةِ غيرِ العاديَّة — tel quel

**سَفَرٌ ـ السَّفَرُ لِلخارِج** — foreign travel

أُجرَةُ السَّفَر — fare

أَمتِعةُ السَّفَر — baggage; luggage

بَيانُ مَراحِلِ السَّفَر — itinerary

تَعويضُ سَفَر — travel allowance

جَوازُ سَفَر — passport

مَصاريفُ السَّفَر — travel expenses

**سَفْرة** (بَحريَّة) . **رِحْلة** — voyage

**سَفَرِيَّة** — journey; travel; trip

وِكالةُ سَفَرِيّات — travel agency

**سَفِينُ الرِّبح** — profit wedge

**سَفِينة** — ship

سَفينةُ أَوعِيَةِ (صَناديقِ) الشَّحْن — container ship

سَفينةٌ بُخاريَّة . باخِرة — steamer

سَفينةٌ تِجاريَّة — merchantman

سَفينَةٌ شِراعيَّة . يَخْتٌ — yacht

سَفينةٌ صَغيرة — hoy

سَفينةُ صَيدٍ جَرْفِيّ (تَجُرُّ شَبكَةً او جارُوفة) — trawler

سَفينةٌ مُبَرَّدة — reefer

سَفينةٌ مُتَجوِّلة (جَوّالة) — tramp steamer

سَفِينَةُ نَقْلِ البَضائعِ السائبة
bulk carrier

passenger liner سَفِينَةُ نَقْلِ الرُّكّاب

fruiter سَفِينَةُ نَقْلِ الفَواكِه

jetsam بَضائعُ مَطروحةٌ مِن سَفينة

ship's manifest بَيانُ شِحْنَةِ السَّفينة

shipwreck تَحطُّمُ السَّفينة

registration of ship تَسجِيلُ السَّفينة

تَسليمٌ (فُوب) على السَّفينة
free on board (F.O.B.)

تَقريرُ رُبّانِ السَّفينةِ (لِلجُمرُكِ عن الشِّحْنةِ والطّاقَم)
ship's report

hull جِسمُ او بَدَنُ السَّفينة

stranding (of ship) جُنُوحُ (السَّفينة)

wreck حُطامُ السَّفينةِ الغارِقة

dock حَوضُ السُّفُن

ship tackle رافِعاتُ السَّفينة

shipmaster رُبّانُ السَّفينة

dockage; dock dues رُسُومُ إرساءِ السَّفينة

log book; registry سِجلُّ السَّفينة

coasters سُفُنٌ ساحِليَّة

bottomry bond سَنَدُ رَهْنِ السَّفينة

شَرِكَةُ حِمايَةِ صِناعَةِ بِناءِ السُّفُنِ القَومِيَّة
National Shipbuilders' Security

lumper عامِلُ تَفريغِ (او شَحنِ) السُّفُن

عَقْدُ استِئجارِ السَّفينةِ وبَحّارَتِها
demise charter

ship's articles عَقْدُ عَمَلِ بَحّارةِ السَّفينة

on deck; over deck عَلى سَطْحِ السَّفينة

bottom; draught غاطِسُ السَّفينة

في (عَنْبَرِ) السَّفينة وعَلى ظَهرِها
in and over

ship chandler مُتَعَهِّدُ تَموِينِ السُّفُن

log مِقياسُ سُرعةِ السَّفينة

home port مِيناءُ مَوطِنِ السَّفينة

يَنْقُلُ من سَفينةٍ إلى أُخرى
tranship; transship

fall; tumble **سَقَطَ ـ يَسقُطُ**

junk **سَقَطٌ . نُفاية . خُرْدة**

downfall; drop **سُقُوط**

زاوِيَةُ السُّقُوط او الوُرُود
angle of incidence

irrigation **سَقْي . رِيّ**

coin **سَكَّ ـ يَسُكُّ النُّقُود**

coinage; minting; monetization **سَكٌّ ـ سَكُّ النُّقود**

recoinage إعادَةُ سَكِّ العُمْلة

free coinage حُرِّيَّةُ السَّكّ

mint دارُ سَكِّ العُمْلة

Royal Mint دارُ السَّكِّ المَلَكِيَّة

mintage; brassage رَسْمُ سَكِّ النُّقُود

Master of the Mint مُديرُ دارِ سَكِّ النُّقُود

mint ratio نِسبَةُ السَّكّ

population; inhabitants **سُكّان**

working population السُّكّانُ العامِلون

ageing population السكّانُ المُعَمَّرون

سُكّانُ (المَكانِ او المَبْنى)
inmates; inhabitants

demographer باحِثٌ في عِلمِ السُّكّان

population distribution تَوزِيعُ السُّكّان

ثَباتُ عَدَدِ السُّكّان zero population growth م.
عَدَدُ السُّكّانِ الأَمْثَل
optimum population
عَدَدُ سُكّانٍ مُتَزايِد
increasing population
عِلْمُ السُّكّانِ الإحصائيّ demography
غَيضُ السُّكّان . قِلَّةُ السُّكّان (بالنِّسبَةِ لِلمَوارِدِ المُتاحة) underpopulation
فَيضُ السُّكّان overpopulation
قَليلُ السُّكّان underpopulated
كَثافَةُ السُّكّان population density
مُشكِلَةُ السُّكّان population problem
مُكتَظٌّ بالسُّكّان overpopulated
مُؤتَمَرُ السُّكّانِ العالَميّ
World Population Conference
نَظَرِيَّةُ مالثُوس في السُّكّان
Malthusian Theory of Population
نَقصُ السُّكّان depopulation
**سُكّانيّ . مُتَعَلِّقٌ بِإحصاءاتِ السُّكّان**
demographic
اِنفِجارٌ سُكّانيّ demograpric explosion; population explosion
تَزايُدٌ سُكّانيٌّ صِفرِيّ zero population growth (z.p.g.)
التَنَبُّؤُ السُّكّانيّ population projection
مَجمُوعَةٌ سُكّانِيَّةٌ مُتَناقِصة
declining population
**سِكَّة . طَريق** road
**سِكَّةٌ حَديدِيَّة** railway; railroad
سِكَّةُ حَديدٍ دائرِيَّة belt-line railroad
سِكَّةُ حَديدٍ مُعَلَّقة overhead railway
اسعارُ النَّقلِ بالسِّكَّةِ الحَديد
railway charges
بُوليصَةُ شَحْنٍ بالسِكَّةِ الحَديد
rail(way) bill of lading; railway policy
تأمِيمُ (تدويلُ) السِّكَكِ الحَديدِيَّة
nationalization of railways
تَشريعُ العَمَلِ في سِكَكِ الحَديد
Railroad Labor Act
تَصنيفُ شَرِكاتِ سِكَكِ الحَديد
classification of railroads
خَطُّ سِكَّةِ حَديدٍ قَصير spur line
سِكَكُ حَديدٍ تَحتَ الأَرض
underground railways
سَنَدُ سِكَّةِ الحَديد rail bond
عاجِلُ بالسِّكَّةِ الحَديد railex
عَرضُ السِّكَّةِ الحَديدِيَّة gauge
قانونُ حَرَكةِ السِّكَكِ الحَديدِيَّةِ والطُرُق
Road & Rail Traffic Act
قانونُ السِّكَكِ الحَديدِيَّة Railways Act
مَحطَّةُ سِكَكٍ حَديدِيَّة railway station
نَقلُ بالسِّكَكِ الحَديدِيَّة railway carriage
هَوَسُ السِّكَكِ الحَديدِيَّة railway mania
**سُكَّر ـ مَجلِسُ السُّكَّر** Sugar Board
مُؤَسَّسَةُ السُّكَّر (لإنتاجِ السُّكَّرِ مَحَلِيّاً في بريطانيا)
Sugar Corporation
**سِكرِتير . أَمينُ سِرّ** secretary
سِكرتيرٌ خاصّ private secretary
مَعهَدُ السِّكرِتيرِينَ والإدارِيِّينَ القانونِيِّين
Institute of Chartered Secretaries and Administrators

مُؤَسَّسةُ السِّكرِتيرِين Corporation of Secretaries

**سَكَنَ ـ يُسكَنُ . صالِحٌ لِلسُّكْنى** habitable

**سَكَنٌ . سُكْنى** lodging; lodge; housing; dwelling

عِلاوَةُ سَكَن housing allowance

مُدُنٌ سَكَنيَّة (ليسَ فيها صِناعات) dormitory towns

**سَكَنٌ . مَأْوى** lodge; dwelling; abode; living quarters

سَكَنٌ مُقَيَّد (يُقَدِّمُهُ الآجِرُ لِلأَجير) tied cottage

ضَريبَةُ سَكَن house duty

**سُكُوت** (الرِّضى) lying by

**سَلامة** safety; security

سَلامَةُ راسِ المال safety of principal

إجراءاتُ السَّلامة safety procedures

حَدُّ السَّلامة margin of safety

ضَمانُ سَلامَةِ المُرور safe-conduct

عامِلُ السَّلامة safety factor

قانُونُ سَلامَةِ الطُّرُق Road Safety Act

**سَلَبَ ـ يَسلُبُ** fleece

**سَلْبُ الأشخاص** robbery

**سَلَبٌ . أسلاب** plunderage

**سَلْبيّ** passive; negative

الاِختِلالُ السَّلبيّ negative disequilibrium

سَنَدٌ سَلبيّ (بِدُونِ فائدة) passive bond

فائِدةٌ سَلبيَّة negative interest

مَوقِفٌ سَلبيّ negative attitude

**سِلْسِلة** chain; range; series

سِلسِلةٌ إختياريَّة (مَجمُوعةُ مَتاجِرَ تُوَحِّدُ سِياساتِها في البَيعِ والتَّرويجِ اختِياريًا) voluntary chain

سِلسِلةُ بُنوك bank chain

سِلسِلةُ العَيِّنات range of samples

سِلسِلةٌ كامِلة gamut

سِلسِلةُ مُنتَجاتٍ غيرِ مُربِحة unprofitable product line

سِلسِلةُ الوَقْت time series

مَتاجِرُ سِلسِليَّة . مَتاجِرُ مُتَعَدِّدةُ الفُروع multiples; multiple shops; multiple stores; chain stores

مَتجَرٌ في سِلسِلةٍ لِلبَيعِ بالمُفَرَّق chain retail store

**سُلْطة . قُدْرة** (على) power; influence; authority

سُلطةٌ إداريَّة administrative authority

سُلطة إقليميَّة regional authority

سُلطة التَّرخِيص licensing authority

سُلطة تَشريعيَّة legislative authority

سُلطة تَنفِيذيَّة executive authority

سُلطةٌ على البَيع power of sale

سُلطة (قَضائِيَّة) إقليميَّة territorial jurisdiction

سُلطةٌ مُطْلَقة absolute authority

سُلطةُ المِيناء port authority; harbor authority

سُلطةُ مِيناءِ لَنْدَن Port of London Authority (P.L.A.)

تَسَلسُلُ السُّلُطات chain of command

خَطُّ السُّلطة line of command

سُلطاتٌ دُستُوريَّة constitutional powers
سُلطاتٌ نَقدِيَّة monetary authorities
مَبدَأ إخضاعِ الدَّولةِ لِسُلطةٍ أعلى مِن سِيادةِ الحُكومةِ الوَطنيَّة
supranationality
سِلَعٌ (أنْظُرْ سِلْعة) goods; commodities
سِلْعة . بِضاعة commodity; article
سِلعةُ احتِساب (كَمِقياسٍ لِلقِيمة)
numéraire
سِلعةٌ اقتِصاديَّة economic good
السِّلعةُ الأكثَرُ رَواجاً best seller
سِلعةٌ جانِبيَّة . نِتاجٌ ثانَويّ او فَرْعي
by-product
سِلعةٌ مُجتَذِبة (بِسِعرِها الرَّخيص)
loss leader; price leader
سِلعةٌ مُحَسَّنة (مِمّا يَزيدُها قِيمَةً)
improved good
سِلعةٌ مُرتَجَعة returned article
سِلعةٌ مُغْرِية bait
سِلعةٌ مَغشُوشة swindle
أسعارُ السِّلَع commodity prices
الإعلانُ عن سِلعةٍ مُغْرِية bait advertising
بائعُ سِلَعٍ مَسرُوقة fence
بَيانُ تَكاليفِ السِّلَعِ المُصَنَّعة statement of cost of goods manufactured
بَيعُ السِّلَع sale of goods
تَكلِفةُ السِّلَعِ المَبيعة cost of goods sold
تَكلِفةُ السِّلَعِ المَصنُوعة cost of goods manufactured
خُطَطُ تَقييدِ السِّلَع commodity control schemes
دَورةُ السِّلَعِ المُنتَجة . إجماليُّ حَرَكةِ السِّلَعِ المُنتَجة turnover of finished goods
الذَّهَبُ كَسِلعة commodity gold
سِعرُ السِّلعةِ العائدُ لِلمُنتِج factor cost
سِلَعُ أجْر . سِلَعٌ أجرِيَّة wage-goods
سِلَعٌ أُحاديَّةُ الاستِخدام
single-use goods
سِلَعُ الاستِهلاكِ النِّهائيّ
final consumers' goods
سِلَعٌ استِهلاكيَّة consumer goods; consumption goods
سِلَعٌ استِهلاكيَّةٌ صامِدة او مُعَمِّرة
consumer durables; consumer durable goods
سِلَعٌ أصلِيَّة original goods
سِلَعٌ إنتاجِيَّة capital goods; producers' goods
سِلَعٌ جَماعِيَّةُ المِلكِيَّة collective goods
سِلَعُ الدَّرَجةِ الأُولى firsts
سِلَعُ الدَّرَجةِ الثّانِية seconds
سِلَعٌ دُنْيا inferior goods; Giffen goods
السِّلَعُ الراسمالِيَّة instrumental capital
سِلَعٌ رَخْصة (سَريعةُ التَّلَف) soft goods
سِلَعٌ رَديئة dud goods
سِلَعٌ رَئيسيَّة staple
سِلَعٌ شِبهُ مَتينة semi-durable goods
سِلَعٌ ضارَّة (او عَديمةُ النَّفْع) illth
سِلَعٌ عُلْيا superior goods
سِلَعٌ غيرُ مادِّيَّة non-material goods

سِلَعٌ غيرُ مُتَجانِسة heterogeneous commodities
سِلَعٌ غيرُ مُعَمَّرة single-use goods
سِلَعٌ فانِية perishable goods
سِلَعٌ فَخْمة fancy goods
السِّلَعُ القَديمة (أو المُستَعمَلة) التي تُعرَضُ على الجُمْهور trade-ins
سِلَعٌ قُماشيَّة dry goods
سِلَعٌ كَماليَّة luxury articles; fancy goods
سِلَعٌ مُتَجانِسة homogeneous commodities
سِلَعٌ مُتَعَدِّدةُ المَراتِب goods of varying orders
سِلَعٌ مُتَنافِسة rival commodities
سِلَعٌ مَتينة durable goods
سِلَعٌ مُستَورَدة import goods
سِلَعٌ مُصَنَّعة . بَضائعُ مَصنُوعة manufactured goods
سِلَعٌ مَعروضة displayed goods
سِلَعٌ مَفقودة (أو مَطْروحة) في البَحْر flotsam and jetsam
سِلَعٌ مُنتِجة producer goods
سِلَعٌ مَوسُومة (بِعَلامةٍ تِجاريَّة) branded goods
سِلَعٌ نِصْفُ جاهِزة intermediate goods
سِلَعُ الوَجاهة . سِلَعٌ اعتِباريَّة prestige goods
سِلَعُ اليُسْر . سِلَعٌ استِهلاكيَّةٌ مُيَسَّرة convenience goods
سِمْسارُ سِلَع produce broker

سُوقُ السِّلَع commodity market
سَيّارةُ تَسليمِ السِّلَع delivery van
شِراءُ السِّلعةِ نَفسِها (من قِبَلِ صاحِبِها) buying in
ضَريبةٌ على السِّلَعِ الكَماليَّة luxury tax
عَلاماتُ السِّلَعِ التجاريَّة merchandise marks
عِلمُ إنتاجِ السِّلَعِ والثَّرَوات chrematistics
قَسيمةُ السِّلَعِ المَطلوبة want-slip
قِيمةُ الدولارِ بالسِّلَع commodity dollar
مُؤَسَّسةُ التسليفِ لِتَصْريفِ السِّلَع commodity credit corporation
نِظامُ دَفعِ الأُجورِ سِلَعاً (من مَتجَرٍ يَملِكُهُ رَبُّ العَمَل) truck system
نُقودٌ سِلعيَّة commodity money
وَثيقةُ إدخالِ السِّلَعِ المُستَورَدةِ لِلاستِخدامِ المَحَلّيّ entry for home use
وَثيقةُ إدخالِ السِّلَعِ المُستَورَدةِ لِلتَّخْزين entry for warehousing
وَثيقةُ إدخالِ السِّلَعِ المُعفاة (مِنَ الضَّرائبِ الجُمرُكيَّة) entry for free goods
يُبْدِلُ سِلعةً قَديمةً بِسِلعةٍ جَديدة trade in

**سَلَّفَ ـ يُسَلِّفُ** imprest
**سُلْفة** advance; imprest
سُلفةٌ تِلقائيَّةٌ سَداداً لِلقِسْط automatic loan; automatic premium loan
سُلفة على بُوليصةِ التأمين policy loan
سُلفة مَكشُوفة (سَحْبٌ على المَكشُوف) bank overdraft
سُلفةٌ نَقدِيَّة cash advance

حِسابُ السُّلَف (لِلنثريّات)
impress account

حِسابُ السُّلَفِ والقُروض loan account

سُلَفُ او قُروضُ البَنْك bank advances

سُلَفٌ على السَّنَدات advance against securities

سُلْفاتُ الخَزينةِ المُباشِرةِ من بَنْكِ إنجلترا
ways and means advances

صُندوقُ السُّلَف impress fund

نِظامُ السُّلفةِ المُستَديمة impress system

**سَلَكَ ـ يَسلُكُ** conduct

**سَلَّمَ ـ يُسَلِّمُ** hand

مَبيعاتٌ تُسَلَّمُ فيما بَعد will-call sales

**سُلَّم** ladder; scale; staircase

سُلَّمُ الأُجور wage scale

سُلَّمُ الأَسعار scale of prices

سُلَّمُ التعرِفات scale of rates

سُلَّمُ التعرِفةِ المُتَحَرِّكة
sliding scale tariff

سُلَّمُ التكاليف cost ladder

سُلَّمُ الرُّتَبِ والوَظائف . مِلاك cadre

سُلَّمٌ مُتَغايِر او مُتَحَرِّك sliding scale

سُلَّمٌ مُختَصَر reduced scale

نِظامٌ سُلَّميّ ladder system

**سُلوك** behavior; behaviour; conduct

سُلوكُ التَّكلِفة cost behaviour

سُلوكٌ غيرُ لائق improper conduct

سُلوكُ المُستَهلِك consumer behaviour

سُلوكٌ مَنطِقيّ . سُلوكٌ رَشيد
rational behaviour

سُوءُ سُلوك . سُوءُ تَصَرُّف misconduct

مَذهَبُ السُّلوك behaviorism; behaviourism

**سَليم . صَحيح** intact; sound

حامِلُ (كَمْبيالةٍ) سَليمُ النِّيَّة
holder in due course

**سَمّى ـ يُسَمّي** name; designate

**سَماح** permission

وَثيقةُ سَماحٍ لِمُرورِ السَّفينةِ المُحايِدةِ في مِياهٍ مَحْظورة naval certificate (navicert)

**سِمة** stamp; mark; sign; feature

سِمَةُ الشَّرِكَة house style

**سَمَحَ ـ لا يُسمَحُ بِنَقلِهِ بِالبَريد**
non-mailable

**سَمْحٌ . مُتَسامِح** permissive

**سِمْسار . وَسيط** broker

سِمسارُ اوراقٍ ماليَّة stockjobber; jobber; bill broker

سِمسارُ (بُورصةِ الأوراقِ الماليَّة)
stock broker

سِمسارُ تَأمين insurance broker

سِمسارُ تأمينٍ بَحْريّ
marine insurance broker

سِمسارُ حَسْم ، سِمسارُ خَصْم
discount broker; bill broker

سِمسارٌ حُكوميّ government broker

سِمسارٌ خارِجيّ outside broker; licensed dealer

سِمسارُ الخَمْسةِ في المِئَة five percenter

سِمسارُ سِلَع produce broker

سِمسارُ شَحْن ship broker

سِمْسارُ عَقارات — real estate broker; estate agent; land agent

سِمسارٌ في سُوقِ الأوراقِ الماليَّة (لا يَتعامَلُ بما يَزيدُ على ١٠٠ سَهم) — odd-lot broker

سِمسارٌ في سُوقِ النَّقْد — money broker

سِمسارُ القَطْعِ الأَجنَبي — foreign exchange broker

سِمسارٌ مُتَخَصِّص — specialist broker

سِمسارٌ مُرَخَّصٌ له — licensed broker

سِمسارٌ وَسيطٌ لِخَصْمِ الكَمْبيالات — running broker

تَسجيلُ السَّهمِ باسمِ السِمْسار (لا بِاسمِ صاحِبِه) — street name

تَكليفُ عِدَّةِ سَماسِرةٍ لِبَيعِ (أو تأجيرِ) العَقار — multiple listing

شَرِكةُ سَماسِرةِ التأمين — Corporation of Insurance Brokers

عُضْوٌ في شَرِكةِ سَماسِرةِ التأمين — incorporated insurance broker

عَقْدُ السِّمسار — broker's contract

فَرْقُ سِعرَي البَيعِ والشِّراءِ لَدى السِّمسار — jobber's turn

**سَمْسَرة . عُمولة** — brokerage; factorage

مَكتَبُ وَساطة أو سَمسَرة — brokerage firm

**سُمْعة . شُهْرة** — reputation

سُمعة تِجاريَّة — goodwill

**سِنّ** (عُملة يابانيَّة) — sen

**سِنّ . عُمْر** — age

سِنُّ التقاعُد — retirement age; pensionable age

سِنُّ التَّمْييز — age of discretion

سِنُّ الرُّشْد — majority

سِنُّ الزَّواج — marriage age

السِنُّ القانونيَّة — lawful age

مُعَدَّلُ الوَفَياتِ حَسَبَ السِّنّ — age-specific mortality rate

**سَناهِيَة . مَعاشُ التقاعُد** — annuity

سَناهِيَةٌ لِأَجَل — terminable annuity

سَناهِية مُشْتَرَكة — joint annuity

سَناهِية مُؤَجَّلة — deferred annuity

أَصحابُ السَّناهِيات — annuitants

سَناهِياتٌ حُكوميَّة — government annuities

سَناهِياتُ وَفاءِ ضَريبةِ العُشُور — tithe redemption annuities

**سَنة . عام** — year

سَنَةُ الأَساس (لِلمُقارَنة) — base year

سَنَةُ بُوليصَةِ التأمين — policy year

سَنةٌ تِجاريَّة — commercial year

السَّنَةُ التجاريَّةُ الطبيعيَّة — natural business year

سَنَةٌ تَقويميَّة — calendar year

السَنَةُ الحاليَّة — current year

سَنةٌ كَبِيسة — leap year

السَنَةُ الماضِية — past year

سَنةٌ ماليَّة — financial year; fiscal year

إجارَةٌ من سَنةٍ إلى سَنة — tenancy from year to year

أساسُ السَنةِ التقويميَّة — calendar year basis

أساسُ السنةِ الماليَّة — fiscal year basis

حِصَّةُ أَرباحِ نِهايةِ السَّنة
year-end dividend

رَجُلٌ يَتقاضى دُولاراً في السَّنة (كَراتِبٍ رَمْزيّ)
dollar-a-year man

طَريقةُ مَجموعِ أَرقامِ السَّنَوات
sum-of-the-years'-digits method

في السَّنة per annum

مُلَخَّصُ عَمَلِيّاتِ السَّنة
year-end summarization

**سِنْت** cent

**سَنْتي – جُزْءٌ مِن مِئَة** centi-

**سَنَدٌ** bond; debenture; security

سَنَدٌ أَزْرَق (لا يَتأثَّرُ بالأزَمات)
blue chip

سَنَدُ استِثمار investment bond

سَنَدُ استِئناف appeal bond

سَنَدُ امتِياز preference bond

سَنَدُ إنماء development bond

سَنَدٌ ائتِمانيّ fiduciary* bond

سَنَدُ إيراد revenue bond

سَنَدٌ بِدونِ فائدة non-interest-bearing note (or bond)

سَنَدٌ بَسيط simple debenture

سَنَدٌ بِضَمانِ رَهْنِ مُمتَلَكاتِ الشَّركة
corporate mortgage bond

سَنَدٌ بِفائدة interest-bearing bond

سَنَدٌ بَلَديّ municipal bond

سَنَدُ تأمين insurance bond

سَنَدٌ تِجاريّ debenture

سَنَدٌ تِجاريٌّ لِحامِلِه bearer debenture

سَنَدُ تَجديد renewal bond

سَنَدٌ تَسدِيدُهُ اختِياريّ optional bond

سَنَدُ تَسوِية adjustment bond

سَنَدُ تَصدِير export bond

سَنَدُ تَقسِيط (تُستَعادُ قِيمَتُهُ على اقساط) instalment bond

سَنَدُ تَموِيلِ شِراءِ مُعَدّات
equipment trust bond

سَنَدٌ حُكوميّ government bond

سَنَدٌ حُلوليّ (يَحُلُّ مَكانَ سَنَدٍ آخَر)
refunding bond

سَنَدٌ دائم – يُدِرُّ فائدةً سَنَوِيَّةً مُستَمِرَّة
irredeemable bond

سَنَدُ دَينٍ ثابِت stabilized bond

سَنَدُ دَينٍ مُمتاز priority bond

سَنَدُ رَهْن mortgage bond

سَنَدُ رَهْنِ السَّفينة bottomry bond

سَنَدُ رَهْنٍ عامّ
general mortgage bond

سَنَدُ رَهْنٍ لِتَحسِينِ عَقار
improvement mortgage bond

سَنَدُ رَهْنِ مَتاع
chattel mortgage bond

سَنَدُ سِكَّةِ الحَديد rail bond

سَنَدٌ سَلْبيّ (بِدُونِ فائدة) passive bond

سَنَدٌ شامِل blanket bond

سَنَدُ شَرِكة corporate bond

سَنَدٌ صَغير baby bond

سَنَدٌ صِناعيّ industrial bond

سَنَدٌ ضَريبيّ tax bond

سَنَدٌ عَمَليّ (قابِلٌ لِلدَّفعِ بأيِّ عُمْلةٍ قانُونيَّة)
currency bond

سَنَدٌ غيرُ قابلٍ لِلتَّداوُل
non-negotiable bond

سَنَدٌ قابِلٌ لِلاستِهلاك redeemable bond

سَنَدٌ قابِلٌ لِلتحوِيل convertible bond

سَنَدٌ قابِلٌ لِلتَّغْيير (او لِلمُبادَلة)
interchangeable bond

سَنَدُ قَرْض debenture bond

سَنَدُ كَفالة bail bond; surety bond

سَنَدُ لاحتِياطيِّ استِهلاكِ القَرْض
sinking fund bond

سَنَدٌ لِحامِلِه bearer bond; bearer warrant; coupon bond

سَنَدٌ مُتَسَلسِل serial bond

سَنَدٌ مُتَوازِن balanced bond

سَنَدُ مُجامَلة complaisance bond; kite

سَنَدُ مُجامَلةٍ مَصرِفيّ
bank accommodation

سَنَدٌ مُحَمَّلٌ (لِشَرِكةٍ أُخرى)
assumed bond

سَنَدٌ مَرِن flexible bond

سَنَدٌ مُستَودَع warehouse bond

سَنَدٌ مُشارِك (في الأرباح) participating bond; profit-sharing bond

سَنَدُ (دَينٍ) مُشتَرَكٌ بِالتَّضامُنِ والتَّكافُل
joint and several bond

سَنَدٌ مُصَنَّف classified bond

سَنَدٌ مَضمُون guaranteed bond; secured bond; secured debenture

سَنَدٌ مَضمونٌ بِعَقار real estate bond

سَنَدٌ مَطلوبٌ لِلتَّسدِيد called bond

سَنَدٌ مُظَهَّر indorsed bond

سَنَدٌ مُعَزَّزٌ بِضَمانٍ اضافيّ
collateral trust bond

سَنَدٌ مُقابِلَ الفائدة interest bond

سَنَدٌ مُمتاز preference bond

سَنَدٌ من فِئَة «أ» ، فِئَة «ب» ، الخ.
A bond , B bond , etc.

سَنَدٌ مُؤَقَّت interim bond

سَنَدٌ نَظيف clean bond

سَنَدٌ نَقدِيّ cash bond

سَنَدٌ نِهائيّ definitive bond

احتِياطيُّ استِهلاكِ السَّنَداتِ المُستَثمَرَة
bond sinking fund

إصدارُ سَنَدات bond issue

إصدارُ سَنَداتٍ مُتَسَلسِلة
serial bond issue

إضبارةُ سَنَدات . مَجمُوعةُ السَّنَدات
portfolio

تَقدِيرُ السَّنَد bond rating

حامِلُ السَّنَد bond holder

حَسْمُ السَّنَد ــ الخَصْمُ من سِعرِ السَّنَدِ الاسمِيّ bond discount

حِصَّةُ أرباحٍ على شَكلِ سَنَدات
bond dividend

سَنَداتُ الإدِّخار savings bonds

سَنَداتُ الإدِّخارِ البريطانيَّة
British Savings Bonds

سَنَداتٌ إسترلينيَّة sterling bonds

السَّنَداتُ الأورُوبيَّة Eurobonds

سَنَداتٌ بَيضاءُ لِحامِلِها blank bonds

سَنَداتُ التنمِيةِ القَوميَّة
national development bonds

سَندات ثابِتة fixed debentures
سَندات ثانَويّة junior bonds
سَندات الحُكومةِ البريطانيّة consols
سَندات حُكوميّةٌ فَرَنسيّة rentes
سَندات دَخْلٍ (تأمينِيّة) income bonds
سَندات دِفاع. defence bonds
سَندات الدّولة (في المَلكةِ المُتَّحِدة) Funds; the Funds
سَندات دينٍ مَضمونةٌ بِرَهْن mortgage debentures
سَندات دَينٍ مُؤَجَّلة deferred bonds
سَندات ذاتُ أَجَل term bonds
سَندات ذاتُ أنصِبة premium savings bonds
سَندات عادِيّة (غيرُ مُوَثَّقةٍ برَهْن) . naked debentures سَندات عارِية
سَندات غيرُ مَضمُونة (او غيرُ مَكفُولة) unsecured debentures or loan stock
سَندات قابلةٌ لِلتسديد callable bonds; callable stocks
سَندات لُويْد Lloyd's Bonds
سَندات مُتَداوَلة (لا تَزالُ بِحَوزةِ الجُمهور) floating debentures; outstanding bonds
سَندات مُستَمِرّة perpetual bonds
سَندات مَسحُوبة drawn bonds
سَندات مُفَضَّلة overlying bonds
سَندات مَكفُولة secured debenture
سَندات مُوَحَّدة consolidated bonds; unified bonds
شَهادةُ سَنَد bond certificate
عِلاوةٌ على السَّنَد premium on bond
عَوائدُ السَّنَد proceeds of a note
غَسْلُ السَّنَدات (بَيعُها بِكُوبوناتِها ثُمَّ شِراؤُها بِدونِ كُوبونات) bond washing
كَعْبُ السَّنَد (او قَسيمةُ طَلَبِ الكُوبوناتِ فِيه) talon
مَردُودُ او رَيعُ السَّنَد bond yield
مَصرِفُ حَسْمِ السَّنَدات discount bank
وَسيطُ سَنَدات bond broker
وَفاءُ (او رَدُّ قِيمَةِ) السَّنَدات redemption of bonds
**سَنَدٌ . وَثيقة** deed; instrument; paper
سَنَدُ بَراءةِ (الذِّمّة) quittance
سَنَدُ بَيانِ جِنسيّةِ السَّفينة sea letter; sea-brief
سَنَدُ تَغطِية covering deed
(سَنَدُ) تَفويضٍ بالشِّراء authority to purchase
سَنَدُ تَمَلُّك title; title deed
سَنَدُ تَمليك muniment of title; conveyance
سَنَدُ تَنازُل quitclaim deed
سَنَدٌ جَدير eligible paper
سَنَدُ رَهْنٍ ائتِمانيّ trust deed
سَنَدُ ضَمان warranty deed
سَنَدٌ قابِلٌ للتَّداوُل negotiable paper
سَنَدٌ مُتَبادَلُ الالتِزامات indenture deed
سَنَدُ المِلكِيّة title-deed
أَسهُمٌ وسَنَداتٌ حُكوميّة government securities

خُلاصَةُ سَنَدِ المِلكِيَّة abstract of title
سَحْبُ سَنَدٍ وَهْمِيّ kite flying
سُلَفٌ على السَّنَدات advance against securities
سَنَدات . اوراقٌ ماليَّة . أَسهُم stocks
سَنَداتٌ (او أَسهُمٌ) غيرُ مُسَعَّرة unquoted securities
سَنَداتُ قُروضٍ قابِلةٌ لِلتحوِيلِ (إلى أسهُمِ مِلكِيَّة) convertible loan stock
سَنَداتٌ ماليَّةٌ اوَّلِيَّة primary securities
السَنَداتُ الماليَّةُ الدَّوليَّة international securities
سَنَداتٌ ماليَّةٌ ذاتُ عَوائدَ ثابِتة fixed yield securities
سَنَداتٌ (او أَسهُمٌ) مَضمُونة gilts
سَنَداتٌ مُؤَجَّلة deferred stock
ضامِنُ السَّنَدات underwriter
طَرْحُ سَنَداتٍ (او أَسهُم) في السُّوق flotation
عَقْد السَّنَداتِ الطويلةِ الأَجَل trust indenture
وَديعةُ السَّنَدات deposit of securities
**سَنَد . كَمْبِيالة** bill; promissory note
سَنَدٌ إذْنِيّ promissory note
سَنَدُ اعتِرافٍ بالدَّين due bill
سَنَدُ اعتِماد bill of credit
سَنَدُ بَيع bill of sale
سَنَدُ بَيْعٍ مَشْروط conditional bill of sale
سَنَدٌ تِجاريّ trade bill
سَنَدُ شَحْنِ البَضائع bill of lading
سَنَدُ شَحْنٍ مَشْروط claused bill of lading
سَنَدٌ على بَياض blank bill
سَنَدٌ على الخَزينة exchequer bill; treasury bill; treasury bond; treasury note
سَنَدٌ لِأَمْر . كَمْبِيالة لِأَمْر order bill of exchange; order paper
سَنَدٌ ماليّ finance bill
سَنَدٌ مَحلِّيّ . كَمْبِيالة مَحلِّيَّة local bill
سَنَدٌ مَرْفوض dishonored note
سَنَدٌ مُستَحِقّ due bill
سَنَدٌ مُستَحِقٌ عندَ الاطِّلاع bill payable at sight
سَنَدٌ مَسحوبٌ من فَرعِ مَصرِفٍ على فَرعٍ آخَرَ لِلمَصرِفِ نَفسِه pig on pork
سَنَدٌ مَصرِفيّ . وَرَقةٌ مَصرِفيَّة bankable bill
سَنَدٌ مُعلَّقُ التسليم escrow
سَنَدٌ مَقبول accepted bill
سَنَدٌ مَكتوبٌ بِخَطِّ مُنشِئه holograph
سَنَدٌ من الدرَجةِ الأُولى prime bill
سَنَدٌ مَوقُوف bill in suspense
سَنَدٌ يَقبَلُهُ المَصرِف bankable bill of exchange
استِبدالُ السَّنَدِ المُستَحِقّ بآخَرَ جَديد refunding
إشعارٌ بالكَمْبِيالةِ أو السَّنَد (عندَ الاستِحقاق) note notice
الإعتِراضُ على سَنَد protesting a note

تَخَلُّفٌ عن سَدادِ سَنَد
defaulting on a note

note register سِجِلُّ السَنَدات

acceptance bills سَنَداتُ القَبُول

bills payable سَنَداتٌ مُستَحِقَّةُ الدَّفع

سَنَداتٌ مُستَحِقَّةُ القَبْض
bills receivable

قِيمةُ السَّنَدِ عندَ الاستِحقاق
maturity value of a note

maker of a note مُحَرِّرُ سَنَدٍ او كَمْبيالة

payee of a note المُستَفيدُ من السَّنَد

**annual سَنَويّ**

annual leave إجازةٌ سَنَويَّة

أَجْرٌ سَنَويّ مَضْمُون
guaranteed annual wage

annual report; annual return تَقريرٌ (او بَيانٌ) سَنَويّ

annual wage plan خُطَّةُ الأَجْرِ السَّنَويّ

yearly income دَخْلٌ سَنَويّ

quarterly رُبْعُ سَنَويّ . فَصْليّ

annual return (A.R.) عائدٌ سَنَويّ

annual increment عِلاوةٌ سَنَويَّة

yearly premium قِسطٌ سَنَويّ

yearbook كِتابٌ سَنَويّ

annual budget مِيزانيَّةٌ سَنَويَّة

half-yearly; semi-annual نِصْفُ سَنَويّ

**facilitate سَهَّلَ ـ يُسَهِّلُ**

**easy سَهْلٌ**

handy سَهْلُ المُتَناوَل

soft selling البَيعُ السَّهْل

التَّعبيرُ بِرُموزٍ سَهْلَةِ الحِفْظ
mnemonic coding

characteristics of easy movement خَواصُّ الحَرَكةِ السَّهْلة

**stock; share سَهْمٌ . سَنَد**

blue chip سَهمٌ أَزْرَق (لا يَتأثَّرُ بالأَزَمات)

سَهمٌ عالِي الرَّيع (يُزادُ بِهِ الرَّيعُ الإجماليُّ لِلاستِثمار)
"mixer"

bonus share سَهمٌ عِلاوة

سَهمٌ غيرُ مُقَوَّم (يُمَثِّلُ حِصَّةً لمالِكِه في الشَّرِكة)
unvalued stock

convertible stock سَهمٌ قابِلٌ لِلتحوِيل

سَهمٌ قابِلٌ لِلزِّيادة (في سِعرِه)
assessable stock

سَهمٌ قانونيّ (مِن مِيراث)
statutory portion

سَهمٌ كامِل (قِيمَتُه الاسمِيَّة ١٠٠ دولار)
full stock

سَهمٌ ماليٌّ غيرُ مُسَجَّلٍ في قائِمةِ البُورْصة
unlisted security

assigned stock سَهمٌ مُحَوَّل

full-paid stock سَهمٌ مَدفوعٌ بالكامِل

سَهمٌ مُسَجَّلٌ في قائمةِ البُورْصة
listed security; listed stock

cumulative preferred stock; cumulative preference share سَهْمٌ مُمْتازٌ تَراكُميُّ الأَرباح

سَهمٌ مِن فِئة ا ، ب ، إلخ.
A stock, B stock, etc.

deferred stock; deferred share سَهمٌ مُؤَجَّلُ الأَرباح

سَهْمٌ نَشِيط active stock
سهمٌ نِصْفيّ (قِيمَتُهُ الاسمِيَّة ٥٠ دولارا) half stock
أدْنى سِعرٍ لِلأَسهُم low
إِستِردادُ الأَسهُم retirement of stock
الاسعارُ العُلْيا والدُّنيا لِلأسهُم "highs and lows"
أَسهُمٌ أُخرى other securities
اسهمٌ اسمِيَّة (يُذكَرُ فيها اسمُ المُساهِم) nominal shares
اسهمٌ اسمِيَّةٌ مُقَيَّدة nominal bound shares
اسهمٌ إضافِيَّة excess shares
اسهمٌ اقتِراض . أَسهُمُ قُروض loan stock
اسهمٌ اكتِتاب subscription shares
أَسهُمٌ بِلا قِيمَةٍ اسمِيَّة non-par (value) stocks
اسهمٌ بَلَدِيَّة (في إنكلترا) corporation stocks
اسهمُ التأسِيس founders' shares; promoter shares
اسهمُ تَحوِيل conversion stock
اسهمٌ تَشجِيعيَّة incentive shares
اسهمُ تَصوِيت (لِصاحِبِها حَقُّ التصوِيت) voting shares
اسهُمُ تَعدِينِ الذَّهَبِ بِجَنوبِ إفريقيا Kaffirs
اسهمُ التعوِيض compensation stocks
اسهمُ تَمَتُّع possession shares
اسهمٌ ثابِتةُ السِّعر pegged stock
أَسهُمٌ جَدِيدة float
أَسهمُ حُقوق rights issue
اسهمٌ حُكومِيَّة government stocks
اسهمٌ دائنة debenture stock
اسهمُ الدَّرَجةِ الأُولى blue-chip stock
اسهُمٌ ذاتُ تاريخٍ غيرِ مُحَدَّد indefinitely dated stocks
اسهمٌ ذاتُ قِيمَةٍ اسمِيَّة par value stocks
اسهمُ راسِ المال capital stock; capital shares
اسهمُ راسِ المالِ العادِيَّة equity capital
اسهمٌ رَاسُمالِيَّةٌ غيرُ مُكتَتَبٍ بِها unsubscribed capital stock
اسهُمٌ رَاسُمالِيَّةٌ مُمَيَّهة watered capital stock
اسهمٌ رافِضة non-assented stock
اسهمُ الشَّرِكاتِ الصِّناعيَّةِ والتِّجاريَّة industrials
اسهمُ شَرِكاتِ النَّفْط oil shares
اسهمٌ صِناعيَّة industrial stock
اسهمٌ عادِيَّة common shares; common stock; equities; ordinary shares
اسهمٌ عالَمِيَّة international stock
اسهُمٌ عينيَّة real shares
اسهمُ غاز gas stocks
اسهمُ غُرفَةِ المُقاصَّة clearing house stock
اسهمٌ غيرُ تَصوِيتيَّة non-voting shares
اسهمٌ غيرُ ثابِتَةِ القِيمة no-par-value shares; shares of no par value

أَسهُمٌ غيرُ مُسَجَّلةٍ في البُورْصة
unlisted stock

اسهمٌ غيرُ مُسَعَّرة (غيرُ مُدرَجةٍ في لائحةِ البُورْصة) off-board securities

اسهمٌ غيرُ مُسَوَّقة non-marketable securities

اسهمٌ غيرُ مُصْدَرة unissued stock

اسهمٌ غيرُ مُقيَّدةِ الانتِقال
freely transmissible shares

اسهُمٌ غيرُ نَشِطة inactive stock

اسهمٌ قابِلَةٌ لِلاستِرداد (الاستِهلاك)
redeemable stock

اسهمٌ قائِدة (اوراقٌ ماليَّةٌ رائجةٌ في البُورْصة) leading shares

اسهمٌ قُروض. اسهُمُ اقتِراض loan stock

اسهمٌ قِيمَتُها قابِلَةٌ لِلارتِفاع
growth stock

اسهمٌ لا تُستَرَدُّ قِيمَتُها irredeemable debentures

اسهمٌ لِحامِلِها bearer shares

اسهُمٌ لِحامِلِها حَقُّ التَّصوِيت
voting stock

اسهمٌ مُتَداوَلة outstanding stock

اسهمٌ مُتَعَدِّدةُ الأَصوات multiple voting shares

اسهمٌ مُدَّخَرات . سَنَداتُ الادِّخار
savings bonds

اسهمٌ مُدرَجة (في تَسعِيرةِ البُورْصة)
quoted securities

اسهمٌ مَدفُوعةُ القِيمةِ جُزئيّاً
part-paid stock

اسهُمٌ مُستَرَدَّة (تَحتَفِظُ بِها الشَّرِكةُ لِأَغراضِها الخاصَّة) treasury stock

اسهمٌ مُستَوفاةُ القيمة full-paid stock

اسهمٌ مُسَجَّلة inscribed stock; registered stock

اسهمٌ مُسَدَّدةُ القيمة paid-up shares

اسهمٌ مُسقَطة forfeited shares

اسهمٌ مُسَوَّقة marketable securities

اسهمٌ مُشارِكةٌ مُمَيَّزةُ الأَرباح
participating preference shares

اسهُمٌ مُصْدَرة issued stock

أَسهمٌ مُصَرَّحٌ بها authorized stock

اسهمٌ مَضمُونة guaranteed stock

اسهمٌ مَطروحة floating stock

اسهمٌ مُكافَأة bonus stock

الأسهمُ المُكتَتَبة subscribed stock

اسهمٌ مُمْتازة preference shares; preferred stock

أَسهُمٌ مُمتازةٌ تَتَمَتَّعُ بِحَقِّ التصوِيت
privilege voting shares

اسهمٌ مُمتازةٌ غيرُ مُتَراكِمةِ الأَرباح
non-cumulative preferred stock

اسهمٌ مُمتازةٌ قابِلةٌ لِلاستِرداد
callable preferred stock

اسهمٌ مُمتازةٌ مُتَقَدِّمة
prior preferred stock

اسهمٌ مُمتازةٌ مَحدُودةُ الأَرباح
non-participating preferred stock

اسهمٌ مُمَيَّهة (مُصدَرةٌ دُونَ زِيادةٍ في راسِ المال) watered stock

اسهمٌ مَناجِم mining shares

أَسهُمُ المُؤَسِّسِين founders' stock; founders' shares

اسهمُ وسَنَداتُ الحُكومةِ البريطانيَّة British Funds

اسهمٌ وسَنَداتٌ حُكوميَّة government securities

اسهمُ وِصاية trustee securities

إشعارُ بِتَخصِيصِ أَسهُم letter of allotment

إصدارُ أَسهُمٍ راسِماليَّة capitalisation issue

إصدارُ عِلاوة (أَسهُم) bonus issue

إعلانُ تَوزيعِ ارباحِ الأَسهُم declaration of dividends

اِكتِتاباتٌ (في) الأَسهُم subscriptions to stock

أَمْرٌ بِدَفْعِ رِبحِ السَّهم dividend warrant

بَيعُ الأَسهُمِ بالتَّرويجِ الخِداعيّ share pushing

تاجِرُ الأَسهُمِ الماليَّة trader

تاريخُ تَسجيلِ تَمَلُّكِ السَّهم stock record date

تَجزِئَةُ الأَسهُم share-split; split-up of stock; stock split

تَحويلُ الأَسهُم conversion of stock

تَقييمُ الأَسهُم valuation of shares

تَمييهُ الأَسهُم (إصدارُ مَزيدٍ مِنها دُونَ زِيادةٍ مُقابِلَةٍ في راسِ المال) watering of stock; stock watering

تَوزيعُ الأَسهُم allotment of shares

حامِلُ أَسهُم shareholder

حِصَّةُ أَرباحٍ على شَكلِ أَسهُم stock dividend

حَقُّ الشُّفعةِ لمالِكِي الأَسهُم preemptive right of stockholders

خُطَّةٌ تَسمَحُ لمُوظَّفي الشَّرِكةِ بِشِراءِ أَسهُمٍ فيها stock purchase plan

رِبحُ السَّهم dividend

رِبحُ السَّهمِ المُؤَجَّل deferred dividend

سِجِلُّ الأَسهُم share ledger; share register; stock register

سُوقُ الأَسهُمِ (المَضمُونة) قَصيرةِ الأَجَل short-end of the market

سُوقُ الأَسهُمِ الماليَّة stock market; securities market

سِياسَةُ دَفْعِ أَرباحِ الأَسهُم dividend policy

شَرِكَـةٌ مُدْرَجَةُ الأَسهُم (في تَسعيرةِ البُورْصة) quoted company

شَهادَةُ أَسهُم stock certificate; share certificate; certificate of stock

طَرْحُ أَسهُمٍ في السُّوق flotation

طَلَبٌ يُحَدِّدُ سِعرَ بَيعِ (او شِراءِ) السَّهم limit order

العائدُ الإجماليُّ لِلأَسهُمِ المُستَهلَكة redemption yield

عِلاوةٌ على السَّهم premium on stock

عَوائدُ السَّهم earnings per share

قانُونُ تَنظيمِ أَسهُمِ المُجازَفة blúe-sky law

كُتْلةُ أَسهُم block of stocks

كَفالةُ أَسهُم stock warrant

مُبادَلَةُ الأَسهُم exchange of shares
مَردُودُ الأَسهُم stock yield
مَشروعُ امتِلاكِ المُوَظَّفِينَ أَسهُمَ الشَّرِكة (التي يَعمَلونَ فيها) employee stock ownership plan
مَكتَبٌ لِتَسوِيقِ الأَسهمِ او لِلمُضارَبةِ بها "bucket shop"
مُؤَسَّسَةُ إدارَةِ الأَسهُم securities management trust
نَقلُ مِلكِيَّةِ السَّهم stock transfer; transfer of share
**سَهْوٌ . خَطَأٌ غيرُ مَقصُود** oversight
ما عَدا الخَطَأَ والسَّهو errors and omissions excepted (E.&O.E.)
**سُهُولة** easiness
سُهُولَةُ التَّنَقُّلِ المِهنِيّ occupational mobility
سُهُولَةُ النَّقلِ (او الانتِقال) . تَنَقُّلِيَّة mobility
**سُو** (عُملة فَرَنسيَّة قبلَ الثَّورة) sou
**سُو** (عُملة في فيتنامَ الشَّماليَّة) xu
**سَوَّى ـ يُسَوِّي** settle; level
**سُوءٌ . أذًى** evil; harm; injury
**سُوء** ill; mal-; mis-
سُوءُ الإدارة maladministration
سُوءُ استِغلالِ اليَدِ العامِلة sweating system
سُوءُ التَّصَرُّف malpractice; misconduct
سُوءُ تَصَرُّفِ الرُّبّانِ المُتَعَمَّد barratry
سُوءُ التغذِية malnutrition
سُوءُ التنظِيم malorganization

سُوءُ تَوافُق . اِختِلال maladjustment
سُوءُ سُلوك misconduct
سُوءُ نِيَّة bad faith
**سُور** wall; enclosure; fence
سُورٌ خَشَبِيٌّ مُؤَقَّت hoarding
**سَوَّفَ ـ يُسَوِّفُ . يُماطِلُ** procrastinate
**سُوفخُوز : مَزرَعةٌ تابِعةٌ لِلدَّولةِ في الإتِّحادِ السُّوفيتيّ** sovkhoz; state farm
**سُوفِرِين** (جُنَيهٌ إنجليزيّ ذَهَبيّ) sovereign(s); (sov(s))
نِصفُ سُوفرِين half sovereign
**سُوفنارخُوز : المَجلِسُ الاقتِصاديُّ الإقليميُّ في الإتِّحادِ السُّوفيتيّ** sovnarkhoz
**سُوقٌ** market; fair; emporium
سُوقُ الأَخشاب timber exchange
سُوقٌ أَسعارُها مُنخَفِضة heavy market
سُوقُ الأَسهُم (بُورْصةُ الأوراقِ الماليَّة) securities market
سُوقُ الأَسهُم (البُورْصة) الأَمريكيَّة American Stock Exchange
سُوقُ الأَسهُمِ الماليَّة stock market
سُوقُ الأَسهُمِ (المَضمونةِ) قَصيرةِ الأَجَل short-end of the market
سُوقُ الأوراقِ الماليَّة (البُورْصة) stock exchange (S.E.)
سُوقُ الأوراقِ الماليَّةِ بِلَندَن . بُورْصةُ لَندَن London Stock Exchange
سُوقُ الأوراقِ الماليَّةِ الجَديدة new issue market
سُوقُ الأوراقِ الماليَّةِ الشَّماليّ Northern Stock Exchange

سُوقُ الأوراقِ الماليَّةِ الطويلةِ الأَجَل
long-end of the market

سُوقُ الأوراقِ الماليَّةِ في نيويُورك . بُورْصةُ نيويُورك New York Stock Exchange

سُوقُ الأوراقِ الماليَّةِ المُتَّحِدة
United Stock Exchange (U.S.E.)

السوقُ الأُوروبيَّةُ المُشتَرَكة
European Common Market

السوقُ الأوَّليَّة (الرئيسيَّة)
primary market

sellers' market سُوقُ الباعة

terminal market سُوقُ التعامُلِ لِأَجَل

سُوقُ التعامُلِ النقدِيّ . سُوقُ الصفَقاتِ الآنيَّةِ او الفَوريَّة spot market; cash market

free market سُوقٌ حُرَّة

inactive market سُوقٌ خامِلة

سُوقُ الخَصْم (لِخَصْمِ الاوراقِ التجاريَّة)
discount market

سُوقُ الخَصْمِ بِلَنْدَن
London Discount Market

سُوقُ الخَفاء ـ سُوقُ أَسهُمٍ غيرِ مُسَجَّلةٍ في البُورْصة curb market

home market سُوقٌ داخِليَّة

سُوقُ الدولارِ الأُوروبيّ
Eurodollar Market

gold market سُوقُ الذَّهَب

سُوقُ الراسِمال . سُوقُ الرساميل
capital market

سُوقٌ رَصيفيَّة (بعدَ إقفالِ البُورْصة)
kerb market

commodity market سُوقُ السِّلَع

black market السُّوقُ السَّوداء

السُّوقُ السَّوداءُ في البُورْصة
black bourse

سُوقُ الصَّرْفِ الآجِل
forward exchange market

wool market سُوقُ الصُّوف

سُوقُ الصُّوفِ لِلتَّسليمِ الآجِل
wool futures market

سُوقٌ ضَعيفة (يَزيدُ فيها العَرْضُ على الطَّلَب) weak market; soft market

broad market سُوقٌ عَريضة

real estate market سُوقٌ عَقاريَّة

labour market; labour exchange; work market سُوقُ العَمَل

money market سُوقُ العُملة

futures market سُوقُ العَمَليَّاتِ الآجِلة

gray market; grey market سُوقٌ غَبْراء

imperfect market سُوقٌ غيرُ كامِلة

flat market سُوقٌ فاتِرة

Silver Market سُوقُ الفِضَّة (في لَنْدَن)

loan market سُوقُ القُرُوض

near-term market سُوقٌ قَصيرةُ الأَجَل

bill market سُوقُ القَطْع (الخَصْم)

foreign exchange; foreign exchange market سُوقُ القَطْعِ الأَجنَبيّ

strong market سُوقٌ قَويَّة

depressed market سُوقٌ كاسِدة

perfect market سُوقٌ كامِلة

سُوقُ لَنْدَن لِلذَّهَب
London Gold Market

سُوقُ لَنْدَن لِلسِّلَع
London Commercial Salesrooms

سُوقُ لَنْدَن لِلفِضَّة
London Silver Market

سُوقُ لَنْدَن المالِيَّة
London Money Market

السُّوقُ المالِيَّة financial market

سُوقٌ (مالِيَّةٌ) ضَيِّقة narrow market

سُوقٌ مالِيَّةٌ مَفْتُوحة (حُرَّة) open market

سُوقٌ مَدعُومة (ثابِتةٌ وقَوِيَّة)
buoyant market

سُوقٌ مُرتَفِعةُ الأَسعار bull market

سُوقٌ مُزدَوِجةٌ لِلتَّحوِيلِ الخارِجيّ
dual foreign exchange market

سُوقٌ مُستَقِرَّة steady market

سُوقٌ مُشتَرَكة common market

السُّوقُ المُشتَرَكةُ لِبلادِ أَمرِيكا الوُسطى
Central American Common Market (C.A.C.M.)

سُوقٌ مُضارَبةٍ على النُّزُول . سُوقٌ هابِطة
bear market

سُوقٌ مَفتُوحة market overt

السُّوقُ المُناسِبةُ لِلمُشتَرِين
buyers' market

سُوقٌ مُوازِية (حُرَّة) parallel market

سُوقٌ نَشِطة active market

سُوقُ النِّفْط oil market

السُّوقُ النقْدِيَّة monetary market

سُوقُ النُّقُود money market

سُوقُ النقُودِ الأُورُوبِيَّة
Eurocurrency Market

سُوقٌ هابِطة sagging market; bear market

سُوقٌ هَزِيلةٌ أو مَحدُودة thin market; limited market

سُوقُ الوَسِيط broker's market

اِختِراقُ السُّوق market penetration

إدارةُ أَسواقِ الصَّرْف
exchange management

الأرقامُ الدَّلِيلِيَّةُ لِلأَسواقِ المالِيَّة
stock exchange indices

أَسعارُ التحوِيلِ في السُّوقِ السَّوداء
black market rates

أَسعارُ السُّوقِ الحُرَّة (في أَسواقِ النِّفْط)
arm's lenght prices

أَسواقُ الحُبُوب corn exchanges

أَسواقٌ خارِجيَّة foreign markets

أَسواقُ الخَصْمِ الكَبِيرة
discount emporium

أَسواقُ عَناصِرِ الإنتاج factor markets

أَسواقٌ مالِيَّة ، أَسواقُ تموِيل
finance markets

أَسواقٌ مُنَظَّمة organized markets

اِقتِصادُ السُّوق market economy

إمكانِيَّةُ السُّوق market potential

بَحثُ حالةِ السُّوق market research

بِسِعرِ السُّوقِ الحاليّ at the market

بُورْصةٌ خارِجَ السُّوقِ الرسمِيَّة
over the counter market

تَجزِئةُ السُّوق market segmentation

التدَخُّلُ في أَسواقِ الصَّرْف
exchange intervention

تَصفِيةُ السُّوق clearing the market
تَقلُّباتُ السُّوق market fluctuations
التَّكلِفةُ او سِعرُ السُّوقِ أيُّهُما الأقَلّ
lower of cost or market
جَدوَلُ السُّوق market schedule
حَوالاتُ السُّوقِ المَفتُوحة
open-market paper
رَفعُ أسعارِ السُّوق bulling the market
سِعرُ السُّوقِ لِلفائدة market rate of interest
سِعرُ فائدةِ السُّوقِ الماليَّةِ المَفتُوحة (الحُرَّة) open-market rate
سِياسَةُ السُّوقِ الحُرَّة
open-market policy
شِراءُ البِضاعةِ قَبلَ وُصُولِها إلى السُّوق
forestalling
صالِحٌ لِلسُّوق merchantable
صَفقةٌ تَتِمُّ خارِجَ السُّوقِ الرسميَّة
over the counter
عَمَلِيّاتُ السُّوقِ المَفتُوحة
open-market operations
قِوى السُّوق market forces
القِيمَةُ السُّوقيَّةُ العادِلة
fair market value
مَدِينةُ السُّوق market town
مُستَغِلُّ السُّوق scalper
مُعَدَّلاتُ سِعرِ الصَّرفِ في السُّوقِ السَّوداء
"black" exchange rates
النّاتِجُ القَومِيُّ بأسعارِ السُّوق
national product at market prices
نَشرةُ سُوقِ البُورْصة market report

يَتَلاعَبُ في السُّوق play the market
يُحَرِّكُ السُّوق rig the market
يَشتَري البِضاعَةَ قَبلَ وُصُولِها إلى السُّوق
forestall
**سُوكر** (عُملة في إكوادُور) sucre
**سُول** (عُملة في بيرُو) sol
**سِياجٌ** fence; hedge
**سِياحة** travel; touring; tourism
مَجالِسُ السِّياحة Tourist Boards
وَزارةُ السِّياحة ministry of tourism
**سِياحِيّ . مُتَعَلِّقٌ بالسِّياحة** touristic
دائرةُ العَلاقاتِ السِّياحيَّة
tourist relations department
شِيكٌ سِياحيّ traveler's check; traveller's cheque
مارْكٌ سِياحيّ reisemark
**سِيادة ـ سِيادةُ المُستَهلِك** consumer's sovereignty; sovereignty of the consumer
السِّيادةُ النقدِيَّة monetary sovereignty
**سَيّارة . مَرْكَبة** vehicle
سَيّارةٌ بِصُندوقٍ مُبَرَّد reefer
سَيّارةُ تَسليمِ السِّلَع . سَيّارةُ تَوزِيع
delivery van
سَيّارةُ شَحن . شاحِنة lorry
أقَلُّ مِن حُمُولةِ سَيّارةِ النَّقْل
less-than-truckload
تأمينٌ على السَّيّارات automobile insurance; motorcar insurance
تَصنِيفُ شَرِكاتِ سَيّاراتِ النَّقْل
classification of motor carriers

تَعويضُ سَيّارة car allowance
تَمويلُ السَّيّاراتِ لِلعَرْض floor planning
حُمُولةُ سَيّارةِ نَقْل truckload
صِناعةُ السيّارات motorcar industry
طُرُقُ سَيّارات motorways
طُرُقُ سَيّاراتِ النَّقْل trunk roads
مُعَدِّياتُ السيّارات car ferries
مَعرِضُ سَيّارات motor show
**سِياسة . عِلمُ السِّياسة** politics
**سِياسة** policy
سِياسةٌ إدارِيَّة administrative policy
سِياسةُ الأَسعارِ لِلصِّناعاتِ المُؤَمَّمة
price policy of nationalised industries
سِياسةُ الأَسعارِ والدُّخُول
prices and incomes policy
سِياسةُ إفقارِ الجار "beggar-my-neighbour" policy
سِياسةٌ اِقتِصادِيَّة economic policy
سِياسةُ البابِ المَفتُوح open door policy
سِياسةُ تَثبيتِ الأُجُور
wage-freezing policy
سِياسةٌ تِجارِيَّة commercial policy
(سِياسةُ) تَحريكِ الاِقتِصادِ (في فَترةِ الرُّكودِ الاِقتِصاديّ) pump priming (policy)
سِياسةُ التَّسعيرِ تِبْعاً لِلمُؤَسَّسةِ المُسَيطِرة
"follow the leader" price policy
سِياسةُ التَّسعيرِ الحَدِّيّ ـ على أَساسِ النَّفَقةِ الحَدِّيَّة marginal cost pricing
سِياسةُ التَوَسُّعِ والاِنكِماشِ في الإقراض "stop-go"

سِياسةٌ تَوَسُّعِيَّة expansionist policy
السِّياسةُ الجَديدةُ (لِروزفِلت) New Deal
سِياسةُ الحِياد . حِيادِيَّة neutralism
سِياسةُ الدُّخُول incomes policy
سِياسةُ دَفْعِ أرباحِ الأَسهُم
dividend policy
سِياسةُ الرَّواتِبِ والأُجُور pay policy
سِياسةُ السِّعرِ الناتِجِ (تَرابُطُ السِّعرِ والمَنتوجِ لِلرِّبحِ الأَقصى)
price-output policy
سِياسةُ السِّعرِ الواحِد one-price policy
سِياسةُ السُّوقِ الحُرَّة
open market policy
سِياسةٌ ضَريبِيَّة fiscal policy
سِياسةٌ عامَّة general policy
سِياسةُ العَمالة employment policy
سِياسةٌ غيرُ ثابِتة (مُتَحَرِّكة)
floating policy
سِياسةٌ مالِيَّة financial policy; fiscal policy
سِياسةُ المَبيعات sales policy
سِياسةٌ مَرِنة flexible policy
سِياسةٌ نَقْدِيَّة monetary policy
سِياسةٌ نَقْدِيَّةٌ خَفيضةُ الفائدةِ (مُشَجِّعَةٌ لِلاِقتِراض) easy money policy
سِياسةُ النُّقودِ الزائدةِ الرُّخص
ultra-cheap money policy
أَدَواتُ السِّياسةِ النَّقدِيَّة instruments of monetary policy
**سِياسيّ** political
اِجتِماعيٌّ سِياسيّ socio-political

أَزمةٌ سِياسيَّة political crisis
إضرابٌ سِياسيّ political strike
الاِقتِصادُ السِّياسيّ political economy
التبرُّعاتُ او التقدِيماتُ السِّياسيَّة
political contributions
التخطِيطُ السِّياسيُّ والاِقتِصاديّ
Political and Economic Planning (P.E.P.)
عِلْمُ الاِقتِصادِ السِّياسيّ
political economy
**السِّيبِرنيَّة . مَبحَثُ العَلاقةِ الإنسانيَّةِ الصِّناعيَّة** cybernetics
**سَيِّدٌ** mister (Mr)
السّادة Messrs
**سِيدِي** (عُملة في غانا) cedi
**سِيدِيل** (نِظامٌ لِلمُقاصَّةِ الأوروبيَّة) Cedel
**سَيْر . سُلُوك** conduct; behaviour
**سَيْر . حَرَكةُ السَّيرِ** traffic
سَيرٌ ذو اتِّجاهٍ واحِد one-way traffic
كَثافةُ السَّير traffic density
**سَيْرٌ** motion; movement; march
**سِيرَة** career
**سَيطَرَ ـ يُسَيطِرُ** rule; dominate
**سَيطَرة** dominance; domination
سَيطَرةٌ اِقتِصاديَّة
economic domination
**سِيف : الثَّمَنُ والتَّامينُ والشَّحْن**
C.I.F. (cost, insurance and freight)

**سِيكْوِين** (عُملة ذَهَبِيَّة في البُندُقيَّة) sequin
**سَيَّلَ ـ يُسَيِّلُ** liquidate
**سِيمَةٌ . مِيزَةٌ** characteristic; feature; property
**سِينِيّ ـ الإحْداثيُّ السِّينيّ** abscissa
**سُيُولة** liquidity
سُيُولةٌ ثانَوِيَّة . سُيولةٌ مِنَ الدَّرَجةِ الثانِية
secondary liquidity
سُيولةٌ ثُلاثيَّة tertiary liquidity
سُيولةٌ دُوَليَّة world liquidity
سُيولةٌ زائدة overliquidity
سُيولةُ العَمَل fluidity of labour
سُيولةٌ فائضة excess liquidity
سُيولةٌ مِنَ الدرَجةِ الأُولى
primary liquidity
سُيولةٌ نَقديَّة . نَقْدٌ جاهِز
ready money
تَفضِيلُ السُّيولة liquidity preference
قِلَّةُ السُّيولة underliquidity
نِسبةُ السُّيولة liquidity ratio; liquid ratio; cash ratio
**سُيُولة . مُيُوعة** fluidity
**سَيِّىء . حَقير** base
تَنظيمٌ سَيِّىء . سُوءُ التنظِيم
malorganization
حامِلٌ سَيِّىءُ النِّيَّة mala fide holder
نِيَّةٌ سَيِّئَة bad faith; mala fide

# حَرفُ الشِين

**شاحِن . مُرسِل** dispatcher; consigner

شاحِنٌ (في سَفينة) shipper; freighter

**شاحِنة** (سَفينةٌ او طائرةُ شَحْن) freighter

**شاحِنة** (سَيّارةُ شَحْن) lorry; truck

شاحِنةٌ بِضاعة goods wagon

شاحِنةٌ صِهريجيَّة tank car

شاحِنةٌ مُبَرَّدة refrigerated van

شاحِنةٌ مُغَطّاة van

شاحِنةٌ مَكشُوفة open truck

نَفقاتُ النَّقْلِ بالشّاحِنات truckage

نَقْلٌ مِن شاحِنةٍ إلى أُخرى transhipment

**شاذّ . مُخالِفٌ لِلقاعِدة** irregular

تَظْهيرٌ شاذّ irregular endorsement

**شارة** badge

**شارِح** commentator; interpreter; expounder

رِسالةٌ شارِحة covering letter

**شارَطَ ـ يُشارِطُ . يَشتَرِطُ** stipulate

**شارِعٌ . مُشتَرِع** legislator

**شارِع** street

شارِعُ لومبارْد . السُّوقُ الماليَّةُ (بِلَنْدَن) Lombard Street

شارِعُ وُول ستريت . بُورْصةُ نيويُورك Street; Wall Street

**شارَكَ ـ يُشارِكُ . يَشتَرِكُ** share

**شاسِع . ضَخْم** immense

**شاطِىء** strand; shore

شاطِىءُ بَحْر litus maris

جانِحٌ (إلى الشاطِىء) . مَلفُوظٌ إلى الشاطِىء stranded

شَرِكاتُ إستِثمارٍ عَبرَ الشاطِىء Offshore Funds

**شاغِرٌ . غيرُ مَشغُول** vacant; unoccupied

مَركَزٌ شاغِر . وَظيفةٌ شاغِرة vacant position

مَكانٌ (أو مَنصِبٌ) شاغِر vacancy

**شاغِلٌ** (العَقارِ أو الوَظيفة) occupant

شاغِلُ الوَظيفة office holder

شاغِلُ الوَظيفةِ الأَصْليّ incumbent

**شاقِل** (وَزنٌ قَديمٌ وعُملةٌ عِبرانيَّة) shekel

**شامِلٌ** inclusive; exhaustive; complete

تَدقيقٌ شامِل complete audit

وُجْهةُ نَظَرٍ شامِلة all-inclusive viewpoint

**شامِلٌ . عامّ** comprehensive; general; universal

إعادةُ التنظِيمِ على نَحوٍ شامِل shake-up

أَمْرٌ زَجْريٌّ شامِل blanket injunction

بُوليصةٌ شامِلة blanket policy

| | |
|---|---|
| بَيعٌ شامِل | lumping sale |
| تَامِينٌ شامِل | comprehensive insurance |
| تَحلِيلٌ شامِل | macro-analysis |
| التخطِيطُ الشامِل | comprehensive planning; macro-planning |
| تَغْييرٌ شامِل | shake-up |
| خِدمةٌ جَوِّيَّةٌ شامِلة | "all-up" service |
| خُطَّةٌ شامِلة | comprehensive plan |
| سَنَدٌ شامِل | blanket bond |
| عِلْمُ الاقتِصادِ الشامِل . الاقتِصاديّاتُ الكُبرى | macroeconomics |
| هَيكَلٌ كُلِّيٌّ او شامِل | macrostructure |
| **شَأنٌ . اَهَمِّيَّة** | importance |
| بِشَأنِ . بِخُصُوص | re; regarding; with regard to; concerning |
| **شَأنٌ** | matter; affair; concern |
| دائِرةُ الشُّؤونِ الثَّقافيَّة | cultural affairs department |
| شُؤونٌ إدارِيَّة | administrative affairs |
| شُؤونٌ داخِلِيَّة | internal affairs |
| الشُّؤونُ العامَّة | public affairs |
| شُؤونُ العُمّال | labour affairs |
| الشُّؤونُ المَدَنِيَّة | civil affairs |
| شُؤونٌ نَقْدِيَّة | monetary affairs |
| مَعْهَدُ الشُّؤونِ الاقتِصادِيَّة | Institute of Economic Affairs (I.E.A.) |
| وَزارةُ الشُّؤونِ الاجتِماعِيَّة | ministry of social affairs |
| **شاهِدٌ . شَهادة** | witness |
| شاهِدٌ مُصَدِّق | attesting witness |
| شاهِدٌ مُوَقِّع | subscribing witness |
| **الشايُ كَنُقُود** | tea as money |
| **شائبة** | blemish; impurity |
| **شائبة . عَيب** | defect; imperfection; fault; flaw |
| **شِبْرٌ** (إنكليزيّ) | span |
| **شَبَّعَ ـ يُشَبِّعُ . يُشْبِعُ** | saturate |
| **شَبَكة** | network; net; grid |
| الشَبَكةُ الإدارِيَّة | managerial grid |
| شَبَكةٌ مُنَسَّقة | system |
| التحلِيلُ الشَبَكِيّ | network analysis |
| التخطِيطُ الشَبَكِيّ | network planning |
| **شِبْهُ** | quasi-; semi- |
| شِبهُ احتِكار | quasi-monopoly |
| شِبهُ رَسمِيّ | semi-official |
| شِبهُ الرَّيْع | quasi-rent |
| شِبهُ شَرِكة | quasi-corporation |
| شِبهُ عَقْد | quasi-contract |
| شِبهُ نُقودٍ (مَوجُوداتٌ يُمكِنُ تَحوِيلُها إلى نُقود) | "near money" |
| إجراءاتٌ شِبهُ قَضائِيَّة | quasi-judicial |
| ايدٍ عامِلةٌ شِبهُ فَنِّيَّة | semi-skilled labor |
| التكاليفُ شِبهُ المُتَغَيِّرة | semivariable costs |
| سِلَعٌ شِبهُ مَتِينة | semi-durables goods |
| **شَجْبٌ . إدانة** | condemnation |
| **شَجرةُ القَرارات** | decision tree |
| **شَجَّعَ ـ يُشَجِّعُ** | promote |
| **شُحّ . تَقْتِير . بُخل** | parsimony |
| **شَحَنَ ـ يَشْحَنُ** | ship; freight; consign |
| يَشحَنُ ، يُعَبِّىءُ | load; charge |
| يَشحَنُ بِإفراط | overcharge |

**شَحْنٌ** shipment; shipping; freighting
شَحْنٌ جُزئيّ short shipment
الشَّحْنُ الجَوّيّ air freight
الشحنُ الجَوّيُّ السَّريع air express
شَحنٌ فَوريّ prompt shipment; immediate shipment
شحنٌ كامِل (عَبرَ وَسائِلِ شَحنٍ مُتَتابِعة) through freight
شَحنٌ مُباشِر drop shipment
شَحنٌ مَحَلّيّ local freight
الشحْنُ مَسافةً طَويلة long haul
أُجرةُ الشَّحْن freight; freightage; naulage; carriage; shipping charges
أُجرةُ شَحنِ بِضاعةِ التَّصدير export rate
أُجرةُ شَحنِ البَضائعِ الدّاخِلة freight inward
أُجرةُ الشَّحنِ الضائعة dead freight
أُجرةُ شَحنٍ وَهْمِيّ phantom freight
إخطارُ شَحْن shipping advice note
اسْتُلِمَ لِلشَّحن received for shipment
إشعارٌ بالشَّحن advice of dispatch
إعادةُ الشَّحن reshipment
امْرُ الشَّحن shipping order; ship order
بَواخِرُ شَحنٍ خَطِّيّة (تَسيرُ في خُطوطٍ مُنتَظَمة) cargo liners
بُوليصةُ شَحْن bill of lading; consignment note
بُوليصةُ شَحْنٍ بَحريّ maritime bill of lading
بُوليصةُ شَحْنِ بَضائعَ تمَّ شَحنُها shipping bill of lading
بُوليصةُ شَحنٍ ذاتُ تَحَفُّظات foul bill of lading
بُوليصةُ شَحنٍ قابِلةٌ لِلتَّداوُل negotiable bill of lading
بُوليصةُ شَحنٍ لِأمْرِه order bill of lading
بُوليصةُ شَحنٍ مِينائيَّة port bill of lading
بُوليصةُ شَحنٍ ناقِصة foul bill of lading
بَيانُ شَحْن . مانِيفِسْتو manifesto
تَسليمُ مُستَنَداتِ الشَّحنِ لِقاءَ الدَّفْع documents against payment
تَسليمُ مُستَنَداتِ الشَّحنِ لِقاءَ القَبُول documents against acceptance
تَسليمُ نُقطَةِ الشَّحن f.o.b. shipping point
تَعرِفةُ الشَّحنِ الكامِل through rate
تَكاليفُ التعبِئةِ او الشَّحْن handling costs
ثَمَنُ (أو سِعرُ) البِضاعةِ مَعَ التامِينِ والشَّحْن (سِيف) cost, insurance and freight (C.I.F.)
خالِصُ أُجرةِ النَّقْلِ حَتّى رَصيفِ الشَّحن free docks
دائرةُ الشَّحن dispatch department
سِجِلُّ الشَّحْن shipping record
سِعرُ الشَّحنِ حَسَبَ المَناطِق zone freight rate

سَفينةُ أوعِيَةٍ (صَناديقِ) الشَّحْن
container ship

ship broker سِمسارُ شَحْن

lorry سَيّارةُ شَحن . شاحِنة

carloading company شَرِكَةُ شَحن

contract of affreightment عَقْدُ شَحنِ البِضاعة

liner train قِطارُ شَحنٍ سَريع

no risk after shipment (n.r.a.s.) لا ضَمانَ بَعدَ الشَّحن

shipping note مُذَكِّرةُ شَحن

shipping port مَرفأُ الشَّحْن

shipping document; shipping bill مُستَنَدُ شَحن

مِنَصَّةُ شَحْنٍ بِمُستَوى سَطحِ الشاحِنات
truck level shipping deck

shipping conference مُؤتَمرُ شَحن

shipping clerk مُوَظَّفُ الشَّحن

نَفقاتُ التعبِئة (او الشَّحن)
handling charges

forwarding charges نَفَقاتُ الشَّحن

short shipment نَقصٌ عِندَ الشَّحن

وَثيقَةُ شَحنٍ غيرُ نَظيفة (تَحمِلُ تَحفُّظات)
dirty bill of lading

وِعاءُ شَحْنٍ صُندُوقيّ . حافِظةُ شَحن
container

forwarding agency وِكالةُ شَحن

shipping agency وِكالةُ شَحنٍ بَحريّ

وَكيلُ شَحنِ بَضائعَ اجنَبيَّة
foreign freight forwarder

shipment; cargo; load **شِحْنة**

شِحْنةٌ سائبة (غيرُ مُعَبَّأةٍ او مُصَندَقة)
bulk cargo

return cargo شِحنةُ العَودة

شِحنةٌ مُعاقة (لم يَجْرِ شَحنُها عندَ الإبحار)
shut-out cargo

overcharge شِحنةٌ مُفرِطة

shipments to branch شِحناتٌ إلى الفَرْع

person **شَخْصٌ**

شَخصٌ اعتِباريّ . شَرِكة
body corporate

الشَّخصُ الذي يَقُومُ مَقامَ الأبِ او الأُمّ
in loco parentis

natural person شَخصٌ طَبيعيّ

legal person شَخصٌ قانُونيّ

assignee الشَّخصُ المُحَوَّلُ إلَيه

شَخصٌ مَعنَويّ (اعتِباريّ)
artificial person

الشَّخصُ المُؤَمَّنُ عَليهِ المَذكورُ في البُوليصة
named insured

wildcatter شَخصٌ يُنَقِّبُ عَنِ البِترول

delectus personae اِختِيارُ الأشخاص

إقرارُ الشَّخصِ ضِدَّ مَصلَحَتِه
declaration against interest

أوراقٌ (تِجارِيَّةٌ) باسمِ شَخْصَين
two-name (commercial) paper

inter alios ضِمنَ أشخاصٍ آخَرين

subjective **شَخصِيّ . ذاتِيّ**

personal; private **شَخصِيّ**

jurisdiction of the person اِختِصاصٌ شَخصيّ

إصابةٌ شَخصِيَّة personal injury
اِعتِمادٌ شَخصيّ personal credit
إعفاءاتٌ شَخصيَّة personal exemptions
اِلتِزامٌ شَخصيّ personal obligation
بُوليصةُ شَحنٍ شَخصيَّة straight bill of lading
بَيعٌ شَخصيّ (لِلمُستَهلِكِ مُباشَرةً) personal selling
تَأمينٌ ضِدَّ المَسؤوليَّةِ الشَّخصِيَّة personal liability insurance
ثَروَةٌ شَخصيَّة personal wealth
حِسابٌ شَخصيّ personal account
حِسابٌ غيرُ شَخصيّ . حِسابُ الأشياء impersonal account
خِدْمةُ الشّيكاتِ الشَّخصيَّة personal cheque service
دَخْلٌ شَخصيّ personal income
الدَّخْلُ الشَّخصيُّ المُخَصَّصُ لِلإنفاق disposable personal income
دَعوى شَخصِيَّة actio in personam
شَرِكةُ تَمويلِ المُشتَرَياتِ الشَّخصيَّة personal finance company
شَرِكَةُ خَدَماتٍ شَخصيَّة personal service corporation
شيكٌ شَخصيّ personal cheque
ضَريبةٌ شَخصيَّة . ضَريبةُ دَخْلِ الفَرْد personal tax
الضَّريبةُ الشَّخصيَّةُ على الشَّرِكةِ القابِضة personal holding company tax
ضَمانُ الحَوادِثِ الشَّخصِيَّة personal accident insurance

ضَمانٌ شَخصِيّ personal security
قَرْضٌ شَخصيّ personal loan
مُدَّخَراتٌ شَخصيَّة personal savings
مَشروعٌ فَرديٌّ او شَخصِيّ one-man business
مَصلَحةٌ شَخصيَّة self-interest
مِلكٌ شَخصيّ (مَنقُول) personal property
مُمَثِّلٌ شَخصيّ personal representative
**شَخْصِيّاً** personally; in personam
يَتقدَّمُ شَخصِيّاً apply in person
**شَخْصِيَّة** personality
شَخصِيَّةٌ اعتِبارِيَّة body corporate; legal entity; legal person
شَخصِيَّةٌ تِجارِيَّة business entity
شَخصِيَّةٌ مَعنَوِيَّة entity
اِختِبارُ الشَّخصيَّة personality test
**شِدَّة . كَثافة** intensity
**شَديد . حادّ** intense
**شِراء** buying; purchasing; purchase
شِراءٌ آجِل buying long
شِراءٌ إجباريّ compulsory purchase
شِراءٌ اختِياريّ في المُستَقبَل call option
شِراءٌ بِالتقسيط hire purchase; instalment buying
شِراءٌ بِالجُملة bulk buying
شِراءُ البِضاعةِ قبلَ وُصولِها إلى السُّوق forestalling
الشِّراءُ ثانِيَةً repurchase
شِراءٌ حَدِّيّ marginal purchase
شِراءُ حِصَّةِ الشَّريكِ (او الشُّرَكاء) buying out

شِراءُ حَقِّ بَيعِ الأَسهُمِ بِسِعرٍ مُحَدَّد — put option

شِراءُ الخِيار — call

شِراءُ السِّلعةِ نَفسِها (مِن قِبَلِ صاحِبِها) — buying in

شِراءٌ لِلإحتِكار — engrossing

شِراءٌ مُتَبادَل — reciprocal buying

شِراءٌ مَذعُور — scare buying

شِراءُ مُضارَبةٍ في الصُّعُود — bull purchase

الشِّراءُ نَقداً . شِراءٌ نَقديّ — cash purchase

شِراءُ الوَقتِ (لِلدِّعايةِ في الراديو او التلِفزيون) — time buying

إجراءاتُ الشِّراء — purchasing procedure

إحتِكارُ الشِّراء — monopsony

إحتِكارُ شِراءٍ ثُنائيّ — duopsony

إحتِكارُ القِلَّةِ في حالَةِ الشِّراء — oligopsony

إستِعادةُ شَيءٍ عَن طَريقِ شِرائِهِ ثانِيَةً — redemption

إشعارُ شِراءٍ او بَيعٍ (مِن سِمسارِ الأَسهُمِ إلى عَميلِه) — contract note

بَضائعُ مُحَفِّزَةٌ لِلشِّراء (تُشتَرى دُونَ تَصمِيمٍ سابِق) — impulse goods

بِطاقاتُ شِراء — tokens

تَساوِي القُوَّةِ الشِّرائيَّة — purchasing power parity

تَعاوُنِيَّةُ الشِّراء — purchasing cooperative

ثَمَنُ الشِّراءِ الأَوَّليّ — purchase money

حَقُّ مِلكِيَّةٍ عن طَريقِ الشِّراء — title by purchase

خُطَّةٌ تَسمَحُ لِمُوَظَّفِي الشَّرِكةِ بِشِراءِ أَسهُمٍ فيها — stock purchase plan

الخِيارُ في الشِّراء — preemption

الرَّغبةُ في الشِّراء — eagerness to buy

سِعرُ الشِّراء — purchase price

السِعرُ في مَوقِعِ الشِّراء — price loco; loco price

سَنَدُ تَمويلِ شِراءِ مُعَدّات — equipment trust bond

شِيكاتُ شِراء — shopping cheques; trading cheques

ضَريبةُ شِراء — purchase tax

طَريقةُ الشِّراءِ (في دَمْجِ الشَّرِكات) — purchase method (in consolidation)

طَلَبُ الشِّراء — purchase order; buying order; purchase requisition

طَلَبُ شِراءٍ خارِجيٌّ مَفتُوح — open indent

طَلَبٌ لِلشِّراءِ (او البَيع) بِسِعرِ البُورْصة — market order

فاتُورةُ شِراء — purchase invoice

فَرْقُ سِعرَي البَيعِ والشِّراءِ لَدى السِّمْسار — jobber's turn

قَرارُ الصُّنْعِ او الشِّراء — make or buy decision

قَسائمُ شِراءِ الكُتُب — book tokens

قُوَّةُ الشِّراء . قُوَّةٌ شِرائيَّة — purchasing power

القُوَّةُ الشِّرائيَّةُ لِلنُّقُود — purchasing power of money

مَأمُورُ شِراء — buyer

مُحتَكِرُ الشِّراء — monopsonist

مُذَكِّرةُ شِراء . فاتُورةُ شِراء — bought note

مُرتَجعاتُ الشِّراء purchase returns

مَسؤولُ الشِّراء . مُديرُ دائرةِ المُشتَرَيات purchasing officer

مَكتَبُ شِراء buying office

وَكالةُ شِراءٍ لِلأجانِب buying indent house

وَكيلُ الشِّراء buying agent; purchasing agent

**شَراكة** partnership; copartnership

تَجَمُّعٌ شَراكيّ corporation aggregate

عَقدُ الشَّراكة deed of partnership

**شَرْطٌ** provision; condition; proviso; stipulation

شَرطٌ إضافيّ (او فَرعيّ) collateral condition

شَرَطَ أن provided that

شَرْطيّ . مَشرُوط conditional

**شَرْطٌ . نَصّ** (في عَقدٍ او اتّفاقيَّة) clause; term

شرطُ الإمتِياز (المُعفِي مِنَ التَّعويضِ دُونَ حَدٍّ مُعَيَّن) franchise clause

شرطُ «إنْشِمارِي» (شَرطُ الحَوادِثِ المُضافة) Inchmaree clause

شرطُ التامِينِ الزائِد excess coverage clause

شرطُ التامِينِ المُشتَرَك coinsurance clause

شرطُ تَجاوُزِ التضَخُّمِ حَدّاً مُعَيَّناً index clause

شرطُ تَحديدِ التامِين memorandum clause

شَرْطُ التحكِيم arbitration clause

شرطُ التَخلّي abandonment clause

شرطُ التعوِيضِ عَن أضرارِ التصادُم collision clause

شرطُ التقدِير (في بُوليصةِ التأمِين) appraisal clause

شرطُ التَقَلُّبات fluctuation clause

شرطُ التنازُل waiver clause

شرطُ التوزِيعِ بِالتناسُب pro rata distribution clause

شرطٌ (او بَنْدٌ) جَزائيّ penalty clause

شرطُ الحَرْب war clause

شرطُ الحَسْمِ مِنَ التأمِين deductible clause

شرطُ الحِمايةِ (من تَقَلُّباتِ الأسعار) hedge clause

شرطُ الخَسارةِ العُموميَّة (او العَوارِ العامّ) general average clause

شرطُ الدَّولةِ الأكثَرِ رِعايةً most favored nation clause

شرطُ الذَّهَب gold clause

شَرطُ الرَّد . الشَّرطُ الخاصُّ بِتَعيينِ الجُزْءِ الفائضِ مِنَ المال residuary clause

شرطُ الزِّيادَةِ (في الأسعار ، الأُجور ، إلخ.) escalator clause

شرطُ الضَّمانِ الشامِل cover-all clause

شرطٌ ضِمْنيّ implied condition

شرطُ العَجْز disability clause

شرطُ عَدَمِ المُساهَمة noncontribution clause

شَرْطُ عَوائِدِ الوَفاةِ الناشِئَةِ عن حادِث
accidental death benefit clause

شرطُ القَضاءِ والقَدَر act of God clause

شرطُ (لِمصلَحةِ) المُرتَهِن
mortgagee clause

شرطٌ مُتَعَلِّقٌ بالتِّجارة commerce clause

شرطُ مُخالَفَةِ القانون violating law clause

شرطُ المُساهَمة contribution clause

شرطُ المُساهَمَةِ التامَّة (في التأمين)
full contribution clause

الشرطُ الواقي escape clause

شرطُ الوَفاءِ بِنَقدٍ أجنَبيّ
payment in foreign currency

البَيعُ بِشَرْطِ الإستِحسان
sale on approval

دَفتَرُ الشُّروط book of terms

دُونَ شُروطٍ خاصَّةٍ به not specifically provided for (n.s.p.f.)

شُروطُ البَيع conditions of sale; terms of sale

شُروطُ التَّسلِيف credit terms

شُروطُ التَّسلِيم terms of delivery

شُروطٌ تَفضِيلِيَّة preferential terms

شُروطُ الدفْع terms of payment

شُروطُ دَفْعِ أُجْرَةِ النقْل
transportation terms

شُروطٌ سَهْلة easy terms

شُروطُ العَقْد terms of contract

شُروطٌ مُؤاتِية favourable terms

وارِدٌ كَشَرطٍ في الإتِّفاقيَّة stipulated

**شُرْطة . رِجالُ الشُّرطة** police; policemen

دائرةُ الشُّرطة police department

**شَرَعَ ـ يَشرَعُ (في) . يُباشِرُ** proceed

**شَرْعيّ . قانُونيّ** lawful; legal; legitimate; de jure

إضرابٌ غيرُ شَرعيّ illegal strike

تَفويضٌ شَرعيّ warrant of attorney

حَقٌّ شَرعيّ droit

عُملةٌ شَرعيَّة lawful money

هِبَةٌ شَرعيَّة settlement

وارِثٌ شَرعيّ heir apparent

يَجْعَلُهُ شَرعِيّاً validate

**شَرْعِيَّة . مَشْروعِيَّة . قانُونيَّة**
legitimacy; legality

**شَرَفٌ** honor

عُضْوُ شَرَفٍ honorary member

**شَرَفِيّ . فَخْرِيّ** honorary

مُكافَأَةٌ شَرَفِيَّةٌ (أَتعابُ صاحِبِ المِهنة)
honorarium

**شَرِكة** company; corporation

شركةُ الإتِّحادِ لِلتأمِينِ (شَرِكةُ مُساهَمة)
Union Assurance Co. Ltd.

شركةٌ أجنَبِيَّة foreign corporation; foreign company

شركةُ إدارَةِ مَناطِقِ المُنشَآتِ الصِّناعيَّة
Industrial Estates Management Corporation

شركةُ استِثمار investment company; investment trust

شركةُ استِثمارِ أموالٍ مُشتَرَكة
mutual fund investment company

شَرِكَةُ استِثمارٍ بالوَحدات . ترسْت وَحدات unit trust

شركةُ استِثمارٍ مَحدُودةُ المَجالات fixed trust

شركةُ استِثمارٍ مَرِنة flexible trust

شركةُ استِثمارٍ مُغلَقَةُ الراسِمال closed-end investment company

شركةُ استِثمارٍ مَفتُوحَةُ الراسِمال open-end investment company

شركةُ الاستِيرادِ والتصدِيرِ في الإتِّحادِ السُّوفْييتيّ Prodintorg

شركةُ إصلاحِ الأَراضي land improvement company

شركةُ أعمال business corporation

الشركةُ الأُمّ parent company

شركةُ أَموال (مُساهَمَة) stock corporation; stock company

الشركةُ الأَهلِيَّةُ لِلخَصْم National Discount Company

الشركةُ الأُوروبيَّةُ الأَمريكيَّةُ لِلأَعمالِ المَصرِفيَّة European-American Banking Corporation

الشركةُ الأُولى في لائِحَةِ المُؤَمِّنين lead

شركةُ ائتِمانٍ لِحِفْظِ الوَدائع safe deposit company

شركةٌ ائتِمانيَّة trust company

شركةٌ أَهلِيَّة domestic company

شركةُ البِترولِ البريطانيَّة المَحدُودة British Petroleum Ltd. (B.P.)

شركةُ البِترولِ العِراقيَّة Irak Petroleum Company (I.P.C.)

شَرِكَةُ بِناءِ السُّفُن shipbuilding company

شركةٌ تابِعة subsidiary company; subsidiary corporation

شركةٌ تابِعةٌ مَملوكَةٌ جُزئيّاً partially-owned subsidiary

شركةٌ تابِعةٌ مَملوكَةٌ كُلِّيّاً wholly-owned subsidiary

شركةُ تَأمِين insurance company

شركةُ تأمِينٍ بِدُونِ واسِطة direct-writing insurance company

شركةُ تأمِينٍ ذاتُ احتِياطِيٍّ قانُونيّ legal reserve insurance company

شركةُ تَأمينٍ مُتَبادَل mutual insurance company

شركةُ تَأمينٍ مُتَعَدِّدَةُ المَجالات multiple-line insurance company

شركةُ تَأمِين مساهَمَة stock insurance company

شركةٌ تِجارِيَّة trading corporation

شركةٌ تِجارِيَّةٌ ما وَراءَ البِحار overseas trading corporation

شركةُ تَحسِينِ تِجارةِ الكُتُب Book Trade Improvement Co.

شركةُ تَحصِيلِ دُيُونٍ تِجارِيَّة factoring company

شركةُ تَسلِيفٍ وأَمانات loan and trust company

شركةُ تَشغِيل operating company

شركةُ تَصدِير export company

شركةُ تَعبِئَةِ الصادِرات export packer

شَرِكَةُ تعبِئَةِ وتَجمِيعِ البَضائع
packing and consolidating service

شركةُ تَعرِفة tariff company

الشركةُ التِّلِغرافِيَّةُ لِلمُبادَلاتِ (أسعارِ الصَّرف)
exchange telegraph company

شركةُ تَموِيل finance company

شركةُ تَموِيلِ الصِّناعةِ المَحدُودة Finance Corporation for Industry Ltd. (F.C.I.)

شركةُ تَموِيلِ الصِّناعَةِ والتِّجارَةِ المَحدُودة
Industrial and Commercial Finance Corporation Ltd.

شركةُ تَموِيلِ المُشتَرَياتِ الشخصِيَّة
personal finance company

شركةٌ حُكومِيَّة government corporation

شركةٌ خاصَّة private company

شركةٌ خاصَّةٌ مُعفاة exempt private company

شركةُ خَدَماتٍ شَخْصِيَّة
personal service corporation

شركةٌ داخِلِيَّة domestic corporation

شركةٌ ذاتُ مَسؤولِيَّةٍ محدُودة
limited liability company

شركةُ الرُّهُوناتِ الزِّراعيَّة Agricultural Mortgage Corporation (A.M.C.)

شركةٌ زَمِيلة affiliate; affiliated company

شركةُ الزَّيتِ الكُوَيتِيَّة Kuwait Oil Company (K.O.C.)

شركةُ سَماسِرةِ التأمين Corporation of Insurance Brokers

شَرِكَةُ سُوذبي (لِبَيعِ القِطَعِ الفَنِّيَّةِ بِالمَزاد)
Sotheby's

شَرِكةُ شَحْن carloading company

شركةُ ضَمان . شَرِكةُ كَفالة
guaranty company

شركةُ طَيَران airline

شركةُ طَيَرانِ الشَّرقِ الأَوسَط
Middle East Airlines (M.E.A.)

شركةُ طَيَرانٍ لا تَقُومُ بِرِحلاتٍ مُقَرَّرة
non-scheduled airline

الشركةُ العالَمِيَّةُ لِلإقراضِ المُتَوَسِّطِ المَدى
Comagnie Internationale de Crédit à Moyen Terme

شركةٌ عامَّة public company

شركةُ عُمّالِ المَلابِس Clothworkers' Company

شركةُ الغازِ البرِيطانيَّة British Gas Corporation

شركةُ غِذاءِ ما وَراءَ البِحار
Overseas Food Corporation

شركةٌ غيرُ مُساهِمة
non-stock corporation

شركةٌ فَرْدِيَّة corporation sole; "one-man" company

شركةٌ فَرْع affiliate

شركةٌ قابِضة holding company; shell company

شركةٌ قانُونيَّة (تَألَّفت بِموجِبِ قانُونٍ من البَرلَمان)
statutory company

شركةٌ قِلَّة close company

شركةٌ كافِلة (ضامِنة) bonding company

شَرِكَةٌ كَبيرةٌ او شَرِكاتٌ مُتَعَدِّدةُ النَّشاطاتِ
conglomeration

شركةُ كَفالة (ضَمان) surety company

شركةٌ لا تَستَهدِفُ الرِّبح non-profit corporation

شركةٌ لِتَحصِيلِ الدُّيُونِ (الناجِمَةِ عن المَبيعات) sales finance company

شركةٌ لِضَمانِ حُقُوقِ المِلكيَّة
title guarantee company

الشركةُ المُتَنازِلة ceding company

شرِكَةُ مُحاصَّة joint adventure

شركةٌ مَحدُودة . شَرِكةٌ مُغفَلة
limited company

شركةٌ مَحَلِّيَّة local company

شركةٌ مُدرَجةُ الأَسهُمِ (في تَسعِيرةِ البُورْصة) quoted company

شركةُ مُساهَمة corporation; joint-stock company

شركةُ مُساهَمَةٍ مَحدُودةٌ لِلأَعمالِ المَصْرِفيَّة
joint-stock bank

شَرِكَةٌ مُستَقِلَّة independent

شركةٌ مُسَجَّلة (في البُورْصة)
registered company

شركةٌ مُسَيطِرة او قابِضة controlling company; holding company

شركةُ المَشرِق (إحتَكَرتِ التِّجارةَ مَعَ المَشرِقِ من ١٥٨١ إلى ١٨٢٥)
Levant Company

شركةُ المَصرِفِيِّينَ لِلتَّنمِيَةِ الصِّناعِيَّة
Bankers' Industrial Development Company

شَرِكَةٌ مُغْفَلة . شركَةٌ مَحدُودة
société anonyme (s.a.)

شركةٌ مُغْلَقة close (or closed) corporation

شركةٌ مَفتُوحة open corporation

شركةٌ مُفلِسة bankrupt company

شركةٌ مُنتَسِبة affiliated company

شركةٌ مُنحَلَّة (تَوَقَّفت او أُوقِفَت عَنِ العَمَل) defunct company

شركةٌ مُوَجَّهة controlled company

شركةٌ مُؤَسَّسة incorporated company

شركةُ نَفْط oil company

شركةُ نَقْلِ (الأَمتِعة) transfer company; carrier

شركةُ نَقْلٍ سَريع express company

شَرِكةُ نَقْلٍ عامّ common carrier

شركةُ الهِندِ الشَّرقيَّة East India Company

اِتِّحادُ شَرِكات combination; combine; consortium

اِتِّحادُ شَرِكاتِ استِثمارٍ بالوَحدات (في الوِلاياتِ المُتَّحِدة) Mutual Funds

اِدِّخارُ الشَّرِكاتِ المُساهِمة
corporate saving

إعادَةُ تأسِيسِ شَرِكة reconstruction of a company

إعلانٌ عَنِ الشَّرِكَةِ بِالذّات institutional advertising

بَينَ الشَّرِكاتِ المُرتَبِطَةِ مَعاً intercompany

تأسِيسُ شَرِكة
formation of a company

تأمينُ شَرِكَةِ مُساهَمَة
stock company insurance

التَّخطيطُ في الشَّرِكة
company planning; corporate planning

التَّسعيرُ الداخِليُّ لِمُنتَجاتِ الشَّرِكة
intercompany pricing

تَكوينُ شَرِكة
formation of a company

خاصٌّ بالشَّرِكة
corporate

خَتْمُ الشَّرِكة
corporate seal

خُصُومُ شَرِكة (او التِزاماتُها)
liabilities of a company

الخَطَرُ الذي تَتَحَمَّلُهُ شَرِكةُ التأمينِ الاصلِيَّة
retained risk

رَأسْمالُ شَرِكة
capital of a company

رُوزْنامةُ الشَّرِكة
corporation calendar

سِجِلُّ الشَّرِكاتِ المُنحَلَّة
"dead book"

سِمَةُ الشَّرِكة
house style

سَنَدٌ بِضَمانِ رَهْنِ مُمتَلَكاتِ الشَّرِكة
corporate mortgage bond

سَنَدُ شَرِكة
corporate bond

شِبْهُ شَرِكة
quasi-corporation

شَرِكاتُ استِثمارٍ عَبرَ الشاطِىء
Offshore Funds

شَرِكاتُ التَّمويلِ الريفيّ
Pastoral Finance Companies

شَرِكاتٌ ذاتُ بَراءات
chartered companies

شَرِكاتٌ (تَستَهدِفُ) الرِّبح
profit corporations

شَرِكاتُ الصُّلْبِ الصَّغيرة (في الوِلاياتِ المُتَّحِدةِ الأمَريكيَّة)
little steel

شَرِكاتٌ مُتَشابِكَةُ الإدارة
associated companies

شَرِكاتٌ مُتَعَدِّدَةُ القَومِيّات
multinational companies

شَرِكاتٌ مُنَوَّعَةُ التِّجارة
diversified companies

الشَّرِكاتُ المُؤَيَّدة ـ شَرِكاتُ تأمينٍ تُنَفِّذُ بِواسِطَتِها الحُكومَةُ الضَّمانَ الصِّحِّيّ
approved societies

الصَفَقاتُ الخاصَّةُ بِشَرِكاتِ المُساهَمة
transactions peculiar to corporations

ضَريبةُ أَرباحِ الشَّرِكات
corporation tax; corporate tax

ضَريبةُ دَخْلِ الشَّرِكات
corporate income tax

الضَرِيبَةُ الشخصِيَّةُ على الشَّرِكةِ القابِضة
personal holding company tax

العَلاقاتُ بينَ الشَّرِكةِ الأُمِّ والشَّرِكاتِ التّابِعة
parent-subsidiary affiliations

عُمْرٌ غيرُ مَحدُودٍ لِشَرِكَةِ المُساهَمة
unlimited life of corporation

قانُونُ تأسيسِ الشَّرِكة
articles of incorportion

قانُونُ الشَّرِكات
company law; Companies Act

مَجمُوعةُ شَرِكات
group of companies

مُديرُ الشَّرِكة
company director

مَدينةُ الشَّرِكة
company town

مَركَزُ (او مَقَرُّ) الشَّرِكةِ الرَّسميّ
registered office

مَسؤوليَّةُ الشَّرِكة company's risk

مُعادَلةُ شَرِكاتِ الصُّلْبِ الصَّغيرة
little steel formula

مَكاسِبُ الشَّرِكةِ المُساهِمة
corporate earnings

مَنعُ نَقْلِ مِلكيَّةِ الاراضي إلى الشَّرِكات
mortmain

مُوَثِّقُ الشَّرِكات . مُسَجِّلُ الشَّرِكات
registrar of companies

مُؤَسِّسُ الشَّرِكة company promoter

مُوَظَّفو الشَّرِكةِ المُفَوَّضُون
company officers

نِظامُ الشَّرِكةِ الاساسيّ
articles of association

وَثيقَةُ تاسيسِ الشَّرِكة memorandum of association

**شَرِكة . مُشارَكة**
partnership; copartnership

شَرِكةٌ بَسيطةٌ أعْضاؤُها غيرُ مُعلَنين
secret partnership

شَرِكةٌ بَسيطةٌ خاصَّة particular partnership; special partnership

شَرِكةٌ بَسيطةٌ ضِمنيَّة
implied partnership

شَرِكةٌ بَسيطةٌ عاديَّة
ordinary partnership

شَرِكةٌ بَسيطةٌ عامَّة general partnership

شَرِكةٌ بَسيطةٌ مُؤَسَّسةٌ باتِّفاقٍ شَفَهيّ
oral partnership

شَرِكَةُ تَضامُن partnership; general partnership

شَرِكَةُ تَضامُنٍ بينَ الأَصدِقاء
accumulating society

شَرِكةُ تَوصِيَةٍ بَسيطة
limited partnership

إتِّفاقِيَّةُ الشَّرِكةِ البَسيطة
partnership agreement

قَوانينُ شَرِكاتِ التَّضامُن
Partnership Acts

**شَرِكة . مُؤَسَّسة** firm; establishment

شَرِكةٌ تَنافُسيَّة competitive firm

شَرِكةٌ مُثْلى optimum firm

شَرِكةٌ نَموذَجيَّة representative firm

الاسمُ التِّجاريُّ لِلشَّرِكة firm name; style of a firm; company title

مَركَزُ المُقارَنةِ بينَ الشَّرِكات center for interfirm comparison

المُقارَنةُ بينَ الشَّرِكات
interfirm comparison

**شُروطٌ** (أُنظُرْ : شَرْطٌ)

**شَريحة ـ شَريحةُ الأُجُور** wage bracket

شَريحةُ الذَّهَب gold tranche; tranche

مَرْكَزُ شَريحةِ الذَّهَب (في صُندُوقِ النَّقدِ الدَّوليّ) gold tranche position

**شَريط . شَريطُ تَسجيل** tape

الشَّريطُ المُخَرَّم perforated tape

شَريطٌ مَطّاطيّ rubber band

الشَّريطُ المَغنَطيسيّ magnetic tape

شَريطٌ وَرَقيّ paper tape

شَريطٌ وَرَقيٌّ مُثَقَّب
punched paper tape

رَسْمٌ بَيانيٌّ شَريطيّ band chart

شَرِيك partner; copartner; coproprietor; co-owner
شريكٌ اسمِيّ nominal partner
الشريكُ الأصْغَر junior partner
شريكٌ خاصّ special partner
شريكٌ خَفِيّ secret partner
شريكٌ ظاهِريّ ostensible partner
شريكٌ عامِل (نَشِط) active partner
شريكٌ غيرُ مُتَضامِن dormant partner
شريكٌ فِعليّ actual partner
شريكٌ كامِل full partner
شريكٌ مُتَضامِن acting partner; general partner
شريكٌ مَحدُود limited partner
شريكٌ مُستَمِرّ continuing partner
شريكٌ مُنسَحِب retiring partner
شريكٌ مُنضَمٌّ حَدِيثاً incoming partner
شريكٌ مُوصٍ silent partner; sleeping partner; latent partner; limited partner
بَيانُ رَاسِمالِ الشُّرَكاء statement of partners capital
مَدِينٌ شَرِيك joint debtor
شَطَبَ ـ يَشطُبُ cross out; strike off; expunge; cancel; write off
يَشطُبُ (الدَّعْوى او القَرار) dismiss; quash
يَشطُبُ دَيناً او يُلغِيهِ او يَستَهلِكُه write off
شَطْبٌ deletion; crossing out; writing off; cancellation

طُرُقُ شَطْبُ الدُّيُونِ المَعدُومة write-off methods; charge-off methods
شَطَّةُ قَلَم . غَلطَةُ نَسْخ clerical error
شَظِيَّة fragment
شُعْبة . فَرْع branch
شَعْبِيّ popular
شَعَرَ ـ يَشعُرُ feel
شَعْرٌ ـ صالَةُ تَصْفيفِ الشَّعْر hairdressing parlor
شَغَبٌ riot
شَغَلَ ـ يَشغَلُ occupy; fill
شُغْلٌ . عَمَل business; concern
شُغْلٌ . مُهِمَّة task
شُغْلٌ work; labour
شُغْلٌ اضطِرارِيّ . سُخْرة involuntary servitude
أَشغالٌ خَشَبِيَّة . نِجارة joinery
أَشغالٌ عامَّة public works
رَقْمُ الشُّغْلِ (حَيثُ الشُّغلُ بِالقِطعة) job number
مَجلِسُ الإقراضِ لِلأشغالِ العامَّة Public Works Loan Board
وَزارةُ الأَشغالِ العامَّة ministry of public works
شُغُور . مَكانٌ (او مَنصِبٌ) شاغِر vacancy
نِسبَةُ شُغُورِ (المَساكِن) vacancy ratio
شَفّاف ـ عَلامةٌ شَفّافة watermark
شُفْعة preemption
حَقُّ الشُّفْعَةِ لمالِكِي الأَسهُم preemptive right of stockholders
صاحِبُ الشُّفْعة preemption claimant

شَفَهِيّ . شَفَوِيّ oral; verbal; nuncupative

شَرِكَةٌ بَسِيطَةٌ مُؤَسَّسَةٌ باتِّفاقٍ شَفَهِيّ oral partnership

شَهادَةٌ شَفَوِيَّة testimony; parol evidence

عَقْدٌ شَفَهِيّ oral (or parol) contract

قَذْفٌ (قَدْحٌ) شَفَوِيّ slander

وَصِيَّةٌ شَفَهِيَّة nuncupative will

شَفِير . حافَّة brink

شَقّ . تَجْزِئَةُ (الأَسهُم) splitting

شَقَّةُ سَكَن apartment; flat

شَقَّةٌ مَفرُوشة furnished apartment

شَكّ doubt; suspicion; uncertainty

مَوضِعُ شَكّ suspicious; doubtful; dubious; uncertain

شَكَّلَ ـ يُشَكِّلُ shape; mold; work

يُشَكِّلُ . يُؤَلِّفُ form

شَكْلٌ form; shape; figure

الشكْلُ البَيـانيُّ لِلمِيزانيَّةِ العُمُومِيَّة (تَرتِيبُها على شَكلِ تَقرِير) report form of balance sheet

شَكْلٌ تَخطِيطِيّ ، رَسْم diagram; figure

شَكْلٌ مُتَعَدِّدُ السُّطوح polyhedron

تَحْوِيلُ (القَرْضِ او الدَّين) إلى شَكْلٍ جَدِيد refundment

مَشِيقُ الشَّكل streamlined

شَكْلِيّ . رَسْمِيّ formal

إجراءٌ شَكْلِيّ formality

شَكْلِيّ . أَوَّلِيّ pro forma

بَيانٌ شَكْلِيّ pro-forma statement

فاتُورةٌ شَكلِيَّة . فاتُورةٌ مَبدَئِيَّة pro-forma invoice

مَسأَلةٌ شَكلِيَّة matter of form

مِيزانِيَّةٌ شَكلِيَّة pro-forma budget

شَكْلِيَّة formalism

شَكْوى complaint; grievance

شَكوى غيرُ مُبَرَّرة (لاأَساسَ صَحِيحاً لَها) groundless complaint

شِلَّة . فِئَة . زُمْرة clique

شِلِن (عُملة إنجليزيَّة) shilling

شِلِنْج (عُملة نَمسَوِيَّة) schilling

شَمْسِيّ . تَقْوِيمِيّ solar

سَنَةٌ شَمسِيَّة calendar year

شَهْرٌ شَمسِيّ solar month

شَمْعُ الخَتْم sealing wax

شَمَلَ ـ يَشمَلُ incorporate

شُمُولِيَّة . عالَمِيَّة universality

شَهادة certificate; testimonial

شَهادَةُ احتِجاجٍ بِعَدَمِ الدَّفْع (بروتِستو) certificate of protest

شَهادةُ إخلاءِ طَرَف leaving certificate

شَهادةُ ادِّخارٍ بَرِيدِيّ postal savings certificate

شَهادةُ أَرْض land certificate

شَهادةُ استِثمار investment certificate

شَهادةُ أَسهُم ، شَهادةُ السَّهم share certificate; scrip; stock certificate

شَهادَةُ إعفاءٍ مِنَ الاقتِطاعِ الضَّرِيبيّ withholding exemption certificate

شَهادةُ إكمالِ الصُّنْع certificate of manufacture

شَهادَةُ إيداع — certificate of deposit

شَهادةُ إيداعٍ الإستِرلِينيّ — Sterling Certificate of Deposit

شَهادة البَرِيد . شَهادةُ إرسالٍ بالبَريد — certificate of posting

شَهادةٌ بالهَدِيَّة — gift certificate

شَهادةُ (عَقْد) تَأسِيسِ الشَّرِكة — certificate of incorporation; incorporation certificate

شَهادةُ تَأمِين — certificate of insurance

شَهادةُ تَسجِيلٍ (السَّفِينة) — certificate of registry

شَهادةُ تَفْرِيغ — landing certificate

شَهادةُ تَفَوُّق — certificate of proficiency

شَهادةُ تَقدِيرِ الأَضْرار — certificate of damage

شَهادةُ تَنمِيَةٍ صِناعيَّة — Industrial Development Certificate

شَهادةُ الثانَوِيَّةِ العامَّة — General Certificate of Education (G.C.E.)

شَهادةُ حَقِّ الانتِفاع — certificate of beneficial interest

شَهادةُ الذَّهَب — gold certificate

شَهادةُ سَنَد — bond certificate

شَهادةٌ صِحِّيَّة — bill of health; health certificate

شَهادَةٌ صِحِّيَّةٌ مَشبُوهة — suspected bill of health

شَهادةٌ صِحِّيَّةٌ مُلَوَّثة — foul bill of health

شَهادةٌ صِحِّيَّةٌ نَظيفة — clean bill of health

شَهادَةُ صَلاحِيَةِ السَّفينةِ لِلمِلاحة — certificate of seaworthiness

شَهادةُ فِضَّة . عُملةٌ وَرَقيَّةٌ بقيمَةٍ فِضِّيَّة — silver certificate

شَهادةُ فَكِّ الحَجْرِ الصِّحِّيّ — certificate of pratique

شَهادةٌ في التَّعليمِ الثانَويّ — certificate in secondary education

الشَّهادةُ القَومِيَّةُ العاديَّة (في شُؤونِ الأعمال) — Ordinary National Certificate (O.N.C.)

الشَّهادَةُ القَومِيَّةُ العُليا في دِراسَةِ شُؤونِ العَمَل — Higher National Certificate in Business Studies

شَهادةٌ لِحامِلِها — bearer certificate

شَهادةُ المَديُونيَّة — certificate of indebtedness

شَهادةُ مُشارَكة — certificate of participation

شَهادةُ المَصْعَد (بالبِضاعَةِ المُخَزَّنة) — elevator certificate

شَهادةُ مُعايَنَةِ السَّفينة — certificate of survey

شَهادَةُ مَنْشَأ — certificate of origin

شَهادةُ نَقْصِ البِضاعَةِ المُفَرَّغة — short-landed certificate

شَهاداتُ احتِياطيِّ الضَّرائب — tax reserve certificates

شَهاداتُ ادِّخار — savings certificates

شَهاداتُ ادِّخارٍ قَوميّ — national savings certificates

الشَّهاداتُ والدِّبلوماتُ القَوميَّةُ في دِراساتِ شُؤونِ الأعمال National Certificates and Diplomas in Business Studies

**شهادة . بيِّنة** testimony; evidence
شَهادَةُ الزُّور . التَّزوير perjury
شَهادَةٌ شَفويَّة parol evidence
شَهادَةٌ على شَهادة . شَهادَةُ سَماعٍ مِنَ الغَير hearsay
إغراءُ على إعطاءِ شَهادَةِ زُور subornation of perjury

**شَهِدَ ـ يَشهَدُ . يُؤَكِّدُ** testify; certify; attest; confirm
يَشهَدُ . يُشاهِدُ witness; see; attend
يَشهَدُ . يُؤَدِّي شَهادةً testify; give testimony; bear witness
شُهِدَ عَلَيهِ . خُتِمَ وبُلِّغَ sealed and delivered

**شَهْر . إشْهار** declaration; proclamation; announcement
شَهْرُ حَقِّ المِلكيَّة registration of property
مَأمُورُ شَهْرٍ عَقاريّ recorder of deeds

**شَهْر** month
شَهْرٌ تَقويميّ calendar month
شَهْرٌ شَمسِيّ solar month
طَلَبٌ صالِحٌ لِهذا الشَّهر (او الأُسبُوع) good this month (week) order
في الشَّهرِ التّالي proximo
في الشَّهرِ السّابِق ultimo

**شُهْرَة . سُمْعة** repute; reputation; name
شُهْرَةُ المَحَلّ . سُمعةٌ تِجاريَّة goodwill

**شَهْريّ ـ بيانٌ شَهْريّ** monthly statement
بَيعٌ بِالتقسيطِ الشَّهريّ monthly payment plan
تَقاريرُ شَهريَّة monthly reports
حِسابٌ شَهريّ monthly account
قِسطٌ شَهريّ monthly instalment
مَشروعُ الاستِثمارِ الشَّهريّ monthly investment plan

**شُؤون** (أنظُرْ : شَأنٌ) affairs

**شَيءٌ** thing; something
الشَّيءُ بِالشَّيء quid pro quo
شَيءٌ مَعْروض exhibit
شَيءٌ يَحدُثُ بعدَ (واقِعةٍ مُعَيَّنة) post facto
أَشياءُ بَديلة . بَدائل alternatives
أَشياءُ ثَمينة valuables
حِسابُ الأَشياء . حِسابٌ غيرُ شَخصيّ impersonal account
في الشَّيءِ . عَينِيّ in rem
لا شَيء nil
مِلكِيَّةُ الشَّيء chose in possession

**شَيخُوخة ـ مَعاشاتُ الشَّيخُوخة** old-age pensions

**شِيفْرة** code; cipher
يَقرَأُ الشِّيفْرة decipher

**شِيك** check; cheque
شِيكٌ باطِل bad check; stumer (cheque)
شيكٌ بَريديّ postal cheque
شيكٌ بِلا رَصيد dud cheque
شيكٌ بِمُذَكِّرة memorandum check

شِيكُ الراتِب pay check
شيكٌ زائف false cheque
شيكٌ سِياحيّ traveler's check; traveller's cheque
شيكٌ شَخصِيّ personal cheque
شيكُ صَرّاف cashier's check
شيكٌ على بَياض blank cheque
شيكٌ غيرُ مُسَطَّر . شِيكٌ مَفتُوح
open cheque
شيكٌ لِأَمْرِه order cheque
شيكٌ مُتَقادِم out-of-date cheque; stale check
شيكٌ مَردُود (عَدِيمُ التَّغطِيةِ المالِيَّة)
rubber check
شيكٌ مَرفُوض dishonored cheque
شيكٌ مُزَوَّدُ القِيمة (بِالتَّزوِيرِ والخِداع)
raised check
شيكٌ مُستَنَدِيّ voucher cheque
شيكٌ مُسَجَّل registered cheque
شيكٌ مُسَطَّر crossed cheque; crossed check
شيكٌ مَصرِفِيّ bank check
شيكٌ مَضمُون او مُوَثَّق certified check or (cheque)
شيكٌ مُقابِل counter cheque
شيكٌ مَقبُول (ومُعتَمَد) مِنَ المَصرِفِ المَسحوبِ عَلَيه certified check (or cheque)
شيكٌ مُلغًى cancelled check; cancelled cheque
شيكٌ مُؤَشَّر marked check

شِيكٌ مُوَقَّعٌ بِالأَحرُفِ الأُولى
initialed check
شيكٌ يَحمِلُ تاريخاً لاحِقاً
postdated cheque
أَرُومةُ الشِّيك cheque stub
اساسُ تاريخِ إصدارِ الشِّيكات
cheques-issued basis
بِطاقةُ شِيك cheque card
بَياضُ (أو فَراغُ) الشِّيكِ يَملؤهُ الساحِب
cheque blank
التَحَقُّقُ من وُجُودِ رَصِيدٍ لِلشِّيك
"advise fate"
حِسابُ الشِّيكات cheque account: drawing account
خِدْمةُ الشِّيكاتِ البَريدِيَّة (خِدمةُ الجِيرو البَريدِيَّةُ في فَرَنسا) services des chèques postaux
خِدْمةُ الشِّيكاتِ الشَّخصِيَّة
personal cheque service
دَفتَرُ شِيكات chequebook
دَفْعٌ بِشِيك payment by cheque
سِجِلُّ الشِّيكات cheque register
سِجِلُّ الشِّيكاتِ المَسحُوبة
record of cheques drawn
شِيكاتٌ بِلا رَصِيد كافٍ
not sufficient funds checks
شيكاتُ شِراء shopping cheques; trading cheques
شيكاتٌ غيرُ مُحَصَّلة (شِيكاتٌ بِدُونِ رَصِيد)
uncollected cheques
الشِّيكاتُ المُعَلَّقة outstanding checks

شِيكاتُ النَّوادي club cheques

قانُونُ الشّيكات Cheques Act

المُستَفيدُ من الشّيك . الذي سُحِبَ الشّيكُ لِأَمْرِه payee

**شُيوع . اِنتِشار** spread; circulation; publicity

على الشُّيوع . بِالمُشارَكة in common; jointly; in joint possession

**شُيوعيّ . نَصِيرُ الشُّيوعيَّة** communist

الجامِعةُ الشُّيوعيَّة Communist League

**الشُّيوعيَّة** Communism

# حَرفُ الصّاد

**صابورة** ballast

(سَفينةٌ مُحَمَّلَةٌ) بِالصابُورة (اي دُونَ حُمُولةٍ مُجْزِية) in ballast

**صاحِبٌ . مالِك** owner; proprietor; holder

صاحِبُ الامتِياز concessionaire

صاحِبُ أملاك landowner

صاحبُ بَراءَةِ الاختِراع patentee

صاحبُ بُوليصةِ التأمِين policyholder

صاحبُ حِرْفةٍ يَدَويَّة craftsman

صاحبُ سَناهِية annuitant

صاحبُ الشُّفْعة preemption claimant

صاحبُ عَمَل employer

صاحبُ الفَضْلة (مِنَ المِيراث) remainderman

صاحبُ المَتْجَر storekeeper

صاحبُ المُستَودَع warehouseman

صاحبُ مَصانِع industrialist

صاحبُ مَصرِف banker

صاحبُ مَعاشٍ تَقاعُديّ annuitant

صاحبُ مِهْنة tradesman; practitioner

أصحابُ الدُّخُولِ (مِنَ الاراضي او السَّنَدات) rentiers

تأمينٌ ضِدَّ تَبِعةِ صاحِبِ العَمَل employer's liability insurance

حَقٌّ صاحِبِ المُستَودَعِ في الحَجْز warehouseman's lien

وَكِيلُ صاحِبِ المَصْنَع manufacturer's agent

**صادَرَ ـ يُصادِرُ . يَحتَجِزُ** impound

**صادِرٌ** (ج. صادِرات) (أُنْظُر صادِرات) export

**صادِرٌ . مُصَدَّر** exported

نَقْلُ البِضاعةِ الصادِرةِ (او مَصاريفُ نَقلِها) transportation-out

**صادِرٌ . مُصْدَر** outgoing; issued

بَريدٌ صادِر outgoing mail

**صادِرات** exports

صادِراتٌ داخِليَّة domestic exports

صادِراتٌ سِلْعِيَّة commodity exports

صادِراتٌ غيرُ مُقابَلة unrequited exports

صادِراتٌ غيرُ مَنْظُورة invisible exports

صادِراتٌ مَنظُورة visible exports

فائضُ صادِرات export surplus

**صادَقَ ـ يُصادِقُ** sanction

**صادِقٌ . حَقِيقيّ** bona fide

**صارِخ** flagrant

**صارُوخ** rocket

**صاعِد** rising; ascending

تَنَقُّليَّةٌ صاعِدة upward mobility

مِنَ الآنَ فَصاعِداً henceforth; from now on

**صافٍ . نَقِيّ** fine; clear; pure

**صافٍ . خالِص . بَحْت** pure; unmixed; straight; absolute; net

صافي الأَجْر net pay

صافي الإِدّخار net saving

صافي الإِستِثمار net investment

صافي الأُصُولِ المادِّيَّةِ المَلْموسة net tangible assets

صافي الإنتاج . مَنتُوج turnout

صافي الخَسارة net loss

صافي خَسارَةِ راسِ المال net capital loss

صافي دَخْلِ التَّشْغيلِ الإعتِياديّ net operating income

صافي الدَّينِ القَوميّ net national debt

صافي راسِ المالِ العامِل net working capital

صافي راسِ المالِ المُستَخدَم net capital employed

صافي رِبحِ راسِ المال net capital gain

صافي الرَّصيد net balance

صافي العَوائد net proceeds

صافي الفائدة net interest

صافي قِيمةِ الأُصُول net asset value

صافي القِيمةِ الحاليَّة net present value

صافي قِيمةِ الكَمْبِيالة avails

صافي مُعَدَّلِ التكاثُر net reproduction rate

صافي مُعَدَّلِ الضَّريبة net rate of tax

صافي النّاتِجِ الاجتِماعيّ social net product

صافي الناتِجِ الخاصّ private net product

صافي الناتِجِ القَوميّ net national product

اتّفاقِيَّةُ السِّعرِ الصافي لِبَيعِ الكُتُب net book agreement

أَصْلٌ صافٍ net asset

الأُصولُ الصافِيَةُ الحاليَّة net current assets

التَسْعِيرُ الصافي net pricing

تَكاليفُ صافية net costs

حَدُّ الرِّبحِ الصافي net profit margin

الحُمولةُ الصافِيَةُ المُسَجَّلة net registered tonnage (n.r.t.)

دَخْلٌ (أو إيرادٌ) صافٍ net income

رِبحٌ صافٍ clear profit; net profit

رَيعٌ صافٍ net yield

السِّعرُ الصافي net price

الطُّنِّيَّةُ الصافية net tonnage

العائدُ الصافي net return

عَقْدُ إيجارٍ صافٍ (يَكُونُ المُستَأجِرُ فِيهِ مَسؤولاً عَن دَفعِ الضرائبِ والتأمينِ والصِّيانةِ وغيرِها) net lease

قاعِدَةُ صافي النَّقْد net cash basis

قِسْطُ التأمينِ الصافي net premium

قيمَةُ الرِّبحِ الصافي net profit value

القِيمَةُ الصافية net value; net worth

مَبيعاتٌ صافية net sales

مُشتَرَياتٌ صافية net purchases

صانَ ـ يَصُونُ keep; maintain
يَصُونُ . يَحفَظُ preserve; protect; conserve
صانِع maker; manufacturer
مَحَلُّ الصانِع manufacturer's store
مُمَثِّلُ الصانِع manufacturer's representative
صانِع . حِرَفِيّ craftsman; artisan
صانِعٌ مُؤَهَّل master
طائِفةُ الصُّنّاع craftsmen
صائغ goldsmith; jeweler
صُبّة . مَعدِنُ الصَّبّ ingot
صَحافة journalism
صِحَّة . صِدْق truth; correctness; verity; credibility
صِحّة validity; soundness; legality
يُثبِتُ صِحَّةَ (وَثيقةٍ او سَنَد) validate
صِحّة (جَسَديّة او عَقْليّة) health; hygiene
تأمِينُ الصِّحّة (صِحّيّ) health insurance
التأمِينُ على الحَياةِ والصِّحّةِ وضِدّ الحَوادِث life, health and accident insurance
عِلْمُ الصِّحّة . أُصُولُ المُحافَظَةِ على الصِّحّة hygiene
مُنَظَّمةُ الصِّحّةِ العالَمِيّة World Health Organisation (W.H.O.)
وَزارةُ الصِّحّة ministry of health
صَحَّحَ ـ يُصَحِّحُ . يُقَوِّمُ straighten
يُصَحِّحُ (وَضْعاً او حالة) remedy
صُحُفِيّ journalistic
بَيانٌ او تَصرِيحٌ صُحُفِيّ news release

مَكاسِبُ الإدارةِ الصافية net earnings of management
مَكاسِبُ صافية net earnings
النّاتِجُ الصافي net avails
الوَزْنُ الصافي net weight
صالة . قاعة hall
صالَةُ تَصفِيفِ الشَّعْر hairdressing parlor
صالِحٌ . مَصْلَحة welfare; advantage; benefit; interest
الصالِحُ العامّ . مَصلَحةٌ عامّة public interest
الصالِحُ العامّ . الخَيرُ العامّ common good; general good
صالِحٌ . نافِع good; useful
صالِحٌ . مُناسِب suitable; fit; right; proper; appropriate; worthy
صالِحٌ لِلتصدِير exportable
صالِحٌ لِلسُّكنى . يُسكَنُ habitable
صالِحٌ لِلسُّوق merchantable
صالِحٌ لِلسَّيرِ على الطُّرُق road-worthy
صالِحٌ لِلمِلاحة seaworthy
المِياهُ الصالِحةُ لِلمِلاحة navigable waters
صامِد resistant; durable
صامِدٌ لِلماء waterproof
صامِدٌ لِلنّار fireproof
صامِدٌ لِلَّهَب flameproof
بَضائِعُ صامِدة (لَيسَت سَريعةَ الإستِهلاك) hard goods
سِلَعٌ استِهلاكيّةٌ صامِدة consumer durables

مُؤتَمَرٌ صُحُفِيّ press conference

صِحِّيّ . يَتَعَلَّقُ بالصِّحَّةِ والنَّظافة sanitary

بَرنامَجٌ لِلتأمِينِ الصِّحِّيّ
health insurance program

حَجْرٌ صِحِّيّ quarantine

الخِدْماتُ الصِّحِّيَّة health service

الخِدْماتُ الصِّحِّيَّةُ القَومِيَّة
National Health Service

الخِدْمةُ الصِّحِّيَّةُ العامَّة
public health service

شَهادةٌ صِحِّيَّة bill of health; health certificate

شَهادَةٌ صِحِّيَّةٌ مَشبُوهة suspected bill of health

شَهادةٌ صِحِّيَّةٌ مُلَوَّثة foul bill of health

شَهادةٌ صِحِّيَّةٌ نَظِيفة clean bill of health

صَحيحٌ . أصيل real; authentic; genuine

صَحيح . صالِح good; proper; useful

تَسليمٌ صَحيح good delivery

حَقٌّ مِلكيَّةٍ صَحيح good title

صَحيح . مَضبُوط correct; true; perfect

صَحيحٌ قانُونا valid; sound; legal

غَيرُ صَحيح wrong; incorrect; invalid

الفَقيرُ صَحِيحُ البِنْية able-bodied poor

قاسِمٌ صَحيح submultiple

صَحِيفة page; leaf; paper

صَحِيفة . جَرِيدة newspaper; journal; daily; paper

صَدٌّ . اِعتِراض interception

صَدٌّ . إيقاف stopping; checking

صَدٌّ . مَنْع . إعاقة estoppel; obstruction; prevention; impeding

صَدأٌ rust

مُقاوِمٌ لِلصَّدَإ . لايَصْدَأ
rustproof; stainless

صَداقة friendship

جَمعِيّاتُ الصَّداقة friendly societies

صَدَّرَ ـ يُصَدِّرُ exportable

صَدَرَ حَديثاً just published

صُدْرةُ نَجاة life jacket

صَدَّق ـ يُصَدِّقُ على (مُوافَقَةً)
approve; ratify; sanction

يُصَدِّقُ على (تأكِيداً) authenticate; attest; verify; certify; confirm

صَدَقة dole

صَدْم . اِصطِدام collision; clash

صَدْم . صَدْمة impact; shock

صَديقُ المَحكَمة amicus curiae; friend of the court

صِراعٌ . تَنازُع conflict

صِراعٌ طَبَقي class struggle

بَدَلاً مِنَ الصِّراع in place of strife

صَرّاف (money) changer; exchange broker; money broker; cambist

صَرّافٌ آليّ cash dispenser

صَرّاف . أمين الصُّندُوق cashier; teller

صَرّافُ الرَّواتِب . مَأمُورُ الصَّرْف
paymaster

دَفتَرُ صُندُوقِ الصَّراف (في مَصرِف)
teller's cash-book

شِيكُ صَرّاف cashier's check
**صِرافة** exchange
صَفَقاتُ الصِّرافة exchange transactions
عُمُولةُ الصِّرافة agio
مَحَلُّ صِرافة لِلعُمْلات currency exchange
**صَرَّحَ ـ يُصَرِّحُ . يُبَيِّنُ** state
**صَرَفَ ـ يَصرِفُ . يُنفِقُ** spend; expend
يَصرِفُ . يُحَوِّلُ إلى نَقْدٍ آخَر exchange
يَصرِف مِنَ الخِدْمة dismiss; cashier
يَصرِفُ النَّظَرَ عَن overlook; disregard; pay no attention to
**صَرَّفَ ـ ما يَدخُلُ أخِيرًا يُصَرَّفُ أوَّلاً** last in, first out (LIFO)
ما يَدخُلُ أوَّلاً يُصَرَّفُ أوَّلاً first in, first out (FIFO)
**صِرْفٌ . قَوِيم** straight
**صَرْفٌ . طَرْد** dismissal
تَعوِيضُ الصَّرْفِ مِنَ الخِدْمة lay-off pay
**صَرْفٌ . إنفاق** expenditure; disbursement
قِسمُ الصَّرف disbursement division
مَأمُورُ الصَّرف paymaster
مُستَنَدُ صَرفِ بِضاعَةٍ مِن مَخزَن warehouse warrant
**صَرْفٌ . تَصْرِيف** drainage
**صَرْفٌ . تَحوِيلُ النَّظَرِ عَن** averting; turning away (from)
بِصَرفِ النَّظَرِ عَن apart from; irrespective of
**صَرْفٌ . تَحوِيلُ نَقدٍ إلى غَيرِهِ** exchange; money changing

صَرْفٌ أجنَبِيّ foreign exchange
الصرفُ لِأجَل (او الآجِل) forward exchange
الصرفُ المُتَقَلِّب abnormal exchange
الصرفُ المُلائم favourable exchange
أسعارُ صرفٍ مُتَعَدِّدة multiple rates
الرِّقابَةُ على الصرف exchange control
سِعرُ الصرف exchange rate
سِعرُ الصرفِ الإجماليّ outright rate of exchange
سِعرُ الصرفِ بِالتَّعادُل exchange at par; par rate of exchange
سِعرُ الصرفِ بما دُونَ التَّعادُل . صرفٌ بِالخَصْم exchange at discount
سِعرُ الصرفِ بما فَوقَ التَّعادُل . صرفٌ بِعِلاوة exchange at premium
سِعرُ الصرفِ الحاليّ exchange current; current rate of exchange
سِعرُ الصرفِ الرَّسمِيّ official exchange rate
سِعرُ الصرفِ المُكافِىء (حَسَبَ تَسعِيرةِ صُندُوقِ النَّقدِ الدُّوليّ) par exchange rate
سُوقُ الصرفِ الآجِل forward exchange market
قاعِدةُ الصرف exchange standard
قُيُودٌ على الصرف exchange restrictions
مُستَنَدُ صرف issue voucher
مُعَدَّلُ الصرفِ المُوازي . سِعرُ الصرفِ غيرُ الرَّسميّ parallel rate of exchange

مُعَدَّلاتُ الصَّرْفِ المُتَعَدِّدة
multiple exchange rates

exchange clearing مُقاصَّةُ الصرف

exchange equalisation مُوازَنَةُ الصرف

frank; open; explicit; express **صَريح**

express obligation اِلتِزامٌ صَريح

express contract عَقْدٌ صَريح

express acceptance قَبُولٌ صَريح

hard; difficult **صَعْبٌ**

out of reach; tight صَعْبُ المَنال

hard selling البَيعُ الصَّعْب

hard currency عُملةٌ صَعْبة

hard cash نَقْدٌ صَعْب

صُعُوباتُ التَّنْفيذ
difficulties of execution

boom **صُعُود . اِنتِعاش**

rising; rise; ascent **صُعُود**

bull purchase شِراءُ مُضارَبَةٍ في الصُّعُود

upward mobility قُدْرةُ الإِنتِقالِ صُعُوداً

upward phase مَرْحلَةُ الصُّعُود

مُضارِبٌ بالإنخِفاضِ وبِالصُّعُود
bear and bull

bull مُضارِبٌ بِالصُّعُود

small; little; minor **صَغير**

إدارةُ مُؤَسَّساتِ الأَعمالِ الصَّغيرة
small business administration

petite bourgeoisie البورجوازِيَّةُ الصَّغيرة

hoy سَفينةٌ صَغيرة

baby bond سَنَدٌ صَغير

شَرِكاتُ الصُّلْبِ الصَّغيرة (في الوِلاياتِ المُتَّحِدةِ الأَمريكيَّة)
little steel

الصِّناعاتُ الصَّغيرة ـ صِناعاتٌ رِيفيَّة
cottage industry

small tools عُدَدٌ يَدَويَّةٌ صَغيرة

small change قِطَعٌ نَقْدِيَّةٌ صَغيرة

leaflet كُرّاسٌ إعلانيٌّ صَغير

kedge مِرْساةٌ صَغيرة

small business مُؤَسَّسةُ أعمالٍ صَغيرة

junior employee; rank and file employee مُوَظَّفٌ صَغير

micro-model نَمُوذَجٌ صَغير

file; line; row **صَفٌّ**

front-line الصَّفُّ الأَماميّ

first line الصَّفُّ الأَوَّل

clear; clarify; refine; purify; strain **صَفَّى ـ يُصَفِّي**

يُصَفِّي ، يَبيعُ لِلتَّصفِيَة (بِسِعرٍ مُخَفَّض)
sell off

liquidate يُصَفِّي (الشَّرِكَةَ أو المُؤَسَّسة)

quality **صِفة . نَوعِيَّة**

folio; page; leaf **صَفْحة**

insert صَفحةٌ (أو فَقرةٌ) مُقحَمة

مَنْقولٌ من نَفسِ الصَّفْحة
brought down (b/d.)

zero; naught; cipher **صِفْرٌ**

transaction; deal; operation; bargain **صَفقة . مُعامَلة**

future market; time bargain صفقةٌ آجِلة

handsel صفقةٌ أُولى . قِسطٌ أَوَّل

صفقةٌ تَتِمٌّ خارِجَ السُّوقِ الرَّسميَّة
over the counter

صَفقةٌ تِجاريَّة dealing
صفقةٌ جُزْئيَّةٌ تَرَدُّديَّة call and put
صفقةٌ رابِحة (favourable) deal; (good) bargain
صفقةٌ عادِلة "square deal"
صفقةٌ مَفتُوحة open trade
سُوقُ الصَّفَقاتِ الآنِيَّة (او الفَوريَّة) spot market
الصَّفَقاتُ الخاصَّةُ بِشَرِكاتِ المُساهَمة transactions peculiar to corporations
صَفَقاتُ الصِّرافة exchange transactions
صَفَقاتٌ نَقْداً spot transactions; cash transactions
عَقْدُ صَفقةٍ رابِحة catching a bargain
قاعَةُ الصَّفَقات bargain basement
مِنَصَّةُ الصَّفَقات bargain counter
يَعْقِدُ صَفْقةً strike a bargain
**صَفْوَة . خِيرة** choice
عَلامَةُ الصَّفْوَة choice brand
**صَفِيف** array
**صَقْل** gloss
**صَكّ . شِيك** (أُنْظُر شِيك)
**صَكّ** deed; document; muniment
صَكُّ احتِجاج deed of protest
صَكُّ بَراءَةِ ذِمَّة deed of release
صَكُّ تَحوِيلِ المِلكِيَّة deed of assignment; transfer deed
صَكُّ التَّمْليك . سَنَدُ المِلكِيَّة title-deed
صَكُّ دَين obligation
صَكُّ رَهْن mortgage deed
صَكُّ كَفالة bail bond

صَكُّ مِلكِيَّة . سَنَدُ تَمْلِيك muniment of title
صَكُّ هِبة deed of gift
**صَلاحِية . مَشرُوعِيَّة** validity; legality
**صَلاحِية** (لِياقة) fitness; suitability; worthiness
صلاحِيَةٌ لِلمِلاحة seaworthiness
**صلاحِيَّة** (اِختِصاص) competence; authority
تَفوِيضٌ بِالصَّلاحِيّات delegation of authority
**صَلادة** hardness; solidity
الصَّلادةُ البرِينيليَّة Brinell hardness
صلادةُ رُوكْوِل Rockwell hardness
**صُلْب . فُولاذ** steel
شَرِكاتُ الصُّلْبِ الصَّغيرة (في الوِلاياتِ المُتَّحِدةِ الأَمْرِيكيَّة) little steel
مَصنَعُ الصُّلْب steel mill; steel-works
**صُلْب . قاسٍ** hard
خَشَبٌ صُلْب hardwood
**صِلة . عَلاقة** relationship
وَثيقُ الصِّلةِ (بالمَوضُوع) relevant
**صُلْحٌ** conciliation
صُلْحٌ واقٍ composition; arrangement
**صَمَدَ ـ يَصمُدُ أَمامَ التَّحَدِّي** meet the challenge
**صَمَّمَ ـ يُصَمِّمُ** design
يُصَمِّمُ (على) resolve
يُصَمِّمُ مُجَدَّداً . يُجَدِّدُ الصِّياغَةَ remodel
**صِناعة** industry; manufacture

صِناعَةٌ أَساسيَّة essential industry; basic industry

صناعةُ البِناء building industry

صناعةٌ (او شَرِكةٌ) تَعتَمِدُ على الحَرْب
war baby

صناعةُ تَكْثيرِ المَوارِدِ الحَيوانيَّةِ او النَّباتيَّة
genetic industry

صناعةٌ رَئيسيَّة key industry

صناعةُ السيّارات motorcar industry

صناعةٌ مَحلّيَّة home industry

صناعَةٌ مَوسِميَّة seasonal industry

صناعةٌ ناشِئَة infant industry

صناعةُ النَّسيج textile industry

صناعةُ النَّقل carrying trade

اِتّحادُ الصِّناعةِ البريطانيَّة
Confederation of British Industry

أَخطارُ الصِّناعة industrial hazards

التَّحديدُ المُخَطَّطُ لِمواقِعِ الصِّناعة
planned location of industry

التَّدريبُ في الصِّناعة training within industry

تَقَلُّباتُ صِناعاتِ التَّصدِير
fluctuations in export industries

تَمَرْكُزُ الصِّناعة localization of industry

تَمويلُ الصِّناعة financing of industry

حُجَّةُ الصِّناعاتِ الناشِئة
infant industry argument

حِمايَةُ الصِّناعة safeguarding of industry

سِياسَةُ الأَسعارِ لِلصِّناعاتِ المُؤَمَّمة
price policy of nationalised industries

شَرِكَةُ تَمويلِ الصِّناعةِ والتِّجارةِ المَحدُودة
Industrial and Commercial Finance Corporation Ltd.

صِناعاتٌ استِخراجيَّة
extractive industries

صناعاتٌ أَوَّليَّة primary industries

صناعاتٌ تَحويليَّة manufacturing industries

صناعاتُ التَّصدِير export industries

صناعاتٌ ثالِثيَّة tertiary industries

صناعاتٌ ثانَويَّة secondary industries

صناعاتٌ داخِليَّة domestic industries

الصناعاتُ الصَّغيرة ـ صِناعاتٌ رِيفيَّة
cottage industry

صناعاتٌ مُتَخَصِّصة specialised industries

صناعاتٌ مَحميَّة protected industries

الصناعاتُ المُنتِجةُ لِسِلَعٍ راسِماليَّة
instrumental industries

العَلاقاتُ الإنسانيَّةُ في الصِّناعة
human relations in industry

قانونُ تَنظيمِ الصِّناعاتِ وتَنمِيَتِها
Industrial Organisation and Development Act

قَوانينُ جَمعِيّاتِ الصِّناعةِ واحتِياجاتِ الطوارِىء
Industrial and Provident Societies Acts

مَكانُ إقامَةِ الصِّناعة . مَوقِعُ الصِّناعة
location of industry

نِظامُ الصِّناعةِ البَيتيَّة domestic system (of industry)

**صِناعيّ . صاحِبُ مَصانِع** industrialist

صِناعيٌّ بِالعُمُولة (يَتَعَهَّدُ إحدى مَراحِلِ الإنتاج) commission manufacturer

**صِناعيّ** industrial

إتّحادٌ صِناعيّ . نِقابةٌ صِناعيّة industrial union

إجماليُّ تكاليفِ المُعالَجةِ الصّناعيّة process cost summary

أَسهُمٌ صِناعيّة industrial stock

إعلانٌ صِناعيّ industrial advertising

إنشاءاتٌ صِناعيّة industrial installations

البُحُوثُ الصّناعيّة industrial research

بَضائعُ صِناعيّة industrial goods

البُلدانُ الصّناعيّةُ او المُصَنَّعة industrialized countries

تامِينٌ صِناعيّ industrial assurance

تَقَلُّباتٌ صِناعيّة industrial fluctuations

تَوحِيدُ المقاييسِ الصّناعيّة industrial standardization

ثَورةٌ صِناعيّة industrial revolution

جَمعِيَّةُ المَصرِفِيينَ الصّناعيّين Industrial Bankers' Association

الجَمعِيَّةُ الوَطَنيَّةُ لِعِلمِ النَّفسِ الصّناعيّ National Institute of Industrial Psychology (N.I.I.P.)

حادِثٌ صِناعيّ industrial accident

حَرَكةٌ صِناعِيَّة او عُمّالِيَّة industrial action

دَليلُ (مُؤَشِّرُ) الإنتاجِ الصّناعيّ index of industrial production

دِيموقراطِيَّةٌ صِناعيَّة industrial democracy

الدينامِيكيَّةُ الصّناعيَّة industrial dynamics

الرَّفاهِيَةُ الصّناعيَّة industrial welfare

سَنَدٌ صِناعيّ industrial bond

شَرِكةُ إدارةِ مَناطِقِ المُنشآتِ الصّناعيّة Industrial Estates Management Corporation

شَهادَةُ تَنمِيَةٍ صِناعيَّة Industrial Development Certificate

عَلاقاتٌ صِناعيَّة industrial relations

عِلمُ النَّفسِ الصّناعيّ industrial psychology

قانونُ العَلاقاتِ الصّناعيّة Industrial Relations Act

قَواعِدُ التَّصمِيمِ الصّناعيّ Industrial Designs Rules

مَبحَثُ العَلاقةِ الإنسانيّةِ الصّناعيّة . السّيبرنيَّة cybernetics

مَجلِسُ التَحَوُّلِ الصّناعيّ Industrial Transference Board

مَجلِسُ التدريبِ الصّناعيّ Industrial Training Board

المَجلِسُ الوَطَنيُّ لِلمُؤتَمراتِ الصّناعيّة National Industrial Conference Board

مَحكَمةٌ صِناعيَّة industrial court

المَحكَمةُ القَومِيَّةُ لِلعَلاقاتِ الصّناعيّة National Industrial Relations Court

مَحكَمةُ المُنازَعاتِ الصّناعيّة Industrial Disputes Tribunal

مَحَلٌّ صِناعيّ — industrial store

مَرَضٌ صِناعيّ — industrial disease

مَرْكَزٌ صِناعيّ — industrial centre

مَصرِفٌ صِناعيّ — industrial bank

المَصْرِفيّونَ الصِّناعِيّون — industrial bankers

المُعَدَّلُ الصِّناعيُّ لِلمَردُود — industrial rate of return

مُكافَأةُ المَلِكةِ الصِّناعيَّة — Queen's Award for Industry

مِنطَقَةُ مُنْشَآتٍ صِناعيَّة . مَناطِقُ صِناعيَّة — industrial estates

مُؤَسَّسةٌ صِناعيَّة (او تِجاريَّة) — concern

مُؤَشِّرُ الإنتاجِ الصِّناعيّ — industrial production index

الهَندَسةُ الصِّناعيَّة — industrial engineering

هَيئَةُ إعادَةِ التَّنظيمِ الصِّناعيّ — Industrial Reorganisation Corporation (I.R.C.)

هَيئةُ التَّنظيماتُ الصِّناعيَّة — Congress of Industrial Organisation

**الصِّناعيَّة** — industrialism

**صُنْبُور** — tap

**صَنْدَل** — lighter

أُجرَةُ النَّقلِ بِالصَّنْدَل . النَّقْلُ بالصَّنْدَل — lighterage

**صُنْدُوق** — box; case; trunk

صندوقُ إيداع — deposit box

صندوقُ بَرِيد — letter box

صندوقُ تَعبِئة — crate; packing case

صندوقٌ حَديديٌّ لِحفظِ الوَدائع — safe deposit box

حَشْوةٌ تُوضَعُ بَينَ الصَّناديقِ المَشحُونةِ لِوقايَتِها — dunnage

**صُنْدُوق . مُخَصَّصاتٌ ماليَّة** — fund

الصندوقُ الاجتِماعيُّ الأُوروبيّ — European Social Fund

صندوقُ الاحتِياطيّ — reserve fund; provident fund

صندوقُ استِهلاكِ (الأَسهُمِ او الدُّيُون) — redemption fund

صندوقُ إعانة — relief fund

الصندوقُ الأُوروبيُّ لِلارْشادِ والضَّمانِ الزِّراعيّ — European Agricultural Guidance and Guarantee Fund

صندوقُ التَّشغِيل — working fund

صندوقُ التَّنمِيَةِ الأُوروبيّ — European Development Fund

صندوقُ الذَّهَبِ المُشتَرَك — Gold Pool

صندوقُ السُّلَف — imprest fund

صندوقُ ضَمانِ أموالِ المُودِعِين — depositors' guaranty fund

صندوقُ ضَمانِ الوَدائعِ المَصرِفيَّة — guardian fund

صندوقُ الطُّرُق — road fund

صندُوقُ الطَّوارِىء — contingent fund; provident fund

صندوقٌ عامّ — general fund

صندوقٌ قَوميّ — national fund

الصندوقُ القَوميُّ لِلادِّخارِ (في فَرَنسا) — Caisse Nationale d'Epargne

الصُّنْدُوقُ القَوميُّ لِلتَّسليفِ الزِّراعيّ
Caisse Nationale de Crédit Agricole

صندوقُ المَصروفاتِ النَّثرِيَّة petty cash

صندوقُ مَعاشاتِ التَّقاعُد
pension funds

صندوقُ مُوازَنةِ أسعارِ الصَّرْف
exchange stabilisation fund

صندوقُ النَّقْدِ الدّوليّ International Monetary Fund (I.M.F.)

إيصالُ الصُّنْدوق cash voucher

بِطاقةُ الصُّنْدوق bin card

تَجميعُ (الأموالِ) في صُنْدوقٍ مُشتَرَك
pooling of funds

دَفتَرُ الصُّنْدوق cash book

كَشفُ الصُّنْدوق cash statement

مَدفُوعاتُ الصُّنْدوق cash disbursements

مَوجُوداتُ الصُّنْدوق cash in hand

نَقْدٌ في الصُّنْدوق cash in; cash in hand; cash on hand; money in hand

نَقْديَّةٌ بِالصُّنْدوق . رَصيدُ الصُّنْدوق
cash balance

**صَنَعَ ـ يَصْنَعُ** make; fabricate; manufacture

يَصْنَعُ حَسَبَ الطَّلَب make to order

**صَنَّعَ ـ يُصَنِّعُ بِالآلة** machine

يُصَنِّعُ مُسبَقاً prefabricate

**صُنْع** make; making; manufacture

بِضاعَةٌ قَيدُ الصُّنْع goods in process

طَرِيقةُ الصُّنْع manufacturing process

قَرارُ الصُّنْعِ او الشِّراء
make or buy decision

مَصرُوفاتُ الصُّنْع
manufacturing expense

مِن صُنْعٍ مَحلِّيّ home-made

**صُنْعيّ . اِصْطِناعيّ** artificial

**صَنَّفَ ـ يُصَنِّفُ** classify; grade; sort; rate

**صِنف . نَوْع** sort; kind; brand

صِنفٌ أوّلُ او مُمتاز first rate

صِنفٌ تِجاريّ commercial grade

صِنفٌ مُكافِح fighting brand

تَحديدُ الدَّرَجةِ او الصِّنْف
gradation; grading

مُديرُ الصِّنْف brand manager

مِنَ الصِّنْفِ الأوَّل high grade

**صِهْريج . خَزّان** tank

شاحِنةٌ صِهريجيَّة tank car

**صَوَّتَ ـ يُصَوِّتُ . يَقْتَرِعُ** ballot

**صَوْت** sound

صَوتُ (المُقْتَرِع) vote

صَوتٌ مُرَجِّح . صَوتُ الرَّئيس
casting vote

أَسهُمٌ مُتَعَدِّدةُ الأصوات
multiple voting shares

أكثَرِيَّةُ الأصوات plurality

جامِعُ الأصوات teller

مَجمُوعُ أصواتِ المُقتَرِعين vote

**الصُّورة** image

الصُّورةُ الأُولى مِنَ الكَمْبِيالة
first of exchange

الصُّورةُ الذِّهنِيَّةُ عَنِ الصِّنْف
brand image

صُورَةُ طِبْقُ الأَصْل facsimile
صُورَةٌ مُصَدَّقة verified copy
بِصُورةٍ رَسميَّة . رَسميّاً officially
خِدْمةُ إرسالِ الصُّوَرِ تِلِغْرافيّاً
phototelegraph service
**صُوَريّ** fictitious; sham; nominal
أَرباحٌ صُوَريَّة fictitious profits
بَيْعٌ صُوَريّ simulated sale
بَيعٌ صُوَريّ (لِتَنشيطِ السُّوقِ الماليَّة)
wash sale
عَقْدٌ صُوَريّ simulated contract
كَمْبيالةٌ صُوَريَّة accommodation bill; kite
مَدفُوعاتٌ صُوَريَّة fictitious payments
مُزايِدٌ صُوَريّ by-bidder; puffer
**صُوَريَّة** formalism
**صُوف** wool
صُوفُ المارينو merino
بُورْصةُ الصُّوف wool exchange
مُشاطَةُ غَزْلِ الصُّوف noil(s)
**صُومالُو** (عُملة صُوماليَّة) somalo
**صِيانة . حِفْظ** preservation; keeping
**صِيانة . حِماية** safekeeping; protection
**صِيانة . حِمايَةُ المَوارِدِ الطبيعيَّة**
conservation
**صِيانة** upkeep; maintenance
الصِّيانةُ المُخَطَّطة planned maintenance
الصِّيانةُ الوِقائيَّة
preventive maintenance

تَكاليفُ الصِّيانة cost of upkeeping; maintenance costs
دَليلُ الصِّيانة (كُتَيِّبُ إرشاداتٍ لِلصِّيانة)
maintenance manual
قِسمُ الصِّيانة maintenance section
مَقاييسُ الصِّيانةِ العامَّة universal maintenance standards (U.M.S.)
مُوَظَّفُ الصِّيانة maintenance employee
نَفَقاتُ التَّشغِيلِ والصِّيانة
operating and maintenance expenses
نَفَقاتُ الصِّيانة maintenance charges
**صَيْد** hunting
صَيدٌ بَحرِيّ fishing
حَقُّ الصَّيدِ البَحريّ piscary
سَفينَةُ صَيْد (تَجُرُّ شَبَكَةً او جارُوفة)
trawler
**صَيدَلاني ـ مَكاييلُ صَيدَلانيَّة**
apothecaries' measure
مَوازينُ صَيدَلانيَّة apothecaries' weights
**صَيَّرَ ـ يُصَيِّرُ . يَجعَلُ** render
**صَيرَفة** exchange
**صَيرَفة . مَصرِفيَّة** banking
صَيرَفةٌ مُتَسَلسِلة chain banking
صَيرَفةٌ مُتَعَدِّدة (تُقَدِّمُ مُختَلَفَ انواعِ الخِدْماتِ المَصْرِفيَّة)
multiple banking
الصَّيرَفةُ المُتَعَدِّدةُ القَومِيّات
multinational banking
**صِيغة** form; formula

# حَرفُ الضّاد

**ضابِط** officer
ضابِطُ ارتباط liaison officer
ضابِطُ الأَمْن safety officer; security officer
ضابِطٌ فَنِّيّ technical officer
ضابِطُ وَزْنٍ (في الأَجْرِ العَينيّ) checkweighman
**ضابِط . آلَةُ ضَبْط** control (device); governor
ضَوابِطُ مادِّيّة physical controls
**ضاحِية** suburb
**ضارّ** injurious; harmful
اِرتِكابُ فِعلٍ ضارّ malfeasance
**ضارَبَ ـ يُضارِبُ** (في صَفَقاتٍ تِجاريّة) speculate; rig; engross; manipulate
**ضامِن . كَفِيل** surety; guarantor; bondsman; warrantor
ضامِنُ السَّنَدات underwriter
ضامِنُ الكَمْبِيالة . المَرجِعُ إن اقْتَضَت الحاجةُ referee in case of need
شَرِكةٌ ضامِنة (كافِلة) bonding company
كَفالَةُ الضامِن surety bond
**ضامِن . مُؤَمِّن** insurer or assurer
**ضاهَى ـ يُضاهِي** match; correspond to
لا يُضاهى . مُنقَطِعُ النَّظِير beyond comparison
**ضائع** lost
كُلفَةُ الفُرصَةِ الضائعة opportunity-cost
وَقْتٌ ضائع dead time
**ضايَقَ ـ يُضايِقُ** bother; harass; disturb; inconvenience
يُضايِقُ (ماليّاً) embarrass
**ضَبَرَ ـ يَضْبُرُ** (يَحفَظُ في إضبارة) file
**ضَبطَ ـ يَضبُطُ . يُراقِبُ** control
يَضبُطُ . يُدَقِّقُ check
**ضَبْطٌ ـ ضَبْطُ الأُجُور** adjustment of wages
ضَبطُ العَمالة . مُراقَبَةُ العَمالة labour control
ضَبطُ القُيُود adjusting entries
ضَبطُ المَصاريفِ الراسِماليّة control of capital expenditure
إعادَةُ الضَّبطِ او التَّعدِيل readjustment
حِسابُ ضَبطِ المَخازِن stores control account
فَترةُ الضَّبْط control period
**ضَحّى ـ يُضَحِّي** sacrifice
**ضَحْلٌ** shallow
مِيناءٌ ضَحلٌ surf port

**ضَخَّمَ ـ يُضَخِّمُ** inflate; exaggerate
يُضَخِّمُ السِّعرَ pack
**ضَخْمٌ** large; bulky; big; immense; siz(e)able; vaste
نَمُوذَجٌ ضَخْم macro-model
**ضِدَّ جَميعِ الأَخطار** against all risks (A.A.R.)
**ضرائِب** (أُنْظُر ضَريبة) taxes
ضَرائبُ تَصاعُديَّة progressive taxation
**ضَرَرٌ** harm; damage
ضَرَرٌ استِتباعيّ consequential damage
ضَرَرٌ بِسَبَبِ مِياهِ البَحْر sea water damage (S.W.D.)
ضَرَرٌ تَأَثُّريّ (تَضَرُّرٌ بِالتأثيرِ مِن شِحنَةٍ مُرافِقة) sympathetic damage
ضَرَرُ الخُطّاف hook damage
ضَرَرٌ مُباشِر direct damage
ضَرَرٌ مَدَنيّ tort
أَضرار (عُطْلٌ وضَرَر) damages
أَضرارٌ (تَعويضاتٌ) اسميَّة nominal damages
اضرارُ البَحْر sea damage
اضرارٌ (تَعويضاتٌ) تأديبيَّة punitive damages
اضرارٌ تَعْويضيَّة compensatory damages
اضرارٌ تَوَقُّعيَّة speculative damages
اضرارٌ مَقطُوعة (مُحَدَّدة) liquidated damages
اضرارٌ (تَعويضاتٌ) مَلمُوسة substantial damages
تَقدِيرُ الأَضرار loss assessment
شَهادَةُ تَقديرِ الأَضْرار certificate of damage
القِيمَةُ الإجماليَّةُ لِلأَضرار gross damage value
مَدى الأَضرار extent of damage; degree of damage
مَسؤولٌ عَنِ الأَضرار liable for damages
مِقياسُ الأَضرار measure of damages
**ضَرُوريّ . لا يُمكِنُ الإستِغناءُ عَنه** indispensable
ضَرُوريّ جِدّاً . حَتْميّ imperative
**ضَرِيبة** tax; duty; levy; rate
ضَريبةُ الأَراضي land tax
ضَريبةُ الأَرباح profits tax
ضَريبةُ الأَرباحِ الزائدة excess profits levy
ضَريبةُ أَرباحِ الشرِكات corporation tax
ضَريبةُ الإرْث (ضَريبةُ أَيلُولةٍ على التِركات) inheritance tax
ضَرِيبةُ الاستِهلاك consumption tax
ضَريبةٌ إضافيَّة . رَسْمٌ إضافيّ supertax; surtax
ضَريبةٌ إضافيَّةٌ على الإستِثمار investment surcharge
ضَريبةٌ إضافيَّةٌ على الوارِدات import surcharge
ضَريبةُ الأَعْناق . ضَريبةُ الراس head tax; capitation tax
ضَريبةُ الأَقمِشةِ الصُّوفيَّة (في العُصُور الوُسْطى) ulnage
ضَريبةُ امتِياز franchise tax

ضَرِيبةُ أَملاك landlord's property tax
ضريبةُ إنتاج excise duty; excise tax
ضريبةُ انتِفاع use tax
ضريبةُ انتِقال transfer tax
ضريبةٌ انتِقائيَّةٌ على العَمالة
selective employment tax
ضريبةُ الإيرادِ العامّ
general revenue tax
ضريبةُ أَيلولَةِ المِيراث succession tax
ضريبةُ الباكُورة first fruits
ضريبةٌ بَلَدِيَّة municipal tax
ضريبةٌ بَلَدِيَّة او إقليميَّة . (دُخُوليَّة)
octroi
ضريبةُ التَّرِكة estate tax; estate duty; death duties; succession duties
ضريبةٌ تَصاعُدِيَّة progressive tax
ضريبةُ تَصدِير export duty
ضريبةُ تعامُل . ضريبةُ الصَّفَقات
transaction tax
ضريبةٌ تَفاضُليَّة . رُسُومٌ جُمرُكيَّةٌ تَفاضُليَّة
differential duties
ضريبةٌ تَفضِيليَّة preferential duty
ضريبةٌ تَمييزيَّة discriminatory taxation
ضريبةٌ تَنازُليَّة regressive tax
ضَريبة الثَّرْوة wealth tax
ضَريبةُ جَدوَلِ الرَّواتِب payroll tax
ضريبةُ جُملَةِ المَبِيعات turnover tax
ضريبةُ حِمايةٍ جُمرُكيَّة protective duty
ضريبةٌ خَفِيَّة (تَدخُلُ ضِمنَ أَسعارِ البَضائعِ والخِدْمات) hidden tax
ضَريبةُ دَخْل income tax

ضَرِيبةُ دَخْلٍ سالِبة (مَدفُوعاتٌ لِذَوِي الدُّخُولِ التي تَقِلُّ عن حَدٍّ مُعَيَّن)
negative income tax; tax credit scheme
ضريبةُ دَخْلِ الشَّرِكات
corporate income tax
ضريبةُ دَخْلٍ عَكْسيَّة
reverse income tax
ضريبةُ دَخْلٍ مُتَدَرِّجة (او تَصاعُدِيَّة)
graduated income tax
ضريبة (على) الرّاتِب salary tax
ضريبةُ الرَّأس . ضريبةُ الأَعْناق
head tax; capitation tax; poll tax
ضريبةُ رأسِ المال capital levy; capital tax
ضريبةُ الرِّبح dividend tax
ضريبةُ الرِّبحِ الرأسِمالي
capital gains tax
ضريبةُ سَكَن . ضريبةُ المَنازِلِ المَأهُولة
house duty
ضريبةٌ شَخْصِيَّة . ضريبةُ دَخْلِ الفَرْد
personal tax
الضريبةُ الشَّخصِيَّةُ على الشَّرِكةِ القابِضة
personal holding company tax
ضريبةُ شِراء purchase tax
ضريبةُ (أَرباحِ) الشَّرِكات company taxation; corporate tax
ضريبةُ طَوابِع stamp tax
ضريبةٌ عادِيَّة normal tax
ضريبةُ العُشْر tenth; tithe
ضريبةٌ عَقارِيَّة real estate tax; property tax

ضَرِيبةٌ على الأرباحِ الزائدة
excess profits tax

ضريبةٌ على الأرباحِ غيرِ المُوَزَّعة
undistributed profit tax

ضريبةٌ على أساسِ القِيمة
ad valorem tax

luxury tax ضريبةٌ على السِّلَعِ الكماليَّة
sales tax ضريبةٌ على المَبيعات
impost ضريبةٌ على الوارِد
yield tax ضريبةُ الغَلَّة او المَحصُول
indirect tax ضريبةٌ غيرُ مُباشِرة

ضريبةُ القِيَمِ المَنقُولة
movable property tax

land-value tax ضريبةُ قِيمةِ الأَرْض
value-added tax ضريبةُ القِيمةِ المُضافة
ad valorem tax ضريبةٌ قِيميَّة
full duty ضريبةٌ كامِلة

ضريبةُ كَسْبِ العَمَل
tax on earnings from work

direct tax ضريبةٌ مُباشِرة
general sales tax ضريبةُ المَبيعاتِ العامَّة
graduated tax ضريبةٌ مُتَدَرِّجة
hearth money ضريبةُ المَدافِيء

ضريبةٌ مُزْعِجة (لاتَستاهِلُ قِيمَتُها ما يُسَبِّبُهُ تَحصِيلُها من إزعاجٍ ومُضايَقات)
nuisance tax

ضريبةُ مُساواةِ سِعرِ الفائدة
Interest Equalisation Tax

countervailing duty ضريبةٌ مُضادَّة
single tax ضريبةٌ مُفْرَدة
entertainments duty ضريبةُ المَلاهِي

ضَرِيبةُ المِلْح (في فَرَنسا في القَرْنِ الثامِنَ عَشَرَ)
gabelle

house tax; house duty ضريبةُ المَنازِل
apportioned tax ضريبةٌ مُوَزَّعة
legacy duty ضريبةُ مِيراث
proportional tax ضريبةٌ نِسبيَّة
window tax ضريبةُ النَّوافِذ
protective tax ضريبةٌ وِقائيَّة

إبدالُ الضرائبِ (بِأَخَفَّ مِنها عادَةً)
commutation of taxes

tax reserve اِحتياطيُّ الضرائب
tax base أَساسُ الضريبة
zero-rating إعفاءٌ مِنَ الضرِيبة

اِقتِطاعُ الضرائبِ مِنَ المَنْبَع
pay-as-you-earn (P.A.Y.E.)

wage and tax statement بَيانُ الأُجُورِ والضرائب

tax return بَيانُ الضرائب
tax sale بَيعٌ لِلوَفاءِ بالضريبة
tax avoidance تَجَنُّبُ الضرائب
collection of taxes تَحصِيلُ الضرائب
tax allocation تَخصِيصُ الضرائب
abatement of tax; tax abatement; tax cut تَخفِيضُ الضريبة

تَخفِيضُ الضريبةِ بِسَبَبِ الإستِثمار
investment tax credit

tax mitigation تَخفِيفُ الضريبة
tax assessment تَقديرُ الضرائِب
tax-paid cost التَّكلِفةُ بِما فِيهِ الضريبة

تَنسِيقُ الضرائب
harmonization of taxes

agricultural rates ضَرائِبُ زِراعِيَّة
onerous rates ضرائبُ عِبْئِيَّة
indirect taxes; outlay taxes ضرائبُ غيرُ مُباشِرة
multiple taxation ضرائبُ مُتَعَدِّدة
remunerative rates (or beneficial rates) ضرائبُ مُجزِية (أو نافِعة)
local taxation ضرائبُ مَحَلِّيَّة
beneficial rates (or remunerative rates) ضرائبُ مُفِيدة
assessed taxes ضرائبُ مُقَرَّرة
discriminating duties ضرائبُ مُمَيَّزة
specific taxes ضرائبُ نَوعِيَّة
ضرائبُ الوارِداتِ مِنَ الخُمُورِ وغَيرِها مِنَ السِّلَع tunnage and poundage
taxation فَرْضُ الضرائب
direct taxation فَرْضُ الضرائبِ المُباشِرة
قانُونُ خَفْضِ الضرائبِ المَحَلِّيَّة
Rating Act
income tax laws قَوانِينُ ضريبةِ الدَّخْل
taxable value القِيمَةُ الخاضِعَةُ لِلضريبة
tax roll كَشْفُ الضرائب
مَبْدَأُ تَوزِيعِ عِبْءِ الضريبةِ بِنِسبَةِ الإستِفادةِ مِنَ الخِدْمة cost-of-service principle
tax accounting مُحاسَبَةُ الضريبة
Tax Court مَحْكَمةُ الضرائب
farming of taxes مُخابَرةُ الضرائب
effective tax rate مُعَدَّلُ الضريبةِ الفِعْليّ
tax-free; duty-free مُعْفًى مِنَ الضريبة
مُعْفًى مِن ضريبةِ الدَّخْل
free of income tax

tax evasion تَهَرُّبٌ مِن دَفْعِ الضَّرائِب
تَوزِيعُ الضرائب بِالمُساواة
equalization of taxes
tax collector; rate-collector جابي الضَّرائب
جابي ضَريبةِ الدَّخْل
collector of income tax
tax tables جَداوِلُ الضرائب
حَبْسُ الضريبةِ (اِقتِطاعُ الضريبةِ مِنَ الرّاتِبِ أوَّلاً بِأوَّل) withholding tax
tax lien حَقُّ الحَجْزِ لِاستِيفاءِ ضريبة
liable to income tax خاضِعٌ لِضريبةِ الدَّخْل
taxable; subject to duty خاضِعٌ لِلضَّريبة
rates rebate خَفْضُ الضرائبِ المَحَلِّيَّة
taxpayer دافِعُ الضريبة
income tax department دائرةُ ضَريبةِ الدَّخْل
الدَّخْلُ الإجماليُّ غيرُ الخاضِعِ لِلضَّريبة
non-taxable gross income
الدَّخْلُ الخاضِعُ لِلضريبة
taxable income
franked income دَخْلٌ مَدفُوعُ الضريبة
سَناهِياتُ وَفاءِ ضَريبةِ العُشُور
tithe redemption annuities
net rate of tax صافي مُعَدَّلِ الضريبة
taxes; duties; rates ضَرائِب . رُسُوم
expenditure taxes ضرائبُ الإنفاق
unemployment taxes ضرائبُ البِطالة
border taxes ضرائبُ الحُدُود

مِنْحَةُ تَدْعيمِ الضَّرائِبِ المَحَلِّيَّة
rate support grant
نِسبةُ الضريبة tax rate
نِظامُ الضرائب tax system
نِظامُ الضريبةِ التَّصاعُديَّة progressive tax system
نِظامُ الضريبةِ النِّسبيَّة proportional tax system
نَظَرِيَّةُ انتِشارِ الضرائب diffusion theory of taxation
نَظَرِيَّةُ دَفْعِ الضرائبِ حَسَبَ المَقدِرة
faculty theory of taxation
هَدايا خاضِعَةٌ لِضرائبِ الوَفاة
gifts inter vivos
وَقْعُ الضريبة . راجِعِيَّةُ الضريبة
incidence of taxation
الوُكَلاءُ الخُصُوصِيُّونَ لِضريبةِ الدَّخْل
Special Commissioners of Income Tax (S.C.I.T.)
يُرْهِقُ بِالضرائب overtax

**ضَرِيبيّ – الإزدِواجُ الضَّرِيبيّ**
double taxation
إعفاءٌ ضَريبيّ tax exemption; tax relief
إعفاءٌ ضَريبيّ حَدِّيّ marginal relief
اِئتِمانٌ (او اِعتِمادٌ) ضَريبيّ tax credit
التخطِيطُ الضريبيّ tax planning
تَخفيضُ القِيمةِ الضريبيَّة de-rating
خاضِعٌ لِلتكليفِ الضريبيّ
rat(e)able; taxable
خِدْماتٌ ضَرائبيَّة (او ضَريبيَّة)
tax services

سَنَدٌ ضَرِيبيّ tax bond
الطّاقَةُ الضريبيَّة taxable capacity
عائِداتٌ ضريبيَّة tax proceeds
القَواعِدُ الضريبيَّة canons of taxation
قِيمَةٌ ضريبيَّة rateable value
نِظامُ تَجَنُّبِ الإزدِواجِ الضريبيّ على الأرباح imputation system

**ضَعيف** weak
سُوقٌ ضَعيفة weak market; soft market

**ضَغَطَ – يَضغَطُ** push
**ضَغْطٌ** pressure
إيقافُ العَمَلِ لِلضَّغْطِ على العُمّال
lockout
ضُغُوطٌ اقتِصاديَّة economic pressures
مَجمُوعاتُ الضَّغْطِ (في أوساطِ الأعمال)
lobbies or lobby groups
مُحاوَلاتُ الضَّغْطِ او التَّأثير lobbying

**ضَمَّ – يَضُمُّ** (إلى) **. يُلحِقُ** subjoin
**ضَمٌّ . إضافة** addition
**ضَمٌّ** annexation; merger; amalgamation; incorporation
ضَمُّ الأراضي regrouping of land
ضَمُّ مُطالَبَةٍ إلى مُطالَبَةٍ أُخرى أكبَرَ مِنها
tacking

**ضَمانٌ** guarantee; guaranty; warranty; security; gage
ضَمانٌ اجتِماعيّ social security
ضَمانٌ إضافيّ collateral security; collateral
. ضَمانُ أمانة fidelity bond

ضَمانُ الأمتِعة . تَامِينُ الامتِعة
baggage insurance; luggage insurance

global cover ضَمانٌ بِمَبلَغٍ مَقطُوع

ضَمانٌ جَماعيٌّ ضِدَّ المَرَض
group health insurance

ضَمانُ الحَوادِثِ الشَّخصيَّة
personal accident insurance

capital assurance ضَمانُ راسِ المال

safe-conduct ضَمانُ سلامةِ المُرور

personal security ضَمانٌ شَخصيّ

express warranty ضَمانٌ صَريح

implied warranty ضَمانٌ ضِمنِيّ

ضَمانٌ طَويلُ الأمَد
long-term insurance

bid bond ضَمان عَطاء

limited guaranty ضَمانٌ مَحدُود

liability insurance ضَمانُ المَسؤوليَّة

ضَمانُ مَصاريفِ المَحكَمة
security for costs

ضَمانٌ مَصرِفيّ . كَفالَةٌ مَصرِفيَّة
bank guaranty

anticipation warrant ضَمانٌ مُعَجَّل

del credere ضَمانُ الوَفاء

اِتِّفاقُ الضَّماناتِ الماليَّة
security agreement

إدارَةُ ضَمانِ حِساباتِ التَّصدِير
exports credit guarantee department

تَامِينُ الضَّمانِ ضِدَّ خِيانَةِ الأمانة
surety and fidelity insurance

limit of cover حَدُّ الضَّمان

naked دُونَ ضَمانٍ او رَهْن

warranty deed سَنَدُ ضَمان

سَنَدٌ مُعَزَّزٌ بِضَمانٍ إضافيّ
collateral trust bond

cover-all clause شَرْطُ الضَّمانِ الشّامِل

شَرِكةٌ لِضَمانِ حُقُوقِ المِلكيَّة
title guarantee company

landed securities ضَماناتٌ عَقارِيَّة

قَرْضٌ يُمْنَحُ بِضَمانٍ إضافيّ
collateral loan

letter of guarantee كِتابُ ضَمان

no risk after discharge (n.r.a.d.) لا ضَمانٌ بعدَ التَّفرِيغ

لا ضَمانَ بَعدَ التَّفرِيغِ على اليابِسة
no risk after landing (n.r.a.l.)

no risk afer shipment (n.r.a.s.) لا ضَمانَ بعدَ الشَّحْن

no risk till on board (n.r.t.b.) لا ضَمانَ قبلَ التَّحمِيل

duration of guaranty مُدَّةُ الضَّمان

limited by guarantee مَحدُودٌ بِواسِطَةِ ضَمان

indemnity **ضَمانة** (ضِدَّ الخَسارةِ او التَّلَف)

guarantee; warrant **ضَمِنَ ـ يَضمَنُ**

in; within; inluded (in) **ضِمْن**

charges included النَّفَقاتُ ضِمْناً

tacit; implied; implicit **ضِمنِيّ**

implied trust امانةٌ ضِمنِيَّة

implied condition شَرْطٌ ضِمنِيّ

شَرِكةٌ بَسيطةٌ ضِمنِيَّة
implied partnership

implied warranty ضَمانٌ ضِمنِيّ

عَقْدٌ ضِمنِيّ implied contract

قَبُولٌ ضِمنِيّ implied acceptance; tacit acceptance

**ضَمير** conscience

مالُ الضَّمير conscience money

**ضَوءٌ . نُور** light

نِظامُ تَوقِيتٍ لِلإستِفادَةِ من ضَوءِ النَّهار daylight saving time

**ضَياع** loss; wastage

ضَياعٌ اقتِصاديّ economic waste

الضَّياعُ الطَّبيعيّ natural wastage

**ضِيافة** hospitality

نَفَقاتُ الضِّيافة entertainment expenses

**ضَيِّق** narrow; tight

سُوقٌ (ماليَّةٌ) ضَيِّقة narrow market

قُماشٌ ضَيِّق narrow fabric

**ضَئيل** tiny; minute; scanty; slight

أكثَرِيَّةٌ ضَئيلة narrow majority

# حَرفُ الطَّاء

**طابَعٌ . مِيزة** characteristic

**طابَعٌ** stamp

طابَعُ إيراد . طابَعٌ ماليّ revenue stamp

رَسْمُ الطّابَعِ الأميريّ stamp duty

ضَرِيبةُ طَوابِع stamp tax

طَوابِعُ الإدِّخارِ القَوميّ national savings stamps

طَوابِعُ بَريد postage stamps

طَوابِعُ تِجاريَّة . طَوابِعُ تَشجيعِ المَبيعات trading stamps

مَظْرُوفٌ مُعَنوَنٌ وعَلَيهِ طابَعُ بَريد stamped addressed envelope (s.a.e.)

مُعفىً مِنَ الطابَعِ الماليّ free of stamp (f.o.s.)

**طابِعٌ . طَبّاع** printer

طابِعٌ (او طابِعةٌ) على الآلَةِ الكاتِبة typist

تِلغرافٌ طابِع ticker

**طابِعة** printer

طابِعَةٌ (على الآلَةِ الكاتِبة) typist

طابِعَةٌ عَن بُعْدٍ . مُبْرِقَةٌ كاتِبة tape machine; teleprinter

**طابَقَ ـ يُطابِقُ** tally

**طابِق** stor(e)y; floor

طابِقٌ أرضِيّ ground floor

طابِقٌ تحتانِيّ . جُزْءٌ قاعِديّ basement

**طارِىء . عارِض** contingent; incidental; accidental; unforeseen

حِسابٌ طارِىء contingent account

صُنْدُوقُ الطَّوارِىء contingent fund

نَفَقاتٌ طارِئَة contingencies; incidental expenses

**طارِىء . حالَةٌ طارِئَة** emergency; contingency

اِحتِياطيُّ الطَّوارِىء contingency reserve

**طاعة . إطاعة** obedience

**طاعُون وَباء** pestilence

**طاغٍ . لا يُقاوَم** overpowering

**طافَ ـ يَطُوفُ . يَجُولُ** tour

يَطُوفُ مُلتَمِساً canvass

**طافٍ** floating

**طاقٌ . جَدِيلة** strand

**طاقَةٌ** (مُحَرِّكة) energy

طاقَةٌ مُنتِجة productive potential

مَحَطَّةُ تَولِيدِ الطّاقة power station

**طاقة . سَعة** capacity

طاقةٌ إنتاجِيَّةٌ فائضة surplus capacity

طاقةُ التَّحمِيل carrying capacity

طاقةُ الحُمُولةِ السّاكِنة deadweight capacity

طاقَةٌ زائدة excess capacity

الطَّاقَةُ الضَّرِيبيَّة taxable capacity
الطاقةُ العاديَّةُ (طاقَةُ الإنتاجِ العاديَّة) normal capacity
الطاقةُ العَمَليَّة practical capacity
الطاقةُ (القُدْرة) الماليَّة financial capacity
الطاقةُ النَّظَرِيَّة theoretical capacity
طاقةُ الوَحدةِ التِّجاريَّة capacity of a business unit
تَقدِيرُ طاقَةِ المَجمُوعات group capacity assessment (G.C.A.)
نِسبَةُ استِعمالِ الطّاقة capacity usage ratio
**طاقَمُ** (سَفينَةٍ او طائرة) crew
**طالَبَ ـ يُطالِبُ بِ** demand; claim
رِبْحٌ لَمْ يُطالَبْ بِه unclaimed dividend
**طالِبٌ . تِلمِيذ** student; pupil
**طالِبٌ . مُقَدِّمُ الطَّلَب** applicant
طالِبُ التَّنبيهِ القَضائيّ caveator
**طائرة** airplane; aeroplane; aircraft
بِالطّائرة by air; par avion
مَهبَطٌ اضطِراريٌّ لِلطّائرات emergency landing area
**طائش . مُتَهَوِّر** reckless
إهمالٌ طائش wanton negligence
**طائفَة** group; faction; caste; sect
طائفَةُ الصُّنّاع craftsmen
**طائل . رَيْع . فائدة** avail
**طِبٌّ واقٍ** preventive medicine
**طِباعة ـ طِباعَةٌ بالأُوفسِت** offset
طِباعَةٌ بِتَنضِيدِ الحُرُوف letterpress
طِباعَةٌ غائرة intaglio
**طَبَعَ ـ يَطبَعُ** print
يَطبَعُ ثانِيَةً reprint
يَطبَعُ على الآلَةِ الكاتِبة type
**طَبْعٌ . مِزاج** mood
**طَبْعٌ** printing; typing
تَصريحٌ بِالطَّبْع imprimatur
حَقُّ الطَّبْع copyright
خَطَأُ طَبْعٍ على الآلَةِ الكاتِبة typing error
**طَبْعة . طَبْعَةٌ مِن كِتاب** impression
طَبعَةٌ جَديدة reprint
**طَبَّقَ ـ يُطَبِّقُ . يُنجِزُ** implement
**طِبْقُ الأَصْل ـ نُسخَةٌ طِبقُ الأَصْل** transcript; true copy; facsimile
**طِبْقاً لِ** according to; in accordance with
طِبْقاً لِلمُستَنَدات ex facie
**طَبَقَةٌ** (أرضِيَّة) layer; stratum
تَقسِيمٌ طَبقيّ stratification
عَيِّنةٌ طِباقيَّة stratified sample
**طَبَقة . طائفة** class
طَبَقَةٌ اجتِماعيَّة estate
طَبَقَةُ الأُجَراء wage earning classes
طَبَقَةُ أَصحابِ الأَملاك rentier class
الطَّبَقَةُ (او السُّلْطةُ) الرابِعة ـ الصَّحافة fourth estate
الطَّبَقَةُ العامِلة the working class; proletariat(e)
طَبَقَةُ الفَلّاحين peasantry
الطَّبَقاتُ الفَقيرة (إستَعمَلَها أَلْفِرِد مارْشال وآخَرُونَ بِهذا المَعْنى) residuum

**طِبّيّ** medical
بُوليصَةٌ غيرُ طِبِّيَّة non-medical policy
تَقرِيرٌ طِبّيّ medical report
فَحصٌ طِبّيّ medical examination
**طَبيعة** nature
هِباتُ الطَّبِيعة (كالهَواءِ والشَّمْسِ والمُناخ) free goods
**طَبيعيّ . مادّيّ** physical
**طَبيعيّ . فِطرِيّ** inherent; innate; inborn
**طَبيعيّ** natural
اِحتِكارٌ طَبيعيّ natural monopoly
اِقتِصادٌ طَبيعيّ . اِقتِصادُ المُقايَضة natural economy
اِلتِزامٌ طَبيعيّ natural obligation
تَوزِيعٌ طَبيعيّ normal distribution
الحُقُوقُ الطَّبيعيَّةُ (الحَياةُ والحُرِّيَّةُ ونُشدانُ السَّعادة) natural rights
زِيادَةٌ طَبيعيَّة natural increase
السَّنَةُ التِّجارِيَّةُ الطَّبيعيَّة natural business year
شَخصٌ طَبيعيّ natural person
الضَّياعُ الطَّبيعيّ natural wastage
القانُونُ الطَّبيعيّ normal law
المُعَدَّلُ الطَّبِيعيُّ لِلفائدة (الذي يَحفَظُ التَّوازُنَ بينَ العَرْضِ والطَّلَب) natural rate of interest
المَوارِدُ الطَّبيعيَّة natural resources
نِظامٌ طَبيعيّ natural order
**طِراز** model; make
طِراز (مُوضة) fashion; style

**طَرَحَ ـ يَطْرَحُ . يُراهِنُ** put
يَطْرَحُ (أَسهُماً) float
يَطْرَحُ لِلتَّصوِيت put to the vote
**طَرْحٌ** subtraction; deduction
**طَرْحٌ** (رَمْيٌ) casting
طَرْحُ أَسْهُمٍ (او سَنَداتٍ) في السُّوق flotation
طَرحُ البِضاعَةِ في البَحْر lagen
طَرحٌ بِالمُناقَصة . طَلَبُ تَقديمِ العُرُوض call for tender
طَرحٌ في البَحْر jettison; jetsam
**طَرَدَ ـ يَطرُدُ** (مِنَ الوَظيفة) sack; discharge; cashier
**طَرْد** discharge; dismissal; expulsion; ouster
طَرْدٌ جائِر . طَرْدٌ دُونَ إنذار wrongful dismissal
طَرْدُ المُستَأجِرِ (بِحُكمٍ قَضائيّ) eviction
**طَرْد . رِزمة** package; parcel
طَرْدٌ بَريديّ postal packet
طَرْدٌ غيرُ مَضمُون (لم يُؤَمَّن عَلَيه) uninsured parcel
بَرِيدُ الطُّرُود parcel post
سَرِقَةُ الطُّرودِ كامِلَةً purloining
طُرُودُ الأُجُورِ التَّعوِيضيَّة compensation fee parcels
قِسْمُ الطُّرودِ البَريديَّة parcel post section
**طَرَفٌ . فَرِيق . حِزْب** party
طَرَفٌ ثالِث . الغَير third party
طَرَفٌ مُتَدَخِّل intervening party

طَرَفٌ مُتَعاقِد contracting party

الطَّرَفُ المُسعِف accommodation party

طَرَفٌ مَعنِيٌّ بالأمْر . فَريقٌ ذو مَصلَحة interested party

إتِّفاقِيَّةٌ مُتَعَدِّدةُ الأطْراف multilateral agreement

تَعَدُّدِيَّةُ الأطْراف multilateralism

رَهْنٌ مَفتُوحُ الطَّرَف open-end mortgage

شَهادَةُ إخلاءِ طَرَف leaving certificate

عَقْدٌ مَفتُوحُ الطَّرَف open-end contract

كُلُّ طَرَفٍ each way

مَفتُوحُ الطَّرَف open-end

**طَرْق** hammering

قابِلٌ لِلطَّرْقِ malleable

**طَرِيق** route; road; way

طَريقٌ عامّ highway

طَريقٌ مَسدُود deadlock

طَريقٌ مِلاحيّ fairway; waterway

إيقافُ البِضاعَةِ في الطَّريق stoppage in transit

تَرخِيصُ النَّقْلِ على الطُّرُق road licensing

تَصنِيعٌ في الطَّريق fabrication in transit

تَغييرُ الطريق diversion

حافَّةُ الطريق . رَصيف kerb

حَرَكَةُ السَّيرِ على الطُّرُق road traffic

صالِحٌ لِلسَّيرِ عَلى الطُّرُق road-worthy

صُندُوقُ الطُّرُق road fund

طُرُقُ الإتِّصال channels of communication

طُرُقٌ دائرِيَّةٌ في الإنتاج roundabout methods of production

طُرُقُ سَيّارات motorways

طُرُقُ سَيّاراتِ النَّقْل trunk roads

الطُّرُقُ المائيَّةُ الدّاخِليَّة inland waterways

عَن طَريق via

في الطريق . عابِر in transit

قانُونُ حَرَكَةِ الطُّرُق Road Traffic Act

مُختَبَرُ ابحاثِ الطُّرُق Road Research Laboratory

مُخَطَّطُ الطُّرُق route diagram

مَوقِعٌ بِجانِبِ الطريق off-street site

النَّقلُ على الطُّرُق road transport

هَيئَةُ صِيانَةِ الطُّرُق (بِالرُّسُومِ المُستَوفاةِ مِنَ العابِرين) turnpike trust

**طَرِيقة** method; process

طَريقةُ الأجْرِ بالقِطْعة price method

طَريقةُ استِرجاعِ الراسِمال pay-off method

طَريقةُ الإستِعمال directions for use

طَريقةُ الإستِعمال المُعتادة usage

طَريقةٌ استقرائيّة inductive method

طَريقةٌ استِنباطيَّة . طَريقةٌ استِنتاجيَّة deductive method

طَريقةٌ اقتِصاديَّة economic method

الطريقةُ الألِفبائيَّة abc method

طَريقةُ الإنتاجِ غيرُ المُباشِرَةِ (مُتَشَعِّبَةُ العَمَلِيّاتِ والإختِصاصات) "roundabout" method of production

الطريقةُ البَسيطة simplex method

طَرِيقَةٌ بَيانيَّة graphic method

طَريقةُ تَخصِيصِ المَوارِدِ مَدمُوجَةً بِالوَقْت time integrated resource allocation technique

طَريقةُ التَّخطِيطِ والمُراقَبَةِ المُتكامِلَين في الإدارة Integrated Management Planning and Control Technique (IMPACT)

الطريقَةُ التخطِيطِيَّةُ لِلتَّقدِيرِ والمُراجَعة graphical evaluation and review technique (GERT)

طَريقةُ الترتِيبِ القِيميّ abc method

طَريقةُ التسدِيد payback method

الطريقَةُ التصاعُديَّة (في احتِسابِ الفَوائد) progressive method

طَريقَةُ تَصنِيع (أو مُعالَجة) process

طَريقةُ التَّقدِيرِ بِالنُّقَط points rating method

طَريقةُ تَقديرِ الرُّتَب ranking method

طَريقةُ التقسِيطِ لِتَحدِيدِ الرِّبحِ الإجماليّ instalment method of determining gross income

طَريقةُ تَقييمٍ ومُراجَعَةِ البَرنامَج Programme Evaluation and Review Technique (P.E.R.T.)

طَريقةُ التَّوظِيفِ العادِلة fair employment practice

طَريقةُ تَوقِيتِ المَجمُوعات group timing technique

طَريقةُ الجَرْدِ بِالسِّعرِ المُتَوَسِّطِ المُرَجَّح weighted average inventory method

طَريقةُ الحِساب method of calculation

طَريقةُ الرِّبحِ الإجماليِّ لِتَقديرِ الجَرْد (لِبِضاعةِ آخِرِ المُدَّة) gross profit method of estimating inventory

طَريقةُ الرَّصيدِ المُتَناقِصِ في حِسابِ الاِستِهلاك declining balance method of depreciation

طَريقةُ السِّعرِ المُتَوَسِّطِ المُتَحَرِّك moving average price method

طَريقةُ الشِّراءِ (في دَمْجِ الشَّرِكات) purchase method (in consolidation)

طَريقةُ الصُّنْع manufacturing process

طَريقةُ عائِدِ الاستِثمار return on investment method

الطَّريقةُ غيرُ المُباشِرَةِ (في احتِساب الفَوائد) indirect method

طَريقةُ القِراءَةِ السَّريعة snap reading method

طَريقةُ القَيدِ المُزدَوِج double-entry system

طَريقةُ القَيدِ المُفْرَد single-entry

طَريقةُ القِيمَةِ الحاليَّة present value method

طَريقةُ القُيُودِ الثَّلاثَةِ في قَيدٍ واحِد three-in-one method

طَريقةُ القُيُودِ الحِسابيَّةِ التَّراكُميَّة accrual basis of accounting

طَرِيقَةُ القُيُودِ النَّقْدِيَّة cash basis accounting

الطَّرِيقَةُ المُباشِرَةُ في شَطْبِ الدُّيُونِ المَعدُومة direct charge-off method

طَرِيقَةُ مَجمُوعِ أَرقامِ السَّنَوات
sum-of-the-years'-digits method

طَرِيقَةُ المَخزُونِ الأَساسيّ (طَرِيقَةُ احتِسابِ قِيمَةِ المَخزُونِ بِأَسعارِ الشِّراء)
base stock method

طَريقَةُ المُشارَكَةِ في الأَرباح bonus scheme

طَريقَةُ مُعَدَّلِ ساعاتِ العَمَل
labour hour rate method

طَريقَةُ مَعرِفَةِ مَجمُوعِ تَكاليفِ التَّوزيع
total cost approach to distribution

طَريقَةُ مُقارَنَة comparative method

طَريقَةُ المُكافَأة bonus method

طَريقَةُ المُلاحَظَةِ العَشوائيَّة
random observation method

طَريقَةُ النِّسبَةِ المِئَوِيَّةِ لإِتْمامِ العَمَل
percentage of completion method

طَريقَةُ نِظامِ التَّحليلِ الوَظيفيّ
functional analysis system technique

بِطَريقَةٍ غيرِ مَشرُوعة under the counter

طُرُقُ الاستِهلاكِ المُعَجَّلة accelerated depreciation methods

طُرُقُ شَطبِ الدُّيُونِ المَعدُومة
write-off methods

طُرُقُ المُحاسَبة accounting methods; accounting procedures

**طَعام** food; foodstuff

بَدَلُ طَعام food allowance

**طَعَنَ ـ يَطعَنُ** (في حُكمٍ او قَرار) impugn

**طِفْل** child; infant; baby

مَصارِيفُ العِنايَةِ بالأَطْفال
child care expenses

وَفَياتُ الأَطفال infant mortality

**طَفيف** slight; insignificant

خَسارَةٌ طَفيفة minor loss

**طَلى ـ يَطْلي بِالزِّنْك** galvanize

**طَلاءٌ بالكَهْرباء** electroplating

**طَلَبَ ـ يَطلُبُ** order; demand; request

يَطلُبُ رَقماً تِلِفونيّاً dial

رأسُ المالِ الذي لَم يُطلَب بَعْد
uncalled capital

**طَلَبٌ** (مَكتُوب) application

طَلَبُ استِخدام . إستِمارَةُ طَلَب
application form

طَلَبُ اكتِتاب call

طَلَبُ أو استِمارةُ (ضَمان)
proposal form

**طَلَبٌ** (بَضائع) indent; order; demand

طَلَبٌ إجماليّ aggregate demand

طَلَبٌ إضافيّ additional order

طَلَبٌ بَديل alternate demand

طَلَبٌ بَريديّ . طَلَبُ بَضائعَ بِالبَريد
mail order

طَلَبُ تَعويضِ الأَضرار claim

طَلَبُ تَقديمِ العُرُوض call for tender

طَلَبٌ تَكامُليّ complementary demand

طَلَبٌ تَنافُسيّ competitive demand

طَلَبٌ ثابِت definite order

طَلَبٌ جَماعيّ syndicated bid

طَلَبُ السِّعر price enquiry

طَلَبُ السُّوق market demand

طَلَبُ شِراء buying order; purchase order; purchase requisition; indent

طَلَبُ شِراءٍ خارِجيٌّ مُحَدَّدُ المَصدَر . طَلَبُ شِراءٍ مُغلَق closed indent
طَلَبُ شِراءٍ خارِجيٌّ مَفتوح open indent
طَلَبٌ صالِحٌ لِهذا الشَّهر (او الأُسبُوع)
good this month (week) order
طَلَبٌ صالِحٌ لِيَومٍ واحِد day order
طَلَبُ (او استِدراجُ) عَرْضِ أسعار
application for a quotation
طَلَبُ العُرُوض . مُناقَصة
invitation for tenders
طَلَبُ عَمَل . أمْرُ إنتاج job order
طَلَبٌ غيرُ مَرِن inelastic demand
طَلَبٌ فائض excess demand
طَلَبٌ فَعّال effective demand; efficient demand
طَلَبٌ فَورِيّ immediate order
طَلَبٌ قائمٌ لِحينِ تَنفيذِهِ أو إلغائِه
good till cancelled (G.T.C.) order
طَلَبٌ لِلشِّراءِ (او البيع) بِسِعرِ البُورْصة
market order
طَلَبٌ مُتَأَخِّر . طَلَبٌ مُؤَخَّر back-order
طَلَبٌ مُترابِط او مُتَّصِل joint demand
طَلَبٌ مُتَزايِد increasing demand
طَلَبٌ مُتَعَدِّد multiple demand
طَلَبٌ مُجَزَّأ split order
طَلَبٌ مُحتَمَل potential demand; potential market
طَلَبٌ مُحَدَّد . طَلَبٌ مُقَيَّد limited order
طَلَبٌ مُرَكَّب composite demand
طَلَبٌ مَرِنٌ (على سِلعة) elastic demand
طَلَبٌ مُشتَقّ derived demand

طَلَبٌ مُضَخَّم magnified demand
طَلَبٌ مُضَلَّل misdirected demand
طَلَبٌ مُفْرِط stiff demand
طَلَبُ (تَسليمِ) مَوادَّ مِنَ المَخازِن
stores requisition
طَلَبٌ مَوسِميٌّ على السَّحْبِ مِنَ البُنوك
seasonal demand for cash
طَلَبُ النُّقود demand for money
الطَّلَبُ النِّهائيّ final demand
طَلَبٌ هاجِعٌ (بانتِظارِ مُعادَلَةِ أسعارِهِ لِمُستَوى الأسعارِ الجارِية)
resting order
طَلَبٌ وَسيط intermediate demand
طَلَبٌ يُحَدِّدُ سِعرَ بَيعِ (أو شِراءِ) السَّهم
limit order
طَلَبُ اليَدِ العامِلة demand for labour
طَلَبٌ يَوميّ (مُحَدَّدٌ بِيَومٍ واحِد)
day order
إستِمارَةُ طَلَب order blank
إشتِقاقُ الطَّلَب derivation of demand
إعلانُ طَلَبٍ (لِوَظيفةٍ او مُوَظَّفٍ أو ما سِوى ذلِك) want ad
إنتاجٌ حَسَبَ الطَّلَب (لِسِلعةٍ مُعَيَّنة)
one-off
تِجارَةُ الطَّلَباتِ البَريديَّة
mail order business
تَحتَ الطَّلَب on order
تَغَيُّراتُ الطَّلَب changes in demand
جَدوَلُ الطَّلَب demand schedule
جَذْبُ الطَّلَب demand-pull
حِسابٌ تَحتَ الطَّلَب demand account

حَوالَةٌ تُدفَعُ عِندَ الطَّلَب demand bill

دَفتَرُ الطَّلَباتِ التِّجارِيَّة order book

الدَّفعُ عِندَ الطَّلَب cash with order

رَقْمُ الطَّلَب order number

سِعرُ الطَّلَب asked price; call price; demand price

سِعرُ الطَّلَبِ الحَدِّيّ marginal demand price

سِعرُ العَرْضِ والطَّلَب bid and asked

السِّعرُ المُحَدَّدُ في الطَّلَب demand price

طَلَباتٌ خَفيضة (أَقَلُّ مِن ١٠٠ سَهمٍ أو لا تَتَجاوَزُ ١٠٠٠ دُولار) odd-lot orders

طَلَباتٌ (تِجارِيَّة) غيرُ مُنَفَّذة orders in hand

طَلَباتٌ لِلتَّنفِيذ outstanding orders

طَلَباتٌ مُتَنافِسة rival demands

طَلَباتٌ مُستَقِرَّة standing orders

عَدَمُ استِقرارِ الطَّلَب instability of demand

العَرْضُ والطَّلَب supply and demand

عِندَ الطَّلَب on call; on demand

قانُونُ الطَّلَب law of demand

قانُونُ الطَّلَبِ المُتَبادَل law of reciprocal demand

قانُونُ العَرْضِ والطَّلَب law of supply and demand

قَرْضٌ تَحتَ الطَّلَب loan at call

قَسِيمةُ طَلَب . نَمُوذَجُ طَلَبِ بِضاعة order form

كاتالوجُ الطَّلَبِ بِالبَرِيد mail order catalog

كَمْبِيالَةٌ تُدفَعُ عِندَ الطَّلَب demand draft

كَمِّيَّةُ الطَّلَبِ الإقتِصادِيَّة economic order quantity

مَحَلٌّ لِلطَّلَبِ بِالبَرِيد mail order house

مُذَكِّرَةُ طَلَب request note

مُرُونَةُ الطَّلَب elasticity of demand

مُرُونَةُ الطَّلَبِ بِسَبَبِ الدَّخْل income elasticity of demand

مُرُونَةُ الطَّلَبِ المُضادَّة cross-elasticity of demand

مَصنُوعٌ بِناءً عَلى طَلَب made to order

مُنحَنى الطَّلَب demand curve

نُقُودٌ تَحتَ الطَّلَب money at call

وَدِيعَةٌ تَحتَ الطَّلَب demand deposit

يُدفَعُ عِندَ الطَّلَب payable on demand

يَصنَعُ حَسَبَ الطَّلَب make to order

**طَلَبِيَّة** order

وَكِيلُ طَلَبِيّات soliciting agent

**طَلِيق . مُستَقِلّ** freelance

**طَمَسَ ـ يَطمِسُ . يَمحُو** obliterate

**طُمُوح** ambition

**طُنٌّ ـ أَلفُ كِيلوغرام** ton

طُنُّ إزاحة displacement ton

طُنٌّ أَمرِيكِيّ ـ مِقْدارُهُ ٢٠٠٠ باوْند (٩٠٧،١٨ كلغم) short ton

طُنُّ تَأجِير freight ton

طُنُّ الحُمولة measurement (freight) ton

طُنُّ الحُمولَةِ المُسَجَّلة register ton

طُنٌّ طَوِيل (٢٢٤٠ باوندًا إنكليزيًا ، حَوالى ١٠١٦ كلغم) . طُنٌّ إنكليزيّ long ton

طُنٌّ مِتْرِيّ (٢٢٠٤ باوندات إنكليزيَّة ، ١٠٠٠ كِيلوغرام) — metric ton; tonne

**طُنّ-مِيل** — ton-mile; freight mile

**الطُّنِّيَّة . الحُمُولَةُ بِالطُّنّ . الأُجْرَةُ على الطُّنّ** — tonnage

الطُّنِّيَّةُ الإجماليَّة — gross tonnage

طُنِّيَّةُ الحُمُولة — cargo tonnage

الطُّنِّيَّةُ الصافية — net tonnage

**طَوارِىء** (أُنْظُرْ طارِىء) — contingencies; emergencies

**طَواف** — roving; wandering

بَيعٌ بِالطَّوافِ على البُيُوت — house-to-house selling

**طَوْر . مَرْحَلة** — phase

طَورُ الإنتِعاش — upward phase

طَورُ الرَّخاء — prosperity phase

**طَوْعِيّ . اِختِيارِيّ** — voluntary

**طَوقٌ . يُطَوِّقُ** — hoop

**طُول ـ الطُّولُ بالأَميال** — mileage

طُولُ العُمْر . تعمِير — longevity

قِياسُ الطُّول — linear measure

**طُولِيّ** — longitudinal; linear

اِمتِدادٌ طُولِيّ — linear extension

**طَوِيل** — long; tall

طَوِيلُ الأَجَل . أَجَلٌ طَوِيل — long-term

اِتِّجاهٌ طَوِيلُ المَدى — secular trend

اِستِثمارٌ طَوِيلُ الأَجَل — long-term investment

اِلتِزاماتٌ (مَطلوباتٌ) طَوِيلَةُ الأَجَل — long-term liabilities

بُولِيصَةٌ طَوِيلَةُ الأَجَل — long-term policy

تَخْطِيطٌ طَوِيلُ المَدى أو الأَجَل — long-range (or long-term) planning

دَزِّينَةٌ طَوِيلة (١٣) — long dozen

سُوقُ الأَوراقِ الماليَّةِ الطَّوِيلةِ الأَجَل — long-end of the market

الشَّحْنُ مَسافَةً طَوِيلة — long haul

ضَمانٌ طَوِيلُ الأَمَد — long-term insurance

طُنٌّ طَوِيل (٢٢٤٠ باونداً إنكليزيّاً) — long ton

عَقْدُ إيجارٍ طَوِيل (مُدَّتُهُ ٩٩ سَنة) — long lease

عَقْدُ السَّنَداتِ الطَّوِيلَةِ الأَجَل — trust indenture

قُرُوضٌ طَوِيلةُ الأَجَل — long-term loans

كَمْبِيالَةٌ طَوِيلةُ الأَجَل — long bill of exchange

المَدى الطَّوِيل — long run; long-term; long period

وَكِيلُ مالِكي السَّنَداتِ الطَّوِيلةِ الأَجَل — trustee of bond holders

**طَيَران** — flight

الطَّيَرانُ الدّاخِلِيّ . المِلاحَةُ الداخِلِيَّة — cabotage

طَيَرانُ الشَّرقِ الأَوسَط — Middle East Airlines (M.E.A.)

شَرِكَةُ طَيَران — airline

شَرِكَةُ طَيَرانٍ لا تَقُومُ بِرِحلاتٍ مُقَرَّرة — non-scheduled airline

مُدِيرِيَّةُ الطَّيَرانِ المَدَنِيّ — civil aviation directorate

وَقْتُ الطَّيَران — flight time

**طَيْش . عَدَمُ تَبَصُّر** — indiscretion

# حَرفُ الظّـاء

**ظاهِرٌ . خارِجيّ** external; exterior; surface

**ظاهِرٌ . واضِح** apparent; manifest; obvious; distinct

عَيبٌ ظاهِر patent defect

**ظاهِرة** phenomenon

**ظاهِريّ . خارِجيّ** outer; external; superficial

**ظاهِريّ . حَسَبَ الظّاهِر** presumed; ostensible; seeming

حَقُّ مِلكِيَّةٍ ظاهِريّ colour of title

شَريكٌ ظاهِريّ ostensible partner

ظاهِرِيّاً . مِن حَيثُ الظّاهِر prima facie

**ظَرْف** envelope

ظَرفٌ ذُو فُتحَةٍ شَفّافة window envelope

عَطاءٌ بِالظَّرفِ المَختُوم sealed bid

في ظَرفٍ مُنفَصِل under separate cover

**ظَرْف . حالة . وَضع** circumstance; condition; situation; conjuncture

ظُرُوفٌ استِثنائيّة exceptional circumstances

ظُرُوفُ العَمَل working conditions

ظُرُوفٌ قاهِرة unforeseen circumstances

ظُرُوفٌ مِثاليّة ideal conditions

**ظِلٌّ . يُظَلِّلُ** shade

**ظُلامة . شَكْوى** grievance

**ظُلْم . حَيْف** injustice

**ظَهْر** back; rear

ظَهرُ المَركَب deck

ظَهرُ المِيناء hinterland

بِضاعةٌ (تُشحَنُ على) ظَهرِ المَركَب deck cargo

بِطاقةُ ظَهْر (العُلْبة) back label

تَسلِيمٌ عَلى ظَهرِ السَّفينة free on board (F.O.B.)

عَلى ظَهرِ السَّفينةِ (او القِطارِ او الطّائرة) on board

في (عَنبَرِ) السَّفينةِ وَعلى ظَهْرِها in and over

**الظُّهْر** noon

بَعدَ الظُّهْر post meridiem (p.m.)

قَبلَ الظُّهْر ante meridiem (a.m.)

**ظَهَّرَ – يُظَهِّرُ . يُجَيِّرُ** endorse; indorse

يُظَهِّرُ ثانِيَةً re-endorse

**ظَهِيرٌ ذَهَبِيٌّ** (لِلعُملة) gold backing

# حَرفُ العَين

**عابِرٌ . مُؤَقَّت** transient

**عابِرٌ . ترانْزيت** (in) transit

تِجارَةٌ عابِرة transit trade

حِسابٌ عابِر crossing account

وَثيقَةُ شَحْنٍ عابِر (ترانْزيت) transit bill of lading

**عاجِزٌ** disabled

مِيزانٌ تِجاريٌّ عاجِز unfavourable balance of trade

**عاجِلٌ . فَوْرِيٌّ** prompt; immediate

**عاجِلٌ . مُلِحٌّ** urgent

عاجِلٌ بالسِّكَّةِ الحَديد railex

إشعارٌ عاجِل (او وَجيزُ المُدَّة) short notice

**عادَ ـ يَعُودُ** return; revert

يَعُودُ (بِفائدة) yield; bring in; result in

يَعُودُ إلى المالِك (بعدَ أَجَلٍ او شَرْطٍ مُعَيَّن) revert

يَعُودُ دَورِيّاً recur

**عادة** habit

«الأعمالُ مُستَمِرَّةٌ كَالعادة» "business as usual"

**عادة . عُرْف** custom; practice; usage

عاداتٌ . تَقاليد traditions

**عادِلٌ** just; equitable; fair

عادِلٌ مِن حَيثُ الظّاهِر fair on its face

أَجْرٌ عادِل just wage

تِجارَةٌ عادِلة fair trade

ثَمَنٌ عادِل just price

صَفْقَةٌ عادِلة "square deal"

القِيمَةُ السُّوقيَّةُ العادِلة fair market value

مُنافَسَةٌ غيرُ عادِلة unfair competition

**عادِيٌّ . مُتَوَسِّط** run-of-the-mill

عاديُّ الجُودة mediocre

**عادِيٌّ . شائع** common

أَسهُمٌ عادِيَّة common shares; common stock; ordinary shares; equities

**عادِيٌّ** ordinary; normal; usual; conventional

الأَجْرُ (المُستَوفى عَنِ الوَقْتِ) العاديّ straight time

إدارَةٌ عادِيَّة . دائرَةٌ عادِيَّة ordinary department

اِستِهلاكٌ ناجِمٌ عَنِ الاِستِعمالِ العاديّ . البِلى العاديّ wear and tear

أَصلٌ عاديّ (يَدخُلُ في نِطاقِ العَمَلِ المُعتادِ لِدافِعِ الضَّريبة) ordinary asset

إصلاحاتٌ عادِيَّة ordinary repairs

إهمالٌ عادِيّ ordinary negligence

التأمينُ العاديُّ على الحَياة
ordinary life insurance

تِجارَةٌ عادِيَّة ordinary business (O.B.)

تَظهيرٌ عاديّ regular endorsement

تَكاليفُ عادِيَّة normal costs

حِصَّةُ ارباحٍ عادِيَّة regular dividend

دَورَةُ التَّشغِيلِ العادِيَّة
normal operating cycle

رِبحٌ عاديّ normal profit

رَصِيدُ الحِساباتِ العاديّ
normal balance of accounts

سِعرٌ عاديّ normal price

سَنَداتٌ عادِيَّةٌ (غيرُ مُوَثَّقَةٍ بِرَهْن)
naked debentures

شَرِكَةٌ بَسِيطَةٌ عادِيَّة
ordinary partnership

ضَريبةٌ عادِيَّة normal tax

الطّاقةُ العادِيَّةُ (طاقَةُ الإنتاجِ العادِيَّة)
normal capacity

عُمّالٌ عادِيُّون shop floor

عِنايَةٌ عادِيَّة ordinary care

فائِدةٌ عادِيَّة ordinary interest

قِيمةٌ عادِيَّة (طَبِيعِيَّة) normal value

مَسْأَلَةٌ عادِيَّة matter of course

وَكِيلٌ عاديّ attorney in fact

**عارٍ • دُونَ ضَمانٍ او رَهْن**
naked; destitute of

سَنَداتٌ عارِية naked debentures

**عارٍ** nude; bare; naked

تأجيرُ مَركَبٍ عارٍ bare boat charter

عَقْدٌ عارٍ (خالٍ مِنَ العِوَض)
nude (or naked) contract

**عارِضٌ** (بِضاعَةٍ او ما إليها) demonstrator; exhibitor

**عارِضٌ** (العَطاءِ او العَرْضِ او السِّعر)
bidder; offerer

**عارِضٌ • طارِىء** contingent; accidental

مَسؤوليَّةٌ عارِضة contingent liability

نَفَقاتٌ عارِضة incurred expenses

**عارِضٌ • مُؤَقَّت** transient

اِختِلالٌ عارِض temporary disequilibrium

**عازِل** (حَراريّ او كَهرَبائيّ) insulator

**العاشِر • عُشْرٌ • ضَريبَةُ العُشْر** tenth

**عاصِفة** gale

**عاطِلٌ** (عَنِ العَمَل) jobless; unemployed; out of work

رَأسُ مالٍ عاطِل idle capital

**عاطِل • عامِلٌ مُتَعَطِّل** unemployed worker

**عاقَ ـ يُعِيقُ • يَحُولُ دُونَ** interrupt

**عاقَبَ ـ يُعاقِبُ عَلَيه • جَزائيّ** penal

**عالٍ** high

عالي التَّكلِفة expensive

الإدارَةُ العُلْيا top management

الإستِهلاكُ الجَماعيُّ العالي المُستَوى
high mass-consumption

التَّعلِيمُ العالي higher education

الدُّوَلُ العالِيَةُ التَّطَوُّر highly developed nations

سَهْمٌ عالي الرَّيع (يُزادُ بِهِ الرَّيعُ الإجماليُّ لِلإستِثمار)
"mixer"

مَحكَمَةٌ عُليا superior court; supreme court

عالَجَ ـ يُعالِجُ (أمْراً) manipulate; tackle

يُعالِجُ (عِلّةً) remedy; treat

**عالِمٌ** scientist

عالِمٌ اجتِماعيّ sociologist

عالِمٌ بالإحصاء . إحصائيّ statistician

عالِمٌ بالاِقتِصاد economist

عالِمٌ بالاِقتِصادِ القِياسيّ econometrician

عالِمٌ بالجُغْرافية geographer

عالِمٌ بالرِّياضِيّات . رِياضيّ mathematician

العالِمُونَ بِبَواطِنِ الأُمُور insiders

**عالَمٌ** world

العالَمُ الثّالِث Third World

**عالَميّ . دُنيَويّ** worldly

**عالَميّ . شامِلٌ دُوَلَ العالَم** universal; world-wide; international

اِتّحادُ البَريدِ العالَميّ Universal Postal Union (U.P.U.)

الاِستِهلاكُ العالَميّ world consumption

أَسهُمٌ عالَمِيّة international stock

تِجارَةٌ عالَمِيّة world trade

ثَرْوَةٌ عالَمِيّة cosmopolitan wealth

مُنَظَّمَةُ المَقايِيسِ العالَمِيّة International Standards Organization (I.S.O.)

**عالَمِيّة . عُمُومِيّة** universality

**عامٌ . سَنَة** year

عامٌ أَسوَد "black year"

**عامّ . يَشمُلُ الجَمِيعَ** across-the-board; blanket; general

رَهْنٌ عامّ blanket mortgage; general mortgage

**عامّ** general; public; common

اِحتِكارٌ عامّ public monopoly

اِرتِفاقٌ عامّ public easement

إزعاجٌ عامّ public nuisance

اِستِخدامٌ عامّ common employment

اِستِفتاءٌ عامّ plebiscite; referendum

أشغالٌ عامّة public works

إصدارٌ عامّ public issue

إعانَةٌ عامّة public relief

الأَمْنُ العامّ public security

أموالٌ عامّة public funds

أَمِينٌ عامّ secretary general

إنفاقٌ عامّ . مَصرُوفاتٌ عامّة (لِلدَّولة) public expenditure

إيراداتٌ عامّة public revenues

بَيعٌ عامّ public sale

تَكاليفُ عامّةٌ (غيرُ مُباشِرة) overhead costs

تَوازُنٌ خاصّ وعامّ particular and general equilibrium

الخِدْمَةُ الصِّحِّيّةُ العامّة public health service

دُيُونٌ عامّة public debts

الرّأيُ العامّ public opinion

الرَّفاهُ العامّ public welfare

شَرِكَةٌ عامّة public company; public corporation

الشُّؤونُ العامّة public affairs

الصّالِحُ العامّ common good

طَريقٌ عامّ highway
عِبارَةٌ عامَّة omnibus clause
عُطلَةٌ عامَّة public holiday; holiday(s)
عَلاقاتٌ عامَّة public relations
قانُونٌ عامّ common law
قَرْضٌ عامّ public loan
القِطاعُ العامّ public sector
قُنْصُلٌ عامّ consul general
(مَبحَثُ) المالِيَّةِ العامَّة public finance
مَجلِسُ الإقراضِ للأشغالِ العامَّة
Public Works Loan Board
مُحاسِبٌ قانُونِيٌّ عامّ chartered public accountant
مَحَلٌّ إيداعٍ عامّ public depository
مُديرُ العَلاقاتِ العامَّة public relations officer (P.R.O.)
مَرفِقٌ عامّ public utility
مُستَودَعٌ عامّ public warehouse
مَسؤولُ العَلاقاتِ العامَّة
public relations officer
مَسؤولِيَّةٌ عامَّة public responsibility
مَصلَحَةٌ عامَّة . خِدمَةٌ عامَّة
public service
المُعطَياتُ القِياسيَّةُ العامَّة
universal standard data
مَقاييسُ الصِّيانَةِ العامَّة universal maintenance standards (U.M.S.)
مِلكٌ عامّ public property; public domain
مِلكِيَّةٌ عامَّة public ownership

مُوَثِّقٌ عامّ . الكاتِبُ العَدْل
notary public
مُؤَسَّساتُ الخِدْمةِ العامَّة . مَرافِقُ عامَّة
pulbic utilities
مِيزانِيَّةٌ عامَّة balance sheet
ناقِلٌ عامّ . شَرِكَةُ نَقْلٍ عامّ
common carrier
نِسبَةُ النَّفَقاتِ العامَّةِ المُقَدَّرَةِ سَلَفاً لِلمَصْنَع
predetermined factory overhead rate
نَفَقاتٌ عامَّة (أو غيرُ مُباشِرة) oncost
وَدائِعُ عامَّة public deposits
وَزارَةُ الأَشغالِ العامَّة ministry of public works
وَصِيٌّ او وَكِيلٌ عامّ . قَيِّمٌ عامّ . أَمِينٌ عامّ
public trustee
وَكِيلٌ عامّ universal agent
**عامَة . عَوّامة** buoy
**العامَّة** the public
رَجُلٌ مِنَ العامَّة layman
**عامِلٌ . شَغِّيل** labourer; worker; workman
عامِلُ (أو عامِلَةُ) الآلَةِ الكاتِبة typist
عامِلٌ أَبيَضُ الياقة white-collar worker
عامِلٌ اجتِماعِيّ social worker
عامِلٌ أزرَقُ الياقة (عامِلٌ كادِح)
blue-collar worker
عامِلٌ أساسِيّ key worker
عامِلٌ بالأَجْر wage earner
عامِلٌ بَسيط hand; navvy
عامِلٌ بالمَقطُوعِيَّة jobber
عامِلٌ باليَومِيَّة day-labourer

عامِلُ تَحمِيلٍ وتَفرِيغ roustabout
عامِلُ تَفرِيغٍ (او شَحنِ) السُّفُن lumper
عامِلٌ حَدِّيّ marginal worker
عامِل ـ دَقيقة man-minute(s)
عامِلٌ عَرَضيّ casual worker
عامِلٌ فَنِّيّ artisan
عامِلٌ لا يَتَقَيَّدُ بِتَعلِيماتِ نِقابَتِهِ scab
عامِلٌ ماهِر . عامِلٌ فَنِّيّ skilled worker
عامِلُ مَصنَع factory hand
عامِلُ المَكتَب . مُراسِل office boy
عامِلُ مَنجَم miner
عامِلٌ مَوسِمِيّ seasonal worker
عامِلُ الهاتِف operator
عامِلٌ يُعَيَّنُ مَكانَ عامِلٍ مُضرِب fink
إغواءُ العُمّال labour piracy or pirating
الأَيدي العامِلة manpower
إيقافُ العَمَلِ لِلضَّغطِ على العُمّال lockout
تَسخِيرُ العامِلِ (وَفاءً لِدَين) peonage
تَفاوُتُ فَعالِيَةِ اليَدِ العامِلة
labour efficiency variance
تَقرِيرُ فَعالِيَةِ اليَدِ العامِلة
labour efficiency report
تَكلِفَةُ اليَدِ العامِلة labour cost
تَمَركُزُ اليَدِ العامِلة localization of labour
تَوجِيهُ الأَيدي العامِلة
manpower control
جاسُوسٌ على العُمّال labour spy
حِزبُ العُمّال (في بريطانيا) Labour Party
السُّكّانُ العامِلون working population
شُؤونُ العُمّال labour affairs

الطَّبَقَةُ العامِلة working class
عامِلُونَ مَيدانِيُّون field staff
عُمّالٌ عادِيُّون shop floor
عُمّالٌ مَهَرة skilled labor
عِيدُ العُمّال (في أَوَّلِ أَيّار ، وفي الوِلاياتِ المُتَّحِدَةِ الإثنَين الأَوَّل مِن أَيلُول)
Labour Day
قانُونُ العُمّالِ العاطِلِين Unemployed Workmen Act
القِوى العامِلة labour force; work force
مَنعُ استِخدامِ العُمّالِ العَرَضِيِّين
decasualisation; decasualization
نِظامُ العامِلِ ـ دَقيقة (إحدى طُرُقِ حَفزِ الإنتاج) manit system
نِقابَةُ عُمّال tarde union (T.U.); labor union; union
يُزَوِّدُ بالعُمّال man
**عامِل . عُنصُر** factor; element; agent
عامِلُ التَّعجِيل accelerator
عامِلُ السِّعر price factor
عامِلُ السَّلامة safety factor
عامِلُ العَمَل work factor
عامِلُ الكَمِّيَّة quantity factor
عامِلٌ (أو عُنصُرٌ) مُتَغَيِّر variable
العامِلُ المُحَدِّد limiting factor
عامِلُ الوَظيفة job factor
عامِلُ الوَقت time factor
أُسلُوبُ مُقارَنَةِ العَوامِل
factor comparison method
عَوامِلُ الاِستِقرارِ (الاِقتِصاديّ) stabilizers

عَوامِلُ الاِضطِرابِ (الاِقتِصاديّ) destabilizers

عَوامِلُ الإنتاج agents of production; factors of production

عَوامِلُ الإنتاجِ النَّوعيَّة specific factors of production

عَوامِلُ تَكامُليَّة complementary factors

العَوامِلُ المُساعِدةُ لِلتِّجارة aids (or ancillaries) to trade

عَوامِلُ المُوازَنَةِ الرَّئيسيَّة principal budget factors

النّاتِجُ القَوميُّ بِتَكلِفَةِ عَوامِلِ الإنتاج national product at factor cost

وَضْعُ بَرامِجِ العَوامِلِ المُتَغَيِّرة variable factor programming

**عامِل . فاعِل . شَغّال** functional; active; working; operative

أَصْلٌ عامِل active asset; working asset

أُصُولٌ غيرُ عامِلة non-working assets

الحَدُّ العامِل net margin

دَورَةُ رَاسِ المالِ العامِل turnover of working capital

الرَّاسْمال العامِل working capital

شَريكٌ عامِل (نَشِط) active partner

صافي راسِ المالِ العامِل net working capital

غَيرُ عامِل . مُعَطَّل inoperative

المالُ العامِل working fund

مَوجُوداتٌ عامِلة operating assets

مُؤَسَّسةٌ عامِلة going concern

**عامّيّ . مِن عامَّةِ النّاس** secular; layman

**عائد** (غَلَّةٍ أو ما إليها) yield; return(s); turnover

العائدُ الإجماليُّ لِلأَسهُمِ المُستَهلَكة redemption yield

عائدُ الاِستِثمار return on equity

عائدُ الأُصُول return on assets

عائدُ راسِ المالِ المُستَخدَم return on capital employed

عائدٌ سَنَويّ annual return (A.R.)

العائدُ الصّافي net return

عائدُ العُمُولة commissions revenue

عائدُ الكَفاءاتِ الخاصَّة rent of ability

تَحليلُ التَّكاليفِ والعائدات cost/benefit analysis

تَقديرُ العائداتِ على أَساسِ الإنتاج production basis of revenue recognition

ثَباتُ نِسبَةِ العَوائدِ (بِزِيادَةِ عَوامِلِ الإنتاج) constant returns to scale

دَفتَرُ يَوميَّةِ عَوائدِ المَبيعات sales return journal

طَريقةُ عائدِ الاِستِثمار return on investment method

العائداتُ الحَدِّيَّةُ المُتَساوِية equi-marginal returns

عائداتُ حُقُوقِ التَّمَلُّك returns to ownership

عائداتٌ ضَريبيَّة tax proceeds

عائداتٌ مُتَزايِدة increasing returns

عائداتٌ مُتَناقِصة decreasing returns

عائداتُ المَنجَم mine returns

عَوائدُ الخِزانة exchequer returns
عَوائدُ الرَّصيف dock dues; dockage; wharfage
عَوائدُ السَّنَد proceeds of a note
عَوائدُ السَّهم earnings per share
عَوائدُ المَبيعات sales returns; proceeds of sales
العَوائدُ المِقياسيَّة returns to scale
فارِقُ العائد yield gap
مُتَوَسِّطُ نِسبَةِ العائد (مِنَ الإستِثمار) average rate of return
مُعَدَّلُ العائد rate of return
نِسبَةُ العَوائد dividend-price ratio
**عائداتٌ • عَوائد** returns; yield
**عائق • عَقَبة** impediment; hindrance; obstacle; encumbrance
عائقٌ تِجاريّ trade barrier
عائقٌ مَخْنَقيّ bottleneck
**عائلٌ • مُضِيف** host
**عائلة** family; house(hold)
تَعويضاتٌ عائليَّة family allowance
رَبُّ العائلة . مُعِيل head of family
**عائم** floating
**عاين ـ يُعايِنُ • يَفحَصُ** survey
**عِبْء** burden
عِبءُ الإثبات burden of proof
عِبءٌ اقتِصاديّ economic burden
عِبءُ الخَسارة burden of losses
عِبءٌ عَقاريّ encumbrance; incumbrance
أَعباءٌ ذاتُ أَولَويَّة prior charges
ضَرائبُ عِبئيَّة onerous rates
مَصاريفُ عِبءِ المَصنَع factory burden; factory overhead
**عَبَّأ ـ يُعَبِّئُ** fill (in or up); pack; load; charge
يُعَبِّئُ ثانِيَةً repack; refill; recharge
**عِبارة** expression; phrase; term
بِعِبارَةٍ أُخرى in other words; to wit; that is to say (i.e.)
**عَبِثَ ـ يَعبَثُ** (بِ) **• يُفسِدُ** tamper (with)
**عَبد** slave
تِجارَةُ العَبيد slave traffic
**عَبَّرَ ـ يُعَبِّرُ عَن** express
**عُبُوَّة • رِزْمة** package
عُبُوَّةٌ جَديدة refill
عُبُوّاتٌ فارِغة empties
مُعَدَّلُ وَزْنِ العُبُوّات average tare
**عُبُوديَّة • رِقّ** slavery
عُبُوديَّةُ الأرض . نِظامُ الأَحْلاس serfdom
**عُبُور • مُرُور** transit; crossing
**عُبُورٌ** (إلى) entry; access
اِرتِفاقُ عُبُور easement of access
حَقُّ عُبُور access right
**عِتالة . أُجرَةُ العِتالة** porterage
**عَتَلة • رافِعة** lever
**عَتيق • بَطَلَ استِعمالُهُ** obsolete
**عَجِزَ ـ يَعجَزُ** fail
**عَجْز** disability; inability; incapacity; failure
عَجزٌ جُزئيّ partial disablement
عَجزٌ كُلِّيّ total disablement

عَجزٌ مُؤَقّت temporary disablement
شَرْطُ العَجْز disability clause
مَعاشُ العَجزِ عَنِ العَمَل disablement pension
مِنحَةُ العَجزِ عَنِ العَمَل disablement benefit; disability benefit
**عَجز . إعْسار** insolvency
**عَجْز . نَقْص** deficit; deficiency
عَجزٌ خارِجيّ external deficit
عَجزٌ دُولاريّ dollar deficit; dollar gap
تَموِيلُ العَجز deficit financing
**عَجّلَ ـ يُعَجّلُ . يَحُثُّ الخُطى** make haste; hasten; hurry; expedite; accelerate
**عَدَّ ـ يَعُدُّ** count
**عَدٌّ** count; counting
نِظامُ العَدّ الثُّنائيّ binary code
**عَدٌّ . مُطابَقة** tally
**عَدا . ما عَدا** save; except
**عَدّاد** meter
**عَدالة . إنْصاف** justice
عَدالَةٌ اجتِماعيَّة social justice
عَدالَةُ المُتاجَرة fair trade
عَدالَةٌ مُطلَقة equity
حِصَّةٌ بِمُوجِبِ مَبادِىءِ العَدالة equitable interest
رَهْنُ الحِصَّةِ المُستَحِقَّةِ بِمَبادِىءِ العَدالة equitable mortgage
قَواعِدُ العَدالَةِ المُطلَقة rules of equity
مَحكَمَةُ العَدالَةِ المُطلَقة Court of Equity
**عُدَّة . أجهِزة** apparatus; equipment; outfit; harness; instruments; tools

عُدَدٌ يَدَويَّةٌ صَغيرة . أدَواتٌ صَغيرة small tools
**عَدَدٌ . رَقْم** number
عَدَدُ الأسطُر lineage
عَدَدُ أيّامِ البَيعِ في الحِساباتِ المُستَحِقَّةِ القَبْض number of sale days in receivables
عَدَدٌ زَوجيّ (شَفعِيّ) even number
عَدَدُ السُّكّانِ الأمثَل optimum population
عَدَدُ سُكّانٍ مُتَزايِد increasing population
عَدَدُ العُمّالِ ـ دَقائق man-minutes
العَدَدُ الماكيّ (سُرعَةٌ تُعادِلُ سُرعَةَ الصَّوت) Mach number
عَدَدٌ مُفرَد (وَترِيّ) odd number
مُستَأجِرٌ لِعَدَدٍ مِنَ السِّنين tenant for years
نِسبَةُ عَدَدِ المَرّاتِ المُكتَسَبة times earned ratio
وَضْعُ البَرامِجِ بِأعدادٍ صَحِيحة integer programming
**عَدَديّ . رَقْميّ** numerical
الرُّموزُ الحَرْفيَّةُ العَدَديَّة alpha numeric codes
**عَدَّلَ ـ يُعَدِّلُ** regulate; set right; adjust; amend
مُخاطٌ ويُعَدَّلُ حَسَبَ مُواصَفاتِ المُشتَري custom-tailored
**عَدْلٌ** justice
الكاتِبُ العَدْل notary public

وَزارةُ العَدْل ministry of justice
**عَدَمٌ . اِنعِدام** lack; want
عَدَمُ الإجحاف "square deal"
عَدَمُ الاِختِصاص lack of jurisdiction
عَدَمُ استِقرارٍ اقتِصاديّ economic instability
عَدَمُ توازُنٍ اجتِماعيّ social imbalance
عَدَمُ توازُنٍ أساسيّ fundamental disequilibrium
عَدَمُ التَّيقُّنِ . الرِّيبة uncertainty
عَدَمُ الدَّفْع non-payment
عَدَمُ رَغْبة . تَرَدُّد reluctance
عَدَمُ الفائدة inutility
عَدَمُ الفَعالِيَة . عَدَمُ الكِفاية inefficiency
عَدَمُ اللِّياقة disqualification
عَدَمُ مُرونة rigidity
عَدَمُ المُساواة . تَفاوُت inequality
عَدَمُ المَسؤوليَّةِ عَن جَميعِ الخَسائر free of all average
عَدَمُ المَسؤوليَّةِ عَنِ الخَسائرِ (العَوارِيَّة) العُمُوميَّة free of general average
عَدَمُ المَسؤوليَّةِ عَنِ الخَسائرِ المُعَيَّنة free of particular average
عَدَمُ الوَفاء dishonour
شَهادَةُ احتِجاجٍ بِعَدَمِ الدَّفْع (بُروتِسْتُو) certificate of protest
في حالَةِ عَدَمِ الدَّفْع failing payment
**عَديمُ الجَدْوى . عَديمُ القِيمة** worthless
**عَذَرَ ـ يَعذِرُ** excuse
**عَرَبة . عَرَبَةُ شَحْن** carriage; cart
عَرَبةُ أُجرة hackney carriage
عَرَبةُ شَحْن wagon; van
عَرَبةُ شَحنِ البَضائع goods wagon
عَرَبةٌ غيرُ مُحَمَّلة deadhead
أُجرةُ نَقْلٍ بالعَرَبات cartage; drayage
سِكَكُ العَرَباتِ القَديمة wagonways
**عَرَبة . مَركَبة** vehicle; car
عَرَبةٌ مُلحَقة trap car; ferry car
عَرَبة—مِيل car-mile
أَقَلُّ مِن حُمُولةِ عَرَبة less-than-carload
حُمُولةُ عَرَبة carload
**عُرْبُونٌ . رُعْبُون** deposit; earnest (money); bargain money
**عَرَّضَ ـ يُعَرِّضُ** expose (to); subject
يُعَرِّضُ لِلخَطَر endanger; jeopardize
يُعَرِّضُ . يُوَسِّعُ widen; broaden
**عَرَضَ ـ يَعرِضُ . يُقَدِّمُ** introduce; advance; adduce
يَعرِضُ . يُقَدِّمُ (عَطاءً أو عَرْضاً أو استِقالة) tender; submit
يَعرِضُ (في واجِهةٍ أو مَعرِض) display; exhibit; show
يَعرِضُ (سِعراً) bid; offer
يَعرِضُ سِعراً أعلى . يُزايِدُ overbid
يَعرِضُ سِعراً أَقَلّ underbid
يَعرِضُ لِلبَيع offer for sale
**عَرَض** symptom
اعراضُ التَّضَخُّم symptoms of inflation
**عَرْض . اِقتِراح** proposal; proposition
**عَرْض . اِتِّساع** breadth; width
عَرْضُ السِّكَّةِ الحَديديَّة gauge
العَرْضُ الكامِل overall width

**عَرْض** display; show; exhibition
عَرْضٌ تمهيديّ peview
قاعةُ العَرْضِ showroom
واجِهةُ عَرْضٍ show-window
**عَرْض** (مُقابِل طَلَب) supply
عَرْضٌ تَنافُسيّ competitive supply
عَرْضٌ غيرُ مَرِن inelastic supply
عَرضٌ فائض excess supply
عَرْضٌ مُتَعَدِّد multiple supply
عَرْضٌ مُتلازِمٌ او مُتَّصِل joint supply
العَرْضُ والطَّلَب supply and demand
تَغَيُّراتُ العَرْض changes in supply
جَدولُ العَرْض supply schedule
سِعرُ العَرْضِ والطَّلب bid and asked
عُروضٌ مُتَنافِسة rival supplies
قانُونُ العَرْضِ والطَّلَب law of supply and demand
مُرُونَةُ العَرْض elasticity of supply
مُنحَنى العَرْض supply curve
مُنحَنى عَرْضٍ تَنازُليّ regressive supply curve
مُنحَنى العَرْضِ والطَّلَبِ مُجتَمِعَين
combined demand and supply curve
**عَرْض . عطاء** bid; offer
عَرْضُ استِيلاءٍ او تَوَلٍّ take-over bid
عَرْضٌ اسمِيّ "paper bid"
عَرْضٌ أعْلى . سِعرٌ أعْلى higher bid
عَرْضٌ بَخْسٌ underbid
عَرْضُ التَّقَدُّمِ الذي أُحْرِزَ في الماضي
jobbing backwards
عَرْضٌ جَماعيّ block offer

عَرْضُ سِعر . مُناقَصة tender
عَرْضٌ مَفتُوح open bid
عَرْضٌ مُقابِل counter offer
اِستِدراجُ عُروضٍ او عَطاءات
invitation to bid
ثَمَنُ العَرْض . سِعرُ العَرْض
supply price; offer price; bid price
طَلَبُ تَقديمِ العُروض call for tenders; invitation for tenders
طَلَبُ (او استِدراجُ) عَرْضِ أسعار
application for a quotation
عُروضٌ خارِجيَّة outside tenders
عُروضٌ ومَنقولات . مُمتَلَكاتٌ غيرُ عَقاريَّة
goods and chattels
**عُرْضُ البَحْر** open sea; high sea
في عُرْضِ البَحْر on passage
**عُرْضَةٌ** (لِ) liable
عُرْضَةٌ لِلمُحاسَبة accountable
**عَرَضيّ** extraneous; casual
إجازَةٌ عَرَضيَّة casual leave
عامِلٌ عَرَضيّ casual worker
عَمالَةٌ عَرَضيَّة casual employment
عَمَلٌ عَرَضيّ casual labour
**عُرْفٌ . تَقليدٌ سائد** custom; usage; practice
الأعرافُ التِّجاريَّةُ المُناسِبة
fair trade practices
مُهلةٌ عُرفِيَّة usance
**عَرقَلَ ـ يُعرقِلُ** hamper; impede; hinder; obstruct
يُعَرقِلُ ويُؤَخِّرُ hinder and delay

عَرْقلة ـ اِتِّفاقٌ لِعَرقَلَةِ التِّجارة
agreement in restraint of trade

عَريض broad; wide

سُوقٌ عَريضة broad market

عَريضة . اِستِدعاء petition; application

عَريضةُ الدَّعوى bill of particulars; bill

عَريضةُ دَعوى الإفلاس petition in bankruptcy

مُقَدِّمُ العَريضةِ أو الإستِدعاء petitioner

عِزْبة rural estate; country farm

نِظامُ العِزَبِ الإقطاعيَّة manorial system

عَزَّزَ ـ يُعَزِّزُ further; enhance; reinforce; boost; promote

عَزْلٌ insulation

عَزَمَ ـ يَعزِمُ . يُصَمِّمُ (على) resolve

عَزيز ـ نُقُودٌ عَزيزة (أو نادِرة) tight money

عُسْرٌ hardship; difficulty

عُسْرٌ مادِّيّ insolvency

عَسِرٌ hard; difficult

ماءٌ عَسِرٌ hard water

عَسكَريّ military

مَتجَرٌ عَسكَريّ post exchange (P.X.)

عُشْر . العاشِر tenth

ضَريبةُ العُشْر tithe; tithing; tenth

عَشْريّ decimal

عُملةٌ عَشْريَّة decimal coinage

النِّظامُ العَشْريّ decimal system

عَشْوائيّ random

ذاكِرةٌ لِلتَّوَصُّلِ إلى مُعطَياتِ البِطاقاتِ عَشْوائيّاً card random access memory (CRAM)

طَريقةُ المُلاحَظَةِ العَشْوائيَّة
random observation method

المُعايَنةُ العَشْوائيَّة random sampling

الوُصُولُ العَشْوائيّ random access

عُصْبة . زُمْرة junta; group; gang

عُصْبة . هَيْئَة league

عُصْبَةُ مالْثُوس Malthusian League

عَصْر . تَضْييق squeeze

عَصْر time; period

عَصْرُ النَّهْضة . اِنبِعاث renaissance

عَصْريّ . حَديث modern

المُحاسَبَةُ العَصْريَّة contemporary accounting

يجعَلُ عَصرِيّاً . يُجَدِّدُ modernize

عُضْو member

عُضوٌ دائم permanent member

عُضوٌ زَميل (أو مُنتَسِب)
associate (member)

عُضوٌ زَميلٌ في المَعهَدِ البريطانيّ لِلإدارة
Associate Member of the British Institute of Management (A.M.B.I.M.)

عُضوٌ زَميلٌ في مَعهَدِ التَّصْدير
Associate Member of the Institute of Export (A.M.I.Ex.)

عُضوٌ زَميلٌ في مَعهَدِ النَّقْل Associate Member of the Institute of Transport (A.M.Inst.T.)

عُضوُ شَرَف honorary member

عُضوٌ في شَرِكَةِ سَماسِرَةِ التأمين
incorporated insurance broker

عُضوٌ في نِقابة . نِقابيّ syndicalist
عُضوٌ كامِلُ العُضوِيَّة full member
عُضوُ مَجلِسُ الإدارة director
عُضوُ مَعهَدِ إدارةِ المَكاتِب Member of the Institute of Office Management (M.I.O.M.)
عُضوُ مَعهَدِ التأمينِ المُرَخَّص Associate of the Chartered Insurance Institute (A.C.I.I.)
عُضوُ مَعهدِ المُراقِبينَ الماليّينَ والمُحاسِبينَ لِلشُّؤونِ البَلَديَّة Fellow of the Institute of Municipal Treasurers and Accounts (F.I.M.T.A.)
أعضاءُ جَمعِيَّاتِ الصَّداقة oldfellows
قَبُولُ أعضاءٍ جُدُد induction
اللُّورْداتُ أعْضاءُ لَجنَةِ وَزارَةِ الخَزينة Lords Commissioners of H.M. Treasury
مَصرِفٌ عُضو member bank
مَصرِفٌ غيرُ عُضو non-member bank
**عُضوِيّ . اساسيّ** organic
غيرُ عُضْويّ inorganic
**عُضْوِيَّة** membership
عُضوِيَّةُ مَجلِسِ الإدارة directorship
بِطاقَةُ عُضوِيَّة membership card
المُحافَظَةُ على العُضوِيَّة maintenance of membership
**عَطاءٌ . هِبة** donation; gift
**عَطاءٌ . عَرْض** bid; tender
عَطاءٌ بالظَّرْفِ المَختُوم sealed bid
عَطاءٌ تَنافُسيّ competitive bid

إستِدراجُ عَطاءاتٍ (أو عُرُوض) invitation to bid
أفضَلُ عَطاء best bid
بَيعٌ بِالعَطاءاتِ (لِمَن تَرسو عَلَيهِ المُزايَدة) sale by tender
ضَمانُ عَطاء bid bond
مُقدِّمُ العَطاء bidder; tenderer
يُقَدِّمُ عَطاءً بالأسعار quote
**العَطالة . القُصُورُ الذّاتيّ** inertia
بَيعُ العَطالة . بَيعٌ بالأمْرِ الواقِع inertia selling
**عَطَّلَ ـ يُعَطِّلُ . يُوقِفُ** suspend; stop; discontinue
يُعَطِّلُ . يُفسِدُ impair; vitiate; damage
**عُطْلٌ** damage; impairedness
عُطلٌ وضَرَرٌ (أضرار) damages
**عُطْلة** holiday; vacation
عُطلةٌ رَسمِيَّة official holiday
عُطلةٌ عامَّة public holiday; holiday(s)
عُطلةُ المَصارِف bank holiday
يَومُ عُطْلة day-off; non-business day
**عِظَم . مِقْدار** magnitude
**عَفو** pardon; amnesty; forgiveness
**عَقار** real estate; realty; real property
عَقارٌ غيرُ مَشغُول unoccupied premises
عَقارٌ مُستَأجَر leasehold
أمْرُ تَنفِيذٍ من مالِكِ العَقار landlord's warrant
حَقٌّ استِغلالِ العَقارِ لِمَدَدٍ مِنَ السِّنِين estate for years
حَقٌّ مِلكِيَّةِ عَقار fee

سِمْسارُ عَقارات estate agent; land agent; real estate broker

سَنَدُ رَهْنٍ لِتَحسِينِ عَقَار improvement mortgage bond

سَنَدٌ مَضمونٌ بِعَقَار real estate bond

ضَريبةُ العَقَار (المُمتَلَكات) property tax

مالِكُ العَقَار landlord

المَبنى والعَقَاراتُ التابِعَةُ له premises

**عَقاريّ** landed; pertaining to immovables or landed property

املاكٌ عَقارِيَّة landed estate; landed property

تَسليفٌ عَقاريّ mortgage credit

حَقٌّ استِردادِ الرَّهْنِ العَقاريّ (بعدَ سَدادِ الدَّين) equity of redemption

دَينٌ عَقاريّ land charge

سُوقٌ عَقارِيَّة real estate market

ضَريبةٌ عَقارِيَّة real estate tax

ضَماناتٌ عَقارِيَّة landed securities

عِبْءٌ (او تَكْليفٌ) عَقاريّ incumbrance

قَرْضٌ عَقَاريّ (يَتِمُّ بِرَهْنٍ عَقاريّ) mortgage loan

مِلكٌ عَقاريّ real property; realty

مِلكِيَّةٌ عَقارِيَّة land patent; landed property

مِلكِيَّةٌ عَقارِيَّةٌ مُطْلَقَةُ المُدَّة freehold

مُمتَلَكاتٌ غيرُ عَقارِيَّة goods and chattels

مَنفَعةٌ عَقارِيَّةٌ مَدى الحَياة life estate

مِيراثٌ عَقاريّ . تُراث heritage

وَسيطٌ عَقاريّ realtor

**عَقائديّ** idealogical; dogmatic

جُمُودٌ عَقائديّ dogmatism

**عَقِبٌ . أرُومة** stump

**عَقَبة . عائق** hindrance; impediment; obstacle

**عَقَدَ ـ يعقِدُ** (صَفْقَةً) conclude; strike (a bargain)

**عَقْد** contract

عقدٌ إجمالِيٌّ بالتَّكلِفةِ والرِّبح cost-plus contract

عقدٌ احتِماليّ fortuitous contract

عقدُ استِثمارِ المَعادِن mineral lease

عَقْدُ استِئجار . عقدُ إيجار hire contract; lease

عقدُ استِئجارِ السَّفينةِ وبَحّارَتِها demise charter

عقدُ استِئجارٍ مُؤَقَّت (لِسَفينةٍ أو طائرة) charter party

عقدٌ اقتِصاريّ exclusive contract

عقدُ اكتِتاب subscription contract

عقدٌ إنجازيّ (يُسَلِّمُ فيهِ المُتَعَهِّدُ المَبنى جاهزاً تماماً) turn-key contract

عقدٌ ائتِمانيّ fiduciary contract

عقدُ إيجارِ السَّفينة charter agreement

عقدُ إيجارِ السَّفينةِ لِرِحْلة voyage charter party

عقدُ إيجارٍ صافٍ (يَكُونُ المُستَأجِرُ فيهِ مَسؤولاً عن دَفعِ الضَّرائبِ والتأمينِ والصِّيانةِ وغَيرِها) net lease

عقدُ إيجارٍ طَويل (مُدَّتُهُ ٩٩ سَنة) long lease

عقدُ إيجارٍ مُستَمِرّ perpetual lease

عَقْدُ إيجارٍ مِنَ الباطِن sublease
عقدُ باطِل void contract
عقدٌ بَحْريّ marine contract
عقدُ البَيع sale contract
عقدُ بَيعٍ مَشرُوط conditional sales contract
عقدُ التأسِيس articles of partnership
عقدُ تأمِينٍ اسمِيّ named policy
عقد التأمِينِ البَحْريّ contract of marine insurance
عقدُ (تأمِينٍ) جَماعيّ group policy
عقدُ تأمِينٍ لِجَميعِ الأخطار
all risks policy
عقدُ تأمِينٍ مُرَكَّبٌ (مَعَ اشتِراكٍ في الأرباح)
composite policy
عقدُ تأمِينٍ مُوَقَّت cover note
عقدُ تأمِينٍ نافِذُ المَفعُولِ (لم يَنقَضِ أجَلُهُ)
unexpired insurance
عقدٌ تَبادُليّ reciprocal contract
عقدٌ تَبَرُّعيّ (لِمصلَحَةِ أحَدِ الطَّرَفَين)
gratuitous contract
عقدٌ تَجزِئيّ severable contract; divisible contract
عقدُ تَسلِيم delivery contract
عقدٌ تَضامُنِيّ تَكافُليّ joint and several contract
عقدُ تَمهِين indenture
عقدٌ ثانَويّ (مِنَ الباطِن) subcontract
عقدٌ جَماعيّ joint contract
عقدُ خِيار option contract
عقدٌ رَسمِيّ formal contract

عَقْدٌ رِضائيّ consensual contract
عقدُ السَّمْسار broker's contract
عقدُ السَّنَداتِ الطَّويلَةِ الأجَل
trust indenture
عقدُ شَحْنِ البِضاعة contract of affreightment
عقدُ الشَّراكة deed of partnership
عقدٌ شَفَهيّ oral (parol) contract
عقدٌ صَريح express contract
عقدُ صَفقَةٍ رابِحة catching a bargain
عقدٌ صُوَريّ simulated contract
عقدٌ ضِمْنيّ implied contract; implicit contract
عقدٌ عارٍ (خالٍ مِنَ العِوَض)
nude (or naked) contract
عقدُ العَمَل labour contract
عقدُ عَمَلِ بَحّارَةِ السَّفينة ship's articles
عقدُ غَرَر aleatory contract
عقدٌ غيرُ رَسمِيّ informal contract
عقدٌ غيرُ مَشرُوع illegal contract
عقدٌ قابِلٌ للإبْطال voidable contract
عقدٌ قابِلٌ لِلتَّنفِيذ executory contract
عقدٌ مُثقَلٌ بالتِزام onerous contract
عقدُ مُراهَنة wagering contract
عقدُ مُزارَعة farming lease
عقدٌ مُستَحِيل impossible contract
عقدٌ مَشرُوط conditional contract
عقدٌ مَشرُوع (قانُونيّ) legal contract
عقدُ (او سَنَدٌ) مَضمُون deed of trust
عقدٌ مُطلَق absolute contract
عقدٌ مَعَ النِّقابة union contract

عَقْدُ مُعاوَضة commutative contract
عقدٌ مَفتوح open contract
عقدٌ مَفتوحُ الطَّرَف open-end contract
عقدُ مُقامَرَةٍ ورِهان gaming and wagering contract
عقدٌ مَكتوب written contract
عقدٌ مِنَ الباطِن (عقدٌ ثانَويّ) subcontract
عقدٌ مِن طَرَفٍ واحِد deed poll
عقدٌ مُنافٍ لِلآداب immoral contract
عقدُ مُؤَسَّسَةٍ مُقفَلة closed shop contract
عقدٌ نافِذ executed contract
عقدُ النَّقلِ البَحرِيّ maritime contract of carriage
تَحدِيدُ تَكلِفَةِ العَقْد contract costing
تَعَهُّدٌ بِتَنفِيذِ العَقْد contract bond; performance bond
تَمدِيدُ العَقْد extension of contract
تَنظيمُ عَقْدِ التأمِين issue of policy
حَسَبَ العَقْد as per contract
سِعرُ العَقْد . السِّعرُ المَنصُوصُ في العَقْد contract price
شِبْهُ عَقْد quasi-contract
شَرْطٌ في العَقْد term; clause; condition
شُروطُ العَقْد terms of contract
قَوانِينُ عُقُودِ العَمَل Contracts of Employment Acts
مُقاصَّةُ العُقُود ringing up
ناقِلٌ بِعَقْد contract carrier
نِسبَةُ العَقْد contract rate
نَقضُ العَقْد breach of contract

عُقْدة (مِيلٌ بَحرِيٌّ في السّاعة) knot
عَقلٌ mind; brain
عَقلٌ إلِكترُونيّ electronic brain
إستِنزافُ العُقول "brain drain"
مُختَلُّ العَقْل non compos mentis
عَقلَنة . تَرْشِيد rationalisation; rationalization
عُقْم sterility
عُقُوبة . جَزاء penalty; sanction
عُقُوباتٌ اقتِصاديَّة economic sanctions
عَكْسٌ reverse; inverse; opposite
والعَكْسُ بِالعَكْس vice versa
عَكْسٌ . قَلْب reversal; reversion; inversion
عَكْسيّ ـ ضَرِيبةُ دَخْلٍ عَكْسِيَّة reverse income tax
فَجوَةُ رَيعٍ عَكسِيَّة reverse yield gap
قَيدٌ عَكسِيٌّ (لِلتَّصحِيح) reverse entry; reversing entry
نِسبَةٌ عَكسِيَّة inverse ratio
على on; upon
عَلى حالِهِ . على عِلّاتِهِ as is
مَعَ بَقاءِ الأشياءِ الأُخرى على حالِها ceteris paribus
عَلى الحِسابِ . بِالدَّين on account; on credit; (on) tick
عَلى المَكشُوف openly; publicly; overtly
بَيعٌ على المَكشُوف selling short
عِلاج remedy
عِلاجيّ . إصْلاحيّ remedial
عَلاقة relation; relationship

عَلاقَةُ الآجِرِ بالأَجير master and servant relationship

العَلاقَةُ بينَ التَّكلِفَةِ المُتَوَسِّطةِ والتَّكلِفَةِ الحَدِّيَّة average cost/marginal cost relationship

العَلاقةُ بينَ المُوَظَّفين staff relationship

عَلاقَةٌ دالِّيَّة functional relationship

العَلاقةُ القانونيَّةُ بينَ البَنكِ وعُملائهِ (كَدائنٍ ومَدِين) banker and customer

عَلاقةٌ مُتَبادَلة inter-relation

عَلاقةٌ وَظيفيَّة functional relation(ship)

التَّشرِيعُ القَوميُّ لِعَلاقاتِ العَمَل National Labor Relations Act

دائِرةُ العَلاقاتِ السِّياحيَّة tourist relations department

العَلاقاتُ الإنسانيَّة human relations

العَلاقاتُ الإنسانيَّةُ في الصِّناعة human relations in industry

العَلاقاتُ بِالمُوَظَّفين personnel relations

العَلاقاتُ بينَ الدَوائرِ او الإداراتِ (في المُؤسَّسة) interdepartmental relations

العَلاقاتُ بينَ الشَّرِكَةِ الأُمِّ والشَّرِكاتِ التابِعة parent-subsidiary affiliations

عَلاقاتٌ تِجاريَّة business connections

عَلاقاتٌ صِناعيَّة industrial relations

عَلاقاتٌ عامَّة public relations

عَلاقاتُ العَمَلِ (عَلاقاتُ العَمَلِ والعُمّال) labour relations

قانُونُ العَلاقاتِ الصِّناعيَّة Industrial Relations Act

قانُونُ العَلاقاتِ العُنصُريَّة Race Relations Act

قِياسُ العَلاقاتِ الاجتِماعيَّة sociometry

المَجلِسُ القَوميُّ لِلعَلاقاتِ الصِّناعيَّة National Industrial Relations Council (N.I.R.C.)

المَحكَمةُ القَوميَّةُ لِلعَلاقاتِ الصِّناعيَّة National Industrial Relations Court

مُديرُ العَلاقاتِ العامَّة . مَسؤولُ العَلاقاتِ العامَّة public relations officer

**علامة** sign; mark; token; indication

عَلامةُ الإسناد benchmark

عَلامةُ بَريد postmark

عَلامةُ التأمينِ ضِدَّ الحَريق fire mark

عَلامةٌ تِجاريَّة trademark; trade-mark; brand

عَلامةٌ تِجاريَّةٌ مُسَجَّلة registered trade-mark

عَلامةُ تَمْييز identification mark

عَلامةٌ دَليليَّة guide mark; reference mark

عَلامَةُ الزّائد plus

عَلامةٌ شَفّافة watermark

عَلامةٌ صَغيرة tick

عَلامةُ الصَّفْوة choice brand

عَلامةٌ فارِقة earmark

عَلامةٌ مُمَيِّزة brand

عَلامةُ المِيل . مَعْلَم milestone

عَلامَةٌ نَجميَّة asterisk

دائرةُ تَسجيلِ العَلامَةِ التِّجاريَّة trade-marks registry

عَلاماتُ السِّلَعِ التِّجاريَّة
merchandise marks

قانُونُ عَلاماتِ السِّلَعِ التِّجاريَّة
Merchandise Marks Act

frank يَدمَغُ بِعَلامَةِ البَريد

يَغُشُّ في وَضعِ العَلامَةِ التِّجاريَّة
misbrand

**عِلاوَة** (مِنحَةٌ على الرّاتِبِ لا تُدفَعُ لِلوَرَثة)
perquisite

increase; raise; increment **عِلاوَة . زِيادة**

annual increment عِلاوَةٌ سَنَويَّة

allowance **عِلاوَة . مُخَصَّص**

advertising allowance عِلاوةُ الإعلان

عِلاوةُ سَكَن . تَعوِيضُ سَكَن
housing allowance

fatigue allowance عِلاوةُ الكَلال

عِلاوةُ نَفادٍ (نُضُوب)
depletion allowance

allowance system نِظامُ العِلاوات

premium; bonus **عِلاوَة . مُكافَأة**

عِلاوَةُ الإصدار ـ العِلاوةُ على سِعرِ السَّنَدِ الاسمِيّ
bond premium

war bonus عِلاوةُ حَرْب

dollar premium عِلاوةُ الدُّولار

gold premium عِلاوةُ الذَّهَب

reversionary bonus عِلاوةٌ رَجعِيَّة

premium on bond عِلاوةٌ على السَّنَد

premium on stock عِلاوةٌ على السَّهم

regional employment premium عِلاوةُ عَمالةٍ إقليمِيَّة

cost-of-living bonus عِلاوَةُ غَلاءِ المَعِيشة

عِلاوَةٌ غيرُ مُستَهلكَة
unamortized premium

salarium عِلاوَةُ (او جُعالَةُ) المِلح

boot عِلاوةُ مُوازَنة

shift differential عِلاوة النَّوبة

bonus issue إصدارُ عِلاوةِ (أسهُم)

حِسابُ العِلاواتِ (او المُكافَآت)
bonus account

bonus share سَهمُ عِلاوة

نِظامُ المِنَحِ والعِلاواتِ (التَّشجِيعيَّة)
premium bonus system

suspend **عَلَّقَ ـ يُعَلِّقُ . يُوقِفُ مُؤَقَّتاً**

flag **عَلَمٌ**

flags of convenience أعلامُ اليَسارة (أعلامُ البِلادِ المُسَجَّلَةِ فيها السُّفُن)

science **عِلم**

sociology علمُ الإجتِماع

ethics علمُ الأخلاق

management science علمُ الإدارة

mythology علمُ الأساطير

علمُ الإعمارِ والتَّحضِير . تَمَدُّن
urbanism

economics علمُ الإقتِصاد

علمُ الإقتِصادِ الإستاتِيكي
static economics

علمُ الإقتِصاد الشّامِل . الإقتِصاديّات الكُبرى
macroeconomics

علمُ الإقتِصادِ المُتَحَرِّك (الدِّينامِيكيّ)
dynamic economics

علمُ الإقتِصادِ النَّظَريّ . إقتِصادٌ بَحْتٌ
pure economics

عِلمُ الاِقتِصادِ الوَصْفيّ
descriptive economics

علمُ الإلِكْترونِيّات electronics

علمُ إنتاجِ السِّلَعِ والثَّروات chrematistics

علمُ البِيئة ecology

علمُ الزِّراعة agronomy

علمُ السُّكّانِ الإحصائيّ demography

علمُ الصِّحّة hygiene

علمُ قِياسِ الحَياة biometrics; biometry

«العِلْمُ الكَئيبُ» (عِلْمُ الاِقتِصادِ حَسَبَما سَمّاهُ كارْلَيْل) "dismal science"

علمُ المَقاييسِ والمَوازِينِ والمَكاييلِ
metrology

علمُ النَّفْسِ الصِّناعيّ industrial psychology

علمُ الهَندَسة geometry

باحِثٌ في عِلمِ السُّكّان demographer

تَعريفاتُ عِلمِ الاِقتِصاد definitions of economics

الجَمعِيَّةُ الوَطَنِيَّةُ لِعِلمِ النَّفسِ الصِّناعيّ
National Institute of Industrial Psychology (N.I.I.P.)

عُلُومٌ رِياضيَّة . رِياضِيّات mathematics

**عِلْميّ** scientific

الإدارةُ العِلْميَّة scientific management

الأُسلوبُ العِلْميّ scientific method

الإشتِراكِيَّةُ العِلْميَّة scientific socialism

**العِلْمِيَّة . مَذْهَبُ العِلْمِيَّة** scientism

**عَلَنيّ** overt; open; public

بَيعٌ بِالمَزادِ العَلَنيّ hammer

مُحاكَمةٌ عَلَنِيَّة open trial

مَزادٌ عَلَنِيّ public auction

**عُلْويّ** overhead

تَركيبٌ عُلوِيّ . هَيكَلٌ عُلوِيّ
superstructure

**عِمالة . أَجْرُ العامِل** wage

**عُمالة . عُمُولة** commission

**عَمالة . اِستِخدام** employment

عَمالةٌ زائدة hyperemployment; overemployment; overfull employment

عَمالةٌ عَرَضِيَّة casual employment

عَمالةٌ غيرُ مُشارِكة non-participating employments

عَمالةٌ غيرُ مُنتَظَمة irregular employment

عَمالةٌ كامِلة full employment

اِستِبدالُ العَمالَةِ المُنتَظَمةِ بالعَمالَةِ غيرِ المُنتَظَمة decasualisation; decasualization

تأمِينُ العَمالَةِ الزّائدة . تَعوِيضُ العَمالَةِ الزّائدة redundancy insurance

تَفرِيقٌ في العَمالة . تَمييزٌ في العَمَل
job discrimination

حَجمُ العَمالة employment volume

دالَّةُ العَمالة employment function

سِياسةُ العَمالة employment policy

ضَبطُ العَمالة . مُراقَبَةُ العَمالة
labour control

ضَريبَةٌ اِنتِقائِيَّةٌ على العَمالة
selective employment tax

عِلاوَةُ عَمالَةٍ إقليميَّة
regional employment premium

قانُونُ العَمالَةِ المَحَلِّيَّة
Local Employment Act

مَدفُوعاتٌ لِلعَمالةِ الزّائدة . تَعوِيضُ صَرْفِ العَمالَةِ الزّائدة redundancy payment

مُراقَبَةُ العَمالة labour control

مُضاعِفُ العَمالة
employment multiplier

مُعَدَّلُ العَمالة employment rate

نَظَرِيَّةُ العَمالة employment theory

نَقْصٌ في العَمالة . عَمالَةٌ غيرُ كامِلة
underemployment

**عُمّاليّ** labo(u)r

اِتّحادٌ عُمّاليّ labour union; trade union; union

اِتّفاقٌ عُمّاليّ labour agreement

خِلافٌ عُمّاليّ labour dispute

مُمارَساتٌ عُمّالِيَّةٌ تَقْيِيدِيَّة restrictive labour practices

مُنَظَّمَةٌ عُمّالِيَّة labour organization

نُظُمُ الإتّحاداتِ العُمّالِيَّةِ الجَديدة . النِّقابِيَّةُ الجَديدة New Unionism

**عُمْدَة** sheriff

عُمْدَةٌ فِدراليّ marshal

**عُمْرٌ . حَياة** life

العُمْرُ الإنتاجِيُّ لِمَوجُوداتِ المُنْشَأَة
productive life of plant assets

عُمْرٌ غيرُ مَحدُودٍ لِشَرِكَةِ المُساهَمة
unlimited life of corporation

العُمْرُ المُرتَقَب life expectancy; expectancy (or expectation) of life

تَحدِيدُ العُمْر . تَقدِيرُ العُمْر aging

التَّوَزُّعُ الرَّأسُماليُّ بالنِّسبَةِ لِلعُمْر
age-distribution of capital

طُولُ العُمْر . تَعمِير longevity

هَرَمُ الأعمارِ في المَجمُوعَةِ السُّكّانِيَّة
population pyramid

**عُمرانيّ . مَدَنيّ** urban

**عَمِلَ ـ يَعْمَلُ** make; do; act

يَعمَلُ لِحِسابِهِ الخاصّ self-employed

تَعمَلُ كَ ... doing business as ...

وَقْتٌ يُدْفَعُ عَنهُ لِلمُوَظَّفِ دُونَ أن يَعمَلَ خِلالَهُ time paid for but not worked

**عَمَلٌ . مُهِمَّة** task; job

عَمَلٌ بِالقِطْعة piecework; job work

إستِمارَةُ تَكاليفِ العَمَل job cost sheet

تَبسِيطُ العَمَل job simplification

تَدرِيبٌ أثناءَ العَمَل on-the-job training

تَصنِيفُ العَمَل job classification

تَعرِيفٌ بالعَمَل . تَوجِيه orientation

تَفصِيلُ العَمَل job breakdown

تَمييزٌ في العَمَل job discrimination

تَوحيدُ مَقايِيسِ العَمَل
job standardization

حِسابُ تَكاليفِ العَمَل job costing

طَلَبُ عَمَل job order

وَرشَةُ الأعمال job shop

**عَمَلٌ . فِعْلٌ** action; act; deed

عَمَلٌ غيرُ قانُونيّ unlawful act

عَمَلٌ مُشتَرَك joint action

جَدوَلُ الأعمال agenda; order of the day

خُطَّةُ العَمَل plan of action

قائمٌ بالأعمال chargé d'affaires
مَجْمُوعةُ عَمَل action group
**عَمَلٌ** (تِجاريّ) business
إحصاءُ الأعمال census of business
إدارَةُ الأعمال business administration
أعمالُ الإعلان advertising
أعمالٌ تِجاريَّةٌ مُوَحَّدةٌ او مُندَمِجة
business combination
«الأعمالُ مُستَمِرَّةٌ كالعادة»
"business as usual"
أعمالٌ مَصرِفيَّة banking
أعمالٌ مَصرِفيَّةٌ فَرعِيَّة branch banking
أعمالٌ مَصرِفيَّةٌ لِلإستِثمار
investment banking
اِقتِصادِيَّاتُ العَمَل business economics; labour economics
أيَّةُ أعمالٍ أُخرى any other business (A.O.B.)
بَنكُ أعمال (نَوْعٌ مِن بُنُوكِ الإستِثمارِ في فَرَنسا) banque d'affaires
تَصْفِيَةُ العَمَل او المَشْرُوع
liquidation of business
تَوسِيعُ الأعمالِ التِّجارِيَّة
business expansion
حَجْمُ الأعمالِ (التِّجارِيَّة) turnover
حَجمُ العَمَل volume of business
حُرِّيَّةُ التِّجارَةِ وحُرِّيَّةُ العَمَل
laissez (or laisser) faire
رَجُلُ أعمال businessman
رُكُودُ الأعمال business stagnation
شَرِكَةُ أعمال business corporation
شَرِكَةُ مُساهَمَةٍ مَحدُودَةٌ لِلأعمالِ المَصرِفيَّة
joint-stock bank
لُعبَةُ الأعمال business game
لُغَةٌ مُشتَرَكَةٌ مُكَيَّفَةٌ لِخِدْمَةِ الأعمال
Common Business Oriented Language (COBOL)
مَكتَبُ تَحْسِينِ الأعمال
better business bureau
مُؤَسَّسَةُ أعمال business establishment
وَضْعُ جَداوِلَ زَمَنِيَّةٍ لِلأعمالِ الحَرِجة
critical path scheduling
وَكيلُ أعمال business agent
**عَمَلٌ . شُغْلٌ** work, labo(u)r
العَمَلُ الأُسبُوعِيُّ (الفَلّاحِ شِبْهِ حُرٍّ في النِّظامِ الإقطاعيّ) week-work
عَمَلٌ إضافيّ boon-work
عَمَلٌ بأجر . عَمَلٌ مَأجُور paid labour
عَمَلٌ بالمُياوَمة . يَوميّ per diem
عَمَلٌ بَيتيّ (يُنجَزُ في البَيت) homework
عَمَلٌ تعويضيّ make-up work
عَمَلٌ جانِبيّ او إضافيّ (يَقُومُ بِهِ الشَّخصُ إلى جانِبِ وَظِيفَتِهِ المُنتَظَمة)
side line
عَمَلٌ جَماعيّ group action; group work; teamwork
عَمَلٌ ذِهْنيّ brain work
عَمَلٌ رَتيب (او رُوتينيّ) routine work
عَمَلٌ عَرَضيّ . عَمَلٌ مُتَقَطِّع
casual labour
عَمَلٌ غيرُ مُنتِج unproductive labour
عَمَلٌ فَنِّيّ work of art; skilled labor

عَمَلٌ مَأجور hired labour
عَمَلٌ مَكتبيّ او كِتابيّ clerical work; office work
عَمَلٌ مُنتِج productive labour
عَمَلٌ يَدويّ manual work
عَمَلُ يوم daywork
(عَمَلُ) يوم ـ رَجُل man-day
عَمَلُ اليومِ المَقِيس measured day work
الإتّحادُ العامُّ لِلعَمَل Confédération Générale du Travail
اختِراعٌ يُوَفِّرُ العَمَلَ labour-saving invention
أُسبُوعُ عَمَلٍ (ساعاتُ العَمَلِ او ايّامُهُ في الأُسبُوع) workweek
إستِمارةُ العَمَل worksheet
إستِمارةُ العَمَلِ اليوميّ daily time ticket
إستِمراريّةُ العَمَل continuity of work
أُسلُوبُ الأعمالِ الحَرِجة critical path method
إصاباتُ العَمَل industrial injury
إعادةُ توزيعِ العَمَلِ قِطاعيّاً redeployment of labour
أعمالُ الإغاثة relief work
الأعمالُ الخَطِرة dangerous trades
الأعمالُ غيرُ المُباشِرة indirect labor
أعمالٌ قَيدَ التَّنفيذ work in process
أعمالٌ مُتَأخِّرة backlog
انحِرافُ أُجرةِ العَمَلِ واستِعمالِها labour rate and usage variance
وامِرُ التَّحَوُّلِ لِلأعمالِ الضَّرُوريّة essential work orders

أوراقُ عَمَل working paper
أوراقُ عَمَلٍ (كَأساسٍ لِلعُملة) "labour notes"
إيقافُ العَمَلِ لِلضَّغطِ على العُمّال lockout
بَنكُ المُبادَلةِ على أساسِ العَمَلِ المَبذُول Labour Exchange Bank
تأمِينٌ على تَعويضِ إصاباتِ العَمَل workmen's compensation insurance
تَبَرُّعاتٌ لِلأعمالِ الخَيريّة charitable contributions
تَبطِئةُ العَمَلِ (كَبَديلٍ لِلإضراب) "working to rule"
تَحليلُ الأعمالِ الحَرِجة critical path analysis
تَدَرُّجُ العَمَل labour grading
تَرشِيدُ العَمَل (جَعلُهُ أقَلَّ كُلفةً وأكثَرَ إنتاجاً) rationalisation of labour
تَشريعُ العَمَلِ في سِكَكِ الحَديد Railroad Labor Act
التَّشريعُ القَوميُّ لِعَلاقاتِ العَمَل National Labor Relations Act
تَشريعاتُ العَمَل labour legislation
تَعويضٌ عن إصابةِ العَمَل industrial injury benefit
تَقسِيمٌ إقليمِيٌّ لِلعَمَل regional (or territorial) division of labour
تَقسِيمُ العَمَل division of labour
تَكاليفُ العَمَلِ المُباشِرة direct labor costs
تَنظِيمُ العَمَل (كَعُنصُرٍ من عَناصِرِ الإنتاج) entrepreneurship
تَوجِيهُ العَمَل direction of labour

حادِثُ عَمَل occupational accident

حَرَكَةُ عودَةِ العُمّالِ إلى العَمَل
back-to-work movement

حِمْلُ العَمَل workload

دِراسَةُ العَمَل work study

دَرَجَةُ العَمَل (مِن حَيثُ المَهارَةُ التي يَتَطَلَّبُها)
labour grade

دَورَةُ العَمَل labour turnover; work cycle

رَسْمُ الأعمالِ التَّخطيطيّ flow diagram; flow chart

رَسمٌ بَيانيٌّ لِأعمالٍ مُتَعَدِّدة
multiple activity chart

رَسمٌ بَيانيٌّ لِسَيرِ أعمالِ اليَدَين
two-handed process chart

رَسمٌ لِبَيانِ عَمَلِ الفَرْد
man process chart

رِئاسَةُ العَمَلِ (والعُمّال) foremanship

ساعاتُ العَمَل business hours; hours of work; working hours

سُوقُ العَمَل labour market; work market; labour exchange; employment exchange

سُيُولَةُ العَمَل fluidity of labour

صاحِبُ عَمَل . رَبُّ العَمَل employer

طالِبُ عَمَل applicant

طَريقَةُ مُعَدَّلِ ساعاتِ العَمَل
labour hour rate method

طَلَبُ العَمَل demand for labour

ظُرُوفُ العَمَل . أَوضاعُ العَمَل
working conditions

عاطِلٌ عَنِ العَمَل unemployed; out of work; jobless

عامِلُ العَمَل work factor

عَقْدُ العَمَل labour contract

عَلاقاتُ العَمَلِ (عَلاقاتُ العَمَلِ والعُمّال)
labour relations

فَترَةُ العَمَلِ أَثناءَ ساعاتِ النَّهار
day shift

فِيزيُولُوجِيَّةُ العَمَل physiology of labour

قانُونُ العَمَل labour law

كَثيفُ العَمَل labour intensive

لَجنَةُ عَمَل working party

مُتَعَطِّلٌ عَنِ العَمَل idle; unemployed

مُتَعَهِّدُ العَمَل undertaker

مُخَطَّطُ تَوزيعِ العَمَل work distribution chart

مُراقَبَةُ العَمَلِ بالمُعايَنة work sampling

مَصرِفُ العَمَل labour bank

مُضرِبٌ عَنِ العَمَل on strike

مَعاشُ العَجْزِ عَنِ العَمَل
disablement pension

مُعاهَداتُ العَمَل labour treaties

مُعطَياتُ العَمَلِ الأَساسيَّة
basic work data

مُغادَرَةُ العَمَل walk-out

مِفتاحُ الرُّموزِ على اسْتِمارَةِ العَمَل
key letters of worksheet

مِقياسُ العَمَل work measurement

مَكتَبُ العَمَلِ الدَّوليّ International Labor Office (I.L.O.)

مُلاحِظُ أعمال (أَشغال) foreman

مِنحَةُ العَجْزِ عَنِ العَمَل
disablement benefit

entrepreneur مُنَظِّمُ العَمَل

labour-saving مُوَفِّرٌ لِلعَمَل

نِسبَةُ إنجازِ العَمَلِ المُقَدَّر
measured work performance ratio

نَظَرِيَّةُ تَقدِيرِ القِيمَةِ حَسَبَ العَمَلِ المَبذُول
labour theory of value

productivity of labour theory نَظَرِيَّةُ قُوَّةِ إنتاجِ العَمَل

نَقصُ المَنفَعَةِ الحَدِّيَّةِ لِلعَمَل
marginal disutility of labour

ministry of labour وَزارَةُ العَمَل

وَظيفَةٌ مُكسِبَةٌ لا تَتَطَلَّبُ عَمَلاً (او جُهداً)
sinecure

وَقفُ العَمَل (في مَصنَعٍ او مُنشَأَة)
shut-down

shut down يَتَوَقَّفُ (المَصنَعُ) عَنِ العَمَل

workday; working day يَومُ عَمَل

**عُمَلاء . مَجمُوعَةُ العُمَلاء** (أُنظُر عَمِيل)
clientele

**عُمْلة** currency; money

reserve currency عُمْلَةٌ احتِياطِيَّة

عُمْلَةٌ أمريكِيَّةٌ وَرَقِيَّةٌ (خَضراءُ الظَّهر)
greenbacks

عُمْلَةٌ ائتِمانِيَّةٌ (إعتِمادِيَّةٌ او مُعتَمَدة)
credit currency; fiduciary money

currency of settlement عُمْلَةُ التَّسوِية

international currency عُمْلَةٌ دَولِيَّة

عُمْلَةٌ ذاتُ قُوَّةِ إبراءٍ مَحدُودة
limited legal tender

«العُملَةُ الرَّدِيئَةُ تَطرُدُ العُملَةَ الجَيِّدة»
(ويُعرَفُ هذا القَولُ بِقانُونِ جْرِيشام)
"bad money drives out good"

token money عُملَةٌ رَمزِيَّة

trade tokens عُملَةٌ رَمزِيَّةٌ تِجارِيَّة

lawful money عُملَةٌ شَرعِيَّة

hard currency عُملَةٌ صَعْبة

soft currency عُملَةٌ ضَعيفة

decimal coinage عُملَةٌ عَشرِيَّة

convertible money عُملَةٌ قابِلَةٌ لِلتَّحوِيل

legal tender عُملَةٌ قانُونِيَّة

standard coin عُملَةٌ قِياسِيَّةٌ او عِيارِيَّة

hard (or tight) money عُملَةٌ كامِلَةُ التَّغْطِية

currency (or money) in circulation; current money العُملَةُ المُتَداوَلة

blocked currency عُملَةٌ مُجَمَّدة

managed currency عُملَةٌ مُدارة

elastic currency عُملَةٌ مَرِنة

bank currency عُملَةٌ مَصرِفِيَّة

asset currency عُملَةٌ مَضمُونة بِأُصُول

coinage; metallic currency; metallic money عُملَةٌ مَعدِنِيَّة

عُملَةٌ مُقَوَّمةٌ بأَقَلَّ مِن قِيمَتِها
under-valued currency

عُملَةٌ مُقَوَّمةٌ بأَكثَرَ مِن قِيمَتِها
over-valued currency

base metal money عُملَةٌ مِن مَعدِنٍ حَقِير

scarce currency عُملَةٌ نادِرة

cupro-nickel coinage عُملَةُ النِّيكل والنُّحاس

عُمْلَةٌ وَرَقيَّة currency notes; paper money

عُملةٌ وَرَقيَّةٌ بِقيمَةٍ فَضِّيَّة silver certificate

عُملةٌ وَرَقيَّةٌ ذاتُ تَغطِيَةٍ ذَهَبيَّة gold certificate

عُمَلَةٌ وَسيطةٌ (عُملةُ التَّدَخُّلِ لِتَأمينِ استِقرارِ أسعارِ العُملاتِ المُختَلِفة) intervention currency

عُملةٌ يَسِرة (عُملةٌ ضَعيفة) soft currency

اِرتِفاعُ قِيمَةِ العُملة currency appreciation

إعادَةُ استِخدامِ المَعدِنِ كَعُملة remonetization

اِنخِفاضُ قِيمَةِ العُملة currency depreciation

تَثبيتُ قِيمَةِ العُملة currency stabilisation

تَخفيضُ قِيمَةِ العُملة devaluation

تَعويمُ العُملة floating

تَكافُؤُ أسعارِ العُملات par of exchange

جَعْلُ العُملَةِ قانُونيَّة monetization

حَجْمُ العُملةِ المُتَداوَلة circulation

حُدُودُ تَقَلُّباتِ العُملة (كَما يَضَعُها صُندُوقُ النَّقدِ الدَّوليّ) International Monetary Fund trading margin

حَسْمُ العُملةِ البالِيَة disagio

دارُ سَكِّ العُملة mint

السجايرُ كَعُملة cigarettes as money

سَحْبُ عُملَةٍ مِنَ التداوُل demonetisation; demonetization

سِعرُ الفائدَةِ على العُملة money rate

سُوقُ العُملة money market

عُملاتٌ رُبْعيَّة quarter coins

عُملاتُ القائمة (كما يُقَرِّرُها البَنكُ المَركَزيّ) listed currencies

قانُونُ العُملَةِ وأوراقِ النَّقْد Currency and Bank Notes Act

قَرْضُ العُملة coin clipping

قَوانينُ سَكِّ العُملة Coinage Acts

الماشِيَةُ كَعُملة cattle as money

مُبَدِّلُ العُملاتِ الأجنَبيَّة changer; money-changer

مَحَلُّ صِرافَةٍ لِلعُملات currency exchange

مَدرَسةُ العُملة Currency School

مُراقِبُ العُملة controller of the currency

مُعادَلَةُ العُملَةِ المُتَداوَلة equation of exchange; exchange equation

نِظامُ (صَرْفِ) العُملةِ المُتَعَدِّد multiple currency system

يُبطِلُ عُملَةً مِنَ التَّداوُل demonetize

**عَمَليّ** practical; practicable

**عَمَليّاً** practically; in practice

**العَمَليَّة . الذَّرائِعِيَّة** pragmatism

**عَمَليَّة** process; operation

عَمَليَّةٌ تِجاريَّة . صَفْقَةٌ operation

عَمَليَّةُ التَّسعِير pricing process

عَمَليَّةُ التَّسوِية adjusting process

عَمَليَّةٌ خِياريَّةٌ مُرَكَّبة (لِلشِّراءِ او البَيعِ في البُورْصة) put and call

عَمليَّةُ الضَّرب (في الحِساب)
multiplication

عَمليَّةُ فَسْخ rescission

عَمليَّةٌ مُستَمِرَّة . تَصنيعٌ مُتواصِلٌ
continuous process

عَمليَّةٌ نازِلة downstream

عَمليَّةُ نَقْلٍ في البُورْصة . تَحويل switch

عَمليَّةُ الوَزْن . وَزْنٌ weighing

بَحْثُ العَمليَّات operations research; operational research

بِطاقَةُ بيانِ زَمانِ العَمَليَّة
operation job card

تَجزِئَةُ العَمليّاتِ (في المُنشَأةِ التِّجاريَّة)
segmentation of operations (of business enterprise)

تَحدِيدُ تَكاليفِ العَمليَّة
operation costing

تدقيقُ العَمليّات operations audit

تَفصِيلُ العَمليَّة operation breakdown

خَسارَةُ عَمليّاتِ التَّشغِيل
loss from operations

دافِعُ العَمليَّاتِ التِّجاريَّة
transactions motive

دَفتَرُ الأُستاذِ المُساعِدِ لِتَكاليفِ العَمليّات
job cost ledger

رَسمٌ بَيانيٌّ لِلعَمليَّة process chart

رَسمٌ بَيانيٌّ مُجمَلٌ لِلعَمليَّة
outline process chart

رُمُوزُ الرَّسمِ البَيانيِّ لِلعَمليَّة
process chart symbols

عَمليّاتٌ آجِلَةُ التَّسليم futures

عَمليّاتُ التَّبادُل (في البُورْصة)
exchange operations

عَمليّاتُ تَموِيل funding operations

عَمليّاتُ السُّوقِ المَفتُوحة
open-market operations

مُخَطَّطُ العَمليَّة operation chart

مِيزانُ العَمليَّاتِ الجارية
current balance

**عَمُودٌ** column; pillar

عَمُودٌ فِقْرِيٌّ (أَساس) backbone

بُوصة-عَمُود column-inch

رَسْمٌ بَيانيٌّ بأعمِدة bar chart

عُنوانُ العَمُود headline

يَومِيّاتٌ ذاتُ أَعمِدة columnar journals

**عَمُوديّ . رَأسيّ** vertical

تَحليلٌ عَمُوديّ (أو رَأسيّ)
vertical analysis

تَكامُلٌ عَمُوديّ (أو رَأسيّ)
vertical integration

تَنَقُّليَّةٌ عَمُوديَّة (أو رَأسيَّة)
vertical mobility

هَيكَليَّةٌ عَمُوديَّة vertical structure

**عُمُولة** commission; brokerage

عُمُولَةٌ إضافيَّة over-riding commission

عُمُولَةُ البائِعِين salesmen commission

عُمُولَةُ البَنك bank charges; bank service charge

عُمُولَةُ التَّحوِيلاتِ البَريديَّة poundage

عُمُولَةُ الصِّرافة agio

عُمُولَةُ المَصرِف (نَفَقاتُ الخِدْمَةِ المَصرِفيَّة)
bank service charge

عُمُولَةُ الوَكيلِ التِّجاريّ factorage
بُيُوتُ التَّصدِيرِ بالعُمُولة export commission houses
تاجِرٌ بالعُمُولة commission merchant
صِناعِيٌّ بالعُمُولة (يَتَعَهَّدُ إحدى مَراحِلِ الإنتاج) commission manufacturer
عائدُ العُمُولة commissions revenue
مَكتَبُ سَمْسَرةٍ بالعُمولة commission house
وَكالَةٌ بالعُمولة commission agency
وَكيلُ استِيرادٍ بالعُمُولة import commission agent
وَكيلٌ بالعُمُولة commission agent
**عُمُومِيّ** (أنظُرْ أيضاً : عامّ) public
مُحاسِبٌ عُمُوميّ public accountant
مُحاسِبٌ قانُونيٌّ عُمُوميّ certified public accountant (CPA)
المُحاسَبَةُ العُمُوميَّة (القانُونيَّة) public accounting
مَكتَبُ هاتِفٍ عُمُوميّ public call office
مِيزانِيَّةٌ عُمُوميَّة (او عامَّة) balance sheet
**عُمُومِيَّة** generality
**عُمُومِيَّة • شُمُولِيَّة** (عالَمِيَّة) universality
**عَمِيلٌ • وَكِيل** agent
عَمِيلٌ غيرُ مُتَفَرِّغ part-time agent
عَمِيلٌ يَضمَنُ الدَّفعَ (بِضَمانِ مَلاءَةِ المُشتَرِي) del credere agent
التنفِيذُ على العَمِيل (في البُورْصة) buying in against
**عَمِيل • زَبُون** client; customer
خِدمَةُ العُمَلاء customer service

العَلاقةُ القانُونيَّةُ بَينَ البَنكِ وعُمَلائهِ (كَدائنٍ ومَدِين) banker and customer
قُروضٌ مُقَدَّمةٌ لِلعُمَلاء advances to customers
مُديرُ العَلاقاتِ بِالعُمَلاء account executive
**عَنى – يَعْنِي • يَقْصُدُ** mean
**عِنايَة** care; attention
عِنايَةٌ خاصَّة special care (or attention)
عِنايَةٌ عادِيَّة ordinary care
مَصاريفُ العِنايَةِ بالأطفال child care expenses
**عَنْبَرُ** (السَّفينة) hold
**عَنْبَر** (في مُستَشفى) ward
**عِندَ الإطِّلاع** "at sight"
**عِندَ الطَّلَب** on demand; on call
كَمبيالَةٌ عِندَ الطَّلَب demand note
**عِندَئذٍ • إذْ ذاكَ** whereupon
**عُنْصُر • عامِل** element; factor
عُنصُرٌ رَأسُماليّ capital element
عُنصُرُ (إنتاجٍ) مُتَجانِس homogeneous factor
العُنصُرُ المُتَغَيِّر variable element
أسواقُ عَناصِرِ الإنتاج factor markets
عَناصِرُ الإنتاج factors of production
عَناصِرُ إنتاجٍ غيرُ مُحَدَّدة non-specific factors of production
عَناصِرُ الخُطَّة elements of plan
عَناصِرُ القُوَّة power factors
عَناصِرُ المُحاسَبة accounting elements
**عُنْصُر** (مُكَوِّن) **• مُكَوِّنة** component

عَناصِرُ النِّسَبِ المِئَويّة component percentages

**عُنصُرِيّ** racial

اِنتِحارٌ عُنصُريّ race suicide

**عُنُق** neck

عُنُقُ الزُّجاجة . مَخْنَق bottleneck

ضَريبةُ الأَعناق capitation tax; head tax

**عُنوان** (كِتاب) title

**عُنوان** (تَروِيسة) heading

عُنوانُ الحِساب caption

عُنوانُ العَمود headline; heading

**عُنْوان** address

عُنوانٌ بَرقيّ (تِلِغرافيّ) cable address; telegraphic address

عُنوانٌ بَريديّ postal address

عُنوانٌ خاطِىء wrong address

عُنوانٌ رَئيسيّ headline

بِطاقةُ عُنوان address label

تَغْييرُ العُنوان change of address

سِجِلُّ العَناوِين directory

قائمَةُ العَناوِين (لمن يَهُمُّ المُؤَسَّسَةَ الإتِّصالُ بِهِم) mailing list

**عَنِيدٌ . قاسٍ** stiff

**عَنِيف** drastic

**عَهِدَ ـ يَعهَدُ** (إلى) . **يَأتَمِنُ** intrust; entrust

**عَهْدٌ . مِيثاق** covenant

**عُهدة . حِراسة** custody

**عَوارِيَة** average

عَوارِيَةٌ إجماليَّة (او عامَّة) gross (or general) average

عَوارِيَةٌ بَسيطة simple average

تَسوِيَةُ العَوارِيَة average adjustment

**عَوّامة . عامة** buoy

**عَوائد** (أُنظُرْ عائد) returns

**عَوْدة** return

عَودَةُ البَرِيد return of mail

أَجرُ شَحْنِ العَودة back freight

أُجرَةُ العَودةِ إلى العَمَل call-back pay

تَذكِرَةُ عَودة return ticket

حَرَكَةُ عَودةِ العُمّالِ إلى العَمَل back-to-work movement

رِحلَةُ العَودةِ (لِلسَّفينة) homeward voyage

شِحنَةُ العَودة return cargo

**عَوَزٌ . فاقة . فَقْر** poverty

**عَوَّضَ ـ يُعَوِّضُ** recompense; indemnify; compensate (for); recoup; redress

**عِوَضٌ . تَعويضٌ ماليّ** consideration

عِوَضٌ جُزئيّ partial consideration

عِوَضٌ ذو قِيمة valuable consideration

عِوَضٌ غيرُ قانونيّ illegal consideration

عِوَضٌ قانونيّ legal consideration

عِوَضٌ كافٍ sufficient consideration

عِوَضٌ مُتَبادَل mutual consideration

عِوَضٌ مُستَحِيل impossible consideration

عِوَضٌ مَعنَويّ good consideration

**عَوْن** aid; assistance; help

يُقَدِّمُ عَوناً ماليّاً إلى subsidize

**عِيار . مِعْيار** standard

عِيارُ الفِضَّة . قاعِدَةُ الفِضَّة silver standard

عِيارٌ مُفرَدٌ لِلنَّقد single standard

عِيارُ النُّقود fineness of coin
اِختِبارُ العِيار assaying
مُواصَفاتٌ عِيارِيَّة (او قِياسِيَّة)
standard specifications

**عَيْب** defect; fault; flaw; shortcoming; drawback; imperfection
عَيْبٌ ذاتيّ (غيرُ مُسَبَّبٍ عن تقصير)
inherent defect; inherent vice
عَيبٌ ظاهِر patent defect
عَيبٌ في الصُّنْع defect of manufacture
عَيبٌ كامِن latent defect
عَيبٌ مُهلِك fatal defect
اِنعِدامُ العُيوب zero defects
بَيعٌ مَعَ جَميعِ العُيوب
sale with all faults
خُلُوٌّ مِنَ العَيبِ . كَمال perfection; impeccable condition
عُيوبٌ خَفِيَّة hidden defects
مَهما كانَتِ العُيوب with all faults

**عِيد** feast
عِيدُ الأَضحى . العِيدُ الكَبير
Greater Bairam
عِيدُ الذِّكرى (السَّنَوِيَّة) anniversary
عِيدُ الشُّكْر (يَومُ عُطلةٍ في الوِلاياتِ المُتَّحِدةِ الأَمرِيكيَّة)
Thanksgiving Day
عِيدُ العُمّال (في أَوَّلِ أَيّارَ ، وفي الوِلاياتِ المُتَّحِدةِ الإثنَين الأوَّل مِن أَيلُول)
Labour Day
عِيدُ الفِطْر Lesser Bairam; the Ramadan Feast

**عَيْش** living; survival
عَيشُ الكَفاف subsistence
وَسيلةُ العَيش means of living

**عَيَّنَ ـ يُعَيِّنُ** (لِمَنصِبٍ او وَظيفة)
appoint; assign
يُعَيِّنُ . يُسَمِّي name; nominate
يُعَيِّنُ . يُخَصِّص designate; specify; earmark

**عَيِّنة . نَمُوذَج** sample; specimen
عَيِّنةٌ احتِماليَّة probability sample
عَيِّنةٌ طِباقيَّة stratified sample
عَيِّنة مَجّانيَّة free sample
عَيِّنة مُنتَقاة picked sample
آخِذُ العَيِّنات (او مُختَبِرُها) sampler
بَيعٌ بالعَيِّنة sale by sample
دَفتَرُ عَيِّنات sample book
سِلسِلَةُ العَيِّنات range of samples
مُطابِقٌ لِلعَيِّنة true to specimen
مَعرِضُ عَيِّنات sample fair

**عَيْنِيّ ، عَيْناً** in kind; in specie
إبدالٌ عَينيّ replacement in kind
دَخلٌ عَينيّ income in kind
دَفْعٌ عَينيّ (او نَوعيّ) payment in kind
مَزايا ونَقائصُ عَينيَّة non-monetary advantages and disadvantages

**عَيْنِيّ . مادِّيّ** real; in rem
أَسهُمٌ عَينيَّة real shares
تَكاليفُ عَينيَّة out-of-pocket costs
تَنفيذٌ عَينيّ specific performance
حَقٌّ عَينيّ (عَقاريّ او مادِّيّ)
real right; corporeal right
دَعْوى عَينيَّة actio in rem; real action

# حَرفُ الغين

غابة — forest; wood

زِراعَةُ الغابات — forestry; silviculture; sylviculture

غادَرَ ـ يُغادِرُ ، يَترُكُ — leave; depart

غارة — raid

غازٌ — gas

غازولين — gasoline

غاصَ ـ يَغُوصُ ، يَغْرَقُ — sink

غاطِسُ السَّفينة — bottom; draught

غالٍ — dear; expensive

غالى ـ يُغالي في التَّسعِير — overprice

غالِبٌ ، سائد — predominant; dominant; prevalent

قُوَّةٌ غالِبة — superior force

غامَرَ ـ يُغامِرُ — risk; venture

غامِضٌ ، غيرُ مُحَدَّد — obscure; indefinite

خَطَأٌ غامِضٌ او مُبهَم (لا يُمكِنُ تَحديدُ المَسؤولِ عَنهُ) — inscrutable fault

غائب — absentee

المالِكُ الغائب — absentee owner

مُعَدَّلُ المُوَظَّفِينَ الغائِبينَ (عَنِ العَمَل) — absentee rate

غاية — end; purpose

غائر — sunken; submerged

طِباعَةٌ غائرة — intaglio

غَبَرْدِين — gabardine

غَداء — lunch; luncheon

إيصالاتُ غَداء — luncheon vouchers

غِذاء — food

غِذائيٌّ ، مُغَذٍّ — nutritious; nourishing; nutritive

غِذائيٌّ ، مُتَعَلِّقٌ بالغِذاء — alimentary

مَوادٌّ غِذائيَّة — foodstuffs

غِرٌّ ، عَديمُ الخِبْرَة — inexperienced; novice

غرام — gram

ألفُ غرام ، كِيلُوغرام — kilogram(me)

غَرامة — fine

غَرامة ، تَعوِيض — damages; compensation; indemnity

غَرْبَلة ، تَصْفِية — screening

غَرَر ـ عَقْدُ غَرَر — aleatory contract

غَرَضٌ — purpose; object; end

غَرَضٌ مُستَهدَف — target; destination

لِلغَرَضِ المَذكُور — ad hoc

مَصنُوعٌ لِغَرَضٍ مُعَيَّن — purpose-made

غُرْفة — chamber; room

غُرفَةُ التِّجارة — chamber of commerce; chamber of trade

غُرفةُ التِّجارَةِ الدَّوليَّة — International Chamber of Commerce

غُرفةٌ حَصينَةٌ (لِحفظِ الأَشياءِ الثَّمينة)
strong-room

غُرفةُ لَنْدَن لِلتِّجارة London Chamber of Commerce

غُرفةُ لَوائحِ الأَسعار board room

غُرفةٌ مُبَرَّدة cold room

غُرفةٌ مُحَصَّنة safety vault

غُرفةُ مُقاصَّة clearing house

غُرفةُ مُقاصَّةِ السِّكَكِ الحَديديَّة
Railway Clearing House

غُرفةُ المُقاصَّةِ المَصرِفيَّة
bankers' clearing house

غُرفةُ المِلاحة Chamber of Shipping

أَسهُمُ غُرفةِ المُقاصَّة
clearing house stock

بَيانُ غُرفةِ المُقاصَّة clearing house statement

تَحصِيلٌ خارِجَ نِطاقِ غُرفةِ المُقاصَّةِ المَحلِيَّة
foreign collection

رَصيدُ غُرفةِ المُقاصَّة clearing house balance

غُرَفُ التِّجارةِ الصَّغيرة
Junior Chambers of Commerce

غُرَفُ مُقاصَّةٍ مَصرِفيَّةٍ إقليميَّة
banker's provincial clearing houses

**غَرِقَ ـ يَغْرَقُ** sink

**غروس** (١٢ دَزِّينة) gross

**غَرِيبٌ** extraneous; strange; foreign

**غَرِيبٌ . أجنَبيٌّ** alien; stranger; foreigner

الغُرَباء . الخارِجُون outsiders

**غُرَيْر** badger

لُعبَةُ الغُرَيْر (خُطَّةٌ مُعَيَّنَةٌ لِتَحقيقِ الرِّبح تَنطَوي في العادَةِ على الغِشِّ والخِداع)
badger game

**غِرينِتْش ـ تَوقِيتُ غِرِينِتْش المُتَوسِّط**
Greenwich Mean Time (G.M.T.)

**غَزلٌ . خَيطٌ مَبْروم** yarn

مُشاطَةُ غَزلِ الصُّوف noil(s)

مَصنَعُ غَزل spinning mill

**غَسّالَةٌ بِالقِطَعِ النَّقْدِيَّة** coinamatic laundry

**غَسْلُ السَّنَدات** (بَيعُها بِكُوبوناتِها ثُمَّ شِراؤُها بِدُونِ كُوبونات) bond washing

**غَشَّ ـ يَغُشُّ** defraud; swindle; cheat; deceive

يَغُشُّ في وَضعِ العَلامَةِ التِّجاريَّة misbrand

**غِشٌّ** fraud; deceit; trickery

غِشٌّ (بِالمَزْج) adulteration

قانُونُ مَنعِ الغِشِّ (في الإستِثمارات)
Prevention of Fraud (Investments) Act

**غَشّاشٌ . مُحْتال** crook; trickster

مُحامٍ غَشّاش shyster

**غَطّى ـ يُغَطِّي** cover

**غِطاء** cover; coverage

غِطاءٌ ذَهَبِيّ . تَغطِيَةٌ ذَهَبيَّة gold cover

رِسالةٌ غِطائيَّة covering letter

**غَلاءُ المَعِيشة** cost of living

عِلاوَةُ غَلاءِ المَعِيشة cost-of-living bonus

نِسبَةُ غَلاءِ المَعِيشة cost-of-living index

**غِلافٌ ذو فُتحَةٍ شَفّافة** window envelope

**غَلَّة . مَردُود** yield; returns; proceeds

غَلَّةٌ حَدِّيَّة marginal return

غَلّةٌ (او عائداتٌ) مُتزايدة increasing returns

تَناقُصُ الغَلّة diminishing returns

ضَريبةُ الغَلّة yield tax

الغِلالُ المُنتَجةُ مَحَلّياً home-grown cereals

قانونُ تَناقُصِ الغَلّة law of diminishing returns

**غَلَطٌ . غَلطة** error; mistake

غَلَطٌ في التَّسليم misdelivery

غَلطَةٌ مَطبَعيّة misprint

غَلطَةُ نَسْخ clerical error

المُدَّعي بِالغَلَط plaintiff in error

**غَنيمة** booty; spoils

نِظامُ الغَنائم spoils system

**غَوْث** help; aid; succour; relief

وِكالةُ غَوْث relief agency

**الغِياب** absence; absenteeism

إذنٌ بِالغِياب leave of absence

**غِيابِيّاً** in absentia

**غِيار ـ قِطَعُ الغِيار** replacement parts; spare parts

**الغَيْر ، طَرَفٌ ثالِث** third party

تأمينٌ ضِدَّ الغَيْر third-party insurance

والغَيْر . والآخَرون et al.

**غَيْر . سِوى** other

**غَيرُ إلزامِيّ** noncompulsory; non-obligatory

**غيرُ أَهْل** unqualified; ineligible

**غيرُ تِجاريّ** non-commercial

**غيرُ تَنافُسيّ** non-competitive

**غَيرُ ثابِت** unstable

أَسهُمٌ غيرُ ثابِتَةِ القِيمة shares of no par value

**غيرُ حاسِم** indecisive

**غيرُ دائم** non-permanent

**غيرُ ذي بال** inappreciable; insignificant

**غيرُ رَشيد . لاعَقْلانيّ** irrational

**غيرُ سَليم** "foul"

**غيرُ شاغِر** engaged

**غيرُ شَرعيّ** illegal; unlawful

**غيرُ صالِح** (لا تَتوافَرُ لَدَيهِ المُؤَهَّلاتُ المَطْلوبة) ineligible; incompetent

**غيرُ صالِحٍ لِلمِلاحة** unseaworthy

**غيرُ صَحِيح** invalid; incorrect

**غيرُ عادِيّ** exta-ordinary; unusual; abnormal

تَكاليفُ غيرُ عادِيَّة abnormal costs

رِبحُ سَهمٍ غيرُ عاديّ irregular dividend

**غيرُ عُضْو** non-member

**غيرُ عَمَليّ** impractical; non-practical

**غيرُ فَعّال** ineffective

**غيرُ فَنِّيّ** unskilled; non-technical

**غيرُ قابِلٍ للتَّحوِيل** intransferable; unalienable

**غيرُ قابِلٍ للنَّقْض** irrevocable; irreversible

اِعتِمادٌ غيرُ قابِلٍ لِلنَّقْض irrevocable credit

كِتابُ اعتِمادٍ غيرُ قابِلٍ للنَّقْض irrevocable letter of credit

**غيرُ قانُونيّ** illegal; unlawful

بَيعٌ غيرُ قانُونيّ illegal sale

عَقْدٌ غيرُ قانُونيّ illegal contract
عِوَضٌ غيرُ قانُونيّ illegal consideration
فائدةٌ غيرُ قانونيَّة illegal interest
**غيرُ كافٍ** short; inadequate; insufficient
**غيرُ كامِل** incomplete; imperfect
**غيرُ كُفْءٍ . غيرُ كُفُؤ** incompetent; unqualified; ineligible; unfit
**غيرُ لائق** unfit; improper
**غيرُ مُتَوازِن** unbalanced
مِيزانِيَّةٌ غيرُ مُتَوازِنة unbalanced budget
نُمُوٌّ غيرُ مُتَوازِن unbalanced growth
**غيرُ مُتَوَقَّع . غيرُ مُنتَظَر** unforeseen; unexpected
**غيرُ مَحدُود** unlimited
**غيرُ مُحَسَّن** unimproved
**غيرُ مَحسُوس** intangible; imperceptible
**غيرُ مُدَوَّن** unentered
**غيرُ مُرْبِح** unprofitable
سِلسِلةُ مُنتَجاتٍ غيرِ مُربِحة unprofitable product line
**غيرُ مَرْئيّ** (أُنظُرْ : غَيرُ مَنظُور) invisible
**غيرُ مُزَوَّر** genuine
**غيرُ مُستَثمَر** uncultivated; uninvested
**غيرُ مُستَحِقّ** unaccrued; undue
**غيرُ مُستَقِرّ** unstable
تَوازُنٌ غيرُ مُستَقِرّ unstable equilibrium
**غيرُ مُسَجَّل** unentered; unregistered
**غيرُ مُسَدَّد . غيرُ مُسَوًّى** unsettled
**غيرُ مَشْروط** unconditional
**غيرُ مَشْرُوع . مَحظُور** illicit; illegal; unlawful

اِتّجارٌ غيرُ مَشروعٍ في الخُمور bootlegging
إضرابٌ غيرُ مَشروعٍ (بِدُونِ مُوافَقَةِ النّقابات) wildcat strike
بِطَريقَةٍ غيرِ مَشروعة under the counter
تأثيرٌ غيرُ مَشروع undue influence
عَقْدٌ غيرُ مَشروع illegal contract
كَسْبٌ غيرُ مَشروع racket
**غيرُ مَضْمُون** unsecured
اِعتِمادٌ (قَرْضٌ) غَيرُ مَضمُون unsecured credit
دائنٌ غيرُ مَضمُون unsecured creditor
دَينٌ غيرُ مَضمُون unsecured debt
سَنَداتٌ غيرُ مَضمُونة (أو غيرُ مَكفُولة) unsecured debentures or loan stock
قَرْضٌ غيرُ مَضمُون unsecured loan
كَمبِيالةٌ غيرُ مَضمُونة unsecured note
**غيرُ مُعْلَن** undeclared; secret
شَرِكَةٌ بَسِيطةٌ أعْضاؤها غيرُ مُعلَنِين secret partnership
**غيرُ مَقْبول** unacceptable; inadmissible
**غيرُ مُقَيَّد . حُرّ** free; unrestricted; untied
حَوالةٌ غيرُ مُقَيَّدة free bill
**غيرُ مُقِيم** non-resident
**غيرُ مُكتَسَب** unearned
إيرادٌ غيرُ مُكتَسَب (إيرادٌ مَدْفوعٌ مُقَدَّماً) unearned revenue
دَخْلٌ غيرُ مُكتَسَب unearned income
زِيادَةٌ غيرُ مُكتَسَبة (كَتَحَسُّنِ ثَمَنِ الأملاكِ دُونَ جُهدِ المالِك) unearned increment

قِسطُ تأمينٍ غيرُ مُكتَسَب
unearned premium

unwritten **غيرُ مَكتُوب**

indisputable; undisputed **غيرُ مُنازَع**

unfit; unsuitable **غيرُ مناسِب**

unproductive; barren; nonproducer **غيرُ مُنتِج**

nonproductive wages أُجورٌ غيرُ مُنتِجة

unproductive expenditure إنفاقٌ غيرُ مُنتِج

unproductive capital رَأسُمالٍ غيرُ مُنتِج

unproductive labour عَملٌ غيرُ مُنتِج

dead money مالٌ غيرُ مُنتِج

irregular **غيرُ مُنتَظَم**

irregular employment عَمالةٌ غيرُ مُنتَظَمة

unfinished **غيرُ مُنجَز**

invisible **غيرُ مَنظُور**

invisible supplies إمداداتٌ غيرُ مَنظُورة

إيراداتٌ ومَدفوعاتٌ غيرُ مَنظُورة
"invisibles"

invisible trade تِجارةٌ غيرُ مَنظُورة

invisible tansactions تَحويلاتٌ غيرُ مَنظُورة

صادِراتٌ ووارِداتٌ غيرُ مَنظُورة
invisible exports and imports

مِيزانُ التّجارةِ غيرِ المَنظُورة
balance of invisible trade

مِيزانُ المُعامَلاتِ غيرِ المَنظُورة
invisible balance

وارِداتٌ غيرُ مَنظُورة (كَخَدماتِ النَّقْلِ والتأمِينِ والسِّياحَةِ والصَّيرَفة)
invisible imports

unbroken **غيرُ مُنقَطِع . مُستَمِرّ**

undiminished; whole; intact **غيرُ مَنقُوص**

immovable; fixed **غيرُ مَنقُول**

fixed property أموالٌ غيرُ مَنقُولة

undistributed; retained **غيرُ مُوَزَّع**

تَخصِيصُ الأرباحِ غيرِ المُوَزَّعة
appropriation of retained earnings

unmarked **غيرُ مَوسُوم**

intestate **غيرُ مُوصٍ**

unqualified **غيرُ مُؤَهَّل**

dirty; unclean **غيرُ نَظِيف**

بُولِيصةُ شَحنٍ غيرُ نَظِيفة (تَشتَمِلُ على تَحَفُّظات)
unclean bill of lading

change; modify; vary; alter **غَيَّرَ ــ يُغَيِّرُ**

يُغَيِّرُ الجِهَةَ التي تُشحَنُ البِضاعةُ إلَيها
reconsign

remodel يُغَيِّرُ النَّسَقَ

**غَيضُ السُّكّان . قِلّةُ السُّكّان** (بِالنِّسبَةِ لِلمَوارِدِ المُتاحة)
underpopulation

# حَرفُ الفَاء

فابيّ ـ الجَمعِيَّةُ الفابِيَّة Fabian Society

الفابِيَّة Fabianism

فاتُورة . بَيانُ حِساب invoice; bill

فاتُورةٌ أَصلِيَّة original invoice

فاتُورةُ بَيع sale invoice; bill of sale

فاتُورةٌ تِجارِيَّة commercial invoice

فاتُورةُ تَذكِير memorandum bill

فاتُورةٌ خارِجيَّة foreign invoice

فاتُورةُ شَحْن drayage bill; freight bill; bill of lading

فاتُورةُ شِراء purchase invoice; bought note

فاتُورةٌ شَكْلِيَّة . فاتُورةٌ مَبدَئيَّة pro-forma invoice

فاتُورةٌ قُنصُلِيَّة consular invoice

فاتُورةُ المَبيعات sales invoice; sales ticket

فاتُورةٌ مُتَأَخِّرةُ الدَّفْع back bill

فاتُورةٌ مُسبَقة advance bill

فاتُورةٌ مُصَحَّحة corrected invoice

فاتُورةٌ مُفَصَّلة specified invoice; itemized invoice

فاتُورةُ نَقْل drayage bill

أَسعارُ الفَواتيرِ الخاصَّةِ بالجَرْد specific invoice prices for inventory

إعدادُ فاتُورة billing

تَأرِيخُ الفَواتيرِ بِمَوعِدٍ لاحِق dated billing

التَّحَقُّقُ من صِحَّةِ الفَواتير verification of invoices

تَخفيضُ قِيمَةِ الفاتُورة underinvoicing

دَفتَرُ الفَواتير invoice book

رَقمُ الفاتُورة invoice number

زِيادَةُ قِيمَةِ الفَواتير overinvoicing

سِجِلُّ الفَواتير invoice register

قِيمَةُ البِضاعةِ حَسَبَ الفاتُورة invoice value

كاتِبُ الفَواتير invoice clerk

مَكَنَةُ إعدادِ الفَواتير invoicing machine

يَحسِمُ من مَبلَغِ الفاتُورة invoice back

يَدفَعُ فاتُورةَ التكالِيف foot the bill

يُعِدُّ فاتُورةً (او قائِمةً تِجارِيَّة) invoice

فاحِش flagrant

سِعرٌ فاحِش excessive price

فاحِصُ مَصارِف bank examiner

فارِسٌ ـ حَرَكَةُ فُرسانِ العَمَل Knights of Labour

فارِغ ـ وَزنُ الفارِغِ المُسَجَّل (على شاحِنَةٍ او قاطِرة) painted tare

فارِق . فَجْوَة gap; variance

فارِقُ نِسبَةِ الأُجور wages rate variance
فارِقُ الحَجْم volume variance
فارِقُ حَجْمِ المَبيعات sales volume variance
فارِقُ سِعرِ البَيع selling price variance
فارِقُ العائد yield gap
فارِقُ المَبيعات sales variance
فارِقُ الوَقْت time variance
**فاسِد** "foul"
تَسليمٌ فاسِد bad delivery
**فاشِيّ** Fascist
**الفاشِيَّة** Fascism
فاشِيَّةٌ جَديدة neo-Fascism
**فاضَ ـ يَفيضُ** flow
**فاضِح** flagrant
**فاقَةٌ . فَقْر . عَوَز** poverty; penury
**فاقِدُ الأهلِيَّة** incapacitated
**فاو** (مُنَظَّمَةُ الأغذِيَةِ والزِّراعة) F.A.O. (Food and Agriculture Organisation)
**فاوَضَ ـ يَتَفاوَضُ** negotiate
**فائدة . طائل** avail
**فائِدة . نَفْع** benefit; advantage; interest; welfare
فائِدَةٌ حَدِّيَّة (او إضافِيَّة) marginal benefit
عَدَمُ الفائدة inutility
فَوائد (او امتِيازات) . إعانات benefits
فَوائِدُ إضافيَّة fringe benefits
**فائِدة** interest
الفائِدَةُ الإجمالِيَّة . إجماليُّ الفائدة gross interest
فائِدَةٌ ارتِدادِيَّةٌ غيرُ مُباشِرة indirect retrograde interest
الفائدةُ الاسمِيَّة nominal interest
فائدةٌ بَسيطة simple interest
فائدةٌ تَصاعُدِيَّةٌ مُباشِرة direct progressive interest
الفائدةُ الحَقيقيَّةُ (او الثّابِتَةُ المُتعارَفُ عَلَيها تِجارِيّاً) real interest
فائدةٌ دائنة credit interest
فائدةٌ سَلبِيَّة negative interest
فائدةٌ عادِيَّة ordinary interest
فائدةٌ غيرُ قانُونيَّة illegal interest
فائدةٌ قابِلَةٌ لِلإلغاء defeasible interest
فائدةٌ قانُونِيَّة legal interest
فائدة (على) القَرْض loan interest
فائدةٌ مُتَجَمِّعة accrued interest
فائدةٌ مُتَدَرِّجة graduated interest
فائدةٌ مُتراكِمة accumulated interest
فائدةٌ مَحْضة pure interest
الفائدةُ المَدفوعَةُ مُقَدَّماً prepaid interest
فائدةٌ مَدينة debit interest
فائدةٌ مُرَكَّبة compound interest
فائدةٌ مُستَحِقَّة interest due
فائدةٌ مَضبُوطة exact interest
فائدةٌ مُفتَرَضة imputed interest
فائدةٌ مُؤَجَّلة deferred interest
أسعارُ الفائدة interest rates
أمْرُ دَفْعِ فائدة interest warrant
بِدُونِ احتِسابِ الفائدة flat
بِدُونِ فائدة ex interest
تَضخِيمُ الفائدة grossing up

حِسابُ الفَوائِد
computation of interests

رِبحُ الفَوائد interest profit

زِيادَةُ الدَّخْلِ بالاقتِراضِ القَليلِ الفائدة
equity trading

سِعرُ السُّوقِ لِلفائدة market rate of interest

سِعرُ الفائدة rate of interest

سِعرُ الفائدَةِ الأدْنى لِلإقراضِ المَصرِفيّ
bank minimum lending rate

سِعرُ الفائدةِ التي يَستَوفِيها المَصرِف
bank rate of interest

سِعرُ الفائدةِ الذي يُستَوفى مِنَ المُقتَرِضِ المُعتَمَد
prime rate of interest

سِعرُ الفائدةِ الثابِتة real interest rate

سِعرُ فائدةِ السُّوقِ المالِيَّةِ المَفتُوحة (الحُرَّة)
open-market rate

سِعرُ الفائدةِ على العُمْلة money rate

سِعرُ الفائدةِ القانونيّ legal rate of interest

سَنَدٌ بِدُونِ فائدة non-interest-bearing note (or bond)

سَنَدٌ بِفائدة interest-bearing bond

سَنَدٌ مُقابِلَ الفائدة interest bond

سِياسةٌ نَقدِيَّةٌ خَفِيضةُ الفائدة (مُشَجِّعةٌ لِلاِقتِراض)
easy money policy

صافي الفائدة net interest

ضَريبةُ مُساواةِ سِعرِ الفائدة
Interest Equalisation Tax

قَسِيمةُ الفائدة interest coupon

لا تُدفَعُ عَنهُ فائدة non-interest bearing

مالٌ مُقتَرَضٌ بفائِدَةٍ مُنخَفِضة easy money

مَعَ الفائدة with interest

المُعَدَّلُ الطبيعِيُّ لِلفائدةِ (الذي يَحفَظُ التَّوازُنَ بينَ العَرْضِ والطَّلَب)
natural rate of interest

مُعَدَّلٌ مُحايِدٌ لِلفائدة neutral rate of interest

مُقرَضٌ بِلا فائدة loaned flat

مُنتِجٌ لِلفائدة interest-bearing

نِسبَةُ فائدةِ الوَدائع deposit rate

نُقُودٌ خَفِيضةُ الفائدة cheap money

**فائِض** surplus; extra; plus

الفائِضُ الإجماليّ total surplus

فائضٌ احتِياطيّ (يُحفَظُ لِأغراضٍ خاصَّة)
reserved surplus

فائضٌ اقتِصاديّ economic surplus

فائضٌ تَخمينيّ appraisal surplus; appreciation surplus

فائضُ التَّشغِيل operating surplus

فائضٌ خارِجيّ external surplus

فائضُ رأسِ المال capital surplus

فائضٌ سائل (او جاهِز) liquid surplus

فائضُ صادِرات export surplus

الفائضُ في اوَّلِ المُدَّة initial surplus

فائضُ القِيمة surplus value

فائضٌ مُتَجَمِّع accumulated surplus

فائضٌ مُتَوَفِّر (من مَصادِرَ غيرِ رِبحِيَّة)
paid-in surplus

الفائضُ المُخَصَّص appropriated surplus

فائضُ المَزارِع farm surpluses

فائضُ المُستَهلِك consumer's surplus

فائِضُ المُشتَري . فائِضُ الإستِهلاك — buyer's surplus
الفائضُ المُكتَتَبُ بِه — contributed surplus
فائضٌ مُكتَسَب — earned surplus
فائضُ المُنتِجين — producers' surplus
فائضُ المِيزانِيَّة — budget surplus
فائضٌ نَقْديٌّ — cash surplus
فائضُ الوارِدات — import surplus
اِستِثمارُ الأموالِ الفائضة — investment of surplus funds
راسُ المالِ والفائض — capital and surplus
رِبحٌ فائض (زائد) — surplus profit
سُيُولَةٌ فائضة — excess liquidity
طاقَةٌ إنتاجِيَّةٌ فائضة — surplus capacity
عَرْضٌ فائض — excess supply
قِيمَةُ الفائض — surplus value
**فَتّاحَةُ رَسائل** — letter opener
**فَتَحَ ـ يَفتَحُ** — open
**فَتْرة . مُدَّة** — period
فَتْرَةُ استِراحة — rest period
فَترةُ استِردادِ راسِ المال — payback period
فَترةُ الإستِعمال — service life
فَترةُ الإستِهلاك — sinking period
فَترةُ الإنتِظار — waiting period
فَترةٌ انتِقاليَّة — transitional period
فَترةُ تَجرِبة — trial period; probationary period
فَترةُ تَجمِيدِ الأُجُورِ — pay pause
فَترةُ التَّحميلِ او التَّفريغ — lay-time
فَتْرةُ تَسْكِين — cooling-off period
فَترةُ التَقْييدِ المَصرِفي — bank restriction period
فَترةُ الرَّخاء — prosperity phase
فَترةُ الرُّكود — downswing; downward swing
فَترةُ الرِّيبة — period of doubt
فَترةُ السُّوق — market period
فَترةُ الضَّبْط — control period
فَترةُ العَمَلِ النَّهاريَّة — day shift
فَترةٌ قَصيرة — short period
فَترةٌ ماليَّة — fiscal period
فَترةُ المُوازَنة — budget period
تَحليلُ الفَتْرة — period analysis
**فَتَّشَ ـ يُفَتِّشُ** (عن) — search
**فَتْوى** — dictum
**فَجْوَة** — gap
فَجْوَةٌ انكماشِيَّة — deflationary gap
فَجوةٌ تِجاريَّة — trade gap
فَجوةٌ تَضَخُّمِيَّة — inflationary gap
فَجوةٌ دُولاريَّة — dollar gap
فَجوةُ رَيعٍ عَكسِيَّة — reverse yield gap
سَدُّ الفَجوَةِ (بَديلٌ مُؤَقَّتٌ لِسَدِّ الفَراغ) — stop-gap
**فَحَصَ ـ يَفحَصُ . يُقَيِّمُ** — assay
يَفحَصُ . يُدَقِّقُ (الحِسابات) — audit
يَفحَصُ . يُعايِنُ — survey
يَفحَصُ بِعِناية — overhaul
**فَحْص ـ فَحْصُ الحِسابات** — auditing
فَحْصُ الدَّفاتِرِ التِّجاريَّة — examination of books

| | |
|---|---|
| فَحْصُ دَقِيق | overhaul |
| فَحصُ السِّجلاّتِ الرَّسميَّة | search |
| فَحصٌ طِبِّيّ | medical examination |
| لَوحُ مَكتَبِ فَحصِ المَعادِن | assay office bar |
| مَكتَبُ الفَحص | assay office |
| **فَحوى . خُلاصة** | essence; gist |
| **فَخرِيّ . شَرَفِيّ** | honorary |
| **فَدّان** | acre |
| **فِدِراليّ** | federal |
| اِتّحادٌ فِدِراليّ | federation |
| عُمدَةٌ فِدِراليّ | marshal |
| مَذهَبٌ فِدِراليّ | federalism |
| مُساعَدَةٌ فِدِراليَّة | federal aid |
| مُواصَفاتٌ فِدِراليَّة | federal specifications |
| نِظامُ المَحاكِمِ الفِدِراليَّة | federal court system |
| الهَيئَةُ الفِدِراليَّةُ لِلتأمينِ على الوَدائع | Federal Deposit Insurance Corporation |
| **فِدِراليَّة** | federation |
| **فِديَة** | ransom |
| **الفِراءُ كَنُقُود** | furs as money |
| **فِراسة . تَبَصُّر** | insight |
| **فَراغ . وَقتُ الفَراغ** | leisure |
| فَراغٌ في أوَّلِ الفَقْرة | indentation |
| فَراغٌ قِمِّيّ . النَّقْصُ عَن حَدِّ الإمتِلاء | ullage |
| أوقاتُ الفَراغ | leisure time |
| بَديلٌ مُؤَقَّتٌ لِسَدِّ الفَراغ | stop-gap |
| **فَرْدٌ ـ افرادُ العائلة** | household |
| تاجِرٌ فَرْد | sole trader |
| دَخْلُ الفَرْد . مُعَدَّلُ الدَّخْلِ لِلفَرْد | income per capita |
| رَسْمٌ لِبَيانِ عَمَلِ الفَرْد | man process chart |
| شَرِكَةٌ فَرْدِيَّة | corporation sole; "one-man" company |
| ضَريبةُ دَخْلِ الفَرْد | personal tax |
| مالِكٌ فَرْد | sole proprietor |
| **فَرْدِيّ** | individual |
| تَدريبٌ فَرْدِيّ | individual training |
| دُيونٌ فَرْدِيَّة | individual debts |
| فَرْدِيّاً . كُلٌّ بِمُفرَدِهِ | severally |
| المَدرَسةُ الفَردِيَّة | individual school |
| مَسؤوليَّةٌ فَرْدِيَّة | several liability |
| مَشْروعٌ فَرْدِيّ (أو شَخصِيّ) | one-man business |
| مِلكِيَّةٌ (تِجارِيَّةٌ) فَرديَّة | single proprietorship |
| **الفَرْدِيَّة . مَذهَبُ الفَرْدِيَّة** | individualism |
| نَصيرُ الفَرديَّة | individualist |
| **فَرَزَ ـ يَفرِزُ . يُصَنِّفُ** | sort |
| يَفرِزُ . يَقسِّمُ | parcel |
| **فَرْزٌ . تَفرِيز** | milling |
| آلَةُ فَرْز (في مُعالَجَةِ المَعلوماتِ بالحاسِبَةِ الإلِكترونيَّة) . فَرّازة | sorter |
| بِطاقاتُ الفَرْز | keysort cards |
| **فَرْسَخٌ** | league |
| **فُرصَة . فُرْصةٌ مُلائمة** | occasion |
| **فَرَضَ ـ يَفرِضُ** | enforce |
| يَفرِضُ (ضَريبةً او رَسْماً) | impose |

**فَرْضٌ . واجِب** duty; obligation; requirement

**فَرْضٌ** imposition

فَرْضُ الضَّرائب taxation

**فَرْضٌ . فَرْضِيَّة . اِفتِراض** postulate; assumption; hypothesis

فُرُوضُ(فَرْضِيّاتُ)الإقتِصاد hypotheses in economics; postulates of economics

**فَرْط** excess; hyper-

فَرطُ الإزدِحام overcrowding

فَرطُ الإستِثمار over-investment

فَرطُ (او فَيضُ) السُّكّان overpopulation

فَرطُ النُّمُوّ overgrowth

**فَرْعٌ . شُعْبة** branch

فَرْعُ (او قِسمُ) المَبيعات sales branch

فَرعُ المَبيعات بِالمُفَرَّق retail sales branch

فَرعُ مَبيعاتِ المَصنَع manufacturer's sales branch

حِسابُ الفُروع branch account

شِحْناتٌ إلى الفَرْع shipments to branch

مَتاجِرُ مُتَعَدِّدَةُ الفُرُوع . مَتاجِرُ سِلسِلِيَّة multiples; multiple shops; multiple stores

مُحاسَبَةُ المَكتَبِ الرَّئيسيِّ والفُروع home office and branch accounting

مُديرُ الفَرْع branch manager

مَكتَبُ الفَرْع branch office

**فَرْعِيّ . (شَرِكَةٌ) تابِعة** subsidiary

أعمالٌ مَصرِفيَّةٌ فَرعيَّة branch banking

خَطٌّ فَرْعِيّ branch line

شَرْطٌ فَرعيٌّ (او إضافيّ) collateral condition

لَجنَةٌ فَرعيَّة subcommittee

مَصرِفٌ فَرعيّ branch bank

مُؤَمِّنونَ فَرعيُّونَ (ضامِنُونَ فَرعِيُّونَ لِلأَسهُمِ الجَديدَةِ المُرادِ إصدارُها) sub-underwriters

وَحدَةٌ فَرعيَّة sub-unit

وَكيلٌ فَرعيّ sub-agent

**فَرْقٌ . مُغايَرة** discrepancy

**فَرْقٌ . فارِق** differential

الفَرْقُ في الأُجُور wage differential

فُرُوقُ الأُجُورِ التَّعويضِيَّة compensating wage differentials

**فَرْقٌ** difference; dissimilarity

فَرقٌ بينَ سِعرَين (او حَدَّين) spread

فَرقٌ دُونِيٌّ في مُعَدَّلِ أَسعارِ التَّحوِيل back spread

فَرقُ سِعرَيِ البَيعِ والشِّراءِ لَدى السِّمسار jobber's turn; turn

فَرقُ مَصاريفِ المَصنَعِ غيرِ المُباشِرة factory overhead variance

**فُرْلُنغ** (٢٢٠ يارْدَة) furlong

**فَرَنْك** (عُملة) franc

**فَرِيد** unique

**فَرِيدِيَّة . وَحْدانِيَّة** uniqueness

**فَرِيق . جَماعة** team; party

فَريقٌ ذو مَصلَحة interested party

أَحَدُ الفَرِيقَينِ المُتَعاقِدَين contracting party

فَسادُ (السُّلْطَةِ أو الإدارة) corruption
فَسادُ (البِضاعة) deterioration; decay
قابِلٌ لِلفَسادِ (لِلتَّلَف) perishable
فُسْحة space; room; clearance
فُسْحَةٌ بَيضاء white space
فَسَخَ ـ يَفْسَخُ . يُلْغِي . يُبْطِلُ rescind; annul; abrogate; revoke
فَسْخ revokation; annulment; rescission
فَسْخُ البَيع (او الرُّجُوعُ عَنهُ لِعَيبٍ في المُباع) redhibition
عَمَلِيَّةُ فَسْخ rescission
فَسَّرَ ـ يُفَسِّرُ explain; clarify; account for
لايُفَسَّرُ unaccountable
فَشَّلَ ـ يُفَشِّلُ frustrate; foil; thwart
فَشَلٌ failure; fiasco
فَصَلَ ـ يَفصِلُ separate; divide; detach; disjoin
يَفصِلُ (مِنَ العَمَل) dismiss; discharge; sack; cashier
يَفصِلُ (في نِزاع) settle; decide
فَصَّلَ ـ يُفَصِّلُ . يُبَيِّنُ بالتَّفصِيل specify
يُفَصِّلُ detail; elaborate
يُفَصِّلُ البُنودَ (او المُفرَدات) itemize
فَصْلٌ (مِنَ الخِدْمة) discharge; dismissal
فَصْلٌ (في كِتابٍ او رِوايَة) chapter; act
فَصْلٌ . تَفريق separation; disconnection
فَصْلٌ . فَتْرة term
فَصْلٌ . مَوسِم season
أَوَّلُ يَومٍ في الفَصْلِ مُخَصَّصٌ لِلدَّفع quarter-day

فَصْلِيّ . رُبْعُ سَنَوِيّ quarterly
فَصْمٌ . قَطْعُ (العَلاقات) rupture
فَضَّ ـ يَفُضُّ (الخِلاف) settle
يَفُضُّ (الجَلسة) conclude; terminate; adjourn; dissolve
يَفُضُّ (الخَتمَ) unseal; open
فَضاء space
الهَيئَةُ الوَطَنِيَّةُ لإدارَةِ أَبحاثِ المِلاحَةِ الجَوِّيَّةِ والفَضاء (ناسا) National Aeronautics and Space Administration (NASA)
فُضالة . فَضْلة residue; remainder
فُضالِيّ . رَدِّيّ residuary
فَضائِيّ . مُتَعَلِّقٌ بالفَضاء spatial
فِضَّة silver
فِضَّةٌ أَلمانِيَّة German silver
سَبائِكُ فِضَّة bar silver
سُوقُ لَنْدَن لِلفِضَّة London Silver Market
شَهادَةُ فِضَّة . عُمْلَةٌ وَرَقِيَّةٌ بِقِيمَةٍ فِضِّيَّة silver certificate
عِيارُ الفِضَّة . قاعِدَةُ الفِضَّة silver standard
مِعيارُ الفِضَّةِ الخالِصة sterling
فَضْل merit; credit
بِفَضْل thanks to
فَضَلات . نُفاية garbage; waste; refuse
قِيمَةُ الفَضَلاتِ المُستَخلَصة scrap value
الفَضْلة . الباقي . البَقِيَّة residue; remainder; remnant
صاحِبُ الفَضْلة remainder man

**فُضوليّ . غيرُ رَسميّ** officious
**فعّال** effective; effectual
طَلبٌ فَعّال effective demand
**فَعّالٌ . نَشِط** active; efficient
**فعالِيَة** efficiency; effectiveness
فَعالِيَةُ التّكاليف cost effectiveness
الفَعالِيَةُ الماليَّة leverage
فَعالِيَةُ اليَدِ العامِلة labour efficiency
تَفاوُتُ فَعالِيَةِ اليَدِ العامِلة labour efficiency variance
رَسْمٌ بَيانيٌّ لِلفَعالِية activity chart
نِسبَةُ الفَعالِية activity ratio
**فِعْلٌ ـ فِعْلٌ سافِر** overt act
اِرتِكابُ فِعْلٍ ضارّ malfeasance
بالفِعْلِ والقَصْد facto et animo
**فِعلاً** actually; in fact; indeed
مُصدَرٌ فِعلاً actually issued
**فِعْليّ . حَقيقيّ** actual
الإستِهلاكُ الفِعليّ physical depreciation
إيرادٌ فِعليّ effective yield
تَسليمٌ فِعليّ actual delivery
جَرْدٌ فِعليّ (ماديّ) physical inventory
خَسارَةٌ فِعلِيَّة actual loss
الخَسارَةُ الكُلِّيَّةُ الفِعلِيَّة actual total loss
شَريكٌ فِعليّ actual partner
قِيمَةٌ فِعليَّة real value
نَفَقاتٌ فِعلِيَّة actual expenses
وَزْنُ العُبُوّاتِ الفِعليّ actual tare
وَضْعُ اليَدِ الفِعليّ actual possession
**فُقّاعَةُ البَحرِ الجَنوبيّ** (أسوأُ مَثَلٍ لِلشّرِكاتِ الاِحتِياليَّة) South Sea Bubble

**فُقّاعَةُ المِسيسيبي** (مَشرُوعٌ تِجاريٌّ شِبْهُ وَهميّ) Mississippi Bubble
**فَقَدَ ـ يَفقِدُ . يَخسَرُ** lose; forfeit
**فِقْدان** loss; forfeiture
فِقْدانُ الأَهْلِيَّة disqualification; incapacity
فِقْدانُ البِضاعة lagen
فِقدانُ الحُقوقِ المَدَنِيَّة attainder
**فَقْرٌ** poverty; penury; destitution
فَقْرٌ مُستَديم pauperism
حَلْقَةُ الفَقْرِ المُفرَغة vicious circle of poverty
خَطُّ الفَقْر poverty line
**فِقْرَة . فَقارة** vertebra
عَمُودٌ فِقْريّ backbone
**فَقرة . بَنْد** paragraph; article; clause
فَقرَةٌ شَرطِيَّة . شَرْط proviso
فَقرَةٌ (أو صَفحَةٌ) مُقحَمة insert
**فِقْهٌ . اِجتِهادٌ قَضائيّ** jurisprudence
**فَقير** pauper
الفَقيرُ صَحيحُ البِنْيَة able-bodied poor
أحياءُ الفُقَراء . أكْواخ slums
إعانَةُ الفُقَراء poor relief
الطَّبَقاتُ الفَقيرة (إستَعمَلَها الفْرِد مارْشال وآخَرُونَ بهذا المَعنى) residuum
الفُقَراءُ المُسِنُّون aged poor
**فَكَّ ـ يَفُكُّ** undo; dismantle; detach
يَفُكُّ (رُموزاً) decipher; decode
يَفُكُّ (رَهْناً) redeem
يَفُكُّ (سِراحَ) set free; release
**فَكُّ الرَّهْنِ** releasing a mortgage

**إشعارٌ بِفَكِّ الرَّهْن** release of mortgage
**فَكّة** change
**فِكْرٌ** thought
فِكرٌ اقتِصاديٌّ economic thought
تَلاقِي الأفكار meeting of minds
ذَوُو الفِكْر . فِئَةٌ مُثَقَّفة intelligentsia
**فِكْرة** notion
فِكرةُ التَّعَدِّي concept of transivity
**فَلاة** wilderness; wasteland
**فَلّاح** farmer; peasant; husbandman
فَلّاحٌ بَسيطٌ نِصفُ حُرّ bordar
فَلّاحٌ نِصفُ حُرٍّ (في النِّظامِ الإقطاعيّ) villein
طَبَقَةُ الفَلّاحِين peasantry
**فِلاحة** farming; husbandry
**فِلاحة . زِراعة** agriculture; cultivation
فِلاحةٌ حَدِّيّة (تَكادُ تَكلِفَتُها تُوازي رَيعَها) marginal cultivation
**فِلاحيّ . زِراعيّ** agricultural
**فِلِّر** (عُمْلة مَجَرِيّة) filler
**فِلِزّ . مَعْدِن** metal
**فَلَّسَ ـ يُفَلِّسُ** to go bankrupt
يُفَلِّسُ . يَحكُمُ بإفلاسِهِ to declare (him) bankrupt
**فَلس** (عُمْلةٌ في العِراقِ والبَحرَينِ والأُردُنِّ والكُوَيت) fil
**فَلس** (قِطعَةُ نَقدٍ قَديمٍ طَفيفَةُ القِيمة) mite
**فُلط** volt
**فَلْقٌ . شَقٌّ** splitting
**فلُورين** (عُمْلة) florin
فلُورين مُضاعَف double florin

**فَنّ** art
فَنُّ البَيع salesmanship
فَنُّ التَّنظِيمِ والحَرَكة tactics
فَنٌّ مَعروفٌ مُسبَقاً prior art
**فَنّ . تِقْنِيَّة** technique
**فَنّ . مَهارة** skill; art
**فِنّ** (عُمْلة صِينيَّة) fen
**فِناء . ساحة** court; yard
**فَنَّدَ ـ يُفَنِّدُ . يَدحَضُ** refute
**فُنْدُق** hotel
**فَنِّيّ . تِقْنِيّ** technician
**فَنِّيّ** skilled; technical; artistic
أيدٍ عامِلَةٌ شِبْهُ فَنِّيَّة semi-skilled labor
التَّعلِيمُ التِّقْنِيّ (او الفَنِّيّ) technical education
التَّقَدُّمُ الفَنِّيّ (أو التِّقنِيّ) technical (or technological) progress
خِبْرَةٌ فَنِّيَّة . دِراية know-how
عامِلٌ فَنِّيّ skilled worker
عَمَلٌ فَنِّيّ (يَتَطَلَّبُ مَهارَةً وتِقْنِيَّة) skilled labor
عَمَلٌ فَنِّيّ ، قِطعَةٌ فَنِّيَّة work of art
مُراقَبَةٌ فَنِّيَّة technical check; technical control
مُساعَدَةٌ فَنِّيَّة (تِقْنِيَّة) technical assistance
نُقطَةٌ فَنِّيَّة technicality
**فِنِّيج** (عُمْلة ألمانِيَّة) pfennig
**فِهرِس . دَلِيل** index
فِهرِسُ بِطاقات card index
فِهرِسُ الحِسابات index of accounts

بطاقةُ فِهرس — index card

**فهرسة** — indexing

**فوب** (واصِلٌ سَطحَ المَركَب) . **تسليمُ ميناءِ الشَّحن** — FOB (free on board)

**فوتوستات . نُسخةٌ فوتوستاتيَّة . يَستنسِخ فوتوستاتيّاً** — photostat; photocopy

**فوراً** — immediately; on the spot

**فورت نوكس** (مَخزَنُ ذَهبِ الوِلاياتِ المُتَّحدةِ الأمريكيَّة) — Fort Knox

**فورتران** (تَرجَمةُ المُعادَلات) — formula tanslation (FORTRAN)

**فورديَّة** (تَرشيدُ الإنتاجِ على نِظامِ رَجُلِ الأعمالِ الأمريكيِّ فورد) — Fordism

**فوريّ . عاجل** — prompt; immediate

تَجهيزُ المُعطَياتِ الفَوريّ — on line

تَسليمٌ فَوريّ — immediate delivery

دَفعٌ فَوريّ — prompt cash

شَحنٌ فَوريّ — immediate shipment; prompt shipment

طَلَبٌ فَوريّ — immediate order

مُتَرجِمٌ فَوريّ — interpreter

مَعاشٌ فَوريّ — immediate annuity

**فورينت** (عُملة مَجريَّة) — forint

**فَوَّضَ – يُفَوِّضُ** — empower; authorize

يُفَوِّضُ . يُوَكِّلُ — deputize

**فوضى** — confusion; disorder; chaos

**فَوضى . اِنعِدامُ الحُكومة** (والقانون) — anarchy; lawlessness

**فَوضَويَّة** (الحُكم) — anarchism

**فَوقَ** — above; over

فَوقَ الحَدِّيَّة — extra-marginal

فَوقَ السَّطرِ (ضِمنَ بُنودِ المَصروفاتِ والوارِداتِ في المِيزانيَّة) — "above-the-line"

فَوقَ السِّعرِ الأصليّ — above par

فَوقَ العادة — extra-ordinary

فَوقَ قَوميّ (لَهُ سُلطَةٌ تَفوقُ سُلطَةَ الحُكومةِ الوَطنيَّة) — supranational

فَوقَ القِيمة — above value

أرباحٌ وخَسائرُ فَوقَ العادة — extra-ordinary gains and losses

إصلاحاتٌ فَوقَ العادة — extra-ordinary repairs

ما فَوق . أعلاه — supra

**فَوقيّ** — overhead

**فُولاذ . صُلب** — steel

**في . بِواسِطة . لِكُلٍّ** — per

في او حَوالى — on or about

في البَحر — afloat

في حالَةِ عَدَمِ الدَّفع — failing payment

**فِئَة . زُمرة** — group; clique

فِئَةٌ مُثَقَّفة . ذَوُو الفِكر — intelligentsia

**فِئَةٌ** (تَصنيفيَّة) — category

تَرتيبُ الفِئات — category rating

**فِئَةُ** (العُملة) — denomination

**فِيزيُولوجيَّةُ العَمَل** — physiology of labour

**فَيصَلٌ . حَكَم** — umpire

**فَيض** — superabundance

فَيضٌ في عَدَدِ المُشتَرين — buyers over

فَيضٌ نَقديّ — cash flow

الفَيضُ النَّقديُّ المُحتَسَب — discounted cash flow

# حَرفُ القاف

**قابِضٌ ـ شَرِكَةٌ قابِضة** (او مُسَيطِرة)
controlling company; holding company; "shell company"

الضَّريبَةُ الشَّخصِيَّةُ على الشَّرِكَةِ القابِضة
personal holding company tax

**قابَلَ ـ يُقابِلُ** encounter; meet

يُقابِلُ ، يُجري مُقابَلَةً مَعَ interview

يُقابِلُ ، يُجابِهُ face; confront

يُقابِلُ (الأذى) بالمِثْلِ retaliate

**قابِلُ** (الوَرَقةِ الماليَّة) acceptor

**قابِلٌ لِ** -able; -ible; liable (to)

قابِلٌ لِلاتِّجارِ بِهِ . يُباعُ ويُشتَرى
mercable

قابِلٌ لِلاحتِراق . مادَّةٌ قابِلَةٌ لِلاحتِراق
combustible

قابِلٌ لِلإسالة self-liquidating

قابِلٌ لِلاستِمرار . قابِلٌ لِلحَياة viable

قابِلٌ لِلاستِنفاد expendable

قابِلٌ لِلالتِهاب combustible; inflammable

قابِلٌ لِلإلغاء revocable

قابِلٌ لِلإنهاء (لِلتَّحدِيد) determinable

قابِلٌ لِلتَّجدِيد renewable

قابِلٌ لِلتَّجزِئَة severable

قابِلٌ لِلتَّحقِيق realizable

قابِلٌ لِلتَّحويل ، يُمْكِنُ تَحويلُ مِلكِيَّتِهِ إلى شَخصٍ آخَر alienable

قابِلٌ لِلتَّسوِيق marketable

قابِلٌ لِلتَّقدِير appraisable

قابِلٌ لِلتَّنفِيذ executory

قابِلٌ لِلحَسْمِ (أو الخَصْم) discountable

قابِلٌ لِلدَّفْع . مُستَحِقٌ الدَّفْع payable

قابِلٌ لِلطَّرْق malleable

قابِلٌ لِلفَساد (لِلتَّلَف) perishable

قابِلٌ لِلكَسْر fragile

قابِلٌ لِلنَّقْل (او الحَمْل) portable

**قابِلٌ لِلإبطال** revocable

عَقْدٌ قابِلٌ لِلإبطال voidable contract

غَيْرُ قابِلٍ لِلإبطال irrevocable; indefeasible

**قابِلٌ لِلاستِرداد** callable

أسهُمٌ مُمتازَةٌ قابِلَةٌ لِلاستِرداد
callable preferred stock

**قابِلٌ لِلبَيْع** salable; saleable

حَقٌّ مِلكِيَّةٍ قابِلٌ لِلبَيع marketable title

**قابِلٌ لِلتَّأمِين** insurable

مُمتَلَكاتٌ قابِلَةٌ لِلتأمِين
insurable property

مَنفَعَةٌ قابِلَةٌ لِلتأمِين insurable interest

**قابِلٌ لِلتَّبدِيل** interchangeable

قِطعَةٌ قابِلَةٌ لِلتَّبدِيل interchangeable part

**قابِلٌ لِلتَّحوِيل** convertible

قابِلٌ لِلتَّحوِيلِ إلى نَقْد realizable

اِعتِمادٌ قابِلٌ لِلتَّحوِيل transferable credit; transmissible credit

حِسابٌ قابِلٌ لِلتَّحوِيل transferable account

رُوبِلٌ قابِلٌ لِلتَّحوِيل transferable rouble

سَنَدٌ قابِلٌ لِلتَّحوِيل convertible bond; convertible debenture

سَنَداتُ قُروضٍ قابِلَةٌ لِلتَّحوِيلِ (إلى أَسهُمِ مِلكِيَّة) convertible loan stock

سَهمٌ قابِلٌ لِلتَّحوِيل convertible stock

عُملَةٌ قابِلَةٌ لِلتَّحوِيل . نُقُودٌ قابِلَةٌ لِلتَّحوِيل convertible money

غَيرُ قابِلٍ لِلتَّحوِيل "not negotiable"; non-assignable; non-transferable

كِتابُ اعتِمادٍ قابِلٌ لِلتَّحوِيل transferable letter of credit

نُقُودٌ غيرُ قابِلةٍ لِلتَّحوِيل irredeemable money

وَحداتُ مِلكِيَّةٍ قابِلَةٍ لِلتَّحوِيل transferable ownership units

**قابِلٌ لِلتَّداوُل** negotiable

بُولِيصَةُ شَحنٍ قابِلَةٌ لِلتَّداوُل negotiable bill of lading

سَنَدٌ غيرُ قابِلٍ لِلتَّداوُل non-negotiable bond

سَنَدٌ قابِلٌ لِلتَّداوُل negotiable bond; negotiable paper

غيرُ قابِلٍ لِلتَّداوُل non-negotiable

كَمْبِيالَةٌ غيرُ قابِلَةٍ لِلتَّداوُل non-negotiable bill of exchange (or note)

كَمْبِيالَةٌ قابِلَةٌ لِلتَّداوُل negotiable note; negotiable bill of exchange

وَرَقَةٌ قابِلَةٌ لِلتَّداوُل negotiable instrument

**قابِلٌ لِلتَّسدِيد** callable

سَنَداتٌ قابِلَةٌ لِلتَّسدِيد callable stocks

**قابِلٌ لِلتَّعدِيل** adjustable

سِعرُ صَرْفٍ قابِلٌ لِلتَّعدِيل (ضِمنَ حُدُودٍ ضَيِّقة) adjustable peg

**قابِلٌ لِلتَّغيِير (أو لِلمُبادَلة)** interchangeable

سَنَدٌ قابِلٌ لِلتَّغيِير (أو لِلمُبادَلة) interchangeable bond

**قابِلٌ لِلنَّقْض** revocable

اِعتِمادٌ قابِلٌ لِلنَّقْض revocable credit

غَيرُ قابِلٍ لِلنَّقْض irrevocable

كِتابُ اعتِمادٍ قابِلٌ لِلنَّقْض revocable letter of credit

**قابِلِيَّة . اِستِعدادٌ طَبِيعيّ** faculty; power; capacity; capability; ability

**قابِلِيَّة . إمكانِيَّة** liability; possibility; susceptibility

قابِلِيَّةُ الإستِبدال . اِستِبدالِيَّة substitutability

قابِلِيَّةُ التأمِين insurability

قابِلِيَّةُ تَبدِيلِ الإستِرلِينيّ convertibility of sterling

قابِلِيَّةُ التَّبدِيلِ الخارِجيَّة external convertibility

قابِليَّةُ التَّحوِيلِ (او التَّبدِيل)
convertibility

قابِليَّةُ التَّحويلِ التِّجاريّ
commercial convertibility

قابِليَّةُ تَحويلِ (العُمْلة) transferability

قابِليَّةُ التَّحويلِ الكامِلة
full convertibility

قابِليَّةُ التَّحوِيلِ لِغَيرِ المُقِيمِين
non-resident convertibility

قابِليَّةُ التَّداوُل negotiability

قابِليَّةُ التَّسوِيق marketability

قابِليَّةُ التَّكَيُّف adaptability

قابِليَّةُ القِسْمة divisibility

قابِليَّةُ لِلتَّعمِير durability

قابِليَّةُ لِلقِياس . مُقايَسة measurability

قابِليَّةُ لِلمُنافَسة competitiveness

قابِليَّةُ المُقايَسة commensurability

عَدَمُ قابِليَّةِ التَّحوِيل inconvertibility

**قابُوق . قُطْنٌ كاذِب** kapok

**قادَ ـ يَقُودُ** lead; guide; conduct; direct; drive

**قادِرٌ** able; capable

قادِرٌ على الوَفاءِ بالتِزاماتِهِ الماليَّة . مَلِيءٌ
solvent

**قادِمٌ . آتٍ** coming; approaching; incoming; forthcoming

**القادِمُ . التالي** prox (proximo); next

**قاذِفٌ** libelous; slanderous

قاذِفٌ بِحَدِّ ذاتِهِ slanderous per se

**قار** bitumen; tar; pitch

**قارِبٌ . مَرکَب** boat; schooner; barge

قارِبُ نَجاة lifeboat

**قارَنَ ـ يُقارِنُ** compare; contrast

**قارّيّ** continental

النِّظامُ القارِّيّ Continental System

**قارِئَة . جِهازُ قِراءَةٍ آليّ** reader

قارِئَةُ أحرُفٍ تَعمَلُ بِالحِبْرِ المَغنَطِيسِيّ
magnetic ink character reader

قارِئَةُ الحُروفِ البَصَرِيَّة
optical character reader

**قاسَ ـ يَقِيسُ** gauge; measure

**قاسٍ** stiff; rigorous; severe

**قاسى ـ يُقاسِي** suffer; endure; undergo

**قاسِمٌ صَحِيح . جُزْءٌ صَحِيح** submultiple

**قاصٍ** remote; distant

**قاصِرٌ** minor

القاصِرُ المُوصى عَلَيه ward

**قاضٍ** judge; magistrate

قاضي صُلْح justice of the peace; magistrate

قاضي الوَفَيات coroner

**قاضى ـ يُقاضِي . يُلاحِقُ قَضائيّاً**
sue; prosecute; bring suit against

يُقاضِي أكثَرَ مِن شَخْصٍ واحِدٍ في الدَّعْوى
implead

يُقاضَى . يُلاحَقُ قَضائيّاً suable

**قاطَعَ ـ يُقاطِعُ** interrupt

**قاطِعٌ . باتٌ . نِهائيّ** peremptory; definitive; final

**قاطِعٌ . جازِم** positive; absolute; categorical

غَيرُ قاطِعٍ . غَيرُ حاسِمٍ inconclusive

**قاع** bed; floor
قاعُ البَحْرِ sea bed
**قاعة . صالة** hall
القاعَةُ (بِشَرِكَةِ لُويْدز) "Room"
قاعَةُ الإِستِخدام hiring hall
قاعَةُ الصَّفَقات bargain basement
قاعَةُ العَرْض showroom
تَدريبٌ في قاعَةِ المَعمَل vestibule training
**قاعِدة** rule; standard
قاعِدَةُ الأَوْلَوِيَّةِ المُطلَقة rule of absolute priority
قاعِدَةُ التَّعميم omnibus clause
قاعِدَةُ ثُنائيَّةِ المَعدِن bimetallic standard
قاعِدَةُ الجَدارة eligibility rule
قاعِدَةُ الذَّهَبِ (في النِّظامِ النَّقدِيّ) gold standard
قاعِدَةُ الذَّهَبِ الدَّوليَّة international gold standard
قاعِدَةُ الذَّهَبِ المُدارة managed gold standard
قاعِدَةُ الذَّهَبِ المُقَيَّدة limited gold standard
قاعِدَةُ الرَّجُلِ الحَريص prudent man rule
قاعِدَةُ السَّبائكِ الذَّهَبِيَّة gold bullion standard
قاعِدَةُ الصَّرْفِ بِالجُنَيهِ الإِسترلينيّ sterling exchange standard
قاعِدَةُ الصَّرْفِ بِالدُّولار dollar exchange standard
قاعِدَةُ الفِضَّة silver standard
قاعِدَةُ المُبادَلَةِ الذَّهَبِيَّة gold exchange standard
قاعِدَةُ المَسكُوكاتِ الذَّهَبِيَّة gold specie standard
قاعِدَةٌ مَعرُوفة rule-of-thumb standard
قاعِدَةُ النَّقْد monetary standard
قاعِدَةُ النَّقْدِ الثُّنائيّ . نِظامُ المَعدِنَين bimetallism
قاعِدَةُ النُّقودِ الوَرَقيَّة paper standard
قَواعِدُ التَّحكِيم arbitration rules
قَواعِدُ التَّصميمِ الصِّناعيّ Industrial Designs Rules
قَواعِدُ جانِبَي الحِسابِ مِن وإلى (المَطلوبِ مِنهُ والمَطلوبِ لَهُ) rules of debits and credits
القَواعِدُ الضَّريبيَّة canons of taxation
قَواعِدُ العَدالَةِ المُطلَقة ، قواعِدُ العَدالَةِ الطَّبيعيَّة او الوِجدانِيَّة rules of equity
مُخالِفٌ لِلقاعِدة irregular
**قاعِدة . أَساس** groundwork; basis; base
قاعِدَةُ صافي النَّقْد net cash basis
**قاعِدة . أَسْفَل** bottom; base
**قافِلة . قِطار** train
**قامَ ـ يَقُومُ بالدِّعايَةِ لِ . يُعلِنُ عَن** publicize
**قامة** fathom
**قامِطَةُ أَوراق . مِشبَكُ أَوراق** paper clip
**قانُون** law; act
قانُونُ الإِتِّجارِ العادِل Fair Trading Act
قانُونُ الإِجازاتِ بِأَجْر Holidays with Pay Act

قانونُ الأُجُورِ السائدة
prevailing wage law

قانونُ الاحتِكاراتِ والاندِماجات
Monopolies and Mergers Act

law of probabilities قانونُ الاحتِمالات

قانونُ احتياطِيِّ الذَّهَب
Gold Reserve Act

قانونُ الاحتِياطِيِّ الفِدرالِيّ
Federal Reserve Act

law of increasing returns قانونُ ازدِيادِ الغَلَّة

blue law القانونُ الأزْرق

قانونُ الاستِبدالِ والاستِعاضة
law of substitution

Employment Act قانونُ الاستِخدام

قانونُ أسعارِ إعادَةِ البَيْع
Resale Prices Act

Prices and Incomes Act قانونُ الأسعارِ والدُّخُول

law of satiable wants قانونُ إشباعِ الحاجات

قانونُ إصلاحِ الأُسْرة
Family Reform Act

Lend-Lease Act قانونُ الإعارَةِ والتأجير

قانونُ إعفاءِ المَسكَنِ مِنَ البَيعِ الجَبريّ
homestead exemption law

Banking Act قانونُ أعمالِ المَصارِف

Early Closing Act قانونُ الإقفالِ المُبَكِّر

قانونُ أموالِ تَنمِيَةِ وتَحسِينِ الطُّرُق
Development and Road Improvement Funds Act

قانونُ الأَمِيرالِيَّة (القانونُ البَحرِيّ)
admiralty law

قانونُ إنجلز (كُلَّما قَلَّ دَخْلُ الفَرْدِ ازدادَت نِسبَةُ ما يُنفِقُ مِنهُ على الطَّعام)
Engels' Law

قانونُ الأوزانِ والمَقايِيس
Weights and Measures Act

قانونُ أوصِياءِ الاستِثمار
Trustee Investment Act

قانونُ الإيرادِ الدّاخِليّ
Internal Revenue Code

maritime law القانونُ البَحرِيّ

statute قانونٌ بَرلَمانِيّ (تَشريعِيّ)

appropriation act قانونٌ بِفَتحِ اعتِماد

Bulk Sales Law قانونُ البَيعِ بالجُملة

articles of incorporation; articles of association قانونُ تأسِيسِ الشَّرِكة

Coal Mines Nationalisation Act قانونُ تأمِيمِ مَناجِمِ الفَحْم

قانونُ التأمِينِ القَومِيّ (إصابات العَمَل)
National Insurance (Industrial Injuries) Act

fair trade law قانونُ التِّجارَةِ العادِلة

commercial law; mercantile law; lex mercatoria قانونٌ تِجارِيّ

قانونُ تَجرِيم . قَرارُ تَجرِيم
bill of attainder

قانونُ تَحدِيدِ مَناطِقِ صَيدِ الأسماك
Fishery Limits Act

قانونُ التَّحوِيلاتِ المُزَيَّفة
Forged Transfer Act

قانونُ تَخطِيطِ المُدُنِ والرِّيف
**Town and Country Planning Act**

قانونُ تَسجِيلِ الأسماءِ التِّجاريَّة
**Business Names Registration Act**

قانونُ التَّسويقِ الزِّراعيّ
**Agricultural Marketing Act**

قانونُ تَشغِيلِ الأولادِ والأحداث
**Children and Young Persons Act**

**law of markets** قانونُ التَّصرِيف

**Elementary Education Act** قانونُ التَّعليمِ الإبتِدائيّ

قانونُ التَّقادُمِ المُسقِطِ (لِحَقِّ إقامَةِ الدَّعوى)
**statute of limitations**

قانونُ التَّقييدِ المصرِفيّ
**Bank Restriction Act**

**law of diminishing returns** قانونُ تَناقُصِ الغَلَّة

قانونُ تَناقُصِ المَنفَعة
**law of diminishing utility**

قانونُ تَنظِيمِ أَسهُمِ المُجازَفة
**blue-sky law**

قانونُ تنظِيمِ الصِّناعاتِ وتَنمِيَتِها
**Industrial Organisation and Development Act**

**Distribution of Industries Act** قانونُ تَوزِيعِ الصِّناعات

قانونُ التَّوَسُّعِ التِّجاريّ
**Trade Expansion Act**

**Eight Hours Act** قانونُ الثَّمانِي ساعات

قانونُ جْرِيشام (النُّقودُ الرَّدِيئَةُ تَطرُدُ الجَيِّدَةَ مِنَ التَّداوُل)
**Gresham's Law**

قانونُ الجِنايات . قانونٌ جِنائيّ
**criminal law**

القانونُ الحَدِيديّ لِلأُجُور
**iron law of wages**

**Road Traffic Act** قانونُ حَرَكَةِ الطُّرُق

**Protection of Depositors Act** قانونُ حِمايَةِ المُودِعِين

**private law** القانونُ الخاصّ

القانونُ الخاصُّ بِتَوزِيعِ التَّرِكات
**statute of distribution**

**international law** قانونٌ دَوليّ

قانونُ رُسُومِ الإستِيراد
**Import Duties Act**

قانونُ (رَقابةِ وضَمانِ) الإستِثمار
**Investment (Control & Guarantees) Act**

قانونُ (رَقابةِ وضَمانِ) الإقتِراض
**Borrowing (Control and Guarantees) Act**

**Agriculture Act** قانونُ الزِّراعة

**Railways Act** قانونُ السِّكَكِ الحَدِيديَّة

**Road Safety Act** قانونُ سَلامَةِ الطُّرُق

**company law; Companies Act** قانونُ الشَّرِكات

**Cheques Act** قانونُ الشِّيكات

قانونُ صِحَّةِ ومَعنَوِيّاتِ الصِّبيَةِ المُتَدَرِّبين
**Health and Morals of Apprentices Act**

**Artisans and Labourers Act** قانونُ الصُّنّاعِ والعُمّال

قانونُ صِناعَةِ القُطن
**Cotton Industry Act**

قانونُ الضَّرائِبِ المَحَلِّيَّةِ والتَّقويم
Rating and Valuation Act

قانونُ الضَّريبةِ النَّوعيَّةِ المُوَحَّد
Consolidated Stamp Act

القانونُ الطَّبيعيّ normal law

قانونُ الطَّلَب law of demand

قانونُ الطَّلَبِ المُتَبادَل law of reciprocal demand

قانونُ الطَّوابِعِ التِّجاريَّة
Trading Stamps Act

قانونُ الطَّيَرانِ المَدَنيّ
Civial Aviation Act

قانونٌ عامّ common law

قانونُ العَرْضِ والطَّلَب law of supply and demand

قانونٌ عُرْفيّ martial law

قانونُ العَلاقاتِ الصِّناعيَّة
Industrial Relations Act

قانونُ عَلاماتِ السِّلَعِ التِّجاريَّة
Merchandise Mark Act

قانونُ العُمّالِ العاطِلين Unemployed Workmen Act

قانونُ العَمالَةِ المَحَلِّيَّة
Local Employment Act

قانونُ العَمَل labour law

قانونُ العُمْلَةِ وأوراقِ النَّقْد
Currency and Bank Notes Act

قانونُ الغَلَّةِ المُتَزايِدة law of increasing returns

قانونُ لِنْش (حُكْمٌ تَعَسُّفِيّ) lynch law

قانونُ الماليَّة Finance Act

قانونُ المَتاجِرِ والمَكاتِب Shops and Offices Act

قانونُ المَجالِسِ التِّجاريَّة
Trade Boards Act

القانونُ المَحَلِّيّ lex loci

قانونُ مَدفُوعاتِ العَمالَةِ الزّائدة
Redundancy Payments Act

قانونٌ مَدَنيّ civil law

قانونُ (مُراقَبَةِ تَصديرِ) الذَّهَبِ والفِضَّة
Gold and Silver (Export Control) Act

قانونُ مَسؤوليَّاتِ الآجِر Employer's Liability Act

قانونُ المَصانِعِ والوِرَش Factories and Workshops Act

قانونُ المِلاحَةِ التِّجاريَّة
Merchant Shipping Act

قانونُ المُمارَساتِ التِّجاريَّةِ التَّقْييديَّة
Restrictive Trade Practices Act

قانونُ المُنازَعاتِ التِّجاريَّة
Trade Disputes Act

قانونُ مُناهَضَةِ المَشاريعِ الوَهميَّة
"Bubble" Act

قانونُ مَنْعِ الإحتِيال statute of frauds

قانونُ مَنْعِ الغِشّ (في الإستِثمارات)
Prevention of Fraud (Investments) Act

قانونُ المُواصَفاتِ التِّجاريَّة
Trade Description Act

قانونٌ مُوَحَّد uniform law

قانونُ النِّسَبِ المُتَغَيِّرة law of variable proportions

قانونُ النِّقابات Syndicate Law

قانونُ نِقاباتِ العُمّال Trade Union Act
قانونُ النَّقْل Transport Act
قانونُ الوَقفيّاتِ والتَّراكُم
Perpetuities and Accumulations Act
جَمعِيَّةُ القانُون Law Society
شَرْطُ مُخالَفَةِ القانُون
violating law clause
قَوانينُ الإسكان housing acts
قَوانينُ الإيجار Rent Acts
قوانِينُ التَّعليم education acts
قَوانينُ جَمعِيّاتِ البِناء Building Societies Acts
قَوانينُ جَمعِيّاتِ الصِّناعَةِ واحتِياجاتِ الطَّوارِىء
Industrial and Provident Societies Acts
قَوانينُ الرِّبا usury laws
قَوانينُ سَكِّ العُمْلة Coinage Acts
قَوانينُ شَرِكاتِ التَّضامُن
Partnership Acts
قَوانينُ ضَريبةِ الدَّخْل income tax laws
قَوانينُ عُقُودِ العَمَل Contracts of Employment Acts
القَوانينُ المَرعِيَّةُ الإجراء laws in force
قَوانينُ المَصانِع Factory Acts
قَوانينُ مُكافَحَةِ الاحتِكار
Anti-Trust Laws
قَوانينُ المِلاحة Navigation Acts
قَوانينُ نابُوليون Napoleonic Code
وارِثٌ بِقُوَّةِ القانُون heir at law
**قانُونيّ** de jure; lawful; legal; statutory
إجراءاتٌ قانُونيَّة legal proceedings
اِحتِكارٌ قانُونيّ legal monopoly
اِحتِياطيٌّ قانونيّ legal reserve
اِحتِياطيّاتٌ قانونيَّة statutory reserves
اِسمٌ قانونيّ legal name
إضرابٌ قانُونيّ legal strike
اِعتِراضٌ قانونيّ demurrer
اِلتِزامٌ قانونيّ legal liability
إيصالٌ قانونيّ statutory receipt
تَدْبيرٌ قانونيّ legal measure
تَقاعُدٌ قانونيّ (عِندَ بُلوغِ السِّنِّ المُحَدَّدة)
legal retirement
جَعْلُ العُمْلَةِ قانُونيَّة monetization
حَقٌّ قانونيّ lawful right; legal right
حَقٌّ مِلكِيَّةٍ قانونيّ (او شَرْعيّ) legal title
حُلُولٌ قانونيّ legal subrogation
خَطَأٌ قانونيّ error in law
دَفاتِرُ قانونيَّة statutory books
دَينٌ قانونيّ legal debt
رَأسُ المالِ القانونيّ legal capital
رِبحٌ قانونيّ statutory dividend
سابِقَةٌ قانونيَّة precedent
سِعرُ الفائدَةِ القانونيّ legal rate of interest
السِّنُّ القانونيَّة lawful age
سَهمٌ قانونيّ (مِن مِيراث)
statutory portion
شَخصٌ قانونيّ legal person
شَرِكَةُ تَأمِينٍ ذاتُ احتِياطيٍّ قانونيّ
legal reserve insurance company
شَرِكَةٌ قانونيَّة (تَألَّفَت بِمُوجِبِ قانونٍ مِنَ البَرلَمان)
statutory company

عَمَلٌ غَيرُ قانُونيّ unlawful act

عُملَةٌ قانونيَّة legal tender

عِوَضٌ قانونيّ legal compensation; legal consideration

فائدةٌ قانونيَّة legal interest

قائمَةٌ قانونيَّة legal list

مُحاسِبٌ قانونيّ certified accountant; chartered accountant (C.A.)

محاسِبٌ قانُونيٌّ عُمُوميّ certified public accountant; chartered public accountant

مُخالَفَةٌ قانونيَّة offense

مَدِينٌ قانونيّ . مَدِينٌ بِمُقتَضى حُكْم judgment debtor

مُستَشارٌ قانونيّ legal advisor

نُقطَةٌ قانونيَّة . اِعتِراضٌ قانونيّ point of order

وَثيقَةٌ قانونيَّة legal document

وَضْعٌ قانونيّ legal status

وَكالة قانونيَّة warrant of attorney

وَكيلٌ قانونيّ attorney at law

**قانُونيَّة . مَشْروعيَّة** legality

**قاهِر** forcible; irresistible

ظَرْفٌ قاهِر . قُوَّةٌ قاهِرة force majeure

**قاوَمَ ـ لايُقاوَمُ . طاغٍ** overpowering

**قائِد** leader; captain

قائدُ (السَّفينةِ او الطائرة) pilot

أَسهُمٌ قائدة (أَوراقٌ ماليَّةٌ رائجَةٌ في البُورْصة) leading shares

قِطاعٌ قائد leading sector

**قايَضَ ـ يُقايِضُ** truck; barter

**قائِم** standing; upright

**قائِم . كائِن** existent; in being; actual; present

قائمٌ بِذاتِهِ . يُعِيلُ نَفسَهُ self-supporting

قائمٌ بِالأعمال chargé d'affaires

قائمٌ (بِالنِّيابة) acting

**قائِمة** list; table; roll; roster

قائِمَةُ الأَسعارِ الجارِيه prices current

قائمةُ الاِنتِظار waiting list

قائمةٌ بِأَسماءِ طالِبي العَمَل request list

قائمةٌ بِالبَضائعِ المَشْحُونَةِ بَرّاً waybill

قائمةُ تَسْليم issue voucher

قائمةُ التَّعبِئَة packing list

قائمةُ الجَرْد inventory list

القائمةُ الحُرَّة (لِلبَضائعِ غيرِ الخاضِعَةِ لِلضَّريبة) free list

القائمةُ الرَّسمِيَّة (مَجَلَّة) Official List

قائمةٌ سَوداء blacklist

قائمةُ العَناوين (لِلأَشخاصِ الذينَ يَهُمُّ المُؤَسَّسَةَ الاِتِّصالُ بِهِم) mailing list

قائمةٌ قانونيَّة legal list

قائمةُ لُويْد . نَشرَةُ لُويْد Lloyd's List

قائمةُ المُراجَعة check list

قائمةُ المَطالِب request list

قائمةٌ مُعتَمَدة accredited list

قائمةُ مَوادّ bill of materials

السِّعرُ حَسَبَ قائمةِ الأَسعار list price

سَهمٌ مُسَجَّلٌ في قائمةِ البُورْصة listed security

عُملاتُ القائمةِ (كما يُقرِّرُها البنكُ المركزيّ) listed currencies
مُدْرَجٌ في قائمةٍ مُعتَمَدة listed
**قِبانة** weighage; weighing charges
**قَبَضَ ـ يَقبِضُ** (مالاً) receive; cash
**قَبْضٌ . إمْساك** hold
أوراقُ القَبْضِ (سَنَداتٌ مُستَحِقَّةُ القَبْض) notes receivable; bills receivable (B/R.)
عَدَدُ أيّامِ البَيعِ في الحِساباتِ المُستَحِقَّةِ القَبْض number of sale days in receivables
**قَبِلَ ـ يَقبَلُ** accept; agree to; assent
يَقبَلُ (ويَدفَعُ) honor
سَنَدٌ يَقبَلُهُ المَصرِفُ bankable bill of exchange
**قَبْل** prior
قَبْلَ الرَّسْمَلة ex-capitalisation
قَبْلَ الظُّهر ante meridiem (a.m.)
**قَبو** vault; cellar
رَسْمُ التَّخزينِ في قَبْو cellarage
**قَبول** acceptance; consent; assent; admission; approval
قَبولٌ بَسيط . قَبولٌ بِدُونِ تَحَفُّظ clean acceptance
قَبولُ التُّجّارِ بالبِضاعة dealer acceptance
قَبولٌ جُزْئيّ partial acceptance
قَبولٌ صَريح express acceptanc
قَبولٌ ضِمنِيّ implied acceptance; tacit acceptance
قَبولٌ عامّ general acceptance
قَبولٌ مَشرُوط conditional acceptance
قَبولٌ مُطلَق absolute acceptance
(قَبولٌ) مَعَ الاحتِفاظِ بِحَقِّ الاحتِجاج supra protest
قَبولٌ مُقَيَّدٌ (بِشرُوطٍ او تَحَفُّظات) qualified acceptance
اِحتِجاجٌ لِعَدَمِ القَبُول protest for non-acceptance
إعتِمادُ القَبُول acceptance credit
تَدَخُّلُ الغَيرِ في قَبولِ الكَمْبِيالة acceptance for honour; acceptance supra protest
تَسليمُ مُستَنَداتِ الشَّحْنِ لِقاءَ القَبُول documents against acceptance
الدَّفْعُ بَعدَ الاحتِجاجِ بِعَدَمِ القَبول payment supra protest
رَفْضُ القَبُول acceptance denial; refusal to accept
سَنَداتُ القَبول acceptance bills
عَدَمُ قَبول nonacceptance
كَمْبِيالة قَبول trade acceptance; acceptance bill
مَصرِفٌ لِقَبولِ السَّنَدات acceptance bank
المُعايَنَةُ لِلقَبول acceptance sampling
**قَتْلٌ** homicide
قَتْلٌ خَطَأً manslaughter
**قَدْحٌ . تَشْهير** libel
قَدْحٌ شَفَوِيّ slander
**قَدَرٌ** fate; destiny
قَضاءٌ وقَدَرٌ act of God

قدَّرَ ـ يُقدِّرُ assess; evaluate; estimate; appreciate; valuate; rate

**قُدرة** power

قُدرَةٌ إنتاجيَّة productive power

قُدرةٌ كَهرَبائيَّة (كَهرَباءٌ مُولَّدَةٌ بالقُدرَةِ المائيَّة) hydro-electric power

القُدرةُ المائيَّة (المُستَخدَمةُ خاصَّةً في توليدِ القُدرةِ الكَهرَبائيَّة) water power

مَحطَّةُ توليدِ القُدْرةِ (الكَهرَبائيَّة) generating station; power station; power house

**قُدرة . مَقدِرة** ability; capability

قُدْرَةُ الإنتِقالِ صُعُوداً upward mobility

القُدرةُ على التَّنَقُّلِ الأُفُقيّ horizontal mobility

القُدرةُ على الدَّفْع ability to pay; solvency

قُدْرةُ الكَسْب earning power; profit earning capacity

إختِباراتُ القُدْرات aptitude tests

عَدَمُ القُدْرةِ على الدَّفْع insolvency

مِعيارُ القُدرةِ الكاسِبة (كأساسٍ لِتَقييمِ الشَّرِكات) earning capacity standard

**قَدَرِيَّة** fatalism

**قَدَمٌ** foot

قَدَم-باوند foot-pound

قَدَمٌ خَشَبيّ board foot

قَدَمٌ واجِهيّ front foot

**قدَّمَ ـ يُقدِّمُ** introduce; present; offer; proffer; bring forward

يُقدِّمُ (أَمثِلَةً) demonstrate

يُقدِّمُ (بَياناً) exhibit; show; manifest; produce

يُقدِّمُ او يُسَبِّقُ (التاريخَ) antedate

يُقدِّمُ تَقريراً report

يُقدِّمُ حِساباً render an account

يُقدِّمُ (شَكْوى) lodge

يُقدِّمُ الطَّعامَ والمَبيتَ لِ put up

يُقدِّمُ (عَطاءً او عَرْضاً او استِقالة) tender

يُقدِّمُ عَطاءً بالأَسعار quote

يُقدِّمُ عَوناً ماليّاً إلى subsidize

**قَديم** old; ancient; antiquated; antique

دِراسَةُ المَسكُوكاتِ القَديمةِ وجَمْعُها numismatics

السِّلَعُ القَديمةُ التي تُعْرَضُ على الجُمْهور trade-ins

النَّقابيَّةُ القَديمة "old unionism"

**قَذفٌ** (قَدْحٌ) slander; libel

**قَرَأَ ـ يَقرَأُ** read

يَقرَأُ الشِّيفْرة decipher

**قِراءَة** reading

قِراءَةٌ خادِعة misreading

آلاتُ قِراءَةِ الحُروفِ والأَرْقام character reading machines

طَريقةُ القِراءَةِ السَّريعة snap reading method

**قَرابة** kinship

قَرابَةٌ مُباشِرة . قَرابَةُ دَمّ lineal consanguinity

**قَرار** decision; resolution; decree; ruling

قَرارُ تَجرِيم — bill of attainder

قَرارُ تَراضٍ — consent decree

قَرارُ الصُّنْعِ او الشِّراء — make or buy decision

قَرارُ المُحَلَّفِين — verdict

قَرارُ مُقتَرَح — proposed resolution

قَرارُ نِهائيّ (لا رُجوعَ عَنه) — irrevocable decision

اِتِّخاذُ القَرارات — decision making

تَحْلِيلُ المُعضِلاتِ واتِّخاذُ القَرارات — problem analysis and decision making

شَجَرَةُ القَرارات — decision tree

قَراراتٌ اقتِصاديَّة — economic decisions

قَراراتُ التَّصنِيع — process decisions

قَراراتُ الشِّراءِ او التَّوَسُّع — expand or buy decisions

مُحاسَبَةُ اتِّخاذِ القَرارات — decision accounting

مَشروعُ قَرار — draft resolution; proposed resolution

نَظَرِيَّةُ اتِّخاذِ القَرارات — decision theory

يُقِرُّ قَراراً — pass a resolution

**قِرْش** (عُمْلة) — qursh

**قِرْش** (عُملة في مِصرَ ولِيبيا ولُبنانَ وسُوريا) — piastre

قِرْشٌ تُركِيّ . كُورُس — kurus

**قُرْص** — disc; disk

قُرصُ الهاتِفِ الآليّ . قُرصٌ مُرَقَّم — dial

اقراصٌ مَغنَطِيسيَّة — magnetic discs

**قَرْصَنة** — piracy

**قَرْضٌ . قَطْع** — clipping

قَرْضُ العُمْلة — coin clipping

**قَرْضٌ . سُلْفة** — imprest; loan

قَرضٌ إجباريّ (او إلزاميّ) — compulsory loan; forced loan

قَرضٌ اختِياريّ — voluntary loan

قَرضُ استِهلاك الدَّين — amortization loan

قَرضُ إنتاج — production loan

قَرضٌ ائتِمانيّ (بِدُونِ ضَمان) — fiduciary loan

قَرضٌ بَحْريّ — bottomry

قَرضٌ بِرَهْن — loan on security

قَرضٌ بَلَديّ — municipal loan

قَرضٌ تَحتَ الطَّلَب — call loan; demand loan; loan at call

قَرضُ تَحوِيل — conversion loan

قَرضُ حَرْب — war loan

قَرضٌ حُكوميّ — government loan

قَرضٌ داخِليّ — domestic loan; internal loan

قَرضٌ زائد — excess loan

قَرضٌ شَخصِيّ — personal loan

قَرضٌ صَباحِيّ (يُقَدَّمُ دُونَ رَهْنٍ إلى سَماسِرَةِ الأسهُمِ لِتَدبِيرِ عَمَلِهِم اليَوميّ) — morning loan

قَرضٌ عامّ — public loan

قَرضٌ عَقاريّ (يَتِمُّ بِرَهْنٍ عَقاريّ) — mortgage loan

قَرضٌ عَن خِدْمات — service credit

قَرضٌ غيرُ مَضمُون — unsecured loan

قَرضٌ قَصيرُ الأَجَل — short-term loan

قَرضٌ لِأَجَل — time loan

قَرْضٌ لِلتَّصدِير export credit
قَرضٌ لِمُدَّةِ يَومٍ day loan
قَرضٌ مُتَوَسِّطُ الأَجَل
medium term credit
قَرضٌ مَجّانيّ (بِدُونِ فائدة)
gratuitous loan
قَرضٌ مَحدُودُ الأَجَل term loan
قَرضٌ مُستَهلَك amortized loan
قَرضٌ مُشتَرَك participation loan
قَرضٌ مَصرِفيّ bank loan
قَرضٌ مَضمُون secured loan
قَرضٌ مُغَطًّى covered loan
قَرضٌ مُقَيَّد (او مَشرُوط) tied loan
قَرضٌ مُوَحَّد consolidated loan
قَرضُ وَدِيعة deposit loan
قَرضُ الوَسِيط broker's loan
قَرضٌ يُسَدَّدُ بِالتَّقسِيط instalment loan
قَرضٌ يُمْنَحُ بِضَمانٍ إضافيّ
collateral loan
أَسهُمُ قُروض . أَسهُمُ اقتِراض
loan stock
أَمِينُ احتِياطِيٍّ استِهلاكِ القُرُوض
trustee of sinking fund
حِسابُ السُّلَفِ والقُروض loan account
سَنَدُ قَرْض debenture bond
سَنَدٌ لاحتِياطيٍّ استِهلاكِ القَرْض
sinking fund bond
سَنَداتُ قُروضٍ قابِلَةٌ لِلتَّحوِيل (الى أَسهُمٍ مِلكِيَّة)
convertible loan stock
سُوقُ القُروض loan market
فائدَة (على) القَرْض loan interest

قُروضُ (او سَلَفِيّاتُ) البَنك
bank advances
قُروضُ التَّموِيل funding loans
قُروضُ التَّموِيلِ المُتَسَلسِلة (نَوعٌ مِنَ الأَسهُمِ القَصيرَةِ المَدى)
serial funding loans
قُروضٌ طَويلةُ الأَجَل long-term loans
قُروضُ ما بَعدَ الحَرْب post-war credits
قُروضٌ مَحلِّيَّة local loans
قُروضٌ مُقَدَّمةٌ لِلعُمَلاء advances to customers
مُرابي القُروض loan shark
وَرَقَةُ قَرْض credit slip
**قُرْطاسِيَّة** (أَدَواتُ الكِتابَةِ مِن وَرَقٍ وأَقلامٍ وسِواها) stationery
**قُرْعة** lot
**قُرْمة** (او جِذْلُ) **الشَّجَرة** stump
**قِرْمِيدة** brick; tile
قِرْمِيدَةُ ذَهَب gold brick
**قَرَنْفُلِيّ ـ الكِتابُ القَرَنْفُلِيّ** (مَطبُوعٌ حُكوميّ)
Pink Book
**قَرِيب** kin
أَدْنى الأَقارِب next of kin
**قَرِينة . اِفتِراض** presumption
**قَسائم** (أُنظُرْ قَسِيمة) coupons
**قِسْط** instal(l)ment
القِسْطُ الأساسيّ basic premium
قِسطٌ أَوَّل . صَفْقَةٌ أُولى handsel
قِسطُ التأمِين insurance premium; premium
قِسطُ تأمِينٍ إجماليّ gross premium

قِسْطُ التأمِينِ الصّافي net premium
قِسطُ تامِينٍ غيرُ مُكتَسَب
unearned premium
قِسطُ تَامِينٍ مُفْرَد single premium
قِسطُ تَامِينٍ مُكتَسَب earned premium
قِسطُ تَامِينٍ مُؤَقّت
provisional premium
قِسطُ تَامِينٍ مَوقُوت term premium
قِسطٌ تَصاعُديّ . قسطٌ مُتَزايِد
increasing premium
قِسطٌ ثابِت fixed premium
قِسطٌ سَنَويّ yearly premium
قِسطٌ شَهْريّ monthly instalment
قِسطٌ مُتَناقِص decreasing premium
أقساطٌ مُؤَجّلة deferred instalments
تَخفِيضُ قسطِ التأمِين
rebate of premium
دَفْعُ المُساهِمِ أقساطاً على أسهُمِهِ
assessment
سُلفَةٌ تِلقائِيّةٌ سَداداً لِلقِسْط automatic loan; automatic premium loan
مُعْفىً مِنَ الأقساط free of premium
**قَسَّمَ ـ يُقَسِّمُ** portion
**قَسَمٌ . يَمِين** oath
**قِسْمٌ . جُزْء** section; part; portion
**قِسْمٌ . فَرْع** division; section
قِسْمُ الإستِثمارات الخاصّة
special investment department
قِسمُ الإصدار issue department
قِسمُ إصدارِ الأوراقِ النَّقدِيَّةِ (البَنْكنُوت)
fiduciary service

قِسْمُ البُحُوثِ العِلميَّةِ والصّناعيَّة
department of scientific and industrial research
قِسمُ تَفتِيشِ المَصنَع
factory inspectorate division
قِسمُ الصَّرْف disbursement division
قِسمُ الصِّيانة maintenance section
قِسمُ الطُّرودِ البَريديَّة
parcel post section
قِسمُ المَبيعات . دائرَةُ المَبيعات
sales department
قِسمُ المُشتَرَيات purchasing section
الأقسامُ المُنتِجة . الدَّوائر المُنتِجة
productive departments
تَقرِيرُ القِسْم division report
حِساباتُ الأقسام
departmental accounts
رَئِيسُ القِسْم division head
مَتجَرٌ مُتَعَدِّدُ الأقسام department store
مُوازَنَةُ القِسْم (المِيزانِيَّةُ التقدِيريَّةُ لِلقِسْم)
departmental budget
**قِسْمَة** division; partition
خارِجُ القِسْمة quotient
عَدَمُ القابِلِيَّةِ لِلقِسْمة indivisibility
**قَسِيمَة** coupon; slip
قَسيمةُ (أرْض) parcel; lot
قَسيمةُ أمتِعَةِ المُسافِر baggage receipt
قَسيمةُ إيداع paying-in slip; deposit slip
قَسيمةُ التَّحوِيلِ الماليّ remittance slip
قَسِيمةُ السِّلَعِ المَطلُوبة want-slip

قَسِيمَةُ طَلَب . نَمُوذَجُ طَلَبِ بِضاعة
order form

قَسيمةٌ لاغِيَة lapsed coupon

قَسيمةُ المَبِيعات sales ticket

قَسِيمةٌ مُستَحِقَّة due coupon

قَسائمُ (كُوبُوناتٌ) دَوليَّةٌ لِلرُّدُودِ البَريديَّة
international postal reply coupons

قَسائمُ رَدٍّ بَريديَّة reply coupons

قَسائمُ شِراءِ الكُتُب book tokens

قِطَعُ القَسائم (الكُوبُونات)
clipping coupons

كَمْبِيالَةٌ بِقَسائم coupon note

مَعَ القَسِيمة with coupon

نِسبَةُ القَسِيمة coupon rate

**قُصارى الجُهْد** best efforts

**قَصَبة** rod

**قَصَدَ ـ يَقصِدُ . يَعنِي** mean

**قَصْدٌ** intention; purpose

بالفِعْلِ والقَصْد facto et animo

خُبْثُ القَصْد malice

خَبِيثُ القَصْد malicious

**قَصَرَ ـ يَقصُرُ على** restrict

**قَصُرَ ـ يُقَصِّرُ** fail

**قُصُور . عَدَمُ الكِفاية** inadequacy; insufficiency; shortcoming

**قُصُور . عَجْز** inability; failure

قُصُورُ الإتِّجار undertrading

قُصورُ التدابيرِ الصِّحِّيَّة insanitation

القُصورُ الذاتيّ . العَطالة inertia

قُصورٌ في استِغراقِ مَصاريفِ عِبْءِ المَصنَع
underabsorbed factory overhead

قُصُورٌ في تَحمِيلِ مَصارِيفِ عِبْءِ المَصنَع
underapplied factory overhead

**قَصِير . مُوجَز** brief

**قَصِير** short

قَصيرُ الأَجَل short-term

أرباحُ وخَسائرُ راسِ المالِ القَصيرِ الأَجَل
short-term capital gains and losses

اِستِثمارٌ قَصيرُ الأَجَل
short-term investment

اِعتِمادٌ قَصيرُ الأَجَل short-term credit

بُوليصَةٌ قَصيرَةُ الأَجَل (أَقَلُّ من ١٢ شَهْراً)
short-term policy

تأمِينٌ قَصيرُ الأَجَل
short-term insurance

تَخطِيطٌ قَصيرُ المَدى
short-term planning

تَقَلُّبٌ قَصيرُ الأَجَلِ في الأَسعار flurry

التَّمويلُ القَصيرُ الأَجَل
short-term financing

دَينٌ حُكُومِيٌّ قَصيرُ الأَجَل
unfunded debt

دُيُونٌ قَصيرَةُ الأَجَل current liabilities

سِعرُ التأمِينِ لِمُدَّةٍ قَصيرة short rate

سُوقُ الأَسهُمِ (المَضمُونَةِ) قَصيرَةِ الأَجَل
short-end of the market

سُوقٌ قَصيرَةُ الأَجَل near-time market

فَتْرَةٌ قَصيرة . مَدًى قَصير
short period

قَرْضٌ قَصيرُ الأَجَل short-term loan

كَمْبِيالَةٌ قَصيرَةُ الأَجَل short bill of exchange; short-dated bill

نَقلٌ لِمسافةٍ قصيرة short haul
**قضى ـ يَقضِي على** extinguish
**قضاءٌ . إنجاز** performance; completion; accomplishment
**قضاءٌ** fate; divine decree; destiny
قَضاءٌ وقَدَر act of God
شَرْطُ القَضاءِ والقَدَر act of God clause
**قضاءٌ . منطَقة** district; province
قَضاءٌ احتِياطيٌّ فِدراليّ Federal Reserve District
**قضاءٌ . حُكم** jurisdiction; judging; judicature
يُلاحِقُ قَضائيّاً sue; bring action against
**قضائيّ** judicial
اِجتِهادٌ قَضائيّ . فِقهٌ jurisprudence
إجراءاتٌ شِبْهُ قَضائيّة quasi-judicial
إجراءاتٌ قَضائيّة judicial proceedings
أَمْرٌ قَضائيّ writ
إنذارٌ قَضائيّ injunction
بَيعٌ قَضائيّ judicial sale
تَعَهُّدٌ قَضائيّ judicial bond
حِراسَةٌ قَضائيّة receivership
دَعْوى قَضائيّة lawsuit
مُحَقِّقٌ قَضائيّ referee
مُذَكِّرةٌ قَضائيّة judgment note
مُلاحَقةٌ قَضائيّة prosecution
نَفَقاتٌ قَضائيّة legal expenses
**قَضِيّة** case
قَضِيّةٌ مَفصولٌ فيها res judicata
**قِطارٌ . قافِلة** train
قِطارُ أُورُوبّا السَّريع Trans-Europe Express (T.E.E.)
قِطارُ شَحْن freight train
قِطارُ شَحْنٍ سَريع freightliner; liner train
قِطارُ الشَّرْقِ السَّريع Orient express
قِطاراتُ المِترو (بينَ نيويُورك وواشِنْطُن) metroliners
مُعَدِّيَةُ القُطُر train ferry
مِيل (كِيلُومِتر)/قِطار train mile (kilometer)
يُرسِلُ بالقِطارِ السَّريع express
**قِطاع** sector; section
قِطاعٌ خاصّ private sector
القِطاعُ العامّ public sector
قِطاعٌ قائد leading sector
**قِطاعِيّ . مُتَعَلِّقٌ بالقِطاع** sectorial
رَسْمٌ بَيانيٌّ قِطاعيّ sector chart
**قُطْبٌ** pole
**قُطْبٌ** (ماليّ ، صِناعيّ ، إلَخ.) magnate
**قَطَرَ ـ يَقْطُرُ . يَجُرُّ** tug; tow
**قَطْرٌ . أُجْرَةُ القَطْر** towage
**قُطْرٌ . بَلَدٌ** country
**قَطْرة** drop
**قُطْرِيّ** diagonal
**قَطَعَ ـ يَقْطَعُ . يُخَفِّضُ** cut
**قَطْعٌ . بَتْر** severance; disjunction; cutting off
**قَطْعٌ . خَصْم** discount
قَطْعٌ مَسمُوحٌ بِه discount allowed
سِعرُ القَطْع discount rate; bank rate

سُوقُ القَطْع (الخَصْم) bill market
مَصرِفُ القَطْع bank of discount
**القَطْعُ الأجنَبيّ** foreign exchange
سِمْسارُ القَطْعِ الأجنَبيّ foreign exchange broker
سُوقُ القَطْعِ الأجنَبيّ foreign exchange market
**قَطْعُ الطَّريق** highway robbery
**قِطْعَة** piece; segment; section
قِطعةُ الأَربَعَةِ بِنْسات fourpenny piece
قِطعةُ الخَمسِينَ بِنْساً fifty new pence
قِطعةٌ زَرْقاءُ . سَهمٌ او سَنَدٌ أَزْرَقُ (لا يَتأثَّرُ بالأزَمات) blue chip
قِطعةٌ فَنِّيَّة work of art
قِطعةٌ قابِلَةٌ لِلتَّبدِيل interchangeable part
قِطعةٌ مِن فِئَةِ الثَّلاثَةِ بِنْسات threepenny piece
قِطعةُ نَقْدٍ خَسِيسة (مِن مَعدِنٍ رَخِيص) minor coin
قِطعةٌ نَقْدِيَّة . مَسكُوكة specie
قِطعةُ نُقودٍ مُزَيَّفة base coin
قِطعةُ نُقودٍ مَعدِنيَّة coin
الأَجْرُ القِطْعيّ الجَماعيّ group piece rate
الأُجُورُ بِالقِطْعة piece rates
بَضائعُ تُباعُ بالقِطْعة piece goods
عَمَلٌ بالقِطْعة piecework; job work
غَسّالَةٌ بالقِطَعِ النَّقْدِيَّة coinamatic laundry
قِطَعُ الغِيار . بَدائل spare parts; replacement parts
قِطَعُ القَسائم (الكُوبُونات) clipping coupons
قِطَعٌ نَقْدِيَّةٌ صَغيرة small change
**قُطْنٌ** cotton
قُطْنٌ كاذِب . قابُوق kapok
قانونُ صِناعَةِ القُطْن Cotton Industry Act
مَجاعَةُ القُطْن Cotton Famine
مَجلِسُ القُطْن Cotton Board
مَحلَجُ قُطْن cotton gin
**قَلَّ ـ يَقِلُّ** decrease; diminish; fall short of
حِسابٌ تَقِلُّ مَبالِغُهُ عن المَبالِغِ المُقَيَّدَةِ في السِّجِلاتِ الرَّسمِيَّة short account
**قِلَّة . نَقْص . نُدْرة** scarcity; shortage
قِلَّةُ الإستِثمار underinvestment
قِلَّةُ الإستِهلاك underconsumption
قِلَّةُ التَّصنِيع underindustrialization
قِلَّةُ السُّكّان (بالنِّسبَةِ لِلمَوارِدِ المُتاحة) underpopulation
قِلَّةُ السُّيُولة underliquidity
إحتِكارُ القِلَّة oligopoly
إحتِكارُ القِلَّةِ في حالَةِ الشِّراء oligopsony
إحتِكارُ القِلَّةِ غيرُ الكامِل imperfect oligopoly
إحتِكارُ القِلَّةِ الكامِل perfect oligopoly
شَرِكَةُ قِلَّة close company
مُتَعَلِّقٌ باحتِكارِ القِلَّة oligopolistic
نَظَرِيّاتُ تأثيرِ قِلَّةِ الإستِهلاكِ في الدَّورةِ الاقتِصادِيَّة under-consumption theories on the trade cycle

**قلّدَ ـ يُقلِّدُ . يَنسَخُ** copy
**قلّصَ ـ يُقلِّصُ** (النّفقات) . **يُخَفِّضُ** curtail
**قَلَقٌ** concern
**قَلَمٌ** pen
قَلَمُ رَصاص pencil
الجَمْعُ بالقَلَمِ الرَّصاص pencil footing
شَطّةُ قَلَم clerical error
**قَليلٌ** little; small; scanty
قَليلُ السُّكّان underpopulated
قَليلُ الوُجُود scanty; scarce; rare
يُخَفِّضُ (السِّعرَ) قليلاً shade
**قُماش** fabric
قُماشٌ ضَيِّق narrow fabric
قُماشٌ غيرُ مَحِيك non-woven fabric
قُماشٌ مَتِين gabardine
أقمِشة . مَنسُوجات soft goods
أقمِشَةٌ تُباعُ باليارْدة yard goods
سِلَعٌ قُماشيَّة dry goods
وَرْبَةُ قُماش bias
**قَمحٌ** wheat
رابِطَةُ تُجّارِ القَمح Corn Trade Association
مَجلِسُ القَمحِ الدَّوليّ International Wheat Council
**قمحة** grain
**قناة** canal
قَناةُ بَنَما Panama Canal
قَناةُ السُّوَيس Suez Canal
قَناةُ كالِيدونيا Caledonian Canal
قَناةُ مانشِسْتَر لِلمِلاحة Manchester Ship Canal

قَنواتُ الاِتّصال communication channels
قَنواتُ التَّسوِيق marketing channels
قَنواتُ مِلاحة ship canals
لَجنَةُ السِّكَكِ الحَدِيديَّة والقَنوات Railway and Canal Commission
نَفقُ القَناة channel tunnel
**قِنَّب** hemp
قِنَّبُ سِيام . الرّامِي ramie
**قُنصُل** consul
قُنصُلٌ عامّ consul general
نائبُ قُنصُل vice-consul
**قُنصُليّ** consular
تَمثيلٌ قُنصُليّ consular representation
خِدْماتٌ قُنصُليَّة consular services
فاتُورَةٌ قُنصُليَّة consular invoice
**قُنصُلِيَّة** consulate
**قِنْطار** (عُمْلة ألْبانيَّة) qintar
**قَنْطَرة** arched bridge; gantry
قَنطَرَةُ احتِجاز . سَدٌّ صَغير weir; dam
**القَنوات** (أنْظُرْ قَناة) canals
**قَهرِيّ** forced
إفلاسٌ قَهرِيّ involuntary bankruptcy
دَفعٌ قَهرِيّ involuntary payment
**قُوَّة** force; strength; power
قُوَّةُ الاِستِمرار inertia
(قُوَّةُ) حِصان horsepower
قُوَّةٌ دافِعة . حافِز impulse
قُوَّةٌ شِرائيَّة purchasing power
القُوَّةُ الشِّرائيَّة لِلنُّقود purchasing power of money

القُوَّةُ العامِلة . القُوَى العامِلة
work force; labour force

قُوَّةٌ غالِبة superior force

قُوَّةٌ قاهِرة force majeure

القُوَّةُ الكَهرَبائيَّةُ الدّافِعة electromotive force (E.M.F.)

قُوَّةٌ مُوَجِّهة controlling power

تَأكُّلُ القُوى الشِّرائيَّة erosion in purchasing power

تَخطِيطُ القُوى العامِلة
manpower planning

تَساوِي القُوَّةِ الشِّرائيَّة
purchasing power parity

تَوجِيهُ القُوى العامِلة manpower control

عُمْلَةٌ ذاتُ قُوَّةِ إبراءٍ مَحدُودة
limited legal tender

عَناصِرُ القُوَّة power factors

قُوى السُّوق market forces

مَكتَبُ اقتِصادِيّاتِ القُوى العامِلة
Office of Manpower Economics

**قَوْس** arch; arc

القَوسُ القُوطيّ ogive

مُرُونَةُ القَوس (بينَ نُقطَتَينِ على مُنحَنى العَرْضِ او الطَّلَب) arc elasticity

**قوم . أُمَّة** nation

**قَوَّمَ ـ يُقَوِّمُ** redress; straighten

**قَومِيّ** national

الاتِّحادُ القَومِيُّ لِأصحابِ المَصانِع
National Union of Manufacturers

الاتِّحادُ القَومِيُّ لِلمُعَلِّمين National Union of Teachers (N.U.T.)

إجماليُّ الإنفاقِ القَوميّ gross national expenditure (G.N.E.)

إسهامٌ في الدِّفاعِ القَوميّ
national defense contribution

الإكتِفاءُ (الإقتِصاديُّ) القَوميّ
economic autarky (or autarchy)

أموالٌ مَوقُوفَةٌ لِخَفضِ الدَّينِ القَوميّ
national debt reduction funds

الإنتاجُ القَوميُّ الإجماليّ gross national product (G.N.P.)

إنفاقٌ قَوميّ national expenditure

بَنكُ الإدِّخارِ القَوميّ National Savings Bank

تأمِينٌ قَوميّ national insurance

التَّخطِيطُ القَوميّ national planning

تَشرِيعُ الإفلاسِ القَوميّ
National Bankruptcy Act

التَّشرِيعُ القَوميُّ لِعَلاقاتِ العَمَل
National Labor Relations Act

الثَّروَةُ القَوميَّة national wealth

جَماعَةُ ادِّخارٍ قَوميّ national savings group

جَمعِيَّةُ البِناءِ القَوميَّةُ النِّطاق (في بريطانيا)
Nationwide Building Society

الحَدُّ الأدنى القَوميُّ لِلمَعِيشَة
national minimum

حَرَكَةُ الإدِّخارِ القَوميّ national savings movement

الخِدماتُ الصِّحِّيَّةُ القَوميَّة
National Health Service

خُطَّةٌ قَوميَّة national plan

الدَّخلُ القَوميُّ national income; national dividend (Old Brit)

دَينٌ قَوميّ national debt

الدَّينُ القَوميُّ الإجماليّ gross national debt (G.N.D.)

الدَّينُ القَوميُّ الدّاخِليّ
internal national debt

سِجلُ الإدِّخارِ القَوميّ national savings stock register

شَهاداتُ ادِّخارٍ قَوميّ national savings certificates

شَرِكَةُ حِمايَةِ صِناعَةِ بِناءِ السُّفُنِ القَوميَّة
National Shipbuilders' Security

صافي الدَّينِ القَوميّ net national debt

صافي النّاتِجِ القَوميّ
net national product

طَوابِعُ الادِّخارِ القَوميّ national savings stamps

فَوقُ قَوميّ (لَهُ سُلطَةٌ تَفوقُ سُلطَةَ الحُكومةِ الوَطَنيَّة) supranational

قانونُ التأمِينِ القَوميّ (إصابات العَمَل)
National Insurance (Industrial Injuries) Act

اللَّجنَةُ الإستِشارِيَّةُ لِلتامِينِ القَوميّ
National Insurance Advisory Committee

لَجنَةُ الدُّخولِ القَوميَّة
National Incomes Commission

الماليَّةُ القَوميَّة national finance

المَجلِسُ القَوميُّ لِلمَوانِىء National Ports Council

المَجلِسُ القَوميُّ لِلعَلاقاتِ الصِّناعيَّة
National Industrial Relations Council (N.I.R.C.)

مُحاسَبَةٌ قَوميَّة national accounting

المَحكَمَةُ القَوميَّةُ لِلعَلاقاتِ الصِّناعيَّة
National Industrial Relations Court

المُشرِفُونَ على الدَّينِ القَوميّ
National Debt Commissioners

المَصلَحَةُ القَوميَّة national interest

المَعهَدُ القَوميُّ لِلبُحوثِ الإقتِصاديَّة والإجتِماعيَّة
National Institute of Economic and Social Research

مَعُونَةٌ قَوميَّة National Assistance

المَكتَبُ القَوميُّ لِلمَقاييس
National Bureau of Standards

ناتِجٌ قَوميّ national output; national product

النّاتِجُ القَوميُّ بالأَسعارِ الثابِتة
national product at constant prices

النّاتِجُ القَوميُّ بالأَسعارِ الجارِية
national product at current prices

النّاتِجُ القَوميُّ بأَسعارِ السُّوق
national product at market prices

النّاتِجُ القَوميُّ بِتَكلِفَةِ عَوامِلِ الإنتاج
national product at factor cost

الهَدايا الحَوالِيَّةُ لِلإدِّخارِ القَوميّ
national savings gift tokens

الهَيئَةُ القَوميَّةُ لِبُحُوثِ التَّنمِية
National Research Development Corporation

**قَومِيَّةٌ اقتِصاديَّة** economic nationalism

**قَوِيّ** vigorous; strong; forceful
قَوِيُّ الإِحْتِمال . مَتِين heavy-duty
قَوِيُّ المُنافَسة highly competitive
رَجُلُ أَعْمالٍ قَوِيُّ النُّفُوذِ (مَلِكٌ من مُلُوكِ المالِ او الصِّناعة) tycoon
سُوقٌ قَوِيَّة strong market
**قَوِيم . مُسْتَقِيم** straight
**قِيادة** leadership
قِيادَةٌ دِيمُقْراطِيَّة democratic leadership
**قِياس** gauging; measurement
قِياسُ قِيمَةِ النُّقود measurement of the value of money
قِياسُ وَقْتِ الأَساليب methods time measurement
التَّمْثِيلُ بالقِياس analogue representation
الحاسِبَةُ الآلِيَّةُ بالقِياس analog(ue) computer
قابِلِيَّةٌ لِلقِياس measurability
وَحْدَةُ القِياس unit of measurement
**قِياس . مِقْياس** measure; gauge
قِياسُ الإِسْتِجابة recall
قِياسٌ حَجْمِيّ cubic measure
قِياسُ الدائِرة circular measure
قِياسُ السَّوائِل liquid measure
قِياسُ الشُّغْل ergonometrics
قِياسُ الطُّول linear measure
قِياسُ العَلاقاتِ الإِجْتِماعِيَّة sociometry
قِياسٌ لُوغارِيتْمِيّ logarithmic scale
قِياسُ نُعومَةِ النَّسِيج gauge
قِياسُ الوَقْت time measure

عِلْمُ قِياسِ الحَياة biometrics; biometry
مَصْنُوعٌ حَسَبَ القِياس made to measure
**قِياسِيّ . مُوَحَّد** uniform
**قِياسِيّ . مِعْيارِيّ . نَموذَجِيّ** standard
الأَداءُ القِياسِيّ standard performance
أَسْعارٌ قِياسِيَّة standard prices
أُسْلُوبُ التَّشْغِيلِ القِياسِيّ standard operating procedure (S.O.P.)
اِنْحِرافٌ قِياسِيّ standard deviation
البَياناتُ القِياسِيَّةُ الرئيسِيَّة master standard data (M.S.D.)
تَخْفِيضٌ قِياسِيّ standard deduction
تَكالِيفُ قِياسِيَّة standard costs
التَكالِيفُ القِياسِيَّةُ المُثْلى ideal standard costs
حِسابُ التَكالِيفِ القِياسِيَّة standard costing
رَقْمٌ قِياسِيّ record
عُمْلَةٌ قِياسِيَّة standard coin
المُراقَبَةُ بالدُّفعاتِ القِياسِيَّة standard batch control
المُعْطَياتُ القِياسِيَّةُ الأَوَّلِيَّة primary standard data
المُعْطَياتُ القِياسِيَّةُ العامَّة universal standard data
مُواصَفاتٌ قِياسِيَّة (او عِيارِيَّة) standard specifications
نُقُودٌ قِياسِيَّة standard money
الوَقْتُ القِياسِيّ standard time
**قَيَّدَ ـ يُقَيِّدُ . يَحْصُرُ** restrict

**يُقَيِّدُ . يُسَجِّلُ . يُدَوِّنُ** record; register; enter

يُقَيِّدُ (او يُسَجِّلُ) ثانِيَةً re-enter

يُقَيِّدُ على حِساب debit

يُقَيِّدُ في دَفتَرِ اليَومِيَّة journalize

يُقَيِّدُ لِحِساب credit

**يدٌ . رَهْن** in the stage of; under; in the process of

أعمالٌ قَيدَ التَّنفِيذ work in process

**يدٌ . تَحْدِيد** limitation; restriction

قُيُودُ الإستِيراد import restrictions

قُيُودٌ على الصَّرْف exchange restrictions

قُيُودٌ كَمِّيَّةٌ على التَّسلِيف quantitative credit restriction

قُيُودٌ نَوعِيَّةٌ على التَّسلِيف qualitative credit restriction

**دٌ . تَسْجِيل** registration; record; entry

قَيْدٌ أوَّلِيٌّ . قَيدٌ أصلِيٌّ original entry; prime entry

قَيدُ تَحوِيل tansfer entry

قَيدُ (كَشفٌ) خِتامِيٌّ closing entry

قَيدٌ عَكسِيٌّ (لِلتَّصحِيح) reverse entry; reversing entry

القَيدُ عَلَيهِ او مِنهُ debiting

قَيدٌ في الحِسابِ المَدِين debit entry

القَيدُ في دَفتَرِ اليَومِيَّة journalizing

قَيدٌ مُزدَوِج double entry

يدٌ مُعاكِسٌ عَلَيهِ او لَهُ debiting or crediting per contra

قَيدُ المَلَفّات file posting

قَيدُ اليَومِيَّة journal entry

قَيدُ اليَومِيَّةِ المُرَكَّب compound journal entry

حِسابٌ قَيدِيٌّ charge account

دَفتَرُ القَيدِ الأوَّل book of original entry

رَسْمُ قَيد registration fee

ضَبطُ القُيُود adjusting entries

طَرِيقَةُ القَيدِ المُزدَوِج double entry system

طَرِيقَةُ القَيدِ المُفْرَد single-entry

طَرِيقَةُ القُيُودِ الثَّلاثَةِ في قَيدٍ واحِد three-in-one method

طَرِيقَةُ القُيُود النَّقدِيَّة cash basis accounting

القُيُودُ الإفتِتاحِيَّة open entries

قُيُودٌ ثالِثة . قُيُودٌ ثالِثِيَّة third entries

قُيُودٌ مُتَنَوِّعة . قُيُودٌ مُختَلِفة miscellaneous entries

مُحاسَبَةٌ بالقَيدِ المُزدَوِج double entry accounting

مُستَنَدُ القَيد voucher

مُستَنَدُ قَيدٍ في دَفتَرِ اليَومِيَّة journal voucher

مَسكُ الدَّفاتِرِ بِطَرِيقَةِ القَيدِ المُفرَد single-entry bookkeeping

مَسكُ الدَّفاتِرِ بِنِظامِ القَيدِ المُزدَوِج double-entry bookkeeping

**قِيراط** (وَحدَةُ وَزنٍ لِلمَعادِنِ الثَّمِينَةِ تُساوِي خُمسَ الغرام) carat; karat

قَيَّمَ ـ يُقَيِّمُ . يُثَمِّنُ appraise; valuate; evaluate; extend

قَيِّمٌ . ثَمِين precious; valuable

قَيِّمٌ . حارِس custodian; keeper

قَيِّمٌ . مُشْرِف superintendent; administrator; trustee

القَيِّمُ على حُمُولَةِ سَفينة (او طائرة) supercargo

قِيمة value; worth; price

القِيمَةُ الإجماليَّة gross value

القِيمَةُ الإجماليَّة لِلأضْرار gross damage value

القِيمَةُ الاساسيَّةُ (لِلسَّهم) par (value)

قِيمَةُ الإستِبدال replacement value

قِيمَةُ الإستِبدالِ وقِيمَةُ الإستِعمال value in exchange and value in use

قِيمَةٌ اسمِيَّة face value; nominal value

القِيمَةُ الاسمِيَّةُ او القانُونيَّة (لِلنُّقُود) nominal value (of money)

القِيمَةُ الأَصليَّة (الاسمِيَّة) par value

قِيمَةٌ إيجاريَّة rental value

(القِيمَةُ) بِرَسْمِ التَّحصِيل for collection

قِيمَةُ البِضاعَةِ حَسَبَ الفاتُورة invoice value

قِيمَةُ البَضائِعِ المُستَورَدةِ في الوِلاياتِ المُتَّحِدة United States value

القِيمَةُ بَعدَ دَفعِ الرُّسُوم duty paid value

القِيمَةُ التامِينيَّةُ (القِيمَةُ التي يُمكِنُ التامِينُ بِها) insurable value

قِيمَةُ التَّحوِيل conversion value

القِيمَةُ التَّصفَوِيَّة (قِيمَةُ الأَسهُمِ حَسَبَ السِّعرِ الجاري لِلبُورْصة) break-up value

القِيمَةُ الجارِيَة going value

القِيمَةُ الجارِيَةُ مَحَلِّيًا (في بَلَدِ المَنشَإ) current domestic value

القِيمَةُ الحاليَّة present value

القِيمَةُ الحَقِيقيَّةُ او المَعدِنيَّة (لِلنُّقُود) market value (of money)

قِيمَةُ الحُمُولة cargo value

قِيمَةٌ خاضِعَةٌ لِلضَّريبة . قِيمَةٌ ضَريبيَّة rateable value; taxable value

قِيمَةُ الخُردة . قِيمَةُ الفَضَلاتِ المُستَخلَصة scrap value

القِيمَةُ الدَّفتَريَّة . القِيمَةُ المُحاسَبيَّة book value

القِيمَةُ الدَّفتَرِيَّةُ الدُّنيا لِسَهمٍ لَيسَ لَهُ قِيمَةٌ اسمِيَّة stated value

قِيمَةُ الدُّولارِ بالسِّلَع commodity dollar

قِيمَةٌ ذاتِيَّة (حَقِيقيَّة) intrinsic value

قِيمَةٌ راسُماليَّة . القِيمَةُ المُرسَمَلة capitalised value

قِيمَةُ الرِّبحِ الصّافي net profit value

قِيمَةُ السَّنَدِ عِندَ الإستِحقاق maturity value of a note

القِيمَةُ السُّوقيَّة . سِعرُ السُّوق market value

القِيمَةُ السُّوقيَّةُ العادِلة fair market value

القِيمَةُ الصّافِية net value; net worth

قِيمَةٌ عادِلة fair value

قِيمَةٌ عادِيَّة (طَبيعيَّة) normal value

القِيمَةُ عِندَ التَّخَلِّي (عَن بُوليصَةِ التأمين) surrender value

قِيمَةُ الفائض surplus value

قِيمَةٌ فِعْلِيَّة real value

قِيمَةُ المُبادَلة exchange value

قِيمَةُ المَبيعاتِ النِّسبِيَّة relative sales value

القِيمَةُ المُبَيَّنة stated value

القِيمَةُ المُتَبَقِّية residual value

قِيمَةٌ مُتَحَقِّقة realizable value

قِيمَةٌ مَحَلِّيَّة (في بَلَدِ المَنشَأ) domestic value

القِيمَةُ المُخَمَّنة estimated value

القِيمَةُ المُرَسْمَلة capitalised value

القِيمَةُ المُستَخلَصة . قِيمَةُ المُخَلَّفات salvage value

القِيمَةُ المُستَوفاة (او المَقبُوضة) value received

قِيمَةٌ مُشتَقَّة derived value

قِيمَةٌ مُضاعَفة double value

القِيمَةُ المُضافَةُ بِسَبَبِ تَصنيعِ البِضاعة value added by manufacture

القِيمةُ المُضافاة added value

قِيمةٌ مُعلَنة declared value

قِيمةُ المُقايَضة trade-in value

القِيمةُ المُقَدَّرة estimated value

القِيمةُ المُؤَمَّنُ بِها insured value

قِيمةُ النّاتِجِ الحَدِّيّ marginal product value

قِيمةُ النُّدرة scarcity value

قِيمَةٌ نَقدِيَّة cash value

القِيمةُ النَّقدِيَّةُ عِندَ التَّسليم cash surrender value

قِيمةُ النُّقود value of money

قِيمةٌ وَسَطِيَّة . مُتَوَسِّطُ القِيمة mean value

القِيمةُ الوَقتِيَّةُ لِلنُّقود time value of money

إستِردادُ القِيمة redemption

أُسلوبُ القِيمةِ البَيعِيَّة sales value method

أَسهُمٌ دُونَ قِيمَةٍ اسمِيَّة non par (value) stocks

أَسهُمٌ ذاتُ قِيمةٍ اسمِيَّة par value stock

أَسهُمٌ غيرُ ثابِتَةِ القِيمة shares of no par value; no-par-value shares

أَسهُمٌ لاتُستَرَدُّ قِيمَتُها irredeemable debentures

إعادَةُ القِيمةِ لِلنَّقد revalorization

بَخسُ القِيمة . بَيانٌ يَبخَسُ القِيمَةَ understatement; undervaluation

بُوليصَةُ تأمينٍ مُحَدَّدَةُ القِيمة valued policy

تَأمينٌ (يَشمَلُ) زِيادَةَ القِيمة increased value insurance

تَحليلُ القِيمة value analysis

تَخفيضُ القِيمَةِ الضَّريبِيَّة de-rating

تَخفيضُ قِيمَةِ العُملة devaluation

تَعرِفةٌ على أَساسِ القِيمة ad valorem tariff

تَغَيُّراتٌ في قِيمَةِ العُمْلة changes in the value of money

تَنَاقُضُ (مَفهُومِ) القِيمة
paradox of value

تَنزِيلٌ (مِنَ القِيمة) rebate

حَسَبَ القِيمة ad valorem

خَفضُ قِيمةِ الدُّولارِ الأمرِيكيّ
devaluation of the U.S. dollar

دُونَ القِيمَةِ الاسمِيَّة below par

رَسْمٌ قِيمِيّ (على أساسِ القِيمة)
ad valorem duty

زِيادَةُ قِيمَةِ الفَواتير overinvoicing

صافي قِيمَةِ الأُصُول net asset value

صافي القِيمَةِ الحالِيَّة net present value

ضَرِيبَةٌ على اساسِ القِيمة
ad valorem tax

ضَرِيبةُ قِيمَةِ الأَرْض land-value tax

ضَرِيبةُ القِيمَةِ المُضافة value-added tax (v.a.t.)

طَرِيقَةُ القِيمَةِ الحالِيَّة
present value method

عَدِيمُ القِيمة worthless

عِوَضٌ ذو قِيمة valuable consideration

فَوقَ القِيمة above value

كَمْبِيالَةٌ ذاتُ قِيمة value bill of exchange

لاتُرَدُّ قِيمَتُه irredeemable

مَخزَنٌ لِلقِيمة (وَصْفٌ لِلنُّقودِ في حالَةِ انعِدامِ التَّضَخُّم) store of value

مِقياسُ القِيمة standard of value; measure of value

نَظَرِيَّةُ تَقدِيرِ القِيمَةِ حَسَبَ العَمَلِ المَبْذُول
labour theory of value

نَظَرِيَّةُ القِيمَةِ طِبْقاً لِتَكلِفَةِ الإنتاج
cost of production theory of value

نَقْصٌ في القِيمة decrease in value

هُبُوطُ القِيمة depreciation

هُبُوطُ قِيمَةِ النَّقْد depreciation of a currency

هَندَسَةُ القِيمة value engineering

وَحدَةُ القِيمة unit of value

يَجِدُ القِيمَةَ الإجمالِيَّة . يُقَيِّمُ (مُحاسَبِيّاً)
extend

يَستَرِدُّ قِيمة redeem

**قُيُود** (أُنظُرْ قَيْد) entries; restrictions

# حَرفُ الكاف

**كابلٌ . بَرْقِيَّة** cable

**كاتالوج** catalog; catalogue

كاتالوجُ الطَّلَبِ بالبَرِيد mail order catalog

مَحلٌّ لِلبَيعِ عن طَرِيقِ الكاتالوجات catalog house

**كاتِبٌ . مَأمُور** clerk

كاتِبُ حِفْظ filing clerk

الكاتِبُ العَدْل . مُوَثِّقٌ عامّ notary public

كاتِبٌ عُمُوميّ . كاتِبُ عُقُودٍ ومُحَرَّرات scrivener

كاتِبُ الفَواتير invoice clerk

كاتِبُ المَحكَمة clerk of the peace

كاتِبُ مُراسَلات correspondence clerk

كاتِبٌ مُفَوَّض authorized clerk

كاتِبٌ مُفَوَّضٌ في بُورْصَةِ لَنْدَن (يَضَعُ شارةً زَرْقاءَ على سِتْرَتِه) "Blue Button"

تِلِغرافٌ طابِع (أو كاتِب) ticker

مِبْرَقةٌ كاتِبة tape machine

**كادِحٌ . عامِل** proletarian

الكادِحُونَ (العُمّالُ الكادِحونَ ذَوُو الأُجُورِ المُنخَفِضة) sweated labour

مَعمَلُ كادِحِينَ (يَعمَلُ فِيهِ الأُجَراءُ بالقِطْعةِ وبأجْرٍ زَهِيد) sweatshop

**كادر . مِلاك . سُلَّمُ الرُّتَبِ والوَظائف** cadre

**كاذِب – إعلانٌ كاذِب** false advertising

تَصرِيحٌ كاذِب false statement

قُطْنٌ كاذِب . قابُوق kapok

**كارْتِل . اِتِّحادُ المُنتِجِين** cartel; Kartell

**كارِثة . مُصِيبة** misfortune

**كارِثة . إصابة** casualty

الخَسائرُ النّاجِمَةُ عَنِ الكَوارِثِ والسَّرِقات casualty and theft losses

**الكارِيبي – مِنطَقَةُ الكارِيبي لِلتِّجارةِ الحُرَّةِ** (كاريفتا) Caribbean free trade area (Carifta)

**كاسِبٌ – رَأسُ مالٍ كاسِب** lucrative capital

**كاسِدٌ** worthless; selling badly

بِضاعَةٌ كاسِدة dead stock

**كافٍ** sufficient

أَموالٌ غيرُ كافِية insufficient funds

دُونَ راسِمالٍ كافٍ undercapitalized

شِيكاتٌ بِلا رَصِيدٍ كافٍ not sufficient funds checks

عِوَضٌ كافٍ sufficient consideration

لا أَرصِدَةَ كافِيَةً (لِتَغطِيَةِ الشِّيك) not sufficient funds (n.s.f.)

كافأ ـ يكافئ — reward; recompense
كافل . وصي — guardian
كافل . كفيل — bailsman; surety
شركة كافلة (ضامنة) — bonding company
كامد — flat
كامل — entire; perfect
كامل التفصيلات — full particulars
آلة كاملة — perfect machine
إحتكار القلة غير الكامل — imperfect oligopoly
إحتكار القلة الكامل — perfect oligopoly
إحتكار كامل — perfect monopoly
تأجير مركب كامل — gross charter
تظهير بالكامل — indorsement in full
حق ملكية كامل — perfect title
دفع كامل — payment in full
سوق غير كاملة — imperfect market
سوق كاملة — perfect market
شحن كامل (عبر وسائل شحن متتابعة) — through freight
عمالة غير كاملة — underemployment
مضيعات المنافسة غير الكاملة — wastes of imperfect competition
منافسة غير كاملة — imperfect competition
منافسة كاملة — perfect competition
يبيع بالكامل . ينفد — sell out
كامن . إحتمالي — potential
تضخم كامن — latent inflation
عيب كامن — latent defect
كب . جلد صغار الحيوان — kip

كبح الأجور — wage restraint
كبح الأسعار (بإحدى الوسائل الإقتصادية المعروفة) — "holding the line"
كبر ـ درجة الكبر — order of magnitude
كبير — large; big; great; siz(e)able
كبير الإداريين التنفيذيين . الرئيس التنفيذي — chief executive
كبير السن — old; aged; elderly
كبير المحاسبين — chief accountant
برميل كبير (سعته ٢٤٠ ليترًا تقريبا) — hogshead
البنوك الثلاثة الكبار (في ألمانيا) — Grossbanken
تجارة التجزئة الكبيرة — large-scale retail trade
شركة كبيرة او شركات متعددة النشاطات — conglomeration
غروس كبير (١٤٤ دزينة) — great gross
متجر كبير شاسع . هايبرماركيت — hypermarket
المجلس الكبير . بورصة نيويورك — Big Board
معاشات تقاعد كبار الموظفين — "top hat" pensions
المعرض الكبير (١٨٥١) (أول معرض دولي) — Great Exhibition (1851)
المؤسسات الكبيرة — big business
وحدة كبيرة (على مستوى الإقتصاد الكلي) — macro-unit
حمولة كبيرة الحجم — balloon freight
كبير . عظيم — grand; magnanimous

**كَبِيس** pickled; preserved (in vinegar especially)

سَنَةٌ كَبِيسة leap year

**كِتابٌ** book

كِتابٌ أَبْيَض white paper

الكِتابُ الأَخْضَر (تَقريرٌ لِلبَحْثِ مِن قِبَلِ لَجنَةٍ حُكوميَّة) Green Paper

الكِتابُ الأَزْرَق Blue Book

كِتابٌ سَنَويّ yearbook

الكِتابُ القَرَنْفُليّ (مَطبُوعٌ حُكوميّ) Pink Book

أَحجامُ الكُتُب book sizes

طَبعَةٌ من كِتاب impression

قَسائمُ شِراءِ الكُتُب book tokens

**كِتابٌ . خِطاب** letter

كِتابُ إشعار letter of advice

كِتابُ إشعارٍ بالإستِلام . كِتابُ إقرار letter of acknowledgement

كِتابُ اعتِذار letter of apology

كِتابُ اعتِماد letter of credit

كِتابُ اعتِمادٍ بَرْقيّ cable credit

كِتابُ اعتِمادٍ تِجاريّ commercial letter of credit

كِتابُ اعتِمادٍ دَوّار revolving letter of credit

كِتابُ اعتِمادٍ غيرُ قابِلٍ لِلنَّقْض irrevocable letter of credit

كِتابُ اعتِمادٍ غيرُ مُثْبَت unconfirmed letter of credit

كِتابُ اعتِمادٍ قابلٌ لِلتَّحوِيل transferable letter of credit

كِتابُ اعتِمادٍ قابِلٌ لِلنَّقْض revocable letter of credit

كِتابُ اعتِمادٍ لِلإستِيراد import letter of credit

كِتابُ اعتِمادٍ لِلتَّصدِير export letter of credit

كِتابُ اعتِمادٍ لِلمُسافِر traveler's letter of credit

كِتابُ اعتِمادٍ مُثْبَت confirmed letter of credit

كِتابُ اعتِمادٍ مَضمُون guaranteed letter of credit

كِتابُ اعتِمادٍ مَفْتوح open letter of credit

كِتابُ امْتِياز . كِتابُ ائتِمان letter of trust; letter of lien

كِتابُ إمهال letter of license

كِتابُ تَأمِين letter of insurance

كِتابُ تَخصِيص allotment letter

كِتابُ تَعرِيف letter of introduction

كِتابُ تفوِيض letter of delegation

كِتابُ تَفوِيضٍ بإدارَةِ تَرِكَةِ المُتَوَفّى letter of administration

كِتابُ تَوكِيل . وَكالة letter of attorney

كِتابُ ضَمان letter of guarantee

كِتابٌ مُوَحَّدُ الشَّكْل form letter

**كِتابة** writing; calligraphy

الكِتابَةُ بالإختِزال . إختِزال stenography

كِتابَةٌ بَينَ السُّطُور interlineation

أَدَواتُ الكِتابَةِ مِن وَرَقٍ وأَقلامٍ وسِواها ـ قُرْطاسِيَّة stationery

**كِتابِيّ ـ إعلانٌ كِتابِيّ** (يُنشَرُ في وَسائلِ الإعلامِ المَطبُوعة) media advertising

إقرارٌ كِتابيّ affidavit

بَياناتُ الأعمالِ الكِتابيَّةِ الرَّئيسيَّة master clerical data (M.C.D.)

عَمَلٌ مَكتَبيّ او كِتابيّ clerical work

**كَتّان** flax

**كُتْلَة** mass

**كُتْلَة . مَجمُوعة** bloc; block; group

كُتلَةُ الإسترلينيّ Sterling Bloc

كُتلةُ أَسهُم block of stocks

كُتلةٌ تِجاريَّة trade bloc

كُتلةُ الدُّولار dollar block

تَصويتٌ كُتْليّ block vote

**كُتَيِّب** pamphlet; booklet; handbook

**كَتِيم . لا يَنفُذُ مِنهُ الماءُ** impermeable

**كَثافة** density

كثافةُ السُّكّان population density

كثافةُ السَّيْر . كَثافَةُ حَرَكَةِ المُسافِرين (او البَضائع او السَّيّارات) traffic density

كثافةُ الشَّحْن freight density

كثافةُ المُسافِرين passenger density

**كَثافة . شِدَّة** intensity

**كَثْرة . تَعَدُّديَّة** multiplicity

كَثرَةُ الإنسال fecundity

إحتِكارُ الكَثْرة polypoly

**كَثِيف** intensive

كَثيفُ العَمَل labour intensive

إنتاجٌ كَثيفُ راسِ المال capital intensive

زِراعَةٌ كَثيفة intensive cultivation

**كُحُولٌ نَبيذيّ** vinous liquor

**كَدَّسَ ـ يَتَكَدَّسُ** glut

**كَدُود** hard-working; diligent

بَيعٌ كَدُود (يَعتَمِدُ الدِّعايَةَ الصارِخَةَ المُداوِمة) hard sell

**كَذا** sic

**كَراج . مِرْآب** garage

**كُرّاس . كُتَيِّب** pamphlet

كُرّاسٌ إعلانيٌّ صَغير leaflet

**كِرامة . زِراعَةُ الكَرْم** viticulture

**الكَرامَةُ الإنسانِيَّة** human dignity

**الكراوْن** (قِطعةٌ نَقديَّةٌ فِضِّيَّةٌ بريطانيَّة) crown

الكراونُ ذو الوَردَتَين crown of the double rose

كراونٌ مُضاعَف (عُمْلة إنجليزيَّة) double crown

الكراونُ الوَحِيدُ الوَرْدة crown of the rose

نِصْفُ كراون half-crown

**كُرَة . دائرة** sphere

نِصْفُ الكُرَة hemisphere

**كُرُوتسِيرو** (عُمْلة بَرازيليَّة) cruzeiro

**كُرُون** (عُمْلة دِنماركيَّة ونُرويجيَّة) krone

**كُرُونا** (عُمْلة سُوَيديَّة وأَيسلَنْديَّة) krona

**كَساد . رُكُود** depression; stagnation

الكَسادُ الأَعْظَم great depression

كَسادُ التِّجارة depression of trade

تَعايُشُ الكَسادِ والتَّضخُّم stagflation (stagnation and inflation)

مَرْحَلَةُ الكَساد (في الدَّورَةِ الإقتِصاديَّة)
downswing; downward swing; downward phase

distressed areas — مَناطِقُ مُتَأَثِّرةٌ بالكَسادِ

"stagnation thesis" — نَظَرِيَّةُ الكَساد

draw; gain — **كَسَبَ ـ يَكسِبُ**

gain; lucre; profit — **كَسْب**

racket — كسبٌ غيرُ مَشروع

windfall — كسبٌ مُفاجِىء

قُدْرَةُ الكَسْبِ . أَرْباحِيَّة
profit earning capacity

breakage — **كَسْرٌ** (إنكِسارُ البِضاعة)

حَسْمٌ مُقابِلَ الكَسْر (في البِضاعة)
breakage

fragile — قابِلٌ لِلكَسْر

fracture — **كَسْرٌ . صَدْع**

breach; violation; infringement — **كَسْرُ** (القانُونِ او المِيثاق)

fraction — **كَسْرٌ**

decimal fraction — كَسْرٌ عَشْرِيٌّ

نُقودٌ كَسْرِيَّة (مِنَ الفِئاتِ الصَّغيرة)
fractional money

fragment — **كِسْرة**

account; statement; list — **كَشْف**

bill of entry — كَشْفُ استِيراد

roster — كَشفُ (أسماء)

statement of account — كَشفُ حِساب

كَشفُ حِسابِ المَوجُوداتِ والمَطلُوبات
assets and liabilities statement

كَشفُ الحِساباتِ الدَّائنة
schedule of accounts payable

schedule of accounts receivable — كَشفُ الحِساباتِ المَدِينة

paysheet; payroll — كَشفُ الرَّواتِب

cash statement — كَشفُ الصُّندوق

tax roll — كَشفُ الضَّرائب

closing entry — قَيدٌ (كَشفٌ) خِتاميّ

stall — **كُشْكُ** (البَيْع)

stallage — أُجرَةُ استِخدامِ كُشكِ البَيع

**كَعْبُ السَّنَد** (او قَسِيمةُ طَلَبِ الكُوبُوناتِ فِيه)
talon

proficiency; competence; capability; aptitude — **كَفاءَة . جَدارة**

ineligibility — اِنعِدامُ الأَهلِيَّةِ او الكَفاءَة

service records — تَقارِيرُ الكَفاءَةِ في الخِدْمة

rent of ability — عائدُ الكَفاءاتِ الخاصَّة

rater — مُقَدِّرُ الكَفاءَة

efficiency — **كَفاءَة . كِفاية**

relative efficiency — الكَفاءَةُ النِّسبِيَّة

struggle — **كِفاح . نِضال**

subsistence — **كَفاف . عَيْشُ الكَفاف**

subsistence economy — اِقتِصادُ الكَفاف

subsistence level — حَدُّ الكَفاف

contour — **كِفاف . خَطٌّ كِفافِيٌّ**

الخَطُّ الكِفافِيُّ لِلنِّتاجاتِ المُتَساوِية
product contour

bail; security; surety; warranty; guarantee; guaranty; bond — **كَفالة . ضَمان**

replevin bond — كَفالةُ استِرداد

appeal bond — كَفالةُ استِئناف

stock warrant — كَفالةُ أَسهُم

كَفالةُ تَعْويض indemnity bond
كَفالةُ الحارِسِ القَضائيّ receiver's bond
كَفالةٌ رَسمِيَّة official bond
كَفالةُ الضّامِن surety bond
كَفالةٌ لِتَنفيذِ الحُكم judgment bond
كَفالةٌ مَصرِفيَّة bank guaranty
كَفالةُ وَظيفة position bond
سَنَدُ كَفالة bail bond; surety bond
شَرِكَةُ كَفالة (ضَمان) surety company
**كِفاية** efficiency
كفايةٌ اقتِصاديَّة economic efficiency
الكفايةُ الحَدِّيَّةُ لِراسِ المال marginal efficiency of capital
الكفايةُ المِثاليَّة ideal efficiency
خَبيرٌ في الكِفاية efficiency expert
عَدَمُ الكِفاية . قُصُور inadequacy
مُراقَبَةُ الكِفايةِ الاقتِصاديَّة efficiency audit
نِسبَةُ الكِفاية efficiency ratio
وَحدَةُ كِفايةٍ إنتاجيَّة efficiency unit
**كَفَلَ ـ يَكفُلُ** bail; guarantee; warrant
**كَفيل . ضامِن** bailsman; surety; bondsman; security
**كَفيل . راعِي** sponsor; guardian
**الكلّ او أيُّ جُزءٍ مِنه** all or any part
الكُلّ او لا شيء all or none
كُلٌّ بِمُفرَدِهِ . فَردِيّاً severally
كُلُّ جِهة . كُلُّ طَرَف each way
في كُلِّ ساعةِ عَمَلٍ إنسانيَّة per man hour (p.m.h.)
لِكُلٍّ . في . بِواسِطة per
لِكُلِّ شَخص per capita
**كَلالٌ ـ عِلاوَةُ الكَلال** fatigue allowance
**كُلْخوز** (مَزرَعةٌ جَماعيَّةٌ في الاتِّحادِ السُّوفيتيّ) kolkhoz
**كَلَّفَ ـ يُكَلِّفُ** charge
**كُلفة** cost; expense
كُلفَةُ الفُرصَةِ الضّائعة opportunity-cost
نِظامُ تَوحِيدِ كُلفَةِ الشَّحْن basing-point system
**كِلْفِن** (وَحدَةُ الكِيلوواط ساعة) kelvin
**كَلِمَةٌ دَليليَّة . كَلِمَةٌ مِفتاحيَّة** key word
**كُلِّيّ** total; entire; complete
تَحدِيدُ التَّكلِفَةِ الكُلِّيَّة total costing
الخَسارَةُ الكُلِّيَّة total loss (T.L.)
خَسارَةٌ كُلِّيَّةٌ تَقدِيريَّة constructive total loss
رَيعٌ كُلِّيّ total revenue
عَجزٌ كُلِّيّ total disablement
المَنفَعةُ الكُلِّيَّة total utility
النَّفَقَةُ الكُلِّيَّة total cost
هَيكَلٌ كُلِّيٌّ (او شامِل) macrostructure
**كُلِّيّ . إجماليّ** comprehensive; aggregate
**الكُلِّيّانيَّة . حُكْمٌ استِبداديّ** totalitarianism
**كُلِّيَّة** (مَدْرَسَةٌ عالِية) college
كُلِّيَّةُ البُولِيتكْنِيك (إحدى كُلِّيّاتِ التِّكنولوجيَة في بريطانيا) polytechnic
كُلِّيَّةُ تِجارة business school
زَميلُ كُلِّيَّةِ مُحاسِبي التأمِين Associate of the Faculty of Actuaries (A.F.A.)
**كَمال** completeness; fullness
**كَمال . اِستِقامة** integrity

**كَمال . خُلُوٌّ مِنَ العَيْب** perfection; faultlessness

**كَمالِيّ** luxury; luxurious; de luxe

سِلَعٌ كَمالِيَّة luxury articles

ضَرِيبةٌ على السِّلَعِ الكَماليَّة luxury tax

**كَمْبِيالة . سُفْتَجة** note; bill; draft; bill of exchange (B/E.); promissory note

كَمبيالةُ استِثمار investment bill of exchange

كَمبيالةُ إسعاف accommodation bill of exchange

كَمبيالةٌ أَصلِيَّة original bill of exchange

كَمبيالةٌ أوروبيَّة continental bill of exchange

كَمبيالةٌ بِالتَّضامُنِ والتَّكافُل joint and several note

كَمبيالةٌ بِالذَّهَب gold note

كَمبيالةٌ بَسيطة او نَظيفة clean bill

كَمبيالةُ بِضاعة commodity paper

كَمبيالةٌ بِعُمْلَةٍ أَجنَبيَّة foreign currency bill

كَمبيالةٌ بِقَسائم coupon note

كَمبيالةُ بَيْع sales bill of exchange

كَمبيالةٌ تِجارِيَّة trade bill (of exchange); commercial bill (of exchange)

كَمبيالةٌ تِجارِيَّةٌ مَوثُوقة fine trade bill

كَمبيالةُ تَجدِيد renewal note

كَمبيالةٌ تُدفَعُ عندَ الإطِّلاع sight draft; sight bill of exchange

كَمْبِيالةٌ تُدفَعُ عِندَ الطَّلَب . كَمبيالةٌ عِندَ الطَّلَب demand draft; demand note

كَمبيالةٌ تُسَدَّدُ بِالتَّقسِيط instalment note

كَمبيالةٌ جارِية (لم يَحُن مَوعِدُ استِحقاقِها) running bill

كَمبيالةٌ خارِجيَّة (أَجنَبيَّة) foreign bill of exchange; long draft

كَمبيالةٌ داخِليَّة inland (or domestic) bill of exchange

كَمبيالةُ دَفْع payment bill of exchange

كَمبيالةٌ ذاتُ قِيمة value bill of exchange

كَمبيالةُ رُجُوع (بَدَلُ أُخرى لم تُدفَع) redraft; re-exchange

كَمبيالةُ رَهن mortgage note

كَمبيالةٌ زَرْقاءُ اللَّون blue note

كَمبيالةٌ صُوَريَّة accommodation bill; kite

كَمبيالةٌ طَويلَةُ الأَجَل long bill of exchange

كَمبيالةٌ على بَياض blank bill of exchange

كَمبيالةٌ غيرُ قابلةٍ لِلتَّداوُل non-negotiable bill of exchange (or note)

كَمبيالةٌ غيرُ مُرفَقَةٍ بِمُستَنَدات clean bill of exchange

كَمبيالةٌ غيرُ مَشرُوطة clean draft

كَمبيالةٌ غيرُ مَضمُونة unsecured note

كَمْبِيالَةٌ قابِلَةٌ لِلتَّداوُلِ negotiable bill of exchange; negotiable note

كَمبيالةُ قَبُول trade acceptance

كَمبيالةٌ قَصيرةُ الأَجَل short bill of exchange; short-dated bill

كَمبيالةٌ لِأَجَل time bill of exchange; time draft; time note

كَمبِيالةٌ لِأَمْر order bill of exchange; order paper

كَمبيالةٌ لِلقَبُول acceptance bill of exchange

كَمبيالةُ مُجامَلة accommodation bill; accommodation bill of exchange

كَمبيالةٌ مَحَلِّيَّة local bill

كَمبيالةٌ مَدفُوعة discharged bill

كَمبِيالةٌ مُرفَقَةٌ بِمُستَنَدات documentary draft

كَمبيالةٌ مَرفُوضة dishonored note

كَمبيالةٌ مُستَحِقَّةُ الدَّفع bill of exchange payable; note payable

كَمبيالةٌ مُستَنَدِيَّة documentary bill (of exchange)

كَمبيالةٌ مُشتَرَكة joint note

كَمبيالةٌ مَصرِفيَّة bankable bill; bank acceptance; bankers' bill of exchange

كَمبيالةٌ مَضمُونة secured note

كَمبيالةٌ مَقبُولة accepted bill

كَمبِيالةٌ مُمتازة premium bill of exchange

كَمبيالةٌ مِن ثَلاثِ صُوَرٍ set of bills

كَمبيالةٌ من عِدَّةِ صُوَر bills in a set

كَمْبِيالَةٌ مِن نُسخَةٍ واحِدة sola of exchange

كَمبيالةٌ وَحيدة single bill; sola; sole bill

إشعارٌ بالكَمبيالةِ او السَّنَدِ (عِندَ الاِستِحقاق) note notice

إظهارُ الرَّفْضِ على قَفا الكمبيالة (تَمهيداً لِعَمَلِ برُوتِسْتو عَلَيها) noting a bill

تَدَخُّلُ الغَيرِ في قَبُول الكَمْبِيالة acceptance for honour; acceptance supra protest

تَظهِيرُ كَمْبِيالة backing a bill

تَفوِيضُ خَصْمِ كَمْبيالةٍ خارِجيَّة negotiation credit

حُزْمَةُ كَمْبِيالات parcel of bills

دَفتَرُ الكَمْبِيالات bill book

سِعرُ خَصْمِ الكَمْبِيالاتِ الأَجنَبيَّة long rate

صافي قِيمَةِ الكَمْبِيالة avails

ضامِنُ الكَمْبِيالة referee in case of need

كَمْبِيالاتٌ بَرِيديَّةٌ مَصرِفيَّة bank post bills

كَمبِيالاتٌ سُحِبَت مِنَ التَّداوُلِ (قَبلَ استِحقاقِها) bills retired

الكَمْبِيالاتُ المَخصُومة bills discounted

كَمبِيالاتُ المَصارِفِ المُقَدَّمَةُ إلى غُرَفِ المُقاصَّة bank clearings

مُحَرِّرُ كَمْبِيالَةٍ (او سَنَد) maker of a note

مُلحَقٌ لِكَمْبِيالة allonge

مُهلَةُ دَفعِ الكَمْبِيالة grace period
وَسِيطُ كَمْبِيالات note broker
يَسحَبُ كَمبيالَةً (يَدفَعُ قِيمَتَها قبلَ استِحْقاقِها) retire a bill
**كَمبيُو** exchange
**كَمّيّ** quantitative
الأَساليبُ الكَمِّيَّة quantitative techniques
الإقتِصادُ الكَمِّيّ quantitative economics
التَّقدِيرُ الكَمِّيّ quantitative estimation
تَقْيِيدٌ (او حَصْرٌ) كَمِّيّ quantitative restrictions
قُيُودٌ كَمِّيَّةٌ على التَّسْلِيف quantitative credit restrictions
**كَمِّيَّة . مِقْدار** quantity
كَمِّيَّةٌ خَفِيضة odd lot
الكَمِّيَّةُ الداخِلة . دَخْل input
الكَمِّيَّةُ الدُّفْعِيَّةُ الإقتِصاديَّة economic batch quantity
كَمِّيَّةُ الطَّلَبِ الإقتِصاديَّة economic order quantity
كَمِّيَّةٌ غيرُ مُحَدَّدة tap
كَمِّيَّةٌ كَبيرة block
الكَمِّيَّةُ لإعادَةِ الطَّلَب re-ordering quantity (R.O.Q.)
كَمِّيَّةٌ مُتَساوِية iso-product
كَمِّيَّةُ النَّقْد . كَمِّيَّةُ وَسائِلِ الدَّفْع quantity of money
إختِلافُ الكَمِّيَّة quantity variance
حَجْمُ الكَمِّيَّةِ الإقتِصاديّ economic lot size

حَسْمٌ (او خَصْمٌ) على الكَمِّيَّة quantity discount; quantity rebate
عامِلُ الكَمِّيَّة quantity factor
كَمِّيّاتٌ اقتِصاديَّة economic quantities
كَمِّيّاتٌ مُجَمَّعة . مَجمُوعات aggregates
الكَمِّيّاتُ الناتِجة . مَحصُول output
نَظَرِيَّةُ كَمِّيَّةِ النُّقُود quantity theory of money
يُحَدِّدُ الكَمِّيَّة quantify
**كِنْتال او ١٠٠ كيلوغرام** (في النِّظامِ المِترِيّ) quintal
**كُنْتُورات ـ مُنحَنَياتٌ كِفافِيَّةٌ او مُحِيطيَّة** contours
**كَهرَباء** electricity
إعدامٌ بالكهرَباء electrocution
تِقنِيّاتُ الكَهرَباء electrotechnology
شَبَكَةٌ كَهرَبائيَّة grid
طِلاءٌ بالكَهرَباء electroplating
قُدْرَةٌ كَهرَبائيَّة (كَهرَباءٌ مُوَلَّدَةٌ بالقُدْرةِ المائيَّة) hydro-electric power
القُوَّةُ الكَهرَبائيَّة الدافِعة electromotive force (E.M.F.)
**كَهْرَبة** electrification
**كوارْت** (يُساوِي ٢ بايِنْت اي حَوالى اللِّتْر) quart
**كواشا** (عُملَةٌ في زامْبِيا) kwacha
**كُوب** (المَركَزُ الرئيسيُّ الماليُّ لِليابان) Kobe
**كُوبِك** (عُمْلَةٌ روسيَّة) kopec or copek
**كُوَّة . غِطاءُ الكُوَّة** (في السَّفِينة) scuttle
**كُوتا . حِصَّة** (نِسبِيَّة) quota
كُوتا مُعَيَّنةٌ لِلمَبِيعات sales quota

المُعايَنَةُ، بالكُوتا quota sampling
**كَوثَلُ** (او مُؤَخَّرُ) **السَّفينة** stern
**كُوخٌ** hut
أكواخٌ . أحياءُ الفُقَراء slums
**كُورد** (١٢٨ قَدَماً مُكَعَّباً) cord
**كُوردُوبا** (عُمْلةٌ في نِيكاراجوا) cordoba
**كُورُونا** (عُمْلةٌ تشيكِيَّة) koruna
**كُولُوم** coulomb
**كُولُون** (عُمْلَةٌ في كُوستاريكا وسَلفادُور) colon
**كَومَةُ بِضاعة** (او مَوادّ مُخْتَلِفة) **تُباعُ جُملَةً** job lot
**الكومِنفُورم** (مَكتَبُ الإعلامِ الشُّيوعيّ وقد حُلَّ ١٩٥٦) Cominform
**الكُومِيكون** Comecon (Council for Mutual Economic Assistance)
**كُونْدُورِس** (وَحدَةٌ نَقْدِيَّةٌ في شِيلي) condores
**كُونسُورْتيُوم . اِتّحادُ شَرِكات** consortium
**كُونغرِس** Congress
لِجانُ الكُونغرِس (في الوِلاياتِ المُتَّحِدةِ الأمريكيَّة) Congressional Committees
**كُوَيت ـ شَرِكَةُ الزَّيت الكُوَيتيَّة** Kuwait Oil Company (K.O.C.)

**كِويتزال** (عُمْلةٌ في جواتِيمالا) quetzal
**كِيات** (عُمْلة في بُورما) kyat
**كِيانٌ** entity
**كِيسٌ** sack
**كَيَّفَ ـ يُكَيِّفُ** gear
**كِيلو . ألفٌ** kilo-
**كِيلوغرام . ألفُ غرام** kilogram(me)
**كِيلوفُولْط** kilovolt
**كِيلومِتْر** kilometer; kilometre
مُسافِرونَ (رُكّابٌ) بِكُلِّ كِيلومِتر passenger-kilometer
**كِيلووَاط** kilowatt
كِيلووَاط ساعة kilowatt hour
**كِيماويّ** chemical
**كِينْز** (اِقتِصادِيٌّ بريطانِيٌّ نَشَرَ نَظَرِيّاتٍ هامَّةً في الاِقتِصاد) Keynes
تالٍ لِكِينْز (العالِم الاِقتِصاديّ الشَّهير) post-Keynesian
خُطَّةُ كِينْز (نَحوَ إنشاءِ عُمْلَةٍ دَولِيَّة) Keynes Plan
**كِينْزِيّ . مُتَعَلِّقٌ بِكِينْز** Keynesian

# حَرفُ اللّام

لا non- ; in- ; un- , ir-
لا إراديّ involuntary
بَطالَةٌ لا إرادِيَّة involuntary unemployment
لا اِقتِصادِيَّةٌ . لا اِقتِصاديّاتُ التَّوسيعِ الحَجمِيّ diseconomy
اللااِقتِصادِيّاتُ الخارِجيَّةُ (زِيادَةٌ في نَفَقاتِ الإنتاجِ الخارِجيَّة) external diseconomies
لا اِنتِقالِيَّةٌ . جُمُودٌ (عَدَمُ القُدرَةِ على الحَرَكةِ او التَّنَقُّل) immobility
لا تَشُوبُهُ شائبَةٌ flawless
اللاحَتمِيَّة indeterminism
لاسِلكيّ wireless
بَرقِيَّةٌ لاسِلكِيَّة radiotelegram
اللاشُعُور the unconscious; unconsciousness
لاشُعُورِيّ unconscious
الإعلانُ اللاشُعُوريّ subliminal advertising
لاشَيء nothing; nil; naught
الكُلُّ او لاشَيء all or none
لاعَقلانيّ . غيرُ رَشِيد irrational
لاعَقلانِيَّة irrationality
مَذهَبُ اللاعَقلانِيَّة irrationalism

لامَرْكَزِيّ decentralized
تَخطِيطٌ لامَرْكَزِيّ decentralized planning
لامَرْكَزِيَّة decentralisation; decentralization
لامَنْفَعة disutility
اللانِهاية . ما لا حَدَّ لَهُ infinity
لايُباعُ unalienable
لايَتَعَطَّلُ بالإستِعمالِ الخاطِىء foolproof
لايَستاهِلُ الثِّقة . مُتَضَعضِع shaky
لايَصْلُحُ لِلتَّسوِيق unmarketable
لايَصْلُحُ لِلتَّعامُلِ التِّجاريّ unnegotiable
لايَصْلُحُ لِلمِلاحة unnavigable
لايُعَوَّضُ irreparable
لايُمكِنُ تَجَنُّبُه unavoidable
لايَنفُذُ مِنهُ الماءُ . مَسِيك waterproof; watertight
لاءَمَ ـ يُلائمُ . يُناسِبُ suit
لِأَجلِ . بِسَبَبِ on account of; because of
لاحِظْ ـ لاحِظْ جَيِّداً . مُلاحَظة nota bene (N.B.)
لاحَقَ ـ يُلاحِقُ قَضائيّاً . يُقاضِي sue
يُلاحَقُ قَضائيّاً . يُقاضَى suable
لَنْ يُلاحَقَ (تَخَلٍّ عَنِ المُلاحَقَةِ القَضائيَّة) nolle prosequi

لَنْ يُلاحَقَ نِهائِيّاً (إقرارٌ او اِعتِرافٌ بِبَراءَةِ المُدَّعى عَلَيه الذي كانَ مُلاحَقاً)
nolle prossed

**لاحِق . تالٍ** subsequent

تَدرِيبٌ لاحِق (بعدَ الإلتِحاقِ بالعَمَل)
post-entry training

تَدقِيقٌ لاحِق post-audit

مَعَ الحُقُوقِ اللاحِقة cum rights

يُؤَرِّخُ في تارِيخٍ لاحِق postdate

**لازِم** necessary; essential

الخُطُواتُ (او الإجراءاتُ) اللازِمة
necessary steps

**لاصِقة . وَرَقَةٌ مُصَمَّغَة** sticker

**لاغٍ . باطِل** void

باطِلٌ ولاغٍ null and void

قَسِيمةٌ لاغِيَة lapsed coupon

**لافِتٌ لِلنَّظَر** attractive; impressive; spectacular

**لافِتَة . عَلامة** sign

**لائِحَة** roster; list

لائحَةُ اتِّهام bill of indictment; indictment

لائحةُ الأَسعار price list

لائحةُ أَسعارِ البُورْصة
stock exchange list

لائحَةُ الأَنْظِمة bylaws

لائحةٌ بِأَسماءِ المُرَشَّحِين ticket

لائحَةُ التَّرْقِيات promotion list

لائحَةُ الدَّعْوى declaration

لائحَةٌ سَوْداء black list

غُرفَةُ لَوائحِ الأَسعار board room

**لائِذ** refugee; seeking shelter or protection

رَاسْمالٌ لائِذ refugee capital

**لائِق** proper; fit; appropriate; suitable; becoming

سُلُوكٌ غيرُ لائق improper conduct

غَيرُ لائق improper; unbecoming; unsuitable; unfit

**لِباس . زِيّ** costume

**لَجَأَ ــ يَلْجَأُ** (إلى) resort

**لَجْنَة** committee; commission

لَجنةُ الإتِّصالِ بالكُومُونوِلث
Commonwealth Liaison Committee

لَجنةُ الأُجُورِ الزِّراعيَّة Agricultural Wages Board

لَجنةُ الإحتِكاراتِ والإندِماجات
Monopolies and Mergers Commission

لَجنةُ الأَحْراج forestry commission

لَجنةُ الأَرْض land commission

اللجنَةُ الإستِشارِيَّةُ الأُوروبيَّة
European Advisory Committee

اللجنَةُ الإستِشارِيَّةُ لِرُسُومِ الإستِيراد
Import Duties Advisory Committee

اللجنَةُ الإسْتِشارِيَّةُ لِلتَّأمِينِ القَوميّ
National Insurance Advisory Committee

اللجنَةُ الإستِشارِيَّةُ لِلمُعامَلاتِ الأَجنَبيَّة
foreign transactions advisory committee

اللجنَةُ الإستِشارِيَّةُ لِمُستَخدِمي وَسائلِ النَّقل
Transport Users' Consultative Committee

لَجْنَةُ الأَسعار price commission

لَجنةُ إصدارِ الأَسهُمِ الراسِماليَّة capital issues committee

لَجنةُ إعادَةِ التَّنظيم reorganization committee

لَجنةٌ اِقتِصاديَّة economic commission

اللَّجنَةُ الإِقتِصاديَّةُ لِآسيا والشَّرقِ الأَقصى Economic Commission for Asia and the Far East (E.C.A.F.E.)

اللجنَةُ الإِقتِصاديَّةُ لأُوروبا Economic Commission for Europe (E.C.E.)

• اللجْنَةُ الإِقتِصاديَّةُ والإِجتِماعيَّة economic and social committee

لَجنةٌ تحضيريَّة preparatory commission

لَجنةُ تَحقِيق . هَيئَةُ تَحقِيق commission of enquiry; inquiry commission; investigating committee

لَجنةُ تَخمِينٍ وبَيع commission of appraisement and sale

لَجنةُ التَّسعِيرات quotations committee

لَجنةُ تَشجِيعِ شِراءِ الأَسهُم wider share ownership

لَجنةُ تَفتِيش commission of inspection

لَجنةُ تَنسِيق co-ordinating committee

لَجنةٌ تَنفِيذيَّة executive committee

لَجنةُ تَوفِيقٍ دَوليَّة international conciliation committee

لَجنةٌ خاصَّة special committee

لَجنةُ الخُطَّةِ (في الإِتِّحادِ السُّوفِيتيّ) Gosplan

لَجْنَةُ الدُّخُولِ القَوميَّة National Incomes Commission

اللجنَةُ الدَّوليَّةُ لِلتَّنظِيمِ العِلْمِيّ Comité International de l'Organisation Scientifique (C.I.O.S.)

لَجنةُ السِّكَكِ الحَدِيديَّةِ والقَنَوات Railway and Canal Commission

لَجنةُ السُّوقِ المَفتُوحِ لِلاحتِياطيّ الإِتِّحاديّ Federal Reserve Open Market Committee

لَجنةُ عَمَل . لَجنةُ تَحقِيقٍ صِناعيّ working party

لَجنةٌ فَرعِيَّة subcommittee

لَجنةٌ لِغَرَضٍ مُعَيَّن ad hoc committee

لَجنةٌ ماليَّة finance committee

لَجنةُ المُدُنِ الجَدِيدة Commission for New Towns

لَجنةٌ مَركَزِيَّة central committee

لَجنةٌ مُشتَرَكة joint committee

لَجنةٌ مَلَكيَّة royal commission

لَجنةُ المُوازَنة budget committee

لَجنةٌ مُؤَقَّتة interim committee

لَجنةُ النَّقل transport commission

لِجانُ إعانة distress committees

لِجانُ التَّنْمِيَةِ الإِقتِصاديَّة economic development committees

لِجانُ الحَرْبِ الزِّراعيَّة (أُلِّفَت في بريطانيا إبّانَ الحَرْبِ العالَميَّةِ الثّانِية) War Agricultural Committees

اللِّجانُ الزِّراعيَّة agricultural committees

لِجانُ الكُونغرِس (في الوِلاياتِ المُتَّحِدَةِ الأمريكيَّة) Congressional Committees

**لَحَظَ ـ يَلْحَظُ** detect

**لَحِقَ ـ يَلْحَقُ ويَتَجاوَزُ . يَتَخَطّى** overtake

**لَخَّصَ ـ يُلَخِّصُ . يُعِيدُ بِاخْتِصار** recapitulate

**لَدِينة . مادَّةٌ لدائِنِيَّةٌ او بلاستيكيَّة** plastic material

**لَذَّة** enjoyment; pleasure; delight

أَنْصارُ مَذهَبِ اللذَّة . مُتْعِيُّون hedonists

مَذهَبُ اللذَّة (مَبدَأُ إشباعِ الحاجاتِ بأقَلِّ تَكلِفة) hedonism

**لِسانُ حالِ المُؤَسَّسة** house organ

**لَطَّفَ ـ يُلَطِّفُ** moderate

**لُعْبَة . لَعِب** game

لُعبةُ الإدارة management game

لُعبةُ الأعمال business game

لُعبةُ الغُرَيْر (خُطَّةٌ مُعَيَّنةٌ لِتَحقيقِ الرِّبحِ تَنطَوِي في العادَةِ على الغِشِّ والخِداع) badger game

**لُغَة** language

لُغَةُ الآلَة machine language

لُغَةُ البَرمَجة (لِلحاسِبَةِ الإلِكْترونيَّة) programming language

لُغةٌ رَمزِيَّة symbolic language

اللُّغَةُ المُشتَرَكة common language

لُغةٌ مُشتَرَكةٌ مُكَيَّفَةٌ لِخِدمةِ الأعمال Common Business Oriented Language (COBOL)

**لَغَم** mine

**لَفٌّ . تَعبِئَة** packaging

**لَفَّقَ ـ يُلَفِّقُ** fake

**لَقَبٌ . عُنوان** title

**لَكّ** lac

دِهانٌ بِاللكّ japanning

**لَمَّحَ ـ يُلَمِّحُ** hint

**لَمْعَة** gloss

**لَنْدَن** London

بُورْصَةُ لَنْدَن . سُوقُ الأوراقِ المالِيَّةِ بِلَنْدَن London Stock Exchange

سُوقُ لَنْدَن لِلفِضَّة London Silver Market

مَدرَسةُ لَنْدَن لِلاقتِصادِ والعُلومِ السِّياسِيَّة London School of Economics and Political Science

**لَهُ ـ التَّسجيلُ لَهُ** (او لِحِسابِهِ) crediting

جانِبُ (لَهُ) مِنَ الحِساب credit side

**لَهُوبٌ . سَرِيعُ الاشتِعال** inflammable

**لَوازِم** essentials; equipments; supplies

دائِرَةُ اللوازِمِ (والإمدادات) supplies department

**لَوائِح . أنظِمة** (أُنظُرْ لائِحة) regulations

**لَوْحٌ . لَوْحَة** board; sheet; slab; plate

لَوحُ فانِلَّة flannel board

لَوحُ مَكتَبِ فَحصِ المَعادِن assay office bar

لَوحةُ الأسعار quotation board

لَوحةُ الاسم doorplate; name plate

لَوحةُ إعلانات billboard; bulletin board; notice board; information bulletin

لَوحةُ المَفاتِيح . لَوحةُ المَلامِس keyboard

آلةُ تَثقِيبٍ بِلَوحَةِ مَفاتِيح key punch machine

**اللوردات أعضاءُ لَجنةِ وَزارةِ الخَزينة** Lords Commissioners of H.M. Treasury

**لُوريل** (عُمْلةٌ ذَهبيّةٌ إنجليزيّةٌ قَدِيمة) laurel

**لُوغارِيتم** logarithm; log

قِياسٌ لُوغارِيتمِيّ logarithmic scale

**لُوفتهانزا** (الخُطوطُ الجَوِّيَّةُ لِألمانيا الغَربيَّة) Lufthansa

**لَولَبِيّ . خطٌّ حَلَزُونيّ** (بَيانِيّ) spiral

**لَوم . تَوبِيخ** censure

**لُومبارْد ــ شارِعُ لُومبارْد . السُّوقُ الماليَّةُ** (بِلَنْدَن) Lombard Street

**لَون . مَظهَر** color; colour

**لُويْدز** Lloyd's; Lloyds

بَنكُ لُويْدز Lloyds Bank

سِجِلُّ لُويْدز (لِلسُّفُن) Lloyd's Register

سَنَداتُ لُويْدز Lloyd's Bonds

نَشْرَةُ لُويْد . قائمَةُ لُويْد Lloyd's List

**لُويس** (عُمْلَةٌ فَرَنسِيَّة) louis

**لِياقة** eligibility

عَدَمُ اللِّياقة disqualification

**لِيبْتا** (عُمْلَةٌ في اليُونان) lepta

**اللِيبرالِيَّةُ الاِقتِصادِيَّة** economic liberalism

**لِيتْر . لِتْر** liter; litre

**لِيرة** (عُمْلة إيطاليَّة) lira; lire

**لِيف** (عُمْلة بُلْغاريَّة) lev

**لِيفَةُ الخَتْمِ . خَتّامة** stamp pad

**لِيك** (عُمْلة البانيَّة) lek

**لَيْل** night

نَوبَةُ مُنتَصَفِ اللَّيل midnight shift; lobster shift; graveyard shift

**لَيْلِيّ** night

لَيلِيُّ النَّشاط nocturnal

بَرْقِيَّة لَيلِيَّة overnight telegram

تَعرِفة لَيلِيَّة night charge

حارِسٌ لَيلِيّ night watchman

خِزانة لَيلِيَّة night safe

نَوْبة لَيلِيَّة night shift

وَدِيعة لَيلِيَّة night deposit

**لِيمْپِيرا** (عُمْلة في جُمهورِيَّةِ هِندُوراس) lempira

**لِين** (٢،٢٥٦ مِلِّيمِتر) ligne

**اللينِينِيَّة** (نَظَرِيَّةُ لِينِين) Leninism

**لِيوُ** (عُمْلة في رُومانيا) leu

**لِيُون** (عُمْلةٌ في سِيراليُون) leone

# حَرفُ الميم

**ما بَعدَهُ ـ مُرَحَّلٌ إلى ما بَعدَهُ** (او إلى صَفحَةٍ تالِيَة) carried forward (c/f)

**ما عَلَيه** (أُنظُر ما لَهُ وما عَلَيه)

**ما لَهُ وما عَلَيه** assets and liabilities; pros and cons

**ماءٌ** water

ماءٌ جَوفِيٌّ ground water

ماءٌ عَسِر hard water

ماءٌ لِلشُّرب potable water; fresh water; drinkable water

ماءُ المَطَر rain water

تَلَوُّثُ المِياه . تَلوِيثُ المِياه water pollution

سَدُودٌ لِلماء . لايَنفُذُ مِنهُ الماءُ waterproof; watertight; impermeable

ضَرَرٌ بِسَبَب مِياهِ البَحر sea water damage (S.W.D.)

مُستَوى الماء watermark

مِياهٌ إقليمِيَّة territorial waters

مِياهٌ جَوفِيَّة ground water

المِياهُ الصالِحةُ لِلمِلاحة navigable waters

مِياهُ النَّهرِ (او الجُون) التي تَتأثَّرُ بالمَدّ والجَزر . مِياهُ المَدّ tidal water

**ماجِستير في الإقتِصاد** Master of Science in Economics (M.Sc.) (Econ.)

**ماجِستير في التِّجارة** Master of Commerce (M.Com.)

**مَأجُور . مُرتَزِق** mercenary

**مَأجُور . أجِير** salaried; employee; wage earning

خِدماتٌ غيرُ مَأجورة unpaid services

عَمَلٌ مَأجور hired labour; paid labour

مُوَظَّف مَأجور (اي يَتقاضى راتِباً) salaried employee

**ماحَكَ ـ يُماحِكُ . يُساوِم** haggle

**مادَّة** substance; material

مادَّة بَدِيلة . بَدِيل substitute

مادَّة خام raw material; ore; crude

مادَّة غِذائيَّة foodstuff

مادَّةٌ قابِلةٌ لِلإحتِراق combustible

مادَّة لَدائِنيَّة plastic material

تَوزيعُ المَوادِّ الغِذائيَّة distribution of foodstuffs

دَورةُ (او إجماليُّ حَرَكة) المَوادّ turnover of materials

طَلَبُ (تَسليم) مَوادَّ مِنَ المَخازِن store requisition

قائمةُ مَوادّ bill of materials

مَوادُّ التَّجمِيل cosmetics

مَوادُّ خام . مَوادُّ أوَّليَّة raw materials

مَوادٌّ سَريعةُ التَّلَف perishables
المَوادُّ غيرُ المُباشِرة indirect materials
المَوادُّ المُباشِرة direct materials
مَوادٌّ مُصَنَّعة fabricated materials
مَوادٌّ مَصنُوعة manufactured goods; ready-made goods
نُدرةُ المَوادِّ الخام scarcity of raw materials
**مادّة . شَيءٌ مَحسُوس** matter
مادّةٌ يُسمَح بإرسالِها بالبَريد
mailable matter
**مادّة . بَنْد** clause; article; item
**مادّيّ** material; physical
تَحكُّمات مادِّيّة . ضَوابِط مادِّيّة
physical controls
حَقّ مادّيّ (او عَينِيّ) corporeal right
سِلَع غيرُ مادِّيّة non-material goods
سُهولةُ النَّقلِ او الإنتِقالِ المادِّيّ
physical mobility
غيرُ مادّيّ . مَعنَويّ incorporeal
مَنقولاتٌ غيرُ مادِّيّة incorporeal chattels
واقِعة مادِّيّة physical fact
الوَسائلُ المادِّيّة hardware
**مادّيّ . مَحسُوس** tangible; real; concrete
حُقوقُ المُساهِمين المادِّيّة (المَلمُوسة)
tangible net worth
صافي الأُصولِ المادِّيّة المَلمُوسة
net tangible assets
**مادّيّ . ماليّ** pecuniary
**المادّيّةُ التاريخِيّة** historical materialism

**مارَسَ ـ يُمارِسُ** exercise; practice
**مارْك** (عُملة ألمانِيّة) mark
الماركُ الألماني بينَ ١٩٢٣ و ١٩٢٦
rentenmark
ماركُ ألمانِيا الشَّرقِيّة Ostmark
ماركُ ألمانِيا الغَربِيّة Deutsche mark
ماركُ الرَّيخ (قبلَ ١٩٤٥) Reichsmark
ماركٌ سِياحيّ reisemark
**ماركِسِيّ . نَصيرُ الماركِسِيّة** Marxist
**ماركِسِيّة** (نِسبةً إلى كارْل مارْكس)
Marxism
**مارْكه** (عُملة فَنلَندِيّة) markka
**مارينو ـ صُوفُ المارينو** merino
**مَأزِق . وَرْطة** predicament
**ماساشوسِتْز ـ مَعهَدُ ماساشوسِتْز للتّكْنولوجية بِبُوسْتون** Massachusetts Institute of Technology (M.I.T.)
**ماسِكُ دَفاتِر** bookkeeper; keeper of accounts
**ماشِية . مَواشٍ** cattle; livestock
الماشِية كَعُملة cattle as money
بُورصة الماشِية livestock exchange
مُرَبّي مَواشٍ stock-breeder
**ماضٍ** foregone
السَّنَةُ الماضِية past year
عَرْضُ التَّقَدُّمِ الذي أُحرِزَ في الماضي
jobbing backwards
**ماطَلَ ـ يُماطِلُ . يُسَوِّفُ** procrastinate
**ماعُونُ وَرَق** printer's ream
**مَأكَلٌ** food; board
مَأوًى ومَأكَل lodge and board

ماكِيّ ـ العَدَدُ الماكِيّ (سُرعةٌ تُعادِلُ سُرعةَ الصَّوت) Mack number

ماكِينة machine

مُحطِّمو الماكِينات Luddites

مالٌ . ثَراء riches; wealth

مالٌ money; funds

مال احتِياطيّ reserve fund

مال تَحتَ الطَّلَب call money

مال ثابِت real estate; immovable property

مالُ الحِساب . نُقودٌ حِسابيَّة money of account

«مالُ الضَّمير» conscience money

المالُ العامِل . صُندوقُ التَّشغِيل working fund

مالٌ غيرُ مُنتِج dead money

مالٌ مُتَعَطِّل (مِنَ الوَدائعِ المَصرِفيَّة) idle money

مالٌ مُخَصَّصٌ لِتَسدِيدِ دَين amortization fund

مالٌ مُقتَرَضٌ بِفائدةٍ عالِية hard (or tight) money

مالٌ مُقتَرَضٌ بفائدةٍ مُنخَفِضة easy money

مالٌ مُقتَرَضٌ لِأَجَل time money

مال مَنْقُول movable property; personalty

مال مُوازَنَةِ الصَّرْف exchange equalisation fund

مال يُدفَع لِتَنْشيطِ المَبيعات push money

ابتِزازُ المال graft

اِستِثمارُ الأموالِ الفائضة investment of surplus funds

استِخدامُ الأموال use of funds

استِخدامُ الأموالِ المُعتَمَدة application of funds

إطلاقُ الأموالِ المُكتَنَزةِ في التَّداوُل dishoarding

اموالُ ائتِمان trust fund

اموالُ الخَزِينة chest

اموالٌ سائلة (يَسهُلُ الحُصولُ علَيها عِندَ الطَّلَب) liquid funds

اموالُ الضَّمان guaranty fund

اموالُ الطَّوارِىء emergency funds; contingent fund

اموالٌ عامَّة public funds

اموالٌ غيرُ كافِية insufficient funds

اموالٌ غيرُ مَنقُولة fixed property

اموالٌ لِلإقْراض loanable funds

اموالٌ مُتَنَقِّلة (طَلَباً لِلأمْنِ أكثَرَ مِنَ الاِستِثمار) "hot money"; bad money

اموالُ المُراهَنة في كُرَةِ القَدَم football pools

اموالٌ مَصرِفيَّة bank money

اموالٌ مَنقُولة chattel; effects; movables; movable property

اموالٌ مَوقُوفة لِخَفضِ الدَّين القَوميّ national debt reduction funds

اموالُ وَفاء equitable assets

تَحصِيلُ الأموالِ التي تَستَحِقُّ وتُحَصَّلُ خارِجَ نِطاقِ غُرفةِ المُقاصَّة المَحَلِّيَّة foreign collection

جَمْعُ الأموالِ (لِهَدَفٍ مُعَيَّن) — raising of funds

رَدٌّ (او استِردادُ) المال — refund

رَهْنُ مالٍ مَنقُول — chattel mortgage

سُوقُ المال — money market

شَرِكةُ استِثمارِ اموالٍ مُشتَرَكة — mutual fund investment company

شَرِكةُ اموال (مساهَمَة) — stock company; stock corporation

لا مالَ في الحِساب — no funds

مُبتَزُّ المال — racketeer

مَبلَغٌ مِنَ المالِ مَطلوبٌ ولكِنَّهُ غيرُ مُستَحِقٍّ بَعْدُ — due and owing

مَبلَغٌ مِنَ المالِ مَطلوبٌ ومُستَحِقٌّ لِلدَّفعِ حالِيًّا — due and payable

مُديرُ المال — procurator

مَصادِرُ المال — sources of funds

مُقرِضُ اموال — moneylender

مُنتَفِعٌ بِمالٍ ائتِمانيّ — cestui que trust

مَوارِدُ المال — money supply

نَظَرِيَّةُ الأموالِ المُتَوافِرِ إقراضُها (واثَرُها في سِعرِ الفائدة) — loanable funds theory

وَزارَةُ المال — exchequer

**مالثُسِيّ** — Malthusian

**مالثُسِيَّة** — Malthusianism

المالثُسِيَّة الحَديثة — Neo-Malthusianism

**مالثُوس او مالثُس** (عالِمٌ اقتِصاديّ إنجليزيّ نَشَرَ نَظَرِيّاتٍ هامَّةً مُتَعَلِّقة بالسُّكّان) — Malthus

عُصْبَةُ مالثُوس — Malthusian League

نَظَرِيَّةُ مالثُوس في السُّكّان — Malthusian Theory of Population

**مالِكٌ** — proprietor; owner

مالِكُ اراضٍ مُتَغَيِّب — absentee landlord

مالِكٌ جُزئيّ — part owner

مالِكُ العَقار — landlord

المالِكُ الغائب — absentee owner

مالِكٌ فَرْد . مالِكٌ وَحِيد — sole proprietor

مالِكٌ مُدير (او إداريّ) — managing owner

مالِكٌ مُشارِك — co-owner; joint owner

المالِكُ والمُستَأجِر — landlord and tenant

أمْرُ تَنفيذٍ مِن مالِكِ العَقار — landlord's warrant

مَسؤولِيَّةُ المالِك — landlord liability

يَنقُلُ مَسؤولِيَّةَ المالِك — demise

**مالِكٌ . حامِلُ** (السَّهم) — holder

حَقُّ الشُّفعةِ لِمالِكي الأسهُم — preemptive right of stockholders

**مالِيّ** — monetary; pecuniary; financial; fiscal

اِتِّفاقٌ ماليّ — financial agreement

اِستِطلاعُ المَوارِدِ المالِيَّة — means test

أسواقٌ مالِيَّة — finance markets

إصدارُ اوراقٍ مالِيَّة — note issue

إعاناتٌ مالِيَّة حُكومِيَّة — subsidies

اِعتِمادٌ ماليّ قَوميّ — national fund

اوراقٌ مالِيَّة — paper titles

اوساطٌ مالِيَّة — financial circles

بُنودٌ مالِيَّة — monetary items

بَيانٌ مالِيّ financial statement

بَيانٌ ماليّ مُؤَقَّت interim financial statement

بَيانُ الوَضْعِ الماليّ position statement

تَجميعُ المَصالِحِ الماليَّة pooling of interests

تَحليلٌ ماليّ financial analysis

تَحوِيلٌ ماليّ remittance

تَحوِيلٌ ماليّ تِلغرافيّ telegraphic transfer (T.T.)

التَّخْطِيطُ الماليّ financial planning

خَبيرٌ ماليّ financier

رِقابة مالِيَّة fiscal control

سِعرُ فائدةِ السُّوقِ الماليَّة المَفتُوحة (الحُرَّة) open-market rate

سِمْسارُ اوراقٍ ماليَّة jobber

سَنة ماليَّة fiscal year

سَنَد ماليّ finance bill

سَنَداتٌ ماليَّة أوَّليَّة primary securities

سُوقُ الأوراقِ الماليَّة الجَديدة new issue market

سُوقُ الأوراقِ الماليَّةِ الطويلَةِ الأَجَل long-end of the market

السُّوقُ الماليَّة financial market

سُوقٌ ماليَّة مَفتُوحة (حُرَّة) open market

السِّياسةُ الماليَّة financial policy

الطَّاقةُ (القُدْرةُ) الماليَّة financial capacity

غَرامة ماليَّة fine

الفَعالِيَة الماليَّة leverage

مُتاجَرة ماليَّة (لا عَينِيَّة) pecuniary exchange

المُحاسَبة الماليَّة financial accounting

مَخاطِرُ ماليَّة financial risks

مُراقِبٌ ماليّ comptroller

مُراقِبٌ ماليٌّ عامّ comptroller general

مُساعَدة ماليَّة financial aid

مُستَشارٌ ماليّ financial advisor

مَسؤوليَّة ماليَّة financial responsibility

مُشَجِّع (حافِز) غيرُ ماليّ non-financial incentive

مُكافآتٌ غيرُ ماليَّة non-pecuniary rewards

مُكافآتٌ ماليَّة monetary rewards; financial rewards

مِنْحة ماليَّة grant-in-aid

المَوارِدُ الماليَّة finances

وَضْع ماليّ pecuniary condition

**مالِيَّة** finance

ماليَّةٌ رَفيعةُ المُستَوى high finance

الماليَّة القَوميَّة national finance

الماليَّةُ والتَّنْمِيَة (مَجلَّة) Finance and Development

(مَبْحَثُ) الماليَّة العامَّة public finance

وَزارةُ الماليَّة ministry of finance

**مَأمُور . كاتِب** clerk

مَأمُورُ تَصْفِية (مُصَفٍّ . سنْدِيك) liquidator

مَأمُورُ التَّفْليسة (سنْدِيك) official receiver

مَأمُورٌ حُكوميّ governmental agent

مَأمُورُ شِراء . مُشْتَرٍ buyer

مَأمُورُ شَهْرٍ عَقاريّ recorder of deeds

مامُورُ الصَّرْف . صَرّافُ الرَّواتِب
paymaster

حارِسُ (أو مَامُورُ) التَّفْليسة
receiver in bankruptcy

مَامُورُو الأراضي . مُفَوَّضو الارض
land commissioners

**مَامُول . مُتَوَقَّع** prospective

رِبحٌ مَامُول paper profit

**مَامُون . مَوثُوق** safe

اِستِثمارٌ مَامُون (او مَضمُون)
safe investment

حِفْظٌ مَامُون (في حُجرةِ البَنك المَنِيعة)
safe custody

حِمْلٌ مَامُون safe load

**مانِع . باهِظ** prohibitive

سِعرٌ مانِعٌ لِلرَّواج . ثَمَنٌ باهِظ
prohibitive price

**مانيفِسْتو . بَيانُ شَحْن** manifesto

**ماهِر** skil(l)ful; skilled

عامِلٌ ماهِر skilled worker

عُمّالٌ مَهَرة skilled labor

**مَاهُول** inhabited

ضَريبةُ المَنازِلِ المَاهُولة house duty

**مَاوى . سَكَن** lodge

**مائيّ** watery; aqueous; aquatic; hydrous

رَصيفٌ مائيّ jetty

الطُّرُقُ المائيَّة الداخِليَّة inland waterways

القُدْرةُ المائيَّة (المُستَخدَمةُ خاصَّةً في تَوليدِ القُدْرة الكَهرَبائيَّة)
water power

نَقل مائيّ water carriage

**مُباحَثات . اِستِشارات** consultations

**مُباحَثة** negotiation; discussion

**مُباحَثة . نِقاش** debate

**مُبادَرة . رُوحُ المُبادَرة** initiative

**مُبادَلة** exchange in kind; barter exchange

مُبادَلة الأَسهُم exchange of shares

مُبادَلة ثُلاثيَّة triangular exchange

بَنكُ المُبادَلةِ على اساسِ العَمَلِ المَبذُول
Labour Exchange Bank

تَرتيبُ المُبادَلة (بِعُملاتٍ مُختَلِفة)
swap arrangement

رَدْهةُ المُبادَلاتِ التِّجاريَّة trading floor

الشَّرِكةُ التِّلِغرافيَّة لِلمُبادَلات (أسعارِ الصرْفِ)
exchange telegraph company

قاعِدةُ المُبادَلةِ الذَّهَبيَّة
gold exchange standard

قِيمةُ المُبادَلة exchange value

مُعادَلةُ المُبادَلة quantity equation

**مَبادِىء** (أُنظُر مَبْدَأ) principles

**مُباراة . مُسابَقة** contest

**مُباشِر** direct; immediate; first-hand

اِستِثماراتٌ مُباشِرة direct investments

إعلانٌ مُباشِر direct advertising

اِلْتِزامٌ غيرُ مُباشِر indirect liability

اِلتِزام مُباشِر direct liability

إنتاجٌ غيرُ مُباشِر indirect production

إنتاجٌ مُباشِر direct production

الأيدي العامِلَةُ المُباشِرة direct labour

البَريدُ المُباشِر direct mail

بَيعٌ غيرُ مُباشِر indirect selling
تَحكِيمٌ مُباشِر direct arbitrage
تَحوِيلٌ مُباشِر direct exchange
تَسلِيمٌ مُباشِر spot delivery
تَعادُلٌ غيرُ مُباشِر (عَن طَريقِ عُملةٍ ثالِثة)
indirect parity
تَعرِفةٌ مُباشِرة مُشتَرَكة (مِن نُقطَةِ المَنْشا إلى مَكانِ الوُصول)
joint through rate
(تَكاليفُ) الاعمالِ غيرِ المُباشِرة
indirect labor
تَكاليفُ العَمَلِ المُباشِرة
direct labor costs
تَكاليفُ غيرُ مُباشِرة indirect costs
التَّكلِفة المُباشِرة direct cost
حِسابُ التكالِيفِ المُباشِرة direct costing
خَسارةٌ مُباشِرة direct loss
رَقابة مُباشِرة direct control
السَّبَبُ غيرُ المُباشِر (او البَعِيد)
causa remota
سَبَبٌ مُباشِر immediate cause; causa proxima; proximate cause
شَحنٌ مُباشِر drop shipment
ضَريبةٌ غيرُ مُباشِرة indirect tax
الطَّريقةُ غيرُ المُباشِرة (في احتِسابِ الفَوائد)
indirect method
الطَّريقةُ المُباشِرةُ في شَطْبِ الدُّيُون المَعدُومة
direct charge-off method
غيرُ مُباشِر indirect
فائدةٌ ارتِدادِيَّة غيرُ مُباشِرة
indirect retrograde interest

فائدةٌ تَصاعُدِيَّة مُباشِرة
direct progressive interest
قَرابةٌ مُباشِرة lineal consanguinity
مُشْرِفٌ مُباشِر immediate supervisor
مُصَدِّر غيرُ مُباشِر indirect exporter
مُصَدِّر مُباشِر direct exporter
مَصروفاتٌ غيرُ مُباشِرة
indirect expenses
المَوادُّ غيرُ المُباشِرة indirect materials
المَوادُّ المُباشِرة direct materials
مُوازَنة غيرُ مُباشِرة (لِسِعرِ الصَّرْف)
indirect arbitrage
نَفَقاتُ التَّصنِيعِ غيرُ المباشِرة
manufacturing overhead
نَفَقاتٌ عامَّة او غيرُ مُباشِرة oncost
نَفَقاتٌ مُباشِرة direct charges
**مُباشَرةٌ** starting; carrying out; undertaking; pursuit
تاريخُ المُباشَرة starting date
**مُباشَرَةً** directly; straight; immediately
**مُباع** sold
تَكلِفةُ البِضاعة المُباعة
cost of merchandise sold
**مُبالاة** consideration; attention; heed; regard
لا مُبالاة . عَدَمُ الاهتِمام indifference; unconcern; carelessness
**مُبالَغٌ فيه** stiff
بَيانٌ مُبالَغٌ فيه overstatement
دِعايَةٌ مُبالَغٌ بِها blurb
**مُبالَغة** overstatement

مُبالَغَةٌ في وَصْفِ حَسَناتِ البِضاعة
puffing

مُبْتَدِىء beginner; novice; starter

مُبْتَزُّ المال racketeer

مُبْتَكِر . مُجَدِّد innovator

مَبحَثُ العَلاقةِ الإنسانِيَّة الصِّناعِيَّة .
السِّيبِرنِيَّة cybernetics

(مَبحَثُ) المالِيَّة العامَّة public finance

مَبْدَأ principle

مَبدأُ الإِحْلال principle of substitution

مَبدأ إِخْضاعِ الدَّولةِ لِسُلطَةٍ اعلى مِن سِيادةِ الحُكومةِ الوَطَنِيَّة
supranationality

مَبدأُ الإستِثناء exception principle

مبدأُ الإستِفادة مِنَ الإقتِراض
trading on the equity

مَبدأُ إعطاءِ المَعلوماتِ الكافِية
adequate disclosure principle

مَبدأُ التَّساوِي الحَدِّيّ equi-marginal principle

مَبدأُ التَّعْجِيل acceleration principle

مَبدأُ تَقْيِيدِ الإصْدار currency principle

مَبدأُ التَّكلِفة cost principle

مَبدأُ تَوزيعِ عِبْءِ الضَّريبةِ بِنِسبةِ الإستِفادة مِنَ الخِدْمة cost-of-service principle

المَبدأُ الجَماعيّ . الجَماعِيَّة collectivism

مَبدأ حُرِّيَّةِ الإصْدار banking principle

مَبدأٌ عامٌّ generality

مَبدأُ المُضاعِف multiplier principle

مَبدأُ المُعَجِّل acceleration principle

مَبدأُ المَوضُوعِيَّة objectivity principle

حِصَّةٌ بِمُوجِبِ مَبادِىءِ العَدالة
equitable interest

رَهْنُ الحِصَّةِ المُستَحِقَّة بِمَبادِىء العَدالة
equitable mortgage

مَبادِىءُ اساسِيَّة
fundamental principles

مَبادِىءُ الإستِثناء
principles of exception

مَبادِىءُ الإقتِصاد
principles of economics

مَبادِىءُ اقتِصادِ الحَرَكة principles of motion economy

مَبادِىءُ الحَرَكةِ السَّهْلة easy movement principles

مَبادِىءُ المُحاسَبة
principles of accounting

مَبادِىءُ المُحاسَبَةِ المُتَعارَفة عُموماً
generally accepted accounting principles

مُبْدِع . خَلَّاق creative

مُوَظَّفٌ مُبْدِع (او مُبْتَكِر)
creative employee

مُبَدِّل changer

مُبَدِّلُ التَّيار commutator

مُبَدِّلُ العُمْلاتِ الاجنَبِيَّة . صَرّاف
changer; money-changer

مُبَدِّل ــ الإصلاحاتُ والمُبَدَّلات (قِطَعُ الغَيار)
repairs and replacements

مَبْدَئيّ . اوَّليّ preliminary; initial

مَبْدَئيّ . اساسيّ basic; fundamental

فاتُورة مَبْدَئِيَّة (شَكْلِيَّة)
pro-forma invoice

**مُبَرِّد** coolant; cooling

**مُبَرَّد** refrigerated; cooled

سَيّارةٌ بِصُندوقٍ مُبَرَّد . سَفينةٌ مُبَرَّدة reefer

شاحِنة مُبَرَّدة refrigerated van

غُرفة مُبَرَّدة cold room

**مِبْرَقةٌ كاتِبة . طابِعةٌ عَن بُعْد** tape machine; teleprinter

سِعرٌ بَرْقيّ (بالمِبْرَقةِ الكاتِبة) tape price

**مُبَرْمِج** (الكومبيُوتَر) programmer; computer programmer

**مُبَرمَج** programmed

التَّعليمُ المُبَرمَج programmed instruction

**مَبرُوم** twisted

خَيطٌ مَبرُوم yarn

سِلكٌ مَبرُوم cable; wire rope

**مُبَشِّرٌ بِالنَّجاح** favourable

**مُبَطَّن . مُخَطَّط** lined

**مَبعُوث** envoy

**مَبلَغ** amount; sum (of money)

مَبلَغٌ إجماليّ gross amount; sum in gross; lump sum

مَبلَغٌ اسمِيّ nominal amount; nominal par; face amount

مَبلَغٌ دائن credit

مَبلَغُ الرَّاسِمال capital amount

المَبلَغُ المَحمُول carrying amount

مَبلَغٌ مَدِين debit

المَبلَغُ المُستَحِقّ due capital

مَبلَغٌ مَسحُوب drawing

مَبلَغٌ مِنَ المالِ مَطلُوبٌ ولِكنَّهُ غيرُ مُستَحِقٍّ بَعْدُ due and owing

مَبلَغٌ من المالِ مَطلُوبٌ ومُستَحِقٌّ لِلدَّفعِ حالِيّاً due and payable

إستِردادُ مَبلَغٍ مَدفُوع draw back

المَبالِغُ تَختَلِفُ (رَفضُ الشّيكِ لاختِلافِ المَبلَغِ بالأرقامِ عَنهُ بِالحُروف) "amounts differ"

المَبالِغُ المَطلُوبُ تَسدِيدُها payables

مُطالَبة بِمَبلَغٍ مَغلُوطٍ فيه reclamation

**مُبَلِّغ** informer

المَصرِفُ المُبَلِّغ notifying bank

**مَبنى . بِناء** building

المَبنى والعَقاراتُ التابِعَةُ لَه premises

**مَبنِيٌّ على نَحوٍ رَخِيص** jerry-built

**مُبَوَّب** classed; classified; arranged in groups (or chapters)

إعلاناتٌ مُبَوَّبة classified advertising

**مَبيع . مُباع** sold

تَكلِفةُ السِّلَعِ المَبيعة cost of goods sold

مُذَكِّرةُ المَبيعات sold note

**مَبيع . بَيع** sale; sales

**مَبيعات** sales

مَبيعاتٌ إجماليَّة gross sales

مَبيعاتٌ تُسَلَّم فيما بَعْد will-call sales

مَبيعاتٌ صافِيَة net sales

إدارةُ المَبيعات sales management

إمكانِيَّةُ المَبيعات sales potential

تَخطِيطُ المَبيعات sales planning

تَروِيجُ المَبيعات sales promotion

تَشكِيلةُ (او خَلطةُ) المَبيعات sales mix

تَغطِيَةُ المَبيعات sales coverage

تَكاليفُ المَبيعات cost of sales

التَّنَبُّؤ بِالمَبيعات sales forecast

حِسابُ المَبيعات sales account

حَسْمُ (خَصْم) عَلى المَبيعات sales allowance; sales discount

دَفتَرُ أُستاذِ المَبيعات sales ledger

دَفتَرُ المَبيعات sales book

دَفتَرُ يَومِيَّةِ عَوائدِ المَبيعات sales return journal

دَفتَرُ يَومِيَّةِ المَبيعات sales day book; sales journal

دَليلُ المَبيعات sales index

الرِّبحُ الإجماليُّ عَلى المَبيعات gross sales profit

الرِّبحُ الإجماليُّ مِنَ المَبيعات gross profit from sales

سِياسَةُ المَبيعات sales policy

ضَريبَةٌ عَلى المَبيعات sales tax

طَوابِعُ تَشجيعِ المَبيعات trading stamps

عَوائدُ المَبيعات sales returns; proceeds of sales

فاتورَةُ المَبيعات sales invoice

فارِقُ المَبيعات sales variance

فَرْعُ (او قِسْمُ) المَبيعات sales branch

فَرْعُ المَبيعاتِ بِالمُفَرَّق retail sales branch

فَرْعُ مَبيعاتِ المَصْنَع manufacturer's sales branch

قِسْمُ المَبيعات sales department

قَسيمَةُ المَبيعات sales ticket

قيمَةُ المَبيعاتِ النِّسبِيَّة relative sales value

كوتا مُعَيَّنة لِلمَبيعات sales quota

مُديرُ المَبيعات sales manager

ميزانِيَّةُ المَبيعات sales budget

**مُبَيَّن** indicated; stated

القيمَةُ المُبَيَّنة stated value

**مُتابَعة** follow-up; continuation; pursuance; pursuing

**مُتاجَرة** traffic

مُتاجَرة مالِيَّة (لا عَينِيَّة) pecuniary exchange

حِسابُ المُتاجَرة trading account

نَوعِيَّةٌ وحالةٌ جَيِّدَتانِ وصالِحَتانِ لِلمُتاجَرة good merchantable quality and condition

**مُتاحٌ** available; disposable

**مُتَأَخِّر** (مُتَخَلِّفٌ حَضارِيّاً) underdeveloped

**مُتَأَخِّر** delayed; late; in arrears; lagging behind

مُتَأَخِّرُ الأداء delinquent

اعمالٌ مُتَأَخِّرة backlog

البِلادُ المُتَأَخِّرة backward countries

حِسابُ التَكاليفِ المُتَأَخِّر historical costing

راتِبٌ مُتَأَخِّر back pay

طَلَبٌ مُتَأَخِّر back-order

فاتورَةٌ مُتَأَخِّرَةُ الدَّفْع back bill

**مُتَأَخِّرات** arrears

سَوابِقُ ومُتَأَخِّرات "leads and lags"

**مَتاع ، امتِعة** luggage; chattel; baggage

امتِعةٌ تُحْمَلُ بِاليَد hand luggage
امتِعةٌ خاصَّة personal belongings; personalty; personal effects
امتِعةُ السَّفَر baggage; luggage
امتِعةٌ مَنْزِليَّة household goods
تأمينُ الامتِعة . ضَمانُ الامتِعة
baggage insurance; luggage insurance
رَهْنُ مَتاع chattel mortgage
قَسِيمةُ امتِعةِ المُسافِر baggage receipt

**مَتاعِب** troubles; difficulties; inconveniences; hardships
مُثيرُ المَتاعِب troublemaker

**مَتانة** durability

**مُتَبادَل** mutual; reciprocal
اِعتِمادٌ مُتَبادَل interdependence
اِعتِماداتٌ مُتَبادَلة mutual credits
تَأمينٌ مُتَبادَل mutual insurance; reciprocal insurance
تَحوِيلاتٌ غيرُ مُتَبادَلة
non-reciprocal transfers
سَنَدٌ مُتَبادَلُ الالتِزامات indenture deed
شِراءٌ مُتَبادَل reciprocal buying
عَلاقة مُتبادَلة inter-relation
عِوَض مُتبادَل mutual consideration
قانُونُ الطَّلَبِ المُتبادَل law of reciprocal demand
مُساعَدة مُتبادَلة mutual aid; reciprocal assistance
مَصالِحُ مُتبادَلة (او مُشتَرَكة)
mutual interests
وَكالةٌ مُتَبادَلة mutual agency

**مُتَبايِن** dissimilar; different; varying; unlike
اِستِثماراتٌ مُتَبايِنةُ المَردُود
variable yield investments

**مُتَبَقٍّ . مُتَخَلِّف** residual
المُتَبَقِّي مِنَ الرّاتِبِ بَعدَ الحَسْمِيّات
take-home pay
قِيمةٌ مُتَبَقِّيَة residual value
مَدفُوعاتٌ مُتَبَقِّية residual payments
النُّسَخُ المُتَبَقِّيةُ بعدَ الانتِهاءِ مِن بَيعِ كِتاب
remainder

**مُتَتابِع . مُتَتالٍ** successive; consecutive
نَقْلٌ مُتَتابِع successive transport

**مُتَجانِس** homogeneous
سِلَعٌ مُتَجانِسة
homogeneous commodity
عُنْصُرُ (إنتاجٍ) مُتَجانِس
homogeneous factor
غيرُ مُتَجانِس . مُتَغايِر heterogeneous

**مُتَجاوِزٌ الحُدودَ المالِيَّةَ السَّلِيمة**
overextended

**مَتْجَر** shop; store
مَتجرُ الأُجورِ السِّلْعيَّة tommy-shop
مَتجرٌ استِلابيّ clip joint
مَتجرُ اقسامٍ لِلبَيعِ بالمُفَرَّق
department retail store
مَتجرٌ (مَشْغَل) اِمتِيازِيّ
preferential shop
مَتجرٌ بارِيسِيٌّ تَنوِيعيّ bon marché
مَتجرُ الخِدمةِ الذاتِيَّة supermarket
مَتجرٌ عَسْكَرِيّ post exchange (P.X.)

مَتْجَرٌ في سِلسِلةٍ لِلبَيعِ بالمُفَرَّق
chain retail store

مَتجرٌ كَبير department store; supermarket

مَتجرٌ كَبيرٌ شاسِع . هايْپرماركِيت
hypermarket

مَتجرٌ لِبَيعِ مُختَلِفِ السِّلَع drugstore

مَتجرٌ لِلبَيعِ بالمُفَرَّق retail store

مَتجرٌ مُتَخَصِّصٌ لِلبَيعِ بِالمُفَرَّق
specialty retail store

مَتجرٌ مُتَعَدِّدُ الاقسام department store

المَتجرُ المُتَعَدِّدُ الفُروع multiple (store); multiple shop

مَتجرٌ مُتَنَقِّل mobile shop

المَتجرُ المُصَنَّف department store

اتِّحادُ المَتاجِرِ المُتَعَدِّدةِ الفُروع
multiple shops federation

«أُمَّةُ اصحابِ المَتاجِر» (وَصْفُ نابُليون لِلشَّعبِ البريطانيّ) "Nation of Shopkeepers"

صاحِبُ المَتجَر storekeeper

مَتاجِرُ خَصْم discount stores

مُراقِبُ المَتجَر floorwalker

واجِهَةُ المَتجَر shop window

**مُتَجَمِّع** accumulated

إجازةٌ مُتَجَمِّعة accumulated leave

حِصَّةُ أرباحٍ مُتَجَمِّعة
accumulated dividend

دَخْلٌ (أو إيرادٌ) مُتَجمِّع
accrued income

فائدةٌ مُتَجَمِّعة accrued interest

فائضٌ مُتَجمِّع accumulated surplus

مَصرُوفاتٌ مُتَجَمِّعة accrued expenses

**مُتَجَمِّل ـ مُظَهِّرٌ مُتجمِّل** accommodation endorser (or indorser)

**مُتَجَوِّل** travel(l)ing; itinerant; roaming

بائعٌ مُتَجَوِّل badger; peddler; pedlar; hawker; huckster(er); chapman; drummer

بائعٌ مُتَجَوِّل . وَكيلُ مَبيعاتٍ جَوَّال
traveling salesman; canvasser

بائعٌ مُتَجَوِّل (عَلى الدَّوابّ) packman

البَيعُ المُتجَوِّل switch selling

سَفينةٌ مُتَجَوِّلة (جَوَّالة) tramp steamer

مَصاريفُ البائعِ المُتجَوِّل
outside salesman's expenses

**مُتَّحِد** united; consolidated

نِقابةٌ مُتَّحِدة amalgamated union

**مُتحَرِّك** mobile; moving; movable

سُلَّمُ التَّعرِفةِ المُتحَرِّكة
sliding scale tariff

صُوَرٌ مُتحَرِّكة motion pictures; movies

طَريقةُ السِّعرِ المُتَوَسِّط المُتحَرِّك
moving average price method

عِلْمُ الاِقتِصادِ المُتحَرِّك (الدينامِيكيّ)
dynamic economics

المُعَدَّلُ المُتحَرِّك moving average

وَسائطُ النَّقْلِ المُتحَرِّكة rolling stock

**مُتَحَقِّق** (في نِهايَةِ فَترةٍ مُحَدَّدة) ex-post

قِيمةٌ مُتحَقِّقة realizable value

**مُتَحَمَّل** bearable

مُجازَفة مُتَحَمَّلة assumed risk

مُتَحَيِّز ، مُغرِض — partial
مُتَخَصِّص ، مُخْتَصّ (بِ) — specialised; specialized
بُنوكٌ مُتَخَصِّصة — specialised banks
سِمْسارٌ مُتَخَصِّص — specialist broker
صِناعاتٌ مُتَخَصِّصة — specialised industries
مَتْجَرٌ مُتَخَصِّصٌ لِلبَيعِ بِالمُفَرَّق — specialty retail store
وِكالةٌ مُتَخَصِّصة — specialised agency
مُتَخَلِّف ، مُتَبَقٍّ — residual; remainder; left over
مُتَخَلِّفٌ عَنِ الوَفاء — defaulter; in default; in arrears
بطالةٌ مُتَبَقِّية (او مُتَخَلِّفة) — residual unemployment
مُتَخَلِّف (حَضارِيّاً) — underdeveloped; backward
الأُمَمُ النّامِية (او المُتَخَلِّفة) — underdeveloped nations
بِلادٌ مُتَخَلِّفة — underdeveloped countries
مُتَداخِل ، مُتَدَخِّل — intervening; interfering
سَبَبٌ مُتَدَخِّل — intervening cause
طَرَفٌ مُتَدَخِّل — intervening party
مُتَداخِل ، مُتَراكِب — overlapping; superimposed
النِّطاقُ المُتَداخِل — overlap area
مُتَداخِل ، مُتَشابِك — interlocking; intermingled; meshing; intermeshing
مُتَداخِل زَمَنيّاً — concurrent

مُتَداوَل — floating; circulating
اسهُمٌ مُتَداوَلة — outstanding stock
الاصْلُ المُتَداوَل — circulating asset
أُصُولٌ غيرُ مُتَداوَلة — non-current assets
اِلتِزاماتٌ (مَطاليب) غيرُ مُتَداوَلة — non-current liabilities
اوراقُ النَّقْدِ المُتَداوَلة — active circulation
حَجْمُ العُملةِ المُتَداوَلة — circulation
الراسْمال المُتَداوَل — circulating capital
سَنَداتٌ مُتَداوَلة — floating debentures; outstanding bonds
العُملةُ المُتَداوَلة — money in circulation; currency in circulation; current money
مُتَدَخِّل ، مُتطَفِّل — intruder
مُتَدَخِّل ، وَسِيط — mediator
مُتَدَرِّب — trainee; apprentice
مُتَدَرِّج — apprentice
مُتَدَرِّج ، مُدَرَّج — gradual; gradatory; graduated
تَعرِفة مُتَدَرِّجة — graduated tariff
تَكاليفُ مُتَدَرِّجة (او مُدَرَّجة) — stepped costs
ضَريبةُ دَخْلٍ مُتَدَرِّجة (أو تَصاعُدِيَّة) — graduated income tax
ضَريبةٌ مُتَدَرِّجة — graduated tax
فائدةٌ مُتَدَرِّجة — graduated interest
مَشرُوعُ مُرتَّباتِ المعاشِ (التَّقاعُد) المُتَدَرِّجة — graduated pension scheme
مِتْر (١٠٠ سَنتيمِتر) — metre; meter
مِتر ، عَدّاد — meter

**مُتَرابِط** joint; interconnected; coherent

طَلَبٌ مُتَرابِط joint demand

**مُتَراصّ** compact; compressed; closely packed

**مُتَراكِم . مُتجمِّع** accumulated; accrued

إستِهلاكٌ مُتَراكِم accumulated depreciation

اسهُمٌ مُمتازةٌ غيرُ مُتَراكِمةِ الأرباح non-cumulative preferred stock

حِساباتٌ أُصوليَّةٌ مُتَراكِمة accrued assets

فائدةٌ مُتَراكِمة accumulated interest

مَصاريفُ مُستَحِقَّة مُتَراكِمة accrued charges

**مُتَراوِح** fluctuating; varying

رَسْمٌ مُتَراوِح (غيرُ ثابت) hovering charge

**مُتَرَتِّبٌ على . اِستِتباعِيّ** consequential

**مُتَرجِمٌ . مُتَرجِمٌ فَورِيّ** interpreter

**مِتْرِيّ** metric

اِستِخدامُ النِّظامِ المِتريّ metrication

طُنٌّ مِتريّ (٢٢٠٤ باوندات إنكليزيَّة) metric ton

النِّظامُ المِتريّ metric system

**مُتَزامِن . مُتَوافِق** concurrent

مُتَزامِنٌ مَعَ التَّفْرِيغ concurrent with discharge

**مُتَزايِد** growing; increasing

التكلِفةُ الحَدِّيَّةُ المُتَزايِدة increasing marginal cost

طَلَبٌ مُتَزايِد increasing demand

عَدَدُ سُكّانٍ مُتَزايِد increasing population

غَلَّةٌ او عائداتٌ مُتَزايِدة increasing returns

قِسْطٌ مُتَزايِد increasing premium

**مُتَسامِح** permissive

**مُتَساوٍ . مُساوٍ** equal; equivalent; iso- ; equi-

تَكاليفُ مُتَساوِية iso-costs

العائداتُ الحَدِّيَّةُ المُتَساوِية equi-marginal returns

**مُتَسَلْسِل** serial; in series

إصْدارُ سَنَداتٍ مُتَسَلسِلة serial bond issue

تَفاعُلٌ مُتَسَلسِل chain reaction

حَطِيطةٌ مُتَسَلسِلة . حَسْمٌ (خَصْم) مُتَسَلسِل chain discount

رَقْمٌ مُتَسَلسِل serial number

سَنَدٌ مُتَسَلسِل serial bond

صَيْرفة مُتَسَلسِلة . اعمالٌ مَصرِفيَّة مُتَسَلسِلة chain banking

قُروضُ التَّموِيلِ المُتَسَلسِلة (نَوعٌ مِن الأسهُمِ القَصيرةِ المَدى) serial funding loans

وَثائقُ مُتَسَلسِلةُ التَّرْقيم serially-numbered documents

**مُتَسَلِّم . مُسْتَلِم** recipient; receiver

**مُتَشابِك . مُتَداخِل** interlocking; intermingled

إداراتٌ مُتَشابِكة interlocking directorates

شَرِكاتٌ مُتَشابِكَةُ الإدارة associated companies

مُتَشابِك . مُعَقَّد intricate; involved; complex

مُتَشَكِّك . مُرْتاب suspicious

مُتَضامِن joint

شَريكٌ غيرُ مُتَضامِن dormant partner

شَريكٌ مُتَضامِن acting partner

مُتَكافِلينَ ومُتَضامِنين . مُجْتَمِعِينَ ومُنْفَرِدين joint and several

مُلتَزِمٌ مُتَضامِن comaker

مُتَضَرِّر damaged

حُمولةٌ مُتَضَرِّرة damaged cargo

المُتَضَرِّر the victim

مُتَضَعْضِع . لا يَستَاهِلُ الثِّقة shaky

مُتَضَمِّن . شامِل inclusive

مُتَضَمِّنةُ التَّوزيعات cum distribution

مُتَضَمَّن . مَشمول included

مُتَضَمَّن inclusion

مُتَضَمَّنات inclusions

مُتَطابِق . مُماثِل identical

مُتَطَرِّف extremist

متطلبات . مَطالِب requirements

مُتَطَلَّبات الوَظيفة job requirements

مُتَظَلِّم . مُشتَكٍ complainant

مُتَعادِل even

مُتَعاقِب successive; consecutive

خَسائرُ مُتَعاقِبة successive losses

مُعالَجة مُتعاقِبة processing

المُعايَنة المُتعاقِبة sequential sampling

مُتَعاقِد contractor; contracting

مُتَعاقِدٌ مِنَ الباطِن subcontractor

طَرَفٌ مُتَعاقِد . أَحَدُ الفَريقَين المُتَعاقِدَين contracting party

مُوَظَّفٌ مُتَعاقِد (يَعمَلُ بِموجِبِ عَقْد) contract employee

مُتعاقَدٌ عليَه contracted; agreed

الاحتِياطِيُّ المُتَعاقَدُ عليه contractual appropriation

مُتعاوِن co-operative; co-operating

مُوَظَّفٌ مُتَعاوِن co-operative employee

مُتْعة . مِتْعة joy; enjoyment

مُتْعِيُّون . انصارُ مَذهَبِ اللَّذة hedonists

مُتَعَدِّد . مُتَنَوِّع varied; various; sundry; diverse; different

مُتَعَدِّد multiple; manifold; multi- ; poly- ; numerous

مُتَعَدِّدُ الأطْراف multilateral

اِتِّفاقِيَّةٌ مُتَعَدِّدةُ الأطْراف multilateral agreement

إدارةٌ مُتَعَدِّدة multiple management

اِرتِباطٌ مُتَعَدِّد multiple correlation

اسعارُ صَرْفٍ مُتَعَدِّدة multiple rates

اسهُمٌ مُتَعَدِّدةُ الأصْوات multiple voting shares

تِجارةٌ مُتَعَدِّدةُ الأطْراف multilateral trade

تَوازُنٌ مُتَعَدِّد multiple equilibrium

شَرِكاتٌ مُتَعَدِّدةُ القَومِيّات multinational companies

شَرِكةُ تأمينٍ مُتَعَدِّدةُ المَجالات multiple-line insurance company

شَكلٌ مُتعَدِّدُ السُّطوح polyhedron

ضرائبُ مُتعَدِّدة multiple taxation

قُوَّة مُتعَدِّدة الجِنسِيّات multi-national force

مَتاجِرُ مُتَعَدِّدة الفُروع multiples; multiple stores; multiple shops

المَدْخَلُ المُتعَدِّد multi-access

مُعَدَّلاتُ الصَّرْفِ المُتعَدِّدة multiple exchange rates

مُنتَجاتٌ مُتعَدِّدة multiple products

مُنشَاةٌ مُتعَدِّدةُ الإنتاج multi-product firm

نِظامٌ مُتعَدِّدُ الاقْنِية multi-channel system

نِقابَةٌ مُتعَدِّدةُ الحِرَف multicraft union

**مُتَعَطِّل . عاطِل** unemployed worker

مُتعطِّلٌ عَنِ العَمَل idle

رَاسْمالٍ مُتعَطِّل (غيرُ مُستَثمَر) unemployed capital

مالٌ مُتعَطِّل (مِنَ الوَدائعِ المَصرِفيَّة) idle money

**مُتعَلِّقٌ بِ** concerning; relating to; connected with

**مُتعَلِّم . مُبتَدِىء** learner

**مُتعَمَّد . مَقصود** wilful; willful; intentional

حَريقٌ مُتعَمَّد arson

**مُتعَهِّد** contractor; entrepreneur; undertaker

مُتعَهِّدُ التَّحميل والتَّفريغ stevedor

مُتعَهِّدُ التَّموين . مُمَوِّن purveyor

مُتعَهِّدُ تموينِ السُّفُن ship chandler

مُتعَهِّدُ النَّقْل . ناقِل transporter; carrier

مُتعَهِّدُ نَقْلٍ (اثاثِ المَساكِن) remover

مَسؤوليّةُ مُتعَهِّدِ النَّقْل carrier's risk

**مُتَغايِر . غيرُ مُتَجانِس** heterogeneous

**مُتغيِّب** absent; absentee

مالِكُ اراضٍ مُتغَيِّب absentee landlord

**مُتغيِّر . عامِلٌ** (او عُنْصُر) **مُتغيِّر** variable

مُتغَيِّرٌ اقتِصاديّ economic variable

مُتغَيِّرٌ اقتِصاديّ تابِع dependent economic variable

مُتغَيِّرٌ اقتِصاديّ مُستَقِلّ independent economic variable

إيجارٌ مُتغَيِّر (تبَعاً لِاحتِمالاتٍ طارِئة) contingent rent

التَّثْمينُ المُتغَيِّر variable costing

ترسْتُ الوَحَداتِ المُتغيِّرةِ الاستِثمار open-end trust

التكاليفُ شِبْهُ المُتغَيِّرة semivariable costs

تكاليفُ مُتغَيِّرة variable costs

العُنْصُر المُتغَيِّر variable element

قانُونُ النِّسَبِ المُتغَيِّرة law of variable proportions

مَصاريفُ عِبْءِ المَصْنَعِ المُتغَيِّرة variable factory overhead

المَصروفاتُ المُتغَيِّرة variable expense

مِيزانيَّة مُتغَيِّرة variable budget

**مُتغيِّرات ـ تَحليلُ ثُلاثيُّ المُتغيِّرات** three-variable analysis

**مُتفحِّص . مُدَقِّق** scrutineer

مُتفرِّد ـ بَيعُ تَجْزِئةٍ مُتفرِّد (يَختصُّ فيهِ المَحَلُّ ببَيعِ مُنتَجاتِ صانِعٍ او مُنتِجٍ واحِد) solus

مُتفَرِّغ full-time

عَميلٌ غيرُ مُتفَرِّغ part-time agent

غيرُ مُتفَرِّغ part-time

مُوَظَّفٌ غيرُ مُتفَرِّغ part-time employee

مُتفرِّقات miscellaneous; sundries

حِسابُ المُتفَرِّقات sundries account

مُتَّفَقٌ عَليه agreed

رُسومٌ (أو تَعرِفاتٌ) مُتَّفَقٌ عَليها agreed charges

سِعرٌ مُتَّفَقٌ عَليه agreed price

مُتفَوِّق paramount

اداءٌ مُمتازٌ او مُتفَوِّق outstanding performance

مُتَقابِل opposite; facing

حِساباتٌ مُتَقابِلة reciprocal accounts

مُتَقادِم lapsed; stale

بُوليصةُ شَحْنٍ مُتَقادِمة stale bill of lading

شِيكٌ مُتَقادِم out-of-date cheque; stale cheque

وَصِيَّةٌ مُتَقادِمة lapsed legacy

مُتَقاعِد retired; pensioner; emeritus

مُتَقاعِد . صاحِبُ مَعاشٍ سَنَويّ annuitant

مُتقدِّم . اوَّليّ prime

اسهُمٌ مُمتازةٌ مُتقَدِّمة prior preferred stock

مُتقَدِّم . سابِق preceding; former

مُتقدِّم . مُتطوِّر developed; advanced

مُتقدِّمٌ لِوَظيفةٍ او مَنْصِب . مُرَشَّح candidate

مُتقطِّع intermittent

عَمَلٌ مُتَقَطِّع casual labour

مُتقلِّب . مُتغيِّر variable

سِعرُ الصَّرْفِ المُتقلِّبُ floating exchange rate

الصَّرْفُ المُتَقَلِّب abnormal exchange

مِقْياسٌ مُتَقَلِّب sliding scale

مُتقَلْقِل . مَحفُوفٌ بِالمَخاطِر precarious

مُتَكافِلينَ ومُتَضامِنين . مُجْتَمِعينَ ومُنْفَرِدين joint and several

مُتكافِىء even

المُراجَعة المُتكافِئَة parity check

مُتَكامِل complementary; integrated

إدارةُ المَشْرُوعِ المُتَكامِلة integrated project management (I.P.M.)

التَّخْطِيطُ والمُراقَبَة المُتَكامِلان integrated planning and control

المُحاسَبة المُتَكامِلة integral (or integrated) accounting

مُعالَجةُ المُعطَياتِ المُتَكامِلة integrated data processing (I.D.P.)

مُعتَقَد (او مَذْهَب) مُتَكامِل . ايدِيولُوجِيَّة ideology

نِظامٌ مُتَكامِل integrated system

وَحْدة مُتَكامِلة unit

مُتَكرِّر (الوُرُودِ او الحُدُوث) recurring

أُجْرةُ إعلانٍ مُتَكَرِّر multiple insertion rate

تَكلِفة غيرُ مُتكرِّرة sunk cost

**مُتكلّف . اصطِناعيّ** artificial
**مُتكيِّف** fluid
**مُتلازِم** accompanying; concurrent; closely connected or attached; joint
عَرْضٌ مُتلازِم joint supply
**مُتلبِّس** (بالجُرْم) red-handed; in the act
**مُتلقٍّ . مُستلِم** recipient
**مُتمِّم . مُكمِّل** integral
**مَتْنُ** (الوَثيقة) text; body
**المُتنازِل** assignor; releaser; releasor; transferor
الشَّركةُ المُتنازِلة ceding company
**المُتنازَلُ له** releasee; assignec; transferee
**مُتنافِس** competing; rival
سِلَعٌ مُتنافِسة rival commodities
طَلَباتٌ مُتنافِسة rival demands
عُروضٌ مُتنافِسة rival supplies
**مُتناقِص** decreasing
إحْلالٌ مُتناقِص diminishing substitution
الاِستِهلاكُ بِطَريقةِ المَصاريفِ المُتناقِصة reducing-charge method of depreciation
اِستِهلاكُ الرَّصيدِ المُتناقِص diminishing balance depreciation
أَصْلٌ مُتناقِص wasting asset
التكاليفُ الحَدِّيّةُ المُتناقِصة decreasing marginal cost
طَريقةُ الحِسابِ المُتناقِصِ في حِسابِ الاستِهلاك diclining balance method of depreciation
عائداتٌ مُتناقِصة decreasing returns
قِسْطٌ مُتناقِص decreasing premium
مَجموعةٌ سُكّانيّة مُتناقِصة declining population
المَرْدوداتُ المُتناقِصة diminishing returns
مُستَدِقٌّ او مُتناقِصٌ تَدْريجيّاً tapering
**مُتناوَل** availability; reach
في المُتناوَل available; close at hand; on hand; within reach; handy
في مُتناوَلِ الجَميع within everybody's means
**مُتنَقِّل** movable; mobile; ambulant; itinerant; roving
مُتنَقِّلٌ يوميّ (إلى عَمَلِه ومِنه) commuter
اموالٌ مُتنَقِّلة bad money
اموالٌ مُتنَقِّلة (طَلَباً لِلأَمْنِ اكثَرَ مِن الاِستِثمار) "hot money"
مَتْجَر مُتنَقِّل mobile shop
**مُتنَوِّع . مُختَلِف** different; variant
**مُتنَوِّع** various; diverse; miscellaneous
قُيودٌ مُتنَوِّعة miscellaneous entries
مَخْزَنٌ لِبَيعِ اصنافٍ مُتنَوِّعةٍ بالمُفَرَّق variety retail store
**مُتهَرِّبٌ مِنَ الدَّفْع** deadbeat
**مُتهَوِّر . طائش** reckless
مُضارِبٌ مُتهَوِّر plunger
**مُتوازِن** balanced; even
سَنَدٌ مُتوازِن balanced bond
نُمُوٌّ مُتوازِن balanced growth
**مُتواصِل** continuous; incessant
تَصْنيعٌ مُتواصِل continuous process

**مُتوافِر** available (in plenty); plentiful; abounding

اموالٌ مُتوافِرة لِلإقْراض loanable funds

**مُتواقِت . مُتزامِن** concurrent

تأمينٌ مُتواقِت (او اقترانيّ) concurrent insurance

**مُتوالِيَة حِسابيَّة** arithmetic progression

**مُتوالِيَة هَنْدَسِيَّة** geometric progression

**مُتوَسِّط** medium; average; mean

مُتوَسِّطُ الاستِثمارِ في الأُصولِ الثابتة average investment in plant assets

مُتوَسِّطُ الانحِراف mean deviation

مُتوَسِّطُ الإيراد average revenue

مُتوَسِّطُ ثَمَنِ الوَحْدة average unit cost

مُتوَسِّطُ الجُودة mediocre

مُتَوَسِّطُ الخَطَأ mean error

مُتوَسِّطُ الدَّخْلِ في السّاعة average hourly earnings

مُتوَسِّطُ القِيمة mean value

مُتوَسِّطٌ مُرَجَّح weighted average

مُتوَسِّطُ نِسبَةِ العائدِ (مِنَ الإستِثمار) average rate of return

اِعتِمادٌ مُتوَسِّطُ الأَجَل intermediate credit

اِنحِرافٌ مُتوَسِّط average deviation

السِّعرُ المُتوَسِّطُ المُتحَرِّك moving average price

قَرْضٌ مُتوَسِّطُ الأَجَل medium term credit

المُستَوىالمُتوَسِّطُ لِنَوعِيَّةِ البِضاعةِ الخارِجة average outgoing quality level

مُعَدَّل مُتَوَسِّط average rate

المَيلُ المُتوَسِّط لِلادِّخار average propensity to save

المَيلُ المُتَوَسِّط لِلإستِهلاك average propensity to consume

النّاتِجُ المُتوَسِّط average product

**مُتوَسِّط . وَسَط** middle

**مُتوَسِّط . وَسِيط** intermediate

**مُتوَفًّى** decedent

كِتابُ تَفويضٍ بإدارةِ تَرِكةِ المُتَوَفّى letter of administration

**مُتوَفِّر . مُوَفَّر** saved

**مُتوَفِّر . مَوفُور** ample; abundant

فائضٌ مُتوَفِّر (مِن مَصادِرَ غيرِ رِبحِيَّة) paid-in surplus

**مُتوَقَّع** prospective; expected; anticipated; ex-ante

أسعارٌ مُتَوَقَّعة anticipated prices

رِبحٌ غيرُ مُتَوَقَّع windfall profit

رِبحٌ مُتَوَقَّع anticipated profit

**مُتيَسِّر** available; on hand; within easy reach

أَصْلٌ مُتَيَسِّر available asset

**مَتِين** strong; tough; durable; enduring; heavy-duty

بَضائعُ غيرُ مَتِينة non-durable goods

سِلَعٌ شِبْهُ مَتِينة semi-durable goods

**مِثال . نموذَج** model

**مِثاليّ** ideal

ظُروفٌ مِثاليَّة ideal conditions

غيرُ مِثاليّ imperfect

الكِفاية المِثاليَّة ideal efficiency
المِثالِيَّة . المَذهَبُ المِثالِيّ idealism
مُثْبَت . مَرْبوط tied; fixed
رَصيفٌ مُثبَتٌ إلى اليابِسة graven dock
مُثْبَت . مُؤَكَّد proven; confirmed; established
كِتابُ اعتِمادٍ غيرُ مُثبَت unconfirmed letter of credit
كِتابُ اعتِمادٍ مُثبَت confirmed letter of credit
مِثقالُ ذَرَّة . ايوتا iota
مُثَقَّب punched; perforated
بِطاقة مُثَقَّبة punch(ed) card
البِطاقة المُثَقَّبة البَصَرِيَّة visual punch(ed) card
شَريطٌ وَرَقيٌّ مُثَقَّب punched paper tape
مُعالَجةُ المَعلوماتِ بالبِطاقاتِ المُثَقَّبة punched-card data processing
مُثَقَّف educated; cultured
فِئَةٌ مُثَقَّفة intelligentsia
مُثَقَّل . مُثْقَل weighted; over-burdened; over-loaded; heavy
مُثقَلٌ بِالدُّيون heavily indebted
عَقدٌ مُثقَلٌ بالتِزام onerous contract
مَثَّلَ – يُمَثِّلُ (شَرِكَةً او مُؤَسَّسة) represent
يُمَثِّلُ . يُقَدِّمُ مَثَلاً illustrate; give an example
يُمَثِّلُ بالرَّسمِ البَيانيّ graph; show or represent by a graph
مِثل like; similar

اداءٌ او دَفعٌ بِالمِثل payment in kind
يُقابِلُ (الأذى) بِالمِثل retaliate
مُثَمِّن appraiser; valuer
مُثير provocative; exciting
إعلانٌ مُثيرٌ لافِتٌ لِلنَّظر (بالنِّيون والحَرَكات) spectacular
مُثيرُ المَتاعِب troublemaker
مَجاز passage; gangway; crossing
مُجاز licensed; licentiate
مُحاسِبٌ مُجاز certified accountant
نُقودٌ مُجازةٌ لِلتَّعامُل fiat money
مُجازَفة risk
مُجازَفة مُتَحَمَّلة assumed risk
أُجرةُ الشَّحْنِ الإجماليّ بالمُجازَفة (تُدفَعُ في مَكانِ الوُصول) gross freight at risk
حَصيلةُ المُجازَفة risk yield
قانونُ تَنظِيمِ اسهُمِ المُجازَفة blue-sky law
مَجاعة famine
مَجاعةُ البَطاطِس (في إرلَندة بِسَبَبِ تَلَفِ المَوسِم عامَ ١٨٤٥) potato famine
مَجاعةُ القُطْن (خِلالَ الحَربِ الاهلِيَّة الأمريكِيَّة) Cotton Famine
مَجال . حَقْلُ آختِصاص field; sphere; area; domain
مَجال . فُرْصة chance; opportunity
مَجال . فُسْحة space; room; elbow-room
مَجال . مَدى range; extent; vista
مَجالُ الإدارة span of management
مَجالُ الأمان safety margin

مَجالٌ حَيَويّ lebensraum

شَرِكةُ تأمينٍ مُتَعَدِّدةُ المَجالات multiple-line insurance company

**مَجالِس** (أُنظُر مَجْلِس) boards

**مُجامِل . تأدُّبيّ** complimentary

**مُجامَلة** accommodation

تَظْهيرُ مُجامَلة accommodation endorsement; accommodation indorsement

سَنَدُ مُجامَلة complaisance bond; kite

سَنَدُ مُجامَلة مَصرِفيّ bank accommodation

كَمْبيالةُ مُجامَلة accommodation bill; accommodation bill of exchange

مُظَهِّرُ مُجامَلة accommodation endorser; accommodation indorser

يَقتَرِضُ بِكَمْبيالةِ مُجامَلة kite

**مَجّاناً** free of charge (f.o.c.); gratis

إرسالُ البَريدِ مَجّاناً (إمتيازٌ لِبَعضِ الرسمِيّين في بَعضِ الاقطار) franking

**مُجانَبة** evasion; avoidance

مُجانَبَةُ الصَّفَقاتِ النَّقدِيَّة flight from cash

**مَجّانيّ** free; gratuitous

تَقْدِمة مَجّانيّة (لِتَشجيعِ الزَّبائن) giveaway

قَرْضٌ مَجّانيّ (بِدُونِ فائدة) gratuitous loan

وَديعةٌ مَجّانيّة gratuitous deposit

**مُجاوِر** neighbouring; adjacent; adjoining

**مُجتَذِب** attractive; appealing

سِلعةٌ مُجتَذِبة (بِسِعرِها الخَفيض) price leader; loss leader

**مُجتَمِع** assembled; in session

**مُجتَمِع . مَجمُوع** combined; assembled; put together

مُجتَمِعِينَ ومُنفَرِدِين joint and several

مُنحَنى العَرْضِ والطَّلَبِ مُجتَمِعَين combined demand and supply curve

**مُجتَمَع . جَماعة** community

مُجتَمَع تَقْليديّ traditional society

مُجتَمَعُ الرفاهِيَة . مُجتَمَعُ الرَّخاء affluent society; opulent society

تَطْويرُ المُجتَمَع community development

**مُجَدِّد . مُبتَكِر** innovator

**مُجَدَّد** renewed; renovated

تَوزيعٌ مُجَدَّد (عَلى المَناطِق) redeployment

**مُجَدَّداً** anew; again

يُحَرِّرُ مُجَدَّدًا redraw

يَستَثمِرُ مُجَدَّدًا reinvest

**مُجَدْوَل . جَدْوَليّ** tabular

**مُجَدْوِلة . آلةُ تَبْويبٍ او جَدْوَلة** tabulator

**مَجْرَى** course; path; stream

مَجْرى الأَحْداث course of events

مَجْرى الرِّبح profit path

**مُجْزٍ . مُرْبِح** remunerative

ضَرائبُ مُجزِيَة (أو نافِعة) remunerative rates (or beneficial rates)

**مُجَزَّأ** divided; split; portioned; broken down (into)

الجَردُ المُجَزَّا split inventory
حَقٌّ غيرُ مُجَزَّا undivided right
طَلَب مُجَزَّا split order
نَوبةُ عَمَلٍ مُجَزَّاة split shift
**مُجَسَّم** three-dimensional
خَريطة مُجَسَّمة relief map
صَوتٌ مُجَسَّم stereophonic sound
**مَجَلَّة** magazine; periodical; review
مَجَلَّةٌ اقتِصاديَّة economic journal
مجلَّةُ الأنباءِ الماليَّة الدَّوليَّة International Financial News Survey
مجلَّةٌ تِجاريَّة trade journal
المَجلَّةُ السَنَويَّةُ لِلزِّراعة Annual Review of Agriculture
المَجلَّةُ الفَصْليَّةُ للاِقتِصاد Quarterly Journal of Economics
**مَجلِس** board; council
مجلِسُ الأجور pay board; wage council (or board)
مجلِسُ إدارة administrative board; board of directors; board of management
مجلِسُ إدارةٍ اَدْنى (او اصْغَر) junior board of directors
مجلِسٌ استِشاريّ advisory board
المجلِسُ الاستِشاريُّ لِنِظامِ الاحتِياطيّ الفِدراليّ Federal Reserve Advisory Council
مجلِسُ الأسعارِ والإنتاجيَّة والدُّخول Council on Prices, Productivity and Incomes

مَجلِسُ الأعضاء (في السُّوقِ الأوروبيَّةِ المُشتَركة) Council of Members
مجلِسٌ اقتِصاديّ economic council
المجلِسُ الاقتِصاديُّ الإقليميُّ في الاتِّحادِ السُّوفيتيّ . سُوفنارْخوز sovnarkhoz
المجلِسُ الاقتِصاديُّ والاجتِماعيُّ لِمَنَظَّمةِ الأُمَمِ المُتَّحِدة United Nations Economic and Social Council
مجلِسُ الإقْراضِ لِلأشغالِ العامَّة Public Works Loan Board
مجلِسُ أُمَناء board of trustees
مجلِسُ أوصِياء board of guardians
مجلِسُ البَحْثِ العِلميّ والصِّناعيّ Council for Scientific and Industrial Research (C.S.I.R.)
مجلِسُ بُحوثِ العُلومِ الاجتِماعيَّة Social Science Research Council
المجلِسُ البريطانيُّ لِلتَّصْدير British Export Board
مجلِسُ البُنِّ الدَّوليّ International Coffee Council
مجلِسُ تَأديب disciplinary board
مجلِسُ التِّجارة . غُرفة التِّجارة board of trade
مجلِسُ التَحَوُّل الصِّناعيّ Industrial Transference Board
مجلِسُ التخْطِيط planning council
مجلِسُ التخْطِيط المَركَزيّ central planning board
مجلِسُ التدْريبِ الصِّناعيّ Industrial Training Board

مَجْلِسُ التَرخيصِ بالنَّقْلِ الجَوّيّ
Air Transport Licensing Board

مجلِسُ تَسْويق marketing board

مجلِسُ التصْميم design council

مجلِسُ تَنْسيقِ النَّقْل Transport Co-ordinating Council

مجلِسٌ تَنْفيذيّ executive council

مجلِسُ الحَديد والصُّلْب
Iron and Steel Board

مجلِسُ الحِرَف trades council

مجلِسُ حُكّام board of governors

مجلِسُ الخَدَماتِ الصِّحِّيَّةِ المَركَزيّ
Central Health Services Council

مجلِسُ الخِدْمة المَدَنيَّة
Civil Service Commission

مجلِسُ الخُطوطِ الجَوِّيَّة Airways Board

مجلِسُ رابِطةِ البُورْصات Council of Associated Stock Exchanges

مجلِسُ السُّكَّر Sugar Board

المجلِسُ الشَّماليّ (الإسكَندِنافيّ)
Nordic Council

المجلِسُ الصِّناعيُّ المُشتَرَك
Joint Industrial Council

مجلِسُ الطَّيَران المَدَنيّ
Civil Aeronautics Board

مجلِسُ القُطْن Cotton Board

مجلِسُ القَمْح الدَّوليّ
International Wheat Council

المجلِسُ القَوميّ لِلتَّنمِية الاقتِصاديَّة
National Economic Development Council

المَجْلِسُ القَوميُّ لِلعَلاقاتِ الصِّناعيَّة
National Industrial Relations Council

المجلِسُ القَوميُّ لِلفَحْم
National Coal Board

المجلِسُ القَوميُّ لِلمَوانِىء
National Ports Council

المجلِسُ الكَبير . بُورْصةُ نيُويورْك
Big Board

مجلِسُ الكَهرَباء electricity council; electricity board

مجلِسُ الكَهرَباء المَركَزيّ
Central Electricity Board

مجلِسُ المُساعَدة الاقتِصاديَّة المُتَبادَلة (الكُوميكُون)
Council for Mutual Economic Assistance (Comecon)

مجلِسُ المُستَهلِكين Consumer Council

مجلِسُ النَّسيج Textile Council

مجلِسُ الوُزَراء cabinet

اجتِماعُ المَجلِس board meeting

ذُو مَجلِسَين bicameral

رَئيسُ مَجلِسِ الإدارة
chairman of the board

عُضْوُ مَجلِسِ الإدارة director

عُضْوِيَّةُ مَجلِسِ الإدارة directorship

مَجالِسُ التخْطيط الاقتِصاديّ الإقليميّ
Regional Economic Planning Boards (or Councils)

مَجالِسُ تَسويق marketing boards

مجالِسُ التنْمِية development councils

مجالِسُ السِّياحة Tourist Boards

**مُجَمَّد** frozen; blocked

إسترلينيّ مُجَمَّد security sterling
حِساباتٌ مُجَمَّدة blocked accounts
عُملة مُجَمَّدة blocked currency
**مُجَمْرَك** duty-paid
بَضائعُ مُجَمْرَكة cleared goods
**مُجَمَّع** (إداريّ او صِناعيّ) compound
مُجَمَّع . شَرِكةٌ كَبيرة او شَرِكاتٌ مُتَعَدِّدةُ النَّشاطات conglomeration
**مُجَمَّع** accumulated; assembled; gathered
حِصَّةُ ارباحٍ مُجَمَّعة
cumulative dividend
**مَجْمَع** place of assembly
مَجْمَع (عِلْميّ) academy
مَجْمَعُ الدُّولارات dollar pool
**مُجَمِّع** accumulator; collector
**مُجَمِّعة . مُصَنِّفة** compiler
**مُجْمَلُ النّاتِجِ القَوميّ** gross national product
**مَجْمُوع** totality; whole; sum
مَجموعُ اصواتِ المُقتَرِعين vote
مَجموعُ الراسِمال capitalization
مَجموعُ الرَّواتِب . كَشْفُ الرَّواتِب
payroll
طَريقةُ مَجموعِ ارقامِ السَّنَوات
sum-of-the-years'-digits method
**مَجْمُوعة** collection; group; bloc(k)
مَجموعةٌ اجتِماعيَّة اقتِصاديَّة
socio-economic group
مَجموعةُ خُطَط او مَشاريع package
مَجموعةُ الدُّوَلِ العَشْر (المُقرِضةِ لِصُندوقِ النَّقدِ الدَّوليّ) Group of Ten

مَجْمُوعةُ السَّبعةِ البُنوك (في جنيف)
Groupement
مَجموعةُ شَرِكات group of companies
مَجموعةُ عَمَل gang; group; unit; action group
مَجموعةُ العُمَلاء . عُمَلاء clientele
مَجموعةُ قَوانين code
مَجموعةٌ مُتَماثِلة set
مَجموعةٌ مَصرِفيَّة bank group
مَجموعةٌ واحِدة in block
خَصْمُ المَجْموعة block discounting
مَجْمُوعات . كَمِّيّاتٌ مُجَمَّعة aggregates
مَجْمُوعاتُ الضَّغْط (في أوساطِ الأعمال)
lobbies or lobby groups
**مُجَهَّز** equipped
مُجَهَّزٌ تَجْهيزًا كامِلاً fully equipped
**مُجَهِّزُ البَيانات** data processor
**مَحا ـ يَمْحو . يَطْمِسُ** obliterate
لا يُمْحى indelible
**مُحاباة** discrimination; bias; favoritism; partiality
**مُحاسِب** accountant
مُحاسِبٌ استِشاريّ
consulting accountant
مُحاسِبٌ تَحتَ التَّمْرين articled clerk
مُحاسِبٌ حُكوميّ government actuary
مُحاسِبٌ عُموميّ public accountant
مُحاسِبٌ قانونيّ chartered accountant
مُحاسِبٌ قانونيّ عُموميّ certified public accountant; chartered public accountant

مُحاسِبٌ مُجاز . مُحاسِبٌ قانونيّ
certified accountant

المحاسِبُ والمُراقِبُ الماليُّ العامّ
accountant and comptroller general

تَقريرُ المُحاسِبين accountants' report

رَئيسُ المُحاسِبين . كَبيرُ المُحاسِبين
chief accountant

زَميلٌ في مَعهَدِ الأُمَناء والمُحاسِبين لِلشُّؤونِ البَلَدِيَّة
chartered municipal treasurer

المُحاسِبونَ المُرَخَّصون
registered accountants

المُراقِبُ والمُحاسِبُ العامّ
comptroller and auditor-general

**مُحاسَبة ـ فَنُّ الحِسابات** accountancy; accounting

محاسَبةُ اتِّخاذِ القَرارات
decision accounting

محاسَبة اجتِماعيَّة social accounting

محاسَبة إداريَّة
management accounting

محاسَبةُ استِهلاكِ الأُصولِ المُتعَدِّدة
multiple asset depreciation accounting

محاسَبةُ إعادةِ التَّقْدير
revaluation accounting

محاسَبة بالبِطاقاتِ المُثَقَّبة
card accounting

محاسَبة بالقَيدِ المُزدَوِج double entry accounting

محاسَبة بِدونِ دَفاتِر bookless accounting; ledgerless accounting

مُحاسَبَةُ التَّصْنيع
manufacturing accounting

المحاسَبة التطبيقيَّة applied accounting

محاسَبة التكالِيف cost accounting

محاسَبةُ تكالِيفِ اوامِرِ الإنْتاج
job order cost accounting

محاسَبةُ تَكلِفةِ مراحِلِ التَّصْنيع (او المُعالَجة) process cost accounting

محاسَبةُ الجُنَيه الكامِل
whole pound accounting

المحاسَبة الحُكوميَّة
governmental accounting

المحاسَبة الخاصَّة private accounting

محاسَبة دَوريَّة cycle accounting

محاسبة الرَّواتِب payroll accounting

محاسَبة الضَّريبة tax accounting

المحاسَبة العَصْريَّة contemporary accounting

المحاسَبة العُموميَّة (القانونيَّة)
public accounting

محاسَبة قَوميَّة national accounting

محاسَبةُ القَيدِ مِنَ المُستَنَدات
slip system accounting

المحاسَبة الماليَّة financial accounting

المحاسَبة المُتكامِلة integral (or integrated) accounting

المحاسَبة المَسؤولة responsibility accounting

محاسَبةُ المَكتَبِ الرئيسيِّ والفُروع
home office and branch accounting

آلاتُ المُحاسَبة accounting machines

إجراءاتٌ مُحاسَبِيَّة
accounting procedures

اساليبُ المُحاسَبة accounting systems

أُسلوبُ المُحاسَبةِ بِمُستَنَداتِ القَيد
voucher system of accounting

بَيانُ المُحاسَبة accounting statement

تَقريرُ المُحاسَبة accounting report

دائرةُ المُحاسَبة accounting department

دَفتَرُ مُحاسَبة account book

دَورة مُحاسَبِيَّة accounting cycle

طُرُقُ المُحاسَبة accounting methods

عَناصِرُ المُحاسَبة accounting elements

القِيمةُ المُحاسَبِيَّة book value

مَبادِىءُ المُحاسَبة
principles of accounting

مُدَّةُ المُحاسَبة accounting period

مَفاهِيمُ المُحاسَبة accounting concepts

مَكتَبُ مُحاسَبة accounting office

مَكتَبُ المُحاسَبةِ العامّ
General Accounting Office

النِّظامُ المَركَزيُّ لمحاسَبةِ الفُروع
centralized system of branch accounting

نَماذِجُ المُحاسَبة accounting models

نَموذَجٌ مُحاسَبيّ لِلتَّنَبُّؤ predictive accounting model

**مُحاسَبة** (عَلى إساءَةٍ او تَقصِير)
impeachment; calling to account

**مُحاسَبة ـ مُراجَعَةُ الحِسابات** audit

دِيوانُ المُحاسَبة audit bureau

**مُحاصَّة** joint adventure

شَرِكةُ مُحاصَّة joint stock company

**مَحاصِيلُ نَقدِيَّة** cash crops

**مُحاضَرة** lecture

**مُحافِظ . حاكِم** governor

**مُحافِظ . تَقلِيديّ** conservative

**مُحافَظة . مَذهَبُ المُحافِظِين** conservatism

**مُحافَظة . حِفْظ** maintenance; retention; preservation

المُحافَظة على العُضوِيَّة maintenance of membership

المُحافَظة عَلى مُستَوى الحُبوبِ المَخْزونة
ever-normal granary

أُصولُ المُحافَظةِ على الصِّحَّة . عِلْمُ الصِّحَّة
hygiene

**مُحاكاة** simulation

**مُحاكَمة** trial

مُحاكَمة امامَ هَيئَةِ مُحَلَّفِين trial by jury

مُحاكَمة جَديدة hearing de novo

مُحاكَمةُ عام ١٩٥٧ بِشأنِ اسعارِ الفائدة
Bank Rate Tribunal (1957)

مُحاكَمة عَلَنِيَّة open trial

مَكانُ المُحاكَمة venue

**مُحامٍ** lawyer; advocate; counsel; attorney at law

مُحامي إجْراء (في إنكلترا) solicitor

مُحامٍ غَشّاش shyster

مُحامي مُرافَعة (في إنكلترا) barrister

مُحامٍ مُوَكَّلٌ لِلدِّفاعِ عَن شَخصٍ مُعَيَّنٍ في دَعوى قَضائِيَّة مُعَيَّنة
ad hoc attorney

**مُحاوَلة** attempt; trial

مُحاوَلةٌ لِتَخْفيضِ الأسعار raid

مُحاوَلاتُ الضَّغْط او التَّأْثير lobbying

**مُحايِد** neutral

رَئيسٌ مُحايِد impartial chairman

مُعَدَّل مُحايِد لِلفائدة neutral rate of interest

نُقودٌ مُحايِدة neutral money

**مُحْتال . غشّاش** crook

مُحْتال (عَلى القانُون) dodger

**مُحْتَجَز . مَحْجوز** retained; detained

الأرباحُ المُحتَجَزة retained earnings

بَيانُ الأرباحِ المُحتَجَزة retained earnings statement

**مُحْتَجَز . مَكانُ احتِجاز** reservation

**مُحتَرِف . مُمتَهِن** professional

**مُحتَكِر** monopolist

مُحتَكِرُ الشِّراء monopsonist

**مُحتَمَل . مُتَوَقَّع** prospective

زَبُون مُحتَمَل prospect

طَلَب مُحتَمَل potential demand

العُمرُ المُحتَمَل (لِلإنْسان) expectancy (or expectation) of life

مُستَثمِر مُحتَمَل prospective investor

مُنافَسة مُحتَمَلة potential competition

**مُحتَوى** content

المُحتَوى الرُّطوبيّ moisture content

**مُحتَوَيات** contents

**مَحْجَر . مَقْلَعُ حِجارة** quarry

**مَحْجوز** detained; retained

مَحجُوزٌ في مُستَودَعِ الجُمرُك (حتّى دَفعِ الضَّريبة) in bond

مَحجُوزٌ لَدَيه garnishee

بَضائعُ مَحجُوزة (مُحتَبَسة) distressed goods

مَدِينٌ مَحجُوزٌ عَلَيه execution debtor

**مُحَدَّب** convex

**مُحَدِّد** determinant

مُحَدِّدُ التَّسْعيرة (في نِظامِ الأجْر بالقِطعة) pace setter

العامِلُ المُحَدِّد limiting factor

مُحَدِّداتُ مُستَوى الإنتاجيَّة determinants of the level of productivity

**مُحَدَّد** determined; definite; fixed; specified; limited

اجَلٌ مُحَدَّد fixed term

اسهُمٌ ذاتُ تاريخٍ غيرِ مُحَدَّد indefinitely dated stocks

بُوليصَةُ تامِينٍ مُحَدَّدَةُ المُدَّة term policy

تَعْرِفة مُحَدَّدة specific tariff

طَلَب مُحَدَّد . طَلَب مُقَيَّد limited order

عَناصِرُ إنتاجٍ غيرُ مُحَدَّدة non-specific factors of production

غيرُ مُحَدَّد . غامِض indefinite

في المَوعِدِ المُحَدَّد on time

مُنَوَّعاتٌ (مِنَ الحُمولة) غيرُ مُحَدَّدةٍ بالإسم not otherwise indexed by name (noibn)

مَوعِدٌ مُحَدَّد appointment

المَوعِدُ المُحَدَّد (او المَضروب) target date

**مُحْدِق . وَشيك** imminent

**مَحْدُود** limited; confined; restricted

مَحدُودٌ بِواسِطةِ ضَمان limited by guarantee

أسهُمٌ مُمتازةٌ مَحدُودةُ الأَرباح
non-participating preferred stock
أمانةٌ مَحدودة limited trust
بَضائعُ مَحدودة (العَدَد) closed stock
خِطابُ اعتِماد مَحدود limited letter of credit
زِيادة مَحدودة marginal increase
سُوقٌ مَحدودة limited market; thin market
شَرِكةُ تَموِيلِ الصِّناعةِ والتِّجارةِ المَحدودة
Industrial and Commercial Finance Corporation Ltd.
شَرِكةٌ ذاتُ مَسؤوليَّة مَحدودة
limited liability company
شَرِكة مَحدودة . شَرِكة مُغْفَلة
limited company
شَرِكة مَحدودة (إيطاليَّة)
societa per azione (s.p.a.)
شَرِكةُ مُساهَمَةٍ مَحدودةٌ لِلأعمالِ المَصرِفيَّة
joint-stock bank
شَريكٌ مَحدود . شَريكٌ مُوصٍ
limited partner
ضَمانٌ مَحدود limited guaranty
عُمرٌ غيرُ مَحدودٍ لِشَرِكةِ المُساهَمة
unlimited life of corporation
عُملةٌ ذاتُ قُوَّةِ إبراءٍ مَحدودة
limited legal tender
قَرْضٌ مَحدودُ الأَجَل term loan
مَسؤوليَّةٌ غيرُ مَحدودة
unlimited liability
مَسؤوليَّةٌ مَحدودة limited liability

مُنافَسة مَحْدُودة limited competition
**مُحَرَّر . مُستَنَد** instrument
**مُحَرِّرُ** (شِيك او كَمْبيالة ، إلخ.) maker
مُحَرِّرُ السَّنَد او الكَمْبيالة
maker of a note
**مُحَرِّك** engine
**مُحَسَّن** improved
سِلْعة مُحَسَّنة (مِمّا يَزيدُها قِيمة)
improved good
غيرُ مُحَسَّن unimproved
**مَحْسُوبِيَّة** favoritism
نِظامُ المَحسُوبيَّة spoils system
**مَحْسُوس** tangible
غيرُ مَحسُوس . رَمْزيّ intangible
مِلْكٌ غيرُ مَحسُوس (غيرُ مَلمُوس)
intangible property
مِلْكٌ مَحسُوس (مَلمُوس)
tangible property
**مَحَصَ — يَمْحَصُ . يُدَقِّقُ** sift
**مُحَصَّل** collected
دُيونٌ مُحَصَّلة collected debts
ذِمَمٌ غيرُ مُحَصَّلة (دُيونٌ غيرُ قابِلةٍ لِلتحصِيل)
uncollectible accounts
شِيكاتٌ غيرُ مُحَصَّلة (شِيكاتٌ بِدونِ رَصِيد)
uncollected cheques
النَّقْدُ المُحَصَّل cash received
**مُحَصِّل . جابٍ** collector
**مَحْصُور** restricted; limited
مِلكيَّة مَحصُورة fee tail
مِلكيَّةٌ مَحصُورةُ المِيراث entail
مِيراثٌ (او مِلْكٌ) مَحصُور (in) tail

ميناءٌ مَحْصُور — blocked port
**مَحْصُول . مَنْتُوج** (زِراعيّ) — produce; crop; harvest
مَحصولٌ مُزدَوِج — double cropping
التأمينُ على المَحاصيل — crop insurance
دَورةُ المَحاصيل — rotation of crops
ضَريبةُ المَحصول — yield tax
نَظَرِيَّةُ المَحصولِ كأساسِ الدَّورةِ الاقتِصاديَّة — Harvest Theory of the Trade Cycle
**مَحْصُول . خَرْج** — output
**مَحْصُول** — yield; product
**مَحْض** — mere; sheer
**مَحْض . صِرْف** — pure
الرِّبحُ المَحْض — pure profit
فائدةٌ مَحْضة — pure interest
مُنافَسة مَحْضة — pure competition
**مَحْضَر** (وَقائع) — minute; minutes
مَحْضَرُ الاجتِماع . وَقائعُ الاجتِماع — minutes of the meeting; minutes
سِجلُّ مَحاضِرِ الجَلَسات — minutes book
**مَحَطّة** — station
مَحطّةُ إذاعة — broadcasting station
مَحطّةُ استِلام (او استِقبال) — receiving station
مَحطّةُ تَحويلِ (القِطارات) — marshalling yard
مَحطّةُ تَوليدِ الطّاقة — power station
مَحطّةُ تَوليدِ القُدْرة (الكَهرَبائيّة) — power-house
مَحطّةُ سِكَكٍ حَديديّة — railway station
مَحطّةٌ طَرَفِيّة — terminal; terminus
ناظِرُ المَحطّة — stationmaster
**مَحْظُور** — forbidden; prohibited; banned
**مَحْظُور . غَيرُ مَشرُوع** — illicit
**مُحَفِّز . حافِز** — incentive
بَضائعُ مُحَفِّزة لِلشِّراء (تُشتَرى دُونَ تَصميمٍ سابِق) — impulse goods
**مَحْفَظة . إضبارةُ سَنَدات** — portfolio
مَحفَظةُ أوراق — brief-case
مَحفَظةُ مُستَنَداتِ الاستِثمار (السَّنَداتُ والأسهُمُ المَشمُولةُ بالاستِثمار) — investment portfolio
**مَحْفُوظات . سِجِلّات** — archives
**مَحْفُوفٌ بِالمَخاطِر** — precarious; dangerous
**مُحَقِّق** — investigator
مُحَقِّقُ تأمين — insurance adjuster
مُحَقِّقٌ قَضائيّ . حَكَم — referee
**مُحَقَّق . مُثْبَت** — asserted; confirmed; ascertained; verified; checked
**مُحَقَّق . مُنْجَز** — realized; accomplished; fulfilled; achieved; ex-post
رِبحٌ مُحَقَّق — realized profit
**مُحْكَم . مَضْبُوط** — precise; exact
**مُحْكَم . وَثِيق** — tight; secure
**مَحْكَمة** — court; tribunal
مَحكَمةُ استِئناف — court of appeal
مَحكَمةُ استِئنافِ دَعاوى الجَمارِك والبَراءات — Court of Customs and Patent Appeals
مَحكَمةُ استِئنافٍ دَوريّة — Circuit Court of Appeals

مَحْكَمَةٌ اميرالِيَّة (بَحْرِيَّة) admiralty court
مَحكَمةُ التَّحكِيم الأهلِيَّة
National Arbitration Tribunal
مَحكَمةٌ تدوينيَّة Court of Record
مَحكَمةٌ جُمْرُكيَّة customs court
مَحكَمة جِنائيَّة (مَحكَمة الجِنايات)
criminal court
مَحكَمة دُنْيا inferior court
مَحكَمة صِناعيَّة industrial court
مَحكَمة الضَّرائب Tax Court
مَحكَمة العَدالة المُطْلَقة Court of Equity
مَحكَمة العَدْل الأوروبيَّة European Court of Justice
مَحكَمة العَدْل الدَّوليَّة International Court of Justice
مَحكَمة عُلْيا superior court; supreme court
مَحْكَمة القانُونِ العامّ Court of Law
المَحكَمة القَوميَّة لِلعَلاقاتِ الصِّناعيَّة
National Industrial Relations Court
مَحكَمة مَدَنيَّة civil court
مَحكَمة المُطالَبات Court of Claims
مَحكَمة المُمارَسات التِّجاريَّة التَّقييديَّة
Restrictive Trade Practices Court
مَحْكَمة المُنازَعات الصِّناعيَّة
Industrial Disputes Tribunal
مَحكَمة النَّقْل transport tribunal
اِستِدْعاءٌ لِلمَحكَمة judgment summons
امْرُ مَحكَمة bench warrant
التأثيرُ على المَحكَمة بالرَّشْوَةِ والإغْراء
embracery

حاجِبُ المَحْكَمة bailiff
خارِجَ المَحكَمة out of court
رَأيُ المَحكَمة dictum
صَدِيقُ المَحكَمة amicus curiae
كاتِبُ المَحكَمة clerk of the peace
مَصاريفُ المَحكَمة court cost
مِنَ المَحكَمة per curiam
مُوَظَّفٌ قَضائيٌّ في مَحكَمةِ العَدالةِ المُطْلَقة
master in chancery
نِظامُ المَحاكِم الفِدراليَّة
federal court system
**مَحَلّ** place; locale; locality; site
محلٌ إقامة domicile
محلٌ إيداع depository
محلٌ إيداعٍ حُكوميّ
government depository
محلٌ إيداعٍ خاصّ special depository
محلٌ إيداعٍ عامّ public depository
محلٌ تِجاريّ . مَخْزَن store
المحلُ الرَّئيسيّ parent store; home store
مَحلٌ الصّانِع manufacturer's store
محلٌ صِرافةٍ لِلعُملات
currency exchange
مَحلٌ صِناعيّ industrial store
مَحلٌ كرِيستي (مَزادُ كرِيستي بِلَنْدَن لِلتُّحَفِ الفَنِّيَّة) Christie's
محلٌ لِتَصريفِ بَضائعِ المَصنَع outlet
مَحلٌ لِلبَيعِ عَن طَريقِ الكاتالُوجات
catalog house
محلٌ لِلطَّلَبِ بالبَريد mail order house

مَحَلٌّ مَبيع (او بائعٌ) بالمُفَرَّق retailer

محلٌّ (مَتْجر) مُقَيَّد (يَبيعُ مَنتوجاتِ المالِكِ فَقَط) tied house (or shop)

دَفاتِرُ المَحَلِّ التِّجاريّ shop books

شُهْرَةُ المَحَلّ goodwill

مَحلّاتُ السِّلسِلة (مَحلاتٌ مُتعَدِّدةُ الفُروع) chain stores

نِظامُ التَّسعِيرِ في مَحَلِّ الإنتاج mill base system

**مَحْلجُ قُطْن** cotton gin

**مُحَلَّف** juror

مُحَلَّف ـ ادَّى القَسَمَ او اليَمين sworn

جَدْوَلُ المُحَلَّفين panel

قَرارُ المُحَلَّفين verdict

هَيئَةُ المُحَلَّفين trial jury; jury

هَيئَةُ مُحَلَّفينَ تحقيقيَّة grand jury

**مَحْلول** solution

مَحلولٌ مُعلَّق suspension

**مَحلّي** local; domestic

مَحلِّيُّ الصُّنع home-made; locally produced

إدارةٌ مَحلِّيَّة local administration

اِستِهلاكٌ مَحلِّيّ home consumption

الإسكانُ والحُكمُ المَحلِّيّ housing and local government

اِعتِمادٌ مَحلِّيّ local credit

إعلانٌ مَحلِّيّ local advertising

تَعرِفة مَحلِّيَّة local rate

حُكومة مَحلِّيَّة local government

خِيارٌ مَحلِّيّ local option

سَنَدٌ مَحلِّيّ . كَمْبيالة مَحلِّيَّة local bill

شَحْن مَحَلِّيّ local freight

شَرِكة مَحلِّيَّة local company

صِناعة مَحلِّيَّة home industry

ضَرائبُ مَحلِّيَّة local taxation

الغِلالُ المُنتَجةُ مَحلِّيًا home-grown cereals

قانُونُ العَمالة المَحلِّيَّة (١٩٦٠) Local Employment Act (1960)

القانونُ المَحلِّيّ lex loci

قُروضٌ مَحلِّيَّة local loans

القِيمةُ الجارِيَةُ مَحلِّيًا current domestic value

مِن صُنْعٍ مَحلِّيّ home-made

مَنتُوجاتٌ مَحلِّيَّة . بَضائِعُ وَطَنيَّة home goods

وَثيقَةُ إدخالِ السِّلَعِ المُستَورَدةِ لِلاستِخدامِ المَحلِّيّ entry for home use

**مُحَمَّل . مَشْحُون** loaded; laden

**مُحَمَّل . مُثْقَل** burdened; encumbered

سَنَدٌ مُحَمَّل (لِشَرِكة أُخرى) assumed bond

**مَحْمُول** borne; carried

مَحمُولٌ بَحرًا (او بِطَريقٍ مائيّ) water borne

مَحمُولٌ جَوًّا air-borne

المَبلَغُ المَحمُول carrying amount

**مَحْمُول . يُطاق** tolerable; bearable

**مُحَنَّك** experienced

**مِحْوَر** axis

دَورةٌ مِحوَريَّة rotation

**مَحُوزات** (مِن سَنَداتٍ واوراقٍ ماليَّةٍ وسِواها) holdings

مُحَوَّل transformed; changed
مُحَوَّلٌ (إلى) assigned
المُحَوَّلُ إليه assignee; remittee; transferee
مُحَوَّل . مَنْقُول transferred; carried forward
أرباحٌ مُحَوَّلة (إلى ما بَعدَه)
profits carried forward
دُخولٌ مُحَوَّلة transfer earnings
سَهمٌ مُحَوَّل assigned stock
وَرَقة تِجارِيَّة مُحَوَّلة negotiated instrument
مُحَوِّل transformer; converter
المُحَوِّل . مُرْسِلُ النُّقود
remitter; remittor
المُحَوِّلُ (لِحَقٍّ او مِلكِيَّة) assignor; transferor
المُحَوِّلة converter
مُحِيط ocean
مُحِيط . بِيئَة environment
مُحِيط . حِتار circumference; periphery
مُعَدّات مُحِيطِيَّة peripheral equipment
مُحِيل . مُحَوِّل assignor
مُخابَرة (هاتِفيَّة) (telephone) call
مُخابَرة . مُزارَعة farming; metayage
مُخابَرة الضَّرائب farming of taxes
مُخاتَلة . مُخادَعة double dealing
مَخازِنُ الإيداع bonded warehouses
مُخاطٌ ويُعَدَّلُ حَسَبَ مُواصَفاتِ المشتَرِي
custom-tailored
مُخاطَرة risk; adventure
مُخاطَرةٌ بَحْرِيَّة (تكونُ فيها البِضاعةُ المَشحُونةُ مُعَرَّضةً لِلخَطَر)
marine adventure
مُخاطَرة مالِيَّة adventure
مَخاطِرُ المِيناء port risks
مُخالَصة acquittance; quittance; clearing
مُخالِف varying; different
مُخالِف . مُناقِض conflicting; contradictory; inconsistent (with)
مُخالِفٌ لِلقاعِدة against the rules
مُخالِفٌ لِنِظامِ الشَّرِكة ultra vires
رَأيٌ مُخالِف dissenting opinion
مُخالَفة breach; violation; infringement
مُخالَفة . تَناقُض contradiction; inconsistency
مُخالَفة قانُونِيَّة offense; contravention
تَعوِيضُ اضرارٍ لِمخالَفةِ العَقْد
damages for breach of contract
شَرطُ مُخالَفةِ القانُون
violating law clause
مُخْبِرٌ (صُحُفِيّ) reporter
مُخْتارٌ . مُنْتَقىً select
مُخْتَبَر . مُجَرَّب tested; tried
أسعارٌ غيرُ مُخْتَبَرة untested prices
مُخْتَبَر . مَخْبَر laboratory
مُخْتَبَرُ ابْحاثِ الطُّرُق Road Research Laboratory
مُخْتَصٌّ . ذو عَلاقةٍ او شَأْنٍ (بِ)
concerned; interested
مُخْتَصٌّ (بِ) . مُتَخَصِّص specialized; specialist (in)

**مُخْتَصَر** abridged; summarized; condensed

بَيانُ الدَّخْلِ المُخْتَصَر condensed income statement

**مُخْتَلُّ العَقْل** insane; mad; deranged; non compos mentis

**مُخْتَلِط . مُمْتَزِج** mixed

اِقتِصادٌ مُختَلِط mixed economy

تَعرِفة مُختَلِطة mixed tariff

تَكاليفُ مُختَلِطة mixed costs

حِسابٌ مُختَلِط (حِسابٌ مُشتَرَك) mixed account

دَخْلٌ مُختَلِط mixed income

مُعَدَّلُ الأُجرةِ لِلحُمولةِ المُختَلِطة mixed carload rate

**مُختَلِطُ المَولِد . هَجِين** hybrid

**مُخْتَلِف** different; varying; dissimilar; varied; diverse; variant

بُنودٌ مُختَلِفة miscellaneous items

قُيودٌ مُختَلِفة miscellaneous entries

**مُخْتَلِفٌ** (عَلى) disagreeing (about)

**مُخْتَلَق** fabricated; made-up; invented

**مُخَدِّر** drug; dope; narcotic

تِجارةُ المُخَدِّرات drug traffic

**مُخَرِّب . هَدّام** subversive

**مَخْرَج** exit; outlet; vent

**مُخْرَج . خَرْج** output

مُدْخَلات ومُخْرَجات input-output

**مُخْرَج . مُسْتَلّ** (مِن كِتابٍ او سِواه) excerpt; extract

**مُخْرَجات** extrants

**مُخَرَّم** perforated

بِطاقاتُ الأسعارِ المُخَرَّمة pin-punched price tags

الشَّريطُ المُخَرَّم perforated tape

**مَخْزَن . مُستَودَع** store; store-room; depot; depository; warehouse

مَخزَنُ استيداع entrepot

مَخزَنُ إيداعٍ بإشرافِ إدارةِ الجَمارِك bonded warehouse

مَخزَنُ (الحاسِبةِ الآليَّة) store (of computer)

المَخزَن المَغْنَطيسيّ magnetic store

أمينُ المَخزَن stock keeper

تَسْليمُ المَخزَن . خارِجَ المَخزَن ex warehouse

تَسْليمُ مَخزَنِ المُشتَري store-door delivery; franco; rendu

حِسابُ ضَبْطِ المَخازِن stores control account

سِجِلُّ المَخزَن store record

طَلَبُ (تَسْليمِ) موادٍّ مِنَ المَخازِن store requisition

في المَخزَن in stock

مُستَنَدُ صَرْفِ بِضاعةٍ مِن مَخزَن warehouse warrant

مِنَ المَخزَنِ إلى المَخزَن warehouse to warehouse

**مَخْزَن . مَحَلٌّ تِجاريّ** store; shop; department store

مَخزَنُ أدوِية (في الوِلاياتِ المُتَّحِدةِ الأمريكيَّة) drugstore

مَخْزَنُ تِجارةٍ عامَّة
general merchandise store
مَخزَنٌ لِبَيعِ اصْنافٍ مُتَنَوِّعةٍ بِالمُفَرَّق
variety retail store
مَخزَنٌ لِلقيمة (وَصْفٌ لِلنُّقودِ في حالةِ انعِدامِ التَّضَخُّم)
store of value
مَخزَن مُنَوَّعات
variety store
**مَخزون** stored (up); warehoused
**المَخزُون** stock
مَخزُونُ الأمان safety stock
مَخزُونُ البِضاعة merchandise inventory; stock
مَخزُونُ البِضاعةِ الجاهِزة
finished goods inventory
مَخزُونٌ جاهِز (لِلتَّسْليمِ الفَوريّ)
spot stock
مَخزُونٌ سِلْعيّ inventory
المَخزُون عِندَ الجَرْد stock at valuation (s.a.v.)
مَخزُونٌ مُنَظِّم (او مُعادِل) buffer stocks
مَخزُون المَوادّ الخام raw materials inventory
بَيانُ تَسجيلِ البِضاعةِ المَخزُونة
stock record card
تَقْييمُ المَخزُون valuation of stock
جَرْدُ المَخزُوناتِ المُستَمِرّ
continuous stocktaking
دَفتَرُ المَخزُون stock book
دَورةُ مَخزُونِ البِضاعة merchandise inventory turnover
طَريقةُ المَخزُونِ الاساسيّ (طَريقةُ احتِسابِ قِيمةِ المَخزُون بِأسعارِ الشِّراء)
base stock method
مُراقَبةُ المَخزُون (السِّلْعي) stock control
مُستَوى المَخزُوناتِ الحَدِّيّ
marginal stock level
**مُخَصَّص** allotted; ear-marked; allocated
الفائضُ المُخَصَّص appropriated surplus
**مُخَصَّص . كَمِّيّةٌ مُخَصَّصة** allotment; quota; appropriation; allowance
مُخَصَّصاتُ الإعلان
advertising allowance
مُخَصَّصاتُ المُواظَبة attendance money
**مَخصُوم** discounted
الكَمْبيالاتُ المَخصُومة bills discounted
**مُخَطِّط . خَبيرٌ في التَّخطِيط** planner
**مُخَطَّط . مَرسُوم** planned; designed
التَّحْديدُ المُخَطَّط لِمَواقِعِ الصِّناعة
planned location of industry
الرِّبحُ المُخَطَّط (او المُستَهدَف) .
target profit
الصِّيانةُ المُخَطَّطة planned maintenance
**مُخَطَّط . تَصْميم** plan; scheme; chart; diagram
مُخطَّط اقتِصاديّ economic scheme
مُخطَّطُ بيانِ التَّقَدُّم progress chart
مُخطَّط بَيانيّ (graphic) chart
مُخطَّط التَّراجُع regression chart
مُخطَّط التَّشغيل operating plan
مُخَطَّطُ تَوزيعِ التَّواتُر histogram
مُخَطَّطُ تَوزيعِ العَمَل
work distribution chart

مُخَطَّطُ الحِسابات — accounts chart

مُخطَّط الطُّرُق — route diagram

مُخطَّط العَمَليَّة — operation chart

مُخَطَّط هَيكليّ — structural chart

**مَخطُوطة** — manuscript

**مُخفَّض** — reduced; brought down; knocked down

اسعارٌ مُخَفَّضة — prices scaled down

الإغواءُ بِالسِّعرِ المُخَفَّض — leader merchandizing

تَعرِفةٌ مُخَفَّضة — reduced tariff

تَقْييمٌ مُخَفَّض — undervaluation

دَوامٌ مُخفَّض — short-time

سِعرٌ مُخَفَّض — reduced rate; reduced price

**مَخْفِيّ** — hidden; concealed

اَصْلٌ مَخْفِيّ (الفَرْقُ بينَ سِعرِ الاَصْلِ الدَّفتَريِّ والحَقِيقيّ) — hidden asset

**مُخْلِص** — loyal; faithful; devoted; sincere

مُوَظَّفٌ مُخْلِص — loyal employee

**مُخَمِّن** — appraiser; assessor; valuer

مُخَمِّنُ تامِين . مُحَقِّقُ تامِين — insurance adjuster

**مُخَمَّن** — assessed; estimated; appraised

القِيمةُ المُخَمَّنة — estimated value

**مَخنَق . عائق** — bottleneck

**المَدّ . المَدُّ والجَزر** — tide

ارضُ مَدٍّ وجَزر — tidal land

مِياهُ المَدّ . مِياهُ النَّهر او الجُون التي تتأثَّرُ بالمَدِّ والجَزْر — tidal waters

**مَدًى** — range; scope; extent

مَدى الاَضْرار — degree of damage

مَدى الرَّقابة — span of control

مَدى الضَّرَر — extent of damage

المَدى الطَّويل — long run

مَدًى قَصير — short-term period

المَدى القَصير والمَدى الطَّويل — long period and short period

مَدى المَزايا التَّفضِيليَّة — extent of preference

المَدى المُناسِب (لِلإنتاج) — relevant range

بُوليصَةُ تامِينٍ لِمَدى الحَياة — whole life policy

تَخطِيطٌ طَويلُ المَدى او الاَجَل — long range (or long term) planning

في مَدى — inside of

مُستَاجِرٌ لِمَدى الحَياة — tenant for life

**مُداوِل** — negotiating

البَنكُ المُداوِل (في نِطاقِ الاعتِماداتِ المُستَنديَّة) — negotiating bank

**مُداوَلة** — negotiation; discussion; parley; deliberation

**مُداوِم . مُستَمِرّ** — continuing; continuous

**مُداوِم . مُثابِر** — perseverant; persistent

مُداوِمٌ كامِلُ الدَّوام — full-timer

مُوَظَّفٌ (او عامِل) نِصْفُ مُداوِم — half-timer

**مُداين . دائن** (أنظُر مُدَيِّن)

**مُدَبِّرةُ المَنْزِل** — housekeeper

**مِدبَسَةُ اوراق . دَبّاسة** — stapler

**مُدَّة** — duration; period; time; term

المُدَّةُ الأساس — base period

مُدَّةُ الاستِثمارِ المُتوسِّط المُتكافِىء equivalent mean investment period

مُدَّةُ استِردادِ النَّقدِ المُستثمَر cash payback period

مُدَّةُ التَّحصِيل collection period

مُدَّةُ الخِدمة . فَترةُ الاستِعمال service life

مُدَّةُ الضَّمان duration of guaranty

مُدَّةُ المُحاسَبة accounting period

مُدَّةُ الوَظيفة term of office

بِضاعةُ آخِرِ المُدَّة stock in trade

تَسوياتُ مُدَّةٍ سابِقة prior period adjustment

تَكلِفةُ المُدَّة period cost

الفائضُ في أوَّلِ المُدَّة initial surplus

مُضِيُّ المُدَّة (بِالتَّقادُم) prescription

**مُدَّخَرات** savings

مُدَّخَراتٌ جاهِزة (غيرُ مُستَثمَرة) fluid savings

مُدَّخَراتٌ شَخصِيَّة personal savings

مُدَّخَراتُ المُنشَأة (اي الارباحُ غيرُ المُوَزَّعة) business savings

مُدَّخَراتٌ وَطَنيَّة national savings

اسهُمُ مُدَّخَرات savings bonds

إطلاقُ المُدَّخَرات dishoarding

بُنوكُ اوصِياءِ المُدَّخَرات trustee savings banks

نَظَريَّةُ العَلاقةِ بينَ الاستِثمارِ والمُدَّخَرات saving/investment theory

**مَدخَل . دُخول** intake

المَدخَلُ المُتَعَدِّد multi-access

**مُدخَل . دَخْل** input

مُدخَلات ومُخرَجات input-output

**مَدَّدَ ـ يُمَدِّدُ . يُطِيلُ** prolong

يُمَدِّدُ (العَقدَ او مَوعِدَ الاستِحقاق) extend

يُمَدِّدُ اجَلَ الدَّين fund

**مُدَرِّب** trainer

**مُدرَج** included; entered

مُدرَجٌ (في قائمةٍ مُعتَمَدة) listed

اسهُمٌ مُدرَجة (في تَسعِيرةِ البُورْصة) quoted securities

شَرِكةٌ مُدرَجةُ الاسهُم (في تَسعِيرةِ البُورْصة) quoted company

**مُدَرِّس . مُعَلِّم** instructor

**مَدرَسة . مَذهَب** school

مَدرَسةُ الاعمالِ المَصرِفيَّة التِّجاريَّة Commercial Banking School

المَدرَسةُ التاريخيَّة historical school

مَدرَسة تِجاريَّة business school

مَدرَسة التِّجارِيِّين mercantiles school

المَدرَسة التَّقليدِيَّة Classical School

المَدرَسة التَّقليدِيَّة الحَديثة Neo-classical School

المَدرَسة السُّوَيديَّة Swedish School

مَدرَسة شِيكاغو Chicago School

مَدرَسة العُملة Currency School

المَدرَسة الفَرْديَّة individual school

مَدرَسة فِكريَّة school of thought

مَدرَسة كَمبرِدج Cambridge School

مَدرَسة لَندَن للاقتِصادِ والعُلومِ السِّياسيَّة London School of Economics and Political Science

مَدْرسة مانشِسْتَر Manchester School
المَدرسة المَصرِفيَّة Banking School
مَدرسة مِهنِيَّة vocational school
المَدرسة النَّقدِيَّة monetary school
المَدرسة النِّمساوِيَّة Austrian School
**مُدَّعٍ** (في دَعوَى) plaintiff
المُدَّعي بِالغَلط plaintiff in error
جَوابُ المُدَّعي replication
**مُدَّعٍ . مُطالِب** claimant; claimer
**مُدَّعٍ عامّ . نائبٌ عامّ** attorney general; public prosecutor
**مُدَّعًى عَلَيه** defendant; respondent
دَفْعُ (او جَوابُ) المُدَّعى عَلَيه plea
**مَدعُوم** sustained; supported
سُوقٌ مَدعُومة (ثابِتة وقَوِيَّة) buoyant market
**مِدفَاة** hearth; heater; stove
ضَرِيبةُ المَدافِىء hearth money
**مَدفُوع . مُسَدَّد** paid
مَدفُوعٌ مَعَ الِاحتِجاج paid under protest
إجازةٌ مَدفُوعة paid vacation
أُجرةُ النَّقْلِ مَدفُوعة carriage paid
أُجرةُ نَقْلٍ مَدفُوعة paid freight
أُجرةُ نَقْلٍ مَدفُوعةٌ سَلَفاً prepaid freight
اسهُمٌ مَدفُوعةُ القِيمةِ جُزئيّاً part-paid stock
اِكتِتاباتٌ غيرُ مَدفُوعة unpaid subscriptions
إيجارٌ مَدفُوعٌ سَلَفاً prepaid rent
بُولِيصَةُ تأمِينٍ مَدفُوعة paid-up policy
دَخْلٌ مَدفُوعُ الضَّرِيبة franked income
راسُ المالِ المَدفُوع paid-up capital
زِيادةُ راسِ المالِ المَدفُوع additional paid-in capital
الفائدةُ المَدفُوعةُ مُقَدَّماً prepaid interest
مِلَفُّ مُستَنَداتِ القَيدِ غيرِ المَدفُوعة unpaid voucher file
نَفَقاتُ التَّسلِيمِ المَدفُوعةُ مُقَدَّماً prepaid delivery charges
النَّفَقاتُ المَدفُوعةُ مُقَدَّماً prepaid expenses
نَفَقاتُ النَّقلِ المَدفُوعةُ مُقَدَّماً prepaid transportation charges
**المَدفُوعُ له . المُستَفِيد** payee
**مَدفُوعات** payments
مَدفوعاتُ بِطالةٍ مُمتَدَّة extended unemployment benefits
مَدفوعاتٌ تَحوِيلِيَّة transfer payments
مَدفوعاتٌ تَعوِيضِيَّة compensating payments; compensation payments
مَدفوعاتٌ دَولِيَّة international payments
مَدفوعاتُ الصُّندوق cash disbursements
مَدفوعاتٌ صُوَرِيَّة fictitious payments
مَدفوعاتٌ لِلعَمالةِ الزّائدة redundancy payments
مَدفوعاتٌ مُتبَقِّيَة residual payments
مَدفوعاتٌ مُؤَجَّلة deferred payments
مَدفوعاتٌ نَقدِيَّة cash payments
إيراداتٌ ومَدفوعاتٌ غيرُ مَنظُورة "invisibles"

تَوازُنُ المَدفُوعاتِ الدُّوَليَّة equilibrium of international payments

مِعيارُ المَدفوعاتِ المُؤَجَّلة standard of deferred payments

مِيزانُ المَدفوعات balance of payments

مِيزانُ مَدفوعاتٍ مُلائم favourable balance of payments

يَومِيَّةُ المَدفوعاتِ النَّقدِيَّة cash payments journal

**مُدَقِّق . مُتَفَحِّص** scrutineer

مُدَقِّقُ حِسابات auditor

مُدَقِّقٌ داخِليّ internal auditor

تَقريرُ مُدَقِّقِ الحِسابات report of auditor; audit(or's) report

**مُدَقِّقة . آلةُ تدقيقٍ وتَحَقُّق** verifier

**مَدلُولاتُ النَّظَرِيَّةِ الاقتِصادِيَّة** data of economic theory

**مُدْمَج . مُوَحَّد** consolidated

**مَدمُوغ** stamped; franked

دَخْلٌ مَدمُوغ franked income

نُقودٌ مَدمُوغة stamped money

**مُدُن** (اُنْظُرْ مَدِينة) towns

**مَدَنيّ** civil; urban

تَأمينٌ ضِدَّ المَسؤوليَّةِ المَدَنيَّةِ تِجاهَ الغَير public liability insurance

خِدْمة مَدَنيَّة civil service

دَعْوى حُقوقيَّة (او مَدَنيَّة) civil action

الدِّفاعُ المَدَنيّ civil defense

الشُّؤونُ المَدَنيَّة civil affairs

قانونٌ مَدَنيّ civil law

مَحكَمةٌ مَدَنيَّة civil court

مُديرِيَّةُ الطَّيَرانِ المَدَنيّ civil aviation directorate

مَسؤوليَّةٌ مَدَنيَّة public liability

مُهَندِسٌ مَدَنيّ civil engineer

مُوَظَّف مَدَنيّ civil servant

مِيزانيَّة النَّفَقات المَدَنيَّة civil votes

**مُدَوَّر** round; circular

أرقامٌ مُدَوَّرة (أو مُقَرَّبة) round figures

**مُدوزَن . مَضبُوطٌ على مُعَدَّلٍ مُعَيَّن** tuned

**مُدِير** director; manager; administrator; head; chief

مُديرٌ إقليمِيّ area manager; regional director

مُديرُ التَّرِكة administrator of estate

مُديرُ التَّسليف credit manager

المُديرُ التَّنفيذيّ executive director

مُديرُ التَّوظِيف personnel officer

مُديرٌ خارِجيّ outside director

مُديرٌ داخِليّ inside director

مُديرُ دارِ سَكِّ النُّقود Master of the Mint

مُديرُ دائرةِ المُشتَرَيات . مَسؤولُ الشِّراء purchasing officer

مُديرٌ دُمْيَة . مُديرٌ صُوريّ (يَعمَلُ بِتوجيهاتِ شَخصٍ آخَر) dummy director

مُديرُ الشَّرِكة company director

مُديرُ شُؤونِ المُوَظَّفِين staff manager; director of personnel; personnel manager

مُديرُ الصَّفِ الأوَّل first-line manager

مُديرُ الصِّنْف brand manager
مُديرٌ عامٌّ director general; general manager
المُديرُ العامُّ لِمَصلَحةِ البَريد
postmaster-general
مُديرُ العَلاقاتِ بالعُمَلاء
account executive
مُديرُ العَلاقاتِ العامَّة public relations officer (P.R.O.)
مُديرُ الفَرْع branch manager
مُديرُ المال procurator
مُديرُ المَبيعات sales manager
مُديرُ المَبيعاتِ في الأسواق
field sales manager
مُديرُ المُحاسَبة . كَبيرُ المُحاسِبين
chief accountant
مُديرٌ مُشتَرَك interlocking director
مُديرُ مَكتَبِ البَريد postmaster
مُديرٌ مُنتَدَب managing director
مُدير المِنطَقة district manager
تَعَهُّدُ مُديرُ التَّرِكة administrator's bond
مالِكٌ مُدير (او إداريّ) managing owner
المُديرون directors
مُساعِدُ مُدير assistant manager
**مُدِيرِيَّة** directorate; main department
مُديرِيَّةُ الجَمارِكِ العامَّة
general customs directorate
مُديرِيَّةُ الطَّيرانِ المَدَنيّ
civil aviation directorate
**مَدِين** debtor
مَدِينٌ شَريك joint debtor

مَدِينٌ قانونيّ . مَدِينٌ بِمُقتَضى حُكم
judgment debtor
مَدينٌ مَحجُوزٌ عَلَيه execution debtor
مَدينٌ يَتَهَرَّبُ مِنَ الدَّفع skip
إنّي مَدِينٌ لَكَ I.O.U., I owe you
تأمينٌ ضِدَّ تَخَلُّفِ المَدِينينَ عَنِ الدَّفْع
credit insurance
حِساباتُ المَدِينين receivables
مُقتَفي آثارِ المَدينِ المُتَهَرِّبِ مِنَ الدَّفْع
skip-tracer
**مَدِين . مَدْيُون** endebted; indebted
ارصِدةٌ مَصرِفيَّة مَدِينة bank debits
تَحديدُ عُمرِ الذِّمَمِ المَدينة
aging accounts receivable
حِسابٌ مَدين accounts receivable; debit account; bank debit
دَولة مَدينة debtor nation
مَبلَغ مَدين debit
ميزانٌ (مَدفوعاتٍ) مَدين adverse balance
**مُدَيِّن . دائن** money-lender; creditor
مُدَيِّنُ رُهُون pawnbroker
**مَدِينة** town; city
مَدينةُ الاحتِياطيّ (في الوِلاياتِ المُتَّحِدة)
Reserve City
مَدينةُ الاحتِياطيِّ الفِدراليّ (فيها فَرعٌ لِمَصرِفِ الاحتِياطيِّ الفِدراليّ)
Federal Reserve City
مَدينةٌ (او بَلْدة) بِها مَكتَبُ بَريد
post town
مَدينةُ السُّوق market town
مَدينةُ الشَّرِكة company town

تَخطِيطُ المُدُن city planning
تَركِيزٌ ضِمنَ المَدينة intra-city concentration
الحَرَكة في المُدُن traffic in town
مُدُن جَدِيدة new towns
مُدُن سَكَنِيَّة (ليسَ فيها صِناعات) dormitory towns
مُقاصَّةُ المَدينة town clearing
مديُون . مَدِين indebted
مديُونيَّة indebtedness
شَهادةُ المَديُونيَّة certificate of indebtedness
مُستَنَدُ مَديُونيَّة instrument of indebtedness
مذاكَرة deliberation
مذعُور scared; alarmed; panicky
شِراءٌ مَذعُور scare buying
مذكِّرة memo; memorandum; note; reminder
مُذكِّرة (بمُلَخَّص الدَّعوى) brief
مذكِّرة اتِّفاق articles of agreement
مذكِّرة الإحالة reference slip
مذكِّرة إحْضار subpoena
مذكِّرة اداء satisfaction piece
مذكِّرة تَحصِيل collecting note
مذكِّرة تَغطِيَة cover note
مذكِّرة شَحْن shipping note; freight note
مذكِّرة شِراء bought note
مذكِّرة طَلَب request note
مذكِّرة قَضائيَّة judgment note

مُذَكِّرةُ المَبيعات sold note
مذكِّرةٌ مَدينة (إشعارٌ مَدِين) debit memo
مذكِّرةٌ مُؤَقَّتة (في اعمالِ التَّامين) slip
دَفتَرُ مُذَكِّرات memo pad
شِيكٌ بِمُذَكِّرة memorandum check
مَذهَب doctrine
مَذهَب . طَرِيقة practice; school
مَذهبُ الأبَوِيَّة (سِياسةُ الدَّولةِ في الرِّعايةِ الاجتِماعيَّة لِلمُواطِنين) paternalism
مَذهبُ اتِّحاديّ federalism
مَذهبُ الأحرارِ المُتَطَرِّفين . الراديكاليَّة radicalism
مَذهبُ الإسمِيَّة . إسمِيَّة nominalism
مَذهبُ الإنسانِيَّة (مَحبَّةُ الخَيرِ العامّ لِلمُجتَمَع) humanitarianism
المَذهبُ التاريخيّ (في كَيفيَّةِ قِيامِ النُّظُمِ الاقتِصاديَّة) Historical School
مَذهبُ التِّجاريَّة . التِّجاريَّة mercantilism
المَذهبُ التجْرِيبيّ empiricism
مَذهبُ التدَخُّليَّة . تَدَخُّليَّة interventionism
مَذهبُ التضامُن . التَّضامُنيَّة solidarism
مَذهبُ التطَوُّر evolutionism
المَذهبُ التقلِيدِيّ الحَدِيث neo-classicism
المَذهبُ التوَسُّعيّ expansionism
المَذهبُ الحُرّ (تَرْكُ الحُرِّيَّةِ الاقتِصاديَّة لِلأفْراد) liberalism
المَذهبُ الحُرّ الحَدِيث neo-liberalism
مَذهبُ الحِسِّيَّة . حِسِّيَّة sensualism
مَذهبُ الرَّشادة rationalism

مَذْهَبُ السُّلُوك behaviorism; behaviourism

مَذهبُ عَدَمِ التدَخُّل . حُرِّيَّةُ التجارةِ وحُرِّيَّةُ العَمَل laissez (or laisser) faire

مَذهبُ العِلميَّة . العِلميَّة scientism

مَذهبٌ فِدراليّ federalism

مَذهبُ الفَردِيَّة. الفَردِيَّة individualism

مَذهبُ اللّاعَقلانِيَّة irrationalism

مَذهبُ اللذَّة (مَبْدا إشْباعِ الحاجاتِ بِأقَلِّ تَكلِفة) hedonism

المَذهبُ المِثاليّ . المِثالِيَّة idealism

مَذهبُ المُحافِظين . مُحافَظة conservatism

مَذهبُ المُساواة egalitarianism

مَذهبُ المَنفعة . النَّفْعِيَّة utilitarianism

المَذهبُ النِّسبِيّ relativism

المَذهبُ النَّفْسانيّ psychological school

مَذهبُ الواقِعيَّة . الواقِعيَّة realism

**مُذَهَّب** gilt

مُذَهَّبُ الأطْراف ـ مُمتاز . مَضمُونُ القِيمة (مِنَ الأسهُمِ والسَّنَدات) gilt-edge(d)

**مَرَّ ـ يَمُرُّ** pass

**مِرآب** garage

**مُرابٍ** usurer

مُرابي القُروض loan shark

**مُرابَطةٌ جَماعيَّة لِسَدِّ مَنافِذِ المُؤَسَّسة** (في أثناءِ الإضْراب) mass picketing

**مُراجَحة** (المُتاجَرةُ الآنِيَّة لِلاستِفادةِ مِن فُروقِ اسعارِ الصَّرْف) arbitrage

مُراجَحة بَسيطة (بُورْصة) simple arbitrage

مُراجَحةٌ مُرَكَّبة compound arbitrage

**مُراجِع . مُراقِب** (حِسابات) auditor; controller

**مُراجَعة** review; check

المُراجَعةُ التعْدِيليَّة (او التنْقِيحيَّة) revisionism

مُراجَعة الحِسابات auditing

المُراجَعة المُتَكافِئَة parity check

مُراجَعة مُزدَوِجة cross checking

مُراجَعة المِيزانية budget review

دَعوى مُراجَعة الحُكْم audita querela

الطَّرِيقةُ التخْطِيطيَّة لِلتقْدِيرِ والمُراجَعة graphical evaluation and review technique (GERT)

طَريقةُ تَقْديرِ (تَقْييم) ومُراجَعةِ البَرنامَج programme evaluation and review technique (PERT)

قائمةُ المُراجَعة check list

مِيزانُ المُراجَعة account balance

مِيزانُ المُراجَعة الخِتاميّ (بعدَ إقْفالِ الحِسابات) post-closing trial balance

**مُراسِل** correspondent; reporter

بَنكٌ مُراسِل correspondent bank

البَنكُ المُراسِل (في نِطاق الاعتِماداتِ المُستَندِيَّة) negotiating bank

**مُراسَلات . اتِّصالات** communications; correspondence

التَّدرِيبُ بِدِراسةِ المُراسَلاتِ الوارِدة in-tray training; in-basket training

كاتِبُ مُراسَلات correspondence clerk

**مَراسِم . بُروتوكول . تَشرِيفات** protocol
**مُرافعة** proceedings at law
يَفتَتِحُ المُرافَعة open the pleadings
**مَرافِق** (أُنظُر مَرْفِق) facilities
**مُراقِب** observer
**مُراقِب** (حِسابات) **. مُراجع** controller
مُراقِبُ الحِسابات . مُراقِبٌ ماليّ comptroller
مُراقِبُ الدَّوام time clerk
مُراقِبُ عُمّال overseer
مُراقِبُ العُمْلة controller of the currency
مُراقِبٌ ماليٌّ عامّ comptroller general
مُراقِبُ المَتْجَر floorwalker
مُراقِبُ المُوازَنة budget controller
المُراقِبُ والمُحاسِبُ العامّ comptroller and auditor-general
المُحاسِبُ والمُراقِبُ الماليّ العامّ accountant and comptroller general
**مُراقِب . مُشرِف** superintendent; supervisor
**مُراقِب** (مَنشُورات) censor
**مُراقَبة** control; supervision
مُراقَبةُ إجراءِ الجَرْد inventory control
مُراقَبةُ الاداء بالمُعايَنة performance sampling
مُراقَبةُ الاستِثمار control of investment
مُراقَبةُ الاستِمارات forms control
مُراقَبةُ الاسعار price control
مُراقَبةُ الإنتاج production control

مُراقَبةُ الإيجارات rent control
مُراقَبةُ البِضاعةِ المَوجُودة inventory control
مُراقبةُ التَّحوِيل exchange control
مُراقبةُ التَّسلِيف credit control
مُراقبةُ الحُضور . تَسجِيلُ ساعاتِ العَمَل timekeeping
مُراقبةٌ داخِلِيَّة . رَقابةٌ داخِلِيَّة internal control
مُراقبةُ الدَّولة government supervision
مُراقبةُ العَمالة . ضَبْطُ العَمالة labour control
مُراقبةُ العَمَل بِالمُعايَنة work sampling
مُراقبةُ الفَعالِيَة بِالمُعايَنة activity sampling
مُراقَبةٌ فَنِّيَّة technical check; technical control
مُراقبةُ الكِفايَةِ الاقتِصادِيَّة efficiency audit
مُراقبةُ المَخزون (السِّلْعيّ) stock control
مُراقبةُ المِيزانِيَّة budgetary control
مُراقبةُ النَّوعِيَّة (او الجُودة) quality control
مُراقبةُ النوعِيَّة (الجُودة) إحْصائيّاً statistical quality control
مُراقبةُ النَّوعِيَّةِ الكُلِّيَّة total quality control
الإختِلافُ المُمكِنُ مُراقَبتُه controllable variance
الاساليبُ العامَّةُ لِمُراقَبَةِ المَكاتِب universal office controls

التَّخطيطُ والمُراقَبَةُ المُتكامِلان integrated planning and control
تَكاليفُ يُمكِنُ مُراقَبَتُها controllable costs
حِسابُ المُراقَبة control account; controlling account
حِسابُ مُراقَبَةِ النَّفَقاتِ العامَّة overhead control account
رَسْمٌ بَيانيٌّ لِلمُراقَبة C chart
رَقْمُ المُراقَبة check number
**مُراقَبة . مُلاحَظة** observation
**مُراهَنة** gambling
رُسُومُ المُراهَنات betting duties
عَقْدُ مُراهَنة wagering contract
**مُراوِغ** dodger
**مُربِح . مُكسِب** remunerative
غيرُ مُربِح . لا يَستَهدِفُ الرِّبح non-profit
**المَرْبَحِيَّة** profitability
**مَرْبَط** stall
**مُرَبَّع** square
أُسلوبُ أَقَلِّ المُرَبَّعات least squares method
أَقَلُّ المُرَبَّعات (أَقَلُّ مُرَبَّعاتِ الاعداد) least squares
**مُرَبِّي مَواشٍ** stock-breeder
**مَرَّة** once
سِعرُ نَشرِ الإعلانِ مَرَّةً واحِدة one-time rate
**مُرتاب . مُتَشَكِّك** suspicious
**مُرتاد . زَبُون** patron
**مُرَتَّب** orderly
**مُرَتَّب . مَعاش** stipend
مُرَتَّبُ (او مَعاشُ) التَّسريح dismissal wage
**مُرَتِّبة . آلَةُ تَرتيبِ البِطاقات** collator
**مَرْتَبة . رُتْبة** rank
اذنى مَرْتَبَةً junior
**مُرْتَبِط** connected; linked
بَينَ الشَّرِكاتِ المُرتَبِطةِ مَعاً intercompany
مَصرِفٌ مُرتَبِط associated bank
**مُرتَجَع ـ سِلعة مُرتَجَعة** returned article
**مُرتَجَعاتُ الشِّراء** purchase returns
دَفتَرُ المُرتَجَعات returns book
**مُرتَجَل** offhand
وَسائلُ مُرتَجَلة improvised means
**مُرتَدّ ـ التَّغْذِية المُرتَدَّة** feedback
**مُرتَزِق . مَأجُور** mercenary
**مُرتَفِع** high; elevated
أُجورٌ مُرتَفِعة high wages
حَسْمٌ (خَصْمٌ) مُرتَفِعُ السِّعر shaving
سُوقٌ مُرتَفِعةُ الأسعار bull market
عائداتٌ مُرتَفِعة high returns
يُسَعِّرُ بِسِعرٍ مُرتَفِع (يَتَعَذَّرُ مَعَهُ كَسْبُ أسواقٍ خارِجيَّة) price out of market
**مُرتَقَب ـ العُمرُ المُرتَقَب** life expectancy
**مُرتَهِن** mortgagee; pledgee
دائنٌ مُرتَهِن loan holder
شَرْطٌ (لِمَصلَحَةِ) المُرتَهِن mortgagee clause
**المُرتَهَنُ لَدَيه . المُقرِضُ بِرَهْن** pawnee
**مُرَجَّح** probable; likely
مُعَدَّلٌ مُرَجَّح weighted average
**مُرَجِّح ـ صَوتٌ مُرَجِّح** casting vote

**مُرجع ـ دفتَرُ يوميَّةِ المُشتَريات المُرجَعة**
purchase return journal

نَقلٌ مُرجَع — back-haul

**مرجع ، مصدَرُ استِعلام** — reference (ref.)

**مرجع ، مُستَند** — reference work

مرجِعٌ اخِير — last resort

المَرجِعُ إنِ اقتَضَتِ الحاجةُ ، ضامِنُ الكَمْبيالة
referee in case of need

مَرجِعٌ تِجاريّ — trade reference

مرجِعٌ مَصرِفيّ (لِلتَّحَقُّقِ مِن قُدْرةِ العُمَلاء)
banker's reference

**مُرَحَّل** — brought forward

مُرَحَّلٌ إلى اسفَلِ الصَّفْحة
carried down (c/d)

مُرَحَّلٌ إلى ما بَعدَه (او إلى صَفْحةٍ تالِيَة)
carried forward (c/f)

**مرحَلة** — stage; phase

مَرحَلةُ السَّيرِ نَحوَ النُّضج (الاقتِصاديّ)
drive to maturity

مَرحَلةُ الصُّعود — upward phase

مَرحَلةُ الكَساد (في الدَّورةِ الاقتِصاديَّة)
down swing; downward swing; downward phase

مُحاسَبةُ تَكلِفةِ مَراحِلِ التَّصنِيع (او المُعالَجة)
process cost accounting

مَراحِلُ النُّمُوِّ الاقتِصاديّ
stages of economic growth

**مُرَحَّلون** — displaced persons

**مَرحَليّ ـ حِساباتٌ مَرحَليَّة**
interim accounts

**المُرَخِّص** — licensor

**مُرَخَّص ـ بائعٌ مُرَخَّصٌ له** — licenced dealer

راسُ المالِ المُرَخَّصُ بِه — registered capital

سِمْسارٌ مُرَخَّصٌ له — licensed broker

المُحاسِبون المُرَخَّصون
registered accountants

المُرَخَّصُ لَه — licensee

نِقابةٌ غيرُ مُرَخَّصة (في العُصورِ الوُسْطى)
adulterine gild

**مَردّ ـ لا مَرَدَّ له ، لا يُستَطاعُ تَجَنُّبُه**
inevitable

**مَردُود ، مُرتَجَع** — returned

بِضاعة مَردُودة (او مُرتَجَعة)
goods returned

**مَردُود ، رَيْع** — yield; return; outturn; output

مَردودُ الاستِثمار — return on investment

مَردودُ الأسهُم — stock yield

مَردودُ الراسِمال — return on capital

مَردودُ (او رَيع) السَّنَد — bond yield

إدارةُ مَردودِ الأُصول — return on assets management

استِثماراتٌ مُتَبايِنةُ المَردود
variable yield investments

المَردُوداتُ المُتَناقِصة
diminishing returns

المَردوداتُ والحَسمِيّات
returns and allowances

مَردوداتُ وحَسمِيّاتُ المُشتَرَيات
purchases returns and allowances

المُعَدَّلُ الداخِليُّ لِلمَردود — internal rate of return

المُعَدَّلُ الصِّناعيُّ لِلمَردُود industrial rate of return
مُعَدَّلُ المَردود rate of return
**مَرسًى** port; anchorage
رُسومُ استِعمالِ المَراسي berthage
**مِرْساة** anchor
مِرساةٌ صَغيرة kedge
مِرساةٌ مُؤَقَّتة jury anchor
**مُرسَل** missionary
المُرسَلُ إليه consignee; recipient
**مُرسِل** dispatcher; despatcher; sender
مُرسِلُ النُّقود . المُحَوِّل remitter; remittor
**مُرسِل . شاحِن** consigner; consignor
**مُرَسْمَلٌ** capitalized
القِيمةُ المُرَسْمَلة capitalized value
**مَرسُوم** decree
**مُرَشَّح** (لِمَنصِبٍ ما) nominee
مُرَشَّح (مُتَقَدِّمٌ لِوَظيفةٍ او مَنصِب) candidate
**مُرشِد . مُستَشار** counselor; counsellor; advisor
**مُرشِد . دَليل** guide
مُرشِد بَحْريّ pilot
أُجرة المُرشِد (القُبْطان) pilotage
**مَرَض** sickness; illness; disease
مَرَضٌ صِناعيّ industrial disease
مَرَض مِهنِيّ occupational disease
إجازةٌ مَرَضيَّة sick leave
إعانةُ مَرَض sickness benefit
**مَرَضيَّة . مَرَضانِيَّة** morbidity

**مَرعِيّ . مُراعًى** observed
القَوانِينُ المَرعِيَّةُ الإجْراء laws in force
**مُرَغِّباتٌ ومُنَفِّراتٌ عَينِيَّة . مَزايا ونَقائصُ عَينِيَّة** non-monetary advantages and disadvantages
**مَرغُوبيَّة** desirability
مَرغُوبيَّةٌ حَدِّيَّة marginal desirability
**مَرْفَأ . مِيناء** harbo(u)r
مَرفَأٌ لا رَصِيفيّ (يَتِمُّ التَّفريغُ فيهِ عَبرَ الصَّنادِل) overside port
مَرفَأٌ مَفتُوح (غيرُ مَحصُورٍ تَماماً) roadstead
ايّامُ التأخُّرِ في المَرفَأ (لِلتَّحمِيل والتَّفرِيغ) lay days
**مَرفِق** facility
مَرفِقٌ عامّ public utility
مَرفِقٌ لِلحالاتِ الطارِئة emergency facility
**مَرفُوض** rejected; dismissed
بِضاعةٌ مَرفُوضة reject
**مَرْكَب . قارِب** barge; boat
تأجيرُ مَركَبٍ عارٍ bare boat charter
تأجيرُ مَركَبٍ لِرِحْلة trip charter
**مَرْكَب . باخِرة** vessel; ship
**مُرَكَّب . مُعَقَّد** complex
حِسابُ التَّكلِفةِ المُرَكَّبة multiple costing
حِسابٌ مُرَكَّب compounding
رُسومٌ (جُمرُكيَّة) مُرَكَّبة compound tariff
طَلَبٌ مُرَكَّب composite demand
عَقْدُ تأمينٍ مُرَكَّب (مَعَ اشتِراكٍ في الأربا[ح]) composite policy

عَمليَّةٌ خِيارِيَّةٌ مُرَكَّبة (لِلشّراء او البَيعِ في البُورْصة) put and call

فائدةٌ مُرَكَّبة compound interest

قَيدُ اليَوميَّةِ المُرَكَّب compound journal entry

مُراجَحة مُرَكَّبة compound arbitrage

وَحداتُ الإنتاجِ المُرَكَّبة composite units of production

**مَركَبة . سَيّارة** vehicle

مَركَبةُ شَحْن wagon

**مَركَز . وَظِيفة** post; position

مَرَكَزٌ شاغِر . وَظِيفةٌ شاغِرة vacant position

**مَركَز . مُرتَكَز . أساس** footing

**مَركَز . مَوقِع . وَضع** position

مَركَزٌ رَئيسيّ . مَوقِعٌ مُهِمّ key position

مَركَزُ (او مَقَرُّ) الشَّرِكةِ الرَّسميّ registered office

مَركَزُ شَريحةِ الذَّهَب (في صُندوقِ النَّقدِ الدُّوَليّ) gold tranche position

المَركَزُ النَّقْديّ cash position

بَيانُ المَركَزِ الماليّ statement of financial position

تَحليلُ المَركَزِ المُحاسَبيّ statement analysis

**مَركَز** center; centre

مَركَزُ أبحاث research centre

مَركَزُ الأرباح profit centre

المَركَزُ البَلطيقيُّ لِلتِّجارةِ والنَّقْلِ البَحريّ Baltic Exchange (Baltic, Mercantile and Shipping Exchange)

مَركَزٌ تِجاريّ emporium

مَركَزُ تَرويجِ التِّجارة trade promotion centre

مَركَزُ تَسويق shopping center

مَركَزُ تَصديرٍ رَئيسيّ staple

مَركَزُ تَعْبِئة packaging centre

مَركَزُ التَّكالِيف cost center

مَركَزُ تَكلِفة لِلخِدمات service cost centre

مَركَزُ تَنْمِية development centre

مَركَزٌ جُمرُكيّ customs house

المَركَزُ الرَّئيسيّ headquarters

مَركَزٌ صِناعيّ industrial centre

مَركَزُ المُقارَنة بينَ الشَّرِكات center for interfirm comparison

مَركَزُ مُوازَنة (تَقديريَّة) budget centre

مَراكِزُ التَّدريبِ الحُكوميَّة government training centres

**مَركَزيّ** central

إدارةٌ مَركَزيَّة central administration

التَّخطِيطُ المَركَزيّ central planning

تَدْفِئة مَركَزيَّة central heating

تَعاوُنُ البُنوكِ المَركَزيَّة central bank co-operation

حُكومةٌ مَركَزيَّة central government

الخِدْمةُ المَركَزيَّةُ لِأخْطارِ الاقتِراضِ (في البُنوكِ الفَرَنسيَّة) service central des risques

دائرةُ المُشتَرَياتِ المَركَزيَّة central purchasing department

لَجنة مَركَزيَّة central committee

مَجلِسُ التَّخطِيطِ المَركَزيّ — central planning board

مَصرِفٌ احتِياطِيٌّ مَركَزيّ — central reserve bank

مَصرِفٌ مَركَزيّ — central bank

مَكتَبُ الإحْصاءِ المَركَزيّ — central statistical office

المَكتَبُ المَركَزيُّ لِلمَعلُومات — central office of information

النِّظامُ المَركَزيُّ لِمُحاسَبَةِ الفُروع — centralized system of branch accounting

وِكالةٌ مَركَزيَّة — central agency

**مَركَزِيَّة** — centralism; centralization

إلغاءُ المَركَزيَّة — decentralisation; decentralization

**مِركَنْتيليّ . تِجاريّ** — mercantile; commercial

اوراقٌ (تِجاريَّة) مِركَنْتيليَّة — mercantile (commercial) paper

**مَرَمَّة ـ إصْلاحٌ شامِل** — overhaul

**مَرِن** — flexible; elastic

سِياسة مَرِنة — flexible policy

طَلَبٌ غيرُ مَرِنٍ على سِلْعة — inelastic demand

عَرْضٌ غيرُ مَرِن — inelastic supply

مِيزانيَّة مَرِنة — flexible budget

**مُرهِق** — onerous

**مَرهُون ـ الأُصُولُ المَرهُونة** — pledged assets

**مُرَوِّج . مُؤَسِّس** — promoter

مُرَوِّجٌ (بِالدِّعايةِ الصاخِبة) — booster

مُرَوِّجُ بَضائعَ مُتَجَوِّل — canvasser

**مُرُور** — raffic; transit

انظِمةُ المُرور (او السَّير) — raffic regulations

جَوازُ مُرور . تَصرِيحُ مُرور — laissez (or laisser) passer

حَقُّ المُرور — ight of way

دائرةُ المُرور — raffic department

رَسْمُ مُرور (البِضاعة) — ransit duty

مُفَوَّضو المُرور — raffic commissioners

**مُرُونة** — lasticity; flexibility

مُرونةُ الإحلال — lasticity of substitution

مُرونةُ الاسعار — lexibility of prices; price elasticity

مُرونةُ الخُطَّة — lexibility of the plan

مُرونةٌ دَخْلِيَّة — ncome elasticity

مُرونةُ السِّعر — rice elasticity

مُرونةُ الطَّلَب — lasticity of demand

مُرونةُ الطَّلَبِ بِسَبَبِ الدَّخْل — ncome elasticity of demand

مُرونةُ الطَّلَبِ المُضادَّة . مُرونةٌ مُشتَرَكةٌ لِلطَّلَب — ross-elasticity of demand

مُرونةُ العَرْض — lasticity of supply

مُرونةُ القَوْس (بينَ نُقْطَتَين على مُنْحَنى العَرْضِ او الطَّلَب) — rc elasticity

مُرونةُ النُّقْطة — oint elasticity

مُرونةٌ وَحْدِيَّة — nit elasticity

عَدَمُ المُرونة — nflexibility

الوَقْتُ والمُرونة — ime and elasticity

**مَرْؤُوس . تابِع** — ubordinate

**مُرِيب** — shy

حِساباتٌ مُرِيبة — oubtful accounts

مَرئيّ . مَنظُور visible
مِزاج . طَبع mood
مُزاحِم . مُنافِس competitor
مَزاد auction
مَزاد تَراجُعيّ . مَزاد هُولَندِيّ
Dutch auction
مَزاد صِينِيّ او هُولَندِيّ
Chinese or Dutch auction
مَزاد عَلَنِيّ public auction
بَيعٌ بِالمَزاد auction sale; public sale
بَيعٌ بِالمَزادِ العَلَنِيّ sale by auction; hammer
يُرسِي المَزادَ knock down
مُزارِع farmer
الاتّحادُ القَوميُّ لِلمُزارِعين
National Farmers Union
أندِيةُ المُزارِعين farmers' clubs
جَريدةُ المُزارِعين farm paper
نِقابةُ مُزارِعين grange
مُزارَعة . مُخابَرة metayage
نِظامُ المُزارَعة metayer system
مُزارَعة . العَمَل في الزِّراعة farming
عَقدُ مُزارَعة farming lease
مَزايا صافِيَة net advantages
مُزايِد . مُقَدِّمُ العَطاء bidder
مُزايِد صُوَرِيّ by-bidder; puffer
مُزايَدة bidding
مُزايَدة خَرساء dumb bidding
نَظَرِيَّةُ المُزايَدة bidding theory
مُزايَدة . بَيعٌ بِالمَزاد auction; public sale
مُزدَهِر flourishing; booming

مُؤَسَّسةٌ او مَشرُوعٌ مُزدَهِرٌ وسَلِيم
going concern
مُزدَوِج duplicate; double
اختِيارٌ مُزدَوِج (في عَمَليَّةٍ تِجاريَّة)
straddle
التِزامٌ مُزدَوِج (يُشارِكُ فِيهِ حامِلو الأسهُم)
double liability
تأمينٌ مُزدَوِج double insurance
تَسعِيرٌ مُزدَوِج double pricing
الحِسابُ المُزدَوِج double counting
خِيارٌ مُزدَوِج (في البُورْصة)
double option
سُوقٌ مُزدَوِجة لِلتَّحوِيلِ الخارِجيّ
dual foreign exchange market
مَحصُولٌ مُزدَوِج double cropping
مُراجَعة مُزدَوِجة cross checking
مِعيارٌ مُزدَوِج (نِظامُ المَعدِنَين)
double standard
مِيزانِيَّةٌ مُزدَوِجة double budget
نِظامُ (مُحاسَبَةٍ) مُزدَوِج dual system
مَزرَعة farm
مَزرَعةُ الدَّولةِ في الاتِّحادِ السُّوفيتيّ . سُوفْخُوز sovkhoz; state farm
مَزارِعُ جَماعيَّة collective farms
نِظامُ المَزارِعِ التَّعاوُنيّ co-operative farming
مُزعِج annoying; troublesome
ضَريبةٌ مُزعِجة (لا تَستأهِلُ قِيمَتُها ما يُسَبِّبُه تَحصِيلُها مِن إزعاجٍ ومُضايَقات)
nuisance tax
مُزمِن chronic

**مُزَوَّدُ القِيمة ـ شِيكٌ مُزَوَّدُ القِيمة** (بالتَّزوِيرِ والخِداع) raised check

**مُزَوَّر . مُزَيَّف** counterfeit

**مَزِيَّة . فائدة** benefit

مَدى المَزايا التَّفضِيلِيَّة . نِطاقُ المَزايا extent of preferences

مَزايا ونَقائصُ عَينِيَّة non-monetary advantages and disadvantages

**مَزِيجُ المُنتَجات** product mix

**مُزَيَّف . مُزَوَّر** counterfeit

قِطعةُ نُقودٍ مُزَيَّفة base coin

نُقودٌ مُزَيَّفة false money

**مُسابَقة . مُباراة** contest; competition

**مَسّاح** surveyor

**مِساحة . مَسْحُ الأراضي** surveying

خَرِيطةٌ مِساحِيَّة cadastral map

**مِساحة . مَكان** space

مِساحةٌ مَحدُودة area

مِساحةٌ مُفَضَّلةٌ لِلإعلان preferred position

**مَسار** course; path

تَحوِيلُ المَسار diversion

**مَساس . تَعَدٍّ** (على) **أو انتِهاكُ** (حُرْمَة) violation; infringement; encroachment; tresspass

دُونَ مَساسٍ بِ without prejudice to

**مُساعِد** assistant; aid; aide; adjutant

مُساعِدٌ إداريّ administrative assistant

مُساعِدُ مَأمورِ التَّنفِيذ . حاجِبُ المَحكَمة bailiff

مُساعِدُ مُدِير assistant manager

الاِعتِماداتُ المالِيَّةُ المُساعِدة appropriation-in-aid

إهمالٌ مُساعِد contributory negligence

دَفاتِرُ مُساعِدة ubsidiary books

دَفتَرُ أُستاذٍ مُساعِد ubsidiary ledger

السِّجلاتُ المُساعِدة uxiliary records

نُقودٌ مُساعِدة ubsidiary money

وِكالةٌ مُساعِدة uxiliary agency

**مُساعَدة . إعانة** id; assistance

مُساعَدة اقتِصادِيَّة conomic assistance

مُساعَدة حُكومِيَّة ublic assistance

مُساعَدة خارِجِيَّة xternal assistance

مُساعَدة فِدرالِيَّة ederal aid

مُساعَدة فَنِّيَّة (تِقْنِيَّة) echnical assistance

مُساعَدة مارشال (لإنعاشِ أُوروبا بعدَ الحَرْبِ العَالَمِيَّةِ الثانِيَة) Marshall Aid

مُساعَدة مالِيَّة inancial aid

مُساعَدة مُتَبادَلة eciprocal assistance; mutual aid

مَجْلِسُ مُساعَدةِ العاطِلِين Unemployment Assistance Board

**مَسافة** istance

مَسافة السُّقوط rop

الشَّحْنُ مَسافةً طَوِيلة ong haul

**مُسافِر . راكِب** assenger

مُسافِرٌ لا يَدْفَعُ أُجرة eadhead

تأمِينُ المُسافِرِين assenger insurance

تَكلِفةُ المُسافِر (الرّاكِب) بِكُلِّ كِيلومِتر assenger-kilometer cost

حَرَكةُ المُسافِرِين assenger traffic

كِتابُ اعتِمادٍ لِلمُسافِر traveler's letter of credit

كَثافَةُ المُسافِرين passenger density

مُسافِرون (رُكّاب) بِكُلِّ كِيلومِتر passenger-kilometer

مُسافَنة transshipment

مَسأَلة . مُشكِلة problem

مَسأَلة affair; matter; question

مَسألةٌ شَكليَّة matter of form

مَسألةٌ عاديَّة matter of course

مَسألةٌ فيها نَظَر (غَيرُ مَفصُولٍ فيها) moot

فيما يَتَعلَّقُ بالمَسألة in re

مَسائلُ اتِّحاديَّة federal questions

مسالَمة pacifism

مَسامِيرُ كَنُقود nails as money

مساند ـ تَعدٍّ مُسانِد contributory infringement

مسانَدة . دَعْم back-up

مساهِم . حامِلُ أَسهُم stockholder; shareholder

مُساهِم (في شَرِكة) actionary

بُوليصَةُ تأمينٍ غيرُ مُساهِمة non-participating policy

تَبَرُّعُ المُساهِمين stockholders donation

حُقوقُ المُساهِمين rights of stockholders; stockholders' equity

دَفتَرُ أُستاذِ حِساباتِ المُساهِمين stock ledger

دَفتَرُ حِساباتِ المُساهِمين stockholders' ledger

شَرِكةٌ غيرُ مُساهِمة non-stock corporation

مَصرِفُ تَوفيرٍ مُساهِم stock savings bank

نِسبَةُ حُقوقِ المُساهِمينَ مِنَ المَوجُود equity ratio

نِسبَةُ الرِّبحِ على راسِمالِ المُساهِمين rate earned on stockholders' equity

مُساهَمة contribution; participation; sharing

مُساهَمَةُ رَبِّ العَمَل employer's contribution

المُساهَمة في الأرباح profit sharing

تأمينُ شَرِكَة مُساهَمة stock company insurance

شَرْطُ عَدَمِ المُساهَمة noncontribution clause

شَرْطُ المُساهَمة contribution clause

شَرْطُ المُساهَمَةِ التامَّة (في التأمين) full contribution clause

شَرِكَةُ تأمين مُساهَمة stock insurance company

شَرِكَةُ المُساهَمة stock company; stock corporation; joint-stock company

شَرِكةُ مُساهَمَةٍ مَحدُودةٌ لِلأعمالِ المَصرِفيَّة joint-stock bank

نَظَرِيَّةُ المُساهَمة contribution theory

مُساوٍ equal

مُساواة . تَساوٍ equality; parity

مُساواة . تَسوِيَة equalisation; equalization

مُساواةُ الفُرَص equalization of opportunities

المُساواةُ في تَحَمُّلِ عِبْءِ الضَّرائب equality of taxation

ضَريبةُ مُساواةِ سِعرِ الفائدة (١٩٦٣) Interest Equalisation Tax (1963)

مَذهَبُ المُساواة egalitarianism

**مُساوِم . مُصافِق** bargainer

**مُساوَمة** bargaining; higgling

مُساوَمة إنْتاجِيَّة productivity bargaining

مُساوَمة جَماعِيَّة collective bargaining

حُقوقُ المُساوَمة bargaining rights

نَظَرِيَّةُ المُساوَمة في تَحْديد الأُجور bargaining theory of wages

وَكيلُ مُساوَمة bargaining agent

**مَساوِىء** disadvantages

المَساوِىءُ الاقتِصادِيَّةُ لِلحَجْمِ الكَبير diseconomies of large scale

**مِسْبار** probe

**مُسَبِّبُ المَشاكِل** troublemaker

**مُسْبَق** antecedent; prior

تَفويضٌ مُسبَق prior authorization

تَمويلٌ مُسبَق (او أوَّليّ) prefinancing

فاتورةٌ مُسبَقة advance bill

**مُستأجِر** leaseholder; tenant; lessee

مُستَاجِرُ الأرض land holder

مُستَاجِرُ السَّفينة charterer

مُستَاجِرٌ لِعَدَدٍ مِنَ السِّنين tenant for years

مُستَاجِرٌ لِمَدى الحَياة tenant for life

مُستَأجِرٌ مُشتَرِك joint tenant

مُستَاجِرٌ مِنَ الباطِن subtenant; under-tenant

مُستَأجِرٌ وَحيد sole tenant

سِجلُّ المُستَاجِرين (وقيمةِ الإيجاراتِ التي يَدفعونَها) rent roll

طَرْدُ المُستَاجِر (بِحُكْمٍ قَضائيّ) eviction

المالِكُ والمُستَاجِر landlord and tenant

**مُستَأجِر . مُستَخدِم** hirer; employer

**مُستَأجَر ـ عَقارٌ مُستَأجَر** leasehold

**مُستَأنِف . استِئنافيّ** appellant

**مُستَأنَفٌ ضِدَّه . مُدَّعى عَلَيه** respondent

**مُستَثْمِر** investor

مُستَثمِرٌ مُحتَمَل prospective investor

مُستَثمِرونَ جَماعِيُّون institutional investors

**مُستَثْمَر ـ راسُ المالِ المُستَثْمَر** invested capital

**المُستَجِدُّون . الدّاخِلونَ الجُدُد** new entrants

**مُستَحِقّ . غَيرُ مَدفُوع** outstanding; due

مُستَحِقُّ الدَّفع owing; due; payable; mature

مُستَحِقُّ القَبْض receivable; due

اوراقٌ تِجارِيَّةٌ مُستَحِقَّةُ الدَّفع bill(s) payable (b/p)

دَينٌ مُستَحِقّ outstanding debt

رَصيدٌ مُستَحِقّ balance due

رَهْنُ الحِصَّةِ المُستَحِقَّةِ بِمَبادِىءِ العَدالة equitable mortgage

سَنَدٌ مُستَحِقّ due bill

سَنَدٌ مُستَحِقٌ عِندَ الاطِّلاع
bill payable at sight

bills payable سَنَداتٌ مُستَحِقّةُ الدَّفع

سَنَداتٌ مُستَحِقَّةُ القَبْض
bills receivable

عَدَدُ ايّامِ البَيعِ في الحِساباتِ المُستَحِقَّةِ القَبْض
number of sale days in receivables

undue غَيرُ مُستَحِقّ

interest due فائدةٌ مُستَحِقَّة

due coupon قَسيمة مُستَحِقّة

bill of exchange payable; note payable كَمْبيالةٌ مُستَحِقَّةُ الدَّفع

مَبلَغٌ مِنَ المالِ مَطلوبٌ ولكِنَّهُ غيرُ مُستَحِقٍّ بَعْدُ
due and owing

مَبلَغٌ مِنَ المالِ مَطلوبٌ ومُستَحِقٌّ لِلدَّفعِ حالِيّاً
due and payable

accrued **مُستَحِقّ . مُتَجَمِّع**

accrued leave إجازة مُستَحِقَّة

اِلتِزامٌ مُستَحِقّ (مُتَجَمِّع)
accrued liability

accrued revenues إيراداتٌ مُستَحِقَّة

accrued dividend حِصَّةُ ارباحٍ مُستَحِقَّة

accruals; dues **مُستَحِقّات**

**مُستَحِيل ـ عَقْدٌ مُستَحِيل**
impossible contract

عِوَضٌ مُستَحِيل
impossible consideration

hirer **مُستَخدِم . مُستَأجِر**

employee **مُستَخدَم**

bell-boy مُستَخدَمٌ صَغير . خادِم

مُنحَنى تَقييمِ المُستَخدَمين
employee rating chart

personnel هَيئَةُ المُستَخدَمِينَ والمُوَظَّفِين

employed **مُستَخدَم . مُستَعمَل**

إجماليُّ راسِ المالِ المُستَخدَم
gross capital employed

بَيانُ المَصادِرِ المُوَفَّرةِ والمُستَخدَمة
statement of resources provided and applied

صافي رأسِ المالِ المُستَخدَم
net capital employed

عائدُ راسِ المالِ المُستَخدَم
return on capital employed

non-employed غَيرُ مُستَخدَم

inputs **المُستَخدَمات . المُدخَلات**

**مُستَخلَص ـ القِيمَةُ المُستَخلَصة**
salvage value

**مُستَدعٍ . مُقَدِّمُ العَرِيضة أو الاستِدْعاء**
petitioner

petitioning creditor دائنٌ مُستَدعٍ

tapering **مُستَدِقّ** (أو مُتَناقِصٌ تَدريجِيّاً)

continuous; uninterrupted; lasting **مُستَدِيم . دائم**

pauperism فَقرٌ مُستَدِيم

imprest system نِظامُ السُّلفَةِ المُستَدِيمة

pawner **المُستَدِينُ بِرَهْن . الرّاهِن**

retrieved **مُستَرَدّ**

اسهُمٌ مُستَرَدَّة (تَحتَفِظُ بِها الشَّرِكَةُ لِأغراضِها الخاصَّة)
treasury stock

reimbursed expenses النَّفَقاتُ المُستَرَدَّة

pawnbroker **مُستَرهِن . مُقرِضٌ بِرَهْن**

**مُستَشار** (عُضوُ مَجلِس) councilor; councillor

**مُستَشار** (خَبير) consultant

**مُستَشار . مُرشِد** counselor; counsellor; adviser; advisor

مُستَشار إداريّ administrative advisor

مُستَشار اقتِصاديّ economic advisor

مُستَشار في الاستِثمار investment counsellor

مُستَشار قانُونيّ counsel; legal advisor

مُستَشار ماليّ financial advisor

**مُستَشفى ـ تأمينُ المُعالَجةِ في المُستَشفى** hospitalization insurance

**مُستصلَح ـ ارضٌ مُستَصلَحة** reclaimed land

**مُستَصوَب . مُستَحسَن** advisable; commendable

غَيرُ مُستَصوَب inadvisable

**مُستَعاد ـ الرُّسومُ الجُمرُكيَّةُ المُستَعادة** customs drawback

**مُستَعار . مُقتَرَض** borrowed; on loan

**مُستَعار . زائف** assumed; false; feigned

إِسمٌ مُستَعار assumed name

**مُستَعجَل . عاجِل** urgent

سِعرُ المُستَعجَل urgent rate

**مُستَعمَرة** colony

مُستَعمَراتُ الاستِغلال exploitation colonies

مُستَعمَراتُ الاستِيطان population colonies

**مُستَعمَل** secondhand

السِّلَعُ القَدِيمةُ (او المُستَعمَلة) التي تُعرَضُ على الجُمهور trade-ins

**مُستَغِلّ . اِستِغلاليّ** (لِتَحقيقِ رِبحٍ فاحِش) profiteer

مُستَغِلُّ الثِّقة confidence man

مُستَغِلُّ السُّوق scalper

**المُستَفيد** (المَدفُوعُ لَه) payee

المُستَفيدُ مِنَ السَّنَد payee of a note

المُستَفيدُ مِنَ الشِّيك (الذي سُحِبَ الشِّيكُ لِأَمرِه) payee of a check

لِحِسابِ المُستَفيدِ فَقَط account (or a/c) payee only

**مُستَفيد** (مُنتَفِع) beneficiary; usufructuary

مُستَفيدٌ احتِماليّ contingent beneficiary

مُستَفيدٌ اوَّل primary beneficiary

بَندُ (تَعيينِ) المُستَفيد beneficiary clause

**مُستَقبِل** receiver

**المُستَقبَل** the future

تَباشيرُ المُستَقبَل . دَلائلُ المُستَقبَل outlook

تَطَلُّعاتُ المُستَقبَل future prospects

شِراءٌ اختِياريّ في المُستَقبَل call option

**مُستَقبَليّ** forward

تَسليمٌ مُستَقبَليّ forward delivery

تَقديرُ الاحتِمالاتِ المُستَقبَليَّة projection

**مُستَقِرّ** stable; stationary

تَوازُنٌ مُستَقِرّ stable equilibrium

سُوقٌ مُستَقِرَّة steady market

طَلَباتٌ مُستَقِرَّة standing orders

**مُستَقِلّ** autonomous; independent
اِتّحادٌ (عُمّاليّ) مُستَقِلّ
independent union
اسعارُ تَحوِيلٍ مُستَقِلَّةٌ ثابِتة
independent fixed rates
تَدقِيقُ الحِساباتِ المُستَقِلّ
independent audit
المَصرِفيَّةُ بِالوَحداتِ المُستَقِلَّة
independent unit banking
مُقاوِلٌ مُستَقِلّ independent contractor
**مُستَقِلّ** (طَلِيق) • **حُرّ • يَعمَلُ لِحسابِه**
free-lance
**مُستَقِيم** straight
**مُستَلزَماتُ الإنتاج**
production requirements
**مُستَلِم • مُتَسَلِّم** recipient
**مُستَمِرّ** continuous; unceasing; unbroken
اِتّفاقِيَّةٌ مُستَمِرَّة continuing agreement
أُسلُوبُ الجَردِ المُستَمِرِّ لِلبِضاعة
perpetual inventory system
الإنتاجُ بِالتَّسَلسُلِ المُستَمِرّ
continuous flow production
تَدقِيقُ الحِساباتِ المُستَمِرّ . تَدقِيقٌ مُستَمِرّ
continuous audit
تَضَخُّمٌ مُستَمِرّ persistent inflation
جَردُ المَخزُوناتِ المُستَمِرّ
continuous stocktaking
الجَردُ المُستَمِرّ continuous inventory; perpetual inventory; running inventory

خِدمَةٌ مُستَمِرَّة continuous service
سَنَداتٌ مُستَمِرَّة perpetual bonds
شَرِيكٌ مُستَمِرّ continuing partner
عَقدُ إيجارٍ مُستَمِرّ perpetual lease
عَمليَّةٌ مُستَمِرَّة continuous process
المُطالَبَةُ المُستَمِرَّة continuous billing
مَعاشٌ مُستَمِرّ perpetual annuity
المُوازَنَةُ المُستَمِرَّة continuous budgeting
**مُستَنَد** document; instrument
مُستَنَدٌ ثُبوتيّ exhibit
مُستَنَدُ شَحن shipping document; shipping bill
مُستَنَدُ صَرف issue voucher
مُستَنَدُ صَرفِ بِضاعةٍ مِن مَخزَن
warehouse warrant
مُستَنَدُ القَيد voucher
مُستَنَدُ قَيدٍ دائن credit voucher
مُستَنَدُ قَيدٍ في دَفترِ اليَومِيَّة
journal voucher
مُستَنَدُ قَيدٍ مَدِين debit voucher
مُستَنَدُ مَديُونِيَّة instrument of indebtedness
مُستَنَدٌ مُوَقَّعٌ ومَختُوم specialty
أُسلُوبُ المُحاسَبَةِ بِمُستَنَداتِ القَيد
voucher system of accounting
تَسلِيمُ مُستَنَداتِ الشَّحنِ لِقاءَ الدَّفع
documents against payment
تَسلِيمُ مُستَنَداتِ الشَّحنِ لِقاءَ القَبُول
documents against acceptance
تَقدِيمُ (او عَرضُ) المُستَنَداتِ (او الوَثائقِ) الرَّسمِيَّة
exhibition of documents

حَوالةٌ غيرُ مُرفَقَةٍ بِمُستَنَدات clean draft

الدَّفعُ لِقاءَ المُستَنَدات cash against documents (C.A.D.); payment against documents

سِجلُّ مُستَنَداتِ القَيد voucher register

طِبْقاً لِلمُستَنَدات ex facie

كَمبيالةٌ غيرُ مُرفَقَةٍ بِمُستَنَدات
clean bill of exchange

كَمبيالةٌ مُرفَقَةٌ بِمُستَنَدات
documentary draft

مُحاسَبَةُ القَيدِ مِنَ المُستَنَدات
slip system accounting

مَحفَظةُ مُستَنَداتِ الاستِثمار (السَّنَداتُ والأسهُمُ المَشمُولةُ بِالاستِثمار)
investment portfolio

مُستَنَداتُ حَقِّ السَّحب
documents of title

المُستَنَداتُ الدّائنة vouchers payable

مِلَفُّ مُستَنَداتِ القَيدِ غيرِ المَدفُوعة
unpaid voucher file

مِلَفُّ المُستَنَداتِ المَدفُوعة
paid voucher file

نِظامُ مُستَنَداتِ القَيد voucher system

**مُستَنَد • بَيِّنة** evidence; proof

**مُستَنَديّ** documentary

اِعتِمادٌ مُستَنَديّ documentary credit; paper credit

تَعليماتٌ مُستَنَديَّة documentary instructions

دَينٌ مُستَنَديّ specialty debt

شيكٌ مُستَنَديّ voucher cheque

كَمبيالةٌ مُستَنَديَّة documentary bill (of exchange)

**مُستَنسِخة** reproducer

**مُستَهدَف ـ الرِّبحُ المُستَهدَف** target profit

سِعرٌ مُستَهدَف target price

**مُستَهَلّ • بِداية** outset

**مُستَهلِك** consumer

مُستَهلِكٌ نِهائيّ ultimate consumer

إعلانٌ لِلمُستَهلِكين consumer advertising

تَربِيَةُ المُستَهلِك consumer education

تَسليفُ المُستَهلِك consumer credit

تَعاوُنيَّةُ المُستَهلِكين consumers' co-operative

تَفضيلُ المُستَهلِك consumer's preference

جَماعاتُ المُستَهلِكين consumer groups

الجَمعِيّاتُ التَّعاونيَّةُ لِلمُستَهلِكين
consumers' co-operative societies

جَمعِيّاتُ المُستَهلِكين consumers' associations

جَمعِيَّةُ بُحوثٍ لِخِدمةِ المُستَهلِك
association for consumer research

حِمايةُ المُستَهلِك consumer protection

دائرةُ حِمايةِ المُستَهلِك
consumer protection department

ذَوقُ المُستَهلِك consumer's taste

سُلوكُ المُستَهلِك consumer behaviour

سِيادةُ المُستَهلِك consumer's sovereignty; sovereignty of the consumer

فائضُ المُستَهلِك consumer's surplus

مَجلِسُ المُستَهلِكين Consumer Council

مُؤشّرٌ (او دَليلُ) اسعارِ المُستَهلِكين
consumer price index

consumer panel هِيئَةُ مُستَهلِكين

consumed; expended **مُستَهلَك**

undepreciated cost تَكلِفةٌ غيرُ مُستَهلَكة

خَصمٌ غيرُ مُستَهلَك
unamortized discount

unfunded debt دَينٌ مُستَهلَك

amortized mortgage رَهنٌ مُستَهلَك

unarmortized premium عِلاوةٌ غيرُ مُستَهلَكة

amortized loan قَرضٌ مُستَهلَك

level **مُستَوًى**

price level; level of prices مُستَوى الاسعار

مُستَوى الاسعارِ العامّ
general price level

مُستَوى التَّوازُنِ لِلدَّخلِ القَوميّ
equilibrium level of national income

مُستَوًى زاحِفٌ لِسِعرِ الصَّرْف
crawling peg

re-ordering level (R.O.L.) المُستَوى لإعادَةِ الطَّلَب

watermark مُستَوى الماء

المُستَوى المُتَوسّطُ لِنوعيَّةِ البِضاعةِ الخارِجة
average outgoing quality level (A.O.Q.L.)

مُستَوى المَخزوناتِ الحَدّيّ
marginal stock level

standard of living; level of living مُستَوى المَعيشة

المُستَوى المَقبُولُ لِنوعيَّةِ البِضاعةِ الخارِجة
acceptable outgoing quality level (A.O.Q.L.)

الاستِهلاكُ الجَماعيُّ العالي المُستَوى
high mass-consumption

تَعرِفةٌ مُتَعدِّدةُ المُستَوَيات (تَختَلِفُ باختِلافِ مَصدَرِ السِّلَع)
multilinear tariff

تَغييراتُ مُستَوى الاسعار
price level changes

price level index دَليلُ مُستَوى الاسعار

high finance مالِيَّةٌ رَفيعَةُ المُستَوى

depot; godown; repository; stock room; store-room; warehouse **مُستَودَع**

bonded warehouse مُستَودَع جُمْرُك

granary مُستَودَع حُبوب

مُستَودَعٌ حَقليّ (مَيدانيّ)
field warehouse

public warehouse مُستَودَعٌ عامّ

storekeeper; warehouse keeper امينُ المُستَودَع

warehouse receipt إيصالُ المُستَودَع

goods in stock بَضائعُ في المُستَودَع

بُولِيصةُ شَحْنٍ مُستَودَعيَّة (يُصدِرُها مِيناءُ الشَّحْن)
custody bill of lading

warehouse bond سَنَدُ مُستَودَع

importer **مُستَورِد**

importing country بَلَد مُستَورِد

imported **مُستَوَرَد**

import بِضاعة مُستَوَرَدة

سِعرُ البِضاعةِ المُستَوَرَدة (شامِلاً أُجرةَ الشَّحْنِ والرُّسوم)
rendu price

سِلَعٌ مُستَورَدة import goods
وَثيقةُ إدخالِ السِّلَعِ المُستَورَدةِ لِلاستِخدامِ المَحَلّيّ entry for home use
وَثيقةُ إدخالِ السِّلَعِ المُستَورَدةِ لِلتَّخزين entry for warehousing
**مُستَوَردات . وارِدات** imports
**مُستوطِن** settler
**مُستَوفى ـ القِيمةُ المُستَوفاة** (او المَقبوضة) value received
**مُستَوي السَّطح** flush
**مُسَجِّل** registrar
مُسَجِّلُ (العَلامةِ التِّجاريَّة) registrant
مُسَجِّلُ الشَّرِكات . مُوَثِّقُ الشَّرِكات registrar of companies
مُسَجِّلُ المُمارَساتِ التجاريَّةِ التَّقييديَّة registrar of restrictive trade practices
**مُسَجِّلُ الوَقت . مُوَقِّت** timekeeper
**مُسَجَّل** registered (regd.)
اسهُمٌ غيرُ مُسَجَّلةٍ في البُورْصة unlisted stock
أَسهُمٌ مُسَجَّلة inscribed stock; registered stock
أَسهُمٌ مُسَجَّلةٌ في البُورْصة listed stock
إيراداتٌ غيرُ مُسَجَّلة unrecorded revenue
البَريدُ المُسَجَّل registered mail
تَسليمٌ مُسَجَّل recorded delivery
الحُمولةُ الصّافِيَةُ المُسَجَّلة net registered tonnage (n.r.t.)
حُمولةٌ مُسَجَّلة (بِالطَّنّ) . الطُّنِّيَّةُ المُسَجَّلة registered tonnage

خِطابٌ مُسَجَّل registered letter
سَهمٌ مالِيٌّ غيرُ مُسَجَّلٍ في قائمةِ البُورْصة unlisted security
سَهمٌ مُسَجَّلٌ في قائمةِ البُورْصة listed security
شَرِكةٌ مُسَجَّلة (في البُورْصة) registered company
شِيكٌ مُسَجَّل registered cheque
طُنُّ الحُمولةِ المُسَجَّلة register ton
عَلامةٌ تِجاريَّةٌ مُسَجَّلة registered trade-mark
مَصاريفُ غيرُ مُسَجَّلة unrecorded expenses
وَزنُ الفارِغِ المُسَجَّل (على شاحِنة أو قاطِرة) painted tare
**مَسح . دِراسة** survey
مَسحٌ اجتِماعيّ . استِقصاءاتٌ اجتِماعيَّة social surveys
مَسحُ الأراضي . مِساحة surveying
مَسحٌ اقتِصاديّ economic survey
**مَسح . إزالة** erasure; deletion; removal
**مَسحُوب ـ سِجلُّ الشِّيكاتِ المَسحُوبة** record of cheques drawn
سَنَداتٌ مَسحُوبة drawn bonds
مَبلَغٌ مَسحُوب drawing
**مَسحُوبٌ عَلَيه** (الشِّيك) drawee
**المَسحُوبات** drawings
حِسابُ مَسحُوبات . حِسابُ شِيكات drawing account
**مُسَدَّد . مَدفُوع** paid
اسهُمٌ ...

رأسُ المالِ المُسَدَّد (الاسميّ) — registered capital

**مَسرُوقات . سِلَعٌ مَسرُوقة** — stolen goods

بائعُ سِلَعٍ مَسْرُوقة — fence

**مُسَطَّح** — flat

**مُسَطَّر ـ شِيكٌ غيرُ مُسَطَّر** (شِيكٌ مَفتُوح) — open cheque

شِيكٌ مُسَطَّر — crossed cheque; crossed check

وَرَقٌ مُسَطَّر — lined paper

**مَسْعى** — effort; endeavor

مَساعٍ حَميدة . **وَساطةٌ كَرِيمة او طَيِّبة** — good offices

**مُسَعَّر** — priced

اسهُمٌ غيرُ مُسَعَّرة (غيرُ مُدرَجةٍ في لائحةِ البُورْصة) — off-board securities

سَنَداتٌ (او أَسهُمٌ) غيرُ مُسَعَّرة — unquoted securities

**مُسعِف** — helping; helpful

الطَّرَفُ المُسعِف — accommodation party

**مُسقِط ـ قانُونُ التَّقادُمِ المُسقِطِ** (لِحَقِّ إقامةِ الدَّعوى) — statute of limitations

**مَسَكَ ـ يَمسُكُ** (الدَّفاتِر) — keep

مَسْكُ الدَّفاتِر — bookkeeping

مَسكُ الدَّفاتِرِ بِطَريقةِ القَيدِ المُفْرَد — single-entry bookkeeping

مَسكُ الدَّفاتِرِ بِنِظامِ القَيدِ المُزدَوِج — double-entry (bookkeeping)

حاسِبةٌ آلِيَّةٌ لِمَسكِ الدَّفاتِر — bookkeeping machine

**مَسكَن . سُكْنى** — habitation

المَسكَنُ وما حَولَه — homestead

إعاناتٌ لِتَشييدِ المَساكِن — housing subsidies

قانُونُ إعفاءِ المَسكَنِ مِنَ البَيعِ الجَبرِيّ — homestead exemption law

نَقصُ المَساكِن . ازمَةُ سَكَن — housing shortage

وَكيلُ (تأجيرِ) مَساكِن — house agent

**مَسكُوكة . قِطعَةٌ نَقدِيَّة** — specie

مَسكُوكة رَمزِيَّة — token coin

دِراسةُ المَسكُوكاتِ القَديمةِ وجَمعُها — numismatics

قاعِدةُ المَسكُوكاتِ الذَّهَبِيَّة — gold specie standard

مَسكُوكاتٌ ائتِمانِيَّة — credit coins

مَسكُوكاتٌ ذَهَبِيَّة — gold coins

**مُسَلسَل** — in series; serialized

**مَسْلَك . سَبيل** — course; route; path; way

**مَسْلَك . سُلوك** — behaviour; conduct

**مُسَلَّماتُ المُحاسَبة** — postulates of accounting

**مُسَمًّى** — named

أَجَلٌ مُسَمّى — fixed date

إلى أجَلٍ غيرِ مُسَمًّى — sine die

خَطَرٌ مُسَمًّى (في عَقْدِ التأمين) — named risk

سِعرٌ مُسَمّى — quoted price

**مَسمُوحٌ بِه** — allowed; permitted

تَفاوُتٌ مَسمُوحٌ بِه — tolerance

التَّفاوُتُ المَسمُوحُ بِهِ في وَزْنِ النُّقُود — mint remedy

الوَقتُ المَسمُوحُ بِهِ allowed time

**مُسِنّ** old; aged

الفُقَراءُ المُسِنُّون aged poor

**مُسَنَّنة** gear

**مُسَوٍّ** settler

**مُسَوَّدة** rough copy; draft; draught; sketch

مُسَوَّدةُ رِسالة draft letter

**مُسَوَّق ـ اسهُمٌ غيرُ مُسَوَّقة** non-marketable securities

اسهُمٌ مُسَوَّقة marketable securities

**مَسْؤُول** responsible; accountable; liable

مَسؤولٌ إداريّ administrative officer; administrator

مَسؤولٌ تَنفيذيّ executive officer

مَسؤولُ الشِّراء purchasing officer

مَسؤولُ العَلاقاتِ العامَّة public relations officer

مَسؤولٌ عَنِ الأضْرار liable for damages

المَسؤولُ عَن سَيرِ الإنتاجِ وتَقَدُّمِه progress chaser

المُحاسَبة المَسؤولة responsibility accounting

مُوَظَّف مَسؤول responsible official

**مَسْؤُولِيَّة** accountability; liability; responsibility

مَسؤوليَّةُ الآجِر employer's liability

مَسؤوليَّةٌ إجماليَّة aggregate liability

مَسؤوليَّةٌ إداريَّة administrative accountability

مَسؤوليَّةٌ تَضامُنيَّة several liability

مَسؤوليَّةٌ تعاقُديَّة contractual liability

مَسؤوليَّةُ الزَّوجِ عَن نَفَقاتِ الزَّوجة husband's responsibility for wife's expenditure

مَسؤوليَّةُ الشَّرِكةِ او مُتَعَهِّد النَّقْل company's or carrier's risk

مَسؤوليَّةٌ عامَّة public responsibility

مَسؤوليَّةٌ عَرَضيَّة contingent liability

مَسؤوليَّةٌ غيرُ مَحدُودة unlimited liability

مَسؤوليَّةٌ فَرْديَّة several liability

مَسؤوليَّةُ المالِك owner's risk; landlord liability

مَسؤوليَّةٌ مالِيَّة financial responsibility

مَسؤوليَّةُ مُتَعَهِّدِ النَّقْل carrier's risk

مَسؤوليَّةٌ مَحدُودة limited liability

مَسؤوليَّةٌ مَدَنيَّة public liability

اِنعِدامُ المَسؤوليَّة irresponsibility

تأمينٌ ضِدَّ المَسؤوليَّةِ الشَّخصِيَّة personal liability insurance

تأمينٌ ضِدَّ المَسؤوليَّةِ المَدَنيَّةِ تِجاهَ الغَير public liability insurance

تأمينٌ ضِدَّ المَسؤوليَّةِ المِهنِيَّة professional liability insurance

تَحدِيدُ الحِسابِ والمَسؤوليَّة account and risk

حَدُّ المَسؤوليَّة (في التأمين) basic limit

خالي المَسؤوليَّةِ عَنِ الضَّرَرِ او التَّلَف free of all average (f.a.a.)

رَسْمٌ بَيانيٌّ خَطِّيٌّ لِلمَسؤوليَّة linear responsibility chart

شَرِكةٌ ذاتُ مَسؤوليَّةٍ مَحدُودة
limited liability company

ضَمانُ المَسؤوليَّة liability insurance

عَدَمُ المَسؤوليَّةِ عَن جَميعِ الخَسائر
free of all average

عَدَمُ المَسؤوليَّةِ عَنِ الخَسائر (العَوارِيَّة) العُموميَّة free of general average

عَدَمُ المَسؤوليَّةِ عَنِ الخَسائرِ المُعَيَّنة
free of particular average

المَسؤوليّاتُ الوَظيفيَّة
functional responsibilities

يَنقُلُ مَسؤوليَّةَ المالِك demise

**مُسَوِّي الخَسارة . مُفَوَّضُ تَسْوِيَةِ الخَسارة**
claim adjuster

مُسَوِّي الخَسائر average adjuster

**مُسِيء** offender

**مُسَيَّرٌ ذاتِيّاً . مُدارٌ ذاتيّاً** self-managed

**مُسَيَّر ذاتيّاً . مُندَفِعٌ ذاتيّاً** self-propelled

**مِسيسيبي – فُقّاعةُ المِسيسيبي** (مَشرُوعٌ تِجاريٌّ شِبْهُ وَهمِيٍّ) Mississippi Bubble

**مُسَيطِر** ruling; controlling

حِصَّةٌ مُسَيطِرة controlling interest

شَرِكة مُسَيطِرة (أو قابِضة)
controlling company; holding company

وَحْدة مُسَيطِرة controlling unit

**مَسِيك . لا يَنفُذُ مِنهُ الماء** waterproof; watertight

**مِسِّينا – قُوى مِسِّينا** (دُوَلُ الجَماعةِ الاقتِصاديَّةِ الأوروبيَّةِ السِّتّ)
Messina Powers

**مُشارِك** participant; partner

اسهُمُ مشارِكةٌ مُمَيَّزةُ الارباح
participating preference shares

دائنٌ مشارِك joint creditor

سَنَدٌ مُشارِك participating bond

عَمالةٌ غيرُ مشارِكة non-participating employments

**مُشارَكة . اشتِراك** participation; partnership; sharing

مُشارَكة في الارباح participation in profits; profit-sharing

المُشارَكة في تَحَمُّلِ الخَطَر
pooling of risk

المُشارَكة في المَكاسِب gain sharing

بِالمُشارَكة . على الشُّيوع in common

سَنَدُ مُشارَكة في الأرباح
profit-sharing bond

شَهادةُ مُشارَكة certificate of participation

طَريقةُ المُشارَكةِ في الأرباح
bonus scheme

**مُشارَكة** (مُشارَكةُ العُمّالِ في ارباحِ الشَّرِكة او في الشَّرِكةِ ذاتِها) co-partnership

**مُشاطَةُ غَزْلِ الصُّوف** noil(s)

**مُشاع** common

مُلحَقٌ مُشاع common appendant

**مُشاعِيَّة** commonage

إعتاقُ الارضِ مِنَ المُشاعيَّة (او الإقطاع)
inclosure

**مُشاهَرَةً** monthly

**مِشْبَكُ اوراق . قامِطَةُ اوراق** paper clip

**مَشْبُوه** fishy; suspicious

شَهادةٌ صِحِّيَّةٌ مَشْبُوهة suspected bill of health

**مُشْتَرٍ** purchaser; buyer; vendee

مُشتَرٍ بَرِيء (بِنِيَّةٍ سَلِيمة) innocent purchaser

مُشتَرٍ حَدِّيّ (يَتَخَلَّفُ بارتِفاعِ السِّعر) marginal buyer

مُشتَرٍ خاصّ (مُمَثِّلُ بَنكِ بريطانيا في سُوقِ الحَسْم) special buyer

أُجرةُ النَّقْلِ على المُشتَري carriage forward

إِختِيارُ المُشتَري buyer's option

إِضْرابُ المُشتَرِين buyers' strike

تَسلِيمُ مَحَلِّ المُشتَري f.o.b. destination

تَسلِيمُ مَخزَنِ المُشتَري franco; rendu

السُّوقُ المُناسِبَةُ لِلمُشتَرِين buyers' market

فائضُ المُشتَري buyer's surplus

فَيضٌ في عَدَدِ المُشتَرِين buyers over

لِيَحتَرِسِ المُشتَري caveat emptor

مِنطَقَةُ تَوافُدِ المُشتَرِين shopping hinterland

**مُشْتَرًى** bought; purchased

مُشتَرًى بِسِعرٍ عالٍ جدًّا overbought

اوراقٌ (تِجاريَّة) مُشتَراة purchased (commercial) paper

رَهْنُ المِلكِ المُشتَرى purchase money mortgage

**مُشْتَرًى . شِراء** purchase; buy(ing)

افضَلُ مُشتَرًى best buy

تَدقِيقُ المُشتَرَياتِ النَّقدِيَّة cash audit

الحَسْمُ عَلى المُشتَرَيات purchases discount; discount on purchases

دائرةُ المُشتَرَيات purchasing department; buying department

دائرةُ المُشتَرَياتِ المَركَزِيَّة central purchasing department

دَفتَرُ أُستاذِ المُشتَرَيات purchase ledger

دَفتَرُ المُشتَرَيات bought day book; invoice book; purchase day book

دَفتَرُ يَومِيَّةِ المُشتَرَيات purchase journal

دَفتَرُ يَومِيَّةِ المُشتَرَيات المُرجَعة purchase return journal

قِسمُ المُشتَرَيات purchasing section

مُديرُ دائرةِ المُشتَرَيات purchasing officer

مَردُوداتُ وحَسمِيّاتُ المُشتَرَيات purchases returns and allowances

المُشتَرَيات purchases

مُشتَرَياتٌ صافِيَة net purchases

مُوازَنةُ المُشتَرَيات purchasing budget

**مُشْتَرَك** joint; common

اتِّفاقِيَّةٌ مُشتَرَكة joint agreement

إجارةٌ مُشتَرَكة joint tenancy

اختِصاصٌ مُشتَرَك concurrent jurisdiction

إدارةٌ مُشتَرَكة joint management

إنتاجٌ مُشتَرَك co-production

بَيانٌ مُشتَرَك combined statement; joint return (or statement)

تأمينٌ مُشتَرَك coinsurance

تَشاوُرٌ مُشتَرَك joint consultation

تَظهيرٌ مُشتَرَك joint endorsement
تَعرِفة مُباشِرة مُشتَرَكة (مِن نُقطةِ المَنْشأ إلى مَكانِ الوُصول)
joint through rate
تَعرِفة مُشتَرَكة (يَندَمِجُ فيها سِعرانِ او اكثَرُ مِنَ الأسعارِ المُعلَنة)
joint (combination) rate; joint tariff
تَعرِفة مُشتَرَكة او مُوَحَّدة (في مَجالاتِ النَّقْل)
combination rate
تَكاليفُ مُشتَرَكة joint costs
حِسابٌ مُشتَرَك collective account; joint account; mixed account
رَهْنٌ مُشتَرَك joint mortgage
سِعرُ الإعلانِ المُشتَرَك combination advertising rate
سِعر (نَقل) مُشتَرَك (على خَطَّي نَقلٍ مُختَلِفَين)
joint rate
سَناهِيَة مُشتَرَكة joint annuity
سَنَد (دَين) مُشتَرَك بالتَّضامُنِ والتَّكافُل
joint and several bond
سُوق مُشتَرَكة common market
عَمَل مُشتَرَك joint action
قَرْض مُشتَرَك participation loan
كَمبيالة مُشتَرَكة joint note
لَجنة مُشتَرَكة joint committee
اللُّغَة المُشتَرَكة common language
المَجلِسُ الصِّناعيُّ المُشتَرَك
Joint Industrial Council
مُديرٌ مُشتَرَك interlocking director
مُستَأجِر مُشتَرَك joint tenant
مَشروعٌ مُشتَرَك joint venture

مَصالِحُ مُشتَرَكة common interests
مَعاشٌ مُشتَرَك joint annuity; joint pension
مِلكِيَّة مُشتَرَكة co-property; co-ownership; joint ownership
مَنتوجٌ مُشتَرَك joint product
مُؤَمِّنٌ مُشتَرَك coinsurer
**مُشتَرَك . مُتَبادَل** mutual
مَصرِفُ التَّوفيرِ المُشتَرَك
mutual savings bank
**مُشتَرِك . مُكتَتِب** subscriber; participant
**مُشتَغِلون** working persons
**مُشتَقّ** derived; derivative
سِعرُ الصَّرفِ المُشتَقّ cross rate
طَلَب مُشتَقّ derived demand
قِيمة مُشتَقَّة derived value
ناتِجٌ مُشتَقّ by-product
**مُشتَكٍ . مُتَظَلِّم** complainant
**مُشَجِّع . حافِز** incentive
مُشَجِّعٌ (حافِز) غيرُ ماليّ non-financial incentive
مُشَجِّعٌ (حافِز) ماليّ financial incentive
**مَشحُون** loaded; laden; charged
مَشحُونٌ بِبضاعةٍ غيرِ مُعَبَّاة
laden in bulk
بَيانُ البَضائعِ المَشحُونة
embarking declaration
قائمةٌ بِالبَضائعِ المَشحُونةِ بَرًّا waybill
**مُشْرِف . مُراقِب** superintendent; supervisor
مُشرِفٌ مُباشِر immediate supervisor

المُشرِفونَ عَلى الدَّينِ القَوميّ
National Debt Commissioners

**مُشَرَّف ـ سِجِلٌّ مُشَرِّف**
honorable record

**المَشْرِق ـ شَرِكةُ المَشْرِق** (احتَكَرت التِّجارةَ مَعَ المَشرِق مِن ١٥٨١ إلى ١٨٢٥)
Levant Company

**مَشرُوباتٌ رُوحِيَّة** alcoholic beverages; liquors

مَشروباتٌ رُوحيَّةٌ مُنتَجةٌ بِطَريقةٍ غيرِ مَشروعة moonshine

**مَشرُوط . وارِدٌ كَشَرْطٍ في الاتِّفاقيَّة**
stipulated

**مَشرُوط . شَرطيّ** conditional; qualified; nisi

إخلاءُ سَبيلٍ مَشرُوط parole

بَيعٌ مَشرُوط conditional sale

بَيعٌ مَشرُوطٌ (شَرْطاً واقِفاً)
memorandum sale

تَظهيرٌ مَشرُوط conditional endorsement; conditional indorsement; qualified endorsement

سَنَدُ بَيعٍ مَشرُوط conditional bill of sale

سَنَدُ شَحْنٍ مَشرُوط claused bill of lading

عَقدٌ مَشرُوط conditional contract

قَبولٌ مَشرُوط conditional acceptance

**مَشْرُوع** project; scheme; enterprise

مَشروعُ الاستِثمارِ الشَّهري
monthly investment plan

مَشروعُ امتِلاكِ المُوَظَّفِينَ اسهُمَ الشَّرِكة (التي يَعمَلونَ فيها) employee stock ownership plan

المَشروعُ الأمريكيّ American Plan

مَشروعٌ بَلَديّ municipal enterprise

مَشروعُ تَحويلِ العُمّالِ وإعادَةِ تَوطِينِهِم
resettlement transfer scheme

مَشروعٌ حُكوميّ state enterprise

مَشروعٌ خاصّ private enterprise

مَشروعُ السِّلَعِ والخَدَماتِ الزِّراعيَّة
Agricultural Goods and Services Scheme

مَشروعُ الصَّليبِ الأزرَق
Blue Cross Plan

مَشروعٌ عامّ . مُؤَسَّسةٌ عامَّة
public enterprise

مَشروعٌ فَرديّ (او شَخصِيّ)
one-man business

مَشروعُ قانُون bill

مَشروعُ قَرار draft resolution; proposed resolution

مَشروعُ مارْشال . بَرنامَجُ مارْشال
Marshall Plan

مَشروعُ مُرَتَّباتِ المَعاشِ (التَّقاعُد) المُتَدَرِّجة
graduated pension scheme

مَشروعُ مَعاشاتِ التَّقاعُد pension plan

مَشروعُ مِيزانيَّة draft budget

مَشروعٌ وَهمِيّ bubble

إدارةُ المَشروعِ المُتكامِلة integrated project management (I.P.M.)

اِنتِقاءُ المَشروعات selection of projects

تَحلِيلُ المَشارِيعِ بالحاسِبةِ الآلِيَّة
computer analysis of projects

تَصفِيَةُ العَمَلِ او المَشروع
liquidation of business

مَشارِيعُ التَّنمِيَة . مَشارِيعُ الإعْمار
development projects

مُؤَسَّسةٌ او مَشروعٌ مُزدَهِرٌ وسَلِيم
going concern

مِيزانِيَّةُ المَشروع — project budget

**مَشْرُوع . مُغامَرة** — venture

مَشروعٌ مُشتَرَك — joint venture

**مَشْرُوع . قانُونِيّ** — lawful; legitimate; legal

بِضاعةٌ مَشروعة — lawful merchandise

تَعويضاتٌ مَشروعة — lawful damages

حَقٌّ مَشروع — lawful right

عَقْدٌ مَشروع (قانُونِيّ) — legal contract

مَشروباتٌ رُوحِيَّةٌ مُنتَجةٌ بِطَرِيقةٍ غيرِ مَشروعة — moonshine

مُنافَسة مَشروعة — fair competition

**مَشْرُوعِيَّة . شَرْعِيَّة** — legitimacy; legality; validity

**مَشْغَل . وَرْشة** — workshop

مَشغَلُ آلات . وَرْشةُ مَكَنات
machine shop

**مُشَغِّل** — operator

مُشَغِّلُ (او عامِلُ) الآلة
machine operator

**مَشغُول . مُرْتَبِط** (بِمَوعِد) — engaged

**مَشغُول . غيرُ شاغِر** — occupied

عَقارٌ غيرُ مَشغول — unoccupied premises

**مَشْغُول** (لَدَيهِ ما يُشغِلُه) — busy

**مَشْغُول** — worked on; processed; wrought

مَشغولٌ بِالمَكَنات — machined

بَضائعُ مَشغولةٌ جُزئيّاً — partly-finished goods

حَديدٌ مَشغول — wrought iron

**مُشْكِلة** — problem; difficulty

مُشكِلة اجتِماعيَّة — social problem

مُشكِلة السُّكّان — population problem

«مُشكِلة المَصرِفِيّ» — "banker's dilemma"

حَلّالُ المَشاكِل — trouble-shooter

مُسَبِّبُ المَشاكِل — troublemaker

مُشكِلاتٌ اقتِصاديَّة — economic problems

مُشكِلاتُ التَّنمِيَة
development problems

مُشكِلاتٌ داخِلِيَّة — domestic problems

**مَشِيقُ الشَّكْل . اِنسِيابِيّ** — streamlined

**مُصادَرة** (حَجْز) — sequestration

**مُصادَرة** (نَزْعُ المِلكِيَّة) — confiscation; condemnation

**مُصادَقة . تَصدِيق** — ratification

تَوقِيعُ مُصادَقة — countersignature

**مَصارِيف . مَصرُوفات** (أُنْظُر ايضاً : مَصرُوفات) — expense; expenses

مَصاريفُ إدارةِ المَنزِل
housekeeping money

مَصاريفُ الإرسال — dispatching charge

مَصاريفُ البائعِ المُتَجَوِّل — outside salesman's expenses

مَصاريفُ التَّحصِيل — collection costs

مَصاريفُ التَّشغِيل — working expenses; operating expenses

مَصارِيفُ دائمة standing charges
مَصاريفُ السَّفَر travel expenses
مَصاريفُ عامَّةٌ وإدارِيَّة general and administrative expenses
مَصاريفُ عِبْءِ المَصنَعِ المُتَغَيِّرة
variable factory overhead
مَصاريفُ العِنايَةِ بِالأطفال
child care expenses
مَصاريفُ غيرُ مُباشِرة overhead; indirect expenses
مَصاريفُ غيرُ مُسَجَّلة
unrecorded expenses
مَصاريفُ المَحكَمة court costs
مَصاريفُ مُستَحِقَّةٌ مُتَراكِمة
accrued charges
مَصاريفُ النَّقْل transportation charges
مَصاريفُ نَقْلِ البِضاعةِ الصادِرة
transportation-out
مَصاريفُ نَقْلِ البِضاعةِ الوارِدة
transportation-in
مَصاريفُ وإيراداتُ الحُكومةِ العامَّة
government ordinary expenditure and revenue
الاستِهلاكُ بِطَريقةِ المَصاريفِ المُتَناقِصة
reducing-charge method of depreciation
تَصرِيحٌ بِمَصاريفَ راسِماليَّة
authorizing capital expenditure
خالِصُ الأُجرةِ والمَصاريف (تَسلِيمُ مَخزَنِ المُشتَري) franco (fco.)
ضَبْطُ المَصاريفِ الراسِماليَّة
control of capital expenditure

ضَمانُ مَصاريفِ المَحكَمة
security for costs
فَرْقُ مَصاريفِ المَصْنَعِ غيرِ المُباشِرة
factory overhead variance
قُصورٌ في استِغراقِ مَصاريفِ عِبْءِ المَصْنَع
underabsorbed factory overhead

**مَصاغٌ** ring money
**مُصافِقٌ . مُساوِم** bargainer
**مُصالَحة** conciliation; reconciliation
مُصالَحة بِتَسْوِية compromise
**مُصَحِّح** corrector; rectifier
**مُصَحَّح ـ فاتورةٌ مُصَحَّحة**
corrected invoice
**مَصْدَر** source; resource; origin
مَصدَرُ استِعلام . مَرْجِع
reference (ref.)
مَصدَرُ خَطَر . خَطَر hazard
بَيانُ مَصادِرِ الأموالِ واستِعمالاتِها
statement of sources and uses of funds
بَيانُ المَصادِرِ المُوَفَّرةِ والمُستَخدَمة
statement of resources provided and applied
مَصادرُ رئيسيَّة primary sources
مَصادِرُ المال sources of funds
مَصادِرُ النَّقْد sources of cash
**مُصْدَر** issued
مُصدَرٌ فِعْلاً actually issued
اسهُمٌ غيرُ مُصدَرة unissued stock
اسهُمٌ مُصدَرة issued stock
راسُ المالِ المُصدَر issued capital
**مُصَدَّر** exported

**مُصَدِّر** exporter
مُصَدِّرٌ غيرُ مُباشِر indirect exporter
مُصَدِّر مُباشِر direct exporter
اتّحادُ المُصَدِّرين export association
مُنَظَّمةُ البُلدانِ العَرَبيَّةِ المُصَدِّرةِ لِلنَّفْط (أُوابك) Organization of Arab Petroleum Exporting Countries (O.A.P.E.C.)
مُنَظَّمةُ البُلدانِ المُصَدِّرةِ لِلنَّفْط (أُوبيك) Organization of Petroleum Exporting Countries (O.P.E.C.)

**مُصَدَّق** attested; certified; sanctioned
اِعتِمادٌ مُصَدَّق confirmed credit
شِيكٌ مُصَدَّق certified cheque
صُورةٌ مُصَدَّقة verified copy
نُسْخة مُصَدَّقة attested copy; certified copy

**مُصَدِّق ـ شاهِدٌ مُصَدِّق** attesting witness

**مُصَرِّح** declarant

**مُصَرَّحٌ بِه** allowed; permissible; allowable
اسهُمٌ مُصَرَّحٌ بها authorized stock
راسْمالٌ مُصَرَّحٌ بِه authorized capital

**مَصْرِف** (أُنْظُرْ : بَنْك) bank
مَصرِفُ الاحتِياطيِّ الفِدراليّ Federal Reserve Bank
مَصرِفُ احتِياطيٌّ مَركَزيّ central reserve bank
مَصرِفُ الأراضي الفِدراليّ Federal Land Bank
مَصرِفُ أصحابِ المَصارِف bankers' bank
مَصرِفُ إصْدار bank of issue
مَصرِفٌ تِجاريّ commercial bank
مَصرِفُ التَّصدِير والاِستِيراد export and import bank
مَصرِف تَعاوُنيّ co-operative bank
مَصرِف التَّعاوُنيّات bank for cooperatives
مَصرِف تَوفِير savings bank
مَصرِفُ تَوفِيرٍ مُساهِم stock savings bank
مصرِفُ التَّوفِيرِ المُشتَرَك mutual savings bank
مَصرِفُ حَسْمِ السَّنَدات discount bank
مَصرِفٌ خاصّ private bank
مَصرِف داخِليّ interior bank
مَصرِفٌ زِراعيّ . بَنكٌ زِراعيّ agricultural bank
مَصرِفٌ صِناعيّ industrial bank
المَصرِفُ العَرَبيّ لِلتَّنمِيَةِ الاقتِصادِيَّة في افْرِيقية Arab Bank for Development in Africa
مَصرِفٌ عُضْو member bank
مَصرِف العَمَل labour bank
مَصرِفٌ غيرُ عُضْو non-member bank
مَصرِف فَرعيّ branch bank
مَصرِفُ القَطْع bank of discount
مَصرِف لِقَبُول السَّنَدات acceptance bank
المَصرِف المُبَلِّغ notifying bank
مَصرِف مُرتَبِط associated bank
مَصرِف مَركَزيّ central bank

مَصرِفُ وَدائع bank of deposits
مَصرِف وَطَنيّ national bank
احتِياطِيّاتُ المَصرِفِ الأوَّليَّة primary bank reserves
بَيانُ المَصرِف bank statement
بَيانُ مِيزانيَّةِ المَصرِف balance sheet of a bank
تَهافُتٌ على سَحْبِ الوَدائعِ مِن مَصرِف run on a bank
خَصْمُ المَصرِف bank discount
دَعوةٌ إلى المَصارِف (لِتَقديمِ بياناتِها الماليَّة) bank call
دَفتَرُ مَصرِف bank pass-book
رَصيدٌ في المَصرِف bank balance
سِعرُ الخَصْم (او القَطْع) لَدى المَصارِف bank rate
سِعرُ الفائدةِ التي يَستَوفِيها المَصرِف bank rate of interest
سَنَدٌ يَقبَلُهُ المَصرِف bankable bill of exchange
صاحِبُ مَصرِف banker
عُطْلَةُ المَصارِف bank holiday
عُمولةُ المَصرِف bank service charge
فاحِصُ مَصارِف bank examiner
المَصارِفُ الأعضاءُ في غُرفةِ مُقاصَّةِ نيويُورك Associated Banks of New York
مَصارِفُ حَسْمِ السَّنَداتِ الأجنَبيَّة accepting houses
مُفَوَّضُ مُراقَبَةِ المَصارِف bank commissioner
**مَصْرِف . مَجرى تَصْرِيف** sewer; drain

**مَصْرِفيّ . صاحِبُ البَنْك** banker
مَصرِفيٌّ حُرّ . مَصرِفيٌّ مُتَساهِل free banker
جَمعيَّةُ المَصرِفيِّينَ الصِّناعِيِّين Industrial Bankers' Association
«مُشكِلةُ المَصرِفي» "banker's dilemma"
المَصرِفيُّونَ السُّويسرِيُّون "gnomes of Zurich"
المَصرِفيُّونَ الصِّناعِيُّون industrial bankers
**مِصْرَفيّ** bank
اِتِّحادٌ مَصرِفيّ bank consortium
اِستِعلامٌ مَصرِفيّ banker's inquiry
اِعتِمادٌ مَصرِفيّ bank credit
أعمالٌ مَصرِفيَّة banking
إفشاءٌ مَصرِفيّ (لأسرارِ حِساباتِ الزَّبائن) bank disclosure
اموالٌ مَصرِفيَّة bank money
اوراقٌ (تِجاريَّة) غيرُ مَصرِفيَّة street (commercial) paper
اوراقٌ مَصرِفيَّة (مالِيَّة) bank paper
بِطاقةٌ مَصرِفيَّة bankers' card
بَيانُ (او كَشْفُ) تَسْوِيَةٍ مَصرِفيّ bank reconciliation statement
تَحويلٌ بِنِظامِ الجيرو المَصرِفيّ bank giro credit
تَحويلٌ مَصرِفيّ bank exchange; bank transfer
تَحويلٌ مَصرِفيٌّ داخِليّ bancogiro
تَصديقٌ مَصرِفيّ bank confirmation
حِسابٌ مَصرِفيّ bank account

حَسْمٌ مَصرِفيّ bank discount; banker's discount

حَوالة بَريدِيَّة مَصرِفيَّة bank money order

حَوالة مَصرِفيَّة bank draft (B/Dft); banker's draft

حَوالة مَصرِفيَّة مَقْبُولة bank acceptance

الخِدْماتُ المَصرِفيَّة الاوروبيَّة Continental Banking Services

سَنَدُ مُجامَلة مَصرِفي bank accommodation

سَنَد مَصرِفيّ bankable bill

شَرِكةُ مُساهَمةٍ مَحدُودةٌ لِلأعمالِ المَصرِفيَّة joint-stock bank

شِيكٌ مَصرِفيّ bank check

ضَمان مَصرِفيّ bank guaranty

غُرَفُ مُقاصَّةٍ مَصرِفيَّةٍ إقليميَّة banker's provincial clearing houses

غُرفة المُقاصَّة المَصرِفيَّة bankers' clearing house

فَتْرة التَّقييد المَصرِفيّ bank restriction period

قَرْض مَصرِفيّ bank loan

كَمْبيالات بَريديَّة مَصرِفيَّة bank post-bill

كَمْبيالة مَصرِفيَّة bankable bill; bank acceptance; bankers' bill of exchange

مَجمُوعة مَصرِفيَّة bank group

المَدْرَسة المَصرِفيَّة Banking School

مَرْجِعٌ مَصرِفي (لِلتَّحقُّقِ مِن قُدرةِ العُمَلاء) banker's reference

وَدائعُ مَصرِفيَّة bank deposits

وَديعة مَصرِفيَّة حُرَّة bank custody

وَرَقة ماليَّة مَصرِفيَّة item

وَرَقة مَصرِفيَّة bankable bill; bank bill; bank-note

**مَصرِفيَّة . عَمليّاتٌ مَصرِفيَّة** banking

المَصرِفيَّةُ بِالوَحداتِ المُستَقِلَّة independent unit banking

مَصرِفيَّة جُزئيَّة fractional banking

**مَصرُوف** (أُنْظُر : مَصاريف) expense

التَّكلِفة والمَصرُوف cost and expense

**مَصرُوفات** (أُنظُر ايضاً : مَصارِيف) expense; expenses; expenditure; charges

مَصروفاتٌ أُخْرى other expenses

مَصروفاتٌ إداريَّة administrative expenses

مَصروفاتٌ إيراديَّة revenue expenditure

مَصروفاتُ البائِعين salesmen expenses

مَصروفاتُ البَيع selling expense

مَصروفاتُ تَفريغ landing charges

مَصروفاتُ التَّنظِيم organization expenses

مَصروفاتٌ ثابِتة fixed charges

مَصروفاتٌ جارِيَة (حاليَّة) running expense; current expense

مَصروفاتٌ حُكوميَّة expenditure of the state

مَصروفاتٌ راسُماليَّة capital expenditures

مَصروفاتُ الصُّنْع manufacturing expense

مَصروفاتٌ عامَّة general expenses

مَصرُوفاتٌ عامَّة (للدَّولة) . إنْفاقٌ عامٌ public expenditure

مَصروفاتُ عِبْءِ المَصْنَع (مَصروفاتٌ غيرُ مُباشِرة) factory overhead; factory burden

مَصروفاتٌ غيرُ تِجاريَّة non-business expense

مَصروفاتٌ غيرُ تَشغيليَّة non-operating expense

مَصروفاتٌ مُتَجَمِّعة accrued expenses

المَصروفاتُ المُتَغَيِّرة variable expense

مَصروفاتٌ ورُسوم costs and charges

اساسُ المَصروفاتِ النَّقدِيَّة cash disbursement basis

حِسابُ المَصروفات expense account

دَفتَرُ يَوميَّةِ المَصروفاتِ النَّقدِيَّة cash disbursement journal

صُندوقُ المَصروفاتِ النَّثرِيَّة petty cash

نِسبَةُ المَصروفات expense ratio

**مُصطَلَحاتٌ** (عِلمٍ او فَنٍّ) terminology

مِفتاحُ مُصطَلَحات (الخَريطة) legend

**مُصْطَنَع** artificial

**مَصْعَد** elevator

**مُصَغَّر** reduced; diminished

تَخطِيطٌ مُصَغَّر micro-planning

نَموذَجٌ مُصَغَّر miniature model

**مِصْفاة . مَعْمَلُ تَكْرير** refinery

مِصفاةُ نَفْط petroleum refinery

**مَصْفَق . البُورْصة** (سُوقٌ مالِيَّة) bourse

**مُصْلِح** reformer

مُصْلِحُ الخَلَل trouble-shooter

**مَصْلَحة** concern; interest

**مَصْلَحة . فائدة . مَنْفَعة** interest; benefit; welfare

مَصلَحةٌ شَخصِيَّة self-interest

مَصلَحة عامَّة general interest

مَصلَحة عامَّة . الصّالِحُ العامّ public interest

المَصلَحة القَوميَّة national interest

مَصلَحة المَجْمُوع general interest

بُوليصَةُ صاحِبِ المَصلَحة interest policy

تَجميعُ المَصالِحِ الماليَّة pooling of interests

تَوافُقُ المَصالِح harmony of interests

فَريقٌ ذو مَصلَحة interested party

مَصالِحُ مُتَبادَلة mutual interests

مَصالِحُ مُشتَرَكة common interests

وَحْدةُ المَصلَحة community of interest

**مَصْلَحة . دائرة** service; department

مَصلَحة الأطْعِمة والأدْوِية Food and Drug Administration

مَصلَحة حُكوميَّة government agency

مَصلَحةُ خَفْرِ السَّواحِلِ الجُمرُكيَّة Customs Waterguard Service

مَصلَحة عامَّة . خِدْمة عامَّة public service

مَصلَحةُ مَصايِدِ الأسْماك fisheries department

المُديرُ العامُّ لِمَصلَحةِ البَريد postmaster-general

**مُصَمِّم . مُخَطِّط** draftsman; draughtsman; designer

**مصنع** mill; plant; factory; works
مَصنَع الصُّلْب steel mill; steel-works
مَصنَع غزْل spinning mill
مَصنَع وَرَق . مَعْمَلُ وَرَق paper-mill
الاتِّحادُ القَوميُّ لأَصْحابِ المَصانِع National Union of Manufacturers
التَّدريبُ ضِمْنَ المَصْنَع training within industry (T.W.I.)
تَسليمُ (فوب) المَصنَع f.o.b. factory
تَسليمُ المَصنَع (في عَرْضِ السِّعر) . خارِجَ المَصنَع ex-factory
التَّكلِفة في المَصنَع factory cost
سِعرُ السِّلعَةِ في المَصنَع manufacturer's price
سِعرُ المَصنَع factory price
صاحِبُ مَصانِع . صِناعِيّ industrialist
عامِلُ مَصنَع factory hand
عامِلة مَصنَع factory girl
عَلامةُ المَصنَعِ المُمَيِّزة manufacturer's brand
فَرعُ مَبيعاتِ المَصنَع manufacturer's sales branch
فَرقُ مَصاريفِ المَصنَعِ غيرِ المُباشِرة factory overhead variance
قُصورٌ في استِغراقِ مَصاريفِ عِبْءِ المَصنَع underabsorbed factory overhead
قُصورٌ في تَحميلِ مَصاريفِ عِبْءِ المَصنَع underapplied factory overhead
مَصاريفُ عِبْءِ المَصنَع factory burden
مَصاريفُ عِبْءِ المَصنَعِ المُتَغيِّرة variable factory overhead
نِسبَةُ النَّفَقاتِ العامَّةِ المُقَدَّرةِ سَلَفاً لِلمَصنَع predetermined factory overhead rate
نِظامُ المَصنَع (كَنِظامِ إنتاجٍ أو كَنِظامٍ اقتِصاديّ) factory system
وَكيلُ صاحِبِ المَصنَع manufacturer's agent

**مُصَنَّع – البُلدانُ الصِّناعيَّةُ او المُصَنِّعة** industrialized countries
الدُّوَلُ غيرُ المُصَنِّعة (او غيرُ الصِّناعيَّة) non-industrialized countries

**مُصَنَّع – سِلَعٌ مُصَنَّعة** manufactured goods
مَوادُّ مُصَنَّعة fabricated materials

**مُصَنَّف** classified
سَنَد مُصَنَّف classified bond
مُوَظَّف مُصَنَّف classified employee
المِيزانيَّةُ العُموميَّةُ المُصَنَّفة classified balance sheet

**مُصَنِّفة . مُجَمِّعة** compiler

**مَصنوع** manufactured; made
مَصنُوعٌ بِناءً على طَلَب made to order
مَصنُوعٌ حَسَبَ الطَّلَب custom-built; custom-made
مَصنُوعٌ حَسَبَ القِياس made to measure
مَصنُوعٌ لِغَرَضٍ مُعَيَّن purpose-made
أجزاءٌ مَصنُوعةٌ مُقَدَّماً (لِلتَّجْميعِ فيما بَعد) prefabricated parts
بَضائعُ مَصنُوعة manufactured goods
تَكلِفةُ السِّلَعِ المَصنُوعة cost of goods manufactured

**مَصنُوعاتٌ خَشَبيَّة** woodwork
**مُصِيبة . كارِثة** misfortune
**مَصِير** fate; destiny; outcome; end
مَصِيرٌ (مَقْبُولِيَّةُ الشِّيك) "fate"
**مُضادّ** anti- ; counter- ; opposite; opposed; adverse
مُضادٌّ لِلتَّضَخُّم anti-inflationary; disinflationary
إِدِّعاءٌ مُضادٌّ set-off; counterclaim
إِفادة مُضادَّة counteraffidavit
دَعوى مُضادَّة counterclaim
ضَرِيبة مُضادَّة countervailing duty
مُرونَةُ الطَّلَبِ المُضادَّة cross-elasticity of demand
**مُضارِب** speculator; "playing the market"
مُضارِبٌ بِارتِفاعِ الاسعار . مُضارِبٌ بِالصُّعود او عَلى الصُّعود bull; bullish
مُضارِبٌ بِانخِفاضِ الاسعار . مُضارِبٌ بِالنُّزول او عَلى النُّزول bear; bearish
مُضارِبٌ بالانخِفاضِ وبِالصُّعود bear and bull
مُضارِبٌ (في البُورْصة) stag
مُضارِب مُتَهَوِّر plunger
**مُضارَبة** speculation; "playing the market"
مُضارَبة عَلى المَكشُوف (في البُورْصة) bear account
المُضارَبةُ في اسواقِ الاوراقِ المالِيَّة agiotage
مُضارَبة في سُوق stockjobbing

دافِعُ المُضارَبة speculative motive
شِراءُ مُضارَبةٍ في الصُّعود bull purchase
مُضارَباتٌ مُفتَعَلة (في البُورْصة) . مُناوَرات manipulations
**مُضاربيّ . مُتَعَلِّقٌ بِالمُضارَبة** speculative
**مُضاعِف** multiplier
مُضاعِف الإستِثمار investment multiplier
مُضاعِفُ التِّجارةِ الخارِجيَّة foreign trade multiplier
مُضاعِفُ العَمالة employment multiplier
مَبْدَأُ المُضاعِف multiplier principle
**مُضاعَف . مُتَعَدِّد** multiple; manifold
صَفْقة جُزئيَّة مُضاعَفة call of more
**مُضاعَفة** multiplication
مُضاعَفةُ النَّشاطِ التِّجاريِّ لِتَفادي الزِّيادةِ في الأعْباء forestalling
**مُضاف ـ القِيمَةُ المُضافةُ بِسَبَبِ تَصْنِيعِ البِضاعة** value added by manufacture
نِسبَةُ الرِّبحِ المُضافةُ لِلتَّكلِفة markups; markup rates
**مُضايَقة . إزْعاج** inconvenience
**مَضبُوط** correct; exact; accurate; right
مَضبُوطٌ عَلى مُعَدَّلٍ مُعَيَّن . مُدَوزَن tuned
**مُضَخَّم** magnified; exaggerated
طَلَبٌ مُضَخَّم magnified demand
**مُضرِبٌ** (عَنِ العَمَل) striker; on. strike
**مُضَلَّع** polygon
**مُضَلِّل** misleading

**مُضَلَّل ـ طَلَبٌ مُضَلَّل** misdirected demand

**مُضْمَر . مَفهومٌ ضِمْناً** implicit; tacit

**مَضْمُون . مُحْتَوى** content

**مَضْمُون** guaranteed; secured; bonded

مَضمُونُ التحَمُّلِيَّة foolproof

مَضمُونُ القِيمة gilt-edged

اجْرٌ سَنَويٌّ مَضمُون guaranteed annual wage

اِعتِمادٌ (قَرْضٌ) مَضمُون secured credit

دائنٌ مَضمُون secured creditor

دَينٌ غيرُ مَضمُون doubtful asset

دَينٌ مَضمُون secured debt

دَينٌ مَضمُونٌ بِسَنَد bonded debt

سَنَد مَضمُون secured bond; guaranteed bond

سَنَد مَضمُون بِعَقَار real estate bond

سَنَداتُ دَينٍ مَضمُونةٌ بِرَهن mortgage debentures

شِيك مَضمُون (او مُوَثَّق) certified check (or cheque)

طَرْدٌ غيرُ مَضمُون (لَم يُؤَمَّن عَليه) uninsured parcel

عَقْد (او سَنَد) مَضمُون deed of trust

قَرْض مَضمُون secured loan

كِتابُ اعتِمادٍ مَضمُون guaranteed letter of credit

كَمبيالة مَضمُونة secured note

وَرَقةٌ ماليَّة مَضمُونة collateral note

**المَضمُونُ لَه** warrantee

**مَضيعاتُ المُنافَسَةِ غيرِ الكامِلة** wastes of imperfect competition

**مُضِيف** host

مُضِيفٌ (في سَفينةٍ او طائرة) steward

مُضِيفة hostess; stewardess

**مُطابِق . مُماثِل** identical

مُطابِقٌ لِلأَصْل duplicate

مُطابِقٌ لِلعَيِّنة true to specimen

نُسْخة مُطابِقة replica

**مُطابَقة** matching; tally

مُطابَقة التَّواقِيع signature matching

بَيانُ مُطابَقة (تَسوِيَة) reconciliation statement

دَفتَرُ المُطابَقة (تُسَجَّلُ فِيهِ البَضائعُ المُفَرَّغةُ في مِيناءِ الوُصول) tally book

**مُطابَقة . تَطابُق** congruence; agreement; conformity

**مَطار** airport; aerodrome

حَرَكةُ المَطار airport traffic

**مَطّاط** rubber

**مَطّاط . مَطّاطي** elastic

شَريط مَطّاطيّ rubber band

**مُطالِب . مُدَّعٍ** claimant; claimer

**مَطالِب . مُتَطَلَّبات** requirements

دَفتَرُ المَطالِب . سِجلُّ المُطالَبات claims book

قائمةُ المَطالِب request list

**مُطالَبة** claim; demand

مُطالَبةٌ بِمَبلَغٍ مَغلُوطٍ فِيه reclamation

المُطالَبة الدَّورِيَّة cycle billing

المُطالَبة المُستَمِرَّة continuous billing

تَخَلٍّ عن مُطالَبة quitclaim

تَقصِيرٌ في المُطالَبةِ بِالحَقّ laches

حَسْمٌ لِعَدَمِ المُطالَبة (عِندَ تَجديدِ التأمين) no-claims bonus

ضَمُّ مُطالَبةٍ إلى مُطالَبةٍ أُخْرى أكبَرَ مِنها tacking

مَحكَمةُ المُطالَبات Court of Claims

**مُطاوَعة . اِمْتِثال** compliance

**مَطْبَعيّ ـ غَلْطة مَطْبَعيَّة** misprint

**مَطبُوع** printed

اَحْرُف مَطبُوعة او كالمَطبُوعة block letters

مادَّة مَطبُوعة . مَطبُوعات printed material

مَطبُوعات (لِلإرسالِ البَريديّ) printed matter

نَموذَجٌ مَطبُوع . سِجِلٌّ مَطبُوع (مِنَ الحاسِبة) printout

**مُطَّرِد** steady; continuous

**مِطْرَقة** gavel

**مَطرُوح** thrown down; expelled

بِضاعة مَطرُوحة إلى البَحْر ligan; lagan; ligand

بَضائعُ مَطروحةٌ مِن سَفينة jetsam

سِلَعٌ مَفقُودة او مَطرُوحة في البَحْر flotsam and jetsam

**مِطْفَاةُ حَريق** fire extinguisher

**مَطْلَب** object; purpose; aim; requirement

**مَطلَع** start; beginning

**مُطْلَق** absolute; unlimited

اِحتِكارٌ مُطلَق absolute monopoly

بَيعٌ مُطلَق absolute sale

تَظهيرٌ مُطلَق absolute endorsement

تَفويضٌ مُطلَق carte blanche

حَقٌّ مِلكِيَّةٍ مُطلَق absolute title

حُكْم مُطلَق absolutism

سُلْطة مُطلَقة absolute authority

عَقْد مُطلَق absolute contract

قَبُول مُطلَق absolute acceptance

مُنافَسة مَفْتُوحة (او مُطلَقة) open competition

«نِيَّة حَسَنة مُطلَقة» "utmost good faith"

هِبة مُطلَقة absolute gift

**مَطلُوبٌ** (كَمَطْلَب) demanded; required; wanted

**مَطلُوبٌ** (كَدَين) due; owed

رَاسُ المالِ المَطلُوبُ دَفْعُه called-up capital

سَنَدٌ مَطلُوبٌ لِلتَّسديد called bond

**مَطلُوبات** liabilities; debts

كَشْفُ حِسابِ المَوجُوداتِ والمَطلُوبات assets and liabilities statement

**مُظاهَرة** (اِحتِجاج) demonstration; protest march

**مَظْروف** envelope

مَظروفٌ مُعَنوَنٌ وعَلَيهِ طابَعُ بَريد stamped addressed envelope (s.a.e.)

حَجْمُ المَظارِيفِ المُفَضَّلُ (لِلرَّسائلِ البَريدِيَّة) Post Office Preferred (P.O.P.)

**مَظْهَر . هَيئَة** aspect

مَظهَرٌ (خارِجيّ) appearance

**مُظَهِّر** endorser; indorser

مُظَهِّرٌ مُتَجَمِّل . مُظَهِّرٌ مُجامَلة
accommodation endorser; accommodation indorser

مُظَهِّرٌ مُقابِلَ اتْعاب endorser for value

**مُظَهَّر** ـ سَنَدٌ مُظَهَّر indorsed bond

**المُظَهَّر لَه** endorsee; indorsee

**مَعَ** ـ مَعَ بَقاءِ الأشياءِ الأُخرى عَلى حالِها
ceteris paribus

مَعَ حَقِّ الرُّجُوع with recourse

مَعَ الحُقوقِ اللاّحِقة cum rights

مَعَ الرِّبح cum dividend (cum div.)

مَعاً . بِالإشتِراكِ مَع co-

**مُعادِل** equivalent

**مُعادَل** ـ خُطَّةُ الدُّولارِ المُعادَل
compensated dollar plan

**مُعادَلة** equation; formula

مُعادَلةُ أُجرةِ الشَّحْن
freight equalization

مُعادَلةُ شَرِكاتِ الصُّلْبِ الصَّغيرة
little steel formula

مُعادَلةُ العُملةِ المُتَداوَلة equation of exchange; exchange equation

مُعادَلةُ فِيشَر (مُعادَلةُ المُبادَلة)
Fisher Equation; quantity equation

مُعادَلة المِيزانيَّة budget equation

**مُعارِض** objector; opposer

**مُعارَضة** opposition; objection; disapproval

**مَعاش . مُرَتَّب** stipend; salary; pay

مَعاشٌ احتِماليّ contingent annuity

مَعاشٌ إضافِيّ supplementary pension

مَعاشٌ اكِيد certain annuity

مَعاشُ التَّقاعُد . سَناهِيَة annuity; pension; retirement pension

مَعاشٌ تَقاعُديّ إسهاميّ
contributory pension

مَعاشُ العَجْزِ عَنِ العَمَل
disablement pension

مَعاشٌ فَوريّ immediate annuity

مَعاشٌ مُستَمِرّ perpetual annuity

مَعاشٌ مُشتَرَك joint-and-survivor annuity; joint pension (or annuity)

مَعاشٌ مُؤَجَّل deferred annuity

مَعاشٌ مُؤَقَّت temporary annuity

مَعاشٌ يُدفَعُ عَلى مَدى الحَياة
life annuity

اِقتِطاعٌ لِمَعاشِ التَّقاعُد superannuation payment

صاحِبُ مَعاش . مُتَقاعِد annuitant

صُندوقُ مَعاشاتِ التَّقاعُد pension funds

مُرَتَّبُ (او مَعاشُ) التَّسريح
dismissal wage

مَشرُوع مُرَتَّباتِ المَعاشِ (التَّقاعُدِ) المُتَدَرِّجة
graduated pension scheme

مَشرُوعُ مَعاشاتِ التَّقاعُد pension plan

مَعاشاتُ الأرامِل widows' pensions

مَعاشاتُ تَقاعُدِ كِبارِ المُوَظَّفين
"top hat" pensions

مَعاشاتُ تَقاعُدٍ لا إسهامِيَّة
non-contributory pensions

مَعاشاتُ الشَّيخُوخة old-age pensions

**مُعاصِر** contemporary

**مُعاق . مُعَوَّق** delayed; hindered

شِحْنةٌ مُعاقة (لَم يَجْرِ شَحْنُها عِندَ الإبْحار) shut-out cargo

**مُعاق** (بعاهَة) disabled; handicapped

المُعاقُون (جَسَدِيًا او عَقْلِيًا) unemployables

**مُعالِجُ المَعلُومات** data processor

**مُعالَجة** treatment

مُعالَجة تَصنِيعِيَّة . مُعالَجة مُتَعاقِبة processing

إجماليُّ تَكاليفِ المُعالَجةِ الصِّناعيَّة process cost summary

تأمينُ المُعالَجةِ في المُستَشفى hospitalization insurance

تَكاليفُ المُعالَجة processing costs

**مُعالَجةُ المُعطَيات . مُعالَجةُ المَعلُومات** data processing

مُعالَجةُ المُعطَياتِ أُوتُوماتيكيًا automatic data processing (A.D.P.)

مُعالَجةُ المُعطَياتِ بالآلاتِ الإلِكترونيَّة electronic data processing

مُعالَجةُ المُعطَياتِ المُتَكامِلة integrated data processing (I.D.P.)

مُعالَجةُ المَعلُوماتِ آلِيًا machine data processing

مُعالَجةُ المَعلُوماتِ بِالبِطاقاتِ المُثَقَّبة punched-card data processing

**مُعامِل** coefficient; factor

مُعامِلُ الإنْتاج production coefficient

مُعامِلُ الإنْتاجِ الثّابِت fixed production coefficient

**مُعامَلة . صَفقة** transaction; deal

اللَّجْنةُ الاستِشارِيَّةُ لِلمُعامَلاتِ الأجنَبيَّة foreign transactions advisory committee

**مُعامَلة . مُعالَجة** treatment

مُعامَلةٌ بالمِثل reciprocity

مُعامَلةُ التَّعرِفةِ التَّفضِيلِيَّة tariff preferential treatment

رَسْمُ المُعامَلة activity charge

**مُعاهَدة** treaty

مُعاهَدة استُوكهولم (لإنْشاءِ مِنطَقةِ التِّجارةِ الأُوروبيَّةِ الحُرَّة عامَ ١٩٦٠) Treaty of Stockholm

مُعاهَدة تِجارِيَّة commercial treaty

مُعاهَدةٌ خاصَّة private treaty

مُعاهَدةُ رُوما (تَمهِيدًا لِتأسِيسِ السُّوقِ الأُوروبيَّةِ المُشتَرَكة عامَ ١٩٥٧) Treaty of Rome

مُعاهَداتُ العَمَل labour treaties

**مُعاوَضة ـ تِجارةُ مُعاوَضة** compensation trade

خِطابُ تَعويضٍ او مُعاوَضة letter of indemmity

عَقْدُ مُعاوَضة commutative contract

**مُعايَنة** view(ing); examination

المُعايَنة بِالكُوتا quota sampling

المُعايَنة العَشْوائيَّة random sampling

المُعايَنة لِلقَبُول acceptance sampling

المُعايَنة المُتَعاقِبة sequential sampling

تَصرِيحٌ لِلمُعايَنةِ الجُمْرُكيَّة bill of sight

تَقْديرُ الفَعالِيَةِ بِالمُعايَنة rated activity sampling

شَهادةُ مُعايَنةِ السَّفينة certificate of survey

مُراقَبةُ الاداءِ بالمُعايَنة
performance sampling

مُراقَبةُ العَمَلِ بالمُعايَنة work sampling

مُراقَبةُ الفَعالِيَةِ بالمُعايَنة
activity sampling

**مُعايَنة** (تَفتِيش) inspection

**مُعَبَّا** packed; filled; charged

بَضائعُ مُعَبَّاة package goods

مَشحونٌ بِبِضاعةٍ غيرِ مُعَبَّاة
laden in bulk

**مُعَبِّىء . مُعَلِّب** packer

**مَعْبَر** crossing (point); pass; passage way; inlet

مَعْبَر فَوقيّ overpass

**مُعتاد . عادِيّ** common; usual; customary; habitual

**مُعتاد . مُتَعَوِّد** accustomed; used to

**مُعتَدٍ** aggressor

**مُعتَدِل** moderate; fair

سِعرٌ مُعتَدِل moderate price

**مُعتَرِض** objector

وَقتٌ مُعتَرِض . مُهْلة lead time

**مُعتَقَد** belief; conviction; doctrine; dogma

مُعتَقَدٌ او مَذهَبٌ مُتكامِل . أيديولوجيَّة
ideology

**مُعتَمِد** dependent

**مُعتَمَد** accredited; certified

قائمةٌ مُعتَمَدة accredited list

مُدرَجٌ في قائمةٍ مُعتَمَدة listed

**مُعَجِّل** accelerator

**مُعَجَّل . مُستَعجَل** (بإلحاح)
urgent; pressing

**مُعَجَّل . مُسَرَّع** accelerated; hastened

اِستِهلاكٌ مُعَجَّل
accelerated depreciation

اِعتِمادٌ مُعَجَّل anticipatory credit

ضَمانٌ مُعَجَّل anticipation warrant

طُرُقُ الاِستِهلاكِ المُعَجَّلة accelerated depreciation methods

نَقصُ القِيمةِ المُعَجَّل
accelerated depreciation

**مُعَجَّن ـ وَرَقٌ مُعَجَّن** papier-mache

**مُعَدّ** prepared; ready

مُعَدّ عَلى نُسخَتَين done in duplicate

جَدوَلُ حِساباتٍ مُعَدّ ready-reckoner

**مُعَدّات** (عُدَّة) gear

**مُعَدّات** (تَجهيزات) equipment; implements; appliances

مُعَدّات إلكترونيَّة electronic equipment

مُعَدّاتُ تَجهيزِ المَعلُومات
processing equipments

مُعَدّاتُ الحِسابِ والإمدادِ بالقِياسِ لأبحاثِ التَّشغيل Operational Research Analogue Computing and Logistics Equipment (ORACLE)

مُعَدّات راسُماليَّة auxiliary capital

مُعَدّاتُ سِكَكٍ حَديديَّة rolling stock

مُعَدّات مُحيطِيَّة peripheral equipment

مُعَدّات مُستَخلَصة salvage

مُعَدّات نَقّاليَّة movable equipment

إجماليُّ حَرَكةِ الوَحْدةِ الصّناعيَّةِ والمُعَدّات
turnover of plant and equipment

تأجيرُ المُعَدّات equipment leasing

تَجْديدُ المُعَدّات re-equipment

سَنَدُ تَمويلِ شِراءِ مُعَدّات
equipment trust bond

يُزَوِّدُ بالمُعَدّات equip

**مُعَدَّل** average; mean; rate

مُعَدَّلُ الأُجرةِ لِلحُمولةِ المُختَلِطة
mixed carload rate

المُعَدَّلُ الإجْماليّ gross average

مُعَدَّلُ الإحْلال (أو الإستِبْدال) الحَدِّيّ
marginal rate of substitution

المُعَدَّلُ (الضَّريبيُّ) الاساسيّ
standard rate; basic rate

مُعَدَّل بَسيط simple average

مُعَدَّل البِطالة unemployment rate

مُعَدَّلُ التَّكاثُرِ السُّكّانيّ
reproduction rate

مُعَدَّلُ التَّكلِفة average cost

المُعَدَّلُ الداخِليُّ لِلمَرْدُود internal rate of return

مُعَدَّلُ الدَّخْلِ لِلفَرْد income per capita

مُعَدَّلُ السّاعاتِ المَكَنِيَّة
machine-hour rate

المُعَدَّلُ السّاعِيُّ لِتَكلِفةِ اليَدِ العامِلةِ المُباشِرة
direct-labor hour rate

مُعَدَّلُ الصَّرْفِ المُوازي . سِعرُ الصَّرْفِ غيرُ الرَّسميّ parallel rate of exchange

المُعَدَّلُ الصّناعيُّ لِلمَرْدُود industrial rate of return

مُعَدَّلُ الضَّريبةِ الفِعْليّ effective tax rate

المُعَدَّلُ الطَّبيعيُّ لِلفائدةِ (الذي يَحفَظُ التَّوازُنَ بَينَ العَرْضِ والطَّلَب)
natural rate of interest

مُعَدَّلُ العائد (او المَرْدُود) rate of return

مُعَدَّلُ العَمالة employment rate

مُعَدَّلُ فائدةٍ قانُونيّ legal rate of interest; legal interest

المُعَدَّلُ المُتَحَرِّك moving average

مُعَدَّلٌ مُتَوَسِّط average rate

مُعَدَّلٌ مُحايِدٌ لِلفائدة neutral rate of interest

مُعَدَّلٌ مُرَجَّح weighted average

مُعَدَّلُ المُوَظَّفِينَ الغائبِينَ (عَنِ العَمَل)
absentee rate

مُعَدَّلُ النِّسبَةِ المِئَوِيَّةِ لِتَكاليفِ المَوادِّ المُباشِرة direct material cost percentage

مُعَدَّلُ النِّسبَةِ المِئَوِيَّةِ لِلأُجُور
wages percentage rate

مُعَدَّلُ النِّسبَةِ المِئَوِيَّةِ لِلأُجُورِ المُباشِرة
direct wages percentage rate

مُعَدَّلُ النُّمُوّ rate of growth

مُعَدَّلُ وَزْنِ العُبُوّات average tare

مُعَدَّلُ الوَفَيات death rate; mortality

مُعَدَّلُ الوَفَياتِ حَسَبَ السِّنّ
age-specific mortality rate

مُعَدَّلُ وُقوعِ الحَوادِث accident rate

مُعَدَّلُ الوِلادات fertility rate

إيجادُ مُعَدَّلِ الوَقْت
time band averaging
تَغايُرُ مُعَدَّلِ الأجور wages rate variance
صافي مُعَدَّلِ التَّكاثُر
net reproduction rate
صافي مُعَدَّلِ الضَّريبة net rate of tax
طَريقةُ مُعَدَّلِ ساعاتِ العَمَل
labour hour rate method
مُعَدَّلاتُ التَّبادُل . حُدودُ التَّبادُل (في التِّجارةِ الخارِجيَّة) terms of trade
مُعَدَّلاتُ التَّبادُلِ الدُّوَليّ terms of international trade
مُعَدَّلاتُ تَحميلِ التَّكاليف
absorption rates
مُعَدَّلاتُ سِعرِ الصَّرْفِ في السُّوق السَّوداء
"black" exchange rates
مُعَدَّلاتُ الصَّرْفِ المُتَعَدِّدة
multiple exchange rates
مُعَدَّلاتُ صَرْفٍ مَرِنة
flexible exchange rates
**مُعَدَّل . مُصَحَّح** adjusted
مُعَدَّلٌ بالإتِّفاقِ (عَلى شُروطٍ جَديدة) enfaced
مِيزانُ المُراجَعةِ المُعَدَّل
adjusted trial balance
**مُعْدِم** destitute
**مَعْدِن** mineral
**مَعْدِن . مَعْدِن فِلِزّي** metal
مَعْدِن «بابت» Babbit metal
مَعدِن ثَمين precious metal
مَعدِن حَقير base metal

مَعْدِنُ الصَّبّ ingot
عَقْدُ إيجارِ استِثمارِ المَعادِن
mineral lease
عُمْلة مِن مَعدِن حَقير base metal money
قاعِدةُ ثُنائيَّةِ المَعدِن bimetallic standard
نِظامُ تَعَدُّدِ المَعادِن (في سَكِّ العُملة)
polymetallism
نِظامُ المَعدِنِ النَّقديِّ المُختَلَط
symmetallism
نِظامُ المَعدِنِ الواحِد (في العُملة)
monometallism
نِظامُ المَعدِنَين bimetallism
**مَعدِنيّ . مُتَعَلِّق بالمَعادِن** metallic; mineral
خُرْدَوات مَعدِنيَّة hardware
عُمْلة مَعدِنيَّة coinage; metallic currency; metallic money
قِطعَةُ نُقودٍ مَعدِنيَّة coin
القِيمةُ الحَقيقيَّةُ او المَعدِنيَّة (لِلنُّقود)
market value (of money)
نُقودٌ مَعدِنيَّة clad
النُّقودُ المَعدِنيَّةُ والوَرَقيَّة cash and bills
**مَعدِنيَّة . نِظامٌ مَعدِنيّ** (في النَّقْد) metallism
**مَعْدُوم** nonexistent; missing
اِحتِياطيُّ الدُّيونِ المَعدُومةِ (او الهالكة)
allowance for bad debts
دَينٌ مَعدُوم bad debt; write off
**مُعَدِّية** ferry; ferryboat
مُعَدِّيةُ القُطُر train ferry
مُعَدِّياتُ السَّيّارات car ferries
**مَعذِرة** excuse

**مَعرِض** exposition; expo; exhibition; exhibit; fair

مَعرِضٌ تِجاريّ commercial exhibit; trade fair

مَعرِضُ سَيّارات motor show

مَعرِضُ عَيِّنات . مَعرِضُ نَماذِج sample fair

المَعرِضُ الكَبير (١٨٥١) (أوّلُ مَعرِضٍ دُوَليّ) Great Exhibition (1851)

**مَعروض** exhibited; on show

سِلَعٌ مَعروضة displayed goods

**مَعروض . مُقَدَّم** offered

سِعرٌ مَعروض quotation

السِّعرُ المَعْروض (لِلسَّهم) offered price (of stock)

**المَعروضُ لَه** offeree

**مَعرُوضات** exhibits

**المَعروفُ بِ** alias

**مُعَزِّز** supportive; booster

**مَعزُول** isolated; secluded

مَعزُول (كَهرَبائيّاً او حَرارِيّاً) insulated

**مُعسِر . عاجِزٌ عَنِ الوَفاء** insolvent

**مُعسِر . فَقير** poor; impoverished

**مَعصُوم** infaillible; sinless

**مُعضِلة** difficulty; problem

تَحليلُ المُعضِلاتِ واتّخاذُ القَرارات problem analysis and decision making

**مُعَطَّل . غيرُ عامِل** inoperative

**مُعطَيات . بَيانات . مَعلُومات** data

مُعطَياتُ العَمَلِ الاساسيَّة basic work data

المُعطَياتُ القِياسيَّةُ الأوَّليَّة primary standard data

المُعطَياتُ القِياسيَّةُ العامَّة universal standard data

المُعطَياتُ المُتَعَدِّدةُ الأغراض general purpose data (G.P.D.)

المُعطَياتُ المُلَقَّنةُ لِلحاسِبةِ الآليَّة computer input

بَيانُ المُعطَيات data sheet

تَجهيزُ المُعطَياتِ الفَوريّ on line

مُعالَجة المُعطَيات data processing

مُعالَجةُ المُعطَياتِ أُوتوماتيكيّاً automatic data processing

**مُعطَيَة** datum

**مُعْفًى** exempt; free

مُعفًى مِن أُجرةِ البَريد post-free

مُعفًى مِنَ الأقْساط free of premium

مُعفًى مِنَ الإيجار . بِلا أُجْرة rent-free

مُعفًى مِنَ الرُّسوم duty free

مُعفًى مِنَ الرُّسومِ والتَّكاليف free of charge (f.o.c.)

مُعفًى مِنَ الضَّرائب tax exempt; tax free

مُعفًى مِن ضَريبةِ الدَّخْل free of income tax

مُعفًى مِنَ الطابَعِ المالِيّ free of stamp (f.o.s.)

شَرِكةٌ خاصَّةٌ مُعْفاة exempt private company

وارِداتٌ مُعفاةٌ مِنَ الرُّسوم free imports

**مُعَقَّد . مُتَشابِك** intricate; complicated; complex

تَنْظِيمٌ مُعَقَّد complex organization

**مَعْقُول** reasonable; rational

**مَعْكُوس** inverse; inverted

إِستِيلاءٌ مَعكُوس (إستِيلاءُ شَرِكَةٍ صَغيرةٍ عَلى شَرِكَةٍ كَبيرة) inverted take-over

**مُعَلِّب** packer

**مُعَلَّق** suspended

حِسابٌ مُعَلَّق suspense account

سِكَّةُ حَديدٍ مُعَلَّقة overhead railway

الشِّيكاتُ المُعَلَّقة outstanding checks

**مُعَلَّل ـ رَفضٌ مُعَلَّل** reasoned refusal

**مَعلَم** feature; landmark

**مُعَلِّم** teacher; instructor; tutor; master

الإتِّحادُ القَوميُّ لِلمُعَلِّمين National Union of Teachers (N.U.T.)

**مُعلِن** advertiser

**مُعلَن** nuncupative

أسعارٌ مُعلَنة posted prices

قِيمةٌ مُعلَنة declared value

**معلومات . إعلام** information

مَعلُوماتٌ دَقِيقة accurate information; accurate data

مَعلُوماتٌ (سِرِّيَّة) tip

مَعلُوماتٌ مَقصُورة (لا يُسمَحُ بِتَداوُلِها) restricted information

مَبدأُ إعطاءِ المَعلُوماتِ الكافِيَة adequate disclosure principle

المَكتَبُ المَركَزيُّ لِلمَعلُومات central office of information

نِظامُ المَعلُوماتِ المُجَهَّزةِ بالحاسِبةِ الآلِيَّة computerized information system

**مَعلومات . مُعطَيات** data

بَيانُ المَعلومات data sheet

تَبويبُ المَعلوماتِ آلِيّاً automated data processing

تَسجِيلُ المَعلومات data recording

مُعالِج المَعلومات data processor

مُعالَجة المَعلوماتِ آلِيّاً machine data processing

مُعالَجةُ المَعلوماتِ بالبِطاقاتِ المُثَقَّبة punched-card data processing

**مُعَمَّر ـ أُصولٌ مُعَمَّرة** (أُصولٌ طَوِيلةُ الأجَل) long-lived assets

السُّكّانُ المُعَمَّرون ageing population

**مَعمَل** factory; mill; plant; works

مَعمَلُ تَكرير . مِصْفاة refinery

مَعملٌ دَليليّ pilot plant

مَعملُ كادِحِين (يَعمَلُ فيهِ الأُجَراءُ بالقِطْعةِ وبأجْرٍ زَهِيد) sweatshop

مَعملُ وَرَق paper-mill

أُصولُ المَعملِ (او مَوجُوداتُهُ) plant assets

دِراسةُ تَخطِيطِ المَعمَل plant layout study

**مَعمُولٌ به** effective; valid; in force

**مُعَنْوَن** addressed

مَظروفٌ مُعَنوَنٌ وعَلَيهِ طابَعُ بَريد stamped addressed envelope (s.a.e.)

**مُعَنوِنة ـ مَكنةٌ لِطِباعةِ العَناوين** addressograph

**مَعنَوِيّ . غَيرُ مادِّيّ** incorporeal

الإقناعُ المَعنَويّ (او الأدَبيّ) "moral suasion"

الرُّوحُ المَعنَويَّة morale

شَخصٌ مَعنَويّ (اعْتِباريّ) artificial person

عِوَضٌ مَعنَويّ good consideration

مِلكيَّة مَعنَويَّة (كَحُقوقِ التأليفِ او الاختِراع) incorporeal property

الوَسائلُ المَعنَويَّة software

**مَعنويّاتُ المُوَظّفين** employee morale

**مَعْنِيّ – طَرَفٌ مَعْنِيٌّ بِالأمْر** interested party; party concerned

**مَعْهَد** institute; institution

مَعهدُ بُحوثِ شُؤونِ المُستَهلِكين Research Institute for Consumers' Affairs

المَعهدُ البَرازيليُّ لِلبُنّ Coffee Institute of Brazil

المَعهدُ البرِيطانيُّ لِلإدارة British Institute of Management (B.I.M.)

مَعهدُ التأمينِ القانونيّ Chartered Insurance Institute

مَعهدُ السّكرتيرِينَ والإداريِّينَ القانونيِّين Institute of Chartered Secretaries and Administrators

مَعهدُ الشُّؤونِ الاقتِصاديَّة Institute of Economic Affairs (I.E.A.)

المَعهدُ العَرَبيُّ لِلتَّخطيطِ الاقتِصاديّ والاجتِماعيّ Arab Institute for Economic & Social Planning

مَعهدٌ عِلْميّ institute

المَعهدُ القَوميُّ لِلبُحوثِ الاقتِصاديَّة والاجتِماعيَّة National Institute of Economic and Social Research

مَعهدُ القِياساتِ العِياريَّةِ البرِيطانيَّة British Standards Institution

مَعهدُ ماساشوسِتْز لِلتّكنولوجية بِبُوسْتون Massachusetts Institute of Technology, Boston (M.I.T.)

زَميلُ مَعهدِ أُمَناءِ الصُّندوقِ والمُحاسِبينَ البَلَديِّين Associate of the Institute of Municipal Treasusers and Accountants

زَميلُ مَعهدِ خُبَراءِ حِساباتِ التأمين Associate of the Institute of Actuaries (A.I.A.)

زَميلُ مَعهدِ السكرتِيرينَ والمُديرِينَ القانونيِّين Associate of the Institute of Chartered Secretaries and Administrators (A.C.I.S.)

زَميلُ مَعهدِ سَماسِرةِ الشَّحْنِ البَحْريّ القانونِيِّين Associate of the Institute of Chartered Shipbrokers (A.I.C.S.)

زَميلُ مَعهدِ لَندَن لِلنّقاباتِ والمُؤَسَّساتِ الماليَّة Associate of the City and Guilds Institute of London (A.C.G.I.)

زَميلُ مَعهدِ مُحاسِبي التَّكاليفِ والإدارة Associate of the Institute of Cost and Management Accountants (A.C.M.A.)

زَميلُ مَعهدِ مُحاسِبي الشَّرِكات Associate of the Institute of Company Accountants (A.I.A.C.)

زَميلُ مَعهدِ المُحاسِبينَ القانونيِّين Associate of the Institute of Chartered Accountants (A.C.A.)

زَميلُ مَعْهَدِ المَصرِفيّين Associate of the Institute of Bankers (A.I.B.)
عُضوٌ زَميلٌ في المَعهدِ البرِيطانيِّ للإدارة Associate Member of the British Institute of Management (A.M.B.I.M.)
عُضوٌ زَميلٌ في مَعهدِ التَّصدِير Associate Member of the Institute of Export (A.M.I.Ex.)
عُضوٌ زَميلٌ في مَعهدِ النَّقْل Associate Member of the Institute of Transport (A.M.Inst.T.)
عُضوُ مَعهدِ إدارةِ المَكاتِب Member of the Institute of Office Management (M.I.O.M.)
عُضوُ مَعهدِ التأمينِ المُرَخَّص Associate of the Chartered Insurance Institute (A.C.I.I.)
**المُعَوَّقون . المُعاقُون** (جَسَدِيّاً او عَقلِيّاً) unemployables; disabled or handicapped persons
**مُعَوِّل** dependent
**مَعُونة** aid; assistance; help
مَعونةٌ أجنَبِيَّة foreign aid
مَعونةٌ خارِجيَّة outdoor relief
مَعونةٌ داخِلِيَّة indoor relief
مَعونةُ دِفاع defence aid
مَعونةٌ قَوميَّة National Assistance
مَعونةٌ ماليَّة حُكوميَّة subvention
**مِعيار . مِقْياس** gage; gauge
**مِعيار . مِيزان** criterion
**مِعيار . نَموذَج** standard

مِعيارٌ أعْرَج limping standard
مِعيارُ الفِضَّةِ الخالِصة sterling
مِعيارُ القُدْرةِ الكاسِبة (كأساسٍ لِتَقْييمِ الشَّرِكات) earning capacity standard
مِعيارٌ مُتَعارَفٌ عَلَيه rule-of-thumb standard
مِعيارُ المَدفُوعاتِ المُؤَجَّلة standard of deferred payments
مِعيارٌ مُزدَوِج (نِظامُ المَعدِنَين) double standard
مَعايِيرُ المُقارَنة standards of comparison
**مِعْيارِيّ** standard
أساليبُ التَّكلِفةِ المِعيارِيَّة standard cost systems
الإنْتاجُ المِعيارِيّ modular production
تَحدِيدُ التَّكاليفِ المِعيارِيَّةِ الأساسيَّة basic standard costing
مِقياسٌ مِعيارِيّ yardstick
**مَعِيب** defective; faulty
مَعيبُ (الأرْكان) naked
إتْلافُ الوَحَداتِ المَعِيبة scrapping defective units
**مُعِيدٌ تَخْمِينيّ** reappraiser
**مَعِيشة** life; subsistence
نَظَرِيَّةُ الأُجورِ المَعِيشيَّة subsistence theory of wages
**مَعِيشة . عَيْش** living; livelihood
تَكاليفُ المَعِيشة cost of living
الحَدُّ الأدْنى القَوميُّ لِلمَعِيشة national minimum

مُستَوى المَعِيشة standard of living; level of living

**مُعِيقَةٌ لِلنّار** fire-retarding

**مُعِيل** supporter

**مُعِيل . رَبُّ العائلة** head of family

**مُعِين** helper

**مُعَيَّن** designated; appointed

مُعَيَّن (لِمَنصِبٍ او وَظِيفة) appointee

مُنَفِّذ (وَصِيَّة) مُعَيَّن instituted executor

**مُعَيَّن . مُحَدَّد** particular; specific

تَظهيرٌ مُعَيَّن specific endorsement

خَسارةٌ مُعَيَّنة particular average

عَلى شَخصٍ مُعَيَّن in personam

غَيرُ مُعَيَّن . غَيرُ مُحَدَّد indefinite; unspecified

مَصنُوعٌ لِغَرَضٍ مُعَيَّن purpose-made

وَدِيعة مُعَيَّنة (بِقَصْدِ هَدَفٍ مُعَيَّن) specific deposit

**مُغادَرة** departure

مُغادَرةُ العَمَل walk-out

**مُغالاة** exaggeration

المُغالاةُ في استِغراقِ النَّفَقاتِ العامَّة overabsorption of overhead

**مُغامَرة** adventure; venture; risk

مُغامَرةٌ تِجارِيَّة flier

**مُغايِر . مُختَلِف** variant

**مُغتَصِب** usurper

**مُغرٍ** enticing; tempting

سِلعة مُغرِيَة bait

**مُغرِض . مُتَحَيِّز** partial

**مَغشُوش** adulterated; doctored

**مُغَطًّى** covered; wrapped

اِعتِمادٌ مُغَطًّى covered credit

شاحِنة مُغَطّاة van

قَرْضٌ مُغَطًّى covered loan

**مُغفَل** anonymous; un-named

شَرِكة مُغفَلة société anonyme (s.a.); limited company; incorporated company

**مُغِلّ . مُنتِج** productive

**مُغلَق** losed; locked

تِجارةٌ مُغلَقة losed trade

شَرِكةُ استِثمارٍ مُغلَقةُ الراسِمال losed-end investment company

شَرِكةٌ مُغلَقة lose (or closed) corporation

طَلَبُ شِراءٍ مُغلَق losed indent

نِظامٌ مُغلَق losed system

**مَغلُوط** rroneous; wrong; mistaken

**مَغنَطِيسيّ ــ اقراصٌ مَغنَطِيسِيَّة** nagnetic discs

الشَّرِيطُ المَغنَطِيسيّ nagnetic tape

قارِئةُ احرُفٍ تَعمَلُ بِالحِبرِ المَغنَطِيسيّ nagnetic ink character reader

المَخزَنُ المَغنَطِيسيّ nagnetic store

**مُفاتَحة** pproach

**مُفاجِىء** udden; unexpected; surprising; abrupt

اِرتِفاعٌ مُفاجِىء napback

تَفتِيشٌ مُفاجِىء pot check

رِبحٌ مُفاجِىء (كَبير) elon

كَسْبٌ مُفاجِىء indfall

**مُفارَقة** paradox

مُفارَقةُ جِيبْسون (حَولَ عَلاقةِ مُستَوى الأسعارِ بِسِعرِ الفائدة)
Gibson Paradox

**مُفاضَلة** comparison; weighing

مُفاضَلةُ الأسعار price differentiation

مُفاضَلةُ المُنتَجات
product differentiation

**مُفاعِل** reactor

مُفاعِل نَوَويّ nuclear reactor

**مُفاوَضة** negotiation; discussion; talk(s)

**مِفْتاح** key

مِفتاحُ الرُّموزِ عَلى استِمارةِ العَمَل
key letters on worksheet

مِفتاحُ عُدَّة spanner; wrench

مِفتاحٌ كَهرَبائيّ switch

مِفتاحُ مُصطَلَحات (الخَريطة) legend

آلةُ تَثقيبٍ بِلَوحةِ مَفاتيح
key punch machine

كَلِمة مِفْتاحِيَّة . كَلِمة دَليلِيَّة key word

لَوحةُ المَفاتيح . لَوحةُ المَلامِس keyboard

**مُفْتَرَض** supposed; assumed; imputed

إشعار مُفتَرَض imputed notice

إهمال مُفتَرَض imputed negligence

الثَّمَنُ المُفتَرَض (المُقَدَّر) imputed cost

الدَّخْلُ المُفتَرَض notional income; imputed income

فائدةٌ مُفتَرَضة imputed interest

**مُفَتِّش** inspector

**مُفْتَعَل . مَقْصُود** intended; meant; deliberate; willful; intentional

إهمالٌ مُفتَعَل (مَقْصُود)
willful negligence

مُضارَباتٌ مُفتَعَلة (في البُورْصة) . مُناوَرات
manipulations

**مَفْتُوح** open

مَفتُوح الطَّرَف open-end

اِتِّحادٌ مَفتوح . نِقابة مَفتُوحة
open union

اِتِّفاقيَّةُ السِّعرِ المَفتوح
open price agreement

اِعتِماد مَفتوح open credit

اِقتِصاد مَفتوح open economy

أمْر (أو تَفويض) مَفتوح لِلشِّراء او البَيع
open order

بُوليصةُ تأمينٍ مَفتوحة (عَلى صاحِبِها إثباتُ الخَسائر) open policy

بُوليصة مَفتوحة open cover

تَضَخُّم مَفتوح (تَتَلاحَقُ فِيهِ زِياداتُ الأُجورِ وارتِفاعاتُ الأسعار)
open inflation

حِسابٌ مَفتوح open account

حَوالاتُ السُّوقِ المَفتوحة
open-market paper

رَهْن مَفتوح (يُمكِنُ زِيادةُ قِيمَتِه)
open mortgage

رَهْنٌ مَفتوحُ الطَّرَف open-end mortgage

سِعرُ فائدةِ السُّوقِ الماليَّةِ المَفتوحة (الحُرَّة)
open-market policy

سُوقٌ مَفتوحة open market; market overt

سِياسةُ البابِ المَفتوح open-door policy

شَرِكةُ استِثمارٍ مَفتوحةُ الراسِمال
open-end investment company
open corporation شَرِكة مَفتوحة
شِيكٌ مَفتوح . شِيكٌ غيرُ مُسَطَّر
open cheque
open trade صَفْقة مَفتوحة
open indent طَلَبُ شِراءٍ خارِجيٌّ مَفتوح
open bid عَرْض مَفتوح
open contract عَقْد مَفتوح
open-end contract عَقْدٌ مَفتوحُ الطَّرَف
open-market operations عَمليّاتُ السُّوقِ المَفتوحة
open letter of credit كِتابُ اعتِمادٍ مَفتوح
مَرْفأ مَفتوح (غيرُ مَحصورٍ تَماماً)
roadstead
مُنافَسة مَفتوحة (او مُطْلَقة)
open competition
مُنشَأة مَفتوحة (تَستَخدِمُ عُمّالاً نِقابِيّينَ وغيرَ نِقابِيّين)
open shop
open-field system نِظامُ الحَقْلِ المَفتوح
open system نِظامٌ مَفتوح
وَثيقةٌ مَفتوحة (شُروطُها عُرْضةٌ لِلتَّغْيير)
open certificate
**مُفَذْلَك ــ العَمَلُ المُفَذْلَك** (تَبطِئَةُ العَمَلِ كَبَديلٍ لِلاضْراب)
"working to rule"
single; isolated **مُفْرَد**
singleton policy بُوليصة مُفرَدة
single tax ضَريبة مُفرَدة
odd number عَدَد مُفرَد
single standard عِيارٌ مُفرَدٌ لِلنَّقْد
single premium قِسْطُ تأمينٍ مُفرَد
severally كُلٌّ بِمُفْرَدِه
item; entry **مُفْرَدة . نَفْقَة**
**مُفَرَّز ــ حافَّة مُفَرَّزة** (لِلعُملاتِ الذَّهَبيَّة والفِضِّيَّة)
milled edge
excessive; excess; exaggerated **مُفْرِط**
stiff demand طَلَب مُفرِط
over-full employment عَمالة مُفرِطة (او زائدة)
wasteful; prodigal **مُفَرِّط**
emptied; vacated **مُفْرَغ**
vicious circle of poverty حَلْقةُ الفَقْرِ المُفرَغة
landed weight الوَزنُ المُفرَغ (او المُفَرَّغ)
retail **مُفَرَّق . بَيعٌ بِالمُفَرَّق** (او بِالتَّجْزِئة)
retail trade تِجارةُ البَيعِ بِالمُفَرَّق
retail merchandising تِجارةُ المُفَرَّق
تَقْييمُ البِضاعةِ على اساسِ اسعارِ البَيعِ بِالمُفَرَّق
retail method of inventory
retail price سِعرُ المُفَرَّق
فَرْعُ المَبيعاتِ بِالمُفَرَّق
retail sales branch
retail store مَتجَرٌ لِلبَيعِ بِالمُفَرَّق
مَتجَرٌ في سِلسِلةٍ لِلبَيعِ بِالمُفَرَّق
chain retail store
retailer مَحلٌّ مَبيعٍ (او بائعٌ) بِالمُفَرَّق
مَخزَنٌ لِبَيعِ اصْنافٍ مُتنَوِّعةٍ بِالمُفَرَّق
variety retail store
**مَفْرُوض ــ اسعارٌ مَفروضةٌ** (مِن قِبَلِ المُحتَكِرين)
administered prices
strikebreaker; blackleg **مُفْسِدُ الإضْراب**

**مُفَصَّل** detailed; elaborate
مُفصَّل حَسَبَ طَلَبِ الزَّبون custom-made
تَدْقيق مُفَصَّل detailed audit
تَقْرير مُفَصَّل detailed report
فاتُورة مُفَصَّلة specified invoice
فاتُورةٌ مُفَصَّلةُ النَّفَقات itemized invoice
مِيزانيَّةٌ مُفَصَّلةُ البُنود
itemized balance sheet
**مُفَصِّلة** hinge
**مَفْصُولٌ فِيها ـ قَضِيَّةٌ مَفْصُولٌ فِيها**
res judicata
**مُفَضَّل . مُمْتاز** preferred
تَعرِفة مُفَضَّلة (لِلدُّوَلِ الاكثَرِ رِعايةً)
preference tariff
حَجْمُ المَظاريفِ المُفَضَّل (لِلرَّسائِلِ البَريديَّة)
Post Office Preferred (P.O.P.)
سَنَدات مُفَضَّلة overlying bonds
مِساحةٌ مُفَضَّلةٌ لِلإعلان
preferred position
**مَفْعُول** effect; validity
مَفعولٌ رَجْعيّ backdating; back-lash
تاريخُ سَرَيانِ المَفْعول effective date
ساري المَفْعول . نافِذُ المَفعول
valid; in force; effective; operative
يَجعَلُهُ نافِذَ المَفعول put into force
يُصبِحُ نافِذَ المَفعول take effect
**مَفْقُود** missing; lost
سِلَعٌ مَفقُودةٌ او مَطْروحةٌ في البَحْر
flotsam and jetsam
**مُفَكِّرة** diary; note-book
**مُفَكَّك** knocked down

**مُفْلِس** bankrupt
مُفلِسٌ لَم يُرَدَّ اعتِبارُه
undischarged bankrupt
أمرُ (المَحكَمة) بِتَحويلِ أموالِ المُفلِسِ إلى حارِسٍ قَضائيّ
receiving order
**مُفَنَّد ـ تَخصِيصٌ مُفَنَّد** (ذُو بُنودٍ مُحَدَّدة)
itemized appropriation
**مَفْهُوم . مَدْلُول** meaning; purport; sense
**مَفْهُوم . فِكْرة** concept; notion
مَفهومُ الدَّوريَّة periodicity concept
مَفهومُ المؤَسَّسةِ العامِلة (واستِمْرارِيَّتِها)
going concern concept
مَفاهيمُ المُحاسَبة accounting concepts
**مَفْهُوم . واضِحُ المَفْهُوم** understood; comprehensible; clear
مَفهومٌ ضِمْناً implicit
**مُفَوَّض . وَكيل** deputy
**مُفَوَّض . عُضْوُ لَجْنة** commissioner
المُفَوَّضُ البَرلمانيُّ لِلإدارة Parliamentary Commissionner for Administration
المُفَوَّض البَرلمانيّ لِلإدارة (لِحِمايةِ حُقوقِ المُواطِنين)
ombudsman
مُفوَّضُ مُراقَبةِ المَصارِف
bank commissioner
مُفَوَّضو الارض . مَأمُورو الأراضي
land commissioners
مُفَوَّضو المُرور traffic commissioners
مُفَوَّضو المُكوسِ والجَمارِك
commissioners of customs and excise
**مُفَوَّض . مُزَوَّدٌ بِسُلْطة** authorised; authorized

تَوقيعُ الشَّخصِ المُفَوَّض
authorized signature

authorized clerk كاتِبٌ مُفَوَّض

مُوَظَّفو الشَّرِكةِ المُفَوَّضُون
company officers

وَكيلٌ غيرُ مُفَوَّض (لِسِمْسارٍ في بُورْصةِ الأوراقِ الماليَّة)
unauthorized clerk

**مُفَوَّضِيَّة** legation

**مُفِيد** useful; advantageous; profitable; beneficial

ضَرائبُ مُفيدة beneficial rates; remunerative rates

**مُقابِل** opposite; counter-; against; contra

مُقابِلَ إيصال against receipt

مُقابِلَ الدَّفْع against payment

اِعتِمادٌ مُقابِل countervailing credit; back-to-back credit

حِسابٌ مُقابِل (او مُعادِل)
contra account

خَطَأٌ مُقابِل counter error

دَفْعٌ مُقابِلَ تَسَلُّمِ المُستَنَدات
cash against documents

شِيكٌ مُقابِل counter cheque

عَرْضٌ مُقابِل counter offer

**مُقابِل ـ صادِراتٌ غيرُ مُقابَلة**
unrequited exports

**مُقابَلة . مُقارَنة** comparison; contrast

**مُقابَلة** meeting

مُقابَلة شَخصِيَّة interview

المُقابَلة المُتَعَمِّقة (او التَّحليليَّة)
depth interview

مُقابَلةٌ مَعَ المُوَظَّفِ عِندَ تَرْكِهِ الوَظيفة
exit interview

**مُقارَبة** approach; approximation

**مُقارَن ـ إهْمالٌ مُقارَن** comparative negligence

بَياناتٌ مُقارَنة comparative statements

مِيزانيَّةٌ عُموميَّة مُقارَنة
comparative balance sheet

**مُقارَنة** comparison

المُقارَنة بينَ الشَّرِكات
interfirm comparison

مُقارَنة التَّواقيع signature matching

أُسْلوبُ مُقارَنةِ العَوامِل
factor comparison method

انواعُ المُقارَنةِ بينَ البَياناتِ الماليَّة
types of comparison of financial statements

طَريقةُ مُقارَنة comparative method

مَرْكَزُ المُقارَنةِ بينَ الشَّرِكات center for interfirm comparison

مَعاييرُ المُقارَنة standards of comparison

مُوَظَّفُ مُقارَنةِ الأسعار
comparison shopper

**مُقاصَّة** clearance; clearing

مُقاصَّة دَوليَّة international clearing

مُقاصَّة (دَيْنٍ بِدَين) set-off

مُقاصَّةُ الصَّرْف exchange clearing

مُقاصَّة عامَّة general clearing

مُقاصَّة العُقود ringing up

مُقاصَّة المَدِينة town clearing

اِتِّفاقيَّةُ مُقاصَّة clearing agreement

بَنكٌ مُدْرَجٌ في لائحةِ غُرفةِ المُقاصَّة
par-list bank
بَنكُ مُقاصَّة clearing bank
بَيتُ مُقاصَّةِ بُنوكِ لَنْدَن
London Bankers' Clearing House
غُرفةُ مُقاصَّة clearing house
غُرفةُ مُقاصَّةِ السِّكَكِ الحَديديَّة
Railway Clearing House
غُرفةُ المُقاصَّةِ المَصرِفيَّة
bankers' clearing house
غُرَفُ مُقاصَّةٍ مَصرِفيَّة إقْليميَّة
banker's provincial clearing houses
كَمْبيالاتُ المَصارِفِ المُقَدَّمةُ إلى غُرَفِ المُقاصَّة bank clearings
مَكتَبُ مُقاصَّةٍ إقليميّ country clearing
نِظامُ المُقاصَّة clearing system
**مُقاضاة** prosecution; suing
**مُقاطَع ، «اسْوَد»** "black"
**مُقاطَعة ، إقْليم** district; region; province
مُقاطَعةُ تَنْمِيَة development district
**مُقاطَعة** (اقتِصاديَّة لِشَخصٍ او شَرِكة إلخ.)
boycott; boycotting
مُقاطَعة اوَّليَّة primary boycott
مُقاطَعة ثانَويَّة secondary boycott
**مَقال ، مَقالة** article; essay
مَقالُ (مالْثُوس) في مَبْدَا السُّكّان
Essay on the Principle of Population
**مُقامَرة** gambling
**مُقاوِل** contractor
المُقاوِلُ الاصلِيّ prime contractor
مُقاوِل مُستَقِلّ independent contractor

مُقاوِل مِنَ الباطِن subcontractor
**مُقاوِم ــ مُقاوِمٌ لِلاتِّحاداتِ الاحتِكاريَّة**
anti-trust
مُقاوِم لِلاحتِكار anti-monopoly
مُقاوِم لِلنّار fire-resistant
زُجاجٌ مُقاوِمٌ لِلحَرارة . بيركس pyrex
**مُقاوَمةُ الانْكماش** reflation
**مُقايَسة ، قابِليَّةٌ لِلقِياس** measurability
قابِليَّةُ المُقايَسةِ الكَمِّيَّة . تَقْييس
commensurability
**مُقايَضة ، مُبادَلة** barter; barter exchange; exchange in kind; truck
اتِّفاقيَّةُ مُقايَضة barter agreement
اِقتِصادُ المُقايَضة . اِقتِصادٌ طَبيعيّ
natural economy
تَعويضُ المُقايَضة trade-in allowance
قِيمةُ المُقايَضة trade-in value
**مَقْبَرة ــ نَوبةُ المَقْبَرة** graveyard shift
**المُقْبِل ، القادِم ، التالي** prox (proximo)
**المَقْبُوضات** receipts
مَقبوضاتٌ نَقْديَّة cash receipts
دَفتَرُ المَقبوضات received cash-book
دَفتَرُ يَوميَّةِ المَقبوضاتِ النَّقدِيَّة
cash receipts journal
**مَقْبُول** admissible; acceptable; satisfactory
اداءٌ مَقبول acceptable performance
اوراقٌ (تِجاريَّةٌ) غيرُ مَقبولة
noneligible (commercial) paper
حَوالةٌ مَصرِفيَّةٌ مَقبولة bank acceptance
سَنَدٌ مَقبول accepted bill

شِيكٌ مَقْبُول (ومُعْتَمَد) مِنَ المَصرِفِ المَسحُوبِ عَلَيه — certified check (or cheque)

غَيرُ مَقبول — unacceptable

كَمبيالة مَقبولة — accepted bill

**مُقْتَرَح** — suggested; proposed; recommended

قَرارٌ مُقتَرَح — proposed resolution

**مُقْتَرِض** — borrower

المُقتَرِضُ بِرَهْن . الرّاهِن — pledger

مُقتَرِضٌ حَدِّيّ (يَتَوَقَّفُ بارتِفاعِ الفائدة) — marginal borrower

دَولة مُقتَرِضة قَبلَ الأوان — immature debtor nation

دَولة مُقتَرِضة ناضِجة — mature debtor nation

**مُقْتَرَض** — borrowed

مالٌ مُقْتَرَضٌ بِفائدة مُنخَفِضة — easy money

**مُقْتَصِد** — thrifty; economical

**مُقْتَفي آثارِ المَدِينِ المُتَهَرِّبِ مِنَ الدَّفْع** — skip-tracer

**مُقْحَم ـ بَرامِجُ دِراسيَّةٌ مُقحَمة** — sandwich courses

**مِقْدار . كَمِّيَّة** — quantity; amount

**مِقْدار . عِظَم** — magnitude

**مُقَدِّر . مُخَمِّن** — assessor

مُقَدِّرُ الكَفاءة — rater

**مُقَدَّر . مُقَيَّم** — valued; assessed; evaluated; estimated

التَقْييمُ المُقَدَّر — assessed valuation

القِيمةُ المُقَدَّرة — estimated value

نِسبةُ إنْجازِ العَمَلِ المُقَدَّر — measured work performance ratio

نِسبةُ النَّفَقاتِ العامَّةِ المُقدَّرةِ سَلَفاً لِلمَصْنَع — predetermined factory overhead rate

**مَقْدِرة . مَوْهِبة** — talent; aptitude; skill

**مَقْدِرة . قُدْرة** — ability; capability; capacity

**مُقَدِّم** — offerer; tenderer

مُقَدِّمُ الإفادة — deponent

مُقَدِّمُ البَيان — reporter

مُقَدِّمُ البَيانِ أو التَّصريحِ (الجُمرُكيّ) — declarant

مُقَدِّمُ الطَّلَب — applicant

مُقَدِّمُ العَرِيضة أو الاستِدْعاء . مُستَدْعٍ — petitioner

مُقَدِّمُ العَطاء — tenderer; bidder

**مُقَدَّم** — anteceding; preceding

دَفْع مُقَدَّم — prepayment

**مُقَدَّماً** — in advance; beforehand

الدَّفْعُ نَقْدا مُقَدَّماً — cash in advance

مَبيعٌ مُقَدَّماً — sold up

**مُقَدَّمة** — introduction

مُقَدَّمةُ الوَثيقة . تَمْهيد — preamble

**مَقَرّ . مَسْكَن** — abode; residence; dwelling

**مَقَرّ . مَرْكَز** — center; headquarters

المَقَرُّ الرئيسيّ . المَكتَبُ الرئيسيّ — head office

مَركَزُ (أو مَقَرُّ) الشَّرِكةِ الرَّسمِيّ — registered office

**مُقِرّ** — stabilizer; stabiliser

مُقِرّاتٌ داخِلِيَّة (او ثابِتة) built-in stabilisers

**مُقَرَّر** (مِنهاجُ الدِّراسة) curriculum

مُقَرَّر تعليميّ course

**مُقَرَّر** decided; determined; scheduled; established

اسعارٌ مُقَرَّرةٌ سَلَفاً predetermined rates

شَرِكةُ طَيَرانٍ لا تَقُومُ بِرِحْلاتٍ مُقَرَّرة non-scheduled airline

ضَرائبُ مُقَرَّرة assessed taxes

مَنفَعة مُقَرَّرة vested interest

نِسبةُ الوَقْتِ المُقَرَّرِ لِلحَرَكةِ سَلَفاً predetermined motion time system (P.M.T.S.)

**مُقْرِض** lender

المُقرِضُ الأخير (اي البَنكُ المَركَزيّ) "lender of last resort"

مُقرِضُ امْوال moneylender

المُقرِضُ بِرَهْن . المُرتَهِن pledgee; pawnee

مُقرِضٌ حَدّيّ (يَتَوَقَّفُ إذا انخَفَضت الفائِدةُ عن حَدٍّ مُعَيَّن) marginal lender

دَولة مُقرِضة قَبلَ الأوان immature creditor nation

دَولة مُقرِضة ناضِجة mature creditor nation

**مُقرِض بِلا فائدة** loaned flat

**مُقَسَّط** in instal(l)ments

دَين مُقَسَّط instalment debt

**مَقْصُود . مُتَعَمَّد** wilful; willful; intentional; deliberate

**مَقْصُور** limited; confined; restricted

مَعلوماتٌ مَقْصورةٌ (لا يُسمَحُ بِتَداوُلِها) restricted information

**مَقصُورة** cabin

**مِقْطَرة** distillery; still

**مَقْطُورة** trailer; tow

مَقْطُورةُ صِهْريج trailer tank

**مَقْطُوع** (إجماليّ) lump (sum); global

اضْرارٌ مَقْطوعة (مُحَدَّدة) liquidated damages

تَعويضٌ مَقْطوع lump sum compensation

**مَقطُوعِيَّة** share; portion; allotment

عامِلٌ بِالمَقطُوعِيَّة jobber

**مُقَعَّر** concave

**مُقْفَل ـ رَهْنٌ مُقْفَل** (او مَقْفُول) closed(-end) mortgage

مُؤَسَّسة مُقفَلة closed shop

**مَقْلَعُ حِجارة . مَحْجَر** quarry

**مَقلُوب . مَعكُوس** inverted; upside down

مَقلُوب (داخِلُه خارِجُه) inside out

**مُقَنَّع** disguised

بِطالة مُقَنَّعة concealed unemployment

**مُقَوِّم . مُكَوِّن** component; constituent

**مُقَوِّم . مادَّة مُكَوِّنة** ingredient; component

**مُقَوَّم . مُقَيَّم** valued

سَهمٌ غيرُ مُقَوَّم (يُمَثِّلُ حِصَّةً لِمالِكِهِ في الشَّرِكة) unvalued stock

عُملة مُقوَّمة بأقلَّ مِن قيمتِها
under-valued currency

عُملة مُقوَّمة بأكثَرَ مِن قيمَتِها
over-valued currency

measurement; measure **مِقْياس . قِياس**

measure of damages مِقياسُ الأضرار

board measure مِقياسُ الخَشَب

log مِقياسُ سُرعةِ السَّفينة

work measurement مِقياسُ العَمَل

standard of value; measure of value مِقياسُ القِيمة

عِلْمُ المَقاييسِ والأوزانِ والمَكاييل
metrology

imperial measures المَقاييسُ الإنكليزيَّة

scale **مِقْياس . مِقْياسٌ سُلَّميّ او دَرَجيّ**

sliding scale مِقياسٌ مُتَقَلِّب

ratio scale مِقياسٌ نِسبيّ

جَداوِلُ او مَقاييسُ التَّفضِيل
scales of preference

returns to scale العَوائدُ المِقْياسيَّة

scale range مَدى المِقياس

gage; gauge **مِقْياس . مِقْياسُ قَدّ**

criterion **مِقْياس . مِعْيار**

productivity criteria quotient (P.C.Q.) حاصِلُ مَقاييسِ الإنتاجيَّة

standard **مِقْياس . مِعْيارٌ قِياسيّ**

مِقياسٌ (او مِعيارٌ) أعْرَج
limping standard

yardstick مِقياسٌ مِعياريّ

تَوحِيدُ المَقاييسِ الصِّناعيَّة
industrial standardization

تَوحيدُ مقاييسِ العَمل
job standardization

cost standards مَقاييسُ التَّكاليف

universal maintenance standards (U.M.S.) مَقاييسُ الصِّيانة العامَّة

مَقاييسُ الوقت التَّركيبيَّة
synthetic time standards

المَكتَبُ القَوميُّ لِلمَقاييس
National Bureau of Standards

المُنَظَّمةُ الدَّوليَّةُ لِتَوحِيدِ المَقاييس
International Standardization Organization

limited; restricted; tied **مُقَيَّد**

سَكَنٌ مُقَيَّد (يُقَدِّمُهُ الآجِرُ لِلأجير)
tied cottage

طَلَبٌ مُقَيَّد . طَلَبٌ مُحَدَّد
limited order

limited gold standard قاعِدةُ الذَّهَبِ المُقَيَّدة

مَحلٌّ (مَتْجَرٌ) مُقَيَّد (يَبيعُ مَنْتوجاتِ المالِكِ فَقَط)
tied house (or shop)

qualified; restricted **مُقَيَّد . مَشْروط**

nominal bound shares أسهُمٌ اسمِيَّة مُقَيَّدة

اسهُمٌ غيرُ مُقَيَّدةِ الانتِقال
freely transmissible shares

restrictive endorsement تَظْهيرٌ مُقَيَّد

free bill حَوالة غيرُ مُقَيَّدة

قَبُول مُقَيَّد (بِشُروطٍ او تَحَفُّظات)
qualified acceptance

tied loan قَرْض مُقَيَّد (او مَشروط)

نِقابةٌ مُقَيَّدةُ العُضوِيَّة closed union

**مُقَيَّد . صَعْبُ ٱلمَنال** tight

**مُقَيَّد . مُدَوَّن** booked; registered

التَّكلِفةُ المُقَيَّدةُ في الفاتُورة billed cost

**مَقِيس ـ أَجْرُ اليَومِ المَقِيس**

measured day rate

عَمَلُ اليَومِ المَقِيس measured day work

**مُقِيم** resident

حِساباتُ غيرِ المُقِيمِين non-resident accounts

حِساباتٌ مُقِيمة . حِساباتُ المُقِيمِين

resident accounts

غَيرُ مُقِيم non-resident

قابِليَّةُ التَّحوِيلِ لِغَيرِ المُقِيمِين

non-resident convertibility

**مُقَيِّم** appraiser; valuer; assessor

**مُقَيِّم . مُقَدِّر** valued

**مَكاسِب** earnings

مَكاسِب إجماليَّة gross earnings

مَكاسِبُ الإدارةِ الصَّافِيَة net earnings of management

مَكاسِبُ الشَّرِكةِ المُساهمة

corporate earnings

مَكاسِبُ صافِيَة net earnings

**مُكافِىء** equal; equivalent

المُكافِىءُ البرِيطانيّ English equivalent

خَطأٌ مُكافِىء compensating error

رَصِيدٌ مُكافِىء compensating balance

سِعرُ الصَّرْفِ المُكافِىء (حَسَبَ تَسعِيرةِ صُندوقِ النَّقْدِ الدُّوَليّ)

par exchange rate

**مُكافَأة . هِبَة** gratuity

**مُكافَأة . تَعوِيض** remuneration; emolument

مُكافأةُ تَرْكِ الوَظيفة "golden handshake"

مُكافأةٌ شَرَفيَّة (اتعابُ صاحِبِ المِهْنة)

honorarium

**مُكافَأة** reward

مُكافآتٌ غيرُ ماليَّة non-pecuniary rewards

مُكافآتٌ ماليَّة monetary rewards; financial rewards

**مُكافَأة . جائزة** award

مُكافأةُ المَلِكة الصِّناعيَّة Queen's Award for Industry

مُكافَآتٌ نَقْديَّة cash awards

**مُكافَأة . عِلاوة** bonus

اسهُمُ مُكافَأة bonus stock

حِسابُ المُكافَآت (او العِلاوات)

bonus account

طَريقةُ المُكافَأة bonus method

نِظامُ المُكافَأةِ حَسَبَ المُهِمَّة

task bonus system

**مُكافَحة** struggle (against)

قَوانِينُ مُكافَحةِ الاحتِكار

Anti-Trust Laws

**مَكان . حَيِّز** room; space

**مَكان . مَوضِع** place; position; site; location

مَكانُ الاتِّصال . مَوصِل junction

مَكانُ الإصْدار place of issue

مَكانُ الإقامة . إقامة residence

مَكانُ إقامةِ الصِّناعة . مَوقِعُ الصِّناعة location of industry

مَكانٌ بارِزٌ لِلإعلانِ في جَرِيدة island position

مَكانُ الخَتم locus sigilli

مَكانٌ (او مَنصِبٌ) شاغِر . شُغور vacancy

مَكانُ المُحاكَمة venue

مَكانٌ مَقصُود destination

المَكانُ يَحكُمُ التَّصَرُّف locus regit actum

تَركيزٌ في مَكان (او مَوقِع) . تَحدِيدُ المَكان (او المَوقِع) localization

تَغيِيرُ مَكانِ المُحاكَمة change of venue

**مَكانة** status; position; rank

رَفعُ السِّعرِ لِلمُحافَظةِ على مَكانةِ المَتجَر trading up

**مَكانَةٌ وآعتِبار** prestige

**مَكبُوت ـ تَضَخُّمٌ مَكبوت** repressed inflation; suppressed inflation

**مَكتَب** bureau; office

مَكتَبُ الاتِّصال . مَكتبُ الارتِباط liaison office

مَكتبُ الإحصاء Bureau of the Cencus

مِكتبُ الإحصاءِ المَركَزيّ central statistical office

مَكتبُ الإحصاءاتِ التِّجاريَّة (الاقتِصاديَّة) business statistics office

مَكتبُ إحصاءاتِ العَمَل Bureau of Labor Statistics

مَكتبُ الاراضي land office

مَكتَبُ استِخدام employment office

مَكتبُ استِرْهان pawnshop

مَكتبُ استِعْلامات enquiry office; information office

مَكتبُ اقتِصادِيّاتِ القُوى العامِلة Office of Manpower Economics

مَكتبٌ إقليميّ regional office

المَكتبُ الأماميّ front office

مَكتبُ بَراءاتِ الاختِراع patent office

مَكتبُ بَريد post office (P.O.)

مَكتبُ تَحسِينِ الأعمال better business bureau

مَكتبُ (مُؤَسَّسة) التَّحقيقِ مِنَ الإنتِشار Audit Bureau of Circulation

مَكتبُ التَّسلِيف credit bureau

مَكتبُ التَّقدِير rating bureau

مَكتبُ الخِدْمات service bureau

مَكتبُ الرَّسائلِ المَيتَة dead letter office

المَكتبُ الرَّئيسِيّ main office; head office

المَكتبُ الرَّئيسيّ (لِلشَّرِكة) home office

مَكتبُ سَمْسَرة بِالعُمولة commission house

مَكتبُ سَمْسَرة ذُو اتصالاتٍ بَرقِيَّة (بِمُختَلِفِ اسواقِ الاوراقِ الماليَّة) wire house

مَكتبُ شِراء buying office

مَكتبُ صاحِبَةِ آلجَلالةِ لِلوِراقة Her Majesty's Stationery Office

مَكتبُ العَمَلِ الدَّوليّ International Labor Office (I.L.O.)

مَكتَبُ الفَحْصِ والتَّقييم assay office
مَكتبُ الفَرْع branch office
المَكتبُ القَوميُّ لِلمَقاييس National Bureau of Standards
مَكتبٌ لِتَسويقِ الأسهُمِ او لِلمُضارَبةِ بِها "bucket shop"
مَكتبُ مُحاسَبة accounting office
مَكتبُ المُحاسَبةِ العامّ General Accounting Office
المَكتبُ المَركَزيُّ لِلمَعلومات central office of information
مَكتبُ مُقاصَّةٍ إقليميّ country clearing
مَكتبٌ مَكْشوف open plan office
مَكتبُ المِيزانيَّة Bureau of the Budget
مَكتبُ هاتِفٍ عُموميّ public call office
مَكتبُ هَنْدَسة engineering office
مَكتبُ وَساطة (او سَمْسَرة) brokerage firm
مَكتبُ وَكالةٍ لِلتَّصدير confirming house
آلاتٌ مَكتَبِيَّة office machines; business machines
إدارةُ المَكاتِب office management
الأساليبُ العامَّةُ لِمُراقَبةِ المَكاتِب universal office controls
بَنكُ ادِّخاراتِ مكاتِبِ البَريد Post Office Savings Bank
تَجهيزاتُ المَكتَب office equipment
دَليلُ مكاتِبِ البَريد Post Office Guide
سِجِلُّ مَكتَبِ البَريد post office register
عامِلُ المَكتَب . مُراسِل office boy
عَمَلٌ مَكتَبيّ clerical work; office work
لَوحُ مَكتَبِ فَحْصِ المَعادِن assay office bar
مُحاسَبةُ المَكتَبِ الرَّئيسيّ والفُروع home office and branch accounting
مُؤَسَّسةُ إدارةِ المَكاتِب Institute of Office Management
مُوَظَّفٌ مَكتَبيّ white-collar employee
نُسْخةُ المَكتَب office copy
**مَكتَبة** (لِبَيعِ الكُتُب) bookshop
جَمعِيَّةُ المَكتَبات Library Association
**مُكتَتِب** subscriber; shareholder
المُكتَتِبُ الأوَّل leading underwriter
مُكتَتِبٌ نَقْدًا cash subscriber
دَفتَرُ حِساباتِ المُكتَتِبين subscribers' ledger
**مُكتَتَب ـ اسهُمٌ راسْماليَّةٌ غيرُ مُكتَتَبٍ بِها** unsubscribed capital stock
الأسهُمُ المُكتَتَبة subscribed stock
تَبَرُّعاتٌ مُكتَتَبٌ بِها covenanted subscriptions
راسُ المالِ المُكتَتَبُ بِه contributed capital; subscribed capital
الفائضُ المُكتَتَبُ بِه contributed surplus
**مُكْتَسَب** earned
إيجارٌ مُكتَسَب rent earned
حُقوقٌ مُكتَسَبة (قانونيًّا) vested rights
دَخْل (او إيراد) مُكتَسَب earned income
فائضٌ مُكتَسَب earned surplus
قِسطُ تأمينٍ مُكتَسَب earned premium
نِسبةُ عَدَدِ المَرّاتِ المُكتَسَبة times earned ratio

**مُكتَظٌّ بِالسُّكّان** overpopulated

**مُكتَمِلٌ . كامِل** complete; full; whole

**مُكتَنَفات . مُتَضَمَّنات** inclusions

**مَكتُوب** written; recorded

سَنَدٌ مَكتوبٌ بِخَطِّ مُنْشِئِه holograph

عَقد مَكتوب written contract

وَصِيَّة مَكتوبة بِخَطِّ المُوصي holographic will

**مُكَثَّف ـ مِيزانيَّة عُمومِيَّة مُكَثَّفة** condensed balance sheet

**مَكسٌ . رَسْمٌ** toll; tax

مُفَوَّضو المُكُوسِ والجَمارِك commissioners of customs and excise

مُكُوس customs; tolls

**مَكسِب** profit; gain

مَكسِب راسْماليّ capital gain

**مُكسِب** profitable; remunerative; lucrative

وَظيفةٌ مُكسِبةٌ لا تتَطَلَّبُ عَمَلًا (أو جُهْدًا) sinecure

**مَكْشُوف** exposed; open; overt

بائِعٌ على المَكْشوف (لا يَملِكُ ما يَبيعُه في البُورْصة) short seller

البَيعُ على المَكْشوف short sale; short selling

حِسابٌ مَكْشوف overdrawn account

سُلْفة مَكْشوفة bank overdraft

شاحِنة مَكْشوفة open truck

مُضارَبة على المَكْشوف (في البُورْصة) bear account

مَكتَبٌ مَكْشوف open plan office

**مَكفُول . مَضمُون** bonded

**مُكَلًّا . مَرفأٌ مَفتوح** roadstead

**مُكَلَّف . دافِعُ الضَّريبة** taxpayer

**مُكَمِّل . مُتَمِّم** integral

**مَكَنة** machine

مَكَنةُ إعْدادِ الفَواتير invoicing machine

آلة مَكَنيَّة machine tool

مَشْغولٌ بِالمَكَنات machined

مُعَدَّلُ السّاعاتِ المَكَنيَّة machine-hour rate

مَكَنات . آلات machinery

مَكَناتٌ تُوَفِّرُ العَمالة labour-saving machinery

وَرْشة مَكَنات machine shop

**مُكْنَة** ability; capability

**مَكْنَنة . مَيكَنة** automation; mechanization

**مُكَوِّن . مُقَوِّم** component; constituent

مُكَوِّناتُ الاستِثمار investment components

**مُكَوِّنة . عُنْصُرٌ** (مُكَوِّن) component; constituent; ingredient

**مِكيال . كَيْل** measure

مِكيال جافّ dry measure

عِلْمُ المَقاييسِ والأوزانِ والمَكاييل metrology

مَكاييلُ صَيدَلانيَّة apothecaries' measure

**مَكيدة** intrigue; entrapment; trick; machination

**مِلّ . آلةُ تَفريز** mill

**مِلّ** (عُمْلة قُبرُصيَّة) mil

مَلءُ الوَظائف staffing
مَلأَ ـ يَملأُ fill
يَمْلأُ ثانِيَةً refill
مَلاءة . القُدرةُ على الدَّفع solvency
مَلاءة . الوَضعُ الاعتِماديّ credit status
دَرَجةُ المَلاءة credit rating
مُلاءَمةٌ عَمليَّة feasibility
مِلاحة navigation
مِلاحة تِجاريَّة merchant shipping
مِلاحة ساحِليَّة coasting; cabotage
مِلاحة غيرُ مُنتَظَمة (لا تَتَقيَّدُ بِخُطوطٍ مُنتَظَمة) tramping
شَهادةُ صَلاحِيَةِ السَّفينةِ لِلمِلاحة
certificate of seaworthiness
صَلاحِيَةٌ لِلمِلاحة seaworthiness
طَريقٌ مِلاحيّ waterway
غُرفةُ المِلاحة Chamber of Shipping
غيرُ صالِحٍ لِلمِلاحة unseaworthy
قانونُ المِلاحةِ التِّجاريَّة (١٨٧٦)
Merchant Shipping Act (1876)
قَناةُ مانشِسْتر لِلمِلاحة
Manchester Ship Canal
قَنواتُ مِلاحة ship canals
قَوانينُ المِلاحة Navigation Acts
لا يَصلُحُ لِلمِلاحة unnavigable
المِياهُ الصالِحَةُ لِلمِلاحة navigable waters
الهَيئةُ الوَطَنيَّةُ لإدارةِ ابْحاثِ المِلاحَةِ الجَوِّيَّةِ والفَضاء (ناسا) National Aeronautics and Space Administration (NASA)
مُلاحِظُ اعمال (اشْغال) foreman

مُلاحَظة . مُراقَبة observation
طَريقةُ المُلاحَظةِ العَشوائيَّة
random observation method
مُلاحَظة . لاحِظْ جَيِّدًا nota bene (N.B.)
مُلاحَظة (تَنبيهيَّة) note
مُلاحَظة عابِرة مِنَ القاضي obiter dictum
مُلاحَظة هامِشيَّة marginal note
مُلاحَقة . مُتابَعة follow-up; pursuance
مُلاحَقة قَضائيَّة prosecution
مُلازَمة ـ إضرابُ مُلازَمة (يُلازِمُ فيهِ المُضرِبونَ مَراكِزَ عَمَلِهم) stay-in strike
مِلاك . سُلَّمُ الرُّتَبِ والوَظائف cadre
مُلائم expedient; favourable
مُلائمٌ لِلاستِعمال handy
سِعرُ صَرْفٍ غيرُ مُلائم
unfavourable exchange
الصَّرْفُ المُلائم favourable exchange
ميزانٌ تِجاريٌّ مُلائم (او رابِح)
favourable balance of trade
ميزانُ المَدفوعاتِ المُلائم favourable balance of payment
مَلْبَس ـ مَلابِسُ مَحبوكة hosiery
مَلْبوسات wearing apparel
نادي (مُشتَرَياتِ) المَلابِس clothing club
مُلتَزِم obligor
مُلتَزِمٌ مُتَضامِن comaker
مُلتَزَمٌ بِه . مُلزَم obligee
مَلجَأ resort
مَلجَأُ تَشغيل workhouse
مِلح salt
المِلحُ كَنُقود salt as money

مُلِحّ . ضَروريٌّ جِدًّا imperative; urgent
مُلِحّ . مِلْحاح insistent; importunate
مُلْحَق . تابِع appurtenant; accessory; subsidiary
مُلْحَق . إضافة . ذَيْل addendum; appendix; supplement; postscript
مُلحَق (بِتغييرِ نَصٍّ في بُوليصةِ التأمين) endorsement; indorsement
مُلحَق تَفسيريّ rider
مُلحَق (في سَفارة) attaché
مُلحَق لِكَمْبيالة allonge
مُلحَق لِمَبْنى annex
مُلحَق مُشاع common appendant
مُلحَق وَصِيَّة codicil
مَلْحُوظَة note
مُلَخَّص summary
مُلَخَّصُ الإحْصائيّات (مَجَلّة) Digest of Statistics
مُلَخَّصُ الدَّعوى brief
المُلَخَّصُ الشَّهريّ لِلإحْصائيّات (مَجَلّة) Monthly Digest of Statistics
مُلَخَّصُ عَمليّاتِ السَّنة year-end summarization
مُلْزَمٌ (بِ) . مَسْؤُولٌ (عَن) liable
مُلْزِم binding
اِتّفاقٌ مُلزِم binder
مُلْزِم . إلزاميّ compulsory; obligatory; imperative
التَّخْطِيطُ المُلزِم imperative planning
مُلْصَق ـ بِطاقةٌ مُلْصَقة gummed label
مُلْصَقة poster

مُلْغًى ـ شِيكٌ مُلغًى cancelled check; cancelled cheque
مِلَفّ file; folder
مِلَفٌّ دَوّار rotary file
مِلَفٌّ مُستَنَداتِ القَيدِ غيرِ المَدفُوعة unpaid voucher file
مِلَفٌّ المُستَنَداتِ المدفُوعة paid voucher file
قَيدُ المِلَفّات file posting
مِلَفّاتُ المُوَظَّفين personnel files
نِظامُ حِفْظِ المِلَفّات filing system
مَلْفوظٌ إلى الشّاطِىء . جانِح (إلى الشّاطِىء) stranded
مَلَكَ ـ يَمْلِكُ . يَحُوزُ own
مِلْك estate; property
مِلكٌ ثابِت (عَقاريّ) real estate
مِلكٌ خاصّ private property
مِلكٌ شَخصِيّ (مَنْقول) personal property
مِلكٌ عامّ public property; public domain
مِلكٌ عَقاريّ real property; realty
مِلكٌ غيرُ مَحْسوس (غيرُ مَلْموس) intangible property
مِلكٌ غيرُ مَنقول immovable
مِلكٌ مَحْسوس (مَلْموس) tangible property
مِلكٌ مُشتَرَك بَينَ الزَّوجَين community property
مِلكٌ مَنقول personalty; chattel
مِلكٌ ناجِز (مُطْلَقُ الأيلُولة) absolute estate

اِستِردادُ الدَّولةِ لِلمِلْك (عندَ انعِدامِ الوارِث) escheat
أملاكُ التّاج . اراضي المَلِك crown lands
املاكُ الدَّولة state property
املاكٌ عَقارِيّة landed estate
املاكٌ وَطنِيّة national domain
بُوليصةُ تأمينِ املاكٍ مَنقولة floater
التَّخطِيطُ لِلتَّصرُّفِ بالأملاك estate planning
حابِسُ (حاجِزُ) المِلْك sequestrator
حِصّةُ ارباحٍ على شَكْلِ مِلْك property dividend
رَهْنُ المِلْكِ العَقاريّ real estate mortgage
رَهْنُ المِلْكِ المُشتَرى purchase money mortgage
ضَريبةُ املاك landlord's property tax
طَبَقةُ اصحابِ الأملاك rentier class
وَصِيّةٌ بِمِلْكٍ مَنقول legacy
**المَلِك ــ المَلِكُ مَعصُوم** king can do no wrong
اراضي المَلِك crown lands
**مَلَكِيّ ــ البَرِيدُ المَلَكِيّ** Royal Mail (R.M.)
بُورصة مانشِستر المَلَكِيّة Manchester Royal Exchange
لَجنة مَلَكِيّة royal commission
**مِلْكِيّ . اِمتِلاكِيّ** proprietary
**مِلكِيّة** proprietorship; property; ownership
مِلكيّة ادبيّة literary property
مِلكيّة تامّة fee simple
مِلكيّة الثَّروة ownership of wealth
مِلكيّةٌ جَماعيّة collective ownership
مِلكيّةُ الحَقّ chose in action
مِلكيّة الدَّولة state ownership
مِلكيّة الشَّيء chose in possession
مِلكيّة عامّة public ownership
مِلكيّة عَقاريّة landed property; land patent
مِلكيّة عَقاريّة مُطلَقة المُدّة freehold
مِلكيّة (تِجاريّة) فَرْديّة single proprietorship
مِلكيّة مَحصُورة fee tail
مِلكيّةٌ مَحصُورةُ المِيراث entail
مِلكيّة مُشتَرَكة co-property; joint ownership; co-ownership
مِلكيّة مُطلَقة domain
مِلكيّة مَعنَويّة (كَحُقوقِ التأليفِ او الاختِراع) incorporeal property
مِلكيّة المَنازِل home ownership
اِستِرجاعُ المِلكِيّة repossession
تَوزِيعُ المِلكِيّة distribution of property
حِساباتُ المِلكيّةِ المُؤقّتة temporary proprietorship accounts
حَقُّ مِلكيّةٍ عَقار fee
حَقُّ مِلكيّةٍ قابِلٌ لِلبَيع marketable title
حَقُّ مِلكيّةٍ قانونيّ (او شَرْعيّ) legal title
حَقُّ مِلكيّةٍ كامِل perfect title
حَقُّ مِلكيّةٍ ناقِص (او مَعِيب) defective title
خاصٌّ بالمِلكيّة proprietary (pty.)
دُولاراتُ المِلكيّة (لِشِراءِ البريطانيِّ املاكاً خارِجَ بريطانيا) "property dollars"

سَنَدُ المِلْكِيَّة — title-deed

صَكُّ تَحْوِيلِ المِلكيَّة — transfer deed; deed of assignment

صَكُّ مِلكيَّة . سَنَدُ تَمْليك — muniment of title

مَنْعُ نَقْلِ مِلكيَّةِ الاراضي إلى الشَّرِكات — mortmain

نَزْعُ المِلكيَّة — condemnation; eviction; expropriation

نَزْعُ مِلكيَّةِ ارضٍ زائدةٍ عَلى المَطلوب — excess condemnation

وَثائقُ مِلكيَّة — documents of title

**مَلْمَس** — feel

مَلمَسُ رَقْم (عَلى لَوحَةِ المَفاتيحِ الرَّقْمِيَّة) — digit key

لَوحةُ المَلامِس . لَوحةُ المَفاتيح — keyboard

**مَلْمُوس — أَصْلٌ غيرُ مَلْمُوس** — intangible asset

أَصْلٌ مَلْموس — tangible asset

اضْرارٌ (تَعويضاتٌ) مَلْموسة — substantial damages

تَحَسُّنٌ مَلْموس — marked improvement

صافي الأُصولِ المادِّيَّةِ المَلْموسة — net tangible assets

**مَلْهى — ضَريبةُ المَلاهي** — entertainment duty

**مُلَوَّث — شَهادةٌ صِحِّيَّةٌ مُلَوَّثة** — foul bill of health

**مِلِّي - جُزْءٌ مِن الف** — milli-

**مَلِيء . قادرٌ عَلى الوَفاءِ بِالتِزاماتِهِ المالِيَّة** — solvent

**مِلِّيم** (عُملةٌ لِيبِيَّة) — millieme

**مُماثِل . شَبيه** — similar

**مُماثِل . مُطابِق** — identical

**مُماثِل . نَظِير** — counterpart

**مُمارَسة . تَطْبيق** — practice

مُمارَسةُ التوظِيفِ العادِلة — fair employment practice

مَحكَمةُ المُمارَساتِ التجارِيَّةِ التَّقْييدِيَّة — Restrictive Trade Practices Court

مُسَجِّلُ المُمارَساتِ التِّجارِيَّةِ التَّقْييدِيَّة — registrar of restrictive trade practices

مُمارَساتٌ عُمّالِيَّةٌ تَقييدِيَّة — restrictive labour practices

**مُمالاَة احتِيالِيَّة** — fraudulent preference

**مُمْتاز** — excellent; first rate; exquisite

أَداءٌ مُمتاز (او مُتَفَوِّق) — outstanding performance

اسهُمٌ مُمتازةٌ (لها اولَوِيَّةٌ في تَوزيعِ الأرباح) — preferred stock; preference shares

اسهُمٌ مُمتازةٌ تَتَمَتَّعُ بِحَقِّ التَّصويت — privilege voting shares

اسهُمٌ مُمتازةٌ غيرُ مُتَراكِمةِ الارباح — non-cumulative preferred stock

اسهُمٌ مُمتازةٌ مُتَقَدِّمة — prior preferred stock

اسهُمٌ مُمتازةٌ مَحدُودةُ الارباح — non-participating preferred stock

اوراقٌ مالِيَّةٌ مُمتازة — gilt-edge(d) securities

حالةٌ مُمتازة . خُلُوٌّ مِنَ العُيوب — impeccable condition

دائنٌ مُمتاز — preferred creditor

دَينٌ مُمتاز — privileged debt; preferred debt
سَنَدُ دَينٍ مُمتاز — priority bond
سَنَدٌ مُمتاز — preference bond
كَمْبيالةٌ مُمتازة — premium bill of exchange
**مُمتَدّ** — extended
مَدفوعاتُ بِطالةٍ مُمتَدَّة — extended unemployment benefits
**مُمتَزِج . مُختَلِط** — mixed
**مُمتَلَكات** — effects; possessions
مُمتَلكاتٌ عَقارِيَّة — landed property
مُمتَلكاتٌ غيرُ عَقارِيَّة — goods and chattels
مُمتَلكاتٌ قابِلةٌ لِلتَّأمين — insurable property
**مُمتَهِن . مُحتَرِف** — professional
**مُمَثِّل . مَبعُوث** — emissary; envoy
**مُمَثِّل . وَكِيل . مَندُوب** — representative; agent
مُمَثِّل تِجاريّ جَوّال — voyager
مُمَثِّل خاصّ — special representative
مُمَثِّل شَخصِيّ — personal representative
مُمَثِّلُ الصّانِع — manufacturer's representative
مُمَثِّل النِّقابة — shop steward
نُقودٌ مُمَثِّلة . نُقودٌ نائبة — representative money
**مَمَرّ . دَرْب** — path
مَمَرّ تَحت ارضِيّ — subway
مَمَرّ سالِك — gangway
**المُمَركِز** — centralograph

**مُمَزَّق** ـ اوراقٌ نَقْدِيَّةٌ مُمَزَّقة (او مُشَوَّهة) — mutilated bank notes
**مُمكِنٌ تَطبيقُهُ عَمَليّاً** — feasible
**مَملَكة** ـ نَقدُ المَملَكة — coin of the realm
**مَملُوك** — owned
مَملوكٌ جُزئيّاً — partially owned
مَملوكٌ كُلِّيّاً — wholly owned
الراسُمال المَملوك — capital owned
**مَمنُوع** — forbidden
مَمنوعُ الدُّخول — no admittance
مَمنوعٌ مِنَ المُطالَبةِ لِانتِهاءِ المُدَّةِ القانونيَّة — outlawed
تَعامَلَ بِبَضائعَ مَمنوعة — bootleg
**مُمَوِّل** — financier
**مُمَوِّن . مُتَعَهِّدُ التَّموين** — purveyor
**مُمَيِّز** — distinctive
علامةُ المَصنَعِ المُمَيِّزة — manufacturer's brand
علامة مُمَيِّزة — brand
**مُمَيَّه** ـ اسهُمٌ راسماليَّةٌ مُمَيَّهة — watered capital stock
اسهُمٌ مُمَيَّهة (مُصدَرةٌ دُونَ زِيادةٍ في راسِ المال) — watered stock
**مِنْ** — from
مِن تاريخِه — after date
مِن عامَّةِ النّاس . عامّيّ — secular
مِن مَوقِعِ السُّلطة — ex cathedra
حِسابُ مِنْ و إلى — debit & credit accounts
**مَنارة** — lighthouse; beacon
**مُنازَعة** — issue; dispute

مَحكَمةُ المُنازَعاتِ الصِّناعيَّة
Industrial Disputes Tribunal

**مُناسِب** relevant; expedient

سِعرٌ مُناسِب bargain price

في الوَقتِ المُناسِب . في تارِيخِ الاستِحقاق
in due course

المَدى المُناسِب (لِلإنتاج) relevant range

وُصولٌ مُناسِب (في المَوعِدِ المُعَيَّن)
due arrival

**مُناسَبة . فُرْصة** opportunity

**مُناصَرة . رِعاية** patronage

**مُناصَفة . نِصْف** moiety

**مَناطِق** (أُنظُر مِنطَقة) areas

**مُنافٍ** contrary (to); in conflict (with)

عَقدٌ مُنافٍ لِلآداب immoral contract

**مُنافِس . مُزاحِم** competitor

تَسعِيرٌ يَتَحدّى المُنافِسين
aggressive pricing

**مُنافَسة . تَنافُس** competition; rivalry

مُنافَسة احتِكاريَّة
monopolistic competition

مُنافَسة بَحْتة pure competition

مُنافَسة حادَّة keen competition

مُنافَسة حُرَّة free competition

مُنافَسة عادِلة fair competition

مُنافَسة غيرُ عادِلة unfair competition

مُنافَسة غيرُ كامِلة
imperfect competition

مُنافَسة فَتّاكة (لا تَرْحَم) cut-throat competition

مُنافَسة كامِلة perfect competition

مُنافَسة لا سِعرِيَّة (عَلى اساسِ النَّوعيَّةِ او الخِدْماتِ الإضافِيَّة) non-price competition

مُنافَسة مُحتَمَلة potential competition

مُنافَسة مَحدُودة limited competition

مُنافَسة مَحْضة pure competition

مُنافَسة مَشْروعة fair competition

مُنافَسة مَفْتوحة (او مُطْلَقة)
open competition

مُنافَسة نَشِطة (او حادَّة)
brisk competition

التَّحَكُّم في المُنافَسة والاقتِراض
competition and credit control

قابِليَّةٌ لِلمُنافَسة competitiveness

قَويُّ المُنافَسة highly competitive

مَضِيعاتُ المُنافَسة غيرِ الكامِلة
wastes of imperfect competition

**مُناقَشة** debate; discussion

مُناقَشة مُتَخَصِّصة (حَولَ مَوضُوعٍ مُعَيَّن)
symposium

إقفالُ المُناقَشة closing of debate

**مُناقَصة . عَطاء . عَرْضُ سِعْر** tender; bid

إصدار اسهُمٍ بِالمُناقَصة
tender capital issues

الإصدارُ بِالمُناقَصة issue by tender

بِالمُناقَصة by tender

طَرْحٌ بِالمُناقَصة call for tender

**مُناوَرات** manœuvres; manipulations

**مَنْبَع** source; origin

**مُنتِج . إنْتاجيّ** productive; producing

مُنتِجٌ لِلفائدة interest-bearing

أُجورٌ غيرُ مُنْتِجة non-productive wages
أُجورٌ مُنتِجة (يَعمَلُ مُتقاضوها في الإنتاجِ مُباشَرةً) productive wages
إستِثمار مُنتِج productive investment
إنفاق مُنتِج productive expenditure
الدَّوائرُ المُنتِجة . الاقسامُ المُنتِجة productive departments
دَينٌ مُنتِج reproductive debt
رَاسْمالٍ (راسُ مالٍ) مُنْتِج productive capital
سِلَع مُنتِجة producer goods
الصِّناعاتُ المُنتِجةُ لِسِلَعٍ راسِماليَّة instrumental industries
طاقة مُنتِجة productive potential
عَمل مُنتِج productive labour
مُوَظَّف مُنتِج productive employee
**مُنتِج** producer; grower; manufacturer
مُنتِجٌ حَدِّيٌّ (إنْتاجُهُ يَكادُ يُوازي اجْرَهُ) marginal producer
مُنتِجٌ ذاتيٌّ autoproducer
إتِّحادُ المُنتِجين cartel; Kartell
تَجمُّع (او إتِّحادُ) المُنتِجين combination of producers; pool
تَسْليفُ المُنتِجين producers' credit
تَعاوُنيَّةُ المُنتِجين producers' cooperative
جَمعيّاتُ المُنتِجينَ التَّعاوُنيَّة producers' cooperative societies
سِعرُ السِّلعَةِ العائدُ لِلمُنتِج factor cost
فائضُ المُنتِجين producers' surplus
مُنتِجُونَ اصِليُّون original producers
**مُنتَج . مَنْتُوج** product; produce; yield

بُورصةُ المُنتَجاتِ الزِّراعيَّة produce exchange
تَثمينُ المُنتَجات product costing
تَخطِيطُ المُنتَجات product planning
تَنَوُّعُ المُنتَجات variety of products
تَنويعُ المُنتَجات product diversification
سِلسِلةُ مُنتَجاتٍ غيرِ مُربِحة unprofitable product line
مَزيجُ المُنتَجات product mix
مُفاضَلة المُنتَجات product differentiation
مُنتَجات مُتَعَدِّدة multiple products
مُنتَجات نِهائيَّة final products
مُنتَجات وَطَنيَّة home produce
**مُنْتَج** produced
الغِلالُ المُنتَجة مَحلِّيّاً home-grown cereals
**مُنْتَدَب** delegated; deputized
مُديرٌ مُنتَدَب managing director
**مُنْتَصَف** middle; centre; mid-
نَوبَةُ مُنتَصَفِ اللَّيل midnight shift; lobster (or graveyard) shift
**مُنْتَظَم . نِظاميّ** regular
مِلاحة غيرُ مُنتَظَمة (لا تَتَقَيَّدُ بِخُطوطٍ مُنتَظَمة) tramping
**مُنْتَفِع . مُسْتَفِيد** beneficiary; usufructuary
مُنتَفِعٌ بِمالٍ ائتِمانيّ cestui que trust
**مُنْتَقًى** select(ed); picked
عَيِّنة مُنتَقاة picked sample
**مُنْتَهٍ** terminated; lapsed; ended; finished

بَراءة مُنتَهِيَة — lapsed patent

بُوليصةٌ مُنتَهِيَة (فاتَ موعِدُ تَسدِيدِ اقساطِها) — lapsed policy

**مَنْتُوج** (أُنظُر ايضاً : مُنتَج . مَنتُوج) — produce; product; production

مَنتُوج مُشتَرَك — joint product

مَنتُوجات رَئيسيَّة او اساسِيَّة (لِبَلَدٍ مُعَيَّن) — staple products

مَنتُوجات مَحلِّيَّة — home goods

**مُنْجِزٌ** (الأعمال) — expediter

**مُنْجَز** — finished; accomplished; complete(d); consummate

بَضائعُ نِصفُ مُنجزة (الصُّنع) — semi-manufactured goods

**مَنجَم** — mine

مَنجَمُ ثَراء . بُونانْزا — bonanza

مَنجَمُ ذَهَب — gold mine

أسهُمُ مَناجِم — mining shares

عامِلُ مَناجِم — miner

عائداتُ المَنجَم — mine returns

**مَنجَميّ** — mining

**مَنَح ـ يَمْنَحُ** — grant; award; give

**مُنحاز** — partial; biased; prejudiced

غيرُ مُنحاز — impartial; unbiased

**مِنحَة** — grant; gift; donation

مِنحةُ تَدعيمِ الضَّرائبِ المَحلِّيَّة — rate support grant

مِنحةُ تَساوٍ — equalisation grant

مِنحةُ تَسوِيَةٍ مِنَ الخِزانةِ العامَّة — rate deficiency grant; exchequer equalization grant

مِنحةُ تَصدِير — export bonus; export bounty

مِنحةُ العَجْزِ عَنِ العَمَل — disablement benefit

مِنْحة ماليَّة — grant-in-aid

مِنْحة وَفاة — death grant

سَهمُ مِنْحة — bonus share

مِنَحٌ (او إعاناتٌ) زِراعيَّة — agricultural support subsidies

نِظامُ المِنَحِ والعِلاواتِ (التَّشجِيعيَّة) — premium bonus system

**مُنْحَرِف** — oblique; divergent

مُنحَرِفُ السُّلوك — delinquent

**مُنْحَنى** — curve

مُنحَنى الإنْتاجِ المُتَساوي — equal production curve

مُنحَنى تَقْييمِ المُستَخدَمِين — employee rating chart

مُنحَنى التكالِيف — cost curve

مُنحَنى التواتُر — frequency curve

مُنحَنى السَّواء — indifference curve

مُنحَنى الطَّلَب — demand curve

مُنحَنى العَرْض — supply curve

مُنحَنى عَرْضٍ تَنازُليّ — regressive supply curve

مُنحَنى العَرْضِ والطَّلَبِ مُجتَمِعَين — combined demand and supply curve

مُنحَنى عَلاقةِ السِّعرِ بالاستِهلاك — price-consumption curve

مُنحَنى الناتِجِ المُتَساوي — equal-product curve

مُنحَنياتُ الإنفاق expenditure curves

مُنحَنياتُ التَّساوي (السَّواء) indifference curves

مُنحَنياتُ التَّساوي (السَّواء) الإنْتاجيّ iso-product curves; isoquants

مُنحَنياتُ التَّساوي (السَّواء) الإنْفاقيّ iso-outlay curves

مُنحَنياتُ التكاليفِ المُتَساوِيَة equal cost lines

**مُنخَفِض** low

دَرَجة مُنخَفِضة low grade

سُوقٌ اسعارُها مُنخَفِضة heavy market

مالٌ مُقتَرَضٌ بِفائدةٍ مُنخَفِضة easy money

**مَنداتس** (عُمْلةٌ اصدَرَتها الثَّورةُ الفَرَنسيَّة) mandats

**مَنْدُوب . مُفَوَّض** commissioner; deputy

**مَنْدُوب . مُمَثِّل** delegate; representative; agent; envoy

مَندوبٌ مَحَلّيٌ (لِترويجِ البِضاعة) district traveller

**مُنذُ البداية** ab initio

**مَنزِل** house; home; residence

السَّطْوُ على المَنازِل burglary

ضَريبة المَنازِل house tax; house duty

مُدَبِّرة المَنزِل housekeeper

مَصاريفُ إدارةِ المَنزِل housekeeping money

مِلكِيَّة المَنازِل home ownership

نَفَقاتُ المَنزِل . نَفقاتُ الأُسْرة household expenses

**مُنْزَلِق** sliding

أخطاءٌ (أو هَفَواتٌ) مُنْزَلِقة slides

**مَنزِليّ ـ التَّدبيرُ المَنزِليّ** home economics

أمتِعة مَنزِليَّة household goods

إنتاجٌ مَنزِليٌّ التَّشغيل putting-out system

**مُنْسَحِب** withdrawing; retreating

شَريكٌ مُنْسَحِب retiring partner

**مُنَسَّق** well-arranged; uniform

حِسابُ التكاليفِ المُنَسَّق uniform costing

**مَنسُوب** (إلى) attributable (to); ascribed; imputed

التكاليفُ المَنسُوبة attributable costs

**مَنسُوجات . اقمِشة** soft goods

**مَنشَأ . مَصْدَر** origin

مَنْشَأُ البَضائع origin of goods

شَهادةُ مَنْشَأ certificate of origin

**مُنشِىء** founder; writer

سَنَدٌ مَكتُوبٌ بِخَطِّ مُنشِئِه holograph

**مُنشَأة** (أنْظُر ايضاً : مُؤَسَّسة) establishment; firm; concern; foundation

مُنشَأة حَدِّيَّة marginal firm

مُنشَأة لِخدمةِ الزَّبُونِ وهُوَ في سَيّارَتِه drive-in

مُنشَأة مُتَعَدِّدة الإنْتاج multi-product firm

مُنشَأة مَفْتوحة (تَستَخدِمُ عُمّالاً نِقابِيِّينَ وغيرَ نِقابِيِّين) open shop

مُنشَأة نَموذَجِيَّة (حَسَبَ تَعريف ألفِرِد مارْشال) representative firm

مُنشأة وكالِيَّة (تَقتصِرُ على توظيفِ المُنتسِبينَ إلى اتّحادٍ او نِقابة)
agency shop

رَئيسُ رابِطةِ العُمّالِ في مُنشأة
shop chairman

شَركةُ إدارةِ مَناطِقِ المُنشآتِ الصِّناعيَّة
Industrial Estates Management Corporation

العُمْرُ الإنتاجيُّ لِمَوجُوداتِ المُنشأة
productive life of plant assets

مُدَّخَراتُ المُنشأة (اي الأرباحُ غيرُ المُوَزَّعة)
business savings

مُنشآت . مُمْتَلكاتٌ عَقاريَّة — premises

مِنطَقةُ مُنشآت صِناعيَّة . مَناطِقُ صِناعيَّة
industrial estates

**مَنشُور . مُعلَن** — published

الحِساباتُ المَنشُورة — published accounts

**مَنشُور . نَشْرة** — pamphlet; publication; circular

**مَنشُور** (بِمِنشار) — sawn

**مَنصِب** — office; post; position

بِحُكمِ المَنصِب — ex officio

**مِنَصَّة** — platform

مِنَصَّة تَفْريغ — unloading platform

مِنَصَّةُ شَحْنٍ بِمُستَوى سَطحِ الشاحِنات
truck level shipping deck

مِنَصَّة الصَّفَقات — bargain counter

مِنَصَّة نَقّالة — pallet

**مُنصِف . غيرُ مُنحاز** — impartial

**مِنضَدة** — table

مِنضَدةُ البَيع (او الصَّرْف) — counter

**مُنضَمّ** — joined; attached; affiliated; associated

شَريكٌ مُنضَمٌّ حَديثاً (جَديد)
incoming partner

**مَنطِق** — logic

**مِنطَقة** — region; sphere; area; zone

مِنطَقة (او كُتلة) الإسترلينيّ
Sterling Area (or Bloc)

مِنطَقة تِجارة حُرَّة — free trade area; free trade zone

مِنطَقة التِّجارة الحُرَّة الأُوروبيَّة
European Free Trade Area

مِنطَقة التِّجارة الخارِجيَّة
foreign trade zone

مِنطَقة تِجاريَّة . مِنطَقة مُنشآت تِجاريَّة
trading estate

مِنطَقةُ تَوافُدِ المُشتَرين
shopping hinterland

مِنطَقة حُدود — frontiers

مِنطَقة حُرَّة — free zone; zone franche

المِنطَقةُ خَلْفَ المِيناء . ظَهْرُ المِيناء
hinterland

مِنطَقة الدُّولار — dollar area

مِنطَقة الذَّهَب — gold bloc

مِنطَقة رَماديَّة (ذاتُ نِسبَةِ بِطالةٍ تَفوقُ المُعَدَّل)
Grey Area

مِنطَقةُ الكاريبي لِلتِّجارةِ الحُرَّة (كارِيفتا)
Caribbean Free Trade Area (Carifta)

مِنطَقة مُتَوَسِّطة — intermediate area

مِنطَقة مُنشآت صِناعيَّة . مَناطِقُ صِناعيَّة
industrial estates

مِنطَقةٌ نَقدِيَّة — currency area

مِنطَقة نُمُوّ — growth zone

تَقسِيمٌ إلى مَناطِق . تَنْطِيق — zoning

شَرِكةُ إدارةِ مَناطِقِ المُنشآتِ الصِّناعيَّة — Industrial Estates Management Corporation

مُدير المِنطَقة — district manager

مَناطِقُ التخطِيطِ الاقتِصاديّ — economic planning regions

مَناطِق تَنمِيَة — development areas

مَناطِق خاصَّة — special areas

مَناطِق مَنكُوبة — distressed areas; depressed areas

**مَنطِقيّ** — logical

سُلوكٌ مَنطِقيّ — rational behaviour

**مَنطُوق . نَصّ** — text

**مُنَظِّم** — organizer; regulator

مُنَظِّمُ العَمَل . مُتَعَهِّد — undertaker; entrepreneur

مَخزونٌ مُنَظِّم (او مُعادِل) — buffer stock

**مُنَظَّم** — orderly

اسواقٌ مُنَظَّمة — organized markets

**مُنَظَّمة** — organization; organisation

مُنَظَّمةُ الاغذِيَةِ والزِّراعة — Food and Agriculture Organization (FAO)

مُنَظَّمةُ الأُمَمِ المُتَّحِدة — United Nations Organisation (U.N.O.)

مُنَظَّمةُ الأُمَمِ المُتَّحِدةِ لِلتَّربيةِ والعُلومِ والثَّقافةِ (اليُونِسكو) — United Nations Educational, Scientific and Cultural Organisation (U.N.E.S.C.O.)

مُنَظَّمةُ بُحوثِ الفَضاءِ الأُوروبيَّة — European Space Research Organization (ESRO)

مُنَظَّمةُ البُلدانِ العَرَبيَّةِ المُصَدِّرةِ لِلنَّفْط — Organization of Arab Petroleum Exporting Countries (O.A.P.E.C.)

مُنَظَّمةُ البُلدانِ المُصَدِّرةِ لِلنَّفْط — Organization of Petroleum Exporting Countries (O.P.E.C.)

مُنَظَّمةُ التِّجارةِ الدَّوليَّة — International Trade Organisation (I.T.O.)

مُنَظَّمةُ التعاوُنِ الاقتِصاديِّ الأُوروبيّ — Organization for European Economic Co-operation (O.E.E.C.)

مُنَظَّمةُ التعاوُنِ الاقتِصاديِّ والتَّنمِيَة — Organization for Economic Cooperation and Development (O.E.C.D.)

مُنَظَّمةُ التعاوُنِ التِّجاريّ — Organization for Trade Cooperation (O.T.C.)

مُنَظَّمةٌ دَوليَّة — international organization

المُنَظَّمةُ الدَّوليَّةُ لِتَوحِيدِ المَقايِيس — International Standardization Organization

مُنَظَّمةُ الصِّحَّةِ العالَمِيَّة — World Health Organisation (W.H.O.)

مُنَظَّمةُ الطيَرانِ المَدَنيِّ الدَّوليَّة — International Civil Aviation Organisation (I.C.A.O.)

المُنَظَّمةُ العَرَبيَّةُ لِلعُلومِ الإداريَّة — Arab Organization for Administrative Sciences

labour organization مُنَظَّمةٌ عُمّاليَّة

International مُنَظَّمةُ العَمَلِ الدَّوليَّة
Labour Organization (I.L.O.)

Organization مُنَظَّمةُ الوَحْدةِ الافريقيَّة
of African Unity (OAU)

regional organizations مُنَظَّماتٌ إقليميَّة

visible مَنْظُور . مَرْئيّ

visible supply الإمداداتُ المَنظُورة

visible items بَنودٌ (او مَوادٌّ) مَنظُورة

visible trade التِّجارةُ المَنظُورة

visible exports صادِراتٌ مَنظُورة

prevent; bar; prohibit; مَنَعَ ـ يَمْنَعُ
enjoin; forbid

prevention; prohibition; مَنْع
ban; interdiction

مَنْعُ استِخدامِ العُمّالِ العَرَضِيِّين
decasualisation; decasualization

curfew مَنْعُ تَجَوُّل

contraception مَنْعُ الحَمْل

مَنْعُ نَقْلِ مِلكِيَّةِ الاراضي إلى الشَّرِكات
mortmain

spendthrift trust امانةٌ لِمَنْعِ التَّبْذير

statute of frauds قانونُ مَنْعِ الاحتِيال

قانونُ مَنْعِ الغِشّ (في الاستِثمارات)
Prevention of Fraud (Investments) Act

outlet مَنْفَذ

executor; testator مُنَفِّذ (الوَصِيَّة)

instituted executor مُنَفِّذ (وَصِيَّة) مُعَيَّن

executed مُنَفَّذ

orders in hand طَلَباتٌ تِجاريَّةٌ غيرُ مُنَفَّذة

repulsive; repellent مُنَفِّر

non-monetary مُرَغِّباتٌ ومُنَفِّراتٌ عَينِيَّة
advantages and disadvantages

single; sole; solitary مُنْفَرِد

separate مُنْفَرِد . مُنْفَصِل

مُجتَمِعِينَ ومُنفَرِدِين . مُتَكافِلِينَ
joint and several ومُتَضامِنِين

separate; detached; مُنفَصِل
unconnected

بَيانٌ مُنفَصِل (لِضَريبةِ دَخْلِ الزَّوجَين)
separate return

under separate cover في ظَرْفٍ مُنفَصِل

benefit; advantage; مَنفَعة . فائدة
good; avail; use; utility; interest

المَنفَعةُ الاجتِماعيَّة القُصْوى
maximum social advantage

marginal utility; مَنفَعة حَدِّيَّة
marginal significance

marginal utility مَنفَعة حَدِّيَّة لِلدَّخْل
of income

special benefit مَنفَعة خاصَّة

disutility مَنفَعة سَلْبِيَّة

life estate مَنفَعة عَقارِيَّة مَدى الحَياة

مَنفَعةٌ غيرُ قابِلَةٍ لِلقِياسِ العَدَديّ
ordinal utility

insurable interest مَنفَعة قابِلة لِلتَّأمين

مَنفَعةٌ قابِلةٌ لِلقِياسِ العَدَديّ
cardinal utility

total utility المَنفَعة الكُلِّيَّة

equal advantage مَنفَعة مُعادِلة

vested interest مَنفَعة مُقَرَّرة

dead use مَنفَعة مُؤَجَّلة

مَنفعةٌ نِهائيَّة (حَدِّيَّة) final utility
إبدالُ المَنفعة commutation of interest
بِمَنفعةٍ او بِلا مَنفَعة interest or no interest
تَناقُصُ المَنفعةِ الحَدِّيَّة diminishing marginal utility
قانونُ تَناقُصِ المَنفعة
law of diminishing utility
لامَنفَعة disutility
مَذهَبُ المَنفعة . النَّفْعِيَّة . المَنْفَعِيَّة
utilitarianism
نَظَريَّة المَنفعة benefit theory
نَقصُ المَنفعةِ الحَدِّيَّة لِلعَمَل
marginal disutility of labour
وَحْدة مَنفَعة util
يُؤَجِّرُ مَنفَعةً demise
مَنفَعِيٌّ . مُتَعلِّقٌ بِالمَذهَبِ النَّفعِيِّ utilitarian
مَنفَعِيُّون . انصارُ مَذهَبِ المَنفَعة
utilitarians
مُنفَق spent
مَصرُوفاتٌ مُنفَقة out-of-pocket expense
مُنقِّب (عَنِ النَّفط او الذَّهَب) prospector
مُنقَّح revised; corrected
نُسْخة مُنَقَّحة rescript
مُنقِذ rescuer; savior
مُنقِذٌ (بَحْريّ) salvager; salver; salvor
مُنقَضٍ lapsed
تَكلِفةٌ غيرُ مُنقَضِيَة unexpired cost
مُنقَطِع ـ مُنْقَطِعُ النَّظِير (لا يُضاهَى)
matchless; beyond comparison
غيرُ مُنقَطِع unbroken

مَنقُوص diminished; deficient; incomplete
غيرُ مَنقُوص . تامٌّ . سَلِيم intact
مَنقُول . مالٌ مَنْقُول movable
مَنقُول . مَنسُوخ copied; transcribed
مَنقُول carried; transmitted; transported
مَنقُول إلى ما بَعدَه brought down
مَنقُولٌ بَحْرًا sea-borne
مَنقُولٌ مِن نَفسِ الصَّفحة
brought down (b/d)
املاكٌ مَنقُولة personal estate
اموالٌ مَنقُولة movable property; movables
عُرُوضٌ ومَنقُولات goods and chattels
مِلكٌ غيرُ مَنقُول immovable
مِلكٌ مَنقُول(مَنقُولات) personalty; chattel
مَنقُولاتٌ غيرُ مادِّيَّة incorporeal chattels
وَصِيَّةٌ بِمِلكٍ مَنقُول legacy
مَنكوب distressed; disaster-stricken
مَناطِقُ مَنكوبة distressed areas
مِنهاج . مِنهاجُ التَّعلِيم curriculum
مَنهَج programme; schedule; method; course
مَنهَج استِقرائيّ inductive method
مَنهَج اقتِصاديّ economic method
مُنَهَّج programmed; scheduled
المَنهَجِيَّة systematics; methectics; methodology
مُنَوَّعات sundries; miscellaneous items
مُنَوَّعاتٌ (مِنَ الحُمولة) غيرُ مَحدَّدةٍ بِالاسْم
not otherwise indexed by name (noibn)

مَخزَنُ مُنَوَّعات variety store
**مُهاجِر . رَحّال** migratory; migrant
مُهاجِر (إلى وَطَنٍ بَدِيل) immigrant
مُهاجِر (مِن وَطَنِه) emigrant
تَحويلاتُ المُهاجِرين immigrant remittances
**مُهادَنة . هُدْنة** truce
**مَهارة . بَراعة** skill
**مَهامّ** (أُنظُر مُهِمَّة) functions
**مَهبِط اضطِراريّ لِلطّائرات** emergency landing area
**مَهتَف . حُجرَةُ التِّلِفون** telephone booth
**مُهَجَّرون** displaced persons
**مَهجُور** derelict
**مَهَّدَ - يُمَهِّدُ . يَعرِضُ** introduce
**مُهَرَّب** smuggled
بِضاعة مُهَرَّبة contraband; smuggled goods
سارِقُ بِضاعةٍ مُهَرَّبة (او مَسرُوقة) highjacker or hijacker
**مُهلَة** grace; period (or days) of grace; respite
مُهلةُ التأجيل deferment
مُهلةُ دَفعِ الكَمبِيالة grace period
مُهلة عُرفِيَّة usance
المُهلة المَسمُوح بِها free time
تَمدِيدُ مُهلةِ الدَّفع extension of credit
**مُهِمّ - مَوقِعٌ مُهِمّ** key position
**مَهما كانَتِ العُيوب** with all faults
**مُهِمَّة . واجِب** task; undertaking; duty; assignment
تَغييرُ المُهِمَّة (او الوَظِيفة) reassignment
تَفصيلُ المُهِمّات task breakdown
مَهامُّ إدارِيَّة administrative functions
مَهامُّ رَئيسِيَّة key functions
**مِهْنة . حِرْفة** profession; occupation; vocation; trade
مِهْنة دائمة . مِهْنةُ الحَياة career
مِهْنة مُكسِبة gainful occupation
اِتِّحادُ المِهَنِ التَّوزيعيَّة Distributive Trades Alliance
اِتِّحادُ المِهَنِ الكَهرَبائيَّة Electrical Trades Union
تَدَرُّبٌ على مِهْنة. تَمْهِين apprenticeship
سِرُّ المِهْنة trade secret
صاحِبُ مِهْنة practitioner
مِهَنٌ ثانَوِيَّة secondary occupations
المِهَنُ الخَطِرة dangerous trades
مِهَنٌ مِنَ الدَّرَجةِ الثّالِثة tertiary occupations
نِظامُ الوِراثةِ لِلمِهَن (او نِظامُ التوارُثِ في المِهَن) caste system
**مُهَندِس** engineer
مُهَندِس استِشاريّ consulting engineer
مُهَندِسُ الإنْتاج production engineer
مُهَندِسٌ زِراعيّ agronomist
مُهَندِسُ كِفاية (اختِصاصُهُ زِيادةُ الفَعالِيَةِ الاقتِصادِيَّة) efficiency engineer
مُهَندِس مَدَنيّ civil engineer
مُهَندِس ميكانِيكيّ mechanical engineer
**مِهَنِيّ** professional; vocational; occupational

اِتّحادٌ مِهنيّ trade association

تأمينٌ ضِدَّ المَسؤوليَّةِ المِهنيَّة
professional liability insurance

تَدرِيب مِهنيّ vocational training

تَوجيه مِهنيّ vocational guidance

سُهولةُ التَّنَقُّلِ المِهنيّ occupational mobility

مَدرَسة مِهنيَّة vocational school

مَرَضٌ مِهنيّ occupational disease

نَشْرة مِهنيَّة trade publication

**مُؤاتٍ** favourable; friendly

مِيزانٌ تِجاريٌّ غيرُ مُؤاتٍ passive trade balance

مِيزانٌ تِجاريٌّ مُؤاتٍ (لِصالِحِ البَلَد)
active balance of payments (or trade)

مِيزانٌ غيرُ مُؤاتٍ unfavourable balance

**مُوارِد** (أُنظُر : مَورِد) resources

**مُوازٍ - التَّشغِيلُ المُوازي** parallel running

مُعَدَّلُ الصَّرْفِ المُوازي . سِعرُ الصَّرْفِ غيرُ الرَّسمِيّ parallel rate of exchange

**مُوازَنة . اِتّزان** equilibrium; balance

**مُوازَنة . مُعادَلة** equalisation; equalization

مُوازَنةُ سِعرِ الصَّرْف
arbitration of exchange

مُوازَنةُ الصَّرْف exchange equalisation

مُوازَنةٌ غيرُ مُباشِرة (لِسعرِ الصَّرْف)
indirect arbitrage

حِسابُ مُوازَنةِ أسعارِ الصَّرْف
exchange equalisation account

صُندُوقُ مُوازَنةِ أسعارِ الصَّرْف
exchange stabilisation fund

مالُ مُوازَنةِ الصَّرْف
exchange equalisation fund

**مُوازَنة . مِيزانِيَّة** (أُنظُر ايضاً : مِيزانِيَّة)
budget

مُوازَنة الإنْتاج production budget

مُوازَنة تَرْويجِ البِضاعة merchandising budget

المُوازَنة الرئيسِيَّة master budget

مُوازَنة القِسْم (المِيزانيَّة التَّقدِيريَّة لِلقِسْم)
departmental budget

المُوازَنة المُستَمِرَّة continuous budgeting

مُوازَنة المُشتَرَيات purchasing budget

مُوازَنة وَظِيفِيَّة functional budget

تَقدِيراتُ المُوازَنة budget estimates

حِسابُ المُوازَنة budget account

دَليلُ المُوازَنة budget manual

عِلاوة مُوازَنة boot

عَوامِلُ المُوازَنةِ الرئيسِيَّة principal budget factors

فَترة المُوازَنة budget period

لَجنة المُوازَنة budget committee

مُراقِبُ المُوازَنة budget controller

مَركَزُ مُوازَنة (تَقدِيريَّة) budget centre

المُوازَناتُ الثابِتةُ والمُتَغَيِّرة
fixed and variable budgets

**مَوازِينُ سِلعِيَّة** commodity balances

**مُواصَفات** specifications; particulars; descriptions

مُواصَفاتُ البَضائع goods descriptions

مُواصَفاتٌ عِياريَّة (او قِياسيَّة) standard specifications
مُواصَفات فِدراليَّة federal specifications
مُواصَفات المُوَظَّفِين personnel specifications
مُواصَفات الوَظِيفة job specifications
**مُواصَلات ـ الإتِّحادُ الدَّوليُّ لِلمُواصَلاتِ السِّلكِيَّةِ واللاسِلكِيَّة** International Telecommunications Union (I.T.U.)
**مُواصَلة . مُتابَعة . مُلاحَقة** pursuance
**مُواطِن** citizen
**مُواطِن . قَومِيّ . وَطَنِيّ** national
**مُواظَبة** attendance
مُخَصَّصاتُ المُواظَبة attendance money
**مُوافِقٌ** (عَلى شُروطٍ جَدِيدة) assented
**مُوافَقة** approval; assent
**مُوالَف . مُدَوزَن . مَضبُوطٌ على مُعَدَّلٍ مُعَيَّن** tuned
**مَواليد ـ مُعَدَّلُ المَوالِيد** (بِالنِّسبَةِ لِمَجْموعِ السُّكّان) natality
نِسبَةُ المَوالِيد (في الألف) birth-rate
**مُؤامَرة . تآمُر** conspiracy
**مَوانِعُ مُوجِبة** positive checks
**مُؤَبَّد . اسْتِمْراريّ** perpetual
**مَوت ـ خَشْيَةُ المَوت** causa mortis
**مُؤتَمَر** conference; convention
المُؤتَمَرُ الاقتِصاديُّ العالَميّ World Economic Conference (1933)
مُؤتَمَرُ الأُمَمِ المُتَّحِدَةِ لِلتِّجارةِ والتَّنمِيَة United Nations Conference on Trade and Development (U.N.C.T.A.D.)
مُؤتَمَرُ برُوكْسِل Brussels Conference
مُؤتمرُ جنِيف (إنْتَهى بِتَوقِيعِ اتِّفاقِيَّةِ الجات GATT عامَ ١٩٤٧) Geneva Conference
مُؤتمرُ السُّكّانِ العالَميّ World Population Conference (1954)
مُؤتمرُ شَحْن Shipping conference
مُؤتمرٌ صُحُفي Press conference
المُؤتمرُ العالَميُّ لِحُقوقِ التَّألِيف (١٩٥٨) Universal Copyright Convention
مُؤتمرُ لَنْدَن الاقتِصاديّ (حَولَ استِقرارِ قِيمةِ العُملاتِ الرئيسيَّة) London Economic Conference
مُؤتمرُ لُوزان (١٩٣٢) (لِدِراسةِ الدُّيونِ المُتَبادَلةِ الناجِمةِ عَنِ الحَربِ العالَميَّةِ الأُولى) Lausanne Conference (1932)
مُؤتمرُ نِقاباتِ العُمّال Trades Union Congress
مُؤتمرُ الهَيئاتِ الصِّناعيَّة Congress of Industrial Organizations (C.I.O.)
المَجلِسُ الوَطَنيُّ لِلمُؤتَمَراتِ الصِّناعيَّة National Industrial Conference Board
**مُؤتَمِن** custor
**مُؤتَمَن . مَوثُوقٌ بِه** fiduciary
**مَوثِق . عَهد** covenant; contract
**مُوَثِّق ـ مُوَثِّقُ الشَّرِكات** (مُسَجِّلُ الشَّرِكات) registrar of companies
مُوَثِّقٌ عامّ . الكاتِبُ العَدْل notary public
**مُوَثَّق ـ تَشريفٌ مُوَثَّق** notarial act of honour

**موثوق** reliable; trustworthy

**موثوق** (مِن حَيثُ المَلاءَةُ والمُعتَمدِيَّة) sound

**مَوثُوقٌ بِه . مَبنيٌّ على الثِّقة** fiduciary

**موثوقيَّة . اِعتِمادِيَّة** reliability

**موجب ـ بِمُوجِبِ هٰذِهِ** (الوَثيقة) hereby

**موجة ـ حاجِزُ أمواج** mole

**مُؤَجِّر** lessor; landlord

**مؤجَّل** deferred; postponed; adjourned

اسهُمٌ مُؤَجَّلة deferred shares

اسهُمٌ مُؤَجَّلةُ الأرباح . سَهمٌ مُؤَجَّلُ الارباح deferred stock

أُصولٌ مُؤَجَّلة deferred assets

اقساطٌ مُؤَجَّلة deferred instalments

اِلتِزامٌ مُؤَجَّل deferred liability

إيراداتٌ مُؤَجَّلةُ التَّحصِيل deferred revenue

جَلسةٌ مُؤَجَّلة postponed (or adjourned) session

دُيونٌ مُؤَجَّلةُ الدَّفع deferred credits

رِبحُ السَّهمِ المُؤَجَّل deferred dividend

سَناهِيَة مُؤَجَّلة . مَعاشٌ مُؤَجَّل deferred annuity

سَنَداتُ دَينٍ مُؤَجَّلة deferred bonds

فائدةٌ مُؤَجَّلة deferred interest

مَدفُوعاتٌ مُؤَجَّلة deferred payments

مِعيارُ المَدفُوعاتِ المُؤَجَّلة standard of deferred payments

مَنفَعةٌ مُؤَجَّلة dead use

نَفقةٌ مُؤَجَّلة deferred charge

**جَّه** controlled; planned; directed; guided

اِقتِصادٌ مُوَجَّه controlled economy; directed economy; dirigisme; governed economy; managed economy; planned economy

شَرِكةٌ مُوَجَّهة controlled company

نُقودٌ مُوَجَّهة (او مُدارة) managed currency

**مُوَجِّه ـ تَخطيطٌ مُوَجِّه** directive planning

**مَوجُودات** (او أُصُول) assets

مَوجُوداتٌ بَطيئَة (التَّحوِيلِ إلى نَقد) slow assets

مَوجُودات خاضِعة لِلاستِهلاك depreciable assets

مَوجُوداتُ الصُّندوق cash in hand

مَوجُودات عامِلة operating assets

مَوجُودات نَقدِيَّة cash holdings

المَوجُوداتُ والدُّيُون . ما لَهُ وما عَلَيه assets and liabilities

اِستِبعادُ المَوجُوداتِ طَويلةِ العُمر discarding long-lived assets

أُصولُ بَنك (او مَوجُوداتُه) assets of a bank

حِسابُ مَوجُوداتِ المَخزَن stock account

كَشفُ حِسابِ المَوجُوداتِ والمَطلُوبات assets and liabilities statement

**مُوَحَّد . قِياسيّ** uniform; standard

إنتاجٌ مُوَحَّدُ القِياس standard production

قانونٌ مُوَحَّد uniform law

كِتابٌ مُوَحَّدُ الشَّكل form letter

**مُوَحَّد** unified; united; consolidated

اعمالٌ تِجاريَّةٌ مُوَحَّدة (او مُندَمِجة) business combination

بَيانُ الدَّخْلِ المُوَحَّد consolidated income statement

البَيانُ المُوَحَّدُ لِلدَّخْلِ ولِلأرباحِ غيرِ المُوَزَّعة combined income and retained earning statement

تَعرِفةٌ مُشتَرَكة او مُوَحَّدة (في مَجالاتِ النَّقْل) combination rate

تَعرِيفةٌ جُمرُكيَّةٌ خارِجيَّةٌ مُوَحَّدة common external tariff

حِسابُ الأرباحِ والخَسائرِ المُوَحَّد consolidated profit and loss account

حِسابٌ مُوَحَّد consolidated fund

حِساباتٌ مُوَحَّدة consolidated accounts

دَينٌ مُوَحَّد consolidated debt; consolidated loan; unified debt

رَهْنٌ مُوَحَّد consolidated mortgage

سَنَداتٌ مُوَحَّدة consolidated bonds; unified bonds

قَرْضٌ مُوَحَّد consolidated loan

المِيزانيَّةُ العُموميَّةُ المُوَحَّدة combined balance sheet; consolidated balance sheet

**مُودَة ـ طِراز** fashion

**مُودِع** depositor

دَفتَرُ المُودِع depositor's book

قانونُ حِمايةِ المُودِعِين Protection of Depositors Act

**مُودَع** deposited

مُودَعٌ في مَخازِنِ الجُمرُك bonded

**مُوراتُوريوم ـ تَاجيلُ دَفعِ الدُّيون** ıoratorium

**مُؤَرِّخ** istorian

**مُؤَرَّخ ـ خِطابٌ غيرُ مُؤَرَّخ** ndated letter

**مَورِد** ›urce; resource; means; supply

اِستِطلاعُ المَوارِدِ الماليَّة ıeans test

تَخصِيصُ المَوارِد llocation of resources

طَرِيقةُ تَخْصِيصِ المَوارِدِ مَدمُوجةً بِالوَقْت ıme integrated resource allocation technique

مَوارِدُ سِلْعِيَّةٌ مُتاحة vailable commodity resources

مَوارِدُ طَبيعيَّة atural resources

مَوارِدُ المال ıoney supply; finances

مَوارِدُ نَقْدِيَّة (او سائلة) quid resources

**مُوَرِّد** ıpplier

**مُوَزِّع** istributor

مُوَزِّعُ البَريد ـ ساعي البَريد ıailman

جَمعِيَّةُ مُوَزِّعي التَّجزِئة ːetail Distributors Association (R.D.A.)

رَاساً إلى المُوَزِّع ːraight to the dealer

**مُوَزَّع ـ ارباحٌ غيرُ مُوَزَّعة** ndistributed profits

ضَرِيبةٌ مُوَزَّعة pportioned tax

**مُؤَسِّس** ›under; incorporator; promoter

مُؤَسِّسُ الشَّرِكة ompany promoter

اسهُمُ المُؤَسِّسِين ›unders' stock

مُؤَسِّسونَ دُمَيويُّون (يَعمَلونَ لِحِسابِ غَيرِهِم) ummy incorporators

**مُؤَسَّسة** corporation; establishment; firm; foundation; organization; business; concern; institute; institution

(أنْظُر ايضاً : مُنْشَأة)

مُؤَسَّسةُ إدارةِ الأسهُم securities management trust

مُؤَسَّسةُ إدارةِ المَكاتِب Institute of Office Management

مُؤَسَّسةُ إدارةِ المُوَظَّفِين Institute of Personnel Management (I.P.M.)

مُؤَسَّسة إسكان housing corporation

مُؤَسَّسة اعمال business establishment

مُؤَسَّسةُ اعمالٍ صَغيرة small business

مُؤَسَّسة بَلَديَّة municipal corporation

مُؤَسَّسة تِجاريَّة business enterprise; concern; house

مُؤَسَّسةُ التَّسليفِ لِتَصْريفِ السِّلَع commodity credit corporation

مُؤَسَّسةُ تَمويلِ البِناء (الفَرَنسيَّة) Crédit Foncier

مُؤَسَّسةُ تَمويلِ الخِدْماتِ الفُنْدُقيَّة (الفَرَنسيَّة) Crédit Hotelier

مُؤَسَّسةُ التمْويلِ الدَّوليَّة International Finance Corporation

مُؤَسَّسةُ التَّنْمِية الدَّوليَّة International Development Corporation

مُؤَسَّسةُ تَوضِيب export packer

مُؤَسَّسةُ الخُطوطِ الجَوِّيَّةِ البريطانيَّةِ عَبرَ البِحار British Overseas Airways Corporation (B.O.A.C.)

مُؤَسَّسةُ دِراساتٍ اقتِصاديَّة economic research institute

مُؤَسَّسةُ الرُّهوناتِ الزِّراعيَّة Agricultural Securities Corporation

مُؤَسَّسة السُّكَّر (لإنْتاجِ السُّكَّرِ مَحليّاً في بريطانيا) Sugar Corporation

مُؤَسَّسة السِّكرِتيرِين Corporation of Secretaries

المُؤَسَّسةُ السُّويسرِيَّةُ المَصرِفيَّة Schweizerische Bankverein; Swiss Bank Corporation

مُؤَسَّسة عامَّة public enterprise

مُؤَسَّسة عامَّة نَوعِيَّة specific public organisation

مُؤَسَّسة عامِلة . مُؤَسَّسة او مَشْروع مُزدَهِر وسَليم going concern

المُؤَسَّسة القَوميَّة لِلنَّقْل البَحْريّ National Freight Corporation

مُؤَسَّسةٌ لِتَعبِئةِ البَضائع packing house

المُؤَسَّسة الماليَّة الدَّوليَّة International Finance Corporation (I.F.C.)

مُؤَسَّسة مُقْفَلة closed shop

مُؤَسَّسة نِقابيَّة (لا يَعمَلُ فيها إلّا النِّقابِيُّون) union shop

مُؤَسَّسة نَقْديَّة احتِكاريَّة "money trust"

إدارةُ مُؤَسَّساتِ الأعمالِ الصَّغيرة small business administration

انواعُ المُؤَسَّساتِ التِّجاريَّة types of business organization

تَوسِيعُ المُؤَسَّسة . تَوَسُّعُ المُؤَسَّسة expansion of firm

سِياسةُ التَّسعِيرِ تِبْعاً لِلمُؤسَّسةِ المُسَيطِرة
"follow the leader" price policy

عَقْدُ مُؤَسَّسةٍ مُقفَلة
closed shop contract

لِسانُ حالِ المُؤسَّسة house organ

مَفهُومُ المُؤسَّسةِ العامِلة
going concern concept

مُؤَسَّساتٌ اقتِصاديَّة
economic institutions

مُؤسَّساتُ الخِدمةِ العامَّة . مَرافِقُ عامَّة
public utilities

المُؤسَّسات الكَبيرة big business

نَفَقات عامة لِلمُؤسَّسة
establishment charges

**مُؤَسَّسِيّ** (مُتَعَلِّقٌ بِمُؤسَّسة او مُنْشَاة)
institutional

**مُؤَسَّسِيَّة** (التَّركيزُ على أهَمِّيَّةِ المُؤسَّسات)
institutionalism

**مَوسِم . فَصل** season

**مَوسِمِيّ . مُتَعَلِّقٌ بِالمَوسِم** seasonal

اِختِلالٌ مَوسِمِيّ
seasonal disequilibrium

بَضائعُ مَوسِميَّة seasonal goods

بِطالة مَوسِميَّة seasonal unemployment

تَعْديلٌ مَوسِميّ seasonal adjustment

صِناعة مَوسِميَّة seasonal industry

طَلَبٌ مَوسِميٌّ على السَّحْبِ مِنَ البُنوك
seasonal demand for cash

عامِلٌ مَوسِميّ seasonal worker

**مَوسُوم ـ سِلَعٌ مَوسُومة** (بِعَلامةٍ تِجاريَّة)
branded goods

**مُؤَشِّر** index; indicator; parameter

مُؤشِّرُ الاسعار price index

مُؤشِّرُ (او دَليل) اسعارِ التَّجْزِئة
retail price index

مُؤشِّرُ (او دَليل) اسعارِ المُستَهلِكِين
consumer price index

مُؤشِّرُ الإنتاجِ الصِّناعيّ industrial production index

مُؤشِّر الايكُونُومِست و إكستِل
Economist-Extel Indicator

مُؤشِّر نَفَقاتِ المَعيشة . نِسبةُ غَلاءِ المَعيشة
cost-of-living index

رَقمٌ بَيانيّ (مُؤَشِّر) لِاسعارِ السِّلَع
commodity price index

مُؤَشِّراتٌ اقتِصاديَّة economic indicators

مُؤَشِّراتُ داو جُونز Dow Jones Index

**مُؤَشَّر ـ شِيكٌ مُؤَشَّر** marked check

**مُوصٍ . تارِكُ وَصِيَّة** estate; testator

شَريكٌ مُوصٍ dormant partner; silent partner; sleeping partner; limited partner; latent partner

غيرُ مُوصٍ intestate

وَصِيَّةٌ مَكتُوبةٌ بِخَطِّ المُوصي
holographic will

**مُوصًى لَه** legatee

**مَوصِل . مَكانُ الاتِّصال** junction

**مُوصِيَة** (تارِكَةُ وَصِيَّة) testatrix

**مَوضِع . مَكان** place

مَوضِعُ شَكٍّ . مَشْبُوه suspicious

تَحويلٌ مِن مَوضِعٍ إلى آخَر (او مِن جانِبٍ إلى آخَر)
transplacement

**مَوضُوع** object; theme

خارِجٌ عَنِ المَوضُوع impertinent

**مَوضُوعيّ** objective

بَيِّنة مَوضُوعيَّة substantive evidence; objective evidence

**مَوضُوعيَّة** (مَبْدَأ المَوضُوعيَّة) objectivity principle

**مَوطِن** domicile; residence; home

مِيناءُ مَوطِنِ السَّفينة home port

**مُوَظَّف . مُستَثمَر** invested; employed

الرأسُمال المُوَظَّف capital employed

رأسُ مالٍ مُوَظَّف (في التِّجارة) trading capital

**مُوَظَّف** employee

مُوَظَّف إداريّ . مُوَظَّف مُفَوَّض officer

مُوَظَّف ادْنى subaltern

مُوَظَّف اعْلى superior official

مُوَظَّف تَنفِيذيّ executive

مُوَظَّف الجُمرُك customs officer

مُوَظَّف جُمرُكيّ لِتَفتِيشِ السُّفُن searcher

مُوَظَّف حُكوميّ government employee

مُوَظَّفُ الشَّحْن shipping clerk

مُوَظَّف صَغير junior employee

مُوَظَّف صِيانة maintenance employee

مُوَظَّفٌ غيرُ مُتَفَرِّغ part-time employee

مُوَظَّف قَضائيّ في مَحكَمةِ العَدالةِ المُطْلَقة master in chancery

مُوَظَّف مَاجور (اي يَتَقاضى راتِباً) salaried employee

مُوَظَّف مُبْدِع (او مُبْتَكِر) creative employee

مُوَظَّف مُتَعاقِد (يَعمَلُ بِمُوجِبِ عَقْد) contract employee

مُوَظَّف مُتَعاوِن (راغِبٌ في التعاوُنِ مَعَ الآخَرِين) co-operative employee

مُوَظَّف مُتَفَرِّغ . مُوَظَّفٌ كامِلُ الدَّوام full-time employee

مُوَظَّف مُخلِص loyal employee

مُوَظَّف مَدَنيّ civil servant

مُوَظَّف مَسْؤول responsible official; official

مُوَظَّف مُصَنَّف classified employee

مُوَظَّفُ مُقارَنَةِ الأسعار comparison shopper

مُوَظَّف مَكتَبيّ white-collar employee

مُوَظَّف مُنتِج productive employee

مُوَظَّف مُؤَهَّل qualified employee

مُوَظَّفٌ نِصفُ مُداوِم half-timer

إدارةُ شُؤونِ المُوَظَّفِين personnel management

إستِخدامُ مُوَظَّفِينَ زِيادَةً عَلى الحاجة featherbedding

تَامِينٌ ضِدَّ اختِلاسِ المُوَظَّفِين fidelity guarantee

تَقْديرُ المُوَظَّفِين personnel rating

جَمعِيَّة مُوَظَّفِين employees' association

حافِزُ المُوَظَّف employee motivation

دائرةُ شُؤونِ المُوَظَّفِين personnel department

رابِطةُ مُوَظَّفِين employees' association

سِجِلُّ دَخْلِ المُوَظَّفِين employees' earning record

personnel relations العَلاقاتُ بِالمُوَظَّفين
staff relationship العَلاقةُ بَينَ المُوَظَّفين
personnel manager; director of personnel; staff manager مُديرُ شُؤونِ المُوَظَّفين
مُقابَلةٌ مَعَ المُوظَّفِ عِندَ تَرْكِهِ الوَظيفة
exit interview
personnel files مِلَفّاتُ المُوَظَّفين
مُواصَفاتُ المُوَظَّفين
personnel specifications
Institute of Personnel Management (I.P.M.) مُؤَسَّسةُ إدارةِ المُوَظَّفين
مُوَظَّفو الشَّرِكةِ المُفَوَّضون
company officers
line المُوَظَّفونَ التَّنفيذِيّون
career employees مُوَظَّفونَ دائمون
personnel هَيئَةُ المُستَخدَمينَ والمُوَظَّفين
staff **مُوَظَّفون** (أُنْظُر مُوَظَّف)
engagement; date; time **مَوعِد**
deadline مَوعِد اخير
expiry date مَوعِد الاِستِحقاق
time of redemption مَوعِد التَّسديد
appointment مَوعِد مُحَدَّد
target date المَوعِد المُحَدَّد (أو المَضْروب)
تَأخيرُ مَوعِدِ الدَّفْع
dating; dated billing
تأريخُ الفَواتيرِ بِمَوعِدٍ لاحِق
dated billing
timetable جَدْوَلُ مَواعيد
on time في المَوعِد المُحَدَّد
labour-saving **مُوَفِّر ـ مُوَفِّرٌ لِلعَمَل**

timesaving مُوَفِّرٌ لِلوَقت
adjuster; conciliator **مُوَفِّق**
moderator **مُوَفِّق . وَسيط**
case of need **المُوفي الاِحتِياطيّ** (لِلسُّفْتَجة)
timekeeper; timer **مُوَقِّت . مُسَجِّلُ الوَقت**
temporary; provisional; interim; pro tem; transient; non-permanent **مُؤَقَّت . مُوَقَّت**
إدْخالٌ مُؤَقَّت . قَبولٌ مُؤَقَّت
temporary admission
temporary investment اِستِثمارٌ مُؤقَّت
أمْر زَجْرِيّ مُؤَقَّت
temporary injunction
provisional receipt; temporary receipt إيصالٌ مُؤَقَّت
time policy بُوليصةُ تأمينٍ مُؤَقَّتة
interim financial statement بَيانٌ ماليٌّ مُؤَقَّت
interim statements بَياناتٌ مُؤَقَّتة
provisional remedy تَدبيرٌ مُؤَقَّت
temporary appointment تَعْيينٌ مُؤَقَّت
حِساباتُ حُقوقِ المالِكِ المُؤَقَّتة
temporary owners' equity accounts
حِساباتُ راسِ المالِ المُؤَقَّتة
temporary capital accounts
حِساباتُ المِلكِيَّةِ المُؤَقَّتة
temporary proprietorship accounts
tentative plans خُطَطٌ مُؤَقَّتة
interim dividend رِبحُ سَهمٍ مُؤقَّت (يُوَزَّعُ في غيرِ الوَقتِ المُحَدَّد)

سَنَدٌ مُؤَقَّت — interim bond
عَجز مُؤَقَّت — temporary disablement
عَقدُ استِئجارٍ مُؤَقَّت — charter party
عَقدُ تأمينٍ مُؤَقَّت — cover note
قِسطُ تأمينٍ مُؤَقَّت — provisional premium
لَجنة مُؤَقَّتة — interim committee
مِرساة مُؤَقَّتة — jury anchor
مَعاش مُؤَقَّت — temporary annuity
مِيزانيَّة مُؤَقَّتة — interim budget
وَصْلٌ مُؤَقَّت — interim receipt
**مُؤَقَّتاً** — temporarily; provisionally
يُوقِفُ مُؤَقَّتاً — suspend
**مَوقِع** — site; location; position; locality; spot
مَوقِعٌ بِجانِبِ الطَّريق — off-street site
مَوقِع جَيِّد — good location
مَوقِعُ الصِّناعة . مَكانُ إقامَةِ الصِّناعة — location of industry
مَوقِعُ الصَّيد . حَقُّ الصَّيد — piscary
مَوقِع مُهِمّ . مَركَزٌ رَئيسيّ — key position
التَّحديدُ المُخَطَّطُ لِمَواقِعِ الصِّناعة — planned location of industry
تَحديدُ المَكان (او المَوقِع) . تَركيزُ المَكانِ (او المَوقِع) — localization
يَختارُ المَوقِعَ — site
**مُوَقِّع** (كَفَريقٍ في عَقدٍ او اتِّفاقيَّة) — signatory
المُوَقِّعُ أدناه — undersigned
شاهِدٌ مُوَقِّع — subscribing witness
**مُوَقَّع** — signed
مُستَنَدٌ مُوَقَّعٌ ومَختُوم — specialty

**مَوقِف** (سَيّارات) — parking lot
مَوقِفٌ داخِليّ (لِلسيّارات) — indoor parking
**مَوقِف** — attitude
مَوقِفٌ إجماليّ (بِالنِّسبةِ لِلالتِزاماتِ المُختَلِفةِ لِلتّاجِر) — net position
مَوقِفُ التَّقَصّي — questioning attitude
مَوقِفٌ حَرِج (او مُتَأَزِّم) — deadlock
دِراسَةُ المَواقِف — attitude survey
**مَوقُوت** — fixed; timed
قِسطُ تأمينٍ مَوقُوت — term premium
**مَوقُوف . مُجَمَّد . مَربُوطٌ لِأَجَل** — blocked
ارصِدة مَوقُوفة — blocked balances
**مَوقُوف . مُعَلَّق** — suspended
سَنَد مَوقُوف — bill in suspense
**مَوَّلَ ـ يُمَوِّلُ** — finance
**مَولِد . وِلادة** — birth
مُختَلِطُ المَولِد . هَجِين — hybrid
**مُؤَمَّم** — nationalized
سِياسَةُ الأسعارِ لِلصِّناعاتِ المُؤَمَّمة — price policy of nationalized industries
**مُؤَمِّن** — assurer; insurer; underwriter
مُؤَمِّن بَحريّ — marine underwriter
مُؤَمِّن مُشتَرِك — coinsurer
اتِّحادُ المُؤَمِّنِينَ عَلى ضَمانِ تَغطِيَةِ الاكتِتابِ في الأسهُم — underwriters
مُؤَمِّنونَ فَرعِيُّون (ضامِنونَ فَرعِيُّونَ لِلأسهُمِ الجَديدةِ المُرادِ إصدارُها) — sub-underwriters
**مُؤَمَّن** — assured
مُؤَمَّنٌ عَلَيه — insured

الْمُؤَمَّنُ عَلَيه الإضافيّ additional insured
خَطَرٌ مُؤَمَّن insured risk
الخَطَرُ الْمُؤَمَّنُ ضِدَّه peril insured against
الشَّخصُ الْمُؤَمَّنُ عَلَيهِ المَذكُورُ في البُولِيصة named insured
القِيمَةُ الْمُؤَمَّنُ بِها insured value
**مُؤَن** provisions; supplies
**مُونت كارلو ـ أُسلوبُ مُونت كارلو** Monte Carlo Method
**موهِبة** talent
**مُؤَهِّل ـ حَدُّ الْمُؤَهِّلاتِ الأدنى** minimum qualifications
**مُؤَهَّل** qualified; eligible; competent
حِسابٌ مُؤَهَّلٌ لِلإستِيراد import entitlement account
صانِعٌ مُؤَهَّل master
مُوَظَّفٌ مُؤَهَّل qualified employee
**مَوهُوب** gifted
**مَوهُوبٌ لَه** grantee; donee
**مَؤُونة** supply; stock
**مُؤَيِّد** supporter
مُؤَيِّدٌ لِلإستِعمار . إمْبِرياليّ imperialist
رَأيٌ مُؤَيِّد concurring opinion
الشَّرِكاتُ الْمُؤَيِّدة (شَرِكاتُ تَأمينٍ تُنَفِّذُ بِواسِطَتِها الحُكومةُ الضَّمانَ الصِّحّيّ) approved societies

**مِياه** (أُنظُر ماء)
**مُياوِم ـ عامِلٌ مُياوِم** journey man
**مُياوَمةً** (عَمَلٌ بِالمُياوَمة) . **يَوميّ** per diem
**مِئَة** hundred

في المِئَة per cent
**مَيْت** defunct; deceased; dead
مَيتٌ بِلا عَقِب defunctus sine parole
دَينٌ مَيْت (لا يُمكِنُ استِردادُه) irrevocable debt
**مِيثاق** convention; covenant; charter
مِيثاقٌ تَحالُفيّ pact
مِيثاقُ هافانا (مِنَ الخُطُواتِ التَّمهِيدِيَّةِ لِتَأسِيسِ الجات) Havana Charter
**مَيدان** field
إختِبارٌ مَيدانيّ witness assembly
**مِيراث . تَرِكة** inheritance; hereditament
مِيراثٌ عَقاريّ heritage
ضَريبةُ مِيراث legacy duty
**مِيراث . وِراثة** succession
مِيراثٌ بِدونِ وَصِيَّة intestate succession
حَقُّ مِلكِيَّةٍ مِيراثيّ title by descent
ضَريبةُ ايلُولةِ المِيراث succession tax
مِلكِيَّةٌ مَحصُورةُ المِيراث entail
يُوقِفُ (يَحْصُرُ) المِيراث entail
**مِيزان** balance; scale
مِيزانُ الاختِبار (مِيزانُ اختِبارِ الحِساب) trial balance
مِيزانُ التِّجارةِ غيرِ المَنظُورة balance of invisible trade
مِيزانٌ تِجاريّ balance of trade; trade balance
مِيزانٌ تِجاريٌّ عاجِز unfavourable balance of trade
مِيزانٌ تِجاريٌّ غيرُ مُؤاتٍ passive trade balance

مِيزانٌ تِجاريٌّ مُلائم (او رابِح)
favourable balance of trade

مِيزانٌ تِجاريٌّ مُؤاتٍ (لِصالِحِ البَلَد)
active balance of payments (or trade)

مِيزانٌ تِجاريٌّ مُوجَب — active trade balance

مِيزانُ التَّقدِير — rating scale

مِيزانُ رَسائل — letter scale

مِيزانُ العَمَليّاتِ الجارِيَة
current balance

مِيزانٌ غيرُ مُؤاتٍ — unfavourable balance

مِيزانُ فِرنهَيت (لِقِياسِ دَرَجاتِ الحَرارة)
Fahrenheit scale

مِيزانُ المَدفُوعات — balance of payments

مِيزانُ مَدفُوعاتٍ رابِح (او ناشِط)
active balance of payments (or trade)

مِيزانُ (مَدفُوعاتٍ) مَدِين . مِيزانٌ عاجِز
adverse balance

مِيزانُ المَدفُوعاتِ المُلائم — favourable balance of payments

مِيزانُ المُراجَعةِ الخِتاميّ (بعدَ إقْفالِ الحِسابات)
post-closing trial balance

مِيزانُ المُراجَعَةِ المُعَدَّل — adjusted trial balance

مِيزانُ المُعامَلاتِ غيرِ المَنْظورة
invisible balance

إختِلالُ مِيزانِ المَدفُوعات — disequilibrium of the balance of payments

مَوازينُ سِلْعِيَّة — commodity balances

مَوازينُ صَيدَلانيَّة — apothecaries' weights

نِظامُ مَوازِين «افْوارِدِيبْوا» — avoirdupois

**مِيزانيَّة** — budget

مِيزانيَّة الأسْرة — family budget

مِيزانيَّة التَّشغيل — operating budget

مِيزانيَّة تَفصِيليَّة — line by line budget

مِيزانيَّة ثابِتة — fixed budget

مِيزانيَّة الدَّولة — state budget

مِيزانيَّةُ راسِ المال — capital budget

مِيزانيَّة سَنَوِيَّة — annual budget

مِيزانيَّة شَكْلِيَّة — pro-forma budget

مِيزانيَّة عُمومِيَّة (او عامَّة) — balance sheet

المِيزانيَّة العُمومِيَّة المُصَنَّفة
classified balance sheet

مِيزانيَّة عُمومِيَّة مُقارَنة
comparative balance sheet

مِيزانيَّة عُمومِيَّة مُكَثَّفة
condensed balance sheet

المِيزانيَّة العُمومِيَّة المُوَحَّدة — combined balance sheet; consolidated balance sheet

مِيزانيَّةٌ غيرُ مُتوازِنة
unbalanced budget

مِيزانيَّةُ المَبيعات — sales budget

مِيزانيَّة مُتَغَيِّرة — variable budget

مِيزانيَّة مَرِنة — flexible budget

مِيزانيَّة مُزدَوِجة — double budget

مِيزانيَّة المَشروع — project budget

مِيزانيَّةٌ مُفَصَّلةُ البُنود
itemized balance sheet

مِيزانيَّة مُؤَقَّتة — interim budget

مِيزانيَّةُ النَّفَقاتِ المَدَنيَّة — civil votes

مِيزانيَّةُ النَّقْد cash budget
بَنْدٌ في مِيزانيَّةٍ عُموميَّة
balance sheet item
بَيانُ مِيزانيَّةِ المَصرِف balance sheet of a bank
تَدْقيقُ المِيزانيَّة balance sheet audit
تَنَبُّؤاتُ المِيزانيَّة balance sheet forecasts
حِسابُ المِيزانيَّةِ العُموميَّة
balance sheet account
الشَّكْلُ البَيانيُّ لِلمِيزانيَّةِ العُموميَّة (ترتيبها على شَكْلِ تَقْرير) report form of balance sheet
فائضُ المِيزانيَّة budget surplus
مُراجَعة المِيزانيَّة budget review
مُراقَبة المِيزانيَّة budgetary control
مَشروعُ مِيزانيَّة draft budget
مَكتَبُ المِيزانيَّة Bureau of the Budget
وَضعُ المِيزانيَّة budgeting
**مِيزة** advantage
**مِيزة . خاصَّيَّة** characteristic; property; feature; quality
**مَيسِر** gambling
**مُيَسَّر ـ سِلَعٌ استِهلاكيَّةٌ مُيَسَّرة**
convenience goods
**مِيعاد ـ تامينٌ على الحَياةِ لِميعادٍ مُعَيَّن**
term insurance
**مِيكانِيكيّ** mechanic
حَقُّ المِيكانِيكيِّ (او ايِّ صاحِبِ حِرْفة) في الحَجْز mechanic's lien
مُهندِسٌ مِيكانِيكيّ mechanical engineer
**مَيكَنة . مَكْنَنة** mechanization

**مَيْل . اِتِّجاه** tendency; trend; propensity
مَيلٌ حَدِّيٌّ لِلإدِّخار marginal propensity to save
مَيلٌ حَدِّيٌّ لِلإستِهلاك
marginal propensity to consume
مَيلٌ حَدِّيٌّ لِلإستِيراد
marginal propensity to import
مَيلٌ لِلإدِّخار propensity to save
مَيلٌ لِلإستِهلاك propensity to consume
مَيلٌ لِلإستِيراد propensity to import
المَيلُ المُتَوَسِّط لِلإدِّخار
average propensity to save
المَيلُ المُتَوَسِّطُ لِلإستِهلاك
average propensity to consume
**مَيْل . اِنْحِدار** inclination ; declivity
دَرَجة المَيْل . مَمال gradient
**مِيل** mile
مِيلٌ بَحْريّ nautical mile
مِيل (كِيلومِتر)/قِطار train mile (kilometer)
المِيلُ المُرَبَّعُ (كِنايَةٌ عَن حَيِّ المالِ بِلَنْدَن)
The "Square Mile"
أُجرةُ المِيلِ الواحِد . التَّعويضُ المِيليّ
mileage
طُنٌّ (مَنقُول) مَسافةَ مِيلٍ واحِد ton-mile
عَرَبة-مِيل car-mile
عَلامةُ المِيل . مَعْلَم milestone
**مِيناء . مَرْفا** harbo(u)r; port
مِيناءُ الإبْحار port of departure
المِيناءُ الأخِير (في خَطٍّ مِلاحيّ)
terminal port

مِيناءُ التَّسليم — port of delivery

مِيناء التَّفرِيغ — port of discharge

مِيناءُ تَوَقُّف (تَمُرُّ بِهِ السَّفينةُ في طَرِيقِها) — port of call

مِيناءٌ حُرّ — free port

مِيناءُ دُخول — port of entry

مِيناءٌ رَصِيفيّ (يَتِمُّ تفرِيغُ السُّفُنِ فِيهِ مُباشَرَةً) — quay port

مِيناءٌ ضَحْل — surf port

مِيناء مَحْصُور — blocked port

مِيناءُ مَوطِنِ السَّفينة — home port

مِيناءٌ نَهرِيّ — river port

مِيناء وَسِيط — intermediate port

مِيناء الوُصول — port of destination

بُوليصةُ شَحْنٍ مِينائيَّة — port bill of lading

تَسْليمُ رَصِيفِ مِيناءِ التَّصدِير — free alongside ship (F.A.S.)

تَسْليمُ المِيناء (ويُذْكَرُ اسْمُ المِيناء) — ex dock (named port); ex quay

رُسومُ المِيناء — harbor dues

رَصِيفُ المِيناء — quay

السِّعرُ تَسْليمَ رَصِيفِ مِيناء — landed price

سُلْطَةُ المِيناء — port (harbor) authority

سُلْطَةُ مِيناءِ لَنْدَن — Port of London Authority (P.L.A.)

مَجلِسُ عُمّالِ أحْواضِ المَوانِىء — dock labour board

المَجلِسُ القَوميُّ لِلمَوانِىء — National Ports Council

مَخاطِرُ المِيناء — port risks

المِنطَقةُ خَلْفَ المِيناء . ظَهْرُ المِيناء — hinterland

**مِئَوِيّ ، في المِئَة** — per cent

**مِئَوِيّ ، مِئِينِيّ** — percentile; centesimal

تَوزِيعٌ نِسبِيٌّ مِئَوِيّ — percentage distribution

الخَطَأُ المِئَوِيّ — percentage error

دَرَجة مِئَوِيَّة — degree centigrade

طَرِيقةُ النِّسبَةِ المِئَوِيَّةِ لإتمامِ العَمَل — percentage of completion method

عِيدٌ مِئَوِيّ — centennial; centenary

نِسبَةٌ مِئَوِيَّة — percentage

# حَرفُ النّونْ

**نابُوليون** (لِيرة فَرَنسِيَّة ذَهَبِيَّة) napoleon

**ناتِج . نَتِيجة** resultant; result; outcome; issue

**ناتِج . مَنْتُوج** product; produce; output; yield

ناتِج احتِكاريّ monopoly output

ناتِجُ إيرادٍ حَدِّيّ marginal revenue-product

النّاتِجُ الحاليّ current yield

ناتِج حَدِّيّ marginal product

النّاتِجُ الصّافي net avails

ناتِج قَوميّ national output; national product

النّاتِجُ القَوميُّ بِالأسعارِ الثابِتة
national product at constant prices

النّاتِجُ القَوميُّ بِالأسعارِ الجارِية
national product at current prices

النّاتِجُ القَوميُّ بِأسعارِ السُّوق
national product at market prices

النّاتِجُ القَوميُّ بِتَكلِفةِ عَوامِلِ الإنْتاج
national product at factor cost

ناتِجٌ مُتَساوٍ iso-product

النّاتِجُ المُتَوَسِّط average product

النّاتِج النِّهائيّ end product

ناتِج وَسِيط intermediate product

صافي النّاتِجِ الاجتِماعيّ
social net product

صافي النّاتِجِ الخاصّ
private net product

صافي النّاتِجِ القَوميّ
net national product

**ناتِجٌ** (او ناشِئٌ) **عَن** consequent; ensuing or driving from

خَسارةٌ ناتِجة (غيرُ مُباشِرة)
consequential loss

سِياسةُ السِّعرِ الناتِج (تَرابُطُ السِّعرِ والمَنتُوجِ لِلرِّبحِ الأقصى)
price-output policy

**ناجِز** complete; completed; ready

غيرُ ناجِز . ناقِص inchoate; incomplete

مِلكٌ ناجِز (مُطلَقُ الأيلُولة) absolute estate

**ناحِية . جِهة** side; aspect; phase

**ناحِية . مِنطَقة** district; locality; zone

ناحِية مُجاوِرة . جِوار . جِيرة
neighbourhood

**ناخِب** voter; elector

**نادٍ** club; circle

نادي استِثمار investment club

نادي بارِيس Paris Club

نادي داينَرز (شَرِكةٌ لإصدارِ بطاقاتٍ ائتمانيَّة) — Diners' Club
نادي الرُّوتاري — Rotary Club
نادي المَصرِفيِّين — Basle Club; "Bankers' Club"
اندِيَةُ المُزارِعين — farmers' clubs
شِيكاتُ النَّوادي — club cheques
**نادِر** — rare; infrequent; scarce
عُمْلة نادِرة — scarce currency
مَعادِنُ نادِرة — rare metals
نُقودٌ عَزيزة (او نادِرة) — tight money
**نازِح . مُغتَرِب** — emigrant; migrant; expatriate
**نازِحون** (بِأحداثٍ طارِئة) — displaced persons
**نازَعَ ـ يُنازِعُ . يُخاصِم** — dispute; contend
يُنازِعُ (مِن اجلِ شَيء) — contest
لا أُنازِعُ في شَيء — nolo contendere
**نازِلة . كارِثة** — disaster; calamity; catastrophe
**النازِيّة** (مَذهَبُ الحِزبِ الاشتِراكيِّ في المانيا) — Nazism
**ناسَبَ ـ يُناسِبُ . يُلائِم** — fit; suit; match
**ناسِخة . آلةُ نَسْخ** — duplicator
**ناشِىء . فَتِيّ** — youth; young
**ناشِىء . نامٍ** — budding; growing
**ناشِىء . مُبتَدِىء** — beginner; novice
صِناعةٌ ناشِئة — infant industry
**ناشِر** — publisher
**ناضِج** — ripe; mature
اِقتِصادٌ ناضِج (او تامُّ التَّطوُّر) — mature economy

دَولة مُقتَرِضة ناضِجة — mature debtor nation
دَولة مُقرِضة ناضِجة — mature creditor nation
**ناطِقٌ رَسمِيّ** — spokesman
**ناظِر** — overseer; superintendent
ناظِرُ الإضْراب — picket
ناظِرُ الرَّصِيف — wharfinger
ناظِرُ المَحطَّة — stationmaster
**نافِد** — out of stock
**نافِذ** — effective; in force; valid
نافِذُ المَفعول — effective; operative
عَقْدُ تأمينٍ نافِذُ المَفْعول (لَم يَنقَضِ أَجَلُه) — unexpired insurance
يَجعَلُهُ نافِذَ المَفعول — put into force
**نافِذة ـ ضَريبةُ النَّوافِذ** — window tax
**نافَسَ ـ يُنافِسُ** — compete with; rival
**نافِع** — useful; beneficial; serviceable
ضَرائبُ نافِعة (او مُجزِية) — remunerative rates; beneficial rates
**ناقِص . غيرُ كامِل** — imperfect; incomplete; inchoate
ناقِصٌ عِندَ الشَّحن . شُحِنَتْ جُزئيّاً — short-shipped
حَقُّ مِلكِيَّةٍ ناقِصٌ (او مَعِيب) — defective title
سِعرٌ ناقِص — undercharge
**ناقِل . ناقِلة . وَسيلةُ نَقْل** — conveyor; conveyer
**ناقِل . مُتَعَهِّدُ نَقْل** (اثاثِ المَساكِن) — remover
**ناقِل . مُتَعَهِّدُ النَّقْل** — transporter; carrier

ناقِلٌ اوّل (في حالِ نَقْلٍ على مَراحِل)
initial carrier

ناقِلٌ بِعَقْد contract carrier

ناقِلٌ خاصّ (لِنَوعٍ مُعَيَّنٍ مِنَ البِضاعة)
private carrier

ناقِلٌ عامّ . شَرِكةُ نَقْلٍ عامّ
common carrier

ناقِلُ مُراسَلات . ساعٍ courier

اِمتِيازُ الناقِل carrier's lien

**ناقِلةُ بِترول** (نَفْط) **. صِهْريجيَّة**
tanker; oil tanker

**نامٍ** developing; growing

الأُمَمُ النامِية (او المُتَخَلِّفة)
underdeveloped nations; developing nations

بِلادٌ نامِية underdeveloped countries

**ناوَرَ ـ يُناوِرُ** manipulate

**ناوَلَ ـ يُناوِلُ** handle

**نائب . وَكِيل** deputy; proxy; vice-

نائبُ رَئِيس deputy chairman; vice-president

نائبٌ عامّ . مُدَّعٍ عامّ attorney general

نائبٌ عَن غَيرِه . بَدِيل locum tenens

نائبُ قُنْصُل vice-consul

**نَبَأ ـ وَكالةُ انْباء** news agency

**نَبَّهَ ـ يُنَبِّهُ . يُحَذِّرُ** caution; warn

**نَبِيذيّ ـ كُحولٌ نَبِيذيّ** vinous liquor

**نِتاج . غَلَّة** yield; product

نِتاجُ الأرباح (نِسبَةُ ارباحِ الشَّرِكةِ إلى القِيمةِ الإجماليَّةِ لِاسهُمِها العادِيَّة)
earnings yield

نِتاجٌ ثانَوِيّ . سِلْعة جانِبيَّة by-product

إجماليُّ النِّتاجِ الداخِليّ
gross domestic product

**نَتِيجة . حَصِيلة** result; outcome

نَتيجةُ تَحقِيق finding

نَتيجةً لِذلِكَ . بذلك thereby

نَتائجُ اوَّليَّة first fruits

نَتائجُ التَّشغِيل operating results

**نَتِيجة . أثَر** effect

نَتائجُ مُتَرَتِّبة . اِنعِكاسات repercussions

**نَثْريّ ـ صُندوقُ المَصرُوفاتِ النَّثرِيَّة**
petty cash

نَفَقاتٌ نَثرِيَّة (زَهِيدة) petty expenses

**نَثْرِيّات** sundries; miscellaneous articles

حِسابُ النثرِيّات sundries account

**نَجاة** escape; rescue; safety

صُدْرةُ نَجاة life jacket

قارِبُ نَجاة lifeboat

**نَجاح** success

مُبَشِّرٌ بِالنَّجاح favo(u)rable

**نِجارة . اشغالٌ خَشَبيَّة** joinery

**نَجَحَ ـ يَنْجَحُ** flourish; succeed

**نَجْعة مَوسِميَّة . اِنْتِجاع** transhumance

**نُحاس** copper

نُحاسٌ ابْيَض white brass

نُحاسٌ اصْفَر (yellow) brass

عُملةُ النِّيكل والنُّحاس cupro-nickel coinage

**نُخْبة . اِخْتِيار** selection

**نَخَلَ ـ يَنْخُلُ** sift

**نَخْلٌ . غَرْبَلة** screening

**نُدْرَة** rarity; scarcity
نُدْرَة المَوادّ الخام scarcity of raw materials
نُدرة نِسبيَّة relative scarcity
النُّدرةُ والاِخْتِيار scarcity and choice
نُدرةُ اليَدِ العامِلة scarcity of labour
قِيمَةُ النُّدرة scarcity value
**نَدْوَة** council; debating group
نَدوة دِراسِيَّة seminar
ندوةٌ مُتَخَصِّصة symposium
نَدوةُ مُستَهلِكين consumers' panel
نَدوةُ نِقاش panel discussion
**نَدْوَة . مُؤتَمر** conference
**نِزاع** dispute; controversy; contention
النِّزاعُ حَولَ تَحدِيدِ الاِختِصاصات
demarcation dispute
لا نِزاعَ فِيه undisputed; uncontested; unquestioned
**نَزاهة . اِستِقامة** integrity
**نَزْع** removal; elimination; withdrawal
نَزْعُ السِّلاح disarmament
نَزْعُ المِلكِيَّة expropriation; dispossession; condemnation; eviction
نَزْعُ مِلكِيَّةِ ارضٍ زائدةٍ على المَطلُوب
excess condemnation
نَزْعُ اليَد (أنْظُر : نَزعُ المِلكِيَّة)
إشعارُ نَزعِ المِلكِيَّة eviction notice
**نَزَق . طَيْش** rashness; recklessness; impetuosity
**نُزُل** boarding home
**نَزْوَة** caprice; whim

**نُزوح** migration; departure
**نُزوع . مَيْل**
tendency; trend; propensity
نُزوع إلى الاستِثمار
propensity to invest
نُزوع إلى الاستِهلاك propensity to consume
**نُزول** fall
**نَزيلُ ارض . مُستَوطِن** settler
**نِساء ـ أجورُ النِّساء** women's wages
**نَسَبٌ** lineage; descent; kinship
تَثبِيتُ نَسَبٍ legitimation
**نِسْبَة** rate; ratio; proportion
نِسبة الاحتِياطيّ cash deposit ratio; reserve ratio
نِسبةُ الاختِبارِ الحاسِم (نِسبةُ اليَسار)
acid test ratio
نِسبةُ استِعمالِ الطّاقة
capacity usage ratio
نِسبةُ الاكتِفاءِ الذّاتيّ ratio of self-sufficiency
نِسبةُ إنجازِ العَمَلِ المُقَدَّر measured work performance ratio
نِسبةُ التَّشغِيل operating ratio
نِسبةُ التَّغلغُل (في السُّوقِ المُستَهدَفة)
penetration rate
نِسبة التّكافُؤ parity ratio
نِسبة التَّوَقُّع anticipation rate
النِّسبة الجارِية current ratio
نِسبةُ حُقوقِ المُساهِمِينَ مِنَ المَوجُود
equity ratio

نِسبَةُ الخَسارة loss ratio

نِسبةُ الدَّين debit ratio; debt ratio

نِسبةُ راسِ المالِ إلى النّاتِج
capital/output ratio

نِسبةُ الرِّبحِ إلى حَجْمِ الأعمال
profit/volume ratio

نِسبةُ الرِّبحِ إلى السِّعر . نِسبةُ الفَوائد
dividend/price ratio

نِسبةُ الرِّبحِ عَلى راسِمالِ المُساهِمين
rate earned on stockholders' equity

نِسبةُ الرِّبحِ عَلى مَجمُوعِ الأُصول
rate earned on total assets

نِسبةُ الرِّبحِ المُضافةُ لِلتَّكلِفة
markups; markup rates

نِسبةُ الزِّيادة rate of increase

نِسبةُ السِّعرِ إلى الأرباح
price/earnings ratio (p/e)

نِسبةُ السَّكّ mint ratio

نِسبةُ السُّيُولة cash ratio; liquidity ratio; liquid ratio

نِسبةُ شُغُور (المَساكِن) vacancy ratio

نِسبةُ الضَّرِيبة tax rate

نِسبةُ عَدَدِ المَرّاتِ المُكتَسَبة
times earned ratio

نِسبةُ العَقْد contract rate

نِسبةٌ عَكسِيَّة inverse ratio

نِسبةُ غَلاءِ المَعِيشة cost-of-living index

نِسبةُ فائدةِ الوَدائع deposit rate

نِسبةُ الفَعالِيَة activity ratio

نِسبةُ القَسِيمة coupon rate

نِسبةُ الكِفاية efficiency ratio

نِسبةُ المَصرُوفات expense ratio

نِسبةُ المَواليد (في الألف) birth-rate

نِسبةٌ مِئَوِيَّة percentage

نِسبةُ النَّفَقاتِ العامَّةِ المُقَدَّرَةِ سَلَفاً لِلمَصْنَع
predetermined factory overhead rate

نِسبةُ الوَدائعِ إلى راسِ المال
deposit/capital ratio

نِسبةُ الوَفَيات mortality rate

الاِستِهلاكُ بِالنِّسبةِ الثّابِتة
straight-line depreciation

بِنِسبَةِ الحِصَّة . بِالتَّناسُب pro rata

تَحلِيلُ النِّسَب ratio analysis

تَحلِيلُ نِسبةِ البِناءِ الهَرَمِيّ
pyramid structure ratio analysis

دِراسةُ نِسبَةِ التَّأخِير ratio-delay study

عَناصِرُ النِّسَبِ المِئَوِيَّة
component percentages

فارِقُ نِسبَةِ الأُجور
wages rate variance

قانونُ النِّسَبِ المُتَغَيِّرَة law of variable proportions

مُتَوَسِّطُ نِسبَةِ العائد (مِنَ الاستِثمار)
average rate of return

مُعَدَّلُ النِّسبةِ المِئَوِيَّةِ لِتَكاليفِ المَوادِّ المباشِرة
direct material cost percentage

مُعَدَّلُ النِّسبةِ المِئَوِيَّةِ لِلأُجُور
wages percentage rate

مُعَدَّلُ النِّسبةِ المِئَوِيَّةِ لِلأُجُورِ المُباشِرة
direct wages percentage rate

نِسَبُ الإدارة management ratios

نِسَبُ تَخفيضِ سِعرِ البَيع
markdowns; markdown rates
النِّسَبُ الحِسابيَّة accounting ratios
النِّسَبُ الماليَّة financial ratios
النِّسَبُ المِئويَّةُ لِمَجرى اعمالِ المُؤسَّسة
trend percentages
**النِّسبويَّة . المَذهَبُ النِّسبيّ** relativism
**نِسبيّ** proportional; relative
الإفادة النِّسبيَّة comparative advantage
تَضَخُّم نِسبيّ relative inflation
قِيمةُ المَبيعاتِ النِّسبيَّة
relative sales value
الكَفاءة النِّسبيَّة relative efficiency
مِقياسٌ نِسبيّ ratio scale
نِظامُ الضَّريبةِ النِّسبيَّة
proportional tax system
نَظَريَّةُ النَّفَقاتِ النِّسبيَّة (المُقارَنة)
theory of comparative costs
النَّفَقةُ النِّسبيَّة comparative cost
**النِّسبيَّة** relativity
**نَسَخَ ـ يَنسَخُ** copy; duplicate
يَنسَخُ (ما سَبَقَهُ) supersede; rescind; cancel
**نَسخ . إلغاء** abrogation; supersession; cancellation
**نَسخ** copying; transcription; duplication
النَّسخُ بِالتَّصوير reprography
اوراقُ النَّسخِ الذّاتيّ (الزَّرقاء)
blue-print paper
**نُسخة** transcript; copy
نُسخة ثالِثة . مِن ثَلاثِ نُسَخ triplicate
نُسخة جاهِزة ونِهائيَّة final copy
نُسخة خام ـ مادَّتُها لا تَزالُ بِحاجةٍ إلى التَّصحِيحِ في نَصِّها وصِياغَتِها . مُسَوَّدة
rough copy
نُسخةٌ طِبْقُ الاصْل transcript; replica; true copy; reproduction
نُسخة عَن duplicate
نُسخة فوتوستاتيَّة photostat
نُسخة فوتوغرافيَّة photocopy
نُسخة كَرْبونيَّة carbon copy
نُسخة مُبَيَّضة (او نَظِيفة) fair copy
نُسخة مَجّانيَّة free copy
نُسخة مُصَدَّقة attested copy; certified copy
نُسخة مُطابِقة replica
نُسخة المَكتَب office copy
نُسخة مُنَقَّحة rescript
كَمْبيالةٌ مِن نُسخةٍ واحِدة
sola of exchange
مِن ثَلاثِ نُسَخ triplicate
النُّسَخُ المُتَبَقِّيَة (بَعدَ الاِنتِهاءِ مِن بَيعِ كِتاب)
remainder
**نَسَّقَ ـ يُنَسِّقُ** co-ordinate
يُنَسِّقُ . يُنَظِّمُ systematize
**نَسل** progeny; offspring
تَحدِيدُ النَّسل birth control
تَحسِينُ النَّسل eugenics
**نِسْوِيَّة** (نَظَريَّةٌ تَدعو إلى المُساواةِ بَينَ الجِنسَين)
feminism
**نَسِيج** textile; fabric

نَسِيج عُضْويّ — tissue
صِناعةُ النَّسِيج — textile industry
**نَشَأَ ـ يَنْشَأُ** — arise; stem
**نَشْأة** — origin; source
**نَشاط** — activity
نَشاط اقتِصاديّ — economic activity
نَشاط اقتِصاديّ حُرّ — free enterprise
نَشاط (بَعدَ رُكود) — rally
نَشاط جَماعيّ — group action
شَرِكةٌ كَبِيرة (او شَرِكاتٌ) مُتَعَدِّدةُ النَّشاطات — conglomeration
**نَشّافة . نَشّاف** — blotter
**نَشَرَ ـ يَنْشُرُ** — spread
**نَشْر** — issuing; publication; publishing
تَبليغٌ بِالنَّشْرِ (في الصُّحُف) — service by **publication**
حَقُّ التأليفِ والنَّشْر — copyright
دارُ نَشْر — publishing house
دَليلُ النَّشْرِ والإعْلان — advertising directory
سِعرُ نَشْرِ الإعلانِ مَرَّةً واحِدة — one-time rate
**نَشْرة** — publication; pamphlet
نَشرة إعلانيَّة — flier
نَشرة اقتِصاديَّة — business publication
نَشرة الإكتِتاب . نَشرة أوَّليَّة — prospectus
نَشرة دَوريَّة — periodical
نَشرةُ سُوقِ البُورْصة — market report
نَشرةٌ عَنِ البُورْصة (تُوَزَّعُ على العُمَلاءِ او بالإكتِتاب) — market letter
نَشرة لُويد . قائمة لُويد — Lloyd's List

نَشرة مَطويَّة — folder
نَشرة مِهنيَّة — trade publication
نَشرةُ وَقائعَ رَسمِيَّة — gazette
**نَشَّطَ ـ يُنَشِّطُ بَعدَ رُكود** — rally; revive; activate
**نَشِط . فَعّال** — active
اسهُمٌ غيرُ نَشِطة — inactive stock
اوراقٌ غيرُ نَشِطة — inactive security
حِسابٌ غيرُ نَشِط — inactive account
حِسابٌ نَشِط — active account
سَهمٌ نَشِط — active stock
سُوقٌ نَشِطة — active market
مُنافَسة نَشِطة (او حادَّة) — brisk competition
**نُشُوء** — evolution
**نَشِيء** (أُنظُر ناشِىء)
تَضَخُّمٌ نَشِيء — incipient inflation
**نَشِيط** — energetic; active
راسُمالٌ نَشِيط — active capital
**نَصّ . مَنطُوق** — text; context
نَصّ (في عَقد او اتِّفاقيَّة) — provision; stipulation; term
**نَصّاب** — imposter; swindler; cheat
**نِصابٌ قانونيّ** — quorum
**نَصَّبَ ـ يُنَصِّبُ . يُعَيِّنُ** — appoint; install
**نَصَحَ ـ يَنصَحُ . يُشِيرُ** — counsel
**نُصحٌ . إرْشاد** — counseling; counselling
**نِصْف** — half
نِصفُ أُجرة — half fare
نِصفُ بِنْس — halfpenny
نِصفُ جُنَيه إنجليزيّ — half guinea

نِصْفُ خِدْمة half-service
نِصفُ دولار half-dollar
نِصفُ سَنَويّ half-yearly; semi-annual
نِصفُ سُوفِرين half sovereign
نِصفُ كْراون half-crown
إجازةُ نِصْفِ يومٍ أُسبوعيَّة (بَعدَ ظُهْرِ السَّبْت) weekly half-holiday
بَضائعُ نِصفُ مُنجَزة (الصُّنْع) semi-manufactured goods
فَلاّحٌ نِصفُ حُرّ (في النِّظامِ الإقطاعيّ) villein
مُوَظَّفٌ (او عامِل) نِصفُ مُداوِم half-timer
**نِصْفِيّ ـ خَطٌّ نِصفِيّ** (يَقسِمُ المَجرى النهريَّ طُولاً) middle thread
سَهمٌ نِصفيّ (قِيمَتُهُ الاسمِيَّة ٥٠ دولارًا) half stock
نِظامُ الدَّوامِ النِّصفيّ half-time system
**نَصِيب . حِصَّة** share; lot
نَصِيبُ الأرمَلةِ مِن تَركةِ زَوجِها dower estate
أنْصِبة . حِصَص quotas
سَنَداتٌ ذاتُ أنْصِبة premium savings bonds
**نَصِيحة** counsel; advice
**نَصِير** partisan; adherent; ally; supporter
نَصيرُ الاقتِصادِ المُوَجَّه dirigiste
نَصيرُ البَلشَفِيَّة . بَلشَفيّ Bolshevik; Bolshevist
نَصِيرُ التِّجارِيَّة mercantilist
نَصيرُ التَّوَسُّعِيَّة expansionist
نَصيرُ الجَماعيَّة collectivist
نَصيرُ الحَدِّيَّة marginalist
نَصيرُ الحِمائيَّة . حِمائيّ protectionist
نَصيرُ الشُّيُوعيَّة . شُيُوعيّ communist
نَصيرُ الفاشِيَّة Fascist
نَصيرُ الفَرْدِيَّة individualist
نَصيرُ الماركسِيَّة . ماركِسِيّ Marxist
نَصيرُ الوَحْدَوِيَّة . وَحْدَويّ unionist
أنْصارُ ماو (الزَّعيمِ الشُّيُوعيّ الصِّينيّ) Maoists
أنْصارُ مَذهَبِ اللَّذَّة . مُتْعِيُّون hedonists
**نِضال . كِفاح** struggle
**نُضْجٌ اقتِصاديّ** economic maturity
**نُضوب** depletion; exhaustion
حَسْمُ النُّضوبِ القانونيّ statutory depletion allowance
**نِطاق . مِنطَقة** zone; environs
النِّطاقُ المُتَداخِل overlap area
**نِطاق . مَدى** scope; range; extent
نِطاقُ الإسْناد frame of reference
نِطاقٌ إطاريّ framework; girdle
نِطاقُ المَزايا extent of preferences
إنْتاجٌ عَلى نِطاقٍ واسِع large-scale production
بِطالةٌ عَلى نِطاقٍ واسِع mass unemployment
جَمعِيَّةُ البِناءِ القَومِيَّةُ النِّطاق (في بريطانيا) Nationwide Building Society
واسِعُ النِّطاق extensive; large-scale

**نظام . اِنْضِباط** discipline; order
**نظام** (حُكوميّ او اجتِماعيّ) regime
**نظام . نَهْج** system
نِظامُ الآثارِ المُتَراكِمة (في الاقتِصاد) snowball
نِظامُ الأجْرِ المَزيد (التَّصاعُديّ) premium bounties
نِظامُ الاِحتِياطيّ الفِدراليّ Federal Reserve System
نِظامُ الأخْلاس . عُبوديَّةُ الأرض serfdom
نِظامُ الاِستِثمارِ الأوسَعِ مَدًى wider-range investment
النِّظامُ الاِستِعماريُّ القَديم Old Colonial System
نِظامُ الأسعار price system
نِظامُ اسعارِ صَرْفٍ ثابِتةٍ لِلبَعْضِ ومُتَقلِّبةٍ لِلآخَرين "snake in the tunnel"
نِظامُ الإعارةِ والتَّأجير lend-lease system
نظامُ الاِعتِمادِ الضَّرائبيّ tax credit scheme
نِظامُ الاِقتِراحات suggestion system
نِظامٌ اقتِصاديّ economic system
نِظامٌ إقْطاعيّ feudalism
نِظامُ انصارِ التَّحْريم (عَن طَريقِ الحِمايَةِ الجُمرُكيَّة) prohibitionism
نِظامُ البِطاقاتِ التَّموينيَّة ration system
نِظامُ البُنوكِ الأُحاديَّةِ الفُروع unit banking
نِظامُ التَّبادُلِ الثُّنائيّ bilateralism
النِّظامُ التِّجاريُّ المُوَحَّد Uniform Commercial Code

نِظامُ تَجَنُّبِ الاِزدِواجِ الضَّريبيّ عَلى الأرباح imputation system
نِظامٌ تَدَرُّجيٌّ إداريّ "line and staff" organisation
نِظامٌ تَدَرُّجيٌّ وَظيفيّ "line and functional" organisation
نِظامُ تَدفِئَة heating system
نِظامُ التَّسعيرِ في مَحَلِّ الإنْتاج mill base system
نِظامُ التَّشغيلِ الإداريّ management operating system
نِظامُ تَعاقُبِ الزُّروعِ الرُّباعيّ four-field system
نِظامُ التَّعاقُدِ الفَرعيّ (مِنَ الباطِن) "butty" system
نِظامُ التَّعاوُنِ الأُوروبيّ Euro-Coop
نِظامُ تَعَدُّدِ المَعادِن (في سَكِّ العُملة) polymetallism
نِظامٌ تَفضيليّ preference scheme
نِظامُ تَوحيدِ كُلفَةِ الشَّحْن basing-point system
نِظامُ تَوزيعِ الغِذاءِ بِالبِطاقات food rationing
نِظامُ تَوقيتٍ لِلاِستِفادةِ مِن ضَوءِ النَّهار daylight saving time
نظام تِيلُور Taylor System
نِظامُ الثلاثَةِ حُقول (لِتَعاقُبِ الزُّروعِ في الإقْطاعات) three-field system
نِظامُ جانْت (لِقِياسِ فَعالِيَةِ العَمَلِ او الإنْتاج) Gantt System
نِظامُ الجَدارةِ والاِستِحْقاق merit system

نِظامُ الجِيرو giro system

نِظامُ الحِصَص quota system; quantitative restrictions

نِظامُ حِفْظِ المِلَفّات filing system

نِظامُ الحَقْلِ المَفتُوح open-field system

نِظامٌ داخِليّ (لِلمُؤَسَّسة) . لائحةُ الأنظِمة bylaws

نِظامُ دَفْعِ الأُجورِ سِلَعاً (مِن مَتجَرٍ يَملِكُهُ رَبُّ العَمَل) truck system

نِظامُ الدَّفْعِ بِالتَّقسِيط instalment plan

نِظامُ الدَّوامِ النِّصْفيّ half-time system

نِظامُ الذَّهَب gold standard

نِظامُ الرِّقابَةِ عَلى التنَبُّؤاتِ والبَضائعِ المَوجُودة forecasting and inventory control system (FICS)

نِظامُ الرَّواتِب payroll system

نِظامُ السَّبائكِ الذَّهَبِيَّة gold bullion standard

نِظامُ السِّعرِ الأدنى لِتَقْديرِ التَّكاليفِ وَوَضْعِ الجَداوِل Least-cost Estimating and Scheduling System (L.E.S.S.)

نِظامُ السِّعرَين (في اسعارِ الذَّهَبِ ورُسومِ البَرِيدِ ومُعَدَّلاتِ الصَّرْف والفَوائد) two-tier systems

نِظامُ السُّلْفةِ المُستَدِيمة imprest system

نِظامٌ سُلَّميّ (ذو دَرَجاتٍ مُتفاوِتة) ladder system

نِظامٌ سِياسيٌّ يَسُودُهُ اصحابُ الخِبرةِ التِّقْنِيَّة technocracy

نِظامُ الشَّرِكةِ الاساسيّ articles of association

نِظامُ الشِّيكِ الأُوروبيّ Eurocheque (E.C.)

نِظامُ الصَّرْفِ بِالذَّهَب gold exchange standard

نِظامُ (صَرْف) العُملة المُتَعَدِّد multiple currency system

نِظامُ الصِّناعةِ البَيتِيَّة domestic system (of industry)

نِظامُ الضَّرائب tax system

نِظامُ الضَّرِيبةِ التَّصاعُدِيَّة progressive tax system

نِظامُ الضَّرِيبةِ النِّسبِيَّة proportional tax system

النِّظامُ الضَّرِيبيُّ الأمريكيّ American System

نِظامٌ طَبيعيّ natural order

نِظام العامِل-دَقيقة (إحْدى طُرُقِ حَفْزِ الإنْتاج) manit system

نِظامُ العَدِّ الثُّنائيّ binary code

نِظامُ العِزَبِ الإقطاعيَّة manorial system

النِّظامُ العَشْريّ decimal system

نِظامُ العِلاوات allowance system

نِظامُ العُملةِ الذَّهَبِيَّة gold currency standard

النِّظامُ الغُوليّ . خُوارَزْمِيَّة algorithm

النِّظامُ القارِّيّ Continental System

نِظامُ كِينْز . نِظامٌ كِينْزِيّ Keynesian system

النِّظامُ المِتْريّ metric system

نِظامٌ مُتَعَدِّدُ الأقْنِية multi-channel system

نِظامٌ مُتكامِل integrated system
نِظام (مُحاسَبة) مُزدَوِج dual system
نِظامُ المَحاكِمِ الفِدراليَّة federal court system
نِظامُ المَحسُوبيَّة . نِظامُ الغَنائم
spoils system
النِّظامُ المَركَزيُّ لِمُحاسَبةِ الفُروع
centralized system of branch accounting
نِظامٌ مَرِنٌ لِأسعارِ الصَّرْف
wider-band exchange rates
نِظامُ المَزارِعِ التَّعاوُنيّ
co-operative farming
نِظامُ المُزارَعة metayer system
نِظامُ المُساهَمةِ في الأرباح profit sharing
نِظامُ مُستَنَداتِ القَيد voucher system
نِظامُ المَصانِع . نِظامُ المَصْنَع (كَنِظامِ إنْتاجٍ او كَنِظامٍ اقتِصاديّ)
factory system
نِظامٌ مَصرِفيّ banking system
نِظامُ المَعدِنِ النَّقديِّ المُختَلَط
symmetallism
نِظامُ المَعدِنِ الواحِدِ (في العُملة)
monometallism
نِظامٌ مَعدِنيٌّ (في النَّقْد) . مَعْدِنيَّة
metallism
نِظامُ المَعدِنَين . قاعِدةُ النَّقْدِ الثُّنائيّ
bimetallism
نِظامُ المَعلومات information system
نِظامُ المَعلوماتِ المُجَهَّزةِ بِالحاسِبةِ الآليَّة
computerized information system
نِظامٌ مُغْلَق closed system

نِظامٌ مَفتوح open system
نِظامُ المُقاصَّة clearing system
نِظامُ المُقاصَّةِ الأُوروبيّ Euroclear
نِظامُ مُقاصَّةِ لَندَنيّ Walks Clerks
نِظامُ المُكافَأة bonus system
نِظامُ المُكافَأةِ حَسَبَ المُهِمَّة
task bonus system
نِظامُ المِنَحِ والعِلاواتِ (التَّشجيعيَّة)
premium bonus system
نِظامٌ مَنزِليّ domestic system
نِظامُ مَوازِين «أفوار دِيبْوا» avoirdupois
نِظامُ نَشْرِ المَعلوماتِ بِطَريقةٍ انتِقائيَّة
Selective Dissemination of Information System (S.D.I.)
نِظامٌ نَقدِيّ monetary system
نِظامُ «النُّقَط» "points" system
نِظامُ نَقْل . نَقْل transport
نِظامُ الوَحَداتِ الدَّوليّ Système International d'Unités (S.I.)
نِظامُ الوَدائعِ النَّقدِيَّة cash deposits scheme
نِظامُ الوِراثةِ لِلمِهَن (او نِظامُ التَّوارُثِ في المِهَن)
caste system
نِظامُ الوَقتِ المُقَرَّرِ لِلحَرَكةِ سَلَفاً
predetermined motion time system (P.M.T.S.)
اِختِصارُ الأنْظِمة systems contracting
اِستِخدامُ النِّظامِ المِتريّ metrication
إقامَةُ نِظامٍ احتِكاريّ . اِحتِكار
monopolization
انْظِمة . لَوائح regulations

انظمة زميلة affiliated orders
انظمةُ المرور (او السَّير) traffic regulations
الأنظمةُ والإجراءات systems and procedures
تحليلُ النُّظُم systems analysis
طريقةُ نظامِ التَّحليلِ الوظيفيّ functional analysis system technique
مُخالِفٌ لِنظامِ الشَّرِكة ultra vires
نُظُمُ الإتّحاداتِ العُمّاليَّةِ الجديدة . النّقابيَّةُ الجَديدة New Unionism
**نَظّامة . حاسِبةٌ إلكترونيَّة** computer
**نِظاميّ . مُنْتَظَم** orderly; regular
**نِظاميّ . مَنْهَجيّ** systematic; methodical
**نَظَرٌ** sight; vision
بِصَرْفِ النَّظَرِ عَن apart from; irrespective of
قَيْدَ النَّظَر under consideration
مَسألةٌ فيها نَظَر (غيرُ مَفْصُولٍ فيها) moot
وُجهةُ نَظَر point of view
**نَظَريّ** theoretical
الطّاقةُ النَّظَرِيَّة theoretical capacity
عِلْمُ الإقتِصادِ النَّظَريّ pure economics
نَموذَجٌ نَظَريّ theoretical model
**نَظَرِيَّة** theory; thesis
نَظَرِيَّةُ اتِّخاذِ القَرارات decision theory
نَظَرِيَّةُ الإتِّصال communication theory
نَظَرِيَّةُ الأُجور theory of wages
نَظَرِيَّةُ الأُجورِ المَعيشيَّة subsistence theory of wages
نَظَرِيَّةُ الأرْصِدة balance theory

نَظَرِيَّةُ الارصِدةِ النَّقدِيَّة cash balances theory
نَظَرِيَّة الأسعار price theory
النَّظَرِيَّةُ الإعتِماديَّةُ لِلدَّورةِ الاقتِصاديَّة Credit Theory of the Trade Cycle
نَظَرِيَّةٌ اقتِصاديَّة economic theory
نَظَرِيَّةُ الاموالِ المُتوافِرِ إقراضُها (وأثَرها في سِعرِ الفائدة) loanable funds theory
نَظَرِيَّة الإنْتاجيَّة (عَلاقةُ قُوَّةِ الإنْتاجِ بِتَحديدِ سِعرِ الفائدة) productivity theory
نَظَرِيَّةُ الإنْتاجيَّةِ الحَدِّيَّة marginal productivity theory
نَظَرِيَّةُ انتِشارِ الضَّرائب (وتأثيراتِها) diffusion theory of taxation
نَظَرِيَّةُ بايز Bayesian Theorem
نَظَرِيَّةُ البُقَعِ الشَّمْسِيَّة (لِتَعليلِ الدَّورةِ التِّجاريَّة) "sun spot theory"
نَظَرِيَّةُ التَّزَهُّد (إتِّجاهٌ نَحوَ تَفضِيلِ الفائدةِ الآجِلة) abstinence theory
نَظَرِيَّةُ التَّضْحِيَةِ المُتَساوِية equal sacrifice theory
نَظَرِيَّةُ التَّفْضِيلِ الزَّمَنيّ time-preference theory
نَظَرِيَّةُ التَّفْضِيلِ المُوَضَّح revealed preference theory
نَظَرِيَّةُ تَقْدِيرِ القِيمةِ حَسَبَ العَمَلِ المَبذُول labour theory of value
النَّظَرِيَّةُ التِّقْنِيَّةُ النَّفْسِيَّة psycho-technics
نَظَرِيَّةُ دَفْعِ الضَّرائبِ حَسَبَ المَقْدِرة faculty theory of taxation

نَظَرِيَّةُ الرُّكودِ (لِفَرْطِ الإدِّخار) "stagnation thesis"

نَظرِيَّةُ العَلاقةِ بَينَ الإستِثمارِ والمُدَّخَرات saving/investment theory

نَظرِيَّةُ العَمالة employment theory

نَظرِيَّةُ قُوَّةِ إنتاجِ العَمَل productivity of labour theory

نَظرِيَّةُ القِيمةِ طِبْقاً لِتَكلِفةِ الإنْتاج cost of production theory of value

نَظرِيَّةُ الكَساد "stagnation thesis"

نَظرِيَّةُ كَمِّيَّةِ النُّقُود quantity theory of money

نَظرِيَّةُ مالْثُوس في السُّكّان Malthusian Theory of Population

نَظرِيَّةُ المَحصُولِ كَأَساسِ الدَّورَةِ الإقتِصادِيَّة Harvest Theory of the Trade Cycle

نَظرِيَّةُ مُخَصَّصاتِ (رَصِيدِ) الأجور wages fund theory

نَظرِيَّةُ المُزايَدة bidding theory

نَظرِيَّةُ المُساهَمة contribution theory

نَظرِيَّةُ المُساوَمةِ في تَحدِيدِ الأُجور bargaining theory of wages

نَظَرِيَّةُ المَعلُومات information theory

النَّظرِيَّةُ المُنادِيَةُ بِالإصْلاحِ الزِّراعيّ agrarianism

نَظرِيَّةُ المَنْفَعة benefit theory

نَظرِيَّةُ النَّفَقاتِ النِّسبِيَّة (المُقارَنة) theory of comparative costs

نَظرِيّاتُ تأثيرِ قِلَّةِ الإستِهلاكِ في الدَّورةِ الإقتِصادِيَّة under-consumption theories of the trade cycle

**نَظَّمَ ـ يُنَظِّمُ** arrange; regulate; organize; systematize

يُنَظِّمُ عَقْدًا draw

**نُظُم** (أُنْظُر : نِظام)

**نَظِير** counterpart; co-ordinate

مُنقَطِعُ ٱلنَّظِير beyond comparison

**نَظِيف • خالِص** clean

إعتِمادٌ نَظيف clean credit

ايدٍ نَظيفة clean hands

بُوليصةُ شَحْنٍ نَظيفة (خالِيَةٌ مِنَ القُيود) clean bill of lading

سَنَدٌ نَظيف clean bond

شَهادةٌ صِحِّيَّةٌ نَظيفة clean bill of health

كَمْبيالةٌ بَسِيطة (او نَظِيفة) clean bill

**نِعْمَة** blessing

**نَفَى • أبْعَدَ** exile; banish

**نَفَى • أنْكَرَ** deny

**نَفاد** depletion; exhaustion

إحتِياطيُّ النَّفاد depletion reserve

عِلاوةُ نَفاد (نُضُوب) depletion allowance

**نَفاذ** implementation; coming into force

**نَفاذ • نُفُوذ** penetration; permeation

**نُفاية** refuse; garbage; junk; rubbish; scrap; reject

**نَفِدَ ـ يَنْفَدُ** run out

يَنفَدُ (الكِتابُ) sell out

**نَفَدَةٌ** item

نَفدَةٌ يَومِيَّة journal item

فاتورةٌ مُفصَّلةُ النَّفَدات itemized invoice

**نَفَذَ ـ يَنْفُذُ** penetrate; permeate; pervade; pierce

لا يَنفُذُ منهُ الماءُ . كَتِيم impermeable

**نَفَّذَ ـ يُنَفِّذُ** carry out; execute

**نَفْس ـ عِلْمُ النَّفس** psychology

عِلْمُ النَّفسِ الصِّناعيّ industrial psychology

**نفسانيّ** (أُنظُر نَفسِيّ) psychological

المَذهَبُ النَّفسانيّ psychological school

**نَفسيّ . نفسانيّ** psychological

التأثيراتُ النَّفسيَّة psychological influences

النَّظَريَّةُ التِّقنِيَّةُ النَّفسِيَّة psycho-technics

**نَفْط . بِترول** petroleum; oil

أسعارُ السُّوقِ الحُرَّة (في أسواقِ النَّفط) arm's length prices

أسهُمُ شَرِكاتِ النَّفْط oil shares

دولاراتُ النَّفْط petro-dollars

سُوق النَّفْط oil market

شَرِكة نَفْط oil company

مِصْفاةُ نَفْط petroleum refinery

مُنَظَّمةُ البُلدانِ العَرَبيَّةِ المُصَدِّرةِ لِلنَّفْط Organization of Arab Petroleum Exporting Countries (O.A.P.E.C.)

مُنَظَّمةُ البُلدانِ المُصَدِّرةِ لِلنَّفْط Organization of Petroleum Exporting Countries (O.P.E.C.)

ناقِلةُ نَفط oil tanker

يَحوِي نَفطاً oil-bearing

**نَفَعَ ـ يَنْفَعُ . يُفيدُ مِن** avail

**نَفع** use; avail; benefit; advantage; welfare

نَفعٌ عامّ . مَنْفَعة عُموميَّة utility

**نَفعيّ . مُتَعَلِّقٌ بالمَذهَبِ النَّفعيّ** utilitarian

**النَّفعِيَّة . مَذهَبُ المَنفَعة** utilitarianism

**نَفَق** tunnel

نَفَقُ القَناة channel tunnel

**نَفَقة** expense; cost; expenditure

نَفَقة الاِختِيار opportunity-cost

نَفَقة الاِستِخدام (او الاِستِعمال او الاِرتِفاق) user cost

نَفَقة إضافيَّة additional cost

نَفَقة الإنتاج cost of production

نَفَقة اوَّليَّة prime cost

نَفَقة التَّعليم schooling

نَفَقة ثابِتة fixed cost

نَفَقة حَدِّيَّة marginal cost

نَفَقة حَدِّيَّة ثابِتة constant marginal cost

نَفَقةُ الزَّوجَةِ المُطَلَّقة alimony

نَفَقةٌ غيرُ مُباشِرة indirect cost

النَّفَقةُ الكُلِّيَّة total cost

نَفَقة مُباشِرة direct cost

نَفَقة مُتَوسِّطة average cost

نَفَقة مُؤَجَّلة deferred charge

النَّفَقة النِّسبيَّة comparative cost

اِستِعادةُ النَّفَقات recovery of expense

إضافةٌ (او تَحميلٌ) مِن اجْلِ النَّفَقات loading for expenses

بَيانٌ بالنَّفَقات statement of expenses

تَخفِيضُ النَّفَقات retrenchment

تَعَهُّدٌ بِتَسدِيدِ النَّفَقات cost bond
تَغْطِيَةُ النَّفَقات break-even
حِسابُ مُراقَبَةِ النَّفَقاتِ العامَّة
overhead control account
حِسابُ النَّفَقاتِ العامَّة
general overhead account
دَفعُ النَّفَقاتِ عِندَ تَكَبُّدِها pay-as-you-go
مَسؤولِيَّةُ الزَّوجِ عَن نَفَقاتِ الزَّوجة
husband's responsibility for wife's expenditure
المُغالاةُ في استِغْراقِ النَّفَقاتِ العامَّة
overabsorption of overhead
مُؤَشِّرُ نَفَقاتِ المَعِيشة
cost-of-living index
مِيزانِيَّةُ النَّفَقاتِ المَدَنِيَّة civil votes
نِسبَةُ النَّفَقاتِ العامَّةِ المُقَدَّرةِ سَلَفاً لِلمَصْنَع
predetermined factory overhead rate
نَظَرِيَّةُ النَّفَقاتِ النِّسبِيَّة (المُقارَنة)
theory of comparative costs
نَفَقات . إنْفاق expenses; outlay; spending
نَفَقاتٌ آجِلة charges forward
نَفَقاتُ إدْخال (إلى المِيناء)
inward charges
نَفَقاتُ إرْسال forwarding charges
نَفَقاتٌ اساسِيَّة prime costs
نَفَقاتُ استِخدامِ الشاحِنات haulage
نَفَقاتُ الأُسْرة . نَفَقاتُ المَنزِل
household expenses
نَفَقاتٌ إضافِيَّة extra expenses; supplementary costs

نَفَقاتٌ إنتاجِيَّة direct charges
نَفَقاتٌ أوَّلِيَّة preliminary expenses
نَفَقاتُ الإيجار rent expense
نَفَقات البِناء building expenses
نَفَقات البَيع selling costs
نَفَقات التَّحْمِيل loading charges
نَفَقاتُ تَخزِين storage charges
نَفَقات التَّدفِئَة heating expenses
نَفَقات التَّسْلِيم delivery cost
نَفَقاتُ التَّسلِيمِ المَدفُوعةُ مُقَدَّماً
prepaid delivery charges
نَفَقات التَّشْغِيل operating costs
نَفَقات التَّشْغِيل والصِّيانة operating and maintenance expenses
نَفَقات التَّصْلِيح repair charges
نَفَقاتُ التَّصْنِيعِ غيرُ المُباشِرة
manufacturing overhead
نَفَقاتُ التَّعبِئَةِ (او الشَّحْن)
handling charges
نَفَقات التَّفرِيغ unloading charges
نَفَقات التَّوزِيع distributive costs
نَفَقات الجِنازة funeral expenses
نَفَقات الحَسْم discount charges
نَفَقاتُ الحَمْل (نَقْصُ قِيمَةِ الاصْلِ بِمُرورِ الوَقْت) carrying cost
نَفَقاتُ الخِدْمةِ المَصرِفيَّة . عُمولةُ المَصرِف
bank service charge
نَفَقات الذَّهاب outward freight
نَفَقات الرَّيع royalty expenses
نَفَقات الزَّوجة wife's expenditure
نَفَقات الشَّحْن forwarding charges

نَفقاتُ الصِّيانة maintenance charges
النَّفَقاتُ ضِمْناً charges included
نَفقات الضِّيافة
entertainment expenses
نَفقاتٌ طارِئة contingencies; incidental expenses
نَفقات عارِضة incurred expenses
نَفقات عامَّة general expenses; overhead; oncost
نَفقات عامَّة لِلمُؤَسَّسة
establishment charges
نَفقات عامَّة مُفرِطة الإستِغراق
overabsorbed factory overhead
نَفقات فِعْليَّة actual expenses
نَفقات قَضائيَّة legal expenses
نَفقات مُباشِرة direct charges
نَفقات مُتَغيِّرة variable costs
النَّفَقاتُ المَدفوعةُ مُقَدَّماً
prepaid expenses
النَّفَقات المُستَرَدَّة reimbursed expenses
نَفَقات المَنزِل . نَفقاتُ الأُسْرة
household expenses
نَفقات نَثْريَّة (زَهيدة) petty expenses
نَفَقات النَّقْل transport charges; transportation expenses
نَفَقات النَّقْل بِالشّاحِنات truckage
نَفقاتُ النَّقلِ المَدفوعةُ مُقَدَّماً
prepaid transportation charges
**نُفوذ . سُلْطة** authority
**نُفوذ . اِختِراق** penetration; permeation
**نُفوذ . تأثير** influence; effect
ذو نُفوذ influential
**نُفور** disaffection; dislike; aversion; antipathy
**نُفوس** ـ **إحْصاءاتُ النُّفوس** vital statistics
**نِقابة . اِتِّحادٌ عُمّاليّ** union; labor union; trade union; syndicate; g(u)ild
نِقابَةُ باعَةِ الخُرْدَوات Haberdashers' Company
نِقابةُ البَدّالين (البَقّالين)
Grocers' Company
نِقابةُ تُجّارِ الأقْمِشة (في بريطانيا)
Mercers' Company
نِقابةُ تُجّارِ الجُلودِ والفِراء (مِنَ النِّقاباتِ العَريقةِ في مَدينةِ لَنْدَن)
Skinners' Company
نِقابةُ تُجّارِ الحَديد Ironmongers' Company
نِقابةُ تُجّارِ المِلْح (إحْدى نِقاباتِ مَدينةِ لَنْدَن العَريقة)
Salters' Company
نِقابة حِرَفيَّة craft gild; craft union
نِقابةُ صاغةِ الذَّهَب Goldsmiths' Company
نِقابةُ صانِعي السَّكاكين
Cutlers' Company
نِقابة صِناعيَّة industrial union
نِقابة عُمّال . نِقابة عُمّاليَّة
trade union (T.U.)
نِقابةٌ غيرُ مُرَخَّصة (في العُصور الوُسْطى)
adulterine gild
نِقابة مُتَّحِدة amalgamated union
نِقابة مُزارِعين grange

نِقابةٌ مَفْتوحة . اِتِّحادٌ مَفْتوح — open union

نِقابةٌ مُقَيَّدةُ العُضْوِيَّة — closed union

الإتِّحادُ العالَمِيُّ لِنِقاباتِ العُمّال — World Federation of Trade Unions (W.F.T.U.)

اِشتِراكِيَّةُ النِّقابات — guild socialism

حَسْمِيّاتُ النِّقابة — checkoff

عَقْدٌ مَعَ النِّقابة — union contract

مُمَثِّلُ النِّقابة — shop steward

**نِقابيّ . عُضْوٌ في نِقابة** — syndicalist

**نِقابيّ . مُتَعَلِّقٌ بِالنِّقابة** — syndical

الدَّولةُ النِّقابيَّة — corporate state; corporative state

مُؤَسَّسة نِقابيَّة (لا يَعمَلُ فيها الا النِّقابِيُّون) — union shop

**النِّقابيَّة . الحَرَكةُ النِّقابيَّة** — syndicalism

النِّقابيَّةُ الثَّوريَّة — revolutionary syndicalism

النِّقابيَّةُ الجَديدة . نُظُمُ الإتِّحاداتِ العُمّاليَّةِ الجَديدة — new unionism

النِّقابيَّةُ القَديمة — "old unionism"

**نَقّادةٌ مُتَمَرِّس . خَبير** — connoisseur

**نِقاش** — argument; discussion; debate

نِقاشٌ جَماعيّ — group discussion

نَدوةُ نِقاش — panel discussion

**نَقّال . نَقّاليّ** — mobile

مِنَصَّة نَقّالة — pallet

**نَقّاليّ . قابِلٌ لِلنَّقل** (او الحَمْل) — portable

مُعَدّات نَقّاليَّة — movable equipment

**نَقاوة** — fineness

نَقاوةُ العُمْلة — fineness of coin

**نَقَّبَ ـ يُنَقِّبُ** (بَحْثاً عَنِ الآثار) — excavate

يُنَقِّبُ (بَحْثاً عَنِ المَعادِنِ او النَّفْط) — prospect; explore

شَخصٌ يُنَقِّبُ عَنِ البِترول — wildcatter

**نَقَّحَ ـ يُنَقِّحُ** — revise

**نَقْد . اِنتِقاد** — criticism

**نَقْد . عُمْلة** — cash; money; currency

نَقْد اَجْنَبيّ — foreign currency

نَقْد اِحتِياطيّ . اِحتِياطيٌّ نَقْديّ — key currency

نَقْد جاهِز — spot cash; ready money

نَقْد صَعْب — hard cash

نَقْد في الصُّنْدوق — cash in; cash in hand; cash on hand; money in hand

نَقْد قانونيّ — legal tender

نَقْد لَدى البُنوك — cash in banks

نَقْد مُتَداوَل — circulating money; money in circulation

النَّقْدُ المُحَصَّل . مُحَصَّلاتٌ نَقْدِيَّة — cash received

نَقْد مَعْدِنيّ — specie; coin; coinage; metallic currency

نَقْد وَرَقيّ — paper money; banknotes

آلةُ تَسْجيلِ النَّقْد — cash register; register cash

اِستِعْمالُ النَّقْد — application of cash

اِلغاءُ الإستِعمالِ كَنَقْد — demonetisation; demonetization

إيصالُ إيداعِ النَّقْد — deposit ticket

بَيانُ النَّقْد — cash statement

تَحويلٌ إلى نَقْد — realization

التَنَبُّؤُ بِكَمِّيَّةِ النَّقْد — cash forecast

حِسابُ النَّقْد — cash account

خِداعُ النَّقْد . وَهْمٌ نَقْديّ — "money illusion"

سِمْسارٌ في سُوقِ النَّقْد . صَرّاف — money broker

شَرْطُ الوَفاءِ بِنَقْدٍ اجْنَبيّ — payment in foreign currency

صُنْدوقُ النَّقْدِ الدَّوليّ — International Monetary Fund (I.M.F.)

قاعِدةُ صافي النَّقْد — net cash basis

قاعِدةُ النَّقْد — monetary standard

قاعِدةُ النَّقْد الثُّنائيّ — bimetallism

قِطْعةُ نَقْدٍ خَسيسة (مِن مَعْدِنٍ رَخيص) — minor coin

كَمِّيَّةُ النَّقْد — quantity of money

مُدَّةُ استِردادِ النَّقْدِ المُستَثمَر — cash payback period

مَصادِرُ النَّقْد — sources of cash

مِيزانِيَّةُ النَّقْد — cash budget

هُبوطُ قِيمةِ النَّقْد — depreciation of a currency

وَحداتُ النَّقْدِ الأجْنَبيّ — foreign currency units

يُحَوِّلُ إلى نَقْد — realize

**نَقْدًا** — in cash; for cash; cash down

البَيعُ نَقْدًا — cash sale

الدَّفْعُ نَقْدًا مُقَدَّماً — cash in advance

الشِّراءُ نَقْدًا — cash purchase

صَفَقاتٌ نَقْدًا — spot transactions

مُكتَتِبٌ نَقْدًا — cash subscriber

**نَقْدِيّ . مُتَعلِّقٌ بالنَّقْد** — monetary; pecuniary; cash

اِتِّحادٌ نَقْديّ — monetary union

الاِتِّحادُ النَّقْديُّ لِلدُّوَلِ اللاتينِيَّة — Latin Monetary Union

أُجورٌ نَقْدِيَّة — money wages

اِحتِياطيٌّ نَقْديّ . نَقْدٌ اِحتِياطيّ — key currency

اِحتِياطِيّاتٌ نَقْدِيَّة — monetary reserves

ادَواتُ السِّياسةِ النَّقْدِيَّة — instruments of monetary policy

اصلٌ نَقْديّ — cash asset

إصلاحٌ نَقْديّ — monetary reform

اِعتِمادٌ نَقْديّ — cash credit

اِقتِصادٌ لا نَقْديّ — moneyless economy

اِقتِصادٌ نَقْديّ — monetary economy

اوراقٌ نَقْدِيَّةٌ غيرُ قابِلةِ التَّحويلِ إلى ذَهَب — inconvertible bank-notes

إيداعٌ نَقْديّ — cash deposit

بَنْدٌ نَقْديّ — cash item

بُنودٌ غيرُ نَقْدِيَّة — non-cash items; non-monetary items

تَحويلٌ نَقْديّ — cash remittance

تَدقيقُ المُشتَرَياتِ النَّقْدِيَّة — cash audit

حافِزٌ نَقْديّ — money incentive

حِجابٌ نَقْديّ — veil of money; money veil

حَسْمٌ (خَصْم) نَقْديّ — cash discount

حِصَّةُ ارباحٍ نَقْدِيَّة — cash dividend

خَسارةٌ نَقْدِيَّة — pecuniary loss

خِطابُ ائتِمانٍ (أو اعتِماد) نَقْديّ
cash letter of credit
خِطابٌ نَقْديّ money letter
دَخْلٌ نَقْديّ money income
رَاسْمالٌ نَقْديّ money capital
رِبحٌ غيرُ نَقْديّ scrip(t) dividend
الرِّبحُ النَّقْديّ cash earnings
سُلْطاتٌ نَقْديَّة monetary authorities
سُلفة نَقْديَّة cash advance
سَنَد نَقْديّ cash bond
سُوقُ تعامُلٍ نَقْديّ cash market
السُّوقُ النَّقْديَّة monetary market
السِّيادةُ النَّقْديَّة monetary sovereignty
سِياسةٌ نَقْديَّة monetary policy
سِياسةٌ نَقْديَّةٌ خَفِيضةُ الفائدة (مُشَجِّعةٌ لِلاقتِراض)
easy money policy
سُيولة نَقْديَّة ready money
صَفَقات نَقْديَّة cash transactions
طَرِيقةُ القُيودِ النَّقْديَّة cash basis accounting
فائضٌ نَقْديّ cash surplus
فَيضٌ نَقْديّ cash flow
الفَيضُ النَّقْديُّ المُحتَسَب discounted cash flow
قِطْعة نَقْديَّة specie
قِيمة نَقْديَّة cash value
القِيمَةُ النَّقْديَّةُ عِندَ التَّسلِيم
cash surrender value
المَدرَسة النَّقْديَّة monetary school
مَدفُوعات نَقْديَّة cash payments
المَركَزُ النَّقْديّ cash position

مَقبوضاتٌ نَقْديَّة cash receipts
مُكافَآت نَقْديَّة cash awards
مِنْطَقة نَقْديَّة currency area
مَوجُودات نَقْديَّة cash holdings
مُؤَسَّسة نَقْديَّة احتِكاريَّة "money trust"
نِظام نَقْديّ monetary system
نِظامُ الوَدائعِ النَّقْديَّة cash deposits scheme
وَحْدة نَقْديَّة monetary unit
وَدِيعة نَقْديَّة money deposit
وَهْمٌ نَقْديّ . خِداعُ النَّقْد
"money illusion"
يَومِيَّةُ المَدفُوعاتِ النَّقْديَّة
cash payments journal
**نَقدِيَّة** ready money; cash
نَقْديَّة بِالصُّنْدوق . رَصِيدُ الصُّنْدوق
cash balance
زِيادةُ النَّقْديَّةِ ونَقْصُها
cash over and short
**نَقْشٌ** (عَلى العُمْلة او المَسكُوكة) legend
**نَقْص** shortage; deficiency; diminution; lack
نَقْصُ التَّسلِيم . تَسلِيمُ البِضاعةِ ناقِصة
short delivery
نَقْصُ السُّكّان depopulation
نَقْصُ الطَّلَب decrease in demand
نَقْصُ العَرْض decrease in supply
النَّقْصُ عَن حَدِّ الامتِلاء . فَراغٌ قِمِّيّ
ullage
نَقْصٌ عِندَ الشَّحْن . شَحْنٌ جُزئيّ
short shipment

نَقصٌ في الإتّجار . قُصورُ الإتّجار
undertrading

نَقصٌ في العَمالة . عَمالةٌ غيرُ كامِلة
underemployment

نَقصُ قِيمةِ الأُصول — depreciation in assets

نَقصُ القِيمةِ المُعجَّل — accelerated depreciation

نَقصُ المَساكِن . ازْمةُ سَكَن
housing shortage

نَقصُ المَنفعةِ الحَدّيّةِ لِلعَمَل
marginal disutility of labour

نَقصُ المَوالِيد — fall in the birth-rate

حِسابُ الزِّيادةِ والنَّقص — over and short account

زِيادةُ او نَقصُ النَّقدِيَّة (في الصُّندوق)
short and over cash

شَهادةُ نَقصِ البِضاعةِ المُفرَّغة
short-landed certificate

**نَقص . إنْقاص** — decrease; reduction

نَقصٌ في القِيمة — decrease in value

**نَقص . عَيْب** — flaw; shortcoming; defect; imperfection

**نَقص . قِلّة . نُدْرَة** — scarcity

**نَقَضَ ـ يَنقُضُ** — annul; revoke; reverse

يَنقُضُ (الحُكم) — overrule

**نَقضٌ . إبْطال** — annulment; reversal; revocation

**نَقضٌ . مُخالَفة . إنْتِهاك** — violation; breach

نَقضُ العَقد — breach of contract

نَقضُ (العَهد) — breach; violation

**نُقْطة** — point

نُقْطةُ الأَساس — basing point

نُقْطةُ استِيرادِ الذَّهَب
import specie point

نُقْطة البَيع — point of sale

نُقْطة التَّجزِئة — split-off point

نُقْطةُ التَّحوُّلِ الثانِية (في الدَّورة)
turning peak

نُقْطة التَّعادُل — break-even point

نُقْطة الخَطَر — peril point

نُقْطة الخِلاف — issue

النُّقْطة الدُّنيا (في خَطٍّ بَيانيّ) — trough

نُقْطة فَنِّيَّة . تِقْنِيَّة — technicality

نُقْطة قانونيَّة — point of order

بَرنامَجُ النُّقْطةِ الرّابعة
Point 4 Program

رَسْمٌ بَيانيٌّ بِالنِّقاطِ المُبعْثَرة
scatter graph

طَرِيقةُ التَّقْديرِ بِالنُّقَط
points rating method

في (نُقْطَةِ المَنْشَأ المُسَمّاة) — ex- (point of origin)

مُرونةُ النُّقْطة — point elasticity

نِظامُ «النُّقَط» — "points" system

نِقاطُ التَّدَخُّل (حُدودُ التَّغيُّرِ المَسمُوحِ بِهِ لِاسعارِ الصَّرف) — intervention points

**نَقَلَ ـ يَنقُلُ . يَحمِلُ** — carry; convey

يَنقُلُ بِالشّاحِنات — truck

يَنقُلُ التأمينَ — cede

يَنقُلُ عَقارًا — grant

يَنقُلُ (في عَرَبة) — haul

يَنقُلُ مَسؤوليَّةَ المالِك demise

يَنقُلُ (المُمتَلَكات) alienate; convey

يَنقُلُ مِن سَفينةٍ إلى أُخرى
tranship; transship

يَنقُلُ (مِن مَكانٍ لآخَر) move; shift

اِدْفَع وٱنْقُل cash and carry

نُقِلَ إلى ما بَعدَه brought forward (b/f)

**نَقْلٌ** transport; transmission; transportation; carriage

نَقلٌ إلى دَفتَرِ الأُستاذ posting

نَقلٌ بَحْرِيٌّ sea (or maritime) carriage

نَقلٌ بَرِّيٌّ land carriage

نَقلٌ بِالسِّكَكِ الحَديديَّة railway carriage

النَّقْلُ بِالصَّنْدَل lighterage

نَقلُ البِضاعةِ الصادِرة (او مَصاريفُ نَقلِها)
transportation-out

نَقلُ البِضاعةِ الوارِدة (او مَصاريفُ نَقلِها)
transportation-in

نَقلٌ بِالعَرَبات (او بِالشّاحِنات) haulage

النَّقلُ الجَوِّيّ air transport

نَقلٌ سَريع express

النَّقلُ عَلى الطُّرُق road transport

نَقلٌ لِمَسافةٍ قَصيرة short haul

نَقلٌ مائيّ water carriage

نَقلٌ مُتَتابِع successive transport

نَقلٌ مُرجَع back-haul

نَقلُ المَعلُومات transmission; communication

نَقلٌ مِن سَفينةٍ إلى أُخرى (او مِن شاحِنةٍ إلى أُخرى) transhipment

نَقلُ (مُوَظَّف) transfer

أُجرةُ النَّقْل carriage; freight

أُجرةُ النَّقْلِ بِالعَرَبة drayage

أُجرةُ النَّقْلِ بِالمُعَدِّيات ferriage

أُجرةُ نَقلٍ مائيّ floatage (flotage)

أُجرةُ نَقلٍ مَدفُوعة paid freight

أُجرةُ نَقلٍ مَدفُوعةٌ سَلَفاً
prepaid freight

اسعارُ النَّقْل transportation rates

اسعارُ النَّقلِ بِالسِّكَّةِ الحَديد
railway charges

اَقَلُّ مِن حُمُولةِ سَيّارةِ النَّقْل
less-than-truckload

بُوليصةُ شَحْنٍ عَبرَ وسائلِ نَقْلٍ مُتَتابِعة
through bill of lading

تَرخِيصُ نَقْلٍ مِن فِئَة ا "A" Licence

تَعرِفةُ النَّقْل fare; transport rates

تَعرِفةُ نَقْلِ المُستَوردات import rate

تَكاليفُ النَّقْل . تَكلِفةُ نَقْلِ البَضائع
transportation costs

تَنسِيقُ خِدْماتِ النَّقْل co-ordination of transport

حَدُّ النَّقْل line haul

خالِصُ أُجرةِ النَّقْلِ حَتّى رَصيفِ الشَّحْن
free docks

خِدْماتُ النَّقْلِ البَرِّيِّ الدُّوَليَّة Transports Internationaux Routiers (T.I.R.)

خِدْمةُ نَقْلِ البَضائعِ تَمْهيدًا لِشَحْنِها
pickup service

خَطَأُ النَّقْل . خَطَأٌ ناتِجٌ عن تَغْييرِ تَرتيبِ الأَرْقام transportation error

سَفينةُ نَقلِ الرُّكّاب passenger liner

سُهولةُ النَّقل (او الإنتِقال) . تَنقُّلِيَّة mobility

سُهولةُ النَّقلِ (او الإنتِقالِ) المادّيّ physical mobility

شَرِكةُ نَقْل carrier

شَرِكةُ نَقْلِ (الأمتِعة) transfer company

صِناعةُ النَّقْل carrying trade

عَقْدُ النَّقلِ البَحْريّ maritime contract of carriage

قابِلٌ لِلنَّقل (او الحَمْل) portable

لا يُسمَحُ بِنَقلِهِ بِالبَريد non-mailable

لَجْنةُ النَّقْل transport commission

مُتَعَهِّدُ النَّقْل transporter

مُتَعَهِّدُ نَقلِ (اثاثِ المَساكِن) remover

مَحكَمةُ النَّقْل transport tribunal

المُؤَسَّسةُ القَوميَّةُ لِلنَّقْلِ البَحْريّ National Freight Corporation

نَفقاتُ النَّقْل transport charges; transportation expenses

نَفقاتُ النَّقْلِ بِالشّاحِنات truckage

نَفقاتُ النَّقْلِ المَدفوعةُ مُقَدَّماً prepaid transportation charges

وَزارةُ النَّقل ministry of transportation

وَكيلُ نَقْلٍ (شَحْن) forwarding agent

**نَقْل** (المِلكيَّة) conveyance; alienation

نَقلُ او تَحوِيلُ (مِلْكٍ) إلى شَخصٍ آخَر transfer

نَقلُ مِلكِيَّةِ السَّهم stock transfer

دَفتَرُ نَقلِ او تَحوِيلِ (الأسهُم) transfer book

مَنعُ نَقلِ مِلكِيَّةِ الاراضي إلى الشَّرِكات mortmain

وَكيلُ نَقلِ المِلكيَّة transfer agent

**نُقود** (أنظُر ايضاً نَقْد) money

نُقود إلزامِيَّة ـ مُقَرَّرة لِلتَّعامُل fiat money

نُقود أوروبيَّة Euro-currency

نُقود ائتِمانيَّة credit money

نُقودٌ تحتَ الطَّلَب money at call

نُقود تَكمِيلِيَّة . نُقود مُساعِدة subsidiary money

نُقود حاضِرة وتَحتَ الطَّلَب money at call and short notice

نُقود حِسابيَّة . مالُ الحِساب money of account

نُقود حَقيقِيَّة real money

نُقود ذَهَبيَّة . مَسكوكاتٌ ذَهَبيَّة gold coins

نُقود رَخيصة . نُقودٌ خَفيضةُ الفائدة cheap money

نُقودٌ رَديئة (خَفِيضةُ العِيار) bad money

نُقود سِلعيَّة commodity money

نُقود عَزيزة (او نادِرة) tight money; dear money

نُقودٌ غيرُ قابِلَةٍ لِلتَّحوِيل irredeemable money

نُقودٌ قابِلةٌ لِلتَّحوِيل convertible money

نُقود قِياسيَّة standard money

نُقود كَسرِيَّة (مِنَ الفِئاتِ الصَّغيرة) fractional money

نُقودٌ مُجازَةٌ لِلتَّعامُل fiat money
نُقودٌ مُحايِدة neutral money
نُقود مَدْموغة stamped money
نُقود مَذْعورة funk money; hot money
نُقود مُزَيَّفة false money
نُقود مُساعِدة . نُقود تَكميلِيَّة
subsidiary money
نُقود مَصرِفِيَّة bank money
نُقود مَعدِنِيَّة clad; metallic money
النُّقودُ المَعدنيَّةُ والوَرَقيَّة cash and bills
نُقود مُمَثِّلة . نُقود نائبة
representative money
نُقود مُوَجَّهة (او مُدارة)
managed currency
نُقود نائبة representative money
نُقودٌ هارِبة او هَرّابة funk money; hot money
نُقود وَثيقة fiduciary money
نُقودُ الوَدائع (نُقودٌ كِتابيَّة)
deposit money
النُّقود الوَرَقيَّة الإئتِمانيَّة
fiduciary paper money
نُقودٌ وَرَقيَّةٌ غيرُ قابلةِ التَّحويلِ إلى ذَهَب
inconvertible paper money
نُقودٌ وَرَقيَّةٌ كامِلةُ الرَّصِيد . نُقودٌ وَرَقيَّةٌ مُمَثِّلة
representative paper money
الأَرُزُّ كَنُقود rice as money
إنْقاصُ النُّقود devaluation of money
تَثبيتُ النُّقود stabilization of money
التَّفاوُتُ المَسموحُ بِهِ في وَزْنِ النُّقود
mint remedy

الحاجةُ إلى النُّقود demand for money
دُرْجُ النُّقود (في المَتْجَر او المَصرِف) till
رَسْمُ سَكِّ النُّقود mintage
سَكُّ النُّقود coinage; minting; mintage; monetization
سِياسةُ النُّقودِ الزائدةِ الرُّخْص
ultra-cheap money policy
الشّايُ كَنُقود tea as money
شِبْهُ نُقود (يُمكِنُ تَحويلُها إلى نُقود)
"near money"
طَلَبُ النُّقود demand for money
قاعِدةُ النُّقودِ الوَرَقيَّة paper standard
قِطعَةُ نُقودٍ مُزَيَّفة base coin
قِطعَةُ نُقودٍ مَعدِنيَّة coin
القُوَّةُ الشِّرائيَّةُ لِلنُّقود purchasing power of money
قِيمةُ النُّقود value of money
القِيمةُ الوَقتِيَّةُ لِلنُّقود
time value of money
مُرسِلُ النُّقود remitter; remittor
المَساميرُ كَنُقود nails as money
المِلْحُ كَنُقود salt as money
نَظَرِيَّةُ كَمِّيَّةِ النُّقود quantity theory of money
وَظائفُ النُّقود functions of money
الوَظيفةُ الحَرَكِيَّةُ (الدِّينامِيكيَّة) لِلنُّقود
dynamic function of money

**نَقِيّ** fine; pure
**نَقيصة** defect; shortcoming; disadvantage
مَزايا ونَقائصُ عَينِيَّة non-monetary advantages and disadvantages

نَكْبة disaster; calamity; misfortune
نَكَثَ ـ يَنْكُثُ violate; break; breach
نَكْث violation; breach
نُكْران denial; negation
نَكْسة setback; relapse
نُكُوص regression; withdrawal; retreat
نما ـ يَنْمُو grow; develop
نَمَطٌ pattern; style; mode; manner; form
نُمُوّ growth
نُمُوٌّ اقتِصاديّ economic growth
نُموّ غيرُ مُتوازِن unbalanced growth
نُموّ مُتوازِن balanced growth
فَرْطُ النُّموّ overgrowth
مَراحِلُ النُّموِّ الاقتِصاديّ stages of economic growth
مُعَدَّلُ النُّموّ rate of growth
نَموذَج ، عيِّنة sample; specimen
نَموذَج ، مِثال model; example; pattern
نَموذَجُ الرَّصيدِ الجاري في حِسابِ الأُستاذ running balance form of ledger account
نَموذَجٌ صَغير micro-model
نَموذَج ضَخم macro-model
نُموذَجُ طَلَبِ بِضاعة . قَسيمَةُ طَلَب order form
نُموذَج مُحاسَبيّ لِلتَّنَبُّؤ predictive accounting model
نَموذَج مُصَغَّر miniature model
نَموذَجٌ مَطبوع . سِجلٌّ مَطْبوع (مِنَ الحاسِبة) printout
نَموذَج مِعياريّ standard
نموذَج نَظَريّ theoretical model
نَموذَج نَمَطيّ standard form
نَماذِجُ استاتِيَّة (غيرُ مُتَغَيِّرة) static models
نَماذِجُ دينامِيَّة (مُستَمِرَّةُ التَّغَيُّر) dynamic models
النَّماذِجُ المالِيَّة financial models
نَماذِجُ المُحاسَبة accounting models
نَموذَجيّ master; model
اِتِّحاداتٌ نَموذَجِيَّةٌ جَديدة new model unions
اِتِّفاقِيَّةٌ نَموذَجِيَّة master agreement
تَوقيعٌ نَموذَجيّ sample signature
شَرِكة نَموذَجِيَّة representative firm
نَهار day; daytime
فَتْرةُ العَمَلِ اثناءَ ساعاتِ النَّهار day shift
نِهاية . مَحَطَّةٌ طَرَفِيَّة (في أوَّلِ الخَطِّ او آخِرِه) terminus
نِهايَةُ الشَّهْر end of month (E.O.M.)
نِهائيّ final; last; ultimate
تَقريرٌ قَبلَ النِّهائيّ . تَقريرٌ مُؤَقَّت interim report
غيرُ نِهائيّ . تَمهيديّ interlocutory
مُستَهلِك نِهائيّ ultimate consumer
نِهائيّ . قَطْعيّ decisive; conclusive; definitive
قَرارٌ نِهائيّ (لارُجوعَ عَنْهُ) irrevocable decision
نَهْج manner; procedure; method; course; approach

نَهْجٌ إجرائيٌ . فَنُّ التَّنْظيمِ والحَرَكة
tactics

نَهجٌ اقتِصاديٌّ وَسَطيٌ . اِقتِصادٌ مُختَلِط
middle way

**نَهْر** river; stream

حَوضُ النَّهر river basin

**نَهْرِيّ** riverine; fluvial; river-

حُقوقٌ نَهرِيَّة riparian rights

مِيناءٌ نَهرِيّ river port

**نَهْضة ـ عَصْرُ النَّهْضة** renaissance

**نَوبة** shift; turn

نَوبَةُ عَمَلٍ آخِرِ اللَّيل . نَوبةُ المَقْبَرة
graveyard shift; lobster shift

نَوبةُ عَمَلٍ ثابِتة (لَيلًا او نَهارًا)
fixed shift

نَوبةُ عَمَلٍ مُجَزَّاة split shift

نَوبة الفُتور depression phase

نَوبة لَيلِيَّة night shift

نَوبةُ المَساء swing shift

نَوبةُ مُنْتَصَفِ اللَّيل midnight shift

عِلاوةُ النَّوبة shift differential

**نُوبل** (عُملة إنجليزِيَّة ذَهَبِيَّة) noble

**نُور . ضَوء** light

**نَوَّعَ ـ يُنَوِّعُ** diversify; vary

**نوع . نَوعِيَّة** quality

**نَوع . صِنْف** kind; type; sort

نَوعُ التَّضَخُّم type of inflation

نَوعٌ مِن شَرِكاتِ الاصْدِقاء
affiliated orders

انواعُ اسهُمِ راسِ المال types of capital stock

انواعُ المُقارَنةِ بَينَ البَياناتِ الماليَّة
types of comparison of financial statements

انواعُ المُؤَسَّساتِ التِّجارِيَّة
types of business organization

**نَوعِيّ** specific; qualitative

تَصنِيفٌ نَوعِيٌّ قِياسِيّ grade label(l)ing

دَفعٌ نَوعِيّ (او عَينِيّ) payment in kind

الرُّسومُ الجُمْرُكِيَّةُ النَّوعِيَّة
specific duties

ضَرائبُ نَوعِيَّة specific taxes

عَوامِلُ الإنْتاجِ النَّوعِيَّة specific factors of production

قُيودٌ نَوعِيَّةٌ على التَّسلِيف qualitative credit restrictions

**نَوعِيَّة . صِفة** quality

نَوعِيَّة رَديئة poor quality

نَوعِيَّة مُتَوَسِّطة عادِلة fair average quality (f.a.q.)

نَوعِيَّةٌ وحالةٌ جَيِّدَتانِ وصالِحَتانِ لِلمُتاجَرة
good merchantable quality and condition

مُراقَبةُ النَّوعِيَّة (او الجُودة)
quality control

مُراقَبةُ النَّوعِيَّة (الجُودة) إحْصائيًا
statistical quality control

مُراقبةُ النَّوعِيَّة الكُلِّيَّة
total quality control

المُستَوى المُتَوَسِّطُ لِنَوعِيَّةِ البِضاعةِ الخارِجة
average outgoing quality level (A.O.Q.L.)

نُولون freight; freightage

نَوَوِيّ nuclear

نِيابة . تَمْثيل representation

نِيابة . وِكالة agency; proxy

النِّيابةُ العامَّة public prosecution

نِيابَةً عَن . بَدَلاً مِن in place of; instead of

تَصْويتٌ بِالنِّيابة voting by proxy

نِيابةً عَن on behalf of

بالنِّيابةِ عَن . بِالتَّوكِيل per pro (per procuration)

نِيَّة . قَصْد intention; faith

نِيَّةٌ حَسَنة good faith

«نِيَّةٌ حَسَنةٌ مُطْلَقة» "utmost good faith"

نِيَّةٌ سَيِّئَة bad faith

بِنِيَّةٍ حَسَنة . بِحُسْنِ نِيَّة bona fide; in good faith

بِنِيَّةٍ سَيِّئَة mala fide; in bad faith

حامِلٌ سَيِّيءُ النِّيَّة mala fide holder

حامِلُ (كَمْبيالةٍ) سَلِيمُ النِّيَّة holder in due course

حُسْنُ النِّيَّة good faith

نِير yoke

نِيكِل nickel

عُمْلة النِّيكِل والنُّحاس cupro-nickel coinage

نَيْل achievement; attainment; acquisition

نيويُورك ـ سُوقُ الأَوراقِ الماليَّةِ في نيويُورك . بُورْصةُ نيويُورك New York Stock Exchange

# حرفُ الهاء

هابط descending; falling; sinking
سُوقٌ هابِطة bear market; sagging market
هاتِف telephone
أُجرةُ الهاتِفِ بِرَسْمِ التَّحْصيل collect telephone
قُرْصُ الهاتِفِ الآليّ dial
مَكتَبُ هاتِفٍ عُموميّ public call office
هاجَرَ ـ يُهاجِرُ migrate; immigrate; emigrate
هاجِع dormant; resting
طَلَبٌ هاجِع (بِانتِظارِ مُعادَلَةِ اسعارِهِ لِمُستَوى الأسعارِ الجارِية) resting order
هاجَمَ ـ يُهاجِمُ attack
هارِبٌ runaway; fugitive; absconder
هارِبٌ لَيلًا (لِتَجَنُّبِ الدّائنِين) fly-by-night
هالِك perishing; irredeemable
خَسارةُ الدُّيونِ الهالِكة bad debt loss
دَينٌ هالِك bad debt
هامَ ـ يَهيمُ • يَسيرُ على غَيرِ هُدًى wander
هامّ • رَئيسيّ major
هامِد inactive; inert
تَخزينٌ هامِد dead storage

هامِش margin
هامِشٌ تِجاريّ trade margin
هامِشُ الرِّبح profit margin
هامِشُ الرِّبحِ الإجْماليّ gross margin
هامِشيّ marginal
مُلاحَظة هامِشيَّة marginal note
هانج سِنْج • دَليلُ بُورْصةِ هُونْج كُونْج Hang Seng
هاوٍ amateur
هائل • ضَخْم • شاسِع immense
هِبة gift; donation; grant; tip; gratuity
هِبة إجماليَّة block grant
هِبَة ارض land grant
هِبة إيصائيَّة devise
هِبة بِوَصِيَّة bequest
هِبة سَخِيَّة bounty
هِبة شَرعِيَّة settlement
هِبَةُ الطَّبيعة "gift of nature"
هِبة عامَّة general grant
هِبة مُطْلَقة absolute gift
حَقُّ مِلكِيَّةٍ عَن طَريقِ الهِبة title by gift
صَكُّ هِبة deed of gift
هِباتُ الطَّبيعة (كالهَواءِ والشَّمسِ والمُناخ) free goods

هِبَةٌ . عطيَّة endowment
هَبَطَ ـ يَهْبُطُ fall; drop; decline
يَهْبُطُ . يَغُوصُ sink
هُبُوط fall; drop; decline; depression
هُبوطُ الأسعار fall in prices; sag; slide; slump
هُبوط (اقتِصاديّ) . كَساد depression
هُبوط تَدْريجيّ في الأسعار sag
هُبوط القِيمة depreciation
هُبوطُ قِيمَةِ النَّقْد depreciation of a currency
هُبوطٌ مُعْتَدِل (ومُؤَقَّت) dip
هِجْرة . اِرْتِحال migration; immigration
هِجرة الرَّساميل exodus of capital
هِجرة (قُدومٌ إلى البَلَد) immigration
هِجرة (نُزوح) emigration
جَمعِيّاتُ الهِجرة emigration societies
هِجْريّ . مُهاجِر migratory
هَجِين . مُخْتَلِطُ المَولِد hybrid
هُدى . هِداية guidance
يَسيرُ على غيرِ هُدًى wander
هَدّار . سَدٌّ صَغير weir
هَدّام destructive; subversive
هَدَّدَ ـ يُهَدِّدُ threaten; menace
هَدْرٌ (زِيادةٌ في نَفَقاتِ الإنْتاج) diseconomy
هَدَفٌ target; object; objective; goal
هَدَف رَئيسيّ primary goal
هَدَف مُباشِر immediate object
هَدَف الوُصول destination
الإدارةُ بِالأهْداف management by objectives

بَنْدُ الأهْداف (في عَقْدِ تأسِيسِ الشَّرِكة) objects clause
وَحْدة الهَدَف unity of purpose
هُدْنة truce; armistice
هَدِيَّة gift; present
هَدِيَّة (لِتَشجِيعِ الزَّبائنِ على الشِّراء ، الخ) giveaway
هَدايا حَوالِيَّة gift tokens
الهَدايا الحَوالِيَّةُ لِلإدِّخارِ القَوميّ national savings gift tokens
هَدايا خاضِعةٌ لِضَرائبِ الوَفاة gifts inter vivos
هَرَبَ ـ يَهْرُبُ run away; escape; flee
هَرَبٌ . هُرُوب escape; flight
هَرَبُ الرَّأسِمال flight of capital; exodus of capital
هَرَّبَ ـ يُهَرِّبُ smuggle; traffic
هَرَعَ ـ يُهْرَعُ إلى المَصرِف (لِسَحْبِ الوَدائع) run
هَرَم old age; senility
هَرَم . شَكْلٌ هَرَميّ pyramid
هَرَمُ الأعْمار (في المَجمُوعةِ السُّكّانيَّة) population pyramid
تَحلِيلُ نِسبَةِ البِناءِ الهَرَميّ pyramid structure ratio analysis
التَّدَرُّجُ الهَرَميّ (في الوَظائفِ والمَسؤوليّات) hierarchy
تَسَلُّطٌ هَرَميّ . تَهْرِيم pyramiding
هُرُوب . هَرَب flight; escape
الهُروبُ مِنَ الجُنَيه (الإستِرلينيّ) flight from the pound

الهُروبُ مِنَ الدُّولار flight from the dollar
هَزِيل slender; frail
سُوقٌ هَزِيلة (او مَحْدُودة) thin market
هَزِيمة defeat
هَشّ . سَهْلُ الكَسْر fragile; friable
هَفْوَة slip
هَفَواتٌ مُنْزَلِقة slides
هَلَعٌ . ذُعْر (ماليّ) panic
هَمَّ ـ يَهُمُّ concern; interest
إلى مَن يَهُمُّهُ الأَمْر to whom it may concern
هَنْدرِدْوِيت (١١٢ باوندًا في إنكلترا و ١٠٠ باوندٍ في الوِلاياتِ المُتَّحِدة) hundredweight
هَنْدَسة engineering
هَنْدَسة الأساليب methods engineering
الهَنْدَسة البَشَرِيَّة human engineering
الهَنْدَسة الصِّناعيَّة industrial engineering
هَنْدَسةُ القِيمة value engineering
هَنْدَسة كَهرَبائِيَّة electrical engineering
هَنْدَسة كِيماوِيَّة chemical engineering
هَنْدَسة مَدَنِيَّة civil engineering
هَنْدَسة مِيكانِيكِيَّة mechanical engineering
عِلْمُ الهَنْدَسة geometry
مَكْتَبُ هَنْدَسة engineering office
هَنْدَسِيّ geometric(al)
مُتَوالِيَة هَنْدَسِيَّة geometric progression
هِوايَة hobby

هُولَنْدِيّ Dutch
مَزادٌ هُولَنْدِيّ Dutch auction
هُوِيَّة identity
بِطاقةُ هُوِيَّة identity card
هَيَّأَ ـ يُهَيِّئُ put up
يُهَيِّئُ . يُجَهِّزُ prepare; provide; equip
يُهَيِّئُ . يُؤَهِّلُ qualify
هِياج rage; agitation; commotion
هَيْكَل . تَرْكِيب . بِنْية structure
هَيكَلُ الأُجور wages structure
هَيكَلٌ اساسيّ . تَرْكِيبٌ اساسيّ infrastructure
هَيكَل تِقَنِيّ . تَرْكيب تِقَنِيّ technostructure
هَيكَل جُزْئِيّ . بِنْية دَقِيقة microstructure
هَيكَل الدُّخول incomes structure
هَيكَل عُلْوِيّ . تَرْكيب عُلْوِيّ superstructure
هَيكَل كُلِّيّ (او شامِل) macrostructure
هَيْكَل . هَيْكَلٌ دَعْمِيّ framework; skeleton
هَيكَلُ سَيّارة chassis
هَيْكَلِيّ . مُتَعَلِّقٌ بالهَيْكَل structural
اِخْتِلالٌ هَيكَلِيّ structural disequilibrium
بِطالة هَيكَلِيَّة search unemployment; structural unemployment
مُخَطَّط هَيكَلِيّ structural chart
هَيكَلِيَّة عَمُودِيَّة vertical structure
هِيلَر (وَحْدة نَقْدِيَّة تشيكوسلُوفاكِيَّة) heller

**هَيْمَنَ – يُهَيْمِنُ** dominate; rule

**هَيْمَنة** control; supremacy; hegemony; dominance; domination

هَيْمَنة اقتِصادِيَّة economic domination

**هَيْئَة . شَكْل** form; shape; figure; configuration; fashion

**هَيْئَة . مُنَظَّمة** organization; league

هَيئةُ الأُمَمِ المُتَّحِدة United Nations Organization

هَيئةُ التنْظِيماتِ الصِّناعيَّة Congress of Industrial Organizations

هَيئةٌ (خَيرِيَّةٌ) لا تَستَهدِفُ الرِّبحَ non-profit organization

هَيئةُ العَمَلِ الدُّوَلِيَّة International Labour Organization

**هَيْئَة . جَماعة** body; panel

هَيئةُ الإدارة governing body

هَيئةٌ استِشارِيَّة advisory body

هَيئَة دِبلوماسِيَّة . هَيئَة سِياسِيَّة diplomatic corps; corps diplomatique

هَيئَةُ المُستَخدَمين والمُوَظَّفِين personnel

**هَيْئَة . مَجْلِس** board

هَيئَةُ الاحتِياطِيِّ الفِدرالِيّ Federal Reserve Board

هَيئَة تَحْكيم board of arbitration

هَيئَة التَّدْريس staff; faculty

هَيئَة تَسْويق marketing board

هَيئَةُ تَقَصِّي الحَقائق fact-finding board

هَيئَة مُحَلَّفِين jury

هَيئَة مُحَلَّفين تحقيقيَّة grand jury

مُحاكَمةٌ امامَ هَيئَةِ مُحَلَّفِين trial by jury

**هَيْئَة . مُؤَسَّسة** corporation

هَيئَةُ الإذاعةِ البريطانيَّة British Broadcasting Corporation (B.B.C.)

هَيئَةُ إعادَةِ التَنْظِيمِ الصِّناعيّ Industrial Reorganisation Corporation (I.R.C.)

هَيئَةُ التَّنْمِيَةِ الدَّوليَّة International Development Association

هَيئَةُ الحَديدِ والصُّلْب Iron and Steel Corporation

الهَيئَةُ الفِدراليَّةُ لِلتَّأمينِ على الوَدائع Federal Deposit Insurance Corporation

الهَيئَةُ القَوميَّةُ لِبُحوثِ التَّنْمِية National Research Development Corporation

الهَيئَةُ القَوميَّةُ لِلأفلام National Film Corporation

الهَيئَةُ الوَطَنيَّةُ لإدارةِ أبحاثِ المِلاحةِ الجَوِّيَّةِ والفَضاء (ناسا) National Aeronautics and Space Administration (NASA)

هَيئاتُ التَّنمِية development corporations

**هَيْئَة . لَجْنَة** commission; committee

هَيئَةُ الأوراقِ الماليَّةِ والبُورْصة Securities and Exchange Commission

هَيئَةُ بُورْصةِ السِّلَعِ والحُبوب Commodity Exchange Commission

هَيئَةُ التِّجارةِ بَينَ الوِلايات Interstate Commerce Commission

هَيئَةُ التِّجارةِ الفِدراليَّة Federal Trade Commission

هَيئَةُ تَحْقيق . لَجْنَةُ تَحْقيق commission of enquiry; inquest

هَيْئَةٌ حاكِمة . سُلْطَة authority (authorities)

هَيئَةُ صِيانَةِ الطُّرُق (بِالرُّسُومِ المُستوفاةِ مِنَ العابِرِين) turnpike trust

هَيئَةُ الطّاقَةِ الذَّرِّيَّة Atomic Energy Authority (A.E.A.)

هَيئَةُ الطُّرُقِ العامَّة Highway Authority

هَيئَةُ المَعايِرِ القِياسِيَّةِ لِلإعْلان advertising standards authority

هَيئَةُ المُواصَلاتِ الفِدراليَّة (في الوِلاياتِ المُتَّحِدةِ الامريكيَّة) Federal Communications Commission

# حرف الواو

وائَم ـ يُوائِمُ suit

وابِل shower; downpour

واثِق confident

واجِب duty; task; obligation

تَحدِيدُ الواجِبات definition of duties

واجِب ٠ ضَروريّ necessary; indispensable; essential

واجِبُ الأداء due

واجِب ٠ حَتميّ obligatory; imperative

واجَهَ ـ يُواجِهُ face; encounter; meet

واجِهة front; façade

واجِهَةُ (بناء او أرض) frontage

واجِهةُ عَرْض display window; show-window

واجِهةُ المَتجَر shop window

«زَخرَفةُ الواجِهة» (لإظهارِ وَضعِ المَصرِفِ افضَلَ مِمّا هُو) "window dressing"

واحة oasis

واحِد one (numeral); single

دَفْعة واحِدة ٠ مَبلَغ إجماليّ lump sum

سِعرُ نَشرِ الإعلانِ مَرّةً واحِدة one-time rate

سِياسةُ السِّعرِ الواحِد one-price policy

سَيرٌ ذو اتّجاهٍ واحِد one-way traffic

مِن جانِبٍ واحِد unilateral

نِظامُ المَعدِنِ الواحِد (في العُملة) monometallism

واحِدةً بِواحِدة tit for tat

وارَى ـ يُوارِي ٠ يُخفِي conceal; hide; cover

وارِث heir; successor

وارِث افتِراضيّ heir presumptive

وارِث بِقُوَّةِ القانون heir at law

وارِث شَرْعيّ heir apparent

وارِث الفَضلة residuary legatee

وَرَثة شَرعيّون forced heirs

وارِد ٠ وارِدات imports; receipts; returns

ضَرِيبة عَلى الوارِد impost

وارِد imported; incoming; received

الوارِدُ اخيرًا يُصَرَّفُ اوَّلًا last in, first out (LIFO)

الوارِدُ اوَّلًا يُصَرَّفُ اوَّلًا first in, first out (FIFO)

وارِدٌ كَشَرطٍ في الإتِّفاقِيّة ٠ مَشرُوط stipulated

البَريدُ الوارِد (او القادِم) incoming mail

نَقلُ البِضاعةِ الوارِدة (او مَصاريفُ نَقلِها) transportation-in

**وارِداتٌ . مُستَورَدات** imports
وارِدات إجماليَّة total receipts
وارِدات سِلعيَّة commodity imports
وارِدات عامَّة general imports
وارِداتٌ غيرُ مَنظورة (كَخِدماتِ النَّقلِ والتَّأمينِ والسِّياحَةِ والصَّيرَفة) invisible imports
وارِدات لِلإستِهلاك imports for consumption
وارِداتٌ مُعفاةٌ مِنَ الرُّسُوم free imports
وارِدات مَنظُورة visible imports
تَقييدُ الوارِدات restriction of imports
صادِراتٌ ووارِداتٌ غيرُ مَنظُورة invisible exports and imports
ضَرائبُ الوارِداتِ مِنَ الخُمورِ وغَيرِها مِنَ السِّلَع tunnage and poundage
ضَريبةٌ إضافيَّةٌ على الوارِدات import surcharges
فائضُ الوارِدات import surplus
**وازَنَ ـ يُوازِنُ** balance; offset
يُوازِنُ . يُكافِىءُ في الوَزن counterbalance; balance
**واسِطَة** means; medium; agency
واسِطةٌ لِلتَّبادُل medium of exchange
واسِطةُ نَقل . نَقل conveyance
بِواسِطة by means of; by; per
بِواسِطة . مِن فَضل care of (c/o)
وَسائطُ النَّقلِ المُتحَرِّكة rolling stock
**واسِع** wide; broad; extensive; large
إنتاجٌ عَلى نِطاقٍ واسِع large-scale production
بِطالةٌ عَلى نِطاقٍ واسِع mass unemployment
**واضِح . بَيِّن** clear; manifest; evident; explicit
**واط** watt
**وافِر** plentiful; abundant
**وافَقَ ـ يُوافِقُ** agree; approve
يُوافِقُ . يُلائمُ suit; fit
**واقٍ** protective; preventive; preserving
تَغليفٌ واقٍ nesting
طِبٌّ واقٍ preventive medicine
**واقِع . حَقيقة** actuality; reality; fact
بِحُكمِ الواقِع de facto
**واقِع . واقِعيّ** actual; real; factual
أمرٌ واقِع matter of fact
بَيعٌ بالأمرِ الواقِع . بَيعُ العَطالة inertia selling
**واقِعة** occurrence
واقِعة ثانَويَّة minor fact
واقِعة مادِّيَّة physical fact
خُلاصَةُ وَقائع precis
**واقِعيّ** actual; real; factual; de facto
خَطأٌ واقِعيّ error in fact
**الواقِعيَّة . مَذهَبُ الواقِعيَّة** realism
**وإلّا** otherwise
**واهِبٌ** giver; donor; grantor (granter); settlor
**واهِن . ضَعيف** weak; feeble; frail
**وَباء . طاعُون** pestilence; epidemic; plague

اوبِئة infectious diseases; plagues
**وَثائق** (أنْظُر وَثيقة)
documentation; documents
**وَثائِقيّ** documentary
**وَثَّقَ ـ يُوَثِّقُ** authenticate
يُوَثِّقُ لَدى الكاتِبِ العَدْل notarize
**وَثِقَ ـ يَثِقُ** (بِ) trust; confide (in)
**وَثِيق** tight; close; intimate
وَثِيقُ الصِّلَةِ (بِالمَوضُوع) . مُناسِب
relevant
**وَثِيقة** document; official paper
وَثيقةُ اختِزانٍ (تَرخيصٌ بإعادَةِ استِيرادِ بَضائعَ خاضِعَةٍ لِلرُّسُومِ سَبَقَ تَصْديرُها)
bill of store
وَثيقةُ إدْخالِ السِّلَعِ (المُستَورَدة) لِلاستِخدامِ المَحَلِّيّ
prime entry; entry for home use
وَثيقةُ إدْخالِ السِّلَعِ المُستَورَدةِ لِلتَّخزين
entry for warehousing
وَثيقَةُ إدْخالِ السِّلَعِ المُعْفاة (مِنَ الضَّرائبِ الجُمرُكيَّة)
entry for free goods
وَثيقةُ إرْسال consignment invoice
وَثيقةٌ اصْلِيَّة source document
وَثيقةُ التِزامٍ (بِتَبَرُّع) deed of covenant
وَثيقةُ تَاسِيسِ الشَّركة memorandum of association
وَثيقةُ تَامين . بُوليصةُ تَامين
insurance policy
وَثيقةُ تَامينٍ دُونَ ارباحٍ policy without profit
وَثيقةُ تَامينٍ عَلى الحَياة life policy

وَثيقةُ تَحوِيل transfer deed
وَثيقةُ تَسْوِيَة (لِتَفادي شَهْرِ الإفْلاس)
deed of arrangement
وَثيقةُ سَماحٍ لِمُرورِ السَّفينةِ المُحايدةِ في مِياهٍ مَحْظورة
naval certificate (navicert)
وَثيقةُ شَحْن bill of lading
وَثيقةُ شَحْنٍ عابِر (تَرانْزيت)
transit bill of lading
وَثيقةُ شَحْنٍ غيرُ نَظيفةٍ (تَحْمِلُ تَحفُّظات)
dirty bill of lading
وَثيقةٌ قانونيَّة legal document
وَثيقةٌ مُزَوَّرة false document
وَثيقةٌ مَفْتوحة (شُروطُها عُرْضةٌ لِلتَّغْيير)
open certificate
مَتْنُ الوَثيقة body
مُقَدِّمةُ الوَثيقة . تَمْهيد preamble
وَثائقُ مُتَسَلسِلَةُ التَّرقيم
serially-numbered documents
وَثائقُ مِلْكِيَّة documents of title
**وَجاهة** esteem; prestige
سِلَعُ الوَجاهة . سِلَعٌ اعتِبارِيَّة
prestige goods
**وَجْبَة** meal
**وَجْهٌ** aspect; face
لا وَجْهَ لِلتُّهْمة no bill
**وَجَّهَ ـ يُوَجِّهُ** guide; direct; lead
يُوَجِّهُ . يُرسِلُ send
**وُجْهَة** direction; course; destination
تَغْييرُ وُجْهَةِ الرِّحْلة (والشَّحْنة)
reconsignment

**وِجْهَةُ نَظَر** point of view; viewpoint; standpoint

**وَجيز** short; brief; concise

إشعارٌ عاجِلٌ (او وَجيزُ المُدَّة) short notice

**وَجيه . صَحيح** valid; sound; well-founded

**وَجيهٌ** (مِنَ الوُجهاء) dignitary; celebrity; notable

**وَحْدانيّ . أَحَديّ** monist

**وَحْدانيَّة . أَحَديَّة** oneness; monism

**وَحْدانيَّة . فَريديَّة** uniqueness

**وَحْدة** unit

وَحدةٌ إحْصائيَّة statistical unit

وَحدةٌ (إحْصائيَّةٌ) دَوليَّة international unit

وَحدةُ أنغسْتروم Angstrom unit

وَحدةُ التَّخْزين (في الحاسِبَةِ الإلِكْترونيَّة) storage unit (of electronic computer)

وَحدةٌ تَنظيميَّة organizational unit

وَحدةٌ جُزئيَّة (عَلى مُستَوى الاقتِصادِ الجُزئيّ) micro-unit

وَحدةٌ حَدِّيَّة marginal unit

وَحدةٌ حَراريَّةٌ برِيطانيَّة British thermal unit (B.T.U.)

وَحدةُ الحِساب unit of account

الوَحدةُ الحِسابيَّة arithmetic(al) unit

وَحدةٌ حِسابيَّة (مُستَخدَمةٌ في اتِّحادِ المَدفوعاتِ الاوروبيّ) epunit

وَحدةٌ صِناعيَّة plant

وَحدةٌ فَرعيَّة sub-unit

وَحدةُ القِياس unit of measurement

وَحدةُ القِيمَة unit of value

وَحدةٌ كَبيرة (عَلى مُستَوى الاقتِصادِ الكُلّيّ) macro-unit

وَحدةُ كِفايَةٍ إنْتاجيَّة efficiency unit

الوَحدةُ المُعادِلةُ الكامِلة equivalent full unit

وَحدةُ مَنْفَعة util(e); unit of utility

وَحدةٌ نَقْديَّة monetary unit

إجماليُّ حَرَكةِ الوَحدةِ الصِّناعيَّةِ والمُعَدّات turnover of plant and equipment

أُسلوبُ الوَحَداتِ المُنتَجة units-of-production method

ترسْتُ الوَحَداتِ المُتغيِّرةِ الإستِثمار open-end trust

ثَمَنُ الوَحْدة unit cost; unit price

شَرِكةُ استِثمارٍ بِالوَحَدات . ترسْتُ وَحَدات unit trust

طاقةُ الوَحدةِ التِّجاريَّة capacity of a business unit

مُتَوَسِّطُ ثَمَنِ الوَحْدة average unit cost

المَصرِفيَّةُ بِالوَحَداتِ المُستَقِلَّة independent unit banking

نِظامُ الوَحَداتِ الدَّوليّ Système International d'Unités (S.I.)

وَحَداتُ الإنْتاجِ المُرَكَّبة composite units of production

وَحَداتُ رَكْم accumulation units

وَحَداتُ مِلكيَّةٍ قابِلَةٍ لِلتَّحويل transferable ownership units

وَحداتُ النَّقْدِ الأجْنَبيّ
foreign currency units

**وَحْدة . اِتِّحاد** union; unity
وَحدة اقتِصاديَّة economic union
وَحدة جُمْرُكيَّة customs union
وَحدةُ المَصالِح identity of interests
وَحدة المَصْلَحة community of interest
وَحدة الهَدَف unity of purpose

**وَحْدة . عُزْلة** loneliness; solitude

**وَحْدَويّ . نَصيرُ الوَحْدَويَّة** unionist

**وَحْدَويَّة** unionism

**وَحْدِيّ ـ تأمينٌ وَحْديّ** unit assurance
تَحْليلٌ وَحْديّ . تَحْليلٌ دِقّيّ
micro-analysis
تَخطيطٌ وَحْديّ . تَخطيطٌ مُصَغَّر
micro-planning
مُرونةٌ وَحْديَّة unit elasticity

**وَحِيد** single; mono-; singular
زِراعة وَحِيدة monoculture
كَمْبيالة وَحِيدة single bill; sola; sole bill
مُستَأجِر وَحِيد sole tenant
الوَكيلُ الوَحِيد sole agent

**وَحِيد . فَرِيد** unique; unequalled

**وُدِّيّ** friendly; amicable

**وَدِيع . المُودَعُ لَدَيهِ** bailee
حَقٌّ (او امتِيازٌ) الوَدِيع bailee lien

**وَدِيعة** deposit; deposited amount
وَدِيعة تحتَ الطَّلَب (بِإشعارٍ مُسبَق)
call deposit; demand deposit; sight deposit

وَديعةٌ تُستَرَدُّ بِإخطارٍ سابِق
previous notice deposit
وَدِيعة السَّنَدات deposit of securities
وَدِيعةٌ غيرُ إراديَّة involuntary deposit
وَدِيعة لِأَجَل time deposit
وَدِيعة لَيلِيَّة night deposit
وَدِيعة مَجّانيَّة gratuitous deposit
وَدِيعة مَصرِفيَّة bank deposit
وَدِيعة مَصرِفيَّة حُرَّة bank custody
وَدِيعة مُعَيَّنة (بِقَصْدِ هَدَفٍ مُعَيَّن)
specific deposit
وَدِيعة نَقْديَّة money deposit
اِحتِياطيُّ الوَدائع deposit reserves
إيصالاتُ وَدائعِ الخَزِينة
treasury deposit receipts
تأمينُ الوَدائع deposit insurance
حافِظُ الوَدِيعة depositary
حِسابُ الوَدائع deposit account
سَحْبٌ غيرُ اعتِياديٍّ لِلوَدائع (مِنَ المَصرِف)
bank run
صُندوقُ ضَمانِ الوَدائعِ المَصرِفيَّة
guardian fund
قَرْضُ وَدِيعة deposit loan
مَصرِفُ وَدائع bank of deposits
نِسبَةُ فائدةِ الوَدائع deposit rate
نِسبَةُ الوَدائعِ إلى رأسِ المال
deposit/capital ratio
نِظامُ الوَدائعِ النَّقْديَّة
cash deposits scheme
نُقُودُ الوَدائع (نُقودٌ كِتابيَّة)
deposit money

الهَيئةُ الفِدراليَّةُ لِلتَّأمينِ على الوَدائع
Federal Deposit Insurance Corporation

وَدائعُ أُخرى — other deposits

وَدائعُ الاستِيراد — import deposits

وَدائعُ خاصَّة — special deposits

وَدائعُ حاضِرة — cash deposits

وَدائعُ عامَّة — public deposits; general deposits

وَدائعُ لِأَجَل — term deposits

وَدائعُ مَصرِفيَّة — bank deposits

**وَديعة . امانة** — trust

**وَديعة . إيداعُ بِضاعة** — bailment

**وِراثة** — heredity; inheritance

نِظامُ الوِراثَةِ لِلمِهَن — caste system

**وَرْبَةُ قُماش** — bias

**وَرِثَ ـ يَرِثُ** — inherit

**وَرَّدَ ـ يُوَرِّدُ** — supply; import

**وَرْشَةٌ . مَشغَل** — workshop; shop

وَرْشة الأعْمال — job shop

«وَرْشة العالَم» (وَصْفٌ أُطلِقَ على بريطانيا في أوائلِ القَرنِ التاسِعَ عَشَر)
"workshop of the world"

وَرْشَةُ مَكنات . مَشْغَلُ آلات
machine shop

إجراءُ تَحليلِ اعمالِ الوَرْشاتِ وَوَضْعِ جَداوِلَ لها
workshop analysis and scheduling procedure (W.A.S.P.)

وِرَشٌ اهلِيَّة (أُسِّسَت لِاستيعابِ العُمّالِ العاطِلينَ في باريسَ في القَرنِ التاسِعَ عَشَر)
National Workshops

**وَرَّطَ ـ يُوَرِّطُ** — involve; entangle

**وَرْطة** — difficulty; awkward situation; fix; predicament

**وَرَق . وَرَقة** — paper

وَرَقُ استِشْفاف — tracing paper

ورقُ الأكْياسِ الاسْمَر . وَرَقُ كرافْت
kraft paper

ورقُ رَسائل — letter paper

ورقُ اللفّ — wrapping paper

ورقٌ مُسَطَّر — lined paper

ورقٌ مُعَجَّن — papier-mache

ورقٌ مُقَوًّى — cardboard; pasteboard

أحْجامُ الوَرَقِ العالَمِيَّة — international paper sizes

ماعُونُ وَرَق — ream; printer's ream

مَعْمَلُ وَرَق . مَصْنَعُ وَرَق — paper-mill

**وَرَقة** (انظر وَرَق) — paper

وَرَقَةُ إسْعاف — accommodation paper

ورقةُ ألفِ دُولار — grand

ورقةٌ تِجارِيَّة — commercial paper

ورقةٌ تِجارِيَّةٌ مُحَوَّلة
negotiated instrument

ورقةُ جَلْب (إحْضار) — summons

ورقةٌ قابِلةٌ لِلتَّداوُل
negotiable instrument

ورقةُ قَرْض — credit slip

ورقةٌ مالِيَّة . سَنَد — security; bond

ورقةٌ مالِيَّة — note; bank-note

ورقةٌ مالِيَّةٌ بِأسماءِ ثَلاثةِ أشْخاصٍ (او مُظَهَّرةٌ مِن ثَلاثةِ أشْخاص)
three-name paper

ورقةٌ مالِيَّةٌ مَضْمونة — collateral note

وَرَقةٌ مُجامَلة accommodation paper
ورقةٌ مَصرِفيَّة bankable bill; bank bill; bank-note; bank currency
ورقةٌ مُصَمَّغة . لاصِقة sticker
ورقةٌ مِن فِئَةِ الجُنَيه pound note
ورقةٌ مِن فِئَةِ الخَمْسَةِ جُنَيهات five-pound note
ورقةٌ مِن فِئَةِ عَشَرةِ جُنَيهات ten-pound note
ورقةٌ مِن فِئَةِ عَشَرةِ دُولارات ten-dollar bill
ورقةٌ مِن فِئَةِ العِشرينَ جُنَيهاً twenty-pound note
ورقةٌ مِن فِئَةِ العِشرينَ دُولارا twenty-dollar bill
ورقةٌ نَقْديَّة note
ورقةُ يانَصِيب lottery ticket
إصدارُ أوراقٍ ماليَّة note issue
أفضَلُ الأوراقِ التِّجاريَّة best commercial paper
أوراقُ اعتِماد credentials
أوراقُ أعمال business papers
أوراقٌ تِجاريَّةٌ أجنَبيَّة foreign bills
أوراقٌ (تِجاريَّةٌ) باسْمِ شَخْصَين two-name (commercial) paper
أوراقٌ (تِجاريَّة) باسْمٍ مُفْرَد single-name (commercial) paper
أوراقٌ (تِجاريَّة) زِراعيَّة agricultural (commercial) paper
أوراقٌ (تِجاريَّة) غيرُ مَصرِفيَّة street (commercial) paper

أوراقٌ (تِجاريَّة) غيرُ مَقْبُولة noneligible (commercial) paper
أوراقٌ (تِجاريَّة) قابِلةٌ لِلخَصْم rediscountable (commercial) papers
أوراقٌ (تِجاريَّة) لِأَجَل time (commercial) paper
أوراقٌ (تِجاريَّة) مَركَنْتيلِيَّة mercantile (commercial) paper
أوراقٌ تِجاريَّةٌ مُستَحِقَّةُ الدَّفع bill(s) payable (B/P.)
أوراقٌ (تِجاريَّة) مُشْتَراة purchased (commercial) paper
أوراقٌ (تِجاريَّة) مَقْبُولة eligible (commercial) paper
أوراقٌ (تِجاريَّة) مِنَ الدَّرَجةِ الأُولى first-class (commercial) paper
أوراقٌ (تِجاريَّة) مِنَ الدَّرَجةِ الثّالِثة third-class (commercial) paper
أوراقٌ (تِجاريَّة) مِنَ الدَّرَجةِ الثانِية second-class (commercial) paper
أوراقُ تَخْلِيص clearance papers
أوراقُ الدَّفع (سَنَداتٌ مُستَحِقَّةُ الأداء) notes payable
أوراقُ عَمَل working paper
أوراقٌ غيرُ نَشِطة inactive security
أوراقُ القَبْض (سَنَداتٌ مُستَحِقَّةُ القَبْض) bills receivable; notes receivable
أوراقٌ ماليَّة . سَنَدات . أسْهُم stocks; securities; paper titles
أوراقٌ مالِيَّةٌ مِنَ الدَّرَجةِ الأُولى gilt-edge(d) securities; fine bills

اوراقُ مَصرِفِ (الإصْدارِ) الِاحتِياطيّ الفِدراليّ
Federal Reserve bank-notes

اوراقٌ مَصرِفيَّة . اوراقٌ تِجاريَّة
bank paper; commercial paper; paper bills

اوراقٌ مَضْمُومةٌ (إلى الرِّسالة)
enclosure

اوراقُ النَّسْخِ الذّاتيّ (الزَّرْقاء)
blue-print paper

اوراقُ النَّقْدِ المُتَداوَلة
active circulation

اوراقٌ نَقدِيَّةٌ غيرُ قابِلةِ التَّحويلِ إلى ذَهَب
inconvertible bank-notes

اوراقٌ نَقدِيَّةٌ مُمَزَّقة (او مُشَوَّهة)
mutilated bank-notes

بُورْصةُ الأوراقِ الماليَّة
securities exchange

دَفتَرُ الأوراقِ التِّجاريَّة
bill book

سِجلُّ الأوراقِ الماليَّة
securities ledger

سِعرُ التَّسْليفِ عَلى الاوراقِ الماليَّة
rate of contango

سِعرُ خَصْمِ الأوراقِ التِّجاريَّة
commercial paper rate

سِمْسارُ أوراقٍ ماليَّة
stockjobber; jobber

سِمْسارُ اوراقٍ نَقْديَّة
bill broker

سُوقُ الاوراقِ الماليَّة (البُورْصة)
stock exchange (S.E.)

سُوقُ الاوراقِ الماليَّةِ الجَديدة
new issue market

سُوقُ الاوراقِ الماليَّةِ الشَّماليّ
Northern Stock Exchange

سُوقُ الأوراقِ الماليَّةِ الطَّويلةِ الأَجَل
long-end of the market

سُوقُ الأوراقِ الماليَّةِ المُتَّحِدة
United Stock Exchange (U.S.E.)

قامِطةُ أوراق . مِشْبَكُ أوراق
paper clip

مَحْفَظةُ أوراق
brief-case

**وَرَقيّ – شَريطٌ وَرَقيّ**
paper tape

شَريطٌ وَرَقيٌّ مُثَقَّب
punched paper tape

عُمْلة وَرَقيَّة
currency notes; paper money

قاعِدةُ النُّقودِ الوَرَقيَّة
paper standard

النُّقودُ المَعدِنيَّةُ والوَرَقيَّة
cash and bills

النُّقودُ الوَرَقيَّةُ الإئتِمانيَّة
fiduciary paper money

نُقودٌ وَرَقيَّةٌ غيرُ قابِلةِ التَّحويلِ إلى ذَهَب
inconvertible paper money

نُقودٌ وَرَقيَّةٌ كامِلةُ الرَّصِيد
representative paper money

**وَرِيث . وارِث**
heir; inheritor

حِصَّةُ الوَرِيث
distributive share

**وِزارة . مَجلِسُ الوُزَراء**
cabinet; council of ministers

**وَزارة . مَركَزُ الوَزِير**
ministry; portfolio; department (US)

وَزارةُ الاشْغالِ العامَّة
ministry of public works

وَزارةُ الإعْلام
ministry of information

وَزارةُ الإقتِصادِ الوَطَنيّ
ministry of national economy

وَزارةُ التِّجارة ministry of commerce
وَزارةُ التَّرْبِية ministry of education
وَزارةُ التَّصْمِيم ministry of planning
وَزارةُ الخارِجيَّة ministry of froeign affairs; Foreign Office (UK); State Department (US)
وَزارةُ الخِزانة Treasury; Treasury Department (US)
وَزارةُ الدّاخِليَّة Ministry of (the) Interior; Home Office (UK)
وَزارةُ الدِّفاع ministry of defense
وَزارةُ الزِّراعة ministry of agriculture
وَزارةُ السِّياحة ministry of tourism
وَزارةُ الشُّؤونِ الاِجتِماعيَّة ministry of social affairs
وَزارةُ الصِّحَّة ministry of health
وَزارةُ العَدْل ministry of justice
وَزارةُ العَمَل ministry of labour
وَزارةُ الماليَّة ministry of finance; finance ministry
وَزارةُ المُواصَلات ministry of communications
وَزارةُ النَّقْل ministry of transportation
وَزارةُ النَّقْل سابِقاً (في برِيطانيا) Transport Industries
اللُّوردات اعضاءُ لَجْنةِ وَزارةِ الخَزِينة Lords Commissioners of H.M. Treasury
وَكيلُ وَزارة assistant secretary; deputy minister
وِزاريّ ministerial

وَزَّعَ - يُوَزِّعُ distribute
يُوَزِّعُ بِالتَّناسُب prorate
يُوَزِّعُ (البَرِيد) deliver
يُوَزِّعُ (حِصَصاً) allot; apportion
يُوَزِّعُ على مَدًى مُعَيَّن spread
وَزمة . جَزعة dose
وَزَنَ - يَزِنُ weigh
وَزْنٌ . اهَمِّيَّة significance; importance
وَزْنٌ . ثِقْل weight
وَزْنٌ إجماليّ . الوَزْنُ القائم gross weight
وَزْنُ البِضاعةِ عِندَ التَّفرِيغ . الوَزْنُ المُفَرَّغ landed weight
الوَزْنُ الحَيّ (لِلمَواشي) live weight
وَزْنٌ زائد excess weight; over-weight
وَزْنٌ صافٍ net weight
وَزْنُ العُبُوّات tare
وَزْنُ العُبُوّاتِ الاِعتِياديّ customary tare
وَزْنُ العُبُوّاتِ الفِعْليّ actual tare
وَزْنُ العُبُوّاتِ كَما يُقَرِّرُهُ الجُمرُك customs tare
وَزْنُ الفارِغ tare
وَزْنُ الفارِغِ المُسَجَّل (عَلى شاحِنةٍ او قاطِرة) painted tare
وَزْنٌ قاصِر . وَزْنٌ يَقِلُّ عَن وَزْنٍ مُقرَّرٍ او مَطْلوب short weight
بِطاقَةُ وَزْن weight note
التَّفاوُتُ المَسمُوحُ بِهِ في وَزْنِ النُّقود mint remedy
زِيادَةُ الوَزْن excess weight
ضابِطُ وَزْنٍ (في الاَجْرِ العَينِيّ) checkweighman

عِلْمُ المَقايِيسِ والأوزانِ والمَكاييل
metrology
قانونُ الأوزانِ والمَقايِيس
Weights and Measures Act
**وَزْنٌ . عَمليَّةُ الوَزْن** weighing
**وَزِير** minister
وَزيرُ الخِزانة Chancellor of the Exchequer
وَزيرُ الخِزانة الأوَّل (لَقَبٌ يَحمِلُهُ رَئيسُ الوُزَراءِ في بِريطانيا) First Lord of the Treasury
وزيرُ دَولة minister of state
مَجلِسُ الوُزَراء cabinet; council of ministers
**وَساطة . تَوَسُّط** mediation; good offices
مَكتَبُ وَساطة (او سَمْسَرة)
brokerage firm
**وِسام** medal; badge; decoration
**وَسائل** (أُنظُر وَسِيلة) means
**وَسَطٌ** middle; center; centre
أوْساط media; circles; strata
أوساطٌ تِجارِيَّة business circles
الأوساطُ العامَّة the general public
أوساطٌ مالِيَّة financial circles
**وَسَطٌ . بيئة** milieu; environment; medium
**وَسَطٌ . مُتَوَسِّط** average; mean
الوَسَطُ الحِسابيّ arithmetic mean
الوَسَطُ الهَنْدَسيّ geometric mean
حَجمٌ وَسَط medium size
حلٌّ وَسَط compromise; middle course
سِعرٌ وَسَطيّ middle price
قِيمة وَسَطيَّة . مُتَوَسِّطُ القِيمة
mean value
**وَسَّعَ – يُوَسِّعُ** widen; broaden; enlarge; expand; extend
**وَسْق . شَحْن** lading
**وَسْمة . عَلامة** mark; brand
**وَسِيط** intermediary; mediator; go-between
وَسيطٌ (تِجاريّ) factor
وَسيطُ تعامُلٍ بِالتَّحوِيلِ الخارِجيّ
exchange jobber
وَسيطٌ عَقَاريّ realtor
تاجِرٌ وَسيط jobber
وُسَطاءُ مالِيُّون financial intermediaries
**وَسِيط . سِمْسار** middleman; broker
وَسيطُ استِيراد import broker
وَسيطُ بُورْصة exchange broker
وَسيطُ تَصْدير export broker
وَسيطٌ خارِجَ البُورْصة curb broker
وَسيطُ سَنَدات bond broker
وَسيطُ كَمْبِيالات note broker
وَسيطٌ (مُخَلِّصٌ) جُمرُكيّ
customs broker
وَسيطٌ مُضارِبٌ في سُوقِ الأوراقِ المالِيَّة
odd-lot dealer
بِطاقةُ الوَسيط broker's ticket
سُوقُ الوَسيط broker's market
قَرضُ الوَسيط broker's loan
**وَسِيط . عامِلٌ وَسِيط** medium
وَسيطٌ مُتَداوَل circulating medium

وَسِيط • مُتَوَسِّط intermediate; medial; median; medium
طَلَبٌ وَسيط intermediate demand
عُمْلة وَسيطة (عُمْلةُ التَّدَخُّلِ لِتأمينِ استِقرارِ أسعارِ العُملاتِ المُختَلِفة) intervention currency
مِيناءٌ وَسيط intermediate port; port of call
ناتِجٌ وَسيط intermediate product
وَسِيلة means; device; tool; expedient
وَسيلةُ إعْلان advertising medium
الوَسيلةُ التَّنْقيبِيَّة heuristics
وَسيلةُ العَيْش means of living
وَسيلةٌ لِلتَّحايُل gimmick
إعلانٌ في وَسائِلِ النَّقْل transit advertising
وَسائِلُ الاتِّصال communication channels; means of communication
وسائِلُ الإعلام mass media
وسائِلُ الإنتاج means of production
وسائِلُ تَروِيجيَّة (لِمُساعَدَةِ التّاجِر) dealer aids
وسائِلُ الخَرْج output media
وسائِلُ الدَّفْع means of payment
الوسائِلُ المادِّيَّة hardware
وسائِلُ مُرتَجَلة improvised means
الوسائِلُ المَعنَوِيَّة software
وسائِلُ النَّقْل means of transport
وِشاية malicious report; betrayal
وَشْك ـ عَلى وَشْك on the verge (of); about to

وَشِيك imminent; forthcoming
وَصَّى بِ commend; advise; recommend
وَصَّى (بِوَصِيَّة) ـ يُوَصِّي • يُوصِي bequeath; transfer (by will)
وِصاية guardianship; trusteeship
اسهُمُ وِصاية trustee securities
وِصاية (عَلى قاصِر) guardianship; wardship
وَصَفَ ـ يَصِفُ prescribe
وَصْف description
وَصْفُ الوَظيفة job description
البيعُ بِالوَصْف sale by description
وَصْفة recipe
وَصفةٌ طِبِّيَّة prescription
وَصْفِيّ descriptive
وَصَلَ ـ يَصِلُ reach; arrive (at)
لا بَيعَ إذا لَم تَصِلِ البِضاعة no arrival no sale
وَصَلَ ـ يَصِلُ • يَبْلُغُ arrive; reach
وَصْل receipt
وَصلٌ بِالاستِلام delivery receipt
وَصلٌ مُوَقَّت interim receipt
وُصْلة link; joint; connection
وَصْمة blemish; stigma
وَصْوَصة ـ بِطاقاتُ الوَصْوَصة peek-a-boo cards
وُصُول arrival
الوُصولُ العَشوائيّ random access
وُصولٌ مُناسِب (في المَوعِدِ المُعَيَّن) due arrival
إشعارُ وُصول arrival note

بَيعُ الوُصول (يَتِمُّ في مِيناءِ الوُصول)
landing sale

سِعرُ الوُصول (السِّعرُ تَسليمُ مِيناءِ الوُصول)
to arrive price

port of destination مِيناءُ الوُصول

**وَصِيّ** guardian; trustee

institute وَصِيٌّ ائتِمان

public trustee وَصِيٌّ عامٌّ

guardians of the poor اوصِياءُ الفُقَراء

بُنوكُ اوصِياءِ المُدَّخَرات
trustee savings banks

board of guardians مَجلِسُ أوصِياء

**وَصِيَّة** will; testament; legacy

alternative will وصِيَّةٌ بَدِيلة

legacy وصِيَّة بِمِلْكٍ مَنْقُول

specific legacy وصِيَّة تَخصِيصِيَّة

residuary legacy وصِيَّة رَدّ

valid will وصِيَّة سارِية المَفعُول

lapsed legacy وصِيَّة ساقِطة

nuncupative will وصِيَّة شَفَهِيَّة

general legacy وصِيَّة عامَّة

conditional legacy وصِيَّة مَشرُوطة

وصِيَّةٌ مَكتُوبةٌ بِخَطِّ المُوصِي
holographic will

pecuniary legacy وَصِيَّة نَقْدِيَّة

last will and testament آخِرُ وَصِيَّة

ademption إبْطالُ الوَصِيَّة

bequest إرْثٌ بِوَصِيَّة

letters testamentary امْرُ تَنفيذِ وَصِيَّة

intestate بِلا وَصِيَّة . غيرُ مُوصٍ

intestacy تَرِكة بِلا وَصِيَّة

تَعهُّدُ مُنَفِّذِ الوَصِيَّة (او شُؤونِ التَّرِكة)
executor's bond

codicil مُلحَقُ وَصِيَّة

intestate succession مِيراثٌ بدونِ وَصِيَّة

bequeath يُورِثُ بِوَصِيَّة

advice; counsel **وَصِيَّة . نَصِيحة**

explain; explicate; expound; make clear **وَضَّحَ ـ يُوَضِّحُ**

place; put; set; lay **وَضَعَ ـ يَضَعُ**

make; write; draft يَضَعُ (تَقرِيرًا او خُطَّة)

mark يَضَعُ عَلامةً على

enforce يَضَعُ مَوضِعَ التَّنفيذ

(كَمْبيالَةٌ) تُوضَعُ مَوضِعَ الاحتِجاج
go to protest

position; situation; status **وَضع . مَوقِف**

social status الوَضعُ الاجتِماعيّ

credit status الوَضعُ الاعتِماديّ . مَلاءَة

status quo; (the) present situation الوَضعُ الرّاهِن

legal status وَضعٌ قانونيّ

financial position; pecuniary condition وَضعٌ ماليّ

working conditions اوضاعُ العَمَل

بَيانُ الأوضاعِ (الماليَّة) (في إجراءاتِ الإفْلاس)
statement of affairs

بَيانُ التَّغْيِيراتِ في الوَضعِ الماليّ
statement of changes in financial position

position statement بَيانُ الوَضعِ الماليّ

تَحليلُ الوَضعِ الرّاهِن current position analysis

وَكالةُ استِعلامِ الأوضاع status inquiry agency

**وَضع** placement; placing; putting down; laying down

وَضْعُ البَرامِج . بَرْمَجة programming

وَضعُ البَرامِجِ أُوتوماتيكيّاً automatic programming

وَضعُ البَرامِجِ باعدادٍ صَحيحة integer programming

وَضعُ البَرامِجِ الخَطّيّ linear programming

وَضعُ البَرامِجِ ديناميكيّاً dynamic programming

وَضعُ البَرامِجِ عِلْميّاً . البَرْمَجة العِلْميَّة scientific programming

وَضعُ بَرامِجِ العوامِلِ المُتَغيِّرة variable factor programming

وَضعُ البَرنامَجِ البارامِتْريّ parametric programming

وَضعُ الجَداوِل . جَدْوَلة scheduling

وَضعُ جداوِلَ زَمَنيَّةٍ لِلأعمالِ الحَرِجة critical path scheduling

وَضعُ الجَداوِلِ لِتَخصيصِ المَوارِدِ ولِلمشاريعِ المُتَعَدِّدة resource allocation and multi-project scheduling (R.A.M.P.S.)

وَضعُ الجَداوِلِ والرَّقابةِ بِواسِطةِ شَبَكةٍ أُوتوماتيكيَّة scheduling and control by automated network (SCAN)

وَضعُ الخُطَط . تَخْطيط planning

وَضعُ الرُّموزِ أُوتوماتيكيّاً automatic coding

وَضعٌ في التَّداوُل placing

وَضعُ المِيزانيَّة budgeting

وَضعُ اليَد seizure; occupation; seisin

وَضعُ اليَدِ الفِعْليّ actual possession

نِظامُ السِّعرِ الأدْنى لِتَقديرِ التَّكاليفِ وَوَضعِ الجَداوِل least-cost estimating and scheduling system (L.E.S.S.)

**وَضْعيّ** situational; positional

تَحويلٌ وَضْعيّ (نَقْلٌ مِن وَضعٍ او مَوضِعٍ إلى آخَر) transposition

**وُضوح** clarity; plainness; clearness

**وَطْأة** burden; weight

**وَطَّدَ ــ يُوَطِّدُ** establish; consolidate; stabilize

**وَطَنٌ** homeland; home country

إعادةُ (الشَّيءِ) إلى وَطَنِه repatriation

**وَطَنيّ . قَوميّ** national

إدارة وَطَنيَّة national administration

اِشتِراكيَّة وَطَنيَّة (نازيَّة) national-socialism

اِقتِصادٌ وَطَنيّ national economy

املاكٌ وَطَنيَّة national domain

بَضائعُ وَطَنيَّة . مَنتُوجاتٌ مَحلِّيَّة home goods

راسْمالٌ وَطَنيّ national capital

مُدَّخَراتٌ وَطَنيَّة national savings

مَصرِفٌ وَطَنيّ national bank

مُنتَجاتٌ وَطَنيَّة home produce

وَزارةُ الاقتِصادِ الوَطَنيّ ministry of national economy

**وَظائف** (أُنظُر وَظِيفة) functions

**وَظَّفَ ـ يُوَظِّفُ** employ

يُوَظِّفُ ثانِيَةً (لِلاستِثمار) reinvest

يُوَظِّفُ لِسَدادِ دَين (او استِهلاكِه) sink

يُوَظِّفُ مالًا . يَستَثمِر invest

**وَظِيفة** position; office; post; employment; job; function

وَظيفة إضافيَّة spare-time occupation

الوَظيفةُ الحَرَكيَّة (الدِّينامِيكيَّة) لِلنُّقود dynamic function of money

وَظيفةٌ رَئيسيَّة key job

وَظيفة شاغِرة vacant position

وَظيفةٌ كامِلةُ الدَّوام full-time job

وظيفةٌ لِبَعضِ الوَقت (تَستَغرِقُ جُزءًا مِن يَومِ العَمَلِ فَقَط) part-time job

وَظيفةٌ مُكسِبةٌ لا تَتَطَلَّبُ عَمَلًا (او جُهدًا) sinecure

اِستِغلالُ الوَظيفةِ لِتَحقِيقِ كَسبٍ شَخصِيّ jobbery

أُسلوبُ وَضعِ الرُّتَبِ لِلوَظائف job ranking method

إعلانٌ عن وَظيفة (او وَظائف) job announcement

تَحليلُ الوَظائف job analysis

تَدَرُّجُ الوَظائف job grading

تَصنيفُ الوَظائف job classification

تَغييرُ المُهِمَّة (او الوَظيفة) reassignment

تَقديرُ (تَقييمُ) الوَظيفة job evaluation

الجَمعُ بينَ وَظيفَتَين moonlighting

خاصِّيَّةُ الوَظيفة job characteristic

دِراسَةُ الوَظيفة job study

شاغِلُ الوَظيفة office holder

شاغِلُ الوَظيفةِ الأصليّ incumbent

عامِلُ الوَظيفة job factor

كَفالةُ وَظيفة position bond

مُتَطَلَّباتُ الوَظيفة job requirements

مُدَّةُ الوَظيفة term of office

مُكافأةُ تَركِ الوَظيفة "golden handshake"

مَلءُ الوَظائف staffing

مُواصَفاتُ الوَظيفة job specification

وَصفُ الوَظيفة job description

وَصفُ وَظيفةٍ إداريَّة management job description

وَظائفُ الخِدمات service occupations

وَظائفُ النُّقود functions of money

**وَظيفيّ** functional

التَّحليلُ الوَظيفيّ functional analysis

التَّدَرُّجُ الوَظيفيّ chain of command

تَوزيعٌ وَظيفيّ functional distribution

نِظامٌ تَدَرُّجيٌّ وَظيفيّ "line and functional" organisation

**وَعَى ـ يَعِي . يُدرِكُ** comprehend; grasp

**وِعاء** container; vessel; receptacle

**وَعَدَ ـ يَعِدُ** promise

يَعِدُ بالدَّفع promise to pay

**وَعد** promise

**وَعر** rough; rugged; difficult

**وَعي** consciousness

**وَعِيد . تَهديد** threat

وَفَى ـ يَفِي (بالغَرَض) satisfy; fulfil; serve; meet
يَفِي. يَسُدُّ (دَيناً) pay; redeem; square
وَفاء fulfil(l)ment; satisfaction
قادِرٌ على الوَفاءِ بِالتِزاماتِهِ المالِيَّة solvent
وَفاء . إخْلاص fidelity; faithfulness; loyalty
وَفاء . تَسدِيد discharge; payment; redemption
وَفاءُ (او رَدُّ قِيمةِ) السَّنَدات redemption of bonds
شَرْطُ الوَفاءِ بِنَقْدٍ اجنَبِيّ payment in foreign currency
وَفاة decease; death; demise
تَعويضُ الوَفاة death benefit
شَرْطُ عَوائِدِ الوَفاةِ الناشِئةِ عَن حادِث accidental death benefit clause
شَهادةُ وَفاة death certificate
مِنحةُ وَفاة death grant
نِسبَةُ الوَفَيات mortality rate; death rate
وِفاق agreement; harmony; accord
وِفاقُ الاشْراف gentleman's agreement
وَفْد delegation
وَفُرَ ـ يَفِرُ (وَيَوْفَرُ) abound; be plentiful; be abundant
وَفَّرَ ـ يُوَفِّرُ save; economize
اِخْتِراعٌ يُوَفِّرُ العَمَلَ labour-saving invention
مَكَناتٌ تُوَفِّرُ العَمَلَ labour-saving machinery

وَفْر . اِقتِصاد economizing; saving
وَفْر . فائض abundance; surplus; excess
وَفْر . تَوفِير savings
وَفْرة . رَخاء abundance; opulence
وُفُور . وُفُورات economies
وُفُورُ الحَجْمِ الكَبِير economies of large scale
وُفُور خارِجِيَّة external economies
وُفُور داخِلِيَّة internal economies
وَفَيات . مُعَدَّلُ الوَفَيات mortality
وَفَياتُ الاطفال infant mortality
جَدوَلُ نِسَبِ الوَفَيات mortality table
قاضي الوَفَيات coroner
مُعَدَّلُ الوَفَياتِ حَسَبَ السِّنّ age-specific mortality rate
نِسبَةُ الوَفَيات mortality rate
وِقاية . حِفْظ preservation
وِقاية . حِماية protection; prevention
وِقايةٌ ضِدَّ الحَرِيق fire prevention
وَقائعُ الاِجتِماع . مَحضَرُ الاِجتِماع minutes of the meeting
وَقائعُ حَقِيقيَّةٌ لِلدَّعْوى true bill
بَيانٌ بِالوَقائع representation
وِقائيّ preventive; protective
وِقائيٌّ احتِياطيّ precautionary
اِئتِمانٌ وِقائيّ preventive credit
الصِّيانةُ الوِقائيَّة preventive maintenance
وَقت time
وَقتٌ إضافِيّ overtime
وَقتُ الاِنتِظار lying time

وَقتُ التَّحضِير — set-up time
وَقتُ التَّسلِيم — time of delivery
وَقتُ تشغِيلِ الآلة — run
وَقتُ تَعطُّل — idle time
وَقتُ التَّعطِيل — down time
الوَقتُ الحاضِر — time being; present
وَقتُ الحَرَكةِ الأساسِيَّة — basic motion time (B.M.T.)
وَقتُ الحَرَكةِ البُعدِيَّة — dimensional motion time
وَقتُ الحُضور . وَقتُ الدَّوام — attendance time
الوَقتُ الحَقيقيّ — real time
وَقتٌ ضائع — dead time
وَقتُ الطَّيَران — flight time
وَقتُ الفَراغ — leisure; leisure time
الوَقتُ القِياسيّ — standard time
الوَقتُ المَسمُوحُ بِه — allowed time
وَقتٌ مُعتَرِض . مُهْلة — lead time
الوَقتُ والمُرونَة — time and elasticity
وَقتٌ يُدفَعُ عَنهُ لِلمُوَظَّفِ دُونَ ان يَعمَلَ خِلالَه — time paid for but not worked
إيجادُ مُعَدَّلِ الوَقت — time band averaging
بِطاقةُ قَيدِ الوَقت — clock card
تَحليلُ وَقتِ الحَرَكة — motion time analysis (M.T.A.)
تَغايُرُ الوَقت . فارِقُ الوَقت — time variance
حَسمٌ (خَصمٌ) عَلى الوَقت — time discount
دِراسَةُ الوَقت — time study
دِراسَةُ الوَقتِ والحَرَكة — time and motion study
سِلسِلةُ الوَقت — time series
شِراءُ الوَقتِ (لِلدِّعايةِ في الرّاديو او التِّلفزيون) — time buying
طَريقةُ تخصِيصِ الموارِدِ مدمُوجَةً بِالوَقت — time integrated resource allocation technique
عامِلُ الوَقت — time factor
في الوَقتِ المُناسِب . في تاريخِ الاِستِحقاق — in due course
في وَقتِهِ المُناسِب — in good time; timely
قِياسُ الوَقت — time measure
قِياسُ وَقتِ الاساليب — methods time measurement
القِيمةُ الوَقتِيَّةُ لِلنُّقود — time value of money
مُسَجِّلُ الوَقت . مُوَقِّت — timekeeper
مَقاييسُ الوَقتِ التَّركِيبِيَّة — synthetic time standards
مِن وَقتٍ لِآخَر — from time to time
مُوَفِّرٌ لِلوَقت — timesaving
نِظامُ الوَقتِ المُقَرَّرِ لِلحَرَكةِ سَلَفاً — predetermined motion time system (P.M.T.S.)
**وَقت . اوان** — season; time
**وَقتِيّ . مُؤَقَّت** — temporary; provisional
**وَقتِيّ . لَحظِيّ . آنِيّ** — momentary
**وَقَعَ ـ يقَعُ** — fall; drop
يَقَعُ . يَحدُثُ — occur; happen; take place

**وَقَّعَ ـ يُوَقِّعُ** sign; undersign
يُوَقِّعُ بِالأَحْرُفِ الأُولى initial
يُوَقِّعُ مَعَ الغَيرِ (لِلمُصادَقَةِ على التَّوقِيع) countersign
**وَقع . تأثير** impression
**وَقع . وُقُوع** incidence
وَقعُ الضَّرِيبة . راجِعِيَّةُ الضَّرِيبة incidence of taxation
**وَقف** wakf; mortmain; endowment; inalienable property
قانونُ الوَقفِيّاتِ والتَّراكُم Perpetuities and Accumulations Act
**وَقف . إيقاف . تَوَقُّف** stop; stoppage; halt; cessation; suspension; discontinuation; stopping
وَقفُ الإجراءات stay of proceedings
وَقفُ التَّنفِيذ stay of execution
وَقفُ الدَّفع stop payment; suspension of payment
وَقفُ العَمَل (في مَصنَع او مُنشَأة) shut-down
امرٌ بِوَقفِ الدَّفع stop payment order
**وَقُود** fuel
يُزَوِّدُ (او يَتَزَوَّدُ) ثانِيَةً بِالوَقُود refuel
**وِكالة** agency
وِكالة الاستِثماراتِ الخاصَّةِ فيما وَراءَ البِحار Overseas Private Investment Corporation (Opic)
وِكالةُ استِخدام employment agency
وِكالةُ استِعلامِ الأوضاع status inquiry agency

وِكالةُ إعلان advertising agency
وكالةُ أنباء news agency
الوكالةُ الأُوروبِيَّةُ لِلإنتاجِيَّة European Productivity Agency
وكالةٌ بِالعُمولة commission agency
وكالةٌ تِجارِيَّة commercial agency; mercantile agency
وكالةُ التَّنمِيَةِ الدَّولِيَّة Agency for International Development (A.I.D.)
وكالةٌ دَولِيَّة international agency
الوكالةُ الدَّولِيَّةُ لِلطّاقةِ الذَّرِّيَّة International Atomic Energy Agency
وَكالةُ سَفَرِيّات travel agency
وكالةُ شَحن forwarding agency
وكالةُ شَحنٍ بَحرِيّ shipping agency
وكالةُ شِراءٍ لِلأجانِب buying indent house
وكالةُ الطَّيَرانِ الإتِّحادِيَّة Federal Aviation Agency
وَكالةُ غَوث relief agency
وكالةٌ مُتَبادَلة mutual agency
وكالةٌ مُتَخَصِّصة specialised agency
وكالةٌ مَركَزِيَّة central agency
وَكالةٌ مُساعِدة auxiliary agency
وكالةٌ مُطلَقة general agency
**وِكالة. تَوكِيل** deputyship; proxy; agency
بِالوِكالة per procuration (per proc.); per procurationem (p.proc.); by proxy
تَصويتٌ بالوِكالة voting by proxy
**وِكالة . كِتابُ تَوكِيل** letter of attorney

**وِكالة . تَوكِيلٌ قانونيّ** power of attorney
وِكالةٌ قانونيَّة . تَفوِيضٌ شَرْعِيّ
warrant of attorney

**وَكَلَ – يَكِلُ** (إلى) entrust; charge with

**وَكَّلَ – يُوَكِّلُ** deputize; appoint as agent or representative; surrogate

**وَكِيلٌ** deputy; agent

وَكيلُ إخْراجٍ (مِنَ الجُمرُك) clearing agent

وَكيلُ استِعلام enquiry agent

وَكيلُ استِيرادٍ بِالعُمولة import commission agent

وَكيلُ إعلانات huckster

وَكيلُ أعمال business agent

وَكيلُ إيجار scrivener

وَكيلٌ بِالعُمولة (أو بِالعَمالة) commission agent

وَكيلُ البَيْع sales agent

وَكيلُ تَأجيرِ (السُّفُن) chartering agent

وَكيلُ (تأجيرِ) مَساكِن house agent

وَكيلُ تأمين insurance agent

وَكيلٌ تِجاريّ commercial agent; factor

وَكيلُ تَرويجٍ مُتَنَقِّل . وَكيلُ طَلَبِيّات soliciting agent

وَكيلُ تَصدِير export agent

وَكيلٌ خاصّ special agent

وَكيلُ شَحْن forwarder

وَكيلُ شَحْنِ بَضائعَ أجنَبِيَّة foreign freight forwarder

وَكيلُ الشِّراء buying agent; purchasing agent

وَكيلُ صاحِبِ المَصْنَع manufacturer's agent

وَكيلٌ عامّ universal agent; general agent

وَكيلُ عَقارات . سِمْسارُ عَقارات land agent

وَكيلٌ غيرُ مُفَوَّض (لِسِمْسارٍ في بُورْصةِ الأوراقِ المالِيَّة) unauthorized clerk

وَكيلٌ فَرعِيّ sub-agent

وَكيلُ مالِكي السَّنَداتِ الطَّويلةِ الأجَل trustee of bond holders

وَكيلٌ ماليّ fiscal agent

وَكيلُ مُديرِ المال . مُمَثِّل procurator

وَكيلُ مُساوَمة bargaining agent

وَكيلُ نَقْل (شَحْن) forwarding agent

وَكيلُ نَقْلِ المِلكِيَّة transfer agent

الوَكيلُ الوَحِيد sole agent

وَكيلٌ وَحِيد (ضِمْنَ مِنطَقةٍ مُعَيَّنة) exclusive agent

وَكيلُ وَزارة under-secretary; assistant secretary; deputy minister

اِمتِيازُ الوَكيل agent's lien

اِمتِيازُ الوَكيلِ التِّجاريّ factor's lien

عُمولةُ الوَكيلِ التِّجاريّ factorage

وُكَلاءُ التّاج Crown Agents (C.A.)

الوُكَلاءُ الخُصوصِيُّونَ لِضَريبةِ الدَّخل Special Commissioners of Income Tax (S.C.I.T.)

وُكَلاءُ مُعفَون exempted dealers

**وَكيلٌ . مُحام** attorney; solicitor (UK)

وَكيلٌ عادِيّ attorney in fact

وَكِيلٌ في خُصُومة procurator litis
وَكيلٌ قانونيّ attorney at law
اِمتِياز الوَكيل attorney's lien
**وَلاء** allegiance; loyalty
**وِلادةٌ . مَولِد** birth
مُعَدَّلُ الوِلادات fertility rate
**وِلاية** province; state
التِّجارةُ بَينَ الوِلايات
interstate commerce
التِّجارةُ في الوِلايةِ الواحِدة
intrastate commerce
**وِلاية . وِصاية** guardianship; trusteeship
**وِلاية . سُلطة** sovereignty; rule; dominion
وِلايةُ (او تَوَلّي) الوَظيفة tenure
**وَلَدٌ** child; boy
تَشغيلُ الأَولاد employment of children
**وَلِيّ** guardian
**وَلِيمة** banquet
**وُنّ** (عُملة كُوريَّة) won
**وَهَبَ ـ يَهَبُ . يَمْنَحُ** grant; endow
يَهَبُ بِوَصيَّة bequeath; devise
يَهَبُ (مِلكاً) بطَريقةٍ شَرعيَّة
settle upon (or on)
**وَهْدة** depression
**وَهْم** illusion; fancy
وَهْمٌ نَقديّ . خِداعُ النَّقْد
"money illusion"
**وَهْميّ . صُوَريّ** sham
أُجرةُ شَحنٍ وَهْميّ phantom freight
سَحْبُ سَنَدٍ وَهْميّ kite flying
مَشروعٌ وَهْميّ bubble
**وَهَنَ ـ يَهِنُ** fail
**وُول سْترِيت** Wall Street; Street

# حَرفُ اليَاء

**يابِسة . ارض . بَرّ** land

وَصيفٌ مُثبَتٌ إلى اليابِسة graven dock

لا ضَمانَ بَعدَ التَّفريغِ على اليابِسة
no risk after landing (n.r.a.l.)

**يارْدة** yard

اقمِشَةٌ تُباعُ باليارْدة yard goods

**يَأسٌ** despair; desperation; hopelessness

**ياقة** collar

عامِلٌ ابيَضُ الياقة white-collar worker

عامِلٌ أزرَقُ الياقة (عامِلٌ كادِح)
blue-collar worker

وَظائفُ ذَوي الياقاتِ البَيضاء
white-collar jobs

**يانَصيب** lottery

**يانَصيبُ الدَّولة** state lottery

وَرَقةُ يانَصيب lottery ticket

**يائسٌ** desperate

**يَخت** yacht

**يَد** hand

اليَدُ الخَفيَّة (مِن حَيثُ وَضعُ الاقتِصادِ في خِدمةِ المَجمُوع)
"hidden hand"; "invisible hand"

إعلانٌ يُوَزَّعُ باليَد handbill; circular; flier

امتِعةٌ تُحمَلُ باليَد hand luggage

رَسْمٌ بَيانيٌّ لِسَيرِ اعمالِ اليَدَين
two-handed process chart

مَشغُولٌ باليَد handmade

وَضعُ اليَد seisin; seizure; taking possession (of)

**اليَدُ العامِلة** labour force; labo(u)r; manpower

يَدٌ عامِلةٌ غيرُ اختِصاصِيَّة
unskilled labour

إنتاجيَّةُ اليَدِ العامِلة
labour productivity

تَحوُّلُ اليَدِ العامِلة . دَورةُ العَمَل
labour turnover

تَفاوُتُ فَعالِيَةِ اليَدِ العامِلة
labour efficiency variance

تَكلِفةُ اليَدِ العامِلة labour cost

تَمركُزُ اليَدِ العامِلة localization of labour

تَوجيهُ الأيدي العامِلة
manpower control

سُوءُ استِغلالِ اليَدِ العامِلة
sweating system

طَلَبُ اليَدِ العامِلة demand for labour

المُعَدَّلُ السّاعيُّ لِتَكلِفةِ اليَدِ العامِلةِ المُباشِرة
direct-labor hour rate

نُدرةُ اليَدِ العامِلة scarcity of labour
يَدَويّ manual
اِقتِصادُ الحِرَفِ اليَدَويَّة
handicraft economy
تَدريبٌ يَدَويّ manual training
حِرْفةٌ يَدَويَّة . بَراعةٌ يَدَويَّة handicraft
عَمَلٌ يَدَويّ manual labour; manual work
يَسار . جِهَةُ اليَسار left
يَسار . غِنًى wealth; affluence
يَسار . مَلاءَة solvency
يَسَّرَ ـ يُيَسِّرُ facilitate
يُسْر . رَخاء prosperity; affluence; abundance
يُسْر ease; facility; easiness
سِلَعُ اليُسْر convenience goods
يَسيرٌ . سَهْل easy
عُمْلة يَسِرة (عُمْلة ضَعيفة) soft currency
يَقِظٌ alert; cautious; watchful
يَقَظة . حَذَر vigilance
يَقين certainty; certitude
يَمين . قَسَم oath
يَمينُ الوَظيفة oath of office
يَمينُ الوَلاء oath of allegiance
يِنّ (عُمْلة يابانيَّة) yen
يَنْبوع spring; source
يُوان (عُمْلة صِينيَّة) yuan
يُوبيل jubilee
اليُورانيوم . الاورانيوم uranium
يَوم day
يَومُ إجازة day-off
يَومُ الاستِحقاق (لِكَمْبيالةٍ أو دَين)
date of maturity; due date
يَومُ الإنْتِظار lying day
يَومُ التَّسْوِية . يَومُ التَّصْفِية
settling day; account day
يَومُ التَّصفِيَةِ الثّاني في البُورصة (وفيهِ يُعرَفُ اسْمُ المُشتَري)
name day; ticket day
يَومٌ تَقويميّ calendar day
اليَومُ الثّالِثُ مِن ايّامِ التَّصفِية (في البُورْصة) intermediate day
يَومٌ خالِص clear day
يَومُ الدُّخول day of entry
يَومُ الدَّفْع . يَومُ دَفْعِ الرَّواتِب pay-day
يَومُ الدَّفْع . آخِرُ ايّامِ التَّصفِية
settlement (or settling) day
يَومُ الدَّفْع (في البُورْصة) account day
يَومُ الرّاحةِ الأُسبوعيَّة weekly rest day
يَوم-رَجُل . يَومُ عَمَل man-day
يَومُ السُّوق market day
يَومُ عُطْلة holiday; day-off
يَومُ عَمَل workday; working day
يَومٌ كامِل entire day
يَومٌ مُتَتالٍ running day
أجْرُ اليَومِ المَقيس measured day rate
أوَّلُ ايّامِ التَّصفِية (في البُورْصة)
making-up day
الايّامُ الأخيرة last days
ايّامٌ بَعدَ الإطِّلاع days' sight
ايّامُ التّأخُّرِ في المَرْفأ (لِلتَّحميلِ والتَّفريغ)
lay days

days of grace أيّامُ المُهلة
day price سِعرُ اليوم
عَدَدُ أيّامِ البَيعِ في الحِساباتِ المُستَحِقّةِ القَبْض
number of sale days in receivables
measured day work عَملُ اليومِ المَقيس
daily **يَوميّ**
daily time ticket إستِمارةُ العَمَلِ اليَوميّ
daily compensation تَعويضٌ يَوميّ
commuter مُتَنَقِّلٌ يوميّ (إلى عَملِه ومِنْهُ)
journal item نَفْقة يَوميّة
per diem; by the day **يَوميّ • عَملٌ بالمُياوَمة**
daily; every day; per day **يَوميّاً**
commute يَنْتَقِلُ يوميّاً (إلى عَمَلِه ومَنْهُ)
journal; daybook **يَوميّة • دَفْتَرُ اليَوميّة**
general journal اليَوميّةُ العامّة
يَوميّةُ المَدفُوعاتِ النَّقْدِيّة
cash payments journal

دَفتَرُ يَومِيّةِ المُشتَرَيات
purchase journal
دَفتَرُ يَومِيّةِ المُشتَرَياتِ المُرجَعة
purchase return journal
journalizing القَيْدُ في دَفتَرِ اليَومِيّة
journal entry قَيدُ اليَومِيّة
قَيدُ اليَومِيّةِ المُرَكَّب
compound journal entry
مُستَنَدُ قَيدٍ في دَفتَرِ اليَومِيّة
journal voucher
journalize يُقَيِّدُ في دَفتَرِ اليَومِيّة
columnar journals يَومِيّاتٌ ذاتُ أعْمِدة
daily wages; a day's wages **يومِيّة • أجْرٌ يومِيّ**
day-labourer عامِلٌ باليَومِيّة
**اليونسْكو** (مُنَظَّمَةُ الأُمَمِ المُتَّحِدَةِ لِلتَّربِيَةِ والعُلومِ والثَّقافة)
U.N.E.S.C.O.
(United Nations Educational, Scientific and Cultural Organisation)